हिंदी आलोचना की पारिभाषिक शब्दावली

हिंदी आलोचना की पारिभाषिक शब्दावली

डॉ. अमरनाथ

राजकमल प्रकाशन

ISBN : 978-81-267-1652-4

मूल्य : ₹1395

पहला संस्करण : 2009
दूसरा संशोधित और परिवर्द्धित संस्करण : 2012
पाँचवाँ संस्करण : 2022

प्रकाशक : राजकमल प्रकाशन प्रा. लि.
1-बी, नेताजी सुभाष मार्ग, दरियागंज
नई दिल्ली-110 002

शाखाएँ : अशोक राजपथ, साइंस कॉलेज के सामने, पटना-800 006
पहली मंजिल, दरबारी बिल्डिंग, महात्मा गांधी मार्ग, प्रयागराज-211 001
36 ए, शेक्सपियर सरणी, कोलकाता-700 017

वेबसाइट : www.rajkamalprakashan.com
ई-मेल : info@rajkamalprakashan.com

मुद्रक : बी.के. ऑफसेट
नवीन शाहदरा, दिल्ली-110 032

HINDI AALOCHANA KI PAARIBHASHIK SHABDAVALI
by Dr. Amarnath

30 दिसंबर

सद्दाम हुसैन की हत्या को याद करते हुए
जिसे हत्यारे बुश ने 'फांसी' का नाम दिया

[इन पारिभाषिक शब्दों की व्याख्या को लेकर मैं किसी मौलिकता का दावा नहीं करता। इनकी व्याख्या में विभिन्न ग्रंथों, पत्र-पत्रिकाओं और इंटरनेट पर उपलब्ध सामग्री का उपयोग किया गया है, जिनका उल्लेख 'आधार ग्रंथ' में कर दिया गया है। मेरी मौलिकता सिर्फ इनकी प्रस्तुति में है—लेखक]

भूमिका

कलकत्ता विश्वविद्यालय के एम.ए. के पाठ्यक्रम में एक प्रश्न पत्र 'काव्यशास्त्र और हिंदी आलोचना' भी है। 1994 में जब मैं इस विश्वविद्यालय में अध्यापन करने आया तो हमारे वरिष्ठ सहयोगियों ने उक्त प्रश्न पत्र पढ़ाने की जिम्मेदारी मुझे सौंप दी। अध्यापन के दौरान मेरा ऐसे पारिभाषिक शब्दों से बराबर सामना होता रहा जिनके प्रामाणिक अर्थ के ज्ञान के लिए इधर-उधर भटकना पड़ता था और उनमें से अधिकांश के अर्थ की विश्वसनीयता पर संदेह बना रहता था।

पारिभाषिक शब्द उन्हें कहते हैं जिनका प्रयोग किन्हीं विशिष्ट अर्थों में किया जाए। काव्य-शास्त्र और आलोचना जगत में ऐसे पारिभाषिक शब्दों का प्रयोग बहुतायत होता है। इन पारिभाषिक शब्दों को समझने के लिए हमारे पास हिंदी में सिर्फ दो ग्रंथ उपलब्ध थे, एक डॉ. धीरेन्द्र वर्मा और उनके सहयोगियों द्वारा संपादित 'हिंदी साहित्य कोश भाग 1' और दूसरा, डॉ. बच्चन सिंह द्वारा प्रणीत और 1983 ई. में प्रकाशित 'हिंदी आलोचना के बीज शब्द'। डॉ. बच्चन सिंह की पुस्तक में लगभग अस्सी शब्दों की व्याख्या की गई है जबकि हिंदी आलोचना जगत में प्रचलित पारिभाषिक शब्दों की संख्या कई सौ है। जाहिर है, यह पुस्तक हिंदी साहित्य के अध्येताओं की जरूरतें पूरी नहीं कर पाती। इस दृष्टि से 'हिंदी साहित्य कोश' निश्चित रूप से एक महत्वपूर्ण ग्रंथ है। इस ग्रंथ की एक विशेषता यह भी है कि इसे तैयार करने में 96 विद्वानों द्वारा सहयोग लिया गया था, जो अपने-अपने क्षेत्र के विशेषज्ञ थे। इस दृष्टि से इसकी प्रामाणिकता असंदिग्ध है किंतु इस ग्रंथ का प्रकाशन 1958 ई. में हुआ था। उसके बाद हिंदी आलोचना में पारिभाषिक शब्दों की एक बड़ी संख्या ग्रहण की गई है, जिनका उल्लेख उक्त ग्रंथ में नहीं है। ऐसी दशा में एक ऐसे ग्रंथ की जरूरत मैं बराबर महसूस करता रहा जो हिंदी साहित्य के अध्येताओं की अद्यतन अपेक्षाएं पूरी कर सके। अंग्रेजी साहित्य में इस तरह के कई ग्रंथ उपलब्ध हैं और उनके संशोधित संस्करण बराबर निकलते रहते हैं। फिलहाल, प्रस्तुत ग्रंथ की प्रस्तुति में हिंदी के उक्त दो ग्रंथ मेरे लिए उपजीव्य रहे हैं।

हिंदी में प्रयोग किए जाने वाले पारिभाषिक शब्दों के मुख्यतः तीन स्रोत हैं। पहला स्रोत संस्कृत साहित्य है। हिंदी में संस्कृत से आने वाले पारिभाषिक शब्दों की संख्या सबसे अधिक है। ये शब्द या तो संस्कृत से सीधे उसी अर्थ में ग्रहण कर लिए गए हैं अथवा समय, संदर्भ और परिस्थितियों के अनुसार कुछ बदले हुए अर्थ में। दूसरा स्रोत पाश्चात्य साहित्य है। पश्चिम से हिंदी में आने वाले ऐसे शब्दों की बड़ी संख्या है जिनके मूल भाव को समझ पाना साहित्य के सामान्य अध्येताओं के लिए चुनौती भरा कार्य होता है। ये शब्द उन्नीसवीं सदी और उसके बाद हिंदी में आए जब हमारा देश ब्रिटेन का उपनिवेश था। ब्रिटिशों को यहां की जनता पर शासन चलाने के लिए ऐसे पढ़े-लिखे भारतीयों की जरूरत थी जिन्हें अंग्रेजी भाषा, साहित्य और संस्कृति का ज्ञान हो। जो रूप रंग से तो भारतीय हों मगर भीतर से अंग्रेज। अंग्रेजों ने ऐसे भारतीयों की एक बड़ी फौज तैयार की जिन्होंने भारत और इंग्लैण्ड के साहित्य और संस्कृति के बीच सेतु का काम किया हालांकि इस सेतु से आवागमन नहीं, अधिकांशतः ब्रिटिश साहित्य व संस्कृति का सिर्फ आगमन होता रहा। इस क्रम में अनेक पाश्चात्य पारिभाषिक शब्द हिंदी में आए। इनमें से अनेक शब्द बांग्ला नवजागरण के दौरान पहले बांग्ला साहित्य में ग्रहण किए गए और बाद में बांग्ला के माध्यम से हिंदी में आए, जबकि अनेक हिंदी नवजागरण के दौरान सीधे अंग्रेजी से हिंदी में आए। अंग्रेजी से हिंदी में ग्रहण किए जाने वाले ये शब्द ज्यादातर लैटिन, फ्रेंच और ग्रीक मूल के हैं और अपने मूल अर्थ परंपरा को यथासंभव कुछ अंश तक सुरक्षित किए हुए हैं। जाहिर है, हिंदी ने इन्हें अंग्रेजी से ग्रहण किया है इसीलिए अपनी यात्रा में अर्जित संस्कार और परंपरा को समेटते हुए ये शब्द हिंदी में आए हैं। इसी वर्ग में वे शब्द भी आते हैं जो बीसवीं सदी के अंतिम दशकों में हिंदी में तेजी से प्रयुक्त होने लगे हैं और इनके मूल में आज की पाश्चात्य साम्राज्यवादी संस्कृति की विचार परंपरा है।

वस्तुतः सोवियत संघ के पतन के बाद जब दुनिया एक ध्रुवीय हो गई और अमेरिका का दुनिया पर वर्चस्व कायम हो गया तो ऐसी दशा में भारत ने भी अमेरिका के दबाव के चलते और समय की जरूरत को भांपते हुए उसके साथ अपने संबंध मधुर बनाना जरूरी समझा। देश की सरहदों की बाड़ ढीली कर दी गई। आर्थिक उदारीकरण के नाम पर अमेरिकी बहुराष्ट्रीय कंपनियों को भारत में व्यापार की खुली छूट दे दी गई। भारत एक बाजार में तब्दील हो गया। ऐसी दशा में पश्चिम के माल के साथ पश्चिम की भाषा और उसके साथ पश्चिम की संस्कृति का भारत पर मानो आक्रमण ही हो गया। हमारे देश की युवा पीढ़ी ने इस अपसंस्कृति का अति उत्साह से स्वागत किया। इसमें पश्चिम के हर विचार भारत में सीधे ग्रहण किए जाने लगे। उन पर तात्कालिक प्रतिक्रियाएं होने लगीं। इस अवधि में पश्चिम में पैदा होने वाले विचारों के साथ अनेक पारिभाषिक शब्द हिंदी में आए और आज भी आ रहे हैं। ये शब्द सिर्फ साहित्य की दुनिया के नहीं हैं, बल्कि, अर्थशास्त्र, मनोविज्ञान, नृतत्वशास्त्र, भाषाविज्ञान, समाजशास्त्र, राजनीतिविज्ञान, दर्शन, इतिहास, विज्ञान और तकनीक आदि हर क्षेत्रों से ग्रहण किए गए हैं। यह सब समकालीन दुनिया के अन्तर अनुशासनात्मक अध्ययन का परिणाम है।

तीसरा स्रोत हिंदी का अपना समीक्षा शास्त्र है। हिंदी के अपने समीक्षा शास्त्र का इतिहास भी उतना ही पुराना है जितना हिंदी साहित्य का इतिहास। किंतु, वास्तव में हिंदी का समीक्षा शास्त्र विकसित हुआ आधुनिक काल में—गद्य के विकास के साथ। इसके पहले हिंदी समीक्षा में प्रायः संस्कृत का ही अनुकरण होता था। आधुनिक काल में जब हिंदी आलोचना का स्वतंत्र रूप उभर कर समाने आया तो हिंदी समीक्षा शास्त्र के अपने पारिभाषिक शब्द भी विकसित होने लगे। आचार्य रामचंद्र शुक्ल, आचार्य हजारीप्रसाद द्विवेदी, गजानन माधव मुक्तिबोध, राम विलास शर्मा, नामवर सिंह आदि ने हिंदी समीक्षा शास्त्र को अनेक पारिभाषिक शब्द दिए हैं। इस विषय पर विश्वविद्यालय अनुदान आयोग द्वारा स्वीकृत परियोजना के अंतर्गत, डॉ. रामचंद्र तिवारी द्वारा एक महत्वपूर्ण अध्ययन भी हो चुका है। 'आधुनिक हिंदी आलोचना : संदर्भ और दृष्टि' नाम से वह अध्ययन पुस्तक के रूप में प्रकाशित है।

पश्चिम से आने वाले शब्दों की अवधारणा को समझने में मुझे लखनऊ विश्वविद्यालय के प्रो. सत्यदेव मिश्र से विशेष सहायता मिली है। वे अंग्रेजी और हिंदी, दोनों में डॉक्टरेट हैं और पश्चिम के साहित्य की भी उन्हें अच्छी समझ है। इसलिए उनसे सुझाव लेना मुझे निरापद लगा। मैं उनके प्रति अपना आभार व्यक्त करता हूं। डॉ. शिवनाथ पांडेय ने सहयोगी की भूमिका का निष्ठापूर्वक निर्वाह किया। जीतेन्द्र गुप्ता (वर्धा) ने अपनी पहल पर कई शब्दों के लिए सामग्री भेजकर सहयोग किया। श्रिया बनर्जी और दिलीप कुमार सिंह ने इस परियोजना को पूरा करने में परियोजना सहायक के रूप में सक्रिय सहयोग दिया है। मैं इन सबको हृदय से धन्यवाद देता हूं। हमारे सेक्रेटरी आफिस के श्री प्रवीर सान्याल ने समय-समय पर कार्यालय संबंधी महत्वपूर्ण सुझाव और सहयोग देकर काम को आसान बनाया। मैं उनके प्रति आभारी हूं। मैं अपने वरिष्ठ विभागीय सहयोगियों प्रो. शंभुनाथ और प्रो. चंद्रा पांडेय तथा बन्धुवर प्रो. जगदीश्वर चतुर्वेदी के प्रति भी आभार व्यक्त करता हूं, जिनके सुझाव और सहयोग हमें बराबर मिलते रहे।

प्रो. रविभूषण, अध्यक्ष, हिंदी विभाग, रांची विश्वविद्यालय ने संपूर्ण पांडुलिपि पढ़कर और महत्वपूर्ण सुझाव देकर अध्ययन को प्रामाणिक बनाने में मदद की। मैं उनके प्रति हृदय से कृतज्ञ हूं। मैं बंधुवर डॉ. अवधेश प्रसाद सिंह के प्रति भी कृतज्ञ हूं जिन्होंने प्रूफ संशोधन करके ग्रंथ को भूल रहित बनाने में मदद की है।

श्रद्धेय गुरुवर प्रो. रामचंद्र तिवारी और डॉ. वेद प्रकाश पाण्डेय से अनवरत मिलने वाली ऊर्जा जीवन में पाथेय का काम करती रही है। इनके प्रति श्रद्धावनत होना ही पर्याप्त नहीं है किन्तु अन्य कोई विकल्प भी तो नहीं।

प्रस्तुत अध्ययन विश्वविद्यालय अनुदान आयोग की वृहत शोध परियोजना के अंतर्गत संपन्न हुआ है। परियोजना स्वीकृत होने के बाद जब मैं इसके अध्ययन की गहराई में गया तो इसकी विशालता और जटिलता का पता चला। इसे छोड़ने की जगह मैंने इसे एक चुनौती के रूप में लिया और लगातार अथक श्रम करने के बावजूद निर्धारित तीन वर्ष की अवधि में इसे पूरा न कर सका। संयोगवश इसी अवधि में मुझे दो वर्ष तक विभाग की अध्यक्षता का दायित्व भी वहन करना पड़ा। मेरी पहली परियोजना सहायक श्रिया बनर्जी लगभग डेढ़ वर्ष तक सहयोग करने के बाद ऐसे समय छोड़कर चली गई जब उसे कंप्यूटर और विषय का अपेक्षित ज्ञान हो गया था और काम में गति आने की उम्मीद थी। किंतु उसे बेहतर और स्थायी नौकरी मिल गई, सो उसे जाना ही था। दूसरे परियोजना सहायक दिलीप कुमार सिंह लगभग एक वर्ष तक ही साथ निभा सके। पारिभाषिक शब्दों के चयन की समस्या भी कम जटिल नहीं थी। कई शब्दों के बारे में अन्त तक विवाद बना रहा। बहुत से शब्द छूट

गए हैं जिन्हें आगे के संस्करण में लिया जाएगा। मैं यह भी महसूस करता हूं कि अनेक शब्दों को अपेक्षित विस्तार नहीं दिया जा सका है। वस्तुतः हमारी कार्यपद्धति की सीमाएं थीं और सन्तुलन भी अपेक्षित था। बहरहाल, मैं आभारी हूं विश्वविद्यालय अनुदान आयोग और उसके विशेषज्ञों का, जिन्होंने मेरी परियोजना के महत्व और उसकी प्रगति की प्रशंसा ही नहीं की, अपितु निर्धारित अवधि में छह माह की वृद्धि की संस्तुति करके काम को पूरा करने में मदद की।

यह अध्ययन पूरा करते हुए मुझे संतोष का अनुभव हो रहा है किंतु यह कहने में भी मुझे संकोच नहीं है कि इस काम को और बेहतर बनाया जा सकता था। वास्तव में यह एक समूह का काम है, एक व्यक्ति का नहीं। मैंने अकेले कंधे पर यह दायित्व लेकर इस काम के प्रति न्याय नहीं किया है। फिर भी मुझे उम्मीद है कि सुधी पाठकों के सुझाव हमें मिलते रहेंगे। समय-समय पर अपेक्षित संशोधन होता रहेगा और ग्रंथ की उपयोगिता में दिन प्रति दिन सुधार होता जाएगा।

अपने अनुज प्रो. विश्वंभरनाथ शर्मा, बेटों हिमांशु और शीतांशु तथा बेटी शिप्रा से निरंतर और साधिकार सहयोग लिया है। इनके प्रति आभार व्यक्त करने की औपचारिकता नहीं करूंगा। अपनी सहधर्मिणी सरोज शर्मा ने घर का सारा दायित्व खुद सँभालते हुए इस काम के लिए जो मूल्यवान समय हमें उपलब्ध कराया है , उसके बगैर इस ग्रंथ की परिकल्पना ही नहीं की जा सकती थी। यह कृति वस्तुतः उन्हीं के सहयोग का सुफल है और उन्हें ही समर्पित है।

अंत में मैं उन सबके प्रति अपना आभार व्यक्त करता हूं जिन्होंने जाने अनजाने किसी भी रूप में ग्रंथ के प्रणयन में सहयोग किया है।

2 जुलाई, 2008

–डॉ. अमरनाथ

प्रोफेसर एवं अध्यक्ष, हिन्दी विभाग
कलकत्ता विश्वविद्यालय, कोलकाता

और अब यह दूसरा संस्करण

उम्मीद के अनुसार इस ग्रंथ का भरपूर स्वागत हुआ। अधिकांश प्रतिक्रियाओं में सराहना के स्वर थे। **हिन्दुस्तान** (11 अक्टूबर, 2009) ने इसे *व्यवस्थित जानकारी का विश्वकोश* कहा तो **वागर्थ** (दिसंबर, 2009) ने *साहित्यिक अवधारणाओं का प्रामाणिक दस्तावेज*। कहीं–कहीं से उपयोगी सुझाव भी मिले। प्रो. अवधेश प्रधान के कुछ सुझाव बहुत महत्त्वपूर्ण हैं। इस दौरान कई कमियों पर अपना भी ध्यान गया। मैंने यथाशक्ति उन पर अमल करने की कोशिश की है और इस संस्करण को भूलरहित बनाने का प्रयास किया है।

उपभोक्तावाद, साहित्य का समाजशास्त्र, विधेयवाद, सभ्यताओं का संघर्ष, सपाटबयानी और रंगमंच नए शब्द हैं, जिन्हें शामिल किया गया है।

बन्धुवर भारत भारद्वाज ने इस संशोधित संस्करण की कुछ तथ्यात्मक व कुछ अन्य भूलों को ठीक करने में मदद की है। इस निमित्त मैं उनके प्रति हृदय से आभार व्यक्त करता हूँ।

–डॉ. अमरनाथ

अनुक्रम

अंतर्विरोध और विरोधाभास

'अंतर्विरोध' और 'विरोधाभास' वास्तव में अलग-अलग दो पारिभाषिक शब्द हैं जिनके विकास की पृथक जमीन भी है, परंतु मार्क्सवादी विचारधारा के विकास क्रम में अर्थगत सामंजस्य के कारण दोनों शब्द परस्पर जुड़ गए हैं। अंतर्विरोध अंग्रेजी के कन्ट्राडिक्शन (contradiction) का हिंदी पर्याय है। मार्क्सवाद ने ही इसे नया अर्थ दिया है और अब इसी अर्थ के लिए यह शब्द रूढ़ सा हो गया है।

समाज के विकास की प्रक्रिया का विश्लेषण करते हुए मार्क्सवादी विचारकों ने रेखांकित किया कि समाज में मुख्य रूप से दो वर्ग रहते हैं जिनके बीच निरंतर संघर्ष चलता रहता है। यह संघर्ष तब तक चलता रहता है जब तक गुणात्मक परिवर्तन के द्वारा तीसरी और नई परिघटना उत्पन्न नहीं हो जाती और नए वर्ग नहीं जन्म ले लेते। नए वर्ग के जन्म लेने के बाद समाज में नए अंतर्विरोध जन्म ले लेते हैं और नया संघर्ष आरंभ हो जाता है। इसी तरह से समाज का विकास होता रहता है। मार्क्सवादी दर्शन के अनुसार समाज का निरंतर विकास होता रहता है। इतिहास कभी पीछे नहीं मुड़ता और न तो इतिहास अपने को दुहराता ही है। समाज के विकास की प्रक्रिया इन्हीं अंतर्विरोधों की देन है। ये अंतर्विरोध निरंतर चलते रहते हैं। इनमें एक मुख्य अंतर्विरोध होता है और शेष गौण अंतर्विरोध होते हैं। समाज को बदलने और एक बेहतर समाज व्यवस्था के निर्माण की आकांक्षा रखनेवाले लोगों को इस समाज के यथार्थ का विश्लेषण और मुख्य तथा गौण अंतर्विरोधों की पहचान की जरूरत सर्वाधिक महत्वपूर्ण है क्योंकि इसके आधार पर संघर्ष की दिशा तय की जाती है। इस तरह 'अंतर्विरोध' शब्द खासतौर पर राजनीतिक चिंतन के क्षेत्र में प्रयुक्त होता था जहां से मार्क्सवादी आलोचना के विकास के दौरान साहित्य में भी प्रयुक्त होने लगा। साहित्य में यह शब्द आमतौर पर आलोचना के क्षेत्र में ही प्रयुक्त होता है।

'विरोधाभास' का अर्थ है विरोध का आभास। संस्कृत साहित्य में 'विरोधाभास' एक अलंकार है। "अविरोधेऽपि विरुद्धत्वेन यद्वचः" (काव्य प्रकाश) अर्थात् जहां विरोध न होने पर भी विरोध की प्रतीति हो। घनानंद की रचनाओं में विरोधाभास भरे पड़े हैं–"उजरनि बसी है हमारी अंखियानि देखौ"। इसी तरह 'प्रसाद' ने भी लिखा है, "शीतल ज्वाला जलती है, ईंधन होता दृगजल का।"

'अंतर्विरोध' से जुड़ने के ही साथ ही 'विरोधाभास' भी अपने निश्चित पारिभाषिक अर्थ की प्रतीति कराने लगता है। यहां 'विरोधाभास' का तात्पर्य है 'अंतर्विरोध की भ्रांत पहचान'। व्यवस्था-परिवर्तन की लड़ाई लड़नेवाले योद्धाओं के लिए जरूरी शर्त है सही अंतर्विरोध की पहचान, ताकि वे अपने संघर्ष की सही दिशा निर्धारित कर सकें। यदि सही अंतर्विरोध की पहचान नहीं हो सकी तो संघर्ष का परिणाम भी अपने पक्ष में नहीं होगा, चाहे संघर्ष में जितनी भी ताकत झोंक दी गई हो।

तात्पर्य यह कि 'अंतर्विरोध और विरोधाभास' मार्क्सवादी आलोचना शास्त्र में इस्तेमाल किया जानेवाला अपेक्षाकृत नवीन पारिभाषिक शब्द है।

आधार ग्रंथ :

1. हिंदी आलोचना के बीज शब्द, बच्चन सिंह।
2. आधुनिक हिंदी आलोचना : संदर्भ एवं दृष्टि, रामचंद्र तिवारी।
3. Dictionary of Scientific Communism, Progress Publishers, Moscow.
4. Contemporary Literary Theory, Jeremy Hawthorn.

अकविता

अकविता का प्रयोग 'एंटी पोयट्री' के अर्थ में किया गया है। 1963 में जगदीश चतुर्वेदी के संपादन में चौदह कवियों की कविताओं का एक संग्रह 'प्रारंभ' नाम से प्रकाशित हुआ था जिसके संपादकीय 'नए काव्य की भूमिका' के अंतर्गत तथाकथित प्रयोगवादियों को 'पुरानी मान्यताओं' के पोषक, 'क्षण की अनुभूति', 'लघुमानव' आदि

अवधारणाओं में सिमटे हुए फार्मूलाग्रस्त मस्तिष्कों के रूप में स्मरण करते हुए उनके विरुद्ध सामूहिक आक्रोश के रूप में 'अभिनव काव्य' का प्रवर्तन किया गया। इसके संपादकीय में कहा गया है कि "ये कवि उस 'अभिनव काव्य' के नियंता कहे जा सकते हैं जो सहज रूप से विकसित हो रहा है और जिसमें अनेक संभावनाएं दिखायी देती हैं। यह संकलन उस कमी को पूरा करता है जो कि 'नयी कविता' की उपलब्धियों से अवगत होने के लिए आवश्यक प्रतीत हो रही थी। इन कविताओं को हिंदी-काव्य की अत्याधुनिक उपलब्धियों के रूप में मान्यता दी जा सकती है।"

इस संकलन में कैलाश वाजपेयी, श्याम परमार और राजकमल चौधरी जैसे कवि भी शामिल हैं जिनके व्यक्तित्व आगे और अधिक उभर कर सामने आए। इसके बाद 1964 में रमेश कुंतलमेघ एवं गंगाप्रसाद विमल द्वारा 'अभिव्यक्ति' प्रकाशित हुई जिसमें 'अभिनव काव्य' की हल्की अनुगूंज सुनायी देती है। जगदीश चतुर्वेदी ने इसके लिए 'अभिनव काव्य' शब्द को अपर्याप्त और अप्रेरक समझते हुए, उसके पहले 'एंटी कविता' का सानुवाद लेबल लगा देना आवश्यक समझा और शीर्षक का रूप हुआ 'अ' (एंटी) कविता और 'अभिनव काव्य' किंतु प्रचलन में 'अ-कविता' का ही बोलबाला रहा। जगदीश चतुर्वेदी के संपादन में 1966 में 'अकविता' पत्रिका का प्रकाशन शुरू हुआ।

प्रयोगवादियों की गोद से निकलनेवाले इस काव्यांदोलन के मूल में भी विश्वयुद्धों के बाद दुनिया भर में फैलनेवाली हताशा, एब्सर्डिटी और निरर्थकताबोध की लहर है जिसका पोषण किर्केगार्ड (Soren Kierkeggard, 1813-1855) के परंपराद्रोह, नीत्से (Fredrich Nietzsche, 1844-1900) द्वारा की गयी ईश्वर की मृत्यु की घोषणा और सार्त्र (Jean Paul Sartre, 1905-85) के अस्तित्ववाद ने किया। आजादी के बाद के मोहभंग ने इसे पनपने के लिए नयी ऊर्जा दी।

अकविता के स्वरूप का विश्लेषण करने के साथ ही यदि अकहानी, एब्सर्ड नाटक और इसी तरह साहित्य पर पड़ने वाले अस्तित्ववाद आदि के प्रभाव को भी देखा-परखा जाए तो इसे समझने में सुविधा होगी। गिरिजाकुमार माथुर अकविता की विशेषताओं को रेखांकित करते हुए लिखते हैं, "आक्रोशी प्रवृत्ति के कवियों पर आकर नयी कविता की धारा से एक नए विच्छेद की सूचना प्राप्त होने लगती है। यद्यपि हमारी यह धारणा है कि आक्रोश या विक्षोभ की प्रतिक्रिया मूलतः रोमानी होती है, किंतु अमूर्त अंत:सत्यों की कल्पनागम्य खोज के स्थान पर आदमी के नैतिक, सामाजिक, राजनीतिक संबंधों की खोज एक नए अध्याय का सूत्रपात अवश्य ही है। इसी बिंदु से 'अस्वीकृति दिशा' की रचनाएं आरंभ हुई हैं। यह अस्वीकृति एक ओर स्त्री-पुरुष के दैहिक संबंध, आपसी अंतरंग आचरण और सेक्स संबंधी नैतिक मूल्य के खोखलेपन पर आक्रमण के रूप में आयी है, जिसमें यौन-शब्दावली द्वारा नग्नता भी प्रदर्शित हुई है। दूसरी ओर सामाजिक-राजनीतिक विकृतियों और सार्वजनिक जीवन में व्याप्त पाखंड, बेईमानी, मुखौटे भ्रष्ट आचरण का पर्दाफाश करते हुए तीखे व्यंग्य के रूप में प्रकट हुआ है। दोनों ही में 'व्यवस्था' के वर्तमान रूप से असहमति एवं विरोध रहा है। दोनों ही में बेझिझक बात कहने का खुलापन है। लेकिन पहली प्रवृत्ति में एक निषेध है, दूसरी में नैतिक, सामाजिक प्रतिबद्धता है। व्यवस्था की विकृतियों या विरोधाभासों से पीड़ित आदमी के त्रास को वाणी देती इन रचनाओं को मैं सामाजिक या नवप्रगतिशील कविता कहना उचित समझता हूं।"

अकविता, नयी कविता के बाद आविर्भूत अन्य कविता संज्ञाओं की अपेक्षा कुछ अधिक व्यापक स्वीकृति प्राप्त कर सकी और उसके विषय में अनेक लेख ही नहीं, विशेषांक भी प्रकाशित हुए किंतु दृष्टिकोण की अस्थिरता और प्रदर्शनवादिता के कारण उसका प्रभाव भी गहरा होने के स्थान पर बिखर गया। प्रगतिशील कवियों और आलोचकों ने इस आंदोलन के खोखलेपन को जल्दी ही पहचान लिया और उसके ऊपर हमला बोल दिया। यहां तक कि समाचारपत्रों में कुछ लोगों ने उसकी अकाल-मृत्यु की भी घोषणा कर दी।

नागार्जुन ने राजकमल चौधरी की मृत्यु 19 जून, 1967 पर शोक गीत लिखा, 'अच्छा किया उठ गए हो दुष्ट'। उन्होंने राजकमल के बहाने अपना अंतर्द्वंद्व व्यक्त किया और उसके लिए वर्तमान (पूंजीवादी) व्यवस्था और निम्न बुर्जुआ जेहनियत को जिम्मेदार ठहराया है।

धूमिल ने जो राजकमल चौधरी पर कविता लिखी है उससे राजकमल चौधरी की एक अजीब घिनौनी तस्वीर सामने आती है—वह एक अघोरी था जो अपने लिए सही टापिक का चुनाव न कर सकने के कारण बौखलाहट में :

"छत्तीस साल तक गुप्त रोगों के इलाज की
जड़ी ढूंढ़ता रहा वेश्याओं और गंजेड़ियों के
नींद भरे जंगल में वह खोया हुआ देश था।"

कवि केदारनाथ अग्रवाल ने उनकी 'मुक्तिप्रसंग' शीर्षक लंबी कविता को मनुष्य के पतन की कविता कहा है। डेढ़ साल के भीतर ही उसके चयनकर्ता और संपादक श्याम परमार को उसके भविष्य के विषय में यह लिखने की आवश्यकता आ पड़ी कि 'अकविता कोई आंदोलन नहीं है, और वह 'अगर 'अ-कविता' हो जाए तो उससे अकविता को प्रसन्नता होगी'।

फिलहाल, अकविता आंदोलन की समकालीन कविता में एक महत्त्वपूर्ण जगह है। इसमें जगदीश चतुर्वेदी, श्याम परमार, गंगाप्रसाद विमल, सौमित्र मोहन, मोना गुलाटी, राजकमल चौधरी आदि के सृजन-कर्म की खासतौर पर चर्चा हुई है।

आधार ग्रंथ :

1. नयी कविता, जगदीश गुप्त।
2. साठोत्तरी हिंदी कविता में जनवादी चेतना, नरेंद्र सिंह।
3. नयी कविता : सीमाएं और संभावनाएं, गिरिजाकुमार माथुर।
4. नयी कविता और अस्तित्ववाद, रामविलास शर्मा।
5. नए प्रतिमान : पुराने निकष, लक्ष्मीकांत वर्मा।
6. प्रारंभ, जगदीश चतुर्वेदी।

अकहानी

अकहानी की मूल संकल्पना थी--"नई कहानी के भोगे हुए यथार्थ, अनुभव की प्रामाणिकता और प्रतिबद्धता जैसे खोखले नारों के खिलाफ एक सशक्त कार्यवाही।" इस कहानी पर फ्रांस की 'एंटी स्टोरी' और अस्तित्ववादी चिंतक सार्त्र और कामू के विचार-दर्शन का प्रभाव था। 'अकहानी' के लेखकों ने नकार या अस्वीकार का दर्शन स्वीकार किया। यह कथा के स्वीकृत आधारों का निषेध तथा किसी भी तरह की मूल्य-स्थापना के अस्वीकार का संकल्प लेकर आगे बढ़ी और इसमें बड़ी तन्मयता के साथ उस समय के मनुष्य की पीड़ा, संत्रास, कुंठा, व्यर्थताबोध, अजनबीपन, नगण्यताबोध आदि का चित्रण करके अपनी यथार्थ चेतना को नये परिप्रेक्ष्य में परिभाषित करने का प्रयत्न किया गया।

वास्तव में आजादी के बाद का यह वह कालखंड था जब हर क्षेत्र में पुराने जीवन-मूल्य बुरी तरह टूटने-बिखरने लगे थे, मोहभंग के नाते लोगों की हताशा-निराशा बढ़ने लगी थी और वे रोजी-रोटी की तलाश में हर तरह से हार-थक कर कुंठित और क्षुब्ध होने लगे थे। इसी समय हिंदी कविता में भी 'अकविता' का स्वर तीव्र हुआ था। 'अकहानी' और 'अकविता' को सगोत्रीय मानना चाहिए। जगदीश चतुर्वेदी, श्रीकांत वर्मा, राजकमल चौधरी, रवींद्र कालिया, ममता कालिया, ज्ञानरंजन, दूधनाथ सिंह, प्रयाग शुक्ल, महेंद्र भल्ला, मुद्राराक्षस, गंगाप्रसाद विमल जैसे अनेक कहानीकारों ने तत्कालीन यथार्थ का चित्रण करते हुए ऐसी कहानियां लिखीं जो उस समय के मनुष्य की पीड़ा, हताशा, निराशा, ऊब, घुटन, परेशानी और व्यर्थताबोध के साथ-साथ मूल्य-विघटन की त्रासदी का मार्मिक साक्ष्य प्रस्तुत करती हैं। श्रीकांत वर्मा की 'झाड़ी', 'शवयात्रा', दूधनाथ सिंह की 'रक्तपात', 'आइसबर्ग', रवींद्र कालिया की 'सिर्फ एक दिन' जैसी कहानियां उपर्युक्त तथ्यों की पड़ताल के लिए पढ़ी जा सकती हैं। अकहानीकारों ने कुंठित, हताश और संत्रस्त मनुष्य के यथार्थ का चित्रण करते हुए अपनी दृष्टि काम-संबंधों पर इस तरह टिकायी कि अकहानी अस्वस्थ मनोविज्ञान का पुलिंदा बन गई। इन कहानीकारों ने काम-कुंठाओं और काम-विकृतियों का चित्रण करते हुए उन्मुक्त यौन-संबंधों की वकालत की जिससे तिलमिलाकर कमलेश्वर ने 'ऐयाश प्रेतों का विद्रोह' नामक लेख लिखा (धर्मयुग) और हिंदी कहानी को 'जांघों के जंगल में' भटकी हुई कहकर भर्त्सना की। राजकमल चौधरी की कहानियों की आधी से अधिक दुनिया आवारा, पेशेवर, बाजारू औरतों की दुनिया है और उनके पुरुष भी उसी धंधे की जरूरतों को पूरा करने वाले लोग हैं। उनकी 'अग्नि स्नान', 'जलते हुए मकान में कुछ लोग', 'व्याकरण का तृतीय पुरुष' और 'एक अजनबी के लिए एक शाम' कहानियों की स्त्रियां इसी प्रकार की हैं। उनकी इस चेतना में अकहानी आंदोलन की सीमाओं का संकेत स्पष्ट रूप से विद्यमान है। जगदीश चतुर्वेदी की कहानियों में भी असामान्य यौनेच्छा और यौनावेग को प्रमुखता मिली है।

अकहानी ने कहानी के शिल्प में कुछ नये प्रयोग किये जिन्हें अनदेखा नहीं किया जा सकता। इन कहानियों में कथा-तत्व नहीं के बराबर है, घटनाएं और ब्यौरे भी असत्य हैं। कहानी में सूक्ष्मता को बल मिला है। इन सबका प्रभाव यह पड़ा है कि हिंदी कहानी उत्तरोत्तर जटिल और दुर्बोध होती गई है और उससे कथारस गायब हो गया है।

आधार ग्रंथ :

1. एक दुनिया समानांतर, राजेंद्र यादव।
2. कहानी नई कहानी, नामवर सिंह।
3. नई कहानी : संदर्भ और प्रकृति, देवी शंकर अवस्थी।

अचेतन

'अचेतन' मनोविज्ञान के क्षेत्र का शब्द है। फ्रायड (Sigmund Freud, 1856-1939) ने मन का विभाजन तीन स्तरों में किया है—चेतन (Conscious), अर्द्धचेतन (Preconscious) और अचेतन (Unconscious)। उनकी धारणा है कि वृत्त्यात्मक ऊर्जा (Instinctual Energy) अहं (Ego) अथवा अत्यहम् (Super Ego) से जब अधिक प्रबल होती है और उत्तेजित मन अपनी भावनाओं को शब्द देने में सफल हो जाता है, तब मन का यह स्तर चेतन कहलाता है, और जब वृत्त्यात्मक ऊर्जा अहं अथवा अत्यहम् से निर्बल होती है, उत्तेजित मन शब्दों से संबंध स्थापित नहीं कर पाता है तो भावनाएं कुंठित होकर मन के उस स्तर पर पूंजीभूत हो जाती हैं जिसे अचेतन कहते हैं। फ्रायड के अनुसार यह अचेतन मनुष्य के जीवन-भर के अनुभवों, इच्छाओं, वासनाओं और संस्कारों का भंडार होता है। मनुष्य की जितनी इच्छाएं सामाजिक-नैतिक आदि बंधनों के कारण अभुक्त रहती हैं, वे सभी इसी अचेतन में सोयी रहती हैं और समय-असमय प्रकाशन का प्रयत्न करती हैं।

मन के अचेतन की धारणा मनोविश्लेषण की बड़ी महत्वपूर्ण खोज है। अचेतन में मनुष्य के व्यक्तित्व को ढालने की अपार शक्ति होती है और मनुष्य के आचरण में जो अनेक प्रकार की असंगतियां दिखाई पड़ती हैं, उनमें प्रायः इसी अचेतन की प्रेरणा रहती है।

रोग के लक्षण के मूल में फ्रायड ने कुछ अचेतन इच्छाएं, भावनाएं या प्रवृत्तियां पायीं। सामान्य जीवन में भी भूलों, भ्रांतियों और खटकों का विश्लेषण करने पर उनका मूल कारण ऐसी इच्छाएं या प्रवृत्तियां ज्ञात होती हैं, जिनके बारे में व्यक्ति को स्वयं भी पता नहीं होता। फ्रायड के अनुसार मानस का अचेतन भाग चेतन से कहीं अधिक विस्तृत और शक्तिशाली है। काम शक्ति का कोश इस अचेतन मन में ही है, इसके अतिरिक्त अहम् और अत्यहम् की बहुत-सी मांगें भी हमारे अचेतन मन का अंश हैं, अर्थात हमें उनके बारे में कोई ज्ञान नहीं है और विशेष मनोवैज्ञानिक प्रयत्नों से ही वे चेतन मन में लायी जा सकती हैं। फ्रायड का मनोविज्ञान शैशव की दमित कामवृत्ति पर केंद्रित है। अचेतन का निर्माण इन स्वभावगत वासनाओं के दमन से होता है। यह दमन भी 'अहम्' अनजाने ही करता है और दमित वासनाएं सदा प्रकाशन के लिए प्रयत्नशील रहती हैं। अचेतन की कामवृत्ति वयस्क दृष्टि से विकृत कामप्रवृत्ति है, जिसकी तृप्ति सामाजिक जीवन में असंभव और अनैतिक है। वे दमित वासनाएं जिनका हमें कोई ज्ञान नहीं होता, स्वप्नों में दैनिक जीवन की भूलों में तथा अधिक प्रबल होने पर मानसिक रोगों में व्यक्त हुआ करती हैं। इसके कारण व्यक्ति विचित्र, असाधारण व्यवहार करता है, पर कारण वह स्वयं ही समझ नहीं पाता। यदि विश्लेषण के द्वारा यह दमित वासना चेतन मन में आ जाये तो व्यवहार की विचित्रताएं दूर हो जाती हैं।

श्री इलाचंद्र जोशी के 'प्रेत और छाया' तथा 'निर्वासित' उपन्यासों के नायक ऐसी ही अचेतन वासनाओं और ग्रन्थियों से आक्रांत हैं। अन्य बहुत से कलाकार भी मानसिक द्वन्द्व के इस पक्ष का उपयोग अपने पात्रों के चरित्र-चित्रण में करते हैं। फ्रायड के शिष्य जुंग भी सामूहिक अचेतन मानस में विश्वास करते हैं, परंतु फ्रायड के अचेतन की धारणा को उन्होंने कुछ परिवर्तित और विस्तृत कर दिया है। उनके अनुसार अचेतन में केवल कामप्रवृत्ति ही नहीं वरन् जीवन-शक्ति रहती है। 'लिबिडो' शब्द का अर्थ वे यही जीवन-शक्ति या जीवनेच्छा करते हैं। वे यह भी मानते हैं कि सामूहिक अचेतन कुछ अंशों में जातिगत और वंशगत होता है। सामूहिक अचेतन मानस में सोचने और अनुभव करने के कुछ ऐसे ढंग मिलते हैं, जिन्हें प्रागैतिहासिक पूर्वजों से आया हुआ आद्यरूप मानते हैं। जुंग 'मैन इन दि सर्च ऑफ सोल' में रचना को विशेषकर कविता को सामूहिक अचेतन का ही रचनात्मक प्रादुर्भाव मानते हैं।

अचेतन के आविष्कार से हिंदी-साहित्य में विशेष रूप से कथा-साहित्य में नयी दिशाओं का उन्मेष और इतिवृत्तात्मक वर्णन की सीमा में बंधे साहित्यकार के भावन में गहराई का समावेश हुआ है। द्विवेदीयुगीन नैतिक मनोदृष्टि से पराभूत शृंगार-चेतना का पुनरुत्थान हुआ, किंतु उसमें सस्तेपन की अपेक्षा एक बौद्धिक विश्लेषण का समावेश हो गया। दूसरी ओर एक अस्वस्थ प्रभाव भी इस रूप में पड़ा कि साहित्यकार अचेतन के अबूझ व्यापारों के विवेचन में उलझकर बहिरंग जगत् की ओर से सर्वथा उदासीन-सा हो गया और मनोवैज्ञानिक ग्रंथियों एवं रुग्ण पात्रों के विश्लेषण को ही साहित्य का लक्ष्य समझने लगा।

अचेतन में उन सभी मानसिक प्रक्रियाओं का समावेश है जो उभरकर चेतन में अपना अस्तित्व प्रकट नहीं करती। मनोवैज्ञानिकों ने इसके संबंध में विभिन्न विरोधी मत व्यक्त किये हैं। कुछ ने तो अचेतन मानसिक क्रियाकलाप की धारणा को ही मिथ्या बताया है। कुछ सृजनात्मक साहित्यकारों ने विशेषतः अतियथार्थवादी साहित्यकारों ने अचेतन को सार्वभौम प्रतीकों और जातीय आकांक्षाओं का भंडार माना है।

आधार ग्रंथ :

1. मानविकी पारिभाषिक कोश, डॉ. नगेंद्र।
2. हिंदी साहित्य कोश, भाग-1।
3. A Dictionary of Literary Terms and Literary Theory, J.A. Cuddon.
4. A History of Modern Psychology, Duane P. Schultz.
5. Encyclopaedia of Britannica, Vol .18.
वेबसाइट : www.en.wikipedia.org/wiki/unconscious_mind

अजनबीयत

अजनबीयत अंग्रेजी के एलियनेशन (Alienation) शब्द का हिंदी पर्याय है। इसके लिए हिंदी में अन्य कई शब्द भी प्रचलित हैं, जैसे 'परायापन', 'अजनबीपन', 'आत्म-निर्वासन', अकेलापन' आदि। इन शब्दों में संदर्भगत सार्थकता है क्योंकि 'एलियनेशन' शब्द साहित्येतर अनुशासनों-मनोविज्ञान, समाजविज्ञान, राजनीति विज्ञान आदि में भी प्रयुक्त किया जाता रहा है। यह एक प्रत्यय है और इसका अर्थ प्रयोग सापेक्ष है। यह शब्द अथवा प्रत्ययमूलक संकल्पना पश्चिम से ही साहित्य में गृहीत की गई है।

अंग्रेजी का एलियनेशन शब्द लैटिन शब्द 'एलिनिशियों' से निर्मित है जिसका अर्थ है विमुख होना, स्थानांतरित करना, हस्तांतरण करना आदि। रूसी रूपवाद से भी इसका गहरा संबंध है और प्रसिद्ध जर्मन नाटककार बर्तोल्त ब्रेख्त (Bertolt Brecht) ने 1920 के आसपास रूसी रूपवाद से ही डीफेमिलियराइजेशन (Defamiliarijation) की अवधारणा को एलियनेशन एफेक्ट (Alienation effect) के रूप में अपनाया।

अजनबीयत पर मुख्यतः दो दृष्टियों से विचार किया गया है—मार्क्सवादी और अस्तित्ववादी। मार्क्स ने 'आर्थिक एवं दार्शनिक पांडुलिपि' में अजनबीयत की समस्या पर वैज्ञानिक ढंग से विचार किया है। मार्क्स के अनुसार मनुष्य उत्पादन को रूप देता है, संवारता है और अपनी छाप देकर अपने 'व्यक्तित्व' की अभिव्यक्ति करता है। उत्पादन वैयक्तिकता का संमूर्तन है। इसके माध्यम से व्यक्ति अपने को पुनरुत्पादित करता है और अपनी अस्मिता को पहचानता है। पूंजीवादी व्यवस्था में उत्पादक का उत्पादन से लगाव नहीं रह जाता है। उत्पादन उसका चुनाव नहीं है। वह किसी अजनबी के लिए उत्पादन करता है और अपने श्रम को बेचने के लिए बाध्य होता है। श्रमिक का अपना व्यापार अपना न रहकर दूसरे का हो जाता है। अपने उत्पादन और श्रम से अलग होकर वह वस्तुतः अपने से ही अलग हो जाता है, क्योंकि वह अपने श्रम और उत्पादन को स्वतंत्र रूप से अंजाम नहीं देता। इस तरह मार्क्स ने अजनबीयत पर आर्थिक और दार्शनिक दृष्टियों से विचार किया है। मार्क्स की आर्थिक दार्शनिक दृष्टि से नव-साम्यवादी सहमत नहीं हैं। मारकूजे अजनबीयत का संबंध अर्थ और समाज से कम और मन से अधिक जोड़ते हैं क्योंकि अजनबीयत, ऊब, आत्मविकृति, कुंठा, अवसाद आदि मनः स्थितियां पूंजीपतियों में कहीं अधिक पाई जाती हैं। धनीवर्ग आत्म-निर्वासन के कारण ही जीवन ठीक से नहीं जी पाता। शंकाएं उसका पीछा नहीं छोड़तीं, भय उसे आवेष्टित किए रहता है। अजनबीयत आधुनिक सभ्यता और व्यक्ति केंद्रित संस्कृति का अभिशाप है।

अस्तित्ववादी दर्शन के प्रमुख व्याख्याकार सार्त्र (Jean Paul Sartre) और हाइडेगर (Martin Heidegger) ने अजनबीयत पर अपने-अपने ढंग से विचार किया है। हाइडेगर ने अपनी कृति 'अस्तित्व और काल' (Being and Time) में जीवन के दो रूप रेखांकित किए हैं। एक जीवन वह जो स्वयं जिया और रूपायित किया जाता है, दूसरा वह जिसे सामाजिक दबावों के कारण जीने के लिए व्यक्ति विवश है। यह सामाजिक विवशताओं से भरा जीना ही छद्म जीना है, अप्रामाणिक जीवन है। रूढ़ियों के दबाव अपने से ही अजनबी हो जाता है। वह नहीं रहता जैसा वह रहना चाहता है। यही अजनबीयत है।

सार्त्र ने अपने ग्रंथ 'अनस्तित्व' (Being and Nothingness, 1943) में दूसरों के लिए जीने की अवधारणा को ही अजनबीयत कहा है, क्योंकि दूसरों के अस्तित्व की चिंता ही हमें इससे निर्वासित कर देती है। सार्त्र की यह धारणा कि दूसरे लोग ही यातना है (The hell is other people) व्यक्तिवादी और संकीर्ण मनोवृत्ति की परिचायक है। अपने ग्रंथ 'द्वंद्ववादी तर्क की समीक्षा' (Critic of Dialectic Reason, 1960) में अजनबीयत को पुनः मार्क्सवादी दृष्टिकोण से देखने का प्रयास किया है।

सीमैन (Seeman, 1959) की सत्ताविहीनता (Powerlessness) एक ऐसी भावना है जिसमें व्यक्ति

का समाज में रहते हुए भी अपनी सत्ता के न होने की भावना उसमें जन्म ले लेती है और उसे ऐसा लगने लगता है कि समाज में उसके होने या न होने से कोई फर्क नहीं पड़ता है।

अजनबीयत का प्रभाव दुनिया-भर के साहित्य पर पड़ा है। दस्तोवस्की, काफ्का, कामू, सार्त्र और सैमुअल बेकेट की कृतियों में काफ्का इसका मसीहा है। हिंदी साहित्य में अज्ञेय के उपन्यास 'अपने-अपने अजनबी' में आत्म-निर्वासन की उपन्यास के कथानक में अंतर्निहित है। वस्तुतः आत्म-निर्वासन की अनुभूति, अपनों में अपनेपन का अभाव ही एलियनेशन है जो अस्तित्ववादी दर्शन की एक महत्वपूर्ण प्रवृत्ति है। टाल्सटॉय की कहानी 'ईवान इलिच की मृत्यु' अजनबीयत का अच्छा उदाहरण है जिसमें ईवान इलिच मृत्यु शय्या पर पड़ा होकर सोचता है और अनुभव करता है कि उसकी प्रेयसी-पत्नी और प्रिय बच्चे उसके लिए कैसे अजनबी होते जा रहे हैं।

मुक्तिबोध की कविता 'अंधेरे में' पर भी उसका गहरा प्रभाव है। अस्तित्ववादी साहित्य-दर्शन से प्रभावित रचनाकारों—मुक्तिबोध, अज्ञेय, कुंवर नारायण, मुद्राराक्षस आदि की रचनाओं में आत्म-निर्वासन की अनुगूंज है। इसके साथ ही समकालीन कथा साहित्य में अजनबीयत की विशिष्ट लहर है। अजनबीयत के मूल में समकालीन समाज-व्यवस्था, सर्वग्रासी राजनीति, अलगाववादी नौकरशाही है जो सामान्य जन और एलिट तबके के मध्य अजनबीपन को बढ़ा रहा है।

हिंदी की नई कविता और नई कहानी पर अजनबीयत का विशेष प्रभाव देखा जा सकता है। मार्क्सवादी विचार-दर्शन की निष्पत्ति है कि यह अजनबीपन की समस्या पूंजीवादी अर्थ तथा समाज-व्यवस्था की देन है। श्रम विभाजन, पूंजी के एकाधिकार, शोषणमूलक व्यवस्था ने आज मनुष्य को न केवल समाज से ही काटकर अलग कर दिया है, बल्कि वह अपने से भी कटा हुआ अनुभव कर रहा है। विशाल पूंजीवादी संरचना में वह एक निहायत निरीह प्राणी बन बैठा है। जिन मशीनों का उत्पादन उसने किया है, आज वह उन्हीं के बीच घिर कर रह गया है। वे ही उसे मशीन की भांति परिचालित करने लगी हैं। एक अजीब प्रकार के मानसिक संत्रास और अनिश्चयता से वह आक्रांत हो उठा है। आधुनिकतावादी दर्शन के हिमायती रचनाकार इस संत्रास और अकेलेपन के चित्रण को ही साध्य मानते हैं। मार्क्सवादी रचनाकार एवं विचारक इसके विपरीत इस समस्या को उसके आर्थिक-सामाजिक संदर्भों में देखते और प्रस्तुत करते हैं। उनका कहना है कि यह स्थिति चूंकि पूंजीवादी अर्थ व्यवस्था एवं समाज व्यवस्था का परिणाम है, अतः पूंजीवाद के विनाश के साथ ही इसका मिटना सुनिश्चित है। समाजवादी अर्थ व्यवस्था और साम्यवाद शोषण पर आधारित न होकर मानवीय श्रम की गरिमा एवं मानव समता पर आधारित होंगे। तब शोषण नहीं रहेगा, वर्ग विभक्त मनुष्यता न होगी, सबको विकास के समान साधन उपलब्ध होंगे, समाज हित में सभी भागीदर बनेंगे, तब अकेलेपन के संत्रास का कारण ही समाप्त हो जाएगा।

आधार ग्रंथ :

1. मार्क्सवादी साहित्य चिंतन : इतिहास तथा सिद्धांत, डॉ. शिवकुमार मिश्र।
2. एक दुनिया समानांतर, राजेन्द्र यादव।
3. पाश्चात्य काव्यशास्त्र : अधुनातन संदर्भ, सत्यदेव मिश्र।
4. Key Words, Raymond Williams.
5. The Outsider, Collin Wilson.
6. Literary Modernism, Erwing Hope.
7. Man Alone, Eric and Joseffson.
8. A Glossary of Literary Terms, M H Abrams.

वेबसाइट : www.en.wikipedia.org/wiki/alienation

अजपा जाप

'अजपा जाप' नाथपंथी योगियों द्वारा प्रयुक्त होने वाला ऐसा शब्द है जिसका प्रभाव हिंदी के संत कवियों पर पड़ा। कबीर ने इस शब्द का अनेकशः इस्तेमाल किया है। इसलिए कबीर आदि संत कवियों के साहित्य को समझने के लिए 'अजपा जाप' के गूढ़ार्थ को समझना आवश्यक है। 'अजपा जाप' का शाब्दिक अर्थ है ऐसा जाप जिसमें जिह्वा का प्रयोग न करना पड़े या जिसका बाह्य रूप प्रकट न हो। सामान्यतः संत साधक अपने

आराध्य का नाम जिह्वा से उच्चरित करते हैं। यह नाम जप की आरम्भिक अवस्था है। साधना की उच्चतर स्थिति में पहुंचने पर नाम जप संत साधक का संस्कार बन जाता है। नाम जप का कार्य श्वास-प्रश्वास क्रिया के साथ निरंतर चलता रहता है। योगी इसे अजपा गायत्री कहते हैं। कहा गया है-

हंकारेण बहिर्याति सकारेण विशेत्पुनः।
हंस हंसेत्ययं मन्त्रं जीवो जपति सर्वदा।।

अर्थात् 'हंकार' की ध्वनि के साथ श्वास बाहर जाता है और 'सकार' की ध्वनि के साथ भीतर प्रवेश करता है। इस प्रकार 'हंस', 'हंस' का मंत्र जीव निरंतर जपता रहता है। इसी को 'सोऽहं वृत्ति' कहते हैं। यही 'अजपा गायत्री' है।

अजपा नाम गायत्री योगिनां मोक्षदायिनी।
तस्याः संकल्प मात्रेण नरः पापैर्विमुच्यते।।

इस प्रकार 'माला' या 'सुमिरनी' की सहायता से जिह्वा के द्वारा उच्चारित नाम स्मरण या जाप एक प्रकार की सायास क्रिया है। जब यह क्रिया समाप्त हो जाती है और बिना किसी आयास के स्वतः श्वास क्रिया के साथ 'हंस', 'हंस' का जाप निरंतर चलने लगता है तो 'अजपा जाप' की स्थिति मान्य होती है। कबीरदास ने कहा है :-

सुरति समानी निरति में, अजपा माहे जाप।
लेख समाना अलेख में, यों आपा माहे आप।।

आधार ग्रंथ :

1. कबीर मीमांसा, राम चंद्र तिवारी।
2. कबीर, हजारी प्रसाद द्विवेदी।
3. अकथ कहानी प्रेम की : कबीर और उनका समय, पुरुषोत्तम अग्रवाल

अतियथार्थवाद

'अतियथार्थवाद' अंग्रेजी के सुर्रियलिज्म (Surrealism) का हिंदी पर्याय है। साहित्य और कला के क्षेत्र का यह एक ऐसा आंदोलन है जिसका जन्म प्रथम विश्वयुद्धोत्तर फ्रांस में हुआ। नाम से यथार्थवाद के चरम रूप का भ्रम पैदा करने वाला यह 'वाद' यथार्थवाद से पूर्णतः भिन्न है और एक तरह से स्वच्छंदतावाद की ही अंतिम परिणति है।

अतियथार्थवाद प्रथम विश्वयुद्ध (1914-1918) जनित विभीषिका का स्पष्ट प्रतिफलन था। प्रथम विश्व-युद्ध के भीषण नर-संहार एवं आर्थिक ह्रास ने यूरोपीय समाज को अव्यवस्था, अराजकता, विवेकशून्यता एवं एक प्रकार की नकारात्मक प्रवृत्ति से भर दिया था। परिणामस्वरूप कलाकार एवं साहित्यकार इस विश्वव्यापी भीषण तबाही से ऊब कर एक ओर तो निराश और हताश होकर कठोर, यथार्थ के आघातों से जर्जरित अवचेतन मन के रहस्यमय गह्वरों में विचरण करने लगे तो दूसरी ओर समाज, धर्म, कला एवं साहित्य की पूर्वमान्य सभी मान्यताओं को धराशायी करने लगे। अतियथार्थवाद 'दादावाद' (Dadaism) से सर्वाधिक प्रभावित था। किन्हीं अर्थों में 'दादावाद' अतियथार्थवाद का जनक है। 'दादावाद' (1916) ट्रिस्टन जारा (Tristan Tzara) द्वारा प्रवर्तित ऐसा आंदोलन था, जिसका प्रमुख उद्देश्य सभी प्रकार के नैतिक एवं कलात्मक मूल्यों और प्रतिमानों का विध्वंस करना था। दादावाद के समर्थकों ने समाज, धर्म, कला, साहित्य आदि सभी क्षेत्रों के मान-मूल्यों का विनाश करके नवीन मूल्यों की स्थापना करना ही अपना दायित्व समझा। अतियथार्थवादियों ने कला एवं साहित्य के प्रचलित सिद्धांतों को घृणा की दृष्टि से देखना दादावादियों से ही सीखा था। इस तरह अतियथार्थवाद प्रथम विश्वयुद्ध जनित विभीषिका तथा दादावादी प्रभाव का परिणाम था।

अतियथार्थवादी आंदोलन की पृष्ठभूमि में फ्रायड, हीगेल तथा मार्क्स के साहित्य-सिद्धांतों का पर्याप्त प्रभाव रहा है। फ्रायड की अचेतन मन (Subliminal mind) संबंधी धारणा, हीगेल का समन्वयवादी चिंतन, मार्क्स चिंतन आधारित तत्कालीन अर्थव्यवस्था के खोखलेपन के प्रति वितृष्णा आदि अनेक अवधारणाओं ने अतियथार्थवादी आंदोलन के अभ्युदय में सहायता की है।

स्वयं अतियथार्थवाद के पितामह आंद्रे ब्रेतां (Andre Breton) ने अतियथार्थवादी प्रवृत्ति को मानव-मस्तिष्क की एक ऐसी वर्गीकृत लहर माना है, जिसकी यत्र-तत्र अभिव्यक्ति सार्वकालिक तथा सार्वदेशिक रही होगी।

अतियथार्थवाद की परिभाषा देते हुए इस शब्द का वर्तमान अर्थ में प्रयोग सबसे पहले फ्रांसीसी साहित्यकार आंद्रे ब्रेतां ने 1924 ई. में अपने घोषणा पत्र 'मेनिफेस्टो आन सुर्रियलिज्म (Manifesto on

Surrealism) में किया। वस्तुतः इस आंदोलन का प्रारंभ यहीं से हुआ। हालांकि इस घोषणा पत्र को प्रकाशित करने से पूर्व ही आन्द्रे ब्रेतां तथा उनके मित्र फिलिप सूपाल्त (Philippe Soupault) ने अतियथार्थवादी लेखन का आरंभ 1919 ई. में ही किया था। मेनिफेस्टो का मूल पाठ आंद्रे ब्रेतां तथा फिलिप सूपाल्त द्वारा 'लेस चेम्पस् मेगनेटिक्स' (Les Champs Magnetiques) के नाम से 1919 ई. में प्रकाशित हो चुका था।

चित्रकला में अतियथार्थवाद के जन्मकाल से ही विभिन्न कलाओं एवं साहित्य में कोई भेद-भाव नहीं किया गया, वरन् साहित्य (विशेष रूप से कविता) को भी कलाओं का ही अंग समझा गया। परिणामतः साहित्यकार, चित्रकार आदि एक दूसरे को प्रभावित करते हुए अपने-अपने क्षेत्र में कार्यरत रहे। 1936 ई. में लंदन में अतियथार्थवादी कला की प्रदर्शनी उद्‌घाटित हुई। हर्बर्ट रीड, जो इस आंदोलन के समर्थक थे, ने इसका परिचय प्रस्तुत किया। इस तरह फ्रांस में प्रादुर्भूत 'अति यथार्थवादी' आंदोलन विश्वव्यापी हुआ। अनेक अंग्रेजी आलोचकों का विश्वास है कि 19वीं सदी का स्वच्छंदतावाद ही विकसित होकर 20वीं सदी के प्रारम्भिक पांच दशकों में अतियथार्थवाद के रूप में परिणत हो गया। स्वच्छंदतावादी रहस्यमयता, अतिप्राकृत एवं अतिरंजित कल्पनाशीलता, स्वानुभूति को रूपायित करने का प्रयत्न, व्यक्तिवादी दृष्टिकोण, आत्मप्रकाशन की प्रवृत्ति, अवचेतन मनः स्थितियों को चित्रित करने का संकल्प आदि अनेक स्वच्छंदतावादी विशेषताएं अतियथार्थवाद की भी विशेषताएं हैं। इस प्रकार हम देखते हैं कि स्वच्छंदतावादी तत्त्व अतियथार्थवाद के भी अंशीभूत हैं। किन्तु इसका अर्थ यह नहीं लगाया जा सकता कि स्वच्छंदतावाद ही विकसित होकर अतियथार्थवाद हो गया, क्योंकि दोनों में मौलिक भेद है। युद्ध-विभीषिका तथा 'दादावाद' से आक्रान्त अतियथार्थवादी कलाकार मानव की नग्न पाशविकता, उसकी यौन विकृति के ऐसे अवांछित चित्र भी प्रस्तुत करते हैं, जो स्वच्छंदतावादी प्रकृति के सर्वथा प्रतिकूल हैं। यही नहीं, मार्क्सवादी दृष्टिकोण से प्रभावित अतियथार्थवादी, समाज का पुनर्गठन भी करना चाहते हैं, जो कि स्वच्छंदतावाद के क्षेत्र से बाहर की चीज है।

अतियथार्थवादी आंदोलन के विकास की तीन कालावधियां हैं। प्रथम काल आंद्रे ब्रेतां के प्रथम घोषणापत्र से प्रारंभ होकर दूसरे घोषणापत्र के प्रकाशन (1924-1929) तक माना जा सकता है। इस काल में यह प्रवृत्ति अवचेतन मन को बिना तर्क अथवा बुद्धि के बंधन के शब्द देने की कोशिश करती रही। अतियथार्थवादियों की धारणा रही कि मानव-मस्तिष्क को किसी प्रकार भी पूर्ण विमुक्ति दिलाना ही कला-साहित्य के क्षेत्र में क्रांतिकारी परिवर्तन होगा। सभी प्रकार के सामाजिक मूल्यों एवं परंपराओं का विनाश करके नवीन मूल्यों की स्थापना करना ही इस प्रथम काल के अतियथार्थवादियों का प्रधान उद्देश्य रहा। अपने द्वितीय काल (1929-1933) में अतियथार्थवादी साम्यवाद की ओर झुके रहे, परिणामस्वरूप इस युग के अतियथार्थवाद में मार्क्सवादी जीवन-दर्शन का प्रभाव स्पष्टतः परिलक्षित होता है। यह काल ब्रेतां के दूसरे घोषणा पत्र (Second Manifesto on Surrealism) के प्रकाशन से प्रारंभ होकर कम्युनिस्ट पार्टी से संबंध-विच्छेद होने के कारण अतियथार्थवादी पत्रिका (Review) के प्रकाशन के बंद हो जाने (1924-1929) तक माना जा सकता है। अपने तीसरे और अंतिम काल में अतियथार्थवादी कलाकारों एवं साहित्यकारों पर मार्क्सवादी प्रभाव क्षीण हुआ तथा वे स्वदेश-प्रेम, धर्म-परिवार व्यवस्था के साथ ही साथ सजग लेखन की प्रवृत्ति की ओर भी उन्मुख हुए।

आंद्रे ब्रेतां ने अपने प्रथम घोषणापत्र में अतियथार्थवाद के उद्देश्य को स्पष्ट करते हुए कहा था कि इसका उद्देश्य मानव-मन को किसी प्रकार के भी बंधन से पूर्ण मुक्ति दिलाना तथा आंतरिक और बाह्य सत्य से एकाकार करना है। आंद्रे ब्रेतां ने स्वतःचालित (Automatic Writing) लेखन को अतियथार्थवादी साहित्यकार के लिए अपरिहार्य माना है। स्वतःचालित लेखन के माध्यम से अवचेतन मन की अभिव्यक्ति में वह आदतों, धार्मिक-सामाजिक-मान्यताओं, शिल्पगत नियमों आदि से संबंधित किसी प्रकार के भी अंकुश को स्वीकार नहीं करते। उनकी धारणा है कि यह बंधनहीन अभिव्यक्ति ही मानव और ब्रह्मांड के सही संबंध का उद्‌घाटन कर सकती है। हर्बर्ट रीड के अनुसार मनुष्य एक हिमखंड की तरह समय स्रोत के प्रवाह में बह रहा है। जिस प्रकार पानी में प्रवाहित हिमशैल का थोड़ा-सा अंश ही जल-सतह से ऊपर रहता है, उसी प्रकार मनुष्य का थोड़ा-सा अंश ही चेतन के स्तर पर ऊपर है, अधिकांश अर्धचेतन अथवा अचेतन में छुपा हुआ है। अतः अतियथार्थवादी कवि या चित्रकार का लक्ष्य इस अधिकांश को विवेक के अंकुश से मुक्त करके प्रकट करना होता है। इस प्रकार अतियथार्थवाद के सिद्धांतानुसार सामान्य जगत से परे जो जगत है, वही अधिक यथार्थ है, उसका चित्रण ही कलाकार का दायित्व है। यही कारण है

कि अतियथार्थवादी स्वप्नों, विभ्रमों, अर्धजाग्रत अवस्थाओं की खोजबीन में अधिक तल्लीन रहते हैं और इस निरीक्षण-परीक्षण में वह स्वतःचालित लेखन (Automatic Writing) पर सर्वाधिक बल देते हैं। उनका विश्वास है कि अवचेतन मन के निर्देशन में स्वतःचालित लेखन के माध्यम से जो कुछ भी प्रस्तुत होगा, सत्य होगा। उनकी दृष्टि में इसी ज्ञानधारा का प्रसारण एवं पल्लवन साहित्यकार का दायित्व एवं प्रयोजन होना चाहिए।

स्वतःचालित लेखन को हर्बर्ट रीड ने अपने निबंध 'मिथ, ड्रीम एंड पोयम' में मन की एक ऐसी अवस्था के रूप में माना है, जिसमें अभिव्यक्ति तुरंत नैसर्गिक रूप में होती है, अर्थात भावचित्र और उसकी शाब्दिक प्रतिकृति में कोई अंतर नहीं आता।

शिल्पगत नियम और विधान में भी अतियथार्थवादियों की आस्था नहीं है। भाषा एवं व्याकरण के बंधन भी उन्हें स्वीकार्य नहीं हैं। वे शब्दों को स्वतःजीवित बिंबों के रूप में स्वीकारते हैं, किसी प्रकार के शास्त्रीय अलंकरण में उनका विश्वास नहीं। अतियथार्थवादियों का बिंब-विधान बड़ा ही दुर्बोध होता है। कभी-कभी तो कविता, कविता न रहकर गद्य के स्तर पर पहुंच जाती है और वह भी ऐसा गद्य जिसे आसानी से समझा नहीं जा सकता। 'इनसाइक्लोपीडिया ऑफ पोयट्री एंड पोएटिक्स' में कहा गया है,

"Very often the poem is indistinguishable from prose...by considering words as images having an autonomous life of their own...this rather than the use of metaphors, or other figures of rhetoric, is the basis of surrealist imagery."

पूर्व मान्यताओं और नियमों की अवहेलना के फलस्वरूप अतियथार्थवादियों का साहित्य अपने स्वरूप में पूर्णतः अव्यवस्थित और अराजक है। अतियथार्थवादियों की इसी साहित्यिक अराजकता ने उनके संप्रेषण विधान को नष्ट किया जिसके कारण धीरे-धीरे यह आंदोलन कमजोर होता गया।

अतियथार्थवादी साहित्य के प्रमुख विषय, प्रेम (Love), विद्रोह (Revolt), अद्‌भुत (The marvellous) और स्वातंत्र्य (Freedom) हैं। यौन लिप्साओं का खुला चित्रण ही उनकी प्रेम-स्वच्छंदता है। 'विद्रोह' के नाम पर वे समाज, धर्म, नीति, तर्क आदि संबंधी सभी पूर्व मान्य सिद्धांतों और परंपराओं के विध्वंसक हैं।

वे जीवन को असंगतियों (Absurdities) से भरा हुआ मानते हैं, अतः साहित्य अथवा कला में जीवन की अभिव्यक्ति का एक ही मार्ग है कि जीवन की असंगतियों, बेहूदगियों एवं विद्रूपताओं को कला-साहित्य में स्थान दिया जाए। उनका कहना है कि असंगति ही मानव-मन अथवा जीवन का असली यथार्थ है (Absurdity of mind is the super reality)। जीवन की इन असंगतियों के चित्रण के लिए यह आवश्यक है कि अवचेतन मन की मुक्त अभिव्यक्ति हो सके और अनुभूति को यथावत् प्रस्तुत किया जा सके। उन्होंने कला को बौद्धिकता की बेड़ियों तथा सभी प्रचलित कला-विधानों से पूर्णतः मुक्त करना उचित समझा।

अतियथार्थवाद ने विश्व-साहित्य एवं कला पर गहरा प्रभाव डाला। साहित्य-कला के अतिरिक्त इस आंदोलन ने सिने संसार को भी प्रभावित किया है।

हिंदी साहित्य पर अतियथार्थवाद का प्रभाव बहुत कम है। 'प्रपद्यवाद' पर कुछ प्रभाव अवश्य देखा जा सकता है। नलिन विलोचन शर्मा, केसरी कुमार तथा नरेश द्वारा प्रवर्तित इस काव्य-आंदोलन के बाह्य तथा अंतर दोनों पर ही अतियथार्थवाद की छाया स्पष्ट है। 'प्रपद्यवाद' के कवियों ने अपना घोषणापत्र भी प्रकाशित किया था 'पस्पशा' शीर्षक से। परंतु इस काव्यांदोलन का भी कोई स्थायी प्रभाव हिंदी साहित्य पर दिखायी नहीं देता, उल्लेख जरूर होता है।

आधार ग्रंथ :

1. पाश्चात्य काव्य शास्त्र : अधुनातन संदर्भ, सत्यदेव मिश्र।
2. Surrealism, (Ed.) Herbert Read.
3. A Story Survey of Surrealism, David Gascoyne.
4. Encyclopaedia of Poetry and Poetics, Alex Preminger.
5. Literary Origins of Surrealism, A.E. Balakian.
6. History of Surrealism, Maurice Nadeau.
7. The Surrealist Movement in England, Paul C. Ray.
8. A Glossary of Literary Terms, M.H.Abrams.
वेबसाइट : www.en.wikipedia.org/wiki/surrealism

अद्वैतवाद

'अद्वैतवाद' एक दार्शनिक दृष्टिकोण है। इस अवधारणा की परंपरा वैदिक काल से ही मिलने लगती है किंतु इसे व्यवस्थित स्वरूप प्रदान करने का श्रेय शंकराचार्य (788-820 ई.) को है। अद्वैतवाद का आधार है—'ब्रह्म सत्यं जगन्मिथ्या' अर्थात् ब्रह्म ही सत्य है बाकी सारा जगत् मिथ्या है। आत्मा और परमात्मा दोनों वस्तुतः एक ही हैं। वह उससे भिन्न नहीं है। सांसारिक माया के कारण मनुष्य आत्मा-परमात्मा की एकता को पहचानने की भूल करता है। शंकराचार्य एक ओर बौद्ध एवं जैन दर्शन का विरोध कर रहे थे तो दूसरी ओर उनका विरोध आलवार एवं नयनार भक्तों से था। शंकराचार्य ने ज्ञान के साथ-साथ निर्गुण ब्रह्म की उपासना का प्रचार किया। ईश्वर को शिव का स्वरूप देकर जनसाधारण के लिए शैव उपासना और पंडितों के लिए ज्ञानमार्ग के द्वारा एकेश्वरवाद का मार्ग प्रशस्त किया। उनके इस आत्माद्वैतवाद को ही 'अद्वैतवाद' के नाम से पुकारा जाता है। इसे अन्य वेदांत मतों से भिन्न करने के लिए 'केवलाद्वैतवाद' भी कहा जाता है।

अद्वैतवाद का दर्शन ऋग्वेद में भी मिलता है। छांदोग्य उपनिषद् में 'तत्वमसि' कहकर उसके स्वरूप को प्रतिष्ठित किया गया। वृहदारण्यक उपनिषद् में आत्मा को 'नेति-नेति' कहा गया, नानात्व का खंडन किया गया और आत्म-लाभ को ही मोक्ष समझा गया। सूत्रकाल में अनेक आचार्यों ने उपनिषदों के सार को ब्रह्मसूत्रों के रूप में लिखा, जिनमें से कुछ अद्वैतवादी भी थे।

उपनिषदों, ब्रह्मसूत्रों तथा गीता पर भाष्य लिखने से परवर्ती काल में उपनिषदों के सिद्धांतों का बड़ा प्रचार हुआ। इन सबको 'वेदांत' कहा जाता है। शंकराचार्य ने भी उपनिषद्भाष्य, ब्रह्मसूत्र-भाष्य तथा गीता-भाष्य लिखा जो आज उपलब्ध है। शंकराचार्य ने अपने से पहले के कुछ लोगों को अद्वैतवादी कहा है पर उनकी कृतियां अनुपलब्ध हैं। शंकराचार्य के गुरु गौडपाद की मांडूक्य कारिका आज भी उपलब्ध है जिसमें अद्वैतवाद का सर्वप्रथम तर्कसंगत विश्लेषण मिलता है। गौडपाद बौद्धों के अद्वैत दर्शन से प्रभावित थे। उनके पूर्व बौद्धग्रंथों में मायावाद की सुंदर व्याख्या हो चुकी थी। शंकराचार्य ने तो अद्वैतवाद का प्रवर्तन ही किया। उन्होंने केवल भाष्यों की ही रचना नहीं की, वरन् अद्वैत-विरोधियों को शास्त्रार्थ में पराजित किया। बदरिकाश्रम, द्वारकापुरी और शृंगेरी में अपने मत के प्रचार के लिए मठ स्थापित किये, संन्यास परंपरा का जीवनोद्धार किया और दशनामी संप्रदाय की स्थापना की।

शंकराचार्य के शिष्य सुरेश्वराचार्य तथा पद्मपाद की 'पंचपादिका' और सुरेश्वराचार्य के 'वृहदारण्यकोपनिषद्-भाष्यवार्तिक' तथा 'नैष्कर्म्यसिद्धि' अद्वैतवाद के प्रामाणिक ग्रंथ हैं। शंकराचार्य के ही समकालीन मंडन मिश्र थे। मंडन मिश्र के ग्रंथों में 'ब्रह्मसिद्धि' तथा 'विभ्रमविवेक' में सुरेश्वर के मतों से भिन्न मत मिलते हैं।

मंडन मिश्र की विचार परंपरा में वाचस्पति मिश्र हुए। इन्होंने भामती (जो इनकी स्त्री का नाम था) नाम से शंकर के 'ब्रह्मसूत्रभाष्य' की विस्तृत और विद्वत्तापूर्ण व्याख्या लिखी। इस तरह अद्वैतवाद को सैद्धांतिक आधार बराबर मिलता रहा। हिंदी साहित्य पर भी अद्वैतवाद का गहरा प्रभाव देखा जा सकता है। हिंदी के अधिकांश संत कवि अद्वैतवादी हैं। कबीर का इनमें प्रमुख स्थान है। कबीर के गुरु रामानंद को भी अद्वैतवाद का अच्छा ज्ञान था। संभव है कबीर को उन्हीं से यह ज्ञान मिला हो।

कबीर के पूर्व भी सरहपाद, तिल्लोपाद आदि सिद्ध, जिनकी रचनाएं पुरानी हिंदी में हैं, वस्तुतः अद्वैतवादी ही हैं। गोरखनाथ अद्वैतवादी ही थे। सिद्धों और नाथों ने जनता की बोली में कबीर से पहले अद्वैतवाद का प्रचार किया था। योग, बौद्ध और वेदांत तीनों के मिलने से शंकर के समय में ही उत्तर भारत में अद्वैतवाद का प्रचार हो चुका था। बौद्धों और उपनिषदों के बाहर जाने से अद्वैतवाद ईरान, अरब और मिस्त्र में गया फिर मुसलमानों के आने पर सूफीमत का रूप धारण कर भारत में वापस आया।

परवर्ती काल में स्वामी रामतीर्थ ने अद्वैतवाद का साहित्य तथा जनता में प्रचार किया। इसी समय बंगाल में स्वामी रामकृष्ण परमहंस ने अद्वैतवाद की प्रबल धारा प्रवाहित की। उनके प्रिय शिष्य स्वामी विवेकानंद के ग्रंथों से ही साधारण जन आज अद्वैतवाद का परिचय प्राप्त करते हैं।

आधार ग्रंथ :

1. हिंदी साहित्य कोश, भाग-1।
2. भक्ति का विकास, मुंशीराम शर्मा।
3. हिंदी काव्य में निर्गुण संप्रदाय, पीतांबरदत्त बड़थ्वाल।
4. भारतीय दर्शन, सर्वपल्ली डॉ. राधाकृष्णन।

अनाहत नाद

अनाहत नाद शब्द नाथपंथी योगियों के यहां प्रयुक्त होने वाला एक खास अर्थ का व्यंजक पारिभाषिक शब्द है। नाथपंथी योगियों के प्रभाव से संत साहित्य में भी यह शब्द बार-बार प्रयुक्त हुआ है। कबीरदास ने इस शब्द का अनेकशः इस्तेमाल किया है। संसार में कर्णेंद्रिय के माध्यम से जो भी नाद सुनाई पड़ता है, वह सब 'आहत नाद' है क्योंकि वह किन्हीं दो वस्तुओं के टकराने से उत्पन्न होता है। हम सामाजिक प्रयोग के लिए जिस भाषा (बैखरी वाणी) का प्रयोग करते हैं उसके शब्द, ध्वनि अवयवों के टकराने से उत्पन्न होते हैं। अतः हमारी लौकिक भाषा 'अनाहत नाद' की भाषा है। जब तक साधक की प्रवृत्ति बहिर्मुखी होती है तब तक वह आहत नाद ही सुन सकता है, किंतु जब उसकी प्रवृत्ति अंतर्मुखी हो जाती है और वह अपनी चित्तवृत्ति को भीतर की ओर प्रवाहित कर लेता है तब उसे 'अनाहत नाद' सुनाई पड़ता है। योग की परिभाषा ही की गई है योगश्चित्तवृत्ति निरोधः आर्थात् चित्तवृत्तियों के निरोध को योग कहते हैं। योग-साधना की शब्दावली में यह 'नादानुसंधान' की क्रिया है। 'नाद का अनुसंधान' 'शब्द ब्रह्म' का अनुसंधान है। चित्तवृत्ति के अंतर्मुखी होने पर आरंभ में जो अंतर्लोक में अनेक प्रकार की आकर्षक ध्वनियां सुनाई पड़ती हैं वे वास्तविक अनाहत ध्वनियां नहीं हैं। वे साधक का ध्यान बंटाने के लिए अपनी ओर उसे आकृष्ट करती हैं। इनके आकर्षण से अपने को मुक्त करके योगी साधक अपना ध्यान हृदय के अंतःक्षेत्र में लीन करता है। 'अनाहत चक्र' ही 'अनाहत नाद' का केंद्र है। अपनी अंतर्मुखी चेतना को अनाहत चक्र में लीन करके योगी उस 'शब्द ब्रह्म' का अनुभव करता है जो समग्र विश्व में अखंड रूप में व्याप्त है। कबीरदास ने अपने कई पदों में 'अनहत' या 'अनाहत' शब्द का प्रयोग किया है–

"उलटे पवन चक्रषट बेधा, मेरदंड सरपूरा।
गगन गरजि मन सुन्नि समाना, बाजे अनहद तूरा।।"

उपर्युक्त पद से स्पष्ट है कि मनः प्रवृत्ति के अंतर्मुखी होने पर कुंडलिनी शक्ति जब षट्चक्रों को भेदकर शून्य में समा जाती है तभी अनाहत ध्वनि सुनाई पड़ती है। कबीर ने एक अन्य पद में कहा है :

"अवधू ग्यान लहरि धुनि मांडी रे।
सबद अतीत अनाहत राता, इहि विधि त्रिष्णा षाड़ी।।"

इससे भी यही संकेत मिलता है कि ज्ञान की तरंग में मग्न होने और सांसारिक तृष्णा के क्षय होने पर ही (चित्तवृत्ति के पूर्णतः अंतर्मुखी होने पर ही) लोकातीत अनाहत शब्द में साधक का मन लीन होता है। स्पष्ट है कि कबीरदास योगियों के 'नादानुसंधान' की क्रिया से पूर्णतः परिचित थे और इस रहस्य को लक्षित करते हुए ही उन्होंने 'अनाहत नाद' की चर्चा की है। किंतु स्वयं कबीर की साधना पद्धति में योगियों के इस अनाहत नाद के लिए जगह नहीं है। उनकी भक्ति का मूलाधार प्रेम है। कबीर सहज साधना के साधक हैं। योगियों का अनहद अनुभव उनकी दृष्टि में तमाशा ही है, "अनहद-अनुभव की करि आसा। देखौ यह विपरीत तमासा।" कबीर की दृष्टि में 'अनहद नाद' की दुराशा में फंसकर ये योगी वहां चले गए, जहां शून्य है, जहां कुछ भी नहीं है।

आधार ग्रंथ :

1. कबीर मीमांसा, रामचंद्र तिवारी ।
2. कबीर, हजारी प्रसाद द्विवेदी।
3. अकथ कहानी प्रेम की : कबीर और उनका समय, पुरुषोत्तम अग्रवाल

अनुकरण का सिद्धांत

अनुकरण (Theory of Mimesis) प्लेटो (Plato, 428-348 ई.पू.) और उनके शिष्य अरस्तू का बहुचर्चित सिद्धांत है। अरस्तू (Aristotle, 384-321ई.पू.) का जन्म मकदूनिया में हुआ था। उनके पिता सिकंदर के पितामह के दरबार में चिकित्सक थे। अतः अरस्तू का लालन-पालन सुसंस्कृत, संपन्न तथा अभिजात वातावरण में हुआ, जिसकी छाप उनके व्यक्तित्व पर पड़ी।

मृत्यु के पूर्व उन्होंने अपनी संक्षिप्ततम पर युग-प्रवर्तक कृति लिखी और वह है उनका वसीयतनामा, जिसके द्वारा उन्होंने अपने सभी दासों को दासता से मुक्त कर दिया। इतिहास में इस वसीयतनामे को दासता की प्रथम मुक्तिघोषणा होने का श्रेय दिया जाता है। उनके ग्रंथों की संख्या चार सौ बतायी जाती है। उनमें बहुत सारे आज उपलब्ध नहीं हैं। अरस्तू के काव्यशास्त्र का यूनानी नाम है 'पेरि पोइएतिकेस' जिसका अंग्रेजी रूपांतर है 'ऑन पोएटिक्स' (On Poetics) किंतु वह केवल 'पोएटिक्स' नाम से प्रसिद्ध है।

'पेरि पोइएतिकेस' प्रायः पचास पृष्ठों की छोटी-सी

पुस्तक है। जिसमें छब्बीस अध्याय हैं। कुछ अध्याय एक पृष्ठ के भी नहीं है, दसवां अध्याय केवल बारह पंक्तियों का है। प्रचीन यूनान में कला का विवेचन नैतिक दृष्टि से होता था। उनका सबसे बड़ा कवि ही सर्वश्रेष्ठ उपदेशक था। उनकी धारणा थी कि अपने काव्य में जीवन के सत्य का स्वच्छ प्रतिरूप प्रस्तुत करने के कारण ही होमर आदर्श कवि था।

वे मानते थे कि कला सच्चे रूप में अनुकरणात्मक होती है। सुकरात और उनके बाद के विचारकों ने इस बात की पुष्टि यह कहकर की कि कविता की ध्वनियां जीवन की ध्वनियों की नकल है और कविता की गतियां जीवन की गतियों की नकल। प्लेटो के पूर्ववर्ती यह मानते थे कि कलाकार वास्तविक जगत् के पदार्थों का निर्माण या उत्पादन नहीं करता, वह केवल उनका छायाभास ही निर्माण कर पाता है। इस प्रकार वे कला को अनुकृति मानते थे न कि स्वतंत्र रचना। प्लेटो पर इन विचारों का प्रभाव पड़ना स्वाभाविक था, अतः उसने भी कला को अनुकृति माना है।

प्लेटो ने स्पष्ट कहा कि अनुकर्ता कवि या चित्रकार यथार्थ वस्तुओं का चित्रण नहीं करते, प्रतीयमान वस्तुओं का चित्रण करते हैं क्योंकि मूल में यथार्थ वस्तु महान् शिल्पी की बनाई हुई है। कवि तथा चित्रकार दोनों ही उसका अनुकरण या नकल करते हैं। उदाहरण के लिए बढ़ई जिस पलंग या कुर्सी को बनाकर तैयार करता है वह विराट स्रष्टा के मस्तिष्क में बने रूप की छाया मात्र है। फिर भी बढ़ई सत्य के काफी निकट पहुंचा है, लेकिन चित्रकार जो उस पलंग का चित्र बनाता है वह तो यथार्थ से 'दोगुना-तिगुना' दूर चला गया है अर्थात् बढ़ई जो बनाता है वह वास्तविक का निर्माण नहीं करता है, वह जो बनाता है वह 'वास्तविक का अनुकरण' मात्र है। अतः मूल पलंग का निर्माता है ईश्वर, दूसरा उसी का निर्माण करता है बढ़ई, तीसरा उसी पलंग का चित्र आंकता है, चित्रकार। ईश्वर द्वारा पलंग की रचना वास्तविक है, शेष दोनों ही उसके अनुकर्ता हैं। इसलिए बढ़ई सत्य से दूना दूर और चित्रकार सत्य के तीन गुना दूर हो जाता है। जो बात चित्रकार पर लागू होती है, वही कवि पर भी। क्योंकि दोनों ही एक ही कोटि के प्राणी हैं। अनुकरण का अनुकरण होने के कारण कला वास्तविकता से तीन गुना दूर होती है। अतः कवि का अनुकरण झूठा होने के कारण वह पूर्ण आदर का अधिकारी नहीं है।

प्लेटो का विश्वास है कि ईश्वर जनित मूलादर्श ही वास्तविक सत्ता है और मूलादर्शों का एक सूक्ष्म जगत् है। यह स्थूल संसार उसी सूक्ष्म जगत् का अनुकरण है। ईश्वर ने मूलादर्श को सांसारिक वस्तुओं में प्रविष्ट कर दिया है। उसका विश्वास है कि यह दृश्यमान जगत् वैचारिक आदर्श जगत् की प्रतिकृति है। " यदि परमात्मा है, तो ब्रह्मांड उसकी अनुकृति है, यदि पदार्थ है, तो उनकी प्रतिच्छाया अनुकृतियां हैं, यदि मानवकृत शिल्प-वस्तुएं हैं तो उनके चित्र अनुकृतियां हैं।"

प्लेटो का मानना था कि कवियों द्वारा प्रस्तुत देवताओं और नायकों के चित्र आपत्तिजनक हैं। उन्हें अनुचित रूप से काव्य में वर्णित किया गया है। यदि देवता अन्यायी प्रतिशोधी, अनाचारी दिखाये गए हैं तो नायक अनियंत्रित भावावेश-दंभ, अमर्ष, दुःख आदि से ग्रस्त प्रस्तुत किये गये हैं। प्लेटो इस प्रकार के साहित्य को नागरिक तथा राष्ट्र दोनों को दूषित और भ्रष्ट करनेवाला मानते हैं इसलिए उन्होंने कवियों पर कठोर प्रहार किया और उन्हें आदर्श राज्य से बाइज्जत निष्कासित किये जाने की सलाह दी। अरस्तू ने काव्य-कला को राजनीति तथा नीतिशास्त्र की दृष्टि से न देखकर सौंदर्य-शास्त्र की दृष्टि से देखा। प्रत्येक कला-कृति को सौंदर्य की वस्तु माना। यही कारण है कि 'अनुकरण' के संबंध में अरस्तू का मत प्लेटो के मत से भिन्न है। उसने अपने युग में प्रचलित 'कला अनुकरण है' इस सूत्र को तो स्वीकार किया, किंतु उसकी नवीन व्याख्या की।

अरस्तू के अनुसार कलाकार तीन प्रकार की वस्तुओं में से किसी एक का अनुकरण कर सकता है—'जैसी वे थीं या हैं', 'जैसी वे कही या समझी जाती हैं' और 'जैसी वे होनी चाहिए'। स्पष्ट है कि वे काव्य का विषय प्रकृति के वास्तविक, संभाव्य और आदर्श रूप को मानते हैं। कवि को स्वतंत्रता है कि वह प्रकृति को उस रूप में चित्रित करे जैसी वह उसकी इंद्रियों को प्रतीत होती है अथवा जैसी वह भविष्य में प्रतीत हो सकती है अथवा जैसी वह होनी चाहिए। इस चित्रण में निश्चय ही कवि की भावना और कल्पना का योगदान होगा ; वह नकल मात्र नहीं होगा। वास्तविक एवं संभाव्य रूप में यदि वह भावना और कल्पना का आश्रय लेगा, तो आदर्श रूप में वह अपनी रुचि, इच्छा तथा आदर्शों के अनुरूप चित्र प्रस्तुत करेगा। इससे उनका अनुकरण स्पष्ट रूप से सृजनात्मक क्रिया है क्योंकि उनकी धारणा है कि अनुकरण की प्रक्रिया में प्रकृति के अनेक दोष, उसकी अनेक अपूर्णताएं कला द्वारा पूरी की जाती हैं। उन्हीं के शब्दों में "Every art aims at filling out what nature leaves un-done." अर्थात् प्रत्येक कला का उद्देश्य प्रकृति की अपूर्णता को पूरा करना होता है। उन्होंने अन्यत्र लिखा है, "Art finishes the job when nature fails or imitates the missing parts." अर्थात जब प्रकृति असफल होती है तो कला वह कार्य पूरा करती है अथवा कला प्रकृति के छूटे हुए अंशों का अनुकरण करती

है। इस प्रकार अरस्तू का अनुकरण-सिद्धांत भावनामय तथा कल्पनामय अनुकरण को मानकर चलता है, शुद्ध प्रतिकृति को नहीं।

अरस्तू का मत है कि कविता इतिहास की अपेक्षा अधिक दार्शनिक एवं उच्चतर वस्तु है। "कवि और इतिहासकार में वास्तविक भेद यह है कि एक तो उसका वर्णन करता है जो घटित हो चुका है और दूसरा उसका वर्णन करता है जो घटित हो सकता है ; काव्य सामान्य की अभिव्यक्ति है और इतिहास विशेष की"। उनके इस कथन में इतिहास के सत्य को मूर्त एवं अव्यापक बताया गया है और काव्य के सत्य को अमूर्त एवं व्यापक कहा गया है। मूर्त वस्तुपरक होता है, जबकि अमूर्त का चित्रण करना अनुभूति तथा विचार पर आश्रित होता है। अतः उनके काव्य और इतिहास संबंधी विवेचन से भी हम इसी निष्कर्ष पर पहुंचते हैं कि अनुकरण से अरस्तू का अभिप्राय भावपरक अनुकरण से था न कि यथार्थ वस्तुपरक प्रत्यंकन से।

अनुकरण को नया अर्थ प्रदान कर अरस्तू ने कला का स्वतंत्र अस्तित्व स्थापित किया, कला का संबंध अमूर्त तर्क से नहीं, संवेदन और बिम्ब विधायिनी शक्ति से माना, सुंदर को शिव से अधिक व्यापक बताया, कला पर प्लेटो द्वारा लगाये गये आरोपों का उत्तर देते हुए कविता को दार्शनिकों तथा नीतिज्ञों के चंगुल से मुक्त किया तथा कवि और काव्य को श्रेष्ठ स्थान प्रदान किया।

आधार ग्रंथ :

1. अरस्तू का काव्य शास्त्र, नगेंद्र।
2. पाश्चात्य काव्यशास्त्र, देवेन्द्रनाथ शर्मा।
3. पाश्चात्य काव्यशास्त्र के सिद्धांत, डॉ. शांतिस्वरूप गुप्त।
4. Aristotle's Theory of Poetry and Fine Art, S.H. Butcher.
5. The Making of Literature, Scott James.
6. An Introduction to English Criticism, B. Prasad.

वेबसाइट : www.en.wikipedia.org/wiki/mimesis

अनुभूति

'अनुभूति' शब्द हिंदी का अपना पारिभाषिक शब्द है। 'अनुभूति' मन की वह क्रिया है जो बाह्य वस्तुओं के सुख दुःखात्मक प्रभाव की संवेदना जगाती है। संस्कृत में 'अनुभूति' 'अनुभव' का समानार्थी है। इसका अभिप्राय है-साक्षात प्रत्यक्ष ज्ञान या निरीक्षण और प्रयोग से प्राप्त ज्ञान। हिंदी में छायावाद-काल में यह शब्द नए अर्थ में प्रयुक्त होकर समीक्षात्मक प्रतिमान के रूप में स्थापित हुआ। छायावाद की वैयक्तिकता का सीधा संबंध अनुभूति से है। अनुभूति में जो सुख-दुखात्मक बोध होता है वह तीखा और बहुत कुछ निजी होता है। भाव से यह भिन्न है। इस शब्द को शास्त्रीय गरिमा से मंडित करने का श्रेय आचार्य रामचंद्र शुक्ल को है।

छायावाद-काल के आरंभ अर्थात् 1915 में ही शुक्ल जी ने 'नागरी प्रचारिणी पत्रिका' में एक निबंध लिखा था 'भाव या मनोविकार'। इसमें इन्होंने अनुभूति को 'सहजात' कहा है। यह जन्मना होती है। नाना विषयों के बोध का विधान होने पर ही उनसे संबंध रखनेवाली इच्छा की अनेकरूपता के अनुसार अनुभूति के भिन्न-भिन्न योग संघटित होते हैं। जो भाव या मनोविकार कहलाते हैं। 'अनुभूति' मूलतः सुखात्मक या दुखात्मक होती है।

आचार्य शुक्ल रति, उत्साह आदि को मन की सुखात्मक अनुभूति और क्रोध, भय, शोक आदि विकारों को मन की दुःखात्मक अनुभूति के रूप में स्वीकार करते हैं।

जहां तक कविता का संबंध है, इस क्षेत्र में 'अनुभूति' शब्द का व्यापक प्रयोग किया जाता है। भावानुभूति, रसानुभूति, लौकिक अनुभूति, अलौकिक अनुभूति, प्रत्यक्षानुभूति, समानुभूति, रहस्यानुभूति, काव्यानुभूति आदि अनेक रूपों में उसका प्रयोग मिलता है। क्रोचे तो अनुभूति को शरीर के योगक्षेम से संबंधित भीतरी क्रिया मानते हैं। इसीलिए इसे सुखदायक-दुःखदायक, उपयोगी-अनुपयोगी, लाभकारी-हानिकारी दो पक्षों को आवश्यक माना जाता है। 'सौंदर्यानुभूति' का अभिप्राय स्पष्ट करते हुए शुक्ल जी कहते हैं कि जब किसी वस्तु के रूप-रंग की भावना में डूबकर हम अपनी अंतःसत्ता को भूलकर तदाकार हो जाते हैं तो इसी को सौंदर्यानुभूति कहते हैं। अंतःसत्ता की 'तदाकार परिणति' ही सौंदर्यानुभूति है।

जयशंकर प्रसाद के लेख 'काव्यकला' में 'अनुभूति' का अर्थ 'आत्मानुभूति' माना गया है जो चिन्मयी धारा से जुड़कर किंचित रहस्यमयी हो जाती है। नंददुलारे

वाजपेयी आत्मानुभूति को साहित्य का प्रयोजन मानते हैं। इधर 'अनुभूति' को प्रयोगवादियों ने वैयक्तिक कहकर अपनी वैयक्तिकता का ही परिचय दिया है, क्योंकि वैयक्तिक विशेषण लगाने से अनुभूति का अर्थ विकृत हो जाता है।

आधार ग्रंथ :

1. चिंतामणि भाग-1, 2, आचार्य रामचंद्र शुक्ल।
2. काव्यकला तथा अन्य निबंध, जयशंकर प्रसाद।
3. आधुनिक हिंदी साहित्य, नंददुलारे वाजपेयी।
4. इतिहास और आलोचना, नामवर सिंह।
5. रसमीमांसा, रामचंद्र शुक्ल।

अनुभूति की प्रामाणिकता

'अनुभूति की प्रामाणिकता' नई कविता की गोद से विकसित होने वाला हिंदी का अपना पारिभाषिक शब्द है। इसके लिए कहीं-कहीं 'भोगा हुआ यथार्थ' शब्द का भी इस्तेमाल देखा गया है। छायावाद के वायवीपन की चर्चा तो आम है किंतु नई कविता आंदोलन के कवियों की दृष्टि में प्रगतिवाद की सैद्धांतिकी के दबाव में प्रगतिवादी कवियों के यहां भी जीवन यथार्थ पूरी प्रामाणिकता के साथ व्यक्त नहीं हो सका है। तात्पर्य यह कि नई कविता में छायावादी और प्रगतिवादी काव्य की 'अप्रामाणिकता' के विरुद्ध प्रामाणिकता की मांग नए सिरे से उठने लगी थी।

इस तरह 'प्रामाणिक अनुभूति' और 'अनुभूति की प्रामाणिकता' जैसे पारिभाषिक शब्दों का निर्माण तब हुआ जब नई कविता का शास्त्र बना। कवि समीक्षकों ने बार-बार कहा कि संपूर्ण यथार्थ से उनका सरोकार न होकर केवल उतने से है जितने को उन्होंने अनुभव किया है या भोगा है। इसी अर्थ में यह यथार्थ पहले के यथार्थ से भिन्न है।

नई कविता के प्रतिमान तय करते हुए उसके प्रमुख संस्थापक लक्ष्मीकांत वर्मा लिखते हैं--"साहित्य इसीलिए अनुभूत-सत्य की उपलब्धि को ही व्यक्त करता है।" बात को थोड़ा और स्पष्ट करते हुए उन्होंने कहा कि प्रस्तुत पृष्ठभूमि में नई कविता उस मनःस्थिति का प्रतीक है जिसमें अनुभूति और वस्तुस्थिति, विषय वस्तु और प्रेषणीयता के बीच केवल आत्माभिव्यक्ति और आत्मानुभूति ही प्रधान बन गई है। देवीशंकर अवस्थी ने कहा कि कवि की ओर से 'आत्मान्वेषण की घोषणा और आलोचक की ओर से 'प्रामाणिक अनुभूति' की मांग एक ही सिक्के के दो पहलू हैं।

वस्तुतः नई कविता के शास्त्र के निर्माण के साथ ही नई कविता की नवीनता पर बल देना भी जरूरी हो गया और 'अनुभूति की प्रामाणिकता' उस नवीनता की प्रतिष्ठा का अस्त्र बनी। लक्ष्मीकांत वर्मा के अनुसार आग्रह में कोई गड़बड़ी न थी, सिवा इस बात के कि प्रामाणिकता के लिए किसी वस्तुनिष्ठ प्रमाण की न तो आवश्यकता समझी गई और न उसकी ओर कोई संकेत ही किया गया। प्रमाण स्पष्टतः स्वयं कविताएं ही हो सकती हैं, किंतु सैद्धांतिक स्तर पर प्रामाणिकता के प्रतिमान का निर्णय कैसे हो ? यह प्रश्न सामने था। ऐसे ही समय मुक्तिबोध अपने बौद्धिक औजारों के साथ सामने आए और उन्होंने 'ईमानदारी' से जुड़े हुए प्रश्नों की जटिलता की ओर कवियों और आलोचकों का ध्यान आकृष्ट किया। 'एक साहित्यिक की डायरी' में 'कलाकार की व्यक्तिगत ईमानदारी' का विस्तृत विश्लेषण है।

नई कविता और नई कहानी के शास्त्रों में प्रामाणिकता को लेकर अगर कुछ ऊपरी मतभेद दिखाई पड़ता है तो वह दोनों विधाओं की आंतरिक मजबूरियों के कारण। नई कविता में व्यक्तिवादी स्वरों के विरुद्ध यदि मुक्तिबोध जैसे एकाध लेखक ने आवाज उठाई तो नई कहानी में भैरव प्रसाद गुप्त, मार्कंडेय, अमरकांत, शेखर जोशी आदि एक दर्जन से भी अधिक लेखक थे जो इन आग्रहों से लोहा लेते रहे। इसी संदर्भ में भैरव प्रसाद गुप्त का वह कथन महत्वपूर्ण है : 'नई कविता को भटकाव से हम नहीं बचा सके, लेकिन नई कहानी को एक हद तक हमने बचा लिया। आधुनिक युग में कथासाहित्य को व्यक्तिबद्ध अंतर्मुखी रुख दे देना उतना आसान काम नहीं जितना काव्य के क्षेत्र में रहा।

नए कहानीकारों ने घोषित किया कि भविष्यत का अब कोई स्वप्न कहानियों में जरूरी नहीं है, क्योंकि प्रामाणिकता की मांग उस स्वप्न को रूपाकार नहीं लेने देती और यह अच्छा ही है कि कहानी किसी झूठ को जन्म नहीं दे रही है। कहानी को झूठ की नियति से निकालकर सच्चाई के व्यक्तित्व में परिवर्तित कर सकने की कोशिश ही इस बात का सबूत है कि अब लेखक

अप्रामाणिक अनुभव को तरजीह नहीं देगा। यथार्थ के रू-ब-रू खड़ी होने वाली कहानी की आधारभूमि ही प्रामाणिकता है।

वैसे नई कविता में जिस व्यक्तिगत अनुभव को एकमात्र प्रमाण के रूप में पेश किया जा रहा था, बाद में जब उसका जादू बिखर गया तो उनके अनुभव संदिग्ध हो उठे। मुक्तिबोध ने नई कविता की निजबद्धता को व्यापक जीवन से जोड़ने पर ही प्रामाणिक माना । नई कहानी में यशपाल, भीष्म साहनी, भैरवप्रसाद गुप्त, मार्कंडेय, शेखर जोशी और अमरकांत ने भी इसी व्यापक प्रामाणिकता का आधार ग्रहण किया। किंतु मध्यवर्गीय अनुभव की जो सीमाएं थीं, प्रामाणिक अनुभव की नई कहानी भी उससे बच नहीं पाई। राजेंद्र यादव की 'प्रतीक्षा', मोहन राकेश की 'ग्लास टैंक', 'फौलाद का आकाश' और 'सेफ्टीपिन' आदि कहानियां उदाहरण के लिए ली जा सकती हैं।

बहरहाल, 'अनुभूति की प्रामाणिकता' की व्यक्तिगत रुचि-अरुचि से जो भिन्न और परस्पर विरोधी विवेचन सामने आए उससे यह धारणा ही अप्रामाणिक हो उठी। धर्मयुग में प्रकाशित कमलेश्वर के 'प्रामाणिकता' संबंधी लेख पर 'नई कहानियां' सितंबर 1967 के अंक में निर्मला जैन की टिप्पणी इस संदर्भ में अत्यंत महत्वपूर्ण है। प्रामाणिकता की अलग-अलग समझ को स्पष्ट करने के लिए उन्होंने 'रीछ' कहानी पर हुई प्रतिक्रियाओं को उदाहरण रूप में पेश किया है। लगभग उन्हीं तर्कों को 'आलोचना' पूर्णांक, 39 के संपादकीय में दुहराते हुए डॉ. नामवर सिंह ने ठीक ही लिखा; 'व्यवहार ने इस प्रामाणिकता की सारी कलई खोल दी और वह भी इस कदर कि इसके बाद अब शायद ही कोई विवेकवान लेखक जल्दी ही इस शब्द का प्रयोग करना चाहे।'

उल्लेखनीय है कि लक्ष्मीकांत वर्मा की पुस्तक 'नए प्रतिमानः पुराने निकष' की समीक्षा करते हुए मलयज ने अनुभूति के अतिरिक्त आग्रह पर लिखा था कि "अनुभूति से पूर्ण अराजकता का रास्ता जितना सीधा है, अनुभूति से मूल्य-सृजन और मूल्य-सृष्टि का उतना नहीं।"

नामवर सिंह की इस पर टिप्पणी है कि इस प्रकार विश्लेषण-क्रम में मलयज को भी अब यह दृष्टिगत हो गया कि नई कविता के दौरान निरपेक्ष मूल्य के रूप में प्रचारित 'अनुभूति की प्रामाणिकता' जैसे शब्द वस्तुतः शीत-युद्ध की उपज थे, जिनके मूल में कम्युनिज्म का अंध-विरोध भाव था। उन्होंने स्पष्ट लिखा है कि "कम्युनिज्म के समूहवाद और संप्रदायवाद का इतना बड़ा हौवा खड़ा किया गया कि मानव-संवेदना को 'भीड़' की संवेदना और 'व्यक्ति' की संवेदना में बांट दिया गया और इस वर्गीकरण के आधार पर एक पूरा सौंदर्यशास्त्र रच दिया गया। उस वक्त यह पता नहीं था कि आगे चलकर इस सौंदर्यशास्त्र के जाल में खुद ही फंस जाना पड़ेगा।"

छठे दशक के कवियों ने पूर्ववर्ती पीढ़ी के कवियों की अपनी सदिच्छा के बावजूद 'ईमानदारी' की सीमाएं जिस प्रकार उद्घाटित की हैं, वह काव्य-मूल्य के रूप में ईमानदारी के प्रयोग को संदेहास्पद बना देने के लिए पर्याप्त हैं। वस्तुतः ईमानदारी का आग्रह आत्म-साक्षात्कार और आत्मान्वेषण के लिए किया गया था, किंतु उसकी परिणति आत्मरति में हुई। ईमानदारी के द्वारा कायदे से आत्म-सजगता का प्रादुर्भाव होना चाहिए था। जबकि, 'ईमानदारी' और 'प्रामाणिकता' के साथ विशेष प्रकार के भाववादी अर्थ-अनुषंग जुड़ गए और इस प्रक्रिया में शब्द अपना आरंभिक जादू खो बैठे।

इस स्थिति के विरुद्ध प्रतिक्रिया अनिवार्य थी और वह हुई। सातवें दशक के कवियों में से कुछ ने तो 'अनुभूति की प्रामाणिकता' जैसे शब्दों को निरर्थक मानकर एकदम छोड़ देना ही उचित समझा किंतु कुछ को अब भी पुराने शब्दों में नया अर्थ भरने की क्षमता में विश्वास था, इसलिए उन्होंने एक नए अर्थ के साथ ईमानदारी की आवाज फिर उठाई। इस बार ईमानदारी 'विद्रोह' का पर्याय बनकर प्रकट हुई, जिसमें 'ईमानदारी' का मतलब था साहस। साहस आत्मान्वेषण का नहीं और न आत्म-साक्षात्कार का, बल्कि साहस अप्रिय-से अप्रिय वास्तविकता के साक्षात्कार का। इस दौर के कवियों का ख्याल है कि सत्य कहीं सात पर्दे के अंदर छिपा हुआ कोई रहस्य नहीं है, जिसे खोजने के लिए 'प्रामाणिक अनुभूति' की आवश्यकता हो। उनके अनुसार सम्राट स्वयं नंगा है और यदि कोई आवश्यकता है तो सिर्फ उसे नंगा कहने की, जिसके लिए साहस—केवल साहस जरूरी है और इसी साहस का नाम आज ईमानदारी है।

अंततः नामवर सिंह की टिप्पणी है—'सातवें दशक के कवियों की दृष्टि नग्न तथ्य पर है। वे रागात्मक आवरण को हटाने में विश्वास करते हैं। कदाचित् इसी क्रम में उन्होंने 'प्रामाणिक अनुभूति' का रंगीन आवरण हटाकर ईमानदारी को फिर से सामने ला दिया।'

आधार ग्रंथ :

1. कविता के नए प्रतिमान, नामवर सिंह।
2. आलोचना के नए मान, कर्ण सिंह चौहान।
3. नए प्रतिमानःपुराने निकष, लक्ष्मीकांत वर्मा।

अनेकार्थता

'अनेकार्थता' शब्द अंग्रेजी के 'एम्बिग्युटि' (Ambiguity) का हिंदी पर्याय है। नयी समीक्षा के क्षेत्र में इस शब्द को व्यापक स्वीकृति मिली। इसे समीक्षा के क्षेत्र में महत्वपूर्ण पारिभाषिक शब्द के रूप में प्रतिष्ठित करने का श्रेय विलियम एम्पसन (William Empson) को है। उन्होंने 'अनेकार्थता' को काव्यभाषा का प्राण तत्त्व स्वीकार किया है। 1906 ई. में इंग्लैण्ड में जन्मे विलियम एम्पसन प्रसिद्ध कवि आलोचक आई. ए. रिचर्ड्स के शिष्य थे। उन्होंने 1930 में अपनी पुस्तक 'सेविन टाइप्स ऑफ एम्बिग्युटि' (Seven Types of Ambiguty) लिखकर इसे आलोचना जगत में प्रतिष्ठित किया। 'एम्बिग्युटि' का मूल शब्दार्थ है—द्विअर्थकता। अनेकार्थता शब्द अर्थ विस्तार से लिए गए अर्थ का प्रतिफलन है। 'अनेकार्थता' के बारे में एम्पसन का मत है "बोलचाल की सामान्य भाषा में 'अनेकार्थता' का आशय सर्वथा स्पष्ट है उसमें कुछ न कुछ विदग्धता या प्रवंचना का अर्थ अनिवार्यतः रहता है, किंतु यहां मैं इस शब्द का प्रयोग एक अर्थ-विस्तार के साथ कर रहा हूं ; इसकी परिधि में शब्द के ऐसे सभी सूक्ष्म से सूक्ष्म संकेतों का अंतर्भाव हो सकता है जिनके द्वारा शब्दावली विशेष से एक से अधिक अर्थों की व्यंजना होती हो।" कोई भी शब्द 'अनेकार्थक' तब माना जाएगा जब उसमें अनेक अलग-अलग अर्थच्छायाएं साफ-साफ फूटती हों। अनेकार्थता का अर्थ, कथ्य का अनिश्चय भी हो सकती है, अनेक पदार्थों को व्यक्त करने की इच्छा भी हो सकता है, ऐसी संभावना भी हो सकता है, जिसमें दो पदार्थों में से एक का दूसरे अथवा दोनों को ही व्यक्त किया गया हो और ऐसा तथ्य भी हो सकता है जिसमें एक ही कथन के अनेक अर्थ हों। एम्पसन ने अनेकार्थता के सात प्रकारों का वर्णन किया है।

पहला, जहां कोई विवरण एक साथ ही अनेक रूपों में सक्रिय हो उठे। दूसरा वर्ग वह है, जहां दो शब्द अथवा वाक्य के दो या दो से अधिक अर्थ एक में ही समाहित हो जाते हैं। एम्पसन ने इसके उदाहरण में शेक्सपियर की चतुर्दशपदियां प्रस्तुत की हैं क्योंकि उनकी अनेकार्थताओं के विश्लेषण और समझने की प्रक्रिया में आनंद आता है। जहां तीसरा वर्ग उनका है जिसमें ऐसे दो विचारों को एक ही शब्द के द्वारा एक ही साथ व्यक्त कर दिया जाता है जो संदर्भगत संगति के कारण एक-दूसरे से जुड़े रहते हैं। मूलतः यह अनेकार्थता, भारतीय काव्यशास्त्र में 'श्लेष' है। चौथा, अनेकार्थता वहां होती है जहां दो या दो से अधिक अर्थ परस्पर मेल न खाते हों, किंतु वे सब मिलकर रचनाकार की जटिल मनःस्थिति को अभिव्यक्त कर रहे हों। यह अनेकार्थता वहां होती है जहां रचनाकार सृजन-प्रक्रिया में अपने विचार व्यक्त तो करता चलता है, पर उसके मस्तिष्क में वे विचार पहले से स्पष्ट रूपरेखा नहीं रखते हैं। वहां ऐसे सादृश्य की योजना होती है जो ठीक से किसी के साथ लागू नहीं होता। लेखक द्वारा एक पदार्थ से दूसरे पदार्थ की ओर जाने की प्रक्रिया में विचार दोनों के बीच झूलता जान पड़ता है। छठे वर्ग की अनेकार्थता वहां होती है जहां वक्तव्य स्वयं संकेत नहीं करता। वक्तव्य का चमत्कार पर्याय शब्दों, असम्बद्ध कथनों, विरोधी स्थितियों पर निर्भर करता है। उदाहरण के तौर पर शेक्सपियर के नाटक 'ट्राइलस एंड क्रेसिडा' में क्रेसिड की उक्ति 'किंतु आप तो चतुर हैं अथवा यो कहें कि आप प्रेम नहीं करते, क्योंकि अगर आप चतुर हैं तो प्रेम नहीं कर सकते।' यहां विरोधी स्थिति के कथन में अनेकार्थता है, और सातवीं अनेकार्थता वहां होती है, जहां शब्द-विशेष के दो अर्थ, संदर्भ द्वारा निर्धारित दो परस्पर-विरोधी भावों की इस प्रकार व्यंजना करते हों कि समग्र प्रभाव लेखक के मानस में विद्यमान मूलभूत अंतर्विरोध को स्पष्ट करने में लग जाता है, अर्थात् इस प्रकार की अनेकार्थता में व्यक्ति का अवचेतन बोलता है।

कुछ आलोचकों का मत है कि एम्पसन को अनेकार्थता सिद्धांत की प्रेरणा रॉबर्ट गेब्स और लौरा द्वारा किए गए शेक्सपियर के 'सॉनेट्स ' के विवेचन से मिली है। इस विश्लेषणात्मक कृति का नाम है,'दि एक्सपेंस ऑफ स्पिरिट इन ए टैक्स्ट ऑफ रोम'। लोगों का आक्षेप है कि 'सेवन टाइप्स ऑफ एम्बिग्युटि' में एम्पसन का वर्गीकरण जटिल, अस्पष्ट और दुरूह हो गया है। अनेकार्थता के रूप-निर्धारण और वर्गीकरण के घपले के कारण एम्पसन से पाठक दूर भागता है। बच्चन सिंह के अनुसार 'एम्बिग्युटि' अपने आप में अस्पष्ट है। एम्पसन कभी लेखक के मनोविज्ञान के संदर्भ में इसका विश्लेषण करता है और कभी पाठकों की योग्यता, ज्ञान और परिस्थितियों के संदर्भ में। इस तरह उसके विवेचन में कोई सिद्ध दृष्टिकोण नहीं दिखायी पड़ता। निश्चित रूप से भारतीय काव्यशास्त्र की शब्द-शक्तियों का विवेचन अधिक उपयोगी है। फिलहाल, पश्चिम की संरचनावादी आलोचना को प्रतिष्ठित करने में भी अनेकार्थता की महत्त्वपूर्ण भूमिका रही है। हिंदी के समीक्षकों ने अनेकार्थता के प्रति उदासीनता व्यक्त की है और इसका प्रभाव बहुत कम दिखायी देता है। हिंदी आलोचना जगत में इसकी चर्चा बहुत कम हुई है।

आधार ग्रंथ :

1. हिंदी आलोचना के बीज शब्द, बच्चन सिंह।
2. नयी समीक्षा के प्रतिमान, डॉ. निर्मला जैन।
3. The Burning Fountain, Philip Wheelwright.
4. Seven types of Ambiguity, William Empson.
5. A Glossary of Literary Terms, M.H. Abrams.
6. Essays in Modern Criticism, Rajnath & William J. Ellior.
7. A Dictionary of Literary Terms, J. A. Cuddon.
8. Critics and Criticism (ed.) R.S. Crane.

अप्रस्तुत विधान

'अप्रस्तुत विधान' शब्द संस्कृत से हिंदी में आया है किंतु इसके अर्थ का विकास हिंदी के अपने काव्य शास्त्र की देन है। वर्ण्य-वस्तु के सौंदर्य को उत्कर्ष देने के लिए उसके समानांतर कल्पना द्वारा की जानेवाली रूप-योजना ही अप्रस्तुत-विधान कहलाती है। इसे उपमान-विधान या अप्रस्तुत-योजना भी कहते हैं। अप्रस्तुत की योजना यदि किसी भाव के संकेत पर होगी अर्थात् सौंदर्य, माधुर्य, भीषणता,कांति, दीप्ति इत्यादि की भावना में वृद्धि करनेवाली होगी, तब तो वह काव्य के प्रयोजन की होगी और यदि केवल रंग, आकृति, छोटाई, बड़ाई आदि का ही हिसाब-किताब बैठाकर की जाएगी तो निष्फल ही नहीं, अपितु बाधक भी होगी।

आचार्य रामचंद्र शुक्ल ने उपमान के लिए 'अप्रस्तुत' शब्द का प्रयोग किया है। उनके अनुसार "प्रस्तुत वस्तु और आलंकारिक वस्तु में बिम्ब-प्रतिबिम्ब-भाव हो, अर्थात अप्रस्तुत वस्तु, प्रस्तुत वस्तु से रूप-रंग आदि में मिलती-जुलती हो...।" इस कथन से दो बातें स्पष्ट होती हैं, एक तो अप्रस्तुत आलंकारिक वस्तु है और दूसरे वह कवि द्वारा लायी जाती है। शुक्ल जी लिखते हैं, "जब काव्य में कोई 'प्रस्तुत' अवयव होना आवश्यक ठहरा तब उसके अतिरिक्त और जो कुछ रूप विधान होगा वह अप्रस्तुत होगा। पर इस अप्रस्तुत अवयव का होना अनिवार्य नहीं। कोरे वस्तु व्यापार वर्णन अथवा स्वभावोक्ति में अप्रस्तुत विधान नहीं रहता, पर रसात्मकता रहती है।" उन्होंने 'उपमान' शब्द के स्थान पर 'अप्रस्तुत विधान' और 'अप्रस्तुतयोजना' इन दो शब्दों का प्रयोग किया है। इनमें दूसरा अधिक युक्तिसंगत है, कारण, 'अप्रस्तुत' शब्द विशेषण है। किंतु 'अप्रस्तुतविधान' शब्द में 'अप्रस्तुत' का प्रयोग विशेष्य रूप से हुआ है। जहां विशेष्य रूप से इसका प्रयोग होता है, वहां अर्थपरिवर्तन हो जाता है। ऐसे प्रसंगों में इसका अर्थ होता है विषयविरुद्ध बोलना, अनर्गल प्रलाप करना आदि। अतः 'अप्रस्तुत विधान' शब्द 'उपमान' के लिए उतना उपयुक्त नहीं, जितना कि 'अप्रस्तुत योजना' है।

'अप्रस्तुत' के प्रयोग के औचित्य के संबंध में कतिपय विचारकों का कथन है कि 'उपमान' शब्द अपने-आप में जितना व्यापक अर्थ का बोधक है, उससे कहीं अधिक व्यापक अर्थ की प्रतीति 'अप्रस्तुत योजना' शब्द से होती है। रामदहिन मिश्र के शब्दों में 'अप्रस्तुत योजना' बाहर से लायी जानेवाली सारी वस्तुओं को ग्रहण करती है, चाहे अप्रस्तुत का कैसा ही रूप क्यों न हो। अप्रस्तुत विशेष्य हो, विशेषण हो, क्रिया हो, मुहावरा हो, चाहे कुछ हो-इसके भीतर सब समा जाते हैं।

आलंकारिक योजना के 'उपमेय' और 'उपमान' इन दो उपादानों में से अप्रस्तुत योजना का विशेष महत्त्व है। यह काव्य का प्राणतत्त्व है। इससे काव्य में रसार्द्रता, प्रभविष्णुता, प्रेषणीयता और मर्मस्पर्शिता का संचार होता है। इसी 'अप्रस्तुत योजना' के द्वारा काव्यगत भाव प्रमाता के लिए संवेदनीय बनता है। 'अप्रस्तुत योजना' से अलंकृत कविता पाठक एवं श्रोता को काव्यानंद प्रदान करने में समर्थ होती है। कवि जितना ही भावप्रवण और सहृदय होगा, उतनी ही उसकी अप्रस्तुत योजना मार्मिक एवं आनंद प्रदान करने वाली होगी।

आधार ग्रंथ :

1. चिंतामणि भाग-2, आचार्य रामचंद्र शुक्ल।
2. हिंदी साहित्य कोश, भाग-1।
3. रसमीमांसा, आचार्य रामचंद्र शुक्ल।

अभिव्यंजनावाद

प्रख्यात इतालियन दार्शनिक बेनेदेतो क्रोचे (Benedetto Croce, 1866-1952) के 'अभिव्यंजनावाद' को हिंदी में चर्चा का विषय बनाने का श्रेय आचार्य रामचंद्र शुक्ल को है। आचार्य शुक्ल ने सबसे पहले 'काव्य में अभिव्यंजनावाद' शीर्षक निबंध लिखकर क्रोचे के अभिव्यंजनावाद की विस्तृत समीक्षा की और उसे अपने यहां कुन्तक के पुराने वक्रोक्तिवाद का 'विलायती उत्थान' कहकर उसका खंडन किया।

क्रोचे इटली की सीनेट (संसद) के सदस्य थे। वे मंत्री भी रह चुके थे। सन् 1900 में उन्होंने नेपुल्स में सौंदर्यशास्त्र पर तीन व्याख्यान दिए थे। उन्हें ही आधार बनाकर उन्होंने अपने प्रसिद्ध ग्रंथ एस्थेटिक एज साईंस आफ एक्सप्रेशन एंड जनरल लिंग्विस्टिक्स (Aesthetic as Science of Expression and general linguistics) का प्रणयन किया। उक्त नाम उनके मूल इतालवी ग्रंथ का अंग्रेजी अनुवाद है। इतालवी भाषा में उनकी पुस्तक का प्रकाशन 1902 ई. में हुआ था। अंग्रेजी में यह पुस्तक 1909 ई. में छपी। यह ग्रंथ दो भागों में है। पहले भाग में सौंदर्य शास्त्र का सैद्धांतिक विवेचन है और दूसरे भाग में सौंदर्य शास्त्र का इतिहास है।

'अभिव्यंजनावाद' ने साहित्य के साथ ही साथ कला एवं संगीत को भी प्रभावित किया है। साहित्य-जगत में 'अभिव्यंजनावाद' के तत्त्वों की सर्वप्रथम उपस्थिति 19वीं शती के अंतिम दशक में फ्रेंक वेदेकिंद (Frank Wedekind) के नाटक 'फ्रूहलिंगस इरवाचेन' (Fruhlings Erwachen) से मानी जाती है। तदुपरांत इसकी अभिव्यक्ति 'अगस्त स्टरिंदबर्ग' (August Strindberg) के नाटकों में भी हुई है।

किंतु साहित्य-कला के क्षेत्र में अभिव्यंजनावाद का प्रवर्तन करने वाले सर्वप्रथम दार्शनिक-सौंदर्यशास्त्री क्रोचे ही हैं, क्योंकि इससे पूर्व अभिव्यंजनावादी तत्त्वों के दर्शन तो विभिन्न साहित्यिक एवं कलात्मक कृतियों में हुए हैं, किंतु एक विशिष्टवाद अथवा अवधारणा के रूप में इसकी प्रतिष्ठा नहीं हुई थी।

क्रोचे के अनुसार कला में जो सत्य व्यक्त किया जाता है वह बौद्धिक न होकर प्रातिभ होता है। बुद्धि के सहारे विश्लेषण प्रक्रिया का आधार लेकर या नाप जोख कर कला रचना नहीं की जा सकती। दूसरी बात ध्यान देने की यह है कि उसने अभिव्यंजना का प्रयोग मानसिक अभिव्यंजना के लिए किया है। वे लिखते है, "It is impossible to distinguish intuition from expression. The one appears with the author at the same instant because they are not two but one."

अर्थात् अभिव्यंजना से अंतःप्रज्ञा को अलग करना असंभव है। रचनाकार के समक्ष दोनो एक ही साथ उपस्थित होते हैं,क्योंकि वास्तव में दोनो दो नहीं, अपितु एक ही हैं।

वस्तुतः क्रोचे के अनुसार कला रचना की चार स्थितियां होती हैं–(1) प्रभाव ग्रहण करने की दशा (Impression), (2) आत्मिक कलात्मक सामंजस्य अथवा अभिव्यंजना (Expression or spiritual aesthetic Synthesis), (3) आनुषंगिक अथवा कलाजन्य आनंद (Hedonistic accompaniment or the pleasure of the beautiful), (4) अभिव्यक्ति (Translation of the aesthetic fact into physical phenomenon)। क्रोचे के अनुसार ज्ञान दो प्रकार के होते हैं (1) प्रातिभ ज्ञान (Intutive Knowledge) और (2) प्रज्ञात्मक ज्ञान (Intellectual knowledge)। जैसा कि ऊपर कहा गया है क्रोचे के अनुसार कला रचना पहले प्रकार के ज्ञान अर्थात प्रातिभ ज्ञान से ही संभव है।

क्रोचे स्वयंप्रकाश ज्ञान या प्रातिभ ज्ञान को बिना किसी बौद्धिक क्रिया अथवा विचारणा के उठी हुई एक मूर्त भावना मानते हैं, यह मूर्त भावना आत्मा की अपनी सहज क्रिया है। प्रकृति में दिखाई देने वाले सौंदर्य के मूल में क्रोचे लोगों की परंपरागत सौंदर्य-बोध की धारणा मानते हैं। सुंदरता की चर्चा करते-सुनते हुए प्रकृति के सौंदर्य के संबंध में लोगों की एक भावना बंध गई है। वैसे प्रकृति में सुंदरता कहां ? सुंदर अगर है तो अभिव्यंजना अथवा स्वयंप्रकाश ज्ञान। उनकी धारणा है कि अभिव्यंजना ही सौंदर्य है। सौंदर्य मात्र अभिव्यंजना का होता है। क्रोचे के ही शब्दों में–"We may define beauty as successful expression or better as expression and nothing more because expression, when it is successful, is not expression."

अर्थात् हम सफल या बेहतर अभिव्यंजना को ही सौन्दर्य कह सकते हैं, इससे ज्यादा कुछ नहीं, क्योंकि अभिव्यंजना जब सफल होती है तो अभिव्यंजना नहीं रह जाती।

इस तरह क्रोचे ने 'सौंदर्य', 'कल्पना', 'स्वयंप्रकाश ज्ञान', 'अभिव्यंजना' आदि शब्दों का लगभग एक ही अर्थ में प्रयोग किया है। तीसरा स्तर आनुषंगिक आनंद (Hedonistic Pleasure) का है। क्रोचे की धारणा है कि अभिव्यंजना की सौंदर्यात्मक उपस्थिति से आत्मानंद

का अनुभव होता है अर्थात् मानव-हृदय अभिव्यंजना के क्षणों में आनंद से भर जाता है। यही आनंद कलाकार की आत्मिक प्रसव-पीड़ा (संप्रेषण की अकुलाहट) बनकर उस सौंदर्य की कलाओं के माध्यम से अपूर्ण अभिव्यक्ति करता है। यही अभिव्यंजना का चतुर्थ स्तर यानी अभिव्यक्ति (Expression) है।

अभिव्यंजना के प्रथम स्तर पर अंतःसंस्कार आते हैं, दूसरे पर सहज ज्ञान अथवा अभिव्यंजना। किसी प्रसंग या वस्तु के दर्शन से मानवात्मा में निहित अंतःसंस्कार उद्‌बुद्ध होते हैं। अंतःसंस्कारों के उद्‌बुद्ध होने से जो काल्पनिक मूर्ति मन अथवा आत्मा में प्रतिबिम्बित होती है। वही अभिव्यंजना अथवा 'सहज ज्ञान' है। यही कला है। यह संपूर्ण प्रक्रिया पूर्णतः काल्पनिक अथवा मानसिक या आत्मिक होती है। अभिव्यंजना के चार स्तरों में से क्रोचे इस दूसरे स्तर को विशुद्ध कला का रूप मानते हैं। वह इस स्तर को ही सर्वाधिक महत्व देते हैं। उनकी धारणा है कि कलाकार इस क्रिया की ओर विशुद्धः आत्मसुख के कारण प्रवृत्त होता है।

चौथे स्तर पर कलाकार अभिव्यंजना प्रदत्त आनंद का रंग, रेखा, स्वर, शब्द आदि स्थूल माध्यमों से जनसाधारण को बोध कराता है, यह अभिव्यक्ति का स्तर है। परंतु क्रोचे का कहना है कि कलाकार अभिव्यंजना के वास्तविक स्वरूप को स्थूल रूप दे नहीं सकता, क्योंकि अभिव्यंजना एक आत्मिक क्रिया है, जिसे उपादान प्रकृति के माध्यम से पूर्णतः व्यक्त नहीं किया जा सकता। यह अभिव्यक्ति हमेशा ही अपूर्ण रहेगी। इसलिए वे कहते हैं कि इन चारों स्तरों में दूसरा स्तर (अभिव्यंजना का स्तर) ही अपने में एक पूर्ण क्रिया है और सर्वोत्तम है।

इस प्रकार क्रोचे प्रदत्त अभिव्यंजना के चार स्तरों में से अंतःसंस्कार उद्‌बोधन संबंधी प्रथम स्तर अभिव्यंजना का पूर्व स्तर है, उद्‌बुद्ध संस्कारजन्य सहज-ज्ञान की अनुभूति और आत्मा में होने वाली उसकी मूर्त अभिव्यक्ति द्वितीय स्तर, अभिव्यंजना का वास्तविक स्वरूप है। अभिव्यंजनाजन्य आनंद तृतीय स्तर है तथा इस तृतीय स्तर को साहित्य-कला में रूप, रंग, स्वर, शब्द आदि के माध्यम से, अभिव्यंजनागत सौंदर्य की झांकियों की स्मृतियों के आधार पर, कलाकार द्वारा की गई अपूर्ण भौतिक अभिव्यक्ति ही चौथा स्तर है। क्रोचे इसे अपूर्ण अभिव्यक्ति इसलिए मानते हैं, क्योंकि अभिव्यंजना आत्मिक क्रिया है, आत्मान्तर्गत घटित होने वाला, पूर्ण व्यापार है, जिसका बाह्य प्रकृति (पेड़, पौधे, नदी, तालाब आदि) तथा अंतःप्रकृति (मनुष्य के मनोविकार) से कोई संबंध नहीं।

इस संबंध में एक बात उल्लेखनीय है कि क्रोचे का अभिव्यंजना संबंधी यह सारा निरूपण कला के लिए है, कला-कृति (अथवा साहित्यिक कृति) के लिए नहीं। क्योंकि वे कला और कृति को दो अलग-अलग वस्तुओं के रूप में देखते हैं। कला की अभिव्यक्ति के लिए कलाकार विवश है, अर्थात् अभिव्यंजना के पूर्णत्व के लिए कलाकार विवश है; क्योंकि यह तो अनुभूति का सहज और स्वाभाविक उन्मेष है। पर उसे बाह्य रूप देना, अर्थात् कलाकृति के रूप में प्रकाशित करना कलाकार के हाथ में है। कहना यह है कि कला को एक आत्मिक क्रिया के रूप में प्रतिष्ठित करके क्रोचे ने काव्य (कला) का सौंदर्य के अतिरिक्त अन्य कोई उद्देश्य नहीं माना है। वे मंगल तथा अमंगल को धर्म और नीति के क्षेत्र की वस्तु मानते हैं तथा सौंदर्य को कला-क्षेत्र की। इस प्रकार वे काव्य को विशुद्ध सौंदर्य से ही संबंधित करते हैं।

क्रोचे कला-सृजन के लिए कलाकार से चार अपेक्षाएं रखते हैं, अर्थात वे सफल कलाकार में सजग इच्छा-शक्ति, कला-सृजन के विभिन्न माध्यमों अथवा साधनों का ज्ञान, कलात्मक-चिंतन तथा पर्याप्त कल्पना-शक्ति आवश्यक मानते हैं।

जैसा कि आरंभ में कहा जा चुका है, आचार्य रामचंद्र शुक्ल ने क्रोचे के अभिव्यंजनावाद को हमारे यहां के पुराने वक्रोक्तिवाद का विलायती उत्थान कहा है और इस तरह उसे बाह्यपरक कलावादी सिद्धांत कहकर खारिज किया है परंतु शुक्ल जी की उक्त अवधारणा पर पुनर्विचार आवश्यक है। वस्तुतः शुक्ल जी ने यह मान लिया है कि अभिव्यंजना से तात्पर्य शाब्दिक अभिव्यक्ति से है। फलस्वरूप उन्होंने यह निष्कर्ष निकाला कि क्रोचे के अनुसार काव्य में अभिव्यक्ति ही सब कुछ है, अनुभूति कुछ नहीं। इससे उन्हें चमत्कार की प्रवृति बढ़ने का खतरा महसूस हुआ और उन्होंने अभिव्यंजनावाद का विरोध किया। उन्होंने स्पष्ट लिखा है कि "अभिव्यंजनावाद अनुभूति या प्रभाव का विचार छोड़ केवल वाग्वैचित्र्य को पकड़कर चला है, पर वाग्वैचित्र्य का हृदय की गंभीर वृतियों से कोई संबंध नहीं। वह केवल कुतूहल उत्पन्न करता है।" अपने 'हिंदी साहित्य का इतिहास' में उन्होंने कहा है, "इस वाद में तथ्य इतना ही है कि उक्ति ही कविता है, उसके पीछे छिपा जो अर्थ रहता है वह स्वतः कविता नहीं।"

अभिव्यंजनावाद को हमारे यहां के कुन्तक के वक्रोक्तिवाद से जोड़ते हुए आचार्य शुक्ल ने लिखा है कि और कलाओं को छोड़ यदि काव्यकला ही को लें तो इस अभिव्यंजनावाद को 'वाग्वैचित्र्यवाद' ही कह सकते हैं और इसे अपने यहां के पुराने वक्रोक्तिवाद का विलायती उत्थान मान सकते हैं।

वस्तुतः क्रोचे के अभिव्यंजनावाद से वक्रोक्तिवाद का कोई संबंध नहीं है। यह सही है कि क्रोचे और कुन्तक दोनों ही अभिव्यंजना को ही कला मानते हैं किंतु दोनों के

अभिव्यंजनावाद के स्वरूप में काफी अंतर है। क्रोचे की अभिव्यंजना मानसिक है। कला रचना प्रक्रिया का दूसरा स्तर है। बाह्य अभिव्यक्ति को वह कला रचना प्रक्रिया की अंतिम स्थिति और निकृष्ट कोटि का मानता है जबकि वक्रोक्ति का अभिव्यक्ति से तात्पर्य शाब्दिक अभिव्यक्ति या बाह्य रूपाकार से ही है। दूसरे शब्दों में कहें तो कह सकते हैं कि अभिव्यंजनावाद कला रचना की मानसिक प्रक्रिया की व्याख्या करता है जबकि वक्रोक्तिवाद रचे हुए का विश्लेषण करता है।

इन सबके बावजूद आचार्य शुक्ल के अभिव्यंजनावाद के विरोध के पीछे कोरी नासमझी ही नहीं, बल्कि समय की जरूरत है। अभिव्यंजनावाद का काव्य रचना पर जो प्रभाव पड़ रहा था, वह निश्चय ही अभिव्यक्ति कौशल पर बल देनेवाला था। आचार्य शुक्ल की यह आशंका बिलकुल उचित थी कि इससे 'कला कला के लिए' के आंदोलन को बल मिलेगा और काव्य लोक जीवन से कट जाएगा।

दूसरी बात यह है कि क्रोचे के अभिव्यंजनावाद का क्षेत्र बहुत व्यापक है। उसका संबंध कला मात्र से है। शुक्ल जी को यह मान्य नहीं था क्योंकि काव्य कला को वे अन्य सभी कलाओं से उत्कृष्ट मानते हैं। क्रोचे के अभिव्यंजनावाद में वह अपना उद्देश्य स्वयं है। उसने सहृदय के पक्ष को ध्यान में रखकर विचार ही नहीं किया है जिसे शुक्ल जी किसी भी स्थिति में स्वीकार नहीं कर सकते थे, और सबसे महत्वपूर्ण बात तो यह है कि क्रोचे की अभिव्यंजना मानसिक अभिव्यक्ति है। वह मानता है कि बाह्य रूपाकार ग्रहण करने से कला, नैतिकता आदि से संबद्ध हो जाएगी, फलस्वरूप उसकी शुद्धता खंडित हो जाएगी।

तो फिर ऐसी अभिव्यंजना किस काम की ? समाज को उससे क्या लाभ ? लोक मंगल से विहीन यह निरर्थक ही तो है।

व्यावहारिक स्तर पर भी अभिव्यंजनावाद से कला में चमत्कारवादिता की बड़ी भयानक प्रवृत्ति फैल रही थी जिसे शुक्ल जी ने लक्ष्य किया था। उन्होंने लिखा था, "यूरोप में आजकल क्रोचे के प्रभाव से एक प्रकार का व्यक्तिवाद जोर पर है। विलायती वक्रोक्तिवाद लक्षण प्रधान है। लाक्षणिक चपलता और प्रगल्भता में ही, उक्ति के अनूठे स्वरूप में ही, बहुत से लोग वहां कविता मानने लगे हैं।" अन्यत्र वे लिखते हैं, "(अभिव्यंजनावाद) बेलबूटे और नक्काशियों के संबंध में तो ठीक घटता है, पर काव्य की सच्ची मार्मिक भूमि से बहुत दूर रहता है। उसे दृष्टि में रखकर जो चलेगा उसके निकट काव्य का सहृदयता, भावुकता और मार्मिकता से कोई संबंध नहीं।"

इस प्रकार उस समय अभिव्यंजनावाद का विरोध नितांत आवश्यक था। आचार्य शुक्ल ने उसका विरोध सोद्देश्य किया और ठीक किया।

आधार ग्रंथ :

1. पाश्चात्य काव्यशास्त्र : अधुनातन संदर्भ, सत्यदेव मिश्र।
2. हिंदी आलोचना : उद्भव और विकास।
3. मानविकी पारिभाषिक कोश (साहित्य खंड), डॉ.नगेंद्र।
4. आचार्य रामचंद्र शुक्ल और परवर्ती आलोचना, डॉ. अमरनाथ।
5. Encylopaedia Brittanica, vol. 18.
6. Aesthetics, Benedetto Croce.
7. Dictionary of World Literature.

अर्थ की लय

हिंदी में 'नई कविता' के नाम से अभिहित होनेवाली आधुनिक काव्यधारा के अंतर्गत अनेक गद्यात्मक कविताओं में कवि-आलोचकों ने अर्थलय ढूंढने का प्रयास किया है। जगदीश गुप्त ने पश्चिम के कवियों-आलोचकों की कृतियों-स्थापनाओं का सहारा लेकर स्थापित करने की कोशिश की है कि 'अर्थ की लय' की परंपरा कोई नई नहीं है। इसकी जड़ें पश्चिम में हैं और गहरी हैं। इसकी विस्तृत व्याख्या और स्थापना का श्रेय मुख्यत: जगदीश गुप्त को है।

'शब्द' और 'अर्थ' तत्त्वतः पृथक् सत्ता रखते हैं। संगीत में शुद्ध 'शब्द', ध्वनि में एवं नाद रूप में गृहीत होता है– अर्थ से असंपृक्त, निरपेक्ष। इसी प्रकार लिपि में तथा अन्य संकेत-विधियों में 'अर्थ' शब्द-निरपेक्ष होकर अवतरित होता है। शब्द श्रवणीय है, अर्थ बुद्धि-ग्राह्य। साहित्य में आकर शब्द और अर्थ दोनों अन्योन्याश्रित बन जाते हैं। इसी में साहित्य की सार्थकता है। 'वागर्थाविवसंपृक्तौ' तथा 'गिरा अरथ जल-बीचि सम' जैसी उक्तियां शब्द और अर्थ के अन्योन्याश्रित संबंध की ओर ही संकेत करती हैं।

'लय' गति और यति के पारस्परिक संघात से निष्पन्न होती है। यति विरामात्मक एवं कालसापेक्ष होती है अतएव लय भी तात्विक दृष्टि से आवृत्तिमूलक और कालसापेक्ष सिद्ध होती है। 'लय तत्त्व आणि संगीत' शीर्षक लेख में मराठी विचारक अरविंद मारूलकर ने इस तथ्य की ओर स्पष्टता से ध्यान आकर्षित किया है। उन्होंने लय-तत्व को अमूर्त, स्वयंभू और स्वतंत्र मानते हुए उसकी एक अत्यंत महत्वपूर्ण विशेषता 'एकीकरण शक्ति' (Power of integration) की ओर भी निर्देश किया है। कविता तथा अन्य ललित कलाओं में लय तत्त्व की इतनी महत्ता वस्तुतः उसकी इसी शक्ति के कारण रही है। कलाकृतियों के प्रभाव का विश्लेषण करने पर उसका एक महत्वपूर्ण गुण और लक्षित होता है और वह है अपने क्रमिक संस्पर्श से भावावेग को उद्दीप्त करने की क्षमता। अध्ययन करने पर लय-तत्व का जीवन से बहुत घनिष्ठ संबंध प्रमाणित होता है। उसकी व्याप्ति चेतना के क्षेत्र में बहुत गहरी है। हृदयगति, श्वास-प्रश्वास, ऋतु-चक्र, दिन-रात आदि का अनुभव तो क्रमिक रूप से होता ही है, जीव-विज्ञान में जैविक-शक्ति के साधारण क्रिया-कलाप में भी वैज्ञानिकों को लयात्मक रूप 'पैटर्न' की स्थिति परिलक्षित होती है। मानव मस्तिष्क की प्रक्रिया तक लययुक्त है।

कविता का इस लय-तत्व से जन्मजात संबंध है। लय को कविता का एक अनिवार्य अंग स्वीकार किए बिना उसके संपूर्ण स्वरूप की व्याख्या करना कठिन है। कविता की उत्पत्ति क्यों होती है यह कहना कठिन है पर इतना तो सहज ही स्वीकार किया जा सकता है कि वह मनुष्य के संवेदनापूर्ण एवं आवेगयुक्त क्षणों में ही बीज रूप से जन्म लेती है और बाद में बीज का फूलना, फलना भी प्रायः एक प्रवाह पर आश्रित रहता है। शब्द में लय की स्थिति तो परंपरा से मान्य रही है, 'छंद' उसी का नियोजित रूप है पर अर्थ की लय की ओर बहुत कम लोगों का ध्यान गया है। कविता की रचना-प्रक्रिया के संबंध में कवियों तथा समीक्षकों ने यत्र-तत्र जो कुछ कहा है उसी में इसके कुछ सूत्र मिल सकते हैं।

कविता में शब्द और अर्थ के पारस्परिक संबंध तथा लय की समस्या पर अंग्रेजी के प्रख्यात आलोचक आई.ए.रिचर्ड्स ने महत्वपूर्ण विचार व्यक्त किए हैं। "काव्य में लय केवल शब्द तक सीमित नहीं है। पढ़ने वाले पर उसका प्रभाव अर्थ के साथ संयुक्त होकर पड़ता है अतएव बिना अर्थ का विचार किए अच्छी बुरी लय का अंतर कविता में नहीं किया जा सकता' और 'शब्द की लय, विचार करने पर, अंततः भाव और अर्थ की समष्टि में ही पहचानी जाती है जिसमें हमारी मानसिक चेतना की लय समाहित रहती है।" उनकी यह तथा ऐसी अन्य धारणाएं 'अर्थ की लय' की स्थापना के लिए सम्यक् आधार प्रस्तुत करती हैं। रिचर्ड्स ने अनेक मनोरंजक उदाहरण देकर यह सिद्ध कर दिया है कि यद्यपि शब्द की लय में अनेक गुण हैं तथापि यह सोचना घातक है कि बिना अर्थ के साथ घनीभूत संगति प्राप्त किए कविता के लिए उनकी अपनी कोई स्वतंत्र सार्थकता है। उन्होंने श्रेष्ठ काव्य में शब्दार्थ के सहयोग के अतिरिक्त एक ऐसी स्थिति की भी कल्पना की है जहां शब्द और अर्थ पारस्परिक घात-प्रतिघात के प्रभाव में विशेषता उत्पन्न करते हैं। टी.एस. इलियट ने 'संगीतात्मक कविता' की परिभाषा बताते हुए उसमें ध्वनि लय के अतिरिक्त अर्थ के भी लयात्मक रूप की सत्ता मानी है, साथ ही दोनों की अभिन्नता का भी प्रतिपादन किया है। स्टीफेन स्पेंडर ने अपनी पुस्तक 'मेकिंग ऑफ ए पोयट' में अपने अनुभव के आधार पर कविता की रचना-प्रक्रिया का विश्लेषण करते हुए इस तथ्य का स्पष्ट निरूपण किया है कि 'काव्य-रचना के क्षणों में जिस शब्द-संगीत को साधने का वे उपक्रम करते हैं वह कभी-कभी उन्हें शब्दों से परे ले जाता है जहां उन्हें केवल लय का, एक नृत्य का, एक तीव्र ऊर्जा का अनुभव होता है जो प्रायः शब्द-शून्य होता है।'

काव्य की मनःस्थिति के वाहक शब्द ही हैं और वही लयबद्ध होकर उसकी सघनता को धारण करते हैं, इसकी ओर हर्बर्ट रीड ने इंगित किया है। हॉपकिंस की रनिंग रिद्म (Running Rhythm) और स्प्रंग रिद्म (Sprung Rhythm) की मान्यता पर विचार करते हुए उन्होंने एमर्सन की अंतर्दृष्टि से युक्त, एक उक्ति का उल्लेख किया है जिसमें कहा गया है कि कविता की सृष्टि छंद से नहीं होती वरन् उस सहज आवेगपूर्ण सजीव विचार से होती है जिसमें अपना स्वयं का आवयविक संगठन होता है। छंद तो इस प्रक्रिया का एक स्थूल परिणाम मात्र है। इसी प्रकार जी.एच. लीविस ने 'द इनर लाइफ ऑफ आर्ट' (The Inner Life of Art) में कविता और लय के घनिष्ठ मौलिक संबंध का निर्देश करते हुए 'शब्दों की लय' के समानांतर 'भावनाओं की लय' की स्थिति भी स्वीकार की है। कविता में यही भावनाओं की लय प्रकारांतर से अभिव्यक्त होकर 'अर्थ की लय' का रूप धारण कर लेती है। जगदीश गुप्त के अनुसार जिस प्रकार ध्वनि अथवा शब्द खंडों का फिर-फिर कर आना क्रमिक रूप से लय के विभिन्न प्रकारों को जन्म देता है उसी प्रकार अर्थ-खंडों का क्रमिक, ग्रथित आवर्तन-प्रत्यावर्तन अर्थ की लय के विविध रूपों की सृष्टि करता है। शब्द की लय की जितनी विधाएं कविता में व्यवहृत होती हैं उनसे कई गुनी अधिक विधाएं अर्थ की लय की रही हैं, केवल उनके पूरे स्वरूप को पहचानने का प्रयत्न अभी तक नहीं किया गया है। अनेक प्राचीन अर्थालंकारों की स्थापना लयाश्रित है। लक्षणा-व्यंजनादि अनेक शब्द-

शक्तियों के संश्लिष्ट व्यापार से अगणित अर्थों की निष्पत्ति साहित्य में मानी गई है और उनके लयात्मक समन्वय के बहुसंख्यक प्रकार और प्रभेद हो सकते हैं ।

वस्तु भावावेगपूर्ण हो और रूप-विधान पर उसका कोई प्रभाव न पड़े यह अपने सहज क्रम में असंभव है। साधारण वार्तालाप प्रायः ऋजु गति से चलता है पर भावावेग से युक्त कथन में तथा आवेशपूर्ण भाषण में अर्थ-खंडों की आवृत्ति स्वाभाविक रूप से होने लगती है। लय का काव्यापेक्षित रूप यदि अपनी तात्विक संगति रखता है तो वह न कभी कृत्रिमता उत्पन्न करेगा और न एकस्वरता। कविता का जो आधार आंतरिक और तात्विक होता है वह पंक्तियों को तोड़-तोड़ कर लिख देने या उन्हें एक साथ गद्य की तरह छाप देने से कभी नष्ट नहीं हो सकता और यदि होता है तो उसे तात्विक कहना एक विडंबना मात्र होगी। 'अर्थ की लय' एक ऐसी वास्तविकता है जिसका लोप छापने या लिखने की बाह्य विधि से संभव नहीं है।

श्रेष्ठ कविता के लिए शब्दार्थ का संयुक्त रूप से लयान्वित होना आवश्यक है किंतु कविता को अर्थ प्रधान मानने के बाद केवल अर्थ की लय के सहारे सर्जित, ऊपर से गद्य जैसी लगनेवाली रचना को कविता के क्षेत्र से बहिष्कृत नहीं किया जा सकता।

जगदीश गुप्त ने 'अर्थ की लय' का बोध कराने के लिए निम्नलिखित उदाहरण दिए हैं :

अर्थ की लय से हीन पद्य :

"बंजर बुंदेली धरती पर केन किनारे,
कालिंजर का दुर्ग नहीं है दूर जहां से,
कोसल जन-संस्कृति के अंचल की सीमा पर,
चित्रकूट की छाया में यह नगर बसा है।"

अर्थ की लय से युक्त पद्य :

"रात का बंद नीलम किवाड़ा डुला,
लो क्षितिज छोर पर देव मंदिर खुला,
हर नगर झिलमिला, हर डगर को खिला
हर बटोही जिला, ज्योति-प्लावन चला।"

अर्थ की लय से युक्त मुक्त छंद :

"आज तुम शब्द न दो, न दो / कल भी मैं कहूंगा।
तुम पर्वत हो, अभ्रभेदी शिलाखंडों के गरिष्ठ पुंज।
चांपे इस निर्झर को रहो, रहो / तुम्हारे रंध्र-रंध्र से
तुम्हीं को रस देता हुआ / फूट कर ? मैं बहूंगा।"

अर्थ की लय से युक्त गद्य :

"हवा में झूमते,/ केले के बड़े-बड़े गाछ,/ फैले फैले पात,
अपने चित्र बनाने को / बुलाते रहे; बुलाते रहे!"

जगदीश गुप्त की टिप्पणी है कि उपर्युक्त उदाहरणों में लय का रूप प्रायः सतह से ही झलक जाने वाला है पर इनके अतिरिक्त सैकड़ों सूक्ष्म से सूक्ष्म रूप हो सकते हैं, इसको दृष्टि में रखना होगा। एक छोर पर हर कथन पद्यबद्ध होने के नाते कविता समझा जाता रहा दूसरे छोर पर काव्य संस्कार और लय-बोध से हीन गद्य को भी कविता की संज्ञा मिलने लगी है। दोनों ही अतियों से सावधान रहने की आवश्यकता है। ऐसी अनेक कविताओं के नाम गिनाए जा सकते हैं जिनका बाह्य रूप-गद्य की तरह होते हुए भी आंतरिक ढांचा अर्थ की लय के सूक्ष्म तंतुओं से बुना गया मिलता है।

उल्लेखनीय है, अर्थ की लय संबंधी जगदीश गुप्त की उक्त स्थापना की बाद में कोई खास नोटिस नहीं ली गई और आज कविता की समीक्षा में आमतौर पर अर्थ की लय की कोई चर्चा नहीं होती।

आधार ग्रंथ :

1. नई कविता, जगदीश गुप्त, रामस्वरूप चतुर्वेदी और विजयदेव नारायण साही ।
2. Practical Criticism, T.S. Eliot.
3. Making of a Poem, Stephen Spender.
4. The Inner Life of Art, G.H. Livis.

अर्थप्रकृति

अर्थ प्रकृति नाटकीय कथावस्तु का एक तत्त्व है। 'अर्थ' से तात्पर्य है प्रयोजन या वस्तु का फल और 'प्रकृति' का अर्थ है कारण या हेतु। इस प्रकार नाटक में फल रूप प्रयोजन की सिद्धि के लिए मिलकर व्यापार करने वाली अनेक अवांतर घटनाएं 'अर्थप्रकृतियां' कहलाती हैं। इनसे नाटक के प्रयोजन, फल, अथवा लक्ष्य का पता चलता है। साहित्य दर्पणकार के अनुसार 'अर्थप्रकृतयः प्रयोजनसिद्धिहेतवः।'

'अर्थप्रकृति' तथा 'अवस्था' में अंतर है। 'अर्थप्रकृति' का संबंध कथावस्तु से है। इनके होने पर नाटक का रूप या ढांचा खड़ा होता है परंतु 'अवस्था' का संबंध नायक की मानसिक दशा से होता है। अर्थप्रकृतियों का विवेचन भरत ने भी किया है। अर्थप्रकृतियां पांच हैं—बीज, बिंदु, पताका, प्रकरी और कार्य। 'साहित्यदर्पण' में कहा गया है, "बीजं बिंदुः पताका च प्रकरी कार्यमेव च। अर्थप्रकृतयः पंच ज्ञात्वा योज्या यथाविधि" अर्थ प्रकृति का संबंध कथा

संगठन से है। इन्हें वस्तु का उपादान कहा जा सकता है। इनकी विद्यमानता में कथा का ढांचा खड़ा होता है। प्रो. कांतानाथ शास्त्री तैलंग ने अर्थप्रकृति को नाटकीय कथावस्तु का औपदानिक विभाजन (Physical Division) कहा है और कार्यावस्था को मनोवैज्ञानिक विभाजन।

फल के प्रथम हेतु को 'बीज' कहते हैं। प्रारम्भ में इसका कथन बहुत छोटे रूप में होता है, किंतु आगे चलकर विस्तार होने पर वही नाटक में अनेक रूपों में ऐसे फैलता है जैसे छोटा-सा बीज अनेक रूपों में विस्तार पाते हुए फल रूप में परिणत हो जाता है।

अवांतर कथा के विछिन्न होने पर जो घटना उसे प्रधान कथा के साथ जोड़ने वाली होती है, उसे बिंदु कहते हैं। धनिक का कहना है कि बिंदु नाटक में उसी प्रकार फैला दिखायी पड़ता है जिस प्रकार पानी के ऊपर तेल। रामचंद्र-गुणचंद्र के अनुसार जिस प्रकार माली बीज बोने के पश्चात् उसका विकास करने के लिए उस पर जल की बूंदें छिड़कता है, उसी प्रकार नाटक का लेखक बीजारोपण के पश्चात् बिंदु द्वारा उसका विकास करता है।

मूल कथानक को फलोन्मुख करने में योग देने वाली वे बड़ी प्रासंगिक कथाएं जो अंत तक चलती रहती हैं, पताका कहलाती है। पताका नामक प्रासंगिक इतिवृत्त का भी नायक होता है, पर उसका कोई निजी फल नहीं होता, अपितु प्रधान पात्र या नायक के फल को सिद्ध करने के लिए ही उसके सारे कार्य व्यापार उपस्थित किये जाते हैं।

ऐसी छोटी-छोटी कथाएं जो अवसर-विशेष पर आकर और मुख्य कथा की सहायता करके समाप्त हो जाती हैं प्रकरी कहलाती हैं। वह साध्य जिसकी सिद्धि के लिए नाटक में समग्र-सामग्री एकत्र की जाती है, कार्य कहलाता है। और अंत में हिंदी नाटकों में अर्थप्रकृतियों के प्रति उदासीनता दिखायी देती है। नये नाटककारों ने इनकी तरफ ध्यान देना अब छोड़ दिया है।

आधार ग्रंथ :

1. भारतीय साहित्य शास्त्र कोश, डॉ. राजवंश सहाय 'हीरा'।
2. हिंदी साहित्य कोश भाग-1।
3. साहित्य दर्पण, विश्वनाथ।

अर्थहीनता

'अर्थहीनता' अंग्रेजी शब्द एब्सर्डिटी (Absurdity) के लिए हिंदी में प्रयुक्त होता है। दूसरे विश्वयुद्ध के बाद पश्चिमी जगत में एब्सर्डिटी की समस्या एक गंभीर समस्या बन कर उभरी। भयानक नरसंहार का दृश्य विश्वमंच पर घटित हो चुका था। संहार की तांडवलीला की समाप्ति के उपरांत आदमी ने जब पाया कि उसके और दूसरे आदमी के बीच जो लोग थे वे अब नहीं हैं और वह जगह रिक्त हो गयी है तो यह रिक्तता आदमी के मन में और दूसरों के साथ उसके संबंधों में भी आ गयी। सारे आत्मीय संबंधों की निरर्थकता का ही बोध नहीं हुआ अपितु स्वयं जिंदगी की अर्थवत्ता ही बेमानी सिद्ध हुई। सोरेन कीर्केगार्ड (Soren Kierkeggard, 1813-1855) पूर्ण स्वच्छंदता का नारा बुलंद कर चुके थे। नीत्शे (Fredrich Nietzsche, 1844-1900) ने ईश्वर की मृत्यु की घोषणा कर दी थी और सार्त्र (Jean Paul Sartre, 1905) का अस्तित्ववाद सामने आ चुका था। इसी संदर्भ में कामू (Albert Camu, 1913-1960) ने अपनी पुस्तक 'मिथ ऑफ सिसिफस' (The Myth of Sisyphus, 1942) के प्रारंभिक वाक्य में ही कहा : 'जगत में सिर्फ एक ही गंभीर दार्शनिक समस्या है—वह है आत्महत्या।' समस्या के विश्लेषण में उसने कहा कि जीवन की सारहीन पुनरावृत्ति और भविष्य के प्रति सारी आशाओं का भ्रम टूटने पर एक संवेदनशील प्राणी केवल एक समाधान पाता है—आत्महत्या। लेकिन कामू के अनुसार आत्महत्या पलायन है। अर्थहीनता बोध के बाद मनुष्य को जीना चाहिए एक दूसरे ही प्रकार का जीवन। उसके सामने कोई अनुशासन बंधन नहीं रहता। यह अर्थहीन जीवन ही संपूर्ण स्वतंत्र है। अर्थहीनता के प्रतीक रूप में ही उसने सिसिफस के मिथ को चुना और उसकी त्रासदी का कारण बताते हुए कहा :

"अगर यह मिथ दुखांत है तो इसलिए कि उसका नायक सचेत है। अगर हर कदम पर सफलता की एक नयी उम्मीद बनी रहती तो उसकी यह पीड़ा क्या उतनी रहती ?"

हिंदी के नये कवियों में से भी कुछ ने कामू को इस क्षेत्र में अपना आदर्श मानकर सिसिफस की टक्कर का पात्र ढूंढ़ने की कोशिश में पौराणिक मिथकों व कथाओं की खोजबीन शुरू की। महाभारत की कथा में धर्मवीर भारती को इन स्थापनाओं को पिरोने की गुंजाइश दिखायी

पड़ी, सो उन्होंने 'अंधायुग' काव्यनाटक में अर्थहीनता और आत्महत्या की समस्या को उठाया। कौरवों की हार के बाद युधिष्ठिर को इस युद्ध के बाद मिली विजय और गौरव की निरर्थकता का बोध होता है : "सीढ़ी पर बैठे घुटनों पर माथा रक्खे/ अक्सर डूबे रहते थे निष्फल चिंतन में" तथा युयुत्सु की आत्महत्या के बाद कृपाचार्य ने तो घोषणा कर दी कि यह आत्महत्या संपूर्ण संस्कृति, दर्शन, धर्म, कलाओं और शासन व्यवस्था में प्रतिध्वनित होगी, मानव का अंतिम लक्ष्य आत्मघात होगा। कुंवरनारायण ने इन्हीं समस्याओं को 'आत्मजयी' में पेश किया है। उनके अनुसार " 'आत्मजयी' में ली गयी समस्या नयी नहीं— उतनी ही पुरानी है (या फिर उतनी ही नयी) जितना जीवन और मृत्यु-संबंधी मनुष्य का अनुभव।" 'कठोपनिषद' का नचिकेता उन्हें इसके लिए महत्वपूर्ण प्रतीक लगा जिसके माध्यम से 'आज के मनुष्य' के अनुभवों को रखा जा सकता है। इसीलिए उनकी यह जीवन की 'अर्थखोजी' चिंता हिंदू दर्शन के परमात्मबोध से सर्वथा भिन्न अस्तित्ववादी चिंतन से प्रभावित चिंता है जिसके लिए उन्होंने 'कठोपनिषद' की कथा और नचिकेता के प्रतीक में आवश्यक परिवर्तन कर लिया है। वैदिक साहित्य के बजाय उपनिषद की चुनने का एक और स्पष्ट कारण यह भी है कि उनके अनुसार "उपनिषत्कालीन अध्यात्म वैदिककालीन 'वस्तुवादी' दृष्टिकोण की प्रतिक्रिया था।"

नयी पीढ़ी के कवियों पर अस्तित्ववाद का असर जम चुका था। अज्ञेय ने अपने संक्षिप्त नाटक 'अशोक प्रियदर्शी' में युद्ध के बाद के अशोक की मानसिक उथल-पुथल को 'आधुनिक मनुष्य' के अनुकूल पाया। मोहन राकेश के 'लहरों के राजहंस' का नंद भी अस्तित्व की इन्हीं चिंताओं से जूझ रहा है। कर्ण सिंह चौहान नयी कविता की इस अर्थहीनता के खोखलेपन पर अपनी प्रतिक्रिया व्यक्त करते हुए कहते हैं : "जहां कामू जैसा कलाकार 'अर्थहीनता' के उद्घाटन के लिए घटनाओं का एक सशक्त ताना-बाना बुनता है वहां हमारे कवियों में यह भावोच्छ्वास के रूप में ही अधिक प्रकट होता है। इसके अतिरिक्त प्रकृति के सौंदर्य के जीवंत चित्र कामू की रचनाओं में जीवन के स्वीकार, सौंदर्य, ललक आदि को दर्शाते हैं, वह पक्ष हिंदी के इस अर्थहीनता के साहित्य में पूर्णतया गायब है। इसका मूल कारण है कि यहां जिंदगी के किसी गहरे अनुभव ने यह अर्थहीनताबोध पैदा नहीं किया, वैचारिक अनुकरण ने किया है। इस अनुकरण के आधार पर जुटाई गयी स्थितियों का ब्यौरा कितना फूहड़ होगा दो-एक कृतियों को छोड़ बाकी में इसे सहज ही देखा जा सकता है।" बाद में नवीन साहित्य की प्रवृत्तियों का विश्लेषण करते हुए लक्ष्मीकांत वर्मा ने 'अर्थहीनता-बोध' को एक महत्वपूर्ण मूल्य मानते हुए कहा, "क्षण-प्रतिक्षण की पुरानी होती दुनिया में किसी भी मूल्य-निष्ठ व्यक्ति के लिए उसकी प्रथम प्रतिक्रिया उसी मूल्यहीनता से ही प्रारंभ होगी। आज की संवेदना में उस अर्थहीनता की स्थिति से ही हम शायद उन मरे हुए निर्जीव और नितांत रूढ़िग्रस्त दुनिया के प्रति क्रियाशील हो सकते हैं। इसीलिए आज की मूल समस्या जिस अर्थहीनता से शुरू होती है, वह उसी में समाप्त हो जाती है।"

इस तरह, इस ग्रुप के साहित्यकारों की दृष्टि में विद्रोह, क्रांति, सक्रियता, संघर्ष आदि सब फिजूल की बातें हैं, असली बात है अर्थहीनता। इनकी नजर में विद्रोह एक रोमांटिक भाव स्थिति है, जिसमें जो कुछ व्याप्त है, प्रतिष्ठित है उनको अपने से बड़ा मानकर हम क्रियाशील होते हैं या प्रतिक्रिया रूप में आचरण करते हैं। अर्थहीनता में यह रोमांटिक भावना नहीं है। उसमें इसलिए निराशा और विद्रोह भी नहीं है। उसमें एक ठंडापन है और उस ठंडेपन के माध्यम से उन समस्त मूल्यों के प्रति उदासीनता है जो अपर्याप्त होने के साथ-साथ हमारे जीवन की उन्मुक्तता को बाधित करते हैं। बहरहाल, अच्छा हुआ यह अवधारणा जल्दी ही ठंढी हो गयी।

"समकालीन परिस्थितियों में इसके राजनीतिक मंसूबों को सहज ही समझा जा सकता है। कार्ल मार्क्स ने काफी पहले इस बात की ओर संकेत किया था कि बुर्जुआ विचारक संपूर्ण भौतिक दुनिया को ही अर्थहीन सिद्ध करने की कोशिश करेंगे। उन्होंने सचेत किया था कि शासक-शोषक वर्गों के हित में है कि वे 'अर्थहीनता' के भ्रम को फैलाएं।"

आधार ग्रंथ :

1. आलोचना के नये मान, कर्णसिंह चौहान ।
2. नये प्रतिमानः पुराने निकष, लक्ष्मीकांत वर्मा।
3. नयी कविता और अस्तित्ववाद, रामविलास शर्मा।
4. आधुनिक परिवेश और अस्तित्ववाद, डॉ. शिव प्रसाद सिंह।
5. The Existentialists, J.Collins.
6. A Glossary of Literary Terms, M.H.Abrams.

अलंकार

'अलंकार' भारतीय साहित्य शास्त्र की परंपरा का शब्द है। अलंकार का सामान्य अर्थ है 'आभूषण'। जिस प्रकार अलंकार को धारण करने से नारी के सहज सौंदर्य में वृद्धि होती है उसी प्रकार कविता में भी अलंकार के प्रयोग से कविता के सौंदर्य में वृद्धि होती है। इस तरह अलंकार काव्य के बाह्य शोभाकारक धर्म हैं।

सामान्य जीवन में वाणी का व्यापार अपनी सहज गति से चल सकता है, परंतु काव्य के क्षेत्र में उसका अपेक्षाकृत विशिष्ट रूप ही अधिक मान्य है। अपने कथन को चमत्कारपूर्ण बनाने का मोह कवि और रसिक-समुदाय में सदा से रहा है। इसके द्वारा अभिव्यक्ति में स्पष्टता, भावों में प्रभविष्णुता और प्रेषणीयता तथा भाषा में सौंदर्य का संपादन होता है। काव्य में रमणीयता और चमत्कार का उद्रेक करने के लिए अलंकारों की स्थिति आवश्यक है। कुछ आचार्यों ने अलंकारों को काव्य के लिए अनिवार्य माना है। 'चंद्रालोक' के रचयिता महाकवि जयदेव अलंकार-विहीन काव्य को उष्णता-विहीन अग्नि के समान मानते हैं। उनके कथानुसार जिस प्रकार उष्णता अग्नि का स्वाभाविक धर्म है उसी प्रकार अलंकार काव्य का सहज धर्म है। उन्होंने लिखा है,

"अंगी करोती यः काव्यं शब्दार्थावनलंकृती
असौ न मन्यते कस्माद् अनुष्णमनलंकृती।"

किंतु यह मान्यता कुछ आचार्यों की ही है, जिन्हें अलंकारवादी कहा जा सकता है। दूसरी ओर अपेक्षाकृत समृद्ध परंपरा ऐसे आचार्यों की है जो अलंकार को कविता के लिए अनिवार्य धर्म के रूप में नहीं मानते। इनके अनुसार अलंकार के स्वाभाविक इस्तेमाल से कविता के सौंदर्य में वृद्धि होती है। बहरहाल, भामह, दंडी, वामन, कुंतक से लेकर आचार्य रामचंद्र शुक्ल तक सभी ने किसी न किसी सीमा तक अलंकारों का महत्त्व स्वीकार किया है।

आचार्य भामह का कथन है कि जिस प्रकार बिना आभूषण के किसी कांता का सुंदर मुख भी शोभायमान नहीं होता उसी प्रकार अलंकार-विहीन सुंदर कविता भी लोकप्रिय नहीं होती।

"न कांतमपि निर्भूषं विभाति वनिता मुखम्"

आचार्य कुन्तक अलंकार-विहीन काव्य को काव्य की संज्ञा ही नहीं देना चाहते। अलंकृत शब्दार्थ-रचना को ही वे काव्य मानते हैं। महर्षि वेदव्यास ने इन सभी आचार्यों से पूर्व ही घोषित किया था कि अलंकार-रहित काव्य उसी प्रकार है जैसे विधवा नारी।

यहां यह स्पष्ट कर देना आवश्यक प्रतीत होता है कि 'अलंकार' शब्द साहित्यशास्त्र की परवर्ती परंपरा में जिस अर्थ में प्रयुक्त हुआ है, उसी अर्थ में अलंकारवादी कहे जाने वाले आचार्यों ने भी प्रयुक्त नहीं किया था। रस, ध्वनि, गुण आदि अन्य विशेषताओं से वे अनभिज्ञ नहीं थे। उन लोगों ने इन सबका अलग से विवेचन न करके अथवा विशिष्ट महत्त्व का तत्त्व न मानकर इन सबको अलंकार की परिधि में ही सम्मिलित कर लिया था। यहां तक कि रस तत्त्व भी अपने समस्त विस्तार के साथ 'रसवत' अलंकार में ही सिमट कर रह गया था। आचार्य वामन ने काव्य के सभी सौंदर्य-विधायक तत्त्वों को अलंकार ही माना है, 'सौंदर्यमलङ्कार':।

आचार्य रामचंद्र शुक्ल ने काव्य के क्षेत्र में 'सौंदर्य' और 'वैचित्र्य' को दो भिन्न तत्त्व माना है। उनके विचार से यद्यपि काव्य के लिए दोनों तत्त्वों का होना आवश्यक है परंतु सौंदर्य से वैचित्र्य अधिक व्यापक है। इसके अंतर्गत अलंकारों के साथ-साथ भाव, रूप, गुण, आदि का भी उत्कर्षपूर्ण अस्तित्व रहता है। यदि अलंकारों को ही काव्य का सर्वस्व मान लिया जाए और काव्य के अन्य गुणों की उपेक्षा कर दी जाए तो ऐसा काव्य उसी प्रकार का होगा जैसे कोई निर्जीव शरीर को आभूषणों से मंडित करे। इसी तथ्य को ध्यान में रखते हुए आचार्य मम्मट ने काव्य की परिभाषा देते हुए अलंकार की अनिवार्यता को स्वीकार नहीं किया है, 'तददोषौ शब्दार्थों सगुणावनलङ्कृती पुनः क्वापि।' उनके 'अनलङकृती पुनः क्वापि' में अलंकार-विहीनता को भी काव्य में स्वीकृति मिली है।

उपर्युक्त विवेचन के आधार पर अलंकार की अधिक उपयुक्त परिभाषा हम आचार्य रामचंद्र शुक्ल के शब्दों में देकर इस विषय को अधिक स्पष्ट कर सकते हैं। आचार्य शुक्ल लिखते हैं-"भावों का उत्कर्ष दिखाने और वस्तुओं के गुण और क्रिया का अधिकाधिक तीव्र अनुभव कराने में कभी-कभी सहायक होने वाली युक्ति अलंकार है।"

काव्यशास्त्र के इतिहास में अलंकारों का महत्त्व सबसे पहले स्वीकृत हुआ है। महर्षि यास्क और पाणिनि जैसे आचार्यों ने भी 'उपमा' के विविध अंगों का उल्लेख किया है। अलंकार-विवेचक आरंभिक ग्रन्थों का पता नहीं चलता परंतु विद्वानों ने महर्षि पाणिनि और आचार्य भामह के काल सीमा के भीतर अलंकार विवेचक अनेक अन्य आचार्यों का अस्तित्व स्वीकार किया है। पाणिनि ने जहां उपमादि अलंकारों के साथ रसादि का भी उल्लेख किया है, वहां भामह ने अपने 'काव्यालंकार' नामक ग्रंथ में केवल अलंकार को ही काव्य की आत्मा सिद्ध करते हुए उसका विस्तृत विवेचन किया है। भामह के उपरांत दंडी, उद्भट और रुद्रट ने अलंकार-विवेचन को और भी अधिक पुष्ट एवं विस्तृत किया। इन आचार्यों ने अलंकार के साथ रस और भावों पर भी विचार किया।

यद्यपि अधिकांश परवर्ती आचार्यों ने अलंकार के साथ रस, रीति, वृत्ति और ध्वनि का भी विवेचन किया है, परंतु कुछ आचार्य ऐसे भी हुए, जिन्होंने अन्य विषयों को गौण मानते हुए केवल अलंकारों को ही प्रमुखता प्रदान की। इनमें जयदेव, अप्पय दीक्षित, केशव मिश्र, चिंतामणि, करनेस, महाराज जसवंत सिंह आदि के नाम विशेष उल्लेखनीय हैं। ध्वनि, रीति और रस संप्रदायवादी आचार्यों ने भी अलंकारों का विस्तृत विवेचन किया है। यह बात और है कि अलंकारवादी आचार्यों की भांति उन लोगों ने केवल उसे ही काव्य की आत्मा नहीं सिद्ध किया।

प्रारंभ में भरत मुनि ने नाट्यशास्त्र में केवल उपमा, रूपक, दीपक और यमक-इन चार अलंकारों का ही वर्णन किया था। भामह के ग्रंथ 'काव्यालंकार' में 48 अलंकारों का उल्लेख है। रुद्रट ने अपने 'अलंकार सारसंग्रह' में अलंकारों के भेद-प्रभेदों का वर्णन करते हुए इनकी संख्या 78 तक पहुंचा दी है। जयदेव के 'चंद्रलोक' में 100 अलंकारों का और उनके उपरांत अप्पय दीक्षित के 'कुवलयानंद' में 123 और पंडितराज जगन्नाथ के 'रस गंगाधर' में 191 अलंकारों का विवेचन हुआ है। रीतिकालीन हिंदी ग्रंथों में आचार्य केशव की 'कविप्रिया' सर्वप्रथम है जिसमें 37 अलंकारों का भेदोपभेद सहित वर्णन है। चिंतामणि त्रिपाठी के 'कविकुलकल्पतरु' में संख्या बढ़ गयी है। 'भाषा भूषण' में 108 अलंकारों का विवेचन है। आधुनिक काल के अलंकार ग्रंथों में लाला भगवानदीन की 'अलंकार मंजूषा' विशेष उल्लेखनीय है। इसमें अलंकारों की संख्या 120 तक पहुंच गई है जो आधुनिक हिंदी के अलंकार ग्रंथों की सबसे बड़ी संख्या है।

आधार ग्रंथ :

1. हिंदी साहित्य कोश, भाग-1।
2. संस्कृत काव्य शास्त्र का इतिहास, सुशील कुमार दे।
3. भारतीय काव्य शास्त्र, सत्यदेव चौधरी।
4. भारतीय साहित्य शास्त्र कोश, डॉ. राजवंश सहाय 'हीरा'।
5. Some concepts of the Alankar Shastra, V. Raghvan.

अलंकार-संप्रदाय

'अलंकार-संप्रदाय' से तात्पर्य उन आचार्यों की परंपरा से है, जिन्होंने रस और ध्वनि-सिद्धांतों के प्रतिष्ठित हो जाने के पूर्व अथवा पश्चात् 'अलंकार' को ही काव्य की उत्कृष्टता का प्रमुख साधन माना है। अलंकार का काव्य में महत्वपूर्ण स्थान है, यह तो सर्वसम्मत सिद्धांत है, किंतु अलंकार ही काव्य की आत्मा है, काव्य का प्रमुख आकर्षण है, इसको कुछ आचार्यों ने ही माना है। इस मत के पोषक आचार्यों की परंपरा को अलंकार-संप्रदाय के नाम से पुकारा जाता है।

अलंकार-मत के संस्थापक आचार्य भामह (7वीं सदी) हैं तथा इस मत के पोषक हैं भामह के टीकाकार आचार्य उद्भट (8वीं सदी), दंडी (7वीं सदी), रुद्रट (9वीं सदी)। जयदेव (13वीं सदी), अप्पय दीक्षित (17वीं सदी), और प्रतिहारेन्दुराज (10वीं सदी) भी इसी मत के अनुयायी हैं। हिंदी में इंस संप्रदाय के अंतर्गत आनेवाले कवि आचार्य कम हैं। केशव (16-17वीं सदी), जसवंत सिंह (17वीं सदी), भूषण (17वीं सदी), दूलह (17-18वीं सदी) जैसें कुछ आचार्यों ने अलंकार को विशेष महत्त्व दिया है। चिंतामणि (17वीं सदी), मतिराम (17वीं सदी), कुलपति (17वीं सदी), देव (17-18वीं सदी) आदि कवि आचार्यों ने अलंकारों को रसादि के साथ स्वीकार किया है, वैसे रीतिकालीन काव्य की सामान्य शैली ही अलंकृत तथा वैचित्र्यपूर्ण है।

आचार्य भामह के अनुसार अलंकार ही काव्य का अनिवार्य प्राणतत्त्व है। उनका मत है कि स्वभावतः कांत होने पर भी बनिता के मुख पर भूषण के बिना जिस प्रकार आभा नहीं आती, उसी प्रकार नितांत प्रकृत रूप से होने पर वाणी में चारुता नहीं आती। दंडी के मत में काव्य के पोषक अंगों को 'अलंकार' शब्द के द्वारा पुकारा जाता है। रुद्रट तथा प्रतिहारेंदुराज ने भी अपने ग्रंथों में अलंकार को प्रधानता दी है। पीयूषवर्ष जयदेव के 'चंद्रालोक' में अलंकार की अनिवार्यता बड़े जोरदार शब्दों में घोषित की गयी है। इनके अनुसार अलंकार काव्य का प्राणतत्त्व है। प्राचीन आलंकारिकों द्वारा अलंकार को अत्यधिक प्रतिष्ठा देने की बात रुद्रट ने भी अपने 'अलंकार-सर्वस्व' में "तदेवमलंकार एवं काव्य प्रधान मिति प्राच्यानां मतम्" इस कथन के द्वारा प्रमाणित की है।

कालक्रम से अलंकारों की संख्या के समान अलंकारों के स्वरूप में भी पर्याप्त अंतर पड़ता गया है। उनमें 'वक्रोक्ति' अलंकार का क्रमशः विकसित स्वरूप द्रष्टव्य है। आद्याचार्य भामह वक्रोक्ति को समस्त अलंकारों का प्राणतत्त्व मानते हैं। उन्होंने ऐसे अलंकार की कल्पना भी

नहीं की, जो वक्रोक्ति से वियुक्त हो। वक्रार्थ की विद्यायक शब्दोक्ति को ही उन्होंने अलंकार कहा है और वे इसके बिना अलंकार की स्थिति स्वीकार नहीं करते–"सैषा सर्वत्र वक्रोक्तिरनयार्थों विभाव्यते। यत्नोऽस्यां कविना कार्यः कोऽलंकारोऽनया विना।।" अलंकार-संप्रदाय के आचार्यों के विवेचन के अनुशीलन से स्पष्ट होता है कि यद्यपि इस विवेचना में मौलिकता है, किंतु उनमें विकास अधिकांशतः अलंकारों की संख्या का अथवा परिभाषा के क्षेत्र में ही देखने में आता है, अलंकार का काव्य पर किस प्रकार प्रभाव पड़ता है, इस विषय पर गंभीर एवं गवेषणात्मक अध्ययन प्रायः किसी ने नहीं किया। इस संप्रदाय के आचार्यों ने अलंकार को काव्य का अनिवार्य अंग सिद्ध करने के निमित्त स्वभावोक्ति को भी अलंकार में समाविष्ट कर लिया है।

अलंकार संप्रदाय के अनुवर्ती आचार्यों ने अलंकारों का वर्गीकरण करते समय उनके मूल तत्त्वों पर भी विचार किया है। अलंकारों के विभाग के लिए कतिपय सिद्धांत भी निश्चित किए हैं। अलंकारों के वर्गीकरण के वैज्ञानिक स्वरूप का सर्वप्रथम निर्देश हमें रुद्रट के 'काव्यालंकार' में मिलता है। इस विषय में आचार्य रुय्यक और विद्याधर का निरूपण बड़ा ही युक्ति-संगत, मौलिक और वैज्ञानिक है। इस संप्रदाय की प्राचीनता का आभास इसी तथ्य से मिलता है कि हमारे समस्त आलोचना-शास्त्र का प्राचीनतम नाम इसी के नामानुरूप 'अलंकार-शास्त्र' है।

अलंकार को ही काव्य का सर्वस्व मानकर चलनेवाले आचार्यों ने अपने अलंकार-ग्रंथों में रस का स्वतंत्र रूप से उल्लेख न करके उसे काव्य प्राणभूत अलंकार का ही एक प्रकार माना है। उन्होंने 'रसवत्', 'प्रेय', 'ऊर्जस्वी' तथा 'समाहित' अलंकारों के भीतर रस और भाव के समग्र विषय को समाविष्ट कर दिया है। इस तथ्य के प्रमाण भामह, दंडी, उद्भट और रुद्रट के अलंकार-ग्रंथ हैं, जिनमें उन्होंने प्रेय, रसवत् आदि अलंकारों के द्वारा रस के समग्र विषय का उल्लेख किया है। भामह स्पष्ट रूप से लिखते हैं कि जहां शृंगारादि रसों की प्रतीति स्पष्ट रूप से होती है, वहां रसवत् अलंकार की सत्ता नहीं मानी जा सकती। इसी प्रकार दंडी, उद्भट तथा रुद्रट ने भी काव्य में रस का निवेश यत्न से करने का आदेश दिया है। सारांश यह कि उपर्युक्त अलंकारवादी आचार्यों ने रस-तत्त्व को भी अलंकार का ही एक रूप माना है। दंडी और भामह ने अलंकार का जो महत्त्व काव्य में प्रतिपादित किया, वह किसी न किसी रूप में परवर्ती युगों तक मान्य रहा है। हिंदी साहित्य के रीतिग्रंथों में अलंकारवाद का स्पष्ट प्रतिपादन तो नहीं है, पर यह उसकी शैलीगत विशेषता अवश्य रही है और समूचे रीतिकाल में चलती रही है।

आधार ग्रंथ :

1. हिंदी साहित्य कोश, भाग-1।
2, संस्कृत काव्य शास्त्र का इतिहास, गणेश त्र्यंबकदेशपांडे।
3. भारतीय काव्य शास्त्र, सत्यदेव चौधरी।
4. भारतीय साहित्य शास्त्र कोश, डॉ. राजवंश सहाय 'हीरा'।
5. Some Concepts of the Alankar Shastra, V.Raghvan.

अलंकार्य

किसी पदार्थ या वस्तु के स्वाभाविक वर्णन को अलंकार्य कह सकते हैं, अर्थात् स्वभाववर्णन ही अलंकार्य है। प्राचीन आलंकारिक भामह, दंडी, वामन आदि ने अलंकार और अलंकार्य में अभेद स्थापित कर संपूर्ण काव्य-सौंदर्य को 'अलंकार' में समाहित किया है। उन्होंने लिखा है, 'काव्यशोभाकरान् धर्मान् अलंकारान् प्रचक्षते' तथा 'सौंदर्यमलंकारः'। स्पष्ट है कि इन आचार्यों के अनुसार काव्य-शोभा की आर्यवृद्धि में सहायक सभी तत्त्व अलंकार हैं। इसी से उन्होंने रस को भी रसवत आदि अलंकारों में अंतर्भूत कर दिया है। भामह के अनुसार काव्य का प्रस्तुत पक्ष चमत्काररहित होने के कारण, काव्य न होकर वार्ता मात्र है।

काव्य का यह प्रस्तुत पक्ष जब चमत्कृत हो जाता है, तो अलंकार बन जाता है। तात्पर्य यह कि आलंकारिक काव्य के प्रस्तुत पक्ष का सर्वथा निषेध तो नहीं करते, किंतु उसमें काव्यत्व का समाहार नहीं करते। इस प्रस्तुत पक्ष में जब किसी भी प्रकार के सौंदर्य का उन्मेष होता है, तो यह अपनी समग्रता में अलंकार का पर्याय हो जाता है।

किंतु रस और ध्वनि-संप्रदाय के अनुयायियों ने शब्द-अर्थ को प्रत्यक्षतः और रस को मूलतः अलंकार्य कहा है और उपमा-रूपकादि को अलंकार के नाम से अभिहित किया है। उन्होंने उपमा-रूपक आदि अलंकारों को रस-रूप अंगी का उत्कर्ष-विधायक कहा है। दूसरे शब्दों में,

उपमादि अलंकार रस-रूप अलंकार्य को अलंकृत करते हैं। मम्मट और विश्वनाथ ने प्रकारांतर से इसी मत का समर्थन किया है, 'उपकुर्वन्ति तं संतं एऽङ्गद्वारेण जातुचित् हारादिवदलंकारास्ते...' (काव्यप्रकाश)। अर्थात् हारादि आभूषण जिस प्रकार स्थूल रूप से शरीर को शोभित करते हुए मूलतः आत्मा का उत्कर्ष करते हैं, उसी प्रकार अलंकार प्रत्यक्ष रूप से शब्द-अर्थ को अलंकृत करते हुए मूलतः रस का संवर्द्धन करते हैं। अतएव इस सिद्धांत के अनुसार उपमादि अलंकार हैं और शब्द प्रत्यक्षतः तथा रस मूलतः अलंकार्य हैं।

कुंतक ने अलंकार और अलंकार्य की पृथकता का निर्देश अत्यंत स्पष्ट शब्दों में किया है। उनके अनुसार स्वभाव-वर्णन ही अलंकार्य है। यदि इसी को अलंकार कहें तो फिर स्वभाव वर्णन से भिन्न कौन-सी वस्तु है, जो अलंकार्य है ? काव्य में अलंकार्य शरीर-स्थानीय है। यह शरीर ही यदि अलंकार बन जाए तो वह उस अलंकार से पृथक दूसरे किस अलंकार्य को अलंकृत करेगा ? स्वभाव वर्णन अलंकार्य भी हो और अलंकार भी, यह सर्वथा असंभव कल्पना है। कुन्तक के अनुसार शब्द और अर्थ अलंकार्य होते हैं और चतुरतापूर्ण शैली से कथनरूप वक्रोक्ति ही उन दोनों का अलंकार होती है– "उभावेतावलंकार्यौ तयोः पुनरलंकृतिः। वक्रोक्तिरेव वैदग्ध्यभंगीभणितिरुच्यते" (वक्रोक्ति-जीवित')।

हिंदी में आचार्य रामचंद्र शुक्ल ने भी काव्य के प्रस्तुत अर्थ को अलंकार्य कहा है। उनके अनुसार अलंकार्य और अलंकार में अनिवार्य भेद है, जो सर्वथा अमिट है। प्राचीन पाश्चात्य काव्य-शास्त्र में भी इस तथ्य को इसी रूप में स्वीकृत किया गया है। अरस्तु से लेकर मैथ्यू आर्नल्ड तक यह मान्यता प्रायः अक्षुण्ण रही है। उदाहरण के लिए 'नील परिधान बीच सुकुमार, खुल रहा मृदुल अधखुला अंग; खिला हो ज्यों बिजली का फूल, मेघ-वन बीच गुलाबी रंग।' (कामायनी-'श्रद्धा' सर्ग)। इसमें श्रद्धा का रक्तिम गौर अंग प्रस्तुत है और यही अलंकार्य है। बिजली का फूल अप्रस्तुत है। दूसरी ओर, नीला उसका परिधान प्रस्तुत है और मेघ-वन अप्रस्तुत। संपूर्ण रूप से, नील परिधान में झलकता हुआ वर्ण का गौर अंग प्रस्तुत है और मेघ-वन में खिला हुआ अप्रस्तुत। यह अप्रस्तुत विधानरूप अलंकार श्रद्धा के रूप अलंकार्य का उपकारक है।

आधार ग्रंथ :

1. हिंदी साहित्य कोश, भाग-1।
2. संस्कृत काव्य शास्त्र का इतिहास, सुशील कुमार दे।
3. भारतीय काव्य शास्त्र, सत्यदेव चौधरी।
4. भारतीय साहित्य शास्त्र कोश, डॉ. राजवंश सहाय 'हीरा'।
5. Some concepts of the Alankara Shastra, V. Raghvan.

अश्लीलता

अश्लीलता के लिए अंग्रेजी में वल्गरिटी (Vulgarity) शब्द का प्रयोग किया जा सकता है। अश्लीलता की कोई सुस्पष्ट परिभाषा देना मुश्किल है। इतना ही नहीं, यह तय करना भी बहुत मुश्किल है कि किन घटनाओं को अश्लील की संज्ञा दी जाए और किन्हें नहीं। भारत में भी अश्लीलता की अवधारणा का इतिहास कम पुराना नहीं है। आदि ग्रंथ ऋग्वेद में इसका हवाला मिलता है। ऐसा माना जाता है कि 'अश्लील' शब्द ऋग्वेद में प्रयुक्त 'अश्रीर' शब्द, जिसका सायण ने पहले स्थान पर 'अश्लील' और दूसरे स्थान पर 'श्रीहीन', 'गुण-विहीन' और 'कुत्सित' अर्थ किया है, का ही रूपांतर है। भारत और पश्चिम के काव्यशास्त्रियों ने अश्लीलता का विस्तृत विवेचन किया है। काव्यशास्त्रियों ने अश्लीलता की सौंदर्यबोध के संदर्भ में व्याख्या करते हुए उसे एक काव्य-दोष माना है, जबकि आधुनिक मनोवैज्ञानिकों, समाजशास्त्रियों, न्यायविदों आदि ने अश्लीलता को अपराध मान कर उसकी रोकथाम के लिए कानून बनाए हैं। इन कानूनों के औचित्य-अनौचित्य पर लगातार बहस चलती रहती है।

अपवादों को छोड़ दें तो ज्यादातर कलाकारों और साहित्यकारों को अश्लीलता-संबंधी विधि-विधान और सेंसरशिप खलते हैं। इनसे उन्हें अपने भावों और विचारों की अभिव्यक्ति में बाधा पहुँचती प्रतीत होती है, उनकी सर्जन-शक्ति कुण्ठित और क्षत होती है। और जब हम देखते हैं कि सेंसर की सूची में अर्नेस्ट हेमिंग्वे, फ्लाबेयर, एच.जी. वेल्स, बर्ट्रंड रसेल जैसी असाधारण प्रतिभाओं के नाम समाविष्ट रहे हैं तो ये विधि-विधान और भी खलने लगते हैं।

डॉ. मार्गरेट मीड के अनुसार अश्लील साहित्य की पहचान यह है कि उसमें यौन आधार की उपस्थिति से काम-वृत्ति उत्तेजित करने की शक्ति निहित होती है। ऐसे साहित्य-का एकमात्र प्रयोजन होता है कामोत्तेजन, न कि जीवन की वास्तविकताओं अथवा मूल्यों का उद्घाटन।

डॉ. किन्से के अनुसार अश्लील साहित्य वह साहित्य है, जिसका एकमात्र उद्देश्य होता है काम-वृत्ति का उद्दीपन। अनेक मनश्चिकित्सकों का मत है कि अश्लील साहित्य नवयुवकों के लिए हानिकर सिद्ध होता है। वह उन्हें विकृतमना और कभी-कभी भयंकर यौन अपराध और हिंसा की ओर अग्रसर कर देता है। वह यौन प्रौढ़ता का मार्ग अवरुद्ध कर देता है।

कानून की दृष्टि में प्रायः वह अश्लील साहित्य अथवा कला प्रतिबंध योग्य मानी जाती है, जिसमें पाठक, श्रोता अथवा द्रष्टा के भीतर कुत्सित यौन प्रवृत्तियों को जन्म देने की संभावना दिखे। कानून द्वारा अश्लीलता की रोक-थाम के पोषकों का प्रधान तर्क यह है कि अश्लील साहित्य के प्रचार से अपरिपक्व मस्तिष्कों की अपार क्षति होती है। उससे कुत्सित प्रवृत्तियों को बल मिलता है, समाज की बनी-बनायी मर्यादाएं टूटती हैं, विघटनकारी शक्तियां जन्म लेती हैं। प्राचीन काल में अश्लील साहित्य से हानि की संभावना कम थी। आज की अपेक्षा यातायात तथा प्रकाशन की सुविधा नगण्य होने के कारण ऐसी कृतियां सब तक पहुंच ही नहीं पाती थीं। आज तो प्रत्येक प्रकार की कृति प्रत्येक व्यक्ति को सर्वत्र सुलभ है। अतः पहले की अपेक्षा आज अश्लील साहित्य कहीं अधिक अनर्थ करने की क्षमता रखता है।

प्राचीन भारतीय चिंतन परंपरा में यह इतनी बड़ी समस्या नहीं थी, क्योंकि जीवन के चार पुरुषार्थों में काम को धर्म और अर्थ से ऊपर स्थान मिला था और इसे मोक्ष के सबसे अधिक निकट माना गया था। कामशास्त्र, जो कलाओं का शास्त्र माना जाता है, ऋषि-प्रणीत था और इसे अन्य शास्त्रों की तरह ही आदर प्राप्त था। हम प्रजनन के प्रतीक 'लिंग' और 'भग' को कुत्सित भावना मन में लाये बिना श्रद्धा का विषय बना सकते थे और अजंता, एलोरा, खजुराहो, कोणार्क आदि की काम-क्रीड़ायुक्त कलाकृतियों को सराह सकते थे। 'कामसूत्र' के रचनाकार वात्स्यायन को 'आचार्य' की संज्ञा से अभिहित कर सकते थे।

'अश्लील', 'अभद्र' और 'अशोभनीय' आदि शब्द हमारी अरुचि के घोतक हैं। किंतु अशोभनीयता और अभद्रता का संबंध समाज की सामान्य नैतिकता से होता है। वहां अश्लीलता को सेक्स संबंधी नैतिकता से जोड़ा जाता है।

अश्लीलता का नग्नता से कोई संबंध नहीं होता। न्यूड कलाकृति अश्लील नहीं होती। किंतु जब देह की नग्नता का उपयोग बाजार के लिए होने लगता है तो उसमें अश्लीलता आती है। फिल्म, टेलीविजन, विज्ञापन आदि में जब भी स्त्री अथवा पुरुष की देह का इस्तेमाल दर्शकों, पाठकों को लुभाने, उत्तेजित करने और इस प्रकार वस्तु विशेष की मांग पैदा करने के लिए होता है तो वह प्रस्तुति अश्लील बनती है, क्योंकि लोकप्रियता, मांग की वृद्धि से जुड़ा बाजार-मूल्य है। देह की सहज गति में अश्लीलता नहीं होती। किंतु जब देह को विशेष प्रयोजन के लिए प्रदर्शित किया जाता है, कूल्हे, उरोज आदि अंग देह की सहज गति को छोड़ कृत्रिम गति से चलने लगते हैं तो अश्लीलता प्रकट होती है।

सौंदर्य प्रतियोगिताएं अश्लील होती हैं, क्योंकि इनमें देह को बाजार की वस्तु के रूप में प्रस्तुत किया जाता है। स्त्री की स्वतंत्रता को नकार कर, उसे वस्तु रूप में प्रस्तुत करने के कारण ही स्त्री स्वातंत्र्यवादी संगठनों ने इन प्रतियोगिताओं का विरोध किया है।

कला और साहित्य में अश्लीलता तब आती है, जब रचना, बाजार की मांग को ध्यान में रख कर प्रदर्शन की वस्तु बनती है। 'अश्लीलता' पिछले दशकों में कई रूप में भारतीय समाज में बढ़ी है। इससे भारतीय संस्कृति के लिए खतरा पैदा हो गया है और हम तेजी से अपनी पहचान खोते जा रहे हैं। अक्सर ऐसी बहसों और कई बार अश्लील पोस्टरों को फाड़ने और होर्डिंग्स पर कालिख पोतने जैसे कार्यक्रमों से हमारा सामना होता है। फिल्में, टीवी कार्यक्रमों और कुछ पत्र-पत्रिकाओं को इस अश्लीलता का खास वाहक माना जाता है। सौंदर्य प्रतियोगिताओं की संस्कृति को सांस्कृतिक पतन की पराकाष्ठा के तौर पर चित्रित किया गया है। इन सबका परिणाम यह बताया जाता है कि समाज में कॉलगर्ल संस्कृति, वेश्यावृत्ति, बाल वेश्यावृत्ति तथा दूसरी पतनशील प्रवृत्तियां फैल रही हैं और लोगों का ऐसा नैतिक पतन हो रहा है, जैसा पहले कभी नहीं हुआ। यह न सिर्फ सामाजिक नैतिकता का मामला है बल्कि समाज में स्त्री के स्थान से भी इसका संबंध है।

अश्लीलता से मिलता-जुलता एक शब्द पोर्नोग्राफी (Pornography) भी है जिसका आजकल खूब प्रचलन हो रहा है। पोर्नोग्राफी का अर्थ है 'वेश्यावृत्ति चित्रण।' यह शब्द यौनाचार के नग्न चित्रण के लिए प्रयुक्त होता है। वैश्वीकरण केवल व्यापार का ही नहीं, देह व्यापार का भी हो रहा है। प्रतिबंधित पोर्नोग्राफी से लेकर स्त्री देह के खुले प्रदर्शन तक का उद्गम स्रोत अमेरिका और पश्चिमी यूरोप के देश हैं। बहुलतावाद की बात करनेवाली उत्तर-आधुनिक विचारधारा में सभी समाजों और सभी उम्र के दर्शकों के लिए सुलभ एकरूप खुलापन परोसा जा रहा है। इंटरनेट के आने के बाद पोर्न सहजभाव से हर कहीं उपलब्ध है। विज्ञापन, फिल्म, मोबाइल, पत्रिका, इंटरनेट आदि सभी माध्यमों के जरिये पोर्न सबके पास पहुंच रहा है। एक सर्वे के अनुसार ब्रिटेन में सन् 2000 तक लगभग 33 फीसदी इंटरनेट यूजर पोर्न का इस्तेमाल कर रहे थे।

अमरीका में पोर्न उद्योग का कारोबार 15 बिलियन डॉलर सालाना आंका गया है। अमेरिका में अकेले लॉस एंजिल्स में सालाना दस हजार हार्डकोर पोर्न फिल्में तैयार हो रही हैं जबकि हालीवुड साल में मात्र 400 फिल्में बना पाता है।

अभी तक वेश्यावृत्ति को देह व्यापार की संज्ञा दी जाती है। लेकिन देह का प्रदर्शन भी देह व्यापार की श्रेणी में गिना जाना चाहिए। कई स्त्री संगठन वैसी मांग करते भी हैं। अपनी देह देकर जीविका कमाने के धंधे यानी वेश्यावृत्ति को स्वेच्छा से अपनानेवाली स्त्रियों की संख्या नगण्य है। भारत में बड़ी संख्या में नाबालिग लड़कियां बलात इस धंधे में झोंकी गयी हैं। वह एक नारकीय जीवन है, जिसमें आत्मसम्मान और उन्नयन का मानवीय सरोकार हमेशा के लिए खत्म हो जाता है। वेश्याओं को लगातार दलालों, पुलिस और बाइयों के कहर में जीना होता है। उन्हें दूर-दराज जगहों से चुरा कर-फुसला कर कोठों तक लाया जाता है, जहां उन्हें अपनी जन्मभूमि और प्रियजनों का मृत्युपर्यंत बिछोह सहना पड़ता है। अपनी मिट्टी से पूर्णतः तिरस्कृत और स्वास्थ्य की दृष्टि से हमेशा खतरों से भरा सभ्यता का यह आदि धंधा एक निश्चित उम्र तक ही साथ देता है। उसके बाद अकेलेपन, असहायता और बीमारी भरा जीवन काटना होता है।

इसके विपरीत देह दिखाकर जीविका कमानेवाली स्त्रियां, जिन्हें अभिनेत्री और मॉडल की कोटि में रखा जाता है, शौक से इस 'कैरियर' का वरण करती हैं। एक ओर वेश्यावृत्ति को अनैतिक माना जाता है, वेश्याओं के प्रति सामाजिक व्यवहार घृणा करने का होता है, दूसरी ओर देह प्रदर्शनकारी स्त्रियों को धन और शोहरत के साथ सामाजिक प्रतिष्ठा भी मिलती है। अपने कैरियर के बल पर वे विभिन्न पुरस्कार और सम्मान हासिल करती हैं। विभिन्न मंचों की शोभा बढ़ाती हैं, पत्रिकाओं की संपादक बनती हैं और कई बार सरकारी आयोगों तथा संसद की सदस्य भी। तो क्या वे पूर्णतः या अधिकांशतः नैतिक हैं ? यह नहीं कहा जा सकता कि पेट भरने के लिए मजबूरन देह समर्पण का अभिशाप झेलनेवाली स्त्रियां अनैतिक हैं और देह प्रदर्शन करनेवाली स्त्रियां नैतिक हैं।

बहरहाल, आज सेक्स उद्योग में वेश्यावृत्ति, पोर्न फिल्म, पोर्न पत्रिकाएं, सेक्स वेबसाइट, फोन सेक्स आदि मुनाफाकेंद्रित व्यवसाय शामिल हैं। ये सब वे व्यापार हैं, जो उत्तेजनात्मक कामुक अनुभूतियों का व्यापार करते हैं।

हिंदी साहित्य पर इस पोर्न उद्योग का व्यापक प्रभाव अनुभव किया जा सकता है। स्त्री मुक्ति के नाम पर अनेक महिला लेखिकाओं ने देह-मुक्ति का अश्लील चित्र खींचा है। प्रगतिशीलता का दावा करने वाले हिंदी मासिक 'हंस' ने इस क्षेत्र में खास भूमिका निभायी है।

आधार ग्रंथ :

1. अश्लीलता का हमला, राजकिशोर।
2. हिंदी साहित्य कोश, भाग-1।
3. 'हंस' (सं. राजेंद्र यादव) के अंक।
4. A Dictionary of Literary Terms and Literary Theory, J.A. Cuddon.
5. The Obscenity Laws, Anon.
6. To Deprave and Corrupt, John Chandos.

अष्टछाप

पुष्टिमार्ग के संस्थापक महाप्रभु वल्लभाचार्य के चार और उनके पुत्र विट्ठलनाथ के चार प्रधान शिष्य क्रमशः कुम्भनदास, सूरदास, कृष्णदास, परमानंददास तथा गोविंद स्वामी, छीतस्वामी, नंददास और चतुर्भुजदास अष्टछाप कवि के नाम से प्रसिद्ध हैं। संप्रदाय के इष्टदेव श्रीनाथजी के अत्यंत निकटवर्ती ये कवि-कीर्तनकार सखाभाव से उनकी प्रेमभक्ति में अनुरक्त थे। इन्हें 'अष्टसखा' भी कहा गया है।

सन् 1492 में गोवर्धन पर श्रीनाथजी का प्राकट्य हुआ। तभी महाप्रभु वल्लभाचार्य ने ब्रज में पहली बार आकर उन्हें गोवर्धन के एक छोटे मंदिर में प्रतिष्ठित किया। उसी समय गोवर्धन के निकट जमुनावतो गांव के निवासी कुम्भनदास उनकी शरण में आये। महाप्रभु ने उन्हें दीक्षा देकर श्रीनाथजी की कीर्तनसेवा में नियुक्त किया। जब वे दूसरी बार ब्रज आये तब अम्बाला के सेठ पूरनमल के दान के फलस्वरूप सन् 1499 ई. में श्रीनाथजी के बड़े मंदिर की नींव पड़ी। अपनी तीसरी ब्रज-यात्रा में आगरा और मथुरा के बीच गऊघाट पर संन्यासी वेश में रहनेवाले सूरदास नामक भक्त को उन्होंने शरण में लिया और अपने साथ उन्हें श्रीनाथजी के मंदिर में ले जाकर कीर्तन की सेवा में लगाया। इसी अवसर पर सन् 1509 में श्रीनाथजी की मूर्ति नवीन मंदिर में स्थापित की गयी और

गुजरात के एक ग्रामीण शूद्र कुनबी परिवार के कृष्णदास भी इसी वर्ष शरण में आये। नवीन मंदिर में स्थापित होने के बाद भी कीर्तन की सेवा सबसे पहले कुम्भनदास को ही सौंपी गयी थी। जगन्नाथपुरी की यात्रा में चैतन्य महाप्रभु से भेंट करने के बाद जब वल्लभाचार्य अनुमानतः सन् 1519 ई. में अपने स्थायी निवास-स्थान अडैल पहुंचे तो ऐसी मान्यता है कि परमानंद स्वामी नामक एक प्रसिद्ध कवि-कीर्तनकार को स्वप्न देकर अपनी ओर आकृष्ट किया और अपने संप्रदाय में दीक्षित किया।

महाप्रभु वल्लाभाचार्य सन् 1530 ई. में गोलोकवासी हुए। उनके बेटे विट्ठलनाथ आचार्य-पद पर प्रतिष्ठित हुए। उन्होंने बड़ी योग्यतापूर्वक संप्रदाय को संगठित किया। दैनिक आठ सेवाओं तथा वार्षिक व्रतोत्सवों की व्यवस्था करके उन्होंने संप्रदाय के प्रचार तथा साहित्य, संगीत आदि की उन्नति में अपूर्व योग दिया। उन्होंने अपने सैकड़ों शिष्यों में से उपर्युक्त चार वल्लभाचार्य के तथा चार अपने भक्तों को छांटकर उन्हें 'अष्टछाप' नाम से प्रतिष्ठित किया। संप्रदाय के हित में विट्ठलनाथ की यह सबसे महत्त्वपूर्ण सेवा कही जा सकती है, क्योंकि इन, विशेष रूप से सम्मानित, आठ भक्त कवियों के द्वारा पुष्टिमार्गीय भक्ति का जितना प्रचार हुआ, उतना किसी अन्य साधन से संभव नहीं था।

अष्टछाप के भक्त कवि विभिन्न जातियों और वर्गों के थे। परमानंददास कान्यकुब्ज ब्राह्मण थे तो कृष्णदास शूद्र, कुम्भनदास किसान थे और प्रधान कीर्तनकार के पद पर होते हुए भी वे बराबर खेती करके ही अपने परिवार का भरण-पोषण करते रहे। सूरदास की जाति क्या थी, यह निश्चयपूर्वक नहीं कहा जा सकता। कुछ लोग उन्हें सारस्वत ब्राह्मण और कुछ अन्य ब्रह्मभट्ट सिद्ध करने का प्रयत्न करते हैं। स्वयं वे अपनी जाति के विषय में पूर्ण रूप में उदासीन थे। विट्ठलनाथ के शिष्यों में चतुर्भुज, कुम्भनदास के पुत्र थे, जो अपने पिता की तरह निरंतर कृषक जीवन बिताते रहे। गोविंददास सनाढ्य ब्राह्मण थे, परंतु पारिवारिक बंधन छोड़कर संन्यासी बन गये थे और इसी रूप में गोसाईजी की शरण में आये थे। छीतस्वामी पुरोहित-वृत्तिवाले मथुरा के चौबे थे और जीवनपर्यंत गृहस्थ बने रहे। नंददास सनाढ्य ब्राह्मण जाति के थे, परंतु उनके जीवन के संबंध में बहुत कम उल्लेख मिलता है। भक्ति के मार्ग में ऊंच-नीच का भेदभाव नहीं होता, यह बात अष्टछाप कवियों से पूर्णतया प्रमाणित होती है।

इन भक्तों के संप्रदाय-प्रवेश की घटनाओं से विदित होता है कि कम से कम सूरदास, परमानंददास, गोविंदस्वामी और नंददास को संप्रदाय में सम्मिलित करने के लिए उनके दीक्षा-गुरु भी उतने ही उत्सुक थे जितने कदाचित् वे स्वयं। गऊघाट पर सूरदास से भेंट होने पर वल्लभाचार्य उनकी आशु कवि प्रतिभा और मधुर पद-गायन पर मुग्ध हो गये थे। उन्होंने सूरदास को भागवत की संपूर्ण अनुक्रमणिका सुनायी। सूरदास ने उनके अभिप्राय को तुरंत समझ लिया। जैसे-जैसे सूरदास को वल्लभाचार्य जी ने माहात्म्य-ज्ञान-युक्त प्रेम भक्ति का रहस्य बताया, वैसे-वैसे सूरदास ने उसे हृदयंगम कर लिया और पदों में गाकर उन्हें सुनाते गये। उसके बाद सूर ने श्रीकृष्ण की लीला का जो हजारों पदों में गायन किया, उसे पुष्टिमार्ग ने शास्त्र के रूप में प्रमाणकोटि की मान्यता प्रदान की। कहा जाता है कि 'सूरसागर' के द्वारा पुष्टिमार्ग का जितना विशद परिचय प्राप्त होता है, उतना किसी अन्य एक स्रोत से नहीं।

अष्टछाप के ये भक्त कवि सांसारिक जीवन से पूर्णतया निस्पृह थे। सूरदास के विषय में तो प्रसिद्ध है कि उन्होंने छः वर्ष की अवस्था में ही घर-बार छोड़ दिया था। पहले एक तालाब के किनारे कुटी बनाकर रहने लगे थे, परंतु जब वहां भी माया जुड़ने लगी तो उसे छोड़कर मथुरा आये। बाद में मथुरा भी छोड़कर श्रीनाथ जी की शरण में चले गये। श्रीनाथजी के मंदिर में रहते हुए उन्हें यथेष्ट सम्मान मिला होगा, परंतु उन्हें उसकी कोई चेतना नहीं थी। सम्राट् अकबर से मिले तो कृष्ण-कीर्तन ही किया और उसी के द्वारा सम्राट् को सूचित कर दिया कि वे किसी अन्य का यश-गान नहीं कर सकते। कुम्भनदास के जीवन की निस्पृहता और भी मार्मिक है। वे एक बड़े परिवार का भरण-पोषण खेती, करील के फूल और टेंटी तथा झाड़ के बेरों के सहारे करते थे। एक बार राजा मानसिंह की भेंट की हुई सोने की आरसी तथा हजार मोहरों की थैली को उन्होंने अस्वीकार कर दिया था। जमुनावतो गांव की माफी भी उन्होंने स्वीकार नहीं की थी। वे श्रीनाथजी की कृपा के अतिरिक्त किसी का दान नहीं चाहते थे। सम्राट के बुलाने पर वे सीकरी पैदल ही गये। सम्राट् की भेजी हुई सवारी उन्होंने अस्वीकार कर दी। सम्राट से मिलकर उन्हें प्रसन्नता नहीं हुई और अपने मन का क्षोभ उन्होंने उन्हीं के सामने एक पद गाकर सुना दिया, "संतन को कहां सीकरी सों काम/आवत जात पनहिया टूटी बिसरि गयो हरिनाम।" कुम्भनदास के लिए श्रीनाथजी का एक क्षण का वियोग भी असह्य था। ऐसी ही निष्ठा इनके पुत्र चतुर्भुज दास की थी। वियोग को सहन न कर सकने के कारण कुम्भनदास ने गोसाईजी के साथ द्वारका जाने से इनकार कर दिया था।

कवि होने के साथ-साथ ये सच्चे भक्त और अच्छे गायक भी थे। सूरदास गोविंद स्वामी और परमानंददास निपुण गायक थे। कहते हैं कि प्रसिद्ध गायक तानसेन गोविंद स्वामी से संगीत सीखने आते थे। यह भी माना

जाता है कि छीतस्वामी का संगीत सुनने के लिए स्वयं अकबर वेश बदलकर आया करता था। अष्टछाप-कवियों के काव्य और संगीत के योग ने निश्चय ही पुष्टिमार्ग और उनके माध्यम से समस्त कृष्ण-भक्ति आंदोलन को उत्साह, उमंग और आनंद से आप्लावित कर दिया।

अष्टछाप-कवियों में सूर को छोड़कर अन्य किसी ने कृष्ण की पूर्ण लीला के वर्णन का प्रयत्न नहीं किया। केवल परमानंददास के 'परमानंदसागर' में कृष्णलीला की उसी प्रकार की रूप-रेखा दिखायी देती है, जैसी 'सूरसागर' में है। अष्टछाप कवियों ने भक्ति के क्षेत्र में जिन परंपराओं को दृढ़ किया, वे आज भी पुष्टिमार्ग के घरानों और ठिकानों में श्रद्धा और भक्ति के साथ स्मरण की जाती हैं। अष्टछाप-कवियों ने ब्रजभाषा को संपन्न बनाकर काव्य के उपयुक्त ढाला, काव्य को अलंकृत करनेवाले विविध उपादानों को इकट्ठा किया और काव्य का भाव-विस्तार करके उसकी रसमयता को शक्ति प्रदान की। इतना ही नहीं, रीतिकाल की अधिकांश परंपराएं तथा भक्तिकाल से लेकर आधुनिक काल तक अविरल रूप से चली आनेवाली कृष्ण-काव्य की धारा अष्टछाप-कवियों द्वारा ही निर्मित है। किंतु इन कवियों का इससे भी कहीं अधिक महत्त्वपूर्ण योगदान यह है कि उन्होंने जीवन और साहित्य, दोनों क्षेत्रों में मानवता के नवीन मूल्यों की स्थापना की तथा प्रेम रस से समूचे भारतीय समाज को सराबोर कर दिया।

आधार ग्रंथ :

1. हिंदी साहित्य कोश, भाग-1।
2. अष्टछाप और वल्लभ संप्रदाय, दीनदयाल गुप्त।
3. हिंदी काव्य में निर्गुण संप्रदाय, पीतांबरदत्त बड़थ्वाल।
4. भागवत संप्रदाय, बलदेव उपाध्याय।
5. हिंदी साहित्य की भूमिका, हजारी प्रसाद द्विवेदी।
6. भक्ति का विकास, मुंशीराम शर्मा।

अस्तित्ववाद

अस्तित्ववाद मूल रूप से दर्शन के क्षेत्र का शब्द है। यह अंग्रेजी के एक्जिस्टेंशियलिज्म (Existentialism) का हिंदी पर्याय है। अस्तित्ववाद का उन्मेष प्रथम विश्वयुद्ध के बाद जर्मनी में हुआ, तदुपरांत उसने फ्रांस और इटली होते हुए एशिया के देशों में भी अपना प्रभाव डाला। इस सिद्धांत ने साहित्य सृजन तथा आलोचना सिद्धांत को गहराई से प्रभावित किया है। वर्तमान विश्व चिंताधारा निर्वैयक्तिक और विघटनकारी प्रवृत्तियों की ओर अधिक झुकी हुई है। व्यक्ति के विकास एवं निर्माण को समाज विभिन्न वर्जनाओं और निषेधों से अवरुद्ध करता है। धर्म और समाज की इन निषेधात्मक प्रवृत्तियों के विरोध में 19वीं सदी में कुछ विद्वानों ने मनुष्य को उसके प्रकृत रूप में स्थापित एवं विकसित होने देने के लिए आवाज उठाई। उन्होंने एक ऐसा दार्शनिक दृष्टिकोण प्रस्तुत किया, जो उन तमाम परंपरागत मतवादों का विरोध करता था जो मानवीय सत्ता (Human Existence) की उपेक्षा करके मात्र विचारों तथा नैतिक मूल्य एवं मान्यताओं की स्थापना में संलग्न रहकर प्राचीन परंपराओं का पालन एवं उन्नयन कर रहे थे। सभी पूर्व मान्य सामाजिक, धार्मिक एवं नैतिक परंपराओं के विरोध में सर्वप्रथम आवाज उठाने वाले डेनिश विद्वान एवं धार्मिक चिंतक सोरेन कीर्केगाड (Soren Kierkeggard,1813-1855) थे।

यूरोप की उन्नीसवीं सदी की औद्योगिक क्रान्ति, वैज्ञानिक अनुसंधान एवं मशीनीकरण ने मनुष्य के अस्तित्व के सामने प्रश्न चिह्न लगा दिया था। मनुष्य मशीन का गुलाम बन कर रह गया था। भौतिक एवं वैज्ञानिक विकास की दौड़ में मानव-अस्तित्व का स्वतः कोई मूल्य नहीं रह गया था। कीर्केगार्ड ने ऐसी बदली हुई परिस्थितियों में मनुष्य की वैयक्तिकता की वकालत की। उन्होंने पूर्व मान्यताओं तथा धर्म की नियन्त्रणकारी प्रवृत्तियों का विरोध कर एक नितांत भिन्न जीवन दर्शन प्रस्तुत किया जिसका मूलोद्देश्य हर दशा में मानव को पूर्ण रूप से स्वच्छंद करना था। वे हीगेल के आदर्शवादी दर्शन के विरोधी थे। वे हर तरह के आदर्श से मुक्त कर मानव को पूर्णतः स्वच्छंद बनाना चाहते थे। अस्तित्ववाद का मूलाधार ही वैयक्तिक स्वच्छंदता है।

कीर्केगार्ड के बाद 19 वीं सदी के उत्तरार्ध में अस्तित्ववादी विचारधारा के प्रबल समर्थक और व्याख्याता जर्मन दार्शनिक नीत्शे (Frendrich Nietzscher, 1844-1900) माने जाते हैं। नीत्से ने सामाजिक तथा नैतिक धरातल पर प्रचलित तत्कालीन एवं परंपरावादी धारणाओं का कट्टर विरोध किया। नीत्शे की धारणा थी कि सामाजिक एवं नैतिक मान्यतायें मानव-व्यक्तित्व को बौना बना देती हैं, अतः वे निरर्थक

हैं। यही नहीं व्यक्ति-स्वातंत्र्य के आधार पर नीत्शे ने अति मानवीय-गुणों से सम्पन्न 'सुपर मैन' की कल्पना की है। नीत्शे अनीश्वरवादी थे। उन्होंने घोषित किया कि ईश्वर की मृत्यु हो चुकी है। "God is dead".

इस तरह अस्तित्ववाद अपने वर्तमान अर्थ में 19वीं सदी के मध्य की उपज है, जिसने प्रथम विश्वयुद्ध (1914-1919) के बाद व्यापक रूप धारण किया और जिसकी पृष्ठ भूमि में औद्योगिक क्रांति जनित वह भौतिकता थी, जो मनुष्य के अस्तित्व की अवहेलना कर रही थी। कीर्केगार्ड और नीत्शे के विचारों का इतना गहरा प्रभाव पड़ा कि उनके समर्थन में अनेक दार्शनिकों और लेखकों ने अपना स्वर मिलाया। अस्तित्ववाद की विचारधारा को पुष्ट करने वालों में कार्ल जेस्पर्स (Karl Jaspers), मार्टिन हेडगर (Martin Heidegger), गेब्रियल मार्सल (Gabriel Marcel), ज्यां-पाल सार्त्र (Jean-Paul Sartre), अल्बर्ट कामू (Albert Camus) आदि के नाम उल्लेखनीय हैं। आम तौर पर अस्तित्ववादी विचारकों में सर्वाधिक महत्त्व सार्त्र को ही दिया जाता है। सार्त्र अस्तित्ववादी साहित्यकार भी हैं और चिंतक भी। साहित्य पर सर्वाधिक प्रभाव उनका ही पड़ा है।

सार्त्र के बाद पश्चिम के सर्वाधिक महत्वपूर्ण अस्तित्ववादी लेखक तथा विचारक नोबुल पुरस्कार विजेता अल्बर्ट कामू हैं। उपन्यास तथा नाटकों के अलावा उन्होंने दर्शन के क्षेत्र में भी कई ग्रंथ लिखे हैं। अधिकांश अस्तित्ववादी लेखक साहित्यकार होने के साथ-साथ महत्त्वपूर्ण दार्शनिक भी हैं।

अस्तित्ववादी, व्यक्ति का अस्तित्व किसी बाह्य सत्ता के अधीन नहीं मानते। उनके अनुसार मनुष्य अपने भाग्य का निर्माता तथा अपने कर्मों के लिए उत्तरदायी स्वयं है। अस्तित्ववादियों के अनुसार सच्चे अर्थों में मनुष्य अपने अस्तित्व का बोध दुःख एवं त्रास; यहां तक कि मृत्यु के अहसास के क्षणों में ही कर सकता है और बिना अस्तित्वबोध के मनुष्य सच्चे अर्थों में स्वच्छंद भी नहीं हो सकता।

अस्तित्ववादी धर्म और ईश्वर को लेकर दो वर्गों में विभक्त हैं–आस्थावादी एवं अनास्थावादी। अनास्थावादी वर्ग की प्रधानता है। इस वर्ग का प्रतिनिधित्व नीत्शे और सार्त्र करते हैं। नीत्शे ने कहा था 'ईश्वर मर गया है'। वस्तुतः अस्तित्ववादियों का ईश्वर से उतना बैर नहीं है, जितना धार्मिक, नैतिक एवं चारित्रिक मूल्यों और मान्यताओं से है, क्योंकि ये सभी पूर्व स्थापित मूल्य एवं मनुष्य की स्वतंत्रता को बाधित करते हैं। सार्त्र ईश्वर के अस्तित्व को इसीलिए मिटाना चाहते हैं, ताकि धर्म एवं नीति संबंधी कोई भी मूल्य या आदेश भी ऐसा न बचे, जो मनुष्य के स्वच्छंद एवं सहज चरित्र-विकास में बाधक हो। सार्त्र ने लिखा है– "Indeed, everything is permissible if God does not exist...if God does not exist, we find no values or commands to turn to which legitimize our conduct."

अर्थात् सचमुच यदि ईश्वर का अस्तित्व न रहे तो मनुष्य को किसी भी तरह का बंधन नहीं रह जायेगा ...यदि ईश्वर का अस्तित्व न हो तो हम पाएंगे कि हमारे आचरण को नियंत्रित करने वाले मूल्य या बुनियादी आधार खत्म हो गए।

अस्तित्ववादी विचारक ज्ञान-विज्ञान को भी महत्त्वहीन मानते हैं। उनके लिए वह सभी कुछ व्यर्थ है, जिससे अस्तित्व-बोध में सहायता नहीं मिलती। वे मात्र मानव-स्थिति (Human Condition) जानने के आग्रही हैं, क्योंकि उससे अस्तित्व-बोध में सहायता मिलती है। मानव-स्थिति के ज्ञान के लिए किसी भी पूर्व प्रचलित परंपरा, सामाजिक, वैज्ञानिक, आर्थिक एवं धार्मिक विश्वास अथवा किसी भी नियम-सिद्धान्त आदि के सहारे की आवश्यकता नहीं है। यदि आवश्यकता है तो मात्र कष्ट अथवा वेदनानुभूति की, क्योंकि मानव-स्थिति अनिवार्य रूप से वेदनामय है।

अस्तित्ववादी सुख की लालसा को ही निरर्थक मानते हैं। उनके लिए किसी प्रकार की भी सामाजिक, धार्मिक, नैतिक, राजनीतिक, दार्शनिक अथवा वैज्ञानिक उन्नति मनुष्य को न तो पूर्णतः संतुष्ट कर सकती है और न सुखी। फलतः इन क्षेत्रों में किए जाने वाले सभी सामाजिक अथवा वैयक्तिक प्रयास निरर्थक हैं और उन प्रयासों को करने वाले तथाकथित महापुरुषों का योगदान व्यर्थ एवं भ्रामक है। इन क्षेत्रों में की गई उन्नति ने मात्र एक ही कार्य किया है और वह है मनुष्य की स्वच्छंदता को बाधित करने का काम। अस्तित्ववादियों की यह पूर्ण स्वच्छंदता भले ही उन्हें घोर अराजकता, अशांति और यहां तक कि मृत्यून्मुख ही क्यों न कर दे, इसकी उन्हें परवाह नहीं, क्योंकि मृत्यु को वे जीवन का अनिवार्य अंश मानते हैं। वे पूर्ण स्वच्छंदता में जीकर अन्त में मृत्यु को 'अस्तित्व' का अनिवार्य अंश मानकर उसका साहसपूर्वक वरण करना चाहते हैं।

चयन की स्वच्छंदता अथवा वैयक्तिक स्वच्छंदता ही चूंकि अस्तित्ववादी दर्शन का प्राणतत्त्व है, इसलिए उनके साहित्य में घोर अराजकता, उन्मुक्त भोग, यौनाचार, नास्तिकता, असामाजिकता, विज्ञान-विरोधिता आदि अनेक अनाचारी एवं अवांछनीय तत्त्वों की बहुलता पायी जाती है।

वस्तुतः अस्तित्ववादी जीवन-दृष्टि में मनुष्य की समस्या ही सर्वोपरि है। उसका ठोस अस्तित्व, उसकी व्यक्तिगत स्वच्छंदता तथा अपने कार्यकलापों के

निर्माण एवं उत्तरदायित्व का स्वतंत्र अनुभव ही वे स्तम्भ हैं जिन पर अस्तित्ववादी जीवन-दर्शन का महल खड़ा है। साहित्य में यह जीवन-दृष्टि पूर्णतः व्यक्तिवादी, आत्मकेंद्रित, अंतःमुखी एवं आत्मनिष्ठ विचारधारा है।

अस्तित्ववादियों के अनुसार चूंकि जीवन निरर्थक है, इसलिए जीवन की निरर्थकता के प्रति विद्रोह करने वाले ही सच्चे अर्थों में मुक्त हैं। जीवन के प्रति विद्रोह अथवा जीवन की निरर्थकता के प्रति विद्रोह से अस्तित्ववादियों का तात्पर्य जीवन के परंपरागत मूल्यों, समाज, धर्म, नीति आदि से सम्बन्धित धारणाओं एवं विचारों के प्रति विद्रोह से है।

अस्तित्ववादी मानव-स्थिति को पूर्णतः दुःखद मानते हैं। इस दृष्टि से वे घोर निराशावादी हैं। पीड़ा, दुःख, संत्रास, यातना, एकाकीपन अथवा आत्मनिर्वासन से युक्त जीवन जीना मनुष्य की अनिवार्य स्थिति है।

अस्तित्ववादी मृत्यु को मानवीय स्थिति (Human Condition) की सीमा मानते हैं। उनकी दृष्टि से मृत्यु की उपयोगिता है, वह जीवन का शुद्ध तथ्य है, क्योंकि मृत्यु ही मानव-जीवन की वह अंतिम सीमा है, जहां मनुष्य में निरासक्ति का भाव पैदा होता है तथा अपने अस्तित्व का सही ज्ञान भी।

अस्तित्ववाद विशुद्ध साहित्यिक प्रवृत्ति या आलोचना सिद्धांत नहीं है। लेकिन इसने साहित्य को अत्यधिक गहराई से प्रभावित किया है। ज्यां पाल सार्त्र, सिमोन द बिउआ और अल्बेयर कामू जैसे रचनाकारों ने अस्तित्ववाद से प्रभावित होकर कई श्रेष्ठ कृतियां साहित्य को दी हैं। इनके अतिरिक्त, कई अन्य लेखकों को भी इस धारा में समाहित किया जा सकता है जिनमें फियोडॉर दोस्तोएवस्की और फ्रांज़ काफ्का के नाम विशेष रूप से उल्लेखनीय हैं।

अस्तित्ववाद का प्रभाव रंगमंच पर भी पड़ा है। एब्सर्ड नाटक की अवधारणा के मूल में अस्तित्ववादी दर्शन ही है। इस रंगमंच को 'एण्टी-थियेटर' भी कहा जाता है। भुवनेश्वर द्वारा लिखित नाटक तांबे के कीड़े एब्सर्ड नाटक का उत्कृष्ट उदाहरण है। हिंदी की नयी कविता में अस्तित्ववाद का गहरा प्रभाव है। धर्मवीर भारती, दुष्यन्त कुमार, भारतभूषण अग्रवाल, कुंवर नारायण, अज्ञेय आदि कवियों में अनास्था, अस्तित्व-बोध, मृत्यु-बोध, वैयक्तिक स्वच्छंदता, पीड़ा, निराशा, उन्मुक्त भोग आदि अस्तित्ववादी प्रवृत्तियों की अनुगूंज पाई जाती है। अज्ञेय के 'अपने-अपने अजनबी' तथा कुंवर नारायण की 'आत्मजयी' में अस्तित्ववाद का गहरा प्रभाव देखा जा सकता है।

आधार ग्रंथ :

1. पाश्चात्य काव्यशास्त्र अधुनातन संदर्भ, सत्यदेव मिश्र ।
2. नयी कविता और अस्तित्ववाद, डॉ. रामविलास शर्मा ।
3. आधुनिक परिवेश और अस्तित्ववाद, डॉ.शिव प्रसाद सिंह ।
4. Six Existentialist Thinkers, Blackham.
5. Existentialism and Human Emotion, Jean-Paul Sartre.
6. The Existentialists, J. Collins.
7. Existentialism and Psychoanalysis, C. Hanley.
8. Mirrors of Man in Existentialism, N. Scott.

वेबसाइट : www.en.wikipedia.org/wiki/existentialism
www.marxists.org/reference/archive/sartre

आंचलिकता

'आंचलिक' शब्द अंग्रेजी के रीजनल (Regional) शब्द के पर्याय के रूप में हिंदी में प्रयुक्त हुआ है। अंग्रेजी में 'रीजनल नावेल' की सुस्थिर परंपरा रही है। अंग्रेजी में तीन लेखक आंचलिक उपन्यासकार के रूप में विशेष प्रसिद्ध हुए हैं : टामस हार्डी, ऑर्नल्ड बैनेट और विलियम फॉक्नर। इसके अलावा यूरोप की अन्य भाषाओं, मसलन फ्रेंच, जर्मन, स्पेनिश आदि में भी अनेक लेखक आंचलिक चित्रण के लिए प्रसिद्ध हुए हैं। जे.ए. कुडन के अनुसार "एक आंचलिक लेखक एक विशेष क्षेत्र पर अधिक ध्यान केंद्रित करता है और उस क्षेत्र और वहां के निवासियों को अपनी कथा का आधार बनाता है।"

'हिंदी साहित्य कोश' में कहा गया है कि " लेखक द्वारा अपनी रचना में 'आंचलिकता की सिद्धि के लिए स्थानीय दृश्यों, प्रकृति, जलवायु, त्योहार, लोकगीत, बातचीत का विशिष्ट ढंग, मुहावरे, लोकोक्तियां, भाषा

के उच्चारण की विकृतियां, लोगों की स्वभावगत व व्यवहारगत विशेषताएं, उनका अपना रोमांस, नैतिक मान्यताओं आदि का समावेश बड़ी सतर्कता और सावधानी से किया जाता है।"

स्पष्ट है कि 'अंचल' शब्द का अर्थ किसी ऐसे भूखंड, प्रांत या क्षेत्र विशेष से है, जिसकी अपनी एक विशेष भौगोलिक स्थिति, संस्कृति, लोकजीवन, भाषा व समस्याएं हों। अपनी तमाम क्षेत्रीय विशेषताओं से उस अंचल विशेष का अपना एक अलग वैशिष्ट्य नज़र आये, जो दूसरे अंचलों से अलग पहचान बनाये।

अंग्रेजी भाषा के आरंभिक आंचलिक उपन्यासकारों में अंग्रेज लेखिका मारिया एडवर्थ (1868-1849) का नाम लिया जाता है। उनके प्रसिद्ध उपन्यासों में 'कासल रैक्रेन्ट' (1800), 'बेलिंदा'(1801), एबसेंटी (1812) शामिल हैं। अन्य आंचलिक उपन्यासकारों में मॉरगन (1776-1859), जॉन गाट (1779-1839), सर वाल्टर स्कॉट (1771-1832) और रिचार्ड जेफरिज (1848-87) आदि शामिल हैं।

भारतीय साहित्य में भी आंचलिकता का चित्रण लगभग सभी भाषाओं में मिलता है। विशेष स्तर पर जाकर आंचलिकता एक प्रवृत्ति का रूप धारण कर लेती है जो स्वाभाविक भी है। बांग्ला भाषा में विभूति भूषण बंद्योपाध्याय, सतीनाथ भादुड़ी, मराठी में गो.नी.दांडेकर, पंजाबी में गुरदयाल सिंह आदि आंचलिकता के चित्रण के कारण ही जाने जाते हैं।

हिंदी में भी आंचलिक कथाकारों की एक समृद्ध परंपरा है। 1926 में प्रकाशित शिवपूजन सहाय की कृति 'देहाती दुनिया' (पुस्तक भण्डार, लहेरिया सराय, दरभंगा से प्रकाशित) में भोजपुरी जनपद के एक अंचल का मनोहारी चित्रण हुआ है। इसे हिंदी का प्रथम आंचलिक उपन्यास कहा जा सकता है। 1954 में रेणु के 'मैला आंचल' के प्रकाशन के बाद ही हिंदी में एक स्वतंत्र प्रवृत्ति के रूप में आंचलिक उपन्यास की चर्चा आरंभ हुई, तथापि उपन्यास में अंचल विशेष का चित्रण रेणु से पहले भी मिलता है। नागार्जुन ने रेणु से पहले लिखना शुरू किया। उनके अधिकांश उपन्यासों को सामाजिक या प्रगतिवादी धारा में रखने के साथ-साथ आंचलिक उपन्यासों की कोटि में भी रखा जाता है। नागार्जुन के 'बलचनमा' (1952) में आंचलिकता का पहली बार कलात्मक समावेश हुआ है। इस उपन्यास में बिहार के मैथिल क्षेत्र को ही आधार बनाया गया है। एक नौजवान 'बलचनमा' के जीवनवृत्त द्वारा अंचल विशेष के सामाजिक, राजनीतिक, आर्थिक व सांस्कृतिक स्तरों को इस उपन्यास में उघाड़ा गया है। नागार्जुन के प्रथम उपन्यास 'रतिनाथ की चाची' (1948) में भी आंचलिकता की छाप है, लेकिन 'बलचनमा' के स्तर की नहीं। इन उपन्यासों के साथ ही नागार्जुन के अन्य उपन्यासों 'नई पौध' (1953), 'बाबा बटेसरनाथ' (1954), 'वरुण के बेटे' (1957) 'दु:ख मोचन' (1957) आदि में भी बिहार के आंचलिक परिवेश का चित्रण हुआ है। इनमें 'वरुण के बेटे' में आंचलिक परिवेश का चित्रण अधिक परिपक्व माना जाता है।

रेणु के अतिरिक्त अन्य आंचलिक उपन्यासकारों में उदयशंकर भट्ट का नाम भी सम्मान के साथ लिया जाता है। उनके उपन्यास 'सागर, लहरें और मनुष्य' (1956) में मुंबई के मछुआरों के एक क्षेत्र वरसोवा का बड़ा जीवंत चित्रण हुआ है। इस उपन्यास की सफलता का आधार इसका सजीव परिवेश चित्रण है, जिसके कारण ' सागर, लहरें और मनुष्य' को हिंदी का महत्वपूर्ण आंचलिक उपन्यास स्वीकार किया गया है।

उदयशंकर भट्ट के अन्य उपन्यास 'लोक परलोक' (1955) में पश्चिमी उत्तर प्रदेश के तीर्थ ग्राम का मर्मस्पर्शी चित्रण हुआ है। रांगेय राघव के उपन्यास ' कब तक पुकारूं' (1957) में राजस्थान और ब्रज की सीमा पर बसे गांव के नटों का चित्रण किया गया है। इस उपन्यास में आंचलिकता के चित्रण के लिए क्षेत्र की सजीव भाषा का भी सहारा लिया गया है जिसमें खड़ी बोली हिंदी में ब्रजभाषा के शब्दों की बहुतायत है। रांगेय राघव के अन्य उपन्यासों जैसे 'मुर्दों का टीला' आदि में भी आंचलिकता का चित्रण हुआ है। देवेंद्र सत्यार्थी पंजाबी के साथ-साथ हिंदी के भी प्रतिष्ठित लेखक हैं। उनके उपन्यास 'ब्रह्मपुत्र' (1956) में असम प्रदेश के लोकजीवन का मोहक चित्रण हुआ है। राजेंद्र अवस्थी के ' जंगल के फूल' में बस्तर क्षेत्र के जनजीवन का चित्रण हुआ है। शैलेश मटियानी के 'हौलदार' (1961) में कुमाऊं के पर्वतीय अंचल का गाढ़ा स्पर्श है। रामदरश मिश्र के 'पानी के प्राचीर' में गोरखपुर क्षेत्र का जनजीवन अपनी आंचलिकता के साथ विविधता में अंकित हुआ है। शिवप्रसाद सिंह के 'अलग-अलग वैतरणी ' (1967) में करैता गांव का जीवन है तो श्रीलाल शुक्ल के 'राग दरबारी' (1965) में शिवपालगंज की कथा है।

अमृतलाल नागर के उपन्यासों 'बूंद और समुद्र' (1956) व 'सेठ बांकेमल', बलभद्र ठाकुर के 'मुक्तावली', 'आदिलनाथ', हिमांशु श्रीवास्तव के 'लोहे के पंख' व 'नदी फिर बह चली', राही मासूम रज़ा का 'आधा गांव', केशव प्रसाद मिश्र का 'कोहबर की शर्त', 'भैरव प्रसाद गुप्त' का 'गंगा मैया' व 'सत्ती मैया का चौरा', विवेकी राय का 'लोकऋण' आदि में भी अंचल विशेष के सजीव चित्र अंकित हुए हैं।

पंजाब के जनजीवन का जीवंत चित्रण कृष्णा सोबती कृत 'ज़िंदगीनामा' व 'मित्रो मरजानी' व जगदीश चंद्र कृत 'कभी न छोड़े खेत', 'धरती धन न अपना ' व 'नरक कुंड में बास' में हुआ है। इसके अलावा आंचलिक कथाकारों में श्रीलाल शुक्ल, मायानंद मिश्र, यमुनादत्त वैष्णव, हिमांशु जोशी, मनहर चौहान, रघुवर दयाल सिंह, योगेंद्र सिन्हा, शानी, मधुकर गंगाधर, रामदेव शुक्ल के नाम उल्लेखनीय हैं। इस तरह आंचलिक उपन्यासों की परंपरा पर्याप्त समृद्ध है। उक्त आंचलिक कथाकारों ने उपन्यासों के साथ-साथ आंचलिक कहानियों से भी हिंदी कथा साहित्य को समृद्ध किया है।

आधार ग्रंथ :

1. हिंदी साहित्य कोश, भाग-1।
2. हिंदी का गद्य साहित्य, रामचंद्र तिवारी।
3. हिंदी उपन्यासः उपलब्धियां, लक्ष्मीसागर वार्ष्णेय।
4. हिंदी उपन्यास का इतिहास, गोपाल राय।
5. हिंदी उपन्यास : एक अंतर्यात्रा, रामदरश मिश्र।
6. प्रतिनिधि हिंदी उपन्यास, यश गुलाटी।
7. A Dictionary of Literary Terms and Literary Theory, J. A. Cuddon.

आगमनात्मक पद्धति

वस्तुतः इस शब्द का प्रयोग तर्कशास्त्र में होता है। आगमनात्मक प्रक्रिया वह है जिसमें विशेष तथ्यों के समूह के स्वरूप के अनुसार किसी सामान्य सिद्धांत की स्थापना की जाए। इसके प्रयोग से प्राप्त निष्कर्षों में अवलोकन तथा अनुभव-प्राप्त जानकारी के अतिरिक्त भी पर्याप्त कुछ होता है। निष्कर्षपूर्व एक प्रकार की सर्वेक्षणात्मक जांच की जाती है। जिससे प्राप्त निष्कर्ष उस स्तर तक विश्वसनीय रहता है। अब तक के देखे गये बगूले सफेद थे, अतः बगूला सफेद होता है-इस प्रकार का निष्कर्ष ज्ञान-संबद्ध परिश्रम पर आद्धृत रहता है। यह निष्कर्ष अध्यवसायपूर्ण अवलोकन द्वारा स्थापित निष्कर्ष यथार्थ नहीं रहेगा, किंतु ऐसी संभावना विरल ही होती है। आगमनात्मक तर्कपद्धति पर विज्ञान खड़ा हुआ है।

आगमन सिद्धांत से संबंधित प्रश्न अरस्तू तक की कृतियों में भी मिलते हैं, परंतु 17वीं-18वीं सदियों में आनुभविक विज्ञान के विकास के साथ ही उनकी ओर विशेष ध्यान दिया जाने लगा। आगमन के प्रश्नों का विशदीकरण करने में फ्रांसिस गैलिलियो, न्यूटन तथा मिल ने बहुत बड़ा योगदान किया। इस पद्धति पर आधृत निष्कर्षों को ही विश्वासपात्र मानने की फ्रान्सिस बेकन आदि चिंतकों की साग्रह स्थापना के कारण इस पद्धति को अपार महत्त्व प्राप्त हुआ। आगे चलकर इसकी सीमाएं स्पष्ट हो गयीं। तथापि यह मान्यता है कि विज्ञान का विकास प्रायः इसी तर्कपद्धति के कारण हुआ है।

सामान्य धारणा के अनुसार आगमनात्मक अथवा 'इंडक्टिव' पद्धति ही वैज्ञानिक-पद्धति मानी जाती है। वैज्ञानिक-पद्धति के आगमनात्मक-पद्धति पर आधृत रहने पर भी वह उससे पर्याप्त भिन्न भी है। आगमनात्मक पद्धति की तुलना में वह पर्याप्त व्यापक है। वैज्ञानिक-पद्धति में आगमन के साथ निगमन, निरीक्षण, नियम-शोध तथा उनका वर्गीकरण एवं प्रामाणिकता और सिद्धांत-शोध की दृष्टि से सर्वेक्षण का प्रयास आदि कतिपय बातों को एक साथ अपनाकर उनका प्रयोग किया हुआ होता है। वैज्ञानिक-पद्धति की पूर्ण शुद्धता भौतिक विज्ञानों के विकास के साथ स्पष्ट होती गयी। धर्मग्रंथों, आप्तवाक्यों आदि की प्रामाणिकता को अस्वीकार करके प्रत्यक्ष शोध तथा वस्तुपरक शोध पर विज्ञानों ने बल दिया। इसी में से वैज्ञानिक-पद्धति नाम्नी नयी, ज्ञान का शोध लेनेवाली पद्धति का निर्माण हुआ है। आगमनात्मकता का प्रयोग उसका एक अंग मात्र है।

द्वंद्वात्मक भौतिकवाद आगमन तथा निगमन को सर्वाधिक रूप से आत्म-निर्भर विधियां नहीं, अपितु यथार्थ के द्वंद्वात्मक संज्ञान के पहलू मानता है, जो घनिष्ठ रूप से संबंधित हैं तथा एक-दूसरे पर निर्भर करते हैं और इस कारण वह उनमें से किसी की भूमिका की इकतरफा अतिरंजना का विरोधी है।

साहित्यालोचन के क्षेत्र में आगमनात्मक पद्धति को सर्व-प्रथम व्यवहार करने का श्रेय अरस्तू को प्राप्त है। अपने 'काव्य-शास्त्र' में इस्काइलस, सोफोक्लीज तथा यूरिपिडीज की सभी त्रासदियों का विशद विश्लेषण करने के बाद ही उसने त्रासदी के रूप, गुण, स्वभाव इत्यादि सैद्धांतिक प्रश्नों का समाधान किया। जहां सौंदर्य-शास्त्री प्रायः निगमनात्मक रीति का व्यवहार करते हैं वहां साहित्य के आलोचकों में आगमनात्मक पद्धति ही प्रचलित रही है।

आधार ग्रंथ :

1. मानविकी पारिभाषिक कोश, डॉ. नगेंद्र।
2. दर्शन कोश, प्रगति प्रकाशन-मास्को।
3. शोधविज्ञान कोश, डॉ. दुर्गादास काशीनाथ संत।
4. Research Methodology, C.R. Kothari.

आत्मकथा

आत्मकथा के लिए अंग्रेजी में 'आटोबायोग्राफी' (Autobiography) शब्द प्रचलित है। 'जीवनी' और 'आत्मकथा' दोनों में किसी विशिष्ट व्यक्ति का जीवन-वृत्त होता है पर जब लेखक स्वयं अपने जीवन का क्रमिक ब्यौरा पेश करता है तो उसे 'आत्मकथा' कहते हैं।

'एनसाइक्लोपीडिया ब्रिटेनिका' में कहा गया है कि "आत्मकथा, व्यक्ति के जीये हुए जीवन का ब्यौरा है, जो स्वयं उसके द्वारा लिखा जाता है।" और "आत्मकथा का मूल सिद्धांत आत्मविश्लेषण होना चाहिए।" इसी तरह कैसेल ने 'एनसाइक्लोपीडिया ऑफ लिटरेचर' में आत्मकथा को परिभाषित करते हुए कहा है कि "आत्मकथा व्यक्ति के जीवन का विवरण है, जो स्वयं के द्वारा प्रस्तुत किया जाता है। इसमें जीवनी के अन्य प्रकारों से सत्य का अधिकतम समावेश होना चाहिए।"

आत्मकथा में लेखक आत्मान्वेषण और आत्मालोचन करता है, अतः उसका जीवन-दर्शन भी प्रत्यक्ष हो उठता है, इसमें लेखक अपने अंतर्जगत को बहिर्जगत के समक्ष प्रस्तुत करता है। आत्मकथा-लेखक निर्मम होकर अपने दोषों को भी उद्घाटित करता है और इसीलिए उसका लेखन सत्याधारित होता है।

हिंदी में 'आत्मकथा' अपेक्षाकृत अधिक आधुनिक विधा है। बनारसीदास जैन की 'अर्द्धकथानक' (1641ई.) हिंदी की प्रथम आत्मकथा मानी जाती है। इसके संबंध में हिन्दी साहित्य कोश-1 के संपादक मंडल का दावा है कि "कदाचित समस्त आधुनिक आर्यभाषा साहित्य में इससे पूर्व की कोई आत्मकथा नहीं है।" यह आत्मकथा ब्रजभाषा पद्य में लिखी गयी है। इसके अतिरिक्त पूरे मध्यकाल में किसी अन्य आत्मकथा का उल्लेख नहीं मिलता। आधुनिक युग में, साहित्य के अन्य गद्य रूपों के साथ, आत्मकथा की ओर भी लेखकों का ध्यान गया। स्वयं भारतेंदु हरिश्चंद्र ने 'कुछ आपबीती, कुछ जगबीती' नाम से आत्मकथा लिखना प्रारंभ किया था। स्वामी दयानंद सरस्वती ने पूना के व्याख्यानों के अंतर्गत अपने जीवन से संबद्ध विवरण दिये थे। सन् 1901 ई. में अम्बिकादत्त व्यास ने 'निजवृत्तांत' नामक आत्मकथा लिखी। स्वामी श्रद्धानंद की आत्मकथा 'कल्याण मार्ग का पथिक' हिंदी की प्रारंभिक आत्मकथाओं में है।

कालांतर में अनेक संबद्ध और स्फुट आत्मकथाएं हिंदी में लिखी जाती रहीं। सम्बद्ध रूप से लिखी गयी आत्मकथाओं में श्यामसुंदर दास की 'मेरी आत्मकहानी' और राजेंद्र प्रसाद की 'आत्मकथा' प्रमुख है। राजेंद्र बाबू की आत्मकथा उनके जीवन की कथामात्र न होकर समस्त समकालीन घटनाओं, व्यक्तियों और आंदोलनों का भी इतिहास है। स्फुट निबंधों के रूप में लिखी गयी महावीर प्रसाद द्विवेदी की आत्मकथा, गुलाबराय की 'मेरी असफलताएं' या सियारामशरण गुप्त की 'झूठ-सच', 'बाल्यस्मृति' आदि रचनाओं में स्वाभाविकता, सहृदयता और निष्कपट आत्मप्रकाशन के गुण विद्यमान हैं।

अनूदित आत्मकथाओं में सर्वपल्ली राधाकृष्णन्, के.एम. मुंशी, कृष्णा हठीसिंह की आत्मकथाएं तथा जोश मलीहाबादी की 'यादों की बारात' तथा अमृता प्रीतम की 'रसीदी टिकट' तथा हंसा वाडेकर की 'सुनो सुनाती हूं' उल्लेखनीय हैं। तात्पर्य यह कि परिणाम एवं गुणवत्ता दोनों दृष्टियों से हिंदी में आत्मकथा साहित्य समृद्ध है और यदि कोई चाहे तो उनके आधार पर भारत का प्रामाणिक सामाजिक-राजनीतिक इतिहास लिख सकता है। राहुल सांकृत्यायन की 'मेरी जीवनयात्रा', यशपाल का 'सिंहावलोकन', भवानीदयाल संन्यासी की 'प्रवासी की आत्मकथा', वियोगी हरि का 'मेरा जीवन प्रवाह', महात्मा गांधी का 'सत्य के प्रयोग', जवाहरलाल नेहरू की 'मेरी कहानी', पांडेय बेचन शर्मा उग्र की 'अपनी खबर', बलराज साहनी की 'घर की बात', हंसराज रहबर कृत 'मेरे सात जनम', अमृता प्रीतम की 'रसीदी टिकट', हरिवंश राय बच्चन की चार खंडों में 'क्या भूलूं क्या याद करूं' तथा रामविलास शर्मा की तीन खंडों में' अपनी धरती अपने लोग' हिंदी की प्रमुख आत्मकथाएं हैं।

पिछले कुछ वर्षों से महिला लेखिकाओं ने आत्मकथा लेखन में मुक्त भाव से हिस्सा लिया है। प्रतिभा अग्रवाल की 'दस्तक जिंदगी की' और 'मोड़ जिंदगी का', कुसुम अंसल की 'जो कहा नहीं गया', कृष्णा अग्निहोत्री की 'लगता नहीं है दिल मेरा', पद्मा सचदेव की 'बूंद बावड़ी' और मैत्रेयी पुष्पा की 'कस्तूरी कुंडल बसे' आदि उल्लेखनीय आत्मकथाएं हैं। दलित लेखकों की

आत्मकथाओं की चर्चा किये बिना विषय अधूरा रह जायेगा। दलित लेखकों ने शताब्दियों से शोषित-दमित अपने मन का दर्द और क्षोभ अपनी-अपनी आत्मकथाओं में बड़े प्रभावशाली ढंग से व्यक्त किया है। दलित लेखकों की आत्मकथाओं को ही आधार मानकर विवेचन किया जाये तो उनके इस तर्क को अस्वीकार करने का कोई कारण नहीं दिखायी देता कि चूंकि दलित लेखकों के पास उनकी पीड़ा का अनुभव है इसीलिए दलित परिवार में जन्म लेनेवाले लेखक का लेखन ही वास्तव में दलित लेखन कहा जा सकता है। मोहन दास नैमिशराय का 'अपने-अपने पिंजरे' तथा ओमप्रकाश वाल्मीकि का 'जूठन' इस दृष्टि से बेजोड़ हैं।

आधार ग्रंथ :

1. हिंदी साहित्य कोश, भाग-1।
2. हंस का आत्मकथा अंक, (सं.) प्रेमचंद।
3. हिंदी का गद्य साहित्य, रामचंद्र तिवारी।
4. Modern Critical Terms, Roger Fowler.
5. A Dictionary of Literary Terms and literary Theory, J.A. Cuddon.

आदर्शवाद

'आदर्शवाद के लिए अंग्रेजी में 'आइडियलिज्म' (Idealism) शब्द का प्रयोग होता है। आदर्शवाद कोई आंदोलन नहीं है बल्कि एक विचारधारा है जो साहित्य-चिंतन के आदिकाल से चली आ रही है। यह मूलतः एक दार्शनिक दृष्टि है जिसका प्रभाव सौंदर्यशास्त्र और साहित्यशास्त्र पर भी पड़ा है। इस शब्द के दो भिन्न स्रोत हैं और दोनों भिन्न अर्थ भी देते हैं; पहला, आइडिया (Idea) अर्थात् विचार या प्रत्यय, और दूसरा आइडियल (Ideal) अर्थात् आदर्श। इसलिए 'आइडियलिज्म' भी दो अलग-अलग अर्थ देता है। पहला अर्थ दर्शनशास्त्र की प्रत्ययवादी अवधारणा से जुड़ा है जिसके अनुसार विचार या चेतना ही परा सत्य है। यह भौतिक जगत या तो उस विचार या प्रत्यय का अनुकरण है या उस चेतना में ही स्थित है। आइडियलिज्म की यह व्याख्या मैटेरियलिज्म या भौतिकवाद का विरोध करती है। यह प्रकृतिवाद का भी विरोध करती है जिसके अनुसार बाह्य जगत ही यथार्थ है और वह मानव चेतना से स्वतंत्र भी है। जोसेफ.टी. शिप्ले (Josheph T. Shipley) के शब्दों में—"In philosophy, a metaphysics is said to be idealistic if it asserts that reality is, in the last analysis, a form of mind, or spirit, or something very similar to them, Idealism is thus opposed to naturalism."

अर्थात् दर्शन शास्त्र में तत्वमीमांसा को उस स्थिति में आदर्शवादी कहा जाता है जब वह स्वीकार करे कि सत्य (Reality) अंततः मस्तिष्क का एक रूप या आत्मा या बहुत कुछ उसी के समान है। इस तरह आदर्शवाद, प्रकृतिवाद का विरोधी है।

'आइडियलिज्म' का दूसरा अर्थ वह दृष्टि है जो जीवन में शुभ और श्रेयस्कर की स्थापना पर बल देती है 'जो है' उसकी तुलना में 'जो होना चाहिए' उसका समर्थन करती है। इस प्रकार आदर्शवाद का यह पक्ष भी यथार्थवाद का विरोधी है। उदाहरण के लिए, प्रेमचंद की प्रसिद्ध कहानियां 'कफन' और 'पंच परमेश्वर' को देखा जा सकता है। 'कफन' में कड़वे और घृणित यथार्थ का चित्रण है जहां भूखे और दरिद्र पिता-पुत्र परिवार की स्त्री के क्रिया-कर्म के लिए चंदे से इकट्ठे हुए पैसों को बढ़िया भोजन और शराब में उड़ा देते हैं। यह कार्य तो घृणित है ही, वह समाज-व्यवस्था भी घृणित है जो लोगों को ऐसे कार्य करने पर मज़बूर करती है। लेखक ने इस व्यवस्था का यथार्थवादी चित्रण किया है। दूसरी ओर, 'पंच परमेश्वर' के प्रमुख पात्र सारे लोभ और आपसी वैमनस्य के बावजूद सच्चाई और न्याय के रास्ते पर चलते हुए दिखलाए गए हैं। यह स्थिति वास्तविक जगत में संभव हो या नहीं, लेकिन श्रेष्ठ और आदर्श मानी जाती है। इसका चित्रण आदर्शवाद के अंतर्गत आता है।

इस तरह आदर्शवाद के दोनों अर्थ किसी न किसी रूप में यथार्थवाद के विरोधी हैं। इसलिए यहां उनके लिए एक ही नाम—'आदर्शवाद' का प्रयोग किया गया है।

जैसा कि ऊपर कहा जा चुका है आदर्शवाद कोई आंदोलन नहीं है जिसके उद्भव तथा विकास को साफ-साफ रेखांकित किया जा सके। परन्तु साहित्य-चिंतन के आदिकाल से ही इसका अस्तित्व है। प्लेटो ने विचार या प्रत्यय को ही एकमात्र सत्य माना था। तब से लेकर आज तक दर्शन तथा साहित्यशास्त्र के

क्षेत्र में यह विचारधारा किसी न किसी रूप में बनी हुई है। प्लेटो के बाद अरस्तू ने श्रेष्ठ काव्य के लिए दर्शन तत्व को ज़रूरी माना जो स्पष्ट ही आदर्शवादी दृष्टिकोण है। तब से लेकर आज तक कांट, शेलिंग, हेगल, स्पिनोज़ा, शॉपनहॉवर, लॉक, देकार्त आदि दार्शनिकों, बर्कले, ब्रैडले और मेटरलिंक जैसे विचारकों, गेटे, शेली और इलियट जैसे रचनाकारों और बुचर तथा मिडलटन मरे जैसे समालोचकों के विवेचन ने इस विचारधारा को लगातार विकसित किया है। उन्नीसवीं सदी में भौतिक विज्ञानों की उन्नति के साथ निश्चय ही बाहरी जगत के स्थूल यथार्थ का महत्व बढ़ने लगा, भौतिकता तथा प्रकृतवाद का विकास हुआ और आदर्शवादी विचारधारा ह्रास की ओर बढ़ने लगी, किंतु मनोविज्ञान तथा मनोविश्लेषणवाद के विकास के साथ इसका महत्व फिर बढ़ने लगा। तात्पर्य यह है कि जब तक आत्मवादी दर्शनिकों का अस्तित्व रहेगा तब तक आदर्शवादी विचारधारा का प्रभाव भी किसी न किसी रूप में बना ही रहेगा।

आदर्शवाद चेतना को ही परां तत्व मानता है। इनके अनुसार यथार्थ वस्तुतः चेतना में ही निवास करता है। मनुष्य के ज्ञानार्जन का स्रोत भी उसकी चेतना ही है बाह्य जगत नहीं। सौंदर्यशास्त्र या साहित्यशास्त्र में भी यह विचारधारा आत्म-तत्व को ही प्रमुखता देती है। यहां यथार्थवाद से इसका विरोध स्पष्ट दिखाई देता है। यथार्थवाद बाह्य जगत को सत्य मानते हुए उसके यथार्थ रूप के चित्रण को साहित्य का कार्य मानता है, जबकि आदर्शवाद के अनुसार इस प्रकार का वर्णन सतही, स्थूल और संकीर्ण होता है। वस्तुओं का इंद्रियगोचर स्वरूप उनका यथार्थ नहीं होता। सच्चाई उस बाहरी रूप के अंतर में छिपी रहती है जिसे केवल ऊपर से देखकर नहीं समझा जा सकता। उसे समझने के लिए कलाकार में दार्शनिक की सूक्ष्म अंतर्दृष्टि रहनी चाहिए। आदर्शवाद के अनुसार कला और यथार्थ जीवन में अंतर होता है। यथार्थ जगत में कुरूपता होती है, परंतु कला का संसार सौंदर्य का संसार होता है। इसमें यथार्थ जगत का अनुकरण नहीं होता, बल्कि कवि/कलाकार अपनी संवेदनशीलता के माध्यम से यथार्थ को अपनी प्रवृत्ति के अनुसार सुंदर रूप देकर प्रस्तुत करता है। स्वच्छंदतावादी कवि कीट्स ने सौंदर्य को सत्य और सत्य को सुंदर मानते हुए कहा था कि कला इस सौंदर्य को सदा के लिए संरक्षित करके रखती है। आदर्शवादी विचारों से प्रेरित हिंदी के छायावादी कवियों ने अपनी प्रकृति संबंधी कविताओं में प्रकृति के सुंदर रूप का चित्रण करके उसे दार्शनिक भावनाओं से जोड़ दिया है। सुमित्रानंदन पंत की कविताएं 'एक तारा' या 'नौका विहार', जयशंकर प्रसाद की कविताएं 'हे सागर-संगम अरुण-नील' या 'ओ री मानस की गहराई' इसके उदाहरण हैं। यह वैयक्तिक, भावपरक दार्शनिक दृष्टि ही कला को यथार्थ जगत से अलग करती है।

आदर्शवादियों के अनुसार, कला में यथार्थ का ज्यों का त्यों चित्रण इसलिए भी वांछनीय नहीं है क्योंकि वह कला को केवल इंद्रियगोचर जगत तक सीमित कर देता है। ऐसे में रचनाकार की भूमिका नगण्य हो जाती है क्योंकि वह अपनी संवेदनाओं और यथार्थ जगत से परे के अनुभवों को व्यक्त नहीं कर सकता। महान कला ऐसे तत्वों को भी प्रस्तुत करती है, जिनका होना समाज के लिए वांछनीय है। वह समाज का अनुकरण नहीं करती बल्कि ऐसा आदर्श सामने रखती है, जिसका अनुकरण करके समाज ऊंचा उठ सकता है। आदर्शवादियों के अनुसार बाह्य यथार्थ को प्रस्तुत करने का काम कलाकार का नहीं बल्कि इतिहासकार का है। अरस्तू ने कवि तथा इतिहासकार में अंतर किया है।

आदर्शवाद के अनुसार कला का आरंभ तो बाह्य जगत की वास्तविकता से ही होता है, किंतु शाश्वत सत्य की खोज में वह इस बाहरी यथार्थ का अतिक्रमण कर जाती है। विज्ञान के सत्य का सरोकार बाहरी जगत से होता है, पर कला का सत्य उससे भिन्न होता है। वह जीवन मूल्य सिखलाती है और उदात्त जीवन की प्रेरणा देती है। आदर्शवादी दृष्टि के अनुसार कवि या कलाकार अपनी ही संवेदनाओं को, अपने निजी अनुभवों को ही अभिव्यक्त करता है, किंतु इस प्रकार से कि वे सभी के अनुभव बन जाते हैं। संसार को केवल सतही रूप से देखकर अपने अनुभव को सार्वभौम रूप नहीं दिया जा सकता। भावना की गहराई में पैठकर चिंतन के माध्यम से वह अपनी व्यथा के उन तत्वों की पहचान करता है जो सारे विश्व की भावनाओं से जुड़ते हैं। इस प्रकार वह, व्यक्ति और समष्टि की भावनाओं की तात्विक एकता के सूत्र खोज निकालता है जो बाह्य जगत में नहीं दिखाई देते। इसलिए आदर्शवादी विचारधारा की मूल वृत्ति अंतर्मुखी मानी गई है। सौंदर्यशास्त्र के अलावा दर्शन, धर्म, राजनीति, समाजशास्त्र-सभी क्षेत्रों में आदर्शवादी विचारधारा का कुछ न कुछ प्रभाव रहा है।

आदर्शवाद भारतीय साहित्य और दर्शन की प्रमुख विशेषता है। वैदिक साहित्य, उपनिषद, ब्रह्मसूत्र, श्रीमद्‌भगवद्गीता, योगवासिष्ठ आदि अधिकांश दर्शन और साहित्य के ग्रंथ आदर्शवादी विचारधारा से ओत-प्रोत हैं। संस्कृत-साहित्य में यह आदर्शवादी प्रवृत्ति निरंतर विद्यमान रही है। हिंदी साहित्य का भी एक बड़ा हिस्सा आदर्शवादी है।

भक्तिकालीन अधिकांश साहित्य आदर्शवादी है। तुलसी का मर्यादावाद, सूफियों का प्रेम निरूपण, गांधी प्रभावित राष्ट्रवाद और छायावादी सौंदर्यदृष्टि आदि हिंदी के आदर्शवादी साहित्य की मूल्यवान विरासत हैं। आचार्य रामचंद्र शुक्ल, नंद दुलारे वाजपेयी और आचार्य हजारी प्रसाद द्विवेदी जैसे आलोचकों की आलोचना दृष्टि की मूल प्रवृत्ति आदर्शवादी ही है। तात्पर्य यह है कि आदर्शवाद का प्रभाव किसी-न-किसी रूप में साहित्य में निरंतर विद्यमान रहा है और भविष्य में भी विद्यमान रहेगा।

आधार ग्रंथ :

1. पाश्चात्य काव्यशास्त्र अधुनातन संदर्भ, सत्यदेव मिश्र
2. आधुनिक हिंदी कविता की मुख्य प्रवृत्तियां, नगेंद्र।
3. हिंदी साहित्य कोश, भाग-1।
4. Dictionary of world literary terms, Joseph T. Shipley.
5. A Dictionary of Literary Terms and literary Theory, J.A. Cuddon.

वेबसाइट : www.en.wikipedia.org/wiki/idealism

आदर्शोन्मुख यथार्थवाद

'**आदर्शोन्मुख** यथार्थवाद' मुंशी प्रेमचंद का दिया हुआ शब्द है, जिसे उन्होंने 'कुछ विचार' शीर्षक से अपनी पुस्तक में व्यक्त किया है। वे स्वयं रचनाओं में आदर्शोन्मुख यथार्थवाद की हिमायत करते हैं परंतु समीक्षकों के सामने प्रेमचंद के समय से ही यह प्रश्न विवादास्पद बना हुआ है कि प्रेमचंद आदर्शवादी थे या यथार्थवादी या आदर्शोन्मुख यथार्थवादी।

आदर्शवाद और यथार्थवाद वस्तुतः ये दोनों अवधारणाएं साहित्य समीक्षा के संदर्भ में हमारे यहां पश्चिम से आई हैं और खास तौर से कथा-समीक्षा में। उपन्यासों की समीक्षा के सिलसिले में उनका सबसे अधिक प्रयोग हुआ है। यथार्थवाद के विश्लेषण में जार्ज लूकाच (George Lukacs) की भूमिका सर्वाधिक महत्वपूर्ण है। 'स्टडीज इन यूरोपियन रियालिज्म' (Studies in European Realism) तथा 'द मीनिंग आफ कंटेम्परेरी रियालिज्म' (The Meaning of Contemporary Realism) जैसी कृतियों में उन्होंने यथार्थवाद के सैद्धांतिक पक्ष का विस्तृत विवेचन किया और 'द हिस्टोरिकल नॉवेल' (The Historical Novel) में उपन्यासों की प्रकृति का मार्मिक विश्लेषण करते हुए उसका व्यावहारिक रूप प्रस्तुत किया। फिलहाल, आदर्शवाद और यथार्थवाद वस्तुतः जीवन को परखने-पहचानने के दृष्टिकोण हैं और बुनियादी तौर पर उनका संबंध दर्शन से है। हमारी साहित्य-समीक्षा की अधिकांश अवधारणाएं बुनियादी तौर पर दर्शन की अवधारणाएं हैं और जीवन-दृष्टि के रूप में ही स्वीकार की गयी हैं। जीवन-दृष्टि से आगे चलकर वे साहित्य या कला-समीक्षा की दृष्टियां भी बनीं।

पूरे संसार में जो भी दर्शन या दार्शनिक दृष्टिकोण हैं, उन्हें मोटे तौर पर दो भागों में बांटा जा सकता है—एक है भाववाद या प्रत्ययवाद और दूसरा है भौतिकवाद या वस्तुवाद। भाववादी दार्शनिकों के अनुसार सृष्टि का उद्भव विचार से हुआ। ईश्वर के मन में सृष्टि करने की इच्छा हुई और सृष्टि सामने आ गयी। सृष्टि का विचार पहले आया, अस्तित्व बाद में। जब परम सत्ता को मान लिया गया तो उसी के इर्द-गिर्द भाववादी दर्शन की सारी निष्पत्तियां भी सामने आयीं। यह मान्यता सामने आयी कि सृष्टि के कण-कण में वह परम सत्ता व्याप्त है। अपने यहां ब्रह्म-जीव-जगत का जो सारा ताना-बना रचा गया है, वह भाववादी दर्शन का ही ताना-बाना है, जिसमें परमात्मा है, आत्मा है और आत्मा या जीव अंततः परमात्मा या परम तत्त्व में मिल जाता है।

इसके विपरीत भौतिकवादी दर्शन सृष्टि के मूल में या उसके कारण रूप में किसी भी परम सत्ता, ईश्वर या ब्रह्म को स्वीकार नहीं करता। वह पदार्थ और प्रकृति को ही सब कुछ मानता है। सृष्टि अपने आप उत्पन्न हुई और विकास करती गयी। वह स्वयंभू है। वह अपने नियमों के अनुसार काम करती है, जिसमें किसी का भी दखल नहीं है।

जिसे 'आदर्शवाद' कहते हैं उसका स्रोत भाववादी दर्शन है और जिसे यथार्थवाद कहते हैं उसका स्रोत और उसका संबंध भौतिकवादी दर्शन से है। भाववादी दर्शन में बहुत कुछ को अज्ञेय माना गया है, परम सत्ता के लिये 'नेति-नेति' कहा गया है। भौतिकवादी दर्शन में कुछ भी अज्ञेय नहीं है, सब कुछ को जाना जा सकता है और जाना जाता रहेगा।

जहां आदर्शवाद की परिधि में संपूर्ण ब्रह्मांड और उसका तथाकथित नियंता परमतत्व तक होता है वहां यथार्थवाद का विषय क्षेत्र ज्ञाता के मन और उसके बाहर

की यह जो दुनिया है, वहीं तक है। जिसे बाह्य-जगत या पदार्थ जगत कहा जाता है, जो हमसे बाहर है, यथार्थवाद अपने को वहीं तक सीमित रखता है। जो कुछ ज्ञात है, या ज्ञात होने की परिधि में है, वही संसार है, वही पदार्थ जगत है। जो अज्ञेय है, इस पदार्थ जगत का हिस्सा नहीं है, उसके विश्लेषण यथार्थवाद की दिलचस्पी नहीं है। यह बाह्य जगत, हमारी इच्छा-अनिच्छा से परे, अपने अधिकार से अस्तित्ववान है और यथार्थवाद का सरोकार इसी से है।

आदर्शवाद और यथार्थवाद अलग-अलग स्वतंत्र पारिभाषिक शब्द हैं, किंतु प्रेमचंद ने 'आदर्शोन्मुख यथार्थवाद' के नाम से आदर्श और यथार्थ के मिले-जुले रूप की परिकल्पना की है। यह प्रेमचंद की अपनी निजी अवधारणा है जिसके पीछे उनकी अपनी सोच, अपनी समझ और अपने तर्क हैं। प्रेमचंद ने इसे प्रस्तुत किया है और प्रेमचंद के साहित्य के संदर्भ में ही इसका प्रयोग भी हुआ है। प्रेमचंद के अनंतर हिंदी की अपनी साहित्य-समीक्षा में, आदर्शवाद-यथार्थवाद की शब्दावली तो लगातार प्रयोग में आती रही है किंतु आदर्शोन्मुख यथार्थवाद की अवधारणा उसका हिस्सा नहीं बनी। प्रेमचंद किन रचनागत या दृष्टिगत दबावों के तहत इस अवधारणा पर पहुंचे और इसके पीछे उनके अपने तर्क क्या हैं, उन पर विचार करना जरूरी है।

सबसे पहले आदर्शवाद और यथार्थवाद के विषय में प्रेमचंद के विचारों का विवेचन जरूरी है। उपन्यास में पात्रों के चरित्र-निर्माण के पहलू पर बात करते हुए प्रेमचंद लिखते हैं-"यहीं से उपन्यासों के दो गिरोह हो गये हैं-एक आदर्शवादी, दूसरा यथार्थवादी। यथार्थवादी चरित्रों को पाठक के सामने उनके यथार्थ नग्न रूप में रख देता है। उसे इससे कुछ मतलब नहीं कि सच्चरित्रता का परिणाम बुरा होता है, या कुच्चरित्रता का अच्छा। उसके चरित्र अपनी कमजोरियां या खूबियां दिखाते हुए अपनी जीवन लीला समाप्त करते हैं। संसार में सदैव नेकी का फल नेक और बदी का फल बदी नहीं होता, बल्कि इसके विपरीत भी हुआ करता है। नेक आदमी धक्के खाते हैं, यातनाएं सहते हैं, मुसीबतें झेलते हैं, अपमानित होते हैं, उनको नेकी का फल उल्टा मिलता है। बुरे आदमी चैन करते हैं, नामवर होते हैं, यशस्वी बनते हैं। उनको बदी का फल उल्टा मिलता है। यथार्थवादी अनुभव की बेड़ियों में जकड़ा होता है और चूंकि संसार में बुरे चरित्रों की प्रधानता है, यहां तक कि उज्ज्वल चरित्र में भी कुछ न कुछ दाग-धब्बे रहते हैं, इसलिए यथार्थवाद हमारी दुर्बलताओं, हमारी विषमताओं, हमारी क्रूरताओं का नग्न चित्र होता है। मानव-चरित्र पर से हमारा विश्वास उठ जाता है। हमको अपने चारों तरफ बुराई ही बुराई नजर आने लगती है।" यह मानते हुए भी कि समाज की कुप्रथा की ओर ध्यान दिलाने के लिये यथार्थवाद अत्यंत उपयुक्त है, प्रेमचंद कहते हैं-"लेकिन जब दुर्बलताओं का चित्रण करने में लेखक शिष्टता की सीमा से आगे बढ़ जाता है, तो आपत्तिजनक हो जाता है।" प्रेमचंद के अनुसार मनुष्य सदैव क्षुद्रता और नीचता के वातावरण में ही नहीं रहना चाहता। कभी-कभी वह उड़कर ऐसी जगह पहुंचना चाहता है जहां उसे कुत्सित भावों से निजात मिले, उसे सहृदय, उदार, सज्जन प्राणियों के दर्शन हों। इसी मनोभूमि से वे निष्कर्ष देते हैं-"यथार्थवाद यदि हमारी आंखें खोल देता है, तो आदर्शवाद हमें उठाकर किसी मनोरम स्थान में पहुंचा देता है। लेकिन जहां आदर्शवाद में यह गुण है, वहां इस बात की भी शंका है कि हम ऐसे चरित्रों को न चित्रित कर बैठें जो सिद्धांतों की मूर्ति-मात्र हों, जिनमें जीवन न हो। किसी देवता की कामना करना मुश्किल नहीं है, लेकिन उस देवता में प्राण-प्रतिष्ठा करना मुश्किल है।"

अपनी परिकल्पना के 'आदर्शोन्मुख यथार्थवाद' के लिये जमीन तैयार कर लेने के बाद निष्कर्षात्मक रूप में प्रेमचंद कहते हैं-"इसलिए वही उपन्यास उच्च कोटि के समझे जाते हैं जहां यथार्थ और आदर्श का समावेश हो गया हो। उसे आप 'आदर्शोन्मुख यथार्थवाद' कह सकते हैं। आदर्श को सजीव बनाने ही के लिए यथार्थ का उपयोग होना चाहिए और अच्छे उपन्यास की यही विशेषता है। उपन्यास की सबसे बड़ी विभूति ऐसे चरित्रों की सृष्टि है जो अपने सद्व्यवहार और सद्विचार से पाठक को मोहित कर लें। जिस उपन्यास के चरित्रों में यह गुण नहीं है, वह दो कौड़ी का है।"

प्रेमचंद साहित्य के क्षेत्र में कुछ बेहतरीन करने या कर पाने की आकांक्षा लेकर आये थे। लेखक के बारे में उनकी आदर्श परिकल्पना है। वे कहते हैं, "वह हमारा पथ-प्रदर्शक है, वह हमारे मनुष्यत्व को जगाता है, हममें सद्भावों का संचार करता है, हमारी दृष्टि को फैलाता है।" वे इसी तरह के एक आदर्श लेखक के रूप में अपनी पहचान कायम करना चाहते थे। वे यथार्थ पर बल देते हुए भी यह चाहते थे कि लेखक को अपनी निगाहों के दायरे में आदर्श को जरूर रखना चाहिए, ताकि रचना पाठक के मन को आलोकित करे। वे चाहते थे कि उपन्यासों में ऐसे चरित्र आएं-जो 'पॉजिटिव' हों, जो प्रलोभनों के आगे सिर न झुकाएं, बल्कि उनको परास्त करें, जो वासनाओं के पंजे में न फँसें, बल्कि उनका दमन करें, जो किसी विजयी सेनापति की भांति शत्रुओं का संहार करके विजयनाद करते हुए निकलें। ऐसे ही चरित्रों का हमारे ऊपर सबसे अधिक प्रभाव पड़ता है।" यथार्थवाद विषयक अपनी समझ को और विशद् करते हुए वे अपने एक

निबंध में लिखते हैं–"यथार्थवाद का यह आशय नहीं है कि हम अपनी दृष्टि को अंधकार की ओर ही केंद्रित कर दें। अंधकार में मनुष्य को अंधकार के सिवा सूझ ही क्या सकता है? बेशक, चुटकियां लेना, यहां तक कि नश्तर लगाना कभी-कभी आवश्यक होता है, लेकिन दैहिक व्यथा चाहे नश्तर से दूर हो जाये, मानसिक व्यथा, सहानुभूति और उदारता से ही शांत हो सकती है। साहित्य का संबंध सत्य और सुंदर से है, यह हमें न भूलना चाहिए।"

प्रेमचंद के उपर्युक्त विचार हमें जिस निष्कर्ष पर पहुंचाते हैं, वह यही है कि यथार्थ के प्रति ईमानदार रहने की बात करते हुए भी प्रेमचंद चाहते थे कि जीवन के ऊंचे लक्ष्य और उदात्त छवि को भी लेखक विस्मृत न करे। उनका विश्वास था कि दुष्ट से दुष्ट व्यक्ति के भीतर भी एक देवता का वास होता है और लेखक को चाहिए कि दुष्ट की दुष्टता उजागर करते हुए भी वह उसके अंतस के देवता को भी जगाये और झकझोरे। आदर्शवाद और यथार्थवाद के बारे में प्रेमचंद की अपनी सोच है जो उनके विविध निबंधों में सामने आयी है।

वास्तविकता यह है कि जिस समय आदर्शवाद और यथार्थवाद को लेकर प्रेमचंद सैद्धांतिक स्थापनाएं कर रहे थे, साहित्य-समीक्षा की इन अवधारणाओं को लेकर हिंदी में बहुत कम लिखा और सोचा गया था। इन अवधारणाओं के बारे में जो आम समझ थी, प्रेमचंद के अपने लेखन में भी उसी को अभिव्यक्ति मिली है। यथार्थवाद या यथार्थ चित्रण के नाम पर प्रेमचंद के समय में कुछ ऐसे रचनाकार और उनकी रचनाएं सुर्खियों में लाई जा रही थीं जिनमें यथार्थ का वही रूप प्रमुख था, जिसके बारे में प्रेमचंद ने अपने निबंधों में अपना क्षोभ व्यक्त किया है, अर्थात कुत्सित और वीभत्स की प्रधानता, आदमी के चारित्रिक अधःपतन पर आधारित किस्से कहानी, वेश्याओं और उनके साथ किये जाने वाले व्यभिचार की झलकियां आदि। जाहिर है कि यथार्थ की ऐसी प्रस्तुतियों और यथार्थ की ऐसी समझ के प्रति यह प्रेमचंद की प्रतिक्रिया ही है, जो उन्हें 'आदर्शोन्मुख यथार्थवाद' की परिकल्पना तक ले गयी है।

शिवकुमार मिश्र का मानना है कि आदर्शवाद-यथार्थवाद और यथार्थ के बारे में जो समझ सामने आ चुकी है, यदि वह प्रेमचंद के समय में सुप्रचारित होती तो प्रेमचंद को आदर्शोन्मुख यथार्थवाद जैसी किसी अवधारणा को सामने लाने की जरूरत नहीं पड़ती। आज यथार्थवाद का पूरा सौंदर्य शास्त्र हमारे सामने है, जिसे यथार्थवादी साहित्य-दृष्टि और जीवन-दृष्टि के प्रामाणिक व्याख्याकारों ने हमारे लिये मुहैया किया है। इस कसौटी पर प्रेमचंद बुनियादी तौर पर हिंदी कथा-साहित्य में यथार्थवाद के सबसे बड़े चितेरे के रूप में हमारे सामने आते हैं। अपने रचनाकाल के एक लंबे दौर तक यथार्थवाद की बुनियाद पर रहते हुए भी प्रेमचंद अपने आदर्शवादी रुझानों को अपनी रचनाओं पर आरोपित करते रहे। 'प्रेमाश्रम', 'सेवासदन', 'कर्मभूमि', 'रंगभूमि' जैसे उपन्यास तथा कहानियां इसके प्रमाण हैं। किंतु जैसा कि उनके परवर्ती विचारगत और रचनागत विकास से स्पष्ट होता है कि एक दौर ऐसा आया जबकि उनकी कृतियों से आदर्शों का यह अतिरिक्त आरोपण समाप्त होता गया और उनकी रचनाएं सामाजिक जीवन के यथार्थ की प्रामाणिक प्रस्तुति के रूप में सामने आयीं। आदर्श इन रचनाओं में भी उनसे छूटे नहीं हैं, परंतु आदर्शवाद जरूर छूट गया है। अपनी सारी आदर्शवादी आस्थाओं के बावजूद 'रंगभूमि' का सूरदास अपनी लड़ाई हारता है और प्रेमचंद उसकी पराजय को चित्रित करते हैं। 'मुक्तिमार्ग', 'ठाकुर का कुआं', 'पूस की रात' जैसी कहानियां यथार्थ की जीवंतता के साथ सामने आती हैं, थोथे आदर्शों का आरोपण उनमें नहीं है।

फिलहाल, हम कह सकते हैं कि प्रेमचंद बुनियादी तौर पर यथार्थवाद के ही लेखक हैं। उनकी 'आदर्शोन्मुख यथार्थवाद' की अवधारणा महज इसलिए सामने आयी कि अपने समय में यथार्थवादी कही और मानी जाने वाली ऐसी तमाम रचनाओं से वे अपनी रचनाओं को अलग करना चाहते थे। बड़े क्षोभ के साथ उन्होंने लिखा है कि-"आजकल कुकर्म, हत्या, चोरी-डाके से भरे हुए उपन्यासों की जैसी बाढ़ आ गयी है, साहित्य के इतिहास में ऐसा कोई समय न था, जबकि ऐसे कुरुचिपूर्ण उपन्यासों की ऐसी भरमार रही हो।" और यथार्थ के प्रति उनकी यह बुनियादी आस्था भी दृष्टव्य है-"कल्पना कुछ भी हो, कल्पना ही है, वह यथार्थ का स्थान नहीं ले सकती।"

आधार ग्रंथ :

1. कहानीकार प्रेमचंद : रचना दृष्टि और रचना शिल्प, शिवकुमार मिश्र।
2. प्रेमचंद, रामविलास शर्मा।
3. हिंदी साहित्य कोश, भाग-1।
4. यथार्थवाद, शिवकुमार मिश्र।
5. Realism, D. Grant.
7. On Realism, J.P. Sterm.

आदिम साम्यवाद

मानव विज्ञानियों की अवधारणा है कि आज से 5 लाख वर्ष पूर्व मनुष्य सोचने-विचारनेवाले यानी आधुनिक मानव के पूर्वजों (होमोसेपियन) के रूप में दिखायी देने लगा और 25 हजार वर्ष पहले वह हथियारधारी बनता दिखायी पड़ता है।

मानव-समाज के विकास को एंगेल्स ने तीन युगों में बांटा है—जंगली, बर्बर और सभ्य। इनमें मनुष्य के इतिहास का सबसे बड़ा भाग जंगली मानव-समाज का इतिहास है। नीअन्डर्थल, ग्रिमाल्दी, क्रोमेग्नन् मानव जातियों का सारा जीवन इसी युग में बीता। विशेष प्राकृतिक परिवर्तनों के कारण पृथ्वी पर चार हिमयुगों के आने का पता लगता है, जिनमें सबसे पिछला दस हजार वर्ष पहले समाप्त हुआ। दूसरी मानव-जातियां इन हिमयुगों के बीच के समय में ही खत्म हो गयीं। यह हमारी सेपियन मानव-जाति ही है, जिसका अस्तित्व चौथे हिमयुग के बाद से लगातार चला आ रहा है। हमारी जाति का भी बहुत-सा समय जंगली अवस्था में बीता। पहलेवाली जातियों की भांति इसे भी पत्थर के अनगढ़ हथियारों द्वारा मारे गए शिकार और सूखे-ताजे फलों पर अपना गुजारा करना पड़ा था।

जंगली मानव के पास साधन कम थे, इसलिए उसे अपनी बढ़ती हुई आवश्यकताओं की पूर्ति के लिए व्यक्ति से अधिक समाज पर भरोसा रखना पड़ता था। उसके उपयोग की चीजों में जल्द खराब होनेवाली चीजें ज्यादा थीं। फल संचय से आगे बढ़कर जब मृगया के जीवन में दाखिल हुआ, तो मारे हुए शिकार के मांस को वह देर तक नहीं रख सकता था। वह "करतल-भिक्षा तरुतलवास:" जैसा जमाना था, इसलिए संग्रह कम था, संपत्ति कम थी। जो भी संपत्ति थी, वह सम्मिलित थी, क्योंकि वह सम्मिलित श्रम से प्राप्त होती थी। इस अवस्था को आदिम साम्यवाद कहते हैं। इस आदिम साम्यवादी काल में उच्च-नीच वर्ग नहीं थे, धर्म नहीं; यहां तक कि यूथ से व्यक्ति के अलग अस्तित्व का खयाल भी नहीं था। सभी मिलकर एक दूसरे की रक्षा करते थे, साथ मिलकर खाद्य संग्रह करते थे, साथ भोजन करते थे, साथ ही परिश्रम करते थे। आवश्यक वस्तुओं का उत्पादन चूंकि वैयक्तिक नहीं, सामूहिक था, इसलिए 'संपत्ति' का सामूहिक होना जरूरी था। किंतु इस आदिम साम्यवादी समाज के अंतिम भाग में अवस्था में परिवर्तन होने लगा और संपत्ति की असमानता आने लगी थी।

उस वक्त समाज में स्त्री का बोलबाला होता था, जिसे मातृसत्ता या मातृशाही कहते हैं। हर परिवार की अध्यक्ष एक स्त्री थी, क्योंकि विवाहहीन समाज में माता ही परिवार की मुखिया थी। एंगेल्स ने इस युग के स्त्री-पुरुष के संबंध-विवाह को यूथ विवाह कहा है, अर्थात् ब्याह में व्यक्ति का नहीं यूथ का प्राधान्य था। मातृसत्ता के परिवार को नर-मादा दो अलग वर्गों में बांटने पर गोया एक वर्ग दूसरे वर्ग से पति-पत्नी का संबंध रखता था-एक परिवार में स्त्री का मतलब था पत्नी और पुरुष का मतलब था पति।

मातृसत्तात्मक आदिम साम्यवादी परिवार में चिकने या अनगढ़ पत्थरों तथा लकड़ी और हड्डी के हथियार होते थे। एक मानव समूह एक क्षेत्र में रहता था। वहां की सारी भूमि और संपत्ति सामूहिक होती थी। उत्पादन के बुनियादी साधन सामूहिक थे और सामूहिक रूप में, संयुक्त रूप में उनका उपयोग किया जाता था।

आदिम मानव का जीवन-निर्वाह शिकार और फल-सब्जी संग्रह से होता था, जीवन-निर्वाह की यह प्रणाली सामूहिक थी, भूमिस्वामित्व आदि भी सामूहिक ही समझा जाता था। उत्पादन साधन पर सामूहिक स्वामित्व इस बात का इजहार था कि उत्पादन शक्तियां निचले स्तर की थीं और इसमें जरूरी था कि तमाम उत्पादन शक्तियां सामूहिक रूप में जीवन की जरूरतें पूरी करने में लगी रहें।

आदिम मनुष्य की ताकत उसके कम्यून, उसके सामूहिक श्रम में ही दिखायी पड़ती थी। उत्पादन साधनों के सामूहिक स्वामित्व से ही आदिम साम्यवादी व्यवस्था के उत्पादन संबंधों का आधार तैयार हुआ।

आदिम समाज में भौतिक मूल्यों का विभाजन और व्यवस्था के स्तर का निर्धारण उत्पादन शक्तियों के निम्नस्तरीय विकास, श्रम का सामाजिक चरित्र और उत्पादन साधन के सामूहिक स्वामित्व से होता था। सामूहिक श्रम से उत्पन्न भौतिक मूल्यों का वितरण समाज के सदस्यों के बीच समान रूप से होता था। इस व्यवस्था का कोई उल्लंघन हुआ तो समाज के सदस्यों की जान खतरे में पड़ती क्योंकि खाने का सामान कम उपलब्ध था और आवश्यकता के मुताबिक पर्याप्त नहीं होता था। इसलिए गण के तमाम सदस्य उत्पादन में समान रूप से भाग लेते और उत्पादन के सारे साधन और उत्पादन के परिणाम का स्वामित्व भी सामूहिक रूप में ही होता था। इस समाज में न कोई सामाजिक विषमता थी, न व्यक्तिगत संपत्ति के स्वामित्व की अवधारणा विकसित हो सकती थी। आदिम समाज, वर्गरहित, शोषण रहित समाज था।

अक्सर आदिम समाज को आदिम कम्युनिस्ट समाज की संज्ञा दी जाती है। आदिम सामूहिक उत्पादन संबंध को आदिम कम्युनिस्ट संबंध कहा जाता है और इस व्यवस्था को ही आदिम-साम्यवाद मान लिया जाता है।

आदिम समाज को कम्युनिस्ट समाज मात्र इसीलिए कहा जा सकता है कि इस समाज में मनुष्य द्वारा मनुष्य का शोषण एकदम नहीं था, कोई व्यक्तिगत संपत्ति नहीं थी, मात्र सामूहिक संपत्ति होती थी, कोई वर्ग विभेद नहीं था, सभी मनुष्य समान थे। लेकिन आदिम साम्यवाद में उत्पादन शक्तियां चरम आदिम थीं, लोगों का विकास अत्यंत निचले स्तर पर था। विभिन्न प्राकृतिक वस्तुओं के सामने मनुष्य असहाय बना था। समाज में जो भौतिक मूल्य उत्पन्न होता वह मुश्किल से जरूरतें पूरी कर पाता, इस दृष्टि से भविष्य का कम्युनिस्ट समाज आदिम कम्युनिस्ट से सर्वथा भिन्न होगा।

लेकिन यह अवस्था अंतिम समय की समझनी चाहिए; साथ ही यह भी ध्यान रखना चाहिये कि समाज के इन ऐतिहासिक युगों की सीमाएं बिलकुल स्पष्ट नहीं थीं-देश और काल दोनों में कहीं एक अवस्था को बीते दस हजार वर्ष हो चुके, तो कहीं हाल तक वही चली आ रही है। आज पूंजीवादी युग में भी भारत में सामंतशाही चली आ रही है। दास प्रथा दुनिया के बहुत से भागों से बहुत पहले खत्म हो चुकी, किंतु नेपाल में 1925 ई. तक वह कानूनी तौर से जारी थी। तो भी विकास का क्रम निम्न क्रम से ही देखा गया—आदिम साम्यवादी समाज, जनसत्ता इन दोनों में ही मातृसत्ता की प्रधानता थी और दोनों ही में वैयक्तिक संपत्ति के लिये कम स्थान था। जनसत्ता के बाद पितृसत्ता, फिर क्रमशः दासता, सामंतवाद और पूंजीवाद का जमाना आया। आदिम कम्यून में वर्ग-भेद न था, वहां कमकर और कामचोर श्रेणियां न थीं। इसलिये न शोषण था और न उसे कायम रखने के लिए किसी एक वर्ग—शोषक वर्ग का शासन था।

आधार ग्रंथ :

1. परिवार निजी संपत्ति और राजसत्ता की उत्पत्ति, फ्रेडरिक एंगेल्स।
2. समाज विकास की रूपरेखा-भाग-1, डी.के. मित्रोपोल्स्की, वाइ.ए.जुबित्स्की, दोसेंत ।
3. मानव समाज, राहुल सांकृत्यायन।

वेबसाइट : www.marxists.net/
www.marxists.org/
www.en.wikipedia.org/wiki/communism

आधार और अधिरचना

आधार और अधिरचना शब्द अंग्रेजी के 'बेस एंड सुपरस्ट्रक्चर' (Base and Superstructure) के लिए हिंदी में प्रयुक्त होता है। इतिहास, दर्शन, धर्म, राजनीति, साहित्य आदि को मार्क्सवादी दृष्टि से समझने के लिए आधार और अधिरचना तथा उनके पारस्परिक संबंधों को समझना अनिवार्य है। मार्क्स और ऐंगेल्स ने समाज की आर्थिक संरचना को 'आधार' तथा उस पर आधृत राज्य तथा सामाजिक चेतना को 'अधिरचना' कहा है। "सामाजिक जीवन की उत्पादन-प्रक्रिया में मनुष्य ऐसे सुनिश्चित संबंधों की स्थापना करते हैं, जो अपरिहार्य हैं। इन संबंधों का योग अथवा संपूर्णता ही समाज के आर्थिक धरातल का निर्माण करती है—उसका वह सही आधार बनती है जिस पर एक न्यायिक तथा राजनीतिक बाह्य-संरचना खड़ी होती है, और सामाजिक चेतना के सुनिश्चित रूप जिसके साथ सामंजस्य स्थापित करते हैं। सामान्यतः भौतिक जीवन की उत्पादन-विधि ही हमारे सामाजिक, राजनीतिक और बौद्धिक जीवन की प्रक्रिया को अनुकूलित करती है। मनुष्य की चेतना उसके अस्तित्व का निर्धारण नहीं करती, बल्कि उसका सामाजिक अस्तित्व ही उसकी चेतना का निर्धारण करता है।"

एंगेल्स का कथन है कि मनुष्य की बुनियादी आवश्यकता भोजन, वस्त्र और आवास की होती है। इसके पूर्व कि वह विज्ञान, कला, धर्म, दर्शन और राजनीति में गति प्राप्त करे, उसे अपने अस्तित्व (सामाजिक अस्तित्व) को बनाये रखने के लिए भोजन, वस्त्र और आवास की जरूरत होती है। अपनी इन बुनियादी आवश्यकताओं की पूर्ति के लिये ही मनुष्य श्रम करता है। इस आधार पर ही उनका कहना है कि 'तत्काल आवश्यक जीविका के भौतिक साधनों का उत्पादन और फलतः एक विशेष जन द्वारा एक विशेष युग में उपलब्ध आर्थिक विकास की मात्रा ही वह आधार है, जिसके सहारे उसकी राज्य संस्थाओं, कानूनी अवधारणाओं, कला और यहां तक कि धर्म संबंधी विचारों का विकास हुआ है, और फलतः जिनकी रोशनी में ही उन्हें समझा जा सकता है, न कि, जैसा कि अब तक होता आया है, उल्टे उनकी रोशनी में आर्थिक को।' आर्थिक आधार ही बुनियादी आधार है, और उसके सहारे खड़े होनेवाले लोग धर्म, दर्शन, राजनीति, कला आदि ऊपरी ढांचे का निर्माण करते हैं। आर्थिक आधार में तब्दीली समूचे ऊपरी ढांचे को प्रभावित करती है और ऊपरी ढांचा भी आर्थिक धरातल पर अपनी छाप छोड़ता है।

मार्क्स ने लिखा है कि मनुष्य का सामाजिक उत्पादन उनके पारस्परिक उत्पादन संबंधों पर निर्भर है। ये संबंध उनकी अपनी इच्छाओं से स्वतंत्र और अनिवार्य होते हैं। इन संबंधों को उत्पादन शक्तियों के विकास की एक मंजिल पर ही घटित होता हुआ देखा जा सकता है। उत्पादन-संबंध ही समग्रतः समाज की आर्थिक संरचना करते हैं। इसी नींव पर कानूनी और राजनीतिक अधिरचना का भवन खड़ा होता है और उन्हीं के अनुरूप सामाजिक चेतना का प्रादुर्भाव होता है।

अधिरचना के अंतर्गत राज्य, कानून, राजनीति, दर्शन, कला आदि सामाजिक चेतनाएं आती हैं। अधिरचना को विचारधारा या विचार प्रणाली भी कहते हैं। आधार और अधिरचना के संबंध को लेकर विद्वानों में मतभेद है। सामान्यतः इसके संबंध में तीन प्रकार के मत प्रचलित हैं—पहला, अधिरचना आधार का प्रतिबिम्ब है, दूसरा, आधार और अधिरचना के बीच कोई संबंध नहीं है और तीसरा, आधार और अधिरचना का संबंध होते हुए भी अधिरचना सापेक्षिक रूप से स्वायत्त होती है।

'अठारहवें ब्रूमेर' में मार्क्स अधिरचना का संबंध वर्ग से भी जोड़ते हैं। वे कहते हैं कि-'संपत्ति के विविध रूपों के अस्तित्व की सामाजिक स्थितियों के आधार पर समस्त अधिरचनाएं निर्मित होती हैं जिनमें भाव, विचार वैश्विक दृष्टि आदि का समावेश होता है। एक पूरा वर्ग भौतिक पदार्थों तथा तदनुकूल सामाजिक संबंधों के आधार पर उसे रूपायित करता है।' अभिप्राय यह है कि अधिरचना आधार द्वारा नियंत्रित और निर्धारित होती है। वह स्वतंत्र नहीं है। आधार के बदल जाने पर तदनुकूल अधिरचना का भी रूपांतरण हो जाता है।

ऐसा प्रतीत होता है कि समाज की आर्थिक संरचना ही सब कुछ है, अधिरचना उसका उत्पादन मात्र है। इस अर्थ में अधिरचना को आधार में न्यूनीकृत करने का खतरा बना रहता है। मार्क्स इससे अवगत थे। इसलिए आधार और अधिरचना के संबंध को वे ऐतिहासिक संबंध कहते हैं। यह संबंध कुछ टेढ़ा-मेढ़ा, असमतल होता है, पर होता अवश्य है।

तात्पर्य यह है कि आधार और अधिरचना का नियमन आधार ही करता है। फिर भी अधिरचना किसी हद तक आधार को भी प्रभावित करती है।

आधार ग्रंथ :

1. मार्क्सवादी साहित्य चिंतन :इतिहास तथा सिद्धांत, डॉ. शिवकुमार मिश्र।
2. हिंदी आलोचना के बीज शब्द, बच्चन सिंह।
3. साहित्य और इतिहास दृष्टि, मैनेजर पांडेय।
4. द्वंद्वात्मक भौतिकवाद, मारिस कॉनफोर्थ।
5. A Dictionary of Scientific Communism, Progress Publishers Moscow.
6. Marxism and Literature, Remond Williams

वेबसाइट : www.marxists.net/
www.marxists.org/
www.en.wikipedia.org/wiki/Base_and_superstructure

आधुनिकता और आधुनिकतावाद

आधुनिक, आधुनिकता और आधुनिकीकरण और आधुनिकतावाद के लिए अंग्रेजी में क्रमशः मॉडर्न (Modern), माडर्ननिटी (Modernity), माडर्नाइजेशन (Modernization) और माडर्निज्म (Modernism) शब्द प्रयुक्त होते हैं। यूरोप में सोलहवीं सदी के मध्य से लेकर उन्नीसवीं सदी के मध्य तक आधुनिक शब्द का प्रयोग 'वर्तमान' के पर्याय के रूप में किया जाता था। पुनर्जागरण के बाद 'आधुनिक' शब्द ने कई विशेषणों को जन्म दिया जैसे 'आधुनिकतावाद', 'आधुनिकीकरण' आदि। "इमारतें आधुनिक शैली की बनाई जा रही हैं" अथवा "वेश-भूषा आधुनिक हो चली है।" जैसे वाक्य सामान्य तौर पर प्रयुक्त होने लगे। उन्नीसवीं शताब्दी के समाप्त होने तक आधुनिकता, 'सुधार', 'कार्यक्षमता', 'प्रगतिशीलता' आदि का पर्याय बनकर प्रयुक्त होने लगा।

इसीलिए आधुनिकीकरण में सामाजिक वर्गों की सीमाओं के मिटने तथा ग्रामीण क्षेत्रों से नगरों और महानगरों की ओर प्रस्थान, सामाजिक गतिशीलता, शिक्षा का प्रसार, ज्ञानविज्ञान का विस्तार, सामंती मूल्यों का ह्रास आदि शामिल है। आधुनिकीकरण की इस प्रक्रिया को नगरीकरण तथा नए अभिजात वर्ग (बुर्जुआ) के उदय के रूप में देखा जाता है।

आधुनिकता का संबंध आधुनिकीकरण के फलस्वरूप पुरातन तथा परंपरागत विचारों एवं मूल्यों,

धार्मिक विश्वासों और रूढ़िगत रीति-रिवाजों के विरुद्ध नवीन और वैज्ञानिक आविष्कारों, विचारों, नए मूल्यों आदि से है। 'आधुनिकीकरण' शब्द उन समस्त परिवर्तनों तथा प्रक्रियाओं के लिए प्रयोग किया जाता है जो पूंजीवादी अर्थव्यवस्था के अंतर्गत औद्योगीकरण तथा यंत्रीकरण के कारण प्रकट हुई हैं।

इन परिवर्तनों के कारण साहित्य और कला के क्षेत्र में भी तेजी से नये चिंतन और नये प्रयोग दिखायी देने लगे। आधुनिकतावाद साहित्य और कला के क्षेत्र में एक महत्वपूर्ण आंदोलन बनकर उभरा।

आधुनिकतावाद का युग यूरोप में उन्नीसवीं सदी से शुरू होकर बीसवीं सदी के पूर्वार्द्ध तक माना जाता है। कुछ विचारकों के अनुसार यूरोप में आधुनिकता के दो अलग-अलग काल हैं—पहला आधुनिकतावाद जो अपने प्रारंभ से लेकर बीसवीं सदी के आरंभिक दो दशकों तक जारी रहा और दूसरा नव आधुनिकतावाद, जो इसके बाद शुरू हुआ।

लेकिन आधुनिकतावाद के लिए इस प्रकार का काल-विभाजन प्रत्येक देश के लिए संभव नहीं है। काल का निर्धारण अलग-अलग देशों के आधुनिकीकरण की प्रक्रिया पर निर्भर करता है। तीसरी दुनिया के देशों में आधुनिकीकरण की प्रक्रिया और बाद में शुरू हुई।

यद्यपि आधुनिकतावाद साहित्य, कला तथा अन्य सांस्कृतिक अभिव्यक्तियों के लिए बीसवीं सदी के पूर्वार्द्ध में प्रचलित रहा लेकिन वास्तव में साहित्यिक प्रवृत्तियों के समय की कोई निश्चित सीमा निर्धारित नहीं की जा सकती। कई प्रवृत्तियां कभी-कभी एक-दूसरे से जुड़ी हुई एक ही समय में प्रवाहित होती रहती हैं। इसके अतिरिक्त, साहित्य की नई प्रवृत्तियां प्रस्फुटन से पूर्व बीज-रूप में पूर्व प्रवृत्तियों में मौजूद रहती हैं। वे बाद में आंदोलन की शक्ल ले लेती हैं। यही कारण है कि कुछ लेखकों ने तो यह भी कह दिया कि आधुनिकतावाद कोई अलग से साहित्यिक प्रवृत्ति, आंदोलन या सिद्धांत नहीं है, अपितु यह स्वच्छंदतावाद का ही विस्तार है।

टी.एस.इलियट की काव्य-कृति 'द वेस्टलैंड' (The Westland) और जेम्स ज्वायस का उपन्यास यूलिसेस (Ulises) सन् 1922 में प्रकाशित हुए। इन कृतियों को साहित्यिक आधुनिकतावाद का मूल माना जाता है।

विचारकों ने अलग-अलग देशों में आधुनिकतावाद के विकास का अलग-अलग समय निश्चित किया है। हिंदी में आधुनिकतावाद के उदय को लेकर अनेक प्रकार के मत प्रचलित हैं। पश्चिमी चिंतन से प्रभावित लोग उन्नीसवीं सदी के अंतिम दशकों अर्थात् भारतेंदु युग से आधुनिकता का उदय मानते हैं और कुछ लोग आधुनिकतावाद का संबंध प्रयोगवाद और नयी कविता से जोड़ते हैं। कुछ लोगों का यह भी विश्वास है कि हिंदी में आधुनिकतावाद का जन्म द्वितीय विश्वयुद्ध के अंत में उत्पन्न नवीन संवेदना और नयी चिंतन दृष्टि के साथ हुआ। 'आधुनिकता' और 'आधुनिकतावाद' शब्दों के अंतर पर ध्यान देना जरूरी है। जब हम कहते हैं कि 'भारतेंदु युग आधुनिकता का प्रवेशद्वार है' तब आधुनिकता से हमारा अर्थ होता है नवीन वैज्ञानिक, तर्कयुक्त दृष्टिकोण जो रूढ़िबद्धता के विरोध में खड़ा है और जब आधुनिकतावाद के उदय की बात करते हैं तब आशय विश्वयुद्धों के बाद जन्मी संवेदना और विचार-दृष्टि से होता है।

भारत में आधुनिकतावाद पचास के दशक के आसपास चर्चा का विषय बना जब यूरोप में विक्षुब्ध युवा (Angry Youngman) और अमेरिका में बीट्स की कृतियों तथा यूरोप के अस्तित्ववादी चिंतक लेखकों—ज्यॉ पाल सार्त्र, अल्बेयर कामू आदि का प्रभाव हिंदी लेखन तथा आलोचना पर पड़ा।

आधुनिकतावाद सामाजिक समस्याओं के बजाय व्यक्ति के स्वरूप तथा आत्म-बोध को प्रमुख मानता है। प्रत्येक वस्तु, विचार तथा संरचना पर व्यक्ति की वैयक्तिकता की छाप अंकित है। बाह्य जगत या वस्तुएं या तो मनुष्य की मनःस्थितियों की अभिव्यक्ति हैं या मात्र उसका प्रतीक है। आधुनिकतावाद प्रत्येक विश्वास और विचार को संशय की दृष्टि से देखता है। इसी कारण उसमें अनास्था का स्वर मुखर है। वह मूल्यों की स्थिरता में विश्वास नहीं रखता। मूल्य न केवल अनावश्यक तथा अर्थहीन हैं बल्कि हानिकर भी है। मूल्यों के संकट का ही फल है कि लेखक अपने लेखकीय दायित्व को स्वीकार नहीं करता। आधुनिकतावाद अतीत से विमुख होकर वर्तमान में शरण लेता है। वह स्थायी अनुभवों की अपेक्षा क्षणिक अनुभवों को वाणी देता है। अतः मनुष्य के अनुभव क्षणिक तथा विखंडित होते हैं। आधुनिकतावाद धर्म, प्रकृति, परंपरा, नैतिकता, प्रतिबद्धता, आस्था, मूल्य तथा प्रत्येक प्रचलित विचार तथा वस्तु-स्थिति और व्यवस्था को चुनौती देता है। विद्रोह उसका मूल स्वर है। आधुनिकतावाद हर प्रकार के सामाजिक, नैतिक, वैचारिक तथा यौन दमन के विरुद्ध है।

आधुनिकतावादियों के अनुसार साहित्य का कोई सामाजिक प्रयोजन नहीं है। इसी कारण साहित्य मूल्यों तथा उद्देश्यों से पृथक होकर विकसित होने लगा। आधुनिकतावादी साहित्य और कला की उपयोगित को स्वीकार नहीं करता। उसके अनुसार साहित्य का

बाह्य जगत या आम आदमी से कोई संबंध नहीं है। साहित्य जन-रुचि के अनुकूल नहीं रचा जाता। साहित्य आम पाठक के लिए उपयोगी नहीं रह जाता और न ही वह सामान्य पाठक या जन के प्रति उत्तरदायी होता है।

आधुनिकतावादियों की नवीन से नवीनतर सृजन करने की तीव्र इच्छा के कारण प्रयोग अपने आप में ध्येय और मूल्य बन जाता है। प्रति-क्षण नया होने, कुछ अपूर्व, विलक्षण या अद्वितीय प्रस्तुत करने पर विशेष ध्यान दिया जाता है। रूप, शिल्प तथा शैली के नित-नए प्रयोग साहित्यिक आधुनिकतावाद की विशिष्टता है। नयी भाषा, नयी संरचना, नयी शब्दावली, पुराने प्रचलित शब्दों का नया अर्थ, नयी साहित्यिक पदावली की झलक आदि आधुनिकतावादी साहित्य की पहचान बन गई। सुप्रसिद्ध आधुनिकतावादी कवि ऐज़रा पाउंड ने तो यहां तक कह दिया कि अच्छी कविता कभी भी बीस वर्ष पुरानी शैली में नहीं लिखी जा सकती। कई आधुनिकतावादी लेखक चौंकाने या सनसनी फैलाने के लिए या उत्तेजना, आघात और आतंक का प्रभाव उत्पन्न करने के लिए ही भाषा और शैली में नए परिवर्तन लाते हैं।

आधुनिकतावाद के प्रभाव से साहित्य का शास्त्रीय सौंदर्य-बोध संदिग्ध हो गया। साहित्यिक कृतियों को पूर्णता की दृष्टि से नहीं, टुकड़ों-टुकड़ों में देखने की प्रवृत्ति बढ़ गई। मनुष्य अपने सामाजिक परिवेश, परिवार तथा वर्तमान परिस्थिति से अलगाव अनुभव करने लगा। व्यक्ति भीड़ में भी अकेला महसूस करने लगा। एकाकीपन और अलगाव आधुनिकतावादी साहित्यिक कृतियों का मुख्य सरोकार है। आधुनिकतावाद वस्तु यथार्थ की अपेक्षा अनुभव की प्रामाणिकता पर बल देता है। आधुनिकतावाद प्रकृतिवाद के विपरीत व्यक्ति की जटिल मानसिकता और अछूती संवेदनाओं को प्रस्तुत करता है। कतिपय आधुनिकतावादी लेखक आदिम मानव की प्रवृत्तियों को प्रस्तुत करके और समाज, संस्कृति, धर्म तथा नैतिक मूल्यों का उपहास करके ही आधुनिकतावाद का प्रमाण देते हैं।

आधुनिकतावादी साहित्यिक आंदोलन के अंतर्गत प्रतीकवाद, बिंबवाद, दादावाद, अतियथार्थवाद, भविष्यवाद, अंतश्चेतनावाद आदि शामिल हैं।

आधुनिकतावाद में दुरूहता तथा पाठकीय उपेक्षा के कारण इसका रचना विधान जटिल और अपरिचित लगने लगता है। पाठक को सम्प्रेषण की कमी की शिकायत रहती है। परिणामस्वरूप वह अर्थ-बोध तथा सौंदर्य-बोध से वंचित रह जाता है। पाठक उद्विग्न तो होता है लेकिन उसका रचना बोध अतृप्त रहता है। कई बार आधुनिकतावादी रचनाएं पहेली-सी दिखाई देने लगती हैं। प्रयोग आधुनिकतावाद का मुख्य उद्देश्य बन जाता है। उक्त कमजोरियों के बावजूद आधुनिकतावाद के प्रभाव से कोई भी क्षेत्र बच नहीं सका है।

आधार ग्रंथ :

1. पाश्चात्य काव्यशास्त्र अधुनातन संदर्भ, सत्यदेव मिश्र।
2. आधुनिकता बोध और आधुनिकीकरण, रमेश कुंतल मेघ।
3. साहित्य और आधुनिक युगबोध. देवेंद्र इस्सर।
4. हिंदी आलोचना के बीज शब्द: बच्चन सिंह।
5. 'इतिहास बोध' (सं. लालबहादुर वर्मा) इलाहाबाद, अप्रैल-जून, 2003।
6. Key Words: Raymond Willams.
7. A Dictionary of Modern Critical Terms: Roger Fowler.
8. A Glossary of Literary Terms, M.H.Abrahams.
9. Modernism: Malkam Bradberi and James Mocfarlane.
10. The Concept of Modernism, Astradur Estinssion.

वेबसाइट : www.en.wikipedia.org/wiki/modernism

आधुनिक भाव-बोध

'आधुनिक भाव बोध' नयी कविता के दौर में विकसित होनेवाली हिंदी का अपना पारिभाषिक शब्द है। साहित्येतर अनुशासनों में भी यह सहज व्यवहृत होता हुआ देखा जा सकता है। हिंदी की नई कविता के दौर में सामाजिक-साहित्यिक मनोवृत्तियों का विश्लेषण करनेवाला 'आधुनिक भाव-बोध' शब्द एक सिद्धांत की तरह विकसित हुआ।

एक समय पूरे विश्वास से अन्याय के खिलाफ आवाज उठाने, भविष्य-निर्माण के लिए संघर्ष करने, वर्तमान को सुधारने, नैतिक ह्रास को रोकने और उत्पीड़ित मनुष्य के साथ एकात्म होकर उसकी मुक्ति के लिए उपाय करने को भी 'आधुनिक भाव-बोध' के अंतर्गत शामिल कर लिया गया था, लेकिन अमृतराय ने 'आधुनिक भाव-बोध की संज्ञा' नामक पुस्तक में 'आधुनिक भाव-बोध' के स्वरूप पर प्रकाश डालते हुए कहा है-"आधुनिक भाव-बोध, युग-बोध, राग-बोध, तत्त्व-बोध यानी जितने तरह के आधुनिक बोध हैं और जो आधुनिक संवेदना है, उन सबका स्थायी भाव एक ही है, ऊब यानी बोरडम या उससे भी अधिक अर्थ-विस्तार लिए हुए सीधे फ्रेंच से अंग्रेजी में आनेवाला शब्द, 'आन्वी'। बड़े मजे की चीज है यह ऊब, इससे बड़ा बहुरुपिया कोई नहीं। साधारण सी, रोज की जानी-पहचानी ऊब से लेकर हत्या और आत्महत्या में पर्यवसित कठिनतम हताशा तक उसका साम्राज्य फैला हुआ है।" निश्चय ही अमृत राय ने यहां 'आधुनिक भाव-बोध' को अस्तित्ववाद से प्रभावित मनोदशा माना है। यह बात उन्होंने प्रथम दौर की 'नयी कविता' के समर्थकों द्वारा स्वीकृत 'आधुनिक भाव-बोध' को समझाने के लिए कहा था। 'आधुनिक भाव-बोध' के संबंध में नंददुलारे वाजपेयी का मत है कि--"प्रत्येक देश का 'आधुनिक भाव-बोध' उसके सामाजिक परिवेश और लक्ष्य तथा उद्देश्य के आधार पर बनाया जाता है।"हिंदी की 'नयी कविता' में 'आधुनिक भाव-बोध' के अंतर्गत वाजपेयी जी को अहं भावना का अतिरेक, आत्मलघुता की भावना, अनास्था आदि के तत्त्व दिखाई दिए। 'आधुनिक भावबोध' की रचनात्मक उपलब्धि के रूप में वाजपेयी जी ने मानववाद को महत्त्व दिया है। लेकिन जहां तक मुक्तिबोध का सवाल है, उन्होंने 'आधुनिक भाव-बोध' को 'नयी कविता' की आत्मा माना है। वे कहते हैं--"नयी कविता की आत्मा है 'आधुनिक भाव-बोध'। "आज का सुशिक्षित मनुष्य अपने परिवेश, परिस्थितियों से जो संवेदनात्मक प्रतिक्रियाएं करता है, वे संवेदनात्मक प्रतिक्रियाएं या उनका सामान्यीकरण नयी कविता में प्रकट होता है। ऐसे सुशिक्षित मनुष्य का दृष्टिकोण मध्ययुगीन धार्मिक-दृष्टि से अनुप्राणित अथवा छायावादी भावुकता से परिपूर्ण कल्पना-प्रधान नहीं होता। विज्ञान के इस युग में, उसकी दृष्टि यथार्थोन्मुख तथा संवेदनशील होती है। वह यथार्थ-संबंधों को ग्रहण कर यथार्थबोध द्वारा संवेदनात्मक प्रतिक्रियाएं करता है। 'काव्य एक सांस्कृतिक प्रक्रिया' शीर्षक अपने निबंध में मुक्तिबोध 'आधुनिक भाव-बोध' को दूसरे संदर्भ में व्यक्त करते हुए कहते हैं कि--"वस्तुतः 'आधुनिक भाव-बोध' क्या है? मैं अपनी खुद की जिंदगी से और दोस्तों की जिंदगी के तजुर्बे से बता सकता हूं कि अन्याय के खिलाफ आवाज बुलंद करना 'आधुनिक भाव-बोध' के अंतर्गत है। आधुनिक भाव-बोध के अंतर्गत यह भी है कि मानवता के भविष्य-निर्माण के संघर्ष में हम और भी अधिक दत्तचित्त हों, तथा हम वर्तमान परिस्थिति को सुधारें, नैतिक ह्रास को थामें, उत्पीड़ित मनुष्य के साथ एकात्म होकर उसकी मुक्ति की उपाय-योजना करें। क्या यह 'आधुनिक भाव-बोध' के अंतर्गत नहीं कि मैं अपनी लेखनी द्वारा किसी विशेष लोकादर्श के लिए कविता लिखूं ?"

'आधुनिक भाव-बोध' से जो अर्थ मुक्तिबोध ने लिया है, उससे भिन्न अर्थ इंद्रनाथ मदान ने लिया है। उन्होंने पूरे 'आधुनिक हिंदी साहित्य' में 'आधुनिक भाव-बोध' को पहचानने की कोशिश की है। वे 'आधुनिक भाव-बोध' के अंतर्गत विसंगति, व्यर्थता, विडम्बना आदि तत्त्वों को समाहित मानते हैं।

इस प्रकार हम देखते हैं कि एक ओर जहां मुक्तिबोध के लिए अन्याय के खिलाफ आवाज बुलंद करना 'आधुनिक भाव बोध' की एक पहचान है वहीं दूसरी ओर इंद्रनाथ मदान जैसे भाववादियों के लिए विसंगति, व्यर्थता और विडंबना आधुनिक भाव बोध के तत्त्व हैं और इस तरह निराशा और दुःख-भावना, ग्लानि और विरक्ति तथा अगति भी 'आधुनिक भाव-बोध' के अन्य नाम हैं। दूसरे शब्दों में कहा जाए तो 'आधुनिकता बोध' ही 'आधुनिक भाव-बोध' है। अतः 'आधुनिक भाव-बोध' मध्ययुगीन धार्मिक-दृष्टि तथा छायावादी भावुकता से भिन्न आज के वैज्ञानिक युग के सुशिक्षित मनुष्य की, अपने परिवेश के प्रति संवेदनात्मक प्रतिक्रिया है और यही प्रतिक्रिया सामान्यीकृत होकर जब नयी कविता में प्रकट होती है तो आधुनिक भाव-बोध का रूप लेती है। दृष्टिकोणों की भिन्नता की 'आधुनिक भावबोध' के स्वरूप निर्धारण में खास भूमिका है।

आधार ग्रंथ :

1. आधुनिक भाव-बोध की संज्ञा, अमृत राय
2. आधुनिकता और हिंदी साहित्य, इंद्रनाथ मदान
3. नई कविता, नंददुलारे वाजपेयी
4. आधुनिक हिंदी आलोचनाः संदर्भ एवं दृष्टि, डा. रामचंद्र तिवारी
5. नये साहित्य का सौंदर्य-शास्त्र, गजानन माधव मुक्तिबोध

आनंदवाद

आनंदवाद शैव दर्शन का शब्द है। इसका मूल रूप उपनिषदों में दिखायी देता है। तैत्तिरीयोपनिषद् में लिखा है कि, "रसो वै सः रस ह्येवायं लब्ध्वानंदी भवति। एष ह्येवानंदयति।" अर्थात् रस ही ब्रह्म है। इस रस को पाकर पुरुष आनंदित हो जाता है। यह रस सबको आनंदित करता है। वृहदारण्यक उपनिषद् में कहा गया है कि इस आनंद के अंश मात्र के आश्रय से ही सभी प्राणी जीवित रहते हैं। शंकराचार्य ने भी सौंदर्य-लहरी में 'चिदानंदकारं शिव युवति भावेन विभृषे' कहकर शिव को चिदानंद रूप बताया है। 'तंत्रालोक' में अनुत्तरावस्था के अंतर्गत आनंद की प्राप्ति होना लिखा है और बताया गया है कि शिव की विसर्ग शक्ति ही आनंद रस का स्फुरण करती है। इस आनंद-स्फुरण करने वाली शक्ति को आनंद-शक्ति कहा गया है, जो शिव की प्रधान पांच शक्तियों में से एक है और जिसके द्वारा हृदय में आनंद का स्पंदन इस प्रकार होता है, जिस प्रकार किसी मधुर गीत के सुनने अथवा चंदन आदि के सुंदर स्पर्श करने पर हृदय की मध्यस्थता या तटस्थता दूर हो जाती है और उसके द्वारा व्यक्ति के हृदय में आनंद-स्पंदन होने लगता है।

'तंत्रालोक' में प्राणायाम की विधि द्वारा भी अखंड आनंद की ओर क्रमशः बढ़ने का उल्लेख मिलता है। वहां लिखा है कि यद्यपि यह आनंदरस की भांति अपने हृदय में ही स्थित है, फिर भी शून्यता में विश्रांति होने के कारण पहले योगी निरानंद रहता है, परंतु जब वह प्राणायाम द्वारा प्राणवायु के प्रदेश में प्रवेश करता है, तब उसे 'परानंद' की प्राप्ति होती है। अपान वायु के क्षेत्र में पहुंचकर वह परानंद से कुछ आगे बढ़ता है परंतु समान-वायु के क्षेत्र में पहुंचते ही वह 'ब्रह्मानंदमय' हो जाता है। इसके अनंतर उदान-वायु के क्षेत्र में पहुंचते ही उसे 'महानंद' की प्राप्ति होती है और व्यान-वायु के क्षेत्र में विश्रांति करते ही वह समस्त उपाधियों से रहित होकर 'चिदानंद' प्राप्त करता है। शैवों की यह चिदानंदावस्था ही मोक्ष की अवस्था है। वही उस योगी की 'शिवोहम्' की स्थिति है, क्योंकि उस स्थिति को प्राप्त होते ही योगी अखंड आनंदघन शिव से एक रूप होकर अखंड आनंद का अनुभव करने लगता है और फिर उसे अशिव या अमंगलकारी दुखों की ओर लौटकर नहीं आना पड़ता। 'ईश्वर-प्रत्यभिज्ञा-विमर्शिनी' में भी योगी की इस अंतिम स्थिति का उल्लेख करते हुए बताया गया है कि अंत में योगी उस अनंत तत्त्वसमूह रूपी शिवतत्व में लीन हो जाता है, जो चिदानंदघन एवं परमाक्षरविग्रह हैं। इस तरह प्रत्यभिज्ञा दर्शन में शिव को चिदानंदघन कहा गया है।

हिंदी साहित्य कोश के अनुसार, "आनंद आत्मा का लक्षण है। जब हम शोकाकुल या दुःखी रहते हैं तो हम स्वस्थ नहीं रहते। लोग हमारी इस अवस्था को अस्वाभाविक समझकर इसका कारण पूछते हैं। इसके विपरीत जब हम आनंद में रहते हैं तो हम स्वस्थ रहते हैं। इस समय कोई हमारी अवस्था के बारे में प्रश्न नहीं पूछता, क्योंकि वह समझता है कि आनंद हमारी स्वाभाविक और वास्तविक अवस्था है। इससे सिद्ध है कि दुःख आत्मा का उपलक्षण (आगंतुक या परिवर्तनशील गुण) है और आनंद उसका स्वाभाविक लक्षण है।

भारतीय साहित्य शास्त्र पर भी आनंदवाद का गहरा असर है। काव्यानंद को 'ब्रह्मानंद सहोदर' कहा गया है। रसात्मक वाक्य को ही काव्य कहा गया है। और संस्कृत साहित्य की समीक्षा के प्रचलित सभी मानदंडों—रस, रीति, अंलकार, वक्रोक्ति और ध्वनि में से भारतीय मनीषा ने रस को ही सर्वाधिक ऊंचा स्थान दिया है।

हिंदी के संत साहित्य और वर्तमान रहस्यवादी साहित्य में आनंदवाद के सिद्धांतों की स्थापना हुई है। आनंद को प्राप्त करने की उत्कट इच्छा ही यहां साहित्य में पथ-प्रदर्शिका बनी है। भक्ति चाहे वह सगुण ब्रह्म की हो या निर्गुण ब्रह्म की, आनंददायिनी है। नैतिक दृष्टि से सभी संतों, भक्तों और रहस्यवादियों का सिद्धांत आनंदवाद ही है, सुखवाद या दुःखवाद नहीं। आनंद-लाभ ही उन सबका लक्ष्य है। तुलसीदास ने 'स्वांतः सुखाय' के रूप में आनंद को ही सर्वोच्च परमार्थ माना है। आनंदवाद का प्रचार आधुनिक भारतीय मनीषी श्री अरविंद की रचनाओं द्वारा विशेष हुआ है। उनके प्रभाव में आने के कारण हिंदी में कुछ कवियों पर भी आनंदवाद का प्रभाव पड़ा है। हिंदी प्रदेश के कुछ आधुनिक संतों ने आनंदमार्ग की स्थापना की है। इस सबकी रचनाओं और क्रियाओं में योग का विशेष प्रभाव है।

आधुनिक हिंदी कविता में 'कामायनी' के माध्यम से 'प्रसाद' ने आनंदवाद का सशक्त समर्थन किया है जिसकी आलोचकों ने खूब चर्चा भी की है। प्रसाद के मत से आनंद ही एकमात्र और परम मूल्य है। उसी को प्राप्त करने के लिए मानव चिरकाल से प्रयास कर रहा है। आज भी उसका प्रयास जारी है। मानव की समस्त क्रियाएं इसी प्रयास के रूप हैं। साहित्य-सृजन भी इसी प्रयास का एक अंग है। नव सृजन की प्रेरणा, क्रिया तथा लक्ष्य सभी कुछ आनंद है। आनंद ही सृष्टि का परम गुह्य तत्त्व है या मानव आत्मा का सार है। इसकी उपलब्धि सहज नहीं है। इसके लिए बुद्धि, श्रद्धा, प्रेम, कर्म तथा सहकारिता की आवश्यकता है। इन शक्तियों का समुचित प्रयोग करके मानव आनंद को प्राप्त कर सकता है और उस समाज की रचना भी कर सकता है, जहां सभी को उसकी तरह आनंद सुलभ हो।

'कामायनी' के आनंदवाद में प्रसाद ने जीवात्मा के मार्ग की उन बाधाओं का भी चित्रण किया है, जो उसे आनंद-भूमि तक नहीं पहुंचने देतीं तथा जिनसे बचकर निकलना अत्यंत कठिन हो जाता है। ये बाधाएं 'सौंदर्यमयी चंचल कृतियों' के रूप में आती हैं, जो अपने मधुर आकर्षण से जीवात्मा को मोहित करके आगे नहीं बढ़ने देतीं। दूसरी ओर, आसुरी प्रवृत्तियां उसका पथ-प्रदर्शक बनकर उसे व्यर्थ का सुख-स्वप्न दिखाती हुई मार्ग-भ्रष्ट कर देती हैं और यह जीवात्मा अबोध होने के कारण उनके बहकावे में आकर प्रसन्नता से नाच उठता है। इसी के साथ, तर्कमयी बुद्धि उसको अपने तर्कपूर्ण विचारों द्वारा अपनी ओर ऐसा आकृष्ट करती है कि वह उसे मानकर अपने यश को अखिल लोक में फैलाने की इच्छा से लोकेषणा में अनुरक्त हो जाता है और अपने गंतव्य मार्ग को ही भूल जाता है। इतना ही नहीं, वह यह समझने लगता है कि बुद्धि ने तो मेरे लिए सुख साधन के सभी द्वार खोल दिये है। अतः इसे छोड़ कर आनंद कहां है?

इसके अतिरिक्त प्रसाद ने आनंद-पथ की ओर जानेवाले जीवात्मा के लिए उन सभी आवश्यक बातों का भी संकेत किया है, जिनको अपनाने के कारण वह सहज में असीम आनंद-भूमि तक पहुंच सकता है। इसके लिए वे सर्वप्रथम 'कर्म का भोग, भोग का कर्म यही जड़ का चेतन आनंद' कहकर जीवात्मा को प्रकृति की ही भांति सदैव कर्मशील बनने का आग्रह करते हैं और बताते हैं कि निरंतर उचित कर्मों में लीन रहकर ही कोई व्यक्ति विजयी और शक्तिशाली होता हुआ मंगलमय वृद्धि एवं सुख समृद्धि को प्राप्त कर सकता है, यह भी आनंद की एक स्थिति है। दूसरे वासनात्मक प्रेम की अपेक्षा वे हृदय के शुद्ध प्रेम को अपनाने की सलाह देते हैं और बताते हैं कि यह वासनात्मक प्रेम हिंसा, स्वार्थ, अहंकार आदि की ओर जाकर जीवात्मा को केवल 'जड़ देह मात्र' के सौंदर्य में ही अनुरक्त कर देता है, जिससे वह आत्मीयता से दूर होकर ममत्व अथवा स्वार्थ की भावना को महत्त्व देने लगता है और जिसका परिणाम यह होता है कि वह जीवात्मा अपनी अबोधता एवं अपूर्णता के कारण समुद्र में भटकने वाले क्षुद्र यान की भांति इधर-उधर मारा-मारा फिरता है, परंतु शुद्ध प्रेम उसे पतन के गर्त से उठाकर आनंद की उच्च एवं असीम भूमि में ले जाता है, जैसा कि श्रद्धा के प्रयत्न द्वारा मनु को आनंद प्राप्त करते हुए दिखाया गया है। तीसरे, आनंद-भूमि में पहुंचने के लिए उन्होंने इच्छा, ज्ञान और क्रिया के समन्वय को आवश्यक बताया है और कहा है इनकी पृथक्ता के कारण ही जीवात्मा को जीवन की विडंबना में फंसना पड़ता है और उसकी मनु की सी दशा होती है। किंतु जैसे ही वह इन तीनों का समन्वय करके सही पथ का वरण करके कर्मशील बनता है, वैसे ही उसके जीवन में संतुलन आता है और वह आनंद-पथ का अनुयायी हो जाता है। चौथे, आनंद-प्राप्ति के लिए वे बुद्धि और हृदय के संतुलित समन्वय पर अधिक जोर देते हैं और बताते हैं कि इन दोनों के समन्वय के बिना न तो वैयक्तिक जीवन आनंदमय होता है न सामाजिक जीवन ही। किंतु जब बुद्धि और हृदय का समन्वय हो जाता है, तभी जीवात्मा को यह ज्ञान होता है कि यह संसार उस चिति का ही स्वरूप है और इसके परिवर्तित रूपों में भी उल्लासपूर्ण अखंड आनंद सतत समाया हुआ है।

आधार ग्रंथ :

1. कामायनी में काव्य, संस्कृति और दर्शन, डॉ. द्वारिकाप्रसाद सक्सेना।
2. हिंदी साहित्य कोश-भाग-1।
3. कामायनी : एक पुनर्मूल्यांकन, गजानन माधव मुक्तिबोध।

आर्य

आर्य शब्द से जिस मानव प्रजाति, भाषा, परिवार और संस्कृति का बोध होता है, उसके संबंध में विद्वानों में मतैक्य नहीं है। प्रथम दो के संबंध में तो बहुत ही भिन्न विचार व्यक्त किए जाते हैं। शरीर में समरूपता और भाषा में बहुत कुछ साम्य के कारण कुछ लोग आर्य परिवार में जर्मनों आदि के सहित यूरोप की समस्त श्वेत जातियों से लेकर एशिया और भारतीय उपमहाद्वीप तक के तीन चौथाई निवासियों की गणना करते हैं। दूसरा मत केवल भारत और ईरान के निवासियों को ही 'आर्य' की संज्ञा देता है। एक वर्ग इस प्रजाति को 'आर्य' न कहकर 'भारोपीय' कहना अधिक उपयुक्त समझता है। आर्य का अवेस्ता रूप अइर्य (airya) है। इस संबंध में यह भी उल्लेखनीय है कि इसी शब्द के संबंध कारक के बहुवचन रूप 'अइर्यन' (airyana) से पहलवी भाषा में एरान (eran) होता हुआ 'ईरान' शब्द विकसित हुआ है। अतः आर्य शब्द 'भारत-ईरानी' के लिए सर्वथा उपयुक्त है।

आर्य धर्म और संस्कृति की प्राचीन परंपरा के भारत, ईरान, यूनान, रोम, जर्मनी आदि में प्रचलन के जो प्रमाण मिलते हैं उनमें इतना प्रकट है कि भले ही यह आर्य जाति आरंभ में एक रही हो या नहीं, इसका आदिस्थान एक हो

या अनेक हों, इनके बीच निकट का पारस्परिक संपर्क अवश्य विद्यमान था।

आर्यों के आदि-देश के बारे में भी मतैक्य नहीं है। लोकमान्य तिलक उत्तरी ध्रुव प्रदेश को आर्यों का मूल-निवास बताते हैं। अन्य विद्वान् इन्हें मध्य एशिया, आस्ट्रिया, हंगरी, जर्मनी, नार्वे, स्वीडन तक के मूलनिवासी सिद्ध करते हैं। कुछ का मत है कि आर्यावर्त ही अर्थात् हिमालय और विंध्याचल के बीच का भूभाग ही आर्यों का मूलनिवास था। कुछ अन्य के मत में सप्तसिंधु प्रदेश आर्यों का आदि-देश था। बहरहाल आर्यों का आदि स्थान भारत से बाहर होने और उनका बाहर आने का विषय लगातार इतिहासकारों के बीच विवाद और बहस का मुद्दा रहा है। अधिकांश इतिहासकारों, खासकर पाश्चात्य इतिहासकारों ने आर्यों का बाहर से आना स्वीकार किया है। प्रसिद्ध मार्क्सवादी इतिहासकार प्रो रामशरण शर्मा के अनुसार, "हिन्द-यूरोपीय अथवा आर्य की परिभाषा कठिन है। १८वीं सदी के अन्त में कलकत्ते में काम करने वाले विलियम जोन्स ने जब यह पता लगाया कि संस्कृत भाषा ग्रीक, लैटिन और यूरोप की अन्य भाषाओं से मेल खाती है तो यह मत प्रतिपादित किया गया कि मध्य एशिया अथवा पूर्वी यूरोप में कोई ऐसा क्षेत्र था जहां प्राचीनतम आर्यभाषा बोलने वाले लोग रहते थे।" अन्ततः डॉ. शर्मा इस निष्कर्ष पर पहुंचे कि आर्य भारत के मूल निवासी नहीं थे और मध्य एशिया से यहां आए थे। जबकि हिंदी के महान लेखक डॉ. राम विलास शर्मा उन्हें बाहर का नहीं मानते। जो हो, इस जाति ने मानव सभ्यता के विकास में, विशेषतः नागर सभ्यता के विकास में जो योगदान दिया वह अविस्मरणीय है।

आर्यों को दो श्रेणियों में बांटते हुए आचार्य हजारी प्रसाद द्विवेदी ने लिखा है, "पूर्वी प्रदेशों में भारतीय इतिहास के आदि काल से रूढ़ियों और परंपराओं के विद्रोह करनेवाले संत होते रहे हैं। वैदिक कर्मकांड के मृदु विरोधी जनक और याज्ञवल्क्य तथा उग्र विरोधी बुद्ध और महावीर आदि आचार्य इन्हीं प्रदेशों में उत्पन्न हुए थे। समग्र भारतीय साहित्य में हिंदी ही एकमात्र ऐसी भाषा है जिसमें पश्चिमी आर्यों की रूढ़िप्रियता, कर्मनिष्ठा के साथ ही साथ पूर्वी आर्यों की भाव प्रवणता, विद्रोही वृत्ति और प्रेमनिष्ठा का मणिकांचन योग हुआ है।"

फिलहाल, भारत में अनेक नस्लों के लोग वैदिक और प्राग्वैदिक काल से यहां घुलते-मिलते रहे हैं। भारतीय संस्कृति वस्तुतः एक सामाजिक संस्कृति है और सामाजिकता इसकी सबसे प्रमुख विशेषता है। स्वयं द्विवेदी जी ने अनेक बार भारतीय संस्कृति में आर्येतर जातियों के योगदान पर लिखा है। और आर्यों ने अपने को श्रेष्ठ प्रमाणित करने की कोशिश भी की है।

आधार ग्रंथ :

1. भारतीय संस्कृति और हिंदी प्रदेश, डॉ. रामविलास शर्मा।
2. भारतीय संस्कृति-कोश, लीलाधर शर्मा 'पर्वतीय'।
3. संस्कृति के चार अध्याय, रामधारी सिंह 'दिनकर'।
4. दर्शन दिग्दर्शन, राहुल सांकृत्यायन।
5. सत्यार्थ प्रकाश, स्वामी दयानंद सरस्वती।
6. आर्य समाज, लाला लाजपत राय।
7. आर्य संस्कृति की खोज, रामशरण शर्मा

वेबसाइट : www.en.wikipedia.org/wiki/aryan
www.indiaforum.org/india/hinduism/aryan

आलवार

आलवार उसे कहते है जिसे ईश्वर का सहज साक्षात् ज्ञान हो और जो ईश्वर के ध्यान में डूबा रहता हो। आलवार दक्षिण के बहुत ही पुराने वैष्णव संत थे। इनमें तिरुमंगै आलवार, पेरियालवार, नम्मालवार या शठ कोप, कुलशेखर, पेरुमाल, आंदाल आदि प्रमुख हैं। परंपरा के अनुसार पहले के आलवारों का काल ई. पू. 4203 और बाद के आलवारों का काल ई. पू. 2706 माना गया है। किंतु वर्तमान अनुसंधान के अनुसार उनका काल सातवीं या आठवीं शताब्दी से पूर्व नहीं माना जा सकता। आलवारों के विषय में परंपरागत सूचना भिन्न-भिन्न गुरु परंपरा के ग्रंथों में मिल सकती है। गुरु परंपराओं में इनका जीवन वृत्तांत दिया गया है और काल्पनिक समय भी। गुरु परंपराओं के अतिरिक्त व्यक्तिगत लेख भी पाये गये हैं जिनमें पर्याप्त सूचनाएं हैं। आलवारों के विषय में सूचना देने वाला दूसरा स्रोत आलवारों के ग्रंथों का विख्यात संग्रह है जो 'नाल आमीर दिव्य प्रबंधम्' नाम से प्रख्यात

है। इनके अतिरिक्त मद्रास प्रांत में अभिलेखों के रूप में अनेक पुरालेखीय साक्ष्य भी मिलते हैं।

आलवारों के कालक्रम के बारे में दक्षिणवासी इतिहासकार एवं पुरालेख विशेषज्ञों में भारी मतभेद रहा है। यह मतभेद न केवल आलवारों के कालक्रम के बारे में है, बल्कि उनकी तिथि तथा पहले और अंतिम तथा मध्य आलवार कौन थे, इस बारे में भी है।

आलवारों के ग्रंथ, विष्णु के उत्कट प्रेम से भरे हुए हैं। आलवारों की कृतियां साहित्यिक एवं भक्ति की दृष्टि से अत्यंत महत्व की हैं। उनकी कृतियों में स्रोतास्विनी की तरह प्रवाहित होने वाली सहज भक्ति की धारा है जिसकी शीतलता से समाज के छोटे-बड़े सभी तृप्ति का अनुभव करते हैं। प्रभु के प्रति उत्कट भक्ति शठ कोप के हृदय में समा न सकी, और वह कविता में फूट निकली जिससे दुःखी लोगों के हृदय को भी सांत्वना मिली। इससे यह स्पष्ट प्रतीत होता है कि जनसाधारण के दुःखों के प्रति उन्हें अपने माता-पिता से भी अधिक सहानुभूति थी।

हूपर ने नाम्मालवार रचित तिरुवृत्तम ग्रंथ के कई रोचक उद्धरणों का अनुवाद किया है। उसका एक अनूदित अंश इस प्रकार है—"वह बाला अपने मोहक केशों से उन चरणों को प्रेम करती चिरंजीवी रहे, जिन चरणों को देवता पूजते हैं, वह कन्हैया के मेघ समान काले चरणों में प्रेम करती है। अब इस ग्राम में जिसका शीतल स्वभाव था वहां परम लू बरसती है। क्या कृष्ण अपना राजदंड एक तरफ रखकर मेरी इस विरही बाला का प्रेम चुराने के लिए काले मेघ बन गये हैं, क्योंकि उनके लिए वह सुधबुध खोकर खुली आंखों से अश्रुपात कर रही है।"

आलवार हंसों और बत्तखों से अपना संदेश ले जाने की याचना करता है। "उड़ते हुए हंस और बलाका। मैंने आते ही याचना की कि जो कोई भी पहले पहुंचे यह (संदेश) भूले नहीं। अगर तुम मेरे हृदय के टुकड़े को वहां देखो तो उन्हें मेरी याद दिला देना और कहना कि तुम अभी तक उनके पास नहीं गये, क्या यह उचित है?" आलवारों में तात्विक चिंतन का विकास नहीं पाया जाता, उनमें केवल भगवान् के प्रेम का आनंदानुभव ही था।

ऐसा स्पष्ट प्रतीत होता है कि आलवार ही सर्वप्रथम ऐसे भक्त हुए जिनके यहां भावों का ऐसा विस्तार दिखायी देता है। इसी प्रकार राजा कुलशेखर जो आलवार थे और राम भक्त थे, रामायण का पाठ हर्षोन्मत्त होकर सुना करते थे। आलवारों के भक्ति गीत कृष्ण के पौराणिक जीवन के अनेक प्रसंगों का प्रगाढ़ परिचय देते हैं। विविध भाव, जो उन्हें उत्तेजित करते थे वे मुख्यतः वात्सल्य, मैत्री, सख्य, दास्य तथा दाम्पत्य के भाव थे।

तात्पर्य यह है कि आलवार संतों ने 'नामसंकीर्तन-भक्ति-धारा' से दक्षिण को रस-सिक्त कर भक्ति की मधुर हिलोर उत्तर की ओर बहायी। इन्हीं की परंपरा में रामानुजाचार्य हुए। रामानुजाचार्य ने जहां ब्राह्मण और अब्राह्मणों के लिए वेदानुकूल भक्ति और तांत्रिक तथा पौराणिक भक्ति नामक दो भेद निरूपित किये, वहां उन्हीं की परंपरा को उत्तर-भारत में संचारित करनेवाले स्वामी रामानंद ने भक्ति के क्षेत्र में भेद की दीवार को गिरा दिया। उन्होंने भक्ति को स्त्री-पुरुष, ब्राह्मण-अब्राह्मण सबके लिए सेव्य बना दिया। रामानंद स्वयं दास्य भक्ति के अनुयायी थे। दक्षिण से भक्ति को उत्तर की ओर ले जाने का श्रेय रामानंद को ही दिया जाता है। कहा गया है कि,

"भक्ती द्राविड़ ऊपजी लाये रामानंद।
परगट करी कबीर ने सप्तदीप नवखंड।।"

इस भक्ति को हिंदी के भक्त कवियों ने चरम सीमा पर पहुंचा दिया ।

आधार ग्रंथ :

1. भारतीय दर्शन का इतिहास (भाग-3), डॉ. एस.एन. दासगुप्त।
2. हिंदी साहित्य कोश, भाग 1।
3. हिंदी काव्य में निर्गुण संप्रदाय, पीतांबरदत्त बड़थ्वाल।
4. भागवत संप्रदाय, बलदेव उपाध्याय।
5. भक्ति का विकास, मुंशी राम शर्मा।
6. तमिल साहित्य : एक झांकी, डॉ. एम. शेषन्।

आलोचना

'आलोचना' 'लोच्' धातु से बना है—आ+लोच्+अन+आ= आलोचना। लोच् का अर्थ है देखना। इसीलिए किसी वस्तु या कृति की सम्यक् व्याख्या अथवा उसका मूल्यांकन आदि करना ही आलोचना है। नित्य के व्यावहारिक जीवन में किसी न किसी व्यक्ति, वस्तु अथवा कार्यकलाप की समीक्षा में हमारी सहज प्रवृत्ति होती है। किंतु संस्कारों, चिंतन क्षमता एवं सामाजिक अवधारणा प्रभृति अन्य व्यक्तिगत विशेषताओं के

परिणामस्वरूप हमारी प्रतिक्रियाओं में प्रायः अंतर रहता है। इसी प्रकार साहित्य की आलोचना भी प्रतिक्रियाओं की देन है, किंतु ये प्रतिक्रियाएं उच्छृंखल न होकर एक प्रकार के वैज्ञानिक संयम से अनुशासित रहती हैं। 'आलोचना' के लिए 'समीक्षा' शब्द भी प्रयुक्त होता है। 'समीक्षा' का व्युत्पत्तिपरक अर्थ है 'सम्यक् निरीक्षण'। आलोचना मानव की सहज प्रवृत्ति है। यही कारण है कि उसका अस्तित्व अन्य मानवीय वृत्तियों अथवा संवेदनाओं की भांति चिरकाल से ही स्वीकार किया जाता है। आलोचना को साहित्य के संदर्भ में देखने पर साहित्य-रचना के बाद इसका आविर्भाव स्वतः सिद्ध हो जाता है। वस्तुतः पहले सर्जनात्मक साहित्य प्रकाश में आता है तत्पश्चात् उसकी आलोचना की आवश्यकता का अनुभव किया जाता है।

हिंदी आलोचना के आरम्भिक युग में सामान्यतः यह धारणा प्रचलित थी कि आलोचना का अर्थ कृति विशेष का गुण-दोष विवेचन मात्र है। व्युत्पत्तिपरक अर्थ लेने पर भी तात्पर्य में कोई बाधा नहीं पड़ती। इसलिए चिरकाल से ही आलोचक, कृति विशेष का गुण-दोष निर्णय मात्र अपना धर्म समझते रहे, पर आज हिंदी आलोचना का क्षेत्र-विस्तार हो जाने के परिणामस्वरूप 'समीक्षा', 'आलोचना', 'समालोचना' प्रभृति शब्दों का अर्थ-विस्तार हो गया है। आज आलोचना के अंतर्गत किसी कृति की विशेषताओं पर विचार करना, उसकी उपलब्धियों एवं अभावों का मूल्यांकन करना, श्रेष्ठता एवं अभावों के विषय में निर्णय देना, उसे श्रेणीबद्ध करना आदि अनेक कार्य आते हैं। इतना ही नहीं, रचना को समझने में पाठक की मदद करना भी आलोचक का दायित्व है।

हिंदी में 'आलोचना' शब्द अंग्रेजी के क्रिटिसिज्म (Criticism) का पर्याय है जिसका अर्थ है 'मूल्यांकन' अथवा 'निर्णय करना'। बाबू गुलाब राय के अनुसार आलोचना का अर्थ है, "कवि की कृति का सभी दृष्टियों से आस्वादकर पाठकों को उस प्रकार के आस्वाद में सहायता देना।" एक सुधी आलोचक में विषय का गहन बोध तथा व्याख्या-विश्लेषण और मूल्यांकन की क्षमता होती है। वास्तव में "समालोचक में कविवत भावुकता, चिंतन की कोमलता, भावों की प्रवणता और रस ग्राहिता होनी चाहिए, अन्यथा वह उन मनोदशाओं के धूमिल विश्व में पहुंच ही नहीं सकता, जिनमें कविता की सृष्टि की जाती है।" आलोचना में गुण-दोष विवेचन के संतुलित आधार को महत्व दिया जाता है, फलतः उसका सर्वप्रमुख लाभ यह है कि सहृदय को साहित्य के प्रामाणिक अनुशीलन की सुविधा प्राप्त हो जाती है। कृति विशेष एवं उसकी पूर्वग्रह रहित समीक्षा के एक साथ अध्ययन व अनुशीलन से पाठक की बोधवृत्ति का निश्चय ही परिष्कार होगा, क्योंकि उसके माध्यम से सत्साहित्य का प्रसार और असत्साहित्य का बहिष्कार होता है। वास्तविकता तो यह है कि समीक्षा से पाठक की निर्णयात्मक प्रवृत्ति में वृद्धि एवं बौद्धिक सजगता प्राप्त होती है और उससे सहृदय में रस-ग्रहण क्षमता एवं साहित्य-विषयक जिज्ञासा भी बढ़ती है। आलोचना के विषय में डॉ. रामकुमार वर्मा का सुझाव ग्रहणीय है। डॉ. वर्मा के अनुसार, आवश्यकता इस बात की है कि साहित्य की समीक्षा करने के लिए जो भी नियम या सिद्धांत बनाये जायें, वे इतने व्यापक व लचीले हों कि साहित्य की विकासोन्मुखी प्रकृति के अनुरूप वे स्थानांतरित होती हुई दृष्टि को अपने में भी समाहित कर सकें।

हिंदी में शुद्ध व्यावहारिक आलोचना का सूत्रपात भारतेंदु युग में, गद्य के विकास के साथ-साथ प्राप्त होता है। इसके पूर्व हिंदी आलोचना के जो रूप प्रचलित थे उसका श्रेय संस्कृत साहित्य को है। रीतिकाल में लक्षण ग्रंथों के प्रणयन की एक लंबी परंपरा प्राप्त होती है। इनका क्रम हमें संस्कृत साहित्य से प्राप्त होता है। संस्कृत में सैद्धांतिक आलोचना के छह प्रमुख सिद्धांत प्रचलित थे— रस, रीति, वक्रोक्ति, ध्वनि, अलंकार और औचित्य। हिंदी में इनमें से रस, ध्वनि और अलंकार का विशेष प्रचलन हुआ। इन लक्षण ग्रंथों के माध्यम से अलंकारों आदि का लक्षण और उनका उदाहरण प्रस्तुत करना कवि-आचार्यों का प्रमुख उद्देश्य रहता था। यह लक्षण-ग्रंथों का रूप सैद्धांतिक था। उस काल की यह अत्यंत परिपुष्ट पद्धति बन चुकी थी।

समीक्षा के लिए दूसरी महत्वपूर्ण परंपरा टीका-पद्धति थी। यह पद्धति भी संस्कृत साहित्य से चली आ रही थी। मल्लिनाथ के अनुसार टीका के अभाव में कालिदास की वाणी 'दुर्व्याख्या विषमूर्च्छिता' हो गयी थी। मल्लिनाथ ने टीका लिखकर उसे सुगम बनाया। टीकाकार काव्य की टीका करते-करते कवियों के विषय में भी अंत में आलोचनात्मक उक्तियां कह दिया करते थे। इस प्रकार की आलोचना हिंदी में 'रामचरितमानस' और 'बिहारी सतसई' की टीकाओं, कुलपति, श्रीपति, चिंतामणि और सोमनाथ द्वारा लिखी गयी वचनिका-वार्ता, तिलक आदि के रूप में मिलती है। रीतिकाल के अंतिम चरण में सरदार कवि कृत 'मानस-रहस्य' को रीतिकालीन व्यावहारिक आलोचना में टीका-पद्धति का श्रेष्ठ उदाहरण स्वीकार किया जा सकता है। इसमें काव्यांगों के लक्षण, उन लक्षणों के अनुसार 'मानस' से उदाहरण और अंत में उन स्थलों की गद्य में व्याख्या देकर सैद्धांतिक और व्यावहारिक आलोचना का समन्वित रूप प्रस्तुत किया गया है।

संस्कृत साहित्य में प्रचलित सूक्तियों के आधार पर ही हिंदी में भी 'सूर-सूर तुलसी ससी उड्गन केशव दास' "तुलसी गंग दुवो भये सुकविन के सरदार, उनके काव्यन में मिली भाषा विविध प्रकार", "और कवि गढ़िया, नंद दास जड़िया" आदि सूक्तियां भक्तिकालीन आलोचना का एक रूप प्रस्तुत करती हैं। इस प्रकार भारतेंदु काल के आरंभ में हमें हिंदी आलोचना के यही तीन रूप प्राप्त होते हैं—

(क) लक्षण-ग्रंथों की रचना और उनके आधार पर अलंकार आदि का उदाहरण प्रस्तुत करना।

(ख) टीका-पद्धति और उसमें कवि के विषय में प्रशंसात्मक उक्तियां।

(ग) सूक्तियों के रूप में कवि से संबंधित उक्तियां।

भारतेंदु के आगमन से हिंदी में जो नव युग का सूत्रपात हुआ उसमें पाश्चात्य शिक्षा-संस्कृति के संपर्क से नवीन विचारों का अभ्युदय और उसके प्रकाशन के माध्यम के रूप में गद्य का आविर्भाव हुआ। भारतेंदु युग में हिंदी आलोचना के परंपरागत तीनों रूप चलते रहे अर्थात लक्षण या सिद्धांत ग्रंथों की रचना होती रही, टीकाएं लिखी जाती रहीं और उनमें कवियों के वैशिष्ट्य को संकेतित किया जाता रहा तथा सूक्तियों के रूप में कवियों के मूल्यांकन का क्रम भी चलता रहा तथा इन तीनों परंपराओं के साथ इस युग में हिंदी आलोचना के दो नये रूप सामने आये—

(क) पत्र-पत्रिकाओं में 'पुस्तक समीक्षा' के रूप में की जाने वाली आलोचना।

(ख) इतिहास-ग्रंथों में कवि-परिचय के साथ उनके महत्व का प्रतिपादन करने वाली आलोचना।

इस प्रकार यदि सूक्तियों को छोड़ भी दिया जाये तो भारतेंदु युग में हिंदी आलोचना के चार रूप लक्षित होते हैं। काव्य के लक्षण या सिद्धांत निरूपण के क्षेत्र में प्रताप नारायण साह का 'रस कुसुमाकर' (1899 ई.), कविराजा मुरारिदान का 'जसवंत भूषण' (1893 ई.), जगन्नाथ प्रसाद 'भानु' का 'काव्य प्रभाकर' (1910 ई.) और भारतेंदु का 'नाटक' उल्लेखनीय है। इन सिद्धांत ग्रंथों में लक्षण गद्य में दिये गए, साथ ही, युग की प्रवृत्ति के अनुसार शास्त्र के नियमों की जटिलता को सरल करने का भी प्रश्न उठाया गया। यह प्रश्न स्वयं भारतेंदु ने उठाया। इस प्रकार पहली बार परंपरागत शास्त्रीय नियमों को परिवर्तित सामाजिक रुचि की चुनौती का सामना करना पड़ा। भारतेंदु ने स्पष्ट शब्दों में कहा, "वर्तमान समय में इस काल के कवि तथा सामाजिक लोगों की रुचि उस काल की अपेक्षा अधिकांश में विलक्षण है। इससे संप्रति प्राचीन मत अवलम्ब करके नाटक आदि दृश्य काव्य लिखना युक्तिसंगत नहीं बोध होता है।"

टीकाओं के क्षेत्र में दो नाम महत्वपूर्ण हैं—सरदार कवि, जिन्होंने केशव की 'कवि प्रिया' और 'रसिक प्रिया' की टीकायें लिखीं तथा लल्लूलाल, जिन्होंने 'बिहारी सतसई ' की टीका 'लालचंद्रिका' नाम से लिखी। यह टीका भारतेंदु काल से कुछ पूर्व लिखी गयी थी किंतु भारतेंदु युग में इसका पुनः परिष्कार हुआ और यह परिष्कार पंडित सुधाकर द्विवेदी और जार्ज ग्रियर्सन ने मिलकर किया।

इतिहास ग्रंथों में कवि परिचय के साथ प्राप्त होने वाली आलोचना का सूत्रपात 'शिव सिंह सरोज' (1879 ई.) से हुआ। शिव सिंह ने कवियों का इतिवृत्त प्रस्तुत करते हुए उनकी श्रेष्ठ रचनाओं को भी उद्धृत किया और उनके संबंध में प्रशंसात्मक उक्तियां कहीं।

इस काल में शुद्ध व्यावहारिक समीक्षा का सूत्रपात समकालीन पत्र-पत्रिकाओं के प्रकाशन के साथ हुआ। इन पत्रों में 'कवि वचन सुधा' (1867 ई.) 'हरिश्चंद्र मैगजीन' (1873 ई.) जो आगे चलकर 'हरिश्चंद्र पत्रिका' के रूप में प्रकाशित हुई। (1873 ई.), 'हिंदी प्रदीप' (1877 ई.), 'ब्राह्मण' (1883 ई.), 'भारत मित्र' (1878 ई.), 'सार सुधा निधि' (1878 ई.), 'आनंद कादम्बिनी' (1881 ई.) आदि मुख्य है। इन पत्रिकाओं में पुस्तक की समीक्षाएं प्रस्तुत की जाती थीं। 'हरिश्चंद्र चंद्रिका' के मुख्य पृष्ठ पर पत्रिका में प्रकाशित होने वाले विषयों की सूची के अंत में और 'आलोचना संभूषिता' लिखा हुआ होना यह प्रमाणित करता है कि उसमें समालोचनात्मक रचनाओं को स्थान देने के भी प्रयत्न हुए हैं और भारतेंदु ने ही इसका आरंभ किया। 'कवि वचन सुधा' में 'हिंदी कविता' नाम से पहला आलोचनात्मक निबंध भी उन्होंने लिखा। 1880 ई. के पूर्व इन पत्रिकाओं में प्रकाशित होने वाली आलोचनाएं 'पुस्तक परिचय' मात्र थीं किंतु उसके बाद आलोचना का स्तर गंभीर होता गया। इन पुस्तक समीक्षाओं की अपेक्षा वास्तव में आलोचनात्मक निबंधों में हमें सच्ची व्यावहारिक आलोचना का दर्शन होता है और इस तरह की आलोचना का आरंभ पंडित बालकृष्ण भट्ट और बदरी नारायण चौधरी 'प्रेमघन' से प्राप्त होता है। इन दोनों ने सन् 1886 ई. में लाला श्रीनिवास दास के 'संयोगिता स्वयंवर' की आलोचना अपने-अपने पत्रों—क्रमशः 'हिंदी प्रदीप' और 'आनंद कादंबिनी' में की थी। भट्ट जी द्वारा संपादित 'हिंदी प्रदीप' इस दृष्टि से सर्वाधिक समृद्ध माना जा सकता है। उन्होंने स्वयं लगभग 30 वर्षों तक व्यंग्यात्मक निबंध और पुस्तक-समीक्षाएं लिखीं। उनकी

आलोचना शैली मुख्यतः व्यंग्यात्मक थी। तात्पर्य यह है कि इस युग में एक ओर पारंपरिक समीक्षा-शैलियों का विकास हुआ तो दूसरी ओर नवीन शैली की व्यावहारिक आलोचना का सूत्रपात हुआ।

त्रैमासिक 'नागरी प्रचारिणी पत्रिका' के प्रकाशन (1896 ई.) के बाद हिंदी आलोचना के इतिहास में एक नये युग का आरंभ होता है। 'नागरी प्रचारिणी पत्रिका' के प्रथम वर्ष में ही प्रकाशित गंगा प्रसाद अग्निहोत्री का 'समालोचना', बाबू जगन्नाथ दास 'रत्नाकर' का 'समालोचनादर्श', अंबिका दत्त व्यास का 'गद्य काव्य मीमांसा' आदि लेख हिंदी समीक्षा की दृष्टि से महत्वपूर्ण हैं। 'नागरी प्रचारिणी पत्रिका' के प्रकाशन से हिंदी में पंडित महावीर प्रसाद द्विवेदी, बाबू श्याम सुंदर दास, अम्बिका दत्त व्यास, मिश्रबंधु जैसे धुरंधर लेखकों की प्रतिभा को विकसित होने का अवसर मिला। इसमें इतिहास, साहित्य, भाषा तत्त्व, पुरातत्व आदि के बारे में लेख प्रकाशित होने लगे और खोज संबंधी सामग्री भी पाठकों के सामने आने लगी। इसके अतिरिक्त 'सुदर्शन' (1900 ई.), 'सरस्वती' (1900 ई.) और 'समालोचक' (1902 ई.) जैसी पत्रिकाओं ने आधुनिक आलोचना को संवारने का महत्वपूर्ण कार्य किया।

सन् 1904 ई. में द्विवेदी जी ने 'सरस्वती' में 'पुस्तक-समीक्षा' का सूत्रपात किया। उनके हाथ में 'पुस्तक-समीक्षा' की यह छिछली प्रशंसा निष्पक्ष और सूक्ष्म मूल्यांकन की स्थिति में पहुंच गयी। आचार्य महावीर प्रसाद द्विवेदी द्वारा लिखित 'कालिदास की निरंकुशता' शीर्षक निबंध अपने ढंग का आलोचनात्मक लेख था। उन्होंने अपनी आलोचना में भारतीय रस-सिद्धांत को पूरा-पूरा महत्व दिया और नवीनता की भी उपेक्षा नहीं की। उनकी आलोचनात्मक दृष्टि मुख्यतः भाषा और शैली की शुद्धता, व्याकरण और मुहावरों के सही प्रयोग की ओर ध्यान दिलाने वाली थी। उनकी मिश्र बंधुओं द्वारा रचित 'हिंदी-नवरत्न' की आलोचना विशेष रूप से उल्लेखनीय है।

द्विवेदी जी के अतिरिक्त मिश्रबंधुओं ने पुस्तक-समीक्षा, अनुसंधान तथा विशुद्ध आलोचना के क्षेत्र में यथेष्ट कार्य किया है। उनकी आलोचना में आलोचित कृतियों के गुण-दोष का सम्यक विवेचन होता था। अनुसंधान की प्रवृत्ति का द्योतक 'मिश्रबंधु विनोद' में भी हमें आलोचनात्मक दृष्टि का परिचय मिलता है। इसके अतिरिक्त हिंदी पत्र-पत्रिकाओं में प्रकाशित मिश्रबंधुओं के आलोचनात्मक लेख उनकी शुद्ध आलोचनात्मक दृष्टि के परिचायक हैं।

इसी युग में हिंदी में तुलनात्मक आलोचना का भी सूत्रपात हुआ। यद्यपि मिश्रबंधु कृत 'हिंदी नवरत्न' में कवियों के श्रेणी विभाजन में ही तुलनात्मक आलोचना का क्षीण आभास मिल जाता है पर उसका व्यवस्थित रूप 'सरस्वती' (1907 ई.) में प्रकाशित पंडित पद्मसिंह शर्मा के 'बिहारी' और फारसी कवि 'शेखसादी' की तुलनात्मक आलोचना में मिलता है। मिश्रबंधुओं ने अपने नवरत्न में देव को बहुत ऊंचा स्थान दिया और बिहारी को उनके बाद रखा। इसके विरोध में पंडित शर्मा ने 'आर्या सप्तशती', 'अमरुक शतक', 'गाथा सप्तशती' आदि संस्कृत-प्राकृत के ग्रंथों तथा हिंदी और फारसी के अन्य कवियों से 'बिहारी सतसई' की तुलना करके 'बिहारी' को श्रृंगार रस का सर्वश्रेष्ठ कवि सिद्ध किया। पुनः पंडित कृष्ण बिहारी मिश्र ने 'देव और बिहारी' तथा लाला भगवानदीन ने 'बिहारी और देव' ग्रंथों का प्रणयन करके इस द्वंद्व को और आगे बढ़ाया और परिणामस्वरूप एक समय ऐसा आया जब हिंदी जगत 'देव और बिहारी' के द्वंद्व का अखाड़ा हो गया। इससे चाहे और कुछ न हुआ हो पर तुलानात्मक समीक्षा-दृष्टि के विकास के साथ-साथ हिंदी पाठकों को रचना-कौशल और उक्ति-चमत्कार का बोध तो हुआ ही।

इसके बाद हिंदी आलोचना के क्षेत्र में आचार्य रामचंद्र शुक्ल का आगमन हुआ, जिन्होंने उसे एक नवीन और दृढ़ आधार दिया। वे हिंदी आलोचना के पथिकृत आचार्य हैं। उनकी समीक्षा-पद्धति अत्यंत प्रौढ़, सारगर्भित, मौलिक एवं विशद् है।

आचार्य रामचंद्र शुक्ल की आलोचना को दो रूपों में देखा जा सकता है—सैद्धांतिक आलोचना और व्यावहारिक आलोचना। सैद्धांतिक आलोचना की प्रौढ़तम कृति 'रसमीमांसा' है और उनकी व्यावहारिक आलोचना का प्रौढ़तम रूप तुलसी एवं जायसी ग्रंथावली की भूमिकाओं, 'भ्रमरगीतसार' की भूमिका और 'हिंदी साहित्य का इतिहास' में देखा जा सकता है।

आचार्य शुक्ल की समीक्षा का मूलाधार रस सिद्धांत है। उन्होंने रस सिद्धांत की आधुनिक मनोविज्ञान के आलोक में नयी व्याख्या की और उसे अधिक व्यावहारिक बनाया। रीति, अलंकार, ध्वनि, औचित्य और वक्रोक्ति के महत्व को उन्होंने वहीं तक स्वीकार किया जहां तक वे रस के उपकारक के रूप में आते हों।

आचार्य शुक्ल के आदर्श कवि तुलसी हैं। तुलसी के अतिरिक्त उन्होंने सूर, जायसी और रीतिकालीन कवियों में घनानंद, ठाकुर, बोधा और द्विजदेव जैसे कवियों की सराहना की, जबकि, केशव और कबीर उन्हें अधिक प्रभावित न कर सके।

आचार्य शुक्ल हिंदी आलोचना के आधार-स्तंभ की तरह हैं। परवर्ती सभी समीक्षकों को उन्होंने किसी न किसी रूप में प्रभावित किया है। आचार्य शुक्ल के

बाद हिंदी आलोचना की कई पद्धतियां विकसित हुईं। इनमें मार्क्सवादी आलोचना, स्वच्छंदतावादी आलोचना, ऐतिहासिक-सांस्कृतिक आलोचना, प्रभाववादी आलोचना, नयी आलोचना, मनोविश्लेषणवादी आलोचना आदि मुख्य हैं। संप्रति हिंदी आलोचना काफी विकसित हो चुकी है और अन्य साहित्यिक विधाओं की भांति एक प्रमुख स्वतंत्र विधा के रूप में प्रतिष्ठित हो चुकी है।

आधार ग्रंथ :

1. आचार्य रामचंद्र शुक्ल और परवर्ती आलोचना, डॉ. अमरनाथ।
2. हिंदी आलोचना, विश्वनाथ त्रिपाठी।
3. हिंदी आलोचना का विकास, नंद किशोर नवल।
4. हिंदी आलोचना की परंपरा और आचार्य रामचंद्र शुक्ल, शिवकुमार मिश्र।
5. हिंदी समीक्षा : स्वरूप और संदर्भ, रामदरश मिश्र।
6. हिंदी का गद्य साहित्य, रामचंद्र तिवारी।

आलोचनात्मक यथार्थवाद

आलोचनात्मक यथार्थवाद मूलतः दर्शन का शब्द है। अंग्रेजी में इसके लिए क्रिटिकल रियलिज्म (Critical realism) शब्द प्रयुक्त होता है। यह अमेरिकी बुर्जुआ दर्शन की एक धारा है जिसका प्रभाव बीसवीं सदी के तीसरे-चौथे दशक में था। बाद में इस शब्द को मार्क्सवादी विचारकों ने कला-समीक्षा, मुख्यतः उपन्यास-समीक्षा के लिए अपनाया। 'आलोचनात्मक यथार्थवाद' में 'यथार्थवाद' एक विशिष्ट चिंतन पद्धति है जिसके अनुसार कलाकार को अपनी कृति में जीवन के यथार्थ रूप का अंकन करना चाहिए और 'आलोचनात्मक' एक दृष्टिकोण है। तात्पर्य यह कि आलोचनात्मक यथार्थवाद, जीवन के अंतर्विरोधों को आलोचनात्मक दृष्टि से विश्लेषित करता है, किंतु उनमें निहित किसी रचनात्मक संभावना को संकेतित नहीं करता। मार्क्सवादी इसे 'बुर्जुआ यथार्थवाद' भी कहते हैं। सोवियत लेखकों की पहली कांग्रेस में गोर्की ने दो प्रकार के बुर्जुआ यथार्थवादी लेखकों का उल्लेख किया है, एक वे हैं, जो अपने वर्ग चरित्र के अनुसार अपने ही वर्ग का गौरव-गान किया करते हैं, और दूसरे वे हैं,जो अपने वर्ग की खरी आलोचना करते हैं। इसे वे 'क्रांतिकारी स्वच्छंदतावाद' भी कहते हैं, पर इनमें समाजवादी यथार्थवादियों की तरह विधेयात्मक दृष्टि नहीं होती।

आलोचनात्मक यथार्थवाद की अवधारणा को विकसित करने का श्रेय जार्ज लूकाच (George Lukacs) को है। 'स्टडीज इन यूरोपियन रियलिज्म' (Studies in European Realism) तथा 'द मीनिंग आफ कंटेम्पोरेरी रियलिज्म' (The Meaning of Contemporary Realism) जैसी कृतियों में उन्होंने यथार्थवाद के सैद्धांतिक पक्ष का विस्तृत विवेचन किया और 'द हिस्टोरिकल नावेल' (The Historical Novel) में ऐतिहासिक उपन्यासों की प्रकृति का मार्मिक विश्लेषण करते हुए उसका व्यावहारिक रूप प्रस्तुत किया।

जार्ज लूकाच ने बाल्जाक के बहाने लेखक और उसके वैश्विक दृष्टिकोण के बीच के संबंध की समस्या पर गंभीरता से विचार किया है। लूकाच के अनुसार सत्य के प्रति जिज्ञासा तथा निष्ठा और यथार्थ के प्रति उद्दाम आसक्ति अथवा दूसरे शब्दों में ईमानदारी तथा सच्चाई किसी भी रचनाकार को महान बनाती है। राजतंत्रवाद का समर्थक होते हुए भी बाल्जाक ने रचना के स्तर पर जितनी ईमानदारी से राजतंत्रवादी फ्रांस की सामंती व्यवस्था के अध:पतन का उद्घाटन किया है, वह उसे यथार्थवाद के महान पुरस्कर्ताओं की कोटि में प्रतिष्ठित कर देता है। लूकाच के अनुसार महान यथार्थवादी लेखक का यही चरित्र है कि वह अपने निजी विश्वचित्र (World Picture) के प्रति ही सर्वाधिक निर्मम होता है।

जार्ज लूकाच ने 'आलोचनात्मक यथार्थवाद' और 'समाजवादी यथार्थवाद' शीर्षक अपने निबंध में इस विषय का सूक्ष्म विश्लेषण करते हुए लिखा है कि समाजवादी यथार्थवाद का परिप्रेक्ष्य निश्चित रूप से समाजवाद के लिए संघर्ष है। अतः समाजवादी यथार्थवाद, आलोचनात्मक यथार्थवाद से महज इस कारण ही भिन्न नहीं है कि वह एक ठोस समाजवादी परिप्रेक्ष्य पर आधारित है, वरन् इस कारण भी भिन्न है कि वह समाजवाद की स्थापना के लिए संघर्षरत शक्तियों का चित्रण करने के लिए इस परिप्रेक्ष्य का इस्तेमाल एक भीतरी व्यक्ति के रूप में भीतर से करता है जबकि आलोचनात्मक यथार्थवादी लेखक समाजवाद का चित्रण यदि करता भी है तो एक बाहरी व्यक्ति के रूप में।

इस तरह आलोचनात्मक यथार्थवाद का विश्लेषण लूकाच ने समाजवादी यथार्थ से जोड़कर ही किया है। उन्होंने बाल्जाक, लियो तालस्ताय तथा टामस मान जैसे आलोचनात्मक यथार्थवाद के महान लेखकों के साथ गोर्की और शोलोखोव जैसे समाजवादी यथार्थवाद के महान रचनाकारों के कृतित्व का भी विस्तार से विश्लेषण किया है। आलोचनात्मक यथार्थवाद की उपलब्धियों के प्रति लूकाच अत्यंत निष्ठावान है। परंतु उनका मूल प्रतिपाद्य आलोचनात्मक यथार्थवाद और समाजवादी यथार्थवाद के बीच विभाजक रेखा खींचने के बजाय दोनों में घनिष्ठ संबंध-सूत्रों की तलाश करना है।

कर्णसिंह चौहान की टिप्पणी है कि यह मान्यता एकदम सही है कि हमारे देश की परिस्थितियां यूरोप की उन परिस्थितियों से एकदम भिन्न हैं जिनमें जार्ज लुकाच ने आलोचनात्मक यथार्थवाद की धारणा प्रस्तुत की थी। यह भी सही है कि यूरोप के संदर्भ में प्रस्तुत लूकाच की इस धारणा के पीछे कम्युनिस्ट आंदोलन में उभरी वे मान्यताएं भी काम कर रही थीं जिन्हें मार्क्सवादी विचारकों ने 'संशोधनवादी' करार दिया,जिसके मूल में साम्राज्यवाद से 'शांतिपूर्ण सह अस्तित्व' की धारणा थी। किंतु भारत की विशिष्ट परस्थितियों में ऐसे विरले ही मार्क्सवादी होंगे जो यहां की क्रांति को जनवादी न ठहराते हों। अतः ऐसी स्थिति में लेखन के स्तर पर आलोचनात्मक यथार्थवाद की संभावनाओं को एकदम नकार देना संगत दृष्टिकोण नहीं कहा जा सकता। हिंदी में ऐसे लेखकों का एक बड़ा हिस्सा है जो वर्तमान व्यवस्था के सामंती और एकाधिकार पूंजीवादी चरित्र का आलोचक तथा उसके द्वारा चलाये जा रहे फासिस्टी दमन का कटु विरोधी है। यह और बात है कि वह वैज्ञानिक समाजवाद के विकल्प को अभी स्वीकार नहीं कर पाया है या उन लेखकों के साथ एकजुट होने के लिए तैयार नहीं जो उसमें विश्वास करते हैं। लेकिन 1936 में प्रगतिशील लेखक संघ के अंतर्गत जो संयुक्त मोर्चा बना था वह मार्क्सवादी और गैर-मार्क्सवादी प्रगतिशील लेखकों से मिलकर बना था।

उल्लेखनीय है कि रेणु के 'मैला आंचल' की समीक्षा करते हुए रामविलास शर्मा बावजूद लेखक के अप्रतिबद्ध और रोमानी दृष्टिकोण के, उसे प्रेमचंद की परंपरा में रख कर उसका विश्लेषण करते हैं। यह समीक्षा परोक्ष रूप से ही सही मार्क्सवादी साहित्यचिंतकों की उस मान्यता की संगति में है जिसमें 'आलोचनात्मक यथार्थवाद' और 'समाजवादी यथार्थवाद' की एकता को रेखांकित किया गया। जार्ज लूकाच ने इन दोनों के मध्य अनेक भिन्नताओं की ओर संकेत करते हुए कहा था कि दोनों में मूल भिन्नता 'परिप्रेक्ष्य' को लेकर है। पूंजीवादी या साम्राज्यवादी व्यवस्थाओं के बीच पैदा होने के कारण 'आलोचनात्मक यथार्थवाद' उस समाज के प्रति एक आलोचनात्मक रवैया अपनाता है, विकल्प के सवाल पर वह स्पष्ट नहीं होता। अधिक हुआ तो वह उस व्यवस्था का एक काल्पनिक चित्र ही प्रस्तुत कर देगा, क्योंकि समाजवाद उसके अनुभव की वास्तविकता नहीं है।

बहरहाल, विचारवैभिन्न के बावजूद आलोचनात्मक और समाजवादी यथार्थवादी दृष्टि की यह एकता एक तथ्य है। दोनों यथार्थ के प्रति गहरे लगाव से परिचालित होती हुई यथार्थवादी साहित्य परंपरा को विकसित करती हैं। यह एकता रणनीतिगत नहीं, बल्कि आंतरिक और बुनियादी है। आलोचनात्मक यथार्थवाद ने अतीत और वर्तमान में जो महान लेखक पैदा किये हैं उनकी कृतियों का अध्ययन समाजवादी यथार्थवाद के लेखकों को यथार्थ की अधिक गंभीर समझ प्रदान करेगा और उनकी प्रतिभा को निखारने में मदद करेगा।

आधार ग्रंथ :

1. यथार्थवाद, शिवकुमार मिश्र।
2. पाश्चात्य दर्शन की रूपरेखा, जयदेव सिंह।
3. आलोचना के नये मान, कर्णसिंह चौहान।
4. हिंदी आलोचना के बीज शब्द, बच्चन सिंह।
5. मार्क्सवादी साहित्य चिंतनःइतिहास तथा सिद्धांत, शिवकुमार मिश्र।
6. Realism, D.Grant.
7. The Concept of Realism in Literary Scholarship, ReneWellek.
8. On Realism, J.P.Stern.
9. The Realistic Imagination,George Levine.
10. Studies in European Realism, George Lukacs.
11. The Meaning of Contemporary Realism, George Lukacs.

वेबसाइट : www.en.wikipedia.org/wiki/critical-realism
www.raggedclous.com/criticalrealism

इंटरव्यू

इंटरव्यू के लिए हिंदी में 'साक्षात्कार' या भेंटवार्ता शब्द भी प्रचलित है। साक्षात्कार पत्रकारिता की एक महत्वपूर्ण विधा है और आमतौर पर सभी साक्षात्कारों को साहित्यिक स्तर का नहीं कह सकते। साक्षात्कार लेना पत्रकारों का व्यवसाय है। लेकिन लेखकों के भी साक्षात्कार लिए जाते हैं। खुद लेखकों द्वारा या पत्रकारों द्वारा। साक्षात्कार प्रायः महत्वपूर्ण व्यक्तियों का लिया जाता है। ऐसे व्यक्ति का जिसके विचारों को लोग जानना चाहते हैं। जिसके विचारों का समाज पर प्रभाव पड़ता है। लेकिन साक्षात्कार कितने भी महत्वपूर्ण व्यक्ति का क्यों न लिया जाये, साक्षात्कार को महत्वपूर्ण बनाना सिर्फ साक्षात्कार देने वाले पर निर्भर नहीं करता। साक्षात्कार की कामयाबी साक्षात्कार लेने वाले पर ज्यादा निर्भर करती है। किस व्यक्ति से कैसे सवाल पूछे जाने चाहिए, उसके दिल की बात को कैसे बाहर निकालना चाहिए यह साक्षात्कार लेने वाले पर निर्भर करता है। लेकिन इसके लिए लेखक के जीवन और उसके लेखन को जानने के साथ उसकी तैयारी की भी जरूरत है।

हिंदी गद्य साहित्य में साक्षात्कार विधा बातचीत की शैली में या प्रश्नोत्तर के रूप में लिखी जाने वाली वह गद्य रचना है जो निरंतर लोकप्रिय होती जा रही है। प्रत्येक व्यावसायिक, गैर व्यावसायिक पत्र-पत्रिकाओं में किसी न किसी महत्वपूर्ण व्यक्ति से लिया गया साक्षात्कार पढ़ने को मिल जाता है। पत्रकारिता के क्षेत्र में ही नहीं, साहित्यिक पत्रकारिता के क्षेत्र में भी, साहित्य, कला और चिंतन के क्षेत्रों में काम कर रहे व्यक्तियों से लिए गये साक्षात्कार आज अत्यंत रुचिपूर्वक पढ़े जाते हैं। कुछ समय पहले तक यह माना जाता था कि रचनाकार को जो कुछ कहना था, उसे उसने अपनी रचना में कह दिया है। किंतु जैसे-जैसे जीवन की गति तेज़ होती गयी है, विचारों में भी बदलाव तेज़ी से आया है। साथ ही, समयाभाव बढ़ा है। पाठक किसी विद्वान द्वारा दिये गये साक्षात्कार में उसके सूक्ष्म विचार-विश्लेषण, तर्क-वितर्क को जानने का प्रयास करता है, विषय को गहराई से समझ लेना चाहता है। वैसे भी, संवाद शैली में किया गया विचार-विश्लेषण अपेक्षाकृत अधिक संप्रेषणीय हो जाता है। आमने-सामने, रू-ब-रू बातचीत के माध्यम से दी गयी जानकारी अपेक्षाकृत आसानी से हृदयंगम हो जाती है। संभवतः यही कारण है कि आज साक्षात्कार हिंदी गद्य की एक लोकप्रिय और महत्वपूर्ण विधा बन गयी है। हिंदी गद्य की नवीन विधा होने के कारण अभी तक यह कोई स्थिर रूपाकार ग्रहण नहीं कर पायी है। यहां तक कि इसके नामकरण में स्थिरता-एकरूपता नहीं मिलती। कहीं इसके लिए अंग्रेजी शब्द 'इंटरव्यू' प्रचलित है तो कहीं 'साक्षात्कार', कहीं 'भेंटवार्ता' तो कहीं 'विशेष-परिचर्चा'। इस विधा के लिए अब 'साक्षात्कार' शब्द रूढ़ हो चला है जो प्रचलित होने के साथ-साथ उपयुक्त भी है।

हिंदी साहित्य के इतिहास में यदि साक्षात्कारों की परंपरा खोजें तो इस विधा की शुरुआत हिंदी के प्रसिद्ध पत्रकार श्री बनारसीदास चतुर्वेदी ने अपने पत्र 'विशाल भारत' में 'रत्नाकर जी से बातचीत' (1931) तथा 'प्रेमचंद जी के साथ दो दिन' (1932) के साथ की। इसके पश्चात हिंदी में साक्षात्कारों का सिलसिला चल निकला। बेनीमाधव शर्मा की पुस्तक 'कवि दर्शन' इस विधा की प्रथम स्वतंत्र कृति मानी जाती है जिसमें तत्कालीन प्रसिद्ध साहित्यकारों-अयोध्यासिंह उपाध्याय 'हरिऔध', श्यामसुंदर दास, रामचंद्र शुक्ल, मैथिलीशरण गुप्त आदि से लिये गये साक्षात्कार, संगृहीत हैं। साक्षात्कारों से संबंधित सर्वाधिक चर्चित कृति डॉ. पद्मसिंह शर्मा 'कमलेश' कृत 'मैं इनसे मिला' (1952) ग्रंथमाला है। इसके दो भागों में साहित्यकारों से तत्कालीन साहित्यिक परिवेश तथा उनके रचनाकर्म पर बातचीत करके लेखक के मन पर पड़े प्रभावों को लिपिबद्ध किया गया है। भले ही इनमें विषय-विस्तार सीमित हो अथवा कुछ ही समस्याओं का निदर्शन-केंद्रीकरण किया गया हो किंतु संग्रहीत साहित्यकारों के कृतित्व तथा उनके जीवन दर्शन को समझने के लिए यह कृति महत्वपूर्ण है। डॉ. रमेश कुंतल मेघ के अनुसार—'अब इंटरव्यू में अतीतकालीन पात्रों से भी फैंटेसी या स्वप्न पद्धति में साक्षात्कार मिलता है। इस शैली में देशकाल की काफी उलट-पुलट (टाइम-शिफ्ट) हो जाती है। यहां लेखक प्रश्नकर्ता के रूप में आता है और खुद भी एक पात्र होता है। मेघजी ने इसके उदाहरण स्वरूप कथाकार राजेंद्र यादव की कृति 'एंटन चेखवःएक इंटरव्यू' का उदाहरण दिया है जिसे इस विधा की प्रौढ़ उपलब्धि मानते हुए उन्होंने लिखा है :'यह एक काल्पनिक इंटरव्यू है जो चेखव से संबद्ध है और चेखव की कुछ अत्यंत प्रसिद्ध रचनाओं, पात्रों, संस्मरणों, आलोचनाओं आदि पर आधारित है। इस कृति में महान रूसी कहानीकार का जीवन, कृतित्व, देश, कृतियों के पात्र, कला की समस्याओं, साहित्य आलोचनाओं आदि का भी सर्वेक्षण हुआ है। आधार भी प्रामाणिक है, जैसे चेखव द्वारा व्यक्तियों को लिखे गये पत्र, कुप्रिन, टॉलस्टॉय, गोर्की, स्टेनिलोव्स्की आदि के संस्मरण। इसी प्रकार इधर लक्ष्मीचंद जैन, शरद देवड़ा आदि ने साक्षात्कार संबंधी पुस्तकें लिखी हैं। इधर कुछ साहित्यिक व्यक्तित्वों को केंद्र में रखकर स्वतंत्र साक्षात्कार पुस्तकें भी प्रकाशित हुई हैं, तो महत्वपूर्ण पत्र-पत्रिकाओं में साहित्यकार कलाकार चिंतकों से सीधा विचार-विमर्श भी किया गया है। ये सभी साक्षात्कार विधा की गतिशीलता को घोषित करते हैं।

भारतीय साहित्यकारों से साक्षात्कार (रणवीर रांग्रा), साहित्यकारों के संग (कैलाश कल्पित), लेखक की जमीन (गोविंद मिश्र), अमृत मंथन (अमृतलाल नागर), मेरे साक्षात्कार (रामविलास शर्मा), कहना न होगा (सं. समीक्षा ठाकुर), मेरे साक्षात्कार (भीष्म साहनी), वार्तालाप (कमला प्रसाद), मुलाकात (प्रकाश मनु), अंतरंग (स्मिता मिश्र), आज के सवाल और मार्क्सवाद (सं. अजय तिवारी), संवाद चलता रहे (कृपाशंकर चौबे) आदि अन्य प्रमुख साक्षात्कार ग्रंथ हैं।

आधार ग्रंथ :

1. हिंदी साहित्य का इतिहास, डॉ. नगेंद्र।
2. समसामयिक हिंदी साहित्य, डॉ. नगेंद्र और भारत भूषण अग्रवाल।
3. हिंदी का गद्य साहित्य, रामचंद्र तिवारी।
4. भारतीय साहित्यकारों से साक्षात्कार, रणवीर रांग्रा।

इंद्रिय-बोध

हिंदी का 'इंद्रिय-बोध' अंग्रेजी के Sense Perception का पर्याय है। मनोविज्ञान में बिंब अनिवार्यतः इंद्रिय-बोध से संबद्ध है। इसकी सृजन-प्रक्रिया में 'कल्पना' और स्मृति के सहयोग को भी बार-बार रेखांकित किया जाता रहा है। स्मृति अंततः कल्पना से जुड़ी क्रिया है। स्मृति ही कल्पना को आकार देती है। ऐसी स्थिति में बिंब मूलतः कल्पना की सृष्टि है। इमेजिनेशन भी बिंब विधान की सामर्थ्य का ही नाम है। कल्पना मन में भाव-चित्र को रूपायित करने की शक्ति है। कांट ने बिंब-सृष्टि का संबंध पुनरुत्पादक कल्पना से माना है। वे कल्पना के तीन प्रकारों में से 'प्लास्टिक इमेजिनेशन' से बिंब सृष्टि मानते हैं। पुनरुत्पादक कल्पना का आधार इंद्रिय-बोध है-फलतः बिंब इंद्रिय बोधों का रूपायन करते हैं। डॉ. विमल कुमार ने ललित कलाओं के संबंध में बिंब का अध्ययन करते हुए कहा है—"बिंब-विधान कला का क्रिया पक्ष है जो कल्पना से उत्थित होता है। कला-जगत में कल्पना के विकास की एक सरणी है। अतः कला विवेचन की तात्विक दृष्टि से बिंब, कल्पना और प्रतीक का मध्यस्थ है।"

जॉर्ज व्हेले का विचार है कि स्मृति के गहन विचारों और उसके कल्पनाश्रित पुनः सृजन की प्रक्रिया में कोई तात्विक भेद नहीं है। चूंकि कवि के स्मृति-कूप में सामान्य व्यक्ति से अनुभूति भावना और बिंब धारणा अधिक जीवंत, विशिष्ट तथा परिणाम में अधिक होती है, इसलिए उसकी बिंब उत्पादन-शक्ति में सुगमता और विस्तार भी सामान्य से अधिक होता है। वे स्मृति तथा कल्पना के पार्थक्य को मिटा कर बिंब सृजन में अभेद स्थापित करा देते हैं। इस प्रकार मनोविश्लेषण शास्त्र की दृष्टि से बिंब, स्मृति तथा कल्पना की संश्लिष्ट-क्रिया है, क्योंकि बिंब, स्मृति-निर्भर मानसिक पुनर्निर्माण का मूर्त रूप है जिसमें अतीत स्मृति रूप में छाया रहता है। यही कारण है कि इतिहास-पुराण पर आधारित कलाकृतियों के बिंब प्रायः स्मृति कूप भाव चित्र होते हैं। आई.ए. रिचर्ड्स मानते हैं कि बिंब स्मृति-निर्भर क्रिया है इसलिए सजीव बिंबों, सामान्यतः चाक्षुष बिंबों की उत्पादिका के रूप में कल्पना का प्रायः प्रयोग होता है।

आधार ग्रंथ :

1. Shoiter Oxford English Dictionary, Vol-1.
2. The Poetic Image, C. Day Lewis.
3. Dictionary of World Literary Terms, JossephT. Shipley.
4. Imagination and Its Wonder, Arther Lovell.
5. Kant's Menlaphysia of Experiance, Vol-1., H.J. Paton.
6. Poetic Process, Jeorje Whalleg.

इतिहास दर्शन

शाब्दिक दृष्टि से 'इतिहास' का अर्थ है—'ऐसा ही था' या 'ऐसा ही हुआ'। इससे दो बातें स्पष्ट हैं-एक तो यह कि इतिहास का संबंध अतीत से है; दूसरा यह कि उसके अंतर्गत केवल वास्तविक या यथार्थ घटनाओं का समावेश किया जाता है। उसमें उन सभी लिखित या मौखिक वृत्तों को सम्मिलित किया जाता है जिनका संबंध अतीत की यथार्थ परिस्थितियों व घटनाओं से है।

अतीत के किसी भी तथ्य, तत्त्व एवं प्रवृत्ति के वर्णन, विवरण, विवेचन व विश्लेषण को, जो कि कालविशेष या काल-क्रम की दृष्टि से किया गया हो, इतिहास कहा जा सकता है। साहित्य के इतिहास के अध्ययन के लिए इतिहास दृष्टि की आवश्यकता होती है। इतिहास की दृष्टि के बिना साहित्य का इतिहास अधूरा हो जाता है। इस इतिहास दृष्टि को समकालीन समाज की जागरूक चेतना से प्राप्त कर सकते हैं। समकालीन समाज की वास्तविकता से जागरूक चेतना का गहरा संबंध है। इससे एक अंतर्दृष्टि मिलती है जिससे इतिहास निर्माण की प्रक्रिया पर हम अपना एक विचार बना सकते हैं। इसलिए साहित्य का इतिहास पढ़ कर समकालीन समाज को जानने, समझने और परखने का गहरा बोध विकसित होता है। यह बोध हमारी आलोचनात्मक मानसिकता का निर्माण करता है और हम साहित्य को सामाजिक वास्तविकता के संदर्भ में ग्रहण करते हैं।

तात्पर्य यह है कि इतिहास के अध्ययन में विभिन्न विद्वान विभिन्न प्रकार के दृष्टिकोणों का प्रयोग करते रहे हैं तथा ये दृष्टिकोण भी समय-समय पर बदलते रहे हैं। इसी तथ्य के आधार पर 'इतिहास दर्शन' विषय की स्थापना हुई है जिसमें इतिहास के संबंध में प्रयुक्त व प्रचलित विभिन्न दृष्टिकोणों, धारणाओं व विचारों का अध्ययन किया जाता है। अस्तु, इतिहास संबंधी इन्हीं विचारों या धारणाओं को समूह-रूप में 'इतिहास-दर्शन' की संज्ञा दी जाती है।

आज 'इतिहास-दर्शन' के नाम से उपलब्ध पुस्तकों में पूर्व से पश्चिम तक तथा प्राचीन काल से लेकर आधुनिक काल तक के उन सभी दृष्टिकोणों व विचारों का प्रतिपादन किया जाता है जो इतिहास के अध्ययन से प्रयुक्त हुए हैं।

साहित्य के इतिहास में हम प्राकृतिक घटनाओं व मानवीय क्रियाकलापों के स्थान पर साहित्यिक रचनाओं का अध्ययन ऐतिहासिक दृष्टि से करते हैं। साहित्यिक रचनाएं साहित्यकारों की सर्जनात्मक क्रियाओं और प्रवृत्तियों की सूचक होती हैं, अतः उनके इतिहास को समझ ने के लिए उनके रचयिताओं तथा उनसे संबंधित स्थितियों, परिस्थितियों और परंपराओं को समझना भी आवश्यक है।

साहित्य की रचना और आलोचना की अधिकांश समस्याएं साहित्य के इतिहास की समस्याएं होती हैं, इसलिए साहित्य के इतिहास के बोध से ही ऐसी समस्याओं के समाधान खोजे जा सकते हैं। वास्तव में साहित्यविवेक के विकास के लिए इतिहासबोध आवश्यक है। इतिहासबोध के बिना साहित्यविवेक अंधा होगा और साहित्यविवेक के बिना इतिहासबोध लंगड़ा।

किसी भी जाति के साहित्य का इतिहास उस जाति के सामाजिक एवं राजनीतिक वातावरण को ही प्रतिबिम्बित करता है या साहित्य की प्रवृतियां संबंधित समाज की प्रवृत्तियों की सूचक होती हैं, इस धारणा को एक सुव्यवस्थित सिद्धांत के रूप में प्रतिष्ठित करने का श्रेय फ्रेंच विद्वान तेन (Hippolyte taine, 1828-1893) को है जिन्होंने अपने अंग्रेजी-साहित्य के इतिहास में प्रतिपादित किया कि साहित्य की विभिन्न प्रवृत्तियों के मूल में मुख्यतः तीन प्रकार के तत्त्व सक्रिय रहते हैं-जाति (Race) वातावरण (Melieu) और क्षण-विशेष (Moment)। तेन ने अपनी व्याख्या के द्वारा यह भलीभांति स्पष्ट किया कि किसी भी साहित्य के इतिहास को समझने लिए उससे संबंधित जातीय परंपराओं, राष्ट्रीय और सामाजिक वातावरण एवं सामयिक परिस्थितियों का अध्ययन विश्लेषण आवश्यक है।

आचार्य हजारी प्रसाद द्विवेदी ने साहित्य को एक अविच्छिन्न परंपरा तथा उसमें प्रतिफलित क्रिया-प्रतिक्रियाओं के रूप में देखा है। उन्होंने इतिहास को जनचेतना का प्रवाह और हिंदी साहित्य को संपूर्ण भारतीय साहित्य के संदर्भ में देखने का प्रस्ताव किया। कुछ साहित्यचिंतक मानते हैं कि साहित्य समाज से स्वतंत्र होता है, साहित्य-संसार पूर्णतः स्वायत्त होता है, कृतियों का बोध इतिहासमुक्त होता है, कला कृतियों का सौंदर्यबोध शाश्वत और सार्वभौम होता है। कुछ दूसरे साहित्यचिंतक कहते हैं कि साहित्य केवल भाषिक संरचना है और साहित्य का इतिहास साहित्य के रूप संबंधी परिवर्तनों का इतिहास है। प्रो. मैनेजर पांडेय यह कहने में तनिक भी संकोच नहीं करते कि ये सभी रूपवादी और सौंदर्यवादी मान्यताएं इतिहास विरोधी मान्यताएं हैं।

तेन के उक्त सिद्धांत की आलोचना करते हुए हडसन ने आक्षेप किया कि उन्होंने साहित्य की विकास-प्रक्रिया का सारा महत्व उपर्युक्त तीन तत्त्वों को ही दे दिया, जबकि साहित्यकार या काव्य-रचयिता के व्यक्तित्व एवं उसकी प्रतिभा की सर्वथा उपेक्षा कर दी। निश्चय ही हडसन का यह आक्षेप तेन के सिद्धांत की एक महत्वपूर्ण न्यूनता या त्रुटि की ओर संकेत करता है, किंतु फिर भी हम इस तथ्य को अस्वीकार नहीं कर सकते कि पूर्ववर्ती इतिहासकारों की तुलना में तेन ने आपेक्षाकृत अधिक व्यापक, स्पष्ट एवं विकसित सिद्धांत प्रस्तुत किया था, जिसके आधार पर साहित्य की विकास-प्रक्रिया को बहुत कुछ स्पष्ट किया जा सकता है।

साहित्येतिहास की व्यवस्था में जर्मन चिंतकों द्वारा स्थापित सर्वाधिक महत्वपूर्ण सिद्धांत युग-चेतना का सिद्धांत है। इस सिद्धांत के अनुसार साहित्य के इतिहास की व्याख्या तद्‌युगीन चेतना के आधार पर की जानी चाहिए। ए.एच. कॉफे ने महान कवि गेटे की साहित्यिक प्रवृत्तियों की व्याख्या युगीन चेतना के आधार पर करके इस सिद्धांत की महत्ता को प्रमाणित किया है।

इधर मार्क्सवाद से प्रभावित आलोचकों ने द्वंद्वात्मक और ऐतिहासिक भौतिकवाद के संदर्भ में साहित्य की विकास-प्रक्रिया को स्पष्ट करने का प्रयत्न किया है। सैक्युलिन ने रूसी साहित्य के इतिहास की व्याख्या इसी दृष्टि से की है।

इसी तरह रामविलास शर्मा घोषित करते हैं कि मेरा इन लोगों से मतभेद है जो साहित्य को समाज हित या अहित से परे मानकर केवल रूप की प्रशंसा करके आलोचना की अति कर देते हैं। उनके लिए बिहारी और तुलसीदास समान रूप से वंदनीय हैं। रामविलास शर्मा ने हिंदी जाति की अवधारणा को विकसित करते हुए हिंदी साहित्य को हिंदी जाति का साहित्य के रूप में प्रतिष्ठित करके एक ऐतिहासिक कार्य किया।

मनोविज्ञान, मनोविश्लेषण और अर्थ विज्ञान के आधार पर भी साहित्य के विभिन्न पक्षों के विशेषत: शैलीपक्ष के विकास की व्याख्या विभिन्न पाश्चात्य विद्वानों द्वारा हुई है, जिनमें आई.ए.रिचर्ड्स, विलियम एम्पसन, सी.आर. लेविस, डब्लू. पी.कर, एफ.डब्लू. बैटसन प्रभृति नाम उल्लेखनीय हैं।

इस तरह साहित्येतिहास की व्याख्या के लिए विभिन्न दृष्टियों से विभिन्न प्रयास होते रहे हैं जो हमें किसी निश्चित, स्पष्ट एवं समन्वित निष्कर्ष तक नहीं पहुंचाते, किंतु फिर भी इनसे इतना तो स्पष्ट हो जाता है कि आज साहित्य का अध्ययन-विश्लेषण केवल साहित्य तक सीमित रहकर नहीं किया जा सकता; उसकी विषयगत प्रवृत्तियों व शैलीगत प्रक्रियाओं के स्पष्टीकरण के लिए उससे संबंधित राष्ट्रीय परंपराओं, सामाजिक वातावरण, आर्थिक परिस्थितियों, युगीन चेतना एवं साहित्यकार की वैयक्तिक प्रवृत्तियों का विवेचन-विश्लेषण आवश्यक है। अतः कहा जा सकता है कि पूर्वोक्त सिद्धांत परिपूर्ण नहीं हैं।

रामस्वरूप चतुर्वेदी ने इतिहास दर्शन की चर्चा करते हुए लिखा है कि 1986 में हिंदी साहित्य का इतिहास लिखा था जिसका नाम है 'हिंदी साहित्य और संवेदना का विकास'। इस इतिहास के आरंभ में आचार्य शुक्ल के इतिहास से एक वाक्य उद्धृत है, जो इस प्रकार है, "आदि से अंत तक चित्तवृत्तियों की परंपरा को परखते हुए साहित्य परंपरा के साथ उनका सामंजस्य दिखाना ही 'साहित्य का इतिहास' कहलाता है।" आचार्य शुक्ल का कथन जितना और जिस रूप में उद्धृत है उससे स्पष्ट है कि रामस्वरूप चतुर्वेदी न तो आचार्य शुक्ल की साहित्य-दृष्टि को समग्रता में स्वीकार करते हैं और न उनकी इतिहास दृष्टि को। उनके लिए उपयोगी है केवल 'चित्तवृतियों की परंपरा'; क्योंकि वे केवल संवेदना का इतिहास लिखना चाहते हैं, जबकि साहित्य का इतिहास केवल संवेदना का इतिहास नहीं होता। वह अनुभूति, विचार, कल्पना, अभिव्यक्ति के रूप और भाषा के परिवर्तित होते स्वरूप का क्रमबद्ध समग्र इतिहास होता है।

रामचन्द्र शुक्ल के उक्त उद्धरण के पूर्व का हिस्सा है, "जबकि प्रत्येक देश का साहित्य वहां की जनता की चित्तवृत्ति का संचित प्रतिबिम्ब होता है तब यह निश्चित है कि जनता की चित्तवृत्ति के परिवर्तन के साथ-साथ साहित्य के स्वरूप में भी परिवर्तन होता चला जाता है।" और अन्तिम वाक्य है, "जनता की चित्तवृति बहुत-कुछ राजनीतिक, सामाजिक, साम्प्रदायिक तथा धार्मिक परिस्थिति के अनुसार होती है।"

मैनेजर पांडेय की टिप्पणी है कि 1996 में लिखे जाने के बावजूद बच्चन सिंह के इतिहास में न तो स्त्रियों के रचना-कर्म और साहित्य-दृष्टि की विशिष्टता का विवेचन है और न दलित साहित्य के उदय का उल्लेख। 90 के बाद साहित्य की दुनिया में जो वैचारिक हलचल हुई है उसका इस इतिहास में आभास तो है पर ऐसा विश्लेषण नहीं जो पाठकों के साहित्य-बोध को प्रभावित कर सके।

विभिन्न इतिहास दृष्टियों की चर्चा करते हुए गणपतिचंद्र गुप्त अपना निष्कर्ष देते हैं, "वस्तुतः परंपरा और युगीन वातावरण के अंतर्विरोध से उत्पन्न द्वंद्व ही साहित्य के विभिन्न आंदोलनों, उसकी धाराओं और प्रवृत्तियों को गति देता हुआ साहित्य की विकास-प्रक्रिया को संचालित करता है। अतः साहित्येतिहास की विकासवादी व्याख्या के लिए उन सभी तथ्यों पर विचार करना आवश्यक है जो साहित्यकार के व्यक्तित्व एवं उससे संबंधित पूर्व-परंपरा, युगीन वातावरण, द्वंद्व के स्रोत, अभीष्ट लक्ष्य आदि पर प्रकाश डालते हैं।"

आधार ग्रंथ :

1. हिंदी साहित्य का इतिहास, रामचंद्र शुक्ल।
2. साहित्य का इतिहास दर्शन, नलिन विलोचन शर्मा।
3. हिंदी साहित्य की भूमिका, हजारी प्रसाद द्विवेदी।
4. हिंदी जाति का साहित्य, रामविलास शर्मा।
5. हिंदी साहित्य और संवेदना का विकास, रामस्वरूप चतुर्वेदी।
6. साहित्य और इतिहास दृष्टि, मैनेजर पांडेय।
7. हिंदी साहित्य का दूसरा इतिहास, बच्चन सिंह।
8. हिंदी साहित्य का वैज्ञानिक इतिहास, गणपतिचंद्र गुप्त।

ईमानदारी

'ईमानदारी' के लिए अंग्रेजी में 'सिनसियरिटी' (Sincerity) शब्द का प्रयोग होता है। सौंदर्य, सच्चाई और नैतिकता को रेखांकित करने के उद्देश्य से 19वीं सदी के यूरोपीय साहित्य में इस शब्द का व्यापक प्रयोग दिखायी देने लगता है। हिंदी साहित्य में यह शब्द प्रयोगवाद और उसके बाद की कविता में व्यक्त होनेवाला एक महत्वपूर्ण मूल्य है। आलोचकों ने 'कवि-कर्म की ईमानदारी', 'अभिव्यक्ति की ईमानदारी' आदि शब्दों के रूप में ईमानदारी शब्द का प्रयोग किया है। 'सिनसियरिटी एंड ऑथेंटिसिटी' (Sincerity and Authenticity) के लेखक ट्रिलिंग ने सबसे पहले इस विषय पर विस्तार से लिखा। उन्होंने नैतिकता के साथ आत्म (Self) शब्द जोड़ा और उसके महत्व का आकलन किया। जिसे हम 'ईमानदारी' कहते हैं। हिंदी में इसी से मिलता-जुलता एक शब्द आत्मानुभूति भी है जिसका प्रयोग छायावादी कविता की अभिव्यक्ति के लिए किया गया। आचार्य शुक्ल ने 'कल्पित भावानुभूति' का विरोध किया है और इसी संदर्भ में सच्चाई अथवा ईमानदारी का जिक्र किया है। वे लिखते हैं, "भावानुभूति भी यदि ऐसी होगी, जैसी नहीं हुआ करती, तो सच्चाई (Sincerity) कहां रहेगी ?"

रघुवीर सहाय 'ईमानदारी' को 'मौलिक' और 'निरपेक्ष' गुण कहते हैं। पर इन शब्दों से ईमानदारी का निहितार्थ स्पष्ट नहीं होता। इसे उन्होंने 'वस्तुओं की वास्तविकता का सही अनुभव' कहा है।

मुक्तिबोध 'ईमानदारी' को व्यक्तिगत घेरे से निकाल कर वस्तुनिष्ठता से संबद्ध कर देते हैं। "भावना का ज्ञानात्मक आधार जब तक वस्तुतः शुद्ध है तभी तक वह भावना 'फ्राड' नहीं है...इसीलिए ज्ञान को अधिकाधिक मार्मिक, यथार्थ-मूलक और विकसित करने का जो संघर्ष है, वह वस्तुतः कलाकार का सच्चा धर्म है। यदि कवि या कलाकार वह संघर्ष त्याग देता है, तो वह सचमुच ईमानदार नहीं...।" कवि से जब हम यह कहते हैं कि उसे ऐसा लिखना चाहिए और वैसा नहीं लिखना चाहिए, तो वस्तुतः हम उसके अंतर्जगत पर आक्षेप करते हैं। इस प्रकार के आग्रह उसके अंतर्जगत में संशोधन करने के आग्रह हैं। ये आग्रह गलत हैं या सही है, स्वयं लेखक मान सकता है और यहीं लेखक की ईमानदारी का प्रश्न उठता है। बाहर से उत्प्रेरित आग्रहों को माननेवाले ऐसे बहुत से लेखक हो सकते हैं, जो 'अवसरवादी प्रेरणाओं' से वैसा मानने के लिए तैयार हों और उन आग्रहों को स्वीकार कर लें। किंतु, कुछ लेखक निःसंदेह ऐसे भी हो सकते हैं जो उन आग्रहों में प्रकट जीवन-दृष्टियों पर विचार करें, उनके अनुकूल प्रतिकूल प्रभावों का विवेचन करें और उनमें से उपयोगी और अनुकूल-प्रतीत होनेवाली जीवन दृष्टियों को आत्मसात् करके उन दृष्टियों को ही अपने अंतर्जगत का अंग बना लें। लेखक की ईमानदारी का प्रश्न वस्तुतः उसके अंतर्जगत की अभिव्यक्ति से संबंधित है। यदि वह अभिव्यक्ति कृत्रिम है तो निःसंदेह वहां ईमानदारी नहीं है। किंतु कृत्रिमता केवल इनसिंसियरिटी की ही उपज नहीं होती, वह अकवित्व की उपज भी होती है अर्थात अंतर्जगत की निर्जीवता का प्रमाण भी हो सकती है।

मुक्तिबोध ने ईमानदारी को एक ही अर्थ दिया है जो मूल शब्द ईमानदारी में नहीं है। 'ईमानदारी' शब्द का सही प्रयोग अपने प्रति, अपनी भावनाओं के प्रति सच्चा होने में है। नामवर सिंह राब्सन और लीविस का हवाला देते हुए 'ईमानदारी' का समर्थन करते हैं। पर कवि की 'ईमानदारी' को खोजना कविता को खोजने से भिन्न हो जाता है। कवि की ईमानदारी को खोजने का मतलब है, कहीं-न-कहीं रोमैंटिक मूल्यों से बद्ध होना। यही नहीं, इससे साभिप्राय हेत्वाभास से ग्रस्त हो जाने की शंका को भी निर्मूल नहीं कहा जा सकता। यीट्स का कहना है कि आत्मपरकता में कविता की वस्तुनिष्ठता नहीं आ सकती। इसीलिए कवि को मुखौटे की जरूरत होती है।

फिलहाल, हिंदी की नयी कविता में 'ईमानदारी' को बहुत महत्त्व दिया गया है और नयी कविता के आलोचकों के लिए यह भी एक जरूरी मानदंड है।

आधार ग्रंथ :

1. कविता के नये प्रतिमान, नामवर सिंह।
2. नये साहित्य का सौंदर्यशास्त्र, गजानन माधव मुक्तिबोध।
3. नये प्रतिमान : पुराने निकष, लक्ष्मीकांत वर्मा।
4. नयी समीक्षा के प्रतिमान, निर्मला जैन।
5. हिंदी आलोचना के बीज शब्द, बच्चन सिंह।
6. Sincerity and Authenticity, Lionel Trilling.
7. Poetic Statement and Critical Pogma, Gerold Graff.
8. Literature and Sincerity, Henri Peyre.

उत्तर-आधुनिकतावाद

'उत्तर-आधुनिकतावाद' के लिए अंग्रेजी में 'पोस्टमाडर्निज्म' (Postmodernism) शब्द का प्रयोग होता है। यह शब्द अपनी अवधारणा को लेकर इतना विवादास्पद हो चुका है कि इसके स्वरूप के बारे में निश्चित विचार प्रस्तुत कर पाना कठिन है। यूरोप के विकसित साम्राज्यवादी देशों की नीतियों के प्रवक्ता, बुद्धिजीवी इसका जो अर्थ देते हैं तीसरी दुनिया अथवा उपनिवेश के दंश झेल चुके पिछड़े व विकासशील देशों की जनता के हमदर्द बुद्धिजीवी इसका भिन्न अर्थ करते हैं। एक की निगाह में उत्तर आधुनिकता, आधुनिकता का अगला चरण है तो दूसरे की निगाह में आधुनिकता से मुक्ति। बांग्ला में भूखीपीढ़ी आंदोलन के प्रवर्तक मलय राय चौधरी के अनुसार इस अवधारणा का जन्म यूरोप या अमेरिका में नहीं, बल्कि तीसरी दुनिया के गरीब देश निकारागुआ में हुआ, जहां के स्पैनिश कवि फेदेरिको दे वेनिस (ओनिस-1934) ने अपने कविता संग्रह 'आंतोलेजिया द ला पोयेजिया एस्पेनोला ए हिमापानोमारिकाना' की भूमिका में सर्वप्रथम 'पोस्टमाडर्न' कविता की व्याख्या की।

वे उत्तर-आधुनिकता के ऐतिहासिक परिप्रेक्ष्य की चर्चा करते हुए लिखते हैं कि 1912 में अमरीका ने निकारागुआ में घुसकर फौजी अड्डे की स्थापना की और जनरल अनसतासियो सोमोजा नामक एक खलनायक को गद्दी पर बैठा दिया। सोमोजा के परिवार ने चालीस वर्षों तक शासन किया और निकारागुआ को खोखला बना दिया। सोमोजा के अत्याचार से भाग निकले बहुत सारे कवि व कलाकार लातिन अमरीकी देशों में जा बसे और उनके माध्यम से द वेनिस का पोस्टमाडर्न साहित्य चिंतन फैलता चला गया। उल्लेखनीय है कि सोमोजा शासन का खात्मा करने के लिए जनता ने अगुस्तो सीजर सानदिनों के नेतृत्व में गुरिल्ला युद्ध की शुरुआत की थी। जिस वर्ष गुमनाम हत्यारों ने सानदिनों की हत्या की उसी वर्ष दे वेनिस का कविता संग्रह प्रकाशित हुआ था।

मलयराय चौधरी के अनुसार, "विकसित देशों के साहित्य दर्शन से मूलरूप से भिन्न पोस्टमाडर्न नजरिए के दक्षिण अमरीकी कवियों पर प्रभाव को लेकर डडलीफिट्स ने 1942 में प्रकाशित 'एथोलाजी आफ कंटेम्परेरी लैटिन अमेरिकन पोयट्री' में चर्चाएं की। फिर 1947 में पुर्तगाली कविताओं का संकलन प्रकाशित हुआ जिसका नाम था, "फार्मई एक्सप्रेसाओ नो दोमान्स ब्राजीलेइरो दो पिरियदो कालोनियल ए एपोका पोस्टमाडर्निस्ट।" मलयराय चौधरी का आरोप है कि, "जैसा कि साम्राज्यवाद के प्रारंभ से होता आया है, एशिया, अफ्रीका और लातिन अमरीका के देशों से हर सोच, विचार, वस्तु आदि लूटकर या बटोर कर साम्राज्यवादी उनके स्वामी बन बैठते हैं और अपनी बुद्धिजीवी गोष्ठियों व ज्ञान के बाजारों में उस स्वामित्व का सौदा करते हैं। पोस्टमाडर्न शब्द को लेकर भी ऐसा ही हुआ। अमरीकी फौज के बुद्धिजीवी निकारागुआ छोड़ते समय 'पोस्टमाडर्न' शब्द को अपने साथ लेते गए। दक्षिण अमरीका के विश्वविद्यालयों के अध्यापक तथा उनके बीच के आलोचक इस शब्द की अवधारणा हथियाकर यूरोप लेते गए। कोहिनूर के टुकड़े कर अंग्रेजों ने जिस तरह अपने मकसद की पूर्ति की थी, उसी तरह यूरोप के लेखक तथा दार्शनिकों ने पोस्टमाडर्न साहित्यिक चिंतन को तोड़-मरोड़ कर एक अजीब वैचारिक घेरे में ला खड़ा किया।" उनका मानना है कि जिस समय दे वेनिस के मस्तिष्क में पोस्टमाडर्न साहित्यिक चिंतन पनपा था, उस समय ज्यां फ्रांक्योस ल्योतार, फेडरिक जेम्सन, टेरी इगल्टन आदि या तो दूध पीते बच्चे थे या पैदा ही नहीं हुए थे। यूरोपीय बुद्धिजीवियों की चमचागिरी में महारत हासिल किए भारतीय बुद्धिजीवी 'पोस्टमाडर्निज्म' के बारे में चर्चा करते हुए इन्हीं व्यक्तियों के नाम दुहराते हैं।

फिलहाल, मलयराय चौधरी जोर देकर घोषित करते हैं कि 'पोस्टमाडर्निज्म' का अर्थ 'माडर्निज्म' के बाद का दौर नहीं, बल्कि माडर्निज्म से मुक्त अवस्था का दौर होना चाहिए। मलयराय चौधरी ने उत्तरआधुनिकता के लिए 'अधुनांतिक' शब्द का इस्तेमाल किया है। हिंदी के कई प्रगतिशील विचारकों की अवधारणा भी लगभग इसी तरह की है। विजेंद्र का मानना है कि स्थान और काल बदल जाने से शब्दों के अर्थ भी बदल जाते हैं। लातिन अमरीकी देशों में नए अग्रगामी सोच की सरकारों का आना वहां की उत्तर-आधुनिकता है। भारतीय संघर्षशील और लड़ाकू जनशक्ति का गहरा अहसास हमारे लिए उत्तर-आधुनिक सोच की पहली कड़ी है। उसी के बल पर हम पूंजीकेंद्रित व्यवस्था, साम्राज्यवाद, साम्प्रदायिकता और जात-बिरादरी का प्रतिरोध कर एक नयी समतावादी तथा न्याय पर टिकी व्यवस्था का स्वप्न देख सकते हैं।

उत्तर-आधुनिकता की दूसरी अवधारणा साम्राज्यवादी मुल्कों के प्रवक्ता बुद्धिजीवियों की है। इस खेमे के सिद्धांतकारों में ल्योतार (Jean Francois Lyotard), बौद्रिआ (Jean Baudrillard), और फेडरिक जेमसन (Fredric Jameson) प्रमुख हैं। ल्योतार की पुस्तक 'The Post Modern Condition: A Report on Knowledge (1979) से इसका आरंभ माना जाता है। आज के समय को ल्योतार उत्तर आधुनिक स्थितियां कहता है। ल्योतार का प्रसिद्ध

कथन है कि उत्तर-आधुनिकतावाद महावृत्तांत (Grand Narration) के विरुद्ध है। अब महावृत्तांत का अंत हो चुका है। ईसाइयत, मार्क्सवाद और वैज्ञानिक प्रगति का मिथ महावृत्तांत है। ल्योतार के अनुसार मैक्रो और ग्लोबल की जगह माइक्रो और एथनिक विमर्श के केंद्र में आ रहे हैं। छोटे-छोटे अस्मिता समूहों का उदय (नारी विमर्श, दलित विमर्श आदि) वस्तुतः सकलतावादी विश्व व्यवस्था के खिलाफ उत्तर-आधुनिक आवाज का परिणाम है।

फ्रेडरिक जेमसन (Fredric Jameson) ने अपनी पुस्तक 'Post Modernism: The Cultural Logic of Late Capitalism' में उत्तर-आधुनिकता को पूंजीवाद के विकास की खास अवस्था कहा है, इसे वे उपभोक्ता पूंजीवाद या वृद्ध पूंजीवाद (Late Capitalism) भी कहते हैं। अंतरराष्ट्रीय मुद्रा कोष, तीसरी दुनिया की कर्जदारी, माध्यमों के नए ढंग की अंतःनिर्भरता, कम्प्यूटर, उपभोक्ता वस्तुओं का भूमंडलीय चयन आदि इस विश्व बाजार के लक्षण हैं। ल्योतार के अनुसार, "ज्ञान की अवस्था बदल जाती है जब समाज उत्तर-औद्योगिक युग में और संस्कृति उत्तर आधुनिक युग में प्रवेश करती है। यह बदलाव कम से कम 1950 के दशक के अंत से चालू है।" (Status of knowledge is altered as societies enter what is known as the post industrial age and culture enters what is known as post modern age. This transition has been underway since atleast the end of 1950).

इस वर्ग के उत्तर-आधुनिकतावादियों के सिद्धांत हमारे सामने एक बिलकुल नए समाज के आगमन की सूचना देते हैं... यह नई सामाजिक व्यवस्था न तो पुराने पूंजीवाद को मानती है न सर्वत्र विद्यमान वर्ग संघर्ष को।

इनके अनुसार औद्योगिक क्रांति और ज्ञानोदय के बाद का पूरा विश्व इतिहास बाजार की क्रीड़ा का इतिहास है। भूमंडलीकरण के इस दौर में बाजार ने अपने विरोध में खड़ी शक्तियों को विवशता की स्थिति में ला दिया है। सोवियत संघ का विघटन और चीन की व्यवस्था का उदारीकरण इसका प्रमाण है।

आज जो चीज बिक्री के योग्य नहीं है मूल्यहीन है। कला, संस्कृति, खेल, ज्योतिष, भगवान, इतिहास, देशभक्ति, अपराध, फांसी तलाक आदि सब कुछ बिकाऊ है।

बाजार ने उपभोक्ता संस्कृति को जन्म दिया है। आज की विश्व अर्थव्यवस्था उपभोग केंद्रित है। बाजार ज्यादा से ज्यादा उपभोग को बढ़ावा दे रहा है जिसका शिकार मध्यवर्ग हो रहा है। बड़ी कम्पनियां रोज नए-नए उत्पाद के रूप में नई इच्छाएं पैदा करती हैं। विज्ञापन को वे अपने सबसे महत्वपूर्ण अस्त्र के रूप में इस्तेमाल करती हैं।

तकनीकी क्रांति ने मीडिया को मास मीडिया (Mass Media) में बदल दिया है। मास मीडिया यथार्थ को अतियथार्थ में तब्दील कर रहा है। इसने एक लोकप्रिय संस्कृति को जन्म दिया है। व्यक्ति, दर्शक और उपभोक्ता में परिवर्तन हो रहे हैं। मीडिया बाजार और राजनीति ने आपस में एक गठबंधन कायम कर लिया है।

मीडिया द्वारा हत्या, बलात्कार जैसे जघन्य कृत्य भी Story बना कर बेचे जा रहे हैं। ऐसे में उसके पास मूल्यों की परवाह की कोई अनिवार्यता नहीं रह गयी है। इसने विश्रृंखलित व्यवस्था को जन्म दिया है और केंद्रीकृत व्यवस्था को तोड़ दिया है। उत्तर आधुनिकतावाद में विज्ञान की जगह अनुभव की वापसी है, योजना की जगह बाजार है, धर्म निरपेक्षता की जगह धार्मिक पहचान है, केंद्र की जगह जातिवादी, स्त्रीवादी जैसे उपकेंद्रों की वापसी है।

आधुनिकता के जिन विचारों से उत्तर आधुनिकता का झगड़ा है उनमें सर्वप्रमुख है, तार्किकता, किसी तरह के भेद से ऊपर उठकर मानव-मानव में अनुभव की एकता, महावृत्तांतों की प्रमुखता, व्यक्ति की स्वायत्तता, सकलतावादी दृष्टिकोण, सार्वभौमिक सत्य की कल्पना और भाषा की पारदर्शिता।

एक व्यापक दृष्टिकोण से उत्तर-आधुनिकता के तीन केंद्रीय तत्त्व हैं, पहला समग्रतावादी सार्वभौमिक सत्यों का नकार, दूसरा तर्कवाद का नकार और तीसरा आधुनिकतावाद की सक्षमता का नकार। ल्योतार ज्ञान के माध्यम से मानव मुक्ति जैसे आधुनिक वृत्तांतों को पूंजीवाद के विकास, अंतर्विषयी सीमाओं के टूटने और तकनीकी विकास के कारण बिखरते हुए देखते हैं। आज राज्य ही ज्ञान का एकमात्र नियंत्रक रह गया है। ज्ञान नैतिकता और मूल्य का विकास करने वाला न होकर बिक्री योग्य हो गया है।

इस प्रकार उत्तर आधुनिकता सार्वभौमिक समग्रतावादी सत्यों पर प्रश्न चिह्न लगाती है। आधुनिकतावादी के लिए वैश्विक मूल्य सत्य एवं स्वयं प्रदर्शित हैं। ल्योतार का मानना है कि यह समग्रतावादी सत्य सामाजिक-सांस्कृतिक-वैचारिक अंतरों को नष्ट करने की कोशिश है। इन विश्वासों में मार्क्सवाद की शोषण मुक्त व्यवस्था, लोकतंत्र का समता स्वतंत्रता-न्याय का आश्वासन, ज्ञान के द्वारा मानव मुक्ति की अवधारणा प्रमुख है।

उत्तर-आधुनिकता तार्किकता पर भी प्रश्न चिह्न लगाती है। वह वस्तुतः हमारे आत्मबोध को ही संकट ग्रस्त करती है। अपने विकास तथा शिक्षा के क्रम में हमने जो मूल्य, जो संस्कार पाए थे, वे उत्तर-आधुनिकता के द्वारा सवाल के कटघरे में लाए गए हैं।

उत्तर-आधुनिकता के चिंतन में भाषा की पारदर्शिता के प्रश्न का केंद्रीय स्थान है। बौद्रिआ ने सास्यूर से प्रभाव ग्रहण करते हुए यह बताया कि उत्तर आधुनिकता ने संचार के नए साधनों, सूचना और मीडिया तकनीकी के द्वारा संकेतों को उसके संदर्भ से हटा दिया है। इसका परिणाम है कि वस्तुगत सत्य पर प्रश्न चिह्न लगा दिए गए हैं और प्रतीकात्मक यथार्थ ही हमारे जगत का निर्माण करने लगा है। इस प्रक्रिया में अंततः अर्थ की मृत्यु हो जाती है।

उत्तर-आधुनिकता विचारधारा का अंत, लेखक की मृत्यु, इतिहास का अंत, कला का अंत, आलोचक की मृत्यु, मनुष्य की मृत्यु आदि अनेक मृत्युओं की घोषणा करती है।

विचारधारा के अंत की घोषणा डैनियल बेल (Daniel Bell) ने 1960 ई. में की। विचारधारा ही जीवन में संगति तथा संबद्धता लाने का प्रयास करती थी। विचारधारा के अंत ने विकेंद्रीयता तथा क्षेत्रीयता को प्रोत्साहन दिया है। लोग छोटे-छोटे अस्मिता समूहों में बंट रहे हैं। राष्ट्रवाद जैसे आधुनिकता के महान सिद्धांत झूठे ग्लोबल गांव के सामने कमजोर पड़ते जा रहे हैं।

देरिदा (J. Derrida) ने 'दी एंड ऑफ मैन' में लिखा है कि "मृत्युपर्व का जो क्रम ईश्वर की मृत्यु से शुरू हुआ था उसने अंततः मनुष्य की जान भी ले ली है।" उत्तर-आधुनिकता मनुष्य के केंद्रीय स्थान को नकारती है। चूंकि सामाजिक स्थिति तथा सांस्कृतिक वातावरण रोज बदल रहा है, यथार्थ अतियथार्थ हो रहा है मनुष्य की चेतना भी स्थिर तथा निश्चित नहीं हो सकती।

इसी प्रकार रोलां बार्थ (Roland Barthes) ने 'लेखक की मृत्यु' की घोषणा 1968 में अपनी किताब 'The death of author' में की। बार्थ का कहना है कि "किसी पाठ को एक लेखक देना वस्तुतः पाठ के अर्थ की सीमाबंदी है। यह पाठ को एक अंतिम अर्थ दे देता है। यह इस तरह लेखन का अंत है।" लेखक को केंद्र में रखने से पाठक वही अर्थ ग्रहण करता है जो लेखक संप्रेषित करना चाहता है।

भारत में इस प्रकार की उत्तर-आधुनिकता के सर्वाधिक मुखर प्रवक्ता सुधीश पचौरी हैं। वे देरिदा के बहाने उत्तर-आधुनिकता का विस्तृत विश्लेषण करते हैं और घोषित करते हैं कि "भारतीय समाज उत्तर-आधुनिक स्थितियों में दाखिल हो चुका है। हमारे अनुभव उत्तर आधुनिक बन रहे हैं।" यह अलग बात है कि शोषित-पीड़ित जनता के हमदर्द मलयराय चौधरी और विजेंद्र के अनुभव सुधीश पचौरी के उत्तर आधुनिक अनुभवों से भिन्न है।

विजेंद्र 'समकालीन' शब्द को 'उत्तर-आधुनिक' के समकक्ष रखते हुए राय देते हैं कि, "समकालीन होने के लिए ऐतिहासिक द्वंद्वात्मक भौतिकवाद, वर्गसंघर्ष और सर्वहारा की अजेय भूमिका को मानना पहली शर्त है, क्योंकि इसके बिना हम अपने समय के समाज की विकसित होती गति को नहीं पहचान पायेंगे। पर देरिदा उक्त तीनों बातों का बड़ी चतुराई से निषेध करते दिखते हैं। उनके लिए उक्त चीजें 'भाषा के संगणक' हैं। उनसे बाहर कुछ नहीं। बल्कि हम सभी उसी भाषा में कैद हैं। यह मान भी लिया जाए कि वह धुर दक्षिणपंथी नहीं है। पर उनमें राजनीतिक भटकाव तो बहुत है। यही वजह है कि हिंदी में प्रतिक्रियावादी-रूपवादी या पथभ्रष्ट मार्क्सवादी ही उन्हें पसंद करते हैं। वे देरिदा को मार्क्स का विकल्प बनाकर खड़ा करने की विफल कोशिश करते नजर आते हैं। विजेंद्र के शब्दों में "हिंदी में देरिदा के दर्शन की भद्दी पैरोडी देखना हो तो हम सुधीश पचौरी के 'विखंडनवादी और पुनर्पाठ' वाले लेखन को देख सकते हैं। ये वही लोग हैं जो देरिदा का बड़ी चालाकी से इस्तेमाल कर हमारी मार्क्सवादी समझ को एक भिन्न और विकृत समझ से विस्थापित करने की कोशिश करते हैं।" विजेंद्र सवाल करते हैं कि "यह क्या जरूरी है कि जो अर्थ उत्तर-आधुनिकता का जिस तरह यूरोप और अमरीका के लोग करते हैं, ठीक उसी तरह हम भी उनका अर्थ वैसा ही करें? वैसा ही सोचें?

लेकिन इन सारी विवेचनाओं के बाद यह सवाल भी उभर कर आता है कि हम क्या सचमुच ऐसी परिस्थिति, ऐसे समय में पहुंच गए हैं कि अब हमारे सामने कोई जवाब नहीं सिर्फ सवाल ही सवाल है।" डॉ. मैनेजर पांडेय कहते हैं कि "जिस देश की जनता का एक बड़ा हिस्सा अभी आदिम स्थितियों में जी रहा हो, दूसरा बड़ा हिस्सा मध्ययुगीनता से निकलकर आधुनिक बनने के लिए संघर्ष कर रहा हो, उस देश में उत्तर-आधुनिकतावाद मुट्ठी भर लोगों के लिए एक नया बौद्धिक फैशन भले ही हो ; लेकिन व्यापक समाज के लिए वह व्यर्थ ही होगा।"

बहरहाल, इस वर्ग के उत्तर-आधुनिकतावादियों ने हिंदी में मनोहर श्याम जोशी को उत्तर-आधुनिक उपन्यासकार घोषित कर दिया है। इस उत्तर-आधुनिक उपभोक्तावाद के संदर्भ में उदय प्रकाश की एक लघु कथा विचारणीय है-दीपावली की रात को कुछ लड़कों ने एक कुत्ते की पूंछ में पटाखों की एक लड़ी बांध दी और उसके एक छोर में आग लगा दी। कुत्ता भौंका, चिल्लाया,

दौड़ा और अंततः गिर पड़ा। विनायक दत्तात्रेय, जो उस समय वहां उपस्थित थे, ने उसकी ओर हड्डी के टुकड़े फेंके। कुत्ता हड्डियां चबाता रहा और छूटते पटाखों के भय से चीखता भी रहा। विनायक इस अनोखे दृश्य पर हँसे। जब लोगों ने उनसे हँसी का कारण पूछा तो वे बोले, "देखो इस कुत्ते को। यह बिलकुल तीसरी दुनिया का उपभोक्तावादी मनुष्य लग रहा है। उत्तर-आधुनिक उपभोक्तावाद का दुर्दांत दृष्टांत।"

आधार ग्रंथ :

1. पाश्चात्य काव्यशास्त्र अधुनातन संदर्भ, सत्यदेव मिश्र।
2. कल के लिए, अप्रैल-जून 2003.
3. संरचनावाद, उत्तर-संरचनावाद और प्राच्यकाव्यशास्त्र, डॉ. गोपीचंद नारंग।
4. आलोचना के आगे (उत्तर-आधुनिकतावादी और उत्तर-संरचनावादी विमर्श), सुधीश पचौरी।
5. दत्तात्रेय के दुख, उदय प्रकाश।
6. अधुनांतिक बांग्ला कविता, (सं.) समीर राय चौधुरी, ओम निश्चल।
7. 'कृति ओर' अंक 40, अप्रैल-जून 2006.
8. उत्तर-आधुनिक सौंदर्य शास्त्र और द्वंद्ववाद, राजेश्वर सक्सेना।
9. क्याप (मनोहर श्याम जोशी) में उत्तर आधुनिक संदर्भ : संवेदना और शिल्प, (शोध कार्य), अवनीश मिश्र, दिल्ली विश्वविद्यालय।
10. A Glossary of Contemporary Literary Theory, Jeremy Hawthorn.
11. The Illusions of Postmodernism, Terry Eagleton.
12. Modern Literary Theory, Philip Rice & Patricia Waugh.
13. Postmodernism: The Cultural Logic of Late Capitalism, Fredric Jameson.

वेबसाइट : www.en.wikipedia.org/wiki/post_modernism
www.plato.stanford.edu/entries/postmodernism
www.en.wikipedia.org/wiki/the_postmodern_condition

उत्तर-उपनिवेशवाद

उत्तर उपनिवेशवाद अंग्रेजी के 'पोस्ट कोलोनियलिज्म' (Post Colonialism) के लिए हिंदी में प्रयुक्त होनेवाला नया पारिभाषिक शब्द है। इसका इस्तेमाल बीसवीं सदी के अंतिम दशकों में शुरू हुआ। राजनीतिक दर्शन में प्रचलित इस शब्द का प्रयोग हिंदी में भी अब आमतौर पर होने लगा है।

उत्तर-उपनिवेशवाद की अवधारणा यूरोपीय उपनिवेशों से आजाद होने वाले देशों में स्वत्व की तलाश के परिणामस्वरूप पैदा हुई है। अपनी अस्मिता और सांस्कृतिक पहचान को हासिल करने की छटपटाहट उत्तर-उपनिवेशवाद के केंद्र में है। उत्तर-उपनिवेशवाद अब भी औपनिवेशिक अवशेषों को एक बड़ी बाधा मानता है। उसके अनुसार आजाद हुए मुल्क किसी-न-किसी रूप में अब भी नव-औपनिवेशिक वर्चस्व से जूझ रहे हैं।

उत्तर-उपनिवेशवाद कोई एक अनुशासन नहीं है, इसके भीतर अल्पसंख्यक विमर्श, लैटिन अमेरिकी अध्ययन, अफ्रीकी अध्ययन, कैरेबियाई अध्ययन तथा तीसरी दुनिया से संबंधित समस्याओं को एक साथ समेट कर देखा जा सकता है। इन्हें लंबे समय तक सांस्कृतिक पहचान नहीं मिली जबकि वर्चस्ववादी पश्चिमी संस्कृतियों को राजनैतिक कारणों से विशेषाधिकार प्राप्त था और आज भी है। अफ्रीका के महत्वपूर्ण लेखक हैं, न्गुगी वा थ्योंगो। उनका मानना है कि साम्राज्यवाद हथियारों से हमला करने के पूर्व सांस्कृतिक आक्रमण करता है। जो उपनिवेशों की जनता की संस्कृति के खिलाफ लंबे समय तक जारी रहता है। नव औपनिवेशिक स्थितियों में यह सांस्कृतिक हथियार और भी तेजी से काम करता है ताकि इसके जरिये नया शासक वर्ग, जो एक दलाल पूंजीपति की भूमिका निभाता है, अपने भूतपूर्व औपनिवेशिक शासकों के हितों की रक्षा करनेवाली मानसिकता का निर्माण कर सके।

अफ्रीकी देश गिनी बिसाऊ के मुक्ति आंदोलन के नेता अमिल्कर कबराल का मानना है कि साम्राज्यवाद जब गुलाम देश की जनता के ऐतिहासिक विकास को नकारता है तो वह बुनियादी तौर से उसके सांस्कृतिक उत्पीड़न का सहारा लेता है। इस प्रक्रिया में वह शासित लोगों की संस्कृति के मूल तत्त्वों को प्रत्यक्ष अथवा परोक्ष रूप से पूरी तरह नष्ट कर देने का प्रयास करता है।

न्गुगी वा थ्योंगो ने 1986 में प्रकाशित पुस्तक 'डीकोलोनाइजिंग द माइंड' में खासतौर से भाषा से जुड़े सवालों का विश्लेषण किया है और बताया है कि किस प्रकार साम्राज्यवाद ने भाषा का सहारा लेकर केन्या की संस्कृति को पूरी तरह दूषित कर दिया।

फ्रांज फेनन ने पूर्व-उपनिवेशों के उत्तर-औपनिवेशिक दौर में सांस्कृतिक उभार के 'तीन चरणों' को रेखांकित किया है। ये चरण उपनिवेश होने के दौरान और बाद के दिनों में नजर आते हैं। इनमें पहला चरण 'शामिल करने का चरण' होता है। देसी बुद्धिजीवी प्रमाण देता है कि वह सत्तासीन संस्कृति को पचा रहा है। दूसरा चरण सांस्कृतिक राष्ट्रवाद का होता है जिसमें देसी बुद्धिजीवी अपनी स्थानीयता की प्रामाणिक पहचान के चिह्नों को स्मृत करता है और उन्हें छीनने वालों से झगड़ता है। लेकिन वह बीते दिनों को रूमानी ढंग से आदर्शीकृत करता है और अलगाने की कोशिश करता है। तीसरा राष्ट्रवादी चरण होता है जिसमें वह 'जनता को झकझोरता' है। यह एक क्रांतिकारी चरण होता है जिसमें उपनिवेशी शक्तियों के शोषण की पहचान होती है और साहित्यिक-सांस्कृतिक अभिव्यक्तियों के जनतंत्रीकरण की संभावनाएं तलाशी जाती हैं।

अफ्रीकी लेखक कबराल और न्गुगी वा थोंगो ने सांस्कृतिक राष्ट्रवाद की अनिवार्यता को जरूरी माना है। राष्ट्रवाद के इस संस्करण में नस्ल, जाति, धर्म और अतीत के तमाम सवाल उठते हैं। लेकिन इनके पीछे एक ही उद्देश्य होता है और वह है 'अस्मिता की तलाश'।

इतिहासकार दिपेश चक्रवर्ती का मानना है कि आजादी की लड़ाई ने अतीत की इतिहास-विरोधी संरचनाओं में सामूहिक स्मृति के सशक्त रूपों का निर्माण किया है। भारतीय इतिहास इस तरह, चाहे वह समर्पित समाजवादियों द्वारा लिखा गया हो या राष्ट्रवादियों द्वारा लिखा गया हो, अंततः 'यूरोपीय इतिहास' के 'आधुनिक' इतिहासकारों की नकल ही करता है और असफलता के विषाद से भरा होता है।

बहरहाल, इस शब्द ने तीसरी दुनिया के साहित्य के अध्ययन हेतु सांस्थानिक स्पेस पैदा किया है तथा चिंतकों को अध्ययन की नई चुनौती के लिए नये क्षेत्र उपलब्ध कराए हैं। सुधीश पचौरी के अनुसार, उत्तर-औपनिवेशिक विमर्श बताते हैं कि "जो काम निर्मल हिंदी में करते हैं वह काम अफ्रीका, लैटिन अमेरिका में अनेक लेखक करते हैं और भारत में सबाल्टर्न अध्ययनों का एक फिरका ऐसा ही करता है।"

फिलहाल, हाल के दिनों में भूमंडलीकरण, आर्थिक उदारीकरण और साम्राज्यवाद के नये तेवर ने उत्तर-उपनिवेशवाद के सामने भी नये सवाल खड़े कर दिये हैं जिनसे हर राष्ट्रवादियों को जूझना अनिवार्य है।

आधार ग्रंथ :

1. निर्मल वर्मा और उत्तर-उपनिवेशवाद, सुधीश पचौरी।
2. भाषा, संस्कृति और राष्ट्रीय अस्मिता, न्गुगी वा थ्योंगो, (अनु.) आनंद स्वरूप वर्मा।
3. A Glossary of Contemporary Literary Theory, Jeremy Hawthorn.
4. Modern Literary Theory, Rice & Waugh.

वेबसाइट : www.en.wikipedia.org/wiki/postcolonialism

उत्तर-छायावाद

अपने सामान्य अर्थ में यह नाम छायावाद के उत्तर चरण का बोध कराता है किंतु प्रयोग की दृष्टि से इसके अंतर्गत छायावादोपरांत रचित राष्ट्रीय-सांस्कृतिक-कविताएं तथा वैयक्तिक प्रगीतों की वह धारा आती है जिसे "जवानी व मस्ती का काव्य " भी कहा गया है। छायावाद-युग की परिव्याप्ति 1936 ई. तक मानी जाती है। 1936 में ही प्रगतिशील लेखक संघ की पहली बैठक मुंशी प्रेमचंद की अध्यक्षता में संपन्न हुई थी जिसमें साहित्य सोद्देश्यता की वकालत की गयी थी और सौंदर्य को नये ढंग से पारिभाषित किया गया था। छायावादी कवि सुमित्रानंदन पंत की कृति युगांत का प्रकाशन भी इसी वर्ष हुआ था। जिसके प्रकाशन के बाद छायावाद-युग का औपचारिक अंत माना जाता है। इसके बाद ही छायावादी काव्यधारा का विकास अनेकमुखी होता हुआ दिखायी देता है। राष्ट्रीय-सांस्कृतिक कविता, प्रेम और मस्ती का काव्य तथा प्रगतिवाद आदि काव्यधाराएं प्रायः एक साथ अवतरित हुईं। इनमें पहली दो काव्य-प्रवृत्तियां पूर्ववर्ती काव्य-प्रवृत्तियों का ही विकास हैं जबकि अन्य का आविर्भाव ऐतिहासिक दबावों के कारण छायावाद की प्रतिक्रिया और प्रभाव से हुआ।

1930 के बाद से भारतीय सामाजिक जीवन में नये तरह के परिवर्तन आने शुरू हो गये थे। इस दौर में एक ओर जहां बड़े राजनैतिक आंदोलन अधूरे रह जाते हैं या किसी अधूरे समझौते पर खत्म हो जाते हैं वहां जमीनी स्तर के कई किसान-मजदूर आंदोलन व अन्य जनांदोलन

अपने हितों व उद्देश्यों को राजनैतिक स्वतंत्रता से स्पष्टतया जोड़कर देखने लगते हैं। युवकों में नयी आशा और चेतना की लहर दौड़ रही थी। पटेल, नेहरू और सुभाष जैसे नये युवा नेता लोकप्रिय हो रहे थे, जिनकी लोकप्रियता के पीछे विशुद्ध राजनैतिक और सामाजिक कारण थे।

यथार्थ के दबाव के चलते इस दौर की कविता में धीरे-धीरे आध्यात्मिक अनुबंध खत्म होते गये और अनुभूत सत्यों की सहज-सरल अभिव्यक्ति पर बल दिया जाने लगा। व्यक्तिगत व्यथाएं व्यक्तिगत अनुभूति के रूप में ही व्यक्त की जाने लगीं और उनके लिए किसी आध्यात्मिकता का सहारा लेने की जरूरत खत्म हो गयी।

इस साहित्य में युगीन वास्तविकता, सामाजिक व राजनीतिक आंदोलनों से प्रेरित होकर काव्य में संघर्ष के सीधे चित्रण के रूप में व्यक्त हुई। राष्ट्रीय संघर्ष ने काव्य में उग्र राष्ट्रीय स्वरों को वाणी दी। वैयक्तिक स्तर पर सामाजिक रूढ़ियों के सीधे नकार के रूप में यह संघर्ष अभिव्यक्त हुआ। इस कविता में संघर्ष और तज्जन्य असफलता से उत्पन्न निराशा, हताशा और अवसाद के भी चित्र मिलते हैं। हरिवंश राय 'बच्चन', रामधारी सिंह दिनकर, भगवतीचरण वर्मा, रामेश्वर शुक्ल 'अंचल' और बालकृष्ण शर्मा 'नवीन' आदि की कविताओं में इसके उदाहरण मिलते हैं। 'नवीन' की पंक्तियां हैं,

"मेरी असफल आकांक्षा यह, असमय भर गयी बिना बोले,
पड़ गयी गांठ मेरे हिय में, उसको कोई कैसे खोले?"

उत्तर-छायावादी कविता मनुष्य के इसी भीतरी रूप की कविता है। यह मनुष्य अपने हृदय की पुकार सुनाता है, रक्त के आवेग का विस्तार करता है। अपनी भावनाओं को छिपाना नहीं जानता, अपने को सच्चा या बड़ा बताने के लिए छल-छद्म नहीं करता।

हृदय के आवेग को प्रमुखता देने तथा लक्ष्यों व आदर्शों को बिना किसी द्वंद्व के स्वीकार कर लेने के कारण इस दौर के काव्य में एक प्रकार की मस्ती अथवा फक्कड़पन की प्रवृत्ति मिलती है। इस कविता में एक तरफ तो छायावादी स्वच्छंदता या रूढ़ि-विद्रोह को यथार्थ-चेतना का पुष्टतर आधार प्राप्त होता है जिससे काव्य का वस्तु-जगत काफी व्यापक होता है तो दूसरी तरफ बदली यथार्थ चेतना के अनुरूप नया काव्य-विधान विकसित नहीं हो पाता है। इस कविता में यथार्थ और आधुनिकता के दबाव के चलते एक नीति-निरपेक्ष मानवतावाद को अभिव्यक्ति मिल रही थी किंतु पुरानी नैतिकता के आदर्शों को अस्वीकार नहीं किया जा रहा था। इस दृष्टि से उत्तर-छायावादी कविता छायावादी कविता और नयी कविता के बीच की कड़ी लगती है।

आचार्य नंददुलारे वाजपेयी ने मैथिलीशरण गुप्त की कविता "नीलांबर परिधान हरित पट पर सुंदर है" तथा प्रसाद व निराला की क्रमशः "अरुण यह मधुमय देश" तथा "भारति जय-विजय करे" कविताओं की तुलना करते हुए दिखाया है कि छायावादी राष्ट्रीयता में प्रादेशिकता का आग्रह कम है और विशाल मानव-ऐक्य की भावना प्रधान है। इस काल की राष्ट्रीयता, स्वतंत्रता-प्राप्ति की प्रत्याशा की तीव्रता और परतंत्रता की बेड़ियों को तोड़ फेंकने के उत्साह से युक्त है। इसके साथ ही उसमें एक सामाजिक चेतना का प्राधान्य भी है। हालांकि द्विवेदी युगीन प्रबंध-काव्यों की तरह इस युग में भी अतीत व पौराणिकता की अभिव्यक्ति और आवेग की प्रधानता इन कविताओं की सामान्य विशेषताएं हैं। इस धारा के प्रमुख कवियों में मैथिलीशरण गुप्त, माखनलाल चतुर्वेदी, बालकृष्ण शर्मा 'नवीन' आदि हैं जो छायावाद एवं उससे पहले से ही इस प्रकार की कविताएं लिख रहे थे।

राष्ट्रीय चेतना धारा की कविताओं में पराधीनता के प्रति आक्रोश, राजनैतिक विद्रोह, अतीत का गौरव-गान, बलिदान की आकांक्षा, सामाजिक विषमता व कुरीतियों का विरोध और इसके साथ ही इनमें तात्कालिक समाधान के प्रति एक आग्रह भी दिखायी पड़ता है। इसी तात्कालिक समाधान की आशा के टूटने पर निराशा और हताशा के भी स्वर निकलते हैं—बालकृष्ण शर्मा 'नवीन' की पंक्तियां हैं—

"आज खड्ग की धार कुंठित है खाली तूणीर हुआ/
विजय-पताका झुकी हुई है लक्ष्य भ्रष्ट यह तीर हुआ।"

वैयक्तिक प्रेम और तज्जन्य निराशा के गीत छायावादकाल से ही रचे जाने आरंभ हो गये थे किंतु इन गीतों का प्रेम नितांत लौकिक धरातल का प्रेम बनकर उत्तर-छायावादी काव्य में ही प्रकट हुआ। छायावाद की आदर्श चेतना लौकिक अनुभूति को आध्यात्मिक आभा दे देती थी या फिर उनका दार्शनिकीकरण करती थी किंतु उत्तर-छायावादी कविता मन और शरीर तक ही सीमित रही है। सुंदर के प्रति सहज आकर्षण, उसकी प्राप्ति की आकांक्षा तथा इस प्रयत्न की असफलता से उत्पन्न निराशा का सीधा असर इन कविताओं में है। उत्तर-छायावादी कविता की एक प्रमुख धारा को 'हालावाद' के नाम से पुकारा जाता है। मस्ती या मादकता का आवेग तथा जीवन के अनुभवों की अकुंठ अभिव्यक्ति इस कविता धारा की विशेषता है। अपने फक्कड़पन में इन्हें जगत् या लोकापवादों की कोई चिंता नहीं है। ये अपने प्रेम की अभिव्यक्ति में कोई दुराव-छिपाव नहीं चाहते। हरिवंश राय बच्चन की पंक्तियां हैं—

"मैं छिपाना जानता तो जग मुझे साधू समझता/
शत्रु खुद ही बन गया है छलरहित व्यवहार मेरा।"

मस्ती, नशे और खुमार के इस काव्य की सर्वाधिक लोकप्रिय अभिव्यक्ति हरिवंशराय 'बच्चन' की 'मधुशाला' में हुई है।

हजारीप्रसाद द्विवेदी ने 'हालावाद' की चर्चा करते हुए कहा है—"वस्तुतः यह 'हाला' एक प्रतीक मात्र है जो तत्कालीन प्रचलित झूठी आध्यात्मिकता के प्रतिवाद का एक प्रतीक मात्र था। मूलतः बच्चन की कविता मस्ती, उमंग और उल्लास की कविता है।" छायावादी कविता में जहां कवि नाविक से भुलावा देकर 'उस पार' ले जाने का आग्रह करता था वहां उत्तर-छायावादी कवि उस पार के बजाय 'इस पार' के ही भोग को तरजीह देता है—"इस पार प्रिये मधु है, तुम हो / उस पार न जाने क्या होगा?"

उत्तर-छायावादी कविता की भाषा में एक खुलापन है। इसमें सहजता है, पारदर्शिता है, छायावादी वायवीपन की कमी है, तत्सम बहुलता भी कम है। विजयदेव नारायण साही ने कहा है—"छायावाद ने संस्कृत शब्दों का प्रयोग उनके अभिधार्थ या लक्ष्यार्थ के ही लिए नहीं किया, बल्कि एक अलग प्रभामंडल के लिए किया जिसकी शर्त ही यही थी कि वह ठेठ शब्दों से स्त्रोत में ही अलग दीखे। इसी बहुलता को कम करने का काम दिनकर आदि ने किया। लेकिन स्त्रोत के प्रभामंडल का अतिरिक्त लाभ उन्होंने भी उठाया।" "तान-तान फण व्याल कि तुझ पर मैं बांसुरी बजाऊं" जैसी कविता में 'व्याल' और 'फण' के साथ लिपटे प्रभामंडल के अर्थ गौरव का अतिरिक्त लाभ दिनकर उठाते हैं। किंतु कुल मिलाकर, उत्तर-छायावादी कविता में तत्सम शब्दों के प्रयोग में कमी आयी और तत्समेतर शब्दों का प्रयोग बढ़ा। बच्चन की 'मधुशाला' तथा भगवतीचरण वर्मा की 'दीवानों की हस्ती' कविता में उर्दू शब्दावली, लय और मुहावरों के प्रयोग ने काव्यभाषा के खुलेपन और प्रवाहमयता को और भी समृद्ध किया।"

उत्तर-छायावादी कविता ने भी छंदों की विविधता को अपनाया है और अनेक रमणीय गीतों की रचना की है। बच्चन ने उर्दू की रुबाइयों और ग़ज़लों का प्रयोग अपने गीतों में किया है। छायावादी कविताओं में छंद या मुक्त-छंद की लय पूर्णतः प्रवाहपूर्ण नहीं है, उसके प्रवाह में कहीं-कहीं बाधाएं आती हैं परंतु उत्तर-छायावादी कवियों की लय का प्रवाह कहीं बाधित नहीं होता।

निष्कर्ष यह कि जिसे हम 'उत्तर-छायावाद' कहते हैं उसके अंतर्गत छायावादोत्तर काल की उन दो प्रमुख काव्य धाराओं को स्वीकार किया जाता है जिन्हें 'राष्ट्रीय चेतना धारा' और 'हालावाद' या 'मस्ती का काव्य' के रूप में हम जानते हैं। इस काल की सबसे प्रमुख काव्य धारा प्रगतिवाद को इसके अंतर्गत शामिल नहीं किया जाता।

आधार ग्रंथ :

1. आधुनिक साहित्य की प्रवृत्तियां, नामवर सिंह।
2. आधुनिक हिंदी कविता की मुख्य प्रवृत्तियां, नगेंद्र।
3. हिंदी साहित्य का इतिहास, रामचंद्र शुक्ल।
4. आधुनिक हिंदी साहित्य का इतिहास, बच्चन सिंह।
5. उत्तर छायावाद और रामगोपाल शर्मा 'रुद्र', नंदकिशोर नवल।

उत्तर-संरचनावाद

उत्तर-संरचनावाद शब्द अंग्रेजी के "पोस्ट स्ट्रक्चरलिज्म' (Post-Structurealism) के लिए प्रयुक्त होता है। यह संरचनावाद का अगला चरण है। परंतु इन दोनों को उस तरह नहीं अलगाया जा सकता जिस तरह आधुनिकतावाद और उत्तर-आधुनिकतावाद को। संरचनावाद कुछ विशिष्ट विचारों का गुंफ है जो कई अनुशासनों मसलन इतिहास, नृतत्वशास्त्र, राजनीतिशास्त्र, मनोविज्ञान, साहित्य आदि पर लागू किया जा सकता है। यह अकादमीय फैशन के रूप में प्रचलित रहा। इसे स्थापित करने में पांच फ्रांसीसी विद्वानों की प्रमुख भूमिका है। वे हैं क्लाडेलेवी स्त्रास (Claude Levi Strauss), माइकेल फूको (Michel Foucault), रोलां बार्थ (Roland Barthes), लुई अल्थ्युसर (Louis Althusser) और जैकियस लकन (Jacques Lacan)। इनका कोई स्कूल नहीं है। प्रत्येक का अपना अनुशासन और व्यक्तित्व है। किंतु इनकी पद्धतियों में कुछ ऐसी समानता है कि ये सभी संरचनावादी कहे जाते हैं। सास्यूर (Saussure De Ferdinand, 1857-1917) द्वारा विश्लेषित भाषिक संरचना इसके केंद्र में है। सास्यूर की महत्वपूर्ण पुस्तक "कोर्स इन जनरल लिंग्विस्टिक्स' (Course in General Linguistics), 1960 में प्रकाशित हुई थी। तीन दशकों तक इसका व्यापक प्रभाव रहा, और नौवें दशक में इसका पराभव शुरू हो गया तथा इसका स्थान उत्तर-संरचनावाद ने ले लिया। इस तरह इसकी जन्मभूमि फ्रांस है।

सास्यूर के अनुसार भाषा के दो रूप हैं "लांग ' (Langue) और "परोल' (Parole)। "लांग' को अंतर्वैयक्तिक भाषा व्यवस्था कह सकते हैं और "परोल' को व्यक्ति विशेष की भाषा कहा जा सकता है। "लांग' अंतःसंबंधित प्रतीकों की ऐसी सामान्य व्यवस्था है जो

पूरे समाज में वैचारिक संप्रेषण संभव बनाती है। यह व्यवस्था भाषा समुदाय के सभी सदस्यों के लिए अनिवार्य है। 'परोल' का क्षेत्र सीमित है। व्यक्ति भेद से उसका रूप बदल जाता है। 'परोल' वैज्ञानिक होने के साथ ही स्वच्छंद और परिवर्तनशील भी है। उसका वैज्ञानिक अध्ययन संभव नहीं है। 'लांग' के ही नियमों से 'परोल' नियंत्रित होता रहता है। 'परोल' के आधार पर भाषा के नियमों का अनुसंधान ही संरचना है। प्रसिद्ध नृतत्ववेत्ता लेवी स्त्रास ने इसी सिद्धांत को मिथकों के अध्ययन पर लागू किया। उसके अनुसार मूल मिथक लांग है तो उसके अलग-अलग रूप 'पेरोल'।

कृति विशेष की जटिल संरचना के विश्लेषण से प्राप्त सिद्धांतों के आधार पर अंततः साहित्य मात्र की रचना के मूल सिद्धांतों का अन्वेषण संरचनावाद का लक्षण है। संरचनावाद के लिए रचना मूलतः शाब्दिक या भाषिक संरचना है। इसलिए रचनाकार के वैचारिक-भावात्मक अभिप्राय का विवेचन प्रायः संरचनावाद के अंतर्गत नहीं आता।

वस्तुतः 1970 के दशक में ही ऐसी अनेक आलोचनात्मक प्रवृत्तियां उदित हुई थीं जिन्होंने संरचनावाद के भाषा और लक्षण-विज्ञान पर दो दशकों से चले आ रहे वर्चस्व को समाप्त कर दिया। कुछ विद्वानों का मानना है कि 'नव-संरचनावाद' के आगमन की औपचारिक घोषणा 1966 में ही हो गई जब जॉन हॉपकिन्स विश्वविद्यालय ने फ्रांसीसी दार्शनिक जॉक्स देरिदा (J. Derrida) को एक संगोष्ठी में आमंत्रित किया। उनका पर्चा "Structure, sign and play in the Discourse of the Human Science" था, जो उनकी पुस्तक (Writing and Difference, 1978) में शामिल है। इस तरह देरिदा के चिंतनपरक लेखन ने संरचनावाद का वर्चस्व कम किया और उत्तर-संरचनावाद की स्थापना की। उनके अमरीकी अनुयायी पाल डी मन (Paul De Man) ने उसे और विकसित किया।

यद्यपि संरचनावाद और उत्तर-संरचनावाद दोनों भाषिकी से सम्बद्ध हैं और भाषा पर ही अपने-अपने तरीके से विमर्श करते हैं पर संरचनावाद में भाषा को एक मॉडल के रूप में प्रस्तुति पर बल था। किंतु उत्तर-संरचनावाद में इस पर और अधिक जोर दिया गया। सास्यूर के अनुसार भाषा अर्थ को उन्मीलित करती है। देरिदा इसे स्वीकार नहीं करते। उनके अनुसार अर्थोन्मीलन का अभिप्राय है कि अर्थ शब्द से पहले रहता है। देरिदा का कहना है कि भाषा अर्थ की सृष्टि करती है। भाषा के बाहर कुछ भी नहीं है।

इस तरह उत्तर-संरचनावाद में सारा बल पाठ पर ही दिया जाता है। पाठ की सामान्य और गहन संरचना में ही सब कुछ निहित है। समीक्षा, पाठ-केंद्रित ही होती है। मूलतः समीक्षक का काम उपस्थित में अनुपस्थित की तलाश है जो 'ट्रेस और डिकांस्ट्रक्शन' से संभव होती है। 'पाठ' की गहन संरचना में निहित संवेदना, अर्थादि की खोज विखंडन के द्वारा ही संभव है। पॉल डी मन की मान्यता है कि काव्य-पाठ में ही आलोचना निहित रहती है। आलोचना की पद्धति, उसकी प्रक्रिया, उसके प्रतिमान हमें 'टैक्स्ट' में खोजने चाहिए। उत्तर-संरचनावाद पाठ के बाहर के किसी प्रतिमान या आदर्श सिद्धांत को पाठ-समीक्षा के लिए अनावश्यक मानता है।

उत्तर-संरचनावाद ने 'स्त्री-पाठ' पर भी बल दिया है। 'स्त्री-पाठ' से अभिप्राय है किसी 'पाठ को औरत की तरह पढ़ना। इस पुरुष प्रधान समाज में साहित्यिक पाठ को अब तक पुरुषवादी मनोवृत्ति से ही पढ़ा जाता रहा है अब 'स्त्रीवादी' दृष्टि से पढ़ने पर बल दिया गया।

इस तरह उत्तर-संरचनावाद ने लेखक को 'टेक्स्ट' (पाठ) से अलग कर दिया। रोलां बार्थ का एक चर्चित लेख है 'लेखक की मृत्यु' (The Death of the Author)। रोलां बार्थ का कहना है कि कई बार हमें ऐसा 'टेक्स्ट' मिलता है जिसके रचयिता को हम नहीं जानते, और जब ऐसे पाठ को हम अर्थ देते हैं अथवा पाठगत सत्य का संधान करते हैं तो वह पाठक या आलोचक का सत्य होता है। पाठ के अंतःसाक्ष्य से ही हम लेखक के संबंध में जान सकते हैं। अतः यदि महत्वपूर्ण है तो सिर्फ पाठ। पाठक या आलोचक अलग-अलग दृष्टियों से अपने-अपने सत्य या निष्कर्ष पर पहुंचते हैं। उत्तर-संरचनावाद में 'पाठ' के उन स्थलों का बड़ा महत्व होता है जिनसे पाठक या आलोचक पूर्णतः अनभिज्ञ होता है। इन्हें अज्ञात स्थल कहा जाता है। चूंकि इन स्थलों को बार-बार पढ़ने से हर बार नये अर्थों का संधान होता है, इसलिए उत्तर-संरचनावादियों के लिए ये पाठ के अत्यंत महत्वपूर्ण अंश होते हैं। उत्तर-संरचनावादी विमर्श शुद्ध वस्तुनिष्ठ विमर्श है। इसमें वैयक्तिकता के लिए गुंजाइश बहुत कम है। देरिदा ने अपने ग्रंथ 'ऑफ ग्रामैटोलॉजी' में विखंडन के जो तीन सूत्र दिये हैं—'डिफरेंस', 'ट्रेस' और 'आर्क राइटिंग' अर्थात आद्यलेखन। इनमें से प्रथम दो साहित्य की 'भाषा-संरचना' तथा तीसरा अनकहे अथवा अनजान की तलाश से सम्बद्ध हैं। उनका विखंडन पाठ को पढ़ने की एक ऐसी रणनीति है जो पूर्व निर्धारित 'पाठ संरचना' के गृहीत अर्थ से भिन्न अर्थों के संधान में सहायक होती है। देरिदा उत्तर-संरचनावादी हैं। संरचनावाद से वे इस बिंदु से असहमत हैं कि 'रचना', रचनाकार के हेतु से हमेशा अनुशासित और परिचालित नहीं होती, इसलिए वह स्वतंत्र होती है। अर्थात पाठ की सत्ता लेखक से स्वतंत्र होती है। इसीलिए पाठ का अर्थ पाठ की संरचना से ही अनुस्यूत है, बाहर से आरोपित नहीं।

फिलहाल, उत्तर-संरचनावाद की प्रमुख विशेषता पाठ की समीक्षा अथवा व्याख्या के सिद्धांत की प्रधानता है, लेकिन व्याख्या के पहले आलोचक को अपने 'तेवर' और 'रणनीति' के बारे में खुलासा कर देनी चाहिये। पहले यह कहा जाता था कि लेखक बड़े जतन के साथ पाठ को अर्थपूर्ण बनाता है। उत्तर-संरचनावाद इस तर्क को स्वीकार नहीं करता। संरचनावाद, पहले ही लेखक की सत्ता को अस्वीकार कर चुका था। उत्तर-संरचनावाद एक कदम और आगे बढ़ गया। वह किसी भी केंद्र को या पाठ के अंदर निहित नियंत्रक-संहिता को स्वीकार करने के पक्ष में नहीं है। लेखक के विकेंद्रीकृत होते ही पाठ का एक मात्र व्याख्याकार पाठक हो जाता है। पठन का अर्थ है चिह्नों के अंतर्संबंधों की व्याख्या करना। स्पष्ट है कि ऐसी स्थिति में लेखक ने किस उद्देश्य से पाठ लिखा है या फिर वह पाठ में क्या कहना चाहता है-निरर्थक हो जाते हैं। पाठक निडर होकर पाठ के भीतर प्रवेश करता है तथा उसकी व्याख्या की उन सीमित संभावनाओं को टटोलता है। उत्तर-संरचनावाद के आलोचकों का कहना है कि व्याख्या पर वर्चस्व स्थापित करने का यह नया तरीका है। उत्तर-संरचनावाद व्याख्या प्रक्रिया के बाहर खड़े होने का दिखावा करता है मगर हकीकत में उसका उद्देश्य व्याख्या पर नियंत्रण स्थापित करना है। इसके अलावा लेखक की उपस्थिति को पूरी तरह से नकारना संभव नहीं है क्योंकि पाठक की संवेदना में वह अन्य आख्यानों के रूप में मौजूद रहता है। अंत में यह दावा कि जितने पाठ हैं उतने ही पाठक होंगे तथा उतनी ही व्याख्यायें, अराजकता को निमंत्रण देने के समान हैं क्योंकि उपर्युक्त स्थिति में संवाद और संप्रेषण ही संभव नहीं है।

उत्तर-संरचनावाद आज के बौद्धिक वातावरण का महत्वपूर्ण स्वर है। यूरोप में इसका गहरा प्रभाव है और भूमंडलीकरण के युग में यह भूमंडलीय अवधारणा बनता जा रहा है। उत्तर-संरचनावाद उत्तर-औद्योगिक युग की उपज है। यह संरचनावाद से आगे की अवधारणा है और उत्तर-संरचनावाद उत्तर-आधुनिक समय का उत्पाद है जो विखंडन पर बल देता है।

हिंदी में भी इसकी खूब चर्चा हो रही है। नई समीक्षा पर इसका गहरा प्रभाव है। यद्यपि अभी तक किसी रचना का संरचनावादी सिद्धांतों के आधार पर विश्लेषण करके उसके निहितार्थ को स्पष्ट किया गया हो ऐसा देखने में नहीं आया। फिर भी इसके व्यापक विमर्श और प्रभाव की अनदेखी नहीं की जा सकती।

आधार ग्रंथ :

1. पाश्चात्य काव्य शास्त्र : अधुनातन संदर्भ, सत्यदेव मिश्र।
2. हिंदी आलोचना के बीज शब्द, बच्चन सिंह।
3. इतिहासबोध, अंक-35।
4. संरचनावाद उत्तर-संरचनावाद एवं प्राच्य काव्यशास्त्र, गोपीचंद नारंग।
5. A Dictionary of Literary Terms and Literary Theory, J.A. Cuddon.
6. Course in General Linguistics, De Ferdinand Saussure.
7. A Glossary of Literary Terms, M A Abrahams.

वेबसाइट : www.en.wikipedia.org/wiki/post-structuralism

उत्पत्तिवाद

उत्पत्तिवाद के प्रस्तोता भट्ट लोल्लट हैं। आचार्य भरत के नाट्यशास्त्र का महत्वपूर्ण सूत्र है—"विभावानुभाव व्यभिचारि संयोगाद्रसनिष्पत्तिः'। 'निष्पत्ति' का अर्थ है प्रकाशन, उत्पत्ति, पूर्णता अथवा परिपक्वता। पर 'रस-निष्पत्ति' काव्यशास्त्र के अंतर्गत काव्य की सौंदर्यानुभूति के समकक्ष स्वीकृत शब्द रहा है और इसकी व्याख्या तथा विवेचन में अनेक विद्वानों ने मौलिक प्रतिभा का परिचय दिया है। वस्तुतः 'काव्यानुभूति', 'काव्यानंद' आदि शब्द एक प्रकार से 'रस-निष्पत्ति' के समानार्थी हैं और इस संबंध में जितना गंभीर तथा विवादपूर्ण चिंतन हुआ है, वह सब काव्य की अंतर्भूत प्रकृति तथा तद्विषयक अनुभूति के सूक्ष्म तथा जटिल स्थिति के कारण ही।

भरत के सूत्र के आधार पर रस की व्याख्या करनेवाले आचार्यों में भट्ट लोल्लट प्रथम माने जाते हैं। इनके ग्रंथ का पता नहीं लग सका है, केवल 'अभिनवभारती' में अभिनवगुप्त के द्वारा प्रस्तुत इनका मत आगे के आचार्यों के लिए भी इनके सिद्धांत के विषय में तर्क-वितर्क का आधार रहा है। 'अभिनवभारती' के अनुसार भट्ट लोल्लट का मत है—"विभावादि का स्थायी भाव से संयोग होने पर रस-निष्पत्ति होती है। विभाव रस के कारणस्वरूप हैं। इनके द्वारा स्थायी भाव की 'उपचित' अवस्था का नाम रस है। यह रस मूलतः अनुकार्य, अर्थात् रामादिक ऐतिहासिक पात्रों में

ही होता है, किंतु उनके रूपादि के अनुसंधान में अनुकर्ता-नट में भी विद्यमान होता है"। इस प्रकार भट्ट लोल्लट के अनुसार 'निष्पत्ति' का अर्थ 'उत्पत्ति' या 'पुष्टि' है। इस दृष्टि से इनके सिद्धांत को उत्पत्तिवाद कहा गया है।

भट्ट लोल्लट ने भरत के रस सूत्र की विस्तृत विवेचना करते हुए अनेक नूतन स्थापनाएं प्रस्तुत की हैं। उन्होंने रस-निष्पत्ति का स्पष्टीकरण करते हुए निष्पत्ति का अर्थ—'उत्पत्ति' माना है। इसीलिए उनके मत को 'उत्पत्तिवाद' की संज्ञा दी जाती है। भट्ट लोल्लट ने रस के विभिन्न अवयवों का क्रम, महत्व एवं योगदान स्पष्ट करते हुए रस-निष्पत्ति की तीन प्रक्रियाओं पर भी प्रकाश डाला है वे हैं—उत्पत्ति, प्रतीति एवं पुष्टि। भट्ट लोल्लट के अनुसार विभावों से स्थायी भाव या रस की उत्पत्ति होती है, अनुभावों से उनकी प्रतीति तथा संचारी भावों से उसकी पुष्टि होती है।

'भट्ट लोल्लट' ने इस प्रश्न पर भी विचार किया है कि एक ही व्यक्ति के मन में स्थायी भाव और संचारी भाव दोनों का अस्तित्व एक साथ कैसे संभव है? भट्ट लोल्लट ने इसका समाधान करते हुए कहा है कि-"संचारी भाव संस्कार रूप में ही स्थायी भाव के साथ रहते हैं।" उन्होंने इस तथ्य का भी उद्घाटन किया है कि संचारी भाव वस्तुतः स्थायी भाव के ही उद्भूत रूप हैं। स्थायीभाव वह मूल भाव है जो अनुद्भूत रूप में ही अचेतन मन में स्थिर रहता है, जबकि उद्भूत होने से विभिन्न संचारी भावों की उद्दीप्ति होती है। इसे स्पष्ट करते हुए कहा जा सकता है कि जब स्थायी भाव उद्बुद्ध या जाग्रत होता है तो वह परिस्थिति भेद के अनुसार नाना रूपों में व्यक्त होता है। भट्ट लोल्लट की यह धारणा सही है कि संचारी भाव और स्थायी भाव दोनों की स्थिति एक साथ संभव है, भले ही वे बाह्य दृष्टि से परस्पर विरोधी ही क्यों न प्रतीत होते हों। वस्तुतः स्थायी भाव का उद्बोधन ही संचारी भावों के माध्यम से होता है। अतः दोनों में किसी प्रकार की अभिन्नता या विच्छिन्नता स्वीकार नहीं की जा सकती।

भट्ट लोल्लट के अनुसार स्थायी भाव और रस में आधारभूत अंतर यह है कि जहां स्थायी भाव, विभाव, अनुभाव, संचारी भाव आदि अवयवों से युक्त नहीं होता वहां रस इनसे संयुक्त होता है। परंतु भट्ट लोल्लट का यह मत स्वीकार्य नहीं है क्योंकि लौकिक जीवन में भी जब भी स्थायी भाव का उद्वेलन होगा तो उस समय कोई न कोई आलम्बन, उद्दीपन, अनुभाव, संचारी भाव आदि का अस्तित्व लौकिक रूप के अनुसार रहता है। अतः भट्ट लोल्लट के द्वारा दोनों में निर्दिष्ट किया गया अंतर उचित नहीं है।

रस की निष्पत्ति मूल ऐतिहासिक पात्रों में होती है या अभिनेता-अभिनेत्रियों में अथवा केवल पाठकों या दर्शकों में, यह प्रश्न भी रस-सिद्धांत के संदर्भ में विचारणीय रहा है। लोल्लट के अनुसार रस की निष्पत्ति मूल ऐतिहासिक पात्रों में ही संभव है। अभिनेता तो उनकी केवल अनुकृतिमात्र प्रस्तुत करते हैं।

हमें यहां यह न भूलना चाहिए कि स्थायी भाव लौकिक अनुभूति है जबकि रस कलाजन्य अनुभूति है, जिसकी उपलब्धि कला के माध्यम से ही संभव है। इस प्रकार हम देखते हैं कि भट्ट लोल्लट ने रस सूत्र की व्याख्या करते हुए अनेक नूतन, मौलिक एवं क्रांतिकारी स्थापनाएं प्रस्तुत की हैं जिनकी रस-सिद्धांत की चिंतन-परंपरा को आगे बढ़ाने में महत्वपूर्ण भूमिका है।

आधार ग्रंथ :

1. रस सिद्धांत, डॉ. नगेंद्र।
2. काव्य में रस, आनंद प्रकाश दीक्षित।
3. भारतीय साहित्य शास्त्र कोश, डॉ. राजवंश सहाय 'हीरा'।
4. हिंदी साहित्य कोश भाग-1।

उदात्त तत्त्व

उदात्त की अवधारणा के जनक लांजाइनस (Longinus) हैं। वे कब और कहां हुए-यह अब भी विवाद का विषय बना हुआ है। फिलहाल अधिकांश विचारकों के मत से लांजाइनस जन्म से यूनानी थे और उनका समय ईसा की प्रथम से तीसरी शताब्दी के बीच माना जा सकता है।

लांजाइनस के नाम से जो ग्रंथ है उसका यूनानी नाम 'पेरि इप्सुस' या 'पेरि हुप्सुस' है। शताब्दियों की उपेक्षा तथा विस्मृति के बाद 'पेरि इप्सुस' 1554 ई. में प्रकाशित हुआ, जिसका श्रेय 'रोबेरतेल्लो' (Robertello) नामक एक इतालवी विद्वान् को है। इसका पहला अंग्रेजी रूपांतर जॉन हॉल ने 1652 ई. में किया और नाम रखा 'ऑफ दि हाइट ऑफ एलोक्वेन्स (Of the Height of Eloquence)।

अनुवादकों ने ग्रीक शब्द 'पेरिइप्सुस' को 'सब्लाइम' (Sublime), 'ऑन दी सब्लाइम' (On the Sublime) और 'ऑन दी आर्ट सब्लाइम' (On the Art Sublime)

आदि शब्दों से अभिहित किया है। 'परि इप्सुस' का क्षेत्र अत्यंत व्यापक है। लांजाइनस की 'पेरिइप्सुस' संबंधी अवधारणा अति गहन है तथा काव्येतर विषय, इतिहास, दर्शनशास्त्र, भाषण शास्त्र आदि ही नहीं वरन् धर्म शास्त्र तक को अपने में समेटे हुए है।

'पेरि हुप्सुस' लगभग साठ पृष्ठों की लघुकाय कृति है जिसमें छोटे-बड़े 44 अध्याय हैं। अध्यायों का आकार बहुत ही असमान है-कुछ अध्याय दो-तीन पृष्ठों के हैं तो कुछ केवल सात-आठ पंक्तियों के। इसका एक कारण यह भी है कि कई अध्यायों के अंश खंडित हैं। पूरी पुस्तक का प्राय: एक-तिहाई भाग लुप्त है। 1500 वर्षों तक इसका कहीं अता-पता नहीं था। सोलहवीं शताब्दी के पूर्व इसकी कहीं चर्चा भी नहीं मिलती। काव्यशास्त्रीय इतिहास का निश्चय ही यह बहुत बड़ा सौभाग्य है कि 'पेरि हुप्सुस' जैसी महत्त्वपूर्ण कृति, खंडित रूप में ही सही, प्रकाश में आयी। विद्वानों ने एक स्वर से इस कृति की और कृतिकार की प्रशंसा की है। सेन्ट्सबरी के शब्दों में लांजाइनस "तीक्ष्ण साहित्यिक प्रतिभा से संपन्न लेखक है और 'पेरि हुप्सुस' विस्मयकारी कृति। आलोचना का कोई विद्यार्थी एक दर्जन पंक्तियां पढ़ने के बाद यह अनुभव किये बिना नहीं रह सकता कि वह एक दूसरी दुनिया में है।" एलेन टेट ने उन्हें "अपूर्ण होते हुए भी प्रथम साहित्यिक आलोचक" माना है। विमसैट और क्लींथ ब्रुक्स के अनुसार 'पेरि हुप्सुस' "एक असाधारण लेख (Extra Ordinary Essay) है।"

'पेरि हुप्सुस' एक हजार वर्षों की दीर्घ अवधि में उत्पन्न लगभग पचास यूनानी-रोमी लेखकों की कृतियों के उद्धरणों का खजाना है। रीज रॉबर्ट्स ने लिखा है कि यदि दुर्दैव से यूनानी ललित साहित्य लुप्त हो जाए तो 'पेरि हुप्सुस' में उद्धृत संदर्भों की सहायता से उसके वैशिष्ट्य की बहुत कुछ झांकी मिल सकती है।

लांजाइनस ने वस्तुतः उदात्त की कहीं भी सूत्र-बद्ध व्याख्या नहीं की है। उन्होंने उदात्त के स्रोतों, उदात्त-सृजन संबंधी बाधाओं और उदात्त के प्रभाव का ही विस्तार से उल्लेख किया है।

लांजाइनस की मान्यता है कि भाषा का वैशिष्ट्य और चरमोत्कर्ष ही उदात्त है; क्योंकि विशिष्ट भाषा श्रोताओं अथवा पाठकों को साधारण मनोरंजन और बुद्धि विलास से ऊपर उठाती है, विस्मय का उद्रेक कर उन्हें मंत्रमुग्ध करती है। डॉ. नगेंद्र के शब्दों में, "इसमें उदात्त कला की प्रेरक भावनाओं और धारणाओं का विश्लेषण नहीं वरन उदात्त शैली के आधारभूत तत्त्वों का विश्लेषण है।"

'पेरि हुप्सुस' की रचना के मूल में लांजाइनस का उद्देश्य है भाषणकला का शास्त्रीय विवेचन। भाषणशास्त्र अनुनयन (persuation) का शास्त्र है और यूनान के भाषणशास्त्रियों के सामने उसका यही प्रमुख उद्देश्य रहा है। लांजाइनस की विशेषता इसमें है कि उन्होंने भाषणशास्त्र का उद्देश्य अनुनयन नहीं, लोकोत्तर आह्लाद या सम्मोहन माना। उद्देश्य की यह तात्त्विक भिन्नता उन्हें अन्य भाषणशास्त्रियों से अलग ही नहीं करती, ऊपर भी उठा देती है।

उनकी विशिष्ट भाषा पाठक अथवा श्रोताओं में पढ़ने अथवा सुनने के समय उन्हें मंत्रमुग्ध कर लेती है। लांजाइनस ने विराट प्रकृति को भी उदात्त माना है। 'पेरि इप्सुस' में लिखा है, "प्रकृति ने हम मनुष्यों को नीच और जघन्य पशु होने के लिए नहीं बनाया है, बल्कि जब वह हमें जीवन के क्षेत्र में और इस विराट विश्व में प्रविष्ट कराती है तो मानो किसी बड़ी सभा में प्रविष्ट करा रही हो—इस उद्देश्य से कि हम इस विराट पूर्णता का दर्शन करें और गौरव के उत्कट अभिलाषी बनें—उसी समय जो कुछ भी हमसे अधिक उदात्त और दिव्य है, उसके प्रति एक अदम्य आकर्षण वह हमारी आत्मा के भीतर अंकुरित कर देती है। यही कारण है कि संपूर्ण विश्व भी मानव-मस्तिष्क के विचार और चिंतन के लिए पर्याप्त नहीं लगता और प्रायः हमारी कल्पना दिगंत को पार कर जाती है; यदि हम अपने चारों ओर के जीवन पर दृष्टि डालकर यह देख सकें कि उसमें अद्भुत महान और सुंदर पदार्थों की कितनी प्रचुरता है तो हमें अपने जन्म का प्रयोजन समझने में देर नहीं लगेगी। यही कारण है कि स्वभाव से ही हम छोटी-छोटी धाराओं की प्रशंसा नहीं करते, चाहे वे कितनी ही उपयोगी और निर्मल क्यों न हों, बल्कि महासागर से अधिक प्रभावित होते हैं। इसी प्रकार हम अपने द्वारा प्रज्वलित छोटी सी अग्नि-शिखा को...न हम ऐतना के ज्वालामुखियों की अपेक्षा अधिक विस्मयकारी मानते हैं जो अपने विस्फोट में अतल गर्त से बड़े-बड़े पत्थर एवं वृहदाकार शिलाखंड बाहर फेंकते रहते हैं और कभी-कभी जिनके गर्भ से विशुद्ध और अमिश्रित ज्वाला का नद-प्रवाह उमड़ता चला आता है। इन सब विषयों में हम यह कह सकते हैं कि जो कुछ भी उपयोगी तथा आवश्यक है उसे मनुष्य साधारण मानता है, अपने संभ्रम का भाव तो वह उन पदार्थों के लिए ही सुरक्षित रखता है जो विस्मय विमूढ़ कर देने वाले हैं।"

यहां पर लांजाइनस ने मानव-प्रकृति और उसके मस्तिष्क की विराटता की ओर संकेत किया है। मनुष्य स्वभाव का यह विराटोन्मुखी पक्ष ही क्षुद्रताओं और संकीर्णताओं का अतिक्रमण कर महान और भव्य-सृजन में सहायक होता है।

कवि या रचनाकार की यह स्वभावगत विराटता ही है जो प्रकृति में भी विराटता देख सकने में समर्थ है।

मानव स्वभावगत इस विराटता से शून्य सर्जक अथवा भावक न तो साहित्य में उदात्त का सृजन ही कर सकते हैं और न आस्वादन ही।

स्वभावगत विराटता के इस उद्घाटन को उदात्त मानने के साथ ही साथ लांजाइनस वेग की प्रबलता तथा उद्दाम गति को भी उदात्त मानते हैं। वक्ता दिमोस्थनीस की प्रशंसा करते हुए लांजाइनस ने लिखा है कि वह अपनी गर्जन और विद्युतमयी वेग से सभी युग के वक्ताओं को परास्त कर देता है तथा श्रोताओं को अपने धारा प्रवाह में बहा ले जाता है।

लांजाइनस वागाडम्बर को अनुदात्त मानते हैं। इसी प्रकार जहां वे महान भाव-क्षमता को उदात्त का स्रोत मानते हैं, वहीं भावाडम्बर अर्थात् बचकानी भावुकता को उदात्त का सबसे बड़ा अवरोध भी मानने में नहीं हिचकिचाते।

लांजाइनस एक ओर जहां सैफो के प्रेमगीतों में उदात्त के दर्शन करते हैं तो दूसरी ओर होमर के युद्ध-वर्णन को भी उदात्त युक्त मानते हैं। एक ओर उन्हें एतना ज्वालामुखी के विस्फोट में उदात्त काव्य-विषय होने की पूर्ण क्षमता दिखाई देती है, तो दूसरी ओर पाताल में अजैक्स का मौन भी कहीं अधिक उदात्त और भव्य दिखाई देता है। लांजाइनस की यह विविधता और द्वंद्वात्मकता विषयगत संगति को किसी हद तक भ्रमित करती है, किंतु समग्रता से देखने पर भ्रम का निवारण हो जाता है।

तात्पर्य यह कि लांजाइनस की उदात्त विषयक धारणा पर्याप्त गहन और व्यापक है। उसकी विस्तृत परिधि के अंतर्गत प्रबल भावानुभूति, महान विचार, उद्दाम आवेग, मानव स्वभावगत और प्रकृतिगत विराटता, असाधारण और दिगंत व्यापी कल्पना, विस्मयकारी असाधारणता के साथ ही साथ भव्य तथा गरिमामयी शांति और विलक्षण मौन का भी समाहार हो जाता है, क्योंकि इस सबका प्रभाव श्रोता अथवा पाठक को आत्मविभोर कर देता है।

इस तरह उदात्त एक प्रकार का वह दुर्निवार आत्मानुभव है, जिससे साहित्य-विज्ञ बच ही नहीं सकता, जिसकी स्मृति अमिट, प्रभाव स्थायी और विचारोत्तेजक होता है। उदात्त तत्त्व युक्त रचना सार्वदेशिक, सार्वकालिक और सभी साहित्य-मर्मज्ञों को आनंद विभोर करने वाली होती है।

'पेरि इप्सुस' के अध्याय आठ में लांजाइनस ने उदात्त के पांच स्रोतों का उल्लेख किया है; यथा-(1) महान विचारों के धारण की शक्ति (Grandeur of thought) (2) भावों की उत्कटता और सघनता (Mtensity of emotion), (3) अलंकारों की उपयुक्त योजना (Appropriate use of figures), (4) अभिजात अभिव्यक्ति (Dignified Expression) और (5) भव्य रचना विधान (Majesty and Elevation of structure)।

उपर्युक्त स्रोतों को उदात्त तत्त्व के गुण भी समझना चाहिए। लांजाइनस का विश्वास है कि प्रकृति कितनी भी स्वच्छंद और स्वाधीन क्यों न हो; व्यवस्थाहीन नहीं हो सकती। प्रकृति के स्वच्छंद कार्य व्यापार में भी अंतर्निहित एक व्यवस्था होती है; इसी व्यवस्था को प्रकाश में लाना कला का कार्य है। अतः कला, प्रकृति विरोधी न होकर प्रकृति की सहयोगिनी है और एक निश्चित उद्देश्य की पूर्ति में प्रकृति की सहायता करती है।

'पेरिइप्सुस' के अध्याय 22 में लांजाइनस ने लिखा है–"For art is then perfect when it seems to be nature, and nature, again, is most effective when pervaded by the unseen presence of art."

अर्थात् कला तभी पूर्ण होती है जब वह प्रकृति की तरह प्रतीत हो और इसी तरह प्रकृति भी तभी सर्वाधिक प्रभावशाली होती है जब उसमें कला अलक्षित रूप में विद्यमान हो।

कला और प्रकृति के इसी अंतःसंबंध पर बल देते हुए लांजाइनस ने उदात्त के उपर्युक्त पांच स्रोतों में से, प्रथम दो को प्रकृति प्रतिभा प्रदत्त माना है तथा अंतिम तीन कलागत। वस्तुतः साहित्य में इन्हीं पांचों स्रोतों का समन्वित प्रयोग, सच्चे अर्थों में प्रकृति और कला का संबंध है और जो साहित्यकार इसका समन्वय करने में सक्षम है, वही उस उदात्त-साहित्य का सृजन कर सकेगा, जिसका प्रभाव दुर्निवार और स्थायी होता है।

इस तरह लांजाइनस के अनुसार उदात्त का लक्षण है–'अभिव्यंजना का अनिवर्चनीय प्रकर्ष और वैशिष्ट्य'। यह लक्षण अत्यंत व्यापक है और इसकी सीमा में भाषण भी आता है, लेखन भी; गद्य भी, पद्य भी। होमर के महाकाव्य, देमोस्थेनेस की वक्तृताएं, प्लेटो के संवाद और सैफो के प्रगीत, सर्वत्र उदात्त की स्थिति संभव है। शर्त केवल एक है, अभिव्यंजना में आह्लाद की, सम्मोहन की शक्ति होनी चाहिए।

लांजाइनस ने उदात्त के सृजन में घातक शैलीगत दोषों का भी उल्लेख किया है। उदात्त विरोधी तत्त्वों में वागाडम्बर (Tumidity of Bombast), क्षुद्रवाग्विलास (Frigidity), बचकानापन (Puerility) और भावाडम्बर (False Passion) प्रमुख हैं।

शैलीगत इन प्रमुख दोषों के अतिरिक्त कुछ अन्य दोषों का उल्लेख भी लांजाइनस ने किया है। यथा– प्रसंगानुकूल भाषा का प्रयोग न करना, अभिव्यक्ति में

अनावश्यक विस्तार, अभिव्यक्ति में अत्यधिक संक्षिप्तता अर्थात् 'टेलीग्राफिक स्टाइल' का सहारा लेना तथा संगीत-लय का आधिक्य आदि।

अंततः सेंट्सबरी के शब्दों में "हां, जैसा हमने कहा है, वे अकेले ही हैं। जब तक पंद्रह सौ वर्ष पार कर हम कॉलरिज तक नहीं पहुंचते, तब तक उनकी श्रेणी का दूसरा आलोचक हमें नहीं मिलता।...अपने वर्ग की सभी कृतियों के बीच यह कृति शीर्षस्थ बनी रहती है। यह ऐसे आलोचक की कृति है जो पहले के सभी आलोचकों की भूलों से कुछ-न-कुछ सीखता है और अपनी सहज प्रतिभा से वैसी चीजों का संकेत करता है जो बाद की अनेक शताब्दियों तक देखने को नहीं मिलतीं।"

आधार ग्रंथ :

1. उदात्त के विषय में, डॉ. निर्मला जैन।
2. काव्य में उदात्त तत्त्व, डॉ. नगेंद्र और नेमिचंद्र जैन (अनुवादक)।
3. पाश्चात्य काव्य शास्त्र:अधुनातन संदर्भ, सत्यदेव मिश्र।
4. पाश्चात्य काव्यशास्त्र, देवेंद्र नाथ शर्मा।
5. The Making of Literature, R.A. Scoot-James.
6. Longinus on the Sublime, Prof. W. Rhys Roberts.
5. Literary Theory in Antiquity, J.W.H.Atkins.

उपनिवेशवाद

'उपनिवेशवाद' या Colonialism रोमन भाषा के शब्द 'कोलोनिया' से बना है। कोलोनिया का अर्थ है रोमन आक्रांताओं द्वारा विजित वह क्षेत्र जहां आक्रांताओं ने अपनी नागरिकता को कायम रखते हुए नयी बस्तियां बनाईं। यूरोपीय महाशक्तियों द्वारा ऐसी बस्तियों की स्थापना आठवीं से उन्नीसवीं शताब्दियों के बीच की गयी। यह उत्तरी और दक्षिणी अमेरिका से लेकर एशिया, अफ्रीका तथा ऑस्ट्रेलियाई महाद्वीप तक फैली हुई थी। लगभग ग्यारह शताब्दियों तक चलने वाली यह प्रक्रिया समरूप नहीं थी। मसलन, पूंजीवाद के आने से पहले उपनिवेशवाद का उद्देश्य प्रायः बस्तियों पर राजनैतिक और भौगोलिक नियंत्रण स्थापित करने तक सीमित था।

आज उपनिवेशवाद ऐसे लोगों के समूह के लिए प्रयुक्त किया जा सकता है जो बेहतर जीवन की परिस्थितियों की खोज में अपनी मातृभूमि से दूर जाकर कहीं और बस जाते हैं। इस तरह उपनिवेशवाद तीन प्रकार का हो सकता है। पहला, जिसकी एक मिसाल संयुक्त राज्य अमेरिका है, जहां उपनिवेशी लोगों ने दौलत और तकनीक के बल पर स्थानीय लोगों की संख्या समाप्तप्राय कर दी है। अमेरिका और ऑस्ट्रेलियाई महाद्वीप इस तरह के उपनिवेशवाद के उदाहरण हैं जहां स्थानीय लोगों को या तो मार दिया गया या फिर वैवाहिक संबंध स्थापित करके अपने में समाहित कर लिया गया।

दूसरा उपनिवेशवाद वह है जिसमें विदेशी लोग समृद्धि की तलाश में कहीं जाकर बसे और बेहतर सैन्य-क्षमता के बल पर स्थानीय लोगों को दास बना लिया। अफ्रीकी-महाद्वीप में पनपा उपनिवेशवाद इस तरह के उपनिवेशवाद की मिसाल है। इन दोनों ही प्रकार के उपनिवेशवादों में उपनिवेशी लोगों का अपनी मातृभूमि से संबंध या तो पूरी तरह से खत्म हो गया अथवा क्रमशः क्षीण होता चला गया।

तीसरे प्रकार के उपनिवेशवाद में उपनिवेशी लोग दूसरे देश में आकर बसते नहीं है। बल्कि कुछ समय बिता कर अपनी मातृभूमि वापस चले जाते हैं। लेकिन केंद्र और उपनिवेश का संबंध संस्थागत तौर पर बजाब्ता न केवल जारी रहता है बल्कि व्यापारिक लाभ और राजस्व भी उपनिवेशवादी देश में जाता रहता है। यह तीसरी तरह का उपनिवेशवाद ऐतिहासिक तौर पर पहले दोनों तरह के उपनिवेशवादों के बाद उपजा और विशेषकर एशिया में दृष्टिगोचर होता है। भारत इसी प्रकार के उपनिवेशवाद का एक उदाहरण था।

उपनिवेशवाद का सीधा संबंध औद्योगिक पूंजीवाद से है। जिस समय ब्रिटेन में पूंजीवादी संचयन चरम पर था (1750 के आस-पास) लगभग उसी समय स्थानीय आविष्कारकों ने कृषि और औद्योगिक क्षेत्रों में उत्पादन बढ़ाने के लिए ऐसे आविष्कार किये जो औद्योगिक क्रांति के प्रभावी कारक बन गये। पूंजी और प्रौद्योगिकी के इस अद्भुत गठजोड़ ने यूरोप का मानचित्र बदल दिया। हालांकि यह क्रांति ब्रिटेन से आरंभ हुई थी फिर भी 19वीं शताब्दी के समाप्त होने तक पश्चिमी यूरोप के सभी देश तथा संयुक्त राज्य अमेरिका तेजी से संक्रमण की ओर बढ़ चुके थे। औद्योगिक पूंजीवाद ने बस्तियों और यूरोपीय शक्तियों के आपसी संबंधों को पूर्णतया बदल दिया। अर्थात बस्तियों के आर्थिक दोहन तथा सांस्कृतिक

पुनर्निर्माण की योजना इसी दौर में बनायी गयी। शायद यही कारण है कि पूंजीवादी उपनिवेशवाद को 'साम्राज्यवाद' के नाम से संबोधित किया जाने लगा। यूरोपीय साहित्य में 'साम्राज्यवाद' का चलन उन्नीसवीं शताब्दी के चौथे दशक के आस-पास शुरू हुआ।

उपनिवेशवाद पर प्रथम और विस्तृत टिप्पणी मार्क्स तथा एंगेल्स ने की। दोनों ने उपनिवेशवाद-विषयक लेख भारत और चीन को केंद्र में रखकर लिखे।

मार्क्स के अनुसार उपनिवेशवाद की स्थापना से गैर-पूंजीवादी व्यवस्था चरमराने लगती है। भारत के संदर्भ में मार्क्स ने इसे ब्रिटिश शासन के सकारात्मक तथा नकारात्मक परिणामों के रूप में देखा। लेकिन यह सब बिना प्रतिकार के नहीं होता है। जैसा कि भारत (आदिवासी विद्रोह, किसान विद्रोह, 1857 का विद्रोह) तथा चीन (बक्सर विद्रोह, ताइपिंग विद्रोह) में पनपने वाली प्रतिरोधी संस्कृति में देखा गया। मार्क्स का मानना है कि एशियाई उत्पादन की पद्धति को नष्ट किये बिना औद्योगिक पूंजीवाद, औपनिवेशिक बाजारों को पूरी तरह से भेदने में असमर्थ है। इसलिए वह उसे नष्ट करने में पूरा जोर लगा देता है। मार्क्स इसे सकारात्मक क्रिया मानते हैं क्योंकि एशियाई समाजों की पुरातनकालीन जड़ता को समाप्त करने का यही एक मात्र उपाय है।

गैर पूंजीवादी उत्पादन की पद्धतियों का विखंडन आगे चल कर विचारकों में बहस-मुबाहिसे का विषय बना। उन्नीसवीं शताब्दी के अंत तथा बीसवीं शताब्दी के प्रारंभिक दशकों में रोजा लक्समबर्ग, हिलफर्डिंग, कॉउत्स्की तथा लेनिन ने अपने-अपने ढंग से इसे प्रस्तुत किया। 'पूंजी का संग्रह' नामक रचना में लक्समबर्ग ने लिखा कि पूंजीवाद की मूल समस्या है बाजार में प्रभावी मांग की कमी होना। पूंजीपति न तो मजदूरों का वेतन बढ़ाने को तैयार है और न ही उत्पादन घटाने के लिए। परिणामस्वरूप उत्पादन सभी सीमाओं को पार कर जाता है। इन परिस्थितियों में नये बाजारों की तलाश अनिवार्य हो जाती है।

लक्समबर्ग के समकालीन हिलफर्डिंग ने औपनिवेशिक हस्तक्षेप की क्रिया को पूंजीवादी विकास के विशेष चरण से जोड़ कर देखा। हिलफर्डिंग के अनुसार उपनिवेशवाद, वित्तीय पूंजीवाद का चरम बिंदु है। इस चरण में पूंजीवादी देश उपनिवेशों में पूंजी का विनियोजन करते हैं। वित्तीय पूंजीवाद को जीवित रखने के लिये विजित क्षेत्रों पर कठोर नियंत्रण कायम रखना तथा नये क्षेत्रों को निरंतर कब्जे में लाना अनिवार्य हो जाता है।

द्वितीय महायुद्ध के बाद साम्राज्यवाद की व्याख्या नये ढंग से की जाने लगी। कुछ ने इसे पराश्रयवाद का नाम दिया। पराश्रयवादियों ने उपनिवेशवाद की तत्कालीन व्याख्याओं को अस्वीकार करते हुए उसे ब्राजील, अर्जेंटीना तथा मैक्सिकों जैसे देशों के लिए अनुपयुक्त बतलाया। पराश्रयवाद मानता है कि उपर्युक्त देश अल्पविकसित होने के साथ-साथ पूंजीवादी अर्थव्यवस्था के उदाहरण भी हैं। इनकी दशा लगभग वैसी ही है जैसी पूंजीवादी संक्रमण के समय पश्चिमी यूरोप के देशों की थी। पराश्रयवाद के प्रमुख वक्ता बरान, गुंदर फ्रांक तथा अमीन का विचार है कि विश्व के विकसित पूंजीवादी देश अविकसित पूंजीवादी देशों से लगातार अधिशेष वसूलते हैं। यह प्रायः लाभांश के रूप में होता है। परिणामस्वरूप, पराश्रित देश में पूंजी का पर्याप्त संचयन नहीं हो पाता है। और वह तेजी से अल्पविकास की ओर अग्रसर होता है। दूसरी ओर लाभांश को विकसित देश में विनियोजित किया जाता है जिससे उसकी अर्थव्यवस्था और मजबूत हो जाती है।

अस्सी के दशक तक पहुंचते-पहुंचते पराश्रयवाद की उपादेयता उत्तरोत्तर घटने लगी। इसी बीच उपनिवेशवाद की एक नयी व्याख्या अर्थात् नव-उपनिवेशवाद भी चलन में आयी जिसे पराश्रयवाद से अधिक लोकप्रियता मिली।

नव-उपनिवेशवाद का सिद्धांत सर्वप्रथम सार्त्र तथा कामू जैसे दार्शनिकों द्वारा प्रतिपादित किया गया। कुछ ही समय में एशिया और अफ्रीका के नवोदित राष्ट्र-राज्यों में यह बौद्धिक विमर्श का हिस्सा बन गया।

नव-उपनिवेशवाद की प्रक्रिया द्वितीय महायुद्ध के बाद गतिमान हुई। 20वीं शताब्दी के उत्तरार्द्ध में उसकी निम्नलिखित प्रवृत्तियां परिलक्षित हुईं :

1. विश्व के विभिन्न भागों में पूंजीवादी प्रणाली को सुरक्षित रखने तथा समाजवाद के विरुद्ध उसे निर्देशित करने की जिम्मेदारी संयुक्त राष्ट्र अमेरिका और उसके मित्रों ने संभाली। इसके लिये अमेरिका और उसके मित्रों को उपनिवेशों तथा पूर्व उपनिवेशों के बुर्जुआ और प्रतिक्रियावादी वर्गों का समर्थन जुटाना पड़ा।
2. पूंजीवादी देशों ने 'कल्याणवाद' के नाम से कई कार्यक्रम चलाये जिससे उसकी छवि में सुधार लाया जा सके। 'कल्याणवाद' को संस्थागत आधार ब्रिटेन की प्रधानमंत्री मारग्रेट थैचर तथा अमेरिकी राष्ट्रपति रोनाल्ड रीगन ने प्रदान किया।
3. विश्व के पूंजीवादी देश दो स्पष्ट हिस्सों में बंटे हैं : (क) केंद्र–जिसका नेतृत्व मुट्ठी भर पूंजीवादी देश कर रहे हैं जो औद्योगिक दृष्टि से अत्यधिक विकसित है। (ख) परिधि–जिसमें एशिया, अफ्रीका, लातिनी अमेरिका के पूंजीवादी तथा गैर साम्यवादी देशों को शुमार किया जाता है।

केंद्र में स्थित पूंजीवादी देश अपनी उन्नत प्रौद्योगिकी और संचित पूंजी की सहायता से विश्व अर्थव्यवस्था पर मजबूत पकड़ बनाये रखते हैं। इस लक्ष्य को पूरा करने के लिए वह बहुराष्ट्रीय कंपनियों का निर्माण करते हैं तथा विश्व व्यापार संगठन के माध्यम से 'परिधि' देशों पर लगातार दबाव डालते रहते हैं। बहुराष्ट्रीय कंपनियां उपभोक्तावादी संस्कृति की संवाहक होती हैं जिनका उद्देश्य है पश्चिमी देशों के उत्पादों के लिए विश्व को समरूप बाजार में बदल देना। इस कार्य के लिए प्रायः हालीवुड फिल्मों, विदेशी टेलीविजन धारावाहिकों, विदेशी व्यंजनों के प्रचार, फैशन शो इत्यादि की सहायता ली जाती है। पश्चिमी संस्कृति के प्रति उदार रवैया तैयार करने के लिए यह बहुत जरूरी है।

उपनिवेश का अंतिम किंतु महत्त्वपूर्ण पक्ष है राष्ट्रीय सीमाओं के भीतर मौजूद औपनिवेशिक प्रवृत्तियां। इन्हें नृजातीय, भाषाई, आर्थिक, क्षेत्रीय और अन्य रूपों में अधीन समूहों पर क्रियाशील देखा जा सकता है। इसे आंतरिक उपनिवेशवाद का नाम दिया गया है। इसके उदाहरण श्रीलंका, और चीन हैं जहां तमिल और तिब्बतियों के साथ उपनिवेश जैसा बर्ताव किया गया है।

आधार ग्रंथ :

1. निर्मल वर्मा और उत्तर उपनिवेशवाद, सुधीश पचौरी।
2. भारत में उपनिवेशवाद, स्वतंत्रता संग्राम और राष्ट्रवाद, शिवानी किंकर चौबे।
3. A Glossary of Contemporary Literary Theory, Jeremy Hawthorn.

वेबसाइट : www.en.wikipedia.org/wiki/colonialism

उपन्यास

'उपन्यास' शब्द दो शब्दों से मिलकर बना है-उप+न्यास। 'उप' का अर्थ है-समीप और 'न्यास' का अर्थ है-रखना। इस तरह 'उपन्यास' का शब्दगत अर्थ है 'समीप रखना' या (मनुष्य) के निकट रखी हुई वस्तु अर्थात् वह वस्तु या कृति जिसको पढ़कर लगे कि वह हमारी ही है, इसमें हमारे ही जीवन का प्रतिबिम्ब है, इसमें हमारी ही कथा हमारी ही भाषा में कही गयी है। आज जिस विधा के लिए इस शब्द का प्रयोग किया जाता है उसकी प्रकृति को स्पष्ट करने में यह शब्द समर्थ है। उपन्यास में मानव जीवन अपेक्षाकृत अधिक समीपता के साथ चित्रित होता है।

उपन्यास के लिए अंग्रेजी में 'नॉवेल' (Novel) शब्द प्रयुक्त होता है। 'न्यू इंग्लिश डिक्शनरी' में नॉवेल की परिभाषा कुछ इस प्रकार दी गयी है, "नॉवेल वह विस्तृत गद्यात्मक आख्यान प्रधान रचना है जिसमें वास्तविक जीवन का अनुकरण करने वाली घटनाओं और पात्रों का एक व्यवस्थित कथा-वस्तु के रूप में वर्णन रहता है।"

मुंशी प्रेमचंद उपन्यास को वास्तविक जीवन की काल्पनिक कथा मानते हैं। वे लिखते है, "मैं उपन्यास को मानव जीवन का चित्र मात्र समझता हूं। मानव चरित्र पर प्रकाश डालना और उसके रहस्यों को खोलना ही उपन्यास का मूल तत्त्व है।"

गद्य की प्रमुख विधाओं में उपन्यास सबसे आधुनिक विधा है। डॉ. गोपाल राय ने उपन्यास के उदय की परिस्थितियों का विश्लेषण करते हुए लिखा है कि, "ईसवी सन् की पहली सहस्राब्दी में दुनिया की किसी भी भाषा में उपन्यास नहीं मिलता। संभवतः उपन्यास के उदय और विकास के लिए जो परिस्थितियां अपेक्षित थीं वे प्रथम सहस्राब्दी तक अस्तित्व में नहीं आयी थीं।... उपन्यास के अनुकरण और पल्लवन के लिए जरूरी बुनियादी संरचना के रूप में गद्य का विकास और मुद्रण यंत्र का आविष्कार आवश्यक था। यूरोप में तेरहवीं शताब्दी में मुद्रण यंत्र का आविष्कार हुआ, जिससे गद्य के विकास में अभूतपूर्व तेजी आयी। सामंतवाद के स्थान पर पूंजीवाद के उदय का भी समय लगभग यही है। पूंजीवाद के साथ मध्यवर्ग का भी विकास हुआ, जिसने अपनी विशालता और बौद्धिक जागरूकता के कारण विशाल पाठक वर्ग का भी रूप ले लिया। चौदहवीं-पंद्रहवीं शताब्दी में यूरोप में मध्यवर्गीय पाठक वर्ग पैदा हो गया था, जिसने वहां उपन्यास के उदय के लिए बुनियादी संरचना के निर्माण में योग दिया। फलस्वरूप सत्रहवीं शताब्दी के पूर्व ही यूरोप में उपन्यास अस्तित्व में आ गया।"

हिंदुस्तान में इस प्रकार की परिस्थितियां औपनिवेशिक शासन के बाद निर्मित हुईं। भारतीय नवजागरण से हिंदी उपन्यास के विकास का गहरा संबंध है। बंगाल और महाराष्ट्र की तुलना में हिंदी नवजागरण की प्रक्रिया कुछ बाद में आरंभ हुई। इसीलिए हिंदी उपन्यास का विकास भी बंगला और मराठी के कुछ बाद में आरंभ हुआ। हिंदी में 'नॉवेल' के अर्थ में 'उपन्यास' शब्द का पहला प्रयोग 1875 ई. में हुआ। जबकि बंगला में 'नावेल' के अर्थ में 'उपन्यास' शब्द का पहला प्रयोग भूदेव मुखोपाध्याय ने 1862 ई. में किया था।

आरंभिक हिंदी उपन्यास या प्रेमचंदपूर्व हिंदी उपन्यास का समय सन् 1877 से 1918 ई. तक माना जा सकता है। सन् 1877 में श्रद्धाराम फुल्लौरी ने 'भाग्यवती' नामक सामाजिक उपन्यास लिखा था। आचार्य रामचंद्र शुक्ल ने इस उपन्यास की प्रशंसा की है। यह भले ही अंग्रेजी ढंग का मौलिक उपन्यास न हो किंतु विषयवस्तु की नवीनता के आधार पर इसे हिंदी का प्रथम आधुनिक उपन्यास कहा जाता है।

पं. गौरीदत्त की रचना 'देवरानी-जेठानी की कहानी' भी एक शिक्षा-प्रधान उपदेशात्मक रचना है जिसका प्रकाशन 1870 में हुआ था। किंतु इसे उपन्यास कहने में आलोचकों ने संकोच किया है। दरअसल, लाला श्रीनिवास दास का अंग्रेजी ढंग का नॉवेल 'परीक्षा गुरु' और श्रद्धाराम फुल्लौरी का 'भाग्यवती' ही हिंदी के आरंभिक उपन्यासों के रूप में रेखांकित किये जा सकते हैं। 'परीक्षा गुरु' का प्रकाशन सन् 1882 में हुआ था।

उपन्यास की रचना करने वाले तत्त्वों की संख्या छह मानी जा सकती है-कथानक (वस्तु या प्लाट), चरित्र या पात्र, संवाद या कथोपकथन, देशकाल, शैली, उद्देश्य। कुछ लोग घटनाओं को भी एक तत्त्व मानते हैं। किंतु इसे कथानक के भीतर समेटा जा सकता है। परंतु इन प्रचलित छह तत्त्वों के विषय में विद्वान एकमत नहीं हैं। कुछ विद्वान उद्देश्य के स्थान पर 'रस' को स्वीकार करते हैं और कुछ उद्देश्य को भी एक तत्त्व मानते हैं तथा रस को भी।

उपर्युक्त तत्त्व एक-दूसरे पर निर्भर हैं और एक-दूसरे की सहायता करते हैं। हम उपन्यास में अपेक्षा करते हैं कि उपन्यास की कथावस्तु के विविध प्रसंग या घटनायें एक सूत्र में इस तरह पिरोयी गयी हों कि वे अलग-अलग न लगें। प्रेमचंद के पूर्व लिखे गये मौलिक उपन्यासों को हम पांच श्रेणियों में विभाजित कर सकते हैं-सामाजिक उपन्यास, ऐयारी-तिलिस्मी उपन्यास, जासूसी उपन्यास, ऐतिहासिक उपन्यास और भावप्रधान उपन्यास।

प्रेमचंद को आधार बनाकर हम हिंदी उपन्यास के विस्तृत अध्ययन को सुविधा हेतु इस तरह बांट सकते हैं-प्रेमचंद पूर्व उपन्यास, प्रेमचंद युगीन उपन्यास, प्रेमचंदोत्तर उपन्यास, स्वातंत्र्योत्तर उपन्यास और साठोत्तर उपन्यास। आज उपन्यासों का भी दलित-चेतना और स्त्रीविमर्श के आधार पर वर्गीकरण किया जाने लगा है। उपन्यास साहित्य की व्यापकता और महत्व को देखते हुए यह विभाजन उचित ही है।

आधार ग्रंथ :

1. हिंदी उपन्यास का इतिहास, गोपाल राय।
2. हिंदी उपन्यास : एक अंतर्यात्रा, डॉ. रामदरश मिश्र।
3. हिंदी साहित्य कोश, भाग-1।
4. प्रेमचंद पूर्व हिंदी उपन्यास, ज्ञानचंद जैन
5. प्रेमचंद की उपन्यास कला, जनार्दन प्रसाद झा 'द्विज'
6. The Theory of Novel, Philip Stevick.
7. The Columbia History of the British Novel, John Richetti.
8. Literary Terms, Chris Baldick.

उपभोक्तावाद

उपभोक्तावाद समकालीन समाज की ऐसी परिघटना है जिससे हर संवेदनशील और लोकहित के प्रति समर्पित इनसान चिन्तित है। इसके लिए अंग्रेजी में Consumerism शब्द प्रचलित है। उत्पादन और उसका उपभोग मानव सभ्यता के विकास का अनिवार्य अभिलक्षण है। सभ्य मनुष्य ने उपभोग का संस्कार विकसित कर लिया है। वह उन चीजों का उत्पादन करता है जिनकी उसे जरूरत पड़ती है। इसीलिए वह पशुओं से भिन्न है और सभ्य भी है। यह उपभोग जीवन की बुनियादी जरूरत है। इसके बगैर न जीवन संभव है और न वह सब जिससे हम जीवन में आनन्द का अनुभव करते हैं। यह बिलकुल प्राकृतिक जरूरत है।

इसके विपरीत ऐसी वस्तुएं, जो वास्तव में मनुष्य की किसी मूल जरूरत या कला और ज्ञान की वृत्तियों की दृष्टि से उपयोगी नहीं हैं लेकिन व्यावसायिक दृष्टि से प्रचार के द्वारा उसके लिए जरूरी बना दी गई हैं, उपभोक्तावादी संस्कृति की देन हैं। उपभोक्तावादी संस्कृति ऐसी वस्तुओं को शुद्ध व्यावसायिकता के कारण योजनाबद्ध रूप से लोगों पर आरोपित करती है। वह मनोविज्ञान की आधुनिकतम खोजों का इसके लिए उपयोग करती है ताकि इन वस्तुओं की माया लोगों पर इस कदर छा जाए कि वे इनके लिए पागल बने रहें। उपभोक्तावाद एक ऐसी परिघटना है जिसमें जरूरत के लिए नहीं, अपितु मुनाफे के लिए उत्पादन होता है और

उत्पादित वस्तु के अनुरूप उपभोक्ता की इच्छाएं ढाल दी जाती हैं। हजारों साल पहले के ईशोपनिषद् का पहला ही मन्त्र है–

"ईशावास्यमिदं सर्वं यत्किंचित् जगत्यांजगत/तेन त्यक्तेन भुंजीथा मा गृधः कस्यस्विद्धनम्।"

यानी जो कुछ भी इस संसार में है वह सब ईश्वर से व्याप्त है। इसीलिए संसार की सभी वस्तुओं का उपभोग त्यागपूर्वक करना चाहिए और किसी का भी धन हड़पना नहीं चाहिए। बचपन के दिनों में अपने स्कूल में हम प्रातःकालीन प्रार्थना के समय नारा लगाते थे– 'सादा जीवन–उच्च विचार।' हमारे जीवन में इस नारे का असर भी पड़ता था क्योंकि हमारे इर्द-गिर्द ऐसे सादगी भरे जीवन जीनेवालों की भरमार थी। आज स्थिति ठीक इसके उल्टी है। एक तरफ भूख और बीमारी से कदम-कदम पर मरते-बिलबिलाते लोग तो दूसरी तरफ विलासिता और उपभोग के नए कीर्तिमान बनाते किन्तु संवेदनहीन मुट्ठीभर मनुष्यनुमा पशु। एक ओर भुखमरी है तो दूसरी ओर रिसॉर्ट हैं, कंपनियों के हॉली डे पैकेज हैं, मौज-मस्ती के विविध साधन हैं। इसीलिए मौज-मस्ती के उन्माद में बहकते हुए युवक और युवतियाँ अपने ही घरों को लूट रहे हैं, हत्याएं कर रहे हैं। पैसों की अंधी दौड़ रिश्ते खत्म कर रही है। आदमी को आत्मकेंद्रित और अमानवीय बना रही है। उत्पाद और खरीदार के रिश्ते पर आधारित इस व्यवस्था में खुद आदमी भी कब धीरे-धीरे उत्पाद में बदल जाता है, पता ही नहीं चलता। जैसे नशे का आदी मनुष्य अपने भले-बुरे की सोच से दूर यहाँ तक कि अपने स्वास्थ्य की कीमत पर भी मौत की तरफ भागता चला जाता है उसी तरह उपभोक्तावादी संस्कृति का सौदाई मनुष्य हर हाल में अपनी यह आदत या पागलपन पूरा करना चाहता है। यहाँ तक कि उपभोक्तावाद का शिकार मनुष्य जीवन जीने के लिए हजारों सालों से एकत्रित मानवीय बुद्धिमत्ता को भी भूल जाता है। उसके लिए माता-पिता, भाई-बहन सभी रिश्ते छोटे हो जाते हैं।

कोई भी दीर्घकालीन विकास प्राकृतिक साधनों के अपव्यय को रोककर ही संभव है। मानव विकास की कल्पना प्रकृति द्वारा बांधी गई सीमाओं के भीतर ही की जा सकती है। हमारा उपभोग कितना और किन वस्तुओं का हो वह इससे सीधा जुड़ा हुआ है। इस तरह उपभोक्तावादी संस्कृति एक तरह से समाज के लिए सबसे प्रमुख अवरोध बन गई है। आज उपभोक्तावाद पूंजीवादी शोषण व्यवस्था का परिणाम भर नहीं है बल्कि उसे जिंदा रखने का सबसे कारगर हथियार भी है।

उपभोक्तावाद का यह चरम पतनशील रूप अधिक पुराना नहीं है। इसका जन्म वैश्वीकरण की कोख से तब हुआ जब सोवियत संघ का पतन हुआ, विश्व बाजार में दीवारें ढहने लगीं, दुनिया एकध्रुवीय हो गई और दुनिया भर की बहुराष्ट्रीय कंपनियों को सिर्फ और सिर्फ मुनाफा कमाने की सुविधा मुहैया कराना दुनिया भर की सरकारों का लक्ष्य हो गया। वैश्वीकरण वास्तव में दुनिया भर की बहुराष्ट्रीय कंपनियों और राज्य सरकारों के संगठित रूप का ही दूसरा नाम है। पूंजीवाद की चरम अवस्था वैश्वीकरण की प्रक्रिया का निर्माण करती है जिसका परिणाम वैश्वीकृत बाजारों के निर्माण में होता है। इस समूची प्रक्रिया में पूंजी का वैश्वीकरण और श्रम का वैश्वीकरण अनिवार्य हो जाता है। आज की इस विश्व व्यवस्था में अब एक देश नहीं बल्कि अनेक देशों की सरकारों और बहुराष्ट्रीय कंपनियों का एक संगठित समूह है जो वैश्विक अर्थव्यवस्था को संचालित कर रहा है। पहले यह काम विश्व बैंक और अंतर्राष्ट्रीय मुद्राकोष के जरिए संचालित होता था। अब एक बहुराष्ट्रीय कंपनी एक साथ कई देशों में अपने कारोबार करती है और एक साथ कई कारोबारों को अंजाम देती है।

अर्थशास्त्री गिरीश मिश्र के शब्दों में : "उपभोक्तावाद वह सिद्धांत है जो मानकर चलता है कि वस्तुओं और सेवाओं का जितना अधिक उपभोग होगा अर्थव्यवस्था पर उतना ही अनुकूल असर पड़ेगा। मांग की मात्रा में कमी के कारण बिना बिके माल की समस्या उत्पन्न होगी। यह सिद्धांत वस्तुओं और सेवाओं की मांग उनके उपयोग मूल्य के कारण करने पर जोर नहीं देता, बल्कि संभावित उपभोक्ताओं को उनके प्रतीक मूल्य या प्रतिष्ठा मूल्य को ध्यान में रखकर खरीदारी के लिए उकसाता है।" उपभोग और मांग केवल आय और कीमत संरचना से ही पूरी तरह प्रभावित नहीं होती, बल्कि अहम की सन्तुष्टि की आवश्यकता से भी प्रभावित होती है। उपभोग दिखाने और समाज की अन्य श्रेणियों पर धौंस जमाने के लिए भी होता है।

बेहतर ताकतवर होते जाते मीडिया तंत्र ने उपभोक्तावादी चेतना को निर्मित करने और फैलाने में बड़ी भूमिका निभाई है। प्रिंट मीडिया के बाद अब यह जो इलेक्ट्रॉनिक मीडिया आया है, उसने न सिर्फ उपभोक्ता वस्तुओं के विज्ञापनगत प्रचार द्वारा उपभोक्तावाद के दायरे को बढ़ाया है बल्कि यह भी किया है कि जो चीजें पहले उपभोक्ता वस्तुएं नहीं मानी जाती थीं, उनके आभासी रूपों का भी पुनरुत्पादन करके उन्हें भी इस बाजारवादी अर्थतंत्र का हिस्सा बना लिया है। यह स्थिति इस हद तक चली गई है कि तमाम सामाजिक संस्थाएं मसलन धर्म, संस्कृति और विचारधारा जैसी अमूर्त चीजें तथा मानवीय भाव, लोक परंपराएं और पशु पक्षी जैसे प्राणी तक मुनाफावादी खेल का हिस्सा बन गए हैं।

जब से भूमंडलीकरण का नया दौर शुरू हुआ है, तब से उपभोक्तावाद छूत की बीमारी की तरह चारों तरफ फैल चुका है। यह ऐसा रोग है जो व्यक्ति के भीतर समाज में अपना रुतबा बढ़ाने के लिए अपने उपभोग की संरचना बदलने के लिए मानसिक दबाव बढ़ाता है। विज्ञापन के स्वरूप में आया गुणात्मक परिवर्तन और उसके बढ़ते दायरे ने उपभोक्तावाद को त्वरित किया है। अब वह जमाना पीछे रह गया जब पैसे, मुख्यतया नकदी, की कमी, खरीदारी में आड़े आती थी। क्रेडिट कार्ड के आगमन ने इस बाधा को दूर कर तब तक खरीदारी करने का रास्ता प्रशस्त कर दिया, जब तक उसके पैर के नीचे की जमीन न खिसक जाए। उपभोक्तावादी संस्कृति का गुण है कि वह अनावश्यक वस्तुओं को मनुष्य के लिए आवश्यक बना देती है और इस तरह मनुष्य की सीमित आवश्यकताओं को सीमाहीन। चूंकि आवश्यकताएं सीमाहीन बन जाती हैं इसलिए लोग रात-दिन सारी जिंदगी एक न एक वस्तु जुटाने में लगे रहते हैं। आदमी पर एक तरह से गुलामी हावी हो जाती है।

व्यावसायिक काम-काज जिस माडल के आधार पर चलाया जाता है, उसमें चार तत्व शामिल होते हैं— उत्पाद, वितरण, संचार और कीमत। विज्ञापन के विभिन्न माध्यमों के जरिए उपभोक्ताओं को समझाया जाता है कि उत्पाद विशेष का प्रतीक या प्रतिष्ठा मूल्य कितना ऊंचा है। कौन-कौन से अभिनेता, गायक, खिलाड़ी तथा विशिष्ट व्यक्ति उसका उपभोग करते हैं और अगर आप उसका उपभोग करेंगे तो आपकी सामाजिक प्रतिष्ठा कितनी बढ़ जाएगी। इतना धुआंधार प्रचार किया जाता है कि संभावित उपभोक्ता चौथी बात यानी कीमत के बारे में सोचना ही बन्द कर दे और उत्पाद विशेष के उपयोग मूल्य की ओर ध्यान ही न दे। वह यह भी जानने की कोशिश न करे कि उसी तरह के अन्य उत्पादों की कीमतें क्या हैं? दूसरे शब्दों में, वह अपने विवेक को ताक पर रखकर खरीदारी करे।

गुरुदयाल सिंह ने उपभोक्तावाद के प्रभाव से पंजाब के किसानों की दशा में होनेवाले बदलावों पर काम किया है। उन्होंने लिखा है कि 1960-70 के दशक में पंजाब के कृषि क्षेत्र का मशीनीकरण आरंभ हुआ। अधिक उत्पादन करनेवाले बीज और कीटनाशक रसायनों का प्रयोग होने लगा। डेढ़ दशक में किसानों की आर्थिक स्थिति अच्छी होने लगी जिसके कारण कच्चे घरों के कुछ हिस्से पक्के हुए। ग्रामीण इलाकों का संपर्क, लिंक सड़कों के जरिए शहरों में बढ़ने लगा। किसानों के लड़के-लड़कियां उच्च शिक्षा प्राप्त करने के लिए छोटे-बड़े शहरों के सीनियर सेकेंडरी स्कूल तथा कॉलेजों में आने लगे। उन्हें भी शहर की हवा (उपभोक्तावाद) लगी तो अच्छे कपड़े, अच्छे खान-पान की आदतें बढ़ने लगीं। परंतु केवल दो दशकों में ही (1980-90 के आसपास) सभी कुछ उलट-पुलट होने लगा। कृषि उत्पादन के लिए बाजार में जो उर्वरक तथा कीटनाशक अधिक उपज के लिए आने लगे तो उनकी संख्या अचानक इतनी बढ़ी कि किसान सोच भी नहीं पाए कि क्या खरीदें क्या छोड़ें। किसानों के बीच इन वस्तुओं का उत्पादन करनेवाले उद्योगपतियों तथा व्यापारियों ने अनेक ढंगों से इनका ऐसा प्रचार किया कि उससे प्रभावित होकर किसानों ने इनका प्रयोग असाधारण तौर पर बढ़ा दिया। नतीजा यह हुआ कि अधिक उत्पादन की आय इन खपत की वस्तुओं में जाने लगी।

दूसरी ओर खेती से संबंधित मशीनों का प्रयोग इतना बढ़ा कि किसानी की फुलझड़ी जैसी आय एकदम बुझने लगी। एक रिपोर्ट 1990 के दशक में सामने आई जिसमें सबसे अधिक चौंकानेवाला तथ्य यह था कि जहां पूरे पंजाब की खेती योग्य भूमि के लिए केवल 80-90 हजार ट्रैक्टरों की आवश्यकता थी, वहीं पंजाब के किसानों के पास चार लाख से अधिक ट्रैक्टर थे। उर्वरकों तथा कीटनाशकों के बाद सबसे अधिक इन ट्रैक्टरों पर पैसा खर्च हुआ। इस स्थिति का कारण यह था कि ट्रैक्टर बनानेवाली कम्पनियों ने जांच लिया था कि पंजाब के किसानों के उत्पादन से जो आय बढ़ रही है अब उसकी जेब कैसे काटी जाए। उन्होंने बैंकों को साथ लिया। जहां दस-बीस एकड़ भूमि के मालिक दस प्रतिशत किसान अपनी अच्छी आय से ट्रैक्टर खरीदने लगे, वहीं बैंकों ने पांच-सात एकड़ भूमि के किसानों को आसान किश्तों पर ऋण देने का ऐसा षड्यंत्र रचा कि जो किसान किराए के ट्रैक्टर पर बहुत कम पैसे से अपने खेत में जुताई-बुआई कर सकता था, बैंकों ने उसके गले में भी ट्रैक्टर खरीदने के लिए ऋण का तौक डाल दिया। कुछ आय बढ़ी तो उसे उर्वरकों और कीटनाशकों के छोटे उद्योगों के मालिकों तथा व्यापारी वर्ग ने छीन लिया। रही सही कसर इन ट्रैक्टरों तथा अनाज छिड़कनेवाली छोटी मशीनों में चली गई।

परंतु यह सिलसिला यहीं नहीं थमा। सदियों से गरीबी का जीवन बितानेवाले किसान की बढ़ती आय ने उसकी मानसिकता ही बदल डाली। खादी पहनने, दूध-छाछ पीने और साधारण दाल-रोटी या खिचड़ी खानेवाले किसानों के कालेजियेट लड़के मोटरसाइकिल खरीदने और शहरों की मिठाई, नमकीन और बढ़िया चाय खाने-पीने के आदी होने लगे। किसान भी लड़के-लड़कियों की शादियाँ मैरेज पैलेसों में करने लगे। देशी शराब की जगह अंग्रेजी शराब की चुस्की लेने लगे और किसानों की खुशियां देखते ही देखते गम में बदलने लगीं। दक्षिण के किसानों की आत्महत्याओं की खबरें अब आम हो गई हैं।

पंजाब के उदाहरण से पूरे देश के उपभोक्तावाद और कृषि संकट को समझा जा सकता है। जितनी वस्तुएं औद्योगिक क्रान्ति से बाजार में आती और बिकती हैं उनमें से 90 प्रतिशत केवल ऊपर के 10-15 प्रतिशत लोगों की सुविधा या ऐश के लिए होती हैं। तीन-चार हजार के जूते से लेकर पांच-दस करोड़ की कारें केवल उसी वर्ग के लिए बनाई जाती हैं जो एक सौ करोड़ किसानों मजदूरों के श्रम से उत्पादित वस्तुओं से मोटा मुनाफा कमाते हैं। पूंजीवादी उत्पादन प्रणाली से उपजी यह उपभोक्तावादी संस्कृति को टालने का भी सबसे कारगर औजार है। यह संस्कृति मजदूर वर्ग की वर्ग चेतना और समाज परिवर्तन की आकांक्षा को नष्ट करती है लेकिन इससे भी ज्यादा महत्वपूर्ण इसकी भूमिका पूंजीवादी उत्पादन को चालू रखने में है।

अब साम्राज्यवादियों के पैरोकार वैज्ञानिक भी रोज यह शोर मचा रहे हैं कि इस स्तर का उपभोक्तावाद पूरी मानवीय नस्ल को विनाश तथा प्रलय की तरफ ढकेल रहा है। परंतु उपभोक्तावाद के तेज बहाव में पशु बना हुआ यह मानव समूह इस सम्पूर्ण घटनाक्रम पर पुनर्विचार के लिए आज भी तैयार नहीं है। पता नहीं, भविष्य में क्या होगा?

फिलहाल, अगर हमें मनुष्य एवं मनुष्येतर दोनों को बचाना है तो विज्ञान एवं प्रौद्योगिकी के जरिए मनुष्य की उपभोक्तावादी भूख को बढ़ावा देनेवाले आविष्कारों एवं उत्पादनों के साथ हमें मुठभेड़ करना होगा। इसके प्रतिकार का मार्ग भी हमें तलाशना होगा।

आधार ग्रन्थ :

1. कल के लिए, सितम्बर-दिसम्बर 2009।
2. कथाक्रम, अक्टूबर-दिसम्बर 2010।
3. वेबसाइट http:/samatavadi.wordpress.com/2007/03/05consumerism-sacchidanand-sinha

उपयोगितावाद

उपयोगितावाद के लिए अंग्रेजी में 'युटिलिटेरियनिज्म' (Utilitarianism) शब्द प्रचलित है। यूरोप में 19वीं सदी में इस शब्द का तेजी से प्रचार हुआ। किसी भी वस्तु, विचार अथवा कार्य का महत्त्व आंकने के लिए उपयोगिता की कसौटी बहुत दिनों से चली आ रही है। किसी काल विशेष के सामाजिक उद्देश्यों के अनुरूप ही उपयोगिता के प्रतिमान भी बदलते रहे हैं, पर उपयोगिता का सिद्धांत अक्षुण्ण रहा है।

उपयोगितावाद को साहित्य में 'सोद्देश्यतावाद' भी कहा गया है। कहा जाता है कि यह ग्रीक 'एपीक्यूरस' (Epicurus) के 'आनंदवाद' का पुनरुत्थान है। यूरोप में यह अठारहवीं सदी के वायवी आदर्शवाद के विरुद्ध प्रतिक्रिया के रूप में आया। इसके प्रयोक्ता बैंथम (Jeremy Bentham, 1748-1832), मिल (John Stuart Mill, 186-1873) आदि व्यक्तिवादी दार्शनिक थे। उनके अनुसार राजनीतिक संस्थाएं, राज्य की नीतियां आदि किसी आदर्श, काल्पनिक मानवीय अधिकारों एवं कर्तव्यों के लिए नहीं है, बल्कि उनकी महत्ता मानवीय संबंधों की एक निश्चित, स्थिर उपयोगिता के लिए सहायक होने में है। इन लोगों के अनुसार समाज के नियमन का एक मात्र सिद्धांत होगा 'सर्वाधिक संख्या का अधिकतम सुख।' मिल का विचार है कि व्यक्ति की निरपेक्ष स्वतंत्रता सर्वाधिक संख्या के अधिकतम सुख के विपरीत जाती है। अंततः उसे वैयक्तिक और सामाजिक उपयोगिता में भेद करते हुए द्वितीय को श्रेष्ठतर स्थान देने के लिए विवश होना पड़ा। समाजवादी विचारधारा की पृष्ठभूमि में उपयोगितावादी दर्शन का गहरा प्रभाव है।

बहरहाल, साहित्य का उपयोगितावादी दृष्टिकोण नया नहीं है। किसी-न-किसी रूप में उपयोगिता का प्रश्न साहित्य के साथ जुड़ा रहा है। भामह ने 'काव्यालंकार' में काव्य के तीन प्रयोजन माने थे-शास्त्रादि ज्ञान, आनंद और कीर्ति। रुद्रट ने भी यश, इष्ट की प्राप्ति, पुरुषार्थ-सिद्धि आदि को काव्य का प्रयोजन माना है। काव्य से रस प्रतीति और रस प्रतीति से जीवनादर्शों की ओर प्रगति, ऐसी कुछ विचारधारा ध्वनि संप्रदाय की रही है। मम्मट ने काव्य के छह प्रयोजन माने—यश प्राप्ति, अर्थ लाभ, आचार ज्ञान, अमंगल निवारण, रस या आनंद और कांता सम्मत उपदेश। इनमें कवि के प्रयोजन प्रथम चार हैं तथा कवि और सहृदय दोनों के अंतिम दो। मम्मट की इस देन को परवर्ती आचार्यों ने लगभग स्वीकार कर लिया है। आधुनिक युग में रामचंद्र शुक्ल ने भी काव्य का उद्देश्य लोकमंगल और आत्मविस्तार स्वीकार किया है। इस संबंध में यह भी ध्यान देने योग्य है कि हमारे काव्यशास्त्र में विशुद्ध कलावादी दृष्टिकोण अपनाकर विवेचन प्रायः नहीं हुआ है। प्रत्येक आचार्य ने काव्य प्रयोजनों में उपयोगिता के किसी-न-किसी रूप को स्वीकार किया है। पश्चिमी काव्य दर्शन में भी उपदेश से संबंधित उपयोगिता को प्रमुख स्थान मिला है।

19वीं सदी के अंतिम और बीसवीं सदी के प्रारम्भिक काल में 'कला कला के लिए' आंदोलन को अधिक बल मिला। इससे उपयोगितावाद पर प्रतिकूल प्रभाव पड़ा। वाल्टर पेटर (Walter Pater), आस्कर वाइल्ड (Oscar Wilde), ब्रैडले (Bradley) जैसे समर्थ लोगों का इसे समर्थन मिला। किंतु आधुनिक युग में रस्किन, टॉलस्टाय और गांधी नैतिक-आध्यात्मिक उपयोगितावाद के समर्थक हुए हैं। वैसे, कलाएं आनंद देती हैं, रंजन करती हैं, यह भी उपयोगितावादी दृष्टिकोण ही है। भारतीय काव्य-चिंतन में तो काव्य को पुरुषार्थ-चतुष्टय की प्राप्ति करानेवाला माना गया है। कलाओं के उपयोग में यह भुला दिया जाता है कि कला मानवीय अनुभव का प्रकाशन है एवं यदि मानवीय अनुभव मूल्यवान होता है तो कलाएं भी मूल्यवान होती हैं। साहित्यिक-कलात्मक कृतियों के माध्यम से पाठक जीवन के अधिक समीप, गहरे और ताजे संपर्क में आता है, वह अधिक समृद्ध जीवन जीता है। कलाओं की यही वास्तविक उपयोगिता होती है।

मार्क्सवादी साहित्य-चिंतकों ने उपयोगिता के तत्त्व को साहित्य एवं कला के अंतरंग तत्त्व के रूप में मान्यता दी है। उपयोगितावाद विशुद्ध कला, विशुद्ध कविता, विशुद्ध आनंद या विशुद्ध सौंदर्य जैसी किसी भी धारणा का तिरस्कार करता है। विशुद्ध कला या विशुद्ध कविता के हिमायती उपयोगितावाद का नाम सुनकर नाक-भौं सिकोड़ते हैं और उसे एकदम साहित्येतर वस्तु समझते हैं, जबकि मार्क्सवादी विचारक सौंदर्य तत्त्व को अभिन्न मानते हैं। इस संबंध में उनका सबसे प्रधान तर्क यही है कि मनुष्य केवल उन्हीं बातों से अपने को जोड़ता है, जिन्हें वह अपने लिये उपयोगी समझता है। अनुपयोगी वस्तुओं से उसके लगाव का कोई अर्थ या औचित्य भी नहीं है। मनुष्य खंड-व्यक्तित्व से समग्र व्यक्तित्व प्राप्त कर सके, अपनी आत्मिक भूख को शांत कर अपने जीवन को अधिक सुखी और पूर्ण बना सके, सौंदर्य के प्रति जिज्ञासु रहकर सही सौंदर्य-चेतना से युक्त हो सके, ये सारी बातें प्रकारांतर से मानव-जीवन की पूर्णता में निहित हैं और इसीलिये मनुष्य उन्हें पूरा होते देखना चाहता है, और चूंकि साहित्य एवं कलाएं दूर तक इस उद्देश्य-प्राप्ति में उसे सहायक मालूम पड़ती हैं, इसीलिये वह उनकी ओर अनुरक्त होता है। साहित्य और कला की उपयोगिता इसी तथ्य से परखी जा सकती है। मनुष्य में सौंदर्य-भावना का जन्म उपयोगिता की भावना के अनंतर ही हुआ है। जो वस्तुएं मनुष्य के लिये मूलतः उपयोगी थीं, उन्हीं को उसने सुंदर भी स्वीकार किया। अनुपयोगी वस्तुओं का न तो उसने निर्माण किया और न ही उनमें सौंदर्य तत्त्व की खोज या परख की। उपयोगिता तथा सौंदर्य तत्त्व इस प्रकार एक दूसरे से जुड़े हुए हैं। उपयोगितावाद की यही वह व्यापक तथा समग्र धारणा है जिसे मार्क्सवादी साहित्य-चिंतन के अंतर्गत स्वीकृति मिली है। अतएव उपयोगिता का तत्त्व साहित्य या कला के महत्त्व को कम नहीं करता, वरन् उसे और भी निखारता है। कोरा उपयोगितावाद अवश्य त्याज्य है, परंतु मार्क्सवादी साहित्य-चिंतकों ने साहित्य तथा कलाओं के निर्माण में सौंदर्य की मूलभूत स्थिति को स्वीकृति देकर कोरे उपयोगितावाद का स्वतः तिरस्कार कर दिया है।

अतः उपयोगितावाद सौंदर्य तत्त्व का विरोधी न होकर, अनिवार्यतः उससे जुड़ा है।

आधार ग्रंथ :

1. हिंदी साहित्य कोश, भाग-1।
2. मार्क्सवादी साहित्य चिंतन : इतिहास तथा सिद्धांत, डॉ. शिवकुमार मिश्र।
3. हिंदी गद्यः प्रकृति और रचना संदर्भ, डॉ. रामचंद्र तिवारी।
4. भारतीय साहित्य शास्त्र, बलदेव उपाध्याय।
5. भारतीय साहित्य शास्त्र कोश, डॉ. राजवंश सहाय 'हीरा'।
6. A Glossary of Literary Terms, M. H. Abrams.
7. Modern Critical Terms, Roger Fowler.

वेबसाइट : www.en.wikipedia.org/wiki/utilitarianism

उपालंभ काव्य

उपालंभ का प्रचलित अर्थ है 'उलाहना'। किंतु उपालंभ काव्य का तात्पर्य उलाहना मात्र नहीं है। वस्तुतः उपालंभ हमारी विशेष भावस्थिति का परिणाम है। उसमें न वास्तविक शिकायत रहती है और न प्रेम-पात्र की निंदा, यद्यपि इस तरह के काव्य से आभासित यही होता है। इसका आधार गहरी आत्मीयता और प्रेम है। प्रेमी अपने प्रेम-पात्र से अलग होकर विकल और विह्वल हो जाता है। उसकी मिलन की उत्कण्ठा तीव्र होकर उसे व्यथित कर देती है। पर इस भावावेग में भी उसके मन में प्रेम की अनुभूति अधिक गहरी होती है। ऐसी ही मनः स्थिति में प्रेमी भी अपने प्रेम-पात्र को उपालंभ देता है। प्रेम का आवेग आश्रय पाकर विविध रूपों में प्रकट होता है। इस

संपूर्ण अभिव्यक्ति की केंद्रीय भावना होती है मिलन की अभिलाषा।

संस्कृत काव्यशास्त्र के अंतर्गत उपालंभ शब्द की स्वीकृति सखी-कर्म के अंतर्गत रही है। सखी के चार कर्मों में इसकी गणना की गयी है और हिंदी के नायक-नायिका भेद के कुछ आचार्यों ने भी इसको इसी रूप में स्वीकार किया है। नायक को उलाहना देकर उसको नायिका के मनोनुकूल कराना ही उपालंभ है। "उपालंभोऽनुचिताचारे भर्त्सनम" (रस मंजरी) अथवा "दैबौ कछू उराहनो उपालंभ तब होत।" (साहित्य सागर) आदि के रूप में उपालंभ को परिभाषित किया गया है। परंतु काव्यशास्त्र की यह स्वीकृत परिभाषा, काव्य की व्यापक अभिव्यक्ति की दृष्टि से अत्यंत संकुचित है। हिंदी भक्ति-काव्य में उपालंभ व्यापक अर्थ में स्वीकृत है।

शृंगार के वियोगपक्ष में उपालंभ संयोग की आकांक्षा से अनुगुंजित रहता है। उसमें प्रिय का सारा पिछला प्रेम-व्यापार उसकी निष्ठुरता के रूप में चित्रित किया जाता है, पर उसके मूल में प्रेमिका की अपनी सुखद कल्पनाओं की स्मृति अंतर्निहित रहती है। साथ ही वियोग की परिस्थिति का दोषारोपण प्रिय पर करके मिलन की कामना भी व्यक्त की जाती है। संयोग-शृंगार में यही उपालंभ नायक को स्वयं नायिका देती है, जिसके अंतर्गत रीतिकालीन कवियों ने नायक द्वारा परस्त्री गमन के रति चिह्नों का तथा उसके प्रति नायिका के ईर्ष्याभाव का सुंदर वर्णन किया है। परंतु यह संयोग का उपालंभ केवल मान का अंग मात्र है, स्वाभाविक हृदय की वेदना की अभिव्यक्ति का साधन नहीं। वियोग पक्ष में भी इस उपालंभ की कई स्थितियां हैं। नायिका विरह-वेदना के बीच स्वगत रूप में अपने प्रिय को उपालंभ देती है, इसमें आंतरिक वेदना का उद्वेग रहता है। यही उपालंभ जब किसी प्रकृति के रूप का आश्रय लेकर प्रकट होता है तो भावों की अभिव्यक्ति अधिक गहन हो जाती है। अपने आत्मविश्वास के सहारे प्रेमिका उसको सप्राण मानकर अपने साहचर्य में ले लेती है और उससे अपने मन की बात उपालंभ के रूप में व्यक्त करती है। कालिदास का मेघदूत इसका सर्वोत्तम उदाहरण है। साकेत के नवम सर्ग में भी इसका सुंदर चित्र देखा जा सकता है। परंतु इस प्रसंग में उपालंभ प्रायः संदेश काव्य का अंग बन जाता है। कभी प्रिय के सहचर के मिल जाने पर तो यह उपालंभ और भी मुखर रूप धारण कर लेता है। परंतु इस प्रकार का उपालंभ हिंदी के भक्ति काव्य में ही विशेष रूप से मिलता है। वस्तुतः हिंदी उपालंभ काव्य की भावात्मक अभिव्यक्ति का उत्कृष्ट स्वरूप इसी में रक्षित है। भक्ति साहित्य में गोपी, राधा आदि के उपालंभ के साथ ही कतिपय स्थलों पर यशोदा के मातृ-हृदय का कोमल उपालंभ भी मिल जाता है।

इस भावात्मक प्रवृत्ति का मूल लोक-भावना है, जो युगों से प्रेम-विरह के गीतों के रूप में अभिव्यक्त हुई है। लोक-नायिका अपने प्रवासी नायक के प्रति उपालंभशील होती है और उसको चील्ह, कागा आदि पक्षियों के प्रति निवेदन करती है, साथ ही संदेश भी देती है। कभी-कभी वह आगंतुक पथिक को लक्ष्य करके भी निर्मोही प्रिय को उपालंभ देती है। लोक-गीतों में यह भावना व्यापक आधार ग्रहण करती है। उदाहरणार्थ नव विवाहिता वधू अथवा विवाहिता बहिन अपने आत्मीय परिजनों के बिछोह को अनेक बार उपालंभ के माध्यम से व्यक्त करती है। वह अपने भाई को सुधि न लेने के लिए उपालंभ देती है। लोक काव्य में इसकी मार्मिक अभिव्यक्ति तरह-तरह से हुई है।

भक्ति-काव्य के अंतर्गत उपालंभ काव्य का प्रमुख आधार कृष्ण का मथुरा प्रवास है। कृष्ण गोकुल छोड़कर मथुरा जाते हैं। गोप-गोपियां, नंद, यशोदा, ग्वाल-बाल सभी उनके वियोग में व्यथित हो जाते हैं। कृष्ण के वापस आने की आशा जब धीरे-धीरे नष्ट हो जाती है तब उनकी आकुलता अधिक बढ़ जाती है। अंततः गोपियों की वियोग-वेदना उपालंभ के रूप में व्यक्त होती है। इसी बीच कृष्ण उद्धव को गोकुल भेजते हैं। उद्धव को देखकर गोपियों की वेदना जैसे और मुखर हो उठती है। वे सब उद्धव को लक्ष्य करके कृष्ण को नाना प्रकार से उपालंभ देती हैं। पूरा भ्रमरगीत प्रसंग उपालंभ काव्य का सुंदर उदाहरण है। सूर के पहले भी मैथिल कवि विद्यापति के पदों में राधा का कृष्ण के प्रति उपालंभ का उद्वेगपूर्ण चित्रण है। सूर का आधार बनाकर अन्य कृष्ण-भक्त कवियों ने भी इस प्रसंग की काव्यात्मक अभिव्यक्ति की है। नंददास के भंवरगीत में यही भावना श्रीमद्भागवत के आधार पर व्यक्त हुई है। आधुनिक काल में भारतेंदु हरिश्चंद्र ने सूर के आधार पर 'चंद्रावली' में इसका व्यापक चित्रण किया है।

दास्यभाव के भक्तों की अभिव्यक्ति के अंतर्गत भी उपालंभ की भावना मिलती है। अपने प्रभु के प्रति दृढ़ विश्वास के साथ सूर आदि भक्त कवियों ने अपने प्रभु को बार-बार उपालंभ दिया है। उपालंभ यह कि जब प्रभु ने सबको तारा है तो उनकी बार विलम्ब क्यों ? यह उदासीनता क्यों ? तात्पर्य यह कि उपालंभ काव्य की परंपरा प्राचीन तो है ही लोकप्रिय भी रही है और किसी न किसी रूप में आज भी यदा-कदा व्यक्त होती रही है।

आधार ग्रंथ :

1. हिंदी साहित्य कोश, भाग-1।
2. भारतीय साहित्य शास्त्र कोश, डॉ. राजवंश सहाय 'हीरा'।
3. उद्धव शतक, जगन्नाथ दास रत्नाकर।

उलटबांसी

'उलटबांसी' भारतीय चिंतन परम्परा का शब्द है। यह गूढ़ एवं रहस्यमयी बातों को चमत्कारिक ढंग से व्यक्त करने की एक शैली है। इस शैली का प्रयोग नाथपंथियों योगियों और बौद्ध सिद्धों की वाणियों में भी मिलता है। योगियों की दृष्टि में योग-मत के अतिरिक्त अन्य सभी मतों की बातें उल्टी हैं। सूक्ष्म को पहले स्थान मिलना चाहिए स्थूल को बाद में। जो श्रेष्ठ एवं महत्वपूर्ण है उसका उल्लेख पहले होना चाहिए और जो अपेक्षाकृत कम महत्वपूर्ण है उसका उल्लेख बाद में। किंतु दुनिया का क्रम उलटा है। दुनिया का क्रम है-धर्म-अर्थ-काम-मोक्ष; ब्रह्मचर्य-गार्हस्थ-वानप्रस्थ-सन्यास; शृंगार-हास्य-करुण-रौद्र-वीभत्स-भयानक-अद्‌भुत-शांत; पृथ्वी-जल-तेज-वायु-आकाश। यह सारा क्रम उलटा है। दुनिया की इस उल्टी रीति की ओर संकेत करने के लिए ही योगियों ने उलटबांसी शैली का प्रयोग किया। हिंदी में कबीर ने 'उलटबांसी' शैली का सबसे ज्यादा प्रयोग किया है। उन्होंने योगियों से ही इस शैली को ग्रहण किया है। जिस प्रकार योगियों की दृष्टि में दुनिया की रीति उल्टी है, उसी प्रकार दुनिया की दृष्टि में योगियों की बातें उल्टी प्रतीत होती हैं। इसलिए उलटबांसियों में विरोध लक्षित होता है किंतु वास्तव में विरोध होता नहीं है। संतों की मान्यताओं को दृष्टि में रखकर संकेतार्थ ग्रहण करने से विरोध का परिहार स्वतः हो जाता है।

प्रचलित शब्दों के वाच्यार्थों पर निर्भर रहकर कबीर की उलटबांसियों को नहीं समझा जा सकता। इसके लिए सिद्धों और नाथपंथियों की साधना संबंधी शब्दावली के निश्चित पारिभाषिक अर्थों तथा प्रतीकयोजना के अभिप्रायों को जानना आवश्यक होता है। इसलिए इन रचनाओं के प्रसंग में यह कहा जाता है कि ये 'संधा भाषा' में रचित हैं अर्थात् रहस्य से आवृत्त अभिप्रायों को व्यंजित करने वाली भाषा में। कबीर की वाणियों में व्यवहृत 'संधा भाषा' की प्रणाली सिद्धों और नाथों की 'संधा भाषा' जैसी ही है। ऐसा प्रतीत होता है कि शास्त्र के विशेषज्ञ पंडितों की परीक्षा लेने तथा उनके अहंकार को चुनौती देने के उद्देश्य से ही अनेक उलटबांसियों की रचना की गई थी। उदाहरण के लिए निम्नलिखित उलटबांसी द्रष्टव्य हैं—

ऐसा अद्‌भूत मेरा गुरु कथ्या, मैं रहा उमेषै।
मूसा हस्ती सौं लड़ै, कोई बिरला पेषै।।
मूसा पैठा बांबि मैं, लारै सांपिनि धाई।
उलटि मूसै सांपिनि गिली, यहु अचरज भाई।।
चींटी परबत उखारिया, लै राख्यौ चौड़ै।
मुर्गी मिनकी सों लड़ै, झल पांनी दौड़ै।।
सुरही चूषै बछतलि, बछा दूध उतारै।
ऐसा नवल गुंनी भया, सार दूलहिं मारै।।
भील लुका बन बीझ मैं ससा सर मारै।
कहैं कबीर ताहि गुर करौं, जो या पदहिं बिचारै।।

इस उलटबांसी द्वारा मूलतः यह कहने का प्रयत्न किया गया है कि सामान्य जीव यद्यपि विषयों के वश में रहता है पर जो सिद्ध साधक होता है वह विषयों पर नियंत्रण कर लेता है। कबीर कहते हैं—मेरे गुरु ने एक अद्‌भुत सत्य का कथन किया है; मैं अचरज में पड़ गया। अचरज की बात यह है कि चूहा हाथी से लड़ पड़ा (अर्थात् साधक माया को पछाड़ बैठा)। यह घटना कोई बिरला ही जान पाया है। साधक (चूहा) विषयों (बांबी) में पैठ गया और विषय रूपी सर्पिणी उसके पीछे पड़ गई। किंतु अचरज की घटना तो यह है कि चूहे ने पलट कर सांप को निगल लिया अर्थात् साधक विषयों को वशीभूत कर लेता है। साधक की अंतःवृत्ति (चींटी) ऐसी होती है कि वह विषय रूपी पर्वत को उखाड़ फेंकती है और उसे गड्ढे में फेंक देती है। साधक (मुर्गी) वासना (बिल्ली) से लड़ पड़ता है और विषयासक्ति की अग्नि भक्ति के जलाशय का रूप ले लेती है। गाय बछड़े के नीचे भाग को मुंह से चूसती है अर्थात् भक्ति से आत्मतत्व की प्राप्ति होती है और आत्मतत्व बोध (बछड़ा) से आनंद (दूध) की सृष्टि होती है। साधक का चित्त (नेवला) ऐसा गुणी हो गया है कि वह वासना से उन्मत्त सिंह को मार डालता है। मोह रूपी शिकारी डर के मारे सघन वन में छिप जाता है और साधक (खरगोश) उस पर ज्ञान के बाण से प्रहार करता है। कबीर का कहना है कि जो इस पद के अर्थ को समझ कर बता देगा, उसे मैं अपने गुरु के रूप में स्वीकार कर लूंगा। कबीर की एक दूसरी उलटबांसी है:—

एक अचंभा देखा रे भाई। ठाढ़ा सिंह चरावै गाई।।
पहले पूत पीछे भई माई। चेला कै गुरु लागै पाई।।
जल की मछली तरवरि व्याई, पकड़ि बिलैया मुरगै खाई।
बैलई डारि गूनि घर आई; कूता कुहं लै गई बिलाई।।

उपर्युक्त उलटबांसी में सिंह, ज्ञान का प्रतीक है और गाय इंद्रियों का। ज्ञान ही इंद्रियों को नियंत्रित करता है। इसी अर्थ में सिंह गाय को चराता है। इसी प्रकार पूत 'जीवात्मा' का और माई 'माया' का प्रतीक है। जीव पहले शुद्ध और मुक्त होता है, बाद में माया उसे अपने प्रभाव में ले लेती है। 'चेला' शुद्ध चित्त का प्रतीक है, 'गुरु' अहंकार युक्त मन का। अहंकारी मन शुद्ध और सहज होकर ही प्रतिष्ठा प्राप्त कर सकता है। अहंकार त्याग ही चेला के पैर लगना है। जल की मछली से तात्पर्य सांसारिक प्रवृत्ति से है और तरुवर उच्च चेतना या ब्रह्मस्थान का द्योतक है। सांसारिक प्रवृत्ति को अंतर्मुखी

करके ब्रह्मस्थान तक पहुंचा देना ही योग साधना का लक्ष्य है। इसी अर्थ में जल की मछली तरुवर से संबंध स्थापित करती है। 'बिलैया' कुबुद्धि का वाचक है और मुर्ग चेतनमन का। चेतनमन कुबुद्धि को नष्ट कर देती है, इसी अर्थ में 'मुर्गा' बिलैया को पकड़कर खा जाता है। 'बैल' इंद्रियों के वश में पड़े हुए मन का द्योतक है 'गूनि' सुरति का व्यंजक है। और 'घर' ईश्वरोन्मुख स्थिति का। सुरति सांसारिक या इंद्रिय ग्रस्त मन को त्यागकर शब्दब्रह्म में लीन हो जाती है। इसी रूप में बैल को छोड़कर गूनी घर आ जाता है। कुत्ता 'काल' का द्योतक है । 'लै' ध्यान वाचक है बिलाई विलीन होने का अर्थ प्रकट करता है। काल का प्रभाव ध्यान की अवस्था में समाप्त हो जाता है और योगी यह मानता है कि समाधिस्थ होकर वह कालातीत हो जाता है। इसी अर्थ में कुत्ते को बिलाई ले जाती है। इस प्रकार प्रतीकार्थों को ग्रहण करने से विरोध का परिहार हो जाता है और हम उलटबांसियों में निहित गूढ़ार्थ ग्रहण कर लेते हैं।

कबीर को संधा भाषा में रचित उलटबांसियों की यह परंपरा सिद्धों और नाथों से मिली थी। उदाहरण के लिए सिद्धों की बानियों के संग्रह 'चर्यापद' तथा गोरखनाथ की बानियों के संग्रह 'गोरखबानी' को देखा जा सकता है। सिद्ध डिंडिपा कहते हैं बैल ब्याता है, गाय बांझ रहती है और बछड़ा तीनों समय दुहा जाता है। इसी तरह गोरखनाथ एक पद में कहते हैं कि जल में आग लगी, मछली पर्वत पर चढ़ गई और खरगोश जल में रहता है। ये सारे शब्द प्रतीक हैं जो सातवीं-आठवीं सदी से ही योगियों की साधना में अन्य अर्थ की व्यंजना के लिए उपयोग में लाये जाते रहे हैं। आचार्य हजारी प्रसाद द्विवेदी ने 'कबीर' नामक पुस्तक के एक अध्याय "योगपरक रूपक और उलटबांसियां" में ऐसे शब्दों की तालिका प्रस्तुत की है। महामहोपाध्याय पंडित विधुशेखर भट्टाचार्य की यह मान्यता है कि संधा भाषा मूलतः संस्कृत 'संध्याय' शब्द का अपभ्रष्ट रूप है जिसका अर्थ होता है अभिप्राय युक्त भाषा। परन्तु हिंदी के अनेक विद्वानों ने इसका रूप बदल कर 'संध्या भाषा' कर दिया और गोधूलि बेला जैसी स्थिति के अर्थ में अथवा अंधेरे और प्रकाश के बीच की अस्पष्ट स्थिति के अर्थ में इसे प्रचारित कर दिया।

आधार ग्रंथ :

1. कबीर मीमांसा, रामचंद्र तिवारी।
2. कबीर, हजारी प्रसाद द्विवेदी।
3. कबीर ग्रंथावली, श्याम सुंदर दास।
4. अकथ कहानी प्रेम की कबीर : और उनका समय, पुरुषोत्तम अग्रवाल

एकांकी

'एकांकी' का अर्थ है एक अंक वाला। अंग्रेजी में इसे 'वन एक्ट प्ले' (One Act Play) कहते हैं। हमारे यहां एक अंक का नाटक लिखने की परंपरा बहुत प्राचीन है। संस्कृत साहित्य में रूपक के दस भेदों में से पांच अर्थात् भाण, व्यायोग, वीथी, अंक और प्रहसन–एक अंक के रूपक होते थे, किंतु आधुनिक एकांकी का विकास संस्कृत की उस परंपरा से नहीं अपितु पश्चिम से हुआ है। वर्तमान एकांकी का कला-शिल्प भिन्न है। स्वरूप, विषय और उद्देश्य सबमें परिवर्तन आया है। भारतेंदु काल में जो प्रहसन, भाण आदि रचे गये, वे तो संस्कृत की ही परंपरा के अनुसार थे, किंतु बाद में, बीसवीं शताब्दी में हिंदी एकांकियों के प्रणयन की जो परंपरा चली, उस पर पश्चिम का प्रभाव अधिक है।

उन्नीसवीं सदी के अंतिम चरण में पश्चिम के अनेक नगरों में लिटिल थियेटर मूवमेंट के साथ 'कर्टेन रेजर' के रूप में एकांकी का प्रारंभिक विकास हुआ। बाद में जार्ज बर्नाड शा, गाल्स वर्दी, मोलियर, इब्सन, मिलर आदि प्रतिभाशाली नाटककारों ने एकांकी को 'कर्टेन रेजर' या 'फिलर' से भिन्न एक स्वतंत्र नाट्य विधा के रूप में विकसित किया।

एकांकी की कला का स्वतंत्र विकास हो चुका है। किसी बड़े नाटक का एक अंक एकांकी नाटक नहीं बन सकता। यद्यपि कथावस्तु, पात्र-चरित्र, संवाद आदि तत्त्व एकांकी में भी वही होते हैं, पर प्रयोग में बहुत अंतर होता है। एकांकी के संक्षिप्त आकार-प्रकार में ये सब तत्त्व कलागत निपुणता की मांग करते हैं। एकांकी में देशकाल-वातावरण जैसे तत्त्व का महत्व गौण हो जाता है।

हिंदी में प्रथम एकांकीकार डॉ. रामकुमार वर्मा माने जाते हैं। उन्होंने एकांकी तो लिखे ही, एकांकी के स्वरूप पर भी विचार किया है। डॉ. वर्मा के अनुसार एकांकी में एक ही घटना होती है और वह घटना नाटकीय कौशल से ही कौतूहल का संचय करती हुई चरम सीमा तक पहुंचती है। विस्तार के अभाव में प्रत्येक घटना कली की भांति खिल कर पुष्प की भांति विकसित हो उठती

है। उसमें लता के समान फैलने की उच्छृंखलता नहीं होती।

आधुनिक एकांकियों में लंबे-लंबे रंग-संकेत देने की प्रवृति बढ़ी है। प्रवेश का विस्तृत विवरण तथा मंच, स्थान, समय, दृश्य, परिस्थिति, पृष्ठभूमि, वातावरण, अभिनय की सामग्री, सजावट, पात्रों की वेशभूषा आदि का उल्लेख विस्तृत रंग-संकेत के रूप में लिखा जाता है। इसी स्थान पर नाटककार पात्रों के कुछ चारित्रिक विश्लेषण आदि का अवसर पा जाता है। सूच्य घटनाओं तथा परिस्थितियों का परिचय भी एकांकीकार इसी भाग में दे देता है।

रंग-संकेत के अतिरिक्त एकांकी के अन्य तत्त्व हैं—कथावस्तु, पात्र या चरित्र-चित्रण, कथोपकथन, रस-भाव और उद्देश्य। पूर्ण नाटक एवं एकांकी में शिल्प-विधान की दृष्टि से लगभग वही अंतर है जो उपन्यास और कहानी में है। एकांकी में जीवन के व्यापक चित्रण की अपेक्षा किसी एक ही परिस्थिति या घटना अथवा खंड प्रसंग का चित्रण होता है। इसमें प्रासंगिक कथाओं के लिए विशेष स्थान नहीं होता, एकध्येयता रहती है और कथा द्रुत गति से चरम अवस्था पर पहुंचकर समाप्त हो जाती है। एकांकी में कथा की कोई जटिलता नहीं खप सकती। इसमें जीवन के एक ही पहलू का चित्र प्रस्तुत किया जाता है। इसमें अधिक-से-अधिक एक घंटे के भीतर रंगमंच पर दिखलायी जा सकने वाली कथा-सामग्री ही स्थान पा सकती है। एकांकी के संगठन में अन्विति-त्रयी (देश-काल-कार्य) का ध्यान आवश्यक है।

एकांकी की संक्षिप्त कला में दो-चार पात्र ही स्थान पाते हैं। इसमें पात्र के चरित्र या विकास की संभावना कम होती है। एकांकीकार की कुशलता इसी में होती है कि वह गिने-चुने संवादों और अभिनय की चेष्टाओं के आधार पर पात्रों को सजीव बना दे। यहां पात्र थोड़े ही क्षण ठहरते हैं, अतः उनकी प्रत्येक गति, प्रत्येक शब्द उनकी चारित्रिक विशिष्टता को प्रकट करने वाला होना चाहिए।

संवाद अत्यंत संक्षिप्त, सार्थक, पैने, चुस्त, रोचक और सजीव होने चाहिए। संवादों की भाषा सरल और मार्मिक होनी चाहिए। एकांकी की भाषा, संवाद, पात्र और परिस्थिति के अनुरूप होने चाहिए। उदयशंकर भट्ट के शब्दों में, "एकांकी नाटक में जीवन का एक अंश, परिवर्तन का एक क्षण, सब प्रकार के वातावरण से प्रेरित एक झोंका, दिन में एक घंटे की तरह, मेघ में बिजली की तरह, बसंत में फूल के वास की तरह व्यक्त होता है।" उल्लेखनीय है कि भट्ट जी ने एकांकी की कथा को जहां संक्षिप्त, मार्मिक, उतेजनापूर्ण और झंकार पैदा करनेवाली कहा है वहीं उसे जीवन का एक अंश या प्रसंग भी कहा है। लक्ष्मी नारायण लाल के अनुसार एकांकी जहां जीवन के एक अंश की झांकी देता है वहीं वह झांकी आंशिक होकर भी आंशिक नहीं होती, वह अपने आप में पूर्ण होती है।

उद्देश्य की महानता एकांकी में भी उसी प्रकार आवश्यक है जैसे नाटक में। कहानी की तरह एकांकी भी जीवन की व्याख्या में महत्वपूर्ण योग देता है। 'एकांकी' विविधता-भरे जीवन के अंश-चित्र होते हैं। जीवन की विविधता के अनुरूप इस विधा के अनेक रूप हैं। इन रूपों को निर्धारित करने के लिए विद्वानों ने अलग-अलग आधार ग्रहण किए हैं। सामान्यतः एकांकियों का वर्गीकरण विषय, मूल प्रवृति तथा शिल्प के आधार पर किया जाता है।

आधार ग्रंथ :

1. आज का हिंदी नाटक : प्रगति और प्रभाव, दशरथ ओझा।
2. हिंदी का गद्य साहित्य, रामचंद्र तिवारी।
3. समकालीन हिंदी नाटक की संघर्ष चेतना, गिरीश रस्तोगी।
4. A Dictionary of Literary Terms, J.A. Cuddon.
5. The Construction of One Act Play, Percivel Wilde.
6. Chief falts in Writting One Act Play, Walter Prichard Eaton.
7. The Technique of One Act Play, Sydney Box.

एकालाप

एकालाप के लिए अंग्रेजी में 'मोनोलाग' (Monologue) शब्द प्रचलित है। एक व्यक्ति के कथन को एकालाप कहते हैं। शाब्दिक अर्थ की दृष्टि से समवेत कथन को छोड़कर सभी भाषण एकालाप ही हैं, पर रूढ़ अर्थ में अथवा एक पारिभाषिक शब्द के रूप में एकालाप का व्यवहार विशेष रूप से उस रचना के लिए किया जाता है, जिसमें प्रारम्भ से लेकर अंत तक एक ही पात्र बोलता हो और उसके कथन में ही अन्य व्यक्तियों के कार्यों, कथनों,

गतिविधियों और उपस्थिति का संकेत रहता है। एकालाप मुख्यतः नाटक का एक प्रकार है। इसे 'स्वगत-नाट्य' भी कहा जाता है।

'एकालाप' में पात्र विशेष को किसी नाटकीय स्थिति में रखकर मुख्यतः उसके मनोभावों का अंकन किया जाता है। एक प्रकार से इसमें पात्र विशेष स्वयं अपने से ही बातें करता है। मैथ्यू आर्नल्ड ने इसे मन के साथ मन का संलाप कहा है। जहां नाटक कार्यरत चरित्र का अंकन होता है, वहां एकालाप कार्यरत आत्मा का। इसमें पात्र अपने और अपने परिवेश का परिचय देता है, अन्य पात्रों से अपने संबंध का ज्ञान कराता है, जिस नाटकीय स्थिति में वह रहता है, उसे स्पष्ट करता है और अपने आंदोलित मनोभावों को प्रकट करता है।

एकालाप में नाटक का अपेक्षित द्वंद्व होता है और वह पढ़ने के लिए नहीं अपितु अभिनय के लिए लिखा जाता है तथा कोई कुशल अभिनेता उसे नाटकीय ढंग से प्रस्तुत कर श्रोताओं को प्रभावित कर सकता है।

इधर हिंदी साहित्य में एक स्वतंत्र विधा के रूप में कुछ एकालाप लिखे गये हैं। सर्वेश्वर दयाल सक्सेना कृत 'मैं एक बेरोजगार आदमी' और कर्तार सिंह दुग्गल द्वारा लिखित 'अकेली' अच्छे एकालाप के उदाहरण हैं। अंतर्मुखी प्रवृत्ति के व्यक्ति की मानसिक उलझनों की सफल अभिव्यक्ति के लिए 'एकालाप' सर्वोत्तम माध्यम है। हिंदी में 'एकालाप' लेखकों की विशेष रुचि दिखायी नहीं देती। एकपात्रीय नाटकों में इसके यदा-कदा प्रयोग देखे जा सकते हैं।

आधार ग्रंथ :

1. रेडियो नाट्य शिल्प, सिद्धनाथ कुमार।
2. हिंदी साहित्य कोश, भाग-1।
3. समकालीन नाटक और रंगमंच, जयदेव तनेजा।
4. हिंदी का गद्य साहित्य, रामचंद्र तिवारी।
वेबसाइट : www.en.wikipedia.org/wiki/monologue

एकेश्वरवाद

एकेश्वरवाद अंग्रेजी शब्द 'मॉनोथीज्म' (Monotheism) के वजन पर गढ़ लिया गया है। अंग्रेजी में मॉनोथीज्म का अर्थ है वह धर्म या धार्मिक दर्शन, जिसमें एक ईश्वर का विधान हो। एकेश्वरवादियों के अनुसार ईश्वर परमात्मा है। वह जगत् की सृष्टि, स्थिति और लय करता है। वह नित्यज्ञान और आनंद का आश्रय है। वह निर्दोष तथा समस्त गुणों का आकार है। वह सर्वशक्तिमान है। ईश्वर और जगत् के संबंध को लेकर एकेश्वरवाद के भेद प्रचलित हैं।

(क) सर्वेश्वरवाद–इस मत के अनुसार ईश्वर जगत है और जगत ईश्वर। दोनों में अन्योन्याश्रित संबंध है। इसे ब्रह्मवाद भी कहते हैं। अंग्रेजी में इसे 'पैनथीज्म' (Pantheism) कहते हैं। मध्यकालीन संतों ने इसे निर्गुण कहकर संबोधित किया है। सूफी संत भी ईश्वर के इसी रूप को मानते हैं।

(ख) ईश्वरकारणवाद–इस मत के अनुसार ईश्वर जगत से बाह्य है। वह जगत को उत्पन्न करके पृथक हो जाता है और जगत का कार्य व्यापार अपने-आप चलता रहता है। तात्त्विक दृष्टि से इस मत में ईश्वर, जगत का केवल निमित्त कारण है, उपादान कारण नहीं। भारतीय नैयायिक तथा वैशेषिक दर्शन को माननेवाले तथा इस्लाम के अनुयायी ईश्वर के इसी रूप को मानते हैं। अंग्रेजी में इसे 'डीइज्म' (Deism) कहते हैं।

(ग) ईश्वरवाद–इस मत के अनुसार ईश्वर जगत में व्याप्त है। वह अंतर्यामी और नियंता है। वह 'अंतर्यामी' और बहिर्यामी दोनों है। अतः यह उपर्युक्त दोनों मतों का समन्वय है। इसी को सगुणवाद या सगुण ब्रह्मवाद भी कहा जाता है। गीता में ऐसे ईश्वर को 'पुरुषोत्तम' कहा गया है। अंग्रेजी में इस वाद को 'थीइज्म' (Theism) कहते हैं। ईसाई-मतानुयायी तथा भारत में वैष्णव, शैव और हिंदी के सगुणोपासक भक्त ईश्वर को इसी रूप में मानते हैं। ये तीन प्रकार के एकेश्वरवाद ही मुख्य रूप से प्रचलन में हैं। परंतु कुछ लोगों ने इनसे भिन्न महर्षि पतंजलि का एक चौथा भेद भी स्वीकार किया है जिसे 'योगेश्वरवाद' कहा जाता है। इस मत के अनुसार जो पुरुष कर्म, कर्मफल तथा आशय (कर्मफल के अनुरूप संस्कार के संपर्क) से शून्य रहता है, वह ईश्वर कहलाता है। ईश्वर में ऐश्वर्य तथा ज्ञान की पराकाष्ठा है। वह गुरुओं का भी गुरु है। वह प्रसन्न होकर योगियों के मार्ग में विघ्नरूप क्लेशों का नाश करके समाधि की सिद्धि देता है। वह तारक ज्ञान का दाता है। वह प्रकृति और पुरुषों में अंतर्यामी नहीं है। वह उनका कर्ता भी नहीं है। इस कारण वह सर्वेश्वरवाद, ईश्वरकारणवाद तथा ईश्वरवाद अर्थात उपर्युक्त तीनों भेदों से भिन्न है।

भारतीय चिंतन परंपरा में आरंभ से ही एकेश्वरवाद की अवधारणा मिलने लगती है। ऋग्वेद के पुरुष सूक्त में विराट पुरुष की कल्पना 'एकेश्वरवाद' का आरंभिक रूप है। वहां कहा गया है, "ब्राह्मणोऽस्य मुखभासीत बाहुःराजन्यः कृतः। उरुतदस्य यद्वैश्यः पद्म्यांशूद्रोऽजायत।" इस तरह एक देव को जानना, उसकी उपासना परमात्मा के रूप में करना, उसके लिए यज्ञादि करना, वैदिक ऋषियों का धर्म था। ज्ञानकांड, कर्मकांड तथा उपासना कांड के नाम से उनकी त्रिविध साधना का सुंदर वर्णन वेद में मिलता है। 'श्वेताश्वतरोपनिषद्' में ईश्वरवाद का दार्शनिक विवेचन किया गया है। महाभारतकाल में गीता की रचना द्वारा ईश्वरवाद का ऐसा सुंदर वर्णन प्रस्तुत किया गया कि आज भी वह अतुलनीय है। इसी से ज्ञात होता है कि उस समय तक एकेश्वरवाद की भावना पूर्णतया विकसित हो गयी थी।

भारतीय साहित्य पर इस्लाम के एकेश्वरवाद का व्यापक प्रभाव पड़ा है। इस एकेश्वरवाद के अनुसार ईश्वर एक है। उसने जीव और प्रकृति को नेस्त (नास्ति) से हस्त (अस्ति) के रूप में उत्पन्न किया। जीव (रूह) को बहकाने वाला शैतान है। ईश्वर यद्यपि सर्वशक्तिमान है परंतु कुछ सोच-समझकर कयामत के दिन तक शैतान पर नियंत्रण नहीं करता। वह कहीं सातवें आसमान पर बैठा है और वहीं बैठे-बैठे एकछत्र सम्राट की भांति समस्त प्रजा का पालन करता है। वह दुष्टों का दमन भी करता है, और संतों का पालन भी। परंतु यह काम वह नित्य नहीं करता है। यह काम उसने एक दिन के लिए निश्चित कर रखा है। जिस दिन कयामत होगी उस दिन दुष्टों को यह मालूम हो जायेगा कि उनकी दुष्टता का क्या परिणाम होता है। दोजख की आग में जलते हुए दुष्टों को अपने कर्मों पर पश्चाताप होगा और संत स्वर्ग-सुख का भोग करेंगे।

अपने कर्मों से छुट्टी पाने का उपाय भी पूर्व और पश्चिम के दार्शनिकों ने लगभग एक-सा ही माना है। अंतर केवल इतना है कि एकेश्वरवादी इस्लाम धर्म, कयामत के दिन ईश्वर के किसी प्रतिनिधि द्वारा कर्म-मुक्ति मानते हैं और भारतीय धर्म-परंपरा ज्ञान, कर्म और भक्ति के समन्वय द्वारा प्रभु की शरणागति में ही मुक्ति मानती रही है।

इस मत के अंतर्गत एकमात्र ब्रह्म का निराकार अस्तित्व मान्य है। वही सबका नियंत्रक है, शासक है।

आधार ग्रंथ :

1. हिंदी साहित्य में विविध वाद, डॉ. प्रेमनारायण शुक्ल।
2. हिंदी साहित्य कोश, भाग-1.
3. दर्शन दिग्दर्शन, महापंडित राहुल सांकृत्यायन।
4. भारतीय दर्शन, सर्वपल्ली डॉ. राधाकृष्णन।

वेबसाइट : www.en.wikipedia.org/wiki/monotheism

एब्सर्ड नाटक

एब्सर्ड (Absurd) का शाब्दिक अर्थ असंगत, बेतुका, अनर्गल, निरर्थक आदि होता है। पश्चिम में बीसवीं सदी के आरंभिक दशकों में ही इसका प्रयोग ऐसे नाटकों, कहानियों आदि के लिए होने लगा था जिनकी एक सामान्य स्थापना थी कि सारतः मनुष्य की दशा निरर्थक, व्यर्थ अथवा एब्सर्ड हो चुकी है। उसका कोई अर्थ ही नहीं रह गया है। विचारकों ने इसकी जड़ें 'फ्रैंज काफ्का' (Franz Kafka) के कथा साहित्य और अभिव्यंजनावाद तथा अतियथार्थवाद के साहित्य आंदोलनों में भी ढूंढने का प्रयास किया है। 'ज्यां पाल सार्त्र' (Jean Paul Sartre) और 'कामू' (Albert Camus) के अस्तित्ववादी दर्शन का भी प्रभाव इस अवधारणा पर पड़ा। अल्बर्ट कामू ने मनुष्य के जीवन को निरर्थक बताया। उसके अनुसार मूल्य, सत्य या जीवन के अर्थ का कोई अस्तित्व नहीं रह गया है। सब कुछ व्यर्थ है। कामू ने अपने प्रसिद्ध ग्रंथ 'मिथ आफ सिंसिफस' (Myth of Sisyphus) में लिखा है,

"In a Universe that is suddenly deprived of illusions and of light, man feels a stranger. He is an irremediable exile...this divorce between man and his life, the actor and his setting, truly constitutes the feeling of absurdity."

अर्थात् एक ऐसी दुनिया में, जो मोहाविष्ट है, जो प्रकाश से वंचित कर दी गयी है, मनुष्य स्वयं अजनबी महसूस करने लगा है। वह पूर्णतया निर्वासित है। मनुष्य और उसकी जिन्दगी का कलाकार और उसके मंच का यह संबंध-विच्छेद निश्चित रूप से असंगति की भावना को निर्मित करता है।

एब्सर्ड नाटकों के लेखन में 'यूजीन लानेस्को' (Eugene Lonesco), 'सैमुअल बैकेट' (Samuel

Backett), 'ज्यां जेनेट' (Jean Genet), 'हारोल्ड पिंटर' (Harold Pinter), 'एडवर्ड आल्बी' (Edward Albee), 'टाम इस्टोपार्ड' (Tom Stoppard), 'जोसेफ हिलर' (Joseph Heller), 'जान इरविंग' (John Irving), 'गुंटर ग्रास' (Gunter Grass) और 'जान बार्थ' (John Barth) आदि का विशेष योगदान है। सैमुअल बैकेट के नाटक 'वेटिंग फार गोडो' (Waiting for Godot, 1955) को तो नोबेल पुरस्कार मिला। पहले और दूसरे विश्वयुद्धों के बाद समाज में फैली घोर निराशा, भय, अनास्था और जीवन की निस्सारता आदि इसके मूल में है। प्रथम विश्वयुद्ध के बाद नाटक में तेजी से परिवर्तन आया और विकृत मनोवृत्तियों का चित्रण होने लगा। इसके बाद द्वितीय विश्वयुद्ध (1939-1945) के कारण व्यक्ति अत्यधिक संत्रस्त हो उठा, और उसके अस्तित्व का संकट उभरकर सामने आया। उसमें घोर निराशा, भय, टूटन, अनास्था और जीवन की निस्सारता व्याप्त हो गई। विश्वयुद्ध ने मनुष्य के जीवन को निराशा, अविवेक और अंधकार से भर दिया, इसी संदर्भ में कामू ने अपनी पुस्तक 'मिथ ऑफ सिसिफस' के प्रारंभिक वाक्य में ही कहा था, "जगत में सिर्फ एक ही दार्शनिक समस्या है, वह है आत्महत्या।" निश्चित रूप से इस युग के नाटक अपने परिवेश की उपज हैं। इनमें निरर्थकता, निराशा और जीवन का बेतुकापन पूरी तरह अभिव्यक्त हुआ है।

एब्सर्ड नाटककारों के अनुसार व्यक्ति जन्म से लेकर मृत्यु तक के कालखंड को जबरदस्ती जी रहा है। उसका कोई सुनियोजित लक्ष्य नहीं है। व्यक्ति निरर्थक मेहनत कर रहा है। उसके ऊपर नीरस और एकरस ज़िंदगी लाद दी गई है। मशीनी विकास ने उसको बिलकुल पराधीन कर दिया है। व्यक्ति का जीवन अनिश्चित और संकटग्रस्त है। विनाश के आतंक ने उसमें निराशा, भय, कुंठा और संत्रास भर दिया है। उसने नैतिकता के बंधन तोड़ दिये हैं। उसका आंतरिक और बाह्य यथार्थ अलग-अलग है और दोनों की टकराहट से विसंगतियां जन्म ले रही हैं। व्यक्ति अकेलेपन में जी रहा है। उसके पारिवारिक संबंध अत्यधिक औपचारिक हो गये हैं। नाते-रिश्ते अब केवल शब्द मात्र हैं। उसमें बेतुकापन, अनर्गलता और अनाचारिता अधिक है। विश्व युद्ध के व्यापक विनाश और शीतयुद्ध के दौर में पूंजीवादी और समाजवादी शिविरों की टकराहट ने विकसित पूंजीवादी देशों के मध्य वर्ग को दिग्भ्रमित कर दिया था। वे तय नहीं कर पा रहे थे कि मानवता के लिए कौन सा मार्ग श्रेयस्कर है। उन्होंने इस दुविधाग्रस्त मानसिकता को बाह्य यथार्थ पर भी चस्पा कर दिया। उन्हें हर चीज़ अर्थहीन और असंगत नज़र आने लगी। प्रसिद्ध फ्रेंच नाटककार यूजीन लानेस्को ने लिखा है, "Cut off from his religious, metaphysical and transcendental roots, man is lost, all his actions become senseless, absurd, useless."

अर्थात् अपने धार्मिक, पारलौकिक, और अनुभवातीत जड़ों से कटकर मनुष्य खो गया है, उसकी सभी क्रियाएं विवेकहीन, असंगत और अनुपयोगी हो गयी हैं।

एब्सर्ड नाटकों में व्यक्ति का भीतरी यथार्थ अधिक व्यक्त हुआ है। इनमें परंपरागत मूल्यों के प्रति आस्था नहीं है। एब्सर्ड नाटक प्रतीकों के माध्यम से जीवन की विसंगतियों और विडंबनाओं को चित्रित करते हैं। भय, चिंता, निराशा और संत्रास को इनमें अधिक महत्व दिया जाता है। एब्सर्ड नाटकों का कथ्य बड़ा सूक्ष्म होता है। कथ्य में कोई क्रमबद्धता नहीं रहती। हां, भीतरी संगठन उसमें अवश्य रहता है, और दर्शक उसी से जुड़े रहते हैं। एब्सर्ड नाटकों के अनुसार जीवन को विभिन्न खंडों में नहीं बांटा जा सकता। इसलिए कथ्य को भी प्रारंभ, मध्य और अंत के क्रम में विकसित करना गलत है। कथ्य के प्रति कौतूहल भी इन नाटकों में नहीं होता। इन नाटकों में समस्याओं का कोई समाधान नहीं दिया जाता, बल्कि समाधान की ये नाटककार खिल्ली ही उड़ाते हैं।

एब्सर्ड नाटकों के चरित्र असामान्य प्रतीत होते हैं। इनमें बीमार, आवारा, ऊबे, थके-हारे, उचक्के, लम्पट और विक्षिप्त चरित्रों को विशेष महत्व दिया जाता है। इनके चरित्र समाज से बहिष्कृत या उससे अपना नाता तोड़े हुए होते हैं, और वे पूरी तरह निराशा के शिकार होते हैं। उनके कार्य तर्कहीन और निरर्थक होते हैं। वे केवल अपनी बात कहते हैं। अन्य पात्रों के साथ होना तो उनकी मज़बूरी है। ये पात्र दरिद्रता, अभाव और परेशानियों के कारण अपना संतुलन खो बैठते हैं। जीवन-मूल्यों में इन्हें विश्वास नहीं रहता। एब्सर्ड नाटककार परंपरागत भाषा को महत्व नहीं देते। उनका कहना है कि परंपरागत भाषा आज निरर्थक हो गई है। आज जो कुछ हम कहते हैं, वह सत्य से दूर है। भाषा हमारी वास्तविकता को छिपा रही है। जो हमारे भीतर का यथार्थ है, उसे उद्घाटित करने में पारंपरिक भाषा असमर्थ है। उसका अवमूल्यन हो गया है—शब्द अपना अर्थ खो चुके हैं। असंगत नाटककारों की भाषा हरकत की भाषा है, इसमें शब्द के साथ पूरे शरीर को झोंकना होता है। ये नाटककार मूक अभिनय को अधिक महत्व देते हैं। बाहरी तौर पर इनके संवाद निरर्थक और असंबद्ध लगते हैं। उनमें कसाव नहीं होता। लेकिन संवाद के भीतर उतरने पर कसाव की अनुभूति होती है।

एब्सर्ड नाटकों का मंच भी अतार्किक लगता है। इनकी मंच-सज्जा बिलकुल साधारण तथा बेतरतीब होती है। दर्शकों और पात्रों के बीच कोई विशेष दूरी नहीं रखी

जाती। इनमें प्रतीकात्मक मंच को अधिक महत्व दिया जाता है।

एब्सर्ड नाटक को हिंदी ने सीधे इसी रूप में ले लिया है। कुछ लोग इसके लिए 'असंगत नाटक' शब्द का प्रयोग करते हैं किंतु इसका प्रचलन कम है। हिंदी में एब्सर्ड नाटकों के प्रथम प्रयोक्ता भुवनेश्वर हैं। इनका 'तांबे के कीड़े' (1946 ई.) हिंदी का प्रथम एब्सर्ड नाटक है। भुवनेश्वर पश्चिम के नये नाटकों के विकास-क्रम से भलीभांति परिचित थे और द्वितीय विश्वयुद्ध के विश्वव्यापी प्रभाव को गहराई से महसूस कर रहे थे। यही कारण है कि जिस समय पाश्चात्य देशों में एब्सर्ड नाटकों का लेखन प्रारंभ हुआ, उसी समय भुवनेश्वर ने अपना 'तांबे के कीड़े' नाटक लिखा। इसे विश्व के असंगत नाटकों के विकास-क्रम में रखकर परखा जा सकता है। 'तांबे के कीड़े' में एब्सर्ड नाटक के सभी लक्षण विद्यमान हैं।

आधार ग्रंथ :

1. आज का हिंदी नाटक : प्रगति और प्रभाव, दशरथ ओझा।
2. समकालीन हिंदी नाटक की संघर्ष चेतना, गिरीश रस्तोगी।
3. तांबे के कीड़े, भुवनेश्वर।
4. Modern Critical Terms, Roger Fowler.
5. A Glossary of Literary Terms, M. H. Abrams.
6. Concise Dictionary of Literary Terms, Chris Baldick.
7. The Theatre of the Absurd, Martin Esslin.
8. The Absurd, Arnold P.Hinchliffe.

ऐतिहासिक भौतिकवाद

ऐतिहासिक भौतिकवाद 'हिस्टोरिकल मैटरियलिज्म (Historical Matterialism) शब्द का हिंदी रूपांतर है। यह मार्क्सवादी दर्शन का शब्द है। द्वंद्वात्मक भौतिकवाद तब तक अधूरा है, जब तक ऐतिहासिक भौतिकवाद अपने निष्कर्षों से उसे पूर्ण न करे। ऐतिहासिक भौतिकवाद मार्क्सवाद का वह समाजदर्शन है, जिसका आधार विज्ञान है। द्वंद्वात्मक भौतिकवाद के नियम, सामाजिक जीवन के अध्ययन के क्रम में ऐतिहासिक भौतिकवाद के द्वारा ही अपनी सटीकता साबित करते हैं। बिना एक के दूसरा पूर्ण नहीं, और बिना दूसरे के पहले का कोई अस्तित्व नहीं।

ऐतिहासिक भौतिकवाद मानव समाज के इतिहास की एक विशिष्ट किंतु वैज्ञानिक व्याख्या करने का प्रयास करता है। इसके अनुसार मनुष्य का सामाजिक जीवन, उसकी आर्थिक, राजनीतिक और भौगोलिक परिस्थितियों द्वारा अनुशासित होता है। इन सब परिस्थितियों में आर्थिक परिस्थितियां अपना विशिष्ट स्थान रखती हैं। इतिहास कुछ राजनीतिक दुर्घटनाओं की कहानी नहीं है अपितु यह भी इस बात का विवेचन है कि मनुष्य समष्टिगत रूप से प्रकृति में अपने अस्तित्व के साधन कैसे उत्पन्न करता है। इस उत्पादन क्रम में जीवन बदलता रहता है, उत्पादन शक्तियां उभरती हैं और पुराने संबंध नष्ट होते हैं। इस क्रम में नयी व्यवस्था बनती रहती है। आरंभ में तो मनुष्य की क्रिया भी पशुओं की भांति सहज और स्वाभाविक थी। उसकी क्रिया का विषय बाहर विद्यमान रहता था और वह इतना ही जानता था कि यह उसकी किसी नैसर्गिक तथा शारीरिक आवश्यकता की पूर्ति कर सकता है। परंतु, मनुष्य पशुओं की भांति कोई सर्वथा सरल प्राकृतिक प्राणी नहीं है कि वह प्रकृति को उसी प्रकार स्वीकार कर ले जैसी यह उसके सामने प्रस्तुत है। वह अपना श्रम निरंतर उस पर लगाता रहता है और अपनी आवश्यकताओं के अनुसार प्रकृति को परिमार्जित करता रहता है। इस क्रिया में वह अपनी परिस्थितियों को तथा अपने सामाजिक संबंधों को प्रकृति में होने वाले परिवर्तनों के अनुसार समायोजित कर लेता है। यह द्विपक्षीय समायोजन ही श्रम है जिसमें एक ओर तो उत्पादन शक्ति है तथा दूसरी ओर उत्पादन संबंध है। यह संबंध इतिहास के आरंभिक काल से ही दिखायी पड़ता है।

वस्तुतः, मनुष्य मूल रूप से एक उत्पादनकर्ता है। इस उत्पादन क्रिया में सबसे पहले वह अपनी भौतिक आवश्यकताओं की पूर्ति का साधन पैदा करता है। क्योंकि उसके लिए सबसे पहले यह आवश्यक है कि वह जीवित रहे। इसलिये सर्वप्रथम वह अपने जीवित रहने के साधन प्रकृति से निकालता है। अतः भौतिक आवश्यकताओं की पूर्ति मनुष्य की चिंतन क्रिया से पहले है। जब वह

प्रकृति से अपने जीवित रहने के साधन पैदा करता है तो कुछ शक्तियों का प्रयोग करता है जिनको उसकी उत्पादन शक्तियां कह सकते हैं। इनमें मनुष्य की अपनी शक्ति, उत्पादन में प्रयोग होने वाले उपकरण तथा जनता की श्रमिक परंपराएं भी सम्मिलित हैं। मनुष्य तथा प्रकृति के बीच जो उत्पादन क्रिया चलती है अर्थात् प्रकृति के साथ मनुष्य जैसा उत्पादन संबंध रखता है उसी के अनुकूल मनुष्यों के परस्पर संबंध भी निर्धारित होते हैं अर्थात् उत्पादन की व्यवस्था के अनुकूल ही वर्गों की सृष्टि होती है। मार्क्स के अनुसार समाज का यह आर्थिक ढांचा ही इतिहास का मूलभूत निर्धारक तत्त्व है। इन्हीं आर्थिक संबंधों के अनुसार समाज में श्रम विभाजन तथा अधिकारों का निर्धारण होता है। उत्पत्ति के साधनों की निरंतर परिवर्तनशीलता का यह परिणाम होता है कि हमारे जीवन यापन के ढंगों में भी परिवर्तन होता रहता है। उत्पादन के साधनों में परिवर्तन करते समय प्रकृति पर प्रतिक्रिया करने के फलस्वरूप मानव अपने अंदर भी परिवर्तन उत्पन्न करता चला जाता है। अतः जब भी उसके जीवन यापन के ढंग में कोई गुणात्मक परिवर्तन होता है वह इस ओर संकेत करता है कि उत्पादन के साधनों में कोई परिवर्तन आ गया है। दूसरे शब्दों में, हम यह कह सकते हैं कि उत्पादन के साधनों का स्वरूप सामाजिक संबंधों को निर्धारित करता है।

समाज के उत्पादन-आश्रित संबंधों के निर्धारण में कुछ मनुष्य तो ऐसे दिखलायी पड़ते हैं जो वस्तुओं का दोहन करते हैं और कुछ उनके साथ-साथ ऐसे मनुष्य होते हैं जिन पर कुछ ऐसे प्रतिबंध लग जाते हैं कि वे उन वस्तुओं का दोहन नहीं कर सकते। कुछ लोगों के हाथ में ये साधन आ जाते हैं और वे उसके स्वामी बन बैठते हैं तथा कुछ ऐसे रह जाते हैं जो इन साधनों से सर्वथा वंचित रह जाते हैं। यह जो वंचित तथा साधन रहित मनुष्यों का वर्ग है, इसको इस बात के लिए बाध्य हो जाना पड़ता है कि यह उन लोगों के आदेशानुसार तथा उन लोगों के हित के लिए इन साधनों का संचालन करे जो इनके स्वामी कहलाते हैं। यह स्वामी वर्ग न्यूनतम मजदूरी देकर उत्पादन के सारे लाभ को स्वयं हड़प जाता है। अतः वह अपने निजी साधनों के बल पर साधनहीन वर्ग का शोषण करता है। मार्क्स के मतानुसार समाज व्यवस्था के रूपांतरित होने पर अर्थात् निजी संपत्ति के समाप्त होने पर ही इस समस्या का निदान हो सकता है। यह कार्य एक सामाजिक क्रांति द्वारा ही संपन्न होगा क्योंकि शोषक वर्ग, सर्वहारा वर्ग के रूप में एक ऐसा हथियार निर्मित कर रहा है जो उसी के पतन का साधन होगा। इसीलिए मार्क्स यह कहा करते थे कि पूंजीपति वर्ग अपने निजी लाभ के लिए उत्पादन करते हुए अपने लिए स्वयं ही अपनी कब्र खोदने वाले उत्पन्न कर रहा है। निजी संपत्ति का नाश करके ही मनुष्य अपनी वास्तविक आजादी प्राप्त कर सकेगा।

इस इतिहास क्रम में चूंकि सामाजिक संबंधों का निर्धारक तत्त्व समाज का आर्थिक ढांचा होता है इसलिए समाज की सारी सामाजिक तथा राजनीतिक संस्थाओं की व्याख्या इसके अनुसार की जा सकती है। मार्क्स उन सभी संस्थाओं को अधि-रचना कहते हैं जो समाज के आर्थिक आधारों तथा भौतिक परिस्थितियों की उपज हैं। जैसा जीवन और परिवेश होता है उसी प्रकार की चिंतन पद्धति इन संस्थाओं में प्रतिबिंबित होती है। मार्क्स का यह मत है कि इतिहास क्रम में भौतिक पदार्थ का महत्व प्राथमिक है और चेतना का महत्त्व गौण है। मनुष्य की चेतना का निर्माण उसका भौतिक परिवेश करता है। इसी प्रकार मनुष्य का सामाजिक अस्तित्व उसकी सामाजिक चेतना को निर्धारित करता रहता है। इसी के फलस्वरूप सारी विचारधाराएं, जिसमें धर्म, दर्शन, राजनीति सभी सम्मिलित हैं, बनती जाती हैं।

द्वंद्वात्मक भौतिकवाद यह बतलाता है कि समाज की उत्पादक शक्तियां बराबर बदलती रहती हैं। इसका परिणाम यह होता है कि उत्पादन के साधन विकसित होने के साथ-साथ उत्पत्ति का भी बराबर विकास होता जाता है। उत्पत्ति तथा उत्पादक शक्तियां समानांतर रूप से चलती हैं। परंतु, यदि कृत्रिम साधनों से कोई इनके विकास को अवरुद्ध कर दे तो संकटावस्था उत्पन्न हो जाती है और मार्ग-अवरोध को हटाने के लिए टकराव होता है। इसलिए मार्क्स यह मानते हैं कि सारे ऐतिहासिक परिवर्तन शांतिपूर्वक नहीं अपितु कभी-कभी क्रांतिकारी ढंग से भी होते हैं। क्रांतियां इतिहास के लोकोमोटिव हैं। इसका एक कारण यह है कि एक बार एक आर्थिक आधार पर जो वैधानिक, राजनीतिक तथा धार्मिक संस्थाएं उत्पन्न हो जाती हैं वे अपने अंदर अपना ही जीवन प्राप्त कर लेती हैं और आर्थिक आधार बदल जाने पर भी स्वतंत्र रूप से अपना अस्तित्व बनाये रखना चाहती हैं। जो स्वार्थी वर्ग है वह अपने निजी स्वार्थ की सिद्धि के लिए उस विचार प्रणाली को बनाये रखना चाहता है जो परंपरागत रूप में उसके शोषण में सहायक सिद्ध हुई,क्योंकि समाज का नवोदित वर्ग, नये तथा विकसित उत्पादन के साधनों का प्रतिपादन करता है। इसीलिए वर्तमान सामाजिक संबंधों तथा उत्पादन की विकसित शक्तियों का अनिवार्य संघर्ष होता है क्योंकि नये सामाजिक वर्ग की चिंतनधारा परिवर्द्धित अर्थसाधनों में गहरायी तक जमी होती है और पुरानी विचारधारा का आधारभूत आर्थिक ढांचा नष्ट हो चुका होता है। इसलिए इस संघर्ष में पुरातन समाज व्यवस्था की पराजय तथा नवोदित की अनिवार्य विजय होती है।

मनुष्यों के बीच जो उत्पादन-संबंध अब तक चलता रहा है वह शोषण का संबंध है। इसी कारण समाज दो वर्गों में विभाजित हो जाता है। वर्ग की धारणा द्वारा मार्क्स ने ऐसे समुदायों को प्रदर्शित किया है जिनके हित सर्वथा भिन्न हों तथा उनमें परस्पर विरोध का संबंध हो। यदि उनके बीच परस्पर प्रतिरोध का संबंध नहीं है तो मार्क्सवाद के संदर्भ में उनको 'वर्ग' नहीं कह सकते। 'कम्युनिस्ट मैनीफैस्टो' में मार्क्स ने इस बात को बड़े आग्रहपूर्वक कहा है कि अब तक का सारा मानव इतिहास वर्ग संघर्ष का इतिहास है। इतिहास के प्रत्येक युग में ये परस्पर विरोधी वर्ग स्पष्ट दिखायी देते हैं। उत्पादन संबंधों के आधार पर सारा मानव इतिहास छह युगों में विभाजित होता है, जहां एक युग के निषेध पर दूसरा युग आरंभ होता है। ये युग इस प्रकार हैं : 1. आदिम साम्यवादी समाज 2. दासतामूलक समाज, 3. सामंती समाज, 4. पूंजीवादी समाज, 5. समाजवादी युग और 6. साम्यवादी। साम्यवादी समाज में शोषण का संबंध समाप्त हो जायेगा इसलिए वर्ग ही समाप्त हो जायेंगे। एतदर्थ इतिहास की द्वंद्वात्मक गति भी रुक जायेगी। इसके पूर्व की प्रत्येक व्यवस्था के विनाश के बीज उसी के अंदर निहित रहते हैं। प्रत्येक समाज व्यवस्था में उसकी विरोधी प्रवृत्तियां अंतर्निहित रहती हैं, जिनके मात्रात्मक विकास के कारण ही आर्थिक परिवर्तन आते हैं। साधन विहीन अर्थात् सर्वहारा वर्ग श्रम बेचता है और दूसरा वर्ग, जो साधनों का निजी स्वामी है वह श्रमिक वर्ग का अधिकार चुराकर उस चोरी के बल पर मौज उड़ाता है। परंतु जिस परिमाण में शोषण बढ़ता है उसी परिमाण में श्रमिक वर्ग में वर्ग चेतना तथा शक्ति बढ़ती जाती है। यह बढ़ती हुई शक्ति ही उस समाज व्यवस्था के नाश का कारण बनती है जिसके अंतर्गत मुट्ठी भर पूंजीपति वर्ग उत्पादन के साधनों पर अधिकार जमाये बैठा होता है। लेनिन के अनुसार साम्राज्यवाद, पूंजीवाद की चरम अवस्था होती है। साम्राज्यवाद में बहुराष्ट्रीय कंपनियों के रूप में पूंजी का विस्तार हो जाएगा। विभिन्न राष्ट्रों की संसदें इनके हित की रक्षा का काम करेंगी। लेकिन इसके बाद की मंजिल समाजवाद की ही होगी। आज पूंजी का चरित्र ग्लोबल हो चुका है। इसलिए मार्क्स की कल्पना के अनुसार वह समय आ गया है जब निजी संपत्ति की विनाश सूचक घंटा ध्वनि सुनायी देगी। मार्क्स के सिद्धांत को सोवियत संघ, चीन, क्यूबा, वियतनाम आदि अनेक मुल्कों में व्यवहार में लाया जा चुका है। वहां समाजवाद की स्थापना हो चुकी है। उनमें से कई देशों में पूंजीवादी पुनर्स्थापना भी हो चुकी है। किंतु दुनिया भर में संघर्ष जारी है और कम्युनिस्टों को विश्वास है कि पुनः वह मंजिल आयेगी और वह ज्यादा स्थायी होगी। मार्क्स के अनुसार अंतिम मंजिल साम्यवाद की होगी। यह अवस्था समाजीकृत मानवता की अवस्था होगी जिसमें सारा उत्पादन सामाजिक आवश्यकताओं की पूर्ति के लिए होगा, किसी के निजी स्वार्थ या मुनाफे के लिए नहीं। इस अवस्था में प्रत्येक मनुष्य अपनी क्षमता के अनुसार कार्य करेगा तथा अपनी आवश्यकता के अनुसार प्राप्त करेगा। फिलहाल, यह भी एक यूटोपिया है।

आधार ग्रंथ :

1. मार्क्सवादी साहित्य चिंतनः इतिहास तथा सिद्धांत, डॉ. शिवकुमार मिश्र।
2. पाश्चात्य राजनीतिक विचारक, योगेंद्र कुमार शर्मा।
3. आधुनिक राजनीतिक विचारधाराएं, डॉ. इकबाल नारायण।
5. द्वंद्वात्मक और ऐतिहासिक भौतिकवाद, जे. स्तालिन।
5. कम्युनिस्ट पार्टी का घोषणापत्र, कार्लमार्क्स और फ्रेडरिक एंगेल्स।
6. A Dictionary of Scientific Communism.

वेबसाइट : www.marxists.com/history/historical materialism
www.en.wikipedia.org./wiki/historical_materialism
www.marxists.net/
www.marxists.org/

ऐतिहासिक-सांस्कृतिक आलोचना

जब किसी कृति की आलोचना युगीन परिस्थितियों के परिप्रेक्ष्य में की जाती है, तो उसे ऐतिहासिक-सांस्कृतिक आलोचना की संज्ञा से अभिहित किया जाता है। इस समीक्षा-पद्धति के अंतर्गत किसी कृति की आलोचना के लिए काव्यशास्त्रीय सिद्धांतों को ही पर्याप्त न मानकर लेखक द्वारा युग धर्म के निर्वाह पर बल दिया जाता है। इसके अंतर्गत इस बात पर बल रहता है कि युग और साहित्य परस्पर किस रूप से संबद्ध हैं और वे परस्पर

किस प्रकार प्रभावित करते हैं। इसके अंतर्गत युग और साहित्य की प्रवृत्ति विशेष में लेखक के योगदान का ऐतिहासिक विकास क्रम के अनुसार विश्लेषण किया जाता है।

वस्तुतः साहित्य समकालीन परिस्थितियों से भी घनिष्ठ रूप से प्रभावित होता है। साहित्यकार समाज की ही उपज है। वह युगीन परिस्थितियों से अपने को पूर्णतया अलग नहीं कर पाता। साहित्य और युग के बीच के संबंधों के स्पष्टीकरण का कार्य ऐतिहासिक आलोचना करती है।

इस प्रणाली के समीक्षक के लिए यह अनिवार्य हो जाता है कि वह जिस किसी भी कृति को आलोचना के लिए उठाए, पहले स्वयं अपने व्यक्तित्व को उस युग की परिस्थितियों में समाहित कर दे। इसके उपरांत समीक्षक, तत्कालीन राजनीतिक, सामाजिक, धार्मिक तथा सांस्कृतिक परिस्थितियों एवं उस युग-जीवन का गहन अध्ययन मनन करके निष्कर्ष निकाले, जिसके साथ उसकी पूर्ण सहमति और तादात्म्य हो। बिना इसके आलोचक रचना के साथ न्याय नहीं कर सकेगा और न तो उसकी आलोचना तर्कसंगत ही होगी। ऐतिहासिक समीक्षा को, विश्लेषित करते हुए डॉ. सुरेश सिन्हा ने कहा है, "साहित्य का अध्ययन करते समय प्रमुख रूप से दो बातें ध्यान में रखनी पड़ती हैं। पहली है साहित्य की जातीय भावना और दूसरी उस भावना की युगानुकूल परिवर्तित चेतना में पूर्णाभिव्यक्ति। साहित्य किसी जाति की आत्मा से साक्षात्कार करता है। इस प्रकार ऐतिहासिक समीक्षा प्रणाली, वातावरण तथा देशकाल का पूर्ण विवरण अपने सामने रखकर आलोचना प्रक्रिया में संलग्न होती है।

ऐतिहासिक आलोचक के अनुसार मानव समुदाय की चिंतनशीलता देशकाल के अनुसार परिवर्तित होते हुए भी परंपरा से बंधी होती है। इसी कारण निर्गुण संतों को समझने के लिए नाथपंथी योगियों और सिद्धों का भी अध्ययन जरूरी होता है। डा. रामचंद्र तिवारी के अनुसार "समीक्षा की यह ऐतिहासिक पद्धति व्याख्यात्मक आलोचना का ही एक पूरक अंग है। इसका उपयोग आचार्य शुक्ल ने भी जायसी की आलोचना में किया था, किंतु इसका आदर्श रूप उनके बाद पं. हजारी प्रसाद द्विवेदी की आलोचनाओं-हिंदी साहित्य की भूमिका (1940), कबीर (1942) एवं हिंदी साहित्य का आदिकाल (1952) में प्रस्फुटित हुआ।"

इस समीक्षा-प्रणाली का प्रयोग मुख्य रूप से प्रसिद्ध फ्रेंच साहित्यकार 'मानतेन' (Montaigne, 1533-1592) ने किया है। 'मानतेन' ने साहित्य के अध्ययन के लिए तीन तथ्यों का विवेचन आवश्यक माना है-जाति (Race) परिवेश (Milien) और समय बिंदु (Moment)। 'मानतेन' के अनुसार युगीन चेतना में निरंतर परिवर्तन होता रहता है। वह स्थिर (Static) नहीं है, वरन् गतिशील है। इसीलिए जाति, परिवेश और समय बिंदु की पृष्ठभूमि पर साहित्य की रचनाप्रक्रिया होती है। साहित्य की समीक्षा करते समय इन तीनों तथ्यों से स्पष्ट परिचय अनिवार्य है और उसी पर किसी रचना का उचित एवं तर्कसंगत मूल्यांकन निर्भर करता है। इस समीक्षा प्रणाली में इस बात का भी अध्ययन किया जाता है कि किसी रचना ने युग के साहित्यिक, सांस्कृतिक एवं सामाजिक उत्थान पर अपना प्रभाव किन अंशों में डाला है। यदि वह प्रभाव अधिक है तो निश्चय ही कृति श्रेष्ठ है।

ऐतिहासिक आलोचना एक तरह से साहित्य की इतिहास दृष्टि का ही विश्लेषण करती है। साहित्य के इतिहास दर्शन पर भी इधर पर्याप्त काम हो रहा है। यह सब ऐतिहासिक-सांस्कृतिक की सीमा के भीतर ही आयेगा। आचार्य हजारी प्रसाद द्विवेदी के अलावा पं. परशुराम चतुर्वेदी और आचार्य विश्वनाथ प्रसाद मिश्र को भी प्रमुख ऐतिहासिक-सांस्कृतिक आलोचकों की कोटि में रखा जा सकता है।

इस आलोचना प्रणाली का सबसे बड़ा दोष यह है कि इसमें रचना-प्रक्रिया को युगीन परिस्थितियों के संदर्भ में मूल्यांकित किये जाने के परिणामस्वरूप व्यक्ति की उपेक्षा हो जाती है। किसी साहित्य का मेरुदंड केवल वातावरण.या देश काल ही नहीं होता। यदि ऐसा हो तो साहित्य की शाश्वत विशेषता समाप्त हो जायेगी और कोई भी साहित्य अमरत्व नहीं पा सकेगा।

आधार ग्रंथ :

1. हिंदी आलोचना, विश्वनाथ त्रिपाठी।
2. हिंदी आलोचना का विकास, नंदकिशोर नवल।
3. हिंदी आलोचना : शिखरों के साक्षात्कार, रामचंद्र तिवारी।
4. हिंदी साहित्य की भूमिका, हजारी प्रसाद द्विवेदी।
5. हिंदी साहित्य का आदिकाल, हजारी प्रसाद द्विवेदी।
6. Literary Criticism, R. Dwivedi & V.Rai.
7. Essays in Modern Criticism, (Ed.) Rajnath & William.I.Ellior.

औचित्य सिद्धांत

औचित्य-सिद्धांत के प्रवर्तन का श्रेय क्षेमेंद्र को दिया जाता है जिन्होंने अपने ग्रंथ 'औचित्य विचार चर्चा' के माध्यम से औचित्य को काव्य के प्राण के रूप में प्रतिष्ठित करने का प्रयास किया। परंतु वास्तव में क्षेमेंद्र इस सिद्धांत के प्रवर्तक न होकर व्यवस्थापक हैं। इससे पूर्व भी भरत, भामह, दंडी, रुद्रट, आनंदवर्धन, कुन्तक और महिम भट्ट के ग्रंथों में इस तत्त्व पर कहीं विस्तार से और कहीं प्रसंगवश यत्किंचित संकेत मिल जाता है।

भरत ने नाटकीय प्रसंग में पात्र, प्रकृति, वेश-भूषा, भाषा आदि के औचित्य का विस्तृत प्रतिपादन अपने नाट्यशास्त्र में किया है। उदाहरणार्थ अभिनय करते समय वेश आयु के अनुरूप होना चाहिए, गति प्रचार (शारीरिक चेष्टाएं) वेश के अनुरूप होनी चाहिए आदि। 'रुद्रट' ने सर्वप्रथम औचित्य शब्द का प्रयोग करते हुए कहा है कि काव्य में अनुप्रास-वृत्तियों का प्रयोग औचित्य का ध्यान रखते हुए करना चाहिए।

आनंदवर्धन ने अलंकार, गुण, संघटना, प्रबंध, रीति (रस वृत्ति) तथा रस के औचित्य पर पर्याप्त प्रकाश डाला है। इस दिशा में उनका यह कथन विशेषतः उल्लेखनीय है कि अनौचित्य ही रस के नाश का सबसे बड़ा कारण है और औचित्य का समावेश ही रस का परम रहस्य है—"अनौचित्याद् ऋते नान्यद् रसभंगस्य कारणम्, प्रसिद्धौचित्यबंधस्तु रसस्योपनिषत् परा।"

महिमभट्ट ने काव्यदोष को अनौचित्य का ही नाम दिया और इस प्रकार औचित्य को प्रकारांतर से महत्वपूर्ण स्थान दिया। इस तरह क्षेमेंद्र के पूर्व के अधिकांश महत्वपूर्ण आचार्यों ने किसी न किसी रूप में औचित्य के महत्व का प्रतिपादन किया है।

क्षेमेंद्र ने अपने ग्रंथ में औचित्य का विस्तृत विवेचन किया है। क्षेमेंद्र के अनुसार, "उचितस्य च यो भावः तदौचित्यं प्रचक्षते।" अर्थात उचित के भाव को औचित्य कहते हैं। दूसरे शब्दों में काव्य में प्रत्येक काव्य तत्त्व का उचित रूप से प्रयोग ही औचित्य कहलाता है। उनके कथनानुसार काव्य यद्यपि रस-सिद्ध होता है, किंतु उसका स्थिर-अनश्वर-जीवित तो औचित्य ही है—"औचित्यं रससिद्धस्य स्थिरं काव्यस्य जीवितम्।।"

अलंकार और गुण के संबंध में उनका मंतव्य है कि जब इनका उचित प्रयोग किया जायेगा तभी ये अलंकार अथवा गुण कहलायेंगे, अन्यथा नहीं "उचितस्थानविन्यासाद् अलंकृतिरलंकृतिः। औचित्यादच्युता नित्यं भवन्त्येव गुणागुणाः।।"

इसकी पुष्टि में क्षेमेंद्र ने लिखा है कि किसी नारी द्वारा गले में मेखला, नितम्बों पर हार, हाथों में नूपुर और पैरों में केयूर धारण कर लेना भला किसके लिए हास्य का विषय नहीं बनेगा? इसी प्रकार यदि कोई पुरुष शरणागत पर शौर्य और शत्रु पर करुणा दिखाये तो उसकी यह चेष्टा भी हास्यास्पद ही है—"कंठे मेखलया नितम्बफलके तारेण हारेण वा, पाणौ नूपुर-बंधनेन चरणे केयूरपाशेन वा।

शौर्येण प्रणते रिपौ करुणया नायान्ति के हास्यताम्, औचित्येन बिना रुचिं प्रतनुते नालंकृतिर्नो गुणाः।"

क्षेमेंद्र के अनुसार रस काव्य का प्राण अवश्य है, किंतु जब तक वह भी औचित्य से रुचिर नहीं होता तब तक वह सहृदयों के चित्त को आकर्षित नहीं कर सकता। इस औचित्य तत्त्व से रहित होने के कारण ही महाकवि कालिदास के द्वारा 'कुमारसंभव' में शिव-पार्वती के श्रृंगार-वर्णन की निंदा की गयी और गोस्वामी तुलसीदास को लिखना पड़ा—"जगत मातु-पितु संभु भवानी। तेहि सिंगार कस कहहुं बखानी।" केशवदास के यहां इसके अनेक उदाहरण हैं जैसे—"बासर की संपति उलूक ज्यों न चितवत" अथवा "कै श्रोणित कलित कपाल यह किल कापालिक काल को।"

आधुनिक युग के काव्य में अनौचित्य के अनेक उदाहरण मिलते हैं। नयी कविता में शब्दप्रयोग, लय आदि की स्वच्छंदता के कारण अनेक रूपों में अनौचित्य का बोल-बाला है। कहीं रुचि को विकृत करने वाले प्रसंग हैं, कहीं फूहड़ बिंबों की योजना है और कहीं शब्दों के अनुचित प्रयोग। यथार्थ के नाम पर इन सबका एक दौर चला। उदाहरणार्थ धूमिल, राजकमल चौधरी, जगदीश चतुर्वेदी आदि की अनेक कविताओं में इसके उदाहरण देखे जा सकते हैं।

आचार्य क्षेमेंद्र के विचार से औचित्य की बड़ी व्यापकता है। उन्होंने लिखा है—

"पद वाक्ये प्रबंधार्थे गुणेऽलंकरणे रसे,
क्रियायां कारके लिंगे वचने च विशेषणे।
उपसर्गे निपाते च काले देशे कुले व्रते,
तत्त्वे सत्वेऽप्यभिप्राये स्वभावे सार संग्रहे।
प्रतिभायामवस्थायां विचारेनाम्न्यथाऽशिषि,
काव्यस्यांगेषु च प्राहुरौचित्यं व्याप्ति जीवितम्।।"

उपर्युक्त कथन से स्पष्ट है कि औचित्य की व्याप्ति पद से लेकर प्रबंध और विचार तक हो सकती है। क्षेमेंद्र ने औचित्य के 27 भेदों की चर्चा की है। उनके अनुसार औचित्य के भेद हैं—पद, वाक्य, प्रबंध, गुण, अलंकार, रस, क्रिया, कारक, लिंग, वचन, विशेषण, उपसर्ग, निपात, काल, देश, कुल, व्रत, तत्त्व, सत्त्व, अभिप्राय, स्वभाव, सारसंग्रह, प्रतिभा, अवस्था, विचार, नाम और आशीर्वाद।

आज के संदर्भ में उपर्युक्त अनेक भेद व्यर्थ हो गये हैं । विशेष रूप से ये भेद संस्कृत काव्य में सार्थक थे। हिंदी काव्य के क्षेत्र में सभी रूप सार्थक नहीं हैं। डॉ. चंद्रहास पाठक ने अपने शोध प्रबंध 'औचित्य संप्रदाय का हिंदी काव्य शास्त्र पर प्रभाव' में चौंतीस भेदों की सूची दी है। कुछ उदाहरण द्रष्टव्य है—

पदौचित्य- *"मुझे फूल मत मारो । मैं अबला बाला वियोगिनी कुछ तो दया विचारो।"*

वाक्यौचित्य- *"छीनि पितम्मर कम्मर तें सु बिदा दई मीड़ि कपोलन रोरी*
नैन नचाइ कही मुसकाइ लला फिर आइयो खेलन होरी।"

रसौचित्य- *"ये फूल सेज के चरणों पर धर देने दो,*
मुझको आंचल में हरसिंगार भर लेने दो।
मिटने दो आंखों के आगे का अंधियारा,
पथ पर पूरा-पूरा प्रकाश हो लेने दो ।
यह ठंडी-ठंडी रात उनींदा सा आलम, मैं नींद भरी सी चले नहीं जाना बालम।"

बिम्बौचित्य- *"कामधेनु सी कांग्रेस अब, सुरसा जैसा मुंह बाये है।"*

इस प्रकार क्षेमेंद्र सभी काव्यांगों को स्वीकार करते हुए केवल उनके औचित्यपूर्ण प्रयोग पर बल देने के पक्ष में हैं। अतः औचित्य को काव्य की आत्मा अथवा कोई स्वतंत्र सिद्धांत न मानकर सभी काव्य तत्त्वों का उत्कर्षक तत्त्व ही स्वीकार करना समीचीन है क्योंकि औचित्य वस्तुतः विभिन्न काव्यांगों को परिष्कृत एवं उपादेय बनाने का हेतु मात्र है।

आधार ग्रंथ :

1. औचित्य विचार चर्चा, क्षेमेंद्र ।
2. औचित्य संप्रदाय का हिंदी काव्य शास्त्र पर प्रभाव, चंद्रहास पाठक।
3. भारतीय साहित्य शास्त्र, बलदेव उपाध्याय।
4. भारतीय साहित्य शास्त्र कोश, डॉ. राजवंश सहाय 'हीरा'।

कथानक

कथ् धातु से व्युत्पन्न कथा शब्द का साधारण अर्थ है 'वह जो कहा जाये।' और कथा से व्युत्पन्न 'कथानक' का शाब्दिक अर्थ होगा कथा का छोटा रूप या सारांश। हिंदी साहित्य कोश के अनुसार अपने विशिष्ट अर्थ में इससे अभिप्राय है, "साहित्य के कथात्मक रूपों—लोकगाथा, महाकाव्य, खंडकाव्य, नाटक, उपन्यास, कहानी आदि का वह तत्त्व, जो उनमें वर्णित, कालक्रम से शृंखलित घटनाओं को रीढ़ की हड्डी की तरह दृढ़ता देकर गति देता है और जिसके चारों ओर घटनाएं बेल की भांति उगती, बढ़ती और फैलती हैं। सीधे तौर पर कह सकते हैं कि कथानक का अर्थ है कार्य-व्यापार की योजना। कथा या कहानी भी साधारणतः कार्य-व्यापार की योजना ही होती है, परंतु कैसी भी कोई कथा, कथानक नहीं कही जा सकती।"

हिंदी में कथानक और कथावस्तु पर्याय के रूप में प्रयुक्त होते हैं। संस्कृत के आचार्यों ने इसका विशेष विवेचन रूपकों के संदर्भ में किया है। रूपकों के भेदक तत्त्वों में से कथानक भी एक तत्त्व है। ये संख्या में तीन हैं—'वस्तु नेता रसस्तेषां भेदकः'-वस्तु, नेता और रस।

कथावस्तु को 'वृत्त' या 'चरित' भी कहते हैं। वृत्त, अधिकारी और कथोपकथन की दृष्टि से वस्तु के कई भेद होते हैं। वृत्त की दृष्टि से इसके तीन भेद होते हैं—प्रख्यात, उत्पाद्य और मिश्र। प्रख्यात इतिहास-पुराण से गृहीत, उत्पाद्य कवि-कल्पना-प्रसूत और मिश्र में दोनों का मिश्रण होता है। अधिकारी या नायक के संबंध से वस्तु के दो भेद होते हैं-आधिकारिक और प्रासंगिक। रामचंद्र-गुणचंद्र आधिकारिक को मुख्य और प्रासंगिक को अंग कहते हैं। मुख्य या आधिकारिक वस्तु वह है जिसका संबंध अधिकारी या फलभोक्ता से होता है। प्रासंगिक कथावस्तु आधिकारिक की सहायक होती है। प्रासंगिक के पुनः दो भेद होते हैं-पताका और प्रकरी।

कथा-संघटना के लिए नाटकों में पांच अर्थप्रकृतियों-बीज, बिंदु, पताका, प्रकरी, कार्य; पांच अवस्थाओं-आरंभ, यत्न, प्राप्त्याशा, नियताप्ति, फलागम और पांच संधियों-मुख, प्रतिमुख, गर्भ, विमर्श, निर्वहण का विधान किया गया है।

कथानक की गतिशील घटनाएं सीधी रेखा में नहीं चलतीं। उनमें उतार-चढ़ाव आते हैं। भाग्य बदलता है, परिस्थितियां मनुष्य को कुछ से कुछ बना देती हैं, अपने संगी-साथियों के साथ अपने वातावरण के विरुद्ध उसे प्रायः संघर्ष करना पड़ता है। कथानक में जीवन के इसी गतिमान् संघर्षशील रूप की अवतारणा की जाती है।

कथानक, कला का एक साधन है, उसमें आकस्मिकता का तत्त्व भी आवश्यक है। इसी के द्वारा

उसमें भावोत्तेजना आती है। टामस हार्डी के शब्दों में, "सार्वकालिक और विश्वजनीन के साथ असाधारण के सामंजस्य" में ही कथा और नाटक के संघटन का रहस्य छिपा है। किसी उपन्यास या नाटक की कथा की यदि यह प्रतिक्रिया हो कि वह कितनी सच्ची है और फिर भी कितनी आश्चर्यजनक, तभी उसकी सफलता है।

अंग्रेजी में कथावस्तु को प्लाट (Plat) कहा जाता है। प्लाट अरस्तू के 'माइथॉस' का अंग्रेजी रूपांतरण है। अरस्तू की त्रासदी के छह तत्त्वों में से यह एक सर्वाधिक प्रमुख तत्त्व है। वह इसे त्रासदी का प्रमुख सिद्धांत ही नहीं कहता बल्कि उसकी आत्मा बतलाता है। उसके मतानुसार 'प्लाट' कार्य का अनुकरण और घटनाओं का संगुम्फन है। कार्यानुकरण में संपूर्णता होनी चाहिए। इसमें आदि, मध्य और समापन का होना आवश्यक है। प्लाट का रूप ऐसा होना चाहिए कि वह पात्रों के चारित्रिक विकास में उतार-चढ़ाव पैदा कर सके। भाग्य की विडंबना का सृजन भी इसी के आधार पर होता है। इससे एकान्विति होती है। अनुकरण में संपूर्णता होती है, संरचना के विभिन्न अंगों का सामंजस्यपूर्ण गुम्फन होता है। कथानक की रचना के संबंध में रचनाकारों को इस समस्या का बराबर सामना करना पड़ता है कि कथानक में मौलिकता और विचित्रता कैसे पैदा की जाए। कथानक रचना की इस कठिनाई के अनुभव की दो अलग-अलग प्रतिक्रियाएं देखने को मिलती हैं। एक ओर तो वे व्यावसायिक लेखक हैं जो सस्ती पत्र-पत्रिकाओं के लिए लिखते हैं जो कथानक के बने-बनाये ढांचों में मामूली फेर बदल करके काम चला लेते हैं दूसरी ओर महान रचनाकारों की कृतियां हैं जिनमें कथानक अत्यंत क्षीण है और उसका कोई निश्चित ढांचा खड़ा नहीं किया जा सकता। ऐसे इसकी अंग-संगति जीवित प्राणियों की अंग-संगति की भांति होनी चाहिए।

लेखकों का विश्वास है कि कला में जीवन से नित्य नवीन सामग्री प्राप्त करते रहने की शक्ति विद्यमान है तथा उसे सार्थक रूप में रूपायित किया जा सकता है। जीवन में अपार विविधता है और उसकी परिवर्तनशीलता उसमें नित्य नया रंग भरती रहती है।

आधार ग्रंथ :

1. अरस्तू का काव्यशास्त्र, नगेंद्र।
2. कथा विवेचना और गद्य शिल्प, रामविलास शर्मा।
3. हिंदी आलोचना के बीज शब्द, बच्चन सिंह।
4. हिंदी साहित्य कोश, भाग-1।
5. कहानी : स्वरूप और संवेदना, राजेंद्र यादव।

कला कला के लिए

साहित्य-जगत की प्रचलित दो अवधारणाएं 'कला जीवन के लिए' (Art for Life's Sake) तथा 'कला कला के लिए' (Art for Art's Sake) वस्तुतः कला के मूल्यवादी और सौंदर्यवादी दृष्टिकोणों का प्रतिफलन हैं।

कला के मूल्यवादी दृष्टिकोण अथवा 'कला जीवन के लिए' सिद्धांतानुसार काव्य का मूल प्रयोजन, नैतिकता की स्थापना एवं शिक्षा माना जाता है। इस सिद्धांत के मानने वाले साहित्यकार कला को सामाजिक परिवर्तन एवं सुधार का महत्वपूर्ण अस्त्र मानते हैं। कला उनके लिए उनके वांछित सिद्धांतों के प्रचार का प्रमुख साधन होती है।

दूसरी ओर कलावादी कला को मात्र सौंदर्यानुभूति एवं आनंदानुभूति की अभिव्यक्ति एवं आस्वादन का साधन मानते हैं। उनके लिए कलाकार समाज के प्रति उत्तरदायी नहीं होता है। कलावादी मानते हैं कि कलाकार की उपलब्धि मात्र कलागत सौंदर्य के स्वतंत्र एवं निरपेक्ष महत्त्व की प्रतिष्ठा में है। इसके साथ ही, कलावादी दृष्टिकोण के अनुसार कला स्वतःपूर्ण एवं आत्मनिर्भर मानी जाती है, जिसका प्रयोजन किसी भी बाह्य उद्देश्य की पूर्ति नहीं होता और न जिसका सौंदर्यपरक प्रतिमानों से इतर किसी भी प्रकार के नैतिक, सामाजिक अथवा राजनैतिक मानदंडों से मूल्यांकन ही किया जा सकता है।

कालक्रम की दृष्टि से 'कला जीवन के लिए' का सिद्धांत अधिक प्राचीन है। साहित्य-सृजन के प्रारम्भिक युगों से ही काव्य को नैतिक उद्देश्यपूर्ति का साधन बनाया गया है। कला को जीवनोपयोगी मानने संबंधी धारणा का प्राधान्य यद्यपि पश्चिम में सर्वाधिक रहा है, तथापि यह धारणा आदिकालीन एवं देशातीत है। पश्चिम में कला का प्रारम्भिक स्वरूप उपदेशात्मक रहा, इसका कारण यह है कि पश्चिम की क्लासिकल कला धर्म के संरक्षण में विकसित हुई। शुद्ध कलावादी दृष्टि का इस युग में प्रायः अभाव ही रहा। धर्म प्रेरित कला-साहित्य का उपदेशात्मक होना स्वाभाविक ही है।

प्लेटो से पूर्व ही यूनानी कवि होमर मात्र कवि ही नहीं, वरन् राष्ट्र के सर्वोत्तम शिक्षक भी समझे जाते थे।

प्लेटो तत्कालीन कवियों के घोर विरोधी होते हुए भी उस काव्यकार का अभिनंदन करने को तत्पर थे, जो मानव के नैतिक एवं चारित्रिक विकास को उत्प्रेरित कर सके। प्लेटो के उपरांत उनके विश्वविख्यात शिष्य अरस्तू ने अपने गुरु के विचारों में संशोधन करके साहित्य का प्रयोजन आनंद घोषित किया। उन्होंने साहित्यकार को नीतिप्रचार एवं समाज-सुधार के दायित्वों से अपेक्षाकृत मुक्त किया। इस प्रकार अरस्तू पर्याप्त कलावादी प्रतीत होते हैं, किंतु पूर्णतः नहीं, क्योंकि वह काव्य-प्रयोजन आनंद मानते हुए भी उस काव्य को श्रेष्ठ मानते थे, जो मानव का नैतिक विकास एवं लोक कल्याण भी कर सके।

अरस्तू के परवर्ती आलोचकों ने काव्य के दो प्रयोजन स्वीकार किये—आनंद और नैतिक उत्थान। होरेस ने 'आर्स पोइतिका' में शिक्षा अथवा आनंद अथवा दोनों को काव्य-प्रयोजन स्वीकार किया है। लोंजाइनस आनंदवादी अधिक हैं। कहा जा सकता है कि प्राचीन ग्रीक और रोमन साहित्यकार किसी-न-किसी रूप में मूल्यवादी भी रहे हैं, शिक्षा अथवा उपदेश को अंततः उन्होंने काव्य का प्रयोजन स्वीकार किया है।

पश्चिम के मध्यकालीन साहित्यकारों ने काव्योद्देश्य आनंद तो स्वीकार किया, फिर भी उपदेश को वह अनिवार्य रूप से ग्रहण किये रहे। यही नहीं, पुनर्जागरण-काल के अधिकांश साहित्यकारों ने भी आनंद पक्ष को गौण मानकर मूल्यवादी दृष्टिकोण का परिचय दिया है। इस प्रकार 16 वीं सदी का काव्य-सिद्धांत भी मूल्यवादी ही अधिक ठहरता है। 17 वीं सदी के अंग्रेजी कवि अर्थात नव शास्त्रवादी साहित्यकार तो पूर्णतः मूल्यवादी थे ही, ड्राइडन ने अपनी पुस्तक 'एन एस्से ऑफ ड्रामाटिक पोयट्री' (An Essay of Dramatic Poetry-For the Delight and Instruction of Mankind) में आनंद के साथ उपदेश पर भी बल दिया है।

स्वच्छंदतावादी युग के यूरोपीय आलोचक यद्यपि कलावादी अधिक थे; फिर भी उन्होंने नैतिक मूल्यों की अवहेलना नहीं की है। वर्ड्सवर्थ ने 'बैलेड्स' में नैतिक (Moral) शब्द का प्रयोग किया है। यही नहीं, उन्होंने प्राकृतिक शिक्षा को काव्य-विशेष के रूप में भी स्थान दिया है। पी.बी.शेली ने अपनी लंबी कविता 'प्रॉमेथियस अनबाउंड' (Prometheus Unbound) की भूमिका में नैतिक आदर्शोन्मुखी होने का दावा (Beautiful idealism of Moral excellence) किया है। कहना यह है कि आरंभ से 18वीं सदी के उत्तरार्द्ध तक पश्चिमी साहित्य-जगत में कला की मूल्यवादी मान्यताओं का न्यूनाधिक प्रभाव अवश्य रहा है। यद्यपि स्वच्छंदतावादी साहित्यकार पर्याप्त सौंदर्योन्मुख थे; फिर भी उन्हें पूर्णतः कलावादी अथवा पूर्णतः समाज-निरपेक्ष होकर कला को मात्र कला के रूप में देखने वाला नहीं माना जा सकता।

परंतु 19वीं सदी के मध्य में ही, अर्थात् अंग्रेजी रोमांटिक काल के समानांतर ही कुछ साहित्यकारों ने यह स्थापना की कि काव्य, मात्र हृदय एवं अनुभूति का विषय है। काव्य नीति के क्षेत्र की वस्तु नहीं, वरन नीति से सर्वथा स्वतंत्र अनुभव की चीज है। इस विचारधारा के प्रबल समर्थक फ्रांसीसी एवं अमरीकी साहित्यकार थे। वस्तुतः इस कलावादी साहित्यिक प्रवृत्ति को प्रतिष्ठित करने का श्रेय जर्मन रोमांटिक आंदोलन के प्रमुख दार्शनिक-लेखकों-कान्ट (Kant), शेलिंग (Schelling), गोथे (Goethe) और शिलर (Schiller) को जाता है, जो कला को स्वतंत्र मानते थे। 'काव्य एवं काव्यशास्त्र विश्वकोश' के अनुसार—"The genesis of this view of art (Aestheticism) can be traced to the writers and philosophers of the German romantic movement-Kant, Schelling, Goethe, and Schiller-who were agreed that art must be autonomous."

कान्ट कला-कृति के विशुद्ध एवं निस्पृह अस्तित्व पर सर्वाधिक बल देते थे। शिलर के लिए रूप-विधान ही महत्त्वपूर्ण था, गोथे कला-कृति को एक स्वतंत्र संघटना के रूप में देखते थे और शेलिंग सार्वभौम अथवा सर्वव्यापी की विशिष्ट, किंतु विलक्षण अभिव्यक्ति (Art as a unique revelation of the universal in the particular) मानते थे। कहना यह है कि ये जर्मन विचारक कला को मूल्यवादी दृष्टिकोण से न देखकर, सौंदर्यवादी दृष्टि से देखते थे।

जर्मनी के इन दार्शनिक साहित्यकारों के विचारों का साहित्य जगत पर व्यापक प्रभाव पड़ा। इन विचारों को महत्त्व देने वाले लेखकों में इंग्लैण्ड के कार्लाइल (Carlyle) एवं कॉलरिज (Coleridge), अमेरिका के इमरसन (Emerson) और पो (Poe), फ्रांस के विक्टर कजिन (Victor Cousin) आदि के नाम उल्लेखनीय हैं। संभवतः सर्वप्रथम 'कला, कला के लिए' (Art for Art's Sake) सूत्र-कथन मूलतः फ्रांसीसी भाषा में 'ल' आर्ट पोर 'ल' आर्ट ('L' art pour 'L' art) के उद्भावक फ्रांसीसी साहित्यकार विक्टर कजिन ही थे, जिन्होंने सर्वप्रथम इस सूत्र को अपने भाषणों के दौरान 1818 ई. में अभिव्यक्त किया था। उनके ये भाषण 1836 ई. में सर्वप्रथम प्रकाशित हुए थे। इस प्रकार यह सिद्धांत विश्वमनीषियों के समक्ष सर्वप्रथम 1836 ई. में आया, जबकि स्वच्छंदतावादी काव्यधारा अपने चरम पर थी।

सौंदर्यवादी अथवा कलावादी प्रवृत्ति के सर्वप्रथम प्रभावकारी रचनाकार कदाचित गाउटियर (Guatier) हैं। अमरीकी साहित्यकार 'एडगर ऐलन पो' भी उच्च कोटि के कलावादी लेखक हैं। इन दोनों से प्रभावित होकर ही फ्रांसीसी कवि बौदलेयर (Baudelair) ने सौंदर्यपरक अनुभूति पर विशेष बल दिया है। वे अंतिम सत्य की उपलब्धि मात्र साहित्य-सृजन के माध्यम से ही करना चाहते हैं। बौदलेयर से प्रभावित फ्रांसीसी प्रतीकवादी कवि मलार्मे, बर्लेन, रिमबद आदि भी पूर्णतः कलावादी हैं। कुल मिलाकर यह कहा जा सकता है कि जर्मन, फ्रांसीसी एवं अमरीकी साहित्य-जगत में कलावादी प्रवृत्ति 19 वीं सदी के मध्य में पर्याप्त रूप से विकसित हुई और इस विकास ने अन्यान्य वादों-प्रभाववाद, अभिव्यंजनावाद, अतियथार्थवाद आदि को भी पर्याप्त प्रभावित किया।

इंग्लैण्ड में कलावादी दृष्टिकोण के उल्लेखनीय साहित्यकारों में वाल्टर पेटर (Walter Pater), आस्कर वाइल्ड (Oscar Wilde), अर्थर सइमन्स (Arthur Symons), एडमंड गूज (Edmund Goose) आदि प्रमुख हैं। किंतु कला का यह सौंदर्यवादी दृष्टिकोण भी अधिक प्रिय नहीं हो सका है। इस सिद्धांत के प्रबल समर्थक वाल्टर पेटर ने स्वयं महान साहित्य को लोक-कल्याण का साधक मानकर अपने मूल्यवादी रुझान का परिचय दिया है। यही नहीं, जॉन रस्किन, आर्नल्ड बैबिट, इलियट आदि तो इस सिद्धांत के कठोर आलोचक ही हैं। इसके साथ ही, मार्क्सवादी विचारक भी इस सिद्धांत की निंदा करते हैं। चीन में माओ ने 'प्राबलम्स ऑफ आर्ट एंड लिट्रेचर ' नाम के परिपत्र में तथा स्टालिन ने रूस में इस सिद्धांत के नितांत विपरीत साहित्य को सिद्धांत-प्रचार का अस्त्र माना है। यद्यपि ट्राटस्की ने अवश्य कला के क्षेत्र में पार्टी-हस्तक्षेप को अमान्य घोषित किया है; फिर भी वे कलावादी दृष्टिकोण के समर्थक नहीं कहे जा सकते।

मार्क्सवादियों ने कलावादी विचारों को बुर्जुआ संस्कृति का प्रतिफलन कहकर उसका विरोध किया। हिंदी साहित्य में भी ये दोनों प्रवृत्तियां हमेशा से देखी जा सकती हैं। भक्ति आंदोलन में नैतिकतावादी प्रवृत्ति की प्रधानता थी तो रीतिकालीन साहित्य अधिकांशतः कलावाद पर बल देने वाला था। आधुनिक काल में भी प्रेमचंद ने उपयोगितावादी दृष्टि पर अधिक बल दिया है तो प्रसाद और पंत ने कलावादी दृष्टि पर।

कुल मिलाकर यह कहा जा सकता है कि विश्व-साहित्य में मूल्यवादी एवं कलावादी धाराएं समान रूप से बहती रही हैं। कोई भी युग ऐसा नहीं जहां इन दोनों साहित्यिक प्रवृत्तियों को न्यूनाधिक रूप में न ढूंढा जा सके। यदि मूल्यवादी अथवा नीतिवादी धारा का इतिहास अति प्राचीन है जिसके उन्नयन में अनेक दार्शनिक, साहित्यकार एवं विचारकों ने पर्याप्त योगदान किया है; तो कलावादी धारा भी कम विस्तीर्ण नहीं। वस्तुतः किसी भी युग-विशेष में ये दोनों ही प्रवृत्तियां न्यूनाधिक रूप में सक्रिय रही हैं। हमारे साहित्य में भी इन दोनों ही प्रवृत्तियों के दर्शन होते हैं।

आधार ग्रंथ :

1. पाश्चात्य काव्यशास्त्रः अधुनातन संदर्भ, सत्यदेव मिश्र।
2. पाश्चात्य काव्यशास्त्र, देवेंद्रनाथ शर्मा।
3. हिंदी साहित्य कोश, भाग-1।
4. Encyclopaedia of Poetry and Poetics, Alex Preminger.
5. A Dictionary of Literary Terms and Literary Theory, J. A. Cuddon.
6. Oxford Concise Dictionary of Literary Terms, Chris Baldick.

कलापक्ष

'कलापक्ष' हिंदी काव्य शास्त्र का अपना विकसित पारिभाषिक शब्द है। साहित्य व कला का अंतरंग उसका बोधपक्ष है और बहिरंग कलापक्ष। दोनों ही महत्वपूर्ण हैं। बहिरंग काव्य को उत्कर्षमय बनाता है तो अंतरंग कलापक्ष को सार्थकता प्रदान करता है। हिंदी साहित्य कोश के अनुसार काव्य के संबंध में एक प्राचीन रूपक है, जिसमें कविता की तुलना लावण्यवती युवती से की गयी है। शब्दार्थ जिसका शरीर है, अलंकार आभूषण है, रीति अवयवों का गठन है, गुण स्वभाव और रस आत्मा है। इस रूपक में शरीरस्थ आत्मा की तरह रस को सर्वश्रेष्ठ स्थान दिया गया है।

वस्तुतः सौंदर्य की प्रतीति बहिरंग और अंतरंग दोनों के समन्वय से होती है और विविध अंग परस्पर पूरक होते हैं तथा इनके समग्र प्रभाव से ही काव्य का आनंद प्राप्त होता है।

गद्य और पद्य, दोनों प्रकार की रचनाओं में कलापक्ष का विवेचन संभव है, परंतु गद्य में कलापक्ष का उतना विस्तार नहीं होता जितना पद्य में। गद्य विचार-शक्ति को

जाग्रत करता है, पद्य कल्पना-शक्ति को। गद्य का उद्देश्य प्रायः अर्थबोध और पद्य का उद्देश्य आनंद होता है। गद्य तर्कनिष्ठ है, पद्य भावनिष्ठ। ओजस्विता और समास प्राचुर्य श्रेष्ठ गद्य के गुण हैं तो पद्य का गुण है 'मधुर कोमलकांत पदावली'। इसीलिए कलानिष्ठता प्रधानतः पद्य का विषय है, गद्य का नहीं।

यद्यपि आज कविता में छंदों का महत्व गौण हो चुका है फिर भी लयात्मकता का महत्व आज भी स्वीकृत है। गीतों के लिए लय अनिवार्य है। उर्दू शैली की कविता में लय और छंदों का चलन आज भी जारी है। संस्कृत काव्य की समीक्षा के लिए प्रचलित प्राचीन सिद्धांतों में कम से कम अलंकार, रीति और वक्रोक्ति का संबंध मूलतः काव्य के कला पक्ष से ही है। जबकि ध्वनि और रस का संबंध मूलतः काव्य के अंतरंग या भावपक्ष से। अलंकार, रीति और वक्रोक्ति को काव्य की आत्मा कहनेवाले आचार्यों ने इनका प्रयोग जिस व्यापक अर्थ में किया है उसे परवर्ती काव्य रसज्ञों ने पर्याप्त स्वीकृति नहीं दी।

कलापक्ष के अंतर्गत भाषा का अध्ययन भी आता है। काव्य के माध्यम से स्वभाव, भावना, विचार, अंतर्द्वन्द्व इत्यादि भाषा में द्योतित होते हैं, अतः भाषा साहित्य का व्यवहार-पक्ष है। काव्य में किस भाषा का उपयोग हो, इस सम्बंध में कोई भी नियम बनाना कठिन है, परंतु लयबद्ध, नादानुकूल, आलंकारिक एवं व्यंजक भाषा आदर्श काव्यभाषा है। भाषा भावाभिव्यक्ति का एक साधन है, परंतु यह एक अत्यंत लचीला साधन है। व्यक्ति के मनस्संघटन एवं स्वभाव का परिणाम ही उसकी भाषा-शैली होती है। अतः भाषा-शैली के माध्यम से रचनाकार के व्यक्तित्व का भी अध्ययन किया जा सकता है। व्यक्तिनिष्ठ होने के कारण ही साहित्य के बोधपक्ष और रूप-पक्ष को अलग करना संभव नहीं है, क्योंकि भाषा और विचार अन्योन्याश्रित होते हैं।

प्राचीन आचार्यों का काव्य-गुण और काव्य-दोष के रूप में जो विवेचन मिलता है, उसका बहुत-सा अंश काव्य के कलापक्ष के भीतर आता है। गुण-दोष अनेक हैं और कला-पारखी के लिए उनका अध्ययन अनिवार्य हो जाता है। गुणों को ध्यान में रखकर और दोषों से ऊपर उठकर ही कलापक्ष को समृद्ध बनाया जा सकता है।

देश, काल, परिस्थिति के अनुसार शब्द, अलंकार, वर्णन इत्यादि का सम्यक प्रयोग औचित्य कहलाता है। उपयुक्त स्थान पर योग्यतम शब्द की स्थापना रचनाकार की योग्यता का प्रमाण होता है। छंद, अलंकृति, भाषा, शैली, सभी क्षेत्रों में उपयुक्त रूप-विन्यास कलाकार की कुशलता से ही संभव है।

कलापक्ष को बहुधा भावपक्ष से स्वतंत्र और अधिक श्रम-साध्य समझा जाता है। परंतु वह वस्तुतः कवि के व्यक्तित्व और उसके मानसिक संगठन से अन्योन्याश्रित रूप से संबंधित है। कवि के व्यक्तित्व की विविधता से ही कलापक्ष में भी विविधता आ सकती है, क्योंकि रुचि वैचित्र्य और दृष्टिकोण की विलक्षणता के अनुसार कोई कवि छंद पर बल देता है तो किसी को अलंकार प्रिय है। बहरहाल, भावपक्ष से स्वतंत्र कलापक्ष की कोई स्थिति नहीं है। भाव पक्ष तथा कला पक्ष के संतुलित प्रयोग पर ही रचना की श्रेष्ठता निर्भर करती है। दुनिया की कालजयी रचनाओं में दोनों का सुंदर समन्वय देखा जा सकता है।

आधार ग्रंथ :

1. हिंदी साहित्य कोश, भाग-1
2. रसमीमांसा, रामचंद्र शुक्ल।
3. चिंतामणि भाग-2, रामचंद्र शुक्ल।
4. मार्क्सवादी साहित्य चिंतन : इतिहास तथा सिद्धांत, शिवकुमार मिश्र।

कल्पना

कल्पना को अंग्रेजी में इमैजिनेशन (Imagination) कहा जाता है। हिंदी साहित्य कोश' के अनुसार,"पूर्व अनुभूतियों की पुनर्योजना से अपूर्व की अनुभूति उत्पन्न करने की क्रिया या शक्ति को कल्पना कहते हैं। 'वर्तमान' का अवगाहन करने वाला प्रत्यक्ष, 'अतीत' का अवगाहन करने वाली स्मृति तथा 'अनागत' का अवगाहन करने वाली कल्पना कही जाती है। क्षीर सागर, दशमुख, स्वर्णमृग आदि पदार्थ कल्पना द्वारा ही अनुभवगम्य होते हैं। मनोविज्ञान के अनुसार 'अचेतन' अनुभूतियों से भी कवि और कलाकार अपनी कृति के लिए पर्याप्त सामग्री पाते हैं। इस सामग्री का संकलन कल्पना द्वारा होता है। संगीत, मूर्ति, चित्र, स्थापत्य आदि कलाओं में भी ध्वनि आदि का नवीन संयोजन कल्पना पर निर्भर करता है।" मनुष्य और पशु में यही एक बड़ा अंतर है कि मनुष्य कल्पना की तूलिका से मनचाहे संसार की सृष्टि कर सकता है। साहित्य-सृजन के प्रसंग में कल्पना के सहारे नाना प्रकार के काव्य-चित्रों का निर्माण सहज ही हो जाता है।

पाश्चात्य आलोचना शास्त्र में भी कवि-कल्पना के विषय में पर्याप्त विचार हो चुका है। कल्पना के विषय में सैम्युअल टेलर कॉलरिज (Samual Taylor Coleridge, 1772-1834) के विचारों को सर्वाधिक महत्व प्राप्त है। कॉलरिज ने कल्पना की विशद व्याख्या की है, जो उनकी अत्यंत महत्वपूर्ण देन मानी जाती है। कॉलरिज को कल्पना के विवेचन की प्रेरणा वर्ड्सवर्थ के काव्य पाठ से मिली। उस काव्य पाठ का उन पर ऐसा गहरा, स्थायी और मोहक प्रभाव पड़ा कि वे उसकी विशेषताओं का बार-बार विवेचन विश्लेषण करते रहे और अंत में कल्पना का वह स्वरूप स्थापित करने में सफल हुए जिसने शताब्दियों के विवाद को समाप्तप्राय कर दिया।

कॉलरिज के काफी समय पहले से कल्पना (Imagination) और फैन्सी (Fancy)-इन दोनों शब्दों का प्रयोग होता रहा था लेकिन, इनका तात्पर्य अनिश्चित ही था। कभी इन दोनों शब्दों का प्रयोग पर्याय के रूप में हुआ, कभी 'फैन्सी' को श्रेष्ठ पद मिला तो कभी 'इमैजिनेसन' को। इस अव्यवस्था को दूर करने का श्रेय कॉलरिज को है।

'फैन्सी' शब्द ग्रीक के 'फंतासिया' (Phantasia) शब्द से व्युत्पन्न है और 'इमैजिनेसन' लैटिन के 'इमाजिनातियों' (Imagination) से। पहले फैन्तेसिया से फैन्टेसी बना और फिर उसका संक्षिप्त रूप हुआ फैन्सी। 'इमैजिनेसन' का रूपांतर 'कल्पना' प्रचलित है और फैन्सी के लिये 'रम्य कल्पना' या 'ललित कल्पना' शब्द का प्रयोग हो रहा है। यद्यपि हिंदी में प्रयुक्त ये दोनों पर्याय बहुत सटीक नहीं है।

वर्ड्सवर्थ का काव्य पाठ सुनने पर कॉलरिज के मन में जो सुखद प्रतिक्रिया हुई, उसकी मीमांसा के क्रम में वे इस निष्कर्ष पर पहुंचे कि 'कल्पना' और 'रम्य कल्पना' सर्वथा दो भिन्न शक्तियां हैं और भिन्नता इन दोनों शक्तियों के लक्षणों, व्यापारों तथा परिणामों में विद्यमान है। इसलिए ये दोनों शब्द न तो एक अर्थ के बोधक हैं और न एक ही शक्ति के उच्चतर एवं निम्नतर रूप हैं। दोनों का अंतर बताते हुए उन्होंने कहा कि 'फैन्सी' का संबंध केवल मस्तिष्क से होता है अतः वह निर्जीव यांत्रिक होती है जबकि 'कल्पना' का संबंध आत्मा व मन से होता है अतः वह सजीव व आत्मिक होती है। 'फैन्सी' की सहायता से वस्तुओं का एकत्रीकरण तो हो जाता है लेकिन यह आवश्यक नहीं कि उनमें क्रम व अनुपात हो, वह बिखरी वस्तुओं का एक स्थान पर एकत्रीकरण मात्र कर देती है। इस प्रकार 'फैन्सी' वस्तुतः स्मृति का एक ढंग है जिसमें समय और स्थान का कोई क्रम नहीं है।

कॉलरिज के अनुसार कल्पना वह शक्ति है जो बहिर्जगत (पदार्थ) और अंतर्जगत (चेतना) का सफल संयोजन करती है। कल्पना, पदार्थों और वस्तुओं में चेतनता का संचार करती है और उन्हें जीवंत रूप में हमारे सम्मुख प्रस्तुत करती है। वे मानते हैं कि कल्पना ही वह शक्ति है जिसके माध्यम से मनुष्य, मनुष्य-जगत का प्रत्यक्षीकरण करता है। इसी कल्पना की सहायता से कलाकार इस बाह्य-जगत को अधिक पूर्ण रूप में प्रस्तुत करता है।

कॉलरिज ने कल्पना के स्वरूप की व्याख्या को अधिक स्पष्ट करने के लिए उसे दो वर्गों में बांटा है- प्राथमिक कल्पना और गौण कल्पना। इन दोनों कल्पनाओं में प्रकार भेद नहीं, केवल कोटि भेद होता है और कार्य-पद्धति का भेद होता है।

प्राथमिक कल्पना (Primary Imagination) हमें वस्तुओं का प्राथमिक ज्ञान कराती है क्योंकि वह संपूर्ण मानवीय ज्ञान का मूल हेतु है। प्राथमिक कल्पना वह शक्ति है जिसकी सहायता से दृश्य जगत का स्पष्ट और व्यवस्थित ज्ञान होता है। हमारी आंखों के सामने न जाने कितनी वस्तुएं लगातार आती रहती हैं-मकान, सड़क, पेड़, नदी, मैदान, पशु, पक्षी आदि। इसी तरह लगातार कानों में भिन्न-भिन्न प्रकार की आवाजें पड़ती रहती हैं। प्रत्येक ज्ञानेंद्रिय अपने-अपने विषय को ग्रहण करने में सदा लगी हुई हैं। एक साथ दर्जनों मकानों, बीसों प्रकार के पेड़-पौधों पर दृष्टि पड़ती है। इस समस्त जगत के प्रपंचों को व्यवस्थित रूप से ग्रहण कराने वाली शक्ति को ही कॉलरिज प्राथमिक कल्पना कहता है। प्राथमिक कल्पना एक स्वतंत्र और सहज मानसिक क्रिया है, क्योंकि वह मनुष्य की इच्छा की सजगता के बिना ही कार्य करती रहती है।

गौण कल्पना (Secondary Imagination) प्राथमिक कल्पना का सजग मानवीय प्रयोग है। प्राथमिक कल्पना मनुष्य की इच्छा की सजगता के बिना ही कार्य करती है पर गौण कल्पना की कार्य पद्धति में सजगता का समावेश होता है। यह सजगता प्रत्येक मनुष्य में नहीं होती, इसलिए गौण कल्पना प्रत्येक मनुष्य में हो, यह आवश्यक नहीं। यह केवल कलाकार में होती है। चित्रकार, कवि, दार्शनिक आदि इसका प्रयोग कर सकते हैं। अपने व्यापक अर्थ में गौण कल्पना एक सजग मानसिक सर्जन-क्रिया कही जा सकती है।

कॉलरिज का मत है कि काव्य में प्रकृति अथवा जीवन का यांत्रिक अनुकरण तो प्रकृति से चोरी (Theft from nature) है। काव्य की महत्ता पुनःसृजन में, जीवन का सजीव रूपांतर प्रस्तुत करने में निहित है और यह कार्य गौण कल्पना द्वारा ही संभव है। कल्पना प्रकृति के बाह्य रूपों को कवि के आदर्श के अनुरूप गढ़ने और ढालने में उसकी सहायता करती है। इस तरह कल्पना एक समन्वयकारी शक्ति है जो वस्तुओं के विभिन्न पक्षों को एक संश्लिष्ट अन्विति के रूप में ढालती है।

कल्पना को महत्व देने वाले दूसरे पाश्चात्य आचार्य जोसेफ एडीशन (Joseph Addison) हैं। एडीशन ने

कल्पना के आनंद को काव्यानंद का रहस्य माना है। एडीशन के ही शब्दों में, "कल्पना के आनंद से मेरा अभिप्राय है जो दृश्यमान वस्तुओं से उत्पन्न होता है या तो हम उनका स्वयं साक्षात्कार करते हैं या किसी चित्र या मूर्ति को देखकर या कोई वर्णन आदि सुनकर देखे या सुने हुए भाव को मन में लाते हैं।"

इसी आधार पर उन्होंने भी कल्पनाजन्य आनंद के दो भेद किये-वस्तुओं के प्रत्यक्ष-दर्शन से उत्पन्न आनंद, जिसे कल्पना की प्रत्यक्ष अनुभूति कह सकते हैं और देखे हुए चित्र आदि को स्मरण करने से उत्पन्न आनंद, जिसे कल्पना की परोक्ष अनुभूति कहा जा सकता है। पहले प्रकार का आनंद प्राथमिक आनंद है जो महान, विलक्षण तथा सुंदर है। दूसरे प्रकार का आनंद माध्यमिक आनंद है, जो स्मृति से संयुक्त रहता है। यह आनंद केवल महान, विलक्षण और सुंदर के द्वारा ही अनुप्राणित नहीं रहता, बल्कि उससे भी अनुप्राणित होता है, जो कुरूप और अप्रीतिकर है। एडीशन कल्पना के आनंद को दोष रहित तथा पाप शून्य मानते हैं। उनके मतानुसार कल्पना का आनंद शरीर और मन दोनों पर बहुत उत्तम प्रभाव डालता है। मन को उदात्ततर स्थिति की ओर ले जाता है।

हिंदी में आचार्य रामचंद्र शुक्ल ने कल्पना पर गंभीरतापूर्वक विचार किया है। वे एडीशन की मान्यताओं से अपनी सर्वाधिक सहमति जाहिर करते हैं। उन्होंने एडीशन की कृति दि प्लीजर्स आफ इमैजिनेशन का 'कल्पना का आनंद' नाम से स्वयं अनुवाद भी किया। आचार्य शुक्ल के अनुसार काव्य में अप्रस्तुत विधान कल्पना द्वारा ही संभव होता है। अलंकार विधान में उपयुक्त उपमान लाने में कल्पना ही काम करती है। कल्पना काव्य का बोध पक्ष है। शुक्ल जी के अनुसार कल्पना मात्र कवि के लिए ही आवश्यक नहीं है, अपितु "काव्य की पूर्ण अनुभूति के लिए कल्पना का व्यापार कवि और श्रोता दोनों के लिए अनिवार्य है।" काव्य वस्तु का सारा रूपविधान इसी की क्रिया से होता है। उन्होंने कल्पना के दो विभाग किये हैं = विधायिका और ग्राहिका।

आचार्य नंद दुलारे वाजपेयी ने कल्पना के महत्व का आकलन करते हुए लिखा है, "कल्पना ही काव्य या साहित्य का एकमात्र नियामक तत्त्व है।" 'छायावाद में अनुभूति और कल्पना' शीर्षक अपने निबंध में उन्होंने कल्पना और अनुभूति के संबंधों की चर्चा करते हुए लिखा है, "कलादर्शन में कल्पना शब्द उस संपूर्ण प्रक्रिया का द्योतक है, जो काव्य सृष्टि में आदि से अंत तक व्याप्त रहती है। कल्पना का मूल स्रोत अनुभूति है और उसकी परिणति है काव्य की रूपात्मक अभिव्यंजना। इस प्रक्रिया में गतिमान तत्त्व अनुभूति है और इस प्रकार कल्पना अनुभूति से अभिव्यंजना तक विस्तृत है।" इस प्रकार हम देखते हैं कि भारतीय और पाश्चात्य दोनों ओर के कला समीक्षकों ने काव्य के लिए कल्पना को एक अनिवार्य तत्त्व के रूप में स्वीकार किया है। कविता की उत्पत्ति के साथ ही कल्पना के अस्तित्व को स्वीकार किया गया है और इसीलिए कवि के साथ-साथ कल्पना का भी शाश्वत महत्व है और रहेगा।

आधार ग्रंथ :

1. चिंतामणि भाग-1, रामचंद्र शुक्ल।
2. रसमीमांसा, रामचंद्र शुक्ल।
3. नागरी प्रचारिणी पत्रिका, दिसंबर 1904।
4. हिंदी साहित्य कोश भाग-1।
5. नया साहित्य : नये प्रश्न, आचार्य नंद दुलारे वाजपेयी।
6. Coleridge on Imagination, I.A.Richards.
7. Concise Dictionary of Literary Terms, Chris Baldick.
8. A Dictionary of Literary Terms and Literary Theory, J. A .Cuddon.

वेबसाइट : www.en.wikipedia.org/wiki/imagination

कसीदा

'कसीदा' को प्रशस्ति-काव्य कहते हैं। राजा-महाराजा, शासनाधिकारी अथवा किसी महापुरुष की प्रशंसा में की गयी रचना कसीदा कहलाती है। इसमें हर शेर का दूसरा मिसरा एक ही रदीफ और काफिये में होता है। अगर किसी शेर के दोनों मिसरा के रदीफ और काफिया एक ही हो तो उसको 'मतला' कहते हैं। ग़ज़ल के आरंभ में कम से कम एक मतला अवश्य रखा जाता है। 'हाली' का कहना है कि "कसीदा भी, यदि उसका अर्थ प्रशंसा और निंदा लिया जाये और उसकी नींव केवल अनुकरण पर नहीं, अपितु कवि के सच्चे आवेश और उत्साह पर हो तो

आवश्यक काव्य-रूप है, जिसके बिना कवि कभी निपुणता नहीं प्राप्त कर सकता और अपने बहुत से महत्त्वपूर्ण और आवश्यक कर्तव्यों का पालन नहीं कर सकता।" अपनी बात को और स्पष्ट करते हुए वे आगे कहते हैं- "कवि का कर्तव्य यह होना चाहिए कि अच्छों के गुणों को चमकाये, उनके कौशल और श्रेष्ठता को प्रसारित करे और उनके सदाचार की सुगंध को वर्तमान और भावी दोनों पीढ़ियों तक पहुंचाने की व्यवस्था कर जाये और साथ ही जहां तक संभव हो, दुष्कर्मों और बुराइयों की निंदा करे, ताकि वर्तमान और भावी दोनों युगों के लोग बुराई के दंड और उसके कुपरिणाम को जानकर सतर्क और सावधान रहें।" ज़ाहिर है कि हाली ने कसीदा की आवश्यकता एक धार्मिक एवं नैतिक दृष्टि से महसूस की है और उसे सामाजिक आवश्यकता की पूर्ति का एक सशक्त माध्यम माना है। लेकिन उर्दू में 'कसीदा' का विकास इस ढर्रे पर न होकर केवल ओजपूर्ण प्रशस्ति के रूप में हुआ जिसका उद्देश्य किसी राज दरबार में या तो सम्मान-प्रतिष्ठा पाना था या किसी आश्रयदाता की प्रशंसा करके उसका मनोरंजन करना और अधिक से अधिक उसे अपने अनुकूल बनाना था। ऐसे में इस बात का ध्यान ही नहीं रखा गया कि जिस व्यक्ति की प्रशंसा की जा रही है वह प्रशस्ति के योग्य है भी या नहीं। हिंदी के दरबारी कवियों की तरह कसीदे भी अपने आश्रयदाताओं अथवा नवाबों की झूठी प्रशंसा में रचे गये।

उर्दू में कसीदा काव्य का विकास फारसी साहित्य के अनुकरण पर हुआ। 'सौदा', 'जौक', 'अमीर', 'इंशा' और 'मुसहफी' उर्दू के प्रसिद्ध कसीदाकार हैं। इनमें 'सौदा' को तो कसीदा का सम्राट कहा जाता है। दरबारों के नष्ट हो जाने पर कसीदों की परंपरा भी समाप्त हो गयी, केवल व्यक्तिगत रूप से कवियों ने कुछ प्रशंसात्मक कवितायें लिखीं जिन्हें 'कसीदा' के पारंपरिक शिल्प के अंतर्गत नहीं रखा जा सकता।

उर्दू में ज्यादातर राज्याश्रय प्राप्त कवियों द्वारा आर्थिक लाभ के लिए ही कसीदे लिखे गये, इसलिए उनमें राजा की वीरता, वैभव, दानशीलता आदि गुणों का ही अतिशयोक्तिपूर्ण वर्णन हुआ है। इस दृष्टि से 'सौदा' और 'ज़ौक' के कसीदे विशेष रूप से उल्लेखनीय हैं। 'सौदा' के कसीदों में शब्दों की ठाट-बाट, बंदिशों का आकर्षण एवं अनोखापन, विचारों की बुलंदी एवं कोमलता के साथ-साथ वर्णनों में ओज है।

कसीदा चूंकि प्रशस्ति काव्य है इसलिए इसमें कवि प्रशंसा-पात्र की अतिशयोक्तिपूर्ण प्रशंसा के साथ-साथ अपनी कलात्मक निपुणता और पांडित्य का भी प्रदर्शन करता है जिसके कारण उसकी कविता में कहीं-कहीं दुरूहता और अस्पष्टता भी आ जाती है। 'कसीदा' में अलंकृति और कल्पना की ऊंची उड़ान का भी वेग दिखाई पड़ता है। इसमें प्रबंधात्मकता होती है। 'फिराक' ने इसके चार अंश निश्चित किये हैं-पहला तशबीब अर्थात् भूमिका, दूसरा गुरेज अर्थात् भूमिका से मुख्य विषय की ओर बढ़ना, तीसरा मदह अर्थात् प्रशंसा और चौथा दुआ यानी आशीर्वचन के साथ समाप्ति। इसमें कम से कम 15 शेर होने चाहिए। अधिकतम की कोई सीमा नहीं है।

अलंकृति, पांडित्य-प्रदर्शन और दूरारूढ़ कल्पनाओं के प्राचुर्य के कारण यह विधा अधिक लोकप्रिय नहीं हो सकी लेकिन यह भी एक सच्चाई है कि इसकी वजह से कसीदाकारों की कवियों में धाक भी जमती रही है। 'सौदा' ने अपने कठिन रदीफ और काफियों के द्वारा अपनी काव्य-प्रतिभा का आतंक पैदा कर रखा था। उनके समय में कसीदा लिखना महाकवि का काम माना जाता था, इसीलिये साहित्यिक जगत् में कसीदाकार की बड़ी प्रतिष्ठा थी।

आधार ग्रंथ :

1. हिंदी साहित्य कोश भाग-1 ।
2. उर्दू भाषा और साहित्य, रघुपति सहाय फिराक।
3. उर्दू साहित्य का आलोचनात्मक इतिहास, एहतेशाम हुसेन।

कहानी

'कहानी' का प्राचीन नाम संस्कृत में 'गल्प' या 'आख्यायिका' मिलता है, लेकिन आधुनिक युग में 'कहानी' के नाम से जिन रचनाओं का अवतरण हुआ वे संस्कृत साहित्य में 'गल्प' अथवा 'आख्यायिका' के नाम से मिलने वाली रचनाओं से अलग हैं। हिंदी की आधुनिक कहानी का जन्म वर्तमान युग की आवश्यकताओं के कारण हुआ। अपने वर्तमान रूप में यह विधा अंग्रेजी साहित्य से होकर हिंदी में आयी। कहानी को पश्चिम में 'शार्ट स्टोरी' कहा जाता है। पाश्चात्य देशों में एडगर एलन पो आधुनिक कहानी के जन्मदाताओं में प्रमुख माने जाते हैं। उन्होंने कहानी की परिभाषा देते हुए कहा है कि, "छोटी कहानी एक ऐसा आख्यान है, जो इतना छोटा है कि एक बैठक में पढ़ा जा सके और जो पाठक पर एक ही प्रभाव उत्पन्न करने के उद्देश्य से लिखा गया हो। वह स्वतः पूर्ण होती है।"

हडसन के अनुसार, लघु कहानी में केवल एक ही मूल भाव होता है। एलेरी ने कहानी की परिभाषा देते हुए उसकी सक्रियता पर अधिक बल दिया है। उन्होंने लिखा है कि, "वह घुड़दौड़ के समान होती है। जिस प्रकार घुड़दौड़ का आदि और अंत महत्त्वपूर्ण होता है उसी प्रकार कहानी का आदि और अंत ही विशेष महत्त्व का होता है।"

मुंशी प्रेमचंद कहानी पर विचार करते हुए कहते हैं कि, "कहानी (गल्प) एक रचना है, जिसमें जीवन के किसी एक अंग या मनोभाव को प्रदर्शित करना ही लेखक का उद्देश्य रहता है। उसके चरित्र, उसकी शैली तथा कथाविन्यास सब उसी एक भाव को पुष्ट करते हैं।"

सच तो यह है कि कहानी को किसी परिभाषा में बांध पाना इतना आसान नहीं है। कहानी के लक्षणों या विशेषताओं को ध्यान में रखकर हम कह सकते हैं कि—कहानी कथा तत्त्व-प्रधान ऐसा खंड प्रबंधात्मक गद्य रूप है, जिसमें जीवन के किसी एक अंश, एक स्थिति या तथ्य का उत्कट संवेदना के साथ स्वतःपूर्ण और प्रभावशाली चित्रण किया जाता है। इस साहित्यिक गद्य रूप में गठन, तीव्रता और प्रभावान्विति का विशेष ध्यान रखा जाता है।

उपन्यास की भांति कहानी भी कथा तत्त्व प्रधान गद्य विधा है। उपन्यास की ही भांति कहानी के तत्त्व निर्धारित करने में विद्वानों ने एक ही पद्धति अपनायी है और छह तत्त्व निर्धारित किये हैं—कथानक, पात्र अथवा चरित्र-चित्रण,संवाद, वातावरण, शैली, उद्देश्य। समीक्षकों ने इन तत्त्वों को कहानी की समीक्षा के लिए अपनी सुविधा से निर्धारित कर लिए हैं। कहानी के तत्त्वों के रूप में इन छह बातों को ज्यों-का-त्यों स्वीकार नहीं किया जा सकता। उदाहरण के लिए आजकल कितनी ही कहानियां ऐसी लिखी जा रही हैं, जिनमें कथानक का वह स्वरूप नहीं मिलता जिसकी हम आरंभ से लेकर चरम सीमा तक उल्लेख करते हैं। ऐसी कहानियां लिखी गयी हैं या लिखी जा सकती हैं, जिनमें संवाद बिलकुल न हों। इसी तरह केवल चरित्र के उद्देश्य से ही बहुत सारी कहानियां नही लिखी जातीं।

हिंदी कहानी की अब तक की विकास-यात्रा लगभग सौ वर्षों की ऐसी यात्रा है जिसमें जल्दी-जल्दी परिवर्तन होते रहे हैं। उसकी विकास-गति तीव्र और अपने समय-संदर्भों से घनिष्ठ रूप से जुड़ी रही है। उल्लेखनीय तथ्य यह है कि हिंदी कहानी ने बहुत कम समय में एक श्रेष्ठ साहित्यिक विधा का रूप प्राप्त कर लिया। इसका प्रमुख कारण यह है कि आरंभ में ही कुछ महत्त्वपूर्ण रचनाकारों ने अपनी प्रतिभा से उसे प्रारंभिक दौर की लड़खड़ाहट और अनगढ़पन से मुक्त कर दिया। चंद्रधर शर्मा 'गुलेरी' की 'उसने कहा था' कहानी की गणना हिंदी की श्रेष्ठ कहानियों में होती है। यह कहानी 1915 ई. में प्रकाशित हुई थी। मधुरेश ने लिखा है, "उसने कहा था' वस्तुतः हिंदी की पहली कहानी है, जो शिल्प विधान की दृष्टि से हिंदी कहानी को एक झटके में प्रौढ़ बना देती है।' प्रेम, बलिदान और कर्तव्य की भावना से अनुप्राणित तमाम कहानियां लिखी गयी हैं किंतु यह कहानी अपनी मार्मिकता और सघन गठन के कारण आज भी अद्वितीय बनी हुई है। हिंदी कहानी के उदयकाल में ही ऐसी श्रेष्ठ रचना का प्रकाशित होना एक महत्वपूर्ण घटना है।"

आचार्य रामचंद्र शुक्ल ने 'इंदुमती' (किशोरीलाल गोस्वामी), 'गुलबहार' (किशोरीलाल गोस्वामी), 'प्लेग की चुड़ैल' (मास्टर भगवानदास), 'ग्यारह वर्ष का समय' (रामचंद्र शुक्ल), 'पंडित और पंडितानी' (गिरिजादत्त वाजपेयी) और 'दुलाईवाली' (बंग महिला) को सामने रखकर हिंदी की पहली मौलिक कहानी का निर्णय किया है। ये कहानियां क्रमशः 1900 ई. से लेकर 1907 के बीच लिखी गयी हैं। इन पर विचार करते हुए शुक्ल जी ने लिखा है, "इनमें यदि मार्मिकता की दृष्टि से भावप्रधान कहानियों को चुनें तो तीन मिलती हैं—'इंदुमती', 'ग्यारह वर्ष का समय', और 'दुलाई वाली'। 'इंदुमती' किसी बंगला कहानी की छाया नहीं है तो हिंदी की यही पहली मौलिक कहानी ठहरती है। इसके उपरांत 'ग्यारह वर्ष का समय', फिर 'दुलाई वाली' का नंबर आता है।"

आचार्य शुक्ल के बाद हिंदी की पहली मौलिक कहानी को ढूंढने के क्रम में काफी अनुसंधान हुआ। 'इंदुमती' को शेक्सपियर के 'टेम्पेस्ट' की छाया कहकर विद्वानों ने उसे मौलिक कहानी के दायरे से बाहर कर दिया। देवीप्रसाद वर्मा ने सन् 1901 में 'छत्तीसगढ़ मित्र' में छपी माधव सप्रे की कहानी 'एक टोकरी भर मिट्टी' को हिंदी की पहली मौलिक कहानी सिद्ध किया। डॉ. बच्चन सिंह ने किशोरीलाल गोस्वामी की ही एक दूसरी कहानी 'प्रणयिनी परिणय' को पहली कहानी माना है। उनके अनुसार यह कहानी सन् 1887 में लिखी गयी थी। ऐसी स्थिति में माना जा सकता है कि हिंदी कहानी की विकास-यात्रा 1887 ई. से शुरू हुई।

हिंदी कहानी के समूचे विकास-क्रम को हम निम्नलिखित उपशीर्षकों के अंतर्गत विभाजित कर सकते हैं, 1. आरंभिक हिंदी कहानी, 2. प्रेमचंदयुगीन हिंदी कहानी, 3. प्रेमचंदोत्तर हिंदी कहानी, 4. स्वातंत्र्योत्तर हिंदी कहानी, 5. समकालीन हिंदी कहानी। प्रेमचंदोत्तर हिंदी कहानी के विकासक्रम में नयी कहानी, अकहानी, सचेतन कहानी, सक्रिय कहानी, सहज कहानी आदि अनेक छोटे-बड़े कथा आंदोलन संगुंफित हैं। 1954 ई. में 'कहानी' पत्रिका का दुबारा प्रकाशन आरंभ हुआ था। सन् 1960 से भैरव प्रसाद गुप्त के संपादन में 'नयी कहानियां' नामक पत्रिका प्रकाशित होने लगी और आलोचकों ने 1954 ई. के बाद की कहानी को 'नयी कहानी' कहना शुरू कर दिया।

नयी कहानी के विरोध में सचेतन कहानी नामक एक दूसरा आंदोलन भी सामने आया। इसके प्रस्तावक डॉ. महीप सिंह हैं। 1964 में आधार पत्रिका ने 'सचेतन कहानी विशेषांक' का प्रकाशन किया जिसमें सचेतन कहानी के आधार को स्पष्ट करते हुए महीप सिंह ने कहा "नयी कहानी के अंदर जो अंतर्विरोध थे, उन्हें स्पष्ट करने के लिए और जीवन के प्रति जो सचेतन दृष्टि हम चाहते थे, जिसमें हम यह अनुभव करते थे कि जीवन को मात्र प्रदत्त वस्तु के स्तर पर नहीं जीना चाहिए, बल्कि सक्रियता से भोगना और जीना आज के मनुष्य की नियति है, उसे अपनी रचनाओं के माध्यम से हम रेखांकित करना चाहते थे। हमारे इस आग्रह को सचेतन कहानी का आधार माना गया और लोगों ने इसे उसी रूप में अपनाया।"

अमृतराय ने कहानी को सहज बनाने या कहानी की खोयी हुई 'सहजता' को फिर से सहेजने के उद्देश्य से 'सहज कहानी' का विचार प्रस्तुत किया। उन्होंने सहजता की व्याख्या करते हुए लिखा—"मोटे रूप में इतना ही कह सकते हैं कि सहज वह है जिसमें आडम्बर नहीं है, बनावट नहीं है, ओढ़ा हुआ मैनरिज़्म या मुद्रा-दोष नहीं है, आइने के सामने खड़े होकर आत्मरति के भाव से अपने ही अंग-प्रत्यंग को अलग-अलग कोणों से निहारते रहने का प्रबल मोह नहीं है, किसी का अंधानुकरण नहीं है।"

हिंदी में अकविता के दौर में ही अकहानी की संकल्पना भी उभर कर आयी। अकहानी का मूल घोषित प्रतिपाद्य था, "नयी कहानी के भोगे हुए यथार्थ, अनुभव की प्रामाणिकता और प्रतिबद्धता जैसे खोखले नारों के खिलाफ एक सशक्त कार्यवाही।" अकहानी के लेखकों ने नकार या अस्वीकार का दर्शन स्वीकार किया। इस कहानी आंदोलन पर फ्रांस की 'एंटी स्टोरी' और अस्तित्ववादी चिंतक सार्त्र और कामू के विचार दर्शन का भी प्रभाव था।

राकेश वत्स ने अपनी पत्रिका 'मंच-79' के माध्यम से 'सक्रिय कहानी' का आंदोलन खड़ा किया जिसमें चित्रा मुद्गल, रमेश बतरा, स्वदेश दीपक आदि ने योग दिया। राकेश वत्स ने 'सक्रिय कहानी' की अवधारणा पर प्रकाश डालते हुए लिखा—'सक्रिय कहानी का सीधा और स्पष्ट मतलब है—आम आदमी की चेतनात्मक ऊर्जा और जीवंतता की कहानी। उस समझ, एहसास और बोध की कहानी जो आम आदमी की बेबसी, वैचारिक निहत्थेपन और नपुंसकता से निजात दिलाकर पहले स्वयं अपने अंदर की कमजोरियों के खिलाफ खड़ा होने के लिए तैयार करने की जिम्मेदारी अपने सिर लेती है।" यह कहानी-आंदोलन भी अल्पकाल में समाप्त हो गया क्योंकि इसमें वैचारिकता का दंभ अधिक था।

सन् 1982 में दिल्ली में जनवादी लेखक संघ की स्थापना और उसके राष्ट्रीय अधिवेशन के साथ ही हिंदी में जनवादी लेखन को तीव्रता प्राप्त हुई। इसके बाद जनवादी कहानी पर 'कलम' (कलकत्ता), 'कथन' (दिल्ली), 'उत्तरगाथा' (दिल्ली), 'उत्तरार्ध' (मथुरा) जैसी पत्रिकाओं में व्यापक रूप से चर्चा शुरू हो गयी। जनवादी कहानी अपनी मूल प्रकृति में सामान्य जन के संघर्ष की पक्षधर है तथा उसका वैचारिक आधार मार्क्सवाद है। वह प्रेमचंद की जनपक्षधर कथा-परंपरा का विकास है। जनवादी कहानी का सर्वाधिक बल सर्वहारा तथा मध्यवर्ग द्वारा किये जा रहे शोषण-विरोधी संघर्ष पर है। यह संघर्ष बहुआयामी है। जनवादी कहानी की मूल प्रवृत्ति श्रमजीवी के प्रति सहानुभूति है।

हाल के कुछ वर्षों से हिंदी में भी दलित साहित्य का स्वर ऊंचा हुआ है। ओमप्रकाश वाल्मीकि, मोहनदास नैमिशराय, श्योराज सिंह 'बेचैन', डॉ. ए.एन.सिंह, कंवल भारती, अजय नावरिया, डॉ. धर्मवीर प्रभृति अनेक कहानीकारों ने दलित साहित्य की विशेष स्थिति और आवश्यकता को रेखांकित किया है। जगह-जगह दलित लेखकों के संगठन बन गये हैं, उनके अनेक अधिवेशन हो चुके हैं और पत्र-पत्रिकाओं में उनकी रचनाएं प्रकाशित हो चुकी हैं। मोहनदास नैमिशराय, कंवल भारती, ओमप्रकाश वाल्मीकि, जयप्रकाश कर्दम और अजय नावरिया आदि के नाम दलित कहानीकारों में उल्लेखनीय हैं।

आधार ग्रंथ :

1. एक दुनिया समानांतर, राजेंद्र यादव।
2. कहानी नयी कहानी, नामवर सिंह।
3. नयी कहानी संदर्भ और प्रकृति, देवीशंकर अवस्थी।
4. कथा प्रसंग : यथा प्रसंग, निर्मला जैन।
5. कथा विवेचना और गद्य शिल्प, रामविलास शर्मा।
6. कहानी : स्वरूप और संवेदना, राजेंद्र यादव।
7. दलित विमर्श की भूमिका, कंवल भारती।
8. जनवादी कहानी, रमेश उपाध्याय।
9. कहानी की बात, मार्कण्डेय।
10. कहानी पाठ और प्रक्रिया, सुरेन्द्र चौधरी।
11. हिंदी कहानी का इतिहास, गोपाल राय।

कामदी

कामदी अंग्रेजी के कामेडी (Comedy) शब्द का हिंदी में प्रयुक्त होनेवाला सरलीकृत रूप है। कामदी का विकास यूनान में हुआ और बाद में इसका प्रसार सारे यूरोप में हो गया। पश्चिम में नाटक को विषयवस्तु के आधार पर प्रमुख दो रूपों में विभक्त किया गया है—कामदी और त्रासदी। कामदी सुखांत नाटक को कहते हैं। यह शब्द यूनानी शब्द 'कॉमस' से आया है। कॉमस का अर्थ है हर्षोल्लास मनाना।

अधिकांश विद्वानों के अनुसार ट्रेजेडी की ही भांति कामदी का भी उद्भव धार्मिक है। संभवतः कामदी का नाम प्राचीन यूनान के गावों में डायनिसस देवता के सम्मान में होनेवाले आनंदोत्सवों में गाये जानेवाले गीतों पर पड़ा है, क्योंकि उन गायकों को कॉमस कहते थे। गायकों के दल ईश्वर की प्रार्थना गीत से समाप्ति करते थे। इसके बाद एक दावत होती थी, जिसमें पुरुष एवं स्त्रियां सम्मिलित होती थीं और संगीत का कार्यक्रम रहता था। इन आनंदोत्सवों के पीछे जन-मन में विश्व के रचयिता द्वारा मनुष्यों को जीवन प्रदान करने के उपलक्ष्य में धन्यवाद देने अथवा आभार प्रदर्शन करने की भावना हुआ करती थी।

प्लेटो की दृष्टि में कामदी की आत्मा विरोध में बसती है। उदाहरण के लिए, जब हम आरंभ में किसी को डींग मारते हुए देखकर बड़ा शक्तिशाली समझते हैं और बाद में उसे निर्बल, कायर तथा नपुंसक पाते हैं, तो इस विरोध को देखकर हमारे मन में हास्य की उत्पत्ति होती है। प्लेटो ने प्रेक्षक के मन पर पड़ने वाले कामदी के प्रभाव का सूक्ष्म विश्लेषण किया। उसके अनुसार कामदी को देखते समय पहले प्रेक्षक के मन पर आतंक छाता है, फिर वह उससे मुक्त होता है और अंत में अपने भयभीत होने की निरर्थकता पर हँसता है। उदाहरण के लिए, यदि कामदी का पात्र डींग मारने वाला व्यक्ति है, तो पहले हम उससे आतंकित होते हैं, पर जब हमें ज्ञात होता है कि वह कायर है, उसकी डींग निराधार है, तो हम उसके प्रति अपनी श्रद्धा और ईर्ष्या-भावना की बात सोच कर हँसते हैं। इसी प्रकार जिसे हम पहले मूर्ख, विदूषक और बुद्धू समझ कर हँस रहे थे, उसे जब विद्वता और विवेक का कार्य करते पाते हैं, तो इस रहस्योद्घाटन से हमारा मन प्रफुल्लित हो उठता है।

अरस्तू के अनुसार कामदी का मूलभाव हास्य है, हर्ष नहीं। उसके इस मूलभाव का विषय कोई ऐसा दोष या अपूर्णता (शारीरिक या चारित्रिक) होती है जो कष्टप्रद या अमंगलकारी न हो। उसमें मानव-जीवन में अनिवार्य रूप से पायी जाने वाली असंगतियां तो होती हैं, पर उनसे उत्पन्न बुराइयां हमको हँसाती हैं, क्लेश नहीं देतीं। कामदी में मानव की ऐसी मूर्खताओं, दोषों, विसंगतियों एवं दुर्बलताओं का चित्रण होता है जो प्रेक्षक को हंसाये न कि उसमें घृणा-भाव उत्पन्न करे। ये दोष और बुराइयां अपने आप में मूलतः कुरूप हो सकती हैं, पर कामदी में उन्हें इस प्रकार प्रस्तुत किया जाता है कि उसकी कुरूपता नष्ट हो जाती है।

कामदी में भी आंगिक अन्विति होनी चाहिए। एकता अनुपात, एकान्विति, पूर्वापर क्रम, संभाव्यता, कुतूहल आदि उसमें होने चाहिए, क्योंकि इनके बिना कामदी का कला-रूप संभव नहीं है। कथानक के दोनों चमत्कारक अंगों (स्थिति-विपर्यय और अभिज्ञान) कामदी के लिए आवश्यक है। भ्रम की उपयोगिता भी स्वीकार्य है क्योंकि उससे भी हास्य की सृष्टि होती है। कामदी में कथानक के अलावा चरित्र, शैली, संगीत और दृश्य विधान आदि की भी महत्वपूर्ण भूमिका होती है क्योंकि विषय-वस्तु तथा शैली दोनों के द्वारा कामदी हास्य की सृष्टि करती है और भ्रांति, असंभाव्य का चित्रण, अनपेक्षित का घटित होना, व्यक्तियों की अवमानना, अनुपयुक्त पात्रों में गुणों की प्रतिष्ठा आदि उसके उपकरण हैं।

अरस्तू के बाद कामदी के संबंध में विचार प्रस्तुत करने वाला ग्रंथ है 'ट्रेक्टेटस कोइस्लीनियनुस' (Tractatus Coislinianus)। उसके रचयिता का नाम तो अज्ञात है, परंतु विद्वानों का अनुमान है कि यह ग्रीक रचना प्रथम शताब्दी ई.पू. के लगभग लिखी गयी थी। उसका कामदी-सिद्धांत के संबंध में वही महत्त्व माना जाता है, जो त्रासदी-सिद्धांत के क्षेत्र में अरस्तू के 'काव्यशास्त्र' का। इस ग्रंथ का संदेश है कि कामदी तत्कालीन वास्तविक स्थिति की आलोचना करने के साथ-साथ कतिपय महान् और उदात्त मूल्यों की स्थापना का प्रयत्न भी करती है, उसका कार्य केवल निंदा करना, हंसी उड़ाना या आलोचना करना ही नहीं है अपितु दर्शकों को सकारात्मक संदेश देना भी है।

नाटक के अन्य रूपों में संवेगों का कथानक की प्रगति की दृष्टि से बहुत महत्त्व होता है, किंतु कामदी में कथानक का विशेष महत्त्व नहीं होता, वह तो केवल एक ऐसी डोर होता है जिस पर विविध घटनाएं वस्त्रों की भांति लटका दी जायें और वे मानवीय दुर्बलताओं के चित्र प्रस्तुत करें। एक उत्कृष्ट कामदी अपने परिहास के साथ-साथ मानव स्वभाव के मूल तक पहुंच जाती है तथा दर्शक को उसकी महान संभावनाओं तथा विभिन्न सीमाओं के प्रति जागरूक बनाती है।

कामदी की तरह ही यूरोप में फार्स (Farce) और बर्लेस्क (Burlesque) का भी खूब प्रचलन रहा। इनका भेद ध्यान देने योग्य है। कामदी और त्रासदी में मुख्य अंतर यह है कि ट्रेजेडी का अंत दुःखमय होता है, जबकि कामदी का अंत सुखमय होता है। इसके अतिरिक्त त्रासदी की तुलना में कामदी की अपनी विशेषताएं हैं, जैसे विचित्र एवं हास्यास्पद स्थितियां, हल्के-फुलके तथा मजाकिया संवाद एवं चारित्रिक विशेषताओं का निग्दर्शन आदि। कामदी, फार्स (भड़ैती) से इस बात में भिन्न है कि उसमें

फार्स की भांति भोंड़े एवं अपरिष्कृत मजाक नहीं होते बल्कि उसके संवाद एवं कथानक में एक गाम्भीर्य होता है। इसी तरह बर्लेस्क में मूलतः किसी की नकल की जाती है। इन सबके बावजूद इनके बीच कोई निश्चित विभाजक रेखा खींचना कठिन है क्योंकि आजकल कामदी तथा फार्स तथा बर्लेस्क के लक्षणों के समन्वय की प्रवृत्ति ही अधिक है। इसका सर्वोत्तम उदाहरण है म्युजिकल कामदी, जो ग्रेट ब्रिटेन तथा अमेरिका में 19वीं शताब्दी के उत्तरार्द्ध से ही अत्यंत लोकप्रिय रही है। संभवतः इसीलिए आजकल विद्वानों ने कामदी के विभिन्न भेद किये हैं उनमें फार्स, कमैडी ऑफ मैनर्स, कमैडी ऑफ ह्यूमर्स, कमैडी ऑफ इंट्रीग, प्योर कमैडी, ग्रेट कमैडी आदि का नाम प्रमुख है।

आधार ग्रंथ :

1. पाश्चात्य काव्य शास्त्र, देवेंद्रनाथ शर्मा।
2. A Glossary of Literary Terms, M.H. Abrams.
3. Modern Critical Terms, Rogar Fowler.
4. The Theory of Comedy, Elder Olson.
5. The Nature of Roman Comedy, G.E.Duckwarth.

वेबसाइट : www.en.wikipedia.org/wiki/comedy

कार्यावस्था

संस्कृत नाटकों में नाटकीय कार्य की अवस्था को कार्यावस्था कहते हैं। इन अवस्थाओं का प्रदर्शन कहीं तो नायक के द्वारा होता है और यदा-कदा प्रतिनायक, सहायक या दैव व्यापार द्वारा; पर फलागम अवस्था की प्राप्ति तो केवल नायक को ही होती है। इस तरह कार्य की सिद्धि के निमित्त नायक की मानसिक दशा को ध्यान में रखते हुए समस्त कथानक (कार्य) के विकास को पांच अवस्थाओं में बांटा गया है। इसे 'नाट्य शास्त्र' में भरत ने 'अवस्था पंचक' की संज्ञा दी है, जिसे परवर्ती आचार्यों ने 'कार्यावस्था' के नाम से अभिहित किया है। ये अवस्थाएं हैं-प्रारम्भ, प्रयत्न, प्राप्त्याशा, नियताप्ति और फलागम।

प्रारम्भ में कथानक का आरम्भिक भाग आता है, जिससे नायक की इच्छा या उसके प्रमुख उद्देश्य का पता चलता है। यह आवश्यक नहीं कि नाटकीय कार्य का आरंभ सदा नायक द्वारा ही हो, नायिका या अमात्य द्वारा भी यह कार्य संपन्न होता है।

प्रयत्न में नायक के उद्देश्य में बाधक विघ्नों एवं उनकी पूर्ति के निमित्त किये गये प्रयत्नों का चित्रण होता है। नाटक में यह कार्यावस्था विशेष महत्त्व की है। नाटकीय एवं मनोवैज्ञानिक दृष्टि से आरंभ तथा फलप्राप्ति के बीच विघ्न का होना आवश्यक है जिससे संशय का आविर्भाव होता है। फलतः प्रेक्षकों की जिज्ञासा तीव्र होती है तथा नाटक के भावी क्रम के प्रति जागरूकता को प्रेरणा मिलती है। विघ्न का उद्‌भव विपक्षियों से अथवा परिस्थितियों से अथवा अप्रत्याशित दैवी घटनाओं से संभव होता है, जैसे 'अभिज्ञान शाकुंतल' में मुनि का शाप और मुद्रिका-स्खलन।

विघ्न के उद्‌भव से नाटक के मूल तत्त्व 'संघर्ष' का जन्म होता है। यह संघर्ष बाहरी घटनाओं में होने पर अत्यंत स्थूल होता है, परंतु जब संघर्ष मानसिक वृत्तियों में दृष्टिगोचर होता है तो वह सूक्ष्म रूप धारण करता है। संघर्ष जितना सूक्ष्म होगा नाटक उतना ही प्रभावशाली। कालिदास तथा भवभूति के नाटकों की प्रसिद्धि इसी के कारण है।

प्राप्त्याशा में नायक का उत्कर्ष होने लगता है। उसके मार्ग की कठिनाइयां दूर होने लगती हैं परंतु इसमें उपाय तथा बाधा की आशंका से फल प्राप्ति का ऐकांतिक निश्चय नहीं होता। इसमें सफलता की संभावना भी बनी रहती है और विफलता की आशंका भी।

नियताप्ति वह अवस्था है जब रुकावटों के दूर होने से नायक को फल की प्राप्ति का निश्चय हो जाता है। फलागम में नायक को फल की प्राप्ति हो जाती है।

कार्यावस्थाओं की जो भूमिका संस्कृत नाटकों में थी वह हिंदी नाटकों में नहीं है। मंचीय दृष्टि से हिंदी नाटकों में जो नए प्रयोग किए गए हैं उनसे कार्यावस्थाओं का महत्त्व कम हो गया है।

आधार ग्रंथ :

1. भारतीय साहित्य शास्त्र कोश, डॉ. राजवंश सहाय 'हीरा'।
2. हिंदी नाटक साहित्य का इतिहास, डॉ. सोमनाथ गुप्त।
3. हिंदी नाटक, डॉ. बच्चन सिंह।
4. हिंदी नाटक कोश, डॉ. दशरथ ओझा।
5. भारतीय नाट्य शास्त्र और रंगमंच, डॉ. रामसागर त्रिपाठी।
6. हमारी नाट्य परंपरा, श्री कृष्ण दास।

काव्य की आत्मा

'आत्मा' का शाब्दिक अर्थ है 'जीव', 'जीवन तत्त्व', 'चेतना तत्त्व', 'परमात्म तत्त्व', 'अंतःकरण', 'देही', 'शक्ति', 'सूर्य', 'अग्नि', 'वायु' आदि। काव्य की आत्मा के संदर्भ में प्रयुक्त 'आत्मा' शब्द भी मूलतः काव्यशास्त्र का न होकर, न्याय, वेदांत आदि विभिन्न दर्शनों का है और काव्यशास्त्र में इसका प्रयोग लाक्षणिक अर्थ में किया गया है। आत्मा को शरीर भी कहा गया है। यह शरीरस्थ आत्मा 'प्राण' का पर्यायवाची है जिसके बिना शरीर गतिहीन हो जाता है। उक्त प्राण अथवा चेतना (ज्ञान) के अर्थ को लेकर काव्यशास्त्र में भी 'आत्मा' शब्द का प्रयोग किया गया है। 'काव्य की आत्मा' में 'आत्मा' शब्द से अभिप्रेत है-काव्य का तत्त्व अथवा सार, जिसके माध्यम से सहृदय पाठक अथवा दर्शक को काव्य के प्रमुख प्रयोजन, काव्यानंद अथवा रस की प्राप्ति होती है। निःसंदेह यहां 'आत्मा' शब्द अपने वाचक रूप में प्रयुक्त न होकर लक्षक रूप में प्रयुक्त हुआ है और यहां इसका लक्ष्यार्थ है काव्य का अनिवार्य तत्त्व।

शरीर के प्रसंग में, हमारे दैनिकक्रिया-कलाप के लिए जो अनिवार्य साधन अथवा माध्यम है उसे 'आत्मा', 'चेतना', 'ज्ञान' अथवा 'प्राण' कहा जाता है, ठीक इसी तरह शब्दार्थ-रूप काव्य शरीर के प्रसंग में भी काव्य के प्रमुख प्रयोजन-आह्लाद अथवा रस को काव्य की आत्मा कहा जाता है। इस प्रकार काव्य के प्रसंग में 'आत्मा' शब्द से अभिप्राय है काव्य का अनिवार्य, व्यापक एवं आंतरिक सार अथवा तत्त्व जो कि इसमें साधन रूप में सदा विद्यमान रहता है।

काव्यशास्त्र में सर्वप्रथम 'आत्मा' शब्द का प्रयोग वामन (8वीं सदी) ने रीति को काव्य की आत्मा मानते हुए किया था-'रीतिरात्मा काव्यस्य।' इनके उपरांत इसी दृष्टि से आनंदवर्द्धन (9वीं सदी) ने ध्वनि को 'ध्वनिरात्मा काव्यस्य' और विश्वनाथ (14वीं सदी) 'वाक्यं रसात्मकं काव्यम्' ने रस को काव्य की आत्मा स्वीकार करते हुए इस शब्द का प्रयोग किया। इन दोनों आचार्यों के मध्यवर्ती आचार्य कुन्तक (12वीं सदी) ने 'वक्रोक्ति को काव्य की आत्मा स्वीकार करते हुए 'आत्मा' शब्द के स्थान पर 'जीवित' शब्द का प्रयोग किया। 'वक्रोक्तिः काव्यस्य जीवितम्।"

इस प्रसंग के अतिरिक्त 'काव्यपुरुष-रूपक' को उद्धृत करते हुए सर्वप्रथम राजशेखर (9वीं सदी) ने और इनके उपरांत विश्वनाथ (14वीं सदी) ने 'आत्मा' शब्द का व्यवहार किया है,

"काव्यस्य शब्दार्थों शरीरम्, रसादिश्चात्मा,
गुणाः शौर्यादियत्, दोषाः काणत्वादिवत्,
रीतयोऽवयवसंस्थानविशेषवत्,
अलंकाराः कटककुंडलादिवत् इति।"

वस्तुतः देखा जाए तो यही रूपक 'काव्य की आत्मा किसे माना जाए'-प्रश्न के लिए सर्वाधिक उत्तरदायी है। यह रूपक वामन के समय तक पूर्णतः स्पष्ट नहीं हुआ था। इनसे पूर्व दंडी ने 'पदावली' को काव्य का शरीर बताते हुए 'शरीर' शब्द का, तथा 'वैदर्भ' मार्ग के प्रसंग में 'प्राण' शब्द का प्रयोग किया था और इनके बाद वामन ने उपर्युक्त रूप में केवल 'आत्मा' शब्द का।

इस प्रकार यद्यपि आचार्य वामन-पर्यंत 'आत्मा' शब्द अपने परवर्ती विशिष्ट अर्थ में पूर्णतः स्थिर नहीं हुआ था, तो भी यह धारणा प्रबल रूप में मान्य हो चली थी कि काव्य में कोई न कोई तत्त्व सार रूप में अनिवार्यतः विद्यमान रहता है। भामह, दंडी और उद्भट के अनुसार यह तत्त्व 'अलंकार' था और वामन के मत में 'रीति'। आगे चलकर 'ध्वनि', 'वक्रोक्ति' और 'रस' को काव्य की आत्मा माना गया।

इस प्रकार 'काव्य की आत्मा' का निर्धारण आज भी एक अनिर्णीत और विवादास्पद विषय बना हुआ है। इसीलिए हिंदी के आधुनिक आचार्यों ने इस प्रश्न को गैर जरूरी समझ लिया है और इसका विश्लेषण करना भी लगभग छोड़ दिया है।

आधार ग्रंथ :

1. हिंदी साहित्य कोश, भाग-1
2. भारतीय काव्य शास्त्र, डॉ. सत्यदेव चौधरी।
3. भारतीय साहित्य शास्त्र, बलदेव उपाध्याय।
4. रस सिद्धांत, नगेंद्र।
5. भारतीय काव्य शास्त्र की भूमिका, नगेंद्र।

काव्य गुण

गुण का अर्थ है वैशिष्ट्य, शोभाकारी धर्म या दोष का अभाव। आचार्य भरत के अनुसार काव्य में दोष का विपर्यय गुण माना जाता है, "एत एव विपर्यस्ता गुणाःकाव्येषु कीर्तिताः।" विपर्यय के संबंध में विद्वानों में मतभेद है। कोई इसका अर्थ दोष का अभाव कहता है, कोई अन्यथा भाव और कोई विपरीत भाव। आचार्य वामन गुण के प्रतिष्ठाता

आचार्य हैं। उनके अनुसार "काव्य शोभायाः कर्त्तारौं धर्मा गुणा:" अर्थात् गुण काव्यमूल शोभा (सौंदर्य) के तत्त्व हैं। गुण, शब्द और अर्थ के धर्म हैं और काव्य के लिए अनिवार्य हैं।

ध्वनि सिद्धांत के निरूपण के बाद गुण का अर्थ निर्दोषता के रूप में ग्रहण किया गया। आनंदवर्धन ने गुणों के स्वतंत्र अस्तित्व को न मानकर उन्हें रसाश्रित माना है। मम्मट ने भी इन्हीं का अनुसरण किया है। वे लिखते हैं,

"ये रसस्यांगिनो धर्मा: शौर्यादयइवात्मनः।
उत्कर्ष हेतवः ते स्युः अचलस्थितयो गुणाः।"

अर्थात् शौर्य जैसे आकार का गुण नहीं अपितु आत्मा का गुण है उसी प्रकार काव्य के गुण, काव्य-शरीर के गुण नहीं बल्कि काव्य की आत्मा के गुण हैं। आचार्य विश्वनाथ, पंडितराज जगन्नाथ आदि ने भी मम्मट का अनुसरण किया है। इस तरह कह सकते हैं कि काव्य की शोभा को संपादित करनेवाले या काव्य की आत्मा को प्रकाशित करने वाले तत्त्व गुण हैं।

गुणों की संख्या के विषय में मतभेद है। आचार्य भरत मुनि ने दस गुण बतलाए हैं। उनके द्वारा प्रतिपादित गुण हैं- श्लेष, प्रसाद, समता, समाधि, माधुर्य, ओज, पदसौकुमार्य, अर्थव्यक्ति, उदारता और कांति। उन्होंने लिखा है,

"श्लेषः प्रसादः समता समाधिः
माधुर्यमोजः पदसौकुमार्यम्।
अर्थस्य व्यक्तिरुदारता च कांतिश्च
काव्यस्य गुणाः दशैते।।"

आचार्य दंडी ने गुणों की संख्या और नाम तो भरत मुनि के अनुसार ही लिखे हैं किंतु उनके लिखे हुए गुणों के लक्षण भिन्न हैं। आचार्य वामन के अनुसार शब्द के दस और अर्थ के दस गुण होते हैं। इस प्रकार इनकी संख्या बीस हो जाती है। महाराज भोज के मत के अनुसार गुणों की संख्या और भी अधिक है। आनंदवर्धन ने रस के धर्म रूप में गुण को माना और इस प्रकार चित्त की तीन अवस्थाओं—द्रुति, दीप्ति और व्यापकत्व के आधार पर केवल तीन गुणों—माधुर्य, ओज और प्रसाद को स्वीकार किया। वामन के द्वारा दस गुण इन्हीं तीन गुणों के भीतर समाविष्ट कर लिए गए और मम्मट ने दस गुणों का खंडन कर तीन गुणों को सिद्ध किया। आचार्य मम्मट के इस मत को प्रायः सभी परवर्ती आचार्यों ने स्वीकार किया है। इन तीन गुणों के नाम है—माधुर्य, ओज, प्रसाद।

काव्य रचना के जिस गुण से हृदय आनंद से द्रवीभूत हो जाये उसे माधुर्य गुण कहते हैं। इसमें लंबे समास नहीं होते। ट, ठ, ड, ढ वर्णों का प्रयोग यथासंभव इसमें नहीं किया जाता। अनुनासिक वर्णों के प्रयोग से इसका सौंदर्य और बढ़ जाता है। यह गुण शृंगार, करुण तथा शांत रस में प्रायः पाया जाता है। इसे परिभाषित करते हुए मम्मट ने कहा है-

"आह्लादकत्व माधुर्यं शृंगारे द्रुतिकारणम्।
करुणे विप्रलम्भे तत् शांते चातिशयांवितम्।।"

माधुर्य का एक उदाहरण इस प्रकार है,

"वसंत के चपल चरण !
पिकी पुकारती रही,
पुकारते धरा गगन !
मगर कहीं रुके नहीं,
वसंत के चपल चरण।"

ओजगुण के कारण किसी रचना में उत्साह एवं उमंग का संचार करने की क्षमता आती है। ओज की प्रतिष्ठा के लिए रचना में 'ट' वर्ग के सभी वर्णों, सभी वर्गों के प्रथम और तृतीय तथा द्वितीय और चतुर्थ वर्णों के योग से बने संयुक्त शब्दों 'र' के संयोग से बने शब्दों एवं लम्बे-लम्बे समास वाले शब्दों की प्रचुरता आवश्यक होती है। इस गुण का संबंध रौद्र, वीर और वीभत्स रसों से है। इसे परिभाषित कहते हुए मम्मट ने कहा है, "दीप्त्यात्मविस्तृतेर्हेतुरोजो वीररसस्थितिः। वीभत्स रौद्ररसयोः तस्याधिक्यं क्रमेण च।"

ओज गुण का एक उदाहरण है,

"इन्द्र जिमि त्रंभ पर बाड़व सुअम्भ पर / रावन सदंभ पर रघुकुलराज है।
पौन वारिवाह पर संभु रति नाह पर / ज्यौं सहस्त्रबाहु पर राम द्विजराज है।
दावा द्रुम दंड पर चीता मृग झुंड पर, / भूषण वितुंड पर जैसे मृगराज है।
तेज तम अंश पर कान्ह जिमि कंस पर, / त्यों मलेच्छ बंस पर सेर सिवराज है।"

सूखे ईंधन में अग्नि की भांति अथवा स्वच्छ वस्त्र में जल की भांति जो गुण तत्काल चित्त में घुस जाता है उसे प्रसाद गुण कहते हैं। यह गुण सभी रचनाओं और रसों में हो सकता है। मम्मट ने इसे इस प्रकार परिभाषित किया है,

" शुष्केन्धनाग्निवत स्वच्छजलवतसहसैव यः।
व्याप्नोत्यत् प्रसादोऽसौ सर्वत्र विहित स्थितिः।"

प्रसाद गुण का उदाहरण है,

"वह आता / दो टूक कलेजे के करता, पछताता पथ पर आता। पेट पीठ दोनों मिलकर हैं एक, / चल रहा लकुटिया टेक, मुट्ठी भर दाने को, भूख मिटाने को / मुंह फटी पुरानी झोली को फैलाता, वह आता, दो टूक कलेजे के करता, पछताता, पथ पर आता।"

आधार ग्रंथ :

1. हिंदी साहित्य कोश, भाग-1।
2. भारतीय साहित्य शास्त्र कोश, डॉ. राजवंश सहाय 'हीरा'।
3. भारतीय साहित्य शास्त्र, बलदेव उपाध्याय।
4. भारतीय काव्य शास्त्र, सत्यदेव चौधरी।

काव्य दोष

काव्यास्वाद में बाधक तत्त्व को दोष कहा जाता है। संस्कृत साहित्य शास्त्र में दोष निरूपण की दो परंपराएं मिलती हैं। ध्वनिवादी आचार्यों ने रसापकर्षक तत्त्वों को दोष माना है, 'रसापकर्षकाः दोषाः'। जबकि उनके पूर्व के आचार्यों ने गुण के विपर्यय को दोष कहा है। भरत ने अपने नाट्यशास्त्र में लिखा है कि दोष की स्थिति भावात्मक है, गुण उसका विपर्यय है, "एत एव विपर्यस्ता गुणाः काव्येषु कीर्तिताः"। भामह के अनुसार काव्य में सत्कवि इसका प्रयोग नहीं करते। दंडी के अनुसार दोष काव्य में विफलता के कारण होते हैं इसलिए विद्वानों को काव्य में इसका परिहार करना चाहिए। अग्निपुराण के अनुसार दोष उद्वेगजनक होते हैं। इसी तरह वामन, मम्मट आदि ने भी दोष की विस्तृत चर्चा की है और उससे बचने की सलाह दी है।

आनंदवर्धन ने रस विषयक दोषों के निरूपण में 'दोष' शब्द के स्थान पर 'अनौचित्य' शब्द का प्रयोग किया है और क्षेमेंद्र ने इसी विषय पर 'औचित्य विचार चर्चा' नामक ग्रंथ लिखा है। हिंदी के आचार्यों में केशव ने दोष के तीन वर्ग तथा उनके भेदों का उल्लेख किया है। इसी तरह चिंतामणि, तोषनिधि, कुलपति मिश्र और सूरति मिश्र ने भी दोषों तथा उनको दूर करने के उपायों पर विस्तार से विचार किया है। इस तरह भारतीय साहित्य शास्त्र में काव्य दोष और उनके परिहार के उपायों पर क्रमबद्ध और विस्तृत चर्चा मिलती है। जिस प्रकार किसी भी वस्तु को उत्तम गुणों से अलंकृत करने से पहले उसे निर्दोष करना आवश्यक होता है, उसी प्रकार काव्य को भी उसके गुणों से सजाने से पहले उसके दोषों को दूर करना आवश्यक है।

दोषों की संख्या के विषय में भारतीय विद्वानों में मतभेद है। आचार्य भरत से लेकर आचार्य विश्वनाथ तक सभी ने उसका वर्णन संख्याविभेद से किया है। इन सबके सारांश रूप काव्य-दोषों को तीन भेदों में विभाजित किया जा सकता है, शब्द संबंधी दोष, अर्थ संबंधी दोष और रस संबंधी दोष।

पाठक को काव्यानंद (रसास्वाद) लेने में सर्वप्रथम कविता के शब्दों से परिचय होता है। यदि शब्दों की बनावट में कोई असुविधा होती है और काव्यानंद में बाधा पड़ने लगती है, तो इसे शब्द-दोष कहा जाता है। शब्दों केद्वारा ही पद एवं वाक्य की सृष्टि होने से ये शब्द-दोष पद एवं वाक्य संबंधी भी होते हैं। श्रुति कटुत्व, च्युतसंस्कृति, अश्लीलत्व, ग्राम्यत्व, अनुचितार्थ, असमर्थ, अप्रयुक्त, अप्रतीत्व क्लिष्टत्व, निहितार्थ, निरर्थक, न्यूनपदत्व, अधिकपदत्व और अक्रमत्व आदि प्रमुख शब्द दोष हैं। शब्द दोषों के कुछ उदाहरण द्रष्टव्य हैं। जैसे-"मरम वचन जब सीता बोला।" (च्युतसंस्कृति)। मंदिर-अरध-अवधि हरि बदि गये हरि-अहार चलि जात "(क्लिष्टत्व)। सुंदर है विहग सुमन सुंदर, मानव तुम सबसे सुंदरतम" (अधिकपदत्व)।

कुछ आचार्यों ने वाक्य दोषों का एक अलग वर्ग बनाया है और उसमें न्यूनपदत्व, अधिकपदत्व, पतत्प्रकर्षत्व आदि दोषों को शामिल किया है।

पाठक काव्यानंद तभी प्राप्त कर सकता है जब वह उसके अर्थ से अवगत हो। किंतु कहीं-कहीं अर्थ ग्रहण करने में भी बाधा पहुंचती है। अतः जहां अर्थ-ग्रहण करने में बाधा पहुंचे वहां अर्थ-दोष समझा जायेगा। इसके प्रमुख भेद हैं अपुष्ट, व्याहत, पुनरुक्त, दुष्क्रमत्व, प्रसिद्धि विरुद्ध, अश्लीलत्व आदि। कुछ उदाहरण निम्न हैं,

"मुख मयंक को देखकर विकसा मानस कंज।"

(दुष्क्रमत्व)

"मुक्तद्वार रहते थे गृह-गृह नहीं अर्गला का था काम।"

(पुनरुक्ति)

"कटि के नीचे चिकुर जाल में, उलझ रहा था बायां हाथ।"

(अश्लीलत्व)

व्यंजना शक्ति से रस प्राप्त होने वाले काव्य को उत्तम काव्य कहा गया है। इसलिए काव्य में रस के उपादान अनुभाव, स्थायी भाव आदि व्यंग्यात्मक रूप से आने चाहिये। इन सभी रस के उपादानों के स्पष्ट वर्णन से रस में बाधा पड़ती है। ये बाधक तत्त्व रस-दोष कहलाते हैं। इनके मुख्य भेद हैं स्वशब्दवाच्यत्व, विभाव और अनुभाव की क्लिष्ट-कल्पना और परिपंथिरसांगपरिग्रह। आचार्यों ने उपर्युक्त रस-दोषों के अतिरिक्त कुछ अन्य रस-दोषों का उल्लेख भी किया है। उनमें से कुछ प्रमुख दोष हैं, रस की पुनः दीप्ति, अकांड प्रथन अकांड छेदन, प्रकृति विपर्यय, अनंग वर्णन आदि। रस दोष के कुछ उदाहरण निम्न हैं,

"मुख सुखाहिं लोचन स्रवहिं सोकु न हृदय समाइ,
मनहु करुन रस कटकई उतरी अवध बजाइ।"

(स्वशब्दवाच्यत्व)

"इस पार प्रिये तुम हो मधु है, उस पार न जाने क्या होगा।"

(परिपंथिरसांगपरिग्रह)

आधार ग्रंथ :

1. भारतीय साहित्य शास्त्र कोश, डॉ. राजवंश सहाय हीरा।
2. भारतीय साहित्य कोश, भाग-1।
3. भारतीय साहित्य शास्त्र, बलदेव उपाध्याय।

काव्य नाटक

काव्य-नाटक शब्द अंग्रेजी के पोयटिक ड्रामा (Poetic Drama) का हिंदी अनुवाद है। इसके लिए कहीं-कहीं अंग्रेजी में वर्स प्ले (Verse Play) संज्ञा का भी इस्तेमाल किया गया है। इससे छंदोबद्ध नाटक का भी अर्थ ग्रहण किया जाता है, यद्यपि छंदमुक्त गद्य-नाटकों में भी काव्यात्मकता पायी जाती है।

काव्य और नाटक का बड़ा घनिष्ठ संबंध है। नाटक का जन्म ही नृत्य, संगीत और काव्य से हुआ है। संसार के सभी देशों के प्राचीनतम नाटक कविता प्रधान हैं। संसार भर में नाटक का विकास नृत्य और गीत से समान रूप से हुआ है। भारतीय काव्यशास्त्र में इसीलिए नाटक को 'दृश्य-काव्य' कहा गया है। चूंकि प्राचीन काल के नाटक काव्य-प्रधान होते थे और काव्यमय होना उनका स्वभाव ही था इसीलिए उनके लिए 'काव्य-नाटक' शब्द के इस्तेमाल की कोई आवश्यकता नहीं थी। आधुनिक काल में जब नाटक पूर्णतः गद्य-प्रधान हो गये, तब नाटकों में काव्य को पुनः प्रतिष्ठित करने के लिए कुछ नाटककारों की ओर से प्रयास हुए। 'काव्य-नाटक' शब्द उसी की देन है। इसके द्वारा नाटक की काव्यात्मकता की ओर विशेष रूप से संकेत करने का प्रयत्न किया गया। काव्य-नाटक की आत्मा, उसकी कथावस्तु, उसके पात्र, सबके सब काव्यमय होते हैं। काव्य-नाटक का स्वरूप-विधान उस पर बाहर से आरोपित तत्त्व नहीं, उसकी अनिवार्यता है। अतः न तो किसी गद्य-नाटक को पद्य बद्ध कर के 'काव्य-नाटक' बनाया जा सकता है और न किसी काव्य-नाटक को गद्य में रूपांतरित करके 'गद्य-नाटक'।

काव्य-नाटक में काव्य के तत्त्व और नाटक के तत्त्व मिलकर इसमें एक ऐसे स्वरूप-विधान-की सृष्टि कर देते हैं, जिनके कारण इन नाटकों के प्रेक्षकों और पाठकों की भावनाएं और अनुभूतियां अपनी तीव्र और वेगवती धारा में अपने साथ बहा ले जाती हैं। इस तरह एक सफल काव्य नाटक में हमें काव्य और नाटक दोनों का स्वाद एक साथ सुलभ हो जाता है। कथावस्तु के अभाव में नाटक की रचना संभव नहीं। इसीलिए काव्य नाटकों में कथावस्तु के माध्यम से हम बहिर्जगत का भी चित्र देखते हैं। काव्य-नाटकों में मनुष्य का अंतर्जीवन और बहिर्जीवन एक साथ ही चित्रित होता है। यह चित्रण हमें कहानी, उपन्यास, गद्य-नाटक आदि साहित्य के दूसरे स्वरूप-विधानों में भी देखने को मिलता है, लेकिन काव्य-नाटक की सबसे बड़ी विशेषता जो उसे साहित्य के दूसरे रूप-विधानों से अलग कर देती है, वह यह है कि आवेगों की तीव्रता के कारण काव्य-नाटक में लयात्मकता और अलंकृत भाषा का व्यवहार किया जाता है। कुल मिलाकर, स्पष्ट और सघन कथानक, तीव्र तनावपूर्ण स्थितियां, बाह्य और आंतरिक संघर्ष, उदात्त व्यक्तित्व-संपन्न चरित्र, छंदोबद्ध अथवा लयपूर्ण बिंबात्मक भाषा आदि काव्य-नाटक की प्रमुख विशेषताएं हैं।

काव्य नाटक व्यंजनाप्रधान होता है, वह शब्दों से परे भी बहुत कुछ कह सकता है, अपने बिम्बों के कारण वह अपने परिवेश को प्रभावशाली रूप में चित्रित भी कर सकता है, मानव-मन की गहराई में भी उतर सकता है, अपनी छंदोबद्धता और लयात्मकता के द्वारा वह आवेगों को उनकी तीव्रता के साथ प्रस्तुत कर सकता है और कम-से-कम समय में अधिक-से-अधिक रस-सृष्टि में सहायक हो सकता है। टी.एस. इलियट का यह विचार पूर्णतः उचित है कि "कविता और नाटक की रचना में अलग-अलग पारंगत होने पर कोई 'काव्य नाटक' की रचना में सफल नहीं हो सकता और न ही दोनों का समन्वय ही काव्य-नाटक की अभिधा पा सकता है।" धनंजय वर्मा के अनुसार, "काव्य-नाटक न तो केवल ऐसा नाटक है जिसका माध्यम काव्य है और न ही केवल ऐसा काव्य है जिसकी विधि नाटक है। वह एक साथ ही एक ऐसी नाट्य-कृति है जिसका धरातल और स्तर काव्यात्मक है और ऐसा काव्य है जिसकी अनिवार्यता नाटक है।" फिलहाल, इस तथ्य पर सबने जोर दिया है कि काव्य-नाटक भी नाटक ही है और उसकी भी सार्थकता एवं सफलता उसकी अभिनेयता में ही है, पाठ्य होने में नहीं।

कहने का तात्पर्य यह है कि 'काव्य नाटक' का काव्य केवल अलंकरण के रूप में न होकर नाटक के अपरिहार्य अंग के रूप में होता है। इसमें नाटक तत्त्व, कथानक का निर्माण करता है, घटनाएं देता है, संघर्ष देता है, पात्रों की सृष्टि करता है और काव्य तत्त्व इसमें अनुभूतियों का दान करता है। 'काव्य-नाटक' का सर्वाधिक महत्त्वपूर्ण गुण उसकी नाटकीयता है, काव्यात्मकता का स्थान उसके बाद आता है। इसलिए कोई भी सच्चा-नाटककार सदैव अपने समसामयिक रंगमंच के स्वरूप, उसकी रूढ़ियों, आवश्यकताओं और विकास-दिशाओं से पूर्णतः परिचित होता है और अपने नाट्य-लेखन में उनका समुचित उपयोग भी करता है।

आज के जटिल और संश्लिष्ट मानव जीवन को उसके सभी स्तरों और आयामों में प्रस्तुत कर पाना बहुत कठिन कार्य है। इसे न तो अकेला नाटक और न ही अकेला काव्य पूर्णतः व्यक्त कर सकता है। 'काव्य-नाटक' अपनी नाटकीय क्षमता और काव्यात्मक सामर्थ्य के कारण संभवतः उसे अधिक गहराई और मजबूती से पकड़कर अधिक जीवंत और सार्थक ढंग से अभिव्यक्त कर सकता

है। वह एक साथ मानव जीवन की कई परतें हमारे सामने खोलता चला जाता है। इसी तथ्य को प्रसिद्ध नाट्य समीक्षक क्रिस्टोफर हैसेल ने काव्य-नाटक की बहुत बड़ी विशेषता मानते हुए लिखा है, "It is characteristic of Poetic Drama to move on two plains at once, to present human figures that can simultaneously be seen and seen through."

अर्थात् दो समतल भूमि पर एक साथ आगे बढ़ना, मनुष्य के ऐसे रूप प्रस्तुत करना, जो एक साथ और लगातार देखे जा सकें- काव्य नाटक की विशेषता है।

यूरोप में गेटे और शिलर के युग में हुए रंगमंच के पुनर्जन्म तथा साहित्य में नवोदित रोमांटिसिज्म ने काव्य-नाटकों के विकास को प्रेरित किया। इंग्लैण्ड में उन्नीसवीं सदी में उस युग के प्रमुख कवियों ने तत्कालीन प्रसिद्ध अभिनेताओं के सहयोग से काव्य-नाटकों को अभिनीत कराने में योग दिया। इस दृष्टि से बायरन, ब्राउनिंग, शेली, टेनीसन आदि काव्य-नाटककार विशेष उल्लेखनीय हैं। बीसवीं शताब्दी के चौथे दशक में टी.एस. इलियट, स्टीफन, स्पेंडर जैसे कवियों ने अंग्रेजी के काव्य-नाटक-क्षेत्र में एक नये युग का श्रीगणेश किया। मुक्त छंद में लिखित इनके काव्य-नाटकों में सामाजिक चेतना, व्यंग्य और आधुनिक प्रतीकों को स्थान मिला। रेडियो प्रसारण ने भी वहां के काव्य-नाटकों को नये अवसर प्रदान किये।

इस प्रकार हम देखते हैं कि 'काव्य-नाटक' की धारणा और उसका स्वरूप कितना ही विवादास्पद और अनिश्चित क्यों न हो, उसका महत्व असंदिग्ध है। इतिहासकारों ने हिंदी काव्य-नाटक विधा का आरंभ 'प्रसाद' के 'करुणालय' से माना है। इतिहासकारों और समीक्षकों ने मैथिलीशरण गुप्त के 'अनघ', हरिकृष्ण प्रेमी के 'स्वर्ण विहार', भगवती चरण वर्मा के 'तारा', सियारामशरण गुप्त के 'उन्मुक्त', उदयशंकर भट्ट के 'मत्स्यगंधा', 'विश्वामित्र' और 'राधा'; सुमित्रानंदन पंत के 'शिल्पी', 'रजत शिखर'; उदयशंकर भट्ट के 'अशोक वन', 'वंदिनी', 'संत तुलसीदास', 'गुरु द्रोण का अंतनिरीक्षण', 'अश्वत्थामा'; भगवतीचरण वर्मा के 'महाकाल', 'कर्ण', 'द्रौपदी'; गिरिजाकुमार माथुर के 'कल्पांतर', 'दंगा', 'धरादीप' तथा 'अमर है आलोक'; सिद्धनाथ कुमार के 'सृष्टि की सांझ', 'लौह देवता', 'संघर्ष', 'विकलांगों का देश', 'बादलों का शाप' आदि को काव्य नाटक के अंतर्गत परिगणित किया है। फिलहाल, जयदेव तनेजा के अनुसार 'काव्य-नाटक' की कसौटी पर संभवतः इनमें से एक भी ऐसी रचना नहीं है जो पूरी तरह खरी उतरे। उनके अनुसार ये सब पूर्ण नाटकों की अपेक्षा एकांकी ही अधिक हैं। काव्यात्मकता तो थोड़ी-बहुत इन सभी में मिल जाती है परंतु जहां तक 'नाटक' और 'रंगमंच' का प्रश्न है, उससे इनका दूर का भी रिश्ता नहीं है और उनकी दृष्टि में धर्मवीर भारती कृत 'अंधायुग' को हिंदी का पहला पूर्ण काव्य-नाटक कहा जा सकता है।

किंतु, 'अंधायुग' के अतिरिक्त दुष्यंत कुमार का 'एक कंठ विषपायी', डॉ. लक्ष्मीनारायण लाल का 'सूखा सरोवर', अज्ञेय का 'उत्तर-प्रियदर्शी', भारतभूषण अग्रवाल का 'अग्निलीक', प्रभात कुमार भट्टाचार्य का 'काठ का महल' आदि को भी प्रमुख काव्य नाटक कहा जा सकता है।

आधार ग्रंथ :

1. हिंदी साहित्य कोश, भाग-1।
2. हिंदी नाटक का आत्मसंघर्ष, गिरीश रस्तोगी।
3. सृष्टि की सांझ और अन्य काव्य-नाटक, सिद्धनाथ कुमार।
4. नाटक साहित्य का अध्ययन, ब्रेन्डर मैथ्यूज (अनुवादः इंदुजा अवस्थी)
5. अंधा युग : पाठ और प्रदर्शन, जयदेव तनेजा।
6. The Theory of Drama, Allardyee Nicoll.
7. The Art of Drama, R. Peacock.
8. Verse Drama, Christopher Hassall.
9. Poetry and Drama, T.S.Eliot.

काव्य-प्रयोजन

काव्य प्रयोजन का तात्पर्य है काव्य का उद्देश्य अथवा काव्य रचना की आंतरिक प्रेरणा शक्ति। काव्य प्रयोजन की चर्चा आचार्यों ने आमतौर पर की है। संस्कृत के काव्य-शास्त्रियों में से भामह, वामन, रुद्रट, मम्मट, भोज, कुन्तक, हेमचंद्र तथा आचार्य विश्वनाथ आदि ने काव्य-प्रयोजनों का विस्तार से विवेचन किया है। संस्कृत के साहित्यकार आमतौर पर परंपरागत परिपाटी के अनुसार ग्रंथ के आरंभ में मंगलाचरण के उपरांत अपने ग्रंथ के निर्माण के प्रयोजनों का भी प्रायः निर्देश कर दिया करते थे। काव्य-प्रयोजन विषयक आरंभिक

संकेत भरत के 'नाट्यशास्त्र' में प्राप्त होते हैं। उन्होंने लिखा है-

"धर्म्यं यशस्यमायुष्यं हितं बुद्धिविवर्द्धनम्।
लोकोपदेशजननं नाट्यमेतद् भविष्यति।।"

अर्थात् यह नाटक धर्म का साधक, यश और आयु का वर्द्धक, कल्याणप्रद, बुद्धि का वर्द्धन करने वाला और लोक का उपदेष्टा है। इस प्रकार भरत के अनुसार काव्य का प्रयोजन है धर्म,यश की वृद्धि, आयु, हित और उपदेश।

आचार्य भामह ने काव्य-प्रयोजन के विषय में लिखा है-

"धर्मार्थकाममोक्षेषु वैचक्षण्यं कलासु च।
करोति कीर्तिं प्रीतिं च साधुकाव्य निबंधनम्।।"

इस प्रकार भामह ने धर्म, अर्थ, काम, मोक्ष, कलाओं में निपुणता, प्रीति और यश की प्राप्ति-ये सात प्रयोजन निश्चित किये हैं, जिनमें से लगभग सभी भरत के प्रयोजनों से मेल खाते हैं। इसी तरह आचार्य कुन्तक और रुद्रट ने भी 'चतुर्वर्गफलप्राप्ति' को ही काव्य-प्रयोजन के रूप में स्वीकार किया है। आचार्य मम्मट ने अपने पहले के सभी आचार्यों की धारणाओं का सार-संग्रह करते हुए अपने 'काव्य-प्रकाश' में निम्नलिखित काव्य-प्रयोजन स्वीकार किया है-

"काव्यं यशसे ऽर्थकृते व्यवहारविदे शिवेतरक्षतये।
सद्यः परनिर्वृत्तये कांतासम्मिततयोपदेशयुजे।।"

इस तरह आचार्य मम्मट ने यश, अर्थ की प्राप्ति, व्यवहार ज्ञान, शिवेतर का नाश, तात्कालिक आनंद और कांतासम्मित उपदेश को काव्य प्रयोजन के रूप में स्वीकार किया। भारतीय आचार्यों की अवधारणाओं का सार-संग्रह करके तथा आचार्य मम्मट की उक्त अवधारणाओं को आधार बनाकर हम निम्नलिखित काव्य-प्रयोजन निर्धारित कर सकते हैं–

(1) काव्यं यशसे–निश्चय ही यशाकांक्षा काव्य रचना का प्रधान कारण है। मम्मट सहित अनेक आचार्यों ने इसे स्वीकार किया है। फिर भी सबके लिए इसे अनिवार्य प्रयोजन के रूप में नहीं स्वीकार किया जा सकता। हिंदी के भक्तिकालीन अधिकांश कवियों ने जो भी रचनायें की, यशोलिप्सा उनका कभी प्रयोजन नहीं रहा। तुलसी, सूर, कबीर आदि द्वारा अपने कुल, जाति, जन्म आदि के बारे में किसी तरह का उल्लेख न करना उनकी यशाकांक्षा के प्रति उदासीनता को ही प्रमाणित करती है।

(2) काव्यं अर्थकृते–काव्य रचना का एक उद्देश्य धन अर्जित करना भी है। प्राचीन काल में अधिकांश कवि राजाओं के दरबार में रहते थे और उनको राज्य की ओर से नियमित वृत्ति मिलती थी जिसके बदले वे अपने आश्रयदाताओं का अतिशयोक्तिपूर्ण गुणगान करते थे। मगर यह प्रयोजन भी सबके लिए अनिवार्य रूप से स्वीकार नहीं किया जा सकता। भक्तिकालीन कवियों का प्रयोजन धन कमाना कभी नहीं रहा। अकबर के बुलाने पर कुम्भनदास ने कहा था-

"संतन को कहा सीकरी सों काम।
आवत जात पनहिया टूटी बिसरि गयो हरिनाम।।"

(3) काव्यं व्यवहारविदे–काव्य का एक प्रधान प्रयोजन व्यवहार ज्ञान है, जिसका मुख्य संबंध पाठक या श्रोता से है और गौण संबंध साहित्यकार से। कवि अपनी रचनाओं में लोक-व्यवहार के आदर्श रूप का चित्रण करता है, जिसके अध्ययन या श्रवण से लोक-व्यवहार का ज्ञान होता है। इसके अतिरिक्त विश्व में अनेक ऐसे काव्य उपलब्ध हैं जिनकी रचना उन साहित्यकारों ने पुत्र, शिष्य आदि को शिक्षा देने के प्रयोजन से की है। 'पंचतंत्र' जैसे ग्रंथ इसके उदाहरण हैं।

(4) काव्यं शिवेतरक्षतये–काव्य मंगल के लिए है और उसका उद्देश्य अमंगल का निवारण भी है। 'सहितस्य भावं साहित्यम्' का यही तात्पर्य है। काव्य से लोक का कल्याण होता है। काव्य-प्रकाशकार ने इसी प्रसंग में मयूर कवि का उल्लेख किया है जिनका कुष्ठ रोग 'सूर्यशतक' के प्रणयन से दूर हो गया था। बाहुपीड़ा के निवारण के लिए तुलसीदास ने 'हनुमान बाहुक' की रचना की थी। आधुनिक काल में भी प्रगतिवादी, जनवादी रचनाओं का मुख्य उद्देश्य लोकमंगल ही है।

(5) काव्यं सद्यः परनिर्वृत्तये–आचार्य मम्मट ने काव्य का पांचवां उद्देश्य शीघ्र रसोत्पत्ति या लोकोत्तर आनंद की प्राप्ति माना है। उन्होंने इसे संपूर्ण प्रयोजनों में प्रमुख तथा आचार्य कुन्तक ने इसे पुरुषार्थ चतुष्टय से भी बढ़कर माना है। वस्तुतः साहित्य के अनुशीलन से मानव अंतःकरण का जो साधारणीकरण होता है वही रसोत्पत्ति का मुख्य कारक और काव्य का चरम लक्ष्य होता है। सभी रसवादी आचार्य रसानुभूति को काव्य का चरम लक्ष्य स्वीकार करते हैं।

(6) काव्यं कांतासम्मिततयोपदेशयुजे–कविता, कांता की कोमल मृदु वाणी के समान उपदेशपरक होती है। शास्त्रों में उपदेश शैली तीन प्रकार की बतायी गयी है–पहली प्रभुसम्मित, दूसरी सुहृदसम्मित और तीसरी कांतासम्मित। इसमें से कांतासम्मित में प्रधानता शब्दार्थ की न होकर रस की होती है। पत्नी अपने पति को अनर्थ से बचाने के लिए अपने हृदय की समस्त मधुरिमा उड़ेलकर अपने व्याख्यान को रससिक्त बनाती है, जिससे मानव हृदय उस ओर सहज ही प्रवृत्त हो जाता है। कविवर बिहारी मिर्जा राजा जयसिंह को अपनी वाक् चातुरी से ही सन्मार्ग पर लाये थे-

"नहिं पराग नहिं मधुर मधु, नहिं विकास इहिं काल।
अली कली ही सों बिंध्यो, आगे कौन हवाल।।"

(7) काव्य आत्मसाक्षात्कार के लिए—काव्य-कला में कृती आत्मसाक्षात्कार करता है, अपनी अनुभूतियों और आकांक्षाओं को पकड़ता है और उन्हें अभिव्यक्ति प्रदान करता है। इस आत्म साक्षात्कार की दशा में उत्कृष्ट कलाकार लोकात्मा का भी साक्षात्कार करता है। अतः जब वह अपने अनुभव का प्रकाशन करता है, तब भी लोक, उसमें अपनी निजी अनुभूतियों की अभिव्यक्ति पाता है।

(8) एक सृजनात्मक आवश्यकता—यूरोप का 'कला कला के लिए ' सिद्धांत इसी पृष्ठभूमि पर आधारित है। जिस प्रकार इस सृष्टि का क्या प्रयोजन है, यह बताना कठिन है पर सृष्टि बराबर चलती रहती है, उसी प्रकार यह काव्य-संसार की रचना भी एक सृजनात्मक आवश्यकता है जिसको पूरा किये बिना सर्जक नहीं रह सकता।

पश्चिम के मनीषियों ने भी काव्य प्रयोजनों की विस्तृत चर्चा की है। इन्हें हम लोकमंगलवादी, आनंदवादी और मध्यममार्गी इन तीन वर्गों में विभक्त कर सकते हैं। प्लेटो, स्किन, टॉलस्टाय आदि साहित्यकार और दार्शनिक लोकमंगलवादी या उपयोगितावादी हैं। प्लेटो ने लोकमंगल को काव्य का चरम लक्ष्य स्वीकार किया तथा इसके अभाव में होमर की उत्कृष्ट काव्य कला की भी भर्त्सना की। टॉलस्टाय के अनुसार काव्य कला प्रत्येक मनुष्य को सह-अनुभूति द्वारा परस्पर जोड़ने का एक साधन है। आनंदवादी साहित्य चिंतकों में लांजाइनस, शिलर, वाल्टर पेटर, ऑस्कर वाइल्ड, ए.सी. ब्रेडले आदि का नाम प्रमुख है। इस वर्ग के विचारकों के अनुसार कला यद्यपि नैतिकता का विरोध तो नहीं करती पर वस्तुतः नैतिकता कला के लिए प्रासंगिक नहीं है।

पश्चिम में मध्यममार्गी चिंतक भी आरंभ से ही दिखायी देते हैं। इनका दृष्टिकोण संतुलित होता है। उदाहरणार्थ प्लेटो के आक्षेपों का उत्तर देते हुए अरस्तू ने कहा था कि कला का विशिष्ट उद्देश्य आनंद है, पर यह आनंद नीति-सापेक्ष है। यह अनैतिक नहीं हो सकता। ड्राइडन के अनुसार मधुररीति से शिक्षा देना ही काव्य का प्रयोजन है। इस परंपरा में होरेस, विक्टर कजिन, कॉलरिज, वर्ड्सवर्थ, मैथ्यू आर्नल्ड और आई.ए. रिचर्ड्स आदि को रखा जा सकता है।

वस्तुतः काव्य के जिन प्रयोजनों का उल्लेख ऊपर किया गया है वे प्रायः एक-दूसरे के पूरक हैं और किसी भी काव्य-कृति में एक साथ देखे जा सकते हैं। भारतीय आचार्यों का काव्य-प्रयोजन के प्रति व्यापक दृष्टिकोण है और यही उपयुक्त दृष्टि भी है।

आधार ग्रंथ :

1. भारतीय साहित्य शास्त्र कोश, डॉ. राजवंश सहाय हीरा।
2. भारतीय काव्य शास्त्र, डॉ. सत्यदेव चौधरी।
3. भारतीय साहित्य शास्त्र, बलदेव उपाध्याय।
4. A History of Modern Criticism, Rene Welleck.
5. Encyclopedia of Poetry and Poetics, Alex Preminger.

काव्य लक्षण

कवि के द्वारा जो कार्य संपन्न हो, उसे 'काव्य' कहते हैं- 'कवेरिदं कार्यं भावो वा'। अतः काव्य की व्याख्या के लिए 'कवि' शब्द के अर्थ को समझना आवश्यक हो जाता है। 'कु' धातु में अच् प्रत्यय (इ) जोड़कर 'कवि' शब्द की व्युत्पत्ति बतलायी गयी है और 'कु' का अर्थ है 'व्याप्ति', 'आकाश' अर्थात् 'सर्वज्ञाता'। फलतः कवि सर्वज्ञ है, 'द्रष्टा' है। श्रुति कहती है, 'कविर्मनीषी परिभूः स्वयंभूः'। 'परिभूः' अर्थात् जो अपनी अनुभूति के क्षेत्र में सब कुछ समेट ले और 'स्वयंभूः', जो अपनी अनुभूति के लिए किसी का भी ऋणी न हो, अर्थात् काव्य उसी मनीषी की सृष्टि है, जो स्वयं संपूर्ण और सर्वज्ञ हो। वैदिक साहित्य में 'कवि', 'दृष्टा' और 'ऋषि' समानार्थक शब्द हैं और वेदों के प्रकाशक ब्रह्मा को 'आदि कवि' कहा गया है। लौकिक साहित्य में 'कवि' शब्द अपेक्षाकृत संकीर्ण अर्थों में प्रयुक्त है और विशिष्ट रमणीय शैली में काव्य रचने वाले के लिए उसका प्रयोग होता है। वाल्मीकि रामायण को 'आदि काव्य' की संज्ञा दी गयी है, क्योंकि 'वाल्मीकि आदि कवि' हैं। इससे स्पष्ट है कि उत्तर वैदिक काल में 'कवि' शब्द, विशिष्ट प्रतिभा संपन्न एक विशेष प्रकार की शैली में रचना करने वाले विद्वान के अर्थ में योगरूढ़ हो गया था और बाद में इसी अर्थ का प्रचलन हुआ।

कवि के लिए 'नवनवोन्मेषशालिनी प्रतिभा' और 'वर्णननिपुणता' अनिवार्य धर्म है। परंतु यह वर्णन निपुणता असाधारण होनी चाहिए। 'काव्यं लोकोत्तरवर्णनानिपुणं कवि कर्म...' (काव्य प्रकाश)। अग्नि पुराण में कवि-कर्म को 'काव्य संसार' कहा गया है और कवि को इस संसार का स्रष्टा या प्रजापति। (अपारे काव्य संसारे कविरेव प्रजापतिः)

काव्य का लक्षण क्या है, इस विषय को विभिन्न आचार्यों ने विभिन्न रूपों में उपस्थित किया है। वास्तव में इन आचार्यों के सामने या तो विशिष्ट काव्य कोटियां थीं, (जैसे भरतमुनि का काव्य-लक्षण नाटक पर आधारित है।) अथवा विशिष्ट काव्य संप्रदाय। फलस्वरूप काव्य-लक्षण संबंधी उनके विचार भी अलग-अलग हैं।

भारतीय काव्य-चिंतकों में पहले उल्लेखनीय आचार्य भरतमुनि हैं। उन्होंने अपने 'नाट्यशास्त्र' में काव्य के स्वरूप के विषय में भी विचार किया है। वे नाट्यशास्त्र के आचार्य थे, अतः नाटक में प्राप्त काव्य की विशेषताओं का उल्लेख करते हुए उन्होंने जो कुछ कहा उसी से उनकी काव्य-विषयक मान्यताओं की अवधारणा हो सकती है। उनकी मान्यता है कि काव्य रसमय होना चाहिए तथा काव्य की पदावली मृदु, ललित तथा सर्वजन सुखबोधक होनी चाहिए-

"मृदुललित पदाढ्यं गूढशब्दार्थहीनम्,
जनपदसुखबोध्यं युक्तिमन्नृत्ययोज्यम्।
बहुरसकृतमार्गं सन्धिसन्धानयुक्तम्,
स भवति शुभकाव्यं नाटकप्रेक्षकाणाम्।।"

काव्य के संबंध में दूसरा उल्लेख अग्निपुराण में है। इसे हम काव्य की पहली परिभाषा कह सकते हैं-

"संक्षेपाद्वाक्यमिष्टार्थ व्यवच्छिन्ना पदावली,
काव्यं स्फुरदलंकारं गुणवद्दोषवर्जितम्।"

अर्थात् संक्षेप में, अभीष्ट अर्थ को व्यक्त करने वाली पदावली से युक्त वाक्य काव्य है, जिसमें अलंकार प्रकट हो और जो गुणयुक्त तथा दोष रहित हो। इस परिभाषा में कई दोष हैं। काव्य सदा दोष रहित हो, यह संभव नहीं। अच्छी से अच्छी कृति में भी कोई न कोई दोष अवश्य मिल जाता है। वैसे भी इस परिभाषा से काव्य की बाह्य रूपरेखा ही स्पष्ट हो पाती है।

प्रसिद्ध आलंकारिक आचार्य भामह के अनुसार, 'शब्दार्थौ सहितौ काव्यम्' अर्थात् 'शब्द' और 'अर्थ' का सहभाव ही काव्य है। यह परिभाषा अत्यंत व्यापक है। शास्त्र, इतिहास आदि सब कुछ इसमें अंतर्भुक्त हो जाते हैं . जाहिर है, इस परिभाषा से काव्य का कुछ भी स्वरूप स्पष्ट नहीं होता।

इसके बाद के आचार्यों ने बाह्य स्वरूप-निरूपक लक्षणों का खंडन कर प्रायः काव्य की आत्मा की तलाश करने का प्रयास किया है। आचार्य दंडी कहते हैं," शरीरं तावदिष्टार्थ व्यवच्छिन्नापदावली" अर्थात इष्ट अर्थ को प्रकट करने वाली पदावली तो शरीर मात्र है। यही भाव आनंदवर्धन का भी है। उनके अनुसार काव्य तो शब्दार्थ के शरीर वाला है। उसकी आत्मा या वास्तविक तत्त्व कुछ और ही है-"शब्दार्थं शरीर तावत्काव्यम्"।

इन धारणाओं के फलस्वरूप संस्कृत के आचार्यों द्वारा काव्य की आत्मा तलाशने का जो प्रयास हुआ उसी के परिणामस्वरूप रस, अलंकार, रीति, वक्रोक्ति, औचित्य और ध्वनि को काव्य की आत्मा कहने की परंपरा विकसित हुई।

आचार्य भामह ने अलंकार के महत्व का प्रतिपादन करते हुए उसे व्यापक अर्थ में ग्रहण किया है। उन्होंने 'रस' तक को भी 'रसवत अलंकार' के रूप में सम्मिलित कर लिया है। आचार्य दंडी अलंकार को काव्य की शोभा करने वाला धर्म मानते हैं-

"काव्यशोभा करान् धर्मान् अलंकारान् प्रचक्षते।"

जयदेव के अनुसार जो अलंकारहीन काव्य को भी अंगीकार कर लेता है वह अग्नि को उष्णताहीन क्यों नहीं मानता ? तात्पर्य यह कि जिस प्रकार उष्णता ही अग्नि का मूल धर्म है, उसी प्रकार अलंकार ही काव्य का मूल धर्म है-

"अंगीकरोति यः काव्यं शब्दार्थावविनलंकृती।
असौ न मन्यते कस्मादनुष्णमनलंकृती।।"

आचार्य वामन रीति को काव्य की आत्मा मानते हैं-' रीतिरात्मा काव्यस्य'। ध्वन्यालोककार आनंदवर्धन ध्वनि को काव्य की आत्मा स्वीकार करते हैं-'काव्यस्यात्मा ध्वनिः। आचार्य कुन्तक के अनुसार वक्रोक्ति काव्य की आत्मा है-

"वक्रोक्तिः काव्यजीवितम्।" और इसी क्रम में आगे चलकर आचार्य विश्वनाथ ने ' वाक्यं रसात्मकं काव्यम्' कहकर रस को काव्य की आत्मा स्वीकार किया। इसी अर्थ का और अधिक स्पष्ट संकेत हमें पण्डितराज जगन्नाथ की परिभाषा में मिलता है जो इस प्रकार है-

"रमणीयार्थ प्रतिपादकः शब्दः काव्यम्"।

अपेक्षाकृत उपयुक्त होते हुए भी उक्त परिभाषा में दो त्रुटियां रह जाती हैं। पहली त्रुटि तो यह है कि काव्य में सदा शब्द में ही अर्थ की रमणीयता नहीं होती, पूरे वाक्य में रमणीयता प्रतिपादित होती है। अतः रमणीय अर्थ देने वाला 'वाक्य' काव्य होना चाहिए, शब्द नहीं। दूसरी बात यह है कि यहां पर संकेत मात्र अर्थ की रमणीयता का हुआ है जबकि काव्य में शब्द की रमणीयता का भी कम महत्व नहीं। शब्दालंकार और वृत्तियों के उदाहरण उल्लेखनीय हैं। नाद-सौंदर्य आदि शब्द-योजना पर ही आधृत हैं, फिर भी पण्डितराज जगन्नाथ ने स्वयं रमणीयता का अर्थ लोकोत्तर आह्लाद के उत्पादक ज्ञान का विषय होना माना है। तात्पर्य यह है कि जिसके अनुशीलन से लोकोत्तर आनंद की प्राप्ति हो, वह रमणीय कहलायेगा। इस प्रकार पंडितराज की विशेषता यह है कि उन्होंने अंतर और बाह्य दोनों पक्षों के संबंध में रमणीयता शब्द को आधार बनाकर काव्य की व्याख्या की है और निश्चित रूप से पण्डितराज जगन्नाथ बहुत सीमा तक काव्य-सत्य को प्रकट करने में समर्थ हुए हैं।

हिंदी साहित्य में काव्यशास्त्रीय चिंतन की परंपरा रीतिकाल से प्राप्त होती है पर आधुनिक काल के आरंभ होने तक हिंदी में उल्लेखनीय कोई बड़ा आचार्य नहीं हुआ। रीति काल में काव्य के स्वरूप पर बहुत प्रकाश डाला गया है, परंतु उनमें मौलिकता के दर्शन प्रायः नहीं होते। इस काल में अनेक आचार्य हुए पर वे सभी मूलतः कवि थे और जो कुछ उन्होंने काव्यशास्त्र के क्षेत्र में योगदान किया वह सब संस्कृत-साहित्य से उत्तराधिकार के रूप में प्राप्त था। रीतिकाल के प्रारम्भिक आचार्य चिंतामणि का काव्य-लक्षण इस प्रकार है-

"सगुन अलंकारन सहित, दोष रहित जो होइ।
शब्द अर्थ वारौं कवित, विबुध कहत सब कोइ।।"

कुलपति मिश्र ने अपने लक्षण में पूर्णतः मम्मट का ही अनुकरण किया है-

"दोष रहित अरु गुनसहित, कछुक अल्प अलंकार।
सबद अरथ सो कवित है, ताको करो विचार।"

आचार्य केशवदास का कथन है-

"जदपि सुजाति सुलच्छनी सुबरन सरस सुवृत्त।
भूषण बिनु न विराजई कविता बनिता मित्त।।"

इस प्रकार केशव के विचार से रस, छंद, शब्द-सौंदर्य के साथ अलंकार का होना आवश्यक है पर श्रीपति मिश्र ने अपने 'काव्य-सरोज' में रस पर जोर दिया है-

"जदपि दोष बिनु गुन सहित अलंकार सों लीन।
कविता बनिता छवि नहीं, रस बिन तदपि प्रवीन।।"

आधुनिक काल में कुछ आचार्यों के विचार उल्लेखनीय हैं। आचार्य महावीर प्रसाद द्विवेदी के अनुसार-

"कविता प्रभावशाली रचना है जो पाठक या श्रोता के मन पर आनंदमयी प्रभाव डालती है।" "मनोभाव शब्दों का रूप धारण करते हैं। वहीं कविता है चाहे वह पद्यात्मक हो चाहे गद्यात्मक।" "अंतःकरण की वृत्तियों के चित्र का नाम कविता है।"

ऊपर दिये गये लक्षणों में से पहले में, आनंदमयी प्रभाव के संपादनकारी अवयवों और तत्त्वों का संकेत नहीं किया गया है। दूसरा लक्षण ठीक नहीं है। इससे तो समस्त मनोभावों के प्रकाशन को ही कविता मान लेना होगा। तीसरी परिभाषा एकांगी और अस्पष्ट है। अंतर्वृत्ति का चित्र, कविता का एक रूप मात्र है।

आचार्य नंद दुलारे वाजपेयी ने काव्य के स्वरूप पर विचार करते हुए लिखा है, "काव्य तो प्रकृत मानव-अनुभूतियों का नैसर्गिक कल्पना के सहारे ऐसा सौंदर्यमय चित्रण है, जो मानव मात्र में स्वभावतः अनुरूप भावोच्छ्वास और सौंदर्य-संवेदन उत्पन्न करता है।"

इस कथन में जहां एक ओर काव्य-निर्माण की प्रक्रिया को स्पष्ट किया गया है, वहीं दूसरी ओर भावात्मक प्रभाव को महत्व दिया गया है। फिर भी इसमें यह स्पष्ट नहीं है कि चित्रण शाब्दिक है, रंगों और रेखाओं के सहारे किया गया है अथवा अन्य किसी तरह से।

आचार्य रामचंद्र शुक्ल काव्य को परिभाषित करते हुए लिखते हैं, "जिस प्रकार आत्मा की मुक्तावस्था ज्ञान दशा कहलाती है, उसी प्रकार हृदय की मुक्तावस्था रस दशा कहलाती है। हृदय की इसी मुक्ति की साधना के लिए मनुष्य की वाणी जो शब्द-विधान करती आयी है, उसे कविता कहते हैं।"

आचार्य शुक्ल की इस परिभाषा में प्रमुख बात है-रस दशा या हृदय की मुक्तावस्था का आत्मा की मुक्तावस्था या ज्ञान की दशा के समकक्ष रखना। इससे रसानुभूति की धारणा की उच्चता प्रमाणित होती है। वे इसे अलौकिक नहीं मानते। उन्होंने लोक हृदय में लीन होने की दशा को रस दशा कहा है। इस प्रकार आचार्य शुक्ल की यह परिभाषा अन्य परिभाषाओं की अपेक्षा ज्यादा प्रामाणिक और सार्थक है।

पाश्चात्य आचार्यों ने भी काव्य लक्षण स्थिर करने के लिए लगातार प्रयास किया है। अरस्तू के शब्दों में-"Poetry is an Art. Art is imitation of nature. Epic poety, tragedy and comedy in most of their forms are, all, in their conception, modes of imitation".

अर्थात् काव्य एक कला है। कला प्रकृति की अनुभूति है। महाकाव्य,त्रासदी और कामदी,-सभी अपने ज्यादातर रूपों में अपनी संकल्पना में अनुकरण की ही प्रणालियाँ हैं।

जॉनसन के कहा-"Poetry is the art of uniting pleasure with truth by calling imagination to the help of reasons".

अर्थात् कविता वह कला है जो कल्पना की सहायता से युक्ति के द्वारा सत्य को आनन्द से समन्वित करती है।

वर्ड्सवर्थ के शब्दों में-"Poetry is the spontaneous overflow of powerful feeling. It takes its origin from emotions recollected in tranquility".

अर्थात् कविता प्रबल अनुभूतियों का सहज उद्रेक है, जिसका स्रोत शान्ति के समय स्मृत मनोवेगों से फूटता है।

कॉलरीज के शब्दों में कविता-"Best words in the best order".

अर्थात् सर्वोत्तम शब्दों का सर्वोत्तम क्रमविधान ही कविता है।

शेली ने लिखा है-"Poetry is record of the best and happiest moments of the happiest and best minds.

अर्थात् सर्वोत्तम और सबसे सुखी मनों के सर्वोत्तम और सर्वाधिक सुखपूर्ण क्षणों का लेखा ही कविता है।

मैथ्यू अर्नाल्ड के अनुसार-"Poetry is at bottom, a criticism of life.

अर्थात् कविता मूलतः जीवन की आलोचना है।

और अंततः चैम्बर्स डिक्शनरी की परिभाषा इस तरह है-"Poetry is the art of expressing in melodious words, thoughts which are the creations of imagination and feelings."

अर्थात् कल्पना और अनुभूति से उत्पन्न विचारों को मधुर शब्दों में अभिव्यक्त करने की कला कविता है।

निष्कर्ष यह है कि काव्य के अगणित लक्षण आचार्यों द्वारा दिये गये हैं। परंतु काव्य का स्वरूप इन लक्षणों में बंध नहीं सकता। फिर भी इन लक्षणों के अध्ययन से हम उसके विविध रूपों और तत्त्वों को हृदयंगम कर सकते हैं और एक निश्चित निष्कर्ष पर पहुंच सकते हैं।

उपर्युक्त परिभाषाओं के आधार पर अलंकार, गुण, शब्द, अर्थ, रस, रमणीयता आदि काव्य के आवश्यक तत्त्व स्वीकार किये जा सकते हैं। इन तत्त्वों में शब्द और अर्थ का विशेष महत्त्व है। काव्य वस्तुतः शब्द व्यापार ही है। दूसरी ओर रस, रमणीयता आदि भावतत्व के अंतर्गत समाहित हो सकते हैं। अभिव्यक्ति-कौशल एवं अलंकार-विधान कल्पना-तत्व के आश्रित है और इन सारे उपादानों को समुचित रूप से संगठित करके कलात्मक विश्वसनीयता के साथ अभिव्यक्त करना विचार तत्त्व पर निर्भर है। इस तरह काव्य के पांच तत्त्व निर्धारित किये जा सकते हैं-शब्द तत्त्व, अर्थ तत्त्व, कल्पना तत्त्व, भाव तत्त्व और विचार तत्त्व।

निष्कर्ष के रूप में हम कह सकते हैं कि यद्यपि काव्य की कोई सर्वांगपूर्ण परिभाषा नहीं दी जा सकती पर आचार्यों द्वारा सुझाये गये काव्य-लक्षणों के आधार पर हम काव्य के स्वरूप की एक निश्चित अवधारणा कर सकते हैं।

आधार ग्रंथ :

1. हिंदी साहित्य कोश, भाग-1।
2. भारतीय साहित्य शास्त्र कोश, डॉ. राजवंश सहाय हीरा।
3. भारतीय साहित्य शास्त्र, बलदेव उपाध्याय।
4. रसमीमांसा, रामचंद्र शुक्ल।
5. काव्य शास्त्र, भगीरथ मिश्र।
6. A Glossary of Literary Terms, M. H. Abrams.
7. An Introductions to Study of English Literature, W. H. Hudson.

काव्य शास्त्र

काव्य शास्त्र के लिए अंग्रेजी में Poetics शब्द प्रचलित है। 'काव्य शास्त्र' शब्द और उसकी अवधारणा का विकास संस्कृत साहित्य की सुदीर्घ चिंतन परंपरा से अविच्छिन्न रूप से जुड़ा हुआ है। जिस ज्ञान को प्राप्त कर कवि सुंदर कविता कर सकता है और सहृदय काव्य का पूरा आनंद प्राप्त करता है, वह ज्ञान है काव्यशास्त्र। काव्य के स्वरूप को समझना और उसके तत्त्वों का विश्लेषण करना इसी का कार्य है। सहृदय काव्य की संवेदना से युक्त होते हैं और भावक काव्य शास्त्र के ज्ञान से। कवि, साधारण जन की अपेक्षा भावक या आलोचक के द्वारा अपने काव्य की अधिक आकांक्षा करता है।

संस्कृत-परंपरा में संपूर्ण वाङ्मय को शास्त्र तथा काव्य इन दो स्वतंत्र प्रकारों में विभाजित किया गया है "इह हि वाङ्मयमुभयथा शास्त्रं, काव्यं च।" काव्य के अनुशीलन के लिए शास्त्र का ज्ञान आवश्यक माना गया है। राजशेखर का कहना है कि जैसे दीपक के प्रकाश के बिना पदार्थों का ज्ञान प्रत्यक्ष नहीं हो सकता, उसी प्रकार शास्त्र-ज्ञान के बिना काव्य-ज्ञान असंभव है। उन्होंने ही चार वेद, छहः वेदांग, चार शास्त्र-इन चौदह विद्याओं के साथ काव्य-विद्या को पन्द्रहवां स्थान दिया है और इसे चौदहों विद्याओं का एकमात्र आधार माना है। उन्होंने काव्य-विद्या तथा साहित्य विद्या को समान अर्थ में ग्रहण किया है। आगे इसकी व्याख्या करते हुए कहा है-'शब्द और अर्थ के सहभाव को बतानेवाली विद्या साहित्य-विद्या है। इस विद्या की चौसठ उपविद्याएं या कलाएं काव्य का जीवन हैं।' इस शास्त्र का प्रथम उपलब्ध ग्रंथ नाट्यशास्त्र है, जिसके प्रणेता हैं आचार्य भरत। इसी कारण भरत को आद्याचार्य माना गया है। भरत का समय दूसरी सदी ईसवी-पूर्व और दूसरी सदी ईसवी के मध्य कहीं माना गया है तब से लेकर काव्यशास्त्र के सिद्धांतों में निरंतर कभी तीव्र और कभी मंद विकास होता रहा। संस्कृत के अंतिम महान आचार्य पंडितराज जगन्नाथ के बाद हिंदी में भी काव्य शास्त्रीय ग्रंथों की रचना शिथिल नहीं हुई। हिंदी का रीतिकाल काव्य शास्त्रीय ग्रंथों से भरा पड़ा है। हिंदी में इन्हें लक्षण ग्रंथ या रीतिग्रंथ भी कहते हैं। काव्य शास्त्रीय ग्रंथों की रचना का यह क्रम आधुनिक काल तक जारी रहा है।

संस्कृन परंपरा में बहुत समय तक 'अलंकार-शास्त्र', काव्य-शास्त्र के पर्याय के रूप में प्रचलित रहा है। भामह के 'काव्यालंकार', दंडी के 'काव्यादर्श' तथा उद्भट के 'काव्यालंकार संग्रह' के नाम तथा विषय-प्रतिपादन से

स्पष्ट है कि इन आचार्यों ने काव्य-शास्त्र को अलंकार-शास्त्र के रूप में ही लिया है। वामन के 'काव्यालंकार-सूत्रवृत्ति', तथा रुद्रट के 'काव्यालंकार' में क्रमशः रीति-गुण तथा रस आदि की प्रतिष्ठा बढ़ी है, फिर भी काव्य-शास्त्र संबंधी इनका दृष्टिकोण प्राचीनों से भिन्न नहीं है।

मम्मट के 'काव्यप्रकाश' में व्यापक रूप से ध्वनि के अंतर्गत अन्य सिद्धांतों को ग्रहण किया गया है। आचार्य विश्वनाथ ने 'साहित्यदर्पण' में इसी दृष्टिकोण को अपनाया है और काव्य-शास्त्र के पर्याय-रूप 'साहित्यशास्त्र' को व्यापक आधार पर प्रतिष्ठित किया है। भोजराज के 'शृंगार-प्रकाश', भानुदत्त की 'रसमंजरी' आदि में रस-सिद्धांत की प्रधान रूप से विवेचना है।

काव्यशास्त्रीय विचार-परंपरा छहः सिद्धांतों में विभक्त की जाती है—रस सिद्धांत, अलंकार सिद्धांत, रीति सिद्धांत, ध्वनि सिद्धांत, औचित्य सिद्धांत और वक्रोक्ति सिद्धांत। इस प्रकार लगभग डेढ़-दो सहस्र वर्षों की यह काव्यशास्त्र-परंपरा उद्‌भावक एवं संग्रहकर्ता आचार्यों तथा टीकाकारों के माध्यम से काव्य, नाटक और कविशिक्षा-संबंधी सिद्धांतों का अनवरत सृजन, विवेचन, समीक्षण एवं संकलन प्रस्तुत करती रही है। इस विद्या का काव्यशास्त्र नाम है तो बहुत पुराना, पर अधिक प्रचलित आधुनिक युग में हुआ है। संस्कृत-ग्रंथों के आधार पर इस विद्या के अनेक नाम प्रचलित रहे—वाल्मीकि रामायण में इस विद्या के अर्थ में सर्वप्रथम 'क्रियाकल्प' शब्द का प्रयोग मिलता है। इसी शब्द का प्रयोग वात्स्यायन ने अपने ग्रंथ 'कामसूत्र' में चौसठ कलाओं के अंतर्गत एक कला के रूप में किया है और स्पष्टता के लिए इससे पहले काव्य शब्द जोड़ दिया है वहां इस कला का नाम है 'काव्यक्रियाकल्प' अर्थात् काव्यशास्त्र। संभवतः इन्हीं स्रोतों से प्रेरणा प्राप्त कर दंडी ने इसी अर्थ में क्रियाविधि' शब्द का प्रयोग किया है। ऐसा प्रतीत होता है कि भामह के समय 'अलंकार' शब्द बहु-प्रचलित हो गया और इसका अर्थ भी व्यापक हो गया। इसी शब्द के आधार पर यह विद्या संभवतः 'अलंकारशास्त्र' कहलाती रही होगी।

राजशेखर ने इस विद्या को 'साहित्य विद्या' नाम दिया है। 'साहित्य शास्त्र' भारतीय काव्यशास्त्र का बहुचर्चित शब्द है। भामह ने अपने काव्यलक्षण में इस शब्द का प्रयोग करते हुए शब्दार्थ के सहित-भाव का संकेत किया था-"शब्दार्थौ सहितौ काव्यम"। 'साहित्य' शब्द के आधार पर ही राजशेखर के समय में इस विद्या का नाम 'साहित्यविद्या' प्रचलित रहा होगा। विश्वनाथ का 'साहित्यदर्पण' और रुय्यक का अप्राप्त ग्रंथ 'साहित्यमीमांसा' 'साहित्य' शब्द पर ही आधारित है।

इस प्रकार हमारे सम्मुख काव्य शास्त्र के लिये जो नाम उपलब्ध हैं वे हैं—'काव्यकल्पविधि', 'कल्पविधि', 'अलंकारशास्त्र', 'साहित्यविद्या' और 'काव्यशास्त्र'।

हिंदी में भी प्रायः काव्य-शास्त्रीय ग्रंथों की तीन परंपराएं मिलती हैं। एक ऐसे ग्रंथों की परंपरा जिनमें केवल अलंकारों की व्याख्या अथवा विवेचन है, जैसे जसवंत सिंह का 'भाषाभूषण', मतिराम का 'ललितललाम', भूषण का 'शिवराजभूषण' आदि। दूसरे ऐसे ग्रंथों की परंपरा जिनमें रस अथवा नायिका-भेद का विवेचन है, जैसे केशवदास की 'रसिकप्रिया', मतिराम का 'रसराज', कुलपति का 'रसरहस्य', देव का 'रसविलास' तथा भिखारीदास का 'रससारांश' आदि। इनके अतिरिक्त एक ऐसे ग्रंथों की परंपरा है जिनमें 'काव्य-प्रकाश' के अनुसरण पर 'काव्य-शास्त्र' के विभिन्न अंगों का निरूपण समन्वित रूप से किया गया है, जैसे केशवदास की 'कविप्रिया', चिंतामणि का 'कविकुलकल्पतरु', तथा भिखारीदास का 'काव्यनिर्णय' आदि। परंतु इनमें कई आचार्यों ने दोनों या तीनों प्रकार के ग्रंथों की रचना की है अथवा उनके एक ही ग्रंथ में कई दृष्टियां मिलती हैं। इस कारण सिद्धांतगत कोई स्पष्ट दृष्टिकोण इनमें परिलक्षित नहीं होता। आधुनिक काल में श्यामसुंदर दास, कन्हैयालाल पोद्दार, गुलाबराय तथा रामदहिन मिश्र आदि ने अपने काव्य-शास्त्र संबंधी ग्रंथों में सभी अंगों की समुचित विवेचना की है। आचार्य शुक्ल ने भारतीय और पाश्चात्य दोनों परंपराओं का समुचित अनुशीलन करके आधुनिक परिप्रेक्ष्य में हिंदी काव्यशास्त्र को अधिक पुष्ट, प्रासंगिक और उपयोगी रूप प्रदान किया है।

आधार ग्रंथ :

1. हिंदी साहित्य कोश, भाग-1।
2. भारतीय साहित्य शास्त्र कोश, डॉ. राजवंश सहाय हीरा।
3. भारतीय काव्यशास्त्र, डॉ. सत्यदेव चौधरी।

काव्य हेतु

'हेतु' का अर्थ है 'कारण'। कवि में काव्य-प्रणयन की सामर्थ्य उत्पन्न करने वाले साधनों को 'काव्य हेतु' या काव्य का कारण कहा जाता है। ये साधन ही कवि को काव्य-प्रणयन में सक्षम बनाते हैं।

काव्य हेतुओं का निरूपण करने वाले आचार्यों में भामह, दंडी, वामन, रुद्रट, कुन्तक, मम्मट आदि का नाम उल्लेखनीय है। हिंदी के रीतिकालीन आचार्यों में सूरति मिश्र, श्रीपति तथा आधुनिक युग के जगन्नाथ प्रसाद भानु

आदि ने मम्मट के आधार पर ही हेतु निरूपण किया है। इनके विवेचन में मौलिकता का अभाव है।

आचार्य भामह ने तीन काव्य हेतु माने हैं—प्रतिभा, व्युत्पत्ति और अभ्यास। दंडी ने भी शब्द भेद से इन्हें ही स्वीकार किया है। रुद्रट तथा कुन्तक ने भामह की 'प्रतिभा' के स्थान पर 'शक्ति' शब्द का प्रयोग किया है । आचार्य वामन की भी यही मान्यता है। राजशेखर ने 'शक्ति' को ही मुख्य काव्य-हेतु माना है। उनके अनुसार समाधि (मन की एकाग्रता) और अभ्यास-ये दोनों कवित्व शक्ति को उद्भाषित करते हैं। परवर्ती आचार्य मम्मट ने तीन काव्य-हेतुओं का उल्लेख किया है और शेष सभी का अंतर्भाव इन्हीं में माना है। ये हेतु हैं-शक्ति (प्रतिभा), लोक-व्यवहार, शास्त्र तथा काव्य आदि के अनुशीलन से प्राप्त निपुणता (व्युत्पत्ति) और काव्यज्ञ की शिक्षा से अभ्यास। पण्डितराज जगन्नाथ ने प्रतिभा को ही काव्य-हेतु माना है व्युत्पत्ति और अभ्यास, प्रतिभा के उन्मीलक हेतु हैं।

इस तरह स्पष्ट है कि संस्कृत काव्यशास्त्र में शब्द-भेद से प्रायःतीन ही हेतु स्वीकार किये गये हैं और ये हैं—प्रतिभा, व्युत्पत्ति और अभ्यास।

काव्य हेतुओं में प्रतिभा का स्थान सर्वाधिक महत्त्वपूर्ण है। इस विषय में प्रायः सभी आचार्य एकमत हैं कि प्रतिभा ही कवित्व का बीज है। जिस प्रकार बीज के अभाव में वृक्ष की कल्पना नहीं की जा सकती उसी प्रकार प्रतिभा रहित व्यक्ति काव्य-प्रणयन नहीं कर सकता। यदि वह काव्य प्रणयन में प्रवृत्त होता है तो उसकी कृति उपहास योग्य ही होती है। आचार्य जयदेव ने प्रतिभा का महत्व प्रदर्शित करते हुए कहा है कि प्रतिभा रूपी बीज अंकुरित करने के लिए व्युत्पत्ति और अभ्यास मिट्टी और जल के समान है,

"प्रतिभैव श्रुताभ्याससहिता कवितां प्रति,
हेतुर्मृदम्बुसम्बद्ध बीजोत्पत्तिर्लतामिव।"

भट्टतौत ने प्रतिभा की व्याख्या इन शब्दों में की है- "प्रज्ञा नवनोन्मेषशालिनी प्रतिभा मता।" अर्थात् नये-नये भावों के उन्मेष से युक्त प्रज्ञा को प्रतिभा कहते हैं। वाग्भट के अनुसार, "प्रतिभा वह तत्त्व है जो कवि के हृदय में नूतन शब्दार्थ-समूह, अलंकार योजना, उक्ति वैचित्र्य तथा कल्पना वैभव आदि को जाग्रत करती है, कवि-हृदय को नूतन वस्तुओं का दर्शन कराती है।

आचार्य रुद्रट ने प्रतिभा के दो भेद किये हैं—सहजा अर्थात् स्वाभाविक और उत्पाद्या अर्थात् जो किन्हीं साधनों से (यथा शास्त्राध्ययन और अभ्यास) उत्पन्न की जा सके। राजशेखर ने प्रतिभा दो प्रकार की बतायी है—कारयित्री और भावयित्री। कवि का उपकार करने वाली प्रतिभा कारयित्री कहलाती है। इसके भी तीन भेद हैं—सहजा, आहार्या तथा औपदेशिकी। जन्मांतर के संस्कार की अपेक्षा रखने वाली सहजा होती है, वर्तमान जन्म के संस्कारों से उत्पन्न आहार्या तथा मंत्रतंत्रादि साधनों से उत्पन्न औपदेशिकी होती है। भावक या सहृदय का उपकार करने वाली प्रतिभा भावयित्री कहलाती है। यह प्रतिभा कवि के श्रम तथा अभिप्राय का बोध कराती है।

'व्युत्पत्ति' शब्द का अर्थ है 'प्रगाढ़ पांडित्य'। राजशेखर ने प्राचीन आचार्यों के मत का उल्लेख करते हुए 'व्युत्पत्ति' का अर्थ 'बहुज्ञता' दिया है। यह 'बहुज्ञता' अथवा ज्ञान दो प्रकार का होता है—शास्त्रीय और लौकिक। शास्त्रीय ज्ञान अध्ययन जन्य होता है। इसके लिए भारतीय आचार्यों ने काव्यशास्त्र, छंदशास्त्र, दर्शन, व्याकरण, ज्योतिष, धर्मशास्त्र, अर्थशास्त्र, कामशास्त्र, शब्दकोश आदि का अध्ययन कवि के लिए आवश्यक माना है। लौकिक ज्ञान के अंतर्गत लोक-व्यवहार का सूक्ष्म निरीक्षण-परीक्षण आता है। कवि का शास्त्रीय ज्ञान तभी सफल हो सकता है, जब उसे लोक-व्यवहार का अच्छा ज्ञान हो। काव्य कृति में महानता व्युत्पत्ति या लोक-शास्त्र की निपुणता के अभाव में नहीं आ सकती। अनुभूति और अभिव्यक्ति दोनों को रमणीय बनाने के लिए व्युत्पत्ति या निपुणता का होना आवश्यक है।

निरंतर प्रयास करते रहने को अभ्यास कहते हैं। सभी आचार्यों ने अभ्यास को प्रतिभा का पोषक माना है। काव्य में सौष्ठव लाने के लिए अभ्यास आवश्यक वस्तु है। इसके अभाव में अनेक प्रतिभायें कुण्ठित होकर नष्ट हो जाती हैं। अभ्यास से काव्य रचना में परिष्कार आता है। आचार्य दंडी ने अभ्यास का महत्व स्वीकार करते हुए कहा है कि "पूर्व वासनाजन्य अद्भुत प्रतिभा के न रहने पर भी शास्त्राध्ययन और अभ्यास से वाणी की उपासना करने पर वाणी अवश्य ही अनुग्रह करती है।"

तात्पर्य यह है कि प्रतिभा, व्युत्पत्ति और अभ्यास तीनों काव्य हेतु एक दूसरे के पूरक हैं। किसी एक के बिना भी काव्य-सृजन कठिन है। कोई एक अपने आप में पर्याप्त नहीं। आचार्य रुद्रट ने इसलिए तीनों को लगभग समान महत्व देते हुए कहा है-"त्रितियमिदं व्याप्रियते शक्तिर्व्युत्पत्तिरभ्यासः।" कुछ लोगों ने समाधि (चित्त की एकाग्रता) को भी काव्य हेतु माना है। पर समाधि न केवल काव्य रचना, बल्कि प्रत्येक रचनात्मक कार्य के लिए आवश्यक है। अतःउसे काव्य हेतु के अंतर्गत स्थान देना उचित नहीं।

आधार ग्रंथ :

1. हिंदी साहित्य कोश, भाग-1।
2. भारतीय साहित्य शास्त्र कोश, डॉ. राजवंश सहाय हीरा।
3. भारतीय साहित्य शास्त्र, बलदेव उपाध्याय।

कृष्णकाव्य

कृष्ण के चरित्र पर केंद्रित काव्य को कृष्णकाव्य कहा जाता है। कृष्ण विलक्षण व्यक्तित्व के धनी हैं। कृष्ण का उल्लेख वैदिक साहित्य में उपनिषदों से शुरू होता है। 'छांदोग्य उपनिषद्' में घोर अंगिरस के शिष्य और देवकी के पुत्र के रूप में कृष्ण का उल्लेख मिलता है। इनको गुरु से यज्ञ की सरल रीति प्राप्त हुई थी, जिसकी दक्षिणा थी तप, दान, आर्जव, अहिंसा और सत्य। महाभारत के शांतिपर्व में वासुदेव कृष्ण की पूजाविधि बताते हुए जिस वैष्णव यज्ञ का प्रतिपादन किया गया है, उससे उपनिषद् के इस संदर्भ का सरलता से सामंजस्य हो जाता है। 'घत' और 'महाउमग्ग' जातकों में भी कण्ह वासुदेव की क्रमशः एक पूरी कथा तथा संक्षिप्त उल्लेख मिलता है, जिसका थोड़ा-बहुत साम्य भागवत में वर्णित प्रसिद्ध कृष्ण-कथा से दिखाया जा सकता है। हरिवंश, विष्णु, भागवत, ब्रह्मवैवर्त आदि पुराणों तथा अनेक जैन पुराणों में कृष्ण की कथा को पर्याप्त महत्त्व दिया गया है, परंतु इनमें भागवत की कृष्णकथा ही सबसे अधिक विस्तृत और व्यवस्थित कही जा सकती है। ऐसा लगता है कि कृष्ण की कथा मौखिक रूप में लोक-प्रचलित थी। पुराणों में उसका धीरे-धीरे धार्मिक रूपक की भांति उपयोग होने लगा जो क्रमशः बढ़ता चला गया और कवियों की कल्पना उनमें नये-नये प्रसंग और संदर्भ जोड़ती गयी।

कृष्णाख्यान के लिखित और मौखिक रूप पर विहंगम दृष्टि डालने से कृष्ण के तीन रूप दृष्टिगत होते हैं पहला, योगी का रूप, जिसकी गीता के 'कृष्ण' में चरम परिणति दिखायी देती है। दूसरा, ललित मधुर गोपाल का रूप, संस्कृत साहित्य में जिसकी चरम परिणति श्रीमद्भागवत, पद्म और ब्रह्मवैवर्त पुराण में हुई है तथा तीसरा, वीर राजनयिक का रूप, जो महाभारत और पुराणों में युद्ध के संधि-विग्रह संबंधी प्रसंगों में प्रकट हुआ है। ये रूप मनुष्य के ज्ञान, राग और कर्म की तीन प्रधान मानसिक वृत्तियों के प्रतिनिधि कहे जा सकते हैं। ये तीनों रूप पर्याप्त प्राचीन जान पड़ते हैं और बाह्यतः असंगत से लगते हुए भी उनमें एकसूत्रता देखी जा सकती है।

मौखिक रूप में ललित मधुर गोपाल कृष्ण की कथाएं अवश्य प्रचलित रही होंगी, जो काव्य तथा मूर्तिकला और शिला-लेखों में यदा-कदा आभासित हो जाती है, परंतु पुराणों ने इन कथाओं को बहुत धीरे-धीरे अपनाया। प्राचीन पुराणों में केवल भागवत पुराण में गोपाल कृष्ण की कथा सम्यक रूप से वर्णित की गयी है परंतु उसमें भी राधा का नामोल्लेख तक नहीं हुआ है। पद्म और सबसे अधिक ब्रह्मवैवर्त पुराण में ही राधा-कृष्ण की प्रेम गर्भित कथा विस्तार से दी गयी है। परंतु, लोकसाहित्य, लोकगीत और कथाओं में कृष्ण के असंख्य आख्यान अवश्य चलते रहे होंगे।

संस्कृत में राधा-कृष्ण के प्रेम संबंधी प्रथम काव्य रचना जयदेव का 'गीतगोविंद' है, जो भक्ति और शृंगार का अनुपम गीतिकाव्य है। अनुमान है कि कवि को उसकी रचना की प्रेरणा राधा-कृष्ण संबंधी लोकगीतों तथा लोकप्रचलित आख्यानों से ही मिली होगी। इसी लोक परंपरा की, जनभाषा में सबसे पहली साहित्यिक अभिव्यक्ति चौदहवीं-पंद्रहवीं सदी में विद्यापति के मैथिली-पदों में हुई। विद्यापति पदावली हिंदी-कृष्ण-काव्य की पहली रचना कही जा सकती है।

विद्यापति के बाद हिंदी कृष्णकाव्य के प्रथम कवि सूरदास हुए, जिनकी प्रतिभा को पुष्टिमार्ग के प्रवर्तक महाप्रभु वल्लभाचार्य ने अपने संप्रदाय के प्रचार में लगाया। सूरदास ने गोपाल कृष्ण के गोकुल, वृंदावन और मथुरा के जीवन से संबंधित संपूर्ण आख्यान को सूरसागर में एक गीति-प्रबंध का रूप दिया। कथा की सामान्य रूप-रेखा तो उन्होंने भागवत से ही ली, परंतु उसके प्रसंगों और विवरणों को उन्होंने बहुत अधिक विस्तार दिया, अनेक नवीन घटनाओं और उपकथाओं की अवतारणा की तथा संपूर्ण कथा को भक्ति-भावना के साथ इस प्रकार संघटित किया कि उसमें उद्देश्य की एकता के साथ-साथ उपकथाओं और प्रसंगों की बहुलता तथा शैली की मुक्तता होते हुए भी संयोजन और संघटन में एकसूत्रता आ गयी। 'सूरसागर' मुक्तक पदों का संग्रह है। परंतु वह एक ही साथ गीति-प्रबंध भी है और कृष्ण की विविध लीलाओं तथा मुक्तक पदों का संग्रह भी है। कृष्णकाव्य की एक सामान्य प्रकृति यह भी है कि वह अधिकतर मुक्तक रूप में रचा गया है, क्योंकि कृष्णकाव्य में वर्णित कृष्ण की कथा अत्यंत सीमित है। सूरदास ने ही उसके सभी घटना-विवरण दे दिये हैं। कृष्ण के जन्म, शैशव, गोपों के साथ क्रीड़ा, गोचारण, राधा तथा गोपियों के साथ रस-केलि, छद्मवेशधारी असुरों का वध, गोवर्धनधारण और इंद्रदमन, मथुरा-प्रवास, कंस-वध, उद्धव-संदेश, द्वारिका-गमन तथा प्रभास क्षेत्र में गोप गोपियों और राधा के साथ पुनर्मिलन। परंतु सूरदास द्वारा दिया गया कथा का यह विस्तार अन्य कवियों में नहीं मिलता। उन्होंने इन्हीं में से कुछ प्रसंगों पर ही लेखनी चलायी है। अष्टछाप के कवियों में नंददास को छोड़कर अन्य सभी कवि सूरदास का अनुकरण करते देखे जा सकते हैं। पुष्टिमार्गीय कृष्णकाव्य की एक विशेषता यह है कि इसमें गोपाल कृष्ण की बाललीला को विशेष महत्व दिया गया है। अन्य संप्रदायों के कवियों ने इस ओर बहुत कम ध्यान दिया है। कृष्ण-कथा का सर्वाधिक

प्रिय विषय राधा-कृष्ण की प्रेम-लीला है। स्वयं सूरदास ने भी इसे सर्वाधिक महत्व दिया है। सूरदास के सहयोगी अष्टछाप के अन्य कवियों ने भी उसे यथेष्ट महत्त्व दिया और राधा-कृष्ण के प्रेम के वर्णन में सर्वाधिक रुचि दिखायी है। सूरदास के समकालीन गुसाईं हितहरिवंश और उनके अनुयायी सखी संप्रदाय के भक्त तथा महाप्रभु चैतन्य के गौड़ीय वैष्णव संप्रदाय में दीक्षित भक्त कवि, सभी लगभग एकांत रूप से राधा और गोपियों के साथ कृष्ण की प्रेम-क्रीड़ाओं के वर्णन में ही मग्न दिखायी देते हैं।

सूरदास के बाद संपूर्ण कृष्ण-कथा रचने का प्रयत्न भक्ति-काल के बाद वल्लभ संप्रदाय के ही ब्रजवासी दास ने 'ब्रज-विलास' में किया, जो वर्ण्य विषय में 'सूरसागर' और शैली में 'रामचरितमानस' का अनुकरण है। परंतु काव्य सौष्ठव की दृष्टि से उसका विशेष महत्व नहीं है। कृष्ण-कथा संबंधी कुछ प्रबंधात्मक रचनाएं नंददास ने भी की थीं- जैसे 'श्यामसगाई', 'भंवरगीत' और 'रासपंचाध्यायी'।

राधावल्लभी ध्रुवदास, वल्लभ-संप्रदाय के नागरीदास तथा राधावल्लभी हितवृंदावन दास आदि कुछ परवर्ती भक्त कवियों ने भी कृष्णकाव्य संबंधी छोटे-छोटे प्रबंधों की रचना की, परंतु ये रचनाएं भी काव्यत्व की दृष्टि से अत्यंत साधारण कोटि की हैं। कृष्ण के ऐश्वर्य-रूप से संबंधित केवल एक-दो प्रसंग ही काव्य के विषय बनाये गये हैं, इनमें सबसे अधिक लोकप्रिय प्रसंग है रुक्मिणी-हरण। नंददास के पहले, अकबरी-दरबार के कवि महापात्र नरहरि बंदीजन भी 'रुक्मिणी-मंगल' लिख चुके थे। राजस्थानी में पृथ्वीराज ने 'बेलि क्रिसण रुक्मिणी री' नाम से इस विषय पर एक सुंदर काव्य की रचना की थी, परंतु वह सर्वथा इहलौकिक रचना है, भक्ति-भाव का उसमें कोई संकेत नहीं है। रीति-काल में नवल सिंह ने भी 'रुक्मिणी मंगल' नाम से एक छोटे से प्रबंध-काव्य की रचना की। उन्नीसवीं सदी के उत्तरार्द्ध में महाराज रघुराज सिंह ने भी 'रुक्मिणी परिणय' की रचना की थी। 'सुदामा चरित' के लेखक नरोत्तमदास भी भक्त कवि नहीं कहे जा सकते, यद्यपि उसी प्रकार की दैन्य भाव की भक्ति-भावना उसमें भी मिलती है, जैसी कि 'रुक्मिणी-मंगल' संबंधी काव्यों में है। गौड़ीय संप्रदाय के कृष्णभक्त कवियों ने विपुल साहित्य की रचना की है। इन कवियों में सूरदास, मदनमोहन, आनंदघन, गदाधर भट्ट, चंद्रगोपाल, विष्णुदास, भगवानदास आदि के नाम अधिक प्रसिद्ध हैं। परंतु इनमें भी प्रबंधात्मक काव्यों का अभाव मिलता है।

साधारणतया संपूर्ण कृष्णकाव्य और विशेष रूप में कृष्ण-भक्ति काव्य की प्रकृति गीति के ही अधिक अनुकूल है। फलतः अधिकांश प्रकृत कृष्णकाव्य गीतिपदों में ही रचा गया है। भक्तिकालीन वातावरण को भावाविष्ट करने का श्रेय अधिकांशतः कृष्ण-भक्ति और कृष्ण की ललित लीलाओं के काव्यमय गायन को ही है। उसी ने जन-जन के हृदय में गीति-भावना का संचार किया। फलस्वरूप उस शैली को काव्य में प्रतिष्ठा मिली, जिसे संस्कृत कवियों ने काव्य के गौरव के उपयुक्त न मानकर तिरस्कृत कर दिया था। रामकाव्य के यशस्वी प्रणेता तुलसीदास तक ने उसे अपनाया। उन पर कृष्णकाव्य और उसकी गीति-भावना के प्रत्यक्ष प्रभाव का प्रमाण उनकी 'कृष्णगीतावली' है। कृष्ण का ललित-मधुर रूप ही वस्तुतः गीति-भावना का सहज प्रेरणा-स्रोत है। शताब्दियों से वह लोक-हृदय को रस-प्लावित करता आया है। यही कारण है कि कृष्ण संबंधी अधिकांश गीतिकाव्य, मीरा की पदावली को छोड़कर, प्रत्यक्षः आत्मनिष्ठ न होते हुए भी गीति की स्वात्मानुभूति के गुण से युक्त है, क्योंकि कवि सहज ही उन पात्रों के भावों में अपने को तल्लीन कर देता है, जिनके माध्यम से कृष्ण के प्रति घनिष्ठ अनुराग व्यक्त किया जाता है।

कृष्ण काव्य के श्रीकृष्ण का व्यक्तित्व विलक्षण है। उन्हें तत्त्वतः साक्षात परब्रह्म, अद्वैत, परमेश्वर मानकर अपने-अपने भाव के अनुसार कवियों ने वात्सल्य, सख्य और माधुर्य के आलम्बन रूप में अपने उदात्तीकृत लौकिक जीवन का अभिन्न अंग बनाया है।

भक्तिकालीन कृष्णकाव्य ने जीवन की जड़ता को भंग कर उसे गतिशील बनाया, उद्देश्यहीनता को दूर कर उसे ऊंचा लक्ष्य प्रदान किया तथा जीवन की असुंदरता और नीरसता मिटाकर उसे सुषमा, सौंदर्य और आनंद से अनुप्राणित किया। परंतु, भक्ति काल का यह वातावरण, जो भावापन्नता पर आधारित था, अधिक दिनों तक नहीं रह सका। भक्ति संप्रदायबद्ध होकर रूढ़ि और कर्मकांड प्रधान होने लगी। अनजाने ही जीवन के वे मूल्य जो भक्तिकाल ने निर्मित किये थे, भुलाये जाने लगे। भक्ति-मार्ग में ही गतिशीलता के स्थान पर जड़ता आने लगी। कविगण, सम्राटों और राजाओं की तो क्या, छोटे-मोटे सामंतों और जमींदारों की शरण ढूंढ़ने लगे। परिणाम यह हुआ कि रीतिकाल में कविता का वर्ण्य विषय लगभग वही रहा, जो कृष्ण-भक्तिकाव्य का था, परंतु उसकी आत्मा बदल गयी। कृष्ण लौकिक नायक का प्रतीक नाम हो गया। कृष्ण की अभिन्न आह्लादिनी शक्ति राधा एक साधारण नायिका बनकर रह गयीं। विषय की दृष्टि से लगभग समूचा रीतिकालीन साहित्य कृष्णकाव्य है, परंतु वास्तविकता यह है कि विषय-वस्तु प्रायः नाम-मात्र को ही कृष्णपरक है, उसमें कृष्ण और राधा का बहाना मात्र है तथा भाव-धारा बाह्यतः समान होते हुए भी विषय के अनुरूप सर्वथा लौकिक, अतः हीन कोटि की है। फिलहाल, रीतिकाल में कृष्णकाव्य की धारा क्षीण भले ही पड़ गयी हो, टूटी कदापि नहीं। घनानंद रीतिकाल में ही हुए, जिन्होंने सुजान के प्रेम को सहज ही कृष्ण-प्रेम में परिणत करके

सांसारिकता पर विजय पायी। नागरीदास, बख्शी हंसराज, हितवृंदावनदास, भगवत रसिक, हठीजी आदि अनेक भक्त कवि जो वल्लभ, राधावल्लभ या सखी संप्रदाय के अनुयायी थे, रीतिकाल में ही हुए हैं। इन्होंने कृष्ण-भक्ति काव्य की परंपरा को जीवित रखा और समसामयिक रीतिकालीन कृष्णकाव्य के प्रणेताओं के लिए चेतावनी का काम किया।

कृष्णकाव्य सोलहवीं सदी से बीसवीं सदी तक ब्रजभाषा को मुख्य काव्य-भाषा के रूप में अपनाता रहा है। ब्रजभाषा को उसी के द्वारा देशव्यापी मान्यता प्राप्त हुई और गुजरात से बंगाल तक उसका प्रचार हुआ। उसी के प्रभाव से बंगाल में काव्य की एक नवीन शैली और प्रवृत्ति 'ब्रजबुलि' नाम से विकसित हो गयी। कृष्णकाव्य आधुनिक काव्य-भाषा खड़ीबोली में भी रचा गया है। खड़ी बोली के कृष्णकाव्य में, जिसके प्रमुख प्रणेता अयोध्या सिंह उपाध्याय 'हरिऔध' और मैथिलीशरण गुप्त आदि हैं, आधुनिक सुधारवाद, देशभक्ति, विश्व-मैत्री आदि भावनाओं को भी सम्मिलित किया गया है।

आधार ग्रंथ :

1. हिंदी साहित्य कोश, भाग-1।
2. अष्टछाप और वल्लभ संप्रदाय, डॉ. दीनदयाल गुप्त।
3. भक्ति साधना और सूर साहित्य, डॉ. मुंशीराम शर्मा।
4. हिंदी साहित्य का इतिहास, रामचंद्र शुक्ल।
5. महाकवि सूरदास, नंददुलारे वाजपेयी।
6. श्री राधा-माधव-चिंतन, हनुमान प्रसाद पोद्दार।

केरीकेचर

केरीकेचर (Caricature) शब्द अंग्रेजी से सीधे ले लिया गया है। किसी व्यक्ति के शील-वैचित्र्य के उभरे हुए पक्ष का हास्यगर्भित व्यंग्यपूर्ण चित्रण, जैसा प्रायः कार्टूनों में किया जाता है, 'केरीकेचर' कहा जा सकता है। डॉ. नगेंद्र द्वारा संपादित 'मानविकी पारिभाषिक कोश' में इसको परिभाषित करते हुए कहा गया है-"किसी भी स्वभावगत अथवा शारीरिक विशेषताओं का चित्रकला, साहित्य अथवा नाटक में ऐसा व्यंग्यात्मक अत्युक्तिपूर्ण अथवा विकृत चित्रण जिससे हँसी आये।"

केरीकेचर लिखने के लिए स्वस्थ हास्य एवं व्यंग्य-लेखन की प्रतिभा तथा चित्रित व्यक्ति की शील-संबंधी असंगतियों की सूक्ष्म जानकारी अपेक्षित है। केरीकेचर लेखक के लिए भी तटस्थ दृष्टिकोण आवश्यक है, अन्यथा केरीकेचर में हास्य का तत्त्व व्यक्तिगत राग-द्वेष के आधार पर उभरकर चित्र के प्रभाव की सहजता को नष्ट कर देता है। हिंदी में अच्छे 'केरीकेचर' बहुत कम लिखे गये हैं। अमृतलाल नागर, रजिया सज्जाद जहीर, हरिशंकर परसाई, ब्रजकिशोर नारायण, धर्मवीर भारती आदि लेखकों में 'केरीकेचर' लिखने की पूर्ण क्षमता है। धर्मवीर भारती ने 'ठेले पर हिमालय' में अपनी पत्नी (प्रथम) का ही 'केरीकेचर' प्रस्तुत किया है। हास्य और व्यंग्य का स्तर ऊंचा होता जा रहा है। शील के विविध पहलुओं एवं उनकी असंगतियों को लक्षित करके उन्हें व्यंग्यचित्र की भूमिका में प्रस्तुत करने की कला ही केरीकेचर है। तेजी से बदलते हुए जीवन-मूल्यों के कारण आज अनेक चरित्र स्वयं कार्टून बन गये हैं और इनके मनोवैज्ञानिक एवं यथार्थचित्रण के लिए 'केरीकेचर' एक सहज माध्यम बन गया है। 'केरीकेचर' के स्वतंत्र संग्रह तो देखने में नहीं आये हैं किंतु परसाई की अनेक व्यंग्य रचनाओं में केरीकेचर के तत्त्व देखे जा सकते हैं। अमृतलाल नागर के कुछ व्यंग्यात्मक निबंध केरीकेचर के बहुत निकट हैं। फिर भी, यह कहा जा सकता है कि अभी केरीकेचर हिंदी में एक स्वतंत्र और समृद्ध विधा का रूप नहीं ले सका है।

पिछले कुछ दिनों से टेलीविजन के माध्यम से केरीकेचर का अच्छा प्रयोग देखने को मिला है। 'गुस्ताखी माफ' शीर्षक के माध्यम से विभिन्न राजनेताओं अथवा विशिष्ट व्यक्तियों के मुखौटों के सहारे अच्छा केरीकेचर प्रस्तुत किया जा रहा है।

आधार ग्रंथ

1. हिंदी का गद्य-साहित्य, डॉ. रामचंद्र तिवारी।
2. मानविकी पारिभाषिक कोश, डॉ. नगेंद्र।
3. A Dictionary of Modern Critical Terms, Roger Fowler.
वेबसाइट : www.en.wikipedia.org/wiki/caricature

क्लासिसिज़्म (आभिजात्यवाद)

'क्लासिसिज़्म'(Classicism) शब्द अंग्रेजी से सीधे हिंदी में ले लिया गया है। हिंदी में इसके लिए 'आभिजात्यवाद', 'शास्त्रीयतावाद', आदि शब्द भी यदा-कदा प्रयुक्त होते दिखायी देते हैं। नलिन विलोचन शर्मा ने इसके लिए श्रेण्यवाद नाम प्रस्तावित किया है। किंतु क्लासिसिज़्म शब्द ही सबसे ज्यादा प्रचलन में है। वैसे भी अन्य प्रचलित शब्द इस प्रवृत्ति की अलग-अलग विशेषताओं की ओर संकेत करते हैं और क्लासिसिज़्म जिस अवधारणा के लिए रूढ़ हो गया है उसका समग्रता में बोध नहीं करा पाते । 'शास्त्रवाद' से शास्त्रबद्धता की व्यंजना होती है और श्रेण्यवाद से पुरातनता अथवा 'श्रेण्यबद्धता' की। इसलिए हिंदी में भी क्लासिसिज़्म कहना ही ज्यादा उपयुक्त है।

क्लासिसिज़्म मूलतः लैटिन भाषा का शब्द है। 'क्लासिक्स' का प्रयोग रोम में करदाताओं के सर्वोच्च वर्ग के लिए किया जाता था। क्लासिक साहित्य रचना का संबंध मूलतः 'क्लास' या वर्ग-विभाजन के इतिहास से है। प्राचीन रोम में पाठक-वर्ग के सामाजिक-बौद्धिक स्तर को देखते हुए दो प्रकार के साहित्य की रचना की जा रही थीं-पहला, स्क्रिपतर प्रोलेतेरियस, जिसका लक्ष्य था लगभग अशिक्षित, कामकाजी, निम्न-वर्गीय जनता। इस साहित्य को जन-साहित्य या लोक-साहित्य का आरंभिक रूप कहा जा सकता है। और दूसरा था, स्क्रिपतर क्लासिक्स, जिसकी रचना सुशिक्षित, उच्चवर्गीय, संभ्रांत समाज को दृष्टि में रखकर की जाती थी।

दूसरे प्रकार के इस साहित्य को उच्च वर्ग का संरक्षण प्राप्त होता था। और यह साहित्य उच्च वर्ग की संस्कृति से सम्बद्ध, परिमार्जित और 'शास्त्रबद्ध' साहित्य होता था। ऐसे अभिजातवर्गीय साहित्य की मूल्यवत्ता को मान्यता देने तथा उसका अनुकरण करने की प्रवृत्ति के कारण ही इसका नाम आरंभ में आभिजात्यवाद पड़ा। एलेक्ज़ेंड्रा के लेखकों ने और रोम में होरेस, बोकेशियो, सिसरो, डिमेट्रियस, पेट्रिआर्क आदि ने ग्रीक रचनाओं का अनुकरण किया और क्लासिक परंपरा का विस्तार किया। परंतु इसी अर्थ में 'क्लासिसिज़्म' का प्रयोग बहुत समय तक नहीं चला। 'उच्च वर्ग' की कला या साहित्य के अर्थ में 'क्लासिसिज़्म' शब्द का प्रयोग कुछ दिन बाद ही अप्रचलित हो गया। अतः वर्तमान युग में उसकी विशेष प्रासंगिकता नहीं है। अब इस शब्द से किसी वर्ग-विशेष की कला अथवा साहित्य का बोध नहीं होता। किंतु कालक्रम में कुछ विशेष प्रकार की कलात्मक और साहित्यिक प्रवृत्तियों तथा रचनाओं के लिए यह शब्द रूढ़ हो गया है।

'क्लासिसिज़्म' का एक प्रयोग ऐतिहासिक युग के अर्थ में भी किया गया। काफी समय तक यह धारणा बनी रही कि कालजयी कृतियों (क्लासिक्स) की रचना केवल ग्रीक और लैटिन में हुई। अतः 'क्लासिसिज़्म' का प्रयोग ऐतिहासिक श्रेणी के रूप में एक ऐसे युग के लिए भी किया जाता रहा जिसमें श्रेष्ठ या कालजयी साहित्य की रचना हुई हो। आरंभ में प्राचीन ग्रीस और रोम की संस्कृति और इतिहास के अध्ययन की प्रवृत्ति को, तथा ग्रीक और लैटिन की रचनाओं और रचनाकारों के आदर्श का अनुकरण करने और उनकी टक्कर की कृतियों के रचने की प्रवृत्ति को भी क्लासिसिज़्म समझा गया।

पाश्चात्य साहित्यशास्त्र ने अरस्तू तक आते-आते निश्चित रूप ग्रहण कर लिया। इसका प्रमाण है, अरस्तू के ग्रंथ का नामकरण-'पोएटिक्स' अर्थात् काव्यशास्त्र। अरस्तू का जो पक्ष उन्हें 'क्लासिसिज़्म' के पुरस्कर्ता के रूप में प्रतिष्ठित करता है और प्लेटो से अलग करता है वह है मुख्य रूप से त्रासदी और उसके साथ महाकाव्य आदि अन्य काव्य-विधाओं का विवेचन। उन्होंने इन विधाओं के नियमों का निरूपण करते हुए उनके पालन पर जिस रूप में बल दिया उससे आगे चलकर क्लासिक पद्धति का रूप स्थिर हुआ। अरस्तू ने त्रासदी और काव्य-रचना के जिन नियमों का विधान किया था उन्हीं को आधार बनाकर शास्त्रीय नियमबद्धता, रूप की स्थिरता और रचना में अनुशासन को अनिवार्य मानने वाली रचना-पद्धति का प्रचलन हुआ।

होरेस (65ई.पू.) ने अरस्तू के सिद्धांतों की व्याख्या की और तत्कालीन साहित्य की ह्रासशील स्थिति को देखते हुए रचना के प्राचीन सिद्धांतों और श्रेष्ठ कवियों के अनुकरण को आवश्यक ठहराया। इस प्रकार, पश्चिम में 'क्लासिसिज़्म' की पद्धति कालजयी श्रेष्ठ कृतियों के अनुकरण तथा शास्त्र-विहित सिद्धांतों के श्रद्धापूर्वक अनुसरण के आग्रह के साथ स्पष्ट रूप से सामने आई।

क्लासिसिज़्म का स्वरूप ईसा पूर्व पहली शताब्दी में एकदम स्पष्ट हो चुका था। ईसा की पांचवीं सदी तक साहित्य-चिंतन में इसका कुछ न कुछ प्रभाव बना ही रहा। यहां तक कि लोंजाइनस के उदात्त विवेचन में भी क्लासिसिज़्म के तत्त्वों के संकेत मिलते हैं। लोंजाइनस जब उदात्त की 'कला' पर बल देते हैं, वक्तृता और काव्य दोनों में यथार्थ का आग्रह करते हैं तथा प्रतिभा एवं अभ्यास के समुचित संतुलन में ही काव्य का चरमोत्कर्ष मानते हैं तो उनमें एक क्लासिकी आलोचक की मर्यादा दिखाई पड़ती है।

संस्कृत के श्रेष्ठ साहित्य के लिए 'क्लासिकल लिटरेचर' पद का प्रयोग भी लगभग इसी अर्थ में हुआ है। प्राचीन कालजयी साहित्य के लिए इस शब्द का प्रयोग तो बराबर किया जाता रहा है। परंतु साहित्य के साथ 'क्लासिसिज़्म' पद का प्रयोग विशेष युग और उसके दौरान रचित साहित्य के अर्थ में सीमित न रहकर सार्वकालिक

और सार्वभौमिक हो चला। उदाहरण के लिए दांते की 'डिवाइन कॉमेडी', शेक्सपियर के नाटक, मिल्टन का 'पैराडाइज़ लॉस्ट' या इलियट का 'वेस्टलैंड' भी उसी प्रकार की कालजयी रचनाएं हैं जैसी होमर, सोफो क्लीज और वर्जिल की रचनाएं। इसी तरह वाल्मीकि का 'रामायण', कालिदास का 'कुमारसंभव' और 'अभिज्ञान शाकुंतलम्', तुलसीदास का 'रामचरितमानस', प्रसाद की 'कामायनी', निराला की 'राम की शक्ति-पूजा', और प्रेमचंद का 'गोदान'- विभिन्न युगों में रची जाने पर भी क्लासिक रचनाएं मानी जाती हैं। इन तमाम रचनाओं में कोई सामान्य विशेषता खोजकर उसके आधार पर 'क्लासिसिज़्म' का अर्थ तय करने का प्रयास किया जाएगा तो निराशा ही हाथ लगेगी। इनमें सामान्य विशेषता केवल यह है कि ये सभी काल का अतिक्रमण करनेवाली कालजयी रचनाएं सिद्ध हुई हैं।

आधार ग्रंथ :

1. संस्कृति के चार अध्याय, रामधारी सिंह दिनकर।
2. पाश्चात्य काव्यशास्त्र, देवेंद्र नाथ शर्मा।
3. पाश्चात्य काव्यशास्त्र : अधुनातन संदर्भ, सत्यदेव मिश्र।
4. A Dictionary of Literary Terms and Literary Theory, J.A. Cuddon.
5. Concise Dictionary of Literary Terms, Chris Baldick.

क्षणवाद

'क्षणवाद' को क्षणिकवाद भी कहा जाता है। क्षणवाद का प्रबल प्रचारक बौद्धदर्शन है, क्योंकि वहां संसार के साथ ही आत्मा को भी क्षणिक एवं परिवर्तनशील बताया गया है और इसकी तुलना 'दीप-शिखा' से की गयी है। 'मिलिंद-प्रश्न' में लिखा है कि जिस समय राजा मिलिंद ने नागसेन से प्रश्न किया कि "जो उत्पन्न होता है, क्या यह वही व्यक्ति है या दूसरा ?" इस पर नागसेन उत्तर देते हैं, "न वही है, और न दूसरा।" इस बात को वे 'दीप-शिक्षा' के उदाहरण से समझाते हैं। "जो दीपक रात के प्रथम प्रहर में जलता है, क्या रात भर उस दीपक की एक ही लौ विद्यमान रहती है ? परंतु वस्तुस्थिति यह बतलाती है कि रात के पहले क्षण की दीप-शिखा दूसरी थी, दूसरे और तीसरे क्षण की दीप-शिखा क्रमशः उससे भिन्न थी। फिर भी दीपक जलता रहता है। अतः दीपक एक है, परंतु उसकी शिखा या लौ क्षण-क्षण में परिवर्तनशील है। यही दशा आत्मा की भी है। साधारणतया किसी भी पदार्थ की एक अवस्था उत्पन्न होती है और एक विलीन होती है। यह उत्पत्ति-विनाश का क्रम बराबर चलता रहता है और इस प्रवाह की दोनों अवस्थाओं में एक क्षण का भी अंतर नहीं रहता। अतः संसार की प्रत्येक वस्तु क्षण-भंगुर एवं क्षणिक है। विज्ञान की लड़ी प्रतिक्षण परिवर्तित होती रहती है और एक जन्म के अंतिम विज्ञान के लय होते ही दूसरा जन्म उठ खड़ा होता है।"

बौद्धदर्शन की इस विचारधारा का हिंदी साहित्य पर यत्र-तत्र प्रभाव देखा जा सकता है। 'अजातशत्रु ' नाटक में जयशंकर प्रसाद लिखते हैं कि—"अणु-परमाणु, दुःख-सुख, चंचल-क्षणिक सभी सुख साधन हैं।" यही विचारधारा 'स्कंदगुप्त' में भी विद्यमान है क्योंकि वहां उन्होंने लिखा है कि 'मनुष्य की अदृष्ट लिपि वैसी ही है, जैसी अग्नि रेखाओं से कृष्णमेघ में बिजली की वर्णमाला—एक क्षण में प्रज्वलित, दूसरे क्षण में विलीन होने वाली।' आंसू में भी वे इस क्षणिकता की ओर संकेत करते हुए मानव-जीवन को दो घड़ियों का बतलाते हैं।

'कामायनी' में भी इस क्षणवाद के संकेत मिलते हैं। 'चिंता' सर्ग में वे मनु की विषण्ण एवं अवसन्न हृदय की स्थिति का चित्र अंकित करते हुए यह बतलाते हैं कि इस संसार में जीवन की अमरता के कहीं दर्शन नहीं होते। यह अमरता की कल्पना सर्वथा मिथ्या है। इस संसार में अमरता सत्य नहीं है, अपितु मौनता, विध्वंस, विनाश, अंधकार, अभाव-शून्यता आदि ही सत्य है और सबसे बड़ा सत्य है। यह मृत्यु चिरनिद्रा है। इसकी गोद हिमानी के तुल्य शीतल होती है। यह सृष्टि के कण-कण में छिपी हुई है और यह 'मुखरित सतत् चिरंतन सत्य है। इसके अनंतर, प्रसाद ने जीवन की क्षण-भंगुरता का चित्रण करते हुए 'स्कंदगुप्त' नाटक की भांति 'कामायनी' में भी जीवन की तुलना मेघमाला में क्षणिक आभा के साथ चमकने वाली सौदामिनी से की है और बतलाया है कि 'यह जीवन, मृत्यु का एक क्षुद्र अंश है, जो बिजली की भांति क्षण भर इस संसार में चमक कर फिर उसी मृत्यु की शीतल गोद में विलीन हो जाता है।'

आधार ग्रंथ :

1. कामायनी में काव्य, संस्कृति और दर्शन, डॉ. द्वारिकाप्रसाद सक्सेना।
2. दर्शन-दिग्दर्शन, राहुल सांकृत्यायन।
3. कामायनी, जयशंकर प्रसाद।

खंडकाव्य

खंडकाव्य प्रबंध कविता का ही दूसरा प्रकार है। इसमें महाकाव्य की तरह कथा चलती है। एक छंद का दूसरे छंद के साथ पूर्वापर संबंध होता है। कथा का सर्गों में विभाजन रहता है। इसके भी प्रायः वही प्रमुख तत्त्व होते हैं, जो महाकाव्य के होते हैं। परंतु महाकाव्य से खंडकाव्य कई दृष्टियों से भिन्न होता है।

संस्कृत के आचार्यों ने प्रबंध के भीतर सर्गबंधकाव्य के अतिरिक्त रूपक, कथा, आख्यायिका आदि सभी प्रबंधात्मक साहित्य रूपों को ग्रहण किया है। परंतु भामह और दंडी ने सर्गबंधकाव्य का अर्थ विशेष रूप से महाकाव्य माना है और खंडकाव्य की चर्चा नहीं की है।

अंग्रेजी में खंडकाव्य के लिए कोई विशेष नाम नहीं हैं। महाकाव्य के छोटे-छोटे कथानक को एपीसोड कहते हैं। जैसे आजकल दूरदर्शन से दिखाये जाने वाले धारावाहिकों में कई 'एपीसोड' होते हैं। खंडकाव्य के स्वरूप पर संस्कृत और हिंदी के आचार्यों ने अधिक विचार किया है।

संस्कृत के आचार्यों ने भी जितना विस्तृत विवेचन 'महाकाव्य' का किया है, उतना 'खंडकाव्य' का नहीं। इसलिए संस्कृत काव्यशास्त्र के ग्रंथों में खंडकाव्य की कोई विस्तृत व्याख्या नहीं मिलती। संस्कृत में रुद्रट ही ऐसे पहले आचार्य हैं जिन्होंने प्रबंध काव्य को महत् और लघु दो प्रकारों में विभक्त किया है और उन दोनों के अंतर को स्पष्ट करना चाहा है। रुद्रट के अनुसार, "तत्र महांतो येषु च वितस्तेष्वभिधीयते चतुर्वर्गः सर्वे रसाः क्रियंते काव्यस्थानानि सर्वाणि। ते लघवो विज्ञेया येष्वन्मतमो भवेच्चतुर्वर्गात् असमग्रानेक रसा ये च समग्रैकरसयुक्ताः।"

इसमें चतुर्वर्ग फल में से किसी एक फल के अपनाये जाने और अनेक रस के असमग्र रूप में पाये जाने अर्थात किसी एक ही रस के समग्र रूप से संपन्न होने में ही खंडकाव्य के आंतरिक गठन का रहस्य छिपा है। रुद्रट के इस कथन से स्पष्ट है कि महाकाव्य में एक ओर तो एक से अधिक फलों की और दूसरी ओर एक से अधिक रसों की भी व्यवस्था हो सकती है, किंतु लघुकाव्य यानी खंडकाव्य में ऐसी कोई गुंजाइश नहीं होती। खंडकाव्य में तो एक ही फल और एक ही रस को देखा जाता है।

साहित्यदर्पण में आचार्य विश्वनाथ ने खंडकाव्य का लक्षण बताते हुए लिखा है, "खंडकाव्यं भवेत्काव्यस्यैकदेशानुसारि च।" अर्थात काव्य या देश के एक अंश का अनुसरण करने वाला खंडकाव्य होता है। इसका तात्पर्य यह है कि खंडकाव्य में किसी एक प्रधान घटना का वर्णन होता है, उसमें जीवन के किसी एक पक्ष को लेकर कथा चलती है। इस तरह महाकाव्य की अपेक्षा उसका क्षेत्र सीमित होता है। उसमें जीवन की वह अनेकरूपता और विविधता नहीं रहती जो कि महाकाव्य में होती है। उसमें तो कहानी और एकांकी की तरह एक ही प्रधान घटना के लिए सामग्री जुटाई जाती है।

हिंदी के विचारकों में सबसे अधिक विस्तार तथा स्पष्टता के साथ आचार्य विश्वनाथ प्रसाद मिश्र ने खंडकाव्य के रचना-स्वरूप पर विचार किया है। खंडकाव्य की परिभाषा देते हुए उन्होंने कहा है कि "महाकाव्य के ही ढंग पर जिस काव्य की रचना होती है, पर जिसमें पूर्ण जीवन न ग्रहण करके खंडजीवन ही ग्रहण किया जाता है, उसे खंडकाव्य कहते हैं। यह खंड जीवन इस प्रकार व्यक्त किया जाता है, जिससे वह प्रस्तुत रचना के रूप में स्वतःपूर्ण होता है।"

संस्कृत और हिंदी के विद्वानों के विचारों को दृष्टि पथ में रख कर समन्वयात्मक दृष्टि से विचार करें तो हम कह सकते हैं कि खंडकाव्य ऐसी प्रबंध कविता है, जिसमें जीवन की विविधता, विस्तार और कथा की विशालता के स्थान पर उसके किसी एक खंड का बंधा हुआ, मार्मिक और सोद्देश्य चित्रण होता है।

अपने इस निष्कर्ष के आधार पर हम खंडकाव्य के रचनातत्त्वों को निर्धारित कर सकते हैं। खंडकाव्य की सफलता जिन तत्त्वों पर निर्भर करती है वे हैं—संक्षिप्त आकार, जीवन-खंड को ही लक्ष्य में रखना इसलिए संक्षिप्त कथानक, कथा-संगठन में अधिक से अधिक प्रभावान्विति, चरित्र के भावाभिव्यंजन पक्ष पर बल, जीवन के किसी न किसी सत्य को उद्‌घाटित करने की क्षमता, वस्तु की अपेक्षा भाव-बंध पर बल आदि। यही वे तत्त्व हैं जो इस विधा को उसका वास्तविक स्वरूप प्रदान करते हैं।

हिंदी के उपलब्ध आदिकालीन काव्य के आधार पर जैन धार्मिक 'फागु' काव्यों को प्रारंभिक हिंदी की खंड प्रबंध कविता कह सकते हैं, अथवा प्राचीन हिंदी की कुछ 'रासो' रचनायें, जो महाप्रबंध की श्रेणी में नहीं आतीं, इस विधा की आरंभिक रचनायें हैं। इनमें अब्दुल रहमान का 'संदेश रासक', नरपति नाल्ह का 'बीसलदेव रासो' आदि के नाम गिनाये जा सकते हैं। इनमें कलात्मकता का अभाव है, फिर भी 'संदेश रासक' को विशेष रूप से खंड प्रबंध कविता की पहली रचना कहा जा सकता है। प्रेमाख्यानकों के रचयिता सूफी कवियों में कुतुबन की 'मृगावती', मंझन की 'मधुमालती', उसमान की 'चित्रावली', नूर मुहम्मद की 'इन्द्रावती' आदि रचनाओं को खंड प्रबंध कविता की श्रेणी में रखा जा सकता है। लोक प्रचलित कथाओं के माध्यम से लोकानुरंजन इन रचनाओं का अभीष्ट है। किंतु वास्तव में इन रचनाओं में खंड कविता के सभी तत्त्व नहीं मिलते।

सगुण भक्तिधारा के कुछ कवियों ने अवश्य सफल खंड काव्यों की रचना की हैं। इनमें नरोत्तमदास का 'सुदामाचरित', नंददास का भंवरगीत' और 'रुक्मिणी मंगल', गोस्वामी तुलसीदास' कृत 'पार्वती मंगल' और 'जानकी मंगल' उल्लेखनीय खंड काव्य हैं। रीतिकाल में धर्ममूलक और वीरतामूलक खंड काव्य कृतियां मिलती हैं। धर्ममूलक रचनाओं में ब्रजभाषा की मंडन कविकृत 'जानकी जू को ब्याह' महाराज प्रियदास कृत 'सीता मंगल' तथा नवल सिंह कायस्थ कृत 'सीता स्वयंवर' आदि रचनाएं प्रमुख हैं। वीरतामूलक खंड काव्यों में पद्माकर कृत 'हिम्मत बहादुर बिरदावली' उल्लेखनीय है।

आधुनिक काल में खंड काव्यों की रचना पर्याप्त हुई है। भारतेन्दु काल में पुरानी और नयी दोनों धाराओं की खंड काव्य कृतियां मिलती हैं। रत्नाकर की दो कृतियां 'हरिश्चंद्र' और 'उद्धवशतक' इस युग की पुरानी धारा की सर्वोत्तम खंड काव्य कृतियां हैं।

परवर्ती युग में पौराणिक, ऐतिहासिक और काल्पनिक आख्यानों वाले अनेक मौलिक खंड काव्य रचे गए। इस युग की कुछ उल्लेखनीय कृतियां इस प्रकार हैं-'पवनदूत' (रामचरित उपाध्याय), 'सतीसावित्री' (गिरधर शर्मा 'नवरत्न'), 'रंग में भंग', 'जयद्रथ वध', 'पंचवटी', 'वन-वैभव', 'सिद्धराज', 'कुणालगीत', नहुष (मैथिलीशरण गुप्त), 'उद्धवशतक', 'गंगावतरण' (जगन्नाथदास रत्नाकर) 'मौर्य-विजय', 'अनाथ', 'आत्मोत्सर्ग' (सियारामशरण गुप्त), 'मिलन', 'पथिक', 'स्वप्न' (रामनरेश त्रिपाठी) आदि।

छायावाद-काल में सुमित्रानंदन पंत की 'ग्रंथि', जयशंकर प्रसाद का 'प्रेमपथिक', रामकुमार वर्मा का 'चित्तौड़ की चिता', निराला का 'तुलसीदास' इस विधा की अमूल्य निधियां हैं।

छायावादोत्तर काल में बालकृष्ण शर्मा 'नवीन' कृत 'प्राणार्पण', सोहनलाल द्विवेदी कृत 'कुणाल', रामधारी सिंह 'दिनकर' कृत 'कुरुक्षेत्र' और नरेंद्र शर्मा कृत 'द्रौपदी' और 'सुवर्ण' आदि प्रमुख हैं।

नई कविता-धारा में अनेक खंड काव्य मिलते हैं। ये सभी आधुनिक चेतना से संपन्न हैं। इनमें प्रबंध-चेतना पूर्ववर्ती रचनाओं से नितांत भिन्न है। ऐसी रचनाओं में 'कनुप्रिया' (धर्मवीर भारती), 'संशय की एक रात (नरेश मेहता), 'आत्मजयी' (कुंवर नारायण), 'एक कंठ विषपायी' (दुष्यंत कुमार) आदि विशेष रूप से उल्लेखनीय हैं।

आधार ग्रंथ :

1. वाङ्मय विमर्श, विश्वनाथ प्रसाद मिश्र।
2. हिंदी साहित्य कोश, भाग-1।
3. हिंदी के खंडकाव्य, शिव प्रसाद गोयल।
4. साहित्यिक विधाएं : पुनर्विचार, डॉ. हरिमोहन।

ग़ज़ल

ग़ज़ल उर्दू की सर्वाधिक लोकप्रिय विधा है। इसी पर उर्दू काव्य की लोकप्रियता टिकी हुई है। उर्दू का हर शायर, वह चाहे किसी और विधा में रचना करने में दक्ष क्यों न हो, ग़ज़ल अवश्य लिखता है। 'कसीदा' के सम्राट कहे जाने वाले शायर मिर्जा 'सौदा' को तो यह बात जीवन भर सालती रही कि लोग उनके कसीदों की तो बड़ी तारीफ करते हैं लेकिन उनकी ग़ज़लों पर कोई विशेष ध्यान नहीं देता-

"लोग कहते हैं कि सौदा का कसीदा है ख़ूब
उनकी ख़िदमत में लिये मैं य' ग़ज़ल जाऊंगा।"

लोगों की खिदमत में ग़ज़ल लेकर जाने की यह ख्वाहिश सौदा की ही नहीं वरन्, हर शायर की होती है। ग़ज़ल की महफिलें रंगीन होती हैं, मुशायरे जवां होते हैं और लोगों के दिलों की धड़कनें बढ़ जाती हैं। ग़म के लम्हों में ग़ज़ल ही सुकून देती हैं। फिराक़ गोरखपुरी कहते हैं-' ग़ज़ल के साज़ उठाओ बड़ी उदास है रात।'

उर्दू को यह लोकप्रिय विधा फारसी से प्राप्त हुई। लेकिन इसे सुगंध मिली हिंदुस्तानी मिट्टी से। 'ग़ज़ल' का शाब्दिक अर्थ है-'प्रेमिका से वार्तालाप'। इसी से जाना जा सकता है कि ग़ज़ल की मूल चेतना और संवेदना क्या है तथा इसकी लोकप्रियता का राज़ क्या है। प्रेमिका से बातचीत के रूप में व्याख्यायित होने के कारण ग़ज़ल का प्रधान विषय प्रेम ही माना गया ! इसमें इश्क और हुस्न को ही नाना रूपों में चित्रित करने की ऐसी परंपरा चली कि दीर्घकाल तक ग़ज़ल केवल महबूब और महबूबा की बेफ़ाई के हसीन खयालों, मधु-तिक्त दास्तानों और विचारों से ही समृद्ध होती रही। उर्दू शायरों ने ग़ज़ल का संपूर्ण विषय, तत्संबंधी शब्दावली, अप्रस्तुत विधान (उपमा, रूपक, प्रतीक) आदि सभी चीजें फारसी साहित्य से ही ग्रहण कर लीं। लैला मजनूं और शीरी फरहाद के इश्क के किस्से, गुल-वो-बुलबुल की रंगीन कहानी, शमा और परवाना का रहस्यमय प्रेम, प्रेमिका की सौंदर्य-प्रभा, उसका जुल्मो-

सितम, बेवफाई का शिकवा, आशिक की सच्चाई की प्रशंसा और प्रेमिका के नख-शिख सौंदर्य की वर्णन-पद्धति आदि बातें फारसी से ही ग्रहण की गईं। जुल्फ, ख़ाले सियह (काला तिल), नोके मिज़गां (बरौनी), लबे लाली (होंठ की लाली) आदि प्रेमिका के अंग-प्रत्यंग की सौंदर्य-कल्पनाएं भी फारसी से ही लेकर उर्दू कवियों ने अपनी ग़ज़लों को हर दिल अज़ीज़ माशूका के रूप में प्रस्तुत किया। यह वास्तव में उर्दू कवियों द्वारा ग़ज़ल में किया गया ऐसा करिश्मा था जिसकी मिसाल शायद ही किसी भाषा-साहित्य के इतिहास में मिले। विदेशी भाषा-साहित्य से विषय, शैली, शब्द-संपदा तथा रूप-विधान की पद्धतियां ग्रहण करके एक नयी काव्यधारा प्रवाहित करना और उससे जनता को सम्मोहित कर लेना वास्तव में एक करिश्मा है। इस पर आश्चर्य व्यक्त करते हुए मौलाना हुसैन आजाद ने लिखा है- "आश्चर्य है कि उसने इतनी भाव भंगी और रूप लावण्य दिखलाया कि हिंदी भाषा के खयालात जो खास इस देश की परिस्थितियों के थे, उन्हें भी मिटा दिया।" अतःविशेषज्ञ तथा सर्वसाधारण सभी लोग पपीहे और कोयल की आवाज़ और चम्पा-चमेली की खुशबू को भूल गये और बुलबुल, जिन्हें कभी देखा भी न था, उनकी प्रशंसा करने लगे।

ग़ज़ल का हर शेर स्वयं पूर्ण होता है। इसके दो बराबर के टुकड़े होते हैं, जिनकों 'मिसरा' कहते हैं। जितने शेरों का आखिरी शब्द एक हो और उसके पहले का शब्द एक ही आवाज का हो, उनको एक साथ लिखा जाता है और ऐसे पांच या उससे अधिक शेरों के संग्रह को ग़ज़ल कहते हैं। हर शेर के अंत में जितने शब्द बार-बार आयें उनको 'रदीफ' और 'रदीफ' के पहले के एक ही आवाज वाले शब्दों को 'काफिया' कहते हैं जैसे मीर के इस शेर "पत्ता-पत्ता बूटा बूटा हाल हमारा जाने है। जाने न जाने गुल ही न जाने बाग़ तो सारा जाने है।" 'जाने है' रदीफ है और 'हमारा' तथा 'सारा' काफिया है।

अक्सर ग़ज़ल के पहले शेर के दोनों मिसरे एक ही 'काफिया' और 'रदीफ' में होते हैं। ऐसे शेर को मतला कहते हैं। अंत में जिस शेर में शायर का उपनाम या 'तखल्लुस' हो, वह 'मक्ता' कहलाता है।

उर्दू के ग़ज़लकार विदेशी साहित्यिक संपदा के बल पर हिंदुस्तान में अपनी धाक जमाने में इसलिए सफल हुए क्योंकि उनकी ग़ज़लें जिस भाव-संपदा पर आधारित थीं, वे हर देश-काल के मनुष्य की आधारभूत भावनाएं हैं जिन पर उसकी जिंदगी का सुख-दुःख निर्भर करता है। हर व्यक्ति में सौंदर्य के प्रति स्वाभाविक ललक होती है और हर व्यक्ति में प्रेम करने या किसी का प्रेमास्पद होने की हसरत होती है। उर्दू ग़ज़लों में प्रेम, जीवन की मिठास, कोमलता, समर्पणशीलता, तन्मयता आदि के साथ-साथ विरह की तड़प, बेचैनी, उदासी, निराशा, हताशा, निष्ठुरता, उपेक्षा, प्रतीक्षा, प्रेमिका का अत्याचार, गिला-शिकवा आदि को इतने मार्मिक ढंग से और इतनी विविधता के साथ चित्रित किया गया है कि उनमें हर व्यक्ति को अपनी जिंदगी का सुख-दुःख पर्याप्त यथार्थता के साथ मिल जाता है, जिससे तादात्म्य स्थापित करके वह एक बार जीने का या तो उत्साह प्राप्त कर लेता है या फिर अपनी वेदना पर हृदयस्पर्शी भावनाओं और विचारों का शीतलतादायी मरहम लगा लेता है। जिस काव्य-विधा से जीने का उत्साह मिलता हो, जिससे टूटे हुए दिलों को राहत मिलती हो, जिससे जीने के लिए अपनी ही जैसी एक और दुनिया हासिल होती हो, जिससे अपने जज्बातों को कहने की सुविधा होती हो, उसके प्रति लोगों का दिलो-जान से कुर्बान होना कोई आश्चर्यजनक घटना नहीं है।

ग़ज़ल की दुनिया को इतने लम्बे समय तक लोकप्रिय बनाये रखने में शायरों के अंदाजे-बयां ने महत्वपूर्ण भूमिका निभायी है। एक ही काव्य-विषय पर निरंतर ग़ज़लें लिखी जायें और उनसे ऊब न पैदा हो, वे नीरस न हों, तो इसका एक ही कारण है कि उन्हें हर शायर अपने रंग-ढंग के साथ प्रस्तुत करके हमेशा नया और आकर्षक बनाये रखने में ही अपनी कलात्मक निपुणता का परिचय देता रहा है। जब गालिब यह कहकर कि 'कहते हैं कि गालिब का है अंदाज़े-बयां और' तो वे हमारा ध्यान इसी सत्य की ओर खींचते हैं। दरअसल उर्दू कविता-विशेष रूप से ग़ज़ल, बात कहने के ढंग पर ही अपनी नवीनता बनाये रखने में सफल हुई है। इसी से उसमें बराबर नया स्वाद, नया अर्थ और नया अंदाज पैदा हुआ है। जैसे हर प्रेमिका अपने ढंग से अपने हाव-भाव दिखाती है, अपने ही ढंग से प्रेमी को नचाती, रिझाती और खिझाती है, उसी तरह हर शायर की ग़ज़ल, उसकी हर बात अपने ही ढंग से लोगों पर असर डालती है।

यह सही है कि आरंभिक ग़ज़ल की दुनिया इश्क और मोहब्बत तक सीमित रही लेकिन बाद में 'इश्क मज़ाजी' के साथ-साथ 'इश्क हकीकी' को स्थान देकर उसे आध्यात्मिक संवेदना से भी संबलित किया गया। अनेक बड़े शायरों ने जीवन, जगत, ईश्वर आदि से सम्बन्धित अपने विचारों को ग़ज़ल के प्रेमपूर्ण वातावरण में ही प्रस्तुत किया। उन्होंने ग़ज़ल में बढ़ती हुई प्रेम-वासना को आध्यात्मिकता की ऊंचाइयों से थोड़ा रोका फलस्वरूप उर्दू ग़ज़ल केवल प्रेमिका की गुफ्तगू न रहकर आध्यात्मिक विचारों की गूढ़ता को भावात्मकता के साथ प्रस्तुत करने का भी माध्यम बन गई। इस दृष्टि से 'दर्द' और 'मिर्जा ग़ालिब' का योगदान विशेष रूप से उल्लेखनीय है।

उर्दू में ग़ज़ल विधा को लोकप्रिय बनाने और उसकी अबाध परंपरा कायम करने का श्रेय दक्षिण के प्रसिद्ध शायर वली औरंगाबादी को है जिनकी सीधी-सादी, प्रभावपूर्ण और मार्मिक ग़ज़लों ने दिल्ली के फारसी विद्वानों और शायरों

के ऊंचे सिंहासनों को हिला दिया और उन्हें उर्दू ग़ज़ल लिखने के लिए बाध्य कर दिया। 'शाह मुबारिक', 'आबरू', 'फुगां ', 'ताबां', 'मज़हर' आदि शायरों ने दिल्ली में उर्दू ग़ज़ल की नींव डाली, बाद में उसी नींव पर 'मीर', 'सौदा', 'सोज़', 'दर्द' आदि ने उर्दू ग़ज़ल की वह भव्य इमारत तैयार की जिसकी कलात्मकता, भाव-प्रवणता और मार्मिकता पर हर कोई अपनी जान न्योछावर करता है। 'मीर' ने वह रंग और अंदाज पैदा किया जिसको पाना बाद के शायरों के लिए बहुत मुश्किल हो गया। 'मीर' ग़ज़ल के बादशाह के रूप में प्रतिष्ठित हुए और गालिब जैसे ग़ज़लगो ने भी उनकी उस्तादी को स्वीकार करते हुए लिखा है-

" रेख्ते के तुम्हीं उस्ताद नहीं हो 'ग़ालिब'
कहते हैं अगले ज़माने में कोई 'मीर' भी था।"

और जौक ने लिखा है-

"न हुआ पर न हुआ मीर का अंदाज़ नसीब
जौक़ यारों ने बहुत ज़ोर ग़ज़ल में मारा।"

दिल्ली के 'मोमिन', 'जौक', 'गालिब' और 'ज़फर' ने उर्दू ग़ज़ल को शिखर तक पहुंचा दिया। दिल्ली में अहमदशाह अब्दाली, नादिरशाह दुर्रानी के आक्रमणों, लूटपाट और अंग्रेजों-मराठों के युद्ध से जो व्यापक तबाही हुई, उसके एहसासपरक चित्र 'मीर', 'सौदा', 'जौक' आदि की ग़ज़लों में देखे जा सकते हैं। इन घटनाओं के कारण जब दिल्ली उजड़ी तो बहुत सारे शायर लखनऊ चले गये। वहां उन्होंने उर्दू कविता का माहौल बनाया और देखते-देखते लखनऊ उर्दू शायरी का केंद्र बन गया। यहां पर नवाबों की श्रृंगारिकता और विलासिता ने उर्दू ग़ज़ल पर अपना ऐसा रंग चढ़ाया कि ग़ज़ल प्रेम की सात्विकता और उदात्तता के सिंहासन से गिरकर वासना के कीचड़ में लोटने लगी। लखनऊ के 'मुसहफी', 'इंशा', 'जुरअत', 'नासिख' और 'आतिश' ने लखनवी उर्दू ग़ज़ल का एक नया रंग-रूप तैयार किया और एक बार फिर ग़ज़ल को महबूबा की जुल्फों और उसकी कातिल अदाओं के सितम की हसीन दास्तान बना दिया।

मौलाना अल्फात हुसैन 'हाली' ने ग़ज़ल के वस्तु क्षेत्र को विस्तृत करने के लिए लोगों का ध्यान इस सत्य की ओर आकृष्ट किया कि ग़ज़ल जैसी सशक्त विधा में जीवन की तमाम वास्तविकताओं को मार्मिक ढंग से चित्रित किया जाना चाहिए क्योंकि एक खास विषय पर निरंतर ग़ज़लों की रचना होते रहने से न केवल इससे ऊब पैदा होगी, बल्कि इसका जीवन भी संकटग्रस्त हो जायेगा। हाली के विचारों के प्रभाव स्वरूप और युगीन चेतना के दबाव के कारण आधुनिक काल में ग़ज़ल की अंतर्वस्तु और चेतना में परिवर्तन आया। यद्यपि उससे इश्क और हुस्न की दिलकश दास्तान गायब नहीं हुई किंतु उसमें समसामयिक सामाजिक, राजनीतिक एवं सांस्कृतिक प्रश्नों एवं संदर्भों को भी अभिव्यक्ति मिलने लगी। वर्तमान स्थिति में ग़ज़ल को माशूका की गुफ्तगू नहीं कहा जा सकता। वह अब दिल की दास्तान की अपेक्षा युग की दास्तान हो गयी है।

हिंदी नवजागरण के दौर के अनेक हिंदी कवियों ने ग़ज़लें कहीं। स्वयं भारतेन्दु हरिश्चंद्र ने जो ब्रजभाषा में कविताएं लिखते थे, ग़ज़लें कही हैं और उन्हें खड़ी बोली में लिखा है। उर्दू में उनका तखल्लुस 'रसा' था। जयशंकर प्रसाद, निराला और दिनकर जैसे आरंभिक हिंदी कवियों ने भी ग़ज़लें लिखी हैं।

आधुनिक काल में उर्दू ग़ज़ल का चरित्र बदल गया और वह आशिक और माशूक की वफाई-बेवफाई से थोड़ा आगे निकल कर युग की दास्तान बन गयी। 'अकबर इलाहाबादी', 'चकबस्त', 'इकबाल', 'जोश', 'फैज', 'फिराक' आदि ने ग़ज़ल को नये भावों और विचारों से समृद्ध करके उसे नयी चेतना प्रदान की। स्वतंत्रता के बाद तो उर्दू ग़ज़ल का भाववादी चरित्र यथार्थवादी हो गया और उसमें देश की सामाजिक, राजनीतिक एवं वैयक्तिक समस्याओं को यथार्थ-शैली में प्रस्तुत किया जाने लगा। कहना न होगा कि समकालीन ग़ज़ल जीवन के व्यापक यथार्थ से जुड़ गयी है। हिंदी ग़ज़ल को प्रगतिवाद का स्वर देने वालों में दुष्यंत कुमार का नाम सर्वाधिक महत्वपूर्ण है। कमलेश्वर ने बिलकुल ठीक कहा है कि "अगर दुष्यंत कुमार नहीं होते, हिंदी ग़ज़ल भी नहीं होती...भारतेंदु, हरिऔध, निराला, शमशेर, त्रिलोचन उसे रूपाकार नहीं दे पाए थे...लेकिन इसके बावजूद हिंदी ग़ज़ल को मात्र भाषाई सीमा में कैद करके देखना गलत है-इसे पूरी दकनी एशियाई सभ्यता के महत् और सांस्कृतिक स्वर के रूप में पहचाना जाना चाहिए जो अरब को ईरान से, ईरान को भारत से और भारत को मिस्र, लीबिया, इराक, अफगानिस्तान और आज के पाकिस्तान से जोड़ती है।"

राजनीतिक इकाइयां टूट सकती हैं, लेकिन सांस्कृतिक सच्चाइयां नहीं टूट सकतीं ! और ग़ज़ल ने इसी सांस्कृतिक सच्चाई को जीवित रखा है। पाकिस्तान के न जाने कितने ग़ज़लगों और ग़ज़ल गायक भारत की जनता के सरताज बने हुए हैं।

बहरहाल, आज की ग़ज़ल, वह चाहे उर्दू की हो या हिंदी की, जन चेतना से लैस होकर अपने सामाजिक दायित्व का बखूबी निर्वाह कर रही है, अब वह जमाने की आवाज और चेतना बन गयी है।

ग़ज़ल एक संगीत प्रधान और भाव-प्रवण विधा रही है। इसके छोटे से कलेवर में अमित अर्थ भरने की कुशलता भी शायरों की कला की कसौटी मानी जाती थी। कोमलकांत पदावली, सरस भाव व्यंजना, अर्थ-सघनता, सांकेतिकता, ध्वन्यात्मकता आदि इसकी कुछ ऐसी विशेषताएं हैं जिनसे हर संवेदनशील व्यक्ति सहज ही

प्रभावित हो जाता है और उसे गुनगुनाना चाहता है। वर्तमान काल में ग़ज़लों के यथार्थवादी चरित्र के कारण यथार्थ का खुरदुरापन उसका सौंदर्य बनता जा रहा है। अब वह गमों पर मरहम लगाकर व्यथित व्यक्ति को सुलाने की जगह उसे जगाने और कर्म क्षेत्र में संघर्ष करके अपनी तकदीर बदलने की प्रेरणा देने का कार्य कर रही है।

आधार ग्रंथ :

1. उर्दू साहित्य का आलोचनात्मक इतिहास, एहतेशाम हुसेन।
2. उर्दू भाषा और साहित्य, रघुपति सहाय 'फिराक'।
3. हिंदी साहित्य कोश, भाग-1।
4. हिंदी ग़ज़ल की नई दिशाएं, सरदार मुजावर।
5. वृहद उर्दू साहित्य कोश, कमल नसीम।
6. हिंदी ग़ज़ल का स्वरूप और महत्वपूर्ण हस्ताक्षर, डॉ. वशिष्ठ अनूप।
7. हिंदी ग़ज़ल : उद्भव और विकास, डॉ. रोहिताश्व अस्थाना।

गद्य काव्य

'गद्य काव्य' शब्द संस्कृत का है और वहां इसके अंतर्गत कथा, वृत्त, आख्यायिका आदि को भी समाहित कर लिया गया है। परंतु हिंदी में प्रयुक्त 'गद्य काव्य' शब्द एक निश्चित विधा का संकेत करता है। इस अर्थ में गद्य-काव्य वह रचना है, जिसमें कविता जैसी संवेदनशीलता और रसात्मकता होती है। वैयक्तिक आत्मनिष्ठता, तीव्र भावात्मकता, अंतर्निहित संगीत आदि इसके अन्य गुण हैं। फलस्वरूप उसका बाह्य रूप भी साधारण गद्य की अपेक्षा अधिक लययुक्त, अलंकृत और सधा हुआ होता है। गद्य-काव्य से वस्तुतः 'गद्यगीति' का ही बोध होता है। परंतु कहानी, संस्मरण, निबंध आदि भी गद्य-काव्यात्मक हो सकते हैं तथा नाटक के कथोपकथन और स्वकथन तथा उपन्यास के वर्णन, चित्रण तथा कभी-कभी कथोपकथन में भी गद्य-काव्यात्मक शैली का प्रयोग हो सकता है। इस प्रकार 'गद्य-काव्य' एक साहित्य-रूप भी है और एक शैली-वैशिष्ट्य भी।

गद्य-काव्य में छंद मुक्ति, आवेग, उच्छ्वास, विस्मय, मुग्धता, निराशा, जिज्ञासा जैसी स्थितियों की प्रधानता रहती है। लौकिक प्रेम-भावना तथा भक्ति-भावना का समावेश इस विधा को गहराई देता है। इस विधा में प्रलाप-शैली, सम्बोधन शैली, स्वगत-शैली तथा संवाद-शैली का प्रयोग स्वाभाविक रूप से अधिक होता है। इन्हीं के अनुरूप गद्य-गीत की भाषा सहज, प्रवाहपूर्ण, उपमानों की शृंखलाओं से युक्त, आलंकारिक और संगीतात्मक होती है। चित्रात्मकता एवं प्रतीकात्मकता इस विधा की भाषा का विशेष गुण है।

इस तरह गद्य-काव्य वह कथेतर गद्य विधा है, जिसमें संक्षिप्त गद्य में कविता का सम्मिश्रण हो और जो एकाग्रता, लय, आवेग, भावानुभूति की सघनता आदि काव्यात्मक गुणों से युक्त हो।

गद्य काव्य में कहीं प्राकृतिक घटनाओं के रहस्यलोक की कलात्मक अभिव्यक्ति है तो कहीं भक्त हृदय की तरंगों का मार्मिक चित्रण है, कहीं देश को उद्बोधन है तो कहीं ऐतिहासिक तथ्यों पर अवलंबित अतीत के गौरवमय चित्र हैं। कहीं प्रवंचित और निराश नारी के हाहाकार हैं तो कहीं शोषितों की पीड़ा की अभिव्यक्ति है।

हिंदी के प्रथम गद्यगीतकार हैं रायकृष्ण दास, जिन्होंने रवींद्रनाथ ठाकुर की 'गीतांजलि' का प्रभाव स्वीकार किया है। अन्य गद्य काव्यकारों में माखनलाल चतुर्वेदी और रघुवीर सिंह विशेष उल्लेखनीय हैं।

गद्य-काव्य के उदाहरणों में 'साधना' (गीतांजलि का अनुवाद), 'छायापथ', 'पगला' और 'संलाप' (राय कृष्ण दास), 'ठंडे छींटे' और 'श्रद्धाकण' (वियोगी हरि), 'अंतस्तल' (चतुरसेन शास्त्री), 'हिमहास' (रामकुमार वर्मा), 'झरोखे' (सुदर्शन), 'उन्मन', 'स्पंदन', 'शबनम' और 'शारदीया' (दिनेशनंदिनी डालमिया), 'गेहूं और गुलाब' (रामवृक्ष बेनीपुरी) का उल्लेख किया जा सकता है।

'गद्य-काव्य' के रचना-विधान का कोई शास्त्रीय नियम नहीं है। यह नितांत वैयक्तिक विधा है। कुछ-कुछ एकांत साधना जैसी विधा। वर्तमान समय में हिंदी कविता का स्वरूप ही गद्यात्मक होता जा रहा है। संभवतः इसीलिए एक विधा के रूप में गद्य काव्य उपेक्षित हो रहा है और इसका भविष्य अंधकार में है।

आधार ग्रंथ :

1. हिंदी साहित्य कोश, भाग-1
2. साहित्यिक विधाएं : पुनर्विचार, डॉ. हरिमोहन।
3. भारतीय साहित्य कोश, डॉ. नगेंद्र।
4. हिंदी का गद्य साहित्य, रामचंद्र तिवारी।

गांधीवाद

महात्मा गांधी (1869-1948) की विचार पद्धति का व्यापक नाम गांधीवाद है। समाज और शासन के संगठन तथा जीवन के अन्य अनेक पक्षों के बारे में गांधी जी के अपने विचार थे, जिनका प्रतिपादन उन्होंने अपनी दैनिक साधना के मध्य से गुजरते हुए किया था। मार्क्सवाद के समान कोई व्यवस्थित शास्त्रीय अध्ययन गांधीवाद के पीछे नहीं है, इसी कारण उसमें किसी प्रकार की तर्कजन्य पद्धति का अभाव है। उसका आधार तर्क नहीं, स्वानुभूति है। इस विचारधारा का प्रत्येक खंड आत्मशक्ति को लेकर चलता है। इसी कारण उसमें एक प्रकार की आध्यात्मिकता और विचार-स्वातंत्र्य है।

गांधीवाद को किशोरलाल मशरूवाला ने तीन भागों में विभक्त किया है—वर्णव्यवस्था, ट्रस्टीशिप, विकेंद्रीकरण। वर्णव्यवस्था के अंतर्गत उन्होंने पारिश्रमिक की समानता, होड़ का अभाव, आनुवंशिक संस्कारों से लाभ उठानेवाली शिक्षण-योजना का प्रस्ताव किया। ट्रस्टीशिप के अंतर्गत आत्मविश्वास के साथ समस्त प्राणिमात्र के कल्याण के लिए कार्य करना होता है। विकेंद्रीकरण के अंतर्गत उद्योगों का ही नहीं, राजसत्ता का भी विकेंद्रीकरण उनका अपना अभीप्सित था। लक्ष्य तक पहुंचने के लिए सत्य, अहिंसा और सेवा इन विशिष्ट साधनों का उपयोग आवश्यक माना गया है। गांधीवाद की सबसे बड़ी देन उसकी यह विचारधारा है कि हमको साध्य के साथ-साथ साधन की पवित्रता का भी ध्यान रखना चाहिये।

सर्वोदय गांधी का सामाजिक आदर्श है। सर्वोदय का अर्थ है सबकी उन्नति और उसका ध्येय है, हृदय परिवर्तन। हृदय परिवर्तन अन्यायी, शोषक और अत्याचारी का। गांधीवाद के मूल स्तंभ दो हैं, सत्य और अहिंसा। सत्य का ही दूसरा नाम उन्होंने परमेश्वर माना है तथा समस्त सृष्टि में एक ही तत्त्व की व्याप्ति स्वीकार कर ईश्वर और मनुष्य तथा मनुष्य एवं अन्य जीवधारियों की एकता स्वीकार की है। इस अंतर्भूत एकत्व के कारण ही उन्होंने माना था कि "जो घटना एक शरीरधारी पर घटती है उसका समग्र जड़ पदार्थ पर और उसकी आत्मा पर प्रभाव पड़ता है।" इस प्रकार सत्य के साक्षात्कार से समबुद्धि प्राप्त होती है और समबुद्धि से सबके प्रति अहिंसा का भाव उत्पन्न हो जाता है। इसीलिए उन्होंने अहिंसा को सत्य का दूसरा पहलू कहा है। अहिंसा में केवल द्वेष का अभाव ही नहीं, प्रेम की संप्राप्ति भी है। यह प्रेम स्वार्थ, मोह, आसक्ति आदि से भिन्न होता है। इस अहिंसा में बैर-त्याग, चराचरप्रेम और पूर्ण निष्काम भाव का समन्वय है। इस समन्वय का पहला तत्त्व जैन, बौद्ध अहिंसा का है, दूसरा वैष्णव भावना का प्रसाद है और तीसरा तो स्पष्टतः गीता का प्रभाव है। ऐसी अहिंसा की प्राप्ति के लिए गांधी ने आत्मशुद्धि को आवश्यक माना है और आत्मशुद्धि के लिए अन्य संतों की भांति अहं के त्याग को अनिवार्य माना है। अहंकार का त्याग, तप और भगवद्भक्ति से ही संभव है। तप के लिए रागभोग का त्याग और आत्मपीड़न करना होता है तथा उनके लिए शक्ति भगवान पर अटल विश्वास होने से प्राप्त होती है। यह तप या आत्मशुद्धि केवल उस व्यक्ति का ही कल्याण नहीं करती, आत्मा की अखंडता के कारण सारे समाज को उन्नत बनाती है।

इस तरह गांधी के जीवनदर्शन में त्याग और तप का प्राधान्य है तथा भोग और आनंद का तिरस्कार। कला में भी उन्होंने शिव और सत्य पर ही बल दिया, सुंदर को उन्होंने इन दोनों से या तो अभिन्न माना या अस्वीकार किया। गांधीवादी विचारधारा में कलाओं के साथ नैतिक संबंध अभिन्न रूप से जुड़ा हुआ है। इस संबंध में उनके ऊपर रस्किन एवं टाल्सटॉय के विचारों की स्पष्ट छाया है।

इसी कारण 'कला कला के लिए' जैसे सिद्धांतों के प्रति गांधी-दर्शन में कोई सहानुभूति नहीं मिलती। अस्तु, कला कुछ लोगों के आधिपत्य में ही न रहे, उसकी अपील सार्वभौम हो, तभी वह प्रकृति के सन्निकट पहुंच सकेगी, यह गांधी जी का आग्रह था। कलाकार जनता के प्रति अपने कर्तव्यों के विषय में सदैव जागरूक रहे, तभी कला अपनी सार्थकता प्रमाणित कर सकती है। कला की श्रेष्ठता की कसौटी गांधी ने उसकी उपयोगिता स्वीकार की, "कला का संबंध नीति, हितकारिता और उपयोगिता से नहीं है, केवल सौंदर्य से है—यह कहना सौंदर्य और कला को न समझने जैसा है। सत्य ही ऊंची से ऊंची कला और श्रेष्ठ सौंदर्य हैं और वह नीति, हितकारिता और उपयोगिता से भिन्न नहीं हो सकता।" गांधी के अनुसार संगीत इसलिए श्रेष्ठ है कि "वह प्रार्थना और नैतिक उन्नति में सहायक है।" उनका विश्वास था, "चित्र, गायन आदि बाह्य आकारों की अपेक्षा शुद्ध आचरण में अभिव्यक्त मनुष्य की नैतिक पवित्रता कला का उच्चतर प्रकाशन है।" वे भी समानता चाहते थे परंतु उनकी समानता रामराज्य की समानता थी। मार्क्स के साम्यवाद के प्रति उनका दृष्टिकोण सकारात्मक था किंतु इसका कारण था वर्गहीन समाज का आदर्श। वे मानते हैं कि "यह बेशक एक उत्तम आदर्श है और उसके लिए अवश्य कोशिश होनी चाहिए लेकिन जब इस आदर्श को हासिल करने के लिए हिंसा का प्रयोग हो तब मेरा रास्ता इससे अलग हो जाता है। हम सब

जन्म से ही समान हैं। असमानता या ऊंच-नीच की भावना एक बुराई है। परंतु मैं इस बुराई को मनुष्य और मनुष्य के बीच तलवार के बल पर भगाने में विश्वास नहीं करता।"

सच्चा प्रजातंत्र गांधी जी के अनुसार "कभी भी हिंसा और दंड-शक्ति पर आधारित नहीं रह सकता। व्यक्ति के पूर्ण और स्वतंत्र विकास के लिए जनतांत्रिक समाज को परस्पर सहयोग और सद्भाव, प्रेम और विश्वास पर आधारित रहना चाहिये। मानवता का विकास इन्हीं के सिद्धांतों के आधार पर आज तक हुआ है और आगे भी होगा। गांधी जी ने कहा : "प्रजातंत्र हिंसा के आधार पर टिक नहीं सकता। इसलिए इस पर किसी प्रकार का बाहरी दबाव हरगिज नहीं हो, यह तो स्वयं स्फूर्त होना चाहिए।"

गांधी जी ने बार-बार कहा था कि मनुष्य का जन्म धर्म की साधना के लिए होता है और स्वयं अपने जीवन का उद्देश्य भी वे धर्म की ही उपासना मानते थे। उन्होंने लिखा है "मेरा उद्देश्य धार्मिक है, किंतु मानवता से एकाकार हुए बिना मैं धर्म पालन का मार्ग नहीं देखता। इसी कार्य के लिए मैंने राजनीति का क्षेत्र चुना है, क्योंकि इस क्षेत्र में मनुष्य से एकाकार होने की संभावना है। मनुष्य की सारी चेष्टाएं, इसकी सारी प्रवृतियां एक हैं। समाज और राजनीति से धर्म अलग रखा जाए, यह संभव नहीं है। मनुष्य में जो क्रियाशीलता है, वही उसका धर्म भी है। जो धर्म मनुष्य के दैनिक कार्यों से अलग होता है, उससे मेरा परिचय नहीं है।"

वस्तुतः गांधी का धर्म वह धर्म है जिससे प्रत्येक धर्म की धार्मिकता में वृद्धि होती है। अच्छा गांधी मार्गी अच्छा हिंदू भी है और अच्छा मुसलमान भी। ईसाई धर्म प्रचारकों को लक्ष्य करके एक बार गांधी जी ने कहा था, "तुम हमें नया धर्म सिखाने को इतने आतुर क्यों हो ? हमें अच्छा हिंदू बनाओ अच्छे नर-नारी बनाओ, यही यथेष्ट है। नाम के परिवर्तन से हृदय तो परिवर्तित नहीं होगा।"

हिंदी साहित्य में गांधी के व्यक्तित्व के अनेक पक्ष, उनकी व्यवहार-प्रक्रिया के विविध रूप तथा विचार-सरणि के अंश चित्रित हैं। प्रेमचंद के उपन्यासों और कहानियों में सत्याग्रह, हृदय-परिवर्तन, स्वाधीनता-संग्राम में सत्य-अहिंसा के शस्त्रों का प्रयोग, आश्रमों की स्थापना द्वारा सुधार आदि गांधीवाद के अनेक पक्ष अभिव्यक्त हुए है। 'प्रेमाश्रम', 'कर्मभूमि', 'रंगभूमि', 'गबन' उपन्यासों तथा 'नमक का दारोगा', 'समरयात्रा' एवं अन्य कहानियों में गांधीवाद का व्यवहार पक्ष जितना उभरकर आया है, उतना किसी अन्य लेखकों में नहीं मिलता। 'कौशिक', सुदर्शन, भगवतीचरण वर्मा एवं जैनेंद्र अन्य कथाकार हैं, जो गांधीवाद की यत्र-तत्र अभिव्यक्ति करते हैं। कवियों में मैथिलीशरण गुप्त की 'यशोधरा' और 'साकेत' में गांधीवादी विचारों की सशक्त अभिव्यक्ति हुई है। बालकृष्ण शर्मा 'नवीन', माखनलाल चतुर्वेदी, रामनरेश त्रिपाठी, 'बच्चन' एवं सुमित्रानंदन पंत जैसे कवियों ने भी गांधीवाद को काव्य की वाणी दी है। सियाराम शरण गुप्त और जैनेंद्र पर गांधीवाद का सर्वाधिक प्रभाव है।

आधार ग्रंथ :

1. सर्वोदय-तत्त्वदर्शन, गोपीनाथ धवन।
2. गांधीवाद-समाजवाद, किशोरलाल घ. मशरूवाला।
3. गांधीवाद की रूपरेखा, रामनाथ सुमन।
4. सत्य के प्रयोग, महात्मा गांधी।
5. हरिजन, यंग इंडिया और नवजीवन के अंक।
6. हिंदी साहित्य कोश, भाग-1।
7. गांधी और हिंदी राष्ट्रीय जागरण, श्रीभगवान सिंह।
8. Philosophy of Gandhi, Dhirendra Mohan Dutta.

गीतिकाव्य

हिंदी में साधारणतः गीत, प्रगीत तथा गीति या गीत-काव्य ये तीन शब्द एक-दूसरे के पर्याय हैं, परंतु वैज्ञानिक दृष्टि से वस्तुतः गीति-काव्य का प्रयोग अंग्रेजी के लिरिक (Lyric) के लिए तथा गीत और प्रगीत का प्रयोग 'सांग' (song) के लिए किया जाता है। ग्रीस में आरंभ में 'लायर' नामक वाद्य-यंत्र पर गाये जाने वाले गीतों को lyric कहा जाता था, पर बाद में सभी प्रकार के गेय-काव्य को lyric की संज्ञा मिलने लगी; उसी प्रकार हमारे यहां भी पहले गेय गीतों को ही गीत कहा जाता था, पर अब गीतिकाव्य का क्षेत्र अत्यंत विशाल और विस्तृत हो गया है।

गीतिकाव्य अनुभूति-प्रधान काव्य है। इसमें घटना या तथ्य गौण होते हैं और कवि की अनुभूति प्रधान होती है। अनुभूति की तीव्रता में कवि के उद्गार सहज प्रवाहित

उठते हैं। यहां भाव का हम बार-बार अनुभव करना हते हैं। स्वर की संक्षिप्ति और विस्तृति अनुभूति को जग करती है, अतः स्वानुभूति गीत के माध्यम से ही र्वोत्तम अभिव्यक्ति पाती है। काव्य का यह सहज, र्गिक और मनोरम रूप होने के कारण प्रसिद्ध विचारक गेल ने इसे काव्य का प्रकृत रूप माना है। इस प्रकार ति-भावना कविता की सारवस्तु है।

सच्चा गीत-काव्य एक सरल, क्षणिक एवं तीव्र नोवेग का परिणाम होता है। इसी मनोवेग से उसका तर्बाह्य एक-साथ झंकृत हो जाता है। उसमें उत्कट भावना ती है। केवल एक ही भावना पर बल होने के कारण ति-कविता संक्षिप्त, लघुकाय और सुसंबद्ध होती है। समें न तो विविध भावनाओं का संघर्ष होता है, न ब्योरे और न अनावश्यक विस्तार। सुप्रसिद्ध मराठी आलोचक और उपन्यासकार मा.का. देशपांडे का कहना है कि जिस कार संतान को देखते ही मां के स्तनों से दूध की धार ट पड़ती है उसी प्रकार कवि के अंतरंग से भावना की जस्र धारा फूट निकलती है।

इस तरह गेयता, भाव-प्रवणता, आत्माभिव्यक्ति, गात्मक अन्विति, कोमलकांत पदावली, सौंदर्यमयी ल्पना आदि गीतिकाव्य के मूल तत्त्व हैं। भारत में गीति ा प्राचीनतम रूप संहिताओं में प्राप्त होता है। यद्यपि स कबीलाई जीवन में व्यक्ति के लिए स्थान नहीं है। स काल के मनुष्य का अश्रु, हास, उल्लास, विषाद भी सामूहिक रूप लिए हुए हैं। इस प्रकार वैदिक ऋचाओं े समवेत गायन में उच्चारण, स्वर, लय, ताल तथा ाट्य विधान की कठोरता के कारण गीति के संगीत तत्त्व ी रक्षा तो अवश्य हो गयी, किंतु कुछ प्राकृतिक दृश्यों े वर्णन रूपक कथाओं तथा संस्कार-विशेष के समय े भावाभिव्यंजन को छोड़कर उसमें वैयक्तिक भावना ी तरलता सुरक्षित नहीं है, परंतु वैदिक गीत में गीति का ारंभिक गुण अवश्य पाया जाता है। वैदिक काल की अपेक्षा बौद्ध काल वैयक्तिक साधना का काल है, अतएव उसमें वैयक्तिकता और आत्मनिष्ठता की अधिक संभावना ; किंतु नैतिक आचरण और धार्मिक उपदेश के आग्रह के कारण तत्कालीन साहित्य में व्यक्ति के स्वाभाविक मनोरागों की अभिव्यक्ति के लिए स्वतंत्र अवसर नहीं मिल पाया और विरक्ति में निष्ठा के कारण संगीतात्मकता भी अक्षुण्ण नहीं रह सकी है। फिर भी थेर और थेरी गाथाओं की बौद्ध भिक्षुणियों की आत्माभिव्यक्ति में यत्र-तत्र गीतात्मकता का आभास मिल जाता है।

दूतकाव्य की परंपरा में कालिदास का मेघदूत कथात्मक होते हुए भी इतना व्यक्तिनिष्ठ और भावुकतापूर्ण है कि उसे गीति काव्य की श्रेष्ठ कृति माना जा सकता है। वस्तुतः संस्कृत में गीति काव्य का सर्वश्रेष्ठ उदाहरण पीयूषवर्षी जयदेव का 'गीत गोविंद' है, जिसमें एक ओर रागों का शास्त्रीय विधान है तो दूसरी ओर राधा-कृष्ण की विलास-क्रीड़ाओं का ललित पदावली में चित्रात्मक वर्णन है। मैथिल कोकिल विद्यापति के पदों से हिंदी में गीति काव्य की एक स्वतंत्र परंपरा का विकास होता है। उनके गीति पदों में राधा-कृष्ण का जो प्रणय व्यक्त हुआ है, उसमें हृदय की अनेक स्वाभाविक वृत्तियों तथा दशाओं का मार्मिक चित्रण है। विभिन्न रागों के विधान और मानव मन की सौंदर्य के प्रति लालसा की जो आत्मनिष्ठ व्यंजना यहां हुई है उसके आधार पर विद्यापति हिंदी के प्रथम गीतकार कहे जा सकते हैं। बाद के कृष्ण भक्त कवियों का लीलागान विद्यापति की इसी परंपरा का विकास कहा जा सकता है।

गीतिकाव्य की सर्वाधिक महत्वपूर्ण विशेषता है भावानुकूल लयों में कवि की आत्माभिव्यक्ति। इसीलिए महादेवी जी ने गीत की परिभाषा इस प्रकार दी है, "गीत व्यक्तिगत सीमा में तीव्र सुख-दुःखात्मक अनुभूति का वह शब्द-रूप है जो अपनी ध्वन्यात्मकता में गेय हो सके।"

अंग्रेजी के 'लिरिक' के प्रभाव से हिंदी में जो गीत-काव्य रचे गए हैं, उनमें अंग्रेजी के अनुकरण पर कई रूप-भेद प्रचलित हुए हैं, जैसे—सम्बोध गीत (Ode), शोक-गीत (Elegy), चतुर्दशपदी (Sonnet), व्यंग्यगीत (Satire), रूपक-गीत, राष्ट्रीय-गीत आदि।

इन भेदों के अतिरिक्त वीर-गीत, उद्बोधन-गीत, अभियान-गीत, राष्ट्र-गीत आदि अन्य भेद भी हैं। कुछ लोगों ने गीत के अन्य दो भेद भी किये हैं-लोक-गीत और कला-गीत। लोक गीतों में गांव के लोग अपने भोले-भाले, सीधे-सरल भावों और मनोवेगों को सीधी-सरल भाषा में व्यक्त करते हैं। इनका लेखक सुशिक्षित नहीं होता, अतः उसकी रचना में भले ही अलंकरण और साहित्यिकता न हो, पर वह अपने सुख-दुःख, अभाव-उल्लास को शब्दों में ढालने की कला में पारंगत होता है। उसके अंतर्वेग, तीव्र भावोच्छ्वास स्वतः ही काव्य-रूप धारण कर लेते हैं। अतः लोक-गीत में सजीवता, मर्मस्पर्शिता एवं हार्दिकता के तत्त्व प्रचुर मात्रा में होते हैं। इनमें तथा कला गीतों में पहला भेद यह होता है कि लोकगीत शुद्ध गेयात्मक होते हैं, उनकी रचना गाने के लिए होती है, वे गाते-गाते रचे जाते हैं जबकि कलागीत पहले लिखे जाते हैं बाद में उन्हें संगीतबद्ध किया जाता है। दूसरा भेद यह है कि लोकगीत का गुण सहजता है और उनकी रचना प्रायः ग्राम्य-भावों पर आधारित होती है जबकि कलागीत में नागरभावों का प्राधान्य होता है, अतः उनमें विदग्धता, कलात्मकता और वाक्-चातुर्य आ जाना स्वाभाविक है। उनमें एक प्रकार का परिष्करण तथा साज-संवार भी होता है। तीसरा फर्क यह है कि ज्यादातर लोकगीत मिलकर

गाये जाते हैं, अतः उनका आधार सामूहिक होता है, उनके भाव भी समष्टिगत होते हैं, उनकी अभिव्यक्ति में अनगढ़ता होती है जबकि कलागीत में व्यक्ति-तत्त्व की प्रधानता होती है।

कृष्ण भक्त कवियों ने जिस राधा-कृष्ण के सहज स्वच्छंद प्रेम को गीत का आधार बनाया उसका अजस्र प्रवाह भक्तिकाल, रीतिकाल और यहां तक कि आधुनिक काल तक दिखायी देता है। सूर के विनय, मुरली माधुरी, रासलीला और भ्रमरगीत से लेकर राम भक्त तुलसी की गीतावली, श्रीकृष्ण गीतावली और विनय पत्रिका में गीतात्मकता साकार हो उठी है। रीतिकाल की अलंकरणप्रियता और उक्तिवैचित्र्य ने गीति काव्य प्रणयण का कम अवसर दिया, किंतु आधुनिक काल में भारतेंदु से लेकर ही यह परंपरा विस्तार पाने लगी और आगे जाकर छायावाद में इसका प्रचुर विकास हुआ। निराला के 'परिमल', 'गीतिका', 'वनबेला', 'गर्मपकौड़ी', 'खजोहरा', 'कुकुरमुता', 'यमुना के प्रति', 'पंचवटी प्रसंग', प्रसाद के 'झरना', 'लहर', 'आंसू', 'करुणालय', पंत के 'गुंजन', 'पल्लव', 'परिवर्तन', 'छाया', महादेवी वर्मा की 'नीरजा', 'सांध्य गीत', 'दीपशिखा', रामकुमार वर्मा की 'चित्ररेखा', 'आकाश गंगा', बच्चन के 'निशा निमंत्रण', 'एकांत संगीत', 'आकुल अंतर', सियाराम शरण गुप्त के 'दुर्वादल', 'दूरागत गान', मैथिलीशरण गुप्त के 'झंकार', सुभद्राकुमारी चौहान के 'कलह हरण', रामनाथ सुमन के 'अपने कलेजे तूफान', गोपाल शरण सिंह की 'कादम्बिनी', दिनकर के गीत', 'रसवंती', बालकृष्ण शर्मा नवीन के 'नंगे भूखों का गाना', राय कृष्ण दास की 'साधना', वियोगी हरि की 'तरंगि आदि आधुनिक काल के महत्वपूर्ण गीतिकाव्य हैं।

प्रगतिवाद प्रमुखतः छायावाद की प्रतिक्रिया में अ था। इसकी प्रकृति यथार्थवादी थी और गीतिकाव्य अधिक अनुकूल नहीं थी, फिर भी, पंत के 'युगां 'युगवाणी', 'ग्राम्या', अंचल की 'मधुलिका', 'अपराजित शिवमंगल सिंह सुमन के 'जीवन के गाने', 'लाल सेना प्रति', नरेंद्र शर्मा के 'शूल-फूल', 'कर्ण फूल' आदि कृति उल्लेखनीय हैं।

प्रयोगवाद और उसके बाद पुनः गीतिकाव्य के लि अनुकूल वातावरण बना और प्रचुर मात्रा में गीतिका रचे जाने लगे। अज्ञेय द्वारा संपादित सप्तकों सहित उन 'बावरा अहेरी', धर्मवीर भारती के 'ठंडा लोहा', जगदी गुप्त के 'नाव के पांव', नागार्जुन, त्रिलोचन, केदारना अग्रवाल आदि की प्रचुर कृतियां गीतिकाव्य के अंतर्ग रखी जा सकती हैं। आज हिंदी गीतकारों की एक स्वत परंपरा बन चुकी है जो समृद्ध भी है। हिंदी की आधुनि कविता की गद्यात्मकता की प्रवृति के कारण लोक व रुझान गीतों की ओर बढ़ा है और गीतिकाव्य का भवि उज्ज्वल है।

आधार ग्रंथ :

1. हिंदी साहित्य कोश भाग-1।
2. भारतीय साहित्य शास्त्र कोश, डॉ. राजवंश सहाय हीरा।
3. गीति काव्य का विकास, लालधर त्रिपाठी।
4. 'शोध स्वर' : नवगीत विशेषांक।
5. Lyric, David Lindley.
6. Lyric Poetry : Beyond New Criticism, Chaviva Hosek and Particia Parkev.

चर्यापद

सिद्धों की रचनाएं प्रमुखतः दो काव्यरूपों में उपलब्ध हैं—'दोहाकोष' तथा 'चर्यापद'। चर्यापद, बौद्ध तांत्रिक चर्या के समय गाये जानेवाले पद हैं, जो विभिन्न सिद्धाचार्यों द्वारा लिखे गये हैं, किंतु एक साथ संगृहीत कर दिये गये हैं। चर्या का अर्थ है आचरणीय एवं अचर्य का अर्थ है अनाचरणीय। इसी अर्थ में इन पदों को 'चर्याचर्य' कहा गया है।

सन् 1882 ई. में राजा राजेंद्र लाल मित्र रचित "संस्कृत बुद्धिस्ट लिटरेचर इन नेपाल' निबंध में नेपाल में संरक्षित संस्कृत पांडुलिपियों की एक सूची प्रकाशित हुई। राजेंद्र लाल मित्र की मृत्यु के उपरांत सरकारी अनुरोध पर 1907 में महामहोपाध्याय हर प्रसाद शास्त्री नेपाल गए। वहां उन्हें सिद्धों के 50 पदों का एक संग्रह मिला जिसकी प्रतिलिपि कराकर उन्होंने लगभग 10 वर्ष बा 'बंगीय साहित्य-परिषद्' से 'बौद्ध गान ओ दोहा' के ना से प्रकाशित कराया, जिसमें चर्यापदों के अतिरिक्त 'सहजाम्नाय-पंजिका' तथा कण्हपा का 'दोहाकोष' भ संगृहीत था। शास्त्री महोदय का कहना है कि वह पांडुलिपि 12वीं शती की थी, किंतु राखालदास बनर्जी ने 'श्रीकृष्ण संकीर्तन' नामक प्राचीन बंगला के एक ग्रंथ का संपादन करते समय भूमिका में शास्त्री महोदय द्वारा प्रकाशित चर्यापदों की भाषा का परीक्षण कर यह मत स्थिर किय

कि इन पदों का प्रस्तुत रूप 14वीं सदी से पूर्व का नहीं हो सकता। अतः शास्त्री महोदय ने जिस पांडुलिपि को अपने संस्करण का आधार बनाया था, वह अधिक-से-अधिक 14वीं सदी की रही होगी।

चर्यापदों के पाठ-निर्धारण के संबंध में विद्वानों ने पर्याप्त कार्य किया है। उन्होंने चर्यापदों का तिब्बती रूपांतर ढूंढ़ा और उसके आधार पर शास्त्री महोदय द्वारा प्रस्तुत पाठ में अपेक्षित संशोधन किया है। इस दिशा में प्रबोधचंद्र बागची का कार्य महत्वपूर्ण हैं।

1926 ई. में सुनीति कुमार चाटुर्ज्या ने भाषा तात्विक अध्ययन के आधार पर इसे बंगला भाषा का प्राचीनतम रूप सिद्ध किया। बांग्ला पद और मुहावरे तथा शब्द रूप, धातुरूप एवं बंगला भाषा की विशिष्ट विभक्ति की दृष्टि से चर्यापद समूह को बंगलाभाषा के प्राचीनतम निदर्शन के रूप में स्वीकार किया जा सकता है। शास्त्री महोदय के संस्करण में इस पद-संग्रह का नाम "चर्याचर्यविनिश्चय' था। बिधुशेखर शास्त्री ने इस नाम से अपनी असहमति प्रकट करते हुए इसका सही नाम 'आश्चर्यचर्याचय' अनुमानित किया था। प्रबोधचंद्र बागची ने जिस तिब्बती रूपांतर का आधार ग्रहण किया है, उसमें 'आश्चर्यचर्या' नाम न होकर केवल इन चर्याओं का विशेषण मात्र प्रतीत होता है। तिब्बती रूपांतर में इस पद संग्रह का नाम 'चर्यागीतिकोष' है। बागची महोदय ने भी इसका यही नाम स्वीकार किया है और संभवतः इसी कारण सुकुमार सेन ने अपने 'ओल्ड वज्रयानी टेक्सट्स' में इन्हें पद न कहकर 'चर्यागीति' कहा है।

तिब्बती अनुवाद से यह भी ज्ञात होता है कि मुनिदत्त ने इन चर्यापदों का प्रस्तुत रूप में संकलन किया था और उस पर संस्कृत टीका लिखी थी। कीर्तिचंद्र ने नेपाल के पम्बु नगर में इनका तिब्बती अनुवाद किया था। मुनिदत्त की टीका अत्यंत महत्वपूर्ण है। उन्होंने इन पदों के अर्थ स्पष्ट करने के लिए स्थान-स्थान पर सरहपा तथा अन्य आचार्यों के अपभ्रंश तथा संस्कृत छंद उद्धृत किये हैं। मुनिदत्त ने 50 चर्यापदों का संग्रह किया था, किंतु शास्त्री महोदय का कहना है कि पांडुलिपि में से 5 ताड़पत्र खो गये थे, अतः 23 वें चर्यापद की केवल 6 पंक्तियां मिलती हैं और 24वें तथा 25वें चर्यापद अनुपलब्ध हैं।

चर्यापदों के प्राचीनतम पदकर्ता हैं लुइपाद, जो ग्यारहवीं सदी के हैं। इन पदों के लेखक लुइपाद, कानुपा, भुसुकु, सरहपाद आदि बौद्ध सहजिया मतावलंबी साधक हैं। इनमें महायान संप्रदाय की सहजयान नामक एक विशेष तांत्रिक योग साधना की निवृत्ति है। इन गीतों में उपमा रूपक के प्रयोग के द्वारा सिद्धाचार्यों के मतवाद को संकेत रूप में प्रस्तुत किया गया है। इन संकेतों का अर्थ यही है कि चित्त के साथ विषय के संपर्क का विच्छेद करके एवं समस्त भेद-ज्ञान को लुप्त करके चित्त को शून्यताबोध में प्रतिष्ठित करना है। शून्यताबोध के साथ करुणा के संयोग से चित्त निर्वाण प्राप्त करता है। इसकी भाषा सांध्य भाषा है क्योंकि इसमें प्रस्तुत अर्थ के साथ ही विशेष अभिप्रायमूलक एक दूसरा अप्रस्तुत अर्थ भी रहता है। दसवीं से बारहवीं सदी के बीच रचित सिद्ध योगियों के ये गीत बांग्ला भाषा के प्राचीनतम उदाहरण हैं।

आधार ग्रंथ :

1. सिद्ध-साहित्य, धर्मवीर भारती।
2. दोहा कोश, प्रबोधचंद्र बागची।
3. चर्यापद, म.म. बसु।
4. भारतीय साहित्य कोश, डॉ. नगेंद्र।
5. हिंदी साहित्य कोश, भाग-1
6. Old Bajrayani Texts, Sukumar Sen.

चैतन्य दर्शन

महाप्रभु चैतन्य देव द्वारा प्रवर्तित दर्शन को चैतन्य दर्शन कहा जाता है। इस मत को गौड़ीय वैष्णव मत भी कहते हैं क्योंकि इसमें हरि ही परम तत्त्व हैं और यह गौड़ या बंग देश में उत्पन्न तथा प्रचलित हुआ। महाप्रभु चैतन्य अथवा गौरांग का जन्म 1485 ई. में बंगाल प्रांत के नवद्वीप नामक स्थान में हुआ था। उनके दीक्षा गुरु मध्वमतावलम्बी थे। उस समय बंगाल में शाक्तों का जोर था और लोग बहुधा काली और मनसा देवी की उपासना किया करते थे। किसी संप्रदाय को चलाने के पूर्व वैष्णव आचार्य बहुधा प्रस्थानत्रयी अथवा केवल ब्रह्मसूत्रों पर ही भाष्य लिखकर विद्वन्मंडली के सम्मुख अपने दार्शनिक सिद्धांतों का निरूपण करते थे। परंतु चैतन्य ने इस प्रकार का कोई सिद्धांत अथवा साधन-संबंधी ग्रंथ न लिखकर इस परंपरा का उल्लंघन किया था। केवल 'दशमूल श्लोक' उनकी रचना बतलायी जाती है। उनके शिष्यों ने आगे चलकर उनके मत की पुष्टि के लिए अनेक ग्रंथों की रचना की।

चैतन्य मत के अनुसार परम तत्त्व एक है। यह तत्त्व सच्चिदानंदस्वरूप अनंत शक्ति से संपन्न तथा अनादि है। यह परम तत्त्व श्रीकृष्ण भगवान् हैं। भगवान् श्रीकृष्ण अनंत और अपरिमित गुणों के धाम हैं। वासुदेव, विष्णु, नारायण और शिव ये कृष्ण के ही रूप हैं, इसलिए उन्हें 'स्वांश' कहा गया है। जब श्रीकृष्ण की अनंत शक्ति प्रकट होती है तब उसे भगवान् कहते हैं, जब यह शक्ति उसी में प्रच्छन्न रहती है तब उसे ब्रह्म कहते हैं, तथा जब कृष्ण की कुछ शक्ति प्रकट रहती है और कुछ अप्रकट तब उसे परमात्मा कहते हैं। शंकराचार्य के समान चैतन्य मत में भी ब्रह्म को अखंड, सत्, चित् और आनंदमय स्वीकार किया गया है। भगवान की अनंत शक्ति अचिंत्य है, जिसके कारण नानात्मक प्रतीत होने पर भी वह एकात्मक ही बना रहता है। इसी अचिंत्य शक्ति के कारण भगवान् मूर्त होकर भी विभु हैं।

चैतन्य देव, कृष्ण को भगवान मानते थे, भगवान का अवतार नहीं। वृंदावन को वे अमरपुरी समझते थे। वहां के निवासी को वे मुक्त मानते थे। चैतन्य के अनुयायियों ने उनको साक्षात् कृष्ण माना। इस प्रकार स्वयं चैतन्य इस मत में उपास्य देव बन गये। ऐसा कम होता है कि उस मत का प्रवर्तक उसके अनुयायियों का एकमात्र उपास्य बन जाए।

चैतन्य मत के अनुसार भगवान की अनंत शक्तियों में से स्वरूप शक्ति, तटस्था शक्ति और माया शक्ति नाम की तीन शक्तियां मुख्य हैं। स्वरूप शक्ति को चित् शक्ति अथवा अंतरंग शक्ति भी कहते हैं, क्योंकि यह शक्ति भगवद्रूपिणी है। सत्, चित् और आनंद के कारण भगवान् की यह शक्ति एकात्मिका होने पर भी विविध रूपों में अभिव्यक्त होती है। जो शक्ति जीवों के आविर्भाव का कारण बनती है वह तटस्था कही जाती है। जैसे सूर्य से किरणें आविर्भूत होती हैं उसी प्रकार भगवान् की तटस्थ शक्ति से जीव आविर्भूत होता है। जीव अणु है और भगवान की नित्य शक्ति से प्रसूत होने के कारण वह नित्य है। जीव, माया शक्ति और स्वरूप शक्ति के बीच में है। कभी वह माया को स्पर्श करता है तो कभी भगवद् स्वरूप के प्रकाश को। यदि वह स्वरूप शक्ति की ओर प्रेरित हो तो वह दुःख से मुक्ति पाकर आनंद का भागी बन जाए। भगवान् की माया शक्ति से प्रकृति तथा जगत् का आविर्भाव होता है। माया और जीव का संबंध अनादि परंतु सांत है।

चैतन्य मत के अनुसार यह जगत् सत्यभूत पदार्थ है क्योंकि यह भगवान् की बहिरंगा शक्ति का विलास है। भगवान् की अचिंत्य शक्ति के कारण भगवान् के साथ न तो यह जगत्-प्रपंच एकांत तथा भिन्न ही प्रतीत होता है और न अभिन्न ही। अतएव चैतन्य मत की तात्विक दृष्टि को 'अचिंत्यभेदाभेद' के नाम से अभिहित किया गया है।

चैतन्य मत के अनुसार मुक्ति का सर्वश्रेष्ठ साधन भक्ति है। सत्संग, नामकीर्तन, वृंदावनवास आदि भक्ति के साधनों द्वारा भक्त केवल भगवत्प्रसाद को ही प्राप्त नहीं करता, अपितु भगवान् को भी अपने वश में कर लेता है। परब्रह्म श्रीकृष्ण तीन धामों में सर्वदा विराजते हैं। वे द्वारिका धाम में पूर्ण रूप से, मथुरा में पूर्णतर रूप से तथा गोकुल, गोलोक अथवा वृंदावन धाम में पूर्णतम रूप से विद्यमान रहते हैं। भगवान् श्रीकृष्ण की भावमयी गोलोक लीला चार भावों से संबंध रखती है—दास्य, सख्य, वात्सल्य और माधुर्य। इन्हीं चार भावों से कृष्ण में प्रेम-भक्ति होती है। इन भावों में सबसे अधिक उत्कर्ष माधुर्य भाव का है क्योंकि इसमें अन्य प्रेम-भावों का भी समावेश हो जाता है। यह भाव अपने उत्कर्ष पर पहुंचकर महाभाव अथवा 'राधा भाव' में परिणत हो जाता है।

इस मत के अनुसार भक्ति दो प्रकार की होती है- वैधी और रागात्मिका। वैधी भक्ति, भक्ति शास्त्र में निर्दिष्ट उपायों का अवलम्बन करने से होती है। इससे भक्तों को देवयान मिलता है। रागात्मिका भक्ति उन आर्तों की भक्ति है जो वैधी भक्ति नहीं करते या नहीं जानते, जो अपने प्रयत्न पर विश्वास न करके भगवान की अहेतुकी कृपा पर आस्था रखते हैं और भगवान को अपने प्रियतम के रूप में ग्रहण करके अलौकिक आनंद का आस्वादन करते हैं। ब्रज की गोपियों की भक्ति ऐसी ही रागात्मिका भक्ति है। चैतन्य के मत से यह भक्ति वैधी भक्ति से श्रेयस्कर है। भगवान् श्रीकृष्ण के चरणारविंद की सेवा करते हुए आनंदलाभ करना मोक्ष से बढ़कर है। चैतन्यमत में इस आनंदलाभ को पंचम पुरुषार्थ कहते हैं। अर्थात् यह अर्थ, धर्म, काम तथा मोक्ष से भिन्न पाचवां पुरुषार्थ है, जो अन्य चारों पुरुषार्थों से श्रेयस्कर है। इस भक्ति रस की सांगोपांग कल्पना चैतन्य मत की विशिष्टता है, जिसकी पांडित्यपूर्ण विवेचना रूप गोस्वामी ने 'भक्तिरसामृतसिंधु' में की है।

चैतन्य मत में भावों का अतिशय उद्रेक है। स्वयं चैतन्य अपने को कृष्ण समझकर कृष्ण-चरित्र की सभी लीलाएं करते थे। वे कभी बहुत रोते थे, कभी बहुत हंसते थे, कभी भावुकतापूर्ण कीर्तन करते थे और सबसे अधिक, कभी-कभी प्रेमोन्मत्त होकर रासलीला करते थे। उनका जीवन मानों किसी प्रेमोन्मत्त का जीवन था। किसी भी भक्त या रहस्यवादी के जीवन में इतना प्रेमोन्माद शायद नहीं पाया जाता। इस प्रेमोन्माद को अलौकिक रस, दिव्य आनंद या भक्तिरस कहा जाता है। इसका संस्कृत तथा विविध वर्तमान भाषाओं पर बड़ा प्रभाव पड़ा। रूप गोस्वामी के 'हंसदूत' में इस रस की सुंदर अभिव्यक्ति है। इस रस में विह्वल होकर पुरुष-भक्त स्त्री-भक्तों के साथ वही लीलाएं करता है, जो कृष्ण ने

गोपियों के साथ की थीं, पर इसमें शृंगार की हेयता नहीं है। यह शुद्ध माधुर्य भाव की अभिव्यक्ति है। इसमें भक्त का जीवन ही मधुरिमा-मय रहता है।

इस मत का प्रभाव हिंदी तथा बांग्ला पर विशेष पड़ा है। बंगला के कई काव्यों के विषय हैं चैतन्य महाप्रभु। चैतन्य के मतानुयायी आज भी बंगाल, वृंदावन तथा उत्तर प्रदेश के अन्य स्थानों में काफी संख्या में है। उनकी शिष्य परंपरा में जीव गोस्वामी हुए, जिन्होंने भागवत की टीका लिखी और उसके मत को व्यक्त करने के लिए 'षट्-संदर्भ' लिखा जो अचिंत्यभेदाभेदवाद का उत्कृष्ट ग्रंथ है। 18वीं सदी में सभी वैष्णव मतों के अनुयायियों के बीच वृंदावन में शास्त्रार्थ हुआ। वहां चैतन्य मत के बलदेव विद्याभूषण ने शास्त्रार्थ में भाग लिया। ब्रह्मसूत्र पर इस मत का कोई भाष्य न होने के कारण विद्वानों ने उनके मत को हेय समझा। बलदेव विद्याभूषण ने इस कमी को दूर करने के लिए एक मास के अंदर ही ब्रह्मसूत्र का भाष्य-'गोविंद भाष्य'-लिख डाला। उत्तर भारत के कृष्णपरक काव्य पर चैतन्य के मत का व्यापक प्रभाव पड़ा है।

चैतन्य तथा उनके अनुयायी षट्गोस्वामियों से ब्रज के भक्त प्रभावित रहे हैं। षट्गोस्वामियों में रूप, सनातन, रघुनाथदास, रघुनाथ भट्ट गोपाल भट्ट और जीवगोस्वामी हैं। ये सब वृंदावन में रहते और भगवद्भजन के अनन्तर ग्रंथ-रचना करते थे। इनकी रचनाएं संस्कृत और बंगला में हैं। इनके प्रभाव में आकर अनेक भक्तों ने ब्रजभाषा में ग्रंथ की रचना भी की।

भक्तवर नाभादास ने चैतन्य मतावलम्बियों में से चैतन्य, रूपगोस्वामी, सनातन, जीवगोस्वामी, रामराय, माधवदास जगन्नाथी, सूरदास, मदनमोहन, गदाधर भट्ट, नाथभट्ट प्रभृति का उल्लेख अपने भक्तमाल में किया है। उनके टीकाकार प्रियादास, स्वयं चैतन्य मत के अनुयायी थे। उन्होंने अपने सम्प्रदाय के अनेक भक्त कवियों का उल्लेख अपनी टीका में किया है। नाभादास के एक छप्पय के अनुसार चैतन्य मत के भक्त कवियों ने आपस में मिलकर वृंदावन की माधुरी का आस्वादन किया है और इसके फलस्वरूप उनके ब्रजभाषा साहित्य में इनकी सुंदर अभिव्यक्ति हुई है। श्री प्रभुदयाल मीतल ने इन भक्तों के ब्रज साहित्य पर सराहनीय कार्य किया है। उन्होंने चैतन्य मत से प्रभावित ब्रजभाषा के 122 साहित्यकारों के ग्रंथों का परिचय कराया है।

बीसवीं सदी के अंतिम दशकों में चैतन्यदेव की जन्मस्थली नवद्वीप (मायापुर) में इस्कान द्वारा विशाल मंदिर का निर्माण हुआ है। विशाल क्षेत्र में फैले इस प्रांगण में हजारों भक्त प्रतिदिन आते हैं। यहां विदेशी भक्तों (जिसमें महिलाएं भी बड़ी तादाद में रहती हैं) का भक्ति में सराबोर होकर नाचना-गाना दर्शकों को प्रभावित करता है। इस प्रसार में श्रील प्रभुपाद की भूमिका महत्वपूर्ण है।

आधार ग्रंथ :

1. चैतन्य मत और ब्रजभाषा साहित्य, प्रभुदयाल मीतल।
2. हिंदी साहित्य कोश, भाग-1
3. उत्तर भारत की संत परंपरा, परशुराम चतुर्वेदी
4. भारतीय तत्त्व चिंतन, जगदीश चंद्र जैन।

छंद

'छंद' शब्द की व्युत्पत्ति 'छद्' धातु से मानी गयी है। इसका अर्थ आवृत्त करना, रक्षित करना तथा प्रसन्न करना भी होता है। प्रसन्न करने के ही अर्थ में निघंटु में 'छंद' धातु भी मिलती है। कुछ विद्वानों का मत है कि इसी से छंद शब्द को संबद्ध मानना अधिक युक्तिसंगत है। कविता में जब निश्चित वर्ण अथवा मात्रा का विधान कर उसकी सृष्टि होती है तो वह सृष्टि 'छंद' कहलाती है। छंद कविता की बाह्य वस्तु ही नहीं बल्कि उसका आवश्यक अंग भी है। छंद कवि की सहज अभिव्यक्ति होती है। छंद कविता का अंतर संवारता हुआ बाह्य को भी संवारता है। यद्यपि यह विषय आज भी विवादास्पद है कि छंद के द्वारा काव्य का उत्कर्ष होता है या अपकर्ष। किंतु इतना अवश्य है कि छंद में कविता को सजाने की एक शक्ति होती है।

वेद के छह अंगों में छंद भी एक अंग है। पिंगलाचार्य के 'छंद:सूत्र' और 'अग्निपुराण' में छंदों के दो विभाग किए गए हैं-एक वैदिक और दूसरा लौकिक। वैदिक साहित्य में प्रयुक्त छंद वैदिक और लौकिक साहित्य में प्रयुक्त छंद लौकिक माने गए हैं।

छंदों की उत्पत्ति, आचार्य परंपरा, भेद-प्रभेद, गति, लक्षण, उदाहरण, वर्गीकरण आदि विविध पक्षों का निरूपण करनेवाला शास्त्र 'छंद शास्त्र' या 'पिंगल शास्त्र' कहलाता है। छंद शास्त्र की व्यवस्थित परंपरा का सूत्रपात पिंगलाचार्य के 'छंदसूत्र' से ही प्राप्त होता है जिनका समय ई.पू. 200 के लगभग माना जाता है। इसके अलावा भरत के 'नाट्य शास्त्र', 'अग्निपुराण', हलायुध कृत 'छंद शास्त्र', क्षेमेंद्र कृत 'सुवृत्त तिलक', गंगादास कृत

'छंदोमंजरी', केदारभट्ट कृत 'वृत्त रत्नाकर' दामोदर मिश्र कृत 'वाणी भूषण' तथा प्राकृत ग्रंथ 'प्राकृत पैंगलम्' आदि ग्रंथों में छंदों की विस्तृत चर्चा है।

हिंदी छंद शास्त्र पर रीतिकाल में अनेक ग्रंथ लिखे गए जिनमें मतिराम कृत 'छंदसार पिंगल', चिंतामणि कृत 'छंद विचार', सुखदेव कृत 'वृत्त विचार', माखन कृत 'छंद विलास', नारायणदास कृत 'छंदसार', भिखारीदास कृत 'छंदार्णव', कलानिधि कृत 'वृत्त चंद्रिका', पद्माकर कृत 'छंद सार मंजरी', गदाधर भट्ट की 'छंदोमंजरी' तथा जगन्नाथ प्रसाद भानु का 'छंद प्रभाकर' उल्लेखनीय है। इस तरह छंद शास्त्र प्रणयन की लगभग अखंड परंपरा वर्तमान समय तक चली आती हुई दिखायी देती है।

छंद एक प्रकार की काव्य-व्यवस्था भी है जिसमें ध्वनि, वर्ण, मात्रा, लघु, गुरु, तुक, यति आदि की व्यवस्था का विधान होता है। हिंदी में तीन प्रकार के छंद माने जाते हैं—वर्णिक छंद, मात्रिक छंद और मुक्त छंद।

वर्णिक छंद उन्हें कहते हैं जिनके प्रत्येक चरण का निर्माण वर्णों या अक्षरों की एक नियमित संख्या एवं व्यवस्था से होता है। जैसे-

"सुनि मुनि राई / जग सुख दाई /
कहि अब सोई / जेहि यश होई।"

इंद्रवज्रा, उपेंद्रवज्रा, वसंततिलका, वंशस्थ, सुंदरी या मनोरम, मनहरण कवित्त, रूप घनाक्षरी, देवघनाक्षरी, तोटक, द्रुतबिलंवित, मालिनी, मंदाक्रांता, शिखरिणी, अनुष्टुप, मत्तगयंद, दुर्मिल, भुजंगप्रयात आदि प्रमुख वर्णिक छंद हैं।

मात्रिक छंद में मात्राओं का निश्चित एवं नियमित विधान होता है। इसमें वर्णों की संख्या कम या अधिक हो सकती है किंतु प्रत्येक पंक्ति में उतनी ही मात्रायें होंगी जितनी प्रथम में होंगी। जैसे-

"शशि मुख पर घूंघट डाले अंचल में दीप छिपाये
जीवन की गोधूली में कौतूहल से तुम आये"।

मात्रिक छंदों में चौपाई, रोला, रूपमाला, गीतिका, हरिगीतिका, बरवै, दोहा, कुंडलिया, सोरठा, उल्लास, पद्धरि, छप्पय, त्रिभंगी, तोमर, आर्या आदि प्रमुख हैं।

मुक्त छंद में न तो मात्रा का विधान होता है और न वर्णों का। इसी से इसे मुक्त छंद कहते हैं। इसमें लय का विधान रहता है जैसे

"बीती विभावरी जाग री /
अम्बर पनघट में डुबो रही /
ताराघट ऊषा नागरी"।

मुक्त छंद के पहले प्रभावशाली कवि निराला हैं। निराला ने इसके समर्थन में विस्तार से लिखा भी है। निराला के बाद मुक्त छंद के प्रयोग का मार्ग प्रशस्त हो गया और आज के अधिकांश कवि मुक्त छंद में ही कविता करते हैं।

छंदों की व्यवस्था में वर्ण तथा मात्रा की संख्या का ही विचार नहीं किया जाता अपितु उसकी गति भी देखनी पड़ती है। गति का अभिप्राय है प्रवाह। वर्णों के क्रम को बदल देने पर उसकी मात्राओं तथा वर्ण-संख्या में तो कोई अंतर नहीं पड़ता किंतु उसकी गति भंग हो जाती है और उसके पढ़ने में पूर्ववत् आनंद नहीं आता जैसे-

"प्रियपति वह मेरा प्राण प्यारा कहां है?"

यदि वर्णों के क्रम को इस प्रकार कर दिया जाये- "मेरा प्राण प्यारा वह प्रियपति कहां है ?" तो इसके पढ़ने में पहले जैसा आनंद नहीं आ सकता।

इसी तरह छंद में गण का भी महत्त्व होता है। तीन-तीन वर्णों के समूह को गण कहते हैं। वर्णों के लघु और दीर्घ के विचार से गणों की संख्या आठ मानी गयी है।

'यमाताराजभानसलगम्' नामक इस सूत्र में किसी भी गण के लघु गुरु का क्रम सरलता से ज्ञात हो जायेगा। एक गण तीन वर्णों का होता है। एक बार तीन वर्ण ले लेने पर प्रथम अक्षर के नाम पर गण बन जायेगा। इसी प्रकार आठों गणों के स्वरूप बन जाते हैं जैसे यगण, मगण, तगण आदि।

प्रत्येक छंद में अनेक स्थानों पर विश्राम अथवा विराम के नियम बने होते हैं, जहां पर पाठक की जिह्वा को विश्राम प्राप्त होता है। इन्हीं विश्रामस्थलों को छंदशास्त्र में यति कहा जाता है, जैसे

'सुनि केवट के बैन, प्रेम लपेटे अटपटे।'

यहां पर बैन के बाद यति है।

पिंगल के अनुसार कुछ वर्ण शुभ और कुछ अशुभ कहे गये हैं। क, ख, ग, घ, च, छ, ज, त, द, फ, न, य, श, स और क्ष-ये पंद्रह वर्ण शुभ कहे गये हैं शेष 19 वर्ण अशुभ। उन्नीस अशुभ वर्णों में झ, भ, र, ष, और 'ह' बहुत ही अशुभ कहे गये हैं। उन्हें दग्धाक्षर कहते हैं।

इस तरह छंद शास्त्र का इतिहास जितना पुराना है उसका फलक उतना ही व्यापक। परंतु आधुनिक काल में पिंगल शास्त्र का महत्व तेजी से घटा है और आज छंद में बंधकर कविता करने वालों को पिछड़ा समझा जाता है। संभव है भविष्य में पुनः छंदों की वापसी हो क्योंकि आज छंद-लय-विहीन कविता की दुनिया दिन प्रतिदिन सिमटती जा रही है।

आधार ग्रंथ :

1. हिंदी साहित्य कोश, भाग-1।
2. भारतीय साहित्य शास्त्र कोश, डॉ. राजवंश सहाय हीरा।
3. काव्यांग प्रकाश, विजयपाल सिंह।
4. भारतीय काव्य शास्त्र, योगेंद्र प्रताप सिंह।
5. कविता की मुक्ति, नंदकिशोर नवल।

छायावाद

यावाद हिंदी साहित्य के आधुनिक युग की वह काव्यधारा ज्ञो लगभग 1916 से '1936 ('उच्छ्वास' से 'युगांत') क की प्रमुख युगवाणी रही, जिसमें प्रसाद, निराला, , महादेवी आदि प्रमुख कवि हुए और स्वच्छंदता जिसकी न प्रवृत्ति है।

'छायावाद' की प्रवृत्तियों का दर्शन 1916-17 ई. के स-पास दिखलायी देने लगता है और 'छायावाद' नाम प्रचलन 1920 ई. के आस-पास हो चुका था। मुकुटधर डेय ने 1920 ई. में जबलपुर की 'श्री शारदा' पत्रिका में दी में छायावाद' शीर्षक चार निबंधों की एक लेख-ला प्रकाशित करवाई थी। संभवतः 'छायावाद' नाम यह पहला प्रयोग था। 'सरस्वती' में 'छायावाद' का म उल्लेख जून, 1921 ई. के अंक में मिलता है।

'छायावाद क्या है' प्रश्न का उत्तर देते हुए मुकुटधर डेय ने लिखा है कि "अंग्रेजी या किसी पाश्चात्य साहित्य थवा बंग साहित्य की वर्तमान स्थिति की कुछ भी नकारी रखने वाले तो सुनते ही समझ जायेंगे कि यह ब्द 'मिस्टिसिज्म' के लिए आया है।"

'छायावाद' के लिए 'मिस्टिसिज्म' शब्द के आते ही स्यवाद' शब्द की बुनियाद पड़ गयी। सुकवि-किंकर नाम-धारी आचार्य महावीर प्रसाद द्विवेदी के निबंध ाजकल के हिंदी कवि और कविता' (सरस्वती : 6 , 1927) से पता चलता है कि जिन कविताओं को र लोग छायावाद कहते थे उन्हीं को वे 'रहस्यवाद' ना चाहते थे; लेकिन मुकुटधर पांडेय जहां उनमें ध्यात्मिकता' देखते थे वहां आचार्य द्विवेदी के लिए वे न्योक्ति पद्धति ' से अधिक न थी। 'छायावाद' का लित अर्थ समझने की कोशिश करते हुए उसी निबंध आचार्य द्विवेदी कहते हैं—"छायावाद से लोगों का क्या लब है, कुछ समझ में नहीं आता। शायद उनका मतलब क किसी कविता के भावों की छाया यदि कहीं अन्यत्र कर पड़े तो उसे छायावादी-कविता कहना चाहिए।"

इस तरह पंत के 'पल्लव' और प्रसाद के 'झरना' दि संग्रहों की कविताओं को 1927 ई. तक अंग्रेजी में स्टिसिज्म' और हिंदी में कभी 'छायावाद' और कभी स्यवाद' कहा जाता था। 1928 ई. में प्रकाशित आचार्य चंद्र शुक्ल की 'काव्य में रहस्यवाद' शीर्षक पुस्तक से यही सिद्ध होता है। साथ ही, शुक्ल जी के विवेचन से भी मालूम होता है कि तात्त्विक दृष्टि से उन रचनाओं 'रहस्यवाद' कहा जाता था और रूप-विधान की दृष्टि 'छायावाद'।

आगे चलकर जब महादेवी वर्मा की बहुत सी वताएं प्रकाश में आ गयीं तो लोगों ने 'रहस्यवाद' और 'मिस्टिसिज्म' शब्द को केवल इसी प्रकार की कविताओं के लिए सीमित कर दिया। धीरे-धीरे 'छायावाद' से इसे अलगाकर 'रहस्यवाद' नाम की एक स्वतंत्र काव्य-धारा मान ली गई, जिसका विकास वेद-उपनिषद् से आरंभ होकर कबीर, मीरा आदि से होता हुआ हिंदी में महादेवी वर्मा तक पहुंचता है। फलतः 'छायावाद' केवल आधुनिक काव्य-प्रवृत्ति रह गयी और 'रहस्यवाद' का संबंध अज्ञात के प्रति आकर्षण वाली पुरानी कविताओं से जोड़ दिया गया।

सन् 1930 के आसपास हिंदी छायावादी कविताओं की आलोचना के सिलसिले में अंग्रेजी के रोमांटिक कवि वर्ड्सवर्थ, शेली, कीट्स आदि का नाम लिया जाने लगा और इस तरह छायावाद के साथ 'रोमैंटिसिज्म' नाम भी जुड़ गया। आचार्य शुक्ल ने 'रोमैंटिसिज्म' के लिए हिंदी में 'स्वच्छंदतावाद' शब्द चलाया और वह चल भी पड़ा, किंतु उनके 'स्वच्छंदतावाद ' की परिभाषा इतनी सीमित थी कि वह संपूर्ण छायावादी कविताओं को न घेर सकी; फलतः 'स्वच्छंदतावाद' अंग्रेजी के 'रोमैंटिसिज्म' का अनुवाद होते हुए भी छायावादी कविता का केवल एक अंग बनकर रह गया मगर धीरे-धीरे 'छायावाद' संपूर्ण 'रोमैंटिसिज्म' का वाचक बन गया। आजकल हिंदी में जब 'छायावाद' कहा जाता है तो उसका मतलब उसी तरह की कविताओं से होता है जिन्हें यूरोपीय साहित्य में 'रोमैंटिसिज्म' की संज्ञा दी जाती है और जिसके अंतर्गत रहस्यभावना तथा स्वच्छंदता-भाव के साथ-साथ और भी कई बातें मिलती हैं।

छायावाद का मूल उत्स भारतीय स्वाधीनता संघर्ष में है। स्वाधीनता की चेतना का ही परिणाम है, कल्पना पर अधिक बल। यह तथ्य ध्यान आकृष्ट करने वाला है कि हिंदी कविता में छायावाद और भारतीय राजनीतिक रंगमंच पर महात्मा गांधी का आगमन लगभग एक ही साथ हुआ था। इसी स्थिति ने डॉ. नगेंद्र जैसे आलोचक को यह कहने का आधार प्रस्तुत किया होगा कि "जिन परिस्थितियों ने हमारे दर्शन और कर्म को अंहिसा की ओर प्रेरित किया, उन्होंने ही भाव (सौंदर्य) वृत्ति को छायावाद की ओर ।" इसका यह अर्थ नहीं है कि छायावाद और गांधी जी की जीवन दृष्टि समान है या स्वाधीनता संघर्ष में जो भूमिका गांधी की थी, वही छायावाद की हिंदी काव्य के संदर्भ में है। लेकिन स्वाधीनता के संदर्भ में छायावाद और गांधी—दोनों की परिकल्पना उस दौर में लगभग एक समान कही जा सकती है। स्वाधीन चेतना, सूक्ष्म कल्पना, लाक्षणिकता, नये प्रकार का सादृश्य-विधान और नया सौंदर्यबोध छायावाद की सामान्य विशेषताएं

हैं। सच्चाई यह है कि छायावादी काव्य में राष्ट्रीय जागरण सांस्कृतिक जागरण के रूप में आता है। इस सांस्कृतिक जागरण की अभिव्यक्ति प्रसाद की 'प्रथम प्रभात', 'अब जागो जीवन के प्रभात', 'बीती विभावरी जाग री' आदि कविताओं में है। इसकी अभिव्यक्ति हम पंत, निराला और महादेवी के यहां भी देख सकते हैं। निराला की 'जागो फिर एक बार', पंत की 'प्रथम रश्मि', महादेवी वर्मा की 'जाग तुझको दूर जाना' जैसी कविताएं इस दृष्टि से विचारणीय हैं।

छायावाद की भावभूमि को गांधीवाद से जितनी प्रेरणा और स्फूर्ति मिली, उससे कम रवींद्रनाथ से नहीं मिली। आचार्य रामचंद्र शुक्ल यहां तक मानते हैं कि छायावाद बंगाल की भावभूमि का स्पर्श लेकर ही हिंदी में आया। "इस रूपात्मक आभास को यूरोप में छाया कहते थे। इसी से बंगाल में ब्रह्म समाज के बीच उक्त वाणी के अनुकरण पर जो आध्यात्मिक गीत या भजन बनते थे वे 'छायावाद' कहलाने लगे। धीरे-धीरे यह शब्द धार्मिक क्षेत्र से वहां के साहित्यिक क्षेत्र में आया और फिर रवींद्र बाबू की धूम मचने पर हिंदी के साहित्य-क्षेत्र में भी प्रकट हुआ।" इस कथन से शुक्ल जी के छायावाद-संबंधी आरंभिक पूर्वग्रह का पता चलता है। बहुत दिनों तक शुक्ल जी छायावादी काव्य को सीमित अर्थ में 'मधुचर्या' कहते रहे। छायावाद की अर्थभूमि उन्हें बहुत सीमित जान पड़ती थी। बाद में निराला की कृति 'तुलसीदास', 'राम की शक्तिपूजा' प्रसाद की 'कामायनी' से परिचित होने के बाद उन्होंने अपनी धारणा बदल ली थी।

छायावादी काव्य का प्रथम लक्षण यह है कि वह आत्माभिव्यंजना का काव्य है। आत्माभिव्यंजना में कवि की कल्पना के साथ उसकी अनुभूतियों और चिंतन की सर्वाधिक अभिव्यक्ति होती है, बाह्यार्थ-निरूपण और वस्तु वर्णन का उसमें अभाव होता है। छायावाद में स्वच्छंदतावादी विद्रोह की भावना का भी बहुत महत्वपूर्ण स्थान है, जिससे उसमें सामाजिक बंधनों से ऊबकर प्रकृति के रहस्यमय सौंदर्य लोक में रमने की प्रवृत्ति दिखायी पड़ती है।

'छायावाद' वस्तुतः एक व्यापक जीवन-दृष्टि भी है। इसकी अभिव्यक्ति कविता के ही क्षेत्र में सबसे अधिक हुई; परंतु कहानी, उपन्यास, नाटक यहां तक की आलोचना के क्षेत्र में भी छायावादी जीवन दृष्टि की पहचान की जा सकती है। प्रसाद के नाटक, कहानियां और उपन्यास छायावादी दृष्टिकोण के प्रभाव को अच्छी तरह प्रकट करते हैं। निराला के 'अप्सरा', 'अलका', 'निरुपमा' आदि उपन्यास, महादेवी वर्मा के 'अतीत के चलचित्र' तथा 'स्मृति की रेखाएं' तथा पंत की कहानियों में भी छायावादी प्रवृत्ति देखी जा सकती है। किंतु भावात्मक और कल्प प्रवण जीवन दृष्टि होने के कारण छायावाद की अभिव्य मुख्यतः रचनात्मक साहित्य और उसमें भी कविता अधिक प्रभावशाली रूप में हुई।

छायावादी कवियों का व्यक्तिवाद, व्यक्तिकेंद्रित है, अपितु वह व्यक्ति की मानसिक और सामाजि स्वतंत्रता की अभिव्यक्ति है। पंत जी के शब्दों "छायावादी कविता व्यक्तिनिष्ठ न होकर मूल्यनिष्ठ है। उसमें व्यक्ति, मूल्य का प्रतिनिधि रहा है।" क्यो बोध की दृष्टि से छायावादी कवि का व्यक्ति नये मू का प्रतीक, नये मूल्य का अंश था। छायावादी कवि वैयक्तिकता की सही समझ इस नये मूल्य-बोध के सं में ही संभव है।"

अज्ञेय के शब्दों में "छायावादी कवि की व्याकुल नाना रूपों में प्रकट हुई। किंतु उनमें सामान्य बात यह कि विषयों की प्रधानता थी, सभी रूपों की मूल प्रे वैयक्तिकता की अभिव्यक्ति थी। वह वैयक्तिकता कल्पना की हो, चाहे चिंतन की, चाहे अनुभूति की चाहे स्वयं आध्यात्मिक व्याकुलता की हो।"

विषयों की प्रधानता के कारण स्वभावतः छाया में अनुभूति के महत्व की प्रतिष्ठा हुई। प्रसाद जी ने कविता की परिभाषा ही 'आत्मा की संकल्पनात्म अनुभूति' के रूप में की और छायावाद की अ विशेषताओं के बीच 'स्वानुभूति की विवृति' पर वि बल दिया। काव्य-सृजन के विषय में पंत की कवि "वियोगी होगा पहला कवि, आह से उपजा होगा गान" प्रसिद्ध है ही, महादेवी वर्मा भी जब गीत को, "व्यक्ति सीमा में तीव्र सुख-दुखात्मक अनुभूति के शब्द-रू कहकर परिभाषित करती हैं तो एक तरह से कविता अनुभूति के महत्व को ही रेखांकित करती हैं।

यह निर्विवाद है कि छायावाद में कल्पना की उ अभूतपूर्व थी। निराला ने कविता को "कल्पना के का की रानी" कहा और प्रसाद ने 'कल्पना' की प्रशंसा में पूरी कविता की रचना कर डाली जिसमें कल्पना 'मनुज-जीवन-प्राण' कहा गया है। पंत जी ने 'पल्लव' कविताओं को 'कल्पना के ये पल्लव बाल' कहा काव्य में कल्पना को अत्यंत महत्व देते हुए यहां कहा कि, "कोई भी गंभीर, व्यापक तथा महत्वपूर्ण अनु काल्पनिक होती है।" छायावाद के आलोचकों ने प्र इस बात को परिलक्षित किया है कि छायावाद में कल्प की अंतर्दृष्टिदायिनी और सृष्टि-विधायिनी दोनों शक्ति का भरपूर उपयोग हुआ है।

पंत ने 'छायावाद : पुनर्मूल्यांकन ' में छायावाद 'वेदना' और 'उच्छ्वास' आदि के कारणों का विश्ले करते हुए लिखा है, "बहुत सारी वेदना की अनुभूति

युग के भाव-प्रवण मन में इसलिए भी थी कि वह उन शृंखला की कड़ियों के प्रति जाग्रत थी जो समस्त देश तथा समाज की चेतना को अपने दुर्निवार, निर्मम, नृशंस लौह-बंधनों में जकड़े हुए थीं जिन्हें जोड़ने के लिए प्रबुद्ध सामूहिक कर्म तथा संयुक्त सामाजिक संघर्ष करना आवश्यक तथा अनिवार्य था। नये युग के भावमुक्तिकामी, मन की उड़ान भरने वाले, पिंजरबद्ध, व्यक्ति के असमर्थ-पंख उन जीवन-शून्य ठंडे सींकचों के संपर्क के कठोर आघात से लहूलुहान होकर कराहती हुई वेदना के स्वरों में गा उठे थे।" वेदना को छायावादी कवियों ने पीड़ा के अतिरिक्त अनुभूति, संवेदना तथा बोध के अर्थ में भी प्रयुक्त किया है।

आचार्य शुक्ल ने छायावादी कविता को 'अधिकतर प्रेम गीतात्मक' कहा था। छायावाद में प्रेमानुभूति की अधिकता से कहीं अधिक ध्यान आकर्षित करने वाली विशेषता प्रेम के प्रति इन कवियों का दृष्टिकोण है। छायावाद के आलोचकों में इस बारे में व्यापक सहमति है कि छायावाद का प्रेम प्रायः अशरीरी है और उसमें रीतिकालीन भोगवादी दृष्टि के स्थान पर मानसिक रागात्मकता की प्रतिष्ठा की गयी है। छायावाद की कविता प्रेम की अनुभूति को नये रूप-रंगों में प्रस्तुत करने के कारण तो ध्यान आकर्षित करती ही है, इससे अधिक इस बात के कारण महत्वपूर्ण है कि उसमें प्रेम एक गंभीर जीवन-दर्शन के रूप में प्रकट हुआ।

छायावादी कविता का सौंदर्यबोध अपनी सामान्यता में नहीं, विशिष्टता में ध्यान आकर्षित करता है। पंत जी के अनुसार—"छायावाद में नये मूल्य ने सबसे अधिक सशक्त अभिव्यक्ति सौंदर्य-बोध में पायी, इसलिए सौंदर्यबोध उस युग के काव्य की सबसे मौलिक तथा प्रमुख देन रही।" छायावाद की सौंदर्य दृष्टि में जहां एक ओर स्वप्न-लोक का कुहासा है वहां दूसरी ओर चेतना की उज्ज्वलता। सौंदर्य उनके यहां एक प्रकार के रहस्य से मंडित है। इन कवियों ने सौंदर्य को उदात्तता, भव्यता, दिव्यता आदि गुणों से विभूषित करके उसे काव्य में एक नये मूल्य के रूप में प्रतिष्ठित किया।

प्रकृति को जो स्थान छायावाद में मिला, वह अभूतपूर्व है। छायावादी कवियों ने उषा, संध्या, रात्रि, और चांदनी जैसे चिर-परिचित प्रकृति-रूपों को भी नयी अंतर्दृष्टि से देखा। इसीलिए पंत की 'प्रथम रश्मि ' और 'चांदनी ', निराला की 'संध्या सुंदरी ' प्रसाद की 'मंदिर माधवी यामिनी ' जैसी बहुत सी कविताएं हिंदी कविता में छायावाद से पहले दुर्लभ है। प्रकृति के पूर्व परिचित दृश्यों में नवीन सौंदर्य का उद्‌घाटन तो छायावादी कवियों ने किया ही, इसके अलावा उन्होंने वन्य प्रकृति के सुदूर दृश्यों की ओर भी दृष्टि डाली। प्राकृतिक रूपों और व्यापारों में उन्हें अपने लिए 'मौन निमंत्रण ' और कोलाहल की अवनी से मुक्ति का मार्ग दिखायी पड़ता था। प्रकृति उनके लिए या तो प्रेरणा का स्रोत थी या विश्रामस्थली, पलायन भूमि नहीं।

छायावादी कवियों पर बहुत दिनों तक यह आरोप लगाया जाता रहा है कि जिस समय देश, औपनिवेशिक शक्तियों के विरुद्ध अपनी स्वाधीनता के संग्राम में संलग्न था, ये कवि राष्ट्रीय प्रश्नों से उदासीन और विरत होकर क्षितिज के पार ताक-झांक करते रहे। यह वस्तुतः छायावादी काव्य को एकांगी दृष्टि से देखने का परिणाम है, वरना इन कवियों ने ओजस्वी स्वर में जागरण-गीत भी कम नहीं लिखे। प्रसाद जी की 'हिमालय के आंगन में उसे, प्रथम किरणों का दे उपहार' और 'हिमाद्रि तुंग श्रृंग से प्रबुद्ध शुद्ध भारती' जैसे गीत, निराला की 'भारति जय विजय करे', और 'महाराजा शिवाजी के नाम पत्र' जैसी रचनायें इसका प्रमाण हैं।

छायावादी कविता में राष्ट्रीय-चेतना तो है, अंध राष्ट्रवाद नहीं है। राष्ट्र के स्वाधीनता-संग्राम से संबद्ध होते हुए भी ये कवि रवींद्रनाथ ठाकुर के विश्वमानवतावाद से प्रेरणा प्राप्त कर अपने काव्य में विश्व-दृष्टि की ही अभिव्यक्ति करते रहे। पंत जी ने 'छायावाद : पुनर्मूल्यांकन' में बार-बार इस बात पर बल दिया कि छायावाद विश्व-दृष्टि से अनुप्राणित था और यही उसकी आधुनिकता थी। छायावाद की सांस्कृतिक चेतना, द्विवेदी युग से अधिक परिमार्जित और सूक्ष्म थी। निराला की 'यमुना के प्रति', 'तुलसीदास', 'राम की शक्तिपूजा' तथा प्रसाद की 'कामायनी' से स्पष्ट है कि ऐतिहासिक एवं पौराणिक कथानकों को ग्रहण करते हुए भी छायावादी कवियों ने उनका उपयोग केवल अतीत की पुनरावृत्ति और स्मरण करने के लिए नहीं किया अपितु उन्हें समकालीन आशयों और अर्थ व्यंजनाओं से संपृक्त कर उनका पुनराविष्कार भी किया। छायावाद के विशिष्ट अभिव्यंजना-कौशल को उसकी सबसे बड़ी देन या उपलब्धि समझा जाता है। अज्ञेय के अनुसार : "छायावाद के सम्मुख पहला प्रश्न अपने काव्य के अनुकूल भाषा का—नयी संवेदना के नये मुहावरे का था। इस समस्या का उसने धैर्य और साहस के साथ सामना किया।" द्विवेदी युग में खड़ी बोली काव्य-भाषा के रूप में प्रतिष्ठित हो चुकी थी। उसके परिमार्जन और परिष्कार का कार्य भी संपन्न हो चुका था किंतु उसमें निहित काव्यात्मक संभावनाओं को पहचानकर इसका उपयोग करने का कार्य शेष था। यह कार्य छायावादी कवियों के हाथों ही संपन्न हुआ, साथ ही काव्य भाषा में व्यंजकता की वृद्धि हुई।

छायावाद ने भाषा की अभिव्यंजना-क्षमता बढ़ाने के लिए बिम्ब-विधान का भी आश्रय लिया जिसे शुक्ल

जी ने 'लाक्षणिक मूर्तिमत्ता' तथा पंत जी ने 'चित्रभाषा' कहा है। छायावादी कवियों के बिम्बों में मौलिकता और ताजगी है। छंद प्रयोग की दृष्टि से भी छायावादी कवियों का योगदान विशेष महत्वपूर्ण है। इन कवियों ने द्विवेदी-युगीन अनेक विकल्पों के बीच से खड़ी बोली हिंदी की प्रकृति के अनुरूप कुछ छंदों का चुनाव कर प्रगीत-रचना के लिए उन्हें परिनिष्ठित रूप दिया, साथ ही कविता में संगीतात्मकता की वृद्धि की। इसके अलावा छायावाद को हिंदी में मुक्त छंद के प्रवर्तन का श्रेय भी दिया जाता है जिसके पुरस्कर्ता मुख्य रूप से निराला हैं।

छायावाद पूर्ववर्ती कविता की परंपरा के विरुद्ध कोई एकदम नयी काव्य-प्रवृत्ति नहीं है, बल्कि छायावाद द्विवेदी युग का ऐतिहासिक विकास है और इस प्रकार छायावाद हिंदी साहित्य की परंपरा की एक महत्वपूर्ण कड़ी है।

छायावाद का ऐतिहासिक कार्य, संक्षेप में रामविलास शर्मा के शब्दों में यह है कि "द्विवेदी युग की वैष्णवी श्रद्धा और सशंक नैतिकता के बदले पहले-पहल आत्मविश्वास और मानवीय प्रेम और श्रृंगार के स्वर सुनाई पड़ते हैं, नैतिकता के विरोध में उच्छृंखलता का रूप नहीं लिया। नये कवियों ने व्यक्तित्व के पूर्ण विकास के लिए उस सामाजिक स्वाधीनता की मांग की जिसे पिछले युग के सामाजिक बंधन दबाकर रखना चाहते थे। इन कवियों ने नये ढंग से प्रकृति का चित्रण शुरू किया; इस तरह की कविता को उन्होंने लक्षण ग्रंथों की सीमाओं से उबार लिया। उद्दीपन या उपदेश के लिए प्रकृति का वर्णन काफी नहीं था। प्रकृत रूप में भी प्रकृति का उपयोग किया, लेकिन पहले-पहल हिंदी कविता में उसके यथार्थ चित्र देखने को मिले। सामाजिक रचनाओं में दलित वर्ग के प्रति भावुक सहानुभूति प्रकट की तो साथ ही साथ सामाजिक ढांचा बदलने के लिए विप्लव और क्रांति की मांग भी की। रहस्यवादी कविताओं में उन्होंने आनंद और प्रकाश में इष्टदेव की कल्पना की, लेकिन अपने जीवन की दारुण व्यथा को भी वे भुला नहीं सके। छंद और भाषा में नये प्रयोग करके उन्होंने रीतिकालीन आचार्यों को बता दिया कि हिंदी कविता में एक नये युग का आरंभ हो गया है।"

आधार ग्रंथ :

1. हिंदी साहित्य का इतिहास, रामचंद्र शुक्ल।
2. छायावाद : पुनर्मूल्यांकन, सुमित्रानंदन पंत।
3. छायावाद, नामवर सिंह।
4. निराला की साहित्य साधना, रामविलास शर्मा।
5. नई कविता, आचार्य नंददुलारे वाजपेयी।
6. छायावाद के गौरव चिह्न, 'क्षेम'।

छायावादी आलोचना

छायावादी आलोचना को 'स्वच्छंदतावादी आलोचना' और 'सौष्ठववादी आलोचना' के नाम से भी जाना जाता है। अंग्रेजी साहित्य में रोमैंटिक आंदोलन का आरंभ वस्तुतः अभिजात एवं शास्त्रीय प्रवृत्तियों की प्रतिक्रियास्वरूप हुआ था। रोमैंटिकता एवं शास्त्रीयता ये ऐसी प्रवृत्तियां हैं, जो विश्व के समस्त साहित्य की गतिविधि का बारी-बारी से संचालन करती आ रही हैं। रोमैंटिकता के अतिरेक से कला का बाह्य स्वरूप कुछ खंडित हो जाता है और अंतर्वेगों का निर्बाध रूप से प्रकाशन होता है। ऐसी स्थिति में अनुशासन और नियम की आवश्यकता प्रतीत होने लगती है। बस यही आवश्यकता शास्त्रीयता के लिए मार्ग प्रशस्त कर देती है किंतु जब अनुशासन और नियंत्रण बंधन बन जाता है तो अंतर्वेग संयम का बांध तोड़ डालते हैं और रोमांसवाद का अभ्युदय हो जाता है। दोनों ही प्रवृत्तियों का संबंध रचनाकार के अंतर्वेगों से है। रोमांसवादी प्रवृत्ति जब प्रधान होती है, तो ये अंतर्वेग अपने प्रकाशन हेतु मुक्त द्वार पा जाते हैं, किंतु शास्त्रीय मनोवृत्ति में उन्हें नियंत्रण में रहना पड़ता है।

यद्यपि स्वच्छंदतावाद का आरंभ 17वीं सदी के उत्तरार्द्ध में ही हो गया था किंतु अंग्रेजी में स्वच्छंदतावादी आलोचना का समय विद्वानों ने 'लिरिकल बैलेडस' की भूमिका के प्रकाशन (1800 ई.) से लेकर हॉजलिट की महत्वपूर्ण समीक्षाकृति 'दि स्पिरिट आफ दि एज' के प्रकाशन (1825 ई.) तक स्वीकार किया है।

हिंदी साहित्य में छायावादी कविता के विकास के साथ-साथ छायावादी आलोचना का भी विकास हुआ। वास्तविकता तो यह है कि अंग्रेजी रोमैंटिक साहित्यशास्त्र का सर्वाधिक प्रभाव हिंदी के छायावादी कवियों पर पड़ा। जयशंकर प्रसाद, पंत, महादेवी वर्मा और रामकुमार वर्मा अंग्रेजी के वर्ड्सवर्थ, कॉलरिज, शेली आदि की भांति कवि होने के साथ-साथ आलोचक भी हैं। उनके काव्य

और आलोचना दोनों पर ही अंग्रेजी रोमांसवाद का गहरा प्रभाव पड़ा है।

दूसरी तरफ छायावाद अपनी ही विशिष्ट परिस्थितियों की उपज है। उसमें जो सार्वभौम और शाश्वत तत्त्व दिखायी देते हैं, वे सौंदर्यशास्त्र के किसी अलौकिक नियम से नहीं आये हैं, बल्कि उसके ऐतिहासिक कार्यों के ही पुरस्कार हैं। प्रथम महायुद्ध के बाद विश्व में जो मूल्यगत परिवर्तन हुआ उसने हिंदी कविता को भी प्रभावित किया। राष्ट्रीय चेतना के साथ एक अंतरराष्ट्रीय चेतना का विकास हुआ। आकस्मिक नहीं है कि हिंदी कविता में छायावाद और भारतीय राजनीति के रंगमंच पर महात्मा गांधी का आगमन एक ही साथ हुआ। डॉ. रामविलास शर्मा ने गांधीवाद और छायावाद को विचारों की सम्मिलित भूमि पर समझने का प्रस्ताव किया है। वस्तुतः छायावादी कविता एक नवीन सामाजिक बदलाव से उत्पन्न चेतना से उपजी है। जिन परिस्थितियों ने हमारे दर्शन और कर्म को अहिंसा की ओर प्रेरित किया, उन्होंने ही भाववृत्ति को छायावाद की ओर प्रेरित किया। अहिंसा की प्रमुखता के कारण भारतीय जन मानस में एक आत्मिक शक्ति का विकास हुआ जिसकी वृत्ति अंतर्मुखी थी। वास्तविकता तो यह है कि इन विशिष्ट सांस्कृतिक, राजनीतिक परिस्थितियों द्वारा जन-जीवन में एक नयी चेतना का उन्मेष हो रहा था। बाह्य तो दमन और पीड़ा के बाद बुझ सा गया था, किंतु अंतर बराबर सुलग रहा था। फलतः समस्त बाह्य चेतना सिमटकर अंतर्मुखी हो गयी थी, जिसमें बाह्य के श्रेष्ठीकरण के साथ-साथ युग की उद्‌बुद्ध सांस्कृतिक चेतना, जिसका स्फुरण रामकृष्ण परमहंस, स्वामी विवेकानंद, कविकुल गुरु रवींद्र और महात्मा गांधी जैसी विभूतियों ने किया था, वह भी जनमानस को ही भीतर ही भीतर सींच रही थी। जन-मानस युग के कठोर वस्तु-सत्य से टकराकर अंतर्मुखी हो गया और बाह्य सत्यों से अपने आपको अलग कर लिया। ऐसी दशा में उसे आत्म-मंथन और आत्म-पर्यवेक्षण के अधिक अवसर प्राप्त हुए और वह स्वयं ही अपनी कविता का मूल उत्स बन गया।

बहरहाल, हिंदी का छायावाद यहां की अपनी विशिष्ट परिस्थितियों की उपज था। फिर भी पश्चिम के रोमैंटिसिज्म के व्यापक प्रभाव से इसे बल मिला। इस तथ्य को नकारा नहीं जा सकता। भारत में अंग्रेजों की सत्ता जड़ जमा चुकी थी। प्रबुद्ध वर्ग पश्चिमी साहित्य के प्रभाव के घेरे में आ चुका था। बंगाल के नवजागरण के मूल में यह पश्चिम का संपर्क ही था। आचार्य रामचंद्र शुक्ल की स्थापना में सच्चाई है कि हिंदी के छायावाद पर पश्चिम के रोमैंटिसिज्म का यह प्रभाव बंगला साहित्य से होते हुए हिंदी में आया।

छायावाद की विशेषताओं के आधार पर ही छायावादी समीक्षा विकसित हुई। छायावादी कवियों द्वारा निरूपित उनके अपने काव्य मूल्य, वैयक्तिक अभिरुचि का प्रतिपादन करते थे तथा इस युग की कविता ने जिन आलोचकों का निर्माण किया है उनमें भी यह व्यक्तिवाद विशेष रूप से समाहित था। इन कवियों की भांति तत्कालीन स्वच्छंदतावादी समीक्षक भी काव्य में कृत्रिमता, निर्बंधता, अनुभूति की सच्चाई और अभिव्यंजना की ऋजुता को ही प्रधानता देते थे। इस युग में सिर्फ कवियों ने ही नहीं, अपितु आलोचकों ने भी बौद्धिकता की उपेक्षा की और उसकी जगह पर हृदयपक्ष की प्रतिष्ठा की।

इस वर्ग के समीक्षकों के अनुसार काव्य के लिए बड़े विषय की स्वीकृति जरूरी नहीं, जीवन के सामान्य और छोटे पदार्थ तथा क्षण कविता के विषय बन सकते हैं, क्योंकि विषयों में स्वतः महान साहित्य रचने की क्षमता नहीं होती, क्षमता होती है साहित्यकार में, जो अपनी संवेदना और अनुभूति के संस्पर्श से बाह्य विषयों को स्पंदित कर कविता बना देता है।

छायावादी कविता की सबसे बड़ी देन यह है कि उसने आलोचना में कवि के व्यक्तित्व को भी आलोचक का एक निर्णयकारी तत्त्व बतलाया। इतना ही नहीं, कवि में जिस प्रकार अपने युग की समग्र सांस्कृतिक गरिमा और युग की स्पंदनशीलता को अनुभूत करने की क्षमता होनी चाहिए, ठीक इसी तरह आलोचक में भी आलोच्यकृति में निरूपित भाव-गरिमा को संपूर्ण रूप से आत्मसात करने की शक्ति होना अनिवार्य है। परंपरा ग्राह्यता यदि युगसत्य के संदर्भ में न हो तो काव्य की गत्यात्मकता सहज ही नष्ट हो जायेगी। छायावादी आलोचकों ने इस सत्य को परखा था।

इस समीक्षा की दूसरी महत्वपूर्ण विशेषता है सौष्ठव। यह सौष्ठव संपूर्ण काव्य को प्राणवान करने वाली शक्ति और चिरंतन मूल्य हैं, जिनसे पाठक आह्लादित होता है। इसी का उद्‌घाटन छायावादी समीक्षक अपना मुख्य कर्तव्य समझता है। छायावादी समीक्षकों को विश्वास है कि समस्त वादों से परे साहित्य-समीक्षा का प्रकृत-पथ यही है। इसी माध्यम से साहित्य का स्थायी और सांस्कृतिक मूल्य आंका जा सकता है।

इस प्रकार "स्वच्छंदतावादी समीक्षा ने छायावादी कविता के नवीन सौंदर्य-बोध को अपनाकर बंधे-बंधाये विषयों, बाह्य रूप से शोभा-मंडित उपकरणों, नारी अंगों की मांसलता और उत्तेजकता, उसके बाह्य क्रिया-कलापों, अभिव्यक्ति के बंधे-सजे आयोजनों में काव्य-सौंदर्य की खोज नहीं की, बल्कि मानसिक गठन, मानवता के नवीन मूल्यों, हृदय की संश्लिष्ट भाव-छवियों और अभिव्यक्ति

के नवीन साधनों में की। इसलिए जो छायावादी कविता पहले ऊल-जलूल व्यर्थ और असुंदर दिख रही थी, वही स्वच्छंदतावादी समीक्षक को सुंदर और सार्थक दिखायी पड़ने लगी।"

निष्कर्ष के रूप में कहा जा सकता है कि छायावादी समीक्षा भी छायावादी कविता की सारी नवीनताओं की खोज करती हुई उसके मूल में अनुभूति की पहचान करना चाहती है।

आधार ग्रंथ :

1. छायावाद, नामवर सिंह।
2. हिंदी साहित्य का इतिहास, रामचंद्र शुक्ल।
3. आचार्य रामचंद्र शुक्ल और परवर्ती आलोचना, डॉ. अमरनाथ।
4. नयी कविता, नंद दुलारे वाजपेयी।
5. छायावाद का पतन, डॉ. देवराज।

जनतंत्र

'जनतंत्र' शब्द अंग्रेजी के 'डेमोक्रेसी' (Democracy) का हिंदी पर्याय है। इस शब्द का प्रयोग चिंतन के इतिहास में विभिन्न अर्थों में किया गया है। अपने व्यापक रूप में जनतंत्र एक निश्चित प्रकार की समाज व्यवस्था और शासन प्रणाली का द्योतक है। समाज व्यवस्था के रूप में जनतंत्र एक विशिष्ट मानववादी चिंतन का प्रतीक है।

जनतंत्र सामाजिक जीवन में उन सभी परिस्थितियों का निवारण करना चाहता है, जो व्यक्तिगत प्रगति का मार्ग रोकती हैं। जनतंत्र आर्थिक, सामाजिक और राजनीतिक न्याय का पथ प्रशस्त करता है। शासन प्रणाली के रूप में जनतंत्र अपने नैतिक आदर्शों की पूर्ति के लिए राज्य की संप्रभुता पर नियंत्रण करना चाहता है, क्योंकि यह आदर्श जनता और समाज के बीच का जीवित विश्वास है। जनतंत्र के लिए यह अनिवार्य हो जाता है कि वह जनता और समाज द्वारा ही इन आदर्शों की प्राप्ति का प्रयास करे।

इतिहास से ज्ञात होता है कि समाज और जनता की उच्चता सर्वप्रथम इसी शासन प्रणाली के रूप में व्यक्त हुई। ग्रीस और बुद्धकाल में जनतंत्र एक राजनीतिक व्यवस्था के रूप में ईसा से पांच-छहः सौ वर्ष पूर्व पाया जाता है। परंतु ग्रीक जनतंत्र ने अपने शासनकाल में कभी-कभी ऐसी कठोरता और मानसिक शिथिलता का परिचय दिया है कि महान् ग्रीक विचारक प्लेटो का विश्वास ही इस शासन प्रणाली के औचित्य से उठ गया। बाद में उसके शिष्य अरस्तू ने पुनः जनतंत्र में विश्वास जगाने का प्रयास किया। फिर भी इतना स्पष्ट है कि जनतंत्र की पिछली भूलों को देखकर अरस्तू ने मिश्रित शासन-व्यवस्था को ही अपना व्यावहारिक आदर्श माना। उसकी व्यावहारिक आदर्श-व्यवस्था को अंग्रेजी में 'पॉलिटी' कहते हैं।

ईसा पूर्व भारत के इतिहास में अनेक जनपद थे जहां जनतांत्रिक शासन व्यवस्था प्रचलित थी। इसी तरह रोमन-काल में सैद्धांतिक दृष्टि से जनता को ही अधिकार स्रोत माना गया था। परंतु जनतांत्रिक विचारों की परंपरा की व्यवस्थित और संयत परिणति फ्रांस की राज्य क्रांति में दृष्टिगत होती है। फ्रांस की राज्य क्रांति ने सर्वप्रथम जनतंत्र को शासन प्रणाली का ही रूप न मानकर जीवन के व्यापक आदर्श के रूप में प्रतिष्ठित किया और तब से लेकर आजतक जनतंत्र केवल राजनीतिक मूल्यों की ही नहीं, प्रत्युत जीवन के व्यापक प्रतिमानों का भी आधार हो गया है।

जनतंत्र की विशेषताएं किसी निश्चित विधि में बांधी नहीं जा सकतीं। इसका कारण यह है कि जनतंत्र के मूल्य राजनीतिक परिस्थितियों की सापेक्षता में आंके जा सकते हैं। 16वी, 17वीं और 18वीं सदी में अनुबंध-सिद्धांत द्वारा जनतंत्र व्यक्तिवाद से संबंधित था, किंतु जैसे-जैसे व्यक्तिवाद की परंपराएं टूटती गयीं, जनतंत्र में व्यक्ति के स्थान पर समष्टि का महत्व बढ़ता गया। आधुनिक राजनीतिक दर्शन के इतिहास में जनतंत्र और समष्टि का समन्वय रूसो के सर्व-इच्छा-सिद्धांत अर्थात् 'जनरल विल थियरी' में प्राप्त होता है।

शासन प्रणाली के रूप में जनतंत्र की आधारभूत मान्यता है कि किसी व्यक्ति या वर्ग को यह अधिकार प्राप्त नहीं है कि वह समूची जनता के भाग्य का निर्णय करे, बल्कि स्वाभाविक तो यह है कि जनता स्वयं ही अपने भाग्य का निर्णय करे। अब्राहम लिंकन का यह प्रसिद्ध वाक्य कि, "जनतंत्र वह शासन है जो जनता का है, जनता द्वारा होता है और जनता के लिए होता है" जनतांत्रिक शासन प्रणाली को ठीक ढंग से व्यक्त करता है। अतः सैद्धांतिक स्तर पर जनतंत्र व्यष्टिवादी और समष्टिवादी परंपराओं का प्रतीक है। व्यक्तिवादी रूप में यह व्यक्तिगत स्वतंत्रता, व्यक्तिगत अधिकार और व्यक्तिगत हितों को ही प्रधान मानता है। समष्टिवादी

रूप में जनतंत्र समाज और सामूहिक जीवन को व्यक्ति से ऊंचा मानता है। व्यक्ति समाज का केवल एक अंग है और समाज से हटकर उसका कोई अस्तित्व शेष नहीं रहता। इस रूप में जनतंत्र राज्य की निरंकुशता के स्थान पर जनता की निरंकुशता की प्रतिष्ठा करता है। ऐसी व्यवस्था में व्यक्ति सामाजिक दासता से उतना ही बंधा है, जितना वह आधुनिक युग के प्रारम्भ में राजाओं की दासता में था। कहा जाता है कि जनतंत्र का समष्टिवादी रूप ही शुद्ध और पूर्ण जनतंत्र है।

यह जनतंत्र दो प्रकार का होता है पहला अपरोक्ष जनतंत्र और दूसरा परोक्ष जनतंत्र। अपरोक्ष जनतंत्र में जनता बिना किसी प्रतिनिधि संस्था के माध्यम से ही अपनी शासन प्रणाली संभालती है। इस प्रकार का जनतंत्र पुराने युग में ग्रीक नगर राज्यों की कुछ व्यवस्थाओं में पाया जाता था। भौगोलिक दृष्टि से छोटे देशों में ही यह शासन प्रणाली संभव हो सकती है।

परोक्ष जनतंत्र में जनता प्रतिनिधि-संस्थाओं के माध्यम से ही अपनी राजनीतिक शक्ति का संघटन करती है। संसदीय शासन-प्रणाली, जो पूर्णतया प्रतिनिध्यात्मक व्यवस्था है, परोक्ष जनतंत्र का ही एक रूप है। परोक्ष जनतंत्र को प्रतिनिध्यात्मक जनतंत्र भी कहते हैं। जनतंत्र के आदर्श और शासन-प्रणाली की कड़ी आलोचनाएं भी वर्तमान युग में की गयी हैं। कभी-कभी यह भी कहा जाता है कि सामान्य जनता का बौद्धिक स्तर इतना ऊंचा नहीं होता कि वह शासन भार को कुशलता से संभाल सके। मार्क्सवादी विचारधारा में आस्था रखने वाले लोग भी जनतंत्र के वर्तमान रूप की आलोचना करते हैं। उनके अनुसार वर्तमान जनतंत्र, जो इंग्लैण्ड, पश्चिमी यूरोप और अमेरिका में फैला हुआ है, शुद्ध जनतंत्र न होकर पूंजीवादी जनतंत्र है। शुद्ध जनतंत्र केवल साम्यवादी व्यवस्था में ही संभव है, जहां उचित न्याय की परिस्थितियां हों। ऐसा जनतंत्र अभी केवल कल्पना की वस्तु है।

आधार ग्रंथ :

1. हिंदी साहित्य कोश, भाग-1
2. आधुनिक राजनीतिक विचारधाराएं, इकबाल नारायण।
3. Modern Political Theory, C.E.M.Zoad.
4. A Dictionary of Scientific Communism, Progress Publication, Moscow.
5. The Republic, Plato

जनवादी साहित्य

जनवाद के मूल में 'जन' शब्द काफी पुराना है। यह शब्द समूहवाची है जबकि जनवाद के लिए हम कह सकते हैं कि यह जीवन और समय के प्रति एक विशिष्ट दृष्टिकोण है। जनवादी साहित्य से तात्पर्य सामंतवाद विरोधी साहित्य से ही है, किंतु भिन्न-भिन्न समयों में, देश की सामाजिक, आर्थिक, राजनीतिक स्थितियों और अंतरराष्ट्रीय चुनौतियों के अनुरूप इसका स्वरूप परिवर्तित होता रहा है। इसीलिए कभी यह सामंतवाद विरोधी, कभी सामंतवाद-साम्राज्यवाद विरोधी तथा कभी सामंतवाद-साम्राज्यवाद-पूंजीवाद विरोधी रूप में लक्षित होता रहा है। कुल मिलाकर आज की परिस्थितियों में जनवादी साहित्य से तात्पर्य व्यवस्था विरोधी साहित्य से है। उस व्यवस्था का विरोधी साहित्य जिसमें नब्बे प्रतिशत की कमाई पर दस प्रतिशत लोग मौज कर रहे हैं।

जनवादी साहित्य मुट्ठी भर शोषक-शासक वर्ग के प्रति विशाल शोषित जन-समुदाय की मुक्ति का उद्घोष है। जनवादी काव्य के बारे में डॉ. शिवकुमार मिश्र का कहना है-"जनवादी कविता का आधार किसी राष्ट्र या देश की जनता का मुख्य जीवन प्रवाह होता है और इस जनता के अंतर्गत किसी राष्ट्र या देश के निवासियों का मुख्यांश आता है जो समाज के प्रभुवर्गों के विपरीत अपनी जीविका का निर्वाह करता है। यह श्रम शारीरिक भी होता है और मानसिक भी। जनवादी कविता इस जनता की जिंदगी को उसकी संपूर्णता के साथ प्रस्तुत करती है और अपने इसी व्यापक और पुष्ट जनाधार के कारण किसी भी समय तथा किसी भी युग में शासक-शोषक वर्गों के समक्ष चुनौती के रूप में प्रस्तुत होती रही है। जनवादी कविता जनता की जिंदगी के बीच से उगते हुए उसकी आशाओं-आकांक्षाओं, उसके स्वप्नों तथा संघर्षों को वाणी देती है। किसी भी राष्ट्र या देश की जनता की संस्कृति, उसके कर्म तथा आचरण को हम बड़े सहज रूप में उसमें प्रतिबिंबित देख सकते हैं। वह एक स्तर पर जनता के जीवन से उसकी कर्मठता तथा संघर्षशीलता से प्रेरणा लेती है; दूसरे स्तर पर जनता को शिक्षित तथा जाग्रत करते हुए, उसके आकांक्षित जीवन को उसके समग्र चित्रमयता तथा पैनेपन के साथ प्रस्तुत करते हुए उसे अपने इस प्राप्तव्य तक पहुंचने में मदद करती है।"

जनवादी लेखन के इसी व्यापक स्वरूप और उद्देश्य को स्पष्ट करते हुए डॉ. कुंवरपाल सिंह लिखते हैं-"जनवाद का वास्तविक अर्थ है साम्राज्यवाद, पूंजीवाद, सामंती व्यवस्था और उसके जीवन-मूल्यों का सक्रिय विरोध, श्रमिक वर्ग और पीड़ित जन के साथ वास्तविक हमदर्दी। देश भक्त क्रांतिकारी शक्तियों की एकता और संकल्प का नाम है जनवाद। जनवाद का उद्देश्य है-साम्राज्यवादी, पूंजीवादी और सामंती व्यवस्था के स्थान पर जनता के प्रजातंत्र की स्थापना।"

जनवादी साहित्य की पहली प्रवृत्ति है—आम आदमी का चित्रण। जनवादी साहित्य के केंद्र में वह आदमी है, जो हर तरह के शोषण-दमन और अत्याचार का शिकार है, जो हर तरफ से उपेक्षित और तिरस्कृत है। जो दिन भर कठिन श्रम करने के बाद भी शाम को अपने परिवार के लिए भरपेट भोजन की व्यवस्था नहीं कर पाता, जिसकी जिंदगी अभावों का पर्याय बन चुकी है।

जनवादी साहित्य की दूसरी महत्वपूर्ण प्रवृत्ति है सामाजिक विद्रूपताओं और विसंगतियों का उद्घाटन। पूंजीवादी व्यवस्था के परिणामस्वरूप उत्पन्न, पतनशील मूल्यों एवं सामाजिक विकृतियों तथा विद्रूपताओं को जनवादी कवियों ने अपनी रचनाओं में बेनकाब करने की कोशिश की है। सामाजिक संबंधों में अर्थ की निर्णायक भूमिका, टूटते-बिखरते परिवार, अलगाव, अजनबीपन, अमानवीयता, व्यवस्था की साजिशें, चौतरफा समस्यायों की मार और इन सारी तबाहियों के बीच में घुट-घुटकर जीते हुए आदमी के जीवन की त्रासदी का सशक्त चित्रण जनवादी कविताओं में हुआ है।

जनवादी साहित्य की तीसरी प्रवृत्ति है उसका वर्गीय दृष्टिकोण। जनवादी रचनाकार वैज्ञानिक चेतना से लैस होता है। वह यह जानता है कि वर्ग विभाजित समाज में हर चीज की भांति साहित्य का भी वर्गीय स्वरूप होता है और शोषक तथा शोषित वर्गों में से किसी एक के प्रति सबको अपनी पक्षधरता और प्रतिबद्धता घोषित करनी पड़ती है। बीच की अर्थात् तटस्थता की कोई स्थिति नहीं होती। अपने आप को तटस्थ बताने वाले लोग कहीं न कहीं शोषकों के साथ होते हैं, उनकी सेवा कर रहे होते हैं और यथास्थिति को बनाये रखना चाहते हैं। जनवादी रचनाकार अपनी स्पष्ट पक्षधरता घोषित करता है और करोड़ों मेहनतकश जनता के संघर्ष में सहभागी होता है।

जनवादी साहित्य की चौथी प्रवृत्ति है—व्यवस्था के दमन और तानाशाही का चित्रण। अपने मुनाफे को बढ़ाने के लिए जनता का हर तरह से शोषण और इस शोषण की व्यवस्था को बनाये रखने के लिए रोज नये-नये काले कानूनों के जरिये जनता के अधिकारों में कटौती, हक और न्याय के लिए आवाज उठाने वालों का पुलिस और फौज के द्वारा बर्बर दमन, जुलूसों पर लाठी चार्ज, जनता के लीडरों की हत्या, फर्जी मुठभेड़ों के नाम प्रर बेकसूर लोगों का इन्काउन्टर इत्यादि अत्याचारों के माध्यम से यह व्यवस्था जनता पर कहर बरपा रही है। जनवादी रचनाकार इन सारी स्थितियों का न केवल द्रष्टा है, बल्कि वह भोक्ता भी है और इनमें वह सीधे-सीधे शरीक होता है।

चूंकि जनवादी रचनाकार वैज्ञानिक सोच से संपन्न होता है, इसलिए वह उन बातों को, जो तथ्यों और तर्कों की कसौटी पर खरी नहीं उतरतीं, स्वीकार नहीं करता। वह अच्छी तरह जानता है कि ईश्वर, देवी-देवता, कर्मकांड, धर्म-मजहब, पुनर्जन्म और भाग्य इत्यादि के सारे विधान झूठे हैं और सत्ताधारी वर्ग द्वारा आम जनता को दिग्भ्रमित करने तथा गुमराह करके अपने वश में किये रखने के लिए और अपनी लूट की व्यवस्था को कायम रखने के लिए बनाए गए हैं।

आजादी, लोकतंत्र, संविधान और कानून के खोखलेपन का उद्घाटन जनवादी साहित्य की छठा प्रवृत्ति है। आज समाज का हर सचेत आदमी यह देख रहा है कि हमारे देश की आजादी मात्र कहने की आजादी है। वह धनवानों के लिए आजादी और गरीबों के लिए दमन का तंत्र है। देश में लोकतंत्र, संविधान और कानून सब पैसे वालों के लिए ही है और इनसे मात्र उन्हीं के हितों की हिफाजत हो रही है। जनवादी कवियों ने अपनी रचनाओं में इन सारी चीजों का मजाक उड़ाया है, इन पर व्यंग्य किया है और इनकी सच्चाई को जनता के सामने खोलकर रख दिया है।

जनवादी साहित्य में प्रेम का स्वरूप न तो सांसारिकता से अलग किसी दूसरी दुनिया में खो जाने जैसा है और न ही देश-दुनिया की चिंताओं से मुक्त करने का। जनवादी रचनाकारों को जहां एक तरफ देश, समाज और व्यवस्था की तमाम समस्याएं प्रेम को गौण बना देती हैं, सामाजिक रूढ़ियां उसके प्रेम में अवरोध बनती है वहीं दूसरी तरफ प्रेम उसे शांति और चैन देता है, श्रम से थके हुए तन और मन को स्फूर्ति प्रदान करता है, उसे जिंदगी की चुनौतियों से टकराने के लिए प्रेरित और उत्साहित करता है।

जनवादी रचनाकार यह बखूबी जानता है कि आज तक किसी को अपना अधिकार न तो हाथ पसारने से मिला है, न मिलेगा। इसलिए वह क्रांति का आह्वान करता है और उसके लिए सर्वहारा वर्ग तथा अन्य सभी शोषित, पीड़ित मेहनतकश अवाम को जाग्रत, गोलबंद और संगठित करके शोषक-शासक वर्ग के तंत्र के खिलाफ धावा बोलने का आह्वान करता है।

'जनवादी लेखक संघ' के गठन के बाद जनवादी साहित्य का तेजी से विकास हुआ। लेखक संगठन से

जुड़े। उसे राजनीतिक प्रश्रय मिला; क्योंकि जनवादी लेखक संघ वस्तुतः भारत की कम्युनिस्ट पार्टी (मार्क्सवादी) द्वारा गठित हिंदी-उर्दू लेखकों का संगठित मोर्चा है। आज भी यह देश के लेखकों का सबसे बड़ा संगठन है और सक्रिय भी है। वस्तुतः जनवादी कविता का विकास सन् 60 के बाद पानी के बुलबुले की तरह पैदा होनेवाली अकविता, नकविता, बीट पीढ़ी की कविता, सहज कविता, श्मशानी पीढ़ी की कविता आदि की प्रतिक्रिया में जनपक्षधरता को आधार बनाकर फूटने वाली कविता के रूप में हुआ। काव्यांदोलन के उक्त अराजक दौर में ही 1967 का नक्सल बाड़ी का प्रसिद्ध किसान विद्रोह फूट पड़ा, जो देखते ही देखते एक बहुत बड़े क्षेत्र में फैल गया। स्थानीय भूस्वामियों के खिलाफ हथियारबंद किसानों के इस आंदोलन ने समूचे भारतीय साहित्य की अराजकतावादी धारा को या तो दफन कर दिया या जनवादी ताकतों के साथ नयी राजनीतिक चेतना से जुड़ने के लिए विवश कर दिया। इसी समय पंजाब, उत्तर-प्रदेश, बिहार और बंगाल में गैर कांग्रेसी सरकारें भी बनीं। इन सारी स्थितियों के परिणामस्वरूप बहुत से रचनाकारों ने साहित्य की संकुचित दीवार को फांदकर विशाल जनता की जिंदगी का साक्षात्कार किया और घोषित रूप से जन पक्षधर रचनाओं का सृजन किया। ऐसे रचनाकारों में नागार्जुन, शमशेर बहादुर सिंह, केदारनाथ अग्रवाल, शील, मुक्तिबोध, रघुवीर सहाय, त्रिलोचन, सर्वेश्वर, कुमारेंद्र पारसनाथ सिंह, वेणु गोपाल, देवेंद्र कुमार, केदार नाथ सिंह, राजेश जोशी, धूमिल, लीलाधर जगूड़ी, मंगलेश डबराल, उदय प्रकाश, पंकज सिंह, ज्ञानेंद्र पति, अरुण कमल, गोरख पांडेय आदि कवि; राजेंद्र यादव, कमलेश्वर, दूधनाथ सिंह, अमरकांत, भैरव प्रसाद गुप्त, अमृतराय, भीष्म साहनी, राही मासूम रजा, मुद्राराक्षस, काशीनाथ सिंह, मार्कण्डेय, संजीव, अब्दुल बिस्मिल्लाह, गिरिराज किशोर, मन्नू भंडारी, ममता कालिया, कृष्णा सोबती आदि कथाकार और राम विलास शर्मा, नामवर सिंह, शिवकुमार मिश्र, कुंवरपाल सिंह, चंद्रबली सिंह, विश्वनाथ त्रिपाठी, नंदकिशोर नवल, मैनेजर पांडेय, अजय तिवारी आदि समीक्षक प्रमुख हैं।

आधार ग्रंथ :

1. 'उत्तरार्द्ध' अंक 20, जनवादी साहित्य विशेषांक।
2. दर्शन, साहित्य और समाज, शिवकुमार मिश्र।
3. जनवादी लेखक संघ का घोषणा पत्र।
4. हिंदी की जनवादी कविता, वशिष्ठ अनूप।

जादुई यथार्थवाद

जादुई यथार्थवाद के लिए अंग्रेजी में 'मैजिक रियलिज्म' (Magic Realism) शब्द का प्रयोग होता है। इस शब्द का सबसे पहले प्रयोग करने का श्रेय फ्रेन्ज रोह (Franz Roh) को है जिन्होंने बीसवीं सदी के तीसरे दशक के कुछ जर्मन चित्रकारों के चित्रों का विश्लेषण करते हुए 'Magischer Realismus' शब्द का प्रयोग किया था। जादुई यथार्थवाद की अवधारणा पांचवें दशक में अमेरिका में पहुंची जब 1943 में माडर्न ऑर्ट के न्यूयार्क म्यूजियम ने 'अमेरिकन रियलिस्ट एंड मैजिक रियलिस्ट्स' नाम से एक प्रदर्शनी आयोजित की। इस प्रदर्शनी में एडवर्ड हूपर (1882-1967) और चार्ल्स शीलर (1883-1965) जैसे मशहूर चित्रकारों के चित्र लगे। इस प्रदर्शनी में लगे हूपर के चित्रों ने ब्रिटेन तक में धूम मचा दी।

धीरे-धीरे यह शब्द खास तरह के उपन्यासों के लिए प्रयुक्त होने लगा। 1940 में ऑस्ट्रियन उपन्यासकार जॉर्ज साइको (George Saiko, 1892-1962) ने जादुई यथार्थवाद की अवधारणा पर विस्तार से लिखा। इस प्रकार 1980 तक आते-आते यह शब्द एक खास तरह के उपन्यासों के लिए रूढ़ हो गया। अर्जेन्टाइना के लुइस बोर्गस (Luis Borges, 1899-1988) ने इस विषय पर विस्तार से लिखा।

कोलम्बिया की विश्वविख्यात उपन्यासकार गैब्रियल गार्सिया मार्ग्वेज (Gabriel Garcia Marguez, 1928) और क्यूबा के उपन्यासकार एलेजो कार्पेंतियर (Alejo Carpentier, 1904-1980) जादुई यथार्थवाद के महानतम उपन्यासकारों में से हैं। 1950 से 1970 तक दक्षिण अमेरिका के अनेक देशों के उपन्यासकारों ने ऐसे उपन्यासों की रचना की, जिनसे उपन्यास का परंपरागत ढांचा बदल गया। नए ढंग के उपन्यासों का आरंभ एलेजो कार्पेंतियर के उपन्यासों से हुआ। उसके बाद 1960 तक जार्ज अमादो (ब्राजील), मार्क्वेज (कोलंबिया), जोस मेरिया अर्गुदस (पेरू), जुआन रुफो (मेक्सिको), कार्लोस फुएत (मेक्सिको) आदि के महत्वपूर्ण उपन्यास सामने आए। इनके उपन्यासों में अतीत और वर्तमान का, यथार्थ और भ्रम का, वास्तविकता और फैंटेसी का, ऐतिहासिक चेतना और मिथकीय चेतना का, अभिजात संस्कृति और जन-संस्कृति

का ऐसा कलात्मक संयोजन था कि इन्हें यथार्थवाद की किसी प्रचलित कोटि में रखना संभव नहीं था। यही कारण है कि इनके संदर्भ में 'जादुई यथार्थवाद' शब्द का प्रयोग किया गया।

क्यूबा के उपन्यासकार कार्पेंतियर की रचनाओं में 'जादुई यथार्थवाद' की जरूरत और संभावनाओं की ओर संकेत है। कार्पेंतियर ने ही दक्षिण अमेरिका की संस्कृति, साहित्य और कला में बरोक (Baroque) शैली की क्रांतिकारी भूमिका स्पष्ट की है और अपने उपन्यासों में उसका प्रमाण भी प्रस्तुत किया है।

दक्षिण अमेरिका में उपन्यास का नया रूप किन स्थितियों में विकसित हुआ है और उसे कैसी चुनौतियों का सामना करना पड़ा है, उन स्थितियों और चुनौतियों की ओर अर्थपूर्ण संकेत दो महत्वपूर्ण उपन्यासकारों के उपन्यासों में है, वे है मार्क्वेज और चिली की ईसाबेल अलेंदे। इनके उपन्यासों को पढ़ने से पता चलता है कि दुनिया-भर में उपनिवेशवाद के इतिहास की यह एक जानी-पहचानी सच्चाई है कि उपनिवेशवादी, पराधीन देश के वर्तमान को ही बर्बाद नहीं करते, उसके अतीत को विकृत और भविष्य को अंधकारमय भी बनाते हैं। दक्षिण अमेरिका के विभिन्न देशों में भी उपनिवेशवादियों ने ऐसा ही किया था।

उरुग्वे के एक लेखक ने लिखा है कि-"वे एक परायी स्मृति को हमें अपनी स्मृति के रूप में स्वीकार करने के लिए मजबूर कर रहे हैं। विजेता हमारे इतिहास और यथार्थ पर झूठ का पर्दा डालकर पेश कर रहे हैं।" दक्षिण अमेरिका में केवल चिली ही भूतों का घर नहीं है, ईसाबेल अलेंदे का एक बहुचर्चित उपन्यास है 'भूतों का घर'। कई दूसरे देशों की जनता भी भूतों के विशाल घरों में जी रही है। अर्जेंटीना, अल सल्वाडोर, पेरू, उरुग्वे, ब्राजील आदि भूतों के घर ही हैं। साम्राज्यवाद की मदद से टिके हुए सैनिक और असैनिक तानाशाहों के शासन में समाज की दशा की ओर संकेत करते हुए उरुग्वे के लेखक एडुअर्डो गैलिनो ने लिखा है कि "मेरे देश में स्वतंत्रता का अर्थ है राजनीतिक कैदियों के लिए जेल और आतंक। भय पर टिकी शासन व्यवस्थाओं का नाम है जनतंत्र। यहां प्रेम अपनी मोटरगाड़ी से लगाव तक सीमित है और क्रांति का प्रयोग बर्तन धोने के पाउडर की तरह होता है। दक्षिण अमेरिका के अनेक देशों में एक शांतिपूर्ण देश का मतलब है सुव्यवस्थित श्मशान और स्वस्थ आदमी की पहचान है नपुंसकता।" मैनेजर पांडेय सवाल करते हैं कि जहां समाज और जीवन की वास्तविकताएं ऐसी हों, वहां उनकी अभिव्यक्ति क्या आलोचनात्मक यथार्थवाद या समाजवादी यथार्थवाद की पद्धति से संभव है, ऐसी वास्तविकताओं की अभिव्यक्ति के लिए ही दक्षिण अमेरिका के उपन्यासकारों ने उपन्यास की वह कला विकसित की है, जिसे 'जादुई यथार्थवाद' कहा जाता है। यहां मिथक और परीकथाओं के माध्यम से वास्तविकता और सचाई की अभिव्यक्ति होती है। इन उपन्यासों में मिथकीय चेतना ही ऐतिहासिक चेतना बन रही है और यथार्थ का जादू, जादुई यथार्थवाद में प्रकट हो रहा है।

ऐसे समाजों की एक विडंबना यह भी है कि इसमें भाषा अपना सहज स्वाभाविक रूप और प्रयोजन खो देती है। शब्द के अर्थ बदल जाते हैं। इस प्रक्रिया की गंभीरता को अत्यंत नाटकीय ढंग से मार्ग्वेज के उपन्यास 'सौ सालों का एकांत' में व्यक्त किया गया है। मकोंडो शहर में अनिद्रा का प्लेग फैला है जिसके कारण लोग अपनी स्मृति खो रहे हैं ताकि लोग उसके नाम और काम को भूल न जाएं। स्मृति खोने की बीमारी इतनी बढ़ जाती है कि लोग वस्तुओं के प्रयोजन और काम भी भूल जाते हैं। एक व्यक्ति अपनी गाय की गर्दन में एक तख्ती लटकाये हुए है जिस पर लिखा है कि "यह गाय है, हर रोज सबेरे इसे दुहना जरूरी है ताकि दूध मिल सके। उस दूध को उबालना जरूरी है ताकि उसे काफी में मिलाया जा सके।"

कार्पेंतियर ने ठीक ही कहा है कि बरोक अर्थात् विलक्षणता दक्षिण अमेरिका के इतिहास में है, संस्कृति में है, संवेदनशीलता में है। इसलिए यहां के प्रतिनिधि उपन्यासों में इस सांस्कृतिक संदर्भ के रूपों और रंगों का व्यंग्यात्मक और नाटकीय चित्रण है।

पश्चिम के इटैलो काल्विनो (Italo Calvino, 1923-85), जॉन फावेल्स (John Fowles, 1926-), गुंटर ग्रास (Gunter Grass, 1927-) एम्मा टेनेन्ट (Emma Tennant 1938-), एंजिला कार्टर (Angela Carter, 1940) आदि के उपन्यासों में भी जादुई यथार्थवाद की झलक मिलती है।

इस जादुई यथार्थवाद ने यूरोप के आलोचकों को खूब प्रभावित किया है, वहां इस पर गंभीर बहस हो रही है। किंतु हिंदी में अभी इसकी चर्चा की शुरुआत हुई है, दक्षिणी अमेरिका के अनेक देशों की राजनीतिक, सामाजिक और सांस्कृतिक परिस्थितियां भारत से मिलती हैं। जादुई यथार्थवाद जिन ऐतिहासिक और सांस्कृतिक अनुभवों की उपज है, वैसे अनुभवों की भारत में भी कमी नहीं है। भारत के आदिवासियों और किसानों के जीवन में वे अधिकांश बातें मौजूद हैं, जिनसे जादुई यथार्थवाद जुड़ा हुआ है। लेकिन अभी हिंदी साहित्य या हिंदी उपन्यास में आदिवासियों की चिंता बहुत कम है।

दक्षिण अमेरिका के उपन्यासों में यूटोपिया, मिथक, फैंटेसी, जादू-टोना, परीकथाएं, दैवी शक्तियों में विश्वास, सगुन-असगुन, शाप-वरदान और पूर्वाभास आदि को देखकर उन्हें जादुई यथार्थवाद का उपन्यास कहा जाता है। इन अद्भुत तत्त्वों का सर्वाधिक कलात्मक उपयोग कार्पेंतियर के उपन्यास 'इस दुनिया की बादशाहत' और मार्क्वेज के 'सौ सालों का एकांत' में है।

जादुई यथार्थवाद यूरोप के पाठकों के लिए अपनी विलक्षणता के कारण आकर्षक हो सकता है, लेकिन दक्षिण अमेरिका, अफ्रीका और एशिया के पिछड़े देशों के पाठकों के लिए वह उतना विलक्षण नहीं है, क्योंकि इस दुनिया के जन-जीवन में वे बातें अनुभव के स्तर पर मौजूद हैं, जिनसे जादुई यथार्थवाद का निर्माण हुआ है। हिंदी में जो लोग मुक्तिबोध की कविताओं और कहानियों से परिचित हैं, उनके लिए जादुई यथार्थवाद कोई आश्चर्य की चीज नहीं है। मुक्तिबोध के काव्य-संसार में कहीं भुतहा बंगला है, वीरान टावर में चक्करदार जीना है, तहखाने पर तहखाने हैं तो कहीं अथाह बावड़ी है और बावड़ी में बैठा ब्रह्मराक्षस है। कहीं लकड़ी का रावण है तो कहीं सिंदूरी भैरव है। उसमें ओरांग-उटांग है तो खूंखार बिल्ली और डरावने उल्लू भी हैं। फैंटेसी के सहारे रचित इस काव्य संसार का वातावरण ही जादुई नहीं है, उसका जादुई असर भी पड़ता है। इसमें भी जादुई यथार्थवाद की झलक देखी जा सकती है।

आधार ग्रंथ :

1. साहित्य के समाजशास्त्र की भूमिका, मैनेजर पांडेय।
2. On Realism, J.P. Stern.
3. The Realistic Imagination, George Levine.
4. Realism and Naturalism in Nineteenth Century American Literature, Donald Pizer.
5. Studies in European Realism, G. Lukacs.
6. A Dictionary of Modern Critical Terms, Roger Fowler.
7. A Dictionary of Literary Terms and Literary Theory, J.A.Cuddon.

वेबसाइट : www.en.wikipedia.org/wiki/magic-realism

जीवनी

जीवनी को अंग्रेजी में 'बायोग्राफी' (Biography) कहते हैं। पश्चिम में इस विधा का इतिहास बहुत पुराना है। वहां ईसा पूर्व से ही जीवनी साहित्य लिखने की परंपरा मिलती है। वहां सेमुअल जानसन (Samuel Johnson) की अंग्रेजी कवियों की जीवनी (Lives of the English Poets) तथा जेम्स बावेल्स (James Boswell) की सेमुअल जानसन की जीवनी (Lives of Samuel Johnson) 18वीं सदी की अत्यंत चर्चित कृतियां रही हैं। हिंदी में 'जीवनी' आधुनिक गद्य की एक महत्वपूर्ण विधा है। मनुष्य साहित्य और जीवन दोनों का केंद्र है। जीवनी उसके जीवन और व्यक्तित्व को समग्रतः अभिव्यक्त करने वाली साहित्यिक विधा है। जीवनी के विषय में 'हिंदी साहित्य कोश' में कहा गया है-'किसी व्यक्ति-विशेष के जीवन वृत्तांत को जीवनी कहते हैं।' अर्थात् जीवनी में व्यक्ति-विशेष के जीवन को उसकी संपूर्णता एवं व्यापकता के साथ प्रस्तुत किया जाता है। जीवन का यह ब्यौरा स्व-रचित न होकर किसी अन्य द्वारा तटस्थ तथा निष्पक्ष दृष्टिकोण के आधार पर रचा जाता है। इस दृष्टि से यह आत्मकथा के विपरीत 'परकथा' है। जीवनी का लेखक अपने चरित्र नायक के जीवनवृत्त को साकार करने के लिए व्यक्ति-विशेष के जीवन की घटनाओं पर बहुत बल देता है लेकिन घटनाओं का परिगणन मात्र जीवनी नहीं है। उसमें घटनाएं और चरित्र, युग और पृष्ठभूमि, सबका सामंजस्य रहता है। अतः जीवनी का रचना विधान लेखक से विशिष्ट रचना सामर्थ्य की भी अपेक्षा रखता है। कुल मिलाकर, जीवनी व्यक्ति-विशेष के जीवन का ऐसा चित्र है जहां उसके जीवनगत तथ्यों और चरित्र की विशेषताओं को ऐसी कलात्मकता के साथ विन्यस्त किया जाता है कि वह शब्द चित्र सजीव हो उठता है। बाबू गुलाबराय ने जीवनी को परिभाषित करते हुए इसी विशेषता को उद्घाटित किया है, 'जीवनी लेखक अपने चरित्रनायक के अंतर-बाह्य स्वरूप का चित्रण कलात्मक ढंग से करता है। इस चित्रण में वह अनुपात और शालीनता का पूर्ण ध्यान रखता हुआ सहृदयता, स्वतंत्रता और निष्पक्षता के साथ अपने चरित्रनायक के गुण दोषमय सजीव व्यक्तित्व का एक आकर्षक शैली में उद्घाटन करता है।'

जीवनी के केंद्र में चरित नायक और उसका कृतित्व रहता है। इसलिए जब जीवनी के चरित नायक का चयन किया जाता है तब जीवनीकार के मन में यही तत्त्व सर्वप्रमुख रहता है कि चरित नायक का चरित्र प्रेरक और आकर्षक हो अर्थात् मनुष्य की मानवीयता, कर्मठता और सदाशयता को प्रकाशित करने वाला व्यक्तित्व ही किसी भी जीवनी का केंद्र-बिंदु बनता है। किसी समय यह धारणा महत्वपूर्ण थी कि जीवनी का चरित नायक ऐसा विख्यात व्यक्ति ही हो सकता था जिसका चरित्र महिमा-मंडित रहा हो और जिसके प्रति जीवनीकार की श्रद्धा हो, लेकिन आधुनिक युग में यह दृष्टि बदली है और यह अनुभव किया गया है

कि जीवनी व्यक्ति केंद्रित विधा होते हुए भी समूचे युग और उसकी पृष्ठभूमि को प्रतिध्वनित करने वाली विधा है। इसीलिए अति सामान्य दिखनेवाला साधारण-जन भी जीवनी का चरित नायक हो सकता है।

जीवनी लेखन में चरित-नायक के चुनाव का बड़ा महत्व होता है। जीवनी का नायक कोई कल्पना निर्मित पात्र नहीं होता है, इस दृष्टि से जीवनी को चरित नायक के जीवन का मनोवैज्ञानिक अध्ययन भी कहा गया है, जहां लेखक अपने चरित नायक के गुण-दोषमय चरित्र को एक तटस्थ एवं ईमानदार दृष्टि से पहचानकर उसका सहृदयता, स्वतंत्रता एवं निष्पक्षतापूर्ण अंकन करता है। जीवनी लेखक अपने चरित नायक की जीवन यात्रा का सहयात्री बनता है। जीवनी की सार्थकता इसी बात में निहित है कि उसके चरित नायक का स्वरूप एक जीते-जागते इंसान की तरह सप्राण हो। उसके चित्रण में चरित नायक के प्रति श्रद्धा के लिए कोई जगह नहीं होती। यदि चरित नायक द्वारा आत्मकथा लिखी गयी हो तो वह जीवनी लेखक के लिए भी प्रमुख स्रोत बनती है। इसके साथ-साथ स्वयं नायक द्वारा लिखे गये संस्मरण या अन्य लोगों द्वारा नायक के विषय में लिखे गए संस्मरण, नायक की डायरी, पत्र, चरित-नायक द्वारा लिखा गया सर्जनात्मक एवं आलोचनात्मक साहित्य उसकी वक्तृताएं, भेंटवार्ताएं, पेंटिंग, फोटोग्राफ इत्यादि विभिन्न सामग्री जिसका संबंध किसी न किसी रूप में चरित-नायक से हो-वह सब जीवनीकार के लिए महत्वपूर्ण होता है। इसके अतिरिक्त वह स्वयं उन लोगों से मिलता है जो चरित-नायक के घनिष्ठ रहे हों। अपने चरित-नायक के युग और पृष्ठभूमि को समझने के लिए लेखक तत्कालीन समाचार-पत्रों, इतिहास-ग्रंथों आदि में बिखरी सामग्री का भी संचयन कर उस पर चिंतन करता है और तभी एक सफल जीवनी का निर्माण संभव होता है।

प्रेमचंद की जीवनी लिखते हुए अमृतराय लिखते हैं- "यह भी एक उपन्यास ही है जिसका नायक प्रेमचंद नाम का एक आदमी है, फर्क इतना ही है कि यह आदमी मेरे दिमाग की उपज है, हाड़-मांस का एक पुतला है जो इस धरती पर डोल चुका है, जैसे मन चाहे तोड़ने-मरोड़ने की आजादी मुझे नहीं है, घटना-प्रसंगों का आविष्कार करने की छूट मुझे नहीं है। कितने मोटे-मोटे रस्सों से मैं अच्छी तरह या (बुरी तरह) खूंटे से बंधा हुआ हूं।" तथ्य संकलन की इतनी महत्ता के बावजूद अनुभूति और कल्पना के अभाव में जीवनी साहित्य विधा न होकर निष्प्राण इतिहास-ग्रंथ के समान हो जाती है। यदि जीवन-तथ्य जीवनी का कलेवर है तो अनुभूति और कल्पना उसमें प्राण संचार करने वाला तत्त्व है लेकिन कल्पना का प्रयोग केवल कलात्मक विन्यास के सहायक तत्त्व के रूप में ही किया जाता है।

आधुनिक गद्य विधा के रूप में जीवनी निश्चित रूप से आधुनिक युग की ही देन है। यों परंपरागत दृष्टि से देखा जाये तो साहित्य के आरंभिक युग से ही जीवन-चरितों के सृजन की परंपरा उपलब्ध रही है। आदिकाल के चरित-काव्य, काव्य-नायक के जीवन-चरित की ही कहानी हुआ करते थे, किंतु वहां तथ्यगत सच्चाई की अपेक्षा कवि-कल्पना की प्रधानता रहती थी। भक्तिकाल में भी भक्तों के जीवनादर्शों की प्रस्तुति के लिए चरित लेखन की परंपरा को विशेष प्रोत्साहन मिला। एक ओर जहां संतों के जीवन चरित पर आधारित 'परचई' साहित्य लिखा गया जैसे 'कबीर जी की परचई', 'नामदेव जी की 'परचई', 'रैदास जी की परचई', 'मलूकदास जी की परचई' आदि तो दूसरी ओर नाभादास कृत 'भक्तमाल', स्वामी गोकुलनाथ कृत 'चौरासी वैष्णवन की वार्ता', 'दो सौ बावन वैष्णवन की वार्ता' तथा 'अष्टसखान की वार्ता' जैसे ग्रंथ जनता के बीच विशेष रूप से विख्यात रहे। इन सभी रचनाओं में तथ्यात्मकता का अभाव रहा। भक्तों के प्रति आदर और प्रशंसा की अभिव्यक्ति के उद्देश्य से रचे गये ये ग्रंथ कहीं-कहीं अलौकिकता का पुट लिए हुए हैं।

भारतेंदु युग में ही अन्य गद्य विधाओं की भांति जीवनी के भी सृजन और विकास का पथ प्रशस्त हुआ। राष्ट्रीय आंदोलन की पृष्ठभूमि में भारतेंदु युग में मुख्यतः संत महात्माओं, राजा-महाराजाओं, विदेशी शासकों, समकालीन राष्ट्रीय नेताओं, देशभक्त क्रांतिकारी युवाओं एवं साहित्यकारों के जीवन चरित लिखे गये। स्वयं भारतेंदु ने 'चरितावली' की रचना की जिसमें अनेक महत्वपूर्ण व्यक्तियों के संक्षिप्त जीवन चरित संकलित हैं। 'पंच पवित्रात्मा' शीर्षक से उन्होंने मुस्लिम धर्माचार्यों की भी संक्षिप्त जीवनियां लिखीं। इस युग की अधिकांश जीवनियों में किंवदंतियों को आधार बनाया गया है। फिर भी भारतेंदु, मुंशी देवी प्रसाद और कार्तिक प्रसाद खत्री ने अपने चरित नायक की विशिष्टताओं को उभारने का प्रयास किया। इनके द्वारा रचित जीवन चरित्रों में प्रामाणिकता और रोचकता के गुणों का भी निर्वाह हुआ है। आचार्य महावीर प्रसाद द्विवेदी ने जीवन चरित संबंधी पांच पुस्तकों की रचना की जिनमें 'प्राचीन पंडित और कवि', 'सुकवि संकीर्तन' तथा 'चरित चर्चा' आदि उल्लेखनीय हैं। प्रेमचंद के जीवन पर केंद्रित शिवरानी देवी की रचना 'प्रेमचंद: घर में' संस्मरणात्मक शैली में लिखी गयी जीवनी है। इस प्रकार स्वाधीनता-पूर्व युग में एक विकासात्मक विधा के रूप में जीवनी में अनेक तत्त्वों और भाषागत विभिन्न शैलियों का प्रयोग होता रहा। उसमें वस्तुपरकता की अपेक्षा श्रद्धापरक दृष्टि ही प्रधान रही है। विषयगत वैविध्य इस युग के जीवनी लेखन की प्रधान प्रवृत्ति रही। अपने चरित नायक के चुनाव में लेखकों ने व्यापक दृष्टिकोण का परिचय दिया।

स्वातंत्र्योत्तर काल को जीवनी विधा का उत्कर्ष काल कहा जा सकता है। विषय-वस्तु और अभिव्यक्ति, दोनों दृष्टियों से इस युग में विकास की नयी संभावनाएं सामने आईं। संक्षिप्त जीवनी-चरित्रों के सृजन की अपेक्षा लेखकों की प्रवृत्ति व्यक्ति को उसके व्यापक युग संदर्भों से जोड़कर देखने की रही। स्वातंत्र्योत्तर युग में साहित्यकारों का जीवन के कठोर यथार्थ से सीधा साक्षात्कार हुआ। फलतः जीवनीकार का भी अपने चरित-नायक के प्रति श्रद्धापरक दृष्टिकोण बदल गया। अब जीवनी में चरित-नायक का प्रशस्तिपरक चित्र न होकर उनके व्यक्तित्व का गुण-दोषपूर्ण चित्रण होने लगा। इसी परिवर्तित दृष्टिकोण ने जीवनी के स्वरूप को प्रामाणिकता एवं विश्वसनीयता प्रदान की। धर्म, समाज, राजनीति, साहित्य-इन सभी क्षेत्रों से संबद्ध विशिष्ट व्यक्ति जीवनीकारों के लिए आकर्षण का केंद्र बने रहे और इस युग की कुछ महत्वपूर्ण जीवनियां इन्हीं के जीवन को केंद्र में रखकर लिखी गईं। राजनीतिक क्षेत्रों से संबंधित व्यक्तियों पर जीवनी लिखने वाले साहित्यकारों में महापंडित राहुल सांकृत्यायन का नाम विशेष उल्लेखनीय है। साम्यवादी विचारधारा को उसके संपूर्ण परिप्रेक्ष्य में प्रस्तुत करने तथा उसके नेताओं के प्रति आस्था उत्पन्न करने के उद्देश्य से उन्होंने 1953 में 'स्तालिन', 1954 में 'कार्ल मार्क्स' तथा 'लेनिन' और 1956 में 'माओत्से तुंग' की जीवनियां लिखीं। इसी श्रेणी में रामवृक्ष बेनीपुरी द्वारा लिखित 'कार्ल मार्क्स' तथा 'जयप्रकाश नारायण' की जीवनियों का भी अपना महत्व है। समकालीन राजनीतिक नेताओं के जीवन को केंद्र में रखकर जो जीवनियां लिखी गईं उनमें ओंकार शरद द्वारा लिखित 'राममनोहर लोहिया' (1971) का विशेष महत्व है।

अपने समय के प्रसिद्ध साहित्यकारों पर लिखी गयी जीवनियां एक लेखक के व्यक्तित्व, उसके युग तथा उसकी रचना-प्रक्रिया को समझने में सहायक होती है। इस दृष्टि से प्रेमचंद के जीवन पर केंद्रित उनके पुत्र अमृतराय द्वारा लिखी जीवनी 'कलम का सिपाही' (1962), डॉ.रामविलास शर्मा द्वारा रचित 'निराला की साहित्य साधना' का प्रथम खंड (1969) तथा सुप्रसिद्ध साहित्यकार शरतचंद्र के जीवन पर आधारित विष्णु प्रभाकर द्वारा लिखी गयी जीवनी 'आवारा मसीहा' विशेष रूप से महत्वपूर्ण हैं। कुल मिलाकर कहा जा सकता है कि जीवनी लेखन के जो बीज हिंदी साहित्य के आरंभिक काल में दिखायी पड़े थे आधुनिक काल में पूर्णतः पल्लवित एवं विकसित हुए हैं। आधुनिक काल में जीवनी गद्य साहित्य की एक सशक्त विधा बनकर उभरी है। न केवल परिमाण की दृष्टि से बल्कि वैविध्य एवं गुणवत्ता की दृष्टि से भी उसका उत्तरोत्तर विकास होता गया है।

शिवसागर मिश्र कृत 'दिनकर : एक सहज पुरुष', शोभाकांत कृत नागार्जुन पर केंद्रित 'बाबू जी', विष्णुचंद्र शर्मा कृत नजरुल की जीवनी 'अग्निसेतु', जगदीश चंद्र माथुर कृत 'जिन्होंने जीना जाना', तेजबहादुर चौधरी लिखित 'मेरे बड़े भाई शमशेर जी', कमला सांकृत्यायन लिखित, 'महामानव महापंडित', प्रतिभा अग्रवाल लिखित 'प्यारे हरिश्चंद्र', सुलोचना रांगेय राघव लिखित, 'रांगेय राघव : एक अंतरंग परिचय', ज्ञानचंद जैन द्वारा लिखित अमृतलाल नागर की जीवनी 'कथा शेष' आदि कुछ उल्लेखनीय जीवनियां हैं।

आधार ग्रंथ :

1. काव्य के रूप, गुलाबराय।
2. साहित्य-सिद्धांत और साहित्य-विधाएं, डॉ. कृष्णदेव झारी।
3. हिंदी का गद्य साहित्य, रामचंद्र तिवारी।
4. हिंदी साहित्य कोश, भाग-1।
5. Literary Biography, Leon Edel.
6. A Glossary of Literary terms, M.H. Abrams.

ज्ञानात्मक संवेदना

'ज्ञानात्मक संवेदना' मुक्तिबोध द्वारा प्रयुक्त पारिभाषिक शब्द है, जिसका प्रयोग उन्होंने रचना प्रक्रिया को स्पष्ट करते हुए नई कविता के संदर्भ में किया है। 'ज्ञानात्मक संवेदना' में मुख्य शब्द 'संवेदना' है तथा उसका विशेषण ज्ञानात्मक है। मुक्तिबोध ज्ञान का संबंध बाह्य जगत से मानते हैं, वहीं संवेदना का संबंध व्यक्ति के अंतर्जगत से है। इस प्रकार ज्ञानात्मक संवेदना का तात्पर्य हुआ, वह संवेदना जो ज्ञान से परिपूर्ण हो।

मुक्तिबोध रचना प्रक्रिया को कोरी तर्काश्रित, शुष्क और महज वाद-विवाद नहीं मानते हैं, बल्कि उसे संवेदना से परिपूर्ण मानते हैं। मुक्तिबोध संवेदना को पूरी तरह लौकिक मानते हैं। अपने जीवनानुभव से प्राप्त ज्ञान को रचनाकार अपने अंतर्जगत की संवेदना से समृद्ध करता है और तब वह सृजन में प्रवृत्त होता है।

संवेदना महज भावोच्छ्वास नहीं होती है, बल्कि वह तर्क व बाह्य यथार्थ से परिपूर्ण होती है। इसी

कारण वह बाह्य जगत से प्राप्त ज्ञान से अपना तादात्म्य स्थापित कर पाती है। स्वयं मुक्तिबोध के शब्दों में, "सच्चा आभ्यंतरीकरण (अंतर्जगत से तादात्म्य) तो तब होता है, जबकि लेखक जिंदगी में गहरा हिस्सा लेते हुए संवेदनात्मक जीवन-ज्ञान प्राप्त करके, उसी भाव-दृष्टि तक स्वयं अपने आप पहुंचता है, कि भाव दृष्टि आग्रह-रूप में बाहर से उपस्थित की गयी है।"

तात्पर्य यह है कि लेखक, जीवन के यथार्थ से समृद्ध होते हुए गृहीत संवेदनात्मक ज्ञान को 'ज्ञानात्मक संवेदना' में तब्दील कर रचना करता है। 'ज्ञानात्मक संवेदना' की स्थिति में रचनाकार 'स्व' से ऊपर उठ जाता है। मुक्तिबोध के ही शब्दों में, "अपने से परे जाने, अपने से ऊपर उठने, दूसरों से अपने को मिलाने, विशिष्ट से सामान्य पर पहुंचने की यह जो ज्ञानात्मक संवेदना की दशा है, ज्ञानात्मक अनुभवों की दशा है, वह सब में होती है।"

आधार ग्रंथ :

1. मुक्तिबोध रचनावली, खंड-5, गजानन माधव मुक्तिबोध।
2. आधुनिक हिंदी आलोचना : संदर्भ और दृष्टि, रामचंद्र तिवारी।
3. मुक्तिबोध : ज्ञान और संवेदना, नंदकिशोर नवल

टीका

टीका 'टीक्' धातु से बना हुआ शब्द है। 'टीक्यते गम्यतेऽर्थो यया सा टीका।' भानुजी दीक्षित ने विषम-पद व्याख्या को टीका कहा है। 'शब्दस्तोममहानिधि' के रचयिता तारानाथ के अनुसार विषम-पद व्याख्या रूपा वृत्ति को टीका कहना चाहिए। इनके अनुसार 'टीका' भी वृत्ति की ही भांति संक्षिप्त होनी चाहिये, क्योंकि उसमें केवल कठिन और दुरूह पदों की ही व्याख्या होती है। परंतु कुछ विद्वानों के अनुसार टीका विषमपदों की ही व्याख्या नहीं, अपितु मूल के सुगम और दुर्गम समस्त पदों की निरंतर व्याख्या है। संस्कृत का टीकासाहित्य मौलिक साहित्य से कहीं अधिक विशाल है। इसका कारण ग्रंथकारों में मौलिकता या स्वतंत्र चिंतन का अभाव या उसकी न्यूनता नहीं, अपितु संस्कृत भाषा और उसके शास्त्रों की गंभीरता और गहनता ही है, क्योंकि टीकाओं में भी पुराने वादों पर नये विचार, उन वादों का नयी दिशाओं में विकास, उनका नये ढंग से मूल्यांकन आदि सभी कुछ मिलता है। इतने विशाल साहित्य के प्रमुख ग्रंथों की गणना भी कठिन है, पर कुछ अत्यंत प्रसिद्ध ग्रंथ हैं-उद्योतकरकृत न्याय-वार्तिक पर वाचस्पति मिश्र की तात्पर्य टीका, सांख्यकारिका पर उनकी सांख्यतत्त्व कौमुदी, शंकरकृत वेदांत भाष्य पर आनंद गिरि की न्यायनिर्णय टीका, भट्टोजिदीक्षित की सिद्धांत कौमुदी पर ज्ञानेंद्र की तत्त्वबोधिनी, काव्यों में 'कुमारसंभव', 'रघुवंश', 'मेघदूत', 'किरात', 'शिशुपाल वध' तथा 'नैषधचरित' पर मल्लिनाथ की टीकाएं तथा 'नैषध' पर नारायण की टीका, इसी प्रकार काव्यशास्त्र में मम्मट के 'काव्यप्रकाश' पर चालीस से ऊपर टीकाएं हैं। नाटकों पर राघव भट्ट की टीकाएं सर्वविदित हैं। संस्कृत के विभिन्न अनुशासनों के ग्रंथों को समझने में ये टीकाएं ही पाठकों की मदद करती हैं। मल्लिनाथ ने तो लिखा ही है कि उनकी टीका के अभाव में कालिदास की वाणी 'दुर्व्याख्या विषमूर्च्छिता' हो गयी थी। मल्लिनाथ ने उसे सुगम बनाया।

हिंदी में 'टीका' के मूल अर्थ में कोई परिवर्तन नहीं हुआ है। मध्यकालीन भक्ति और रीति काव्य पर ब्रजभाषा-गद्य में अनेक टीकाएं मिलती हैं, जैसे 'चौरासी वैष्णवन की वार्ता' और 'दो सौ बावन वैष्णवन की वार्ता' पर गुसाईं हरिराय की भाव प्रकाश टीका, 'साहित्यलहरी' पर सरदार कविकृत टीका, 'भक्तमाल' पर प्रियादास की टीका आदि।

हिंदी में टीका वास्तव में आलोचना की एक पद्धति के रूप में भी प्रचलित रही है। टीकाकार काव्य की टीका करते-करते कवियों के विषय में भी अंत में आलोचनात्मक उक्तियां कह दिया करते थे। इस प्रकार की आलोचना 'रामचरित मानस' और 'बिहारी सतसई' की टीकाओं, कुलपति, श्रीपति, चिंतामणि और सोमनाथ द्वारा लिखी गयी वचनिका वार्ता तिलक आदि के रूप में मिलती है। रीतिकाल के अंतिम चरण में सरदार कवि कृत 'मानस रहस्य' को रीतिकालीन व्यावहारिक आलोचना में टीका-पद्धति का श्रेष्ठ उदाहरण स्वीकार किया जा सकता है।

आधार ग्रंथ :

1. हिंदी साहित्य कोश, भाग-1।
2. हिंदी का गद्य साहित्य, रामचंद्र तिवारी।
3. ब्रजभाषा गद्य साहित्य, डॉ. वीरेंद्रनाथ मिश्र।

डायरी

अंग्रेजी का 'डायरी' (Diary) शब्द इसी रूप में हिंदी में ले लिया गया है, जो दैनंदिन का बोधक है। जब कोई व्यक्ति तिथियों का उल्लेख करते हुए घटनाओं को उसी क्रम में लिपिबद्ध करता है, जिस क्रम से उसके जीवन में घटित हुई हैं या जिस क्रम से उसने उन्हें अपने जीवन-काल में देखा-सुना अथवा सोचा-समझा है तब 'डायरी' विधा जन्म लेती है।

प्रचलित अर्थ में डायरी दैनिक व्यापारों या घटनाओं का ब्यौरा है। डायरी में लोग अपने कुछ या बहुत से अनुभवों का दैनिक विवरण रखते हैं।

यही डायरी जब किसी साहित्यकार की कलम से किंचित कलात्मक शैली में लिखी जाती है और प्रकाशित होकर पाठकों तक पहुंचती है तो वह साहित्य की एक प्रतिष्ठित विधा का हिस्सा बन जाती है। 'डायरी' के माध्यम से लेखक के सद्यःस्फुरित भावों तथा विचारों को अभिव्यक्ति मिलती है। डायरी के लिए 'रोजनामचा', 'दैनिकी', 'दैनंदिनी' आदि पर्याय हैं और ये पर्याय इस दृष्टि से सार्थक भी हैं कि वे डायरी के इस प्रमुख गुण की ओर संकेत करते हैं कि डायरी में लेखक का अनुभव उसके सबसे अधिक निकट रहकर अंकित होता है। आमतौर पर डायरी में लेखक के मन पर पड़े प्रभाव उसी दिन अंकित हो जाते हैं। इस प्रकार डायरी लेखक के व्यक्तित्व-प्रकाशन का सर्वाधिक प्रामाणिक माध्यम है। प्रामाणिक इस अर्थ में भी कि प्रायः डायरियां अपने निजी भावों-विचारों को नोट कर लेने के उद्देश्य से लिखी गयी हैं, पुस्तक-प्रकाशन के उद्देश्य से नहीं। विशुद्ध डायरी संभवतः इस दृष्टि से कभी नहीं लिखी जाती कि कालांतर में वह पुस्तक रूप में प्रकाशित हो सकेगी।

डायरी लेखक के अत्यधिक निकट होती है, इसलिए ऐसा भी संभव है कि उसमें कलात्मक सौष्ठव का अभाव रह जाए। अतः यह कहा जा सकता है कि डायरी कोई विशेष कलापूर्ण साहित्य रूप नहीं है, अपितु अपने मूल अभिप्राय में वह कदाचित् साहित्य रूप है ही नहीं। साहित्यिक दृष्टि से डायरी में संबद्धता या संगति और शिल्पगत कलात्मकता की कमी हो सकती है, पर स्पष्टकथन, आत्मीयता और निकटता आदि विशेषताएं डायरी की उक्त कमी को पूरा कर देती हैं।

डायरी आत्मकथा का ही एक बदला हुआ रूप है। डायरी में सामान्यतः ताजे अनुभवों को लिखा जाता है या संभव है कि कभी-कभी बीते हुए अनुभवों का पुनर्मूल्यांकन कर लिया जाए, जबकि दूसरी ओर, आत्मकथा में सारे अतीत पर अपेक्षाकृत कहीं अधिक परिपक्व और तटस्थदृष्टि डाल सकने की संभावना रहती है।

विधा के रूप में 'डायरी' आत्मकथा के एकदम निकट पड़ने वाली साहित्यिक विधा है। एक तरह से वह कुछ क्षणों की लेखक की अपनी आत्मकथा है, जो अपने बहाने से औरों को भी आलोकित करती हें! यह कहना अनुचित नहीं प्रतीत होता है कि "आत्मकथा तथा डायरी में वही संबंध है, जो माला और उसमें गुंथे हुए मनकों में होता है।" क्योंकि, आत्मकथा समग्र जीवन का विवरण है, जबकि डायरी किसी विशेष दिन की अनुभूति का अंकन है।

अंग्रेजी साहित्य में डायरी लेखन की परंपरा 16वीं सदी से ही मिलने लगती है। डायरी साहित्य वहां अत्यंत समृद्ध है। हिंदी में स्वतंत्र कृति के रूप में डायरी साहित्य बहुत कम लिखा गया है। घनश्यामदास बिड़ला की डायरी 'डायरी के पन्ने' नाम से प्रकाशित हुई है। डा. धीरेंद्र वर्मा की 'मेरी कालिज डायरी', सुंदर लाल त्रिपाठी की 'दैनंदिनी', नरहरि पारीख द्वारा संपादित 'महादेव भाई की डायरी', सियारामशरण गुप्त की 'दैनिकी' इस विधा की अन्य महत्वपूर्ण रचनाएं हैं। मोहन राकेश, नरेश मेहता, अजित कुमार और लक्ष्मीकांत वर्मा की डायरी के पृष्ठ भी प्रकाशित हुए हैं। पत्र-पत्रिकाओं में कभी-कभी किसी पुराने साहित्यकार की डायरी के अंश भी प्रकाशित दिख जाते हैं।

वस्तुतः डायरी स्मृतियों को रेखांकित करने की एक विशिष्ट पद्धति है। जब एकांत क्षणों की स्मृतियों को शृंखलाबद्ध करने की आवश्यकता पड़ती है, इस विधा का प्रयोग कर लिया जाता है।

आधार ग्रंथ :

1. हिंदी आत्मकथाः स्वरूप और साहित्य, डॉ. कमलेश सिंह।
2. हिंदी विधाएं : स्वरूपात्मक अध्ययन, डॉ. बैजनाथ सिंहल।
3. हिंदी साहित्य : विधाएं और दिशाएं, डॉ. शशि भूषण सिंहल।
4. हिंदी साहित्य कोश, भाग-1।
5. बेतरतीब तिथियों में कहीं मैं फिर मिलूं-साधना अग्रवाल।
6. Art of Autobiography, Dr. D.G. Nayak.
7. A Dictionary of Literary Terms and Literary Theory, J.A. Cuddon.

तनाव

'तनाव' पश्चिम की नयी समीक्षा द्वारा विकसित शब्द है। इसके प्रसार का श्रेय एलेन टेट (Allen Tate) को है। उन्होंने 'टेंशन इन पोयट्री' (Tension in poetry, 1938) नामक अपने प्रसिद्ध निबंध में कहा कि 'अनेक कविताओं में, जिन्हें हम सामान्य रूप में सत्काव्य समझते हैं और उसके अतिरिक्त कुछ ऐसी कविताओं में भी जिनकी हम उपेक्षा करते हैं, कुछ ऐसे सामान्य तत्त्व पाये जाते हैं जो हमें कविता को बारीकी से समझने के लिए उस अकेले गुण के नाम-संधान के लिए प्रेरित करते हैं जिसे मैं तनाव कहूंगा।" टेट के अनुसार "The meaning of good poetry is its tension, the full organized body of all the extension and intension that we can find in it." इस तरह टेट के अनुसार तनाव एकमात्र ऐसा गुण है जिसमें काव्य सौंदर्य की गहराई को समझा जा सकता है। कारण, एक अच्छी कविता उन समस्त गुणों की अन्विति है जो अपने भीतरी तनाव और बाहरी तनाव दोनों से नया सौंदर्य पैदा करती है।

टेट ने 'तनाव' शब्द तर्कशास्त्र से लिया है और काव्य-सृजन में उसका प्रयोग विशिष्ट रूपक के अर्थ में किया है। तनाव के दो रूप हैं, बाहरी तनाव (Extension) तथा भीतरी तनाव (Intension)। बाहरी तनाव कविता की वह विचारमूलक गति है जो आरंभ से अंत तक देखने को मिलती है तथा भीतरी तनाव का अर्थ है, कवि में भीतरी भाव-विचार-क्रिया की अनवरत विकास स्थिति। सीधे-सीधे कहें तो बाहरी तनाव कविता का वाच्यार्थ है और भीतरी तनाव उसका लक्ष्यार्थ।

एलेन टेट का विचार है कि काव्य भाव नहीं है, भाषा है। पाठक तो उसे भाषा से ही जानता है। काव्यभाषा का मूल गुण है तनाव अर्थात् भीतरी शब्द-विधान और बाहरी अर्थ विधान का संतुलन। काव्य भाषा में यह तनाव या संतुलन जितना पूर्ण होगा काव्य उतना ही उत्कर्ष प्राप्त करेगा। विद्वानों ने टेट के 'तनाव सिद्धांत' का मूल कॉलरिज के कल्पना-सिद्धांत को माना है क्योंकि कल्पना ही ऐसा तत्त्व है जो विरोधी गुणों में सामंजस्य स्थापित करती है। बच्चन सिंह के शब्दों में, "कुछ आलोचक तनावों को मेटाफर में देखते हैं, एम्पसन इसे 'एंबिग्युटी' में खोजता है। ब्रुक्स इसे विसंगति की नाटकीयता में तलाशता है। जान क्रो रैन्सम इसे टेक्श्चर और स्ट्रक्चर के तनाव में अन्वेषित करता है। विम्साट की दृष्टि में यह विशेष और निर्विशेष (सामान्य) के पारस्परिक संघर्षों में निहित है। भारतीय काव्यशास्त्र में इसे 'वक्रोक्ति', सालंकारस्यंकाव्यता' या 'व्यंजना' में देखा जा सकता है।" हिंदी की नयी समीक्षा में आलोचकों ने तनाव की यदा कदा चर्चा की है और उसे नयी कविता का एक ऐसा वैशिष्ट्य माना है, जो स्वातंत्र्योत्तर दौर के मोहभंग के कारण पैदा हुआ। बहरहाल, इस तरह हिंदी की नयी कविता के तनाव की जड़ें भारत में ही हैं। यद्यपि पश्चिम के तनाव के आर्थिक प्रभाव को नकारा नहीं जा सकता।

आधार ग्रंथ :

1. नयी समीक्षा : नये संदर्भ, डॉ. नगेंद्र।
2. नयी समीक्षा के प्रतिमान, डॉ. निर्मला जैन।
3. हिंदी आलोचना के बीज शब्द, बच्चन सिंह।
4. Tension in Poetry, Allen Tate.
5. A History of Modern Criticism, Vol-6, Rene Wellek.
6. A Glossary of Literary Terms, M.H. Abrams.

तीसरी दुनिया

'तीसरी दुनिया' माओ त्से तुंग (1893-1976) द्वारा वैश्विक व्यवस्था का विश्लेषण करने के लिए प्रयुक्त किया गया पारिभाषिक शब्द है। शीत युद्ध के दौरान दो साम्राज्यवादी देशों-सोवियत संघ और अमेरिका द्वारा 'पहली दुनिया' की रचना की गयी। माओ त्से तुंग की यह स्थापना अत्यधिक क्रांतिकारी व साहसपूर्ण थी, क्योंकि स्वयं को मार्क्स के विचारों से प्रेरित होने वाले माओ त्से तुंग ने मार्क्सवादी दर्शन पर स्थापित सोवियत संघ को भी साम्राज्यवादी राज्यों की श्रेणी में रखा और उसे सामाजिक साम्राज्यवादी (Social Imperialist) राज्य कहा। लेकिन माओ की यह स्थापना सोवियत व्यवस्था की सैद्धांतिक कमजोरियों और विश्व में अपना प्रभाव क्षेत्र बढ़ाने की नीति के कारण हुई थी। वैसे माओ ने सोवियत संघ के नेता लेनिन और स्तालिन दोनों को 'महान

मार्क्सवादी' नेता बताया था। सोवियत संघ की कमजोरियों में माओ ने चार बिंदुओं की ओर इशारा किया था। पहला यह कि स्तालिन को द्वंद्वात्मकता की पूर्ण समझ नहीं थी, इस कारण वे अपने निष्कर्षों को पराभौतिक स्थिति में खत्म करते थे। इसी कारण वह आम जनता की मांगों को समझ नहीं पाते थे। दूसरा, तीस के दशक में स्तालिन के समय अनेक निरपराधों की हत्यायें हुई। तीसरा, पार्टी के स्तर पर कमजोरी यह हुई कि वहां केंद्रीकृत लोकतांत्रिक व्यवस्था को स्थापित नहीं किया गया। इसी के साथ चौथे बिंदु के रूप में, सोवियत संघ की कम्युनिस्ट पार्टी ने विदेशी कम्युनिस्ट पार्टियों से बेहतर संबंध नहीं बनाये। इन अंतर्विरोधों के कारण वैश्विक व्यवस्था में सोवियत संघ जाने-अनजाने साम्राज्यवादी प्रवृत्ति का शिकार हुआ।

'दूसरी दुनिया' के रूप में माओ ने उन देशों को परिभाषित किया जो सोवियत संघ व अमेरिका के प्रभाव क्षेत्र में थे। ये वे देश थे, जो वैश्विक राजनीति व कूटनीति में आंख मूंद कर अपने प्रभुत्व कारक राज्य को समर्थन देते थे। 'तीसरी दुनिया' में माओ ने उन देशों को सम्मिलित किया जो साम्राज्यवादी नहीं हैं। ये वे देश हैं, जिनका शोषण 'पहली दुनिया' व 'दूसरी दुनिया' के देश करते हैं। लेकिन माओ का मानना था कि विश्व का सबसे आक्रामक भाग यही है। पहली व दूसरी दुनिया के श्रमिकों को तो साम्राज्यवाद द्वारा सुविधायें देकर खरीद लिया जाता है और वहां बन रही समाजवादी क्रांति की संभावनाओं को मिटा दिया जाता है। 'तीसरी दुनिया' के श्रमिक अपने तात्कालिक हितों की जगह अपना ध्यान दीर्घकालिक हितों पर केंद्रित करते हैं। इस कारण 'तीसरी दुनिया' में क्रांति की सबसे अधिक संभावना है और यह स्थिति साम्राज्यवाद को कमजोर करेगी और अन्य देशों में क्रांति का मार्ग प्रशस्त करेगी।

किंतु माओ द्वारा किया गया दुनिया का उक्त विश्लेषण विश्व के अधिकांश मार्क्सवादियों को स्वीकार नहीं है। उनकी निगाह में माओ का विश्लेषण भ्रामक है। इस वर्ग की मान्यता के अनुसार अमेरिका तथा यूरोप के अन्य साम्राज्यवादी देश पहली दुनिया हैं। सोवियत संघ तथा उसके प्रभाव वाले अन्य साम्राज्यवादी मुल्कों का खेमा दूसरी दुनिया है और तीसरी दुनिया में वे विकासशील या पिछड़े देश शामिल किए जा सकते हैं जो साम्राज्यवादियों के उपनिवेश रह चुके हैं अथवा उपनिवेश हैं और मुक्ति के लिए छटपटा रहे हैं। एशिया, अफ्रीका के अधिकांश देश तीसरी दुनिया के देश हैं। भारत की गणना भी इसी में की जाती है।

आज दुनिया का उक्त बंटवारा व्यर्थ साबित हो चुका है। क्योंकि सोवियत संघ बिखर चुका है और अमेरिका के नेतृत्व में दुनिया एक ध्रुवीय हो गयी है। भूमंडलीकरण और आर्थिक उदारीकरण ने सारी दुनिया को एक बाजार के रूप में तब्दील कर दिया है जिसका नियंता अमेरिका के नेतृत्व में जी-8 के देश हैं। ऐसी दशा में आज अधिक से अधिक दो दुनिया का बंटवारा हो सकता है, एक साम्राज्यवादी और दूसरी विकासशील या शोषित।

बहरहाल, माओ की उक्त स्थापना ने तीसरी दुनिया के क्रांतिकारियों को अत्यधिक प्रभावित किया है। नेपाल में सी.पी.एन. (एम), फिलीपींस में सी.पी.पी., भारत में नक्सलबाड़ी आंदोलन आदि इसके प्रमाण हैं। ये संगठन क्रांति के लिए माओ द्वारा प्रस्तावित गुरिल्ला की रणनीति को अपनाते हैं।

आधार ग्रंथ :

1. विश्व का इतिहास, शिवकुमार गुप्ता।
2. राजनीति विज्ञान, ए.डी.आशीर्वादम।
3. माओ त्सेतुंग की संकलित रचनाएं, विदेशी भाषा प्रकाशन गृह पेकिङ्।
4. Dictionary of Social Science, Craig Calhavn.
5. A Dictionary of Scientific Communism.

त्रासदी

त्रासदी अंग्रेजी शब्द ट्रेजेडी (Tragedy) का हिंदी रूपांतर है। हिंदी में इसके लिए 'दु:खांत' शब्द भी प्रचलन में है। पश्चिम में त्रासदी का सर्वप्रथम विवेचन यूनान में हुआ। वहीं उसका सर्वांगीण विकास भी हुआ था। अरस्तू से पूर्व प्लेटो ने भी त्रासदी पर अपने विचार प्रकट किये थे। प्लेटो ने काव्य का वर्गीकरण करते हुए त्रासदी और कामदी दोनों के संबंध में अपना मंतव्य प्रस्तुत किया है और त्रासदी को महाकाव्य से निम्नकोटि का माना है। आदर्श त्रासदी के संबंध में उसकी कल्पना थी कि वह उच्चतम तथा शालीनतम जीवन की अनुकृति होती है और त्रासदी-लेखक इस माध्यम से सामाज का हित करते हैं।

त्रासदी ग्रीक साहित्य की एक महत्वपूर्ण विधा थी। इसका आरंभ मद्य देवता दिओनिसिअस के सम्मान में होने वाले समारोह से माना जाता है। इस समारोह में

कलाकार बकरे के सिर जैसा मुखौटा धारण करके नाचते-गाते थे। ईसा पूर्व छठी सदी में थेसियस ने इस नृत्य-गीत की श्रृंखला के बीच-बीच में छंदोबद्ध भाषणों की भी योजना की। त्रासदी का आरंभ यहीं से होता है। ईसा पूर्व पांचवीं सदी आते-आते यूनान में त्रासदी एक परिपक्व विधा के रूप में प्रतिष्ठित हो चुकी थी। उस युग में त्रासदी के अतिरिक्त कामदी, महाकाव्य, गीतिकाव्य आदि विधायें भी प्रचलित थीं किंतु अरस्तू के 'पेरि पोएतिकेस' जिसका अंग्रेजी अनुवाद 'आन पोयटिक्स' (On Poetics) है, में सबसे अधिक महत्त्व त्रासदी को ही दिया गया है। अरस्तू के अनुसार, "Tragedy is an imitation of an action that is serious, complete and of a certain magnitude; in language embellished with each kind of artistic ornaments, the several kinds being found in separate parts of the play; in the form of action, not of narrative; through pity and fear effecting the proper purgation or katharsis of these emotions." अर्थात् त्रासदी किसी गंभीर स्वतःपूर्ण तथा निश्चित आयाम से युक्त कार्यव्यापार की अनुकृति का नाम है, जिसे भाषा में विभिन्न कलात्मक तरीकों से अलंकृत किया जाता है तथा जिसके पृथक्-पृथक् हिस्सों में उस निश्चित कार्यव्यापार के विविध प्रकार पाये जाते हैं। जिसका रूप वर्णनात्मक न होकर कार्यात्मक होता है और जिसमें करुणा तथा त्रास के उद्रेक द्वारा इन मनोविकारों का विरेचन किया जाता है।

इस परिभाषा के आधार पर त्रासदी की प्रमुख विशेषता इस तरह रेखांकित की जा सकती हैं-

1. त्रासदी कार्यव्यापार का अनुकरण है।
2. कार्यव्यापार गंभीर, पूर्ण और विस्तृत होता है।
3. कार्यव्यापार अभिनेय होता है, वर्ण्य नहीं।
4. त्रासदी की भाषा, लय, सामंजस्य, गीत आदि से समन्वित होती है और
5. कार्यव्यापार करुणा और भय को उद्बुद्ध कर इन भावों का विरेचन करता है।

अरस्तू ने त्रासदी के छह तत्त्व माने हैं—

कथानक, चरित्र, विचार, पदविन्यास, दृश्य-विधान और गीत। इन सभी तत्त्वों का उन्होंने कमोबेश विस्तार से विवेचन किया है और इन सभी का संबंध अनुकरण से है।

कथानक का अर्थ है त्रासदी की विषयवस्तु या घटना-विन्यास। अरस्तू ने त्रासदी में सबसे अधिक महत्व इसी तत्त्व को दिया है और इसी पर सबसे अधिक विस्तार से विचार भी किया है। त्रासदी, कार्य की अनुकृति है और कथानक उसी कार्य-व्यापार को प्रस्तुत करता है। यह व्यक्ति-चरित्र का नहीं घटना युक्त जीवन के कार्य-व्यापार का, सुख-दुःखमय प्रसंगों का अंकन है। त्रासदी का प्रभाव कार्य-व्यापार पर ही निर्भर करता है। इसके अन्य सब तत्त्व भी कार्य-व्यापार के ही साधक हैं। चरित्र कार्य-व्यापार के माध्यम के रूप में ही आते हैं। चरित्रों के बिना त्रासदी की योजना हो सकती है, कार्य-व्यापार के बिना नहीं।

कथानक के लिए अरस्तू ने तीन विशेषण रखे हैं—गंभीर, पूर्ण तथा कुछ विस्तृत। 'गंभीर' विशेषण प्रहसन से त्रासदी का भेद प्रदर्शित करने के लिए है। प्रहसन का कथानक अगंभीर अर्थात् हास्य-जनक होता है, दुःखांतक का गंभीर, क्योंकि उससे करुणा और भय का उद्बोध अभीष्ट होता है। 'पूर्ण' कथानक वह है जिसमें आदि, मध्य और अवसान हो। कथानक कहीं से आरंभ हो जाये, कहीं समाप्त हो जाए, उसमें कोई क्रम न हो तो वह दुःखांतक के योग्य नहीं माना जा सकता। इसलिए सुनियोजित कथानक में आदि, मध्य और अवसान की धारणा स्पष्ट होनी चाहिए। 'विस्तृत' की व्याख्या के प्रसंग में अरस्तू एक महत्त्वपूर्ण सौंदर्य-सिद्धांत का संकेत करते हैं। अनुपात सौंदर्य की पहली शर्त है। कथानक का विस्तार, आनुपातिक और उसकी घटना-श्रृंखलायें सुसंबद्ध तथा सुनियोजित होनी चाहिए।

अरस्तू ने तीन प्रकार के कथानकों का उल्लेख किया है—ऐतिहासिक, काल्पनिक तथा आनुश्रुतिक। इन तीनों को वे दुःखांतक के लिए ग्राह्य मानते हैं। कथानक कोई भी हो सकता है, बशर्ते उसमें आनंद देने की क्षमता हो। यह चीज कवि की प्रतिभा पर निर्भर करती है। कथानक दो प्रकार के होते हैं—सरल या जटिल, क्योंकि वास्तविक जीवन के जिन कार्य-व्यापारों के वे अनुकरण होते हैं उनमें भी यह अंतर पाया जाता है।

अरस्तू ने त्रासदी के तत्त्वों में सबसे अधिक महत्व कथानक और कार्य-व्यापार को दिया है। कार्य-व्यापार का निष्पादन चूंकि चरित्रों के द्वारा होता है इसलिए कथानक के बाद चरित्र ही उनकी दृष्टि में सबसे महत्त्वपूर्ण हैं। वे मानते हैं कि त्रासदी के पात्रों का अपना विशिष्ट व्यक्तित्व होता है, किंतु उनका चरित्रांकन त्रासदी के समग्र कथ्य के अनुरूप होना चाहिए। चरित्र भेद होना चाहिए और उनके माध्यम से नैतिक उद्देश्य की अभिव्यक्ति होनी चाहिए।

चरित्रों के अंकन में औचित्य तथा एकरूपता या अन्विति का भी ध्यान रखा जाना चाहिए। औचित्य या अन्विति का अर्थ है, किसी चरित्र में विसंगत या परस्पर विरोधी विशेषतायें नहीं दिखायी जानी चाहिए। उसकी विशेषताएं स्थिति तथा प्रकृति के ही अनुरूप हों।

चरित्रों में स्वाभाविकता तथा सम्भाव्यता होनी चाहिए। चरित्रों में आये परिवर्तन उनकी मूल प्रकृति के अनुरूप तथा स्वाभाविक हों। अरस्तू ने विचार के अंतर्गत केवल बुद्धि तत्त्व ही नहीं बल्कि भाव तत्त्व को भी समेटा है। बुद्धि के स्तर पर विचार सामान्य सत्य की व्यंजना करने का माध्यम होता है। अर्थात् वह सामान्य सत्य का

संकेत करता है, साथ ही प्रमाणों तथा तर्क द्वारा यह किसी वस्तु के भाव (होने) या अभाव (न होने) को भी सिद्ध करता है।

अरस्तू के युग में वक्तृत्व कला इतनी महत्वपूर्ण मानी जाती थी कि उसका विकास एक शास्त्र के रूप में हो गया था। जिस प्रकार त्रासदी के कथानक और चरित्र यथार्थ जगत से उठाये जाकर भी यथार्थ की अपेक्षा कुछ विशिष्ट होते हैं उसी प्रकार उसकी भाषा मूलतः प्रचलित होते हुए भी विशिष्ट होती है ताकि वह त्रासदी के विचार तत्त्व में निहित सत्य को अभिव्यक्त कर सके। वह भाषा अलंकृत होनी चाहिए, अर्थात् उसमें 'लय, सामंजस्य और गीत का समावेश' हो। वह प्रसाद गुण संपन्न, प्रसन्न, समृद्ध और उदात्त होनी चाहिए। उदात्तता से अरस्तू का आशय है कि त्रासदी की भाषा चलती हुई क्षुद्र भाषा न हो। अरस्तू मानते थे कि इन साधनों के कुशल प्रयोग से त्रासदी के प्रभाव को सघन करने में सहायता मिलती है, किंतु इसे उन्होंने त्रासदी का अनिवार्य या महत्वपूर्ण अंग नहीं माना।

अरस्तू गीत को त्रासदी का अनिवार्य अंग मानते हैं। ग्रीक नाटकों में गायकों का समूह होता था जो 'कोरस' कहलाता था। अरस्तू ने सभी विधाओं में त्रासदी को सर्वोच्च स्थान दिया है। कामदी, महाकाव्य आदि अन्य विधाओं पर बातचीत में भी उन्होंने त्रासदी को ही संदर्भ बनाया है।

त्रासदी मात्र अभिनेय ही नहीं पाठ्य भी होती है। उसका प्रभाव अधिक सघन होता है। अरस्तू त्रासदी को इसलिए भी महत्वपूर्ण मानते हैं कि यह हमारे त्रासदायक मनोभावों को उकसा कर उनका विरेचन कर देती है। जिससे हमारा उद्वेग दूर हो जाता है और हमारे मनोभावों में संतुलन आ जाता है।

आधार ग्रंथ :

1. पाश्चात्य काव्यशास्त्र, देवेंद्रनाथ शर्मा।
2. पाश्चात्य काव्यशास्त्र के सिद्धांत, डॉ. शांतिस्वरूप गुप्त।
3. Tragedy and Tragic Theory : An Analytical Guide, Richard H. Palmer.
4. A Glossary of Literary Terms, M.H.Abrams.

वेबसाइट : www.en.wikipedia.org/wiki/tragedy

थीम

थीम (Theme) अंग्रेजी का शब्द है और इसी रूप में हिंदी में भी स्वीकार कर लिया गया है। हिंदी में इससे मिलता-जुलता शब्द विषय-वस्तु है। पर विषय वस्तु हमेशा थीम नहीं हो सकती। वस्तुतः पूरी विषय-वस्तु में थीम अंतर्धारा (अंडरकरेन्ट) की तरह सक्रिय रहती है। रोजर फाउलर के शब्दों में, "We think of the theme as a line of thread running through a work linking features which are un-or otherwise related."

इस तरह थीम एक ऐसे धागे की तरह है जो पूरी रचना में व्याप्त रहता है। इस तरह थीम रचना के रचनात्मक और अवधारणात्मक पक्षों को नियंत्रित करता रहता है।

हिंदी में थीम के लिए कुछ लोगों ने 'कथा सूत्र' शब्द का इस्तेमाल किया है, किंतु थीम और 'कथा सूत्र' में अंतर है। कथा सूत्र से जहां सिर्फ कथा संगठन या कथा की बुनावट की ओर संकेत होता है, वहां थीम के अंतर्गत कथा संगठन के अलावा रचना के विषय व अन्य पक्षों के मूल तत्त्व को भी शामिल किया जा सकता है। आखिर थीम सिर्फ कथात्मक कृतियों में ही तो नहीं होता। थीम तो किसी भी रचना का हो सकता है। और अनिवार्यतः होता है। 'तमस' का भी थीम है और प्रसाद के 'आंसू' का भी। आचार्य शुक्ल के 'हिंदी साहित्य का इतिहास' का भी थीम है और उनकी 'रस मीमांसा' का भी।

थीम से मिलते-जुलते अंग्रेजी के दो शब्द और प्रचलित हैं-मोटिफ (Motif) और थीसिस (Thesis)। ये दोनों शब्द यद्यपि लगभग सामान्य अर्थ की अभिव्यक्ति करते हैं फिर भी अलग-अलग क्षेत्रों में निश्चित अर्थ के लिए रूढ़ हो गये हैं, और इस तरह से पारिभाषिक शब्द के रूप में प्रयुक्त होते हैं। थीसिस शोध के क्षेत्र में प्रयुक्त होनेवाला पारिभाषिक शब्द है और मोटिफ आमतौर पर कानून के क्षेत्र का।

आधार ग्रंथ :

1. हिंदी आलोचना के बीज शब्द, बच्चन सिंह।
2. Modern Critical Terms, Rozer Fowler.

थीसिस

थीसिस (Thesis) का अर्थ होता है 'अवधारणा', 'प्रतिज्ञा', 'सिद्धांत' आदि। किंतु शोध के क्षेत्र में यह शब्द एक निश्चित अर्थ के लिए रूढ़ हो गया है। यह शब्द अंग्रेजी से सीधे हिंदी में ले लिया गया है। हिंदी में इसके लिए 'शोध प्रबंध' शब्द भी प्रयुक्त होता है। 'थीसिस' एक ऐसी स्थापना होती है जिसे विशेषकर आक्षेपों से मुक्त स्तर पर प्रमाणित करने हेतु प्रस्तुत किया गया हो अथवा ऐसा प्रबंध जो विशेषकर किसी अभ्यर्थी द्वारा उपाधि हेतु प्रस्तुत किया गया हो।

'थीसिस' शब्द को यदि शोध के परिप्रेक्ष्य में देखा जाए तो उसका अर्थ होगा-शोधार्थी की मौलिक 'स्थापना' अथवा 'मान्यता' जो तर्कसंगत आधार पर दार्शनिक दृष्टि से अनुस्यूत हो। थीसिस शोधार्थी की वह दृष्टि है जो विषयविशेष में तथ्यों के आकलन, विश्लेषण और संश्लेषण के उपरांत निष्कर्ष रूप में प्रतिष्ठित की गयी हो। इसीलिए 'थीसिस' के लिए आकार की लघुता-विशालता का कोई महत्व नहीं होता। यहां तक कि थीसिस एक वाक्य का भी हो सकता है। "पृथ्वी में गुरुत्वाकर्षण की शक्ति होती है।" अथवा "एक निश्चित मात्रा में हाइड्रोजन और ऑक्सीजन के मिलने से पानी बन जाता है।" जैसे वाक्य थीसिस हैं। चूंकि ये स्थापनायें विषय के व्यापक प्रतिपादन के बाद निष्कर्ष रूप में उपलब्ध होती हैं, इसलिए प्रतिपादित सामग्री के संग्रह को भी 'थीसिस' ही कह दिया जाता है। इससे यही पता चलता है कि शोध में निश्चय ही तत्त्वपरक, सार्थक और मौलिक देन का होना जरूरी है। थीसिस से मिलता-जुलता एक शब्द डिजर्टेशन (Dissertation) भी है। इसके लिए हिंदी में 'लघु शोध प्रबंध' शब्द प्रयुक्त हो रहा है।

आधार ग्रंथ :

1. शोधः स्वरूप एवं मानक व्यावहारिक कार्यविधि, बैजनाथ सिंहल।
2. शोध विज्ञान कोश, दुर्गादास काशीनाथ संत।
3. शोध प्रविधि, विनयमोहन शर्मा।
4. हिंदी के शोध प्रबंध, उदयभानु सिंह।
5. Research Methodology, C.R.Kothari.

वेबसाइट : www.en.wikipedia.org/wiki/thesis.

दक्खिनी साहित्य

'दक्खिनी' मूलतः हिंदी का ही एक रूप है। इसका मूल आधार दिल्ली के आसपास प्रचलित 14वीं-15वीं सदी की 'खड़ीबोली' है। मुसलमानों ने भारत में आने पर इस बोली को अपनाया था। मसऊद, इब्नसाद, खुसरो तथा फरीदुद्दीन आदि ने अपनी हिंदी कविताएं इसी में लिखी थीं। 15वीं-16वीं सदी में फौज, फकीरों तथा दरवेशों के साथ यह भाषा दक्षिण भारत में पहुंची और वहां प्रमुखतः मुसलमानों में तथा कुछ हिंदुओं में जो उत्तर भारत के थे, प्रचलित हो गयी। इसके क्षेत्र प्रमुखतः दक्षिण भारत (बीजापुर, गोलकुंडा, अहमदनगर आदि) बरार, मुंबई आदि हैं। डॉ. सुनीति कुमार चटर्जी ने इसे हिंदुस्तानी की सहोदरा भाषा माना है।

15वीं से 18वीं सदी तक दक्खिनी को बहमनी वंश तथा अन्य राजाओं का आश्रय प्राप्त रहा और इसमें पर्याप्त साहित्य-रचना हुई। दक्खिनी के साहित्यकारों में अब्दुल्ला, वजही, निजामी, गवासी, गुलामअली तथा बेलूरी आदि प्रमुख हैं। 'दक्खिनी' शब्द का प्रयोग इन कवियों ने हिंदी और हिंदवी के समानार्थक रूप में किया है। 'हिंदी' या 'हिंदवी' का दक्खिनी कहलाना केवल इन दक्खिनी राज्यों के संबंध के कारण है, क्योंकि हिंदी या हिंदवी बोलनेवाले उत्तर के ये शासक या सैनिक दक्षिण में बस गये थे। इस प्रदेश में उस समय भी भारतीय आर्य भाषा की मराठी अथवा द्राविड़ भाषाओं की तमिल, तेलुगु और कन्नड़ बोली जाती थी। उत्तर से आये इन मुसलमानों ने इन भाषाओं को न अपनाकर बोलचाल तथा साहित्य में उसी भाषा का प्रयोग किया, जिसे वे उत्तर से लाये थे। ये मुसलमान शासक तथा सैनिक दिल्ली और मेरठ क्षेत्र से ही आये थे, अतएव इनके द्वारा प्रयुक्त भाषा में मध्ययुगीन खड़ीबोली और बांगरू का नमूना सुरक्षित है।

दक्खिनी का साहित्य हिंदी साहित्य की बहुत बड़ी निधि है। जिस समय उत्तरी भारत में खड़ीबोली केवल बोलचाल की भाषा थी, उस समय दक्षिण में इन राज्यों का संरक्षण पाकर उसमें प्रचुर साहित्य लिखा गया। दक्खिनी के पहले कवि निजामी थे, जो बहमनी सुलतान अहमदशाह तृतीय के शासनकाल में मौजूद थे। खड़ी बोली गद्य का प्राचीन प्रामाणिक ग्रंथ दक्खिनी में ही मिलता

है। इस ग्रंथ का नाम 'मिराजुल आशिकीन' है जिसके लेखक ख्वाजा बंदानवाज (1318-1430) हैं। मुल्ला वजही का प्रसिद्ध गद्य ग्रंथ 'कुतुबमुश्तरी' भी 1638 ई. ही में लिखा गया था। गवासी की 'मसनवी सैफुलमुल्क' एवं 'बदीउज्जमाल' एवं 'तूतीनामा', प्रसिद्ध काव्यकृतियां हैं। गोलकुंडा के कुतुबशाही सुलतान खुद अच्छे कवि थे। मु. वली कुतुबशाह की रचनाएं 'कुल्लियात' के रूप में प्रकाशित हो चुकी हैं।

दक्खिनी के अधिकांश कवि मुसलमान थे, लिपि फारसी है। धार्मिक साहित्य में फारसी-अरबी के शब्दों की बहुलता है, किंतु आज की उर्दू की तुलना में अरबी-फारसी के शब्द बहुत कम हैं। जो हैं भी वे तद्भव रूप में मिलते हैं। इनकी भाषा में अनेक संस्कृत शब्द तत्सम और तद्भव रूप में प्रयुक्त हुए हैं।

आज हिंदी के लोग इसे 'दक्खिनी हिंदी' कहकर, अपनी भाषा और इसके साहित्य को अपने साहित्य का अंग मान रहे हैं और उर्दू वाले 'कदीम उर्दू' या 'दक्खिनी उर्दू' कहकर इसे अपना अंग मान रहे हैं। यों उर्दू भी हिंदी की एक शैली ही है, ऐसी स्थिति में 'दक्खिनी हिंदी' वस्तुतः हिंदी ही है। किसी भी दक्खिनी गद्य-लेखक या कवि ने उसके लिए 'उर्दू' शब्द का प्रयोग नहीं किया है। ऐसी स्थिति में किसी भी रूप में उसके लिए उर्दू नाम का प्रयोग बहुत उचित नहीं कहा जा सकता। 'दक्खिनी' के लिए प्राचीन नाम हिंदी ('यों देखत हिंदी बोल'-शाही मीराजी) देहलवी और हिंदवी (यों मैं हिंदवी कर आसान—शेख अशरफ) मिलते हैं। इसका आशय यह है कि उत्तर भारत से भाषा के साथ ये नाम भी वहां गये थे। बाद में संभवतः 17वीं सदी के अंतिम चरण में 'दक्खिनी' नाम प्रचलित हुआ।

आगे चलकर यह दक्खिनी कर्नाटक, आंध्र, तमिलनाडु, केरल, महाराष्ट्र, गुजरात तक में फैल गयी। स्वभावतः इसके शब्द भंडार पर इन सभी क्षेत्रों की भाषाओं का प्रभाव पड़ा है। दक्खिनी में मध्यकाल में काफी रचनाएं हुईं, जो दक्खिनी साहित्य के नाम से प्रसिद्ध हैं। अब इन क्षेत्रों में जो साहित्य-रचना होती है वह दक्खिनी में न होकर प्रायः मानक हिंदी या उर्दू में होती है। इसकी वर्तमान उपबोलियों में मुख्यतः मैसूरी, गुलबर्गी, बीजापुरी, हैदराबादी आदि हैं।

आधार ग्रंथ :

1. दक्खिनी हिंदी काव्य-संचयन, परमानंद पांचाल।
2. हिंदी भाषा का इतिहास, डॉ. भोलानाथ तिवारी।
3. दक्खिनी हिंदी, बाबू राम सक्सेना।
4. हिंदी साहित्य कोश, भाग-1।
5. उर्दू का आरंभिक युग, शम्सुर्रहमान फारुकी।
6. उर्दू साहित्य का आलोचनात्मक इतिहास, एहतेशाम हुसेन।

दलित विमर्श

दलित विमर्श आज के युग का एक ज्वलंत मुद्दा है। भारतीय साहित्य में इसकी मुखर अभिव्यक्ति हो रही है। दलित साहित्य को लेकर कई लेखक संगठन बन चुके हैं और आज यह एक आंदोलन का रूप लेता जा रहा है। स्वाभाविक रूप से साहित्य,समाज और राजनीति पर इसका व्यापक असर पड़ रहा है।

दलित शब्द का अर्थ है, जिसका दलन और दमन हुआ है। दलित लेखक कंवल भारती लिखते हैं, दलित वह है जिस पर अस्पृश्यता का नियम लागू किया गया है। जिसे कठोर और गंदे काम करने के लिए बाध्य किया गया है। जिसे शिक्षा ग्रहण करने और स्वतंत्र व्यवसाय करने से मना किया गया है और जिस पर सछूतों ने सामाजिक निर्योग्यताओं की संहिता लागू की, वही और वही दलित है, और इसके अंतर्गत वही जातियां आती हैं, जिन्हें अनुसूचित जातियां कहा जाता है। इसी तरह दलित साहित्य से अभिप्राय उस साहित्य से है जिसमें दलितों ने स्वयं अपनी पीड़ा को वाणी दी है। अपने जीवन-संघर्ष में दलितों ने जिस यथार्थ को भोगा है, दलित साहित्य उनकी उसी अभिव्यक्ति का साहित्य है। कंवल भारती के शब्दों में, वास्तव में दलितों द्वारा लिखा गया साहित्य ही दलित साहित्य की कोटि में आता है।

दलित साहित्य का वैचारिक आधार है डॉ. अंबेडकर का जीवन-संघर्ष। ज्योतिबा फुले तथा महात्मा बुद्ध का दर्शन उसकी दार्शनिक पृष्ठभूमि है। सभी दलित रचनाकार इस बिंदु पर एकमत हैं कि ज्योतिबा फुले ने स्वयं क्रियाशील रहकर सामंती मूल्यों और सामाजिक गुलामी के विरोध का स्वर तेज किया था। ब्राह्मणवादी सोच और वर्चस्व के विरोध में उन्होंने आंदोलन खड़ा किया था। यही कारण है कि जहां दलित रचनाकारों ने ज्योतिबा फुले को अपना

विशिष्ट विचारक माना वहीं डॉ. अंबेडकर को अपना शक्तिपुंज स्वीकार किया।

डॉ. अंबेडकर ने अनेक स्थलों पर जोर देकर कहा है कि दलितों का उत्थान राष्ट्र का उत्थान है। दलित चिंतन में राष्ट्र पूरे भारतीय परिवार या कौम के रूप में है जबकि ब्राह्मणों के चिंतन में राष्ट्र इस रूप में मौजूद नहीं है। उनके यहां एक ऐसे राष्ट्र की परिकल्पना है, जिसमें सिर्फ द्विज हैं। यहां न दलित हैं, न पिछड़ी जातियां हैं और न अल्पसंख्यक वर्ग है। इसलिए हिंदू राष्ट्र और हिंदू राष्ट्रवाद दोनो खंडित चेतना के रूप में हैं। दूसरे शब्दों में वर्ण व्यवस्था ही हिंदू राष्ट्र का मूलाधार है। इसीलिए कंवल भारती के शब्दों में दलित मुक्ति का प्रश्न राष्ट्रीय मुक्ति का प्रश्न है। करोड़ों लोगों के लिए अलगाववाद का जो समाजशास्त्र और धर्मशास्त्र ब्राह्मणों ने निर्मित किया, उसने राष्ट्रीयता को खंडित किया था और उसी के कारण भारत अपनी स्वाधीनता खो बैठा था।

इसीलिए दलित विमर्श के केंद्र में वे सारे सवाल हैं, जिनका संबंध भेदभाव से है, चाहे ये भेदभाव जाति के आधार पर हों, रंग के आधार पर हों,नस्ल के आधार पर हों, लिंग के आधार पर हों या फिर धर्म के आधार पर ही क्यों न हों ?

दलित चिंतकों का मार्क्सवादी विचारधारा से भी मतभेद है। मार्क्सवादी विचारक यह मानते हैं कि दलित-समस्या मूलतः आर्थिक समस्या है। वे इस समस्या को श्रम-विभाजन की दृष्टि से देखते हैं। लेकिन जाति व्यवस्था सिर्फ श्रम विभाजन नहीं है। वह श्रमिकों का भी विभाजन है। जाति व्यवस्था द्वारा जो श्रम विभाजन किया गया है वह पसंद के आधार पर विभाजन नहीं है। डॉ. अंबेडकर ने अपनी किताब जाति का उन्मूलन में इस विषय पर विस्तार से चर्चा की है। जाति व्यवस्था हिंदुओं को ऐसा पेशा अपनाने की इजाजत नहीं देती, जो पीढ़ीगत उनका पेशा नहीं है। डॉ.अंबेडकर की मान्यता थी कि संपत्ति की बराबरी ही वास्तविक सुधार नहीं है। समाजवादियों से उनका सवाल था कि क्या वे सामाजिक व्यवस्था में सुधार लाए बगैर आर्थिक सुधार कर सकते हैं?

दलित चिंतकों ने इतिहास की पुनर्व्याख्या करने की कोशिश की है। इनके अनुसार गलत इतिहास-बोध के कारण लोगों ने दलितों और स्त्रियों को इतिहास-हीन मान लिया है, जबकि भारत के इतिहास में उनकी भूमिका महत्वपूर्ण है। वे इतिहासवान हैं। सिर्फ जरूरत दलितों और स्त्रियों द्वारा अपने इतिहास को खोजने की है। डॉ.अंबेडकर पहले भारतीय इतिहासकार हैं जिन्होंने इतिहास में दलितों की उपस्थिति को रेखांकित किया है। उन्होंने इतिहास लेखन में दो तथ्यों को स्वीकार किए जाने की बात कही है। पहली बात यह कि एक समान भारतीय संस्कृति जैसी कोई चीज कभी नहीं रही और भारत तीन प्रकार का रहा-ब्राह्मण भारत, बौद्ध भारत और हिंदू भारत। इनकी अपनी-अपनी संस्कृतियां रहीं। दूसरी बात यह स्वीकार की जानी चाहिए कि मुसलमानों के आक्रमणों के पहले भारत का इतिहास, ब्राह्मणों और बौद्ध धर्म के अनुयायियों के बीच परस्पर संघर्ष का इतिहास रहा है। जो कोई इन दो तथ्यों को स्वीकार नहीं करता, वह भारत का सच्चा इतिहास जो इस युग के अर्थ और उद्देश्य को स्पष्ट कर सके, कभी नहीं लिख सकता।

दलित चिंतकों के अनुसार वास्तव में जिसे हम नवजागरण कह सकते हैं उसकी लहर बंगाल से नहीं अपितु महाराष्ट्र से चली। वह लहर थी दलित मुक्ति आंदोलन की, जिसने न सिर्फ भारत का बल्कि पूरे विश्व का ध्यान आकृष्ट किया था। इस लहर को पैदा करने वाले थे महात्मा ज्योतिबा फुले। महात्मा फुले ने 1873 में सत्य शोधक समाज की स्थापना की थी और इसी वर्ष उनकी क्रांतिकारी पुस्तक गुलामगिरी प्रकाशित हुई थी। इस समय तक रानाडे का प्रार्थना समाज अस्तित्व में आ चुका था। इसके दो साल बाद 1875 में दयानंद सरस्वती ने आर्य समाज की स्थापना की थी। दलित आंदोलन जिन महापुरुषों से शक्ति ग्रहण करता है उनमें ज्योतिबा फुले के अलावा केरल के नारायण गुरु (1854), तमिलनाडु के पेरियार रामास्वामी नायकर (1879-1973), उत्तर भारत के स्वामी अछूतानंद (1879-1933), बंगाल के चांद गुरु (1850-1930), मध्य प्रदेश के गुरु घासीदास (1756) आदि प्रमुख हैं।

ज्योतिबा फुले के नवजागरण के उपरांत महाराष्ट्र में जो दलित चेतना उभरी उसका राजनैतिक प्रभाव हमें 1923 में देखने को मिलता है जब बंबई की विधान परिषद् ने यह प्रस्ताव पारित किया कि दलित वर्ग के लोगों को भी सभी सार्वजनिक सुविधाओं और संस्थाओं के उपयोग का समान अधिकार होगा। महाड़ में अछूतों का पानी के लिए सत्याग्रह इसी अधिकार को प्राप्त करने के लिए था। इसने तत्कालीन राष्ट्रीय परिदृश्य में राजनीति के तीसरे ध्रुव दलित राजनीति को जन्म दिया और दलितों को सत्ता में भागीदारी दिलाई। 1927 में ब्रिटिश सरकार ने भारत की संवैधानिक समस्या को सुलझाने के लिए साइमन कमीशन नियुक्त किया। कांग्रेस, मुस्लिम लीग, हिंदू महासभा आदि सबने इस कमीशन का विरोध किया और जहां भी कमीशन गया साइमन गो बैक के नारे लगाए गए, किंतु डॉ.अंबेडकर के नेतृत्व में दलितों ने कमीशन का समर्थन किया और मांग की कि हिंदुओं से अलग उन्हें भी एक विशिष्ट

अल्पसंख्यक वर्ग माना जाए और उनके लिए मुसलमानों की तरह का प्रतिनिधित्व दिया जाए। इतना ही नहीं, भारत के भावी संविधान की रूपरेखा तय करने के लिए जब लंदन में गोलमेज कांफ्रेंस की घोषणा हुई तो इसमें दलितों के प्रतिनिधि के रूप में डॉ.अंबेडकर और आर. श्रीनिवास को आमंत्रित किया गया था। इस कांफ्रेंस में अंबेडकर ने दलितों के लिए पृथक निर्वाचक मंडल की मांग की थी।

ब्रिटिश प्रधानमंत्री ने इसे स्वीकार कर लिया था। कांग्रेस और हिंदू महासभा ने इसका विरोध किया। गांधीजी उस समय पूना की जेल में थे। उन्होंने जेल में ही दलितों के पृथक अधिकारों के खिलाफ आमरण अनशंन शुरू कर दिया। अंततः तमाम दबावों के बाद समझौता हुआ जिसे डॉ. अंबेडकर और गांधी जी ने अंतिम रूप दिया। यह समझौता 1932 में हुआ जिसे पूना-पैक्ट के नाम से जाना जाता है। इसके बाद ही दलित राजनीति के गांधीवादी मॉडल का उदय हुआ। गांधी जी ने दलितों को हरिजन नाम दिया। आज का दलित विमर्श इसे अस्वीकार करता है।

आज के दलित चिंतक मानते हैं कि महात्मा गांधी की हरिजन राजनीति ने एक रेडिकल दलित आंदोलन को रोका। उसने अंबेडकर विरोधी चेतना का विकास किया। इस तरह आज के दलित चिंतकों का गांधीजी के दृष्टिकोण से मौलिक भेद है।

आजादी के बाद दलित राजनीति के लिए 1960 का दशक अधिक महत्वपूर्ण है। इस दशक में भारतीय रिपब्लिकन पार्टी ने महाराष्ट्र, दिल्ली और उत्तर भारत में दलितों, पिछड़ों और अल्पसंख्यक समुदायों में अपना क्रांतिकारी जनाधार बनाया। एक वैकल्पिक दलित राजनीति का उदय हुआ।अस्सी का दशक दलित राजनीति के लिए सर्वाधिक महत्वपूर्ण है। 1980 में कांसीराम बामसेफ (बैकवर्ड एंड माइनारिटीज शेड्यूल्ड कास्ट इंप्लाइज फेडरेशन) के माध्यम से भारतीय समाज में एक नया दलित विमर्श लेकर आए। रिपब्लिकन पार्टी के पतन के बाद कांसीराम ने, जो स्वयं भी उसी पार्टी में काम करते थे, नए सिरे से दलित समाज को लामबंद करना शुरू किया। बामसेफ के तहत ही उन्होंने हिंदी में बहुजन संगठक (साप्ताहिक) और अंग्रेजी में आप्रेस्ड इंडिया (मासिक) पत्रों का प्रकाशन किया। यह एक क्रांतिकारी कदम था जिसने बड़े पैमाने पर देश भर के दो लाख कर्मचारियों को बामसेफ का सदस्य बनाया। इसमें डाक्टर, इंजीनियर, अधिकारी आदि सभी तबके के लोग थे। कांसीराम ने दलितों को बहुजन कहा और व्यवस्था से लाभान्वित होने वाले लोगों को मनुवादी नाम दिया। ये दोनों नाम भारतीय समाज और राजनीति के लिए बेहद विचारोत्तेजक थे और शीघ्र ही ये दोनों नाम प्रसिद्ध हो गए। 1981 में कांसीराम ने डी.एस.-4 (दलित समाज शोषित संघर्ष समिति) की स्थापना की। यह आंदोलन का वह प्लेटफार्म था, जिसने आगे चलकर राजनैतिक संघर्ष का रूप धारण किया। 1984 में कांसीराम ने बहुजन समाज पार्टी की स्थापना की ।

साहित्य में दलित विमर्श की तीन धाराएं दिखाई देती हैं। पहली धारा स्वयं दलित जातियों में जन्मे लेखकों की है जिनके पास स्वानुभूतियों का विशाल भंडार है और इसी आधार पर वे मानते हैं कि वास्तविक अर्थों में उन्हीं का सृजन ही दलित साहित्य है। दूसरी धारा हिंदू लेखकों की है, जिनके रचना संसार में दलितों का चित्रण सौंदर्य-सुख की विषय-वस्तु के रूप में होता है। तीसरी धारा प्रगतिशील लेखकों की है, जो दलित को सर्वहारा की स्थिति में देखते हैं।

दलित चिंतकों के अनुसार अतीत का लोकायत, वर्ण व्यवस्था से पीड़ित दलित जनता का धर्म था। इसीलिए दलित विमर्श की परंपरा का उससे गहरा संबंध है। उसने एक ऐसी विचार परंपरा को जन्म दिया जो वेद और वर्ण व्यवस्था विरोधी थी। यह परंपरा बाद में बौद्धों, सिद्धों और नाथों से होती हुई मध्यकाल के दलित संतों तक पहुंची। कबीर ने इसे दलित धारा का रूप दिया और अपने समकालीन हिंदू-मुस्लिम समाजों को उद्वेलित कर दिया। दलित संत कवियों का युग 14वीं-15वीं शताब्दी का युग था। आगे की दो शताब्दियों में हमें इस दलित विमर्श का विकास दिखाई नहीं देता। लेकिन 19वीं शताब्दी में साहित्य की दलित धारा भारत की लगभग सभी धाराओं में पुनः उभरती दिखाई देती है। इसका कारण यह था कि इस समय तक भारत में अंग्रेजी राज कायम हो चुका था और इसाई मिशनरियों के प्रभाव से अछूतों में शिक्षा का प्रकाश पहुंचने लगा था। इस नवजागरण ने प्रायः सभी भाषाओं में दलित रचनाकार पैदा किए, जिन्होंने न सिर्फ अपना साहित्य और अपना इतिहास लिखा बल्कि अपने समय के साहित्य को प्रभावित भी किया। इनमें सबसे पहला नाम मराठी के महात्मा ज्योतिबा फुले का है। उनकी प्रख्यात रचना गुलामगिरी तथा उनके नाटकों और पंवाड़ा काव्य में पहली बार दलित वर्ग का दर्द यथार्थ रूप में व्यक्त हुआ है। सातवें दशक में जो दलित साहित्य मराठी में उभरा उस पर ज्योतिबा फुले के साहित्य का गहरा प्रभाव था।

अंबेडकर युग से पूर्व के दलित लेखकों मे हीरा डोम का नाम बड़े सम्मान के साथ लिया जाता है, जिनकी एक मात्र कविता अछूत की शिकायत 1914 में सरस्वती में छपी थी। यह विशुद्ध रूप से दलित चेतना की कविता

है। इसी युग के दूसरे महत्वपूर्ण लेखक स्वामी अछूतानंद हैं जो हरिहर उपनाम से कविता करते थे। वे उत्तर भारत में आदि हिंदू के प्रवर्तक थे। उन्होने अपने काव्य नाटक और अन्य कविताओं के माध्यम से यह स्थापित किया था कि अछूत आदि हिंदू हैं और शेष लोग भारत में बाहर से आए हैं।

दलित चेतना के हिंदू धारा पर 20वीं शताब्दी के राजनैतिक और सामाजिक आंदोलनों का प्रभाव है। यह धारा खास तौर से राष्ट्रीय स्वतंत्रता आंदोलन में दलितों के राजनैतिक संघर्ष के परिणामस्वरूप अस्तित्व में आई। इस धारा में महात्मा गांधी दलितों के मसीहा के रूप में माने जाते हैं। इस धारा के साहित्यकारों का मकसद है दलितों के प्रति सवर्ण मन को उदार बनाना। सूर्यकांत त्रिपाठी निराला, सोहन लाल द्विवेदी, मैथिलीशरण गुप्त, गया प्रसाद शुक्ल सनेही, माधव शुक्ल और रामचंद्र शुक्ल आदि ने इस तरह की कविताएं लिखीं हैं।

प्रगतिशील धारा के महत्वपूर्ण हस्ताक्षर प्रेमचंद के विषय में दलित चिंतकों का नजरिया है, प्रेमचंद के रचना कर्म में दलित दयनीय स्थिति में तो हैं पर उसमें विद्रोह बिलकुल नहीं है। वे अपने ऊपर अत्याचार करने वालों से स्वयं डरे-सहमें रहते हैं। उनके दलित पात्र धर्म जाल में जकड़े हुए हैं। उनकी आस्थाएं अंधी और अटूट हैं और वे इस सत्य से पूर्णत: अनजान हैं कि वे अंधी आस्थाएं ही उनकी दीनता तथा गरीबी के मुख्य कारण हैं। वास्तव में प्रेमचंद के साहित्य में यही दलित विमर्श, दलितों के कटु सामाजिक यथार्थ का दर्पण है जो क्रांतिकारी है क्योंकि यह परिवर्तन की समझ विकसित करता है। प्रेमचंद अपने दलित विमर्श में इस तथ्य से भी बेखबर नहीं हैं कि दलित शिक्षा ही दलित मुक्ति का आधार है...प्रेमचंद जिस प्रगतिशीलता को लेकर चल रहे थे, वह भले ही अंबेडकरवादी न हो, पर उसके निकट जरूर थी। किंतु प्रेमचंद के बाद के प्रगतिशील साहित्य में हमें दलित विमर्श की यह तेजस्विता नहीं मिलती। परवर्ती प्रगतिशील साहित्य में दलित वर्ग की उपस्थिति एक मजदूर वर्ग के रूप में है जिसका पूंजीपति शासक वर्ग शोषण करता है, जिसके श्रम से वह अपने सुख की दुनिया बनाता है। (कंवल भारती, दलित विमर्श की भूमिका)

प्रगतिशील साहित्य में वस्तुत: जो वर्ग विमर्श है वह अमीर और गरीब तथा शोषक और शोषित का विमर्श है जिसकी पृष्ठभूमि में मार्क्सवादी दर्शन है।

इधर साहित्य की जनवादी धारा ने दलित वर्ग के आर्थिक सवालों को उठाया है तो सामाजिक समानता के प्रश्न को भी स्वीकार किया है। वह अब पूंजीवाद के उन्मूलन के साथ-साथ ब्राह्मणवाद के विरुद्ध भी रचनाशील है।

साठ के दशक मे दलित साहित्यकारों की एक पूरी पीढ़ी उभर कर सामने आई। इनमें चंद्रिका प्रसाद जिज्ञासु, ललई सिंह यादव, डॉ. अंगने लाल, सुंदर लाल सागर, डॉ. डी.आर. जाटव, रजनीकांत शास्त्री, मंगलदेव विशारद, रामस्वरूप वर्मा, खेमचंद्र सौगत, लालचंद्र राही, बदलूराम रसिक आदि प्रमुख हैं। इसी दौर में डॉ. अंबेडकर, भदंत आनंद कौसल्यायन, राहुल सांकृत्यायन, अछूतानंद और रामस्वामी नायकर आदि की क्रांतिकारी पुस्तकों का प्रकाशन भी हुआ।

सत्तर के दशक में दलित साहित्य के नामकरण के साथ जो साहित्य अस्तित्व में आया उसका व्यापक असर हुआ। सम्प्रति दलित विमर्श ने एक विशाल लेखक वर्ग तैयार कर लिया है जो लगातार इन सवालों से जूझ रहा है। इनमें मतभेद और भटकाव भी है। दलित लेखक संघ के एक गुट ने प्रेमचंद की जयंती 31 जुलाई 2004 को उनके प्रसिद्ध उपन्यास रंगभूमि की प्रतियां जलाकर अपना विरोध जताया, जिसकी व्यापक आलोचना हुई।

फिलहाल, आज के दलित लेखकों में मोहनदास नैमिशराय, भगवानदास, ओमप्रकाश बाल्मीकि, धर्मवीर, श्योराज सिंह बेचैन, जय प्रकाश कर्दम, अजय नावरिया, तेज सिंह, सूरजपाल चौहान, रजनी तिलक, मलखान सिंह आदि प्रमुख हैं।

आधार ग्रंथ :

1. दलित साहित्य का सौन्दर्यशास्त्र, शरण कुमार लिम्बाले।
2. दलित विमर्श की भूमिका, कंवल भारती।
3. हिंदी काव्य में दलित काव्य-धारा, माता प्रसाद।
4. नवें दशक की हिंदी दलित कविता, रजत रानी मीनू।
5. दलित साहित्य का सौंदर्यशास्त्र, ओमप्रकाश वाल्मीकि।
6. काली सुर्खियां, (सं.) राजेंद्र यादव।
7. दलित भारतीय बनाम न्यायपालिका में द्विज तत्त्व, डॉ. धर्मवीर।
8. चिन्तन की परंपरा और दलित साहित्य, (सं.) श्योराज सिंह बेचैन और देवेन्द्र चौबे।
9. साहित्य का नया सौन्दर्य शास्त्र, (सं.) देवेन्द्र चौबे।

दुःखवाद

दुःखवाद बौद्ध-दर्शन का एक प्रमुख तत्त्व है। बौद्ध-दर्शन में संसार को दुःखपूर्ण बताया गया है। महात्मा बुद्ध ने चार आर्य सत्य बताये हैं, जिनका मूल आधार दुःख है। वे चार आर्य सत्य क्रमशः दुःख, दुःख समुदाय, दुःख निरोध और दुःख निरोध-गामिनी प्रतिपदा कहलाते हैं। गौतम बुद्ध इस दुःख का वर्णन करते हुए कहते हैं कि "हे भिक्षुओ ! दुःख प्रथम आर्य सत्य है। जन्म भी दुःख है, वृद्धावस्था भी दुःख है, मरण भी दुःख है, शोक, परिदेवना, दौर्मनस्य, उपायास (हैरानी) भी दुःख है। अप्रिय से संयोग होना भी दुःख है, प्रिय से वियोग भी दुःख है। अभिप्रेत वस्तु का न मिलना भी दुःख है। संक्षेप में यह कह सकते हैं कि राग द्वारा उत्पन्न पांचों स्कंध भी दुःख है।" इस तरह गौतम बुद्ध संसार के प्रत्येक कार्य एवं प्रत्येक गति-विधि को दुःखपूर्ण मानते हैं।

बौद्ध दर्शन के दुःखवाद ने हिंदू दर्शनों को भी प्रभावित किया। सांख्य ने प्रकृति को ही त्रिगुणमयी बतलाकर सब वस्तुओं को सत्त्व (सुख), रज (दुःख) और तम (मोह) से निर्मित माना है। अतः शुद्ध सुख कहीं नहीं है। सर्वत्र दुःखमिश्रित ही सुख है। दुःख त्रिविध है—आध्यात्मिक (आधि-व्याधि), आधिभौतिक (जलना, गिरना, डूबना आदि), आधिवैदिक (प्रेत-पिशाच का दंड)। इनसे मुक्त होना ही अपवर्ग या मोक्ष है। मध्ययुग के संतों ने भी दुःखवाद को अपने वैराग्यवाद की भूमिका कहा है। जन्म-मरण, दोनों दुःखद हैं—'जनमत-मरत दुसह दुख होई' (तुलसीदास)। आत्मा शरीर में कारावास भोग रही है। संसार, परिजन, मित्रजन, सभी दुःख देनेवाले हैं। इंद्रियां दुःख देती हैं। जैसे हरिण अपनी श्रवणेंद्रिय के कारण मार डाला जाता है, पतिंगा अपनी दृष्टि के कारण दीपक में जल मरता है, वैसे ही मनुष्य अपनी पांचों इंद्रियों से दुःख भोगता है। इस दुःख से बचने का एक ही उपाय है—वैराग्य। वैराग्य से भगवद्‌भक्ति आती है, जो आनंदस्वरूपा है।

19वीं सदी में जर्मनी में शोपेनहार और हार्टमन प्रसिद्ध दुःखवादी हो गये हैं, जिनपर बौद्ध विचारधारा का प्रचुर प्रभाव पड़ा था।

दुःख का संबंध त्याग तथा बलिदान से है और सुख का संबंध भोग तथा परिग्रह से। यदि भोग और परिग्रह मनुष्य को वासना के स्तर पर रखते हैं तो त्याग तथा बलिदान उसे वासना से ऊपर उठाते हैं और संयम तथा मर्यादा का पाठ पढ़ाते हैं। इससे जहां सुख मनुष्य के अधःपतन का हेतु है, वहां दुःख उसके उत्थान का। इस मनोवैज्ञानिक तथा नैतिक सिद्धांत से लाभ उठाते हुए हिंदी साहित्य की प्रयोगशील धारा के कुछ लेखकों ने दुःखवाद को एक रचनात्मक तथा प्रेरक शक्ति के रूप में ग्रहण किया है। इन लेखकों में 'अज्ञेय' का नाम विशेष रूप से महत्त्वपूर्ण है। उन्होंने दुःख को शक्ति देनेवाला तथा आत्मा का परिष्कार करनेवाला माना है।

दुःखवाद के दो प्रकार हैं, नित्य दुःखवाद और अनित्य दुःखवाद। नित्य दुःखवाद में दुःख का शमन कभी नहीं होता और अनित्य-दुःखवाद में दुःख की शांति निर्वाण या मुक्ति मिलने से हो जाती है।

अनित्य-दुःखवाद दार्शनिक सत्य है। सुखवाद केवल अर्थ और काम को पुरुषार्थ मानता है तो दुःखवाद केवल धर्म और मोक्ष को। सुखवाद ऐहिक भोग-विलास-पर जोर देता है तो दुःखवाद आत्मिक विकास पर। सुखवाद प्रवृत्तिमार्ग है तो दुःखवाद निवृत्तिमार्ग। पहला भोगवाद है तो दूसरा वैराग्यवाद। सुखवाद क्षणिक आनंद को लक्ष्य बनाता है तो दुःखवाद चिर आनंद को।

सुखवाद की भांति दुःखवाद भी एकांगी मत है। यह भी एक 'अंत' या 'अति' है। दोनों एक द्वंद्व के दो अंग हैं। दोनों का अस्तित्व अन्योन्याश्रित है। एक के अभाव में दूसरे का भी अभाव होना अवश्यंभावी है। सबसे अधिक उल्लेख योग्य बात यह है कि दोनों क्षणिक, अनित्य और परिवर्तनशील हैं। संसार न सुखलोक है न दुःखलोक, वह दोनों का मिश्रण है। इस प्रसंग में सांख्यमत बहुत न्यायसंगत है। मनुष्य के लिए दोनों आवश्यक हैं, यद्यपि वह दुःख नहीं चाहता। पर जैसा कि सुमित्रानंदन पंत ने 'सुख-दुःख' शीर्षक कविता में कहा है, सभी को दोनों का सम्मिश्रण ही अभीष्ट है। दुःख के न रहने पर, उसके अनुभूत न होने पर, सुख भी वस्तुतः अनुभव में नहीं रहेगा।

गीता में सुखवाद और दुःखवाद का समन्वय अनासक्त कर्मवाद में किया गया है। यहां दुःखवाद से अनासक्ति का भाव ग्राह्य समझा गया है और सुखवाद से कर्म की प्रवृत्ति ली गयी। दोनों को मिलाकर अनासक्तभाव से कर्म करने का सिद्धांत बना, जिससे सुख की प्राप्ति भी होती है और जीवन के महान् मूल्यों का लाभ तथा सामाजिक मर्यादा का पालन भी होता है। गीता के इस निष्काम कर्मयोग का भारत में बहुत प्रभाव पड़ा। आधुनिक काल में भी लोकमान्य तिलक, महात्मा गांधी और विनोबा भावे ने इसी मत का अनुसरण किया है।

हिंदी के आधुनिक कवियों में जयशंकर प्रसाद के यहां दुखवाद की सर्वाधिक चर्चा है। उन्होंने 'स्कंदगुप्त' में 'उमड़ रहा इस भूतल पर दुःख का पारावार' कहकर दुःखवाद को प्रतिष्ठित किया है। 'आंसू' में तो वे यहां तक कह जाते हैं कि "वेदना विकल फिर आई

मेरी चौदहों भुवन में, सुख कहीं न दिया दिखायी विश्राम कहां जीवन में।"

'कामायनी' में भी इस दु:खवादी विचारधारा का यत्र-तत्र संकेत मिल जाता है। वैसे वे सुख और दु:ख को दिन और रात की भांति निरंतर आते-जाते बतलाते हैं, परंतु संसार में वे दु:ख की प्रबलता स्वीकार करते हैं। इसी कारण कभी वे "दु:ख जलधि का नाद अपार" सुनते हैं, तो कभी "व्यथा की नीली लहरों बीच बिखरते सुख मणिगण द्युतिमान" कहते हैं। ऐसे ही कभी उन्हें "नभ-नील लता की डालों में इस दु:खमय जीवन का प्रकाश" उलझा हुआ दिखायी देता है, तो कभी "कलियां जिनको मैं समझ रहा वे कांटे बिखरे आस-पास" प्रतीत होते हैं।

आधार ग्रंथ :

1. कामायनी में काव्य, संस्कृति और दर्शन, डॉ. द्वारिका प्रसाद सक्सेना।
2. हिंदी साहित्य कोश, भाग-1।
3. दर्शन दिग्दर्शन, महापंडित राहुल सांकृत्यायन।
4. भारतीय संस्कृति और हिंदी प्रदेश, रामविलास शर्मा।
5. श्रीमद्भगवत्गीता।

द्वंद्वात्मक भौतिकवाद

द्वंद्वात्मक भौतिकवाद एक विज्ञान सम्मत दार्शनिक दृष्टिकोण है, मार्क्सवादी शिक्षा का एक अंग और उसका दार्शनिक आधार है। यह अंग्रेजी के डाइलेक्टिकल मैटरियलिज्म (Dialectical Materialism) का हिंदी पर्याय है। द्वंद्वात्मक भौतिकवाद के प्रणेता कार्ल मार्क्स (1818-1883) तथा फेडरिक एंगेल्स (1820-1895) थे और उसका आगे विकास व्लादीमीर इल्यीच लेनिन, माओ त्से तुंग तथा अन्य मार्क्सवादियों ने किया। उसका उद्भव उन्नीसवीं सदी के पांचवें दशक में हुआ तथा वह विज्ञान की सफलताओं और क्रांतिकारी मजदूर आंदोलन के साथ अविराम रूप से सूत्रबद्ध रहते हुए विकसित हुआ। उसकी अवधारणा मानव चिंतन के इतिहास में, दर्शन के इतिहास में एक क्रांति थी। परंतु इस क्रांति में उन सब उन्नत तथा प्रगतिशील तत्त्वों का योग शामिल था, जो मानव चिंतन पहले ही उपलब्ध कर चुका था। मार्क्सवाद, दर्शन के क्षेत्र में द्वंद्वात्मक भौतिकवाद के आधारभूत सिद्धांतों पर अवस्थित है तथा समाज, साहित्य और संस्कृति की व्याख्या इसी द्वंद्वात्मक भौतिकवाद से उद्भूत ऐतिहासिक भौतिकवाद के आधार पर करता है।

भौतिकवाद जहां एक दर्शन है, वहां द्वंद्वात्मक एक चिंतन प्रणाली है। 'द्वंद्व' अंग्रेजी के 'Dialectic' का पर्याय है जो मूलत: यूनानी 'Dialego' शब्द से निर्मित है। इसका अर्थ है 'दो आदमियों की बातचीत'। पुरातन काल में यह किसी सत्य पर अपने विरोधियों की असंगतियों को खोलकर पहुंचने की कला थी। पुराने दार्शनिकों को इसमें विश्वास था कि किसी आदमी के तर्कों के विरोधाभास जुटाने और उनकी असंगतियों और अंतर्विरोधों का उनसे विपरीत तर्कों द्वारा उद्घाटन करने से एक सत्य पर पहुंचा जा सकता है। किंतु बाद में यह द्वंद्ववाद प्रकृति, समाज तथा अन्य समस्त विज्ञान पर लागू होने लगा।

मार्क्स की मान्यता है कि सारी प्रगति द्वंद्वात्मक गति से हो रही है। द्वंद्व के कारण ही प्रकृति निरंतर परिवर्तित होती रहती है। यह सिद्धांत मार्क्स ने हीगेल से लिया है। हीगेल के अनुसार विकासक्रम वाद (Thesis), प्रतिवाद (Anti thesis) एवं संवाद (Synthesis) के त्रैत से सर्वदा आगे बढ़ता है। द्वंद्वात्मक प्रक्रिया को समझने के लिए एंगेल्स ने गेहूं के पौधे का उदाहरण दिया है। गेहूं का बीज वाद (Thesis) है। भूमि में बोया हुआ यह बीज अपने अंतर्विरोधों के कारण गल कर नष्ट होकर गेहूं के पौधे के रूप में परिवर्तित तथा विकसित होता है। पौधे के विकास की यह अवस्था प्रतिवाद (Anti Thesis) है। और तीसरी अवस्था में पौधे पर बाली आती है, बाली पककर गेहूं के दानों में बदल जाती है। पौधा अपने अंतर्विरोधों के कारण सूखकर नष्ट हो जाता है। बाली पक कर पुन: गेहूं के दानों के रूप में तैयार हो जाती है। यह संवाद (Synthesis) है।

मार्क्स ने हीगेल से विकास के इस सिद्धांत को तो लिया किंतु वे कहते हैं कि, "हीगेल के यहां द्वंद्ववाद सिर के बल खड़ा है। यदि आप उसके रहस्यमय आवरण के भीतर ढके हुए विवेकपूर्ण सार तत्त्व का पता लगाना चाहते हैं तो आपको उसे उलट कर फिर पैरों के बल सीधा खड़ा करना होगा।" अपने तथा हीगेल के द्वंद्वन्याय का अंतर बताते हुए मार्क्स लिखते हैं कि उनकी द्वंद्वात्मक विधि न केवल हीगेल से भिन्न है अपितु उसके बिलकुल उलट है। हीगेल जगत का मूल तत्त्व चेतन सत्ता को मानता है, मार्क्स जड़ पदार्थ अथवा प्रकृति को। हीगेल जहां अध्यात्मवादी है वहां मार्क्स पूर्णत: भौतिकवादी। हीगेल समस्त जगत को चेतन सत्ता, जिसे चाहे तो विश्वात्मा कह सकते हैं, से

उद्भूत मानते हैं, जबकि मार्क्स जड़ प्रकृति से ही सभी वस्तुओं का विकास स्वीकार करते हैं। हीगेल की धारणा थी कि इस जगत में बुद्धिमय तत्त्व (Idea) ही वास्तविक है, मार्क्स के लिए जड़ प्रकृति ही वास्तविक है। इस प्रकार मार्क्स का दर्शन हीगेल से बिलकुल विपरीत है। मार्क्स के इस सिद्धांत के अनुसार पुरानी वस्तुएं अपने ही गर्भ में से नयी वस्तु को जन्म देकर स्वयं नष्ट होती रहती हैं और उनका स्थान नयी वस्तुएं लेती रहती हैं जो पहली से अधिक विकसित होती हैं।

इस सिद्धांत के अनुसार प्रत्येक वस्तु गतिमान है। जगत् में निरंतर परिवर्तन होता रहता है। जो कुछ भी स्थिर, अपरिवर्तनीय या अगतिमान दिखायी देता है वह सत् नहीं हो सकता। मार्क्सवादी ऐसा मानकर चलते हैं कि प्रत्येक वस्तु के स्वभाव में कुछ अंतर्विरोधी तत्त्व निहित रहते हैं। इन अंतर्विरोधी तत्त्वों के बीच बराबर संघर्ष चलता रहता है। इसी प्रकार नूतन तथा पुरातन के बीच संघर्ष चलता रहता है। इन्हीं संघर्षों के फलस्वरूप सारे परिवर्तन होते हैं।

जहां तक नियमों का संबंध है द्वंद्वात्मक भौतिकवाद नियमों को किसी परम सत्ता की सृष्टि नहीं मानता। इनका स्वरूप वस्तुगत होता है। मनुष्य इन नियमों की सृष्टि नहीं कर सकता। कारण यह है कि वे मनुष्य के मस्तिष्क एवं इच्छा-अनिच्छा से स्वतंत्र क्रियाशील रहते हैं। इन नियमों को मिटाना भी मनुष्य के वश में नहीं है। मनुष्य अधिक से अधिक इनकी जानकारी प्राप्त कर सकता है, साथ ही अपने तथा शेष संसार के हित में इस जानकारी का उपयोग कर सकता है।

विपरीतों की एकता और संघर्ष का नियम लेनिन के मतानुसार द्वंद्ववाद का सार तत्त्व है। विपरीतों की एकता किसी वस्तु के वे आंतरिक पहलू, प्रवृत्तियां या शक्तियां हैं, जो परस्पर निषेधक होने के साथ ही साथ एक दूसरे को पूर्व-मान्य भी करते हैं। इन पहलुओं के अविच्छेद अंतस्संबंध से ही विपरीतों की एकता बनती है। संसार में कोई भी ऐसी वस्तु या व्यापार नहीं है, जिसे विपरीतों में न बांटा जा सके। सजीव शरीर रचना हो या मानसिक कार्यकलाप, ज्ञान की प्रक्रिया हो या विग्रहपूर्ण वर्ग समाज, सृष्टि के प्रत्येक कार्य-व्यापार तथा वस्तु में विपरीतों की स्थिति होती है। उदाहरण के लिए पूंजीवादी समाज में पूंजीपति वर्ग और सर्वहारा वर्ग की अनिवार्य स्थिति होती है, जो एक दूसरे के विपरीत होने के बावजूद परस्पर संबद्ध हैं। एक शोषण करता है, दूसरा शोषित होता है, परंतु एक के बिना दूसरे की स्थिति संभव नहीं । पूंजीवादी व्यवस्था की स्थिति विरोधों की इसी एकता में निहित है ।

हर विकासशील वस्तु अपने भीतर अपने प्रतिपक्ष को भी समाहित किये हुए होती है, जो इसे पूर्व स्थिति में नहीं रहने देता। पक्ष और प्रतिपक्ष का पारस्परिक संघर्ष भीतर ही भीतर चलता रहता है और तब तक चलता है जब तक अंतर्विरोध शांत नहीं हो जाते और वस्तु एक नये गुणात्मक विकास को सूचित नहीं करने लगती। इस गुणात्मक विकास की स्थिति में आने के उपरांत वस्तु में निहित अंतर्विरोध पुनः एक नये रूप में आरंभ हो जाते हैं। यही क्रम चलता रहता है। सृष्टि का समूचा विकास-क्रम अंतर्विरोधों और विपरीतों के इसी संघर्ष का परिणाम है, जो सतत् चलता रहता है। इसी तथ्य को लक्ष्य कर लेनिन ने विकास को विपरीतों का संघर्ष कहा है। विपरीतों का यह संघर्ष उनकी एकता के महत्त्व को कम नहीं करता, कारण 'विपरीतों की एकता संघर्ष की आवश्यक शर्त है।'

अंतर्विरोध के इस नियम के अनुसार प्रकृति के प्रपंच में तथा सभी वस्तुओं के अंदर अंतर्विरोध अंतर्निहित हैं। पुरातन तथा नूतन के बीच तथा नवोदित और विनाशोन्मुख के बीच के संघर्ष द्वारा ही जगत में विकास की प्रक्रिया चलती है और इसी के द्वारा मात्रात्मक परिवर्तनों का गुणात्मक परिवर्तनों में रूपांतरण होता रहता है।

जिस हद तक किसी वस्तु में अंतर्विरोध निहित है उसी सीमा तक वस्तु गतिशील है। दूसरे शब्दों में, वही चीज सजीव है जिसमें अंतर्द्वंद्व है और उसी सीमा तक सजीव है जिस सीमा तक उसमें अंतर्विरोध निहित है। इस नियम को सामाजिक जीवन पर भी लागू किया जाता है। हमारी पूंजीवादी व्यवस्था में यह अंतर्विरोध उत्पादनकारी शक्तियों तथा उत्पादन के संबंधों के बीच दिखायी देता है। पूंजीवादी समाज में संपत्तिधारी तथा सर्वहारा एक-दूसरे के सर्वथा विरोधी होते हैं फिर भी समाज के आर्थिक ढांचे में वे एक दूसरे के साथ इस प्रकार बंधे रहते हैं कि कोई भी एक वर्ग दूसरे के अस्तित्व की अवस्था को प्रदर्शित कर सकता है।

निषेध के निषेध का नियम द्वंद्वात्मक भौतिकवाद का प्रमुख पक्ष है। सामान्यतः यह कह सकते हैं कि निषेध वादपक्ष का निषेध अर्थात् प्रतिवाद पक्ष है और संवाद पक्ष इस निषेध का निषेध है। निषेध का निषेध इस ओर संकेत करता है कि दोनों पक्षीय धारणाओं को पराजित किया जाना चाहिए। इन तीनों नियमों का परस्पर संबंध इस प्रकार समझा जा सकता है कि पहला नियम तो हमें यह बतलाता है कि विकास क्यों होता है, दूसरा बतलाता है कि कैसे होता है और तीसरा नियम यह बतलाता है कि किस दिशा में होता है। जब मात्रा का गुण में रूपांतरण होता है तो पूर्ववर्ती गुण का निषेध हो जाता है। यह नया गुण फिर से अगले वाले सोपान के लिए आरंभिक अवस्था बन जाता है तथा इसका पुनः निषेध होता है और पहल निषेध का अतिक्रमण हो जाता है।

मार्क्स कहते थे कि निजी संपत्तिवादी समाज व्यवस्था आदिम साम्यवाद का निषेध है, अब इसका निषेध करने पर वैज्ञानिक साम्यवाद की स्थापना होगी।

मार्क्सवादी द्वंद्ववाद की ज्ञान-संबंधी प्रथम आधारभूत स्थापना यह है कि ज्ञान का आधार और उसका स्रोत यह अनंत रूपात्मक, अनंत व्यापारों वाला भौतिकजगत् है। यह मान्यता पिछली दार्शनिक मान्यताओं से इस अर्थ में विशिष्ट है कि इसके अंतर्गत संसार की वस्तुगत सत्ता को तो स्वीकार किया ही गया। उसे सर्वथा ज्ञेय भी माना गया। वस्तुगत यथार्थ को ज्ञान के स्रोत के रूप में इतनी स्पष्ट स्वीकृति इसके पूर्व कभी नहीं मिली थी।

मार्क्सवादी द्वंद्ववाद जिस एक बात पर सर्वाधिक जोर देता है, वह है सिद्धांत और व्यवहार की एकता। कोरे सिद्धांत जब तक व्यवहार में नहीं बदले जाते, अनुपयोगी और निरर्थक हो जाते हैं। इसी प्रकार बिना सिद्धांत के व्यवहार का कोई रूप सामने नहीं आ सकता। ज्ञान की ही भांति मार्क्सवाद सत्य की वास्तविक कसौटी भी व्यवहार को ही स्वीकार करता है। व्यावहारिक रूप से सिद्ध हो ज़ाने पर ही सत्य प्रतिष्ठित होता है।

आधार ग्रंथ :

1. मार्क्सवादी साहित्य चिंतन :इतिहास तथा सिद्धान्त, डॉ. शिवकुमार मिश्र।
2. कम्युनिस्ट पार्टी का घोषणा पत्र, कार्ल मार्क्स एवं फ्रेडरिक एंगेल्स।
3. साम्राज्यवाद, पूंजीवाद की चरम अवस्था, व्लादीमीर इल्यीच लेनिन।
4. फायर बाख ; भौतिकवादी तथा भाववादी दृष्टिकोण का विरोध, कार्ल मार्क्स एवं फ्रेडरिक एंगेल्स।
5. A Dictionary of Scientific Communism.

वेबसाइट : www.marxists.net/
www.marxists.com/history/dialectical materialism
www.marxists.org/
www.en.wikipedia.org/wiki/dialectical materialism

द्वैतवाद

द्वैतवाद के प्रवर्तक और आचार्य मध्वाचार्य हैं। इनके संप्रदाय को 'ब्रह्म संप्रदाय' कहा जाता है। मध्वाचार्य का जन्म दक्षिण-भारत में 1199 ई. में हुआ था। वे बचपन से ही बड़े तेजस्वी थे। कहा जाता है कि 11वर्ष की उम्र में इन्होंने अद्वैतमत के संन्यासी अच्युतपक्षाचार्य से संन्यास की दीक्षा ली थी। तब इनका नाम 'पूर्णप्रज्ञ' रखा गया। जब ये वेदांत में पारंगत हो गये तो गुरु ने इनका नाम 'आनंदतीर्थ' रख दिया। इसी नाम से इन्होंने कई ग्रंथों की रचना की, जिनमें उपनिषदों के भाष्य, गीताभाष्य और ब्रह्मसूत्र के भाष्य मुख्य हैं। 1303 ई. में इनका देहांत हुआ। इनके मत के प्रसिद्ध अनुयायी और विद्वान् जयतीर्थ, व्यासतीर्थ, रामाचार्य, वनमाली मिश्र, विजयींद्र, वेदेशतीर्थ आदि हैं। इस मत के अनुयायी आज भी पर्याप्त संख्या में महाराष्ट्र, कर्नाटक, मैसूर और गोवा तक फैले हुए हैं।

द्वैतवाद, अद्वैतवाद की प्रतिक्रिया में जन्मा। मध्वाचार्य ने श्रुति तथा तर्क के आधार पर सिद्ध किया कि संसार मिथ्या नहीं है, जीव ब्रह्म का आभास नहीं है और ब्रह्म ही एक मात्र सत् नहीं है। इस प्रकार अद्वैतवाद के अभेद का खंडन करते हुए उन्होंने पांच नित्य भेदों को सिद्ध किया—(क) ईश्वर का जीव से नित्य भेद है, (ख) ईश्वर का जड़ पदार्थ से नित्य भेद है, (ग) जीव का जड़ पदार्थ से नित्य भेद है, (घ) एक जीव का दूसरे जीव से नित्य भेद है, (ङ) एक जड़ पदार्थ का दूसरे जड़ पदार्थ से नित्य भेद है। इसीलिए इस सिद्धांत को पंच भेद सिद्धांत भी कहा जाता है।

मध्व मत में द्रव्य, गुण, कर्म, सामान्य, विशेष, विशिष्ट, अंशी, शक्ति, सादृश्य और अभाव नाम के दस पदार्थ माने गये हैं। इस मत में स्वतंत्र और अस्वतंत्र नामक दो तत्त्व स्वीकार किये गये हैं। स्वतंत्र तत्त्व साक्षात् विष्णु भगवान हैं जो निर्दोष और सब प्रकार से पूर्ण हैं। अस्वतंत्र तत्त्व जीव है और वह नित्य तथा एक भगवान् के अधीन है। भगवान् उत्पत्ति, स्थिति, संहार, नियमन, आवरण, बोधन, बंधन और मोक्ष इन आठ प्रकार के कार्यों के कर्ता हैं और जीव, जड़, तथा प्रकृति से अत्यंत विलक्षण हैं। मध्व मत में अद्वैतवादियों के समान भगवान् को निर्गुण न मानकर उसे सत्य, ज्ञान, आनंद और अनंत गुणों से युक्त माना गया है। यह भगवान एक होकर भी अनेक रूप धारण करता है। लक्ष्मी भगवान से भिन्न चेतन द्रव्य है। सृष्टिकर्ता ब्रह्मा की उत्पत्ति लक्ष्मी से ही होती है। लक्ष्मी नित्य तथा सर्व-गुण-संपन्न है परंतु भगवान के अधीन रहने के कारण वह भगवान से गुणों में न्यून है और सदैव भगवान की सेवा में तत्पर रहती है।

जीवात्मा परमात्मा से भिन्न है। जीवात्माएं अज्ञान, मोह, दुःख, भय आदि दोषों के कारण संसार में परिभ्रमण करती हैं। संसार में प्रत्येक जीव का व्यक्तित्व पृथक है इसलिए अन्य जीवों से वह भिन्न है। यह भिन्नता संसारावस्था में ही नहीं, बल्कि मुक्तावस्था में भी विद्यमान रहती है।

यह जगत् जड़ स्वरूप प्रकृति से उत्पन्न होता है, इसलिए प्रकृति जगत् का उपादान कारण है। परमात्मा केवल निमित्त कारण है। यह जड़ जगत् परमात्मा से सर्वथा पृथक जड़ प्रकृति से ही उत्पन्न हो सकता है, चेतन परमात्मा से नहीं। प्रकृति की अधिष्ठात्री लक्ष्मी है। जब भगवान सृष्टि-रचना की इच्छा करते हैं तब वे लक्ष्मी द्वारा उसे सत्व, रज और तम इन तीन भागों में विभक्त करते हैं। इन्हीं त्रिगुण अंशों से महत्, तत्त्व, अहंकार, बुद्धि तथा मन आदि की उत्पत्ति होती है।

मध्वमत के अनुसार वेद अपौरुषेय है और वेद से परमात्मा का ज्ञान होता है। केवल परमात्मा के ज्ञान से जीव के अज्ञान का नाश नहीं होता। इसके लिए श्रवण, मनन और ध्यान के साथ तारतम्य परिज्ञान तथा पंचभेद ज्ञान का होना अत्यंत आवश्यक है। ज्ञान, सुख आदि का अवसान भगवान में ही होता है, इसे तारतम्य ज्ञान कहते हैं। मध्व मत में भेद स्वाभाविक तथा नित्य है। यह भेद पांच प्रकार का है, जिसका उल्लेख ऊपर किया जा चुका है। जीव को जब तक इन पंचभेदों का ज्ञान नहीं होता तब तक उसकी मुक्ति नहीं होती। ज्ञान उत्पन्न होने पर भगवान के प्रति अखंड प्रेम होता है। भगवान के अनुग्रह तथा प्रेम द्वारा ही जीव इस दुखरूप संसार से मुक्ति लाभ करता है।

मध्वमत का प्रचार-प्रसार कन्नड़-भाषी प्रांत में ही अधिक है। हिंदी भाषी क्षेत्र में इस मत का अपेक्षाकृत कम प्रचार है। इसीलिए हिंदी के संत कवियों पर इस मत का अपेक्षाकृत कम असर दिखायी देता है। फिर भी कहीं-कहीं इस मत का प्रभाव देखा जा सकता है। सूर की एक पंक्ति "चकई री चल चरन सरोवर, जहां न प्रेम वियोग / जहं भ्रम निसा होत नहीं कबहूं, सोइ सायर सुख जोग"।। स्पष्ट है कि गोलोक अथवा बैकुंठ में जीव भगवान् के समीप ही स्थान प्राप्त करता है। इस पंक्ति में द्वैतवाद की स्पष्ट छाप देखी जा सकती है।

आधार ग्रंथ :

1. भारतीय दर्शन, बलदेव उपाध्याय।
2. भारतीय तत्त्व चिंतन, जगदीश चंद्र जैन।
3. हिंदी साहित्य कोश, भाग-1।
4. हिंदी काव्य में निर्गुण संप्रदाय, पीतांबरदत्त बड़थ्वाल।

द्वैताद्वैतवाद

संसार और ब्रह्म के संबंध को लेकर दार्शनिकों में कई मत प्रचलित हैं। उन्हीं में निम्बार्क का द्वैताद्वैत भी है। सनक संप्रदाय के प्रतिष्ठापक निम्बार्क का जन्म 11वीं सदी में हुआ। ये द्वैताद्वैतवाद के मुख्य प्रवर्तक हैं। 'वेदांतपारिजात','दशश्लोकी' और 'श्रीकृष्णस्तवराज' इनके प्रमुख ग्रंथ है। इनके शिष्य श्रीनिवासाचार्य थे, जिन्होंने वेदांतपारिजात' की टीका 'वेदांतकौस्तुभ' नाम से की। केशव भट्ट भी (15वीं शताब्दी) इस मत के प्रमुख ग्रंथकार हैं। इस मत के अन्य प्रतिष्ठित लेखक पुरुषोत्तमाचार्य, देवाचार्य, अनंतराय और माधव मुकुंद हैं।

निम्बार्क के मत में संसार ब्रह्म से भिन्न और अभिन्न दोनों है। रामानुज ने संसार को ब्रह्म से भिन्न मानते हुए भी दोनों की अभिन्नता पर ही अधिक जोर दिया और शंकर ने तो दोनों को भिन्न न मानते हुए अभिन्न ही माना। निम्बार्क के मतानुसार ब्रह्म से संसार की भिन्नता और अभिन्नता, दोनों समान महत्त्व की हैं। इसीलिए इस मत को द्वैत और अद्वैत, दोनों एक साथ कहा जाता है। इसी तरह जैसे कार्य (घट) कारण (मिट्टी) से अभिन्न है, क्योंकि दोनों की सामग्री एक ही है और साथ ही भिन्न भी है, क्योंकि दोनों के नाम, रूप, आकार, प्रयोजन आदि पृथक-पृथक हैं। वैसे ही संसार (कार्य) ब्रह्म (कारण) से भिन्न और अभिन्न दोनों है। ब्रह्म अद्वैत है, संसार द्वैत है। दोनों नित्य सत्य हैं। अद्वैत ब्रह्म (कारण) ही द्वैत संसार (कार्य) का वास्तविक रूप धारण करता है। जो भी कार्य कारण संबंध पर विचार करेगा, उसे तात्त्विक दृष्टि में द्वैताद्वैतवाद को ही मानना पड़ेगा। इस मत का दूसरा नाम भेदाभेदवाद भी है।

जैसे सूर्य प्रकाशमय है और साथ ही प्रकाश का आश्रय भी है, उसी प्रकार जीव (चित्) एक ही काल में ज्ञानस्वरूप तथा ज्ञानाश्रय दोनों है। इस मत के अनुसार जीव अंश है और ब्रह्म अंशी, इसलिए जीव अपने ज्ञान तथा भोग की प्राप्ति के लिए ईश्वर पर आश्रित रहता है। चैतन्य तथा ज्ञानाश्रयरूप से ईश्वर के समान होने पर भी जीव में नियमत्व गुण विद्यमान रहता है, जबकि ईश्वर का गुण नियंत्रण है। अतः जीव सदा ईश्वर के अधीन है और मुक्त दशा में भी उसी के अधीन रहता है।

रामानुज की भांति निम्बार्क भी ईश्वर, चित् और अचित् (जड़ पदार्थ), ये तीन परम तत्त्व मानते हैं। ईश्वर में अनंत वस्तुओं को उत्पन्न करने की शक्ति है। उस शक्ति में ही सभी वस्तुएं सारतः विद्यमान हैं। ईश्वर अपनी शक्ति का अनुभव मात्र करने से संसार का रूप धारण करता है। रामानुज के मत में चित् और अचित् ईश्वर के अंगभूत हैं, पर यह निम्बार्क को अमान्य है। चित् और अचित् को ईश्वर की शक्ति मानना इस मत की अपनी विशेषता है। जीव और जड़ पदार्थ ईश्वर के अंश नहीं हैं, अपितु शक्ति हैं।

ब्रह्म सर्वशक्तिमान, सर्वज्ञ तथा अच्युत विभव से पूर्ण है। निम्बार्क मत में श्रीकृष्ण ही परब्रह्म हैं। वे अविद्या, अस्मिता, राग-द्वेष आदि से मुक्त तथा अशेष ज्ञान, बल आदि गुणों के धारक हैं। यह चित् और अचित् रूप जगत्, ब्रह्म के आश्रित है, इसलिए इस मत में ईश्वर को जगत् का उपादान और निमित्त दोनों कारण माना गया है।

इस मत के अनुसार मुक्ति के लिए जीव को प्रपत्ति या ईश्वर के प्रति समर्पण से अपनी चर्या आरंभ करनी चाहिये। प्रपत्ति या शरणागति के छह अंग हैं— (1) आनुकूलस्य संकल्पः (भगवान के अनुकूल बने रहने का संकल्प) (2) प्रतिकूलस्य वर्जनम् (भगवान के प्रतिकूल भावादि से अपने को रोकना) (3) रक्षष्यतीति विश्वासः (भगवान रक्षा करेंगे यह विश्वास) (4) गोप्तृत्व वरणम् (भगवान का रक्षक रूप में वरण) (5) आत्म निक्षेप (आत्मसमर्पण) (6) कार्पण्यम् (दैन्य)। निम्बार्क की यह धर्म-साधना रामानुजीय मत की साधना से मिलती-जुलती है। भेद यह है कि प्रस्तुत मत लक्ष्मी तथा उनके पति नारायण के स्थान पर सखियों सहित राधा और उसके वल्लभ कृष्ण की भक्ति पर जोर देता है। रामानुज के पूर्व भक्ति का अर्थ परमेश्वर के प्रति अनन्य प्रेम ही था। रामानुज ने इस अर्थ में औपनिषदिक उपासना को मिला दिया। निम्बार्क ने इसको अमान्य समझकर भक्ति का मूल अर्थ ही ग्रहण किया। रामानुज ने ऐश्वर्यप्रधान भक्ति की शिक्षा दी। उनके मत में ईश्वर की भक्ति इसलिए होती है कि ईश्वर उदात्त, अतुलनीय, महान्-से-महान् और अनंत है और इन गुणों के कारण उसके प्रति आकर्षण, श्रद्धा और भक्ति होती है। निम्बार्क ने इस ऐश्वर्यप्रधान भक्ति के स्थान पर माधुर्यप्रधान भक्ति की शिक्षा दी। भगवान् के ऐश्वर्य से उसकी ओर आकृष्ट होना धर्म-साधना का आरंभमात्र है। सच्ची साधना तो उसके प्रेम तथा जीवंत साहचर्य में बंधना है, उसकी मधुरिमा का आस्वादन करना है और उसे मधुर रूप में देखना है। जीव और ईश्वर के संबंध में माधुर्य का पुट देना निम्बार्क का ही काम था। निम्बार्क के मत का प्रचार वृंदावन और बंगाल में विशेष रूप से हुआ। वे स्वयं वृन्दावन में बस गये थे।

निम्बार्क मत के भक्त किशोर कृष्ण और किशोरी राधा के उपासक हैं। हिंदी के महाकवि बिहारीलाल, केशवदास, घनानंद, रसिक गोविंद और रसखान निम्बार्क मतानुयायी वैष्णव हैं। इनके अलावा रूपरसिक देव, वृंदावनदेव, गोविंद देव, नागरीदास, शीतलदास आदि भी निम्बार्क मतानुयायी वैष्णव कवि माने जाते हैं। द्वैताद्वैतवाद ने हिंदी में सगुण और निर्गुण भक्तों, दोनों को प्रभावित किया है। यह सम्मान किसी अन्य दार्शनिक विचारधारा को नहीं प्राप्त हो सका है।

आधार ग्रंथ :

1. भारतीय दर्शन, बलदेव उपाध्याय।
2. भारतीय तत्त्व चिंतन, जगदीश चंद्र जैन।
3. हिंदी काव्य में निर्गुण संप्रदाय, पीतांबरदत्त बड़थ्वाल।
4. निम्बार्क माधुरी, ब्रह्मचारी बिहारीशरण।
5. हिंदी साहित्य कोश, भाग-1।

धर्म

धर्म शब्द 'धृ' धातु से बना है, जिसका तात्पर्य है 'धारण करना', 'आलंबन देना', 'पालन करना'। अंग्रेजी में इसके लिए रिलीजन (Religion) शब्द प्रयुक्त होता है। 'धर्म' शब्द उन संस्कृत शब्दों में है जिनका प्रयोग कई अर्थों में होता आया है। यह शब्द अनेक परिवर्तनों एवं विपर्ययों के चक्र में घूम चुका है। ऋग्वेद की ऋचाओं में यह शब्द या तो विशेषण के रूप में या संज्ञा के रूप में प्रयुक्त हुआ है। पी.वी.काणे के अनुसार इस शब्द का इस रूप में प्रयोग छप्पन बार हुआ है। वेद की भाषा में उन दिनों इस शब्द का वास्तविक अर्थ क्या था, यह कहना कठिन है।

ऋग्वेद की कुछ ऋचाओं में, 'धर्म' शब्द पुल्लिंग में प्रयुक्त हुआ है किंतु अन्य स्थानों में यह या तो नपुंसक लिंग में है या उस रूप में, जिसे हम पुल्लिंग एवं नपुंसक दोनों समझ सकते हैं। अधिक स्थानों पर 'धर्म', 'धार्मिक विधियों' या 'धार्मिक क्रिया-संस्कारों' के रूप में ही प्रयुक्त हुआ है। पूर्व मीमांसा-सूत्र में जैमिनी ने धर्म को 'वेदविहित

प्रेरक' लक्षणों के अर्थ में स्वीकार किया है, अर्थात् वेदों में प्रयुक्त अनुशासनों के अनुसार चलना ही धर्म है। धर्म का संबंध उन क्रिया-संस्कारों से है, जिनसे आनंद मिलता है और जो वेदों द्वारा प्रेरित एवं प्रशंसित है। वैशेषिक सूत्रकार ने धर्म की यह परिभाषा की है-"यतोऽभ्युदयनिःश्रेयसिद्धिः स धर्मः" अर्थात् धर्म वही है जिससे अभ्युदय एवं निःश्रेयस् की सिद्धि हो। गीता में कृष्ण ने अर्जुन से कहा है, "सर्वधर्मान् परित्यज्य मामेकं शरणं व्रज"। कृष्ण के इस कथन में भी धर्म का कुछ ऐसा ही अर्थ अभिप्रेत है। धर्म की कुछ एकांगी परिभाषाएं भी हैं, यथा 'अहिंसा परमो धर्मः', 'आनृशंस्यं परो धर्मः', 'आचारः परमो धर्मः'। हारीत ने धर्म को श्रुति प्रमाणक माना है। बौद्ध धर्म-साहित्य में धर्म शब्द कई अर्थों में प्रयुक्त हुआ है। कभी-कभी इसे भगवान् बुद्ध की संपूर्ण शिक्षा का द्योतक माना गया है। इसे अस्तित्व का एक तत्त्व अर्थात् जड़ तत्त्व, मन एवं शक्तियों का एक तत्त्व भी माना गया है।

अथर्ववेद में 'धर्म' शब्द का प्रयोग "धार्मिक क्रिया संस्कार करने से अर्जित गुण" के अर्थ में हुआ है। ऐतरेय ब्राह्मण में 'धर्म' शब्द सकल धार्मिक कर्तव्यों के अर्थ में प्रयुक्त हुआ है। छांदोग्योपनिषद् में धर्म का एक महत्वपूर्ण अर्थ मिलता है, जिसके अनुसार धर्म की तीन शाखाएं मानी गयी हैं-(1) यज्ञ, अध्ययन एवं दान, अर्थात् गृहस्थधर्म, (2) तपस्या अर्थात् तापस धर्म तथा (3) ब्रह्मचारित्व अर्थात् आचार्य के गृह में अंत तक रहना। यहां 'धर्म' शब्द आश्रमों के विलक्षण कर्तव्यों की ओर संकेत कर रहा है। इस प्रकार हम देखते हैं कि 'धर्म' शब्द का अर्थ समय-समय पर परिवर्तित होता रहा है। किंतु अंत में यह मानव के विशेषाधिकारों, कर्तव्यों, बंधनों का द्योतक, आर्य जाति के सदस्य की आचार-विधि का परिचायक एवं वर्णाश्रम का द्योतक हो गया। तैत्तिरीयोपनिषद् में छात्रों के लिए जो 'धर्म' शब्द प्रयुक्त हुआ है, वह इसी अर्थ में है, यथा 'सत्यं वद', 'धर्मं चर'...आदि। 'भगवद्गीता' के 'स्वधर्मे निधनं श्रेयः' में भी 'धर्म' शब्द का यही अर्थ है। मनुस्मृति के अनुसार मुनियों ने मनु से सभी वर्णों के धर्मों की शिक्षा देने के लिए प्रार्थना की थी। यही अर्थ याज्ञवल्क्यस्मृति में भी पाया जाता है। तंत्रवार्तिक के अनुसार धर्मशास्त्रों का कार्य है वर्णों एवं आश्रमों के धर्मों की शिक्षा देना। मनुस्मृति के व्याख्याता मेधातिथि के अनुसार स्मृतिकारों ने धर्म के पांच स्वरूप माने हैं-(1) वर्ण धर्म, (2) आश्रम धर्म, (3) वर्णाश्रम धर्म, (4) नैमित्तिक धर्म तथा (5) गुण धर्म।

'गौतमधर्म सूत्र' के अनुसार वेद धर्म का मूल है। जो धर्मज्ञ हैं, जो वेदों को जानते हैं, उनका मत ही धर्म-प्रमाण है, ऐसा आपस्तम्ब का भी कथन है। ऐसा ही कथन 'वशिष्ठधर्मसूत्र' का भी है। 'मनुस्मृति' के अनुसार धर्म के उपादान पांच हैं-संपूर्ण वेद, वेदज्ञों की परंपरा, व्यवहार, साधुओं का आचार तथा आत्मतुष्टि। ऐसी ही बात याज्ञवल्क्यस्मृति में भी पायी जाती है-वेद, स्मृति, सदाचार जो अपने को प्रिय लगे तथा उचित संकल्प से उत्पन्न आकांक्षा या इच्छा। उपर्युक्त प्रमाणों से स्पष्ट है कि धर्म के मूल उपादान हैं वेद, स्मृतियां तथा परंपरा से चला आया हुआ शिष्टाचार। इस तरह 'धर्म' शब्द कई अर्थों में प्रचलित है। वह किसी प्राणी अथवा किसी वस्तु का गुण भी हो सकता है, जैसे रसायन का धर्म, पदार्थ का धर्म, उसकी क्रिया-प्रतिक्रिया का धर्म आदि। धर्म विभिन्न संप्रदायों के लिए भी प्रयुक्त होता है जैसे हिंदू धर्म, इस्लाम धर्म, बौद्ध धर्म, इसाई धर्म, जैन धर्म आदि। इसी प्रकार मनुष्य के गुणों के द्वारा भी इस धर्म को चिह्नित किया जा सकता है, जैसे क्षत्रिय धर्म, वीरधर्म, याचक धर्म आदि। मानवता के धर्म को भी उसकी प्रचलित धारणा के द्वारा ही समझाया जा सकता है।

इन दिनों आम जनता के सामने धर्म की जो रूपरेखा प्रस्तुत की जाती है, उसका जिस प्रकार से प्रचार किया जाता है एवं धर्म के नाम पर धार्मिक फतवों को सत्ताधारियों के एक वर्ग द्वारा जिस प्रकार से एक अस्त्र के रूप में इस्तेमाल किया जा रहा है, वह एक विचारणीय और गंभीर प्रश्न है।

विश्वकवि रवींद्रनाथ ने अपनी 'धर्ममोह' नामक कविता में धर्म के परिणामों एवं उसके संबंध में व्याप्त अज्ञानता को दूर कर ज्ञान का प्रकाश फैलाने की प्रार्थना की है-

"धर्म के वेश में मोह जिसे घेर लेता है /
वह अंधा मारता है और स्वयं भी मरता है।"

विश्वकवि को इस बात पर कोई संदेह नहीं था कि धर्म एक प्रकार का मोह एवं विकारग्रस्तता है। इसीलिए उन्होंने इस धर्म के मोह से मुक्ति की कामना की है-

"धर्म कारागार के प्राचीरों को वज्र से तोड़ /
इस अभागे देश में ज्ञानालोक फैलाओ।"

धर्म का जीता-जागता स्वरूप थे रामकृष्ण परमहंस। धर्म का मूलाधार विद्या और ज्ञान नहीं, सीधी अनुभूति है। धर्म अनुभूति की वस्तु है। रामकृष्ण परमहंस से धर्म की यही अनुभूति प्रत्यक्ष हुई। दूसरी ओर स्वामी विवेकानन्द के शब्दों में, "धर्म मनुष्य के भीतर निहित देवत्व का विकास है। धर्म न तो पुस्तकों में है न धार्मिक सिद्धान्तों में। वह केवल अनुभूति में निवास करता है।"

महात्मा गांधी ने धर्म को नया अर्थ दिया है। वे लिखते हैं, "मैं समझा दूं कि धर्म से मेरा क्या मतलब है। मेरा मतलब हिंदू-धर्म से नहीं है, जिसे मैं बेशक दूसरे सब धर्मों से अधिक पसंद करता हूं। मेरा मतलब उस धर्म से है जो हिंदू धर्म को लांघ गया है, जो मनुष्य के स्वभाव तक का परिवर्तन कर देता है। जो भीतरी सत्य के साथ हमारा अटूट संबंध जोड़ता है और जो हमें निरंतर अधिक

शुद्ध और पवित्र करता रहता है। वह मानव स्वभाव का शाश्वत तत्त्व है, जो अपनी संपूर्ण अभिव्यक्ति के लिए कोई भी कीमत चुकाने को तैयार रहता है और आत्मा को उस समय तक बिलकुल बेचैन रखता है, जब तक उसे अपने स्वरूप का पता नहीं लग जाता, सिरजनहार का ज्ञान नहीं हो जाता तथा स्रष्टा के और अपने बीच का संबंध समझ में नहीं आ जाता।"

धर्म और राजनीति के रिश्ते के बारे में गांधी जी ने लिखा था, "शुद्ध धर्म-मार्ग पर चलनेवाला कोई भी भारतवासी राजनीतिक कार्यों में भाग लिए बिना नहीं रह सकता।"

इस तरह 'धर्म' शब्द प्राचीन काल से ही अनेक अर्थों में निरंतर प्रयुक्त होता रहा है परंतु इन सभी अर्थों में एक आंतरिक समानता मौजूद है और वह मनुष्य के कर्तव्य की ओर संकेत करता है।

हाल के दिनों में कुछ हिंदुत्ववादी और राजनीतिक संगठनों ने हमारे संविधान के चरित्र को निरूपित करनेवाले विशेषण धर्मनिरपेक्षता के बहाने 'धर्म' शब्द की नयी व्याख्या देनी शुरू कर दी है और वे 'धर्म निरपेक्षता' की जगह 'पंथनिरपेक्षता' शब्द का प्रयोग ज्यादा उचित मानते हैं। फिलहाल, जनमानस में 'धर्म' शब्द अपने परंपरित बहुअर्थी रूप में आज भी विद्यमान और प्रचलित है।

आधार ग्रंथ :

1. धर्मशास्त्र का इतिहास, डॉ. पांडुरंग वामन काणे।
2. धर्म, आतंकवाद और आज़ादी, (समकालीन सृजन), सं. प्रियंकर पालीवाल।
3. धर्म के नाम पर, गीतेश शर्मा।
4. धर्म : प्रासंगिकता के सवाल (सं.) पंकज बिष्ट।
5. धर्म का दु:खांत, डॉ. शंभुनाथ।
6. हिंदू होने का धर्म, प्रभाष जोशी।

धर्मनिरपेक्षता

धर्मनिरपेक्षता के लिए अंग्रेजी में सेकुलरिज्म (Secularism) शब्द प्रचलित है। हमारे संविधान के अनुसार भारत एक धर्मनिरपेक्ष राष्ट्र है। किंतु, भारतीय धर्मनिरपेक्षता आरंभ से ही विवादास्पद रही है। धर्मनिरपेक्षता के तीन अर्थ प्रचलन में है-सर्वधर्म समभाव, धर्मनिरपेक्षवाद और इहलोकवाद।

डॉ. राधाकृष्णन, महात्मा गांधी तथा कांग्रेस पार्टी के नेतागण (जवाहरलाल नेहरू को छोड़कर) 'सेक्युलरिज्म' का प्रथम अर्थ ही स्वीकार करते हैं। इन लोगों के अनुसार, भारत की प्राचीन धार्मिक व आध्यात्मिक परंपरा को स्वीकार करते हुए सभी धर्मों के प्रति सहनशील होना और उन सबका समान रूप से आदर करना ही धर्मनिरपेक्षवाद है। इसका तात्पर्य यह है कि किसी दैवी या अलौकिक सत्ता में विश्वास करने वाला धर्मपरायण व्यक्ति भी धर्मनिरपेक्षवादी हो सकता है। डॉ. राधाकृष्णन ने 'रिकवरी ऑफ फेथ' में लिखा है कि "यहां धर्मनिरपेक्षवाद की जो परिभाषा दी जा रही है उसके अनुसार यह भारत की प्राचीन धार्मिक परंपरा के अनुरूप ही है। यह वैयक्तिक गुणों को समुदाय के सदस्यों के अधीन मानने के स्थान पर उनमें परस्पर सामंजस्य स्थापित करके धर्मपरायण व्यक्तियों में एकता अथवा सौहार्द उत्पन्न करने का प्रयास करता है।"

लेकिन इस संबंध में नेहरू का मानना था कि "धर्मनिरपेक्षवाद का अर्थ व्यक्ति या राज्य का सभी धर्मों के प्रति समभाव या सहिष्णुता का भाव न होकर निरपेक्षता, तटस्थता या उपेक्षा का भाव है।" इसीलिए नेहरू जी ने सोमनाथ मंदिर में 11 मई 1952 को प्रतिमा की प्राण-प्रतिष्ठा के अवसर पर न जाने का अनुरोध तत्कालीन राष्ट्रपति डॉ. राजेंद्र प्रसाद से किया था। किंतु वे नहीं माने। यह एक भयंकर गलती की शुरुआत थी, जो आजादी के बाद सैकड़ों बार दुहरायी गयी है। इस दृष्टि से भारत पर छद्म धर्मनिरपेक्ष राज्य का आरोप बिलकुल सत्य है। यहां डॉ. याकूब मसीह का कथन ध्यातव्य है, "जब तक 'सेक्युलरिज्म' का अर्थ 'धर्मों का सह-अस्तित्व' माना जायेगा, तब तक भारत में धार्मिक तनाव बना रहेगा, जिससे राष्ट्रीयता के भाव को धक्का पहुंचता है। इसलिए आवश्यक है कि 'सेक्युलरिज्म' का अर्थ या तो धर्मनिरपेक्षता या इहलौकिकता समझा जाये।"

वास्तव में 'सेक्युलरिज्म' का अर्थ 'इहलौकिकता' और 'धर्मनिरपेक्षता' दोनों ही होता है क्योंकि ये एक ही सिक्के के दो पहलू हैं। 'इहलोकवाद' के समर्थन का अर्थ ही है—'परलोकवाद का निषेध'। चूंकि 'धर्म' का अनिवार्य संबंध ईश्वर, आत्मा, पुनर्जन्म, स्वर्ग-नरक, मोक्ष इत्यादि पारलौकिक विषयों से होता है, इसलिए स्वभावतः 'सेक्युलरिज्म' का अन्य अर्थ 'धर्मनिरपेक्षवाद' होगा। उक्त विचार की पुष्टि इस बात से भी होती है कि पश्चिम में मान्यता है और जैसा कि प्रो. फ्लिंट ने भी कहा है, "धर्म, ईश्वरवाद का पर्याय है" जबकि सेक्युलरिज्म के प्रवर्तक जॉर्ज जैकब होलियोक एक समाजवादी दार्शनिक थे। श्री

होलियोक मानव-जीवन में 'नैतिकता' को बहुत महत्व देते थे, इसलिए उन्होंने स्वयं को 'निरीश्वरवादी' के बजाय 'इहलोकवादी' घोषित किया। उन्होंने कहा कि 'इहलोकवाद' मनुष्यों को शिक्षा देता है शारीरिक नियमों की, जिन पर स्वास्थ्य निर्भर है; नैतिक नियमों की, जिन पर सुख या आनंद निर्भर है; बौद्धिक नियमों की, जिन पर ज्ञान आधारित है; सामाजिक तथा राजनैतिक नियमों की, जिन पर भौतिक समृद्धि एवं उन्नति निर्भर है; आर्थिक नियमों की, जिन पर धन-संपत्ति निर्भर है। इस तरह, स्पष्ट है कि होलियोक धर्म एवं ईश्वर की उपेक्षा करते हुए अपना ध्यान केवल इहलोक और उसकी समस्याओं पर रखने का आग्रह करते हैं।

किंतु, होलियोक के उपर्युक्त मत पर टिप्पणी करते हुए उनके मित्र और महान् धर्मनिरपेक्ष विचारक चार्ल्स ब्रेडलॉफ (जो 1866 ई. में गठित 'नेशनल सेक्युलर सोसायटी' के प्रथम अध्यक्ष थे तथा जिन्होंने 1880 ई. में सांसद निर्वाचित होने के बावजूद निरीश्वरवादी होने के कारण इंग्लैण्ड की संसद में ईश्वर की शपथ नहीं ली थी और पांच वर्ष के कानूनी संघर्ष के बाद उनकी विजय हुई और उन्होंने 'सत्य-निष्ठा' की शपथ लेकर संसद की सदस्यता ग्रहण की) ने गार्डन स्टीन द्वारा संपादित पुस्तक 'ए सेकेंड ऐन्थॉलॉजी ऑफ एथीइज्म ऐंड रेशनलिज्म' में लिखा है कि "अब यह शिक्षा देने के लिए आपको इस धर्मशास्त्रीय सिद्धांत को चुनौती देनी होगी कि ईश्वर स्वास्थ्य का नियमन करता है, वस्तुतः इहलोकवादी होने से पहले,अर्थात् होलियोक के मत को स्वीकार करने से पहले,आपको संपूर्ण अलौकिक मार्गदर्शन का निषेध करना होगा, संपूर्ण ईश्वरीय नियंत्रण का निषेध करना होगा और यदि ऐसा करना वास्तविक अर्थ में निरीश्वरवादी होना नहीं है तो आप इसे कुछ भी कहें, मैं यह स्वीकार करता हूँ कि मुझे अभी शब्दों का अर्थ सीखना है।"

यह जानना दिलचस्प होगा कि 1842 ई. में एक भाषण के दौरान किसी श्रोता के इस प्रश्न, 'ईश्वर के प्रति मनुष्य का कर्तव्य क्या है', के उत्तर में होलियोक के यह कहने पर कि "इंग्लैण्ड इतना गरीब देश है कि उसे ईश्वर की आवश्यकता ही नहीं है, अतः उचित यही होगा कि हम ईश्वर को अवकाश दे दें," उन्हें धर्मद्रोह के आरोप में 6 माह की सजा हो गयी थी। इसके पूर्व उनके मित्र चार्ल्स साउथवेल को भी ऐसी सजा हुई थी। इस घटना के अपने जीवन पर पड़े प्रभाव को स्पष्ट करते हुए श्री होलियोक ने 'दि हिस्ट्री ऑफ दि लास्ट ट्रायल बाई जूरी फॉर एथीइज्म इन इंग्लैण्ड' पुस्तक में लिखा है कि "श्री साउथवेल को बंदी बनाये जाने से पहले मैं निरीश्वरवादी नहीं हुआ था; इस घटना ने मुझे धार्मिक विश्वास के कारणों पर इतनी अधिक गहराई से विचार करने के लिए प्रेरित किया जितनी गहराई से मैंने पहले कभी विचार नहीं किया था और इस चिंतन का परिणाम यह हुआ कि धर्म तथा ईश्वर में मेरा विश्वास पूर्णतः समाप्त हो गया।"

निष्कर्षतः होलियोक इहलोकवादी, धर्मनिरपेक्षवादी एवं निरीश्वरवादी सभी थे, क्योंकि यह असंभव है कि कोई व्यक्ति सही अर्थों में इहलोकवादी तो हो, पर वह धर्मनिरपेक्षवादी तथा निरीश्वरवादी न हो।

स्मरणीय है कि जब हम 'धर्मनिरपेक्षता' की बात करते हैं तो सामान्यतः इसका तात्पर्य 'धर्मनिरपेक्ष राज्य से ही होता है क्योंकि एक तो इसका विशेष ऐतिहासिक कारण है और दूसरे इससे धर्म, व्यक्ति और राज्य, इन तीनों का पारस्परिक संबंध निर्देशित होता है। 1851 ई. में जिस धर्मनिरपेक्षवाद का प्रतिपादन श्री होलियोक ने किया, वह उसके पूर्व लगभग 400 वर्षों से यूरोप में राज्य और चर्च के बीच अनवरत जारी संघर्ष का प्रतिफल था। विज्ञान और औद्योगिक क्रांति के फलस्वरूप यूरोप में जिस पुनर्जागरण युग और सुधार युग का प्रारंभ हुआ, उसने मानव को स्वतंत्र चिंतन के लिए प्रेरित किया। फलतः ईसाई धर्म के अंदर प्रोटेस्टेंट आंदोलन का उदय हुआ। कैथोलिक एवं प्रोटेस्टेंट संप्रदाय के बीच भयंकर संघर्ष शुरू हो गया। ऐसी स्थिति में राज्य के लिए किसी एक मत को मानना कठिन हो गया। अंत में 'वेस्टफालिया की संधि' में यह तय हुआ कि राज्य और चर्च के बीच शक्तियों का विभाजन हो, राज्य को लौकिक जीवन में सर्वोपरि माना जाये और चर्च को पारलौकिक या धार्मिक जीवन में। इस प्रकार बहुत कटु अनुभवों से गुजरने के बाद वहां 'धर्मनिरपेक्ष राज्य' की जो अवधारणा स्वीकृत हुई उसके अनुसार यह धर्म को मनुष्य का व्यक्तिगत मामला मानकर व्यक्ति तथा समुदाय को धर्म के मामले में समुचित स्वतंत्रता प्रदान करता है अर्थात् वहां नागरिक किसी धर्म और उसकी पूजा-पद्धति को मानने, धार्मिक संगठन तथा उसका प्रचार-प्रसार करने, धार्मिक शिक्षा देने तथा धर्म-परिवर्तन करने के लिए स्वतंत्र हैं। लेकिन, किसी भी व्यक्ति तथा समुदाय को यह धार्मिक स्वतंत्रता उसी सीमा तक दी जा सकती है जिस सीमा तक यह राष्ट्र में कानून, शांति एवं व्यवस्था, जन-स्वास्थ्य, राष्ट्रीय सुरक्षा, नैतिकता, अन्य व्यक्तियों के अधिकारों और उनकी धार्मिक स्वतंत्रता में बाधक सिद्ध न हो, अन्यथा हस्तक्षेप करना राज्य का कर्तव्य हो जाता है।

इस तरह एक धर्मनिरपेक्ष राज्य में धर्म के आधार पर किसी प्रकार का भेदभाव किये बिना सभी व्यक्तियों को राष्ट्र का नागरिक समझा जाता है। यह धर्म के आधार पर विभिन्न नागरिकों के लिए भिन्न-भिन्न कानूनों को स्वीकार नहीं करता। पुनः यह नागरिकों से यह अपेक्षा रखता है कि वे राज्य को अपने धर्म के ऊपर तरजीह देंगे।

धर्मनिरपेक्ष राज्य किसी भी परंपरागत धर्म को संरक्षण एवं पोषण नहीं देता। वह संविधान एवं कानून को किसी भी रूप में धर्म से प्रभावित नहीं होने देता। राज्य में राजनीति और धर्म को एक-दूसरे से पूर्णतः पृथक रखा जाता है। राजनैतिक दलों का निर्माण धर्म के आधार पर नहीं होता और न ही नागरिकों से धार्मिक आधार पर मतदान के लिए कहा जाता है। राजनेता एवं प्रशासक सार्वजनिक धार्मिक अनुष्ठानों में भाग नहीं लेते। धर्म को राष्ट्रीय नीतियों के प्रचार का साधन नहीं माना जाता है। इस प्रकार धर्मनिरपेक्ष राज्य अपने आपको धर्म के प्रभाव से पूर्णतः मुक्त रखता है।

उपर्युक्त विशेषताओं के मद्देनजर श्री डी. ई. स्मिथ ने अपनी पुस्तक 'इण्डिया, ऐज ए सेक्युलर स्टेट' में धर्मनिरपेक्ष राज्य की समुचित परिभाषा देते हुए लिखा है कि "धर्मनिरपेक्ष राज्य वह है जो व्यक्ति तथा समुदाय को धर्म की स्वतंत्रता का आश्वासन देता है, जो व्यक्ति के धर्म पर विचार किये बिना नागरिक के रूप में उससे व्यवहार करता है, जो संवैधानिक दृष्टि से किसी विशेष धर्म के साथ संबद्ध नहीं होता, जो धर्म को न तो प्रोत्साहन देता है और न उसमें हस्तक्षेप करता है।"

42वें संविधान संशोधन के अनुसार भारत को एक संप्रभु, समाजवादी, धर्मनिरपेक्ष, लोकतांत्रिक गणराज्य का दर्जा प्राप्त है। धर्मनिरपेक्ष सिद्धांतों के मूल आधार पहले ही से प्रभावी थे। उदाहरणार्थ हमारे देश के प्रत्येक नागरिक को अनुच्छेद 25, 26, 30 (1), (2) के अंतर्गत धर्म की व्यक्तिगत एवं सामूहिक स्वतंत्रता की सुरक्षा, अनुच्छेद 15 के अंतर्गत राज्य द्वारा धार्मिक आधार पर भेदभाव न करना तथा अनुच्छेद 16 के अंतर्गत अवसर की समानता का अधिकार प्राप्त है। ये वे अधिकार हैं जो स्वतः धर्मनिरपेक्षता के सिद्धांतों की पुष्टि करते हैं।

संविधान में मौजूद धर्मनिरपेक्ष प्रावधानों से नेहरू निजी स्तर पर संतुष्ट थे। 1950 में उन्होंने इस संदर्भ में कहा कि भारत एक ऐसा राष्ट्र है जिसमें अनेक धर्म हैं। सदियों से इन धर्मों की एक महान और समर्पित परंपरा रही है। ऐसे राष्ट्र की सरकार आज के आधुनिक युग में किसी धर्मनिरपेक्ष आधार के बिना संतोषजनक कार्य नहीं कर सकती।

परंतु आज सांप्रदायिकता और धार्मिक असहिष्णुता जिस तरह देश के लिए एक अत्यंत गंभीर समस्या बन चुकी है, धर्मनिरपेक्षता का इतिहास और उसका तात्पर्य एक विवादास्पद विषय बन चुका है। आज अधिकांश राजनीतिक दल धर्मनिरपेक्षता को सर्वधर्म समभाव के रूप में परिभाषित करते हैं। सभी धर्मों के प्रति सम्मान को राज्य की नीति के रूप में स्वीकार करनेवाली भारतीय परिभाषा अपने सारतत्व में धर्म को राज्य की गतिविधियों का एक पैमाना मान लेती है। इससे धर्म के मामले में राज्य के और राज्य के मामले में धर्म के हस्तक्षेप का रास्ता खुल जाता है। देश के सभी नागरिकों के लिए समान नागरिक संहिता की जगह, अलग-अलग धर्म मानने वालों के लिए अलग-अलग कानून भारत के धर्मनिरपेक्ष स्वरूप का उपहास करते हैं।

आधार ग्रंथ :

1. सांप्रदायिकता : एक परिचय, विपिन चंद्र।
2. सांप्रदायिकता : अतीत और वर्तमान, अरुण कुमार।
3. सांप्रदायिक फासीवाद से कैसे लड़ें, पुष्पेंदु ग्रेवाल।
4. भारत का संविधान।
5. Recovery of Faith, Dr. Sarvapalli Radhakrishnan.
6. Discovery of India, J.L. Nehru.
7. India : As a Secular State, D.E. Smith.
वेबसाइट : www.en.wikipedia.org/wiki/secularism

ध्वनि सिद्धांत

ध्वनि सिद्धांत के प्रवर्तन का श्रेय आनंदवर्धन (नवीं सदी) को दिया जाता है। उन्होंने अपने प्रख्यात ग्रंथ ध्वन्यालोक में इस तत्त्व का सर्वप्रथम व्यवस्थित, व्यापक और स्वच्छ स्वरूप प्रतिपादित किया। उनके स्पष्टीकरण के बावजूद उनके परवर्ती आचार्यों, विशेष रूप से धनंजय, धनिक, कुंतक, भट्टनायक, महिमभट्ट, क्षेमेंद्र आदि ने ध्वनि सिद्धांत का विरोध किया। परंतु अभिनव गुप्त (10वीं) की 'ध्वन्यालोक लोचन' की व्याख्या और आचार्य मम्मट की 'काव्यप्रकाश' में स्थापना के उपरांत ध्वनि सिद्धांत महत्वपूर्ण और श्रेष्ठ काव्य सिद्धांत के रूप में स्वीकृत हुआ। इसके अनुसार ध्वनि काव्य सर्वोत्तम काव्य है, गुणीभूत व्यंग्य मध्यम काव्य है तथा व्यंग्यहीन काव्य अवर काव्य या अश्रेष्ठ काव्य है।

ध्वनि सिद्धांत की सबसे महत्वपूर्ण विशेषता यही है कि इसने अपने क्रोड में काव्य से संबंध रखने वाले समस्त सिद्धांतों का तत्त्व समेट लिया। व्याकरण का स्फोटवाद

इसके मूल में है। असंलक्ष्यक्रम व्यंग्य के रूप गें रस ध्वनि का एक भेद है। अलंकार ध्वनि, वस्तुध्वनि आदि के अंतर्गत अलंकार, वक्रोक्ति आदि की मूल बातें आ जाती हैं। इस प्रकार यह एक बड़े व्यापक काव्य सिद्धांत के रूप में ग्रहण किया गया।

ध्वनि की प्रेरणा वैयाकरणों के स्फोटवाद से मिली। पूर्ववर्ती वर्णों के उच्चारण के संस्कार के साथ अंतिम वर्ण केउच्चारण के अनुभव से अर्थ की अभिव्यक्ति 'स्फोट' है। किसी भी शब्द के वर्णों के उच्चारण में पहला, दूसरा या तीसरा, कोई एक वर्ण इष्टार्थ का द्योतक नहीं होता है। 'घटक' में घ, ट या क के अलग-अलग उच्चारण से अर्थ का संकेत करने की शक्ति किसी एक वर्ण में नहीं है। परंतु 'घ' और 'ट' के उच्चारण से प्राप्त पूर्वानुभव के संस्कार के साथ अंतिम वर्ण के उच्चारणानुभव के मिल जाने से अर्थ की अभिव्यक्ति होती है। इस प्रकार अंतिम वर्ण के साथ पूर्वोच्चारित वर्णों के संस्कार से अर्थ का प्रस्फुटन ही 'स्फोट' है।

जिस प्रकार शब्द के अलग-अलग वर्णों के उच्चारण से अर्थ की अभिव्यक्ति नहीं होती, उसी प्रकार अभिधा या लक्षणा के द्वारा भी संपूर्ण अर्थ और विशेष रूप से इष्ट या अभिप्रेत अर्थ की अभिव्यक्ति नहीं होती। यह इष्ट अर्थ व्यंजना के द्वारा प्राप्त होता है। अभिधा और लक्षणा के उपरांत व्यंजना से ध्वनित होने वाला यह इष्ट और चमत्कारिक अर्थ ही ध्वनि है। इस ध्वनि को ध्वन्यालोककार ने 'अनुरणन' के रूप में माना है। जिस प्रकार घंटे पर आघात करने से पहले टंकार और फिर मधुर झंकार एक के बाद एक अधिक मधुर ध्वनि निकलती है उसी प्रकार व्यंग्यार्थ भी ध्वनित होता है। इस प्रकार ध्वनित होने वाला व्यंग्यार्थ जहां पर प्रधान होता है वहां ध्वनि मानी गयी है। आनंदवर्धन ने लिखा है-

"यत्रार्थः शब्दो वा तमर्थमुपसर्जनी कृत स्वार्थों।
व्यक्तः काव्यविशेषः स ध्वनिरिति सूरिभिः कथितः।।"

अर्थात् "जहां (वाच्य) अर्थ और (वाचक) शब्द अपने-अपने अस्तित्व को गौण बनाकर जिस (विशिष्ट) अर्थ को प्रकट करते हैं वह (अर्थ) ध्वनि कहलाता है।"

इसका स्पष्ट तात्पर्य यह है कि जो अर्थ, वाच्य अर्थ की अपेक्षा भिन्न होता है उसे ध्वनि कहते हैं। ध्वनि को ध्वन्यार्थ, व्यंग्य, व्यंग्यार्थ, प्रतीयमान, अवगमित, द्योतित अर्थ आदि भी कहते हैं।

आनंदवर्धन ने ध्वनि के स्वरूप को समझाने के लिए उदाहरण दिया है-

"प्रतीयमानं पुनरन्यदेव वस्त्वस्ति वाणीषु महाकवीनाम्
यत्तत् प्रसिद्धावयवातिरिक्तं विभाति लावण्यमिवागंनासु।।"

अर्थात् जिस प्रकार किसी अंगना के सुंदर अवयव और उनसे फूटता हुआ लावण्य भिन्न-भिन्न पदार्थ है, उसी प्रकार महाकवियों की वाणी में प्रसिद्ध अवयव (अर्थात् वाचक शब्द और वाच्य अर्थ) और उनसे अभिव्यक्त प्रतीयमान अर्थ भी भिन्न-भिन्न होते हैं।

ध्वनि काव्य का संबंध व्यंजना शक्ति से है जो शब्द शक्ति का एक भेद है। शब्द शक्तियां तीन होती हैं। अभिधा, लक्षणा और व्यंजना। व्यंजना शक्ति से जिस अर्थ का बोध होता है उसे ही व्यंग्यार्थ कहा जाता है।

जब अभिधा और लक्षणा किसी अर्थ को अभिव्यक्त करने में असमर्थ रहती है तो उस अर्थ की अभिव्यक्ति व्यंजना शक्ति से होती है। व्यंजना का तात्पर्य है स्पष्ट करना, खोलना या विकसित करना।

इसका एक प्रसिद्ध उदाहरण है 'गंगा में गांव'। इसका अर्थ देने में अभिधा असमर्थ है क्योंकि गंगा में गांव नहीं हो सकता। लक्षणा से अर्थ निकला कि गंगा के समीप गांव। परंतु इसके बाद भी इसका अर्थ 'पवित्र शीतल गांव' व्यंजना शक्ति के द्वारा ही संभव है। एक अन्य उदाहरण है, "मीत तिहारे बदन पर मूरखता दरसात। / मम मुख दरपन बिमल है आजु विदित यह बात।"

यहाँ मुखदर्पण का अर्थ करने में अभिधा असमर्थ है। सारोपा लक्षणा के द्वारा यह अर्थ प्रतीत हुआ कि मेरे मुख में तुम्हारा मुख दिखायी देता है। इसके बाद भी वांछित अर्थ नहीं पता चला जो व्यंजना द्वारा निकलता है; वह यह कि "मूर्खता जो तुम्हें दिखायी देती है वह तुम्हारी हीं है जो मेरे मुख दर्पण में प्रतिबिंबित हो रही है क्योंकि तुम सामने खड़े हो। वास्तव में मैं मूर्ख नहीं, तुम मूर्ख हो।"

आचार्यों ने व्यंजना के भी कई भेद किए हैं। व्यंजना की प्रधानता के आधार पर ध्वनि-सिद्धांत के अंतर्गत काव्य के तीन भेद किये गये हैं—ध्वनि, गुणीभूतव्यंग्य और अवर या चित्र काव्य। जिस काव्य में वाच्यार्थ से अधिक चमत्कार व्यंग्यार्थ में होता है वह ध्वनिकाव्य है। यह उत्तमकाव्य माना जाता है। जहां काव्य में वाच्यार्थ की अपेक्षा व्यंग्यार्थ गौण या कम चमत्कारक होता है वह गुणीभूत व्यंग्य काव्य होता है, यह मध्यम श्रेणी का काव्य माना जाता है। जहां पर व्यंग्यार्थ नहीं होता वह काव्य साधारण या अवरकाव्य या चित्रकाव्य माना जाता है।

यह वर्गीकरण अधिकांश ध्वनिवादी आचार्यों को स्वीकार है परंतु पं.जगन्नाथ का मत कुछ भिन्न है। वे व्यंग्यार्थ के किसी भी प्रकार के होने पर उसे उत्तम कोटि में ही रखते हैं। इस प्रकार उनके मतानुसार ध्वनिकाव्य--उत्तमोत्तम, गुणीभूत व्यंग्य—उत्तम, अर्थालंकार—मध्यम और शब्दालंकारयुक्त काव्य अधम काव्य हैं।

ध्वनिकाव्य के भेद—आनंदवर्धन द्वारा प्रस्तुत ध्वनि के भेदों-प्रभेदों को आगे बढ़ाते हुए आचार्य मम्मट ने 51 प्रमुख भेद माने है जो परंपरा संयोजन द्वारा कई हजार तक जा पहुंचते हैं। किंतु इनमें से 5 भेद ही प्रमुख हैं—

(क) लक्षणामूला ध्वनि के दो भेद—अर्थांतर संक्रमित वाच्य ध्वनि और अत्यंत तिरस्कृतवाच्य ध्वनि।

(ख) अभिधामूला ध्वनि के तीन भेद—वस्तुध्वनि, अलंकार ध्वनि और रसध्वनि।

कुछ आचार्यों के अनुसार इनमें से प्रथम दो भी वस्तुतः वस्तुध्वनि के रूपांतर मात्र हैं, अतः इनके अनुसार ध्वनि के वस्तुध्वनि, अलंकार ध्वनि तथा रसध्वनि-तीन ही प्रमुख भेद स्वीकार किए जाने चाहिए।

(1) अर्थांतर संक्रमित वाच्य ध्वनि—जिस ध्वनि में वाच्यार्थ अपना पूर्ण तिरोभाव न करके अपना अर्थ रखते हुए भी अन्य अर्थ में संक्रमण करता है, वह अर्थांतरसंक्रमित वाच्य ध्वनि है जैसे 'यह घर अच्छा है'। यहां पर घर का तात्पर्य केवल घर ही नहीं, कुल समृद्धि, संपत्ति आदि सबसे है जो लक्षणा से निकलता है, व्यंग्यार्थ हुआ कि संबंध करने लायक है। इसी तरह-

"सीता हरन तात जनि, कहेउ पिता सन जाइ।
जौ मैं राम तौ कुलसहित कहिहि दसानन आइ।।"

यहां पर 'राम' शब्द का अर्थ शंकर का धनुष तोड़ने वाले, राक्षसों का नाश करने वाले, अद्‌भुत पराक्रमी है, व्यंग्यार्थ हुआ कि रावण का नाश भी शीघ्र होगा।

(2) अत्यंततिरस्कृत वाच्यध्वनि-जिस ध्वनि में वाच्यार्थ का सर्वथा तिरस्कार या त्याग हो जाता है, वह अत्यंत तिरस्कृत वाच्यध्वनि है। यह लक्षण लक्षणा पर आधारित है जैसे-

'नीलोत्पल के बीच समाये मोती से आंसू के बूंद।'

यहां 'नीलोत्पल' का वाच्यार्थ अत्यंत तिरस्कृत हो गया है।

(3) वस्तुध्वनि-जहां व्यंग्यार्थ किसी वस्तु (भाव) के रूप में प्रतीत होता हैं वहां वस्तु ध्वनि मानी जाती है। जैसे

"वह इष्ट देव के मंदिर की पूजा सी,
वह दीप शिखा सी शांत भाव में लीन।
वह क्रूर काल-तांडव की स्मृति रेखा सी
वह टूटे तरु की छुटी लता सी दीन,
दलित भारत की ही विधवा है।"

इस पद्य में भारत की विधवा को 'पूजा', 'दीपशिखा', 'क्रूर काल तांडव की स्मृतिरेखा' 'छुटी लता' आदि से उपमित किया गया है। इन उपमानों से भारत की विधवा की क्रमशः पवित्रता, तेजस्विता, दयनीय दशा तथा असहायावस्था द्योतित होती है। 'पवित्रता' आदि वस्तु है।

(4) अलंकार ध्वनि-जहां व्यंग्यार्थ किसी अलंकार के रूप में प्रतीत होता है वहां अलंकार ध्वनि होती है।

"दियो अरघ नीचे चलौ संकट भानै जाइ।
सुचती है औरें सबैं ससिहि विलोकें आइ।"

अर्थात् हे सखि दूज का चांद देख चुकी, उसे अर्घ्य भी दे चुकी, अब आओ नीचे चलें। कहीं ऐसा न हो कि अन्य सभी सखियां दूज की रात्रि में भी आकाश में पूनम का चांद उदित हुआ समझकर उसे देखने के लिए इकट्ठी हो जाएं।

उपर्युक्त उदाहरण में रूपक अलंकार व्यंग्य है, क्योंकि नायिका के मुख पर चंद्रमा का आरोप रूपक अलंकार के समान स्पष्ट रूप से वाच्य रूप में न किया जाकर अस्पष्ट रूप में-व्यंग्य रूप में-किया गया है।

(3) रसध्वनि-जहां व्यंग्यार्थ विभाव, अनुभाव और संचारीभाव के संयोग पर आधारित होता है वहां रसध्वनि मानी जाती है। काव्यशास्त्र में रस से तात्पर्य है रसादि आठ, अर्थात्, रस, भाव, रसाभास, भावाभास, भावोदय, भावसंधि, भावसबलता और भाव-शांति। अतः इसे रसादि ध्वनि भी कहते हैं। इसी का नाम असंलक्ष्य क्रम व्यंग्य ध्वनि भी है-जहां वाच्यार्थ और व्यंग्यार्थ में क्रम होता हुआ भी लक्षित न हो। ध्वनि के अन्य भेदों की तुलना में इसमें वाच्यार्थ के उपरांत व्यंग्यार्थ की प्रतीति इतनी त्वरित होती है कि लक्षित नहीं होती।

"पलंग पीठ तजि गोद हिंडोरा
सिय न दीन्ह पग अवनि कठोरा।
जिवन मूरि जिमि जोगवत रहेऊं,
दीप बाति नहिं टारन कहेऊं।
सो वन बसिहि तात केहि भांती।
चित्र लिखित कपि देखि डेराती।
सो सिय भवन रहै कह अंबा,
मो कहँ होय बहुत अवलंबा।।"

यहां पर वाच्यार्थ के साथ ही व्यंग्यार्थ रूप रस का भाव प्रकट है। आलंबन सीता है। उद्दीपन उनकी सुकुमारता, स्निग्धता, भीरुता, अल्पवयस्कता आदि है। स्थायीभाव, प्रिय के अनिष्ट के कारण 'शोक' है। संचारी चिंता, मोह, स्मरण, तर्क, दैन्य आदि हैं। अनुभाव, आशंका, दैवनिंदा कथन आदि है। इस प्रकार करुण रस की अभिव्यक्ति यहां है। इसलिए रसध्वनि है।

आधार ग्रंथ :

1. हिंदी साहित्य कोश, भाग-1।
2. भारतीय साहित्य शास्त्र कोश, डॉ. राजवंश सहाय हीरा।
3. ध्वन्यालोक लोचन, अभिनव गुप्त।
4. भारतीय साहित्यशास्त्र, बलदेव उपाध्याय।
5. ध्वनि संप्रदाय और उसके सिद्धांत, भोला शंकर व्यास।
6. भारतीय काव्यशास्त्र, सत्यदेव चौधरी।

नज़्म

नज़्म की मान्यता कविता के पर्याय के रूप में रही है किंतु उन्हीं कविताओं को आम तौर पर नज़्म कहा जाता है जो किसी एक विषय पर हों। इसका प्रचलन उर्दू काव्य में शुरू से ही मिलता है। परंतु अंग्रेजी राज से पहले काव्य का यह रूप चमक नहीं सका। उत्तर भारत में केवल नजीर अकबराबादी का इस क्षेत्र में अधिक योगदान रहा है। पहली बार 1867 ई. में मुहम्मद हुसैन आज़ाद ने नज़्म को नयी भावना और चेतना प्रदान की। दरअसल 1857 ई. के स्वतंत्रता-संग्राम के बाद देश की सामाजिक राजनीतिक परिस्थितियों में जो व्यापक परिवर्तन हुआ और उर्दू कवियों में जो सामाजिक, राजनीतिक और राष्ट्रीय चेतना पैदा हुई उसके चलते एक ऐसे काव्य रूप की आवश्यकता महसूस हुई, जिसमें काफी खुलापन हो और भावों एवं विचारों की उन्मुक्त अभिव्यक्ति की सुविधा हो। यह कार्य पूरा किया नज़्म ने। 1874 ई. में 'अंजुमने उर्दू' की ओर से लाहौर में एक मशहूर मुशायरा हुआ जिसमें मोहम्मद हुसैन 'आज़ाद' ने नज़्मों की न केवल वकालत की, बल्कि देश और समाज की तत्कालीन दशा से संबंधित नज़्में प्रस्तुत करके लोगों का दिल जीत लिया। उस मशहूर मुशायरे के बाद 'अंजुमने उर्दू' की ओर से लाहौर में नियमित रूप से इस तरह के मुशायरे होने लगे और लोग तरह-तरह के विषयों पर नज़्में लिखने लगे। ये नज़्म ज्यादातर वर्णनात्मक होती थी। कांग्रेस का संगठन और हिंदुस्तानियों में राजनीतिक चेतना के विकास तथा अंग्रेजी शिक्षा के प्रसार से अधिकांश लोग नज़्में लिखने लगे। शायरों ने इस पद्धति को बड़े उत्साह के साथ स्वीकार किया। 'हाली', दुर्गा सहाय सुरूर,ज्वाला प्रसाद बर्क, इकबाल, चकबस्त, जोश मलीहाबादी, हफीज, मजाज, फैज, फिराक, अली सरदार जाफरी आदि शायरों ने देश की विभिन्न समस्याओं पर विचारप्रधान नज़्में लिखीं। नज़्मों में ही राष्ट्रीयता का स्वर निनादित हुआ, प्रगतिशील चेतना की अभिव्यक्ति हुई और आज़ादी के संघर्ष को पर्याप्त तीव्रता एवं विशदता के साथ रेखांकित किया गया। नज़्मों की लोकप्रियता इस हद तक बढ़ी कि ग़ज़ल जैसी विधा कुछ काल के लिए दब-सी गयी।

प्रो. मसीहज्जमां के अनुसार नज़्मों को तीन मोटे-मोटे भागों में विभाजित किया जा सकता है-पहली वे नज़्में जिनमें प्रेम का चित्रण है। प्रेमी-प्रेमिकाओं के मिलन में जो रुकावटें पैदा होती हैं और इन स्थलों पर जो भावनाएं हृदय में उठती हैं उनका चित्रण इस तरह की नज़्मों में होता है। अख्तर 'शिरानी' तथा हफीज जालंधरी जैसे शायर इस तरह की नज़्में लिखने में बहुत दक्ष हैं। दूसरे वर्ग में वे नज़्में आती हैं जिनमें कवि अपने देश में होने वाले अत्याचारों का वर्णन करता है। अंग्रेज शासकों की क्रूरता और बर्बरता की कहानी दुहराता है और कवि उनसे असंतुष्ट होकर इन्कलाब की आकांक्षा करता है और देश प्रेम का भाव जगाता है। इस प्रकार की नज़्में लिखने वालों में इकबाल, चकबस्त आदि प्रमुख हैं।

तीसरे वर्ग में वे नज़्में आती हैं जिनमें नाना प्रकार की समस्याओं का जिक्र है। कभी कवि सामाजिक असमानता पर आंसू बहाता है, कभी अशिक्षा पर आक्रोश व्यक्त करता है, कभी अंधविश्वासों के खिलाफ आवाज उठाता है और कभी धर्म के ठेकेदारों की खबर लेता है। तात्पर्य यह कि समाज की सारी समस्याएं उनके नज़्मों का विषय बनी हैं। अली सरदार जाफरी, साहिर लुधियानवी, फैज अहमद फैज, निदा फाजली, जोश मलीहाबादी आदि इस वर्ग के प्रमुख शायर हैं।

नज्मों ने उर्दू काव्य को उच्च विचार तथा उच्च कोटि की संवेदनाएं प्रदान कीं। देश व अंतरराष्ट्रीय समस्याओं पर राय देने के साथ-साथ कवियों ने दर्शनशास्त्र तथा अर्थशास्त्र आदि के दृष्टिकोण से समाज और वैयक्तिक जीवन पर प्रकाश डाला है और उसे नवीन युग की आकांक्षाओं के बोध से जोड़ा है। आजादी से पूर्व की नज़्मों में गेयता मौजूद थी, किंतु उसके बाद वह 'आज़ाद नज़्म' के रूप में प्रतिष्ठित हो गयी। हिंदी में इसे अतुकांत कविता कहा गया। तुकों का बंधन न रह जाने पर कविता करना कवियों के लिए बहुत आसान हो गया। आज भी नज़्म समकालीन जीवन यथार्थ की अभिव्यक्ति का सशक्त एवं लोकप्रिय माध्यम बनी हुई है। सम्प्रति 'आज़ाद नज़्म' भी छोटी नज़्म और लंबी नज़्म के रूप में अलग से अपनी पहचान बनाने लगी है।

आधार ग्रंथ :

1. हिंदी साहित्य कोश भाग-1।
2. उर्दू भाषा और साहित्य, रघुपति सहाय फिराक।
3. उर्दू साहित्य का आलोचनात्मक इतिहास, प्रो. एहतेशाम हुसैन।
4. उर्दू तन्कीद पर एक नज़र, कलीमुद्दीन अहमद।

नयी आलोचना

नयी आलोचना प्रणाली का जन्म इंग्लैण्ड में हुआ और विकास अमेरिका में। इसका नामकरण सहज रूप से सन् 1911 ई. में कोलंबिया विश्वविद्यालय के प्रोफेसर स्पिनगर्न (S.E. Spingarm) द्वारा 'न्यू क्रिटिसिज्म' के संबोधन से माना जाता है। इसकी मान्य परिभाषा जॉन क्रो रैन्सम (John Crowe Ransom) ने पहली बार अपनी पुस्तक 'दि न्यू क्रिटिसिज्म' (The New Criticism, 1941 ई.) की भूमिका में प्रस्तुत की है। आरंभ में काफी समय तक नयी समीक्षा का स्वरूप अधिक स्थिर नहीं हो पाया। एफ.आर. लीविस, ईवोर विंटर (Ivor Winter) आदि अनेक लेखक, जिनकी समीक्षा में नवीन दृष्टि का उन्मेष, आधुनिक भाव बोध और कविता को नयी दृष्टि से समझने-परखने की आकांक्षा थी, नयी समीक्षा के वृत्त में परिगणित होते रहे। जिस समीक्षक में परंपरा प्राप्त, रोमानी अथवा भाव-प्रवण काव्य-चेतना से भिन्न, नयी काव्य चेतना का उन्मेष दिखायी दिया, उसी को नया समीक्षक मान लिया गया। किंतु चौथे दशक के अंत में, अमेरिका के साहित्यिक क्षेत्र में पहुंच कर यह प्रवृत्ति प्रायः लक्षणबद्ध हो गयी और एक विशिष्ट समीक्षा-दृष्टि का प्रतिनिधित्व करने लगी।

नयी आलोचना के विकास में टी.एस. इलियट (T.S.Eliot) और आई.ए.रिचर्ड्स (I.A.Richards) का अत्यधिक योगदान है। जॉन क्रो रैन्सम ने तो नयी आलोचना की शुरुआत ही रिचर्ड्स से मानी है। नयी समीक्षा का मूल सिद्धांत यह है कि कविता का अस्तित्व उसके रूप में ही सन्निविष्ट है। काव्य की समीक्षा से तात्पर्य है कविता के रूप का विश्लेषण। सन् 1956 में टी. एस. इलियट को नयी समीक्षा शब्द के मुक्त प्रयोग पर चेतावनी के रूप में कहना पड़ा-"लोग 'नयी आलोचना' शब्द का प्रयोग अक्सर यह समझे बिना करते हैं कि इस शब्द में कितनी विविधता का समावेश है।" इस शब्द का प्रयोग यह साक्ष्य देता है कि इस युग के प्रतिष्ठित आलोचकों में परस्पर कितना ही पार्थक्य क्यों न हो वे सभी अपने से पूर्ववर्ती पीढ़ी के आलोचकों से कुछ महत्त्वपूर्ण बातों में भिन्नता रखते हैं। इस शब्द की इस अनिश्चितता के कारण ही नयी समीक्षा को 'सौंदर्यपरक रूपवाद' जैसे नाम से भी संकेतित किया गया। चूंकि यह समीक्षा मात्र रूपवाद न होकर विश्लेषणात्मक आलोचना का एक नया ढंग है, नयी प्रवृत्ति है, नया विकास है, इस दृष्टि से 'नयी समीक्षा' शब्द का प्रचलन है। सामान्य रूप से नयी आलोचना के उन्नायकों में अमेरिका के जॉन क्रो रैन्सम, एलेन टेट (Allen Tate), एफ आर लीविस, आई.ए.रिचड्र्स, ब्लैकमूर (R.P. Blackmur), राबर्ट पेन वारेन, (Robert Penn Warren), क्लींथ ब्रूक्स (Cleanth Brooks) तथा इंग्लैण्ड के विलियम एम्पसन (William Empson) के नाम विशेष रूप से उल्लेखनीय हैं।

रेन्सम के अनुसार कविता की रूप रचना में शब्द विधान (Texture) और अर्थ विधान (Structure) दोनों का संश्लेष होता है। शब्द विधान बिंबात्मक होता है और अर्थ विधान विचारात्मक। इन दोनों का तनाव ही काव्य भाषा को अपेक्षित भंगिमा प्रदान करता है। एलेन टेट के अनुसार कविता का अस्तित्व जिस संतुलन (Tension) पर स्थित होता है वह उसके बहिरंग संतुलन (Extension) और अंतरंग संतुलन (Intension) के बीच घटित होता है। राबर्ट पेन वारेन ने काव्य भाषा में व्यंग्य, विरोधाभास और प्रतीक पर विशेष बल दिया। ब्लैकमूर ने सबसे अधिक महत्व जेस्चर (Gesture) को दिया है। उसके अनुसार सांकेतिकता ही काव्यभाषा का प्रधान गुण है क्योंकि इसमें गति होती है। जहां अभिधा की भाषा समाप्त हो जाती है, वहां सांकेतिक भाषा (Language of Gesture) कार्य करती है। क्लींथ ब्रूक्स ने विसंगति को काव्यभाषा का प्रधान गुण माना है। एम्पसन ने अनेकार्थता को काव्यभाषा का प्राण तत्त्व स्वीकार किया। बहरहाल, इन सभी के काव्य-सिद्धांत पूर्णतः समान न होने पर भी समीक्षा के कुछ मौलिक तथ्यों के विषय में एक गहन एकता का संकेत देते हैं। जैसे कविता एक विचार या भाव नहीं है, वह अपने आप में एक विशिष्ट अनुभव है, यह अनुभव रूप के अनुभव से अभिन्नता रखता है। इस अनुभव को सामाजिक-ऐतिहासिक धारणाओं के बीच लाकर अशुद्ध नहीं करना चाहिए। आलोचक का कर्म इतना ही है कि कलाकृति के समग्र रूप और अंगों के अंतःसंबंधों का विश्लेषण-परीक्षण कर उसकी समग्र जटिल संरचना का सावधानी से तात्विक परीक्षण करे। इस प्रकार 'रूप' ही समीक्षा का मूल धर्म है और इस 'रूप' की स्वायत्त-सत्ता है। इस दृष्टि से 'रूप' में कलात्मक संरचना और बनावट का अर्थ निहित होता है।

यह सत्य है कि वैज्ञानिक विकास के युग में नयी समीक्षा का आरंभ और विकास हुआ। विज्ञान के बढ़ते हुए प्रभाव से कविता की रक्षा करना कठिन काम था। यह भी कहा जाने लगा था कि जैसे-जैसे विज्ञान बढ़ता जायेगा, कविता समाप्त होती जायेगी। लेकिन संघर्षों से जूझ कर कविता ने अपना 'होना' तथा 'जीवित रहना' प्रमाणित किया। प्रथम और द्वितीय विश्व-युद्धों के मध्य और बाद में भयंकर सांस्कृतिक विघटन हुआ। सभी स्वीकृत मूल्य अपनी धुरी छोड़ गए। युद्ध के बाद आधुनिक संवेदना में आतंक तथा संत्रास ने जड़ें जमा लीं। नये भाव-बोध में

अकेलापन, ऊब, उबकाई, मोह-भंग, मृत्यु-बोध, आत्मनिर्वासन, अमानवीकरण, विवशता, अजनबीपन, विसंगति, विडम्बना, विद्रूपता, निरर्थकता-बोध, अस्तित्व का संकट आदि ने जन्म लिया। अर्थहीनता और मूल्यांधता का प्रकोप बढ़ा। एक प्रकार का निषेधात्मक, अनास्थावादी दर्शन उभर पड़ा, जिसे अस्तित्ववाद से प्रश्रय मिला। नयी समीक्षा पर अस्तित्ववाद का गहरा प्रभाव है।

नयी समीक्षा ने रोमांटिक व्यक्तिवाद और विक्टोरियन नैतिकता का विरोध किया। इन्हीं परिस्थितियों ने कवि को केंद्र से हटाकर 'कृति' को केंद्र में स्थापित कर दिया। आसपास के नवीन ज्ञान-विज्ञान से दृष्टि पाकर इसने परंपरा तथा आधुनिकता पर नये ढंग से सोचने का कार्य किया। इस दृष्टि से नयी समीक्षा का उदय ज्ञान-विज्ञान की विविध पद्धतियों के प्रकाश में हुआ।

नयी समीक्षा ने काव्य पाठ की नवीन पद्धति के क्षेत्रों का सूक्ष्मता से उद्‌घाटन किया। कविता को कविता के रूप में ही समझाने-समझने पर बल दिया। परंपरा के पुनर्विचार का काम नये समीक्षकों ने बड़ी निष्ठा से किया, समसामयिक लेखन पर ध्यान केंद्रित करते हुए नये सृजन को बढ़ावा दिया। कविता के ऊपर से साहित्येतर मूल्यों के आघात को कम किया एवं काव्य की स्वायत्त सत्ता की प्रतिष्ठा की। उसने जोर देकर कहा कि काव्य का अपना ही संसार है जो राजनीति तथा विज्ञान के संसार से एकदम अलग है।

डॉ. रामचंद्र तिवारी के अनुसार नयी समीक्षा की मूल प्रतिज्ञा-'काव्य स्वतः वस्तु है'-को लेकर उनमें पूर्ण सहमति है। नयी समीक्षा जिन आधारभूत बातों पर बल देती हैं, वे निम्नलिखित हैं, (1) काव्य, भाषिक संरचना मात्र है, इसलिए भाषा के सर्जनात्मक तत्त्वों का विश्लेषण ही समीक्षा का मुख्य धर्म है। (2) ऐतिहासिक, समाज शास्त्रीय, दार्शनिक एवं मनोविश्लेषणवादी समीक्षाएं अनावश्यक और अप्रासंगिक हैं। (3) सम्प्रेषण और65 आस्वाद के प्रश्न पर विचार तथा मूल्यांकन का प्रयत्न आवश्यक नहीं है। (4) रचना की आंतरिक संगति और संश्लिष्ट विधान के विवेचन-विश्लेषण के लिए उसका गहन पाठ नितांत आवश्यक है।

नयी समीक्षा की सीमाओं का बोध पाश्चात्य समीक्षकों को बहुत जल्दी हो गया था। 1952 ई. तक आते-आते 'शिकागो स्कूल' के आलोचकों ने आर. एम.क्रेन के नेतृत्व में नये समीक्षकों का विरोध किया। इन्होंने प्रमाणित किया कि नयी समीक्षा के औजारों से छोटी कविताओं का विश्लेषण भले ही कर लिया जाए, किंतु प्रबंध काव्यों, नाटकों और कथा कृतियों की समीक्षा के लिए वे बहुत उपयोगी नहीं हैं।

आज नयी समीक्षा के मूल सिद्धांतों से असहमति हो सकती है क्योंकि नयी समीक्षा का जन्म प्रतिक्रिया में हुआ था, किंतु इस तथ्य से इनकार नहीं किया जा सकता कि इसने विश्व-समीक्षा को नयी दृष्टि दी है।

हिंदी साहित्य में नयी कविता, नयी कहानी, नये उपन्यास आदि के साथ ही नयी आलोचना का भी विकास हुआ। हिंदी के नये आलोचकों ने पश्चिम की इस आलोचना-प्रणाली को सीधे उसी रूप में स्वीकार कर लिया। नये आलोचकों में राम स्वरूप चतुर्वेदी, रमेश चंद्र शाह, जगदीश गुप्त, डॉ. रघुवंश, अशोक वाजपेयी, अज्ञेय, गिरिजाकुमार माथुर, लक्ष्मीकांत वर्मा, विजयदेव नारायण साही, रामदरश मिश्र, मलयज, परमानंद श्रीवास्तव, विश्वनाथ प्रसाद तिवारी आदि प्रमुख हैं।

नये आलोचकों ने हिंदी में प्रचलित आलोचना के सभी पुराने प्रतिमानों का निषेध किया और पश्चिम की नयी आलोचना प्रणाली को ज्यों का त्यों स्वीकार कर लिया। हिंदी जगत के पुराने समीक्षा सिद्धांतों एवं प्रतिमानों को अस्वीकार करते हुए आज का समीक्षक और सर्जक कहता है कि उसके साहित्य का उद्देश्य और स्वभाव रस या आनंद प्रदान करना मात्र नहीं है, बल्कि जीवन की जटिलताओं को समझना और उसके संदर्भ में नये भाव मूल्यों को परखना भी है। सृजन में आनंद का स्फुरण और दायित्व बोध दोनों जुड़े हुए हैं। वह आनंद ही नहीं देता, जीवन चेतना को समझने की सही दृष्टि भी देता है। इस प्रकार नयी समीक्षा सृजन में सहायक तत्त्वों और मूल्यों का परीक्षण सृजन की प्रक्रिया के आधार पर करती है। सर्जक के सृजन में मौलिक रूप से कौन से तत्त्व आते हैं, इसका विवेचन नयी समीक्षा करती है। वह सृजन की मूल प्रक्रिया से इतर दृष्टियों से गृहीत तत्त्वों या सत्यों को नहीं स्वीकारती, चाहे वे सत्य कितने ही मूल्यवान क्यों न हों। चाहे रस हो, चाहे प्रेषणीयता का प्रश्न हो, चाहे भाषा का सवाल हो, चाहे बड़े-बड़े साहित्यिक मूल्यों की समस्या हो, चाहे आधुनिक बोध हो, चाहे परंपरागत प्रतीतियां हों, चाहे श्लीलता-अश्लीलता का सवाल हो, सभी को नयी समीक्षा सृजन के मूल प्रश्नों के साथ संबद्ध करके देखने की आग्रही है।

नया समीक्षक मानता है कि सर्जक के सामने प्रेषणीयता का नहीं, अभिव्यक्ति का प्रश्न रहता है। वह अपने को पूरी ईमानदारी से व्यक्त करना चाहता है, लेकिन साहित्य का माध्यम शब्द है और शब्द सामूहिक संपत्ति है। अतः वह अपने को व्यक्त करने के बाद प्रेषित भी होता है। लेकिन प्रेषित होने में उसकी कला-कुशलता और पाठक की जागरूकता दोनों सहायक होती हैं।

नयी समीक्षा की एक बड़ी उपलब्धि है शिल्प-विधि का चिंतन। नयी समीक्षा ने भाषा को भाव और अर्थ से अलग करके नहीं देखा। ऐसा नहीं है कि प्राचीन साहित्य में भाषा का महत्त्व स्वीकार नहीं किया गया है। शब्द

और अर्थ की एकता पर बल देकर प्राचीन आचार्यों ने दोनों को एक दूसरे से संपृक्त माना है-'वागर्थाविव संपृक्तौ'। किंतु सृजन की प्रक्रिया के स्तर पर भाषा पर विचार करने की प्रवृत्ति का विकास नयी समीक्षा में विशेष रूप से हुआ है।

नव लेखन की भाषा का सबसे महत्वपूर्ण अंग है उसकी बिंब-योजना। आज की जटिल, खंडित संवेदनाओं और बोधों को व्यक्त करने के लिए बिंबों और विशेषतया खंडित बिंबों और मुक्त साहचर्य की योजना हो रही है। बिंबों की योजना आज सृजन की अनिवार्य आवश्यकता है। प्रतीक योजना भी आज ही नहीं, सदैव कविता की आवश्यकता रही है। किंतु नव लेखन में उसकी अनिवार्यता अधिक बढ़ गयी है। प्रतीक-योजना से कविता दुरूह तो बनती है, किंतु वह काव्य के सत्य को व्यक्त करने के लिए कहीं-कहीं अपरिहार्य हो उठती है। सर्वाधिक जीवंत जन-साहित्य सदा से और सबसे अधिक प्रतीकों और अन्योक्तियों के सहारे ही अपना प्रभाव डालता है।

संक्षेप में नवीनता के प्रति आग्रह, समकालीन वास्तविकता की अभिव्यक्ति पर बल, प्रेषण और तदर्थ शिल्पगत नये प्रयोग को महत्व, व्यक्तिवादी आत्मपरक दृष्टि, नूतन अर्थवत्ता, व्यापक मानववादी दृष्टिकोण, यथार्थ और समकालीन वास्तविकता की अभिव्यक्ति पर बल, रचना-प्रक्रिया का विश्लेषण आदि नयी समीक्षा की प्रमुख विशेषताएं हैं।

आधार ग्रंथ :

1. नयी समीक्षा : नये संदर्भ, डॉ. नगेंद्र।
2. नयी समीक्षा के प्रतिमान, निर्मला जैन।
3. साहित्य का नया परिप्रेक्ष्य, डॉ. रघुवंश।
4. नये साहित्य का सौंदर्यशास्त्र, मुक्तिबोध।
5. नये प्रतिमान : पुराने निकष, लक्ष्मीकांत वर्मा।
6. कविता के नये प्रतिमान, नामवर सिंह।
7. हिंदी का गद्य साहित्य, रामचंद्र तिवारी।
8. Literary Criticism, R. Dwivedi, V. Rai.
9. Essays in Modern Criticism, (Ed) Rajnath &W.I. Ellior.

वेबसाइट : www.en.wikipedia.org/wiki/new-criticism

नयी कविता

नयी कविता अनेक अर्थों में प्रयोगवाद का नया विकास मानी जा सकती है। उसने प्रयोगवाद की अनेक उपलब्धियों को आत्मसात किया है। इसी साम्य के कारण अनेक कवि प्रयोगवाद और नयी कविता दोनों के क्षेत्र में प्रविष्ट होते हैं और उनके विषय में यह निर्णय करना कठिन हो जाता है कि कहां तक वे प्रयोगवादी हैं और कहां तक नयी कविता के कवि। डॉ. जगदीश गुप्त ने स्पष्ट कहा है–"इसके प्रभूत प्रमाण दिये जा सकते हैं कि नयी कविता, प्रयोगवाद के विरोध में नहीं आयी वरन् उसको मुक्तभाव से आत्मसात करके इसी प्रसंग में उसका आविर्भाव हुआ।"

ऐतिहासिक दृष्टि से नयी कविता 'दूसरा सप्तक' (1951 ई.) के बाद की कविता को कहा जा सकता है। लक्ष्मीकांत वर्मा के अनुसार नयी कविता मूलतः 1953 ई. में 'नये पत्ते' के प्रकाशन के साथ विकसित हुई और जगदीश गुप्त तथा रामस्वरूप चतुर्वेदी के संपादन में प्रकाशित होनेवाले संकलन 'नयी कविता' (1954 ई.) में सर्वप्रथम अपने समस्त संभावित प्रतिमानों के साथ प्रकाश में आयी। इस काल की कविता का 'नयी कविता' नाम कई कारणों से पड़ा, जिनमें से एक कारण यह है कि नयी कविता के कवि विषय-वस्तु और शिल्प की दृष्टि से अपने पूर्ववर्ती कवियों के साथ तो थे, किंतु वे स्वयं यह अनुभव कर रहे थे कि 'दूसरा सप्तक' के कवियों द्वारा जहां और जिस सीमा तक समस्त काव्य-चेतना पहुंच चुकी थी, नयी कविता उससे आगे की ओर बढ़ चुकी है और किन्हीं अर्थों में वह 'दूसरा सप्तक' के कवियों की काव्य-चेतना से थोड़ी पृथक् भी है।

1954 ई. में प्रयाग के 'साहित्य सहयोग' नामक सहकारी संस्थान ने नयी कविता का प्रकाशन किया। 'नये पत्ते' दो और तीन तथा 'आलोचना' के कुछ अंकों से नयी कविता की मूल स्थापना को बल मिला। इस बात की चेष्टा की गयी कि इस नयी काव्यधारा को उन प्रतिमानों को लेकर विकसित किया जाए, जो तत्कालीन भाव-बोध को वहन करते हुए सर्वथा नयी दृष्टि के साथ अवतरित हो रहे थे। नयी कविता का मूल स्रोत उस युग-सत्य और युग-यथार्थ में निहित है।

डॉ. जगदीश गुप्त ने 'नयी कविता' के अंकों में नयी कविता पर विस्तार से विचार किया है। उन्होंने रसानुभूति के स्थान पर 'सह-अनुभूति' शब्द खोजा और अपना मत इस प्रकार प्रस्तुत किया, "मेरा निश्चित मत है कि आज का साहित्य रसानुभूति के आधार पर नहीं सह-अनुभूति के आधार पर व्याख्यायित किया जा सकता है और इतना ही नहीं, सह-अनुभूति, रसानुभूति के मूल में भी निहित है।" उनके अनुसार "रसानुभूति में जहां केवल भाव-विस्तार ही अभीष्ट रहता है, वहां सह-अनुभूति के लिए भाव और दृष्टिकोण दोनों का विस्तार अपेक्षित है।"

'नयी कविता' की मूल स्थापनाओं में चार तत्त्व मुख्य हैं। सर्वप्रथम तो यह कि नयी कविता का विश्वास आधुनिकता में है। दूसरे, नयी कविता जिस आधुनिकता को स्वीकार करती है, उसमें वर्जनाओं और कुंठाओं की अपेक्षा मुक्त यथार्थ का समर्थन है। तीसरे, इस मुक्त यथार्थ का साक्षात्कार वह विवेक के आधार पर करना अधिक न्यायोचित मानती है। और चौथा, यह कि इन तीनों के साथ-साथ वह क्षण के दायित्व और नितांत समसामयिकता के दायित्व को स्वीकार करती है। आधुनिकता का अर्थ विकृतियों से न होकर उस वैज्ञानिक दृष्टिकोण के समर्थन में है, जो विवेचना और विवेक के बल पर हमें प्रत्येक वस्तु के प्रति एक मानवीय दृष्टि, यथार्थ की दृष्टि देती है।

नयी कविता के रूप-विधान से संबद्ध एक अन्य महत्वपूर्ण तथ्य को भी डॉ. जगदीश गुप्त ने रेखांकित किया है और वह है--अर्थ की लय। शब्द की लय का अभिप्राय कविता की छंदोबद्धता से है और अर्थ की लय का अभिप्राय उनके अनुसार उस सही पाठ-विधि से है जो कविता के सूक्ष्म भावों तथा सांकेतिक अर्थों को उभारने में काफी सहायक होती है। वे लिखते हैं--"श्रेष्ठ कविता के लिए शब्दार्थ का संयुक्त रूप लयान्वित होना आवश्यक है, किंतु कविता को अर्थ-प्रधान मानने के बाद केवल अर्थ की लय के सहारे सर्जित, ऊपर से गद्य जैसी लगने वाली रचना को कविता के क्षेत्र से बहिष्कृत नहीं किया जा सकता।"

डॉ. रामदरश मिश्र के शब्दों में, "इस प्रकार नयी कविता की सबसे बड़ी विशेषता है कथ्य की व्यापकता। वह कोई वाद नहीं है, वह व्यापक जीवन दृष्टि है। कथ्य कहां नहीं है? प्रयोगवाद और प्रगतिवाद ने कथ्य को बांट लिया था, किंतु नयी कविता ने मानव को उसके समग्र परिवेश में सही रूप में अंकित करना चाहा है। नयी कविता की दृष्टि मानवतावादी है किंतु यह मानवतावाद मिथ्या आदर्शों की परिकल्पनाओं पर आधारित नहीं है, बल्कि यथार्थ की तीखी चेतना, अपने परिवेश से जुड़े मनुष्य के बौद्धिक प्रयासों और उसकी संवेदना के उलझे हुए नाना स्तरों तक अनुभूति और चिंतन दोनों दिशाओं से पहुंचने की चेष्टाओं पर अवलंबित है। इसने छोटे-बड़े का भेद नहीं रखा, छोटी-बड़ी अनुभूतियों, सत्यों, क्षणों, स्थितियों, घटनाओं और दृश्यों का बनावटी अंतर नहीं स्थापित किया।"

लक्ष्मीकांत वर्मा के अनुसार नयी कविता की मुख्य प्रवृत्तियां पांच प्रकारों में विभाजित की जा सकती हैं। पहली प्रवृत्ति यथार्थवादी अहंवाद की है, जिसमें यथार्थ की स्वीकृति के साथ-साथ कवि अपने अस्तित्व को उस यथार्थ का अंश मानकर उसके प्रति जागरूक अभिव्यक्तियां देता है। दूसरी प्रवृत्ति व्यक्ति-अभिव्यक्ति की स्वच्छंद प्रवृत्ति है, जिसमें आत्मानुभूति की समस्त संवेदना को बिना किसी आग्रह के रखने की चेष्टा की जाती है। तीसरी प्रवृत्ति आधुनिक यथार्थ से द्रवित व्यंग्यात्मक दृष्टि की है, जिसमें वर्तमान कटुताओं और विषमताओं के प्रति कवि की व्यंग्यपूर्ण भावनाएं व्यक्त हुई हैं। चौथी प्रवृत्ति ऐसे कवियों की है, जिसमें रस और रोमांच के साथ-साथ आधुनिकता और समसामयिकता का प्रतिनिधित्व संपूर्ण रूप में व्यक्त हुआ है। पांचवीं प्रवृत्ति उस चित्रमयता और अनुशासित शिल्प की भी है, जो आधुनिकता के संदर्भ में होते हुए भी समस्त यथार्थ को केवल बिंबात्मक रूप में ग्रहण करता है। यथार्थवादी अहंवाद के कवियों में 'अज्ञेय', गजानन माधव मुक्तिबोध, कुंवर नारायण, सर्वेश्वरदयाल सक्सेना इत्यादि की रचनाएं आती हैं। व्यक्ति-अभिव्यक्ति की प्रवृत्ति प्रभाकर माचवे और मदन वात्स्यायन में है, रस रोमांच और यथार्थ का संकेतरूप गिरिजाकुमार माथुर, नेमिचंद्र जैन और धर्मवीर भारती में है। आधुनिक यथार्थ से द्रवित व्यंग्यात्मक प्रवृत्ति के अंतर्गत लक्ष्मीकांत वर्मा, सर्वेश्वरदयाल सक्सेना, भवानीप्रसाद मिश्र और विजयदेवनारायण साही की रचनाएं आती हैं। चित्रमयता और अनुशासित शिल्प के अंतर्गत जगदीश गुप्त, केदारनाथ सिंह और शमशेर बहादुर सिंह की रचनाएं प्रस्तुत होती हैं।

संक्षेप में, क्षणवाद और लघु मानवता, अनुभव की प्रामाणिकता, अनास्था, मूल्यों का परीक्षण और क्षरण, व्यंग्य, नित नये वादों का आंदोलन एवं कलागत विशेषताएं आदि नयी कविता की प्रमुख विशेषताएं हैं।

वस्तुतः नयी कविता हिंदी काव्य का नवीनतम उन्मेष है और जीवित विधा के रूप में आज भी प्रवहमान है। नयी कविता के स्वरूप, उसमें निहित दृष्टिकोण और उसमें वर्णित संदर्भों को समझने के लिए वर्तमान परिवेश का गहन परिज्ञान वांछनीय है। नूतनता के विविध आयामों को समेटे हुए नयी कविता की धारा प्रवाहित हो रही है। नयी कविता पर विचार करने के लिए पुरानी शास्त्रीय मान्यताएं उपयोगी नहीं रह गयी हैं। ऐतिहासिक परिप्रेक्ष्य,

मनोविज्ञान की विविध सरणियों का अध्ययन, अनुभूत सत्य के विभिन्न रूप दिग्भ्रम, संकटग्रस्त मनुष्य की मनःस्थिति, उलझे सामाजिक संदर्भ, संवेदनशीलता के आयाम, नकार, संत्रास और यंत्रणा के चित्र, अंतरराष्ट्रीय घटना और राजनीति, आंतरिक बिखराव, कुंठा और निराशा लोक जीवन की विसंगतियां, विचार क्रांति के विभिन्न पहलू, कला और सौंदर्य के प्रति नवीन दृष्टि आदि नयी कविता को समझने में मदद करेगी।

आधार ग्रंथ :

1. हिंदी साहित्य कोश, भाग-1।
2. नयी कविता, 1, 2 और 3, सं. जगदीश गुप्त और रामस्वरूप चतुर्वेदी।
3. नयी कविता के प्रतिमान, लक्ष्मीकांत वर्मा।
4. हिंदी नवलेखन, रामस्वरूप चतुर्वेदी।
5. कविता के नये प्रतिमान, नामवर सिंह।

नयी कहानी

स्वतंत्रता प्राप्ति के कुछ बाद 'नयी कहानी' के रूप में एक ऐसा कहानी-आंदोलन चला जिसने कहानी के पारंपरिक प्रतिमानों को नकार दिया और अपने मूल्यांकन के लिए नयी कसौटियां निर्धारित कीं। जाहिर है कि स्वतंत्रता मिल जाने पर भारतीय मानस में एक नयी चेतना, नए विश्वास और नयी आशा-आकांक्षा का जन्म हुआ। उसे एक बदला हुआ यथार्थ मिला जिसने सामाजिक संबंधों, मूल्यों, मान्यताओं और आदर्शों को नया संदर्भ प्रदान किया। 'कहानी' नाम की पत्रिका, जो 1938 से प्रकाशित हो रही थी और बीच में बंद हो गयी, का जनवरी 1954 में पुनःप्रकाशन आरंभ हुआ। उसमें कहा गया कि आज के हिंदी भाषी के जीवन की विविधता और समस्याओं की जटिलता के हर पहलू को हिंदी कहानी ने अपने में आवेष्टित कर लिया है। शिल्प, सौंदर्य और विषयवस्तु दोनों ही में आज की हिंदी कहानी बारह वर्ष पहले की हिंदी कहानी से कहीं आगे है। सन् 1954 ई. की आगे की 'कहानी' सन् 1960 ई. तक आते-आते 'नयी कहानी' बन गयी। सन् 1960 ई. से 'नई कहानियां' नामक पत्रिका नियमित रूप से राजकमल प्रकाशन दिल्ली से प्रकाशित होने लगी। इसका संपादन भैरव प्रसाद गुप्त कर रहे थे। 1961 ई. में इसके विशेषांक में राजेंद्र यादव ने 'आज की कहानी : परिभाषा के नये सूत्र' शीर्षक के अंतर्गत लिखा, 'कथाकार व्यक्ति को उसकी समग्रता में देखने का आग्रह करता है। व्यक्ति को उसके सामाजिक परिवेश, मानसिक अंतर्द्वंद्वों तथा व्यावहारिक जीवन के तकाजों और आवश्यकताओं की एक संश्लिष्ट प्रक्रिया के रूप में पाना उसका लक्ष्य है।'

बहरहाल, सन् 1954 से, 1962 के बीच नयी कहानी पूरी तरह प्रतिष्ठित हो गयी। सन् 1961 ई. में 'नई कहानियां' पत्रिका में 'हाशिये पर' स्तंभ के अंतर्गत नामवर सिंह ने नयी कहानियों का अलग-अलग विश्लेषण किया। 'नयी कहानी' के आंदोलनकारियों ने, जिसमें राजेंद्र यादव, मोहन राकेश और कमलेश्वर के नाम प्रमुख हैं, इस बदले हुए यथार्थ और नये अनुभव-संबंधों की प्रामाणिक अभिव्यक्ति पर बल दिया। नये कहानीकारों ने 'परिवेश की विश्वसनीयता', अनुभूति की प्रामाणिकता' और 'अभिव्यक्ति की ईमानदारी' का प्रश्न उठाया और आग्रह किया कि 'नयी कहानी' अपने युग-सत्य से सीधे जुड़ी हुई है जिसका मूल उद्देश्य है पाठक को उसके समकालीन यथार्थ से, यथार्थ रूप में परिचित कराना। फणीश्वरनाथ रेणु, धर्मवीर भारती, मार्कण्डेय, अमरकांत, भीष्म साहनी, कृष्णा सोबती, निर्मल वर्मा, मन्नू भंडारी, उषा प्रियंवदा, हरिशंकर परसाई जैसे कहानीकारों ने अपने युगीन यथार्थ की मार्मिक एवं प्रामाणिक अभिव्यक्ति करके 'नयी कहानी' के आंदोलन को तीव्र किया। राजेंद्र यादव ने 'एक दुनियाः समानांतर' नामक पुस्तक का संपादन करके 'नयी कहानी' का एक प्रामाणिक संग्रह प्रस्तुत किया। इस संग्रह में जो कहानियां संकलित की गयी हैं उनके नाम हैं—'जिंदगी और जोंक' (अमरकांत), 'मछलियां' (उषा प्रियंवदा), 'मेरा दुश्मन' (कृष्ण बलदेव वैद), 'बादलों के घेरे' (कृष्णा सोबती), खोयी हुई दिशाएं, (कमलेश्वर), 'गुलकी बन्नो' (धर्मवीर भारती), 'परिंदे' (निर्मल वर्मा), 'सामान' (प्रयाग शुक्ल), 'तीसरी कसम उर्फ मारे गये गुलफाम' (फणीश्वरनाथ रेणु), 'चीफ की दावत' (भीष्म साहनी), 'यही सच है' (मन्नू भंडारी), 'दूध और दवा' (मार्कण्डेय), 'एक और जिंदगी' (मोहन राकेश), 'विजेता' (रघुवीर सहाय), 'शबरी' (रमेश बक्षी), 'टूटना' (राजेंद्र यादव), 'सेलर' (राम कुमार), 'एक नाव के यात्री' (शानी), 'नन्हों' (शिव प्रसाद सिंह), 'बदबू' (शेखर जोशी), 'प्रेतमुक्ति' (शैलेश मटियानी), 'भोलाराम का जीव' (हरिशंकर परसाई)। इस सूची से यह सहज रूप से जाना जा सकता है कि 'नयी कहानी' के आंदोलन के साथ कई बड़े हस्ताक्षर प्रकाश में आये। आगे चलकर उनमें से अनेक ने अपने

विशिष्ट रचना-शिल्प के आधार पर अपनी अलग पहचान बनायी, जैसे 'रेणु' को आंचलिक कथाकार के रूप में ख्याति मिली तो अमरकांत मध्यवर्ग के दुःख-सुख, शोषण-अन्याय के मार्मिक कथाकार के रूप में प्रतिष्ठित हुए और निर्मल वर्मा शहरी जीवन के अकेलेपन, ऊब, संत्रास और कुंठा को विशिष्ट गद्य में रचने वाले अनूठे कहानीकार प्रमाणित हुए।

'नयी कहानी' के साथ जुड़ा 'नयी' शब्द पहले की कहानी से मात्र पार्थक्य स्पष्ट करने के लिए नहीं प्रयुक्त हुआ, बल्कि उसके पीछे कहानी की नयी संवेदना, नयी दृष्टि और नये रूपबंध को रेखांकित करने की भावना थी। सन् 1950 के बाद देश विकास की ओर अग्रसर होता प्रतीत हुआ। अनेक नये विश्वविद्यालयों और कॉलेजों की स्थापना हुई, सड़कों, पुलों और परिवहन की नयी सुविधाओं का विकास हुआ, अनेक नये विभागों का निर्माण हुआ, देश के त्वरित एवं सर्वांगीण विकास के लिए पंचवर्षीय योजनाएं बनीं, औद्योगिकीकरण और मशीनीकरण की गति तीव्र हुई, समाज में स्त्री-पुरुष को शिक्षा और नौकरी के लिए समान अवसर उपलब्ध हुए, इन सब स्थितियों से भारतीय जीवनधारा में एक नयी हलचल और गति का समावेश हुआ। यह प्रभाव और परिवर्तन वैसे तो हर क्षेत्र और हर वर्ग पर पड़ा लेकिन भारतीय समाज का मध्यवर्ग इससे सीधे और गहराई तक प्रभावित हुआ। स्वतंत्रता मिल जाने से सामाजिक जिंदगी में काफी उथल-पुथल हुई, पुराने रिश्ते-नाते टूटे-बिखरे, परिवार का परंपरागत ढांचा, जो प्रेमचंद के समय से ही चरमरा रहा था, बुरी तरह बिखर गया। स्त्री-पुरुष की स्थिति और संबंधों में परिवर्तन आया, स्वतंत्रता ने युगों से दलित स्त्री को पुरुष की ही भांति खाने-कमाने की आजादी दी, अब तक जो दलित-शोषित था उसे सिर उठाकर चलने का वातावरण मिला और सरकार बनाने में उसे भी बराबर का मताधिकार मिला। 'नयी कहानी' ने इन सारे परिवर्तित-विघटित होते हुए संबंधों एवं मूल्यों को बड़ी ईमानदारी के साथ अभिव्यक्त करने का जोखिम उठाया।

महानगरीय, कस्बाई एवं ग्रामीण जीवन-बोध, जटिल जीवन यथार्थ की व्यापक स्वीकृति, व्यक्ति की प्रतिष्ठा, आधुनिकता बोध, सांकेतिकता, ऐतिहासिक मोहभंग, मध्यवर्गीय जीवन का मार्मिक अंकन, सामाजिक एवं पारिवारिक संबंधों के बिखराव और निर्मिति की सही पहचान, नवीन भाषा-शिल्प आदि नयी कहानी की उल्लेखनीय विशेषताएं हैं। मोहन राकेश ने 'मलबे का मालिक', 'मिस पाल', 'आर्द्रा'; राजेंद्र यादव ने 'खेल, 'जहां लक्ष्मी कैद' है; कमलेश्वर ने 'राजा निरबंसिया', 'दिल्ली में एक मौत'; उषा प्रियंवदा ने 'वापसी'; भीष्म साहनी ने 'चीफ की दावत' जैसी कहानियां लिखकर स्वातंत्र्योत्तर भारत के नगरीय जीवनबोध को ईमानदारी के साथ चित्रित किया। रेणु जैसे रचनाकारों ने 'तीसरी कसम', 'लालपान की बेगम', 'रसप्रिया', जैसी कहानियों के माध्यम से अंचल विशेष की आशा-आकांक्षा और व्यथा-कथा को नये भाषा-शिल्प में प्रस्तुत करके आंचलिक कथा-लेखन का मार्ग प्रशस्त किया। 'नयी कहानी' में स्थूल कथानकों के स्थान पर सूक्ष्म कथा-तंतुओं को प्रधानता मिली, सांकेतिकता, प्रतीकात्मकता और बिंबात्मकता का प्राधान्य हुआ। नये कहानीकारों ने कहानी का नया आलोचना-शास्त्र तैयार करने की पहल की और नामवर सिंह ने 'कहानी : नयी कहानी' पुस्तक के माध्यम से 'नयी कहानी' के मूल्यांकन की कसौटियों को रेखांकित किया। हिंदी की समूची कहानी-यात्रा में 'नयी कहानी' का आंदोलन सशक्त और प्रभावशाली आंदोलन रहा है।

आधार ग्रंथ :

1. एक दुनिया समानांतर, राजेंद्र यादव।
2. कहानी नयी कहानी, नामवर सिंह।
3. नयी कहानी : संदर्भ और प्रकृति, देवी शंकर अवस्थी।
4. हिंदी कहानी का आंदोलनः उपलब्धियां और सीमाएं, रजनीश कुमार।
5. हिंदी का गद्य साहित्य, रामचंद्र तिवारी।
6. हिंदी की कालजयी कहानियां, सं. नंदकिशोर नवल।
7. कहानी की बात, मार्कण्डेय।
8. नई कहानी की भूमिका, कमलेश्वर।

नवगीत

'नवगीत' हिंदी का अपना विकसित शब्द है। छायावाद के बाद हिंदी कविता का मुहावरा जब गद्यात्मक होता गया तो गीतकारों ने अपनी अलग परंपरा बना ली। इनमें से बहुत से गीतकार परंपरागत गीतों से भिन्न, युग के दुख-दर्द, आस्था-अनास्था और जद्दोजहद को गीतों में बुनते रहे। उन्होंने युग बोध को सुर और लय देने की कोशिश की। ऐसे गीतों को 'नवगीत' की संज्ञा प्रदान की गयी। नवगीत भी 'नयी कविता', 'नयी कहानी' आदि के अनुकरण पर प्रयुक्त

शब्द है। सामान्यतः नवगीत को 'नयी कविता' के अंतर्गत और उसकी पूरक शाखा के रूप में ही स्वीकार किया जाता है, अंतर केवल इतना है कि 'नयी कविता' का जो भाव-बोध मुक्त छंद द्वारा व्यक्त हुआ, वह नवगीत में छंद और लय के बंधन में बंध कर व्यक्त हुआ।

नयी कविता की भांति 'नवगीत' में भी भाव-बोध और शिल्प की नवीनता स्वीकार की गयी। दूसरे व तीसरे सप्तक के कवियों में नरेश मेहता, धर्मवीर भारती, कुंवर नारायण, रघुवीर सहाय, विजयदेव नारायण साही, केदारनाथ सिंह आदि ने गीतों से ही कविता लिखना प्रारंभ किया था। मगर इन्हें गीतकार के रूप में स्मरण नहीं किया जाता है, क्योंकि मूलतः ये नयी कविता के कवि हैं। इनकी परंपरा से अपने को जोड़ते हुए भी नवगीतकारों ने अपनी स्वतंत्र परंपरा का दावा किया है। 1960 के आस-पास नवगीत ने आंदोलन का रूप धारण कर लिया। ये नवगीत विषय-वस्तु, शिल्प आदि सभी दृष्टियों से छायावादी गीतों से भिन्न हैं और यथार्थ, सौंदर्य-बोध, मानव-मन की सूक्ष्म परतों के उद्घाटन, मानवीय संबंधों के बदलते हुए आयाम आदि को व्यक्त करने की दृष्टि से नवगीत को नयी कविता का ही विस्तार कहा जा सकता है।

1964 में 'कविता' का 'नवगीत का प्रथम समवेत संकलन' ओम प्रभाकर के संपादन में प्रकाशित हुआ था, जिसमें अज्ञेय का एक पत्र छपा था। पत्र में उन्होंने लिखा था, 'नयी कविता' और 'नवगीत' इस प्रकार के नामों से तो एक कृत्रिम विभाजन ही आगे बढ़ेगा और कविता की प्रवृत्तियों को समझने में बाधा ही अधिक होगी।' अप्रैल 1965 में 'वातायन' का एक अंक आया जिसमें उसके संपादक ने इसी तरह के गीतों का संकलन निकाला परंतु उसे 'नवगीत अंक' न कहकर 'आज का गीत अंक' कहना उचित समझा। इस अंक में भी अज्ञेय जी की उक्त धारणा उद्धृत कर दी गयी है और माना गया है कि नयी कविता और नवगीत में कोई ज्यादा भेद नहीं है।

'नवगीत' की विशेषता इस बात में है कि उसमें कथ्य और शिल्प की दृष्टि से रूढ़ियां नहीं बन पाईं। उसमें ताजगी है। मानवीय संकट-बोध को व्यक्त करने की क्षमता है। आज के यांत्रिक युग को स्वीकार करते हुए नवगीत ने, वर्तमान विसंगतियों के बीच मानवीय अनुभूतियों के प्रकाश में अपना सौंदर्य-बोध खोजा है। आधुनिक मनुष्य की भीड़ में वह व्यक्तित्व की गरिमा, व्यक्ति और समाज के रागात्मक संबंध और असत् के स्थान पर सत् की स्थापना करने में संलग्न है और इसके लिए वह प्रकृति और आधुनिक जीवन से विविध भाव ग्रहण करता है। नवगीत ने अमूर्त सत्यों के प्रकाशन के लिए उपयुक्त खंडित या विशिष्ट प्रतीकों, बिंबों और संकेतों का प्रयोग किया है। उसका कथ्य सूक्ष्म है। उसकी जटिलता को पाठक की प्रबुद्ध संवेदना व रसज्ञता ही हृदयंगम कर सकती है। नवगीतकार न तो पलायनवादी है और न सामाजिक चेतना से विमुख। उनमें स्वस्थ आधुनिकता है और उनके गीत विकृतियों एवं अश्लीलताओं से अलग हैं। नवगीत का केंद्र मनुष्य है। मनुष्य का राग-द्वेष, दुःख दर्द, चिंता-आकांक्षा ही नवगीत का केंद्रीय विषय है। प्रकृति भी मनुष्य के लिए है और मनुष्य के इर्द-गिर्द चक्कर लगाती है। नवगीतकार न तो प्रकृति का मानवीकरण करता है, न उसे आध्यात्मिक या दार्शनिक दृष्टिकोण से देखता है। उसका प्रयोग तो वह केवल मानवीय संदर्भों की अभिव्यक्ति के लिए अथवा अपनी ही विभिन्न मनःस्थितियों की अभिव्यक्ति के लिए बिंबों और प्रतीकों के रूप में करता है।

नवगीत की भाषा अधिक सहज, काव्यात्मक और कसी हुई है। शब्द-चयन, कहावतों, मुहावरों आदि के प्रयोग की दृष्टि से उसमें व्यापकता है। उसमें अभिधात्मक और तार्किक भाषा के प्रयोग के स्थान पर अमूर्त सत्यों और सूक्ष्म अनुभूतियों की अभिव्यक्ति के लिए सक्षम भाषा का प्रयोग हुआ है। नवगीत सम्प्रेषित ही नहीं होता, वरन् रसज्ञ पाठक या श्रोता के मन पर गहरा प्रभाव भी छोड़ता है। गेय तत्त्व नवगीत की खास विशेषता है। यह गेय तत्त्व यदि कथ्य और छंद दोनों में है तो नवगीत की प्रभावात्मकता बढ़ जाती है। छंदों की दृष्टि से उसमें कहीं किसी सामान्य छंद, कहीं मुक्त छंद, कहीं उसके साथ टेक, कहीं उर्दू और लोकगीतों की लय-पद्धति आदि का प्रयोग होता है। छंद, गेयता और कुछ अन्य काव्यगत विशेषताएं नवगीत और नयी कविता के बीच विभाजन-रेखा खींचती हैं। हां, नवगीत में राग-रागिनियों का आग्रह नहीं है। उसमें उसी प्रकार समकालीन मूल्य-संदर्भ निहित हैं जिस प्रकार नयी कविता में हैं।

नवगीतों में चेतना, शिल्प और अभिव्यंजना के स्तर पर नयापन है। उनमें आधुनिकता का स्वर बोलता है। गीत की अधिकांश परंपरागत मूल विशेषताएं नवगीतकारों को मान्य हैं। उदाहरणार्थ, उन्हें लय स्वीकार है, किंतु छंद में बंधी लय के स्थान पर वे अर्थों और भावों की आंतरिक लय को अधिक महत्त्व देते हैं।

आधुनिक आस्था-अनास्था, संत्रास-कुंठा से युक्त जीवन का कोई भी पक्ष संवेदनशील साहित्यकारों से अछूता नहीं रह सकता। अनेक नवगीतकारों का कहना है कि वे आज के राष्ट्रीय और अंतरराष्ट्रीय जीवन के मोह-भंग की पीड़ा से पीड़ित हैं, समष्टिगत एवं व्यक्तिगत बिखराव से त्रस्त हैं, इसलिए उसमें मिथ्या भावुकता का अभाव तो होगा ही। किंतु ऐसा सर्वत्र नहीं है। ज्यादातर नवगीतों में जीवन रस संचित हैं, आवेग सुरक्षित है। लोक भाषा के शब्दों के प्रयोग से और आंचलिकता के संस्पर्श से नवगीतों में ताजगी दृष्टिगोचर होती है। नयी अप्रस्तुत योजना, बिंब रचना, लोकगीतों के प्रभाव, नये उपमानों आदि से

वे समृद्ध हुए हैं। उनमें भाषा की सादगी के साथ-साथ अर्थवत्ता भी है। आधुनिकता और वैज्ञानिक तथा तकनीकी युग की देन होने के कारण नवगीतों में वह मसृणता, स्निग्धता, कोमलता नहीं आ पायी जो छायावादी कवियों में या उनसे पहले के गीतकारों में पायी जाती है।

नवगीतकारों में शंभूनाथ सिंह, केदारनाथ सिंह, गोपालदास नीरज, नईम, धर्मवीर भारती, माहेश्वर तिवारी, नरेश मेहता, सोम ठाकुर, शलभ श्रीराम सिंह, उमाकांत मालवीय, ठाकुरप्रसाद सिंह, वीरेंद्र मिश्र, कुंवरनारायण, बालस्वरूप राही, गिरिजाकुमार माथुर, जगदीश गुप्त, अजितकुमार, ओम प्रभाकर, रामदरश मिश्र, कैलाश वाजपेयी, भारतभूषण अग्रवाल, देवेंद्र कुमार, हरीश भादानी, राजेन्द्र प्रसाद सिंह, नरेश सक्सेना आदि के नाम उल्लेखनीय हैं।

आधार ग्रंथ :

1. द्वितीय महायुद्धोत्तर हिंदी साहित्य का इतिहास, डॉ. लक्ष्मीसागर वार्ष्णेय।
2. नयी कविता, जगदीश गुप्त, रामस्वरूप चतुर्वेदी, विजयदेव नारायण साही।
3. नवगीत दशक, भाग 1, भगवान स्वरूप।
4. नवगीत : इतिहास और उपलब्धि, डॉ. सुरेश वीणा गौतम।
5. आधुनिक हिंदी गीति काव्य का स्वरूप विकास, डॉ. आशा किशोर।
6. पांच जोड़ बांसुरी, चंद्रदेव सिंह।

नवसाम्राज्यवाद

उन्नीसवीं सदी में यूरोप द्वारा गैर यूरोपीय देशों पर नई तरह के दबाव को नव साम्राज्यवाद कहा जाता है। यह दबाव आर्थिक, सामरिक, कूटनीतिक आदि भिन्न-भिन्न रूपों में देखा जा सकता है। सोवियत संघ के पतन और शीतयुद्ध की समाप्ति के बाद राजनीति विज्ञानियों और इतिहासकारों ने इस परिघटना को बार-बार रेखांकित किया है। नेल फार्ग्यूसन (Niale Ferguson), हाब्सबान (E.J. Hobsbown), हाब्सन (J.A. Habson) आदि इस अवधारणा के प्रमुख प्रस्तोता हैं। इधर 11 सितंबर को वर्ल्ड ट्रेड सेंटर के ध्वंस के बाद साम्राज्यवाद ने उत्तर आधुनिक राज्य की अवधारणा को आकार दिया। इसे 'नवसाम्राज्यवाद' का नया रूप है। ब्रिटेन के कूटनीतिज्ञ राबर्ट कूपर ने इस सिद्धांत को विकसित करने में प्रमुख भूमिका निभाई है। इस सिद्धांत का महत्त्व इसी से आंका जा सकता है कि राबर्ट कूपर की पुस्तक को ब्रिटेन के विदेशी विभाग के नीतिनिर्माण केंद्र ने प्रकाशित किया है। राबर्ट कूपर ने इस नई अवधारणा को प्रस्तुत करने वाले अपने आलेख में युद्ध उपरांत के विश्व के विभाजन को एक मूलभूत नई व्याख्या प्रदान की है। उन्होंने युद्धोपरांत विश्व को तीन भागों में बांटा है—पूर्व आधुनिक राज्य, आधुनिक राज्य, जैसे चीन और ब्राजील एवं उत्तर आधुनिक राज्य जहां पर उत्तर औद्योगिक समाज ने पारंपरिक सार्वभौमिकता के प्रतीकों को दबा दिया है। कूपर के अनुसार उत्तर आधुनिक राज्य का सीधा अर्थ है—अविकसित और अर्द्धविकसित राज्यों के मामलों में सम्पन्न देशों के राज्य सीधे हस्तक्षेप कर सकते हैं। जिन राज्यों में हस्तक्षेप किया जा सकता है, वे एशिया, अफ्रीका और लैटिन अमेरिका में स्थापित हैं। पाकिस्तान और भारत को भी हस्तक्षेप के काबिल समझा जा रहा है। अफगानिस्तान में अमेरिकी हस्तक्षेप या इराक से युद्ध इसके नमूने हैं। ऐसे हस्तक्षेप को अब सिद्धांत-रूप दिया जा रहा है। इससे पहले फूकोयामा ने 'इतिहास के अंत' की परिकल्पना की थी। सोवियत रूस के पतन के बाद इतिहास की प्रगति के सिद्धांतों का अंत हो गया और अब एकतरफा पूंजीवाद का उत्थान होगा। इसी के आस-पास सेम्युअल हटिंगटन की 'सभ्याताओं के संघर्ष' की परिकल्पना आई। इसका निष्कर्ष था कि पश्चिमी सभ्यता और इस्लामी सभ्यता में संघर्ष होगा। कूपर ने माना है कि यह नया सिद्धान्त सुरक्षात्मक साम्राज्यवाद की परिकल्पना भी है। इसके अनुसार दुनिया के राज्यों की दो कोटियाँ हैं। पहली कोटि में अमरीका और यूरोप के उत्तर आधुनिक राज्य है। दूसरी कोटि में पिछड़े देशों के राज्य, जिन्हें आधुनिक या पूर्व आधुनिक राज्य कहा गया है। दूसरी कोटि के राज्य भूमंडलीकरण में बाधायें उत्पन्न कर रहे हैं। इससे साम्राज्यवादी तरीकों से निपटा जा सकता है। आधुनिक युग के बाद विकास का सोपान नहीं है। आधुनिक युग में दो महायुद्ध हुए किंतु निर्धनता दूर नहीं हुई। अपराध और हिंसा बढ़ती चली गई है। आधुनिकता के दावे असफल रहे। राबर्ट कूपर के अनुसार आधुनिक या पूर्व आधुनिक राज्य अपनी सरहद में निरंकुश हैं। उनकी प्रभुसत्ता पुराने साम्राज्यवादी राज्य की तरह है। वे चाहें तो अपनी जनता को मार सकते हैं। दूसरे देशों से व्यापारिक संबंध वे अपनी शर्तों पर करना चाहते हैं। राज्य की असीम प्रभुसत्ता और सरहद की सीमा का युग समाप्त हो गया।

भूमण्डलीय व्यवस्था में 'दुनिया एक गांव' है। सरहदें बाधक नहीं रह गईं। भूमंडलीकरण प्रक्रिया में अगर सहभागी होना है तो प्रभुसत्ता सीमित करनी होगी या होगी ही नहीं। आजकल 'विश्व सरकार' की संभावना जताई जा रही है। यूरोप के देशों का संघ एक पहल है। ऐसे क्षेत्रीय संघों में मुद्रा एक होगी और व्यापार सीमा मुक्त होगा। सारा विश्व एक निगम के रूप में होगा। कमजोर राज्य निगम साम्राज्यवाद के अधीन होंगे।

11 सितम्बर के दूरगामी परिणामों को ध्यान में रखकर दुनिया को पुनर्गठित करने की नीति रची गयी है। पिछड़े देशों के आतंक से उत्तर आधुनिक राज्यों को सुरक्षित होना है। उत्तर आधुनिक राज्य सुव्यवस्थित और स्थिर हैं। पिछड़े राज्य (आधुनिक, पूर्व आधुनिक) अस्थिर और अव्यवस्थित हैं। इनसे निपटने के लिए शक्ति, हिंसा और युद्ध का प्रयोग किया जा सकता है। उद्देश्य उत्तर आधुनिक राज्यों की आत्मरक्षा है, जिसके लिए कोई भी विधान ख़ारिज किया जा सकता है। जब तक दुनिया दो खेमों में विभाजित थी, तब तक अमरीका और रूस में शक्ति संतुलन की स्थिति बनी हुई थी। आज की दुनिया में शक्ति संतुलन की सम्भावना नहीं है। इसलिए उत्तर आधुनिक राज्य साम्राज्यवादी इरादे रखने लगे हैं। हस्तक्षेप करना उनकी स्वेच्छा है। यह उनका 'अधिकार' है। क्योंकि वे मानव अधिकार के संरक्षक भी हैं। इस आधार पर उनका 'कर्तव्य' हो जाता है कि मानव अधिकार का हनन जहाँ भी होगा, वे वहाँ हस्तक्षेप करेंगे। आधुनिक और पूर्व आधुनिक राज्य असफल राज्य हैं। दुनिया को उनसे छुटकारा दिलाना ही होगा क्योंकि कई कारणों से वे उत्तर आधुनिक राज्यों के लिए खतरा बने हुए हैं। ऐसे पिछड़े राज्य मानव अधिकारों को लागू नहीं करते। अल्पसंख्यकों को सुरक्षित नहीं रख पाते। उनके यहाँ इथनिक हिंसा होती रहती है। वे आतंकवाद को बढ़ावा देते हैं। छिपकर अणु बम और दूसरे घातक हथियारों को बनाने में लगे हैं। उत्तर आधुनिक राज्यों पर घातक हमले कर सकते हैं।

नव साम्राज्यवाद दुनिया के देशों के राज्यों को अपने और पराये या दूसरे की कोटियों में बांटता है। उत्तर आधुनिक राज्य अपने हैं, शेष सब दूसरे हैं। राज्यों की एक श्रेणी भी बनती है। इस श्रेणीक्रम में उत्तर आधुनिक राज्य शीर्ष पर हैं। सबसे नीचे बहिष्कृत राज्य हैं। ऐसा विभाजन अंतरराष्ट्रीयतावाद का निषेध है। अंतरराष्ट्रीयतावाद के अनुसार हर राज्य अपनी इच्छा से विनिमय संबंधों से जुड़ता है। उसकी प्रभुसत्ता किसी दूसरे राज्य के अधीनस्थ नहीं होती। नव साम्राज्यवाद में आर्थिक और फौजी ताकत से दबाव डालकर पिछड़े राज्यों की प्रभुसत्ता को समाप्त किया जा सकता है।

वस्तुतः इस सिद्धांत के पीछे केवल आतंकवाद नहीं है। भूमण्डलीकरण की असफलता से जो हलचल दुनिया भर में मची हुई है उसका भी असर है। विश्व पूंजीवादी व्यवस्था के विरोध में जनचेतना उभर रही है और आंदोलन भी हो रहे हैं। उन्हें दबाने की भी समस्या है। पिछले दिनों आतंकवाद से लड़ने के नाम पर अमेरिका के नेतृत्व में उत्तर आधुनिक राज्यों ने अफगानिस्तान पर धावा बोल दिया और तालिबान का सफाया करके वहां अपनी कठपुतली सरकार स्थापित कर ली और इसे न्यायसंगत ठहराने में सफल रहे। इससे भी भयानक घटना इराक में घटी। इराकी तानाशाह सद्दाम हुसैन, जो कभी सी.आई.ए. का ही एजेंट हुआ करता था, अमेरिका के इशारे पर चलने में आनाकानी करने लगा, अपने देश के तेल पर अपना कब्जा जताने लगा, अमेरिका के नेतृत्व में इन उत्तर आधुनिक राष्ट्रों ने सारी दुनिया की जनता के विरोध के बावजूद, संयुक्त राष्ट्र संघ के निर्देशों की अवहेलना करते हुए इराक में घुसकर सद्दाम हुसैन को पकड़ा, भूमिगत, उसे फांसी दी और वहां अपनी कठपुतली सरकार बनाई। युद्ध अपराधी अमेरिका अपनी ताकत के बल पर अपनी इस जघन्य कार्यवाही को न्यायसंगत ठहराता रहा।

दुनिया के उद्योगों का जबरन निजीकरण के बाद युद्ध का निजीकरण भी दुनिया को अमेरिका की देन है। युद्ध व्यवसायी कंपनियों ने आक्रमण, प्रतिरक्षा और आधुनिक प्रबंधन को इस खूबी से आपस में मिला दिया है कि युद्ध और विनाश भी 'मैनेजमेंट' की श्रेणी में आ गए हैं। अफगानिस्तान और इराक के युद्ध से प्रमाणित हो चुका है कि युद्ध अब उत्तर आधुनिक राज्यों की जरूरत बन चुका है। इस तरह नवसाम्राज्यवाद अमेरिका और उसके सहयोगी साम्राज्यवादी मुल्कों का दुनिया पर अन्यायपूर्ण कब्जे को न्यायसंगत ठहराने का कलात्मक प्रयास है।

नव साम्राज्यवाद की इस अवधारणा ने विकासशील व पिछड़े मुल्कों के साहित्य को गहराई से प्रभावित किया है। अब मार्क्सवादी विचारवाले लेखकों की ही नहीं, अपितु दक्षिणपंथी दलों के हिमायती लेखकों को भी यह तथ्य समझ में आ रहा है कि वर्तमान व्यवस्था में दुनिया भर के किसान-मजदूर कूड़े के ढेर की तरह व्यर्थ हो चुके हैं। इससे इतना लाभ अवश्य हो रहा है कि दुनियाभर का बहुसंख्यक हिस्सा अमरीकी साम्राज्यवाद के खिलाफ एकजुट हो रहा है।

आधार ग्रंथ :

1. 'कल के लिए', अप्रैल-जून 2003
2. Post Modern State and the World Order, Robert Cooper.

वेबसाइट : www.en.wikipedia.org/wiki/new-imperialism.

नवधा-भक्ति

नवधा भक्ति अर्थात् नौ प्रकार की भक्ति। यह वैष्णव भक्तों द्वारा विकसित भक्ति की व्यावहारिक पद्धति है। सगुण मतावलंबी भक्तों ने इसे अपनाया था। विष्णु की भक्ति करने की नौ पद्धतियां मानी गयी हैं। श्रीमद्‌भागवत में इनका वर्णन इस तरह है-

"श्रवणंकीर्तनं विष्णोः स्मरणं पादसेवनम्।
अर्चनं वंदनं दास्यं सख्यमात्मनिवेदनम्"।

अर्थात् विष्णु की कथा का श्रवण करना, उनका कीर्तन करना, स्मरण करना, उनके चरणों (मूर्ति) की सेवा करना, पूजन करना, वंदना करना, दास्य भाव अर्थात् स्वयं को सेवक मानकर तदनुरूप व्यवहार करना, सख्य भाव की भक्ति और आत्म निवेदन अर्थात् विनय भाव की भक्ति करना।

भक्ति के उक्त नौ प्रकारों का समान भाव से अनुकरण आवश्यक नहीं है। भक्तों में अपनी-अपनी रुचि और सुविधा के अनुसार भक्ति के किन्हीं खास प्रकारों में अधिक आकर्षण दिखायी देता है। सूर में सख्यभाव की भक्ति के प्रति विशेष आकर्षण है तो तुलसी में दास्य भाव की भक्ति के प्रति।

वेदों में भी नवधा भक्ति के आंशिक संकेत मिलते हैं। 'वृहदारण्यक उपनिषद' में श्रवण, मनन, निदिध्यास और साक्षात्कार का उल्लेख है। विनय मोहन शर्मा ने संभावना व्यक्त की है कि भक्ति के इन चार प्रकारों का ही, जिन्हें आत्मा संबंधी चार प्रतिपत्तियां कहा गया है, भागवतकार ने नौ प्रकारों में विस्तार कर दिया है। 'गीता' में भी नवधा भक्ति का उल्लेख है। 'अध्यात्म रामायण' में नवधा भक्ति का स्वरूप भागवत से कुछ भिन्न है। उनके अनुसार भक्ति के नौ साधन ये हैं-सत्संग, भगवत्कथालाप, गीतादि वाक्यों की व्याख्या, भागवत्वाक्यों की व्याख्या, गुरु की निष्कपट सेवा, पवित्र स्वभाव, मंत्रोपासना, भक्तों के प्रति श्रद्धा का भाव एवं वैराग्य तथा तत्त्व विचार। सगुण भक्त कवियों की रचनाओं में नवधा भक्ति संबंधी पद प्रचुर संख्या में मिलते हैं। सूर की कृतियों में कृष्ण की बाल लीला का जो स्वाभाविक और विस्तृत वर्णन मिलता है उसके फलस्वरूप परवर्ती काल में वात्सल्य भाव की भक्ति के विकास का भी उल्लेख जगह-जगह मिलता है किंतु इसकी गणना नवधा भक्ति के अंतर्गत नहीं की जाती।

आधार ग्रंथ :

1. हिंदी साहित्य कोश, भाग-1।
2. हरि भक्ति रसामृत सिंधु, श्री रूप गोस्वामी।
3. श्रीमद्‌भागवत महापुराण।
4. भक्ति का विकास, मुंशीराम शर्मा।

नव्यशास्त्रवाद

नव्य शास्त्रवाद अंग्रेजी के नियो क्लासिसिज़्म (Neo-Classicism) का हिंदी पर्याय है। पांचवीं शताब्दी से पंद्रहवीं शताब्दी तक ईसाई धर्म के प्रचार और उसके सिद्धांतों के प्रभाव के परिणामस्वरूप यूरोप में साहित्य-रचना की स्वच्छंद धारा अवरुद्ध हो गयी थी। धर्म, नीति, उपदेशात्मकता आदि पर अधिक बल देने के कारण लौकिक कलाओं (secular arts) के विकास में बाधा पड़ी। उन कलाओं पर जिनका विशुद्ध आनंद के लिए अभ्यास किया जाता है प्रतिबंध लगा। ईसाई धर्म ने कलाओं के विकास की उसी सीमा तक अनुमति दी जिस सीमा तक वे प्रत्यक्ष रूप से उसके उपदेशों या समारोहों के लिए उपयुक्त और सहायक सिद्ध हो सकती थीं।

सन् 1453 ई. में कांस्टेटिनोपिल के ग्रीक साम्राज्य का पतन हुआ। ग्रीक विद्वान वहां से भागकर इटली आये। वे अपने साथ अपने ग्रंथ भी लाये थे, जिन्हें पढ़कर इटलीवालों को एक नया ज्ञान-क्षितिज प्राप्त हुआ। यह सत्य है कि ग्रीक ग्रंथों को पढ़ने से इटली में नये ज्ञान का संचार हुआ, कला तथा नये साहित्य के सृजन की भी प्रेरणा मिली, पर केवल यही एक कारण नहीं है जिससे पुनर्जागरण-काल (Renaissance) का जन्म हुआ। स्कॉट जेम्स के अनुसार, "वह केवल सहायक हुआ, उसने पुनर्जागरण आंदोलन को दिशा-निर्देश किया, पर वह उसकी उत्पत्ति का मूल कारण नहीं माना जा सकता। वस्तुतः वह युग ही ऐसा था, जिसमें स्वतंत्र चिंतन और स्वतंत्र कृतित्व की लहर उठी थी और सब प्रकार की बाधाएं तोड़ने का प्रयत्न किया गया था।" इस काल में साहित्यालोचन का विकास बड़ी द्रुतगति से हुआ, प्राचीन कृतियों का पुनराख्यान हुआ, अरस्तू के 'काव्य-शास्त्र' को विद्वानों ने अपने विचारों के अनुरूप ढालने का प्रयत्न किया।

17वीं-18वीं शताब्दी में साहित्यालोचन का केंद्र इटली से हटकर फ्रांस बन गया। कोरनील, रेसाइन, बुअलो, ला बोस्यूं आदि फ्रांसीसी साहित्यकारों ने सर्वप्रथम प्राचीन शास्त्रवादी साहित्यकारों (अरस्तू, होरेस आदि) के साहित्य सिद्धांतों को आदर्श मानकर साहित्य लेखन के लिए नियम प्रस्तुत किये। इस युग में विद्वता, ज्ञान तथा नियमों के प्रति श्रद्धाभाव था। अतः साहित्यसृजन के नियम बने। इस युग के आलोचक मानते थे कि प्राचीन विद्वानों की कृतियां सर्वश्रेष्ठ थीं और आधुनिक साहित्यकार उनके अनुकरण के अनुपात में ही सफलता प्राप्त कर सकेंगे। प्राचीन नियमों का उल्लंघन करना संस्कृति को चुनौती देना है, अतः सभ्य और सुसंस्कृत होने के लिए अरस्तू तथा होरेस द्वारा प्रतिपादित सिद्धांतों का पालन आवश्यक है। कोरनीले, रेसाइन, बुअलो तथा ला बोस्यूं ने शुद्ध लेखन के नियम प्रस्तुत किये और उनका पालन अनिवार्य बताया। इस प्रकार इस युग में प्राचीन ग्रीक कृतियों के अनुकरण पर नयी कृतियों के सृजन की प्रेरणा दी गयी। इस युग में तीव्र भावात्मकता तथा प्रायोगिक प्रयत्नों को संदेह की दृष्टि से देखा गया, उन्हें अव्यवस्थित मस्तिष्क की उड़ान माना गया।

बुअलो नव्यशास्त्रवाद का प्रधान प्रतिष्ठाता माना जाता है। उसने साहित्य के लिए कुछ शाश्वत मानदंड स्वीकार किये जिन्हें फ्रांस में एक शताब्दी तक स्वीकार किया जाता रहा और जिनका प्रभाव इंग्लैण्ड पर भी पड़ा। उसके इन नियमों की तुलना स्कॉट जेम्स ने सैनिक अनुशासन से तथा स्वयं बुअलो की तुलना सार्जेंट-मेजर से की है। जिस प्रकार सैनिक अनुशासन को भंग करनेवाला कठोर दंड का भागी होता है, उसी प्रकार बुअलो आदि के द्वारा निर्धारित साहित्यिक नियमों का उल्लंघन करनेवाला अक्षम्य अपराधी समझा जाता था। उसका मत था कि उसके बनाये नियमों का पालन करने से कोई भी रचनाकार सहज ही उच्चकोटि की रचनाएं लिख सकता है, क्योंकि वे सैनिक-ड्रिल के नियमों की तरह पूर्ण, सुनिश्चित और असंदिग्ध हैं। प्रत्येक विधा-महाकाव्य, त्रासदी, शोकगीत, संबोधन-गीत आदि के लिए अलग-अलग नियम हैं और उनके पालन मात्र से सफल रचना सिद्ध हो जाती है। उसने इन सब विधाओं के लिए जो नियम बनाये थे उनका आधार प्राचीन ग्रीक विद्वानों की कृतियां थीं। रेनेवेलेक ने नव्यशास्त्रवाद को अरस्तू और होरेसे का विलियन (Fusion) कहा है। उन्हीं के शब्दों में, "Neo-classicism is a fusion of Aristotle and Horace a restatement of their principles and views which underwent only comparatively minor changes during almost three centuries."

अर्थात् नव्यशास्त्रवाद अरस्तू और होरेस का विलयन है, उनके विचारों और सिद्धान्तों की पुनराभिव्यक्ति है,जिसमें लगभग पूरे तीन शताब्दियों तक अपेक्षाकृत बहुत सूक्ष्म परिवर्तन हुए।

नव्य-शास्त्रवादी यह मानते थे कि उनके बनाए नियम शाश्वत, सार्वकालिक और सार्वदेशिक हैं। अतः सभी के द्वारा उनका पालन होना चाहिए। नव्यशास्त्रवादी सिद्धांत का केंद्रीय बिंदु है-प्रकृति का अनुकरण (imitation of nature)। इनके यहां प्रकृति मुख्यतः मानव स्वभाव के रूप में गृहीत है। मानव-प्रकृति से उन्होंने अर्थ लिया ऐसा मानव-स्वभाव जो सब देशों तथा कालों में पाया जाता है। उन्होंने अपनी कृतियों में ऐसे पात्रों को रखने की बात कही जो सार्वभौम हों और किसी देश या काल की सीमाओं में आबद्ध न हों। उन्होंने औचित्य पर बल दिया और परिणामस्वरूप कुरूप, भयानक, निम्न आदि का बहिष्कार करने की बात कही। कवियों को उनका निर्देश था कि वे लोग पर-निंदा, वासनामग्नता, क्रूरता और गरीबी का चित्रण न करें।

सार्वभौम प्रकृति के चित्रण के सिद्धांत ने ही आदर्शवादिता को जन्म दिया। ऐसे पात्रों के निर्माण की प्रेरणा दी जो नैतिक दृष्टि से उन्नत हों तथा ऐसे पात्रों के बहिष्कार की बात कही जो सामाजिक आदर्शों के प्रतिकूल आचरणवाले हों। प्रकृति का अर्थ माना गया आदर्श प्रकृति (ideal nature)। कला का उद्देश्य सुंदर प्रकृति का उद्घाटन समझा गया, अतः उसमें चुनाव, आदर्शीकरण, सुधार आदि पर बल दिया गया। कलाकार की रुचि, उसकी आदर्श-संबंधी कल्पना, सौंदर्य-संबंधी दृष्टिकोण, अंतर्दृष्टि आदि तत्त्वों पर भी बल दिया जाने लगा। इसी आदर्शीकरण की प्रवृत्ति के फलस्वरूप काव्यगत न्याय (poetic justice) का सिद्धांत अपनाया गया और कवि से अपेक्षा की जाने लगी कि वह ईश्वर के आचरण को न्यायसंगत सिद्ध करे, अपनी कृति के अंत में अपराधी को दंड पाते और निरपराध तथा सज्जन को अपने गुणों का सुफल पाते दिखाये।

नव्यशास्त्रवादियों ने विरेचन का अर्थ लगाया-भय और करुणा के भावों का कठोर हो जाना, उनसे अप्रभावित रहना। जिस प्रकार चिकित्सक घावों को देखते-देखते उनका इतना अभ्यस्त हो जाता है कि उस पर उनका प्रभाव नहीं पड़ता, इसी प्रकार दर्शक त्रासदी में करुणा और भय के भावों को देखते-देखते उनसे अप्रभावित होना सीख जाये। इस प्रकार विरेचन से उनका अभिप्राय यह था कि त्रासदी देखकर दर्शक के भाव इतने कठोर हो जायें कि वह अपने जीवन में भय और करुणा के भावों से आक्रांत न हो। ये नव्यशास्त्रवादी उस कवि को आदर्श और सफल मानते थे जो पाठक या श्रोता के मन में भाव-विशेष जाग्रत करने से पूर्व स्वयं उस भाव का अनुभव करे। जॉन डैनिस ने कहा था-

"Poetry is an art, by which a poet excites passion...in order to satisfy and improve, to delight and to reform the minds, the more passion there is, the better the poetry."

अर्थात् कविता एक कला है जिसके द्वारा कवि भावावेग का संचार करता है। ...ताकि संतुष्टि और समुन्नति प्राप्त की जा सके, ताकि आनन्द प्राप्त किया जा सके और मस्तिष्क को और भी उन्नत किया जा सके; भावावेग जितने ही तीव्र होंगे, कविता उतनी ही बेहतर होगी।

उनकी दृष्टि में वही कवि उच्चकोटि का महाकाव्य लिख सकता था जिसका ज्ञान-भंडार असीम हो तथा जो काव्यकला के नियमों से परिचित हो। रचना विधान के संबंध में भी नव्यशास्त्रवादियों ने विविध नियम निर्धारित किये। उन्होंने कहा कि लेखक को संयम से काम लेना चाहिए और प्रत्येक प्रकार की अति से बचना चाहिये।

"Restraint is the first lesson of writing. Avoid sterile abundance. Nothing too much. Let everything be in its place and the begining and end respond to the middle."

नव्यशास्त्रवादी विधायकों ने छंद और रचना-विधान संबंधी नियम ब्यौरे के साथ प्रस्तुत किये और कवियों की रुचि पर कोई बात नहीं छोड़ी। उन्होंने शब्दचयन तक के विषय में नियम बनाये। उदाहरण के लिए, उन्होंने कहा कि स्वरांत शब्द के तुरंत बाद ऐसा शब्द नहीं आना चाहिए जिसका स्वर से आरंभ हो। ये अरस्तू की तरह कलाकृति को 'Organic work' नहीं मानते थे, वे केवल उसके बाह्य आकार और विधान-संबंधी स्थूल नियमों पर ही बल देते रहे, उसकी पूर्ण इकाई मानकर उसकी आलोचना नहीं कर पाये। उनमें कला-कृति को खंडशः देखने की प्रवृत्ति थी-वे कथा, पात्र, शैली, विचार-तत्त्व और छंद का पृथक्-पृथक् विश्लेषण करते थे, संपूर्ण कृति का मूल्यांकन नहीं करते थे। अलंकारशास्त्र (Rhetorics) से प्रभावित इन आलोचकों ने शैलीगत युक्तियों के ब्यौरों पर ध्यान दिया, अलंकारों का वर्गीकरण किया, छंदों का सारणीयन (tabulation) किया और इस प्रकार काव्य के बाह्यालंकार, साजसज्जा पर अधिक बल दिया।

संक्षेप में नव्यशास्त्रवाद के प्रमुख सिद्धांत हैं-

कला-कृति में कल्पना या भाव (sentiment) के स्थान पर बुद्धि-तत्त्व की प्रमुखता, मानव-मन के मनोवैज्ञानिक अध्ययन पर बल, महत्वपूर्ण घटना, उच्च वर्ग, राजदरबार या नगर से संबंधित विषयों का चयन, विषय प्रतिपादन के प्रति कवि की निर्वैयक्तिकता। कला-कृति की परख में शिल्प पर जोर, आनंद और शिक्षा को साहित्य का उद्देश्य बनाने पर बल तथा परंपरा के प्रति श्रद्धा का भाव आदि नव्यशास्त्रवाद की प्रमुख विशेषताएं हैं।

नव्यशास्त्रवाद की बहुत सी मान्यताएं बाद में भी स्वीकृत हुईं। इलियट का कवि के निर्वैयक्तिक (impersonal) तथा वस्तुपरक (objective) दृष्टिकोण पर बल देना नव्यशास्त्रवाद की ही पुनरावृत्ति कहा जा सकता है; उनका बौद्धिकता, तर्क आदि का आग्रह भी नव्यशास्त्रवाद के सिद्धांतों से मिलता-जुलता है, शब्दों की मितव्ययता, कला-सौष्ठव तथा वक्तृत्व-कला के प्रति बढ़ता हुआ आकर्षण भी नव्यशास्त्रवाद की ओर रुझान माना जा सकता है; पर नव्यशास्त्रवाद तथा आधुनिक सिद्धांतों में उतना ही अंतर है जितना अठारहवीं तथा बीसवीं शताब्दी में। अतः आज के आलोचना सिद्धांतों को नव्यशास्त्रवाद की पुनरुक्ति नहीं कहा जा सकता।

आधार ग्रंथ :

1. पाश्चात्य काव्यशास्त्र के सिद्धांत, डॉ. शांतिस्वरूप गुप्त।
2. Dictionary of World Literature, Joseph T. Shipley.
3. A History of Modern Criticism, Rene Wellek.
4. A Dictionary of Literary Terms and Literary Theory, J.A. Cuddon.
5. Modern Critical Terms, Roger Fowler.
6. Neo-Classicism, Hugh Honour.

वेबसाइट : www.en.wikipedia.org/wiki/neo-classicism

नाजीवाद

नाजीवाद व्यावहारिक दृष्टि से फासीवाद का जर्मन रूप है। चूंकि जर्मन जाति स्वभावतः इटली की अपेक्षा अधिक उग्र तथा क्रांतिकारी है, साथ ही जर्मनी के प्राकृतिक साधन इटली की अपेक्षा कहीं अधिक प्रचुर हैं इसलिए फासीवाद से प्रेरित होते हुए भी जर्मन नाजीवाद इटली के फासीवाद की तुलना में बहुत कम अवधि में कहीं अधिक उग्र हो गया। नाजीवाद 1933 से 1945 तक रहा। परंतु इतनी थोड़ी सी अवधि में नाजी नेता हिटलर ने जर्मनी को आर्थिक,

औद्योगिक, सैनिक आदि विभिन्न क्षेत्रों में बहुत आगे पहुंचा दिया। उसने यूरोप के विभिन्न राज्यों को एक-एक करके चंद महीनों में ही आक्रांत कर डाला था। सारा विश्व हिटलर की तानाशाही, सैनिक कार्यवाहियों से आतंकित था। यहां तक कि मुसोलिनी, जो हिटलर के नाजी कार्यक्रम का प्रेरणा-स्रोत था, बाद में हिटलर की बराबरी का नेता न रहकर उसका अनुचर मात्र रह गया था। हिटलर ने जिस प्रकार इस थोड़ी सी अवधि में जर्मन राष्ट्र को आगे बढ़ाया था, उसके दृष्टांत विश्व के इतिहास में बहुत कम मिलेंगे।

हिटलर का जन्म जर्मनी के एक साधारण परिवार में 1889 में हुआ था। 1914 में प्रथम विश्व-युद्ध छिड़ जाने पर वह जर्मनी की सेना में भर्ती हो गया। परंतु थोड़े ही समय पश्चात् वह घायल हो गया और उसे सेना से मुक्त कर दिया गया। किंतु सेना में उसकी बहादुरी के कारण उसे बहुत सम्मानित किया गया था। अब उसने अपना ध्यान इस ओर लगाया कि युद्ध के परिणामस्वरूप जर्मन राष्ट्र की जो क्षति हुई है उसे कैसे पूरा किया जाये और जर्मनी के शत्रुओं से कैसे इसका बदला लिया जाये।

प्रथम विश्वयुद्ध की समाप्ति पर 'वर्साय की संधि' हुई तो पराजित जर्मनी को फ्रांस का 'एल्सेस वारेन' हिस्सा छोड़ना पड़ा। हिटलर ने इसको भावनात्मक मुद्दा बनाकर देशवासियों को भड़काया।

युद्धोत्तर काल में जर्मनी में कुछ प्रगतिवादी नेताओं ने 'जर्मन श्रमिक दल' का निर्माण किया था जो इटली के फासीदल की भांति था। इस दल में प्रारंभ में केवल छह पूर्ण सदस्य थे। हिटलर को सातवें पूर्ण सदस्य के रूप में इसमें शामिल किया गया। शीघ्र ही वह इस दल का प्रधान बन गया।

हिटलर के नेतृत्व में दल का नाम 'राष्ट्रीय समाजवादी जर्मन श्रमिक दल' रखा गया। इसी दल को 'नाजी दल' कहा गया। 'राष्ट्रीय' तथा 'समाजवादी' शब्द इसके साथ जोड़ने का कारण दल को अधिक जनप्रिय बनाना था। फासीदल के 'काले कुर्ते' की भांति नाजी दल की पोशाक 'भूरे कुर्ते' की रखी गयी। दल की सैनिक शाखा भी संगठित की गयी जिसे 'स्टॉर्म ट्रुप' (Storm Troops) कहा जाता है।

1922 में जब मुसोलिनी ने 'रोम को कूच' का अभियान चलाकर सत्ता प्राप्त कर ली तो हिटलर ने जर्मनी में भी अपने दल तथा उसकी सैनिक शाखा के साथ वही कार्यक्रम 1923 में चलाया। परंतु इस कार्यक्रम को सरकार ने कुचल दिया और हिटलर को जेल की सजा दी गयी। इस अवधि में हिटलर ने जेल में अपनी प्रसिद्ध रचना 'Mein Kampf' लिखी। रचना बहुत साधारण प्रकृति की है परंतु नाजी युग में यह पर्याप्त लोकप्रिय हुई। इससे हिटलर को पर्याप्त आर्थिक लाभ भी हुआ। जब हिटलर जर्मनी का तानाशाह बना तो उसकी रचना को घर-घर में एक धार्मिक पुस्तक के रूप में रखा जाने लगा।

जेल से निकलकर उसने अपने दल को शक्तिशाली बनाना प्रारंभ किया। सैनिक शाखा को मजबूत करने के साथ-साथ दल की सदस्य-संख्या भी बढ़ायी गयी। युवक वर्ग में दल की लोकप्रियता बढ़ने लगी। 1928 के संसदीय निर्वाचन में नाजी दल को केवल 12 स्थान अर्थात् 3% मत मिले। हिटलर निराश नहीं हुआ। 1929 से जब आर्थिक विपन्नता बढ़ने लगी तो 1930 के निर्वाचनों में नाजी दल को 107 स्थान प्राप्त हो गये, परंतु इससे नाजियों को सत्ता प्राप्त नहीं हुई। इसके बाद 1932 में निर्वाचन कराया गया जिसमें नाजी दल को 230 स्थान प्राप्त हुए, फिर भी वे पूर्ण बहुमत प्राप्त नहीं कर सके, अतः संसद भंग करके नये निर्वाचन कराये गये।

1933 में राज्याध्यक्ष हिंडनबर्ग ने नाजी नेता हिटलर को चांसलर (शासन का प्रधानमंत्री) बना दिया। जब नये निर्वाचन कराये गये तो उनमें नाजी दल को पूरा बहुमत प्राप्त हो गया। 1934 में राज्याध्यक्ष हिंडनबर्ग की मृत्यु हो जाने पर हिटलर ने अध्यक्ष तथा चांसलर दोनों पद स्वयं अपने हाथ में ले लिये। यहां से जर्मनी में बीमर संविधान के शरारतपूर्ण अनुच्छेद 48 के अंतर्गत हिटलर का निर्बाध अधिनायकतंत्र कायम हो गया जो द्वितीय विश्व-युद्ध में हिटलर का विनाश होने पर ही समाप्त हुआ।

सत्ता प्राप्त कर लेने पर हिटलर ने जर्मनी में वही रवैया अपनाया जो मुसोलिनी ने इटली में अपनाया था। शीघ्र ही अन्य राजनीतिक दलों पर प्रतिबंध लगा दिया गया। समस्त लोकतंत्री परंपराओं तथा पद्धतियों को कुचल दिया गया। अब केवल नाजी दल ही एक वैध दल रह गया। विरोधियों का निर्दयतापूर्वक दमन कर दिया गया। इस प्रकार राज्य तथा सरकार दोनों का रूप पूर्णतया सर्वाधिकारवादी तथा सर्वसत्तावादी बन गया।

धीरे-धीरे हिटलर ने जर्मनी की सैनिक शक्ति को बढ़ाना शुरू कर दिया और सारा जर्मन राष्ट्र सैनिकतंत्री बन गया। 1939 में जर्मन सैनिक उन्माद ने द्वितीय विश्व-युद्ध छेड़ दिया। हिटलर तथा मुसोलिनी दोनों धुरी राष्ट्रों के रूप में एक पक्ष बन गये। उधर जापान के सैनिकतंत्र ने भी इनका साथ दिया।

नाजियों ने पहले तो सोवियत संघ को अपनी ओर बनाये रखने का प्रयास करके उसे लोकतंत्रों का विरोधी बनाये रखा और शीघ्र ही यूरोप के अनेक देशों को एक के बाद एक हड़पना शुरू किया। उसका इरादा मानो समूचे विश्व पर अपना साम्राज्य कायम करना था, परंतु सोवियत संघ के ऊपर उसकी आक्रामक कार्यवाही उसे महंगी पड़ी। 1945 के अप्रैल मास में सोवियत संघ के आक्रमण की

तीव्रता से भयभीत होकर स्वयं हिटलर को आत्महत्या करनी पड़ी। इसके तरंत बाद नाजीवाद का भी अंत हो गया।

प्रथम विश्वयुद्ध के समय मित्रराष्ट्रों के समक्ष आत्मसमर्पण करने के बाद यूरोप में हुई वर्सेलीज की संधि जर्मनो में लोकप्रिय न हो सकी। इस संधि को एक ऐसे दस्तावेज के रूप में देखा जाने लगा जो राष्ट्रीय अपमान का प्रतीक थी। संधि में प्रयुक्त अनेक धाराओं का लक्ष्य जर्मनी को संसार का तृतीय कोटि का राष्ट्र बना देना था। जर्मनी का निःशस्त्रीकरण कर दिया गया था, जिससे उसकी सैनिक प्रतिष्ठा को बड़ा बट्टा लगा। विजेता राष्ट्रों ने क्षतिपूर्ति के रूप में जर्मनी से बहुत बड़ी रकम मांगी। उस समय जर्मनी की आर्थिक स्थिति को देखते हुए यह रकम चुका सकना असंभव था। बाद में यह रकम घटा दी गयी और कुछ वर्ष बाद बिलकुल माफ भी कर दी गयी, परंतु जब तक क्षतिपूर्ति की मांग बनी रही तब तक वह जर्मनों को बराबर क्रुद्ध करती रही। जर्मन युवक यह अनुभव करते रहे कि उन्हें जीवन भर चंद सिक्कों पर मित्र राष्ट्रीय पूंजीपतियों का गुलाम बने रहना पड़ेगा। जब प्रयत्न करके भी जर्मनी क्षतिपूर्ति की रकम न चुका पाया तो सन् 1923 में फ्रांस और बेलजियम ने जर्मनी पर आक्रमण कर दिया और कुछ वर्षों तक जर्मनी का सबसे बड़ा प्रांत उनके कब्जे में बना रहा। जर्मनी के सारे उपनिवेश भी छीन लिये गये। उपनिवेशों के छिन जाने से जर्मनी की बाहर से होने वाली आय मारी गयी। उसकी आंतरिक अर्थव्यवस्था भी चौपट हो गयी। मार्क का मूल्य निरंतर गिरता जा रहा था और मुद्रास्फीति निरंतर बढ़ती रही थी। मुद्रास्फीति ने जर्मनी के श्रमजीवी वर्ग को बर्बाद कर दिया, मध्यवर्ग भी नितांत दरिद्र हो गया।

ऐसी संकटजनक स्थिति के समय पूर्वी यूरोप में साम्यवाद ने बड़ी तेजी से प्रगति की। इससे बचने का एकमात्र उपाय यही था कि जर्मनी को भी प्रजातंत्रवादी राष्ट्र बना दिया जाता। इन्हीं परिस्थितियों में 'वाइमार रिपब्लिक 'या 'जर्मन गणतंत्र' का जन्म हुआ। उक्त गणतंत्र के संविधान के अंतर्गत बहुत से शासन बने-बिगड़े। जर्मनी की प्रत्येक सरकार के सामने ऐसी कठिनाइयां थीं जिनसे मुक्ति पाने का कोई उपाय दिखलायी नहीं पड़ता था। इस ऐतिहासिक पृष्ठभूमि में जर्मनी में नाजीवाद का दर्शन फूला-फला।

नाजीवाद में राज्य या शासन के संबंध में कोई स्पष्ट सिद्धांत निरूपित नहीं किये गये। नाजीवाद एक ऐसा आंदोलन था जिसका जन्म जर्मनों की भावनात्मक आवश्यकताओं की पूर्ति के लिए हुआ था।

नाजी दर्शन पर जिन विचारकों का प्रभाव पड़ा उनमें जर्मन कल्पनावादी विचारक सबसे पहले आते हैं; जिनमें काण्ट, फिक्टे, हेगेल आदि महत्वपूर्ण हैं। इसके अलावा एच.एस. चेंबरलेन तथा मुसोलिनी का नाम भी लिया जा सकता है। हिटलर और मुसोलिनी ने जिन परिस्थितियों में शासन की बागडोर अपने हाथों में ली, उनमें कई समानताएं हो सकती हैं परंतु नाजीदर्शन और फासीवाद के जन्म के समय उनमें कोई समानता नहीं थी। फासीदर्शन का निर्माण सत्ता हस्तगत किये जाने के बाद हुआ जबकि नाजीदर्शन का विकास नाजीदल के हाथ में ताकत आने के बहुत पहले हो चुका था।

जर्मनी का पुनर्निर्माण करके उसे विश्व का सर्वाधिक शक्तिशाली साम्राज्य निर्मित करना नाजीवाद का प्रमुख उद्देश्य था। इसी उद्देश्य से जर्मनी में नाजी दल का गठन किया गया और इस दल ने जब सत्ता संभाली तो इसने राज्य की संपूर्ण सत्ता पर शीघ्र ही अपना पूर्ण नियंत्रण स्थापित कर लिया। विरोधियों का निर्दयतापूर्वक दमन किया गया। दल का निर्माण भी नाजी सिद्धांतों के आधार पर किया गया। उसका स्वरूप सैनिकवादी था। 'स्टॉर्म ट्रूप' दल की सैनिक शाखा थी। दल के संगठन में सैनिक अनुशासन बरता जाता था। सदस्यों की वेश-भूषा, प्रशिक्षण, गतिविधियां सब सैनिक ढंग की थीं। दल के अंतर्गत भी नेतृत्व पर सर्वाधिक जोर दिया जाता था। स्वयं हिटलर न केवल शासन का एकमात्र अधिनायक था अपितु नाजी दल का भी एकमात्र सर्वोच्च नेता था। राज्य, शासन, दल, जाति, धर्म सभी दृष्टियों से उसे सर्वश्रेष्ठ महामानव माना जाता था।

इस प्रकार नाजी व्यवस्था के अंतर्गत जर्मनी में न केवल एकदलीय अधिनायकवाद था अपितु नाजी दल के नेता हिटलर का पूर्ण अधिनायकतंत्र स्थापित हो चुका था। राज्य के समस्त पदों पर केवल नाजी दल के सदस्य ही रखे जाते थे। राज्य की नीतियों, शासन-प्रणाली आदि का निर्धारण नाजी दल के नेता हिटलर के आदेशानुसार किया जाता था। किसी को भी इनका विरोध करने का साहस नहीं था। प्रत्येक व्यक्ति को इन आदेशों का पालन अपना कर्तव्य समझकर करना पड़ता था अन्यथा किसी भी दंड के लिए तैयार रहना पड़ता था। हिटलर ही प्रधान व्यवस्थापक, प्रधान कार्यपालिका तथा प्रधान न्यायाधीश था। दल का ध्वज लाल रंग की पृष्ठभूमि में केंद्र पर वृत्ताकार श्वेत रंग के अंदर काले स्वस्तिक चिह्न से युक्त था। लाल रंग सुधारों का, श्वेत रंग राष्ट्रीय आदर्श का और स्वस्तिक चिह्न आर्यों की विजय तथा सृजनात्मक संस्कृति का द्योतक था।

बहरहाल, द्वितीय विश्व-युद्ध में भले ही इन्हें कब्रों में दफना दिया गया, परंतु इनका भूत अभी भी विश्व के राजनीतिक मंच पर यदा-कदा अपना प्रभाव दिखाता रहता है। नाजियों ने जिन व्यवस्थाओं का घोर विरोध किया

था और जो व्यवस्थाएं नाजी तथा फासी शक्तियों का नाश करने का श्रेय लेती हैं उनमें से भी अनेक के अंदर अभी भी नाजी या फासी प्रभाव मौजूद हैं। एलबर्ट आइंस्टीन ने कहा है कि "अधिनायकवाद का अभिप्राय सर्वत्र खूंख्वार जानवर का जबड़ा है, परिणामस्वरूप पग-पग पर प्रतिबंध लगा रहता है। विज्ञान का विकास केवल स्वतंत्र विचार-अभिव्यक्ति के वातावरण में ही हो सकता है। नाजीवाद एक ऐसी बर्बरतापूर्ण व्यवस्था, विचारधारा तथा आंदोलन था जिसने जातिवाद के नाम पर जर्मनी में उग्र राष्ट्रवाद को भड़काया और अन्य जातियों को न केवल हीनतर समझा, अपितु उनके विनाश का कार्यक्रम बनाया।"

निष्कर्ष के रूप में कहा जा सकता है कि फासीवाद तथा नाजीवाद भले ही अपने मूल स्वरूप में समाप्त हो गये हैं, तथापि उनका अंत नहीं हुआ है। हिटलर तथा मुसोलिनी का भूत अभी भी विश्व के महत्त्वाकांक्षी राजनेताओं के मानस में प्रभावी बना हुआ है। विज्ञान, तकनीक तथा ज्ञान के विविध क्षेत्रों में जो उत्तरोत्तर प्रगति हो रही है, उसके कारण दुनिया तेजी से बदल रही है। यदि राज्य व्यवस्थाएं बदलती परिस्थितियों के अनुकूल मानव की आवश्यकताओं की पूर्ति के लिए समुचित समाधान प्रस्तुत करने में असमर्थ होंगी तो भविष्य में कभी भी मनुष्य के संवेगों का सहारा लेकर कोई महत्त्वाकांक्षी नेता नाजीवादी प्रवृत्ति अपनाने में सफल हो सकता है।

आधार ग्रंथ :

1. पाश्चात्य राजनीतिक विचारक, योगेंद्र कुमार शर्मा।
2. Mein Kampf., Adolf Hitler.
3. The Myth of Twentieth Century, Alfred Rosenburg.
4. "The Political and Economic Programme of the National Socialist German Workers party", Gottfried Feders.

वेबसाइट : www.en.wikipedia.org/wiki/nazism

नाटक

नाटक साहित्य की प्राचीनतम विधा है। दुनिया भर की सभ्य संस्कृतियों में सबसे प्राचीन साहित्यिक विधा के रूप में नाटक मौजूद है। एक ओर त्रासदी (नाटक का प्राचीनतम यूनानी रूप) पर प्लेटो और अरस्तू जैसे दार्शनिकों के विचार मौजूद हैं तो दूसरी ओर हमारे यहां काव्यशास्त्र पर प्राचीनतम ग्रंथ 'नाट्यशास्त्र' (भरतमुनि कृत)। संस्कृत के प्राचीन साहित्य की सबसे समृद्ध विधा नाटक है।

नाटक शब्द 'नट्' धातु से बना है, जिसका अर्थ है अभिनय। 'नाटक' साहित्य की वह विधा है जिसका परीक्षण रंगमंच पर होता है और रंगमंच युग विशेष की जनरुचि और तत्कालीन आर्थिक व्यवस्था के आधार पर निर्मित होता है। नाटक का स्वरूप प्रत्येक युग में परिवर्तित होता रहता है। स्वरूप के बदलने से उसके लक्षण भी बदलते रहते हैं किंतु नाटक के मूल तत्त्व बने रहते हैं।

रंगमंचीय गत्यात्मकता ही नाटक का मूल मर्म है। नाटक की भाषा हरकत की भाषा होती है। अभिनय के लिए प्रयोग किए जानेवाले शब्द या वाक्य तभी सार्थक माने जाते हैं, जब वे कायिक, वाचिक, सात्विक एवं आहार्य अभिनय को उकसाते या प्रेरित करते हैं। नाट्य-प्रदर्शन को कालिदास ने इसीलिए 'चाक्षुष यज्ञ' कहा है। नाट्य-वस्तु को रूपायित करते हुए नाटककार अभिनयगर्भित संवाद, दृश्यबंध, दृश्य-सज्जा, प्रकाश-व्यवस्था, ध्वनि-प्रभाव आदि के समुचित संयोजन को ध्यान में रखते हुए पात्रों की अवस्थाओं को क्रियात्मक रूप देता है। साहित्य की दूसरी विधाओं में रचनाकार वर्णनात्मक, चित्रात्मक एवं संगीतात्मक भाषा के जरिए ही विषयवस्तु को प्रकट करता है, किंतु नाटक में अभिनय के जरिए विषयवस्तु को प्रत्यक्ष घटित होते हुए दिखलाया जाता है। इसी अर्थ में नाटक, साहित्य की अन्य विधाओं से भिन्न है।

जैसा कि ऊपर कहा जा चुका है, संस्कृत साहित्य में नाट्य-रचना और रंगमंचीय प्रदर्शनों का एक लंबा इतिहास रहा है। किंतु मध्य-युग में आकर प्रेक्षागृहों और नाट्य-प्रदर्शनों का क्रमशः ह्रास होता गया। मनु और याज्ञवल्क्य स्मृतियों में नटों के प्रति हेय भावना व्यक्त किए जाने के कारण रंगकर्मियों एवं अभिनेताओं की प्रतिष्ठा घटी। विदेशी आक्रमणों ने भी राजप्रासादों से जुड़ी हुई रंगशालाओं को तहस-नहस कर दिया। जयशंकर प्रसाद लिखते हैं कि 'मध्यकालीन भारत में जिस आतंक और अस्थिरता का साम्राज्य था, उसने यहां की प्राचीन रंगशालाओं को तोड़-फोड़ दिया।" 11वीं-12वीं शताब्दी तक आते-आते नाट्य-लेखन, रंगभूमि के जीवित संदर्भ से कट गया। इतिवृत्तमूलक, संवादात्मक काव्य को ही नाटक कहा जाने लगा। मध्ययुग के उत्तरार्द्ध में ब्रजभाषा हिंदी में भी

कुछ ऐसे नाटक प्रणीत हुए जिनकी मूल प्रकृति तो काव्यपरक ही है, किंतु संवाद-शैली में रचे जाने के कारण उन्हें नाटक की संज्ञा दे दी गयी है। रामायण महानाटक (प्राणचंद चौहान), करुणाभरण (लछिराम), शकुंतला (नेवाज), आनंद रघुनंदन (महाराज विश्वनाथ) आदि ऐसे ही नाटक हैं।

मध्यकाल में लोकधर्मी नाट्य परंपराएं पूरे भारत में अनेक नाम रूपों में व्याप्त रही हैं। उत्तर भारत में 'लीला', 'रास' और 'नौटंकी', मध्यभारत और राजस्थान में 'ख्याल', गुजरात में 'भवाई',बंगाल में 'जात्रा', बिहार में 'कीर्तनिया' और 'अंकिया', महाराष्ट्र में 'ललित' और 'दशावतार' तथा दक्षिण में 'यक्षगान' के रूप में लोक नाट्य परंपरा बराबर जीवित रही है। वस्तुतः बौद्ध दर्शन के दुःखवादी दृष्टिकोण ने जिस प्रकार प्राचीन संस्कृत नाटकों की रसवादी या आनंदवादी परंपरा पर गहरा आघात किया था उसी प्रकार इस्लाम की कट्टर सामाजिक नैतिकता ने हिंदी नाटकों का मार्ग अवरुद्ध किया। अंग्रेजों के संपर्क में आने पर बंबई, मद्रास, कलकत्ता, पटना आदि बड़े-बड़े शहरों में मनोरंजन के लिए नाट्य संस्थाएं स्थापित हुईं। अंग्रेजों द्वारा प्रथम रंगशाला 'रंगहाउस' नाम से 1776 ई. में कलकत्ता में स्थापित की गयी थी। इसके बाद 'कलकत्ता थियेटर' की स्थापना हुई। इसी थियेटर में 1789 ई. में 'अभिज्ञान शाकुंतलम्' का अंग्रेजी में अभिनय किया गया।

भारतेंदु के अनुसार विशुद्ध नाटक रीति का ध्यान रखकर हिंदी का सर्वप्रथम मौलिक नाटक 'नहुष' उनके पिता गोपालचंद (गिरधर दास) द्वारा सन् 1859ई. में लिखा गया था, किंतु इधर काठमांडू में रचित 'कृष्ण चरितोपाख्यान' नाटक की सूचना मिली है। यह नाटक भागवत पुराण के दशम स्कंद की कथा पर आधारित है। इसकी रचना सन् 1835 में या इसके कुछ वर्ष पूर्व हुई होगी क्योंकि यह काठमांडू में रथयात्रा के वार्षिक समारोह के अवसर पर ब्रिटिश रेजीडेंसी के तत्त्वावधान में पहले सितंबर से 17 सितंबर 1835 तक खेला गया था। इसका मंगलाचरण तथा अन्य स्तुतियां तो संस्कृत में हैं किंतु गद्यभाग खड़ी बोली हिंदी में है।

'आनंद रघुनंदन' (1700 ई.) की रचना में यद्यपि नाटक रचना के शास्त्रीय नियमों को अपनाया तो गया है परंतु आगे के हिंदी नाटक के विकास को वह दिशा नहीं देता। उसमें नांदी, विष्कंभक, भरतवाक्य आदि नाटक-रचना की शास्त्रीय विधियों को अपनाया गया है, तथापि आगे के हिंदी नाट्य-लेखन को उससे कोई सार्थक दिशा नहीं मिली। नाट्य-वस्तु एवं शैली-शिल्प की दृष्टि से हिंदी नाटक के आधुनिक मौलिक स्वरूप का विकास भारतेंदु के नाट्य प्रयोगों में ही प्रतिफलित हुआ।

आचार्य रामचंद्र शुक्ल लिखते हैं कि "विलक्षण बात यह है कि आधुनिक गद्य-साहित्य की परंपरा का प्रवर्तन नाटकों से हुआ। भारतेंदु से पहले 'नाटक' के नाम दो-चार ग्रंथ ब्रजभाषा में लिखे गए थे, उनमें विश्वनाथ सिंह के 'आनंद रघुनंदन' को छोड़कर किसी में नाटकत्व न था।" इस प्रकार हिंदी नाटक की अविच्छिन्न परंपरा भारतेंदु और भारतेंदु मंडल के अन्य नाटककारों--प्रताप नारायण मिश्र, श्री निवास दास, बदरी नारायण चौधरी 'प्रेमघन', राधाचरण गोस्वामी, राधाकृष्ण दास आदि के नाटकों से ही शुरू हुई समझी जाने लगी।

अंग्रेजी राज्य स्थापित होने पर रंग-कार्य एवं नाट्य प्रदर्शनों को पुनः नया जीवन मिला। पारसी रंग कंपनियां स्थापित हुईं और नाट्य प्रदर्शन के व्यवसाय में लगीं। सन् 1853 से सन् 1900 ई. तक पारसी रंग-कंपनियां जगह-जगह घूम-घूमकर नाटक खेला करती थीं। ये सस्ते मनोरंजन प्रधान नाटकों को प्रदर्शित करके जनता को रंजित करते थे।

इन नाट्य-प्रदर्शनों में किसी सांस्कृतिक, सामाजिक या राष्ट्रीय नवनिर्माण के प्रति कोई प्रतिबद्धता लक्षित नहीं होती थी। इस दौर के पारसी रंग-नाटकों ने आधुनिक पुनर्जागरण की दिशा में कोई योगदान नहीं दिया इसीलिए ऐसे नाटकों की गणना साहित्य में नहीं की गयी।

20वीं सदी के प्रथम दशक में आकर पारसी थियेटर के हिंदी नाटकों का स्वर बदलने लगा। इस थियेटर से सीधे जुड़े हुए कतिपय नाटककार, जैसे नारायण प्रसाद 'बेताब', मुंशी मुहम्मदशाह आगा 'हश्र' तथा राधेश्याम कथावाचक भारतीय संस्कार और नैतिक मूल्यबोध के नाटकों की रचना में प्रवृत्त हुए। इस प्रकार पारसी हिंदी रंगमंच की एक नयी धारा प्रकट हुई। इन नाटककारों ने पारसी शैली में ही खेले जाने के लिए ऐसे नाटक लिखे जो नवयुग की चेतना के अनुरूप देशानुराग और सांस्कृतिक भावना को व्यक्त करते थे। आगा हश्र के नाटक जैसे 'श्रवण कुमार' 'गंगावतरण', 'भीष्म प्रतिज्ञा', 'दिल की प्यास', 'महाभारत', 'रामायण', 'कृष्ण-सुदामा', 'समाज', 'शकुंतला', 'सीता वनवास', आदि तथा राधेश्याम कथावाचक कृत 'वीर अभिमन्यु', 'श्रवण कुमार', 'परमभक्त प्रहलाद', 'श्रीकृष्ण अवतार', 'सती पार्वती' आदि पारसी थियेटर से जुड़े ऐसे ही नाटक हैं।

भारतेंदु ने इनसे नाट्य-शिल्प और रंगरूढ़ियों के कुछ तत्त्व लिए भी। परंतु यह परंपरा लोक-नाटक की ही परंपरा थी, साहित्यिक नाटक की नहीं। हिंदी के साहित्यिक नाटक की परंपरा तो भारतेंदु से ही आरंभ होती है। भारतेंदु और भारतेंदु मंडल के दूसरे नाटककार मूलतः सुधारवादी थे। समाज सुधार की भावना से प्रेरित होकर इन्होंने अपने समाज की वर्तमान दशा का यथार्थ चित्र प्रस्तुत किया।

भारतेंदु की सभी मौलिक रचनाओं, जैसे 'भारत दुर्दशा', 'भारत-जननी', 'अंधेर नगरी', 'नीलदेवी', 'सत्यहरिश्चंद्र', 'पाखंड विडंबन', 'वैदिकी हिंसा हिंसा न भवति', 'प्रेमयोगिनी', 'सती प्रताप' आदि में देश प्रेम की भावना व्यक्त हुई है। अनूदित नाट्य रचनाओं यथा 'विद्या सुंदर', 'कर्पूर मंजरी', 'मुद्रा राक्षस', दुर्लभ बंधु' आदि में भी देश प्रेम और समाज की चिंता का स्वर मुखर है। भारतेंदु मंडल के नाट्य प्रयत्नों के बाद काफी समय तक नाटकीय गतिविधियां क्षीण दिखायी पड़ती हैं।

प्रसाद के आविर्भाव के साथ हिंदी नाट्य साहित्य के इतिहास में एक नया अध्याय जुड़ता है। सभी नाट्य समीक्षक एक स्वर से यह मानते हैं कि प्रसाद ने हिंदी नाट्य सृजन को एक नयी शैली दी।

प्रसाद की नाट्य शैली से प्रेरणा ग्रहण करते हुए हिंदी नाटक का बहुमुखी विकास हुआ। हरिकृष्ण 'प्रेमी', वृंदावन लाल वर्मा, डॉ. राम कुमार वर्मा, चंद्रगुप्त विद्यालंकार, गोविंद वल्लभ पंत, सेठ गोविंददास, उदयशंकर भट्ट, जगन्नाथ प्रसाद मिलिन्द, लक्ष्मी नारायण मिश्र, रामवृक्ष बेनीपुरी आदि बहुत से नाटककार युग की सामाजिक समस्याओं पर केंद्रित नाटक लिखने की ओर अग्रसर हुए।

बाद में जगदीशचंद्र माथुर और मोहन राकेश जैसे नाटककारों ने रंग-शिल्प के नए प्रयोग द्वारा ऐतिहासिक एवं पौराणिक नाट्य लेखन में नया रंग भरा जिससे 'नया नाटक' लिखने की एक नयी शुरुआत हुई। नया नाटक आजादी के बाद सपनों के क्रमशः टूटने से उत्पन्न विवशता और निराशा की संवेदना का नाटक है। यह उल्लेखनीय है कि सन् 1954-55 के बाद सामान्य शिक्षित जनमानस आंतरिक विघटन एवं घुटन का अनुभव करने लगा। मानव-मन में पलने वाली आशाएं टूटीं, मोह भंग की स्थिति पैदा हुई। नयी पीढ़ी में कुंठा, वर्जना, घुटन, संत्रास, निराशाएं एवं आशंका ने जन्म लिया। आजादी के बाद के नाटकों का मुख्य स्वर यही है।

हिंदी के नये नाटककार पश्चिम के नए प्रयोगों, जैसे ब्रेख्ट के महाकाव्यात्मक रंगमंच, बेकेट के एब्सर्ड नाट्य लेखन की शैली, अस्तित्ववादी चेतना के नाटक की संवेदना और शिल्प से बहुत प्रभावित हुए हैं। लक्ष्मी नारायण लाल के 'सूर्यमुख', 'मिस्टर अभिमन्यु', 'अब्दुल्ला दीवाना', 'सूखा-सरोवर', 'मादा कैक्टस', मोहन राकेश के नाटक 'आषाढ का एक दिन', 'लहरों के राजहंस', 'आधे-अधूरे', सुरेंद्र वर्मा के नाटक 'द्रौपदी', 'सूर्य की अंतिम किरण से सूर्य की पहली किरण तक', 'आठवां सर्ग' लक्ष्मीकांत वर्मा का नाटक 'अपना-अपना जूता', अज्ञेय का 'उत्तर प्रियदर्शी', बृजमोहन शाह का 'त्रिशंकु', डॉ. शंकर शेष का 'एक और द्रोणाचार्य', दया प्रकाश सिन्हा का 'कथा एक कंस की', रेवती शरण शर्मा का 'राजा बलि की नयी कथा', गिरिराज किशोर का 'प्रजा ही रहने दो', नरेंद्र कोहली का 'शम्बूक की हत्या', ज्ञानदेव अग्निहोत्री का 'शुतुरमुर्ग', सर्वेश्वर दयाल का 'बकरी', सुशील कुमार सिंह का 'सिंहासन खाली है', मुद्राराक्षस के 'मरजीवा', काशीनाथ सिंह का 'धोआस' आदि प्रमुख नाटक हैं।

आधार ग्रंथ :

1. आज का नाटक : प्रगति और प्रभाव, दशरथ ओझा।
2. समकालीन हिंदी नाटक की संघर्ष चेतना, डा. (श्रीमती) गिरीश रस्तोगी।
3. हिंदी का गद्य साहित्य, रामचंद्र तिवारी।
4. हिंदी साहित्य कोश, भाग-1।
5. रंगमंच का सौंदर्यशास्त्र, देवेंद्रराज अंकुर।
6. रंगदर्शन, नेमिचंद्र जैन।

निबंध

'निबंध' शब्द का व्युत्पत्तिपरक अर्थ है नि+बंध (बांधना) अर्थात् अच्छी तरह गठा या बंधा हुआ। मानक हिंदी कोश के अनुसार निबंध का आशय है, "वह विचारपूर्ण विवरणात्मक और विस्तृत लेख, जिसमें किसी विषय के सब अंगों का मौलिक और स्वतंत्र रूप से विवेचन किया गया हो।"

आज 'निबंध' गद्य-साहित्य की एक विधा के रूप में स्वीकृत है, किंतु संस्कृत में पद्यमयी रचना भी निबंध के अंतर्गत आ जाती थी। इसीलिए 'सरस्वती' के संपादन-काल तक संस्कृत से पूर्ण परिचित हिंदी के पंडित भी गद्य और पद्य दोनों शैलियों में लिखी गयी रचनाओं को निबंध कहते थे। आज का हिंदी-निबंध-साहित्य संस्कृत की उस प्राचीन परंपरा से भिन्न है। खड़ी बोली गद्य के लिए उन्नीसवीं सदी और उसमें भी निबंध-रचना की दृष्टि से उन्नीसवीं सदी का उत्तरार्ध महत्वपूर्ण है। इस दृष्टि से 'निबंध' हिंदी साहित्य का नितांत आधुनिक रूप है।

'निबंध' शब्द हिंदी में संस्कृत से आया है पर आज इस शब्द से अंग्रेजी के एस्से (Essay) का ही बोध होता है। अंग्रेजी में भी 'एस्से' शब्द फ्रेंच भाषा से आया, जिसे

वहां 'एसाई' कहते थे। 'एसाई' का फ्रेंच भाषा में अर्थ है 'प्रयत्न करना'। इस शब्द का प्रयोग सर्वप्रथम एक विशिष्ट काव्य-विधा के लिए फ्रांसीसी विद्वान मांतेन (Montaigne-1533-1592ई.) ने किया। मांतेन को निबंधों का जनक कहा जाता है। उसकी रचनाएं आत्मनिष्ठ हैं क्योंकि उसका दृष्टिकोण था, "I am myself the subject of my essays because I am the only person whom I know best." अंग्रेजी में 'एस्से' शब्द का प्रयोग सर्वप्रथम बेकन (Francis Bacon-1561-1626 ई.) ने किया। वह लैटिन भाषा का विद्वान था और उसने कतिपय निबंध लैटिन भाषा में लिखे भी थे। बेकन को अंग्रेजी साहित्य का प्रथम निबंधकार माना जाता है। उसने निबंध को बिखराव मुक्त चिंतन (Dispersed Meditations) कहा है। इस प्रकार यूरोप में 'एस्से' के अंतर्गत व्यक्तिनिष्ठ और वस्तुनिष्ठ दोनों प्रकार की रचनाएं लिखी गयीं।

अंग्रेजी विद्वान और निबंधकार डॉ. सैमुएल जॉनसन (Samuel Johnson-1709-1784 ई.) ने भी निबंध में विचार को नहीं भाव-तरंग को महत्त्वपूर्ण माना है। उनकी निबंध की परिभाषा है, "A loose sally of the mind, an irregular, undigested piece, not a regular and orderly composition." उनके अनुसार "निबंध मानसिक जगत की विश्रृंखल विचार-तरंग, एक असंगठित, अपरिपक्व और अनियमित विचार-खंड है।" ऑक्सफोर्ड इंग्लिश डिक्शनरी में निबंध की सभी विशेषताओं को ध्यान में रखकर कहा गया है कि किसी विशिष्ट विषय या उसकी शाखा के संबंध में एक मध्यम आकार की गद्य रचना को निबंध कहते हैं जो अपने मूल रूप में अपूर्ण-सी होती थी, किंतु जो अपने कथ्य में सीमित, परंतु शैली में समृद्ध होती है।

आचार्य रामचंद्र शुक्ल ने निबंध को व्यवस्थित एवं मर्यादित विचार-प्रधान गद्य रचना माना है, जिसमें शैली की विशिष्टता और लेखक के निजी चिंतन और अनुभव की विशेषता के कारण व्यक्तित्व की प्रतिष्ठा भी रहती है। उन्होंने लिखा है,-"आधुनिक पाश्चात्य लेखकों के अनुसार निबंध उसी को कहना चाहिये जिसमें व्यक्तित्व अर्थात व्यक्तिगत विशेषता हो। व्यक्तिगत विशेषता का यह मतलब नहीं कि उसके प्रदर्शन के लिए विचारों की श्रृंखला रखी ही न जाये या जानबूझकर जगह-जगह से तोड़ दी जाये। भावों की विचित्रता दिखाने के लिए ऐसी अर्थ-योजना की जाये जो उनकी अनुभूति के प्रकृत या लोक-सामान्य स्वरूप से कोई संबंध ही न रखे अथवा भाषा से सरकस वालों की-सी कसरतें या हठयोगियों के से आसन कराये जायें, जिनका लक्ष्य तमाशा दिखाने के सिवाय और कुछ न हो।"

बाबू गुलाबराय भी निबंध में व्यक्तित्व और विचार-तत्त्व दोनों को आवश्यक मानते हैं, "निबंध उस गद्य-रचना को कहते हैं जिसमें एक सीमित आकार के भीतर किसी विषय का वर्णन या प्रतिपादन एक विशेष निजीपन, स्वच्छंदता, सौष्ठव और सजीवता तथा आवश्यक संगति और संबद्धता के साथ किया गया हो।"

डा. लक्ष्मीसागर वार्ष्णेय ने बालकृष्ण भट्ट को हिंदी का प्रथम निबंधकार माना है। उनके अनुसार 'निबंध' नाम से पुकारी जाने वाली अनेक रचनाएं 'निबंध' नहीं बल्कि 'लेख' हैं। इसके विपरीत शिवनाथ के अनुसार, "श्री सदासुखलाल जी की दो चार रचनाएं हमारे सम्मुख हैं। उनमें 'सुरासुर निर्णय' प्रधान है। यह एक निबंध है। इस निबंध का रचनाकाल सं. 1839-40 के बीच माना जा सकता है। ऐसी स्थिति में हम हिंदी मे निबंध रचना का आरंभ सं. 1839-40 से मान सकते हैं।"

आचार्य रामचंद्र शुक्ल ने हिंदी निबंधों की परंपरा का सूत्रपात भारतेंदु युग से माना है। हिंदी गद्य की विविध विधाओं के सूत्रपात के कारणों और परिस्थितियों को देखते हुए आचार्य शुक्ल की मान्यताओं को न मानने का कोई कारण दिखायी नहीं देता।

हिंदी साहित्य में भारतेंदु-युग के निबंधकारों में आत्मव्यंजकता का तत्त्व स्पष्ट लक्षित होता है। द्विवेदी-युग में भाषा की प्रौढ़ता और परिमार्जन के साथ ही विचारों में गंभीरता आ गयी। फलस्वरूप आत्मव्यंजना की प्रवृत्ति का ह्रास हुआ। आचार्य शुक्ल ने व्यक्तित्व-व्यंजना को निबंधों का आवश्यक गुण मानते हुए भी उनमें वैचारिक गाम्भीर्य एवं क्रमबद्धता का समर्थन किया। छायावाद युग में गंभीर चिंतन से पूर्ण तथा आत्मनिष्ठ एवं भावात्मक दोनों ही प्रकार के निबंध लिखे गये। छायावादोत्तर युग में पं. हजारीप्रसाद द्विवेदी के निबंधों में आत्मव्यंजना एवं व्यक्तित्व-विधायक तत्त्वों का नवोन्मेष हुआ। सम्प्रति हिंदी-साहित्य में व्यक्तिनिष्ठ एवं वस्तुपरक दोनों ही शैलियों में निबंध लिखे जा रहे हैं। इसीलिए आज हिंदी के विद्वान् " एक सीमित आकार के भीतर एक विशेष निजीपन, स्वच्छंदता, सौष्ठव और सजीवता तथा आवश्यक संगति एवं संबद्धता के साथ किसी विषय के वर्णन या प्रतिपादन" को निबंधों की विशेषता मानते हैं। निबंध का विषय कोई भी हो सकता है-साहित्यिक, सामाजिक, सांस्कृतिक, ऐतिहासिक या राजनीतिक।

अंग्रेजी निबंध सोलहवीं शताब्दी से आज तक विचारात्मक, आलोचनात्मक, भावात्मक, वर्णनात्मक, वैयक्तिक आदि वीथियों से गुजरा है। इन्हें स्पष्टतः दो वर्गों में रखा जा सकता है--वस्तुनिष्ठ और आत्मनिष्ठ । पर कुछ अपवादों को छोड़कर कोई निबंध न तो केवल व्यक्तिनिष्ठ हो सकता है और न पूर्णतः वस्तुनिष्ठ। निबंध

में कभी ऊहापोहमूलक चिंतन की प्रधानता होती है तो कभी लेखक का व्यक्तित्व प्रधान हो उठता है। पर किसी-न-किसी रूप में ये दोनों तत्त्व रहते अवश्य हैं। नंददुलारे वाजपेयी का मत इस संबंध में उल्लेखनीय है, "निबंध विचार-प्रधान कला नहीं है, उसमें वैयक्तिक मनोभावना और अनुभवों के लिए पूरा अवकाश रहना चाहिए।"

डॉ. रामचंद्र तिवारी के शब्दों में निबंध गद्य की एक आधुनिक विधा है। इसमें लेखक की रुचि एवं मनःप्रवृति के अनुसार विचारों की श्रृंखला अव्यवस्थित और शिथिल अथवा सुगठित एवं व्यवस्थित दोनों ही प्रकार की हो सकती है। आत्मव्यंजना निबंध की मूलभूत विशेषता है। इसकी नितांत उपेक्षा किसी भी स्थिति में नहीं की जा सकती। अच्छे निबंध लेखक में सूक्ष्म निरीक्षण की क्षमता के साथ ही हास्य-व्यंग्य एवं विनोद की प्रवृत्ति भी होनी चाहिए। निबंध में पांडित्य, गंभीर अध्ययन एवं तार्किकता आवश्यक नहीं; ये विशेषताएं निबंध-लेखक के व्यक्तित्व का सहज अंग बनकर आ सकती हैं। निबंध में सजीवता, सरसता तथा स्वच्छंदता आदि विशेषताएं सामान्यतः व्यक्तित्व व्यंजना के साथ स्वतः आ जाती हैं। निबंध किसी भी विषय पर लिखा जा सकता है। इसमें विषय के स्थान पर लेखक का व्यक्तित्व ही पाठक के मन पर छा जाता है।

जिस प्रकार विस्तार और वैविध्य के कारण निबंध की कोई एक स्वतःपूर्ण परिभाषा नहीं दी जा सकती और उसके तत्त्व निर्धारित नहीं किये जा सकते, उसी प्रकार निबंध का वर्गीकरण करना भी कठिन है। विषय, शैली और स्वरूप की दृष्टि से उसके अनेक भेद किये जा सकते हैं। हिंदी के अनेक विद्वानों ने निबंध के वर्गीकरण की दिशा में प्रयत्न भी किये हैं। आचार्य शुक्ल के शब्दों में "निबंध या गद्य-विधान कई प्रकार के हो सकते हैं— विचारात्मक, भावात्मक, वर्णनात्मक आदि।" फिलहाल, विषय की दृष्टि से निबंधों को चार वर्गों में बांटा जा सकता है—विचारात्मक, आलोचनात्मक, भावात्मक और वर्णनात्मक ।

आधार ग्रंथ :

1. हिंदी का गद्य साहित्य, रामचंद्र तिवारी।
2. चिंतामणि भाग-1, रामचंद्र शुक्ल।
3. भारतेंदु युगीन निबंध, शिवनाथ।
4. हिंदी निबंधकार, जयनाथ नलिन।
5. The Oxford English Dictionary.
6. Essay in Modern Criticism, Rajnath & William.I.Ellior
7. The English Essay and Essayists, Hugh Walker.

निरीश्वरवाद

निरीश्वरवाद के लिए अंग्रेजी में एथिज्म (Atheism) शब्द प्रचलित है। निरीश्वरवाद विचारों की वह प्रणाली है जो सभी प्रकार की अलौकिकता (भूत, प्रेत, देवता, ईश्वर, मरणोपरांत जीवन आदि) में विश्वास को अस्वीकार करती है। इतिहास के प्रत्येक युग में निरीश्वरवादी चेतना मौजूद रही है और उसने परंपरा और रूढ़िविरोधी ग्रुपों एवं तर्क में विश्वास करने वाले समुदायों के हितों को समृद्ध किया है। निरीश्वरवाद प्रकृति के विषय में भौतिकवादी विचारों से अविच्छिन्न रूप से जुड़ा हुआ है। निरीश्वरवाद ने विचारों की एक प्रणाली के रूप में सामंती समाज में ही आकार ग्रहण कर लिया था। अनाक्सीमेनीज, हेराक्सिटुस, डेमोक्रिटस, एपीक्यूरस, जेनोफानीज, लुक्रेटिउस जैसे यूनानी दार्शनिकों की कृतियों में पर्याप्त निरीश्वरवादी तत्त्व मिलते हैं। भारत में लोकायत, चार्वाक या बार्हस्पत्य के नाम से प्रसिद्ध भौतिक दर्शन, पुराने निरीश्वरवादी दर्शन हैं। श्वेताश्वतर उपनिषद् में अनेक निरीश्वरवादी मतों का उल्लेख है। बौद्ध और जैन मतों को भी निरीश्वरवादी मतों में शामिल किया जा सकता है। 'प्रमाणवार्तिक' के प्रणेता आचार्य धर्मकीर्ति (8वीं सदी) एक बौद्ध दार्शनिक ही थे, जिन्होंने घोषित किया कि,

"वेद प्रामाण्यं कस्यचित्कर्तृवादः,
स्नाने धर्मेच्छा जातिवादावलेपः।
संतापारंभः पापहानाय चेति,
ध्वस्त प्रज्ञानां पंचलिंगानि जाड्ये।।"

भारतीय दर्शन में ईश्वर, उस प्रकार विचार का मूल केंद्र नहीं रहा जिस प्रकार वह पश्चिमी दर्शन में रहा है। भारतीय धर्म और दर्शन आत्मकेंद्रित हैं। इसलिए यहां अधिकांश भारतीय दर्शन और धर्म, ईश्वर के अस्तित्व को अस्वीकार करते हैं या उसकी उपेक्षा करते हैं। यहां चार्वाक को छोड़कर कोई भारतीय धर्म या दर्शन आत्मा

के होने या न होने के बारे में कोई वाद-विवाद नहीं करता। उन्नीसवीं सदी तक पश्चिमी दर्शन ईसाई धर्म के विश्वासों के इर्द-गिर्द घूमता रहा। इसलिए ईश्वर पर वाद-विवाद जितना पश्चिमी दर्शन में पाया जाता है वह भारतीय दर्शन में अनुपस्थित है। ईश्वर संबंधी युक्तियों का दावा प्रस्तुत करने से केवल यह परिणाम निकाला जा सकता है कि ईश्वर में विश्वास का कोई तर्कसंगत आधार नहीं है। इसीलिए निरीश्वरवादियों ने समस्त घटनाओं के पीछे प्राकृतिक कारणों को आधार माना है।

मध्य युग में, जब पश्चिम में चर्च तथा धर्म का बोलबाला था, निरीश्वरवाद का खास विकास नहीं हुआ था। धर्म के प्रभुत्व को ध्वस्त करने में बुर्जुआ निरीश्वरवाद ने काफी महत्वपूर्ण योगदान किया, जिसमें स्पिनोजा और फायरबाख जैसे दार्शनिकों का नाम उल्लेखनीय है। यूरोपीय देशों में धर्म के प्रतिक्रियावादी स्वरूप का, बुर्जुआ निरीश्वरवादियों ने लगातार पर्दाफाश किया। निरीश्वरवादियों की इस भूमिका का सामंतवाद के विरुद्ध संघर्ष में ऐतिहासिक महत्व है। हां, बुर्जुवा निरीश्वरवाद की अपनी सीमाएं अवश्य थीं किंतु इतिहास में इसके महत्व को कम करके नहीं आंका जा सकता।

निरीश्वरवाद ने मार्क्सवाद-लेनिनवाद में अपना सर्वाधिक सुसंगत रूप ग्रहण किया। सर्वहारा वर्ग के हित, समाज में उसकी स्थिति तथा भूमिका, सामाजिक विकास की वैज्ञानिक पद्धति के अनुकूल है। इसी वजह से मार्क्सवादी निरीश्वरवाद उन वर्ग सीमाओं से मुक्त है, जो निरीश्वरवाद के गैरमार्क्सवादी रूपों की अभिलाक्षणिकता होती है। मार्क्सवादी निरीश्वरवाद का दार्शनिक आधार द्वंद्वात्मक तथा ऐतिहासिक भौतिकवाद है। इस कारण वह इतिहास में पहली बार विज्ञानसम्मत स्वरूप प्राप्त करता है।

आधार ग्रंथ :

1. दर्शनकोश, प्रगति प्रकाशन, मास्को।
2. भारतीय दर्शन, बलदेव उपाध्याय।
3. निरीश्वरवाद एक अध्ययन, सत्यवान परशुराम कनल।
4. दर्शन दिग्दर्शन, राहुल सांकृत्यायन।
5. Dictionary of Scientific Communism.

वेबसाइट : www.en.wikipedia.org/wiki/atheism

निर्वैयक्तिकता सिद्धांत

निर्वैयक्तिकता-सिद्धांत के प्रवर्तन का श्रेय प्रसिद्ध कवि, नाटककार तथा आलोचक टी.एस.इलियट (Thomas Stearns Eliot) को है। उनका जन्म सितंबर 1888 को सेंट लुई अमेरिका के एक प्रतिष्ठित परिवार में हुआ। उन्होंने हार्वर्ड विश्वविद्यालय से 1910 में एम.ए. किया। 1915 में इलियट लंदन पहुंचे और वहीं बस गए।

सन् 1922 में उन्होंने त्रैमासिक पत्रिका 'क्राइटेरियन' (The Criterion) की स्थापना की और उसका संपादन किया। इलियट के साहित्यिक यश-विस्तार में इस पत्रिका की भूमिका अविस्मरणीय है। 'दि वेस्टलैंड' नामक उनकी विश्व-प्रसिद्ध कविता पहले-पहल 1922 में 'क्राइटेरियन' में ही प्रकाशित हुई। 1927 में इंग्लैण्ड की नागरिकता और 'चर्च ऑफ इंग्लैण्ड' की सदस्यता स्वीकार कर वे इंग्लैण्ड के स्थायी निवासी बन गए। उन्हे नोबेल पुरस्कार 1948 ई. में मिला।

इलियट का निर्वैयक्तिकता-सिद्धांत, रोमांटिक व्यक्तिवाद की प्रतिक्रिया में विकसित हुआ। उनका विश्वास था कि रोमांटिक कविता की सबसे बड़ी दुर्बलता उसकी सस्ती भावुकता है, जिसमें कवि अपने भावोच्छ्वास की अबाध अभिव्यक्ति करता है। इलियट के अनुसार इस प्रवृत्ति का आधार, रोमांटिक कवि का चरम व्यक्तिवाद है। इसलिए उन्होंने अपने आक्रमण का प्रधान लक्ष्य व्यक्तिवाद को बनाया है और काव्य में 'व्यक्तित्व से पलायन' के सिद्धांत की स्थापना की।

इलियट काव्य में अतिशय निजीपन के स्थान पर सार्वजनीन मनोभावों की अभिव्यक्ति को प्रतिष्ठित करना चाहते थे। 'Tradition and Individual Talent' नामक अपने निबंध में इलियट की समस्त आलोचना का आधार है। इलियट ने लिखा है कि अतीत मरता नहीं, वरन् वर्तमान में जीवित रहता है। यदि हम किसी कवि का विश्लेषण गंभीरतापूर्वक करें, तो पायेंगे कि रचना के न केवल सर्वोत्तम वरन् सर्वाधिक वैयक्तिक अंश भी ऐसे होंगे, जिनमें अतीत के साहित्यकारों का गहरा प्रभाव दिखायी देगा। तात्पर्य यह है कि महान सृजन के लिये परंपरा का अंश अनिवार्य है। वर्तमान कलाकारों द्वारा अतीत से लेना तथा अतीत में परिवर्तन करके कुछ देना, यह लेन-देन की परंपरा साहित्य में सतत प्रवाहित रहती है तथा जहां कलाकार देने में अपने आत्म का प्रकाशन

करता है, वहीं लेने में आत्म का उत्सर्ग। चूंकि परंपरा से लेना अधिक महत्वपूर्ण है, इसीलिए उसे इस प्राप्ति के लिए अनवरत आत्मोत्सर्ग करना पड़ता है, इसी आत्मोत्सर्ग अथवा आत्मसमर्पण में कला के विकास का तत्त्व निहित है। इलियट के अनुसार वैयक्तिक प्रज्ञा (Individual Talent) परंपरा से असंबद्ध, निरपेक्ष या विच्छिन्न वस्तु नहीं है। परंपरा से जुड़ा रहकर भी या यों कहें कि जुड़ा रहकर ही, कवि अपनी वैयक्तिक क्षमता को अधिक सफलता तथा रमणीयता से उजागर कर सकता है। वस्तुतः कलाकार की प्रगति एक सतत आत्म-समर्पण, व्यक्तित्त्व के सतत तिरोभाव की प्रक्रिया का ही नाम है। इलियट ने लिखा है, "The progress of an artist is a continual self-sacrifice, a continual extinction of personality."

इलियट का कहना है कि परंपरा कोई मृत या अनुपयोगी वस्तु नहीं है। वस्तुतः जो मृत या अनुपयोगी है, उसे परंपरा की संज्ञा देना ही अनुचित है। परंपरा तो अविच्छिन्न प्रवाह है जो अतीत के साहित्यिक-सांस्कृतिक विरासत के सर्वोत्तम अंश से वर्तमान को समृद्ध और सार्थक बनाती है और भविष्य का पथ प्रशस्त करती है।

वस्तुतः इलियट ने रचनाकार को माध्यम के रूप में स्वीकार किया है। उसके लिये कवि, काव्य-सृजन-प्रक्रिया का एक ऐसा माध्यम है, जो अपने मन पर पड़े प्रभावों और अनुभवों को एक ऐसे विलक्षण ढंग से समन्वित करके काव्य में स्थान देता है, जो उसके व्यक्तिगत प्रभावों अथवा अनुभवों से स्वतंत्र, निरपेक्ष एवं सार्वजनीन होते हैं।

इलियट ने कवि-माध्यम संबंधी अपने विचार को स्पष्ट करने के लिए एक विज्ञान-सम्मत उदाहरण भी दिया है। वे कहते हैं कि आक्सीजन और सल्फर डाई ऑक्साइड से भरे जार में यदि प्लैटिनम का एक टुकड़ा डाल दिया जाए तो दोनों मिलकर सल्फर एसिड में बदल जाऐंगे। किंतु प्लैटिनम का टुकड़ा विकारहीन रहेगा। ठीक इसी प्रकार से सृजन-प्रक्रिया के दौरान कवि मानस भी प्लैटिनम के टुकड़े की भांति ही निर्विकार रहता है।

इस प्रकार इलियट कवि-व्यक्तित्व और कविता में कोई संबंध स्वीकार नहीं करते। उनके लिए कोई कविता इसलिए महान नहीं होती है क्योंकि उसमें कवि व्यक्तित्व का प्रस्फुटन होता है अथवा कवि ने उसमें कोई महान वैयक्तिक संदेश दिया है या महान उद्भावना की है, वरन् उनके लिए कविता इसलिए महत्वपूर्ण होती है क्योंकि उसमें रचनाकार का वह निस्पृह मस्तिष्क कार्यरत होता है जो विशिष्ट एवं विभिन्न भावनाओं का स्वच्छंदतापूर्वक, बिना किसी पूर्वग्रह अथवा दुराग्रह के, मिश्रण करके एक नवीन सृजन करता है। रचना की इसी निर्वैयक्तिकता, निस्पृहता अथवा तटस्थता को महत्वपूर्ण मानने के कारण ही इलियट ने लिखा है, "But the more perfect the artist, the more completely separate in him will be the man who suffers and the mind which creates" कलाकार जितना अधिक पूर्ण होगा, उतना ही अधिक कलाकार एवं उसके सृजनरत आक्रांत मन में पार्थक्य होगा।

इलियट के अनुसार कवि को परंपरा का ज्ञान तो होना चाहिए किंतु ज्ञान के भार से आक्रांत नहीं होना चाहिए। बहुत बार अधिक ज्ञान से काव्य संवेदना या तो निर्जीव हो जाती है या विपर्यस्त हो जाती है।

इलियट ने काव्य की परिभाषा भी इसी निर्वैयक्तितावादी दृष्टिकोण को स्पष्ट करने के लिए की है। वे लिखते हैं कि कविता भाव का स्वच्छंद प्रवाह नहीं, भाव से पलायन है; व्यक्तित्व की अभिव्यक्ति नहीं, उससे मुक्ति का नाम हैं, "Poetry is not a turning loose of emotion, but an escape from emotion; it is not the expression of personality, but an escape from personality".

निर्वैयक्तिकता के सिद्धांत को फार्मूलाबद्ध करते हुए इलियट ने वस्तुनिष्ठ समीकरण (Objective Correlative) के सिद्धांत को भी प्रस्तुत किया है। उन्होंने अपने निबंध 'हेमलेट और उसकी समस्याएं' (Hamlet and his Problems) में लिखा है, "संवेगों को कला में अभिव्यक्त करने का एक मात्र तरीका है वस्तुनिष्ठ समीकरण को प्राप्त करना। दूसरे शब्दों में वस्तुओं, स्थितियों, घटनाओं की श्रृंखला को इस ढंग से संयोजित करना कि वे विशिष्ट संवेगों से संबद्ध होकर अभिव्यक्त हो सकें।"

यह सिद्धांत कृति संरचना पर जोर देता है। कवि अपने संवेगों को पाठकों तक सम्प्रेषित करने के लिए वस्तुओं, स्थितियों और घटनाओं की श्रृंखला का चुनाव करता है और इन्हीं के माध्यम से संवेगों का सम्प्रेषण हो पाता है। कवि को जो कुछ कहना होता है वह इन माध्यमों के कारण ठोस रूप में प्रस्तुत करने में समर्थ होता है। इस दृष्टि से विचार करने पर शेक्सपीयर का 'हेमलेट' उसे त्रुटिपूर्ण मालूम पड़ता है। उसके अनुसार 'हेमलेट' की मानसिक स्थिति को प्रस्तुत करने के लिए शेक्सपियर को अपेक्षित समीकृत वस्तुएं उपलब्ध नहीं हो सकी हैं।

इलियट द्वारा निरूपित 'निर्वैयक्तिकता' संबंधी मान्यता को आगे बढ़ानेवालों में सबसे महत्वपूर्ण नाम अंग्रेजी के प्रसिद्ध आलोचक डॉ. एफ.आर.लीविस का है। 'विचार और संवेगात्मक गुण' शीर्षक निबंध में उन्होंने वाल्टर स्कॉट की एक कविता 'प्राउड मैजी' के प्रभाव का विश्लेषण करते हुए लिखा है कि :"उसे पढ़ने पर ऐसा नहीं लगता कि हमें केवल संवेग ही प्रदान किये

गए हैं। जैसे-जैसे हम उस कविता के नाटकीय तत्त्वों को ग्रहण करते जाते हैं, संवेग विकसित होता है और अपने-आपको परिभाषित करता है। इस प्रकार उस कविता के प्रभाव-स्वरूप जो तथ्य हमें उपलब्ध होता है, उसमें संवेगात्मक अनासक्ति होती है। 'अनासक्ति' के स्थान पर हम 'निर्वैयक्तिकता' शब्द का प्रयोग कर सकते हैं।"

बहरहाल, निर्वैयक्तिकता से संबंधित धारणा भारतीय काव्यशास्त्र में रस-सिद्धांत के अंतर्गत मिलने वाले सृजन प्रक्रिया के सिद्धांत 'साधारणीकरण' के बहुत नजदीक है। आचार्य रामचंद्र शुक्ल ने इलियट की इस अवधारणा को पर्याप्त महत्व भी दिया है। बच्चन सिंह के अनुसार इलियट ने जिस वस्तुगत समीकरण का उल्लेख किया है वह बहुत कुछ 'विभाव' से मिलता है। आचार्य रामचंद्र शुक्ल ने काव्य में विभावों का विशेष महत्व स्वीकार किया है। 'विभाव' के कारण वस्तुनिष्ठता स्वयमेव आ जाती है। किंतु तादात्म्य का उल्लेख करते हुए शुक्ल जी ने आश्रय के साथ पाठक के तादात्म्य की स्थिति स्वीकार की है, कहीं-कहीं वह कवि के साथ भी तादात्म्य करता है।

आधार ग्रंथ :

1. पाश्चात्य काव्य शास्त्रः अधुनातन संदर्भ, सत्यदेव मिश्र।
2. साहित्य सिद्धांत, डॉ. राम अवध द्विवेदी।
3. पाश्चात्य काव्यशास्त्र, प्रो. देवेंद्रनाथ शर्मा।
4. The Sacred Wood, T.S. Eliot.
5. On Poetry and Poets, T.S. Eliot.

नीतिकाव्य

'नीति' शब्द का तात्पर्य है व्यवहार का ढंग; वह आधारभूत सिद्धांत जिसके अनुसार कोई कार्य संचालित किया जाए या लोक व्यवहार के निर्वाह के लिए नियत किया गया आचार। समाज को स्वस्थ एवं संतुलित पथ पर अग्रसर करने एवं व्यक्ति के सर्वांगीण विकास के लिए जिन विधि-निषेधमूलक व्यावहारिक, नियमों का विधान देश, काल और पात्र के संदर्भ में किया जाता है, उसे 'नीति' कहते हैं। इस अर्थ में 'नीति' शब्द के प्राचीन प्रयोग महाभारत काल के पूर्व से ही मिलने लगते हैं।

समाज को स्वस्थ व सुंदर बनाने के लिए नैतिक मूल्यों की रक्षा के उद्देश्य से जिन काव्यों का सृजन होता है उन्हें नीतिकाव्य कहते हैं। 'नीतिकाव्य' को 'औपदेशिक' या 'उपदेशात्मक' काव्य भी कहा जाता है।

भारतीय साहित्य में नीतिकाव्य के प्रणयन की परंपरा बहुत पुरानी है। ऋग्वेद की बहुत-सी सूक्तियां नीतिपरक हैं। उपनिषदों में नीतियां भरी पड़ी हैं। महाभारत का अंश 'गीता' नीतिकाव्य का उत्कृष्ट नमूना कहा जा सकता है। 'विदुर नीति' भी महाभारत का ही एक हिस्सा है। तीसरी सदी ईसा पूर्व के भरहुत स्तूप पर कई नीति कथाओं के नाम खुदे हुए हैं। पतंजलि ने अपने महाभाष्य में 'अजाकृपाणीय' और 'काकतालीय' जैसी लोकक्तियों का प्रयोग तथा सांप और नेवले, कौवे और उल्लू की जन्मजात शत्रुता का उल्लेख किया है। रामायण में भी नीति के अनेक प्रसंग हैं। संस्कृत में अनेक ग्रंथ केवल नीति काव्य के रूप में रचे गए हैं। धौम्यनीति, बृहस्पतिनीति, शुक्रनीति, चाणक्यनीति, भर्तृहरि का नीतिशतक तथा कामंदक-नीति आदि ग्रंथ इसके उदाहरण हैं।

'पंचतंत्र' जैसी गद्यात्मक कृतियों के अलावा 'हितोपदेश' और 'वृहद् कथा' जैसे आख्यान काव्य तो परवर्ती साहित्य में उपजीव्य की तरह इस्तेमाल होते रहे हैं। पाली की जातक कथाएं, प्राकृत की 'उपदेश माला', 'कथा कोश प्रकरण', 'गाहा सतसई', 'बज्जा लग्ग' तथा अपभ्रंश की 'सावय धम्म दोहा', 'पाहुड़ दोहा', 'उपदेश रसायन' आदि कृतियां नीति काव्य की भारतीय परंपरा को समृद्ध करने वाली हैं। नीतिकाव्य का प्रतिपाद सदाचार, राजनीति और व्यावहारिक ज्ञान है। दैनिक जीवन में सफलता और उन्नति प्राप्त करने के लिए जिन-जिन बातों का ध्यान रखना आवश्यक है और जिनके न जानने से मनुष्य अनायास संकट में पड़ जाता है उन्हीं बातों का उपदेश नीति काव्यों का लक्ष्य है।

अतीत के अनुभवों पर आधारित उन निष्कर्षों को इसमें वाणी दी गई है, जो व्यक्ति और समाज दोनों का मार्गदर्शन कर सकें। इसी कारण इसमें समयानुसार परिवर्तन और परिवर्द्धन भी होते रहे हैं।

नीतिकाव्य की भावभूमि बड़ी विस्तृत है। देश की मूल्यवान उदात्त परंपरा के अनुकूल व्यक्ति और समाज के समुचित विकास के लिए जितनी भी जरूरी बातें हो सकती हैं, सभी इसमें समाविष्ट हैं। इन कृतियों में व्यक्त जीवन संदर्भ उनके लंबे जीवनानुभवों से पुष्ट हैं,

कल्पनाश्रित नहीं। इसीलिए हमारा भारतीय समाज इन नीतिकाव्यों के प्रति अत्यंत श्रद्धा रखता है।

हिंदी का नीति काव्य भी पर्याप्त समृद्ध है। शैली की दृष्टि से हिंदी नीति काव्यों को तीन कोटियों में विभक्त कर सकते हैं, उपदेशपरक, अन्योक्तिपरक और सूक्तिपरक। इनमें उपदेशात्मक शैली का नीतिकाव्य शिल्प की दृष्टि से निम्न कोटि का है। इसमें उपदेश की बातें सीधे शब्दों में बिना कलात्मक वैशिष्ट्य के रखी गई हैं। कबीर, घाघ, भड्डरी तथा गिरिधर कविराय ने इस शैली का विशेष रूप से प्रयोग किया है। अन्योक्ति शैली के नीतिकाव्य का इस्तेमाल रहीम, तुलसी, बिहारी, वृंद, रामचरित उपाध्याय तथा भगवानदीन आदि प्रायः सभी प्रमुख नीतिकारों में मिल जाता है, पर दीनदयाल ने विशेष रूप से इसका प्रयोग किया है। अन्योक्ति एक अलंकार है, जिसके सहारे कही गई नीति की बातें रुचिकर भी होती हैं और प्रभावशाली भी। बिहारी ने इस शैली का बहुत सुंदर इस्तेमाल किया है। आलोचकों के अनुसार कला की दृष्टि से सूक्ति शैली में लिखा गया नीतिकाव्य श्रेष्ठतम है। इसमें अर्थांतरन्यास, उदाहरण, दृष्टांत, प्रतिवस्तूपमा, लोकोक्ति, विशेषोक्ति, विनोक्ति आदि अलंकारों का आधार लिया जाता है, इसलिए अभिव्यक्ति सौंदर्य में पर्याप्त इजाफा हो जाता है। रहीम, वृंद, दीनदयाल तथा भगवानदीन ने इस शैली का विशेष प्रयोग किया है।

नीतिकाव्यकारों का प्रिय छंद दोहा और कुंडलिया हैं। मगर इन्होंने छप्पय, चौपाई, सवैया तथा कवित्त आदि का भी भरपूर इस्तेमाल किया है।

आधार ग्रंथ :

1. हिंदी साहित्य कोश, भाग-1।
2. धर्मशास्त्र का इतिहास, पी.बी. काणे।
3. भारतीय साहित्य शास्त्र कोश, डॉ. राजवंश सहाय हीरा।
4. हिंदी साहित्य का इतिहास, आचार्य रामचंद्र शुक्ल।

नुक्कड़ नाटक

नुक्कड़ नाटक, नाटक के क्षेत्र में अपेक्षाकृत एक नया प्रयोग है। आरंभ में साहित्य और नाटक के विद्वानों ने इसे नाट्य विधा ही मानने से इंकार कर दिया था, लेकिन आठवें दशक से यह नाट्य रूप काफी लोकप्रिय हुआ है और इससे कई प्रख्यात नाटककार और रंगकर्मी जुड़े हैं साथ ही इसने रंगमंचीय नाटकों को प्रभावित भी किया है। 'नुक्कड़ नाटक' को अंग्रेजी में 'स्ट्रीट प्ले' (Street Play) के नाम से जाना जाता है। यह ऐसी नाट्य विधा है जिसे किसी सड़क पर, गली, चौराहे पर, किसी फैक्ट्री के गेट पर खेला जा सकता है। आम तौर पर इसको उसी रूप में पेश किया जाता है जैसे सड़क पर मदारी अपना खेल दिखाने के लिए मजमा लगाते हैं। नाट्य प्रस्तुति का यह रूप जनता से सीधे संवाद स्थापित करने में मदद करता है। नुक्कड़ नाटक में न तो अंक परिवर्तन है और न दृश्य परिवर्तन। कथानक में परिवर्तन को ऐसे रंग संकेतों के माध्यम से पेश किया जाता है जिसे दर्शक आसानी से ग्रहण कर सकें। वेशभूषा भी बार-बार नहीं बदली जा सकती और न ही नाटक को इतना लंबा किया जा सकता है कि सड़क पर खड़े और बैठे दर्शकों के लिए धैर्य रखना मुश्किल हो जाए। इसीलिए नुक्कड़ नाटक बहुत लंबे नहीं होते।

अपने लेख 'नुक्कड़ नाटक का महत्व और कार्यप्रणाली ' में सफ़दर हाशमी ने इस तथ्य की पुष्टि की है, "हमारा अनुभव यह बताता है कि अलग-अलग क्षेत्रों में कार्यरत नाट्यमंडलियों को अंततः अपने नाटक खुद ही रचने पड़ते हैं। मंडली के सदस्य किसी भी विषय पर अच्छी तरह बहस करके, जनवादी संगठनों और आंदोलनों के नेतृत्व से विचार-विमर्श करके एक सुदृढ़ और गहरी समझ बनाने के बाद अपनी सामूहिक रचनाशक्ति से ही अच्छे-अच्छे नाटक तैयार कर सकते हैं। जन नाट्य मंच (जनम) के 'मशीन', 'हत्यारे', 'औरत', 'राजा का बाजा', 'पुलिस चरित्रम' और 'काला कानून' जैसे नाटक इसी प्रक्रिया में रचे गए थे।' रंगकर्मी मलयश्री हाशमी ने कहा है, "सफदर का मानना था कि किसी भी नाट्यकृति के लिए स्क्रिप्ट और निर्देशन सर्वाधिक महत्वपूर्ण है। 'जन नाट्य मंच' के निर्माण और विस्तार में उनकी बहुत अधिक भूमिका थी। 1973 में जब 'जनम' बना, तब कभी-कभार ज़रूरत पड़ने पर वह स्क्रिप्ट में कुछ रद्दोबदल करते थे। पर लिखना शुरू हुआ पांच साल बाद स्ट्रीट थियेटर शुरू होने पर। आर्थिक अभावों ने हमें यानी 'जनम' को स्ट्रीट थियेटर की ओर मोड़ा तथा स्क्रिप्ट के अभाव ने सफदर को लिखने के लिए मजबूर किया और इसी क्रम में 'जनम' में लिखने की सामूहिक शैली और कला का विकास हुआ था।"

आठवें दशक में एक ओर यदि 'जन नाट्य मंच द्वारा प्रस्तुत किये जा रहे नुक्कड़ नाटकों को राष्ट्रीय स्तर

पर जनसाधारण के बीच व्यापक स्वीकृति और ख्याति मिल रही थी तो दूसरी ओर स्थापित और परंपरावादी रंगकर्मियों, नाट्यसमीक्षकों और अभिजात कलामंडलियों में नुक्कड़ नाटक को रंग कर्म मानने से इंकार करने वालों की भरमार थी। नाट्य लेखन और रंगकर्म से जुड़े अनेक लोग इसे राजनीतिक नारेबाजी और स्टंट कहकर इसकी खिल्ली उड़ा रहे थे। लंबे संघर्ष के बाद लोग उसे नाट्यकला की एक विधा और गंभीर रंगकर्म मानने के लिए विवश हुए हैं। दरअसल रंग प्रस्तुति की इसकी तकनीक मंच नाटक से काफी भिन्न है। मंच नाटक के लिए पर्दा, साज-सज्जा, नेपथ्य, ध्वनि संयोजन, महंगा मंचसेट आदि के साथ बड़ी इमारत के अंदर का सभागार आवश्यक होता है। अगर मुक्त आकाश के नीचे मंच नाटक हो रहा है तो फिर शामियाना, कनात, माइक्रोफोन सिस्टम, विशेष प्रकार की प्रकाश व्यवस्था आदि आवश्यक होते हैं। इसके विपरीत खुली जगह में बिना किसी साज-सज्जा के बगैर ही नुक्कड़ नाटक खेले जाते हैं। मंच नाटक का दर्शक मंच से दूर ठीक सामने होता है। नुक्कड़ नाटक में दर्शकों और नाट्यमंडली के बीच कोई दूरी नहीं होती, बल्कि सारे अभिनेता दर्शक समुदाय के बीच गोलाकार रंगस्थल बनाकर अपना नाटक खेलते हैं। माइक्रोफोन तथा सभागार की ध्वनि व्यवस्था के कारण मंच-नाटक के कलाकारों के लिए जोर से बोलना या चीखना अनावश्यक होता है जबकि नुक्कड़ नाटक के लिए यह आवश्यक होता है।अधिकांश मंच-नाटकों में एक तरह की भूमिका के लिए एक अलग अभिनेता होता है, जबकि नुक्कड़ नाटक में अनेक बार एक ही अभिनेता को टोप, छड़ी या वेशभूषा में थोड़ा परिवर्तन करके अनेक प्रकार के चरित्रों की भूमिका निभानी होती है। सफदर हाशमी की यह स्पष्ट समझ थी कि "रंगमंच अपने चारों ओर के रंगीन पर्दों और तामझाम पर निर्भर नहीं होता। किसी भी खाली जगह पर चाहे वह गोल हो या चौकोर या वर्गाकार, नाटक अपनी पूरी ताकत और खूबसूरती के साथ प्रकट हो सकता है।"

सभी नुक्कड़ नाट्यमंडलियों को सफदर तथा अन्य जनवादी कलाकारों ने यह शिक्षा दी कि सार्वजनिक पार्क, बाजार, बस स्टाप, गली-मोहल्ले और औद्योगिक इलाके ऐसे क्षेत्र हैं जिन्हें रंगशाला में आसानी से बदला जा सकता है। शहरों और कस्बों से आने वाले दर्शकों के बीच खेले जाने वाले नुक्कड़ नाटकों की रंग प्रस्तुति, तकनीक तथा शिल्प, देहाती अंचलों से आने वाले दर्शकों के बीच खेले जा रहे नुक्कड़ नाटकों से थोड़ी भिन्न हो सकती है।

कुछ लोगों ने इसे 'चौराहा नाटक' भी कहा है किंतु यह नाम प्रचलित नहीं हो सका। 'नुक्कड़ नाटकों' में लोक शैली के तत्त्वों का व्यापक प्रयोग किया जाता है, इससे नाटकों में रोचकता पैदा होती है। लोक शैली के गीतों का भी इसमें भरपूर इस्तेमाल होता है खास तौर पर आरंभ में दर्शकों को लुभाकर इकट्ठा करने के लिए।

जनवादी विचारों वाले लेखकों और पत्र-पत्रिकाओं ने नुक्कड़ नाटकों को स्थापित और समृद्ध करने में खास भूमिकाएं निभायी हैं। 'उत्तरगाथा', 'उत्तरार्द्ध', 'कथन' आदि पत्रिकाएं इस दृष्टि से उल्लेखनीय हैं। गुरुशरण सिंह तथा असगर वजाहत जैसे नाटककारों तथा 'जनम' और 'सहमत' के साथियों ने नुक्कड़ नाटकों को प्रतिष्ठित करने में प्रमुख भूमिका निभायी है।

आधार ग्रंथ :

1. 'उत्तरार्द्ध', 'उत्तरगाथा' और 'कथन' के अंक।
2. 'सहमत' के प्रकाशन।

पत्र-साहित्य

साहित्यकारों द्वारा लिखित पत्रों को साहित्यिक भाषा के प्रयोग तथा विशिष्ट वैचारिक अभिव्यक्ति के कारण साहित्य की एक स्वतंत्र विधा के रूप में स्वीकार किया जाता है। यह हिंदी गद्य की नवीनतम विधाओं में से एक है। पत्र-लेखन तो लिखने की कला के आविष्कार के साथ ही आरंभ हुआ होगा, किंतु साहित्य की एक मूल्यवान विधा मानकर प्रकाशित करने और उसके कला रूप का विश्लेषण करने की प्रवृत्ति आधुनिक काल की देन है। पत्र-साहित्य का महत्व इसलिए है कि उसमें पत्र-लेखक अपेक्षाकृत मुक्त होकर अपने को व्यक्त करता है।

पत्रों को हम दो कोटि में बांट सकते हैं। एक तो निजी पत्र, जो प्रकाशन के उद्देश्य से नहीं लिखे जाते और दूसरे ऐसे पत्र, जो पत्र होते हुए भी वास्तव में साहित्यिक कृति के रूप में लिखे तथा प्रकाशित किये जाते हैं। इनकी सुदृढ़ परंपरा की शुरुआत बालमुकुंद गुप्त द्वारा शिवशंभु के छद्म नाम से लिखे गये 'चिट्ठे' और 'भारत मित्र' में प्रकाशित पत्रों की लोकप्रियता से होती है और विश्वंभरनाथ शर्मा 'कौशिक' द्वारा तत्कालीन 'चांद' में प्रकाशित 'दुबेजी की चिट्ठी' भी हिंदी पत्र साहित्य की आरंभिक किंतु महत्वपूर्ण निधि है। तत्कालीन वायसराय लार्ड कर्जन के नाम लिखे गये 'शिवशंभु के चिट्ठों' ने तो उस समय के

पाठकों में तहलका मचा दिया था। इन चिट्ठों में देश के सर्वोच्च शासक, वायसराय की बड़ी तीव्र आलोचना की गयी थी।

वैयक्तिकता पत्र-साहित्य की मूलभूत विशेषता है। वह मात्र दो हृदयों के बीच का आदान-प्रदान होता है। तीसरे की उपस्थिति उसकी पवित्रता को नष्ट कर देती है। "पत्र का खुला या मुक्त होना प्रेषक और प्रेष्य के मानसिक नैकट्य पर निर्भर करता है। पत्र, वस्तुस्थिति के सूचक, ज्ञातव्य के प्रकाशक और अभिप्रेत के वाहक भी होते हैं।" व्यक्तिगत पत्र साहित्य की भी विभूति बन सकते हैं।

महापुरुषों की प्रामाणिक जीवनियों के लेखन में भी उनके जीवन, युग और विचारों पर प्रकाश डालने में सहायक पत्रों को उद्धृत किया जाता है। हिंदी की श्रेष्ठ जीवनियों में भी अब चरितनायक संबंधी महत्वपूर्ण पत्र उद्धृत किये जाने लगे हैं। 'कलम का सिपाही' में अमृतराय ने प्रेमचंद से संबंधित कुछ अलभ्य पत्रों को उद्धृत किया है।

जीवनियों के अतिरिक्त अब साहित्यकारों की जो ग्रंथावलियां या रचनावलियां प्रकाशित हो रही हैं, उनमें पूरे एक खंड में पत्रों का प्रकाशन किया जा रहा है। मुक्तिबोध ग्रंथावली 'खंड छह', हजारीप्रसाद द्विवेदी ग्रंथावली 'खंड ग्यारह', माखनलाल चतुर्वेदी रचनावली, 'खंड आठ', निराला रचनावली 'खंड आठ' में उपर्युक्त साहित्यकारों के पत्र संगृहीत हैं। इन पत्रों से न केवल इन रचनाकारों के जीवन-संबंधी अनेक महत्वपूर्ण तथ्यों का उद्‌घाटन हुआ है, वरन् इनके समय की साहित्यिक गतिविधियों पर भी प्रकाश पड़ा है।

पिछले तीस वर्षों में कुछ विशिष्ट साहित्यकारों के महत्वपूर्ण पत्र-संग्रह प्रकाशित हुए हैं। इनमें चिट्ठी पत्री, दो खंड, (1962 ई.) सं. अमृतराय, (प्रेमचंद के पत्रों का संग्रह), फाइल और प्रोफाइल (1968 ई.) (साहित्यकारों के 'उग्र' के नाम पत्र) और निराला के पत्र (1971 ई.), सं. जानकी वल्लभ शास्त्री; पंत के दो सौ पत्र बच्चन के नाम (1971 ई.) सं. हरिवंशराय बच्चन, बनारसीदास चतुर्वेदी के पत्र (1971 ई.), सं. वृन्दावनदास, 'निराला की साहित्य साधना' खंड-3 (1976 ई.) सं. रामविलास शर्मा, 'प्रसाद' के नाम पत्र (1976 ई.), सं. रत्नशंकर प्रसाद, यशपाल के पत्र (1977 ई.), सं. पद्मधर पाठक, पत्र हजारीप्रसाद द्विवेदी (1983 ई.) आदि पत्र-संग्रह महत्वपूर्ण हैं। कुछ पत्रिकाओं ने अपने पत्र विशेषांक प्रकाशित किये हैं। 'ज्ञानोदय' (1963 ई.), 'सम्मेलन पत्रिका' (1982-83 ई.) 'सारिका' (1989 ई.) और 'दस्तावेज (2005) के पत्र-विशेषांक उल्लेखनीय हैं।

'मित्र-संवाद' डॉ. रामविलास शर्मा और उनके कवि मित्र केदारनाथ अग्रवाल के बीच होनेवाले लंबे पत्र-व्यवहार का संग्रह है। पाठक दोनों की मुद्रायें और भाव-दशायें एक साथ देख सकते हैं। 'घर की बातें', डॉ. शर्मा के उन पत्रों का संग्रह है, जो उन्होंने समय-समय पर अपने बड़े भाई को लिखे थे। इन पत्रों में व्यक्तियों और घटनाओं के संबंध में डॉ. शर्मा की प्रतिक्रियाओं और टिप्पणियों का विशेष महत्व है।

'संवाद अनायास' कथाकार गोविंद मिश्र को वल्लभ सिद्धार्थ द्वारा लिखे गये पत्रों का संग्रह है। 'राकेश और परिवेश पत्रों में'-शीर्षक पत्र-संग्रह का संपादन जयदेव तनेजा ने किया है। इसमें मोहन राकेश के 771 पत्रों का संचयन है। 'प्रतिनाद' कथाकार नरेंद्र कोहली को वरिष्ठ साहित्यकारों, संपादकों और पाठकों द्वारा लिखे गये पत्रों का संग्रह है।

'मैं पढ़ा जा चुका पत्र' में अनेक नये-पुराने साहित्यकारों द्वारा नंदकिशोर नवल को लिखे गए लगभग पौने पांच सौ पत्र संगृहीत हैं। इनमें नागार्जुन, डॉ. रामविलास शर्मा, भीष्म साहनी, केदारनाथ अग्रवाल, अमृतलाल नागर, डॉ. रघुवंश, डॉ. नामवर सिंह, केदारनाथ सिंह आदि के पत्र महत्वपूर्ण हैं।

'चिठिया हो तो हर कोई बांचै'-प्रख्यात कथाकार 'रेणु' के पत्रों का संग्रह है। इसका संपादन भारत यायावर ने किया है। इसमें 'रेणु' द्वारा कुल 65 व्यक्तियों को लिखे गए तरह-तरह के पत्र हैं। 'अक्षर-अक्षर यज्ञ' धर्मवीर भारती द्वारा समकालीन साहित्यकारों और मित्रों को लिखे गए छोटे-बड़े पत्रों का संग्रह है।

'हमकों लिख्यौ है कहा'-देवीशंकर अवस्थी को लिखे गए 241 पत्रों का संकलन है। संकलन-संपादन उनकी पत्नी डॉ. कमलेश अवस्थी ने किया है।

इन पत्रों में साहित्यकारों के अंतरंग जीवन की ऐसी अनेक छवियां उभरी हैं, जिनसे हमारा अब तक कोई परिचय नहीं था। इन पत्र-संग्रहों में समकालीन हिंदी-साहित्य के इतिहास का भी एक सर्वथा अपरिचित चेहरा देखा जा सकता है। इस चेहरे को सामने लाए बिना हिंदी साहित्य का समकालीन इतिहास अधूरा रह जायेगा।

आधार ग्रंथ :

1. हिंदी साहित्य कोश, भाग-1।
2. हिंदी का गद्य-साहित्य, डॉ. रामचंद्र तिवारी।
3. पद्म सिंह शर्मा के पत्र, बनारसी दास चतुर्वेदी।

पाठालोचन

'पाठालोचन' के लिये अंग्रेजी में 'टेक्चुअल क्रिटिसिज्म' (Textual Criticism) शब्द प्रचलित है। रचना के मूल पाठ के स्वस्थ निर्धारण के प्रसंग में स्वीकृत, निपुण तथा विधि-विहित प्रक्रिया का नाम पाठालोचन है। पाठ से हमारा तात्पर्य किसी भाषा में रचित ऐसे ग्रंथ से है जो अन्वेषक को न्यूनाधिक रूप में ज्ञात हो और जिसके विषय में निश्चयात्मक रूप से कुछ न कहा जा सकता हो।

लेखक द्वारा लिपिबद्ध रचना ही मूल रचना कहलाती है-उसकी नकल 'प्रति' और 'प्रतिलिपियां' कहलाती हैं। पाठालोचन का कार्य वहीं प्रारंभ होता है जहां हमें कवि की मूल कृति उपलब्ध नहीं होती और उसकी प्रतिलिपियां ही उपलब्ध होती हैं। प्रतिलिपियों की भी दो श्रेणियां होती हैं एक को प्रति और दूसरी को प्रतिलिपि कहना अधिक समीचीन है। प्रति मूल ग्रंथ की मूल नकल होती है और प्रतिलिपि प्रथम प्रति की नकल। मुद्रण कला के आविष्कार के पहले रचनाओं का प्रचार-प्रसार इसी तरह होता रहा है। प्रतिलिपिकार प्रत्येक बार अपनी 'आदर्श प्रति' की हूबहू नकल नहीं कर पाता। च्युत संस्कृति, प्रसंग छूट के प्रमाद, दृष्टि का मतिभ्रम आदि अनेक कारणों से लिपिकार आदर्श प्रति को ठीक-ठीक लिपिबद्ध नहीं कर पाता। ऐसी दशा में मूल लेखक का पाठ निर्धारण एक चुनौती बन जाता है। 'पाठ' से तात्पर्य रचयिता के स्वहस्तलिखित ग्रंथ या रचना से है।

पाठालोचित रचना को आलोचक द्वारा मूल रचना का पुनरुद्धार नहीं कहा जा सकता। उसे अधिक से अधिक सन्निकट समझकर संतोष धारण करना पड़ता है। यूरोप में पाठालोचन का कार्य बहुत समय पूर्व प्रारंभ किया गया था। भारत में भंडारकर शोध-संस्थान में डॉ. सुखटनकर ने 'महाभारत' के पाठ-निर्धारण के लिए पाश्चात्य पाठालोचन-सिद्धांत का सहारा लिया था। साथ ही भारतीय परिस्थितियों के अनुकूल भी उसे बनाया गया। पूना के डक्कन कॉलेज के शोध-संस्थान के निर्देशक डॉ. कात्रे ने इस दिशा में महत्त्वपूर्ण कार्य किया है। उन्होंने अंग्रेजी में पाठालोचन की भूमिका लिखकर पाठालोचन-शास्त्र को सुलभ बना दिया है। परिणामस्वरूप विभिन्न भारतीय भाषाओं में असंख्य मूल ग्रंथों की हस्तलिखित प्रतियों के आधार पर पुनर्निर्माण हो सका है। हिंदी में स्व. डॉक्टर माताप्रसाद गुप्त ने इस 'विज्ञान' में दक्षता प्राप्त कर कई प्राचीन ग्रंथों का पाठ-निर्धारण किया है।

पाठालोचन की दो प्रक्रियाएं हैं, वैज्ञानिक और कलात्मक। शुद्ध वैज्ञानिक पद्धति 'मक्षिका स्थाने मक्षिका' नीति का अनुसरण करती है। कलात्मक पद्धति प्रतिलिपियों में जिन स्थलों पर एकरूपता नहीं मिलती, वहां प्रसंगानुकूल सार्थक शब्द रखने में संकोच नहीं करती। आचार्य विश्वनाथ प्रसाद मिश्र लिखते हैं, "कोरी वैज्ञानिक प्रक्रिया से हिंदी के किसी ग्रंथ का ठीक-ठीक संपादन नहीं हो सकता। उसके लिए साहित्यिक संपादन की सरणी का परित्याग अहितकर है। वैज्ञानिक प्रक्रिया भारतीय दार्शनिक दृष्टि से विज्ञान होने से जड़ है। साहित्यिक प्रक्रिया दर्शन होने से चेतन है। मूल ग्रंथ के लेखन से लेकर संपादन तक सभी चेतन प्राणी होते हैं। जड़ की गतिविधि जितनी व्यवस्थित होती है उतनी चेतन की नहीं। अतः चेतन का प्रयास सर्वथा नियत नहीं होता। वैज्ञानिक प्रक्रिया शब्द पर अधिक ध्यान देती है और साहित्यिक (कलात्मक) प्रक्रिया शब्द पर ध्यान देते हुए भी अर्थ पर विशेष दृष्टि रखती है। 'साहित्य' शब्द और अर्थ का संपृक्त रूप होता है, अतः शब्द और अर्थ दोनों पर सामान्य दृष्टि ही प्राचीन ग्रंथों के संपादन में उपयोगी हो सकती है। वैज्ञानिक सरणी के नियम का इतना ही सदुपयोग या पालन हो सकता है कि संपादक किसी शब्द के हस्तलेखों में न मिलने पर उसे अर्थ बल पर बदल न सके। अतः दोनों सरणियों के तुल्य बल संयोजन से सर्वोत्तम कार्य हो सकने की अधिक संभावना है।"

बिहारी, केशवदास, मतिराम आदि अनेक मध्ययुगीन कवियों की कृतियों का पाठालोचन हो चुका है। यदि संयोगवश इन कृतियों की अशोधित पांडुलिपि या पांडुलिपियां पुनः उपलब्ध हो जाएं तो इनका पुनः पाठालोचन हो सकता है। जायसी के 'पद्मावत' का पाठालोचन, आचार्य रामचंद्र शुक्ल ने सर्वप्रथम कलात्मक प्रविधि से किया था, उसके बाद स्व. माताप्रसाद गुप्त ने वैज्ञानिक ढंग से उसका पाठालोचन किया। गुप्तजी के पश्चात् स्व. वासुदेवशरण अग्रवाल को नयी सामग्री प्राप्त होने पर उन्होंने भी उसका कला तथा विज्ञान की पद्धति से पाठालोचन प्रस्तुत किया। रामचरितमानस के लगभग 11 पाठालोचित संस्करण प्रकाशित हो चुके हैं। आचार्य रामचंद्र शुक्ल का नागरी प्रचारिणी संस्करण बहुत समय तक आदर्श माना जाता रहा। उसके पश्चात् गीता प्रेस ने अपना संस्करण प्रकाशित किया। इसके बावजूद अभी भी प्राचीन तथा मध्यकालीन कृतियों के प्रामाणिक संस्करणों की आवश्यकता बनी हुई है। इस क्षेत्र में अभी बहुत कार्य होना बाकी है। इस कष्टसाध्य कार्य को हाथ में लेने का विश्वविद्यालयीन शोध-छात्र को साहस नहीं होता। उन्हें सर्वप्रथम तो उसकी पाठप्रक्रिया से भलीभांति अवगत होना पड़ता है। उसके पश्चात् आलोच्य ग्रंथ की हस्तलिखित प्रतियों को प्राप्त करने में जिस साहस, धैर्य,

श्रम और मानापमानरहितता की अपेक्षा होती है वह बहुत कम छात्रों में पायी जाती है।

इस क्षेत्र में जो भी महत्त्वपूर्ण कार्य हुआ है वह उपाधिनिरपेक्ष अन्वेषकों द्वारा हुआ है जिनका न केवल भाषा के वर्तमान रूप से परिचय था, वरन् वे लिपियों तथा इतिहासों से भी परिचित थे। प्राचीन हस्तलेख को पढ़ना भी एक विशिष्ट प्रकार की योग्यता चाहता है। हिंदी की अधिकांश पांडुलिपियां तो नागरी लिपि में ही हैं पर काल-भेद से कुछ वर्षों के लेखन में कुछ अंतर भी दिखायी देता है। सूफी संतों के हिंदी-ग्रंथ मूल रूप में फारसी-लिपि में है। तञ्जौर (आंध्र), मद्रास, केरल, उड़ीसा आदि प्रांतों में हिंदी-ग्रंथ प्रादेशिक लिपि में पाए जाते हैं। अतः जब तक आलोच्य ग्रंथ की लिपि का ज्ञान न हो, उसका पाठालोचन संभव नहीं होता। ऐसी स्थिति में पाठालोचक अन्य व्यक्ति की भी सहायता ले सकता है, पर उसके 'पाठ निर्धारण' पर शत-प्रतिशत विश्वास करना प्रायः संभव नहीं होता।

साहित्यालोचन और पाठालोचन में अंतर होता है। पाठालोचक का कार्य केवल रचना के मूल रूप को विशेष प्रक्रिया द्वारा निर्धारित करना होता है। जबकि साहित्यालोचक रचना की पुनर्निर्मिति के पश्चात उसके साहित्यिक मूल्य का निर्धारण करता है। तात्पर्य यह है कि साहित्यालोचक का कार्य तभी शुरू हो पाता है जब पाठालोचन का कार्य समाप्त हो जाता है।

आधार ग्रंथ :

1. शोध-प्रविधि, डॉ. विनयमोहन शर्मा।
2. पाठालोचन : सिद्धांत और प्रक्रिया, मिथिलेश कांति।
3. पाठ संपादन के सिद्धांत, कन्हैया सिंह।
4. भारतीय पाठालोचन की भूमिका, (अनु.) उदय नारायण तिवारी।
5. Introduction in Indian Textual Criticism, S.M.Katre.
6. Textual and Literary Criticism, Brodson Bowers.

वेबसाइट : www.en.wikipedia.org/wiki/textual-criticism

पितृसत्तात्मक समाज व्यवस्था

पितृसत्तात्मक समाज व्यवस्था नृतत्व शास्त्रीय शब्द है, जिसे समाज की उन आदिम परिस्थितियों को अभिव्यक्त करने के लिए प्रयुक्त किया जाता है जब पुरुषों ने सामाजिक सत्ता पर अधिकार प्राप्त कर लिया। पहले सामाजिक श्रम विभाजन ने उत्पादन शक्ति के विकास का नया दौर ही नहीं शुरू किया, बल्कि आदिम कम्यून के लोगों के जीवनयापन में भी महत्वपूर्ण परिवर्तन लाया। यह परिवर्तन सर्वप्रथम पशुपालकों में दिखायी पड़ा। इस समाज में पुरुष मुख्यतः शिकारी और चरवाहे होते थे। इसलिए पशुपालकों में पुरुषों का श्रम कम्यून के आर्थिक पहलू के लिए महत्वपूर्ण बन गया। उनका श्रम भौतिक मूल्यों के उत्पादन में विशेष योगदान करता था इसलिए उस समुदाय में उनकी हैसियत बढ़ गयी। इसी प्रक्रिया में पितृप्रधानता का उदय हुआ। जब मनुष्य ने खेती करना शुरू किया तब भी पुरुष उसमें मुख्य श्रम शक्ति बने और उनका श्रम गण के भौतिक मूल्यों के लिए निर्णायक बन गया। औरतों का काम गृहकार्य में लगना था। खेती के मुख्य काम के मुकाबले गृहकार्य गौण बन गया।

आग की खोज का सत्ता परिवर्तन में क्रांतिकारी योगदान है। आरंभ में मनुष्य कच्चा आहार ही करता था परंतु बाद में जब किसी तरह उसने आग की खोज कर ली तो वह पका मांस भी खाने लगा और जब एक बार उसे पके मांस के स्वाद का अनुभव हुआ तो आग की प्रबल आवश्यकता महसूस हुई। आग को निरंतर जिलाये रखने के लिए गर्भवती नारी सर्वाधिक उपयुक्त साबित हुई। गर्भावस्था में चूंकि वह प्रायः कठिन परिश्रम करने में असक्त होती है, अतः पुरुष ने घर में बैठकर निरंतर आग को जिलाये रखने के काम में उसे लगा दिया और यही वह निर्णायक घड़ी थी जब नारी आग और चूल्हे से जोड़ दी गयी। कालांतर में जैसे-जैसे निजी संपत्ति बढ़ती गयी वैसे-वैसे उराके कारण परिवार के अंदर नारी की तुलना में पुरुष का महत्व और उसका अधिकार भी बढ़ता गया।

कार्ल मार्क्स ने लिखा है कि पुरुष और नारी के बीच पहला श्रम-विभाजन बच्चा पालन को लेकर हुआ था और एंगेल्स के शब्दों में इतिहास का पहला वर्गविरोध एकनिष्ठ परिवार के अंदर पुरुष और नारी के विरोध के बढ़ने के साथ-साथ सामने आता है और इतिहास का पहला वर्ग उत्पीड़न पुरुष द्वारा नारी के उत्पीड़न के साथ-साथ प्रकट होता है।

संक्षेप में निजी संपत्ति और एकनिष्ठ विवाह का उदय तथा आग की खोज वे प्रमुख कारण हैं जब मातृसत्ता

का विघटन हुआ और उसकी जगह पितृसत्ता ने ले ली। ऐतिहासिक विकास क्रम में माना जाता है कि समाज व्यवस्था पूर्व में मातृसत्तात्मक थी।

पितृसत्तात्मक समाज व्यवस्था में स्त्रियों के जीवन के प्रत्येक पक्ष पर पुरुषों का नियंत्रण होता है। महिलाओं की प्रजनन क्षमता पर नियंत्रण इसका सबसे महत्वपूर्ण पहलू है। पितृसत्तात्मक समाज व्यवस्था में उत्तराधिकार में संपत्ति का हस्तांतरण पुरुषों से पुरुषों के बीच ही होता है। इस उत्तराधिकार में एक स्त्री की यौन सेवाओं का सिर्फ एक व्यक्ति के लिए उपलब्ध होना आवश्यक है, क्योंकि इससे यह सुनिश्चित रहता है उत्तराधिकारी संतति जैविक रूप से शुद्ध है। महिलाओं की यौनिकता को विवाह संबंध के भीतर एक तक ही सीमित रखने के लिए कानूनी एवं नैतिक प्रावधानों की आवश्यकता होती है। इतिहास के सबसे प्रारम्भिक राज्य भी पितृसत्तात्मक व्यवस्था के भीतर ही संगठित थे। गर्डा लर्नर के अनुसार, 'स्त्री की यौन अधीनता' सबसे प्रारंभिक कानूनी व्यवस्थाओं में भी मौजूद थी और उसे राज्य की संपूर्ण शक्ति के साथ कार्यान्वित किया जाता था।

पितृसत्तात्मक समाज व्यवस्था की एक अन्य विशेषता यह है कि इसके अंतर्गत स्त्री की यौनिकता पर नियंत्रण के अलावा उसकी उत्पादकता या श्रम शक्ति पर भी नियंत्रण प्राप्त हो जाता है। उत्पादकता या श्रम शक्ति पर नियंत्रण प्राप्त करने से तात्पर्य है कि पुरुष, स्त्रियों को अधीन रखकर उनसे आर्थिक लाभ प्राप्त करते हैं। इस प्रकार पितृसत्तात्मक समाज व्यवस्था में स्त्रियां दोहरे नियंत्रण व शोषण का शिकार होती हैं। इसके लिए तथाकथित धार्मिक, नैतिक परंपराओं और रीति रिवाजों का सहारा लिया जाता है। पूंजीवादी समाज व्यवस्था सैद्धांतिक रूप से पितृसत्तात्मक समाज व्यवस्था को समर्थन देती है। जहां पहले स्त्री की यौनिकता और श्रम शक्ति पर ही पितृसत्तात्मक समाज व्यवस्था नियंत्रण स्थापित करता था, वहीं पूंजीवाद के विकास के साथ पितृसत्तात्मक समाज व्यवस्था ने स्त्री को उत्पाद के रूप में भी तब्दील कर दिया है।

आधार ग्रंथ :

1. परिवार, निजी संपत्ति और राजसत्ता की उत्पत्ति, फ्रेडरिक एंगेल्स।
2. नारी का मुक्ति संघर्ष, डॉ. अमरनाथ।
3. मानव समाज, राहुल सांकृत्यायन।
4. Beyond Power, Marilyn French.
5. Creation of Patriarchy, Gerda Lerner.
6. What is Patriarchy, Kamala Bhasin.

वेबसाइट : www.en.wikipedia.org/wiki/patriorchy

पुनर्जागरण

'पुनर्जागरण' का शाब्दिक अर्थ है 'किसी लुप्त प्राय अथवा बिसरी हुई संस्कृति एवं सभ्यता का पुनः जीवित या सचेत होना'। अंग्रेजी भाषा में पुनर्जागरण के लिए 'रेनेसां' (Renaissance) शब्द का प्रयोग किया जाता है। साधारणतया पुनर्जागरण का अर्थ यह माना जाता है कि प्राचीन युग की उन्नत यूनानी एवं रोमन सभ्यता जो मध्यकाल में प्रायः लुप्त हो चुकी थी, कुछ विशिष्ट परिस्थितियों में पुनर्जागरण काल में फिर से सजीव हो उठी। 14वीं शताब्दी से 16वीं शताब्दी तक के समय को यूरोप में पुनर्जागरण काल माना जाता है।

14वीं सदी तक आते-आते यूरोप में प्राचीन रोमन साम्राज्य के ध्वंस से उत्पन्न अव्यवस्था शांत हो चुकी थी। आक्रमणकारी नयी जातियां पुरानी लातीनी जातियों द्वारा इसाई धर्म में दीक्षित और आत्मसात कर ली गयी थीं। उस समय यूरोपीय संस्कृति में एक नए जीवन का संचार हुआ जिसका वेग लगभग 16वीं सदी तक बना रहा। इस युग में नये-नये अन्वेषण और आविष्कार हुए। धर्म का आधिपत्य कम हुआ, तार्किक दृष्टि को महत्व मिला और मनुष्य की प्रतिष्ठा बढ़ी। दर्शन के क्षेत्र में नये-नये विचार सामने आये जिनका प्रमुख लक्ष्य मनुष्य की प्रगति और प्रतिष्ठा था। कला और विज्ञान के क्षेत्र में नये युग का सूत्रपात हुआ। राजनीति और समाज व्यवस्था में मौलिक क्रांति का सूत्रपात हुआ। इटली, स्पेन, फ्रांस, जर्मनी और इंग्लैण्ड आदि पश्चिमी यूरोप के देशों में एक सर्वथा नयी सांस्कृतिक चेतना विकसित हुई, जिसका प्रथम उन्मेष इटली में देखने को मिला।

दर्शन, विज्ञान, कला, स्थापत्य व अन्य सभी क्षेत्रों में पुनर्जागरण काल में अद्वितीय प्रगति हुई। इस काल के पूर्व सभी विद्वान यही मानते थे कि पृथ्वी ही इस सौर-मंडल का केंद्र है। ब्रूनो ने इस मान्यता का विरोध किया

तो उसे जीवित जला दिया गया। लेकिन बाद में एक पादरी कोपर्निकस ने प्रमाणित किया कि सौर मंडल का केंद्र पृथ्वी नहीं बल्कि सूर्य है। तकनीकी क्षेत्र में 15वीं सदी में जॉन प्रास्ट व पीटर शूकर ने चलायमान अक्षरों वाले सर्वप्रथम नए छापेखाने स्थापित किये। साहित्य के क्षेत्र में दांते ने इसी दौर में अपनी प्रसिद्ध पुस्तक 'डिवाइन कॉमेडी' लिखी। मूर्तिकला व चित्रकारी में माइकल एंजेलो बोनारोत्री, (बैटिल ऑफ कैसिना, क्रियेशन ऑफ ऐडम, लास्ट जजमेंट-चित्र, पेंता व डेविड-मूर्तियां) लियोनार्डो द विंची (वर्जिन ऑफ दि राक्स, लास्ट सफर, मोनालिसा, सेंट जॉन दि बैपिस्ट-चित्र), राफेला (मैरिज ऑफ दि वर्जिन, नाइट, थ्री ग्रेसेज, सेंट माइकल-चित्र) सहित लोरेंजों जिबर्टी, डोनाटेलों, बोरोशियों आदि प्रसिद्ध नाम हैं।

दर्शन और राजनीतिक विचार के क्षेत्र में दांते और मैक्यावेली सर्वाधिक महत्वपूर्ण हैं। इन दार्शनिकों ने आधुनिक जनतंत्र के लिए जमीन तैयार करने का कार्य किया। विचारकों ने पहली बार राजा के चुनाव में पोप के हस्तक्षेप को अनुचित बताया और खुलकर उसका विरोध किया। मैक्यावेली का मानना था कि धर्म ने राज्यों को निर्बल बनाया है। इसकी सबसे महत्वपूर्ण स्थापना थी कि राजनीति में अपने राज्य की रक्षा के लिए झूठ बोलना, धोखा देना, आवश्यक ही नहीं, नैतिक भी है, परंतु धर्म के अनुसार यह घोर अनैतिक कर्म है। इस तरह राज्य और धर्म, मानव जीवन की पृथक-पृथक आवश्यकताएं हैं।

इस तरह इस युग में धर्म और चर्च का हस्तक्षेप घटा और बहुमुखी प्रगति से यूरोप का मानो नया जन्म हुआ। इसी कारण इस युग को नव जागरण या पुनर्जागरण का अभिधान प्रदान किया गया। नवजागरण की कल्पना के प्रचार का श्रेय इटली के नवजागरण के प्रथम इतिहासकार वर्कहार्ट को है, यद्यपि 'रेनेसां' शब्द का प्रयोग सबसे पहले फ्रांसीसी इतिहासकार दार्शनिक मिशेसेट ने 19वीं सदी के पूर्वार्द्ध में किया था।

पुनर्जागरण का यूरोप के अन्य देशों पर भी प्रभाव पड़ा, जिसके कारण यूरोप में औद्योगिक क्रांति की शुरुआत हुई और वे प्रगति के नये युग में प्रवेश कर सके।

भारत में नवजागरण को लेकर अलग-अलग अवधारणाएं हैं। कुछ लोग मानते हैं कि पहला नवजागरण गौतम बुद्ध के आविर्भाव के साथ आया। बुद्ध ने पुरानी जड़ अवधारणाओं को तोड़कर मनुष्य-मनुष्य के भीतर के भेद को मिटाया जिसका प्रभाव मध्य एशिया तक फैल गया। दूसरा नवजागरण भक्ति काल में दिखायी पड़ता है। तीसरा नवजागरण अंग्रेजी सभ्यता के संपर्क में आने के बाद, खासतौर पर 1857 के प्रथम स्वाधीनता आंदोलन के बाद शुरू हुआ जिसका केंद्र खास तौर पर बंगाल था। ब्रह्म समाज, आर्य समाज, प्रार्थना समाज, थियोसोफिकल सोसाइटी जैसे विविध आंदोलन तथा विवेकानंद, रवींद्रनाथ टैगोर, महात्मा गांधी, ईश्वरचंद्र विद्यासागर, महर्षि अरविंद आदि विचारक इसके प्रमुख सूत्रधार थे। गुप्त युग को भी कुछ लोगों ने नवजागरण युग कहा है।

हिंदी नवजागरण का भी अपना स्वतंत्र अस्तित्व है जो भारतेंदु से शुरू हुआ और जिसके अग्रदूत खुद भारतेंदु थे।

आधार ग्रंथ :

1. हिंदी साहित्य कोश भाग-1।
2. बंगला नवजागरण, सुशोभन सरकार।
3. विश्व का इतिहास, शिवकुमार गुप्त।
4. पाश्चात्य राजनीतिक चिंतन, सुब्रत मुखर्जी।
5. हिंदी आलोचना के बीज शब्द, बच्चन सिंह।
6. Age of Revolution, Eric Hobssbowm.
7. The Civilization of Europe in the Renaissance, John R.Hale.
8. Thought and Expression in the 16th Century, H.O.Taylor.

वेबसाइट : www.en.wikipedia.org/wiki/renaissance

पुष्टिमार्ग

महाप्रभु वल्लभाचार्य ने अपने शुद्धाद्वैतवाद के आधार पर भक्ति का जो संप्रदाय स्थापित किया, उसी का नाम पुष्टिमार्ग है। इसी को वल्लभ संप्रदाय या वल्लभमत भी कहते हैं। श्रीमद्‌भागवत के द्वितीय स्कंध के दशम अध्याय में वर्णित दस विषयों में पोषण भी है। भक्तों के ऊपर भगवान की कृपा का ही नाम 'पोषण' है, 'पोषणं तदनुग्रहः'। वल्लभाचार्य ने इसी शब्द के आधार पर भगवद्‌भक्ति को 'पुष्टिमार्ग' का नाम दिया। पुष्टिमार्ग में भगवान की भक्ति प्रभु के अनुग्रह पर अवलम्बित होती है, इसीलिए भगवान के अनुग्रह पर

सर्वाधिक बल दिया जाता है। यह अनुग्रह ही भक्त का कल्याण करता है।

सिद्धांत की दृष्टि से महाप्रभु वल्लभाचार्य द्वारा प्रवर्तित इस मत को 'शुद्धाद्वैतवाद' के अलावा 'ब्रह्मवाद' और 'अविकृत परिणामवाद' भी कहते हैं। शंकराचार्य ने जिस अद्वैतवाद की प्रतिष्ठा की थी, वह बहुत समय तक विवाद का विषय बना रहा। यदि जगत मिथ्या है, तो जगत के पदार्थ, जगत के व्यापार, जगत के प्राणी कैसे सत्य हो सकते हैं अथवा स्वयं शंकराचार्य का 'ब्रह्मवाद' ही कैसे विश्वसनीय हो सकता है? शंकराचार्य का अद्वैतवाद तर्क की दृष्टि से भले ही पुष्ट हो किंतु भक्ति के लिए उसमें कहीं भी जगह नहीं थी। भक्ति साकार के प्रति ही हो सकती है क्योंकि वास्तव में तो प्रेम के सामाजीकरण का ही दूसरा नाम भक्ति है। जगत को मिथ्या मान लेने से भक्ति के लिए आलंबन कहां मिलेगा ? राम, कृष्ण आदि सभी आराध्य तो जगत के भीतर ही हैं। इसीलिए महाप्रभु वल्लभाचार्य ने 'ब्रह्म सत्यम्' के साथ 'जगत सत्यम्' भी कहा और केवल 'संसार' को मिथ्या बताया। 'संसार' "मैं और मेरा, तू और तेरा"—अविद्या माया जन्य संबंधों के अतिरिक्त कुछ नहीं है। वल्लभाचार्य ने इस संशोधन से शंकर के 'अद्वैतवाद' को मानो शुद्ध कर दिया। दर्शन की भाषा में इसे यों कहा जाएगा, अद्वैतवादियों के अनुसार निर्गुण-निर्विशेष ब्रह्म माया से संबद्ध होने के कारण सगुण प्रतीत होता है। वल्लभाचार्य ने स्थापित किया कि ब्रह्म में उभयरूपता स्वाभाविक है। कार्य कारण रूप ब्रह्म 'माया-संबंध' रहित होने के कारण 'शुद्ध' है। ब्रह्म, जीव और जगत तीनों को ब्रह्म रूप मानने के कारण इस सिद्धांत को 'ब्रह्मवाद' भी कहते हैं।

भगवान जीवों पर अनुग्रह करने के लिए अवतार-रूप में प्रकट होते हैं। उनके अवतार धारण करने का हेतु साधुओं का परित्राण या दुष्टों का विनाश नहीं, वरन साधन-निरपेक्ष मुक्ति प्रदान करना है। उसका यह अनुग्रह भी उनकी लीला मात्र है, कोई अन्य प्रयोजन नहीं। इस अनुग्रह पर आश्रित पुष्टिभक्ति नवधा भक्ति से भिन्न है। नवधा भक्ति साधन-भक्ति या मर्यादा-भक्ति है, उसमें भजन, पूजन आदि की अपेक्षा होती है। पुष्टिभक्ति रागात्मिका या रागानुगा भक्ति है, जो भगवत कृपा से प्राप्त भगवत प्रेम पर ही आश्रित है। इसीलिए इसे प्रेम-लक्षणा भक्ति कहते हैं।

जीव को भगवान के अनुग्रह या पोषण की आवश्यकता क्यों होती है, इसका उत्तर वल्लभाचार्य ने जीवसृष्टि का स्वरूप समझाते हुए दिया है। लीला-विलास के लिए ब्रह्म के चित अंश से असंख्य जीव उत्पन्न हो जाते हैं। सच्चिदानंद अक्षर ब्रह्म के चित अंश से असंख्य निराकार जीव, सत अंश से जड़ प्रकृति तथा आनंद अंश से अंतर्यामी रूप, अग्नि से स्फुलिंग निकलने की तरह प्रकट होते हैं। जीव में केवल सत और चित अंश होता है, आनंद अंश तिरोहित रहता है। इसी कारण वह भगवान के छह गुणों—ऐश्वर्य, वीर्य, यश, श्री, ज्ञान और वैराग्य से हीन होता है, परिणामस्वरूप वह दीन, हीन, पराधीन, दुःखी, जन्म-मरण के दोष से युक्त, अहंकारी, विपरीत ज्ञान में भ्रमित और आसक्तिग्रस्त रहता है। यही उसकी क्षीणता या दुर्बलता है। भगवान अपने अनुग्रह से उसे पुष्ट करते हैं, उसकी क्षीणता दीनता में बदल जाती है।

परंतु सभी जीव इस अनुग्रह या पोषण के अधिकारी नहीं बन सकते। इस संबंध में वल्लभाचार्य ने जीवों के प्रकार-भेद गिनाये हैं। जीव दो प्रकार के होते हैं—दैवी और आसुरी। दैवी जीव पुनः दो प्रकार के होते हैं—पुष्टिजीव और मर्यादा जोव। पुनः पुष्टिजीव चार प्रकार के होते हैं—शुद्धपुष्ट, पुष्टिपुष्ट, मर्यादापुष्ट और प्रवाहपुष्ट। ये ही चार प्रकार के पुष्टिजीव भगवान की सेवा के अधिकारी होते हैं। उनका जन्म ही सेवा के हेतु होता है।

"पुष्टिजीवों में शुद्ध पुष्टिजीव तो नित्य और मुक्त होते हैं। वे भगवान के षड्गुण अप्राकृत शरीर से भगवान की नित्य सेवा का आनंदलाभ करते हैं। अवतार-दशा में वे भी भगवान के साथ अवतरित होते हैं, उनकी स्थिति सिद्ध अवस्था की होती है। शेष तीन प्रकार के पुष्टिजीवों की भक्ति तीन प्रकार की होती है और वे उसी के अनुसार पुनः पुष्टि-पुष्ट, मर्यादापुष्ट और प्रवाहपुष्ट--तीन प्रकार के होते हैं। भगवान के आनंद स्वरूप से उत्पन्न ये पुष्टिजीव भी पाप और अहंता युक्त ममतामय संसार में लिप्त हो सकते हैं, परंतु उनमें भक्ति का बीज सहज ही अंकुरित हो जाता है जो फलीभूत होकर अंत में उन्हें अभीष्ट की प्राप्ति कराता है। सर्वभाव से भगवान की कृपा पर ही निर्भर रहते हुए वे आनंदरूप श्रीकृष्ण की आराधना में रत रहते हैं और चातक की तरह अनन्य भाव से निरंतर उन्हीं का ध्यान करते रहते हैं।

"इसी प्रेमभक्ति के आधार पर अंशरूप जीव, अंशी ब्रह्म के साथ जो संबंध स्थापित करता है, वही ब्रह्म-संबंध है। पुष्टिमार्ग में दीक्षित होते समय ही भक्त, गुरु के आदेश से 'श्रीकृष्णः शरणं मम' मंत्र का उच्चारण करके श्रीकृष्ण को अपने तन, मन, धन, पुत्र, कलत्र आदि के समर्पण का संकल्प करता है और इस प्रकार समस्त सांसारिक दोषों से निवृत्ति प्राप्त करता है। इस सर्वात्मसमर्पण के भाव को दृढ़ करके तीन प्रकार की सेवा की जाती है—(1) तनुजा, अर्थात अपने तथा अपने पुत्र, स्त्री आदि के शरीर को भगवान की सेवा में लगाना, (2) वित्तजा, अर्थात धन, यश आदि को भगवान के निमित्त अर्पित करना और (3) मानसी, अर्थात मन का निरोध करके निरंतर

भगवान में लीन रखना। मानसी सेवा ही सबसे अधिक महत्त्वपूर्ण और कठिन है।"

तात्पर्य यह है कि पुष्टिमार्गीय भक्ति सहज, निष्काम प्रेम भक्ति है, भगवत्कृपा पर आश्रित है। प्रेम भक्ति स्वतः परिपूर्ण है, उसमें किसी प्रकार की प्रार्थना विहित नहीं है, क्योंकि प्रार्थना की पूर्ति के लिए भगवान् को कष्ट उठाना पड़ता है। भक्त भगवान् को कष्ट देना सहन नहीं कर सकता। पुष्टि-भक्ति में प्रेम को गोप्य रखना आवश्यक है, अतः अहंकार न पैदा हो जाए, इसलिए प्रेम छिपाने के लिए दम्भ करना पड़ता है। कर्मकांड की नितांत उपेक्षा प्रेम-भक्ति का लक्षण है। इस मार्ग में साधु-संन्यासी नहीं होते। धार्मिक आचार्य भी पूर्ण गृहस्थ होते हैं। इसमें त्याग का नहीं, समर्पण का महत्त्व है। समर्पण से ही मानसिक वैराग्य दृढ़ होता है। सदाचार का भी इसमें कोई स्वतंत्र अस्तित्व नहीं है, क्योंकि भगवन्मय जीवन में वह स्वतः सिद्ध है। इस प्रकार पुष्टिमार्ग एक प्रवृत्ति-मार्ग है, जिसमें मानसिक निवृत्ति पर ही विशेष बल दिया गया है।

पुष्टिमार्गीय भक्ति में सूरदास का स्थान अन्यतम है। गोस्वामी विट्ठलनाथजी ने सूरदास को 'पुष्टिमार्ग का जहाज' कहा है।

डॉ. हरवंश लाल शर्मा का यह निष्कर्ष है कि "पुष्टि-मार्ग में प्रेम-भक्ति ही साध्य है और वैधी भक्ति साधन-स्वरूपा है। श्रीमद्भागवत में प्रेम-भक्ति को ही पराभक्ति कहा गया है, इसलिए पुष्टि भक्ति के प्रेम-तत्त्व के सूत्र का आधार श्रमद्भागवत ही कहा जा सकता है।"

सूरदास ने 'पुष्टि' शब्द का प्रयोग कदाचित् ही कहीं किया हो। वह भक्त थे—दार्शनिक नहीं। उन्होंने 'पुष्टि' और उसके विभेदों आदि का विवेचन न करके उसमें निहित भावना को ही व्यक्त किया है। गोपियों का व्यक्तित्त्व पुष्टिमार्गीय भक्ति-भावना के आधार पर ही संघठित है। संसार के समस्त साधनों को त्यागकर वे एकमात्र प्रेम के बल पर अपने आपको भगवान के भरोसे छोड़ देती हैं और केवल प्रेम के द्वारा भगवान को अपने वश में करती हैं। यही 'पुष्टि-भक्ति' की सार्थकता है।

आधार ग्रंथ :

1. हिंदी साहित्य कोश, भाग-1।
2. अष्टछाप और वल्लभ संप्रदाय, दीनदयाल गुप्त।
3. भागवत धर्म, बलदेव उपाध्याय।
4. महाकवि सूरदास, नंददुलारे वाजपेयी।
5. भक्ति का विकास, मुंशीराम शर्मा।
6. भक्ति आंदोलन और सूरदास का काव्य, मैनेजर पांडेय।

पूंजीवाद

पूंजीवाद शब्द अंग्रेजी के कैप्टिलिज्म (Capitalism) का हिंदी पर्याय है। इस शब्द की उद्भावना 19वीं सदी के पूर्वार्द्ध में इस अर्थव्यवस्था के समाजवादी आलोचकों ने की थी। कार्ल मार्क्स की विश्व प्रसिद्ध कृति पूंजी (Das Capital) ने इसे सैद्धांतिक आधार दिया। पूंजीवाद समाजवाद से पहले की सामाजिक-आर्थिक समाज व्यवस्था है। यह उत्पादन के साधनों के निजी स्वामित्व तथा उजरती श्रम के शोषण पर आधारित व्यवस्था है। पूंजीवाद पूंजीपति और श्रमिक नाम के दोनों प्रमुख वर्गों को जन्म देता है। इनके साथ-ही-साथ एक मध्य वर्ग की भी स्थिति देखने को मिलती है, जो दिन-प्रतिदिन अधिकाधिक व्यापक होता जाता है। मार्क्सवादियों के अनुसार पूंजीवादी उत्पादन का लक्ष्य और पूंजीपतियों की समृद्धि का स्रोत अतिरिक्त मूल्य पर पूंजीपतियों का कब्जा है। पूंजीवादी व्यवस्था में मुख्य वर्ग, सर्वहारा तथा पूंजीपति होते हैं, जिनके बीच चलने वाले संघर्ष को अंतर्विरोध कहते हैं।

मार्क्स के अनुसार पूंजीवाद की तीन विशेषताएं हैं, वस्तु का उत्पादन अतिरिक्त मूल्य का सिद्धांत और मुक्त श्रम। वस्तु का उत्पादन पूंजीवादी व्यवस्था में बहुत व्यापक हो जाता है और विनिमय के लिए इसका प्रयोग बहुत अधिक मात्रा में किया जाता है, अतिरिक्त मूल्य का सिद्धांत (Theory of Surplus Value) के अनुसार पूंजीपति अनिवार्य रूप से श्रमिक का शोषण करता है और उसी से अपने लाभ की प्राप्ति करता है और मुक्त श्रम (Free Labour) का तात्पर्य यह है कि पूंजीवाद में श्रम मुक्त और निर्बंध होता है। वह स्वतंत्र रूप से अपने श्रम को कहीं भी बेच सकता है।

पूंजीवाद अपने विकास में विभिन्न मंजिलों से गुजरता है। मुक्त प्रतियोगिता, जो पूंजीवाद की पहली मंजिल की अभिलाक्षणिकता है। धीरे-धीरे उत्पादक शक्तियों का उच्च विकास, टेक्नोलाजी की उन्नति, उत्पादन का संकेंद्रण, इजारेदारियों का गठन इस व्यवस्था को साम्राज्यवाद की ओर ले जाता है, जो पूंजीवाद की चरम अवस्था है। इसी

के साथ समाजवादी क्रांति के लिए पूर्वाधारों का निर्माण होता है।

पूंजीवादी समाज-व्यवस्था के अंतर्गत पैसा ही प्रमुख हो जाता है। कोई व्यक्ति क्या है और क्या कर सकता है, यह बात उसके अपने व्यक्तित्व के आधार पर निश्चित नहीं होती, वरन् पैसे के आधार पर तय होती है। पैसे की शक्ति तथा क्षमता उस मनुष्य की शक्ति तथा क्षमता बन जाती है। पैसे के बल पर, अत्यंत कुरूप होते हुए भी. वह एक सुंदर युवती को खरीद सकता है।...बेईमान, दुष्ट और निहायत मंदबुद्धि होने के बावजूद कोई व्यक्ति इस कारण समाज में प्रतिष्ठा प्राप्त कर लेता है कि वह पैसे वाला है। पूंजीवादी समाज-व्यवस्था में पैसे की यह प्रभुता समस्त मानवीय संबंधों को तोड़ कर रख देती है। इस व्यवस्था में पैसे के बल पर कुछ भी खरीदा जा सकता है। परंतु, पूंजीवाद, समाज विकास की एक खास मंजिल है। इस क्रम में वह अपने पहले की सामंतवादी व्यवस्था से आगे की मंजिल है। समाज को आगे ले जाने में उसकी खास भूमिका है।

पूंजीवाद व्यक्ति को एकाकी बनाता है। पूंजीवादी युग में विकसित व्यक्तिवाद के अंतर्गत सामंती रूढ़ियों के प्रति विद्रोह की भावना मिलती है। इस भावना का उन्मेष साहित्य में भी दिखायी देता है। उन्नीसवीं सदी के उत्तरार्ध से लेकर बीसवीं सदी के आरंभ तक की अवधि में हिंदी की रीतिकालीन कविता के विरुद्ध जो विद्रोह भावना देखने को मिलती है उसका एक प्रमुख कारण भारत में पश्चिम की पूंजीवादी संस्कृति का आना भी है।

पूंजीवादी-बुर्जुआ वर्ग के उदय के साथ वस्तुतः क्रांतिकारी परिवर्तनों का युग प्रारंभ होता है। जब पूंजीवाद अधिक विकसित हो जाता है तब पूंजीवादी वर्ग के भीतर कंसेन्ट्रेशन और सेंट्रलाइजेशन की प्रवृत्तियां प्रारंभ हो जाती हैं। इसका यह अर्थ हुआ कि छोटी-छोटी पूंजीवादी कंपनियों को बड़ी कंपनियां निगल जाती हैं। धीरे-धीरे व्यापार बहुत कम किंतु बड़ी कंपनियों के हाथ में सिमट जाता है।

आज पूंजीवाद अपनी अगली और शायद अंतिम मंजिल पर पहुंच चुका है। दुनिया में अब बहुराष्ट्रीय कंपनियों का वर्चस्व कायम हो चुका है। इन बहुराष्ट्रीय कंपनियों का इतना प्रभाव है कि आज दुनिया के तमाम देशों की सरकारें उनके इशारों पर बनती बिगड़ती हैं। आज दुनिया एक बाजार के रूप में तब्दील हो चुका है और विभिन्न देशों में जो भी लड़ाई-झगड़े हो रहे हैं वे बाजार के वर्चस्व के लिए हो रहे हैं। इराक में सद्दाम हुसैन की सत्ता को अमेरिका ने सिर्फ इसलिए उखाड़ फेंका ताकि वहां वह अपनी कठपुतली सरकार बना सके और वहां के तेल पर अपना कब्जा जमा सके। यही हाल अफगानिस्तान का भी था।

आज तीसरी दुनिया की अवधारणा ही लगभग खत्म होती जा रही है। हर देश में समृद्धि के स्तूप भी मिलेंगे और पास में ही जानवरों से भी बदतर जिंदगी जीते हुए और भूख से मरते हुए इंसान भी।

निश्चय ही सोवियत संघ तथा अन्य कई समाजवादी देशों में समाजवाद के पतन के बाद दुनिया में पूंजीवाद की ताकत बढ़ी है परंतु यह पूंजीवाद के स्थिरीकरण का द्योतक नहीं है। हर व्यवस्था बदलती है और इसीलिए पूंजीवाद का भी समाप्त होना तय है।

आधार ग्रंथ :

1. मार्क्सवादी साहित्य चिंतनः इतिहास और दृष्टि, डॉ. शिवकुमार मिश्र।
2. दर्शनकोश, प्रगति प्रकाशन, मास्को।
3. हिंदी साहित्य कोश, भाग-1।
4. साम्राज्यवाद, पूंजीवाद की चरम अवस्था, ब्ला.ई. लेनिन।
5. Das Capital, Karl Marx.
6. A Dictionary of Scientific Communism.

वेबसाइट : www.marxists.com/history/capitalism
www.marxists.net/
www.marxists.org/
www.en.wikipedia.org/wiki/capitalism

पेट्टी बुर्जुआ

'पेट्टी बुर्जुआ' (Petty Bourgeoise) या 'पेती बुर्जुआ' (Petite Bourgeoise) फ्रेंच भाषा का शब्द है जिसे मार्क्सवादी दर्शन ने पारिभाषिक अर्थ दिया है। उन व्यक्तियों के वर्ग को अभिव्यक्त करने के लिए इस शब्द का प्रयोग किया जाता है, जिन्हें हम मध्यवर्ग और श्रमिक वर्ग दोनों में रख सकते हैं। ये अपने दृष्टिकोण, स्वभाव

और मनोविज्ञान की दृष्टि से मध्यवर्गीय होते हैं परंतु आर्थिक हैसियत अच्छी न होने के कारण श्रमिक वर्ग से अपना रिश्ता बनाए रखते हैं। इस वर्ग के पास अपनी निजी संपत्ति हो सकती है, लेकिन इनकी आमदनी बहुत कम होती है, इसके साथ-साथ इन लोगों के काम करने की परिस्थितियां भी बहुत अच्छी नहीं होती हैं। उदाहरणस्वरूप छोटे किसान, दुकानदार, छोटे व्यापारी, स्व-नियोजित कामगार इस श्रेणी में आते हैं। इस वर्ग के लोगों में श्रमिक वर्ग और मध्यवर्ग दोनों की विशेषताएं पायी जाती हैं। इसी स्थिति के कारण ऐसे लोगों को पेट्टी बुर्जुआ वर्ग की श्रेणी में रखा जाता है। इस वर्ग के सदस्यों को उन स्थानों पर रहते हुए पाया जा सकता है, जहां श्रमिक वर्ग के लोग रहते हैं, लेकिन इन लोगों का राजनीतिक व्यवहार और जीवन के प्रति दृष्टिकोण मध्यमवर्गीय लोगों के अनुरूप होता है।

इस वर्ग के चरित्र को इस अनुभव के आधार पर समझा जा सकता है कि फासिज्म को महत्वपूर्ण आधार देने वाले इसी वर्ग के लोग थे।

जर्मनी और इटली का अनुभव हमें बताता है कि देश/समाज की आर्थिक व्यवस्था में अस्थिरता उत्पन्न होने के समय 'उग्र राष्ट्रवाद' की भावना बढ़ाने में पेट्टी बुर्जुआ वर्ग ने फासीवादी-नाजीवादियों को समर्थन दिया था। विद्वानों का मानना है कि 'वर्ग-संघर्ष' की स्थिति में यह वर्ग अपने वर्गीय हितों को नहीं पहचान पाता और अवसरवादी होता है। इसीलिए इस वर्ग पर भरोसा नहीं किया जा सकता।

आधार ग्रंथ :

1. A Dictionary of the Scientific Communism.
2. The Petite Bourgeoise : comparative study of the uneasy stratum, Bechhofer F. and Eilliott B. (Ed)

प्रकृतवाद

'नेचुरलिज्म' (Naturalism) के लिए हिंदी में 'प्रकृतवाद', 'प्रकृतिवाद', 'निम्न यथार्थवाद', 'नग्न यथार्थवाद', तथा 'तथ्यवाद' आदि कई नाम प्रचलित हैं। ऐतिहासिक दृष्टि से 'प्रकृतवाद' 'यथार्थवाद' के बाद का आंदोलन है। साहित्य के क्षेत्र में इसे 'यथार्थवाद' का ही विकसित किंतु विकृत अथवा कुत्सित रूप कहा जा सकता है। 'प्रकृतवाद' मानव-मन की सभी प्रवृत्तियों एवं गतिविधियों के लिए मूलतः प्राकृतिक कारणों को ही उत्तरदायी ठहराता है। इस दृष्टिकोण के अनुसार मानव मस्तिष्क की समस्त प्रक्रियाएं इंद्रियजन्य हैं। फलतः प्रकृतवादी विचारधारा में अध्यात्म के लिए कोई जगह नहीं है, जो कुछ है, सब इंद्रियों द्वारा उद्भूत है। इनसाइक्लोपीडिया ऑफ पोयट्री एंड पोयटिक्स के अनुसार-" Naturalism is the aesthetic correlate of philosophical doctrine that has its place in 19th-C, History...Philosophical Naturalism considers natural causes to be responsible for all movements of mind and matter." इसके अंतर्गत मनुष्य के सारे क्रिया-कलापों का अध्ययन विशुद्ध शरीरवादी दृष्टिकोण से होता है। उसका अवलोकन अन्य जंतुओं (पशुओं आदि) की भांति ही किया जाता है।

अपनी वर्तमान अवधारणा में प्रकृतवादी आंदोलन का उदय मुख्यतः डार्विन के बाद उन्नीसवीं सदी में हुआ। डिक्शनरी ऑफ वर्ल्ड लिटरेचर के अनुसार– "Naturalism came into wide usage in its present sense during the 19th C; it might almost be called (in both its philosophical and its literary employment) a post-Darwinian World."

प्रकृतवादियों ने सामान्यतः उपन्यास को ही अपने विचारों के प्रस्फुटन और पल्लवन के लिए अपनाया है। यद्यपि प्रकृतवादी प्रवृत्ति के सर्वप्रथम दर्शन फलौबेयर (Gustave Flaubert) के प्रसिद्ध यथार्थवादी उपन्यास 'मदाम बोवेरी' (Madame Bovary 1857) में होने लगे थे, तथापि प्रकृतवाद पर लिखने वाले प्रथम लेखक कदाचित एमिल जोला (Emile Zola, 1840-1902) थे। उन्होंने अपनी प्रसिद्ध कृति 'ल रोमन एक्सपेरिमेंटल' (Le Roman Experimental 1880) में प्रकृतवाद की व्याख्या प्रस्तुत की।

वास्तव में 19वीं सदी के फ्रांसीसी उपन्यासकारों ने ही प्रकृतवादी साहित्यिक प्रवृत्ति को विकसित किया था और इस धारा के प्रमुख प्रतिनिधि एमिल जोला थे। जोला के अलावा जार्जमूर, आर्नल्ड बैनेट, फ्रेंक नॉरिस, थियोडोर ड्राइजर, हेनरिश मान, मूलरो आदि प्रकृतवादी उपन्यासकारों एवं लेखकों के नाम भी उल्लेखनीय हैं। जर्मन-साहित्य में इस प्रवृत्ति का विकास काव्य के माध्यम से हुआ। 19वीं सदी के उत्तरार्ध में जर्मन में कवियों का

एक विशिष्ट 'स्कूल' था, जो जर्मन साहित्य में 'प्रकृतवादी स्कूल' के नाम से अभिहित किया गया है। इस स्कूल के प्रतिनिधि कवि रिचर्ड (Richard Dehmel) तथा आर्नो होल्ज (Arno Holz) थे।

इस तरह प्रकृतवाद मूलतः एक दार्शनिक आंदोलन है जिसका सौंदर्यपरक सह-संबंध कला एवं साहित्य से है। साहित्य के क्षेत्र में इसकी विवेचना करने वाले सर्वप्रथम प्रकृतवादी फ्रांसीसी उपन्यासकार एमील जोला थे तथा इसका पल्लवन 19वीं सदी के उत्तरार्ध में फ्रांसीसी उपन्यासकारों तथा जर्मन कवियों ने समान रूप से किया था।

प्रकृतवाद के उद्भव के मूल में न्यूटन के भौतिकशास्त्र से उद्भूत यांत्रिक सिद्धांत, डारविन के विकासवादी सिद्धांत तथा हर्बर्ट स्पेंसर के समाजवादी सिद्धांत का सामूहिक प्रभाव है। न्यूटन के यांत्रिक सिद्धांत से प्रभावित बुद्धिजीवियों ने कार्य-कारण सिद्धांत का आरोप मनुष्य पर भी किया। मानवीय प्रकृति की यंत्रवादी व्याख्या की गयी। इधर डारविन ने यह प्रमाणित किया कि मनुष्य भी अन्य जीवों का ही विकसित रूप है। अन्य जीवों की भांति वह भी प्रकृति का अभिन्न अंग तथा प्रकृति के नियमों से परिचालित है। इसके साथ ही, काण्ट के नियतिवाद ने 19वीं सदी के बुद्धिजीवियों को निराशावादी जीवन-दृष्टि की ओर उन्मुख किया। उनकी इस निराशावादी मनोवृत्ति को डार्विन के विकासवादी सिद्धांत की इस अवधारणा ने और अधिक घनीभूत किया। विकासवाद यह मानता है कि एक ऐसा आंदोलन अस्तित्व में आया जिसके समर्थकों की मानव जाति में कोई आस्था न थी। वे पूर्णतः निराशावादी थे। प्रेम, दया, ममता, करुणा, त्याग, सहयोग आदि मानवीय मूल्यों में उनकी कोई रुचि न थी। इस आंदोलन के समर्थक एवं अनुगामी मनुष्य को पशु-तुल्य प्रमाणित करने में लगे हुए थे।

जोला के अनुसार जिस प्रकार समग्र प्रकृति विज्ञान के नियमों के अधीन है, उसी प्रकार मनुष्य का अस्तित्व भी वैज्ञानिक नियमों से नियंत्रित होता है। यही कारण था कि जोला ने यह घोषणा की कि साहित्यकार का दायित्व है कि वह जीवन के यथातथ्यों को प्रस्तुत करे चाहे वे तथ्य कितने ही नग्न, कुरूप, वीभत्स, अश्लील, गलीज एवं गंदे क्यों न हों। उनका विश्वास था कि मानवीय सत्य निरावृत्त सत्य होना चाहिए।

कुल मिलाकर यह कहा जा सकता है कि जोला आदि प्रकृतवादी विचारकों का यह दृष्टिकोण निराशावादी, नियतिवादी और भौतिकवादी था। वे प्रकृति और समाज की ऐसी बाह्य और आंतरिक शक्तियों पर विशेष रूप से अंकुश रखना चाहते थे, जो मनुष्य पर विवेक और नैतिक दायित्वों को लादकर उसकी प्राकृतिक स्वतंत्रता को सीमित करने वाली है। वे मानव और पशुओं की प्रवृत्ति में साम्य देखते थे। अतः वे लोग प्राकृतिक विवेचना पर विशेष बल देते थे और इस विवेचन को प्रमुखतः यौन-विकृति से संबद्ध करते थे।

सारांशतः प्रकृतवादी साहित्य-दर्शन के तीन तत्त्व ही उल्लेखनीय हैं-पहला, मनुष्य का मानवतावादी, नैतिक अथवा धार्मिक दृष्टिकोण से विपरीत विशुद्ध प्राकृतिक चित्र प्रस्तुत करना, दूसरा, इस चित्रण में एक शरीरवादी की भांति मनुष्य के शारीरिक पक्ष का विश्लेषण करते हुए अन्य जानवरों से उसका सादृश्य स्थापित करना और तीसरा, मनुष्य के इस स्थूल-अनैतिक चित्रण में अधम, विषण्ण, कुरूप एवं विद्रूप भाषा-शैली का प्रयोग करना।

इस तरह यथार्थवाद से जुड़ा हुआ होने के बावजूद प्रकृतवाद की दृष्टि एकदम उससे भिन्न है। यथार्थवाद का कोई सकारात्मक तत्त्व प्रकृतवाद में देखने को नहीं मिलता।

प्रकृतवाद के इस सैद्धांतिक विवेचन के उपरांत यदि उसके प्रयोगात्मक पक्ष पर दृष्टि डाली जाये, तो स्थिति और भी निराशाजनक प्रतीत होती है। यूरोप के प्रकृतवादी साहित्य में मनुष्य का बड़ा ही निकृष्ट कोटि का चित्रण हुआ है। प्रकृतवादियों ने मनुष्य में पशु-सुलभ सभी आकर्षण-विकर्षणों को देखा है। उनका प्रयास उस मनुष्य का चित्रण रहा है, जो मनोरोगों एवं मनोविकारों का गट्ठर मात्र हो। वे मनुष्य के निरर्थक आचरण, भोग-लिप्सा-प्रधान कामासक्त चेष्टाओं और विद्रूप कार्य-कलापों के विवरण में ही अधिक तल्लीन प्रतीत होते हैं।

साहित्य के क्षेत्र में प्रकृतवादी विचारधारा का विरोध भी बहुत हुआ फिर भी यूरोप में यह आंदोलन उन्नीसवीं सदी के अंतिम दशकों तक चलता रहा। बाद में भी किसी न किसी की रचनाओं में यह अभिव्यक्ति पाता रहा। फ्रेंच लेखक ज्यां पाल सार्त्र की कृतियों में भी प्रकृतवाद का असर सर्वविदित है।

यहां यह भी उल्लेखनीय है कि हिंदी में 'प्रकृतिवाद' के नाम से प्रचलित प्रकृति चित्रण संबंधी साहित्य से इस प्रकृतवाद का कोई संबंध नहीं है। प्रकृति केंद्रित साहित्य से यूरोप और भारत का साहित्य भरा पड़ा है और उसकी एक अत्यंत समृद्ध परंपरा है। बहुत से लोगों ने इस Nature Poetry को भी Naturalism शब्द से ही संबोधित किया है जबकि उसकी परंपरा एकदम भिन्न है और पश्चिम के स्वच्छंदतावाद में वह शीर्ष पर पहुंचा हुआ दिखायी पड़ता है।

हिंदी में शुद्ध प्रकृतवादी साहित्य का अभाव है। प्रकृतवाद से प्रभावित कुछ साहित्यकारों ने इस क्षेत्र में

यद्यपि छिट-पुट प्रयास अवश्य किये हैं, किंतु भारतीय साहित्य-संस्कार के कारण वह उतना नीचे नहीं उतर सके हैं जितना कि यूरोप के प्रकृतवादी साहित्यकार। हिंदी में इलाचंद्र जोशी तथा यशपाल के कुछ उपन्यासों में प्रकृतवाद का कुछ-न-कुछ प्रभाव अवश्य दिखायी पड़ता है। महेन्द्र भल्ला का उपन्यास 'एक पति के नोट्स' तथा राजकमल चौधरी का उपन्यास 'मछली मरी हुई' प्रकृतवादी लेखन की कोटि में रखे जा सकते हैं।

आधार ग्रंथ :

1. पाश्चात्य काव्य शास्त्र: अधुनातन संदर्भ, सत्यदेव मिश्र।
2. Dictionary of World Literature.
3. Encyclopaedia of Poetry and Poetics, Alex Priminger.
4. Naturalism in 19th Century English Literature, George Brandes.
5. On realism, J.P.Stern.
वेबसाइट : www.en.wikipedia.org/wiki/naturalism

प्रगतिवाद

छायावाद के गर्भ से 1930ई. के बाद नवीन सामाजिक चेतना से युक्त जिस साहित्य-धारा का जन्म हुआ उसे सन् 1936 में प्रगतिशील साहित्य अथवा प्रगतिवाद की संज्ञा दी गयी ।

नामवर सिंह के अनुसार कुछ लोग प्रगतिवाद और प्रगतिशील साहित्य में भेद करते हैं। उनके अनुसार मार्क्सवादी सौंदर्य-शास्त्र का नाम प्रगतिवाद है और आदि काल से लेकर अब तक की समस्त साहित्य-परंपरा प्रगतिशील साहित्य है।

दूसरी ओर, ऐसे भी हैं जो मार्क्सवादी साहित्य-सिद्धांत तथा इस सिद्धांत के अनुसार रचे हुए साहित्य को प्रगतिवाद कहना चाहते हैं और छायावाद के बाद की व्यापक सामाजिक चेतनावाले समस्त साहित्य को 'प्रगतिशील साहित्य' कहते हैं जिसमें विभिन्न राजनीतिक मतों के बावजूद एक सामान्य मानवतावादी भावना व्याप्त है। इस तरह ये प्रगतिवाद को संकीर्ण और सांप्रदायिक बतलाते हैं तथा 'प्रगतिशील साहित्य' को व्यापक और उदार। उनके अनुसार 'प्रगतिशील लेखक संघ ' द्वारा निर्धारित और प्रचलित साहित्य प्रगतिवाद है और बाकी प्रगतिशील साहित्य।

नामवर सिंह लिखते हैं," जिस तरह छायावाद और छायावादी कविता भिन्न नहीं है उसी तरह प्रगतिवाद और प्रगतिशील साहित्य भी भिन्न नहीं हैं। 'वाद' की अपेक्षा 'शील' को अधिक अच्छा और उदार समझकर इन दोनों में भेद करना कोरा बुद्धि-विलास है और कुछ लोगों की इस मान्यता के पीछे प्रगतिशील साहित्य का प्रच्छन्न विरोध-भाव छिपा है।"

हिंदी साहित्य कोश के अनुसार "प्रगतिवाद की आत्मा साम्यवाद में थी, दृष्टि रूस के साहित्यिक इतिहास की ओर थी, प्रेरणा राजनीतिक मंतव्यों द्वारा अनुशासित थी और कल्पना प्रोलेतेरिएत सत्ताशाही से अनुप्राणित थी। उसकी खोज उस नए मानव की थी जो समस्त पतनशील प्रवृत्तियों के विरोध में उपर्युक्त स्थापनाओं को विकसित करके एक प्रोलेतेरियत शासन सत्ता को उभरने का अवसर दे।"

प्रगतिशील लेखकों ने अपनी विचारधारात्मक प्रेरणा मार्क्सवाद से ग्रहण की। 1936 में प्रगतिशील लेखक संघ की स्थापना के बाद हिंदी-उर्दू के ही नहीं, बल्कि दूसरी भाषाओं के भी अधिकांश परिवर्तनकामी लेखक इसके साथ जुड़े, क्योंकि उन्हें यह महसूस हो रहा था कि देश को औपनिवेशिक दासता से मुक्त कराने के लिए और दुनिया को फासीवाद के खतरे से बचाने के लिए उन्हें भी संगठित होना चाहिए जिस तरह मजदूर, किसान और विद्यार्थी संगठित हो रहे थे।

मार्क्सवादी दर्शन का आधार द्वंद्वात्मक और ऐतिहासिक भौतिकवाद है। इसके अनुसार सामाजिक विकास का इतिहास, वर्ग संघर्ष का इतिहास है। समाज जब से वर्गों में विभाजित हुआ है तब से यह संघर्ष चल रहा है। समाज के ये दो वर्ग शोषक और शोषित हैं। शोषक वर्ग हमेशा संख्या में कम होता है लेकिन उत्पादन के साधनों पर नियंत्रण होने के कारण वह राजसत्ता पर भी नियंत्रण रखता है। वह शोषित वर्ग के श्रम का शोषण करता है। इससे इन दोनों वर्गों के बीच संघर्ष की स्थितियां पैदा होती हैं। यही वर्ग संघर्ष है। मनुष्य का ज्ञात इतिहास, वर्ग संघर्षों का इतिहास है। मार्क्स का यह भी मानना है कि जिस वर्ग का समाज की राजसत्ता पर नियंत्रण होता है वह उस पर वैचारिक नियंत्रण भी रखता है।

वर्ग संघर्ष के कारण सामाजिक संरचनाओं में बदलाव आता है। इसी बदलाव के कारण मानव इतिहास

दास युग से सामंतवाद और सामंतवाद से पूंजीवाद के दौर में पहुंचा है लेकिन इन सभी युगों में शोषक और शोषित वर्ग बने रहते हैं। यदि सामंतवाद में दास का स्थान किसान ले लेता है तो पूंजीवाद में मजदूर। इसी तरह दास-मालिकों से सामंतों और सामंतों से पूंजीपति वर्ग तक सत्ता का हस्तांतरण होता है। वर्ग समाज में शोषित समाज का शोषण समाप्त नहीं होता लेकिन उसे पहले से अधिक अधिकार मिलते हैं और उनकी सामाजिक, राजनीतिक और आर्थिक स्थिति में सकारात्मक बदलाव आते हैं। मार्क्स और एंगेल्स का मानना था कि शोषित वर्ग को शोषण से मुक्ति तभी मिलेगी जब वह पूंजीपति वर्ग को हटाकर खुद सत्ता पर नियंत्रण करेगा। मार्क्स ने कहा था कि शोषक वर्ग को सत्ता पर दोबारा न आने देने के लिए सर्वहारा वर्ग का अधिनायकत्व स्थापित करना होता है। इसे वे समाजवाद की अवस्था कहते हैं और संक्रमण की अवस्था मानते हैं। वे साम्यवाद की स्थिति उसे मानते हैं जब सभी तरह के वर्ग समाप्त हो जायेंगे और एक वर्गहीन और राज्यहीन समाज बनेगा जहां कोई किसी का शोषण और उत्पीड़न नहीं करेगा।

1917 के रूस में हुए सफल बोल्शेविक क्रांति का असर सारी दुनिया पर पड़ा। भारत के बुद्धिजीवियों पर भी उसका असर हुआ। 1930 के दशक में सुधारवादी नेतृत्व ने कांग्रेस के वामपंथियों को कांग्रेस सोशलिस्ट मंच की स्थापना की ओर प्रेरित किया। इससे पहले 1925 में कम्युनिस्ट पार्टी की स्थापना हो चुकी थी। बीसवीं सदी के आरंभ में ही मजदूर संगठन बन चुका था जिस पर चौथे दशक में वामपंथियों का असर बढ़ गया था। इस दशक में किसानों और विद्यार्थियों के संगठन बने और उनके अखिल भारतीय आंदोलन उभर कर सामने आये। कांग्रेस के नेतृत्व पर भी नेहरू और सुभाष जैसे वामपंथी विचार वाले नेताओं का वर्चस्व बढ़ने लगा था। इस तरह आजादी का आंदोलन एक नये दौर में प्रवेश कर गया था। इसका असर लेखकों और बुद्धिजीवियों पर भी पड़ना स्वाभाविक था। 1935 में कुछ भारतीय लेखकों और बुद्धिजीवियों ने लंदन में भारतीय प्रगतिशील लेखक संघ की स्थापना की जिसका पहला अधिवेशन लखनऊ में 1936 में हुआ। इसी अवसर पर अखिल भारतीय किसान सभा का अधिवेशन भी आयोजित किया गया था। प्रगतिशील लेखक संघ की स्थापना के प्रयासों से हिंदी और उर्दू के प्रगतिशील लेखक ही नहीं जुड़े थे बल्कि उन्हें रवींद्रनाथ टैगोर, जवाहरलाल नेहरू, आचार्य नरेंद्रदेव और जयप्रकाश नारायण आदि के सहयोग का आश्वासन भी प्राप्त हो गया था।

सभापति के रूप में प्रेमचंद ने इस सम्मेलन में दिये अपने भाषण में रूढ़िवाद, व्यक्तिवाद, संकीर्ण सौंदर्य-दृष्टि और अलंकारवाद पर प्रहार करते हुए साहित्यकारों का आह्वान किया कि वे सक्रिय और जीवंत साहित्य की रचना करें, भाषा को सहज बनायें और एक नये सामाजिक यथार्थवाद को अपनायें। इस अवसर पर जारी किये गये घोषणापत्र में प्रगतिशील लेखकों का आह्वान किया गया था कि वे प्रगतिशील लेखकों की संस्थाएं संगठित करें और साहित्य छापकर अपने उद्देश्यों का प्रचार करें, प्रतिक्रियावादी प्रवृत्तियों के विरुद्ध संघर्ष करके देशवासियों के स्वाधीनता संग्राम को आगे बढ़ाएं।

प्रगतिशील लेखक संघ का दूसरा सम्मेलन 1938 में कलकत्ता में हुआ। इसका सभापति रवींद्रनाथ ठाकुर को बनाया गया। हालांकि बीमारी के कारण वे सम्मेलन में उपस्थित न हो सके लेकिन उन्होंने अपना लिखित संदेश भेजा था।

प्रगतिवाद का यह आंदोलन सिर्फ साहित्य तक सीमित नहीं रहा। प्रगतिशील लेखक संघ की पहल से 1943 में भारतीय जन नाट्य संघ (इप्टा) की स्थापना मुंबई में की गयी। थोड़े समय में ही इप्टा की टोलियां देश के कोने-कोने में स्थापित हो गयीं और उनके द्वारा फासीवाद, अकाल, भुखमरी, साम्राज्यवादी दमन आदि के विरुद्ध नाटक खेले गये। आजादी के बाद नाटक और सिनेमा की अधिकांश महत्वपूर्ण हस्तियां इप्टा से ही जुड़ी थीं। सोवियत संघ पर फासीवादी हमले के बाद फासीवाद के विरुद्ध जगह-जगह सम्मेलन आयोजित हुए जिसमें प्रगतिशील लेखक संघ और इप्टा ने बढ़चढ़ कर हिस्सा लिया।

सन् 1949 में प्रगतिशील लेखक संघ का अखिल भारतीय सम्मेलन मुंबई के पास भिवंडी में आयोजित किया गया। इस सम्मेलन में हिंदी कवि और आलोचक रामविलास शर्मा को महासचिव बनाया गया। इसमें स्वीकृत घोषणापत्र में कहा गया था कि अगस्त 1947 के बाद भारतीय जनता की स्वाधीनता की लड़ाई एक नये दौर में दाखिल हुई है। भारतीय पूंजीपति वर्ग, जिसने राष्ट्रीय आंदोलन के काल में साम्राज्यवाद से समझौता किया था, आज सत्ता पर काबिज हो चुका है। लेखक भी आज दो खेमों में बंट हुआ है, एक जो शांति और जनवाद की शक्तियों के साथ है, दूसरा जो हिंदुस्तान को साम्राज्य का पिछलग्गू बनाये रखना चाहता है। इन दोनों खेमों के बीच समझौता संभव नहीं है। दूसरा खेमा जनता का ध्यान सही सवालों से हटाने के लिए 'कला कला के लिए' का नारा देता है तथा राजनीतिक दृष्टि से हीन साहित्य की रचना करता है। 1949 की इस समझ को लेकर प्रलेस के बीच विवाद छिड़ गया। लेखकों के एक समूह ने इस समझ को संकीर्णतावादी कहा। दूसरी

और साहित्य के मूल्यांकन को लेकर भी विवाद बढ़ता गया। इस स्थिति का लाभ उठाकर 'परिमल ' जैसी संस्थाएं जो प्रगतिवाद का विरोध करती आ रही थी, सक्रिय हो गयीं। इसके साथ ही अंतरराष्ट्रीय स्तर पर सोवियत प्रभाव का मुकाबला करने के लिए अमेरिका के नेतृत्व में शीतयुद्ध की तैयारियां होने लगीं। सांस्कृतिक स्तर पर इससे निपटने के लिए 'कांग्रेस फॉर कल्चरल फ्रीडम ' की स्थापना हुई। भारत में भी यह संगठन सक्रिय हुआ। 1951 में इसका एशियाई सम्मेलन मुंबई में आयोजित हुआ। कई भारतीय लेखक जो पहले प्रलेस से जुड़े थे, इसके साथ जुड़ गये। हिंदी में भी कई ऐसी पत्रिकाएं निकलने लगीं जिन्होंने सुनियोजित रूप से प्रगतिवाद पर हमला करना शुरू किया। इस तरह अंदरूनी और बाहरी हमले के कारण प्रगतिशील लेखक संघ बिखरने लगा। 1953 में दिल्ली में प्रगतिशील लेखक संघ का पांचवां सम्मेलन हुआ। डॉ. रामविलास शर्मा को संकीर्णतावाद का आरोप लगाकर महासचिव पद से हटा दिया गया और उर्दू लेखक कृश्न चंदर इसके महासचिव बनाये गये। यह सम्मेलन, असल में प्रलेस का अंतिम सम्मेलन साबित हुआ। हालांकि संगठन इसके बाद भी बना रहा।

प्रगतिवाद में राष्ट्रीयता की अभिव्यक्ति एक प्रमुख विशेषता रही है। यह वह दौर था जब देश अंग्रेजी राजसत्ता के अधीन था और उससे मुक्ति का संघर्ष दिन-ब-दिन तेज होता जा रहा था। इस संघर्ष में जनता के व्यापक हिस्से शामिल होते जा रहे थे। उस समय के कई लेखक स्वयं भी राष्ट्रीय आंदोलन में हिस्सा ले रहे थे। कविता करना और आजादी के संघर्ष में हिस्सा लेना उनके लिए अलग-अलग बातें नहीं थीं। छायावाद के दौर से यह एक महत्वपूर्ण बदलाव था। सुभद्रा कुमारी चौहान, बालकृष्ण शर्मा नवीन, माखनलाल चतुर्वेदी, दिनकर, राहुल सांस्कृत्यायन, नागार्जुन, शील, यशपाल, शिव वर्मा, मन्मथनाथ गुप्त, हंसराज रहबर आदि कई साहित्यकार राष्ट्रीय मुक्ति के आंदोलन में सक्रिय रूप से शामिल हुए। इन कवियों ने जहां एक ओर देशभक्ति की भावना को क्रांतिकारी धार दी, तो दूसरी ओर उन्होंने उसे सामाजिक मुक्ति के सवाल से भी जोड़ा। प्रगतिशील कविता में पहली बार किसान-मजदूरों के प्रति गहरी सहानुभूति और लगाव की अभिव्यक्ति हुई और शोषण-उत्पीड़न से मुक्ति के सामूहिक प्रयासों की जरूरत को रेखांकित किया गया।

हिंदी के अधिकांश कवियों का संबंध गांवों से था इसलिए यह स्वाभाविक था कि उनकी कविता में ग्राम्य जीवन के चित्रण पर अधिक बल होता। नरेंद्र शर्मा, केदारनाथ अग्रवाल, नागार्जुन, रामविलास शर्मा, त्रिलोचन, शील आदि की कविताओं में ग्राम्य जीवन की प्रमुखता का यही कारण था। प्रगतिवाद से पूर्व के काव्य में ग्राम्य जीवन की अभिव्यक्ति आम तौर पर रूमानी किस्म की थी। प्रगतिवाद ने ग्राम्य जीवन में व्याप्त विषमताओं, विडंबनाओं और संघर्षों को प्रामाणिक स्वर दिया।

प्रगतिशील कविता की एक अन्य प्रवृत्ति रही है सामाजिक यथार्थ के चित्रण पर बल। नामवर सिंह के शब्दों में " जिस तरह कल्पनाप्रवण अंतर्दृष्टि छायावाद की विशेषता है और अंतर्मुखी बौद्धिक दृष्टि प्रयोगवाद की, उसी तरह सामाजिक यथार्थ दृष्टि प्रगतिवाद की विशेषता है।" नारी की पराधीनता, दलितों का उत्पीड़न तथा शोषण और सांप्रदायिक विद्वेष के खिलाफ प्रगतिशील कवियों ने लगातार आवाज उठायी।

प्रगतिशील कविता के बारे में उनके आलोचकों का आरोप है कि वे कविता में शिल्प पक्ष की उपेक्षा करते हैं और वस्तु को ही प्रमुखता देते हैं। इसके कारण उनकी कविताएं प्रचारात्मक ज्यादा हो जाती हैं और उनका कलात्मक मूल्य कम हो जाता है। इस संदर्भ में डॉ. नामवर सिंह का निम्न कथन उल्लेखनीय है : "प्रगतिशील कविता के बारे में अक्सर कहा जाता है कि उसमें कलापक्ष की अवहेलना की जाती है, यदि इसका अर्थ यह है कि प्रगतिशील कवि प्रयोगवादियों की तरह कलापक्ष पर बहुत जोर नहीं देते तो यह ठीक है। बहुत सजाव-शृंगार और पेचीदगी प्रगतिशील कविता में नहीं मिलती। अपनी बात को कितना सुलझाकर उसे कितने सहज ढंग से कह दिया जाये—यही प्रगतिशील कवि का प्रयत्न रहता है। उसके भावों की तरह भाषा भी गांठ रहित होती है। प्रगतिशील कवि अपना हर शब्द और हर वाक्य चमत्कारपूर्ण बनाने की चेष्टा नहीं करता।"

प्रगतिवाद के सामाजिक यथार्थवादी दृष्टिकोण के कारण कविता में जितना परिवर्तन हुआ, उतना कहानी-उपन्यास के क्षेत्र में नहीं हुआ। इसका कारण है कि प्रेमचंद के युग से ही उपन्यास में यथार्थवादी प्रवृत्ति का उदय हो गया था। अपनी कहानियों और उपन्यासों में प्रेमचंद ने शुरू से ही किसानों और मध्यवर्गीय भद्र-पुरुषों का, यथार्थ जीवन का चित्रण किया था। प्रेमचंद के ही समय किस तरह परिस्थितिवश किसान, मजदूर बनने के लिए विवश हो गया था, इसे भी उन्होंने गोदान में अच्छी तरह दिखा दिया था।

कविता, कहानी, उपन्यास इत्यादि के क्षेत्र में प्रगतिशील लेखकों ने जिस सामाजिक यथार्थवादी दृष्टि से रचना-कार्य किया, उसे आलोचना के क्षेत्र में भी इसी तरह भरपूर सम्मान मिला। प्रगतिवादी विचारों से युक्त प्रतिभाशाली आलोचकों का एक तेजस्वी समूह उभर

कर आया जिसने प्रगतिवादी साहित्य का समुचित मूल्यांकन किया। प्रगतिवाद ने आलोचना के मान स्थिर किये और उन मानदंडों के अनुसार समूची साहित्य-परंपरा का मूल्यांकन किया।

कविता, कहानी, उपन्यास और आलोचना में प्रगतिवाद की जिस प्रकार अभिव्यंजना हुई है उसे देखते हुए छायावाद के बाद की यह सर्वप्रमुख साहित्य धारा के रूप में स्वीकृत है।

आधार ग्रंथ :

1. मार्क्सवाद और प्रगतिशील साहित्य, रामविलास शर्मा।
2. आधुनिक साहित्य की प्रवृत्तियां, नामवर सिंह।
3. प्रगतिशील साहित्य के मानदंड, रांगेय राघव।
4. प्रगतिवाद-एक समीक्षा, धर्मवीर भारती।
5. यथार्थवाद, शिवकुमार मिश्र।
6. हिंदी साहित्य कोश भाग-1।

प्रगतिवादी आलोचना

मार्क्सवादी जीवन दर्शन की साहित्यिक अभिव्यक्ति ही प्रगतिवाद है। इसीलिए इसे मार्क्सवादी आलोचना भी कहा जाता है। कुछ लोग इसे समाजशास्त्रीय आलोचना भी कहते हैं। मार्क्सवाद दर्शन के क्षेत्र में द्वंद्वात्मक भौतिकवाद के आधारभूत सिद्धांतों पर अवस्थित है तथा समाज, साहित्य और संस्कृति की व्याख्या इसी द्वंद्वात्मक भौतिकवाद से उद्‌भूत ऐतिहासिक भौतिकवाद के आधार पर करता है। भौतिकवाद जहां एक दर्शन है, वहां द्वंद्वात्मकता एक चिंतन प्रणाली है। 'द्वंद्व' अंग्रेजी के 'Dialectic' का पर्याय है जो मूलतः यूनानी शब्द 'Dialego' से निर्मित है। इसका अर्थ है 'दो आदमियों की बातचीत'। पुरातन काल में यह किसी सत्य पर अपने विरोधियों की असंगतियों को खोलकर प्रस्तुत करने की कला थी। पुराने दार्शनिकों को इसमें विश्वास था कि किसी आदमी के तर्कों के विरोधाभास जुटाने और उनकी असंगतियों और अंतर्विरोधों का उनसे विपरीत तर्कों द्वारा उद्‌घाटन करने से एक सत्य पर पहुंचा जा सकता है। किंतु बाद में यह द्वंद्ववाद प्रकृति, समाज तथा अन्य समस्त विज्ञान पर लागू होने लगा। द्वंद्ववादी, प्रकृति को अनवरत रूप से गतिशील और परिवर्तनशील मानते हैं। द्वंद्ववाद प्रत्येक वस्तु के मूल में अंतर्विरोधों को मानता है। उसके अनुसार अंतर्विरोध अनवरत रूप से चला करते हैं और इन्हीं के कारण आगे विकास होता रहता है।

मार्क्स (Karl Marx, 1818-1883) के अनुसार चेतना मनुष्य के अस्तित्व का निर्धारण नहीं करती, बल्कि उसका सामाजिक अस्तित्व उसकी चेतना का निर्धारण करता है। भौतिक जीवन की उत्पादन प्रणाली और आर्थिक व्यवस्था ही वह आधार है, जिसके अनुसार सभी राजनीतिक, धार्मिक और सामाजिक स्वरूप निर्धारित होते हैं। विचार जगत का इतिहास यही सिद्ध करता है कि समस्त बौद्धिक विकास भौतिक परिस्थितियों के साथ ही परिवर्तित होता रहा है। शोषित वर्ग का संगठन करके शोषकों की सत्ता को मिटाना और उसके हाथ से राजनीतिक शक्ति छीन लेना मार्क्सवाद का प्रथम उद्देश्य है।

सामान्यतः द्वंद्वात्मक भौतिकवादी चिंतन की निम्नलिखित प्रमुख विशेषताएं हैं-

(1) ईश्वर में अनास्था ।
(2) प्रत्येक वस्तु गत्यात्मक है।
(3) प्रत्येक वस्तु अपने में अंतर्विरोध लिए हुए है तथा इन अंतर्विरोधों में गुणात्मक परिवर्तन होने पर एक नवीन वस्तु का सृजन होता है।
(4) आत्मा मस्तिष्क का ही परिष्कृत रूप है।
(5) समाज, साहित्य, संस्कृति तथा प्रकृति आदि का विश्लेषण इसी द्वंद्वात्मक भौतिकवाद के आधार पर किया जा सकता है।

प्रगतिवाद इन्हीं दार्शनिक सिद्धांतों को लेकर अग्रसर हुआ है। द्वंद्वात्मक भौतिकवाद की आर्थिक और राजनीतिक व्याख्या मार्क्सवाद है तथा साहित्यिक व्याख्या प्रगतिवाद।

हिंदी प्रगतिवादी समीक्षा का विकास प्रगतिवादी काव्यधारा के विकास के साथ ही स्वीकार किया जा सकता है। 1936 में लखनऊ में होने वाले प्रगतिशील लेखक संघ की बैठक से इसकी शुरुआत लगभग सर्वमान्य है, जिसकी अध्यक्षता मुंशी प्रेमचंद ने की थी। इस बैठक में मुंशी प्रेमचंद द्वारा दिया गया 'साहित्य का उद्देश्य' शीर्षक अध्यक्षीय भाषण का परवर्ती साहित्यकारों पर व्यापक प्रभाव पड़ा और साहित्यकारों के एक बड़े समुदाय की दृष्टि बदल गयी। इसके साथ ही छायावाद की अतिशय वैयक्तिकता एवं समाज निरपेक्षता की प्रतिक्रिया में समाजोन्मुख काव्य-रचना की प्रवृत्ति प्रगतिवादी काव्यधारा के विकास की पृष्ठभूमि बनी। मार्क्सवादी दर्शन ने इस

प्रवृत्ति को प्रोत्साहित किया। पंत, निराला, दिनकर आदि कवियों की परवर्ती रचनाओं में इस बदलती मनःस्थिति का स्वर स्पष्ट परिलक्षित होता है। हिंदी साहित्य में प्रगतिवादी आलोचना ने जो सबसे महत्वपूर्ण कार्य किया, वह था साहित्य से पारंपरिक और प्रभाववादी आलोचना-पद्धति का निष्कासन। प्रगतिवादी के लिए साहित्य एक सामाजिक कृति है और उसका मूल्यांकन भी सामाजिक उपयोगिता की दृष्टि से करना उसका अभीष्ट है। प्रगतिवादी समीक्षा की दृष्टि से वही साहित्य उत्कृष्ट होता है, जिसमें समाज के शोषित वर्ग का समर्थन हो और जिसमें एक वर्गहीन समाज की स्थापना पर जोर दिया गया हो। अमृत राय मार्क्सवादी समीक्षा की परिभाषा देते हुए लिखते हैं, "यदि हम मार्क्सवादी आलोचना की कोई परिभाषा देना चाहें तो कहेंगे कि मार्क्सवादी आलोचना, साहित्य की वह समाजशास्त्रीय आलोचना है, जो साहित्य की ऐतिहासिक व्याख्या करते हुए समाज और साहित्य के अन्योन्याश्रय तथा गतिशील संबंध का उद्घाटन करती है और सचेतन रूप में समाज को बदलने वाले साहित्य की सृष्टि की ओर लेखक का ध्यान आकर्षित करती है।"

प्रगतिवादी साहित्य में सौंदर्यबोध का मान भी बदला। प्रगतिवादियों के अनुसार लोक-जीवन के गहरे और व्यापक यथार्थ को उद्घाटित करने से ही साहित्य के सौंदर्य की सृष्टि होती है। "प्रगतिवादियों ने सौंदर्य को जीवन के बीच देखा। प्रगतिवाद ने समाज के तथाकथित छोटे, अनपढ़, गंवार मनुष्यों और उनके जीवन के अँधेरे में पड़ी समस्याओं और पीड़ाओं को उद्घाटित कर सच्चे अर्थों में यथार्थवाद का स्वरूप आलोकित किया। दृष्टि बदल गयी थी, अतः सौंदर्य भी वहां-वहां दिखायी पड़ने लगा जहां-जहां अभी तक किसी की नजर नहीं गयी थी। प्रकृति भी गावों के जीवन के संदर्भ में देखी जाने लगी। उसका वही रूप सुंदर दिखायी पड़ा जो जन-जीवन के संघर्षमय जीवन से जुड़ा हुआ था।" प्रगतिवादी समीक्षा ने इसी सौंदर्य से मण्डित साहित्य को वास्तव में सुंदर साहित्य कहा। प्रगतिवादी समीक्षक हिंदी साहित्य की परंपरा को मूलतः एक जनवादी परंपरा के रूप में ही देखते हैं।

प्रगतिवादी समीक्षा, काव्य में प्रेषणीयता को महत्व देती है और भाषा-शैली की सुबोधता का समर्थक है। सामान्य जीवन से गृहीत भाषा और शैली के तत्त्व स्थायी और अपेक्षाकृत अधिक प्रभावोत्पादक सिद्ध होते हैं। भाषा, छंद, अलंकार सभी में लोकजीवन की सहजता और सादगी भरने का प्रयास किया गया। इस प्रकार इस समीक्षा के अंतर्गत अन्य चीजों की भांति भाषा-शैली को भी जनवादी मूल्यांकन की परिधि में ले लिया जाता है। विषयवस्तु की प्रधानता इस समीक्षा की अन्य महत्वपूर्ण विशेषता है। कला और विषयवस्तु दोनों ही समान रूप से साहित्य रचना के लिए निर्णायक नहीं हैं। निर्णायक भूमिका हमेशा विषयवस्तु की होती है। जिसके पास उच्चकोटि के विचार नहीं हैं, यथार्थ का गहरा ज्ञान नहीं है, वह सिर्फ कला को निखारने की कोशिश करके उत्कृष्ट साहित्य नहीं रच सकता।

प्रगतिवादी समीक्षा ने साहित्य को सामाजिक क्रांति का हथियार अवश्य माना किंतु साहित्य की भावात्मक या अनुभूत्यात्मक स्थिति को नकारा नहीं। इसके अनुसार साहित्य का लक्ष्य परिवर्तनकामी क्रांतिकारी ताकतों को बल प्रदान करना है, किंतु उसकी प्रक्रिया मानव अनुभवों की है। इन अनुभवों के बिना तो साहित्य की कल्पना ही नहीं की जा सकती। छायावाद ने आत्मानुभूति की बात की तो प्रगतिवाद ने सामाजिक अनुभूति की। इस सामाजिक अनुभूति के साथ एक सामाजिक चिंतन और इन्हें रचने वाली एक सामाजिक दृष्टि जुड़ी हुई है। सामाजिक अनुभूति, सामाजिक चिंतन और सामाजिक दृष्टि से रचित प्रगतिवादी साहित्य इसी सामाजिकता के नाते अपने को छायावाद से अलगाता है। अतः कहा जा सकता है कि प्रगतिवादी समीक्षक साहित्य को हथियार मानते हुए भी उसके स्वरूप को अनुभूत्यात्मक या भावात्मक ही मानता है।

हिंदी में इस समीक्षा प्रणाली का पर्याप्त विकास हुआ। डॉ. रामविलास शर्मा, शिवदान सिंह चौहान, प्रकाशचंद्र गुप्त, अमृत राय, नामवर सिंह, रांगेय राघव, शिवकुमार मिश्र, कुंवरपाल सिंह, रमेश कुंतल मेघ आदि अनेक समीक्षकों ने इसी आधार पर साहित्य का मूल्यांकन किया है। यह समीक्षा-प्रणाली अब भी जीवित है और इसका भविष्य उज्ज्वल है।

आधार ग्रंथ :

1. प्रगतिवाद, शिवकुमार मिश्र।
2. प्रगतिशील साहित्य के मानदंड, रांगेय राघव।
3. प्रगतिशील साहित्य की समस्याएं, रामविलास शर्मा।
4. प्रगतिवाद : एक समीक्षा, धर्मवीर भारती।
5. हिंदी आलोचना, विश्वनाथ त्रिपाठी।
6. हिंदी आलोचना का विकास, नंदकिशोर नवल।
7. कम्युनिस्ट पार्टी का घोषणा पत्र, कार्ल मार्क्स एवं फ्रेडरिक एंगेल्स।

प्रतिबद्धता

प्रतिबद्धता मार्क्सवादी समीक्षा में प्रयुक्त होने वाला शब्द है। प्रतिबद्धता का शब्दार्थ है बद्धता की ओर। किसी-न-किसी जीवनदर्शन से पहले के कवि-लेखक भी प्रतिबद्ध थे। तुलसी-सूर सगुणोपासक विचारधारा से प्रतिबद्ध थे तो कबीर निर्गुणोपासक विचारधारा से। किंतु मार्क्सवादी विचारधारा के प्रसार के बाद इस शब्द ने एक खास अर्थ ग्रहण कर लिया।

मार्क्सवाद के अनुसार चूंकि अब तक के समाज का सारा इतिहास शोषक और शोषित वर्गों में बंटे हुए समाज का इतिहास है, और मार्क्सवाद सर्वहारा वर्ग अर्थात् शोषित वर्ग का क्रांतिकारी दर्शन है, अतएव उसकी संपूर्ण और एक मात्र प्रतिबद्धता इस सर्वहारा वर्ग और उसके हितों के प्रति है। सर्वहारा वर्ग, जिसके अंतर्गत मनुष्यता का अधिकांश आ जाता है, के लिये ही मार्क्सवाद संसार और समाज को बदलना चाहता है, उसी के लिये ही वर्गबद्ध वर्तमान समाज में उसकी सारी सक्रियता है। कला तथा साहित्य की प्रतिबद्धता से भी मार्क्सवादी विचारकों का आशय, वर्गबद्ध समाज में, सर्वहारा हितों के साथ ही उनकी प्रतिबद्धता से है। साहित्य एवं कला मूलतः इसी सर्वहारा वर्ग के लिये है, उनकी सार्थकता एक वर्गहीन समाज व्यवस्था की स्थापना के लिये छेड़े गये निर्णायक संग्राम में सर्वहारा वर्ग के हाथों को मजबूत बनाने में है।

मार्क्सवाद वर्तमान वर्ग-विभाजन समाज में सामान्य मानवता जैसी बात को एक फरेब मानता है। उसके अनुसार वर्गबद्ध समाज में साहित्य एवं कलाएं वर्ग-हितों का ही प्रतिबिंब होती हैं और उन्हीं का प्रतिनिधित्व करती हैं। चूंकि वर्गबद्ध समाज में केंद्रीयता शासक-वर्ग की विचारधारा की होती है, प्रचार और प्रसार के सारे साधन भी उसके पास होते हैं, पैसों के बल पर वह संपूर्ण साहित्य, संस्कृति और कला को अपना बनाने की सामर्थ्य रखता है, अतएव भांति-भांति के साधनों द्वारा वह ऐसे ही विचारों का प्रचार करता है, ताकि उसका वर्गहित सुरक्षित रह सके। सामान्य मानवता की जो बात विविध साहित्य चिंतकों एवं कला-विशेषज्ञों द्वारा कही जाती है, उसके मूल में शासक वर्ग के हितों की रक्षा का प्रयास ही होता है, शेष मनुष्यता के प्रति व्यक्त की गयी उसकी सारी सहानुभूति एवं संवेदना एक भुलावे के अतिरिक्त और कुछ नहीं है। मार्क्सवादी विचारकों ने रचनाकारों एवं कलाकारों को इस तथाकथित 'सामान्य मानवतावाद' से सावधान रहने का आग्रह किया है।

मार्क्सवादी साहित्य अथवा कला-चिंतन की प्रतिबद्धता संबंधी इस धारणा के विपरीत साहित्य एवं कलाओं की स्वतंत्रता के पक्षधर साहित्य कला चिंतकों का कहना है कि प्रतिबद्धता रचना की स्वतंत्र प्रकृति को बाधित करती है, उसकी स्वतंत्र-चेतना पर अंकुश लगाती है, अतः प्रतिबद्धता की बात ही क्यों की जाए ? यदि बात की भी जाए तो यही कि रचनाकार या कलाकार किसी के प्रति प्रतिबद्ध नहीं है, वह यदि प्रतिबद्ध है तो अपने प्रति, अपनी आत्मा की आवाज के प्रति।

इस संदर्भ में मार्क्सवादियों का कथन है कि यदि किसी के प्रति प्रतिबद्ध होना एक खास दृष्टिकोण के प्रति अपने को समर्पित कर देना है, तो किसी के प्रति प्रतिबद्ध न होने की बात भी यथास्थिति के प्रति समर्पण ही है। अतएव यह कहना कि प्रतिबद्ध होने में रचनाकार या कलाकार की स्वतंत्र चेतना का ह्रास है, नितांत असंगत है, कारण, प्रतिबद्धता की भांति तटस्थता भी किसी न किसी के प्रति जुड़ाव का ही नाम है। इतना ही नहीं, अप्रतिबद्धता की यह बात इसलिये भी खतरनाक है क्योंकि जहां प्रतिबद्ध कलाकार अपनी संपूर्ण पक्षधरता को स्पष्ट कर देता है, वहां अप्रतिबद्धता की स्थिति जान बूझकर गोल-मोल रखी जाती है। परंतु उसकी इन सारी अस्पष्टताओं के बावजूद एक प्रबुद्ध व्यक्ति को यह पहचानने में देर नहीं लगती कि अप्रतिबद्धता की वकालत करनेवाले लोग किस वर्ग के हितों से प्रतिबद्ध हैं।

रही बात अपने प्रति, अपनी आत्मा और उसकी आवाज के प्रति प्रतिबद्ध होने की, तो वह भी एक वाग्जाल के अतिरिक्त और कुछ नहीं है। आज जो कुछ भी संसार तथा समाज में घटित हो रहा है, मनुष्य चाहकर भी उससे असंपृक्त नहीं रह सकता। उसकी विचारधारा, उसके व्यक्तित्व तथा उसके 'आत्म' के निर्माण में बाह्य संसार में घटनेवाली घटनाओं की ही प्रधानता रहती है। जो कुछ वह अध्ययन के द्वारा प्राप्त करता है, वह भी दूसरों के विवेक का ही परिणाम होता है। उसके अपने निजी अनुभव भी बाह्य जीवन की सापेक्षता में ही बनते हैं। कहने का तात्पर्य यह कि आधुनिक विश्व में यदि कोई बाह्य घटनाओं, चिंतनधाराओं एवं ज्ञान-विज्ञान से सर्वथा निरपेक्ष अपने स्वतः के विवेक का दावा करे तो यह उसका भ्रम होगा।

फिलहाल प्रतिबद्धता और अप्रतिबद्धता के विवाद का हल इतना आसान नहीं है। लुकाच इसका समर्थक नहीं है और न बालजक और तोलस्ताय के शिल्प को छोड़कर अन्य शिल्पों को वह यथार्थवादी साहित्य के अनुरूप पाता है। किंतु ब्रेश्ट (Bertolt Brecht) और

एडोर्नो (Theodor Wiesengrund Adorno) भी साहित्य को एक हद तक स्वायत्त मानते हैं। एडोर्नो के अनुसार, जिस रूपवाद का कट्टर मार्क्सवादी विरोध करते हैं वही तो साहित्य को साहित्य बनाता है। सौंदर्यशास्त्रीय आयाम न ग्रहण करने के कारण प्रतिबद्ध साहित्य निष्प्रभ होकर रह जायेगा। ब्रेश्ट को रूपवादी होने का आरोप सह्य है, किंतु बंधे-बंधाये रूप को ग्रहण करना असह्य।

आधार ग्रंथ :

1. हिंदी आलोचना के बीज शब्द, बच्चन सिंह।
2. मार्क्सवादी साहित्य चिंतनः इतिहास तथा सिद्धांत, डॉ. शिवकुमार मिश्र।
3. An Essay on Liberation, Herbert Marcuse.
4. What is Literature, Jean Paul Sartre.
5. The Culture Industry, Theodor Adorno.

प्रतीक

प्रतीक का शाब्दिक अर्थ 'चिह्न' है। यह अंग्रेजी के 'सिंबल' (symbol) शब्द के पर्याय के रूप में प्रयुक्त होता है। 'प्रतीक' ऐसे चिह्न अथवा शब्द चिह्न को कहते हैं जिसके माध्यम से अन्य वस्तु का बोध होता है। 'हिंदी साहित्य कोश' के अनुसार "प्रतीक शब्द का प्रयोग उस दृश्य अथवा गोचर वस्तु के लिये किया जाता है जो किसी अदृश्य (अगोचर या अप्रस्तुत) विषय का प्रतिविधान उसके साथ अपने साहचर्य के कारण करती है। अथवा कहा जा सकता है कि किसी अन्य स्तर की समानुरूप वस्तु द्वारा किसी अन्य स्तर के विषय का प्रतिनिधित्व करने वाली वस्तु प्रतीक है। जैसे अदृश्य या अप्रस्तुत ईश्वर, देवता अथवा व्यक्ति का प्रतिनिधित्व उसकी प्रतिमा या अन्य कोई वस्तु कर सकती है।"

साधारण तौर पर कहा जा सकता है कि प्रतीकों के माध्यम से किसी विषय का प्रतिविधान करना प्रतीकवाद है। अपने मौलिक रूप में यह किसी वस्तु, व्यक्ति, घटना या क्रिया के प्रतिनिधित्व करने वाले चिह्नों या शब्दचिह्नों तक ही सीमित था, लेकिन धीरे-धीरे इसका बहुत अधिक विकास हुआ और इसमें राष्ट्रध्वज, धार्मिक कर्मकांड, जाति एवं वर्ग, विचारधारा आदि भी सम्मिलित हो गये तथा इसका स्वरूप जटिल से जटिलतर होता गया।

आचार्य रामचंद्र शुक्ल ने 'प्रतीक' शब्द की व्याख्या करते हुए लिखा है-"किसी देवता का प्रतीक सामने आने पर जिस प्रकार उसके स्वरूप और उसकी विभूति की भावना मन में आ जाती है, उसी प्रकार काव्य में आयी हुई कुछ वस्तुएं विशेष मनोविकारों या भावनाओं को जागृत कर देती हैं जैसे 'कमल' माधुर्यपूर्ण कोमल सौंदर्य की भावना जागृत करता है, 'कुमुदिनी' शुभ हास की, 'चंद्र' मृदुल आभा की, 'समुद्र' प्राचुर्य विस्तार और गंभीरता की, 'आकाश' सूक्ष्मता और अनंतता की भावना को जाग्रत करता है। इसी प्रकार 'सर्प' से क्रूरता और कुटिलता का, 'अग्नि' से तेज और क्रोध का, 'वाणी' से वाणी या विद्या का, 'चातक' से निःस्वार्थ प्रेम का संकेत मिलता है।"

मनुष्य का समस्त जीवन प्रतीकों से परिपूर्ण है। वस्तुतः मनुष्य मूलतः प्रतीकों के माध्यम से ही सोचता है। अमूर्त चिंतन अधिक विकसित स्तर का लक्षण है। कुछ प्रतीक सार्वभौम होते हैं जैसे 'सिंह' वीरता का, 'श्वेत रंग' पवित्रता का, 'शृगाल' कायरता का और 'लोमड़ी' चतुरता की प्रतीक है। कबीलों, जातियों, समाजों और राष्ट्रों के सामाजिक एवं व्यक्तिगत जीवन में महत्व रखने वाले अपने-अपने प्रतीक हो जाते हैं। आदिम समाज में कोई विशिष्ट पशु, वृक्ष या अन्य वस्तु, कबीले का प्रतीक, हराम या हलाल बन जाता है। भारतवर्ष में पीपल, बरगद, आंवला, तुलसी आदि वृक्ष और वनस्पतियां तथा पशुओं में गाय और सूअर ऐसे ही प्रतीकों के अवशेष हैं। प्रत्येक राष्ट्र का ध्वज उसके अस्तित्व, गौरव और एकता का प्रतीक होता है। कभी-कभी कोई फूल,पशु या अन्य विषय भी राष्ट्र का प्रतीक बन जाता है। जैसे 'कमल' भारत का, 'गुलदाउदी' चीन-जापान का, 'कंगारू' ऑस्ट्रेलिया का प्रतीक बन गया है।

कुछ प्रतीक ऐतिहासिक संदर्भ के कारण विशेष अर्थ के सूचक बन जाते हैं जैसे 'विभीषण', 'मीरजाफर' और 'जयचंद', देशद्रोह के प्रतीक हैं। 'सीता' और 'सावित्री' आदर्श पतिव्रता की, 'भीष्म' दृढ़ प्रतिज्ञ और ब्रह्मचर्य के प्रतीक हैं। 'सिंदूर' और 'चूड़ियां' सौभाग्य और 'राखी' भाई-बहन के पवित्र रिश्ते की प्रतीक है। राजनीति, साहित्य, कला, शिष्टाचार, सामाजिक व्यवहार में अनंत प्रतीक खोजे जा सकते हैं।

प्रतीकों का सर्वाधिक विकास और महत्व धार्मिक क्षेत्र में दृष्टिगत होता है। भारतवर्ष में 'त्रिशूल', 'नंदी'

और 'चंद्र', शिव के प्रतीक हैं तो 'गरुड़', 'शंख' आदि विष्णु के। बौद्ध धर्म की हीनयान शाखा में प्रतीकों को सर्वाधिक सम्मान प्राप्त हुआ है। वहां 'सिंह' शाक्यमुनि के जन्म, 'बोधिवृक्ष' बुद्ध की ज्ञान-प्राप्ति, 'चक्र' उनके धर्मचक्र प्रवर्तन और 'स्तूप' उनके महाप्रस्थान को व्यक्त करता है। ईसाई धर्म में भी प्रतीकों का पर्याप्त प्रचलन है। कब्र पर लगाये जाने वाले पुष्पमय पौधे स्वर्ग के प्रतीक हैं। भेड़ मृतकों का और 'गड़रिया' मृतकों के अधीक्षक का प्रतीक है। इसी तरह अन्य धर्मों में भी प्रतीकों का व्यापक प्रयोग मिलता है।

प्रतीकों का वर्गीकरण अनेक आधारों पर किया जाता है। यीट्स ने मात्र दो प्रकार के प्रतीकों की चर्चा की है-ध्वनि प्रतीक और विचार प्रतीक। पहले प्रकार के प्रतीक संवेगात्मक होते हैं और दूसरे प्रकार के बौद्धिक। सी.एम. बावरा ने आकार की दृष्टि से प्रतीकों के तीन वर्ग बनाये हैं—पहला, शब्द प्रतीक, दूसरा, वाक्य प्रतीक और तीसरा, प्रबंध प्रतीक। शब्द प्रतीक में प्रतीकत्व विशिष्ट सारे शब्द आ जाते हैं। वाक्य प्रतीक में मुहावरे और लोकोक्तियां आती हैं और प्रबंध प्रतीकों में अन्योपदेश, रूपक और समासोक्ति पद्धति के काव्य रखे जा सकते हैं। प्रतीकों का यह वर्गीकरण केवल भाषा और अलंकृति के आधार पर हुआ है। इससे प्रतीकों की कथ्यगत विशेषताएं सामने नहीं आतीं, जिनका प्रतीक विधान में आधारभूत महत्व होता है।

डॉ. भगीरथ मिश्र ने प्रतीकों को पांच वर्गों में बांटा है-प्रकृति का प्रतीक, सांस्कृतिक प्रतीक, ऐतिहासिक प्रतीक, जीवन व्यापार संबंधी प्रतीक और शास्त्रीय या वैज्ञानिक प्रतीक।

प्राकृतिक प्रतीकों में प्रकृति के पदार्थ किसी भावना या विचार का प्रतिनिधित्व करते हुए चित्रित किये जाते हैं, जैसे—

"पतझड़ था झाड़ खड़े थे
सूखी सी फुलवारी में,
किसलय नव कुसुम बिछाकर
आये तुम इस क्यारी में।।"

यहां 'पतझड़' विपन्न परिस्थिति का, 'झाड़' दुष्टों का, 'फुलवारी' जीवन या परिवार का, 'किसलय', 'नव कुसुम', मधुरता और आनंद का तथा 'क्यारी' हृदय का प्रतीक है।

संस्कृति से संबंधित प्रतीकों को सांस्कृतिक प्रतीक कहते हैं। रामायण, महाभारत तथा पुराणों से संबंधित तथा बौद्ध, जैन, इस्लाम, ईसाई धर्म की संस्कृतियों के प्रतीक इसके अंतर्गत आ सकते हैं। इनके तीन वर्ग किये जा सकते हैं-संस्कार संबंधी, पौराणिक और आध्यात्मिक प्रतीक। संस्कार संबंधी प्रतीकों के अंतर्गत जन्म, उपनयन, विवाह, उत्सव आदि से संबंधित प्रतीकों का प्रयोग किया जाता है, जैसे—

"दुलहिन गावहु मंगलाचार /
हम घर आये राजा राम भरतार।।"

यहां 'दुलहिन' शब्द आत्मा का और 'भरतार' परमात्मा का प्रतीक है।

पौराणिक प्रतीकों का काव्य में बहुत अधिक महत्व होता है। भारतीय साहित्य में ये प्रतीक महाभारत, रामायण, पुराण आदि से लिये जाते हैं, जैसे-

"कर रहा नृत्य विध्वंस, सृजन के थके चरण /
संस्कृति की इति हो रही, क्रुद्ध हैं दुर्वासा, /
बिक रही द्रौपदी नग्न खड़ी चौराहे पर /
पढ़ रहा किंतु साहित्य सितारों की भाषा।।"

यहां 'दुर्वासा' और 'द्रौपदी' पौराणिक प्रतीक हैं।

इसी तरह आध्यात्मिक चेतना से जुड़े प्रतीकों को आध्यात्मिक प्रतीक कहते हैं, जैसे—

"गगन गरजि बरसै अमी, बादर गहर गँभीर।
चहुं दिसि दमकै दामिनी, भीजै दास कबीर।।"

यहां 'गगन' शून्य मंडल का, 'गरजना' अनाहत नाद का, 'बादल' आत्मानुभूति का, 'दामिनी' ज्योति का और 'भीगना' आनंद का प्रतीक है।

इतिहास के व्यक्ति या घटनाएं जब किसी विशिष्ट भाव या विचारादि का प्रतिनिधित्व करते हुए प्रयुक्त होते हैं तो उन्हें ऐतिहासिक प्रतीक कहते हैं। उदाहरणार्थ-

"सत्य है राजा हर्षवर्धन के हाथों से मिला हुआ
पान का सुगंधित एक लघु बीड़ा
चाहे वह जूठ हो पर उस पर लगा हुआ वर्कदार सोना था
हाय बाणभट्ट! हाय / तुमको भी, तुमको भी, आखिर
यही होना था।"

यहां 'हर्षवर्धन' वैभव संपन्न उच्चवर्गीय शासक का तथा 'बाणभट्ट' कवि का प्रतीक है।

जीवन-व्यापार-संबंधी प्रतीक ऐसे प्रतीक हैं जिनमें जीवन से संबंधित क्रिया-कलापों और दैनिक घटनाओं को प्रतीक बनाकर प्रयुक्त किया जाता है। उदाहरणार्थ-

"माधव, यह मेरी इक गाइ /
अब आज तै आप आगे दई लैं आइये चराइ।"

यहां 'गाय' इंद्रियों का तथा 'चराना' नियंत्रित करने का प्रतीक है।

शास्त्रीय या वैज्ञानिक प्रतीकों का क्षेत्र-विस्तार किसी शास्त्र या विज्ञान में होता है। राजनीति, समाजशास्त्र, मनोविज्ञान, भौतिकशास्त्र, रसायन, जीव विज्ञान आदि से जब हम प्रतीक चुनते हैं तब वे शास्त्रीय या वैज्ञानिक प्रतीक की कोटि में आते हैं। जैसे-

"नया चांद आया नया चांद आया /
नये चांद ने इस तरह सर उठाया ।
कि सब कह उठे लो नया चांद आया /
नया चांद छोटा अँधेरा बड़ा है /
नया चांद फिर भी अकेला खड़ा है।"

यहां पर 'नया चांद' साम्यवाद का प्रतीक और 'अंधेरा' पूंजीवाद का प्रतीक है।

तात्पर्य यह है कि प्रतीकों के प्रयोग द्वारा सामान्य बात में भी कवि, विशिष्ट अर्थ गौरव का समावेश कर देते हैं। प्रतीकों के प्रयोग से सूक्ष्म एवं विशिष्ट अनुभूतियों को सहज और ग्राह्य बना दिया जाता है। संत कबीर आदि ने अपनी आध्यात्मिक अनुभूतियों को प्रतीकों के सहारे अत्यंत प्रभावशाली ढंग से व्यक्त किया है। अतः प्रतीक साहित्य की एक अत्यंत महत्वपूर्ण विरासत है।

आधार ग्रंथ :

1. चिंतामणि भाग-दो, रामचंद्र शुक्ल।
2. पाश्चात्य काव्यशास्त्रः अधुनातन संदर्भ, सत्यदेव मिश्र।
3. हिंदी साहित्य कोश भाग-1।
4. Encyclopaedia of Poetry and Poetics, Alex Preminger.
5. A Dictionary of Literary Terms & Literary Theory, J.A.Cuddon.
6. Modern Critical Terms, Roger Fowler.
7. A Glossary of Literary Terms, M.H.Abrams.

प्रतीकवाद

प्रतीकवाद को अंग्रेजी में "सिंबॉलिज्म" (symbolism) कहते हैं। साहित्य और कला के एक आंदोलन के रूप में प्रतीकवाद का आविर्भाव उन्नीसवीं सदी के अंत में फ्रांस में हुआ। ऐतिहासिक दृष्टि से प्रतीकवाद फ्रांसीसी काव्यजगत का 'पारनेसियनिज्म' (Parnassianism) के बाद का आंदोलन है। प्रतीकवाद एक तरह से रियलिज्म और पारनेसियनिज्म की प्रतिक्रिया में उठने वाला आंदोलन है। आचार्य रामचंद्र शुक्ल के शब्दों में, "इन पारनेसियनों के पीछे सन् 1885 ई. में प्रतीकवादियों (सिंबॉलिस्ट्स या डीकेडेंट्स) का एक संप्रदाय फ्रांस में खड़ा हुआ जिसने 'अनूठे रहस्यवाद' और 'भावोन्मादमयी भक्ति' का सहारा लिया।" इस दृष्टि से 1886 का वर्ष उल्लेखनीय है। इसी वर्ष फ्रेंच कवि 'जीन मोरेआस' ने 'फिगारो' नामक प्रसिद्ध पत्र में 18 सितंबर के अंक में प्रतीकवाद का घोषणापत्र प्रकाशित किया, जिसमें उन्होंने कहा था कि प्रतीकवाद ही केवल ऐसा शब्द है जो कला में आजकल भी सर्जनात्मक प्रवृत्ति को पर्याप्त रूप से व्यक्त कर सकता है। अनेक पत्र-पत्रिकाओं ने उनके इस अभिनव साहित्य सिद्धांत का व्यापक प्रचार किया और प्रतीकवादी साहित्य तथा कला कृतियों को प्रकाशित किया। कला के क्षेत्र में उसी वर्ष प्रतीकवादी चित्रों की एक प्रदर्शनी का आयोजन भी फ्रांस में हुआ।

प्रतीकवादी कवि मानते हैं कि अकेली घटनाएं या अकेले व्यक्ति क्षुद्र, क्षणिक एवं महत्वहीन हैं। प्रतीकवादी यह विश्वास करता है कि जब तक घटनाओं या पात्रों को शाश्वत सत्यों के प्रतीक के रूप में न दिखाया जाये तब तक वे कला या साहित्य के लिए उपयुक्त नहीं होते।

प्रतीकवादियों ने काव्य में संगीतात्मकता को विशेष महत्व दिया। वे काव्य में शब्द और संगीत दोनों का अद्भुत सम्मिश्रण स्वीकार करते हैं। उनका स्पष्ट मत है कि मानव को संगीत के माध्यम से चरम आनंद की प्राप्ति होती है, अतः काव्य का उससे संयुक्त होना आवश्यक है ।

'Encyclopedia of Poetry and Poetics' में प्रतीकवादी काव्य को परिभाषित करते हुए लिखा गया है–"Symbolist poetry is a poetry of indirection, in which objects tend to be suggested rather than named or to be used primarily for an evocation of mood. Ideas may be important, but are characteristically presented obliquely through a variety of symbols and must be apprehended largely by intuition and feeling...For the symbolists the power of the word goes far beyond ordinary denotative verbal limits through suggestive develpments... of musicality and connotative sound relationships."

अर्थात "प्रतीकवादी काव्य वक्रता प्रधान काव्य है, जिसमें विषय अथवा वस्तुओं का वर्णन अभिधात्मक

न होकर व्यंजनात्मक होता है। अथवा (इसमें वस्तुओं का) प्रयोग मूलतः चित्तवृत्ति अथवा भावावस्था के उद्बोधन के लिए होता है। विचार महत्वपूर्ण हो सकते हैं किंतु विचारों को विशेषतया विभिन्न प्रतीकों के माध्यम से वक्रोक्ति के सहारे प्रस्तुत किया जाता है और (विचारों का) बोध विशद रूप से स्वानुभूति तथा संवेदना के द्वारा होता है... प्रतीकवादियों के लिए शब्दशक्ति का संवर्धन शब्दों के व्यंजनात्मक या ध्वन्यात्मक उन्नयन से होता है, जिसके कारण शब्द अपनी वाचिक सीमाओं का अतिक्रमण कर जाते हैं...(और) संगीतमयता तथा लक्षणार्थक ध्वनि में संबंध स्थापित करते हैं।"

प्रतीकवाद को समझाने के लिए डॉ. सत्यदेव मिश्र ने कबीर दास का निम्नलिखित दोहा उद्धृत किया है-

"माली आवत देखि कै कलियन कहै पुकारि
फूले-फूले चुन लिये काल्हि हमारी बारि।"

यहां माली, कलियां, फूल आदि शब्दों का प्रयोग लक्षणार्थ प्रधान प्रतीकात्मक है तथा संपूर्ण दोहा मृत्यु भय जनित विषाद की व्यंजना कर रहा है।

प्रतीकवाद एक प्रकार का काव्यात्मक रहस्यवाद भी है। इस बात का स्पष्टीकरण करते हुए अंग्रेजी कवि यीट्स (W.B.Yeats) ने कवि बर्नस् (Burns) की निम्न पंक्तियां उद्धृत की हैं-

"The White moon is setting behind the white wave And the time setting with me oh!"

यहां पर लहरों और चंद्रमा की उज्ज्वलता (Whiteness) समय की श्वेतता की ओर संकेत करती है। समय की श्वेतता मन को विषाद एवं क्षोभ से आक्रांत करती है। इस प्रकार श्वेतता विषाद का प्रतीक बनकर एक प्रकार के रहस्यमय वातावरण का सृजन करती है। आचार्य शुक्ल ने भी लिखा है, "रहस्यवाद को लेकर जो प्रतीकवादी संप्रदाय यूरोप में खड़ा हुआ उसने परोक्षवाद (आकल्टिज्म) का सहारा लिया।" वस्तुतः प्रतीकवादियों द्वारा बुद्धि का तिरस्कार ही उन्हें रहस्योन्मुख बनाता है, क्योंकि रहस्यवाद का संबंध पारलौकिक चिंतन से होने के कारण उसमें विवेक का स्थान गौण हो जाता है। परिणामतः वे बौद्धिकता के स्थान पर आध्यात्मिक संकल्पनाओं की स्थापना करते हैं।

आचार्य शुक्ल ने इस प्रतीक रहस्यवाद की व्याख्या करते हुए अच्छी खबर ली है। उन्होंने लिखा है, "इस धारणा के अनुसार काव्य का लक्ष्य इस जगत और जीवन से अलग हो जाता है। प्रकृति के जिन रूपों और व्यापारों का कवि सन्निवेश करेगा वे 'प्रतीक' मात्र होंगे। कवि की दृष्टि वास्तव में उन प्रतीकों के प्रति न मानी जा कर उन अज्ञात और परोक्ष शक्तियों या सत्ताओं के प्रति मानी जायेगी जिनके वे प्रतीक होंगे। यदि वे प्रकृति का वर्णन करें तो उनका अनुराग प्रकृति पर न समझना चाहिए, प्रकृति के नाना रूपों के परदे के भीतर छिपी हुई अज्ञात और अव्यक्त सत्ता के प्रति समझना चाहिए। वे भरसक इस बात का प्रदर्शन करेंगे कि उनके भावोद्गार और उनके वर्णन व्यक्त और पार्थिव के संबंध में नहीं हैं, अव्यक्त और अपार्थिव के संबंध में हैं। समझने वाले चाहे जो समझें। यदि कोई बाबा जी किसी रमणी के प्रेम में उसके रूप माधुर्य आदि का बड़े अनूठेपन के साथ वर्णन करके कहें कि, "मेरा प्रेम उसके व्यक्त भौतिक शरीर से-उसकी रूप रेखा, वर्ण चेष्टा आदि से-नहीं है बल्कि उस भौतिक शरीर के भीतर छिपी अव्यक्त आत्मसत्ता से है जो नित्य, अनंत और सर्वव्यापक है, तो कह सकते हैं। पर कहां तक लोग ऐसा समझेंगे, यह बात दूसरी है। हाफिज के शराब और प्याले को सूफी चाहे जो कहें, पर बहुत से पहुंचे हुए विद्वान उन्हें शराब और प्याला ही मानते हैं।

प्रतीकवाद को सर्वाधिक प्रभावित करने वाले जर्मन संगीतज्ञ वेग्नर (wangner) तथा अमेरिकन कवि पो (Edgar Allen Poe) थे। वेग्नर ने संगीत एवं काव्य में संबंध स्थापित करने पर विशेष बल दिया। पो का काव्य तो अनेक फ्रांसीसी प्रतीकवादियों के लिए प्रेरणादायक आदर्श था। चार्ल्स बोदलेयर (Charles Baudelaire, 1821-1867) प्रथम महान फ्रांसीसी कवि माने जाते हैं। इनके अलावा पॉल वर्लेन (Paul Verlaine, 1844-1896), अर्थर रिमबद (Arthur Rimbaud, 1854-1891) और स्टीफेन मलार्मे (Stephane Mallarme, 1842-1898) फ्रांस के महान प्रतीकवादी कवयित्री के रूप मे ख्यात हैं। अंग्रेज कवियों मे जार्जमूर, आस्कर वाइल्ड, आर्थर साइमंस, अर्नेस्ट डाउसन और डब्ल्यू.बी. यीट्स का नाम प्रतीकवादी कवियों में विशेष प्रसिद्ध है। जर्मनी के स्टीफेन जार्ज, आस्ट्रिया के ह्यूगो बोन, रूस के एलेक्जेंडर ब्लोक, अमेरिका के एमी लावैल आदि यूरोप के प्रमुख प्रतीकवादी साहित्यकार के रूप में जाने जाते हैं।

फ्रांस में 19वीं सदी के अंतिम दिनों में ही प्रतीकवादी काव्य-धारा निःशेष होने लगी थी, तथापि फ्रांस के बाहर प्रतीकवादी आंदोलन हाल तक कला एवं साहित्य को प्रभावित करता रहा है। हिंदी-साहित्य में छायावाद के भीतर विकसित होनेवाले रहस्यवाद के मूल में इस यूरोपीय प्रतीकवाद का प्रभाव अवश्य रहा है। जैसा कि आचार्य रामचंद्र शुक्ल ने संकेत किया है, यह प्रभाव यूरोप से

बांग्ला कविता के माध्यम से हिंदी में आया। कॉलरीज, कीट्स, शैली आदि अंग्रेज कवियों में इस फ्रांसीसी प्रतीकवाद का व्यापक प्रभाव था। हिंदी के प्रयोगवादी कवियों पर भी प्रतीकवाद का गहरा प्रभाव देखा जा सकता है। अज्ञेय प्रमुख प्रतीकवादी कवि माने जा सकते हैं।

कुल मिलाकर यह कहा जा सकता है कि विश्व-साहित्य पर प्रतीकवाद का प्रभाव पर्याप्त विस्तृत एवं गहन है। आज भी यह प्रभाव पूर्णतः निःशेष नहीं हुआ है। आचार्य रामचंद्र शुक्ल ने प्रतीकवाद को 'चित्र भाषावाद' के नाम से भी अभिहित किया है।

आधार ग्रंथ :

1. चिंतामणि भाग-दो, रामचंद्र शुक्ल।
2. पाश्चात्य काव्यशास्त्रः अधुनातन संदर्भ, सत्यदेव मिश्र।
3. हिंदी साहित्य कोश भाग-1।
4. Encyclopaedia of Poetry and Poetics, Alex Preminger.
5. A Dictionary of Literary Terms & LiteraryTheory, J.A.Cuddon.
6. Modern Critical Terms, Roger Fowler.
7. A Glossary of Literary Terms, M.H.Abrams.

प्रपद्यवाद

नलिनविलोचन शर्मा, केसरीकुमार और नरेश द्वारा प्रवर्तित तथा पुरस्कृत काव्यांदोलन। तीनों कवियों के आद्याक्षरों को लेकर इसे 'नकेनवाद' भी कहा जाता है। 'नकेन के प्रपद्य' नाम से इन कवियों का एक संयुक्त संकलन प्रकाशित हुआ है। पटना के मासिक पत्र 'पाटल' के माध्यम से भी नकेन तथा उनके अन्य युवा सहयोगियों की कविताएं प्रकाश में आयीं। 'नकेन के प्रपद्य' की भूमिका 'पस्पशा' में इस वाद का सैद्धांतिक निरूपण प्रस्तुत किया गया है और मूल सूत्र उद्घोषित किये गये हैं।

डॉ. विश्वनाथ प्रसाद के अनुसार, "इस काव्यांदोलन के आलोचकों के अनुसार यह प्रयोगवाद के मुख्य शिविर में स्थान नहीं पा सके कवियों की प्रतिक्रिया मात्र है।" परंतु बात ऐसी नहीं है। इस काव्यवाद का आगमन प्रतिक्रियावश नहीं, स्पष्ट ऐतिहासिक आधार पर हुआ है। अज्ञेय ने घोषणा की थी कि वे प्रयोगवादी नहीं, प्रयोगशील हैं। अज्ञेय जी की उक्त घोषणा को इन कवियों ने अपूर्ण माना और प्रयोग को साध्य घोषित करते हुए एक नये काव्यवाद 'प्रयोगवाद' को जन्म दिया। अपनी सैद्धांतिक स्थिति को स्पष्ट करते हुए इन कवियों ने 'प्रपद्य द्वादश सूत्र' को प्रस्तुत किया। इस द्वादश सूत्र को नव्य काव्यशास्त्र भी माना जा सकता है। यह काव्यवाद अपने पूर्ववर्तियों-छायावाद और प्रगतिवाद-से तो स्पष्टतः भिन्न था ही, अज्ञेय मंडल के तथाकथित प्रयोगवादियों से भी इसकी स्थिति भिन्न थी। इसने काव्य में जीवन के आभ्यंतर पक्ष को जितना महत्व दिया उतना ही बाह्य पक्ष को भी। इस कारण इस काव्यवाद में भाव और व्यंजना का स्थापत्य दिखायी पड़ता है।"

नकेन के प्रपद्य' की भूमिका में प्रयोगशील कवियों को लक्ष्य करके जो प्रयोगवाद पर अभियोग लगाये गये हैं, उनका उत्तर सशक्त ढंग से दिया गया है। इस प्रकार के आरोपों का प्रयोगशील कवियों की ओर से अपनी स्थिति के अनुसार समुचित उत्तर दिया जा चुका है। फिर भी इसका अपना महत्त्व है। बौद्धिकता के आरोप का प्रत्याख्यान करते हुए कहा गया है–"हिंदी कविता को अपने में वयस्क बुद्धि लानी होगी और तभी वह युग की मेधा को अपनी ओर खींच सकती है। उसे अपने पुराने हृदय रोग से मुक्त होना होगा"। इस तरह नकेन के प्रपद्य की भूमिका में लगभग उन सभी आरोपों पर विस्तार से विचार किया गया है, जो प्रयोगवाद पर लगाये गये हैं और उनका उत्तर भी तर्कसंगत शैली में दिया गया है।

फिलहाल, प्रपद्यवादी संकलन की रचनाएं वर्तमान समय की प्रयोगशील तथा नयी कविता से भिन्न नहीं हैं और यदि 'पस्पशा' की घोषणाओं को छोड़कर विचार किया जाए तो इन कविताओं में आज की कविता के अनेक तत्त्व व्यंजित हुए हैं। तीनों कवियों ने स्वतंत्र और नयी संगतियों के अंतर्गत अनेक बार अतीत और वर्तमान को एक साथ अनुभूत रूप में ग्रहण किया है। इनमें, कवि के लिए अतीत को ग्रहण करने के लिए प्रायः वर्तमान की कोई स्थिति या मनःस्थिति प्रेरणा का कार्य करती है, यद्यपि अभिव्यक्ति में दोनों इस तरह घुलमिल गये हैं मानो अनुभूत सत्य एक ही हो।

प्रपद्यवाद की यह अवधारणा है कि कविता न तो भावों से लिखी जाती है और न विचारों से, यह शब्दों से लिखी जाती है। हम मानते हैं कि शब्द अभिव्यंजना

के साधन मात्र नहीं हैं। ये वस्तुतः प्रतीक हैं। सूक्ष्म भावलोक और गहरी संवेदना को हम यथावत व्यक्त नहीं कर सकते। इनकी अभिव्यक्ति प्रतीक माध्यम से ही संभव है। इतना ही नहीं, सामान्य से सामान्य भाव को भी हम शाब्दिक प्रतीक द्वारा ही प्रकट कर सकते हैं। लक्ष्मीसागर वार्ष्णेय के अनुसार 'प्रयोगवाद' और 'प्रपद्यवाद' या 'नकेनवाद' में कुछ अंतर अवश्य है। नकेनवादी तीनों कवियों ने 'प्रयोग-दशसूत्री' और 'पस्पशा' में प्रयोगवाद और प्रयोगशीलता में अंतर किया है। वे प्रयोग को ही काव्य का एकमात्र लक्ष्य मानते हैं। किंतु दशसूत्री के अनुसार यह अंतर होते हुए भी दोनों एक-दूसरे के काफी समीप हैं।

आधार ग्रंथ :

1. द्वितीय महायुद्धोत्तर हिंदी साहित्य का इतिहास, लक्ष्मीसागर वार्ष्णेय।
2. हिंदी साहित्य कोश, भाग-1।
3. आचार्य श्री नलिन विलोचन शर्मा की आलोचना साधना, विश्वनाथ प्रसाद।
4. प्रपद्यवाद:सिद्धांत और साधना, विश्वनाथ प्रसाद।
5. नकेन के प्रपद्य।

प्रभाववादी आलोचना

प्रभाववादी आलोचना को अंग्रेजी में 'इम्प्रेशनिस्टिक क्रिटिसिज्म' (Impressionistic Criticism) कहते हैं। 'इम्प्रेशन' शब्द चित्रकला की शब्दावली से ग्रहण किया गया है। सफल कलाकृति भावुक और संवेदनशील व्यक्तियों की चेतना शक्ति को उद्‌बुद्ध करती है। परिणामतः प्रत्येक संवेदनशील समीक्षक अपनी उद्‌बुद्ध चेतना की प्रतिक्रिया को व्यक्त कर कृति का मूल्यांकन करता है।

प्रभाववादी आलोचना वस्तुतः स्वच्छंदतावादी आलोचना का ही एक रूप है। यह स्वच्छंद व्यक्तिवाद और आत्मचेतना पर आधारित आलोचना प्रणाली है। मनोवैज्ञानिक दृष्टि से किसी रचना के प्रति आलोचक की जो सहज स्वच्छंद प्रतिक्रिया होती है उसकी निर्बाध अभिव्यक्ति का नाम प्रभाववादी आलोचना है। यह आलोचक की स्वच्छंद आत्माभिव्यक्ति है जिसकी धारा में प्रस्तुत रचना की चेतना भी बह जाती है, इसीलिए इसे स्वतंत्र आलोचना प्रकार माना गया है। आलोचक अपने ऊपर पड़े हुए प्रभाव की माप के आधार पर अपनी समीक्षा का स्वरूप निश्चित करता है। इस प्रकार इस आलोचना प्रणाली में साहित्यगत प्रेषणीयता का महत्व स्वतः बढ़ जाता है। इसमें आलोचक के दो प्रधान गुणों पर बल होता है-पहला यह कि आलोचक में किसी रचना की प्रेषणीयता ग्रहण करने की पूर्ण क्षमता हो और दूसरा यह कि वह उस प्रेषणीयता की उचित ढंग से माप कर सके तथा उसे उचित ढंग से अभिव्यक्त कर दूसरों तक पहुँचा सके। इस प्रणाली में किसी रचना के प्रभाव को ग्रहण करने, अभिव्यक्त करने एवं दूसरों तक उस प्रभाव को पहुंचाने की श्रेष्ठता पर ही आलोचना की श्रेष्ठता निर्भर करती है।

प्रभाववादी आलोचक कला समीक्षा में स्वतंत्र दृष्टिकोण अपनाता है और किसी नियंत्रण को स्वीकार नहीं करता। बुद्धि अथवा तर्क की अपेक्षा हृदय अथवा भावों को प्रमुखता देने के कारण आलोचना का यह रूप भी सम्माननीय है किंतु इसमें सैद्धांतिक दृष्टिकोण के नितांत अभाव की सराहना नहीं की जा सकती। पारंपरिक साहित्य-सिद्धांतों के प्रति झुकाव न होने के फलस्वरूप इसमें औचित्य से विमुखता की संभावना बनी रहती है। प्रभाववादी समीक्षक वस्तुतः एक प्रकार से सर्जनात्मक साहित्यकार की भूमिका का निर्वाह करने लगता है, जिससे उसकी रचना में कलात्मकता तो आ जाती है, किंतु उसके निष्कर्षों का औचित्य शंकास्पद हो जाता है। इतना ही नहीं, इस आलोचना प्रणाली में एक ही कृति के भिन्न-भिन्न समीक्षकों के मन पर पड़ने वाले भिन्न-भिन्न प्रभावों के अनुसार अनेक प्रकार की आलोचनाएं हो सकती हैं।

प्रभाववादी समीक्षकों की समीक्षा-दृष्टि ने तद्‌युगीन सांस्कृतिक एवं मनोवैज्ञानिक उपलब्धियों का सर्वेक्षण न कर केवल साहित्यगत अनुभूति की क्षणिकता ही ग्रहण की। अनुभूति से ग्राह्य जो सत्य होगा, निर्विवाद रूप से उसकी व्याप्ति और प्रभाव भी सीमित होंगे। अतः प्रभाववादी समीक्षा केवल हृदय पर पड़े हुए क्षण-विशेष के प्रभाव को ही प्राथमिकता देती है। किंतु प्रभाववादी समीक्षक तीव्र संवेदनशील होने के कारण कृति के मर्मस्थलों को सहज ही स्पर्श कर लेता है और अपनी उर्वर कल्पना शक्ति के सहारे उनका उत्फुल्ल भाव से अंकन कर पाठक को अपने साथ बहा ले जाता है। इसी में उनकी सफलता निहित है।

प्रभाववादी आलोचकों ने न तो किसी कृति को युग-सत्य के पार्श्व में रख कर परखने का प्रयत्न किया और न निर्णयात्मक ढंग से काव्य और उसके विभिन्न उपादानों का विश्लेषण कर कृति का मूल्यांकन किया। अतः प्रभाववादी आलोचना में समीक्षा के एक विशिष्ट तत्त्व-आलोचना के लिए कृतिकार के व्यक्तित्व का अध्ययन और उसके साथ-साथ आलोचक की भाव-प्रवणता के अतिरिक्त आलोचना के अन्य गंभीर तत्त्वों को कोई स्थान नहीं मिला।

आचार्य रामचंद्र शुक्ल प्रभाववादी आलोचना को 'कोई ठीक ठिकाने की वस्तु' नहीं मानते और आचार्य हजारी प्रसाद द्विवेदी इसे 'सामान्य मानदंड के रास्ते में विघ्न' स्वरूप समझते हैं। हिंदी में प्रभाववादी आलोचना का समुचित विकास नहीं हुआ। पंडित शांतिप्रिय द्विवेदी, पद्मसिंह शर्मा और भगवत शरण उपाध्याय इस क्षेत्र के प्रमुख नाम हैं।

आधार ग्रंथ :

1. हिंदी साहित्य का इतिहास, रामचंद्र शुक्ल।
2. साहित्य का साथी, हजारी प्रसाद द्विवेदी।
3. हिंदी आलोचना का विकास, नंद किशोर नवल।
4. हिंदी साहित्य कोश, भाग-1।
5. हिंदी आलोचना, विश्वनाथ त्रिपाठी।

प्रयोगवाद

स्वातंत्र्योत्तर हिंदी का महत्वपूर्ण काव्यांदोलन 'प्रयोगवाद' का आरंभ अज्ञेय के संपादकत्व में निकलने वाले काव्य संग्रह 'तारसप्तक' से हुआ। 'तारसप्तक ' में विविध विचारधाराओं के कवि एक साथ एकत्रित हुए जिनमें अज्ञेय को छोड़कर ज्यादातर कवि प्रगतिशील विचारधारा के समर्थक थे। प्रयोगवाद नाम इस काव्य-प्रवृत्ति के विरोधियों द्वारा दिया गया है। 'प्रयोगवाद' के कवियों ने 'प्रगतिवाद' पर दो आरोप साफ तौर पर लगाये-पहला, प्रगतिवाद साहित्य का संकीर्णतावादी आंदोलन है जिसमें रचनाकार की स्वतंत्रता का अपहरण किया जाता है; और दूसरा, प्रगतिवाद विषय-वस्तु पर अत्यधिक बल देकर विचारधारा की नारेबाजी का फार्मूला अपनाता है। इसमें साहित्य की कलात्मक और रूप-विधान की भयंकर उपेक्षा होती है। अज्ञेय ने 'प्रगतिवाद' से असंतुष्ट होकर 'व्यक्ति स्वातंत्र्य सिद्धांत' की स्थापना का अभियान 'प्रयोगवाद' में चलाया। प्रगतिशील साहित्य में साहित्येतर मूल्यों को स्थान मिला था, किंतु 'प्रयोगवाद' साहित्यिक मूल्यों को केंद्र में रखकर आगे बढ़ा। फलतः 'प्रगतिवाद' के अतिवाद से बचने के चक्कर में 'प्रयोगवाद' स्वयं अपने ही अंतर्विरोधों का शिकार होकर रूपवाद (Formalism) के जाल में फंसता गया, जिससे उसे मुक्ति नयी कविता आंदोलन में मिली। इसी समय काव्य में 'प्रयोग' को आधार बनाकर एक आंदोलन नकेनवादियों या प्रपद्यवादियों ने खड़ा कर दिया।

'प्रयोग' शब्द अंग्रेजी के 'एक्सपेरिमेण्ट' (Experiment) का हिंदी पर्याय है और इसका संबंध विज्ञान के 'प्रयोग' से न होकर आधुनिक चित्रकला के 'प्रयोग' से है। 'प्रयोगवाद' शब्द का प्रयोग सबसे पहले आचार्य नंददुलारे वाजपेयी ने अपने एक निबंध 'प्रयोगवादी रचनाएं' में किया है। इस निबंध में मुख्यतः 'तारसप्तक' की समीक्षा की गयी है। उन्होंने लिखा है, "पिछले कुछ समय से ही हिंदी काव्य क्षेत्र में कुछ रचनाएं हो रही हैं जिन्हें किसी सुलभ शब्द के अभाव में प्रयोगवादी रचना कहा जा सकता है।" 'दूसरा सप्तक' की भूमिका में अज्ञेय ने वाजपेयी जी का उत्तर देते हुए 'तारसप्तक' की रचनाओं को 'प्रयोगवादी' कहना स्वीकार नहीं किया है। पर तारसप्तकीय कवियों के वक्तव्यों में 'प्रयोग' शब्द बार-बार प्रयुक्त हुआ है। ऐसी स्थिति में इस शब्द का चलन हो जाना स्वाभाविक था।

इस प्रसंग में नकेन के प्रपद्यवाद का उल्लेख भी प्रासंगिक है। नकेन से तात्पर्य नलिन विलोचन शर्मा, केसरी कुमार और नरेश से है। इनके काव्य संग्रह के आरंभ में प्रपद्यवाद के घोषणा पत्र का प्रारूप भी दिया गया है। इसमें तारसप्तकीय कवियों को प्रयोगशील और नकेनवादियों को 'प्रयोगवादी' कहा गया है। प्रयोगशील के लिए प्रयोग साधन है, जबकि नकेनवादियों के लिए साध्य। नकेन का प्रकाशन 1956 ई. में हुआ था। 1950 ई. के आसपास प्रयोगवादी काव्य नया मोड़ लेकर 'नई कविता' का नाम ग्रहण कर चुका था। ऐसी दशा में प्रपद्यवाद को असली प्रयोगवाद की संज्ञा देना व्यर्थ लगता है। बहरहाल, बिहार की भूमि से उठा यह काव्य-आंदोलन अन्य हिंदी क्षेत्रों में मान्यता

प्राप्त नहीं कर सका। नकेनवाद का 'भाव और व्यंजना स्थापत्य' तथा 'प्रपद्यवाद की दार्शनिक पृष्ठभूमि' को ये रचनाकार स्वयं स्पष्ट नहीं कर सके। नतीजा यह हुआ कि यह काव्य-आंदोलन एकदम किनारे पड़कर विलुप्त हो गया।

'प्रयोगवाद' का संबंध 'छायावाद' से भी जोड़ा जाता है। निराला के समस्त काव्य को प्रयोग का एलबम कहा जाता है। अपने एक निबंध 'तारसप्तक प्रसंग' में नेमिचंद्र जैन ने लिखा है, "जिस बदलती हुई काव्य चेतना की एक अभिव्यक्ति तारसप्तक के कवियों में मिलती है वह उस दौर के अन्य बहुत से तरुण कवियों में थी जिनमें निराला के अतिरिक्त शमशेर बहादुर सिंह, त्रिलोचन, भवानीप्रसाद मिश्र, राजेश्वर गुरु, केदारनाथ अग्रवाल और नरेंद्र शर्मा तक का उल्लेख किया जा सकता है।" इससे यह तथ्य पुष्ट होता है कि प्रगतिवाद और प्रयोगवाद कुछ समय तक एकसाथ एक में घुलमिल कर चलते रहे। इस संबंध में मुक्तिबोध की टिप्पणी है, "किसी जमाने में प्रयोगवादी कविता प्रगतिवाद के अधिक निकट थी। किंतु प्रगतिवादियों ने उसकी खूब उपेक्षा की। जो अपने से भिन्न है वह अपना विरोधी भी है। जो काव्य के अपने ढांचे में ढला हुआ नहीं है वह गलत भी है, असुंदर भी है, प्रतिक्रियावादी भी है। इस प्रकार का सोच विचार समीक्षकों की भाव यथार्थ से दूरी लंबे चौड़े फासले सूचित करता है।"

जहां तक छायावाद की अपनी वायवीयता, आदर्शवादिता, अलंकरण, कल्पना बाहुल्य आदि का संबंध है, प्रगतिवाद और प्रयोगवाद दोनों ने अपने को उससे अलगाने का प्रयास किया। दोनों ने अपने-अपने ढंग से यथार्थ का अनुसरण किया-प्रगतिवाद ने समाजवादी यथार्थ का और प्रयोगवाद ने व्यापक अर्थ में अस्तित्वमूलक यथार्थ का।

'प्रयोगवाद' के प्रवर्तन का श्रेय अज्ञेय को ही मिला। इस कविता के स्वरूप को जानने के लिए 'तारसप्तक' (1943) 'दूसरा सप्तक' (1951) और 'तीसरा सप्तक' (1959) को आधार बनाया जाता है। अज्ञेय ने 'चौथा सप्तक' भी निकाला पर इसे 'उपेक्षित' कहकर नकार दिया गया। संपादक ने न केवल इक्कीस कवियों को एकत्र किया बल्कि हर कवि ने अपने काव्य पर 'वक्तव्य' भी दिये। 'तारसप्तक' के सात कवि हैं, गजानन माधव मुक्तिबोध, नेमिचंद्र जैन, भारत भूषण अग्रवाल, प्रभाकर माचवे, गिरिजा कुमार माथुर, रामविलास शर्मा और अज्ञेय। संकलनकर्ता और संपादक अज्ञेय ने घोषित किया कि 'तारसप्तक' में सात कवि संगृहीत हैं। सातों एक दूसरे से परिचित हैं। बिना इसके इस ढंग का सहयोग कैसे होता किंतु इससे यह परिणाम न निकाला जाये कि वे कविता के किसी एक 'स्कूल' के कवि हैं या कि साहित्य जगत के किसी गुट अथवा दल के सदस्य या समर्थक हैं। 'ऐसा होते हुए भी वे एकत्र संगृहीत हैं, इसका कारण...काव्य के प्रति एक अन्वेषी का दृष्टिकोण उन्हें समानता के सूत्र में बांधता है।'

'तारसप्तक' की इन स्थापनाओं पर बड़ा विवाद हुआ। नतीजा यह हुआ कि अज्ञेय ने 'दूसरा सप्तक' की भूमिका में पुनः अपनी बात की सफाई देते हुए कहा: "क्या ये रचनाएं प्रयोगवादी हैं, क्या ये कवि किसी एक दल के हैं, किसी मतवाद-राजनीतिक या साहित्यिक के पोषक है। 'प्रयोगवाद' नाम के नये मतवाद के प्रवर्तन का दायित्व क्योंकि अनचाहे और अकारण ही हमारे मत्थे मढ़ दिया गया है। प्रयोग का कोई वाद नहीं है। हम वादी नहीं रहे, नहीं हैं। न प्रयोग अपने आप में इष्ट या साध्य है। ठीक इसी तरह कविता का कोई वाद नहीं है, कविता भी अपने आप इष्ट या साध्य नहीं है। अतः हमें 'प्रयोगवादी' कहना उतना ही सार्थक या निरर्थक है जितना हमें 'कवितावादी' कहना।"

इस प्रकार, अज्ञेय के द्वारा दिये गये सैद्धांतिक वक्तव्य ही 'प्रयोगवाद' के विचार केंद्र को आलोकित करते रहे। गिरिजाकुमार माथुर को छोड़कर 'तारसप्तक' के सभी कवि साम्यवादी विचारधारा की ओर झुके रहे। मुक्तिबोध का 'पूंजीवादी समाज के प्रति', नेमिचंद्र जैन का 'कवि गाता है', भारत भूषण अग्रवाल का 'अपने कवि से' एवं 'जागते रहो', प्रभाकर माचवे का 'निम्न मध्य वर्ग', और 'बीसवीं सदी', रामविलास शर्मा का 'विश्व शांति' शीर्षक कविताओं का स्वर स्पष्ट रूप से साम्यवादी विचारों से प्रेरित है। इसलिए हिंदी आलोचकों का एक वर्ग मानता है कि प्रयोगवाद का जन्म प्रगतिवाद की कोख से हुआ। लेकिन प्रगतिवादियों का मत है कि 'प्रयोगवाद' का आंदोलन प्रगतिवाद की जन-चेतना को भड़काने के लिए सुनियोजित तरीके से चलाया गया। स्वयं डॉ.रामविलास शर्मा इसी मत की पुष्टि करते हैं। 'राही नहीं राहों के अन्वेषी' का नारा अज्ञेय ने सभी को सत्य से भटकाने के लिए दिया था-ताकि वे आभिजात्यवादी-पूंजीवादी मूल्यों की रक्षा कर सकें। इतना ही नहीं, व्यक्ति स्वातंत्र्य के नाम पर अज्ञेय ने व्यक्तिवाद का पोषण किया और 'कला कला के लिए' सिद्धांत के बीज बोयें। विचारधारा से मुक्ति, सत्य के अन्वेषण की ललक, व्यक्तिवाद, बौद्धिकता का झूठा मुखौटा, परंपरा की ऐतिहासिक चेतना, प्रयोग का आग्रह, नये बिंब और जटिल प्रतीक ये सभी विशेषताएं कविता के साहित्यिक मूल्यों तक सीमित हैं। मूलतः प्रयोगवाद शिल्प की चमक-दमक का आंदोलन है जिस पर मनोविश्लेषणवाद, बिंबवाद आदि का प्रभाव है।

वास्तविकता यह है कि 'प्रयोगवाद' मानव जीवन के आंतरिक यथार्थ पर बल देने के कारण फ्रायड या युंग की स्थापनाओं की ओर भटक गया। प्रगतिवादी काव्य ने यदि शोषित एवं दलित के आक्रोश को अभिव्यक्ति दी तो 'प्रयोगवाद' ने आधुनिक शिक्षा से संपन्न युवकों की अनास्था, यंत्रणा और संदेह की मनोदशाओं को व्यक्त किया। इसलिए प्रयोगवाद मानव-मन की निजी समस्याओं, चिंताओं का काव्य था। प्रयोगवाद का सकारात्मक पक्ष यह है कि इसने शिल्प और रूपविधान के क्षेत्र में अनेक नये प्रयोग किये। इन कवियों की प्रयोगात्मक वृत्ति ने उन तमाम रूढ़ियों के विरुद्ध संघर्ष किया जो आधुनिक जीवन की गहन जटिल मनःस्थितियों-अनुभूतियों को मूर्त करने में बाधक हो रही थीं। शिल्प पर ज्यादा बल देने के कारण ही प्रयोगवाद को रूपवादी (Formalist) कहा जाता है। नयी कविता ने प्रयोगवाद के इस रूपवादी मोह से विद्रोह किया है। इसी दृष्टि से प्रयोगवाद तथा नयी कविता एक दूसरे के पर्याय नहीं है। दोनों भिन्न दृष्टि के काव्य-आंदोलन हैं।

आधार ग्रंथ :

1. तारसप्तक, संपादक अज्ञेय।
2. आधुनिक हिंदी कविता में बिंब विधान, केदारनाथ सिंह।
3. हिंदी साहित्य का दूसरा इतिहास, बच्चन सिंह।
4. आधुनिक साहित्य की प्रवृत्तियां, नामवर सिंह।
5. आधुनिक हिंदी कविता की मुख्य प्रवृत्तियां, नगेंद्र।

प्राक्कल्पना

'प्राक्कल्पना' शब्द अंग्रेजी के हाइपोथिसिस (Hypothesis) का हिंदी पर्याय है। विभिन्न ऐतिहासिक तथ्यों पर आधारित पूर्वानुमान, जिसके माध्यम से किसी वस्तु के अस्तित्व, किन्हीं परिघटनाओं के संबंध या कारण के बारे में ऐसे निष्कर्ष निकाले जाते हैं, जिन्हें पूरी तरह से प्रमाणित नहीं किया जा सकता प्राक्कल्पना कहलाते हैं। विज्ञान में प्राक्कल्पना की आवश्यकता तब होती है, जब परिघटनाओं के बीच संबंध अथवा उनके कारण स्पष्ट नहीं होते। हालांकि इन परिघटनाओं से पहले की अथवा उनकी सहवर्ती विभिन्न परिस्थितियां ज्ञात होती हैं। प्राक्कल्पना को उस समय भी उपयोग में लाया जाता है, जब वर्तमान के कतिपय अभिलक्षणों के अनुसार अतीत के चित्र की पुनः स्थापना करना अथवा वर्तमान के आधार पर किसी परिघटना के भावी विकास के विषय में कोई निष्कर्ष निकालना होता है। परंतु निश्चित तथ्यों के आधार पर प्राक्कल्पना का निरूपण मात्र पहला कदम है। अपने सम्भाव्य स्वरूप के कारण प्राक्कल्पना जांच-परख और प्रमाण की अपेक्षा रखती है। जांच-परख के उपरांत प्राक्कल्पना या तो वैज्ञानिक सिद्धांत बन जाती है अथवा परिणाम के नकारात्मक होने की सूरत में उसे संशोधित अथवा अस्वीकृत कर दिया जाता है।

किसी भी क्षेत्र में अनुसंधान के लिए प्रवृत्त होते समय प्राक्कल्पना करनी पड़ती है। शोध विषय किस निष्कर्ष तक पहुँचने के लिए किया जा रहा है, इसकी स्पष्ट धारणा बनाए बिना शोध कार्य में प्रवृत्त होना अंधेरे में भटकने के समान है। प्रारंभ में हमारी स्थापना अस्पष्ट धुंधली सी हो सकती है। प्राक्कल्पना सिद्धांत के तौर पर नहीं की जाती, वह तो सिद्धांत को स्थापित करने के लिए अनुमानित की जाती है। वह सिद्धांत या निष्कर्ष तक पहुँचने का साधन मात्र है।

वस्तुतः प्राक्कल्पना एक विचार है जो स्वानुभव अथवा परानुभव से उत्पन्न होती है। जो प्राक्कल्पनाएं परीक्षण के उपरांत वैज्ञानिक सिद्धांत के रूप में प्रसिद्ध हो जाती हैं वे नयी प्राक्कल्पना को जन्म देती हैं। न्यूटन का गुरुत्वाकर्षण का परीक्षित नियम है। इसके आधार पर यह देखा गया कि निश्चित ऊंचाई से परे यह नियम लागू नहीं होता। यहां पदार्थ पृथ्वी की ओर आकर्षित होकर नीचे नहीं गिरता। वहां भारहीनता अनुभव होती है। नव वैज्ञानिकों को नयी प्राक्कल्पना करनी पड़ी। प्राक्कल्पना के निरूपण के समय उसके निष्कर्षों के संभाव्य स्वरूप को ध्यान में रखना आवश्यक है। एक दूसरे का खंडन करने वाली प्राक्कल्पनाएं एक साथ सत्य नहीं हो सकती हैं।

आधुनिक प्रत्यक्षवादी यह मानते हैं कि विज्ञान को सिर्फ तथ्य अंकित करने चाहिए और वस्तुगत जगत को शासित करने वाले नियमों के बारे में प्राक्कल्पना का निरूपण नहीं करना चाहिए। वे मानते हैं कि प्राक्कल्पना मात्र 'कामचलाऊ' भूमिका अदा करती है और उसका कोई वस्तुगत महत्व नहीं होता। परंतु प्राक्कल्पना के

वैज्ञानिक दृष्टि से सिद्ध सिद्धांतों में रूपांतरणों के तथ्य इस बात के साक्षी हैं कि प्राक्कल्पना व्यर्थ नहीं होती। उनका महत्व असंदिग्ध है। इतना ही नहीं, चूंकि प्राक्कल्पना सदैव कतिपय निश्चित वस्तुगत तथ्यों पर आधारित होती है, इसलिए उसको हमेशा सिद्धांत में विकसित करने की संभावना बनी रहती है।

आधार ग्रंथ :

1. दर्शन कोश।
2. शोध विज्ञान कोश, दुर्गादास काशीनाथ संत।
3. शोध प्रविधि, विनय मोहन शर्मा।
4. Research Methodology,C.R.Kothari.
वेबसाइट : www.en.wikipedia.org/wiki/hypothesis

प्राच्यवाद

1978 में एडवर्ड सईद की पुस्तक : 'ओरिएंटलिज्म द वेस्टर्न कन्सेप्शन्स ऑफ द ईस्ट' के प्रकाशन के पहले प्राच्यवाद शब्द सामान्यतः एक अकादमिक पद के रूप में ही स्वीकृत था। लेकिन इस पुस्तक के प्रकाशन के उपरान्त प्राच्यवाद और इसके उद्देश्यों के संदर्भ में न सिर्फ वैचारिक जगत में ही काफी विवाद पैदा हुआ बल्कि इस विवाद ने राजनीतिक-सामाजिक हलकों को भी व्यापक स्तर पर प्रभावित किया। प्राच्यवाद के बारे में सईद द्वारा इस पुस्तक में प्रस्तुत अवधारणा के बाद से प्राच्यवाद का पूर्व प्रचलित अर्थ बहुत तीव्रता से गौण होता जा रहा है। जहां पहले प्राच्यवाद से सामान्यतः 'पूरब की भाषाओं एवं संस्कृतियों का अध्ययन' अर्थ लिया जाता था अब वह 'प्राच्य के विषय में पाश्चात्य धारणाएं' के रूप में स्वीकृत होने लगा है। इस पुस्तक के व्यापक प्रभाव के बाद यह आवश्यक हो गया है कि साहित्यिक-सांस्कृतिक आलोचना के लिए परिभाषिक शब्द के रूप में इस पद को गम्भीरता से समझा जाए और व्याख्यायित किया जाए क्योंकि तटस्थ अर्थों में इसे सम्प्रेषित किया जाना अब संभव नहीं दिखाई देता।

सईद ने स्वयं ही इस पद से निःसृत होनेवाले विभिन्न अर्थों का जिक्र किया है। अपनी पुस्तक में उन्होंने लिखा है कि प्राच्यवाद के लिए जो अर्थ तुरंत ही स्वीकार कर लिया जाता है वह अकादमिक है और आज भी विभिन्न संस्थानों में इसका प्रयोग होता है। कोई भी, जो पूरब के बारे में पढ़ता है, लिखता है या शोध करता है-वह चाहे नृतत्वशास्त्री, समाजशास्त्री, इतिहासकार या फिर शब्दकोशकार ही क्यों न हो, प्राच्यविद् है और उसका कार्य प्राच्यवाद है। हालांकि प्राच्य अध्ययन और क्षेत्र अध्ययन की तुलना में आजकल इस 'प्राच्यवाद' का प्रयोग विशेषज्ञों द्वारा कम होता है। कारण कि एक तो यह बहुत ही ढीला और अस्पष्ट है और दूसरा यह कि इससे उन्नीसवीं सदी और आरम्भिक बीसवीं सदी के यूरोपीय उपनिवेशवाद के दमन का अर्थ निकलता है। सईद प्राच्यवाद का एक दूसरा अर्थ भी बताते हैं जिसके अनुसार प्राच्यवाद एक चिंतन शैली है जो पूरब और पश्चिम के बीच अस्तित्व और ज्ञानमीमांसीय आधार पर किए गए विभाजन पर अवस्थित है। उनका कहना है कि बहुत सारे लेखकों ने, जिनमें कवि, उपन्यासकार, दार्शनिक, राजनीतिक सिद्धांतकार, अर्थशास्त्री और साम्राज्य से जुड़े प्रशासक इत्यादि शामिल हैं, पूरब और पश्चिम के बीच बुनियादी भेद को ही पूरब, इसके निवासी, रीति-रिवाज, बुद्धि, भाग्य इत्यादि से संबंधित सिद्धांतों, महाकाव्यों, उपन्यासों, सामाजिक विवरणों और राजनीतिक घटनाक्रमों की व्याख्या का प्रस्थान बिंदु मान लिया है।

लेकिन जिस अर्थ को सईद स्थापित करना चाहते थे वह इस प्रकार है-"मैं प्राच्यवाद के एक तीसरे अर्थ की बात करूंगा जो उपरोक्त दोनों अर्थों की तुलना में कहीं अधिक ऐतिहासिक और भौतिक रूप से पहचाना जा सकता है। अगर हम अठारहवीं सदी के अन्तिम पच्चीस वर्षों से प्रारंभ करें तो यह साफ हो जाएगा कि प्राच्यवाद का विवेचन और विश्लेषण एक ऐसी कॉरपोरेट संस्था के रूप में किया जा सकता है जिसका विषय है पूरब, जिसके बारे में वक्तव्य दिए जाते हैं, जिसके बारे में व्यक्त किए गए विचारों को प्राधिकृत किया जाता है, जिसका वर्णन किया जाता है, जिसे पढ़ाया जाता है : जिसका रूप निर्धारित किया जाता है, जिस पर शासन किया जाता है : थोड़े में कहें तो प्राच्यवाद पूरब के ऊपर शासन करने, उसे संरचित करने और उसके ऊपर अधिकार जमाने की पश्चिमी शैली है।" (साखी, अंक 13-14 एडवर्ड सईद, प्राच्यवाद क्यों, अनुवाद-रामकीर्ति शुक्ल)।

इस तरह सईद ने प्राच्यवाद की अकादमिक विमर्श की छवि को पश्चिम के अधिनायकत्व की छवि से संलग्न किया। सईद ने इस सिद्धान्त की स्थापना के लिए फूको

के सत्ता विमर्श और ग्राम्शी के हेजेमनी के सिद्धांतों से काफी सहयोग लिया है। सामान्य अवबोध से पश्चिम की सांस्कृतिक सामाजिक श्रेष्ठता की सहज स्वीकृति बनाने में इस हेजेमनी की महती भूमिका है। सईद की दृष्टि यह थी कि पश्चिम ने पश्चिम को श्रेष्ठ साबित करने हेतु अपने 'अन्य' के रूप में पूरब का 'प्राच्यीकरण' किया और ज्ञान के संस्थानों, साम्राज्य के उपकरणों, नौकरशाही, सरकारी नीतियों, अध्येताओं और सचेत-अचेत रूप में कलाकारों-रचनाकारों इत्यादि का इसमें योगदान रहा। यह प्रक्रिया इतनी व्यापक रही कि पूरब का कोई अध्ययन इस दृष्टि से मुक्त नहीं हो पाता। पी.एन. सिंह ने 'साखी' पत्रिका के एडवर्ड सईद विशेषांक (अंक 13-14) में सईद के द्वारा प्रतिपादित प्राच्यवाद की इन विशेषताओं की सहज व्याख्या की है। पी.एन. सिंह लिखते हैं कि 'प्राच्यवाद' (पुस्तक) प्रमुखतः पश्चिमी अरबविदों द्वारा अरबी समाज एवं संस्कृति संबंधी समझ एवं निष्कर्षों का विखंडन एवं स्पष्टीकरण है। यह इस बात का रेखांकन है कि किस प्रकार एक विजेता संस्कृति अपने अधीनस्थ समाजों एवं संस्कृतियों को देखती और समझती है और कैसे इसी की समझ, इसी के आख्यान, इनकी निर्णायक एवं सर्वस्वीकृत पहचान बन जाते हैं जिसे अधीनस्थ निरापद मान लेते हैं। अर्थात पूरब की प्रचलित छवि पूरब के यथार्थ की अभिव्यक्ति न होकर पश्चिम द्वारा निर्मित छवि है, उसी का आख्यान है। नरेटिव है। लेकिन यह प्राच्यवादी आख्यान यूं ही निरापद नहीं बना। यह ब्रितानी एवं फ्रांसीसी सांस्कृतिक उद्यम का परिणाम था, जिसमें औपनिवेशिक सेनाओं, प्रशासकों, बाईबल एवं व्यवसाय के साथ-साथ उनके ज्ञान और कल्पना का भी अवदान रहा। प्राच्यवादीकरण के संबंध में दूसरी महत्वपूर्ण बात यह है कि इसे साम्राज्य की सत्ता संरचना से काटकर नहीं समझा जा सकता। दरअसल पश्चिम में यह मान्यता थी कि पूरब अपनी प्रस्तुति नहीं कर सकता था, अपना आख्यान नहीं गढ़ सकता था। अर्थात पश्चिमी ज्ञान, साम्राज्यवादी ताकत और इरादों के बिना यह आविष्कृत एवं निर्मित नहीं हो सकता था। पी.एन. सिंह का मानना है कि इस प्राच्यवाद की एक तीसरी विशेषता यह भी है कि यह मिथ्या कथनों एवं मिथकों पर आधारित है। अगर वास्तविक प्राच्यवाद का उद्घाटन किया जा सका, अगर प्राच्य अपना आख्यान गढ़ सका तो यह प्राच्यवाद नहीं टिकेगा। तात्पर्य यह है कि विश्व परिदृश्य में पश्चिम के प्रभुत्व के कायम होने में प्राच्यवाद की भूमिका महत्वपूर्ण थी। प्राच्यवाद के कारण ही पश्चिम पूरब की वह छवि निर्मित कर सका जिसे सिर्फ पश्चिम ने ही नहीं अपनाया बल्कि पूरब के विद्वान भी स्वयं को उसी आइने में देखने लगे।

प्राच्यवाद के संदर्भ में सईद के विचार से और उनकी विश्लेषण पद्धति से कई महत्वपूर्ण विद्वान असहमत दिखाई देते हैं। टिमोथी ब्रेनन, बर्नार्ड लुइस ने सईद की विस्तृत आलोचना की है। सईद ने इनमें से कई आलोचनाओं का 1995 में लिखे अपने 'आफ्टरवर्ड' में जवाब देने का प्रयास किया है। प्रख्यात मार्क्सवादी विचारक इरफान हबीब और एजाज अहमद सईद की प्राच्यवाद की परिभाषा में अतिसामान्यीकरण और संकीर्णता पाते हैं। दोनों ही विचारक इससे सहमत दिखाई देते हैं कि सईद तयशुदा नतीजों के आधार पर तथ्यों का चुनाव करते हैं और अपने पूर्व निर्धारित निष्कर्षों को प्रतिपादित करने के लिए चुने गए तथ्यों का बहुत लापरवाही से विश्लेषण करते हैं। एजाज अहमद ने अपनी पुस्तक 'इन थियोरी' में 'प्राच्यवाद' को एक 'डीप्ली फ्लॉड बुक' कहने में भी संकोच नहीं किया है क्योंकि वह पश्चिम को एक गुनहगार की तरह और पूरब को मासूम की तरह प्रस्तुत करती है। दोनों ही मार्क्सवादी विचारकों ने मार्क्स के संदर्भ में सईद की व्याख्या में बरती गई ऐसी असावधानियों को उभारा है जिन्हें अनदेखा कर पाना कठिन है। इरफान हबीब लिखते हैं कि प्राच्यवादी परंपरा में सईद के द्वारा चयन किए गए लेखन के अलावा भी बहुत कुछ ऐसा मौजूद है जिनमें पूरब के बरक्स पश्चिम के श्रेष्ठ होने के दावे का संकेत नहीं मिलता, जिसकी उपस्थिति को सईद प्राच्यवाद का मूल तत्व मानते हैं। हबीब का तर्क है कि सईद के सिद्धांत में गड़बड़ियां इसलिए आईं क्योंकि 'सईदी प्राच्यवाद के अनुसार प्राच्यवाद को पढ़ानेवाले या इस पर शोध अध्ययन करनेवाले पूरब (प्राच्य) के नहीं हो सकते।...वस्तुतः वे मानकर चलते हैं कि प्राच्यवादी केवल पाश्चात्य पाठकों को ही ध्यान में रखकर लिखते हैं और इसीलिए सईद उन्हीं प्राच्यवादियों को चुनते हैं जो उनकी मान्यता के अनुकूल हों।' (लेख–एडवर्ड सईद : कुछ आलोचनात्मक टिप्पणियां, साखी, अंक 13-14)

भारत के संदर्भ में प्राच्यवाद को समझने के लिए अठारहवीं सदी के उत्तरार्द्ध से आरंभ करना आवश्यक है। 1784 में एशियाटिक सोसाइटी की स्थापना के बाद अनेक अध्येता प्राच्य अध्ययन के क्षेत्र में आए जो प्राच्यविद् के रूप में ही जाने जाते थे। अगली सदी में ब्रिटिश अध्येताओं के अतिरिक्त भी बहुत सारे यूरोपीय प्राच्यविद् भारत के बारे में गंभीर अध्ययन कर रहे थे। भारतीय उपनिवेश से इनका संबंध ब्रिटिश अध्येताओं जैसा नहीं था इसलिए इनके अध्ययन को भी बहुत सतर्कता से देखा जाना चाहिए। अध्ययन की यह परंपरा इतनी व्यापक थी कि इस क्षेत्र में कार्य कर रहे परवर्ती विद्वान स्वयं को प्राच्यवाद की इस परंपरा में ही अंकित

करवाना चाहते थे। एशियाटिक सोसाइटी ने अनेक विषयों पर शोध कराए थे। विलियम जोन्स और उनके साथी प्राच्यविदों ने विभिन्न भारतीय भाषाओं में अनुवाद किए, भारतीय धर्म-ग्रंथों का अध्ययन किया, प्राचीन पांडुलिपियों का पता लगाया, व्याकरणों की रचना की, भारतीय कानून, जाति-प्रथा और सामाजिक संरचना का विश्लेषण किया और भारतीय परिवेश से प्रेरणा लेकर काव्य-सृजन भी किया। वेद, महाभारत, मनुस्मृति, हितोपदेश, कालिदास, जयदेव, प्राचीन भारतीय संगीत, दर्शन, पुराण, ज्योतिष, बीजगणित, नाट्यशास्त्र, खुसरो, निजामी के संदर्भ में उन्हें विस्तृत जानकारी थी और इस जानकारी को उन्होंने अंग्रेजी में उपलब्ध कराया। एडवर्ड सईद और उनके विरोध में दिए गए तर्कों के बाद जरूरी हो गया है कि ज्ञान की इस समृद्ध परंपरा का और भी गहराई से विवेचन विश्लेषण किया जाए। यह समझा जाए कि पिछले ढाई सौ सालों में इस ज्ञान की परंपरा में कुछ भी 'प्राच्यीकरण' से मुक्त नहीं था या फिर जैसा कि इरफान हबीब कहते हैं कि "गौरतलब है कि कोई भी गंभीर लेखक (चिंतक) इस तथ्य को नहीं नकार सकता कि उपनिवेशवाद और साम्राज्यवाद ने पूरब के विषय में खास किस्म के लेखन के लिए, अनुकूल माहौल तैयार नहीं किया। गड़बड़ी तो तब उत्पन्न होती है जब सईद इस प्रकार के लेखनों के साथ-साथ पूरब पर हुए समस्त चिन्तन-लेखन को 'प्राच्यवाद' की टोकरी में डाल देते हैं जो भाषाई सभ्यता या समसामयिकता की वजह से 'प्राच्यवाद' के ही उत्पाद प्रतीत होते हैं।" (लेख–एडवर्ड सईदः कुछ आलोचनात्मक टिप्पणियां, साखी, अंक 13-14)

आधार ग्रन्थ :

1. ओरिएंटलिज्म, एडवर्ड सईद।
2. एशियाटिक रिसर्चेज, एशियाटिक सोसाइटी।
3. इन थियोरी, एजाज अहमद।
4. साखी पत्रिका, अंक 13-14, 15-16।

भारत में अंग्रेजी साहित्य के विद्वान हरीश त्रिवेदी, एडवर्ड सईद पर बहुत कुपित दिखाई देते हैं और यह मानते हैं कि एडवर्ड सईद ने एक अलग ही प्राच्यवाद गढ़ दिया है। हरीश त्रिवेदी का सबसे पहला तर्क यह है कि सईद की सोच में दरार पड़ने का कारण है कि वे इस्लाम के साथ हुए अन्याय और फिलिस्तीन को ध्यान में रखकर प्राच्यवाद पुस्तक लिखने बैठते हैं। इसीलिए पूरी पुस्तक का केन्द्र सिर्फ मध्य-पूर्व और अरब देशों तक सीमित हो जाता है। हरीश त्रिवेदी कहते हैं कि सईद की इस पुस्तक में भारत नहीं है, चीन नहीं है, जापान नहीं है तो फिर ओरिएंट कहां है।

पी.एन. सिंह ने भी ओरिएंटलिज्म के आख्यान की कुछ सीमाएं बताई हैं, जैसे कि प्रथम तो यह पुस्तक अरब विश्व पर ही केंद्रित है, जबकि ब्रितानी एवं फ्रांसीसी साम्राज्य अन्य अनेक देशों में फैला था। अरब विश्व में इसे इस्लाम और अरबी राष्ट्रवाद के कट्टर समर्थक और पश्चिमी साम्राज्यवाद की ओर आलोचना के रूप में पढ़ा गया। दूसरा यह कि इसमें पूरब में साम्राज्य विस्तार के दौरान उभरे सांस्कृतिक प्रतिरोधों की चर्चा नहीं है, मानो आधुनिक साम्राज्य निरापद एवं स्वाभाविक राजनीतिक परिघटना थी। ओरिएंटलिज्म में सईद का ध्यान राष्ट्रीय प्रतिरोध की ओर नहीं गया है। तीसरा यह कि भारत में ही अंग्रेजी साम्राज्य की स्थापना निरापद नहीं थी। यह लगभग 150 वर्षों के खूनी संघर्ष का नतीजा थी जिसमें प्राच्यवाद की उतनी भूमिका नहीं थी जितनी अंग्रेजों के रणनीतिक कौशल, तकनीकी बेहतरी, कंपनी की धोखाधड़ी और भारत में आंतरिक फूट इत्यादि की।

प्रेमाख्यानक काव्य

प्रेम-कथानकों को आधार बनाकर रचे जाने वाले काव्य को प्रेमाख्यानक काव्य कहा जाता है। प्रेम इंसान की स्वाभाविक प्रवृत्ति है। इसलिए प्रेम कथा को आधार बनाकर काव्य की रचना की परंपरा भी बहुत पुरानी है। संस्कृत साहित्य इस तरह के प्रेम आधारित आख्यान काव्यों से भरा पड़ा है। पुरुरवा और उर्वशी, नल-दमयंती, दुष्यंत और शकुंतला, उषा-अनिरुद्ध, कृष्ण और राधा आदि के प्रेम पर आधारित अनेक काव्य हैं। लोक प्रचलित अनेक कथाएं भी इन काव्यों का आधार रही हैं। इसीलिए प्रेमाख्यानक काव्यों के पात्र ऐतिहासिक भी थे और काल्पनिक भी। ऐतिहासिक कथाओं को भी कल्पना का सहारा लेकर रोचक बनाया जाता था। ऐतिहासिक राजाओं में उदयन, शूद्रक, विक्रमादित्य, पृथ्वीराज चौहान आदि के नाम से बहुत-सी कल्पित प्रेमकहानियां प्रचलित हैं। भारत की सभी महत्वपूर्ण भाषाओं में इस तरह की कहानियां प्रचलित हैं। कल्पित नायकों के नाम से प्रचलित

प्रेम कथाओं में 'माधवानल-कामकंदला', 'हीर-रांझा', 'सारंगा-सदाबृज', 'ढोलामारवणी' आदि प्रमुख हैं। इन लौकिक प्रेम कथाओं में प्रेमी और प्रेमिका के उत्कट प्रेम, उनके मिलन के मार्ग की बाधाएं, मिलन के लिए नाना प्रकार के प्रयत्न तथा अंत में उनके मिलन का वर्णन बड़े रोचक ढंग से होता है। सूफी कवियों ने इन कहानियों का भरपूर उपयोग किया है। इन कथाओं को आधार बनाकर सूफी कवियों ने प्रेम की ऐसी गंगा प्रवाहित की है जिसमें हिंदू-मुस्लमान, शिक्षित-अशिक्षित, ऊँच-नीच सभी अवगाहन करके तृप्त हो गये। मध्यकालीन काव्य साधना में सूफी प्रेमाख्यानक काव्य का अत्यंत महत्वपूर्ण स्थान है।

सूफी मत का आविर्भाव यद्यपि इस्लाम की शरीअत की प्रतिक्रिया में हुआ किंतु कालांतर में उसने अपने विचारों की प्रामाणिकता को इस्लाम एवं मोहम्मद साहब के जीवन से सिद्ध करने की चेष्टा की। आत्म विह्वलता, जिक्र, आत्म शुद्धि, पतनोन्मुखी प्रवृत्तियों से संघर्ष (जिहाद) आदि की खोज तथा व्याख्या इन्होंने इस्लाम के तहत की।

भारत में सूफी मत का आगमन ग्यारहवीं सदी में हुआ। ख्वाजा मुईनुद्दीन चिश्ती (1190 ई.) से इनका क्रमबद्ध इतिहास मिलता है। कालांतर में सूफी मत कई समुदायों में विभक्त होकर प्रचलित हुआ। इनमें चिश्तिया, सुहरावरदिया, कादरिया, नक्शबंदिया, मेहदरी और सत्तारी संप्रदाय मुख्य हैं।

लैला-मजनू, शीरी-फरहाद, यूसुफ-जुलेखा आदि फारसी प्रेमाख्यानों का भी भारतीय सूफी साहित्य पर गहरा प्रभाव देखा जा सकता है।

यद्यपि आचार्य रामचंद्र शुक्ल ने हिंदी में प्रेमाख्यानक काव्य परंपरा की प्रथम कृति के रूप में कुतुबन कृत 'मृगावती (1501 ई.)' का उल्लेख किया है किंतु वास्तव में हिंदी में इस परंपरा की शुरुआत मुल्ला दाउद कृत 'चंदायन' (1380 ई.) से आरंभ होती है। मल्लिक मोहम्मद जायसी (16वीं सदी) इस परंपरा के सर्वश्रेष्ठ कवि हैं और उनकी रचना 'पद्मावत' सर्वश्रेष्ठ कृति। इस शाखा के अन्य कवियों में मंझन (मधुमालती), कासिम शाह (हंस जवाहर), नूर मुहम्मद (इंद्रावती), उस्मान (चित्रावली), शेख नबी (ज्ञान दीप) आदि प्रमुख हैं।

सूफी प्रेमाख्यानों की भाषा ठेठ अवधी है। तद्‌भव शब्दावली, मुहावरे तथा लोकोक्तियों के सुंदर प्रयोग में सूफी कवियों को विशेष सफलता मिली है। अभिव्यक्ति को सशक्त बनाने के लिए सूफियों ने समासोक्ति का भी भरपूर प्रयोग किया है। प्रतीक योजना के द्वारा इन्होंने अपने काव्य की अभिव्यंजना शक्ति में वृद्धि की है। उपमा, उत्प्रेक्षा तथा रूपक इनके प्रिय अलंकार हैं। योगियों का प्रभाव भी इनकी रचनाओं पर है। नायक प्रायः योगी होकर घर से निकलता है और योग साधना से ही उसे सिद्धि मिलती है। ईसवीं सन् की सोलहवीं शताब्दी से इन प्रेमाख्यानों में प्रतीकात्मकता का समावेश हुआ, जो सूफी कवियों की देन है।

भारत में तेरहवीं-चौदहवीं सदी में सूफी साधकों का खूब जोर रहा। ये सूफी साधक अत्यंत उदार थे। जनता में इनका गहरा प्रभाव था। सूफी प्रेमाख्यानक काव्यों के अलावा भी हमारे यहां प्रेमाधारित काव्यों की एक समानांतर परंपरा मिलती है जो बहुत समृद्ध भी है। जैसा कि ऊपर कहा जा चुका है, लोक कथाएं इसकी पृष्ठभूमि में हैं। (ढोला-मारू-रा-दूहा) इस परंपरा की सर्वाधिक महत्वपूर्ण कृति है, जिसमें पूगल नगर के राजा पिंगल की कन्या 'मारवणी' तथा नरवर नगर के राजा 'नल' के पुत्र 'ढोला' की प्रेम कथा वर्णित है। 'छिताई वार्ता' (नारायण दास), सत्यवती कथा (ईश्वर दास), लखम सेन पद्मावती कथा (दामो), सदयवत्स सावलिंगा (कीर्तिवर्धन), मैनासत (सधना), नल दमयंती कथा (नरपति व्यास), प्रेम विलास (जटमल नाहर), रूप मंजरी (नंददास), बेली क्रिसन रुक्मिणी री (महाराज पृथ्वीराज), रस रत्न (री पुहकर) आदि इस परंपरा की अन्य श्रेष्ठ कृतियां हैं। 'माधवानल कामकंदला' नामक प्रख्यात कथानक को आधार बनाकर गणपति माधव शर्मा, कुशल लाभ, पुरुषोतम वत्स, आलम आदि कवियों ने अनेक रचनाएं की हैं।

आधार ग्रंथ :

1. सूफीमत और हिंदी साहित्य, विमल कुमार जैन।
2. सूफीमत साधना और साहित्य, रामपूजन तिवारी।
3. हिंदी साहित्य कोश, भाग-1।
4. जायसी, विजयदेवनारायण साही।

प्रेषणीयता

प्रेषणीयता के लिए अंग्रेजी में कम्युनिकेबिलिटी (Communicability) शब्द प्रयुक्त होता है। प्रेषणीयता अर्थात कवि द्वारा काव्य के मर्म को पाठक तक पहुंचाने का व्यापार। आचार्य शुक्ल के शब्दों में "गोस्वामी जी ने यद्यपि अपनी रचना 'स्वांतःसुखाय' बताई है पर वे कलाकृति के अर्थ और प्रभाव की प्रेषणीयता को बहुत

ही आवश्यक मानते थे। सर्जक साहित्यकार या कवि अपने अनुभव को मूर्ति-विधायिनी, प्रतीकात्मक एवं व्यंजक भाषा के माध्यम से पाठक या श्रोता के प्रति सम्प्रेषित करता है। प्रत्येक अभिव्यक्ति सम्प्रेषणीय होने पर ही सार्थक होती है। यह रचनाकार का दायित्व है कि वह पाठक को अपना सहभोक्ता बना ले। महान साहित्यकार अपने दायित्व के प्रति सजग और सचेष्ट रहता है। इसलिए वह अपनी अभिव्यक्ति को विश्वजनीन और निर्वैयक्तिक बनाकर प्रस्तुत करता है। प्रत्येक कालजयी रचना शुद्ध मानवीय अनुभूतियों को अभिव्यक्ति देती है तथा सहृदय-संवेद्य एवं सम्प्रेषणीय होती है।"

भारतीय रस-मीमांसा में सम्प्रेषण के तत्त्व को 'साधारणीकरण' की प्रक्रिया के अंतर्गत समाविष्ट किया गया है। साहित्य या काव्य की आत्मा रस है। कवि अपनी रचना को रसात्मक बनाता है और पाठक या श्रोता इस रस का आस्वाद ग्रहण करता है। इस प्रकार वह कवि का सहभोक्ता हो जाता है।

'प्रेषणीयता' का सिद्धांत काव्य-मीमांसा के क्षेत्र में एक सार्वभौम और मान्य सिद्धांत है। इसे पाश्चात्य कला-मर्मज्ञों एवं भारतीय रसाचार्यों दोनों ने महत्व प्रदान किया है।

सुप्रसिद्ध लेखक टालस्टाय (1828-1910 ई.) ने अपने विचारों का प्रतिपादन करते हुए कहा है कि कला का मूल कार्य कलाकार द्वारा अनुभूत भावों को उद्दीप्त करना और उन्हें किसी गति, पंक्ति, रंग, ध्वनि या शब्दों के रूप-विशेष के माध्यम से इस प्रकार व्यक्त करना है कि कलाकार की भावानुभूति अन्य लोगों तक प्रेषित हो जाए तथा वे भी उसी अनुभूति का अनुभव कर सकें। इसीलिए कला वह मानवीय क्रिया है, जिसमें एक व्यक्ति सचेत रूप में विशिष्ट बाह्य संकेतों के माध्यम से अपनी उन अनुभूतियों को, जिन्हें निजी जीवन में अनुभूत किया है, दूसरों तक संक्रमित करता है, जिससे दूसरे लोग भी उन्हीं अनुभूतियों का अनुभव कर पाते हैं। अतः कला किसी रहस्यात्मक दैवी विचार की अभिव्यक्ति या कोई क्रीड़ा-विशेष नहीं है, न ही केवल मानवीय भावों की अभिव्यक्ति है और न ही केवल मनोरंजन की वस्तु है अपितु वह तो एक ऐसी वस्तु है जो दो भिन्न हृदयों को एक ही भावानुभूति के माध्यम से संयुक्त करती है।

भाव-प्रेषण के प्रसंग में टालस्टाय ने कलाकार एवं पाठक के तादात्म्य एवं व्यक्तित्व की मुक्त दशा की चर्चा की है। कला के द्वारा भावों की उत्तेजना या अभिव्यक्ति ही पर्याप्त नहीं है अपितु उसके लिए भावों का प्रेषण भी अनिवार्य है। इस धारणा पर बल देते हुए उन्होंने भली-भांति स्पष्ट किया है कि यदि पाठक या सामाजिक, कलाकार की आत्मा से इतना अधिक संयुक्त हो जाता है कि दोनों में पूर्ण भावात्मक तादात्म्य स्थापित हो जाए तो उसी स्थिति में सच्ची कला का अस्तित्व स्वीकार किया जा सकता है।

पृथकता एवं वैयक्तिक भिन्नता से मुक्त होकर एक व्यक्ति का दूसरे व्यक्ति से तादात्म्य स्थापित कर लेना ही कला की आकर्षण-शक्ति का सबसे बड़ा कार्य है। रिचर्ड्स ने स्पष्ट किया है कि प्रेषणीयता कोई अद्भुत या रहस्यात्मक व्यापार नहीं है अपितु मन की एक सामान्य क्रिया मात्र है। उनके शब्दों में–"All that occurs is that, under certain conditions, separate minds have closely similar experiences" अर्थात प्रेषणीयता में जो कुछ होता है वह यह है कि कुछ विशेष परिस्थितियों में विभिन्न मस्तिष्क प्रायः एक जैसी अनुभूति प्राप्त करते हैं।

कला एवं काव्य के लिए रिचर्ड्स ने प्रेषणीयता को आवश्यक मानते हुए भी इस बात पर बल दिया कि कलाकार को इसके लिए विशेष प्रयत्न नहीं करना चाहिए। यदि कलाकार अपनी रचना को प्रेषणीय बनाने के लिए अपनी ओर से कोई विशेष चेष्टा करेगा तो इससे उसमें कृत्रिमता और अस्वाभाविकता आ जायेगी जो कि कलात्मकता के लिए घातक है। इसलिए कलाकार जितना अधिक सामान्य या स्वाभाविक रूप में कार्य करेगा, अपनी अनुभूतियों के ठीक प्रकार से प्रस्तुतीकरण में वह उतना ही अधिक सफल होगा तथा उतने ही अधिक तदनुकूल भाव पाठक के मन में उत्पन्न होंगे। अस्तु, रिचर्ड्स के अनुसार भावानुभूतियों का सहज स्वाभाविक रूप में प्रस्तुतीकरण ही भाव-प्रेषण का मूल आधार है।

प्रेषणीयता का संकट चार स्थितियों में उत्पन्न हो सकता है। एक, जब कभी रचनाकार अपनी नितांत वैयक्तिक, असाधारण एवं विचित्र अनुभूतियों को निजी प्रतीकों एवं अपरिचित बिंबों के माध्यम से व्यक्त करता है तो पाठक उससे पूरा-पूरा तादात्म्य स्थापित नहीं कर पाता और प्रेषणीयता संभव नहीं हो पाती।

हिंदी के छायावादी कवियों के आलंबन पक्ष को अलौकिक एवं अस्पष्ट रखकर तथा अभिव्यक्ति को अधिक लाक्षणिक, सूक्ष्म एवं सांकेतिक बनाकर प्रेषणीयता की स्थिति को संदिग्ध बना दिया था।

प्रेषणीयता के संकट की दूसरी स्थिति तब उत्पन्न होती है, जब रचनाकार जानबूझकर पाण्डित्य-प्रदर्शन के लिए श्लिष्ट शब्दों, पारिभाषिक पदों और चमत्कारिक उक्तियों के प्रयोग द्वारा अपनी रचना को जटिल और अगम्य बना देता है। आचार्य केशवदास की पांच-पांच अर्थों को व्यक्त करनेवाली जटिल कविताएं इसी परंपरा में आती हैं।

प्रेषणीयता के संकट की तीसरी स्थिति तब आती है जब रचनाकार परंपरागत काव्य-विषयों और काव्य-रूपों से संतुष्ट न होकर नवीन युग-बोध एवं नई जीवन चेतना

से प्रेरित होकर काव्य की अभिनव भावभूमि की तलाश में वस्तु और शिल्प दोनों स्तरों पर सर्वथा नए प्रयोग करता है। ये नये प्रयोग प्रायः रचनाकार की नई मानसिकता से प्रेरित होते हैं। सामान्य पाठक रचनाकार की इस मानसिकता से अपरिचित होता है। इसलिए रचनाकार की विधायिका कल्पना और पाठक की ग्राहिका कल्पना में एक अंतराल उपस्थित हो जाता है। हिंदी में नयी कविता के आंदोलन के प्रथम चरण में ऐसी अनेक रचनाएं सामने आई थीं जिनमें प्रेषणीयता का अभाव था।

प्रेषणीयता में बाधा उत्पन्न करनेवाली एक चौथी स्थिति भी है। जब कवि आलंबन विधान करते समय आलंबन के प्रति ऐसे भावों को अभिव्यक्त करता है जो अनुचित एवं निंद्य हैं तो उससे पाठक का तादात्म्य नहीं हो पाता। उदाहरण के लिए अशोकवाटिका में रावण द्वारा सीता के प्रति व्यक्त क्रोध के साथ पाठक का मानसिक तादात्म्य नहीं होता और प्रेषणीयता के सिद्धांत की चरितार्थता खंडित हो जाती है।

प्रेषणीयता के सिद्धांत को खंडित करनेवाली ये सभी स्थितियां साहित्य-सृजन की सामान्य स्थितियां नहीं हैं। नितांत वैयक्तिक, अंतर्मुखी, असाधारण एवं विशिष्ट अनुभूतियों को अजनबी प्रतीकों, लाक्षणिक प्रयोगों एवं अस्पष्ट रूप-विधानों के द्वारा व्यक्त करके रचनाकार पाठकों को चकित कर सकता है, रचना को प्रभावपूर्ण नहीं बना सकता। कहा जा सकता है कि प्रेषणीयता का प्रश्न रचनाकार और पाठक के बीच का प्रश्न है।

प्रेषणीयता के सिद्धांत को प्रतिष्ठित करने वालों में एवरक्राम्बी (Abercrombie) की महत्वपूर्ण भूमिका है। अपने ग्रंथ प्रिंसिपुल्स ऑफ लिटरेरी क्रिटिसिज्म में अपने सिद्धांत को प्रतिष्ठित करते हुए एवरक्राम्बी ने कहा था कि साहित्य व्यक्तिविशेष की अनुभूतियों की अभिव्यक्ति का माध्यम है। कवि अपनी अनुभूति को पाठक तक प्रेषित करना चाहता है। जिस रचना में यह प्रेषणीयता पूरी-पूरी रहती है वह काव्य उत्कृष्ट होता है। प्रेषणीयता श्रेष्ठ काव्य का लक्षण है।

आचार्य रामचंद्र शुक्ल ने एवरक्राम्बी के इस सिद्धांत का महत्व स्वीकार किया है और कहा है कि भारतीय रस सिद्धांत में भी प्रकारांतर से प्रेषणीयता को स्वीकार किया गया है। प्रेषणीयता रसानुभूति की प्रक्रिया में सहायता पहुंचाती है। उन्होंने लिखा है कि एक की अनुभूति को दूसरे के हृदय तक पहुंचाना यही कला का लक्ष्य होता है।

आधार ग्रंथ :

1. रस-सिद्धांत का पुनर्विवेचन, डॉ. गणपति चंद्र गुप्त।
2. आलोचक का दायित्व, डॉ. रामचंद्र तिवारी।
3. आचार्य रामचंद्र शुक्ल : आलोचना कोश, सं. डॉ. रामचंद्र तिवारी।
4. रस सिद्धांत, डॉ. नगेंद्र।
5. रसमीमांसा, रामचंद्र शुक्ल।

फासीवाद

फासीवाद अंग्रेजी के 'फासिज्म' (Fascism) का हिंदी रूप है। 'फासिज्म' इटालियन भाषा के 'फैसियों' शब्द से निकला है। इटालियन भाषा में 'फैसियों' का अर्थ 'लकड़ियों का गट्ठा होता है। प्राचीन काल में रोम का राज्य चिह्न 'फैसियो' अर्थात लकड़ियों का गट्ठा एवं एक कुल्हाड़ी होता था। लकड़ियों का गट्ठा राष्ट्रीय एकता का एवं कुल्हाड़ी राजकीय शक्ति का प्रतीक मानी जाती थी। इस प्रकार रोम का प्राचीन राज्य चिह्न 'राजकीय नियंत्रण के अंतर्गत राष्ट्रीय एकता' का बोध कराता था। मुसोलिनी के नेतृत्व में इटालियन फासीदल ने इसी चिन्ह का उपयोग किया।

'फासीवाद' से एक ऐसी व्यवस्था का बोध होता है, जो लोकतंत्र से बिल्कुल भिन्न है, जो लोकतंत्र को मानव समाज के हित साधन और कल्याण के लिए अपर्याप्त मानती है। फासीवाद का जन्म ही प्रजातंत्रीय उदारवाद के विफल हो जाने के परिणामस्वरूप हुआ था। यह एक सर्वसत्ताधिकारवादी विचारधारा है, जिसे सर्वाधिकारवाद का ही इटालियन रूपांतर अथवा मुसोलिनी द्वारा प्रतिपादित इटालियन संस्करण कहा जा सकता है।

फासीवाद का आविर्भाव इटली में प्रथम महायुद्ध के पश्चात् हुआ था। इस महायुद्ध में इटली ने ब्रिटेन, फ्रांस आदि मित्र राष्ट्रों की ओर से भाग लिया था। युद्ध के प्रारंभ से ही उसे यह आशा थी कि युद्ध से होने वाले लाभ में उसे अन्य मुख्य मित्र राष्ट्रों के समान ही भाग प्राप्त होगा। उसे आशा थी कि ऑस्ट्रिया के साम्राज्य के केवल वे अंग ही उसे न मिलेंगे जिन्हें राष्ट्रीयता की दृष्टि से वह अपना समझता था, वरन् उसे यह आशा थी कि अफ्रीका में भी उसे अनेक ऐसे प्रदेश मिलेंगे, जिनसे उसका साम्राज्य विस्तृत हो सकेगा। परंतु वर्साय की संधि के परिणामस्वरूप उसकी ये आशाएं पूर्णतः पूरी न हुई। मित्र-राष्ट्रमंडली से उसे अपेक्षित सम्मान प्राप्त नहीं हुआ, इटली में विद्यमान

तत्कालीन लोकतंत्रीय शासन की यह एक ऐसी असफलता थी, जिसके कारण वहां की जनता बहुत असंतुष्ट थी। इस निराशाजनक वातावरण में वहां की जनता ऐसा नेतृत्व चाहती थी, जो इटली को उचित सम्मान दिला सके।

प्रथम विश्व युद्ध के कारण इटली की आर्थिक दशा भी अत्यंत बिगड़ गयी। युद्ध के व्यय के कारण उसके ऊपर अत्यधिक ऋण हो गया था। इटली की तत्कालीन लोकतंत्रीय सरकार लगातार घाटे के बजट प्रस्तुत कर रही थी। देश आर्थिक अस्थिरता की ओर बढ़ता जा रहा था। कारखानों में काम करनेवाले मजदूर बड़ी संख्या में बेकार हो रहे थे। अतः यह स्वाभाविक था कि रूस से प्रारंभ होनेवाली साम्यवाद की लहर का प्रभाव इटली में भी पड़ता। यहां ऐसा ही हुआ भी। मार्क्स एवं लेनिन के समाजवादी सिद्धांतों को इटली में पर्याप्त समर्थन प्राप्त हुआ। नवंबर, 1919 के संसदीय चुनावों में समाजवादी दल को 25 प्रतिशत से अधिक स्थान प्राप्त हुए। समाजवादी मान्यताओं का समर्थन निरंतर जोर पकड़ता गया और समाजवादियों के क्रियाकलाप संसद के बाहर भी बढ़ते गये। उन्होंने अनेक स्थानों पर कारखानों में हड़तालें करा कर अनेक कारखानों पर श्रमिकों का अधिकार स्थापित कराने का प्रयत्न किया। इस प्रकार समाजवादियों की इच्छा थी कि इटली में भी रूस की तरह साम्यवादी क्रांति हो तथा यहां भी तत्कालीन निकम्मा लोकतंत्रीय शासन समाप्त हो जाए।

इसी समय इटली में मुसोलिनी के नेतृत्व में एक नयी शक्ति का आविर्भाव हुआ। मुसोलिनी वस्तुतः उन्हीं लोगों के साथ था जो समाजवादी विचारों के थे। परंतु समाजवाद के अनुयायियों से उसका मतभेद था, क्योंकि वर्ग संघर्ष पर आधारित समाजवाद का रूसी स्वरूप उसे पसंद नहीं था। मार्च, 1919 में उसने अपने अनुयायियों की एक संस्था स्थापित की, जिसका रूप एक क्लब का रूप था। उसका नाम 'फैसियो' रखा गया। मुसोलिनी द्वारा स्थापित इस संस्था का उद्देश्य रूसी समाजवाद का विरोध करना था। यह संस्था उसे इटली में पनपने नहीं देना चाहती थी, क्योंकि फैसियों का उद्देश्य वर्ग हित पर आधारित अंतरराष्ट्रीय समाजवाद की स्थापना नहीं होकर राष्ट्रीय हित के साधन को ध्यान में रखते हुए राष्ट्रीय समाजवाद की स्थापना करना था।

शीघ्र ही इटली के प्रायः सभी बड़े नगरों और व्यावसायिक केंद्रों में फैसियो की इकाइयां स्थापित हो गईं। फैसियो के सदस्य 'फासिस्ट' तथा उनका मत 'फासिज्म' कहलाया। इस प्रकार फासिस्ट लोगों का एक राजनीतिक दल बना। दल का एक स्वयंसेवक संघ भी बना। इसके सदस्य विशेष प्रकार के वस्त्र पहनते थे तथा वे काली कमीज पहनने के कारण 'ब्लैक शर्ट्स' कहे जाते थे। वे सैनिक अनुशासन में रहते थे तथा कवायद के समय सैनिक ढंग से सलाम करते थे। मुसोलिनी उनका नेता एवं सेनापति था।

फासिस्ट पार्टी इटली के लोगों का समर्थन प्राप्त करके लगातार शक्तिशाली होती गई। सन् 1919 में इटली में जहां केवल 22 'फैसियो' थे, वहां सन् 1921 में वे लगभग 2200 हो गये। सन् 1919 की सत्रह हजार की सदस्य संख्या के स्थान पर सन् 1923 तक उसकी सदस्य संख्या तीन लाख तक हो गयी। इस प्रकार 'फैसियो' इटली की सबसे अधिक शक्तिशाली राजनैतिक पार्टी बन गयी। सन् 1922 में इसकी एक कांग्रेस नेपल्स में हुई। सब प्रकार के अस्त्र-शस्त्रों से सुसज्जित चालीस हजार स्वयं सेवकों ने इसके अधिवेशन में भाग लिया। खुले अधिवेशन में मुसोलिनी द्वारा यह घोषणा की गयी कि "या तो इटली का शासन स्वयं हमारे हाथ में आ जायेगा और नहीं तो रोम पर आक्रमण करना होगा।" तत्कालीन प्रधानमंत्री जिओलिती ने समझ लिया कि अब सत्ता उसके हाथ में नहीं रह सकती। अतः 27 अक्टूबर सन् 1922 को उन्होंने प्रधानमंत्री पद से त्यागपत्र दे दिया। विवश होकर इटली के तत्कालीन राजा ने मुसोलिनी को अपने नेतृत्व में मंत्रिपरिषद गठित करने के लिए आमंत्रित किया। इस प्रकार मुसोलिनी इटली का प्रधानमंत्री बन गया तथा उसे इस बात का अवसर मिला कि वह अपनी फासिस्ट व्यवस्था के स्वप्न को साकार कर सके। प्रधानमंत्री होने के बाद उसने अपनी सारी शक्ति का उपयोग इटली में फासीवाद कायम करने के लिए किया।

मुसोलिनी ने इटली की जनता को दो नारे दिये। पहला नारा यह था कि इटली एक महान् परंपराओं वाला राष्ट्र है। दूसरा नारा था कि जब तक इटली आंतरिक दृष्टि से सुदृढ़ प्रशासनिक व्यवस्था को स्थापित करके अंतरराष्ट्रीय क्षेत्र में सम्मानजनक स्थान प्राप्त नहीं कर लेता तब तक वह चुप नहीं रहेगा। मुसोलिनी ने स्पष्ट रूप से घोषणा की कि मेरा कार्य आदर्शवादी सिद्धांतों का प्रतिपादन करना नहीं है, बल्कि सक्रिय तथा रचनात्मक कार्य करना है।

देश के युवकों के लिए फासीवाद वस्तुतः एकता की प्रेरणा देने वाला एक संदेश एवं कार्यक्रम था। इसमें वाद-विवाद की तुलना में कार्य को अधिक महत्त्व दिया जाता था। मुसोलिनी ने स्वयं कहा था कि "फासीवाद वास्तविकता पर आधारित है। हम निश्चित तथा वास्तविक उद्देश्यों की प्राप्ति करना चाहते हैं। मेरा कार्यक्रम कार्य करना है, केवल बातें करना नहीं है।"

फासीवाद की वस्तुतः निश्चित धारणायें नहीं थीं, जिसका आधार लेकर फासीवाद की परिभाषा की जाती। यही कारण है कि इसकी कोई निश्चित परिभाषा नहीं की गयी। स्वयं मुसोलिनी ने कहा था कि "देशकाल तथा परिस्थिति के अनुसार हम कुलीनतंत्री और जनतंत्री, रूढ़िवादी और प्रगतिवादी, प्रतिक्रियावादी और क्रांतिकारी

तथा अवैधता आदि सभी के पोषक हो सकते हैं।

मुसोलिनी का कहना था कि "सब राज्य के अंतर्गत हैं कोई भी राज्य से बाहर नहीं है और न कोई राज्य का विरोध ही कर सकता है।" फासीवादियों के अनुसार राज्य को यह अधिकार प्राप्त है कि वह सामूहिक हित के लिए व्यक्तियों को अपने हितों की कुर्बानी करने के लिए बाध्य कर सके। यही कारण है कि वे अपने हित के लिए सार्वजनिक हित की उपेक्षा करने का अधिकार व्यक्ति को नहीं देते हैं। उनके मतानुसार श्रमिकों को यह अधिकार नहीं है कि वे अपने वेतन को बढ़ाने या अन्य सुविधायें प्राप्त करने के लिए हड़ताल या किसी अन्य प्रकार के उपद्रवकारी उपायों का सहारा ले सकें।

फासीवादियों के अनुसार लोकतंत्र "मूर्खतापूर्ण, भ्रष्ट, धीमी, काल्पनिक तथा अव्यावहारिक प्रणाली है। लोकतंत्र में अनेक दोष हैं। उनका कहना है कि राज्य शक्ति का उपयोग करनेवाले शिक्षित लोगों में भी अनेक मतभेद उत्पन्न होने से लोकतंत्र में अनेक पार्टियों का निर्माण हो जाता है। इन पार्टियों का कार्य जनता का हित साधन करना नहीं होता वरन् जनता को मूर्ख बनाकर उससे वोट लेकर राज्यशक्ति का अपने हितों की साधना के लिए प्रयोग करना होता है। अतः लोकतंत्रीय व्यवस्था से केवल मध्यम श्रेणी को ही लाभ होता है। पूर्ण समाज की जनता को कोई लाभ नहीं होता।

कार्ल मार्क्स के वर्ग संघर्ष में मुसोलिनी का तनिक भी विश्वास नहीं था। उसका कहना था कि वर्गों में संघर्ष के स्थान पर परस्पर सहयोग होना चाहिए, क्योंकि यदि श्रमिक सहयोग से रहेंगे, तो इसमें संपूर्ण राष्ट्र की भलाई होगी और राष्ट्र की भलाई में ही समाज के सभी वर्गों का कल्याण निहित है।

फासीवादी विश्वशांति का घोर विरोध करते हैं। युद्ध में उनका अटूट विश्वास है। मुसोलिनी तो यहां तक कहता था कि जो लोग विश्वशांति की बात करते हैं, वे कायर हैं। मनुष्य के सब निर्णय सदा तर्कसंगत हों, यह आवश्यक नहीं है। केवल बुद्धिवाद एवं तर्क के आधार पर मनुष्य सुखमय जीवन नहीं बिता सकता है। अपने जीवन को पूर्णतः सुखमय बनाने के लिए उसे जीवन के कुछ ऐसे आदर्शों को मानना पड़ सकता है, जो साधारणतः तर्क की कसौटी पर खरे न उतरते हों।

फासीवादी विचारधारा के अनुसार राज्य का ध्येय यह नहीं है कि वह व्यक्तियों के लिए आनंद व वैभव का साज-सामान जुटाए, बरन् उसका उद्देश्य यह है कि वह अपनी शक्ति को अधिक-से-अधिक बढ़ाये। वे इस मत के समर्थक थे कि राज्य को राष्ट्रीय सम्मान की रक्षा करने के लिए, अंतरराष्ट्रीय क्षेत्र में अपने देश को गौरव दिलाने के लिए, जनता की उन्नति करने के लिए, कल्याणकारी शासन की स्थापना करने के लिए तथा राजनीतिक उद्देश्यों की पूर्ति करने के लिए शक्ति और हिंसा का खुलकर प्रयोग करना चाहिए।

सन् 1914-18 के विश्वयुद्ध के पश्चात् यूरोप की जो दशा हुई और राजनीतिक दलों के पारस्परिक विरोध के कारण जो सामाजिक अव्यवस्था फैली, उसके परिणामस्वरूप फैलनेवाली फासीवाद तथा नाजीवाद की लहर केवल इटली अथवा जर्मनी तक ही सीमित नहीं रही, वरन् वह यूरोपीय देशों में भी फैल गयी। स्पेन में जनरल फ्रेंको के अधिनायकतंत्र की स्थापना हुई और उसके शक्तिशाली नेतृत्व में वहां फासीवादी व्यवस्था कायम हुई। चेकोस्लोवाकिया, ऑस्ट्रिया, रोमानिया और पोलैंड आदि अन्य अनेक राज्यों में भी ऐसे फासीवादी दलों के संगठन बने, जिनका प्रभुत्व वहां की शासन व्यवस्था पर कायम रहा।

फासीवाद का प्रभाव आज भी दुनिया में देखा जा सकता है। भारत में आर.एस.एस. जैसे संगठन पर फासीवाद का स्पष्ट प्रभाव लक्षित किया जा सकता है।

आधार ग्रंथ :

1. आधुनिक राजनीतिक विचारधाराएं, डॉ. इकबाल नारायण।
2. पाश्चात्य राजनीतिक विचारक, योगेंद्र कुमार शर्मा।

वेबसाइट : www.en.wikipedia.org/wiki/fascism

फीचर

'फीचर' (Feature) अंग्रेजी का शब्द है जो उसी रूप में हिंदी में ले लिया गया है। 'फीचर' एक आधुनिक साहित्यिक विधा है, जो पत्रकारिता के क्षेत्र में विकसित, पल्लवित और समृद्ध हुई है। निबंध और लेख से बहुत सीमा तक निकटता रखने वाला अभिव्यक्ति का यह रूप इन दोनों ही विधाओं से पर्याप्त भिन्न है।

आजकल समाचारपत्रों के मुख्यतः चार अंग होते हैं-समाचार, फीचर, लेख और चित्र। किसी समाचार-पत्र अथवा पत्रिका के व्यक्तित्व को उभारने में, उसमें प्रकाशित फीचर का बहुत योगदान रहता है। फीचर एक ऐसा रचनात्मक तथा कुछ-कुछ स्वानुभूतिमूलक लेख होता है, जिसका गठन किसी घटना, स्थिति अथवा जीवन

के किसी पक्ष के संबंध में पाठक का मूलतः मनोरंजन करने एवं सूचना देने के उद्देश्य से किया गया हो।

दृश्यात्मकता इसका आवश्यक गुण है, यानी कहने का ढंग ऐसा हो कि पाठक के सामने उस स्थान, परिवेश और घटना का चित्र उपस्थित हो जाए। फीचर स्थिति का विहंगावलोकन ही नहीं करता, वह प्रश्नों का उत्तर भी देता है और अज्ञात् का ज्ञान भी कराता है।

अच्छे फीचर के आधार हैं-जिज्ञासा, सच्चाई, चित्रात्मकता और स्पष्ट विश्लेषण। इन आधारों से ही उसमें रोचकता आती है। स्पष्ट विश्लेषण किसी भी फीचर के लिए अनिवार्य है। इसके अभाव में वह दुरूह, विचार-प्रधान निबंध बन जाएगा। चित्रात्मकता और रोचकता के अभाव में वह रिपोर्ताज बनकर रह जाएगा। सत्य को आकर्षक, जिज्ञासामूलक, ज्ञानबर्द्धक ढंग से सामने लाना फीचर का मुख्य उद्देश्य होता है, इसलिए उसमें तथ्यों के प्रभाव और महत्व पर विशेष बल दिया जाता है। इसके साथ ही कल्पना का समुचित समावेश फीचर के प्रभाव को बढ़ाता है। फीचर में किसी विशेष और अनोखे सत्य का विश्लेषण किया जाता है, इसलिए वह स्वतः ही पाठक की जिज्ञासा को बढ़ाता और शांत करता है, उसमें आश्चर्य जगाता है और उसे किसी नए सत्यलोक में ले जाता है। डॉ. रामचंद्र तिवारी ने कहा है कि फीचर-लेखक अपने आँख-कान, भावों, अनुभूतियों, मनोवेगों और अन्वेषणों का सहारा लेकर उसे रुचिकर, आकर्षक और हृदयग्राही बनाता है।

फीचर की शक्ति तथा प्रभाव इस बात पर निर्भर है कि उसमें अंतर्निहित सत्य, मानवीय संवेदना और घटनाओं के पीछे सक्रिय कारणों का विश्लेषण कितनी जीवंतता के साथ किया गया है। साधारण समाचार से भिन्न फीचर में लेखक का अनुभव, उसकी संवेदना, ललित शैली में समाचार को पिरोए रहती है, अर्थात् फीचर में समाचार का आधार निहित रहता है, किंतु वह अपने आप में समाचार मात्र नहीं होता।

फीचर हमारे समाज में स्थित अथवा गतिमान नवीनतम हलचलों का ऐसा शब्दचित्र है, जिसमें तथ्यों का स्पष्ट विश्लेषण, प्रामाणिकता और रोचकता के साथ किया जाता है। सृजनात्मक भूमि पर अवस्थित यह लेखन मानवीय भावना और मूल्यों का पोषक होता है। फीचर के विषय की कोई सीमा नहीं है, अतः इसके प्रकारों का निर्धारण करना अत्यंत कठिन काम है।

फीचर के लिए विश्वसनीयता अनिवार्य है। सत्य को किस तरह हम सामने ला रहे हैं; यह देखना जरूरी है। पाठक में जिज्ञासा बढ़ाते चलना और उत्तेजना आदि की सृष्टि करते जाना, कुशल लेखक अवश्य ध्यान में रखता है। अपनी बातों में बांधकर फीचर लेखक आसानी से अपना दृष्टिकोण पाठक के मन में भर सकता है। फीचर लेखन में ललित निबंध, व्यंग्य, रेखाचित्र, रिपोर्ताज, डायरी, फैंटेसी, साक्षात्कार, लघुकथा आदि सभी विधाएं सहायक हैं। इनका उपयोग लेखक अपनी इच्छा और आवश्यकता के अनुसार करने के लिए स्वतंत्र है। फीचर के मूल विषय और वातावरण को प्रमुखता मिलनी चाहिए, न कि लेखक के व्यक्तित्व को।

कई बार फीचर-लेखक पहले ही शीर्षक निर्धारित कर देता है। फीचर का शीर्षक उसका प्राण है। इसलिए बहुत सोच-विचार कर सावधानी से शीर्षक का चयन करना चाहिए। प्रायः नाटकीय, गतिसूचक, काव्यात्मक, आश्चर्य बोधक, सनसनीखेज, तुलनात्मक, उक्तियां, अनुप्रासी, प्रश्नसूचक शीर्षक फीचर का आकर्षण बढ़ा देते हैं।

इस पूरे परिप्रेक्ष्य में हम पाते हैं कि गद्य की अन्य विधाओं की अपेक्षा फीचर लेखन एक जिम्मेदारी भरा, अतिरिक्त सजगता की अपेक्षा रखनेवाला ललित और लोकप्रिय कर्म है। यह 'ड्राइंगरूम' में बैठकर लिखने की विधा नहीं है, जीवन और जगत के संघर्षों से जुड़कर प्राप्त जीवानानुभवों को दृश्यमूलक शब्दों में बांधने, जांचने-परखने और समाज के साथ उन पर सार्थक बहस करने के लिए प्रस्तुत की गई विधा है।

आधार ग्रंथ :

1. फीचर लेखन, प्रेमनाथ चतुर्वेदी।
2. संपादन के सिद्धांत, रामचंद्र तिवारी।
3. Feature Writing for Necs, Denial R. Williams.

फैन्टेसी

'फैन्टेसी' शब्द की उत्पत्ति ग्रीक शब्द 'फैन्टेसिया' से हुई है, जिसका अर्थ है अवास्तव या अमूर्त को दृश्य बनाना। 'विश्व साहित्य कोश' में फैन्टेसी को परिभाषित करते हुए कहा गया है-"फैन्टेसी की क्रियाशीलता में ऐसे वातावरण या चरित्र उपस्थित होते हैं जो मनुष्य जीवन की सामान्य परिस्थितियों में असंभव माने जाते हैं...फैन्टेसी में भौतिक शास्त्र के नियमों की सीमा टूट जाती है, पशु या मानवजीवन का अंतर मिट जाता है, मनुष्य स्वभाव की आधारशिला

डगमगा जाती है और काल्पनिक जीव समस्त काल्पनिक मूल्यों को अव्यवस्थित कर देते हैं...। विचित्र और अमानवीय तत्त्वों से युक्त प्रत्येक कार्य फैन्टेसी की सीमा में नहीं आता। उनमें आज के संभावित या परिचित इतिहास से अलग कुछ ऐतिहासिक तत्त्व हो सकता है किंतु यदि वह यथार्थता पर आधारित है तो वह फैन्टेसी में नहीं गिना जायेगा। यदि उसमें ऐसे धार्मिक विश्वास हैं जो फैन्टेसी के निर्मिति काल में स्वीकृत थे या ऐसे रहस्यमय तत्त्वों से युक्त हैं जो 'एब्नार्मल' मनोविज्ञान के विद्यार्थियों के लिए यथार्थ है तो वह फैन्टेसी की संज्ञा नहीं प्राप्त कर सकता।"

'फैन्टेसी' मनोविज्ञान का शब्द है। इसका संबंध स्वप्न और अवचेतन मन में घटित होने वाली घटनाओं की विघटित और बेतरतीब बिंबावलंबियों से है। साहित्य या काव्य में यह एक टेकनीक के रूप में प्रयुक्त की जाती है। अक्सर लंबी कविताओं में कैनवास की व्यापकता को समेटने और उसकी गति में त्वरा पैदा करने के लिए रचनाकार फैन्टेसी का सहारा लेते हैं। फैन्टेसी यथार्थ के बिखरे हुए असंबद्ध चित्रों को एक सूत्र में पिरोने की एक ऐसी प्रक्रिया है, जिसे रचनाकार अपने मनोलोक में, स्वप्नों, दिवा स्वप्नों या भावचित्रों के सहारे मूर्तरूप देकर उसे एक आभासित यथार्थ का रूप देता है।

मनोविज्ञान के क्षेत्र में फैन्टेसी का सामान्य अध्ययन सिगमंड फ्रायड (Sigmund Freud 1856-1939), अल्फ्रेड एडलर (Alfred Adler, 1870-1937) और कार्ल जुंग (Carl Jung, 1875-1961) जैसे विचारकों ने किया है। सिगमंड फ्रायड ने स्वप्नों के गंभीर अध्ययन द्वारा पहले पहल इस विषय पर पर्याप्त प्रकाश डाला तथा फैन्टेसी और विचारों के संबंध को स्पष्ट किया। 'कवि और दिवा स्वप्न' विषय पर अपने लेख में फ्रायड ने कहा है कि अतृप्त इच्छाएं फैन्टेसी की प्रेरक शक्तियां हैं तथा दिवास्वप्नों की ओर इंगित करते हुए कहा कि कवि दिवास्वप्नों को जो कलात्मक रूप प्रदान करता है वह भी इन्हीं अतृप्त इच्छाओं का ही परिणाम होता है, जो माध्यम रूप में प्रच्छन्न होता है। फ्रायड का विश्वास था कि दिवास्वप्नों के सचेत अध्ययन से मानव की आकांक्षाओं एवं व्यक्तित्व के अन्य दूसरे पक्षों का भी उद्घाटन हो सकता है। अन्य मनोवैज्ञानिकों ने भी फैन्टेसी को काल्पनिक चिंतन का ही एक रूप माना है, जो वस्तु-जगत की परिस्थितियों से उतना निर्धारित नहीं होता जितना कि व्यक्ति की इच्छाओं, मूल प्रवृत्तियों और भावों के द्वारा।

फ्रायड के शिष्यों-एडलर एवं जुंग ने फैन्टेसी के बारे में काफी चिंतन किया है। कार्ल जुंग, फैन्टेसी को 'मुक्तसाहचर्य' का पर्याय मानते हैं। जैसा कि इस संज्ञा से स्पष्ट है मुक्तसाहचर्य में मन को चिंतन के दबाव से मुक्त रखा जाता है। इस प्रकार यह अवरोधहीन असंगत बिंबों का समुच्चय होता है। इसके विपरीत अभिप्रेरित चिंतन (Directed feeling) पर विवेक का दबाव होता है जो उसे एक निश्चित दिशा में चलने को बाध्य करता है।

मनोविश्लेषण शास्त्र के अध्ययन ने सबसे महत्वपूर्ण तथ्य यह प्रस्तुत किया कि कविता का जन्म प्रकृति और मनुष्य की जीवनेच्छा के बीच स्थित अंतर्विरोध से होता है। दूसरे शब्दों में, कविता मनुष्य की मूल प्रवृत्तियों और अनुभवों के तनाव का परिणाम होती हैं। यह तनाव कवि को फैन्टेसी की एक ऐसी काल्पनिक दुनिया बनाने के लिए विवश करता है जो वास्तविक दुनिया से एक निश्चित और सक्रिय (functional) संबंध रखता है। इस तरह फैन्टेसी का अर्थ केवल 'कल्पना' नहीं है वरन उसका एक निश्चित भौतिक आधार होता है, जहां से वह जन्म लेती है और उसी पर प्रभाव भी डालती है।

फैन्टेसी में रचनाकार को कल्पना के माध्यम से रचना-संसार में विचरण करने की पूरी छूट होती है। फैन्टेसी में यथार्थ कुछ इस ढंग से प्रस्तुत किया जाता है कि वह एक विस्मय उपस्थित करता है, पाठकों को विचारों में डूबने-उतराने की स्थिति में ला देता है। उसका बाह्य रूप कुछ अनगढ़ एवं अमूर्त सा प्रतीत होता है किंतु आंतरिक रूप तर्कसंगत एवं कटु सत्यों से पूर्ण होता है। फैन्टेसी में अतिप्राकृत तत्त्व का आकर्षण होता है जिससे पाठक या श्रोता का मनोरंजन भी होता है। फैन्टेसी की रचना सरल सुगम नहीं, बल्कि श्रम साध्य होती है। उसमें असाधारण वैकल्पिक कौशल की आवश्यकता होती है और उसमें पात्रों के व्यवहारों एवं क्रिया-कलापों के समानांतर ही भाषा, प्रतीक और बिंब भी असामान्य होते हैं जो दुरूह भी होते हैं, किंतु यदि वे अत्यधिक दुरूह नहीं हैं तो यह फैन्टेसी की रचना के लिए स्वस्थ गुण है।

श्रेष्ठ फैन्टेसी वही होती है जिसमें यथार्थ एवं फैन्टेसी से संबंधित विचारों का स्वस्थ एवं सानुपातिक समन्वय दूध और पानी की तरह अलग नहीं किया जा सकता। यदि यथार्थ और फैन्टेसी संबंधी विचार अलग-अलग अस्तित्व रखते हैं तो फैन्टेसी उत्कृष्ट नहीं कही जा सकती। फैन्टेसी का समापन प्रायः दुःखांत होता है।

हिंदी-कवियों में मुक्तिबोध ने फैन्टेसी का सर्वाधिक सहारा लिया है। कविता में यथार्थ की निरंतरता, संश्लिष्टता, विसंगति, अंतर एवं बाह्य जगत सभी को एक साथ समेटने के लिए कवि फैन्टेसी का सहारा लेता है और मुक्तिबोध ने ऐसा किया है। मुक्तिबोध के ही शब्दों में "कवि की यह फैन्टेसी भाषा को समृद्ध बना देती है, उसमें नये अर्थ अनुषंग भर देती है, शब्द को नये चित्र प्रदान करती है। इस प्रकार कवि भाषा का निर्माण करता है, विकास करता है, वह निस्संदेह महान कवि है।"

वस्तुतः हमारे जीवन के उत्कट तीव्र अनुभव ही अपने मूल से अलग होकर स्वतंत्र रूप से विकसित होते हुए तथा विकास धारा में नित्य परिवर्तित होते हुए फैन्टेसी का रूप धारण कर लेते हैं। शब्द, अर्थ और भाषागत तत्त्वों के अंतर्गत चमत्कार लाने के लिए रचनाकार ज्यों-ज्यों फैन्टेसी में काट-छाँट करता है, त्यों-त्यों यह उनमें भावगत चेतना भरती जाती है। अपने विकास-क्रम में फैन्टेसी वैयक्तिक से निर्वैयक्तिक हो जाती है।

'ब्रह्मराक्षस' मुक्तिबोध की यथार्थवादी दृष्टि से प्रेरित एक महत्वपूर्ण कविता है जिसमें सुंदर फैन्टेसी विधान उपलब्ध है। इस कविता में कवि कल्पना के माध्यम से एक अयथार्थ आदिम प्रतीक जनित बावड़ी का निर्माण करता है जो कि परित्यक्ता है, सूनी है, उसके चारों ओर शाखाएं हैं, लाल फूल हैं, घुग्घुओं के घोंसले हैं, घटाटोप अंधकार है। यह चित्रण भयावह कथ्य के सम्प्रेषण की प्रतीकात्मक भूमिका है। सूनी बावड़ी के भीतर एक ब्रह्मराक्षस बैठा है जो कल्पनाजनित है, ब्रह्मराक्षस एक मध्यवर्गीय बुद्धिजीवी है जो आत्ममुक्ति के लिए छटपटा रहा है। जीवन भर वह ज्ञानार्जन करता है किंतु ज्ञानकूप से निकल नहीं पाता। अपने ज्ञान को व्यवहार में परिणत नहीं कर पाता। ब्रह्मराक्षस असाधारण प्रतिभा का है। वह बेबीलोनी और वैदिक कथाओं, छंद, मंत्र, थ्योरम एवं प्रमेय तथा मार्क्स, एंगेल्स, रसेल, हिडेगार, सार्त्र, गांधी आदि सभी के सिद्धांतों को स्पष्ट करने में समर्थ है। वह बावड़ी में अपना गणित जोड़ता-घटाता मर जाता है।

इस फैन्टेसी में एक ऐसे पात्र का निर्माण किया गया है जो मानव-जीवन की सामान्य स्थितियों में नहीं पाया जाता और जहां पशु तथा मानव-जीवन का अंतर मिट गया है, भौतिकशास्त्र की सीमाएं समाप्त हो गयी हैं। यह चित्रण बाह्य रूप से अमूर्त और असंगत भले ही प्रतीत हो किंतु यह कटु सत्य है-"पिस गया वह भीतरी औ' बाहरी दो कठिन पाटों के बीच, ऐसी ट्रेजडी है नीच।" इस फैन्टेसी में असाधारण भाषा, प्रतीक-बिंब एवं अतिरंजित कल्पना ही अद्‌भुत सत्य को प्रस्तुत करने में समर्थ है।

आधार ग्रंथ :

1. चांद का मुंह टेढ़ा है, गजानन माधव मुक्तिबोध।
2. नयी कविता का आत्मसंघर्ष, गजानन माधव मुक्तिबोध।
3. आधुनिक हिंदी आलोचना : संदर्भ एवं दृष्टि, रामचंद्र तिवारी।
4. कविता के नये प्रतिमान, नामवर सिंह।
5. हिंदी आलोचना के बीज शब्द, बच्चन सिंह।
6. मुक्तिबोध : काव्य और संवेदना, नंदकिशोर नवल
7. Modern Critical Terms, Roger Fowler.
8. Literary Terms, Chris Baldick.
9. A History of Modern Psychology, Duane P. Schultz.

वेबसाइट : www.en.wikipedia.org/wiki/fantacy

बिंब

'बिंब' अंग्रेजी के 'इमेज' (Image) शब्द का हिंदी रूपांतरण है। इसका अर्थ है किसी पदार्थ को मूर्त रूप प्रदान करना, चित्रबद्ध करना अथवा मानसी प्रतिकृति उतारना। 'बिंब' एक प्रकार का भावगर्भित शब्द-चित्र है जो सिर्फ हमारी चक्षु-इंद्रिय को ही तृप्त नहीं करता, अन्य इंद्रियों की भूख भी मिटाता है। भाव जगाना उसका प्रमुख कार्य है। बिंब को परिभाषित करते हुए डॉ. नगेंद्र ने लिखा हैं, 'काव्य-बिंब शब्दार्थ के माध्यम से कल्पना द्वारा निर्मित एक ऐसी मानस-छवि है जिसके मूल में भाव की प्रेरणा रहती है।" कॉलरिज (Samuel Taylor Coleridge) ने कहा है, "They become proofs of original genius only as far as they are modified by a predominant passion". अर्थात् बिंब शब्दों में बुना वह चित्र है जो कवि के तीव्र भावावेश को पाठक तक सम्प्रेषित करता है। सी.डी. लेविस (C.D. Lewis) ने कम से शब्दों में बिंब की सुंदर परिभाषा दी है। उसके शब्दों में "Image is a picture made of words." (बिंब, शब्दों से निर्मित आकृति है।) and that, "A Poem may itself be an image composed from a multiplicity of images."

अर्थात् एक कविता स्वयं कई बिंबों द्वारा निर्मित एक बिंब हो सकती है।

बिंब को परिभाषित करते हुए केदारनाथ सिंह लिखते हैं-"काव्यगत बिंब वह शब्द-चित्र हैं, जो ऐंद्रिय गुणों से अनिवार्य रूप से समन्वित होता है।" फिर वे लिखते हैं," पर यह परिभाषा भी पूर्ण न हुई क्योंकि कभी-कभी पत्रकार भी किसी समाचार को ऐसे संवेदनात्मक रूप में प्रस्तुत करते हैं कि उनमें ऐंद्रिय गुणों का समावेश हो जाता है। फिर काव्यगत बिंब और पत्रकार के बिंब में अंतर क्या हुआ? स्पष्ट ही एक पत्रकार के द्वारा वर्णित शब्द-चित्र में वह संवेग

और वासना नहीं होती जो उसे व्यक्तित्व प्रदान करती है। उसमें एक प्रकार की तटस्थता होती है जो उसे काव्यगत बिंब से भिन्न बनाती है। फिर कहा जा सकता है कि काव्यगत बिंब वह शब्द-चित्र है जो 'संवेग' और 'वासना' से उद्रिक्त होता है।"

'बिंब' शब्द के अर्थ की विकास यात्रा को रेखांकित करते हुए केदारनाथ सिंह लिखते हैं-'बिंब शब्द के अर्थ में क्रमशः विकास हुआ है। आधुनिक आलोचना के क्षेत्र में जो अर्थ उसे दिया गया है वह अपेक्षाकृत नया है। सामान्यतः उसका प्रयोग मूर्तिमत्ता अथवा चित्रात्मकता के अर्थ में किया जाता है। परंतु आज की समीक्षा में उसका चित्रात्मकता वाला अर्थ गौण हो गया है और पाठक को ऐंद्रियता चेतना के किसी भी स्तर पर प्रभावित करती है। इससे भी आगे बढ़कर कुछ आलोचकों ने युंग-मनोविज्ञान के आधार पर बिंब-विधान की प्रक्रिया को 'सामूहिक अवचेतन' (कलेक्टिव अन्कॉन्शस्) के स्तर पर देखने का प्रयास किया है। तात्पर्य यह है कि नयी समीक्षा में 'बिंब' स्थूल शब्द-चित्र मात्र का बोधक न रहकर, मनुष्य की संपूर्ण जटिल मानसिक प्रक्रिया का बोधक बन गया है। उसका क्षेत्र अलंकार विधान के समान केवल काव्य तक सीमित नहीं है। उसकी स्थिति काव्य के अतिरिक्त संगीत, चित्रकला और मूर्तिकला इत्यादि में भी मानी जाती है। इस प्रकार उसका क्षेत्र बहुत व्यापक हो गया है।"

रामचंद्र शुक्ल के अनुसार बिंब योजना विभाव के अंतर्गत होती है, चित्रण उसका मुख्य धर्म है। इसकी दूसरी विशेषता है संश्लिष्ट रूप विधान। बिंब व्यक्ति या विशेष का होगा, सामान्य या जाति का नहीं। कविता का कार्य बिंब ग्रहण कराना होता है, अर्थग्रहण नहीं। उन्होंने लिखा है, " काव्य का काम कल्पना में बिंब (इमेज) या मूर्तभावना उपस्थित करना है, बुद्धि के सामने कोई विचार (कांसेप्ट) लाना नहीं।"

बिंब-निर्माण में पहली स्थिति है कवि और वर्ण्य-वस्तु का तदाकार हो जाना। सी.डी. लेविस ने लिखा है, "The identification of the poet with object which appeal to his senses is the initial step in image making". इस तादात्म्य के लिए कवि में वस्तुनिष्ठता, ऐंद्रिय बोध और भावोद्रेक के साथ-साथ कल्पना-शक्ति का होना आवश्यक है। सादृश्य तथा तुलना के तत्त्व, बिंब-विधान के लिए महत्वपूर्ण हैं, पर यह अनिवार्य नहीं कि वस्तुगत, मूर्त या स्थूल की तुलना वस्तुगत, मूर्त अथवा स्थूल से ही की जाए। इनका विपर्यय भी हो सकता है-श्रेष्ठ बिंबों के द्वारा मूर्त को भावरूप और भाव को मूर्तरूप दिया जाता है।

बिंब की सफलता सहृदय में संवेदनों को उद्‌बुद्ध करने की क्षमता पर निर्भर करती है। इसके लिए कवि उन्हें चित्र-धर्मी तो बनाता ही है, अपने हृदय के रस और संवेग से आप्लावित कर देता है। बिंब का ऐंद्रिय संवेद्य होना अनिवार्य है, क्योंकि इसके अभाव में उसका रचनात्मक होना संभव नहीं है। बिंब-विधान के लिए कल्पना आवश्यक है। वह दो कार्य करती है-पहले स्मृति के क्रोड़ में सोते हुए बिंबों को प्रत्यक्षोपलब्ध अनुभूतियों के स्पर्श से जगाती है और फिर उन बिंबों को शिल्प के सांचे में ढालती है, अतः बिंब-विधान के आवश्यक तत्त्व हुए-वस्तुनिष्ठता, ऐंद्रियबोध, भावोद्रेक, स्मृति, कल्पनाशक्ति, संवेग-संकुलता एवं भाषा पर अधिकार। प्रभावों की इंद्रियगम्य प्रतिकृति होने के कारण बिंब में दृश्य-कलाओं-स्थापत्य, मूर्ति-कला और चित्रकला के तत्त्व अधिक रहते हैं क्योंकि बिंब प्रायः दृश्य होते हैं तथा उनका संबंध रूप और आकार से अनिवार्यतः रहता है।

काव्य-बिंब का मुख्य कार्य सम्प्रेषणीयता है। वह कलाकार की अनुभूति और प्रमाता के बीच संबंध स्थापित करने वाला सूत्र है। वह विषय को स्पष्ट करता है, दृश्य, भाव या व्यापार को समृद्ध करता है, कवि की अनुभूति को तीव्र बनाता है और पाठक में ऐसी संवेदना पैदा करता है जिसकी उपलब्धि नित्यप्रति के जीवन में नहीं होती।

केवल अलंकरण अब बिंब का कार्य नहीं रह गया है, अतः अभीष्ट प्रभाव डालने के लिए बिंब का विषय एवं काव्य-रूप के अनुकूल होना भी जरूरी है। लेविस ने लिखा है, "The image should be congruous with the passionate argument and also with the form of the poem. The extended simile, for examlpe, is congruous with the epic of narrative form, but not with the short lyric.

अर्थात् बिंब को भावपूर्ण युक्तियों और काव्य रूप के अनुकूल होना चाहिए। उदाहरणार्थ, व्यापक उपमाएं महाकाव्य के आख्यानपरक रूप के अनुकूल तो होती हैं किन्तु लघुगीतों के नहीं।

बिंब निर्माण प्रक्रिया का विश्लेषण करते हुए आचार्य रामचंद्र शुक्ल ने रूप विधान की चर्चा की है। रूपविधान तीन प्रकार के होते हैं-प्रत्यक्ष रूपविधान, स्मृत रूपविधान और कल्पित रूपविधान। कल्पित रूपविधान ही काव्य प्रक्रिया के अंतर्गत आता है लेकिन पहले के दोनों रूपविधान इसके आधार हैं। इसका सीधा अर्थ है कि बिंब का संबंध केवल नवीन संवेद्य अर्थवत्ता से ही न होकर पूरी काव्य संरचना से होता है।

बिंबों का वर्गीकरण कई दृष्टियों से किया गया है-अभिव्यंजना-पद्धति की दृष्टि से, स्वरूप की दृष्टि से, ग्राह्ययेंद्रिय के आधार पर, प्रेरक अनुभूति के आधार पर और अर्थ की दृष्टि से।

डॉ. नगेंद्र ने बिंबों के वर्गीकरण के कुछ आधार निश्चित किये हैं और उन्हीं के आधार पर उन्होंने उनका वर्गीकरण किया है। डॉ. नगेंद्र का वर्गीकरण निम्नलिखित है-

(क) ऐंद्रिय आधार पर

1. दृश्य या चाक्षुष बिंब-दृश्य बिंब आकार वाले होते हैं। इनका स्वरूप अत्यंत स्पष्ट होता है। काव्य में दृश्य बिंबों का प्रयोग अधिक मात्रा में होता है। सादृश्य मूलक अलंकारों में इन बिंबों का विशेष महत्व रहता है।
2. श्रव्य बिंब-ऐसे बिंबों का ग्रहण कर्णेंद्रिय के द्वारा होता है। वर्णध्वनि, छंद, लय, तुक आदि श्रव्य बिंब के अंतर्गत आते हैं।
3. स्पृश्य बिंब-इस कोटि के बिंब में स्पर्शजन्य संवेदनाओं का निर्माण होता है। कोमल, कठोर, कर्कश आदि विशेषण इसी प्रकार के स्पर्श बिंबों के वाचक हैं।
4. गंध बिंब-इस प्रकार के बिंब काव्य रचना में कम दिखायी देते हैं। अंग्रेजी कवि कीट्स और हिंदी के बिहारी जैसे कवियों में इस कोटि के बिंब दिखायी देते हैं। ये बिंब गंध के प्रतीक पुष्प आदि के द्वारा अभिव्यक्त होते हैं।
5. स्वाद बिंब-आस्वाद परक बिंब, गंध बिंबों की अपेक्षा काव्य में अधिक दिखायी देते हैं। 'मीठी लगैं अंखियान लुनाई' जैसे प्रयोग इसके उदाहरण हैं।

(ख) सर्जक कल्पना के आधार पर

1. स्मृत बिंब-कल्पना के निष्क्रिय हो जाने पर जब स्मृति के द्वारा बिंब की उद्भावना होती है तो उसे स्मृत बिंब कहते हैं। ऐसे बिंब अतीत के अनुभवों पर आधारित होते हैं।
2. कल्पित बिंब-सक्रिय कल्पना में प्रयुक्त होनेवाले कवि प्रौढ़ोक्ति सिद्ध बिंब, कल्पित बिंब कहलाते हैं।

(ग) प्रेरक अनुभूतिपरक बिंब

1. सरल बिंब-सरल अनुभूतियों से प्रेरित बिंब सरल बिंब कहलाते हैं। 'लज्जा ने घुंघट डाला' सरल बिंब का उदाहरण है।
2. मिश्र बिंब-मिश्र अनुभूति का बिंब मिश्र बिंब कहलाता है। 'लाली बन सरस कपोलों में आंखों में अंजन सी लगती' मिश्र बिंब का उदाहरण है।
3. जटिल बिंब-जटिल अनुभूति का बिंब जटिल बिंब कहलाता है। जैसे 'कोमल किसलय के अंचल में नन्ही कलिका ज्यों छिपती सी।'
4. पूर्ण या समाकलित बिंब-पूर्ण अथवा समाकलित बिंब समाकलित अनुभूति की सृष्टि करता है। निराला की 'राम की शक्ति पूजा' और पंत की 'परिवर्तन' कविता में समाकलित बिंब का प्रयोग हुआ है।

(घ) काव्यार्थ की दृष्टि से

इसके अंतर्गत एकल और संश्लिष्ट बिंब आते हैं-

1. एकल बिंब-ऐसे बिंब अपने में स्वतंत्र और अन्य बिंबों के पूर्वापर संबंधों से मुक्त होते हैं, जैसे-

   'व्योम से उतर रही चुपचाप/
   छिपी निज छाया छवि में आप'
2. संश्लिष्ट बिंब-इस कोटि के बिंब में अनेक बिंब परस्पर संबद्ध रहते हैं। पंत की कविता 'नौका विहार' में संश्लिष्ट बिंबों का प्रयोग उल्लेखनीय है।

(ङ) काव्य दृष्टिपरक बिंब

इसके अंतर्गत वस्तुपरक और स्वच्छंद बिंब आते हैं। वस्तुपरक बिंबों में यथार्थ चित्र खींचे जाते हैं जबकि स्वच्छंद बिंबों में कल्पना और सौंदर्य के चित्रों का महत्व होता है।

कार्ल, युंग ने आदि-बिंब की भी चर्चा की है। उसके अनुसार इनका संबंध मनुष्य के चिंतन और संवेदन से है। ये बिंब रिक्थ-क्रम से पीढ़ी-दर-पीढ़ी परिवार और समाज के दीर्घ आनुवंशिक संस्कारों से लिप्त होकर चले आते हैं। ये बड़े सशक्त होते हैं और हमारी सुप्त सांस्कृतिक वासनाओं को उभारने में बहुत समर्थ होते हैं। इनसे तादात्म्य सहज ही हो जाता है क्योंकि ये सामूहिक अवचेतन से निर्मित हुए होते हैं। ये मूलतः जातीय अनुभूति, राष्ट्र की सांस्कृतिक-वासना से निर्मित होते हैं। उदाहरण के लिए, मर्यादापालन की दृष्टि से राम, रसिकता की दृष्टि से कृष्ण, वीरता की दृष्टि से अभिमन्यु, शारीरिक बल की दृष्टि से भीम, त्याग-बलिदान की दृष्टि से दधीचि आदि ऐसे ही आदि-बिंब हैं।

आधार ग्रंथ :

1. आधुनिक हिंदी कविता में बिंब विधान, केदारनाथ सिंह।
2. पाश्चात्य काव्य शास्त्र के सिद्धांत, शांति स्वरूप गुप्त।
3. पाश्चात्य काव्यशास्त्र : अधुनातन संदर्भ, सत्यदेव मिश्र।
4. हिंदी आलोचना के बीज शब्द, बच्चन सिंह।
5. काव्य और कल्पना, रामखेलावन पांडेय।
6. Imagism, S.K.Coffman.
7. The Poetic Image, C.D.Lewis.
8. Art Now, Herbert Read.
9. Encyclopaedia of Poetry and Poetics, Alex Preminger.
10. Romantic Image, Frank Kermode.

बिंबग्रहण

बिंब 'इमेज (Image) का हिंदी पर्याय है। ऐसी रूप-योजना जो मन के समक्ष वर्ण्य-वस्तु को प्रत्यक्ष कर दे, बिंब कहलाती है। इमेज शब्द का अर्थ ऑक्सफोर्ड डिक्शनरी में किसी पदार्थ का मनःचित्र अथवा मानसिक प्रतिकृति किया गया है। केदारनाथ सिंह के अनुसार काव्यगत बिंब वह शब्द चित्र है जो ऐंद्रिय गुणों से अनिवार्य रूप से समन्वित होता है। इस तरह सामान्य बिंब और काव्य बिंब में फर्क होता है। कल्पना और अलंकार के साथ भी बिंब का संबंध जोड़ा जा सकता है। कल्पना का एक अर्थ 'बिंब विधायिनी शक्ति' भी है। हिंदी में आचार्य रामचंद्र शुक्ल ने पहली बार साहित्य के संदर्भ में कल्पना के महत्व को रेखांकित किया। उन्होंने जोजेफ एडिसन के ग्रंथ प्लेजर्स ऑफ इमेजिनेशन का अनुवाद 'कल्पना का आनंद' के नाम से किया। इस अनुवाद के संबंध में डॉ. नामवर सिंह कहते हैं-"इस अनुवाद में अंग्रेजी के अनेक पारिभाषिक शब्दों के वैकल्पिक हिंदी प्रतिशब्द रखे गये हैं : उनसे अनिर्दिष्ट दिशा में रास्ता टटोलने का एहसास होता है। उदाहरण के लिए 'इमेज' के लिये कहीं 'प्रतिरूप' है तो कहीं 'स्वरूप'। स्पष्ट है कि तब तक 'बिंब' शब्द न बना था और न 'बिंब-ग्रहण'। 'बिंब-विधान', 'बिंब-योजना' आदि शब्द ही अस्तित्व में आए थे। वस्तुतः जहां भी कवि का उद्देश्य विषय का आलंबन रूप में ग्रहण करना होगा वहां बिंब ग्रहण अनिवार्य होगा।

बिंब शब्द के अर्थ की विकास यात्रा को रेखांकित करते हुए केदारनाथ सिंह लिखते हैं, "बिंब शब्द के अर्थ में क्रमशः विकास हुआ है। आधुनिक आलोचना के क्षेत्र में जो अर्थ उसे दिया गया है वह अपेक्षाकृत नया है। सामान्यतः उसका प्रयोग मूर्तिमत्ता अथवा चित्रात्मकता के अर्थ में किया जाता है। परंतु आज की समीक्षा में उसका चित्रात्मकतावाला अर्थ गौण हो गया है और पाठक को ऐंद्रियता, चेतना के किसी भी स्तर पर प्रभावित करती है।" आचार्य रामचंद्र शुक्ल के अनुसार काव्य का काम है कल्पना में बिंब या मूर्तभावना उपस्थित करना, बुद्धि के सामने कोई विचार लाना नहीं।

किसी वस्तु या व्यक्ति के समग्र एवं संश्लिष्ट स्वरूप की मानसिक प्रतीति करना बिंबग्रहण कहलाता है। रसमीमांसा में आचार्य रामचंद्र शुक्ल लिखते हैं कि किसी वर्णन में आयी हुई वस्तुओं का मन में ग्रहण दो प्रकार का हो सकता है-बिंबग्रहण और अर्थग्रहण। किसी ने कहा 'कमल'। अब इस 'कमल' पद का ग्रहण कोई इस प्रकार भी कर सकता है कि ललाई लिए हुए सफेद पंखुड़ियों और झुके हुए नाल आदि के सहित एक फूल की मूर्ति मन में थोड़ी देर के लिए आ जाए या कुछ देर बनी रहे और इस प्रकार भी कर सकता है कि कोई चित्र उपस्थित न हो; केवल पद का अर्थ मात्र समझकर काम चला लिया जाए। काव्य के दृश्य चित्रण में पहले प्रकार का संकेत ग्रहण अपेक्षित होता है और व्यवहार तथा शास्त्र-चर्चा में दूसरे प्रकार का।

सन 1922 ई. में 'काव्य में प्राकृतिक दृश्य' शीर्षक निबंध लिखते समय उन्होंने कहा था-"हमारे यहां आचार्यों ने 'संकेतग्रह' के जाति, गुण, क्रिया और यदृच्छा-चार विषय बताए, पर स्वयं संकेत-ग्रह के दो रूपों का विचार नहीं किया। अभिधा द्वारा ग्रहण दो प्रकार का होता है-बिंब-ग्रहण और अर्थ-ग्रहण। आचार्य शुक्ल की मान्यता है कि शास्त्रीय विषयों में तो अर्थ-ग्रहण से काम चल जाता है किंतु काव्य में तो बिंब-ग्रहण नितांत अपेक्षित है।

बिंबग्रहण वहीं होता है जहां कवि अपने सूक्ष्म निरीक्षण द्वारा वस्तुओं के अंग प्रत्यंग, वर्ण, आकृति तथा उनके आसपास की परिस्थिति का परस्पर संश्लिष्ट विवरण देता है। बिना अनुराग के ऐसे सूक्ष्म ब्योरों पर न दृष्टि जा ही सकती है, न रम ही सकती है। अतः जहां ऐसा पूर्ण संश्लिष्ट चित्रण मिले वहां समझना चाहिए कि कवि ने बाह्य प्रकृति को आलंबन के रूप में ग्रहण किया है।

आधार ग्रंथ :

1. रसमीमांसा, आचार्य रामचंद्र शुक्ल।
2. चिंतामणि भाग-2, आचार्य रामचंद्र शुक्ल।
3. आधुनिक हिंदी आलोचना : संदर्भ एवं दृष्टि, डॉ. रामचंद्र तिवारी।
4. आधुनिक हिंदी कविता में बिंब विधान, केदारनाथ सिंह।

बिंबवाद

बिंबवाद को अंग्रेजी में इमेजिज्म (Imagism) कहते हैं। यह यूरोप में एक आंदोलन के रूप में बीसवीं सदी के आरंभ में प्रतीकवाद की अस्पष्टता और रहस्यमयता तथा स्वच्छंदतावाद की भावुकता एवं अनिर्दिष्टता की प्रतिक्रिया में कविता में स्पष्टता और ग्राह्यता लाने के उद्देश्य से प्रारंभ हुआ। इस आंदोलन में कुछ अमेरिकी और अंग्रेजी कवि सम्मिलित हुए।

बिंबवादी विचारधारा का प्रवर्तक टी.ई. हुल्मे (T.E. Hulme) को माना जाता है। उन्होंने 1909 ई. में इसका श्रीगणेश किया, जिसको एजरा पाउंड ने 'इमेजिज्म' या

बिंबवाद की संज्ञा दी। आचार्य रामचंद्र शुक्ल ने फ्लिंट (F.S. Flint) को इसका प्रवर्तक माना है। हुल्मे, एजरा पाउंड और फ्लिंट के अलावा बिंबवाद को विकसित और प्रतिष्ठित करनेवालों में रिचर्ड आल्टिंग्टन (Richard Aldington) कवयित्री हिल्डा डूलिटल (Hilda Doolittle), डी.एच. लॉरेंस (D.H. Lawrence), विलियम कॉर्लोस विलियम्स (Willian Carlos Williams), जॉन गुड हेचर (John Gould Hetcher) आदि की महत्वपूर्ण भूमिका है।

एजरा पाउंड ने 'शिकागो' पत्रिका के लिये इग्लैण्ड के कवियों के विषय में लेख भेजा था जिसमें उन्होंने बिंबवादी कवियों की विस्तृत चर्चा की थी। इस प्रकार यह बिंब संबंधी आंदोलन अटलांटिक सागर के पार पहुंचा। एफ. एस. फ्लिंट ने 'पोयट्री' नामक पत्रिका में बिंबवादी आंदोलन के विषय में विस्तृत चर्चा की।

बिंबवाद अमेरिका में अधिक तेजी से चला और जिस तेजी से बढ़ा, उसी अनुपात में उसका पतन भी हुआ। अमेरिकी कवियों ने शीघ्र ही इसका परित्याग कर दिया। इसी के बाद इंग्लैण्ड में बिंबवाद का पतन हुआ। 'Encyclopaedia of Poetry and Poetics' के अनुसार बिंबवादी आंदोलन लगभग एक दशक ही अपना प्रभाव बनाये रख सका, "Imagism refers to a concept of poetry associated with a school are movement that flourished between 1912 and 1917."

बिंबवादियों का उद्देश्य कविता को एक नयी दिशा देना था। सांस्कृतिक उन्नयन के लिए कविता का मार्गदर्शन करना था। फ्लिंट ने 1913 में 'पोयट्री' पत्रिका में बिंबवादियों के निम्न तीन सिद्धांतों की घोषणा की थी-

1. Direct Treatment of the thing whether subjective or objective.
2. To use absolutely no word that did not contribute to the presentation.
3. As regarding rhythm: to compose in sequence of the musical phrase, not in sequence of a metronome.

डॉ. नगेंद्र ने इनका इस तरह अनुवाद किया है–

1. विषयगत या विषयीगत वस्तु का प्रत्यक्ष चित्रण।
2. जो चित्र विधायक न हो, उस शब्द का बहिष्कार।
3. लय संगीत से युक्त संगीत योजना।

इस प्रकार बिंबवाद 1912 से 1917 के बीच कुछ अंग्रेज व अमरीकी साहित्यकारों द्वारा चलाया जानेवाला वह आंदोलन है जिसने उपर्युक्त सिद्धांतों को काव्य में लागू करने का प्रयास किया।

हिंदी कविता में 'बिंबवाद' नाम का 'वाद' कभी नहीं चला यद्यपि बिंबों का प्रयोग हिंदी साहित्य में एक सामान्य परिपाटी बन चुकी है और बहुत पहले से बिंबों का प्रयोग होता रहा है।

बिंब के स्वरूप को निर्मित करने वाले तत्त्व हैं- अनुभूति, भाव और ऐंद्रियता। बिंब निर्माण में अनुभूति का स्थान अत्यंत महत्त्वपूर्ण है क्योंकि अनुभूति ही सामान्य घटनाओं को गहराई प्रदान करती है। बिंबों के माध्यम से स्मृतियों को नवीन रूप एवं सौंदर्य प्रदान किया जाता है। भाव से तात्पर्य संवेदना, विचार, आवेग आदि से है। कवि की क्षणिक आवेशमय अनुभूति में जब भाव अनुस्यूत रहता है, तभी बिंब का निर्माण होता है। डॉ. नगेंद्र के अनुसार-"काव्य-बिंब शब्दार्थ के माध्यम से कल्पना द्वारा निर्मित एक ऐसी मानस छवि है, जिसके मूल में भाव की प्रेरणा रहती है।"

बिंब-विधान में ऐंद्रिय संवेदना का भी विशिष्ट महत्व है। बिंब को ऐंद्रिय संवेदना के रूप में परिभाषित किया गया है। ऐंद्रियगम्य होने के कारण ही बिंब काव्य में सामान्य वर्णन से विशिष्ट होकर प्रयुक्त होता है।

वस्तुतः यूरोप में बिंबवाद का इतिहास बहुत छोटा है। 1930 में इस विचारधारा का अंतिम काव्य संकलन निकला और द्वितीय महायुद्ध तक आते-आते इसका प्रभाव क्षीण हो गया। फिर भी विकास यात्रा की दृष्टि से छोटा होते हुए भी यह एक सशक्त आंदोलन रहा। हिंदी साहित्य पर भी इसका कुछ न कुछ प्रभाव पड़ा।

आधार ग्रंथ :

1. पाश्चात्य काव्यशास्त्र :अधुनातन संदर्भ, सत्यदेव प्रसाद मिश्र।
2. मानविकी पारिभाषिक कोश, नगेंद्र।
3. आधुनिक हिंदी कविता में बिंब विधान, केदारनाथ सिंह।
4. पाश्चात्य काव्य शास्त्र के सिद्धांत, शांति स्वरूप गुप्त।
5. हिंदी आलोचना के बीज शब्द, बच्चन सिंह।
6. Imagim, S.K. Coffman.
7. The Poetic Image, C.D. Lewis.
8. Art Now, Herbert Read.
9. Encyclopaedia of Poetry and Poetics, Alex Preminger.
10. History of Imagism, F.S.Flint.

वेबसाइट : www.en.wikipedia.org/wiki/imagism

बुर्जुआ

बुर्जुआ (Bourgeois) शब्द अंग्रेजी से सीधे हिंदी में ले लिया गया है। मार्क्सवादी दर्शन ने इसे पारिभाषिक रूप प्रदान किया है। बुर्जुआ पूंजीवादी व्यवस्था के भीतर मध्यवर्ग का वह हिस्सा है जो अधिक वेतन पाता है अथवा अन्य कारणों से बेहतर आर्थिक हैसियत में होता है। अपनी इन्हीं बेहतर परिस्थितियों के कारण यह बुर्जुआ समाज, आम तौर पर सत्ताधारी शासक वर्ग का साथ देता है और मौका पाते ही उस वर्ग का हिस्सा बन जाता है। इसीलिए कहीं-कहीं लोगों ने सत्ताधारी वर्ग को भी बुर्जुआ कहा है क्योंकि इनका भी सामाजिक उत्पादन के साधनों पर निजी संपत्ति की तरह कब्जा होता है। पूंजीवादी समाज में उत्पादक शक्तियां सामाजिक होती हैं जबकि उत्पादक वर्ग सर्वहारा होता है, जिसके पास अपनी श्रम शक्ति बेचने के सिवा कुछ भी नहीं होता है। यह इस कारण होता है कि उत्पादन के सभी साधनों का संबंध और उन पर स्वामित्व सत्ताधारी पूंजीपति वर्ग का होता है।

सैद्धांतिक रूप में बुर्जुआ वर्ग वह व्यावसायिक वर्ग है जिसका उद्भव व विकास सामंती युग में हुआ और पूंजीवाद व लोकतंत्र के आगमन के लिए जिसने प्रगतिशील भूमिका का निर्वाह किया। बुर्जुआ वर्ग प्राथमिक रूप से व्यापारी थे लेकिन धीरे-धीरे इन्होंने समाज में अपनी भूमिका विस्तृत कर ली तथा अर्थव्यवस्था का बैंकों, व्यावसायिक गतिविधियों और अंततः निर्माण (उत्पादन, मशीनीकृत उत्पादन) द्वारा विकास किया। कार्ल मार्क्स व फ्रैडरिक ऐंगेल्स ने ही बुर्जुआ वर्ग की ऐसे पूंजीपति वर्ग के रूप में व्याख्या की है जिसका उत्पादन के साधनों पर स्वामित्व व नियंत्रण हो। यही नियंत्रण समाज की अन्य गतिविधियों व संस्थाओं जैसे राज्य, कानून, धर्म, कला, परिवार आदि में भी अभिव्यक्त होता है। पूंजीवादी समाज प्रथमतः व अंततः बुर्जुआ समाज ही होता है, जिसमें बुर्जुआ वर्ग अपने विचारों, हितों और मूल्यों को सामाजिक व राजनीतिक संस्थाओं के माध्यम से पुनरुत्पादित करके पुनः अभिव्यक्त करता है।

पूंजीवादी विकास के साथ बुर्जुआ वर्ग, सत्ता से सामंती वर्ग को च्युत कर देता है। यह वर्ग भू-स्वामित्व व कृषि की अपेक्षा औद्योगिक उत्पादन पर अपना ध्यान केंद्रित करता है और उन पर स्वामित्व स्थापित करता है। मार्क्सवादी विश्लेषण में इस बुर्जुआ वर्ग को इसी के साथ उत्पन्न होने वाले सर्वहारा वर्ग द्वारा चुनौती मिलती है, क्योंकि, इस सर्वहारा वर्ग के शोषण के कारण ही वह अस्तित्व में होता है। कार्ल मार्क्स ने पूंजीवादी समाज के सामाजिक विभाजनों को वर्गीकृत किया है। मुख्य दो वर्ग, बुर्जुआ व सर्वहारा के साथ-साथ किसान, पेट्टी बुर्जुआ, लुम्पेन प्रोलितेरिए (भ्रष्ट सर्वहारा) जैसे विभाजनों की मध्यवर्ती श्रेणी बताई है। मार्क्स ने औद्योगीकरण की शुरुआत के साथ जहां बुर्जुआ वर्ग की प्रगतिशील भूमिका का उल्लेख किया था, वहीं उन्होंने अपने अध्ययन व विश्लेषण में यह प्रमाणित किया है कि पूंजीवादी समाज की विकसित अवस्था में उत्पन्न अंतर्विरोधों के चलते बुर्जुआ वर्ग सर्वाधिक पतित व प्रतिक्रियावादी भूमिका अपनायेगा। मार्क्सवादी सिद्धांतकारों का मानना है कि अर्थव्यवस्था पर संकट आने की स्थिति में बुर्जुआ वर्ग फासिस्ट गतिविधियों को अपनाने में नहीं हिचकता है। जर्मनी व इटली का उदाहरण प्रत्यक्ष है।

आधार ग्रंथ :

1. वर्ग विश्लेषण, कारचेदी।
2. राजनीति विज्ञान, ए.डी. आशीर्वादम।
3. कम्युनिस्ट पार्टी का घोषणा पत्र, कार्ल मार्क्स एवं फ्रेडरिक एंगेल्स।
4. Analysis of Labour Movement in England, E.P.Thompson.
5. Age of Revolution, Eric Hobssbawm.
6. Dictionary of Scientific Communism.

वेबसाइट : www.en.wikipedia.org/wiki/bourgeois

भक्ति

'भक्ति' शब्द की व्युत्पत्ति 'भज्' धातु से हुई है जिसका अर्थ है 'भजना'। नारद के अनुसार वह 'परमप्रेम रूपा' और 'अमृत स्वरूपा' है, जिसे प्राप्त कर मनुष्य सिद्ध, अमर और तृप्त हो जाता है-

"सात्वस्मिन् परमप्रेम रूपा अमृत
स्वरूपा च
यल्लब्ध्वा पुमान् सिद्धो भवति अमृतो
भवति तृप्तो भवति

शाण्डिल्य भक्ति सूत्र के अनुसार ईश्वर में परम अनुरक्ति ही भक्ति है-"सा परानुरक्तिरीश्वरे भक्तिः"।

आचार्य रामचंद्र शुक्ल ने श्रद्धाभक्ति नाम से एक महत्वपूर्ण निबंध लिखा है जिसमें उन्होंने भक्ति के स्वरूप का सुंदर विश्लेषण किया है। वे कहते हैं कि श्रद्धा और प्रेम के योग का नाम भक्ति है। श्रद्धा को परिभाषित करते हुए उन्होंने कहा है कि महत्व की आनंदपूर्ण स्वीकृति का नाम श्रद्धा है। यद्यपि भक्ति का केंद्रीय तत्त्व प्रेम ही होता है परंतु प्रेम में ऐकांतिकता होती है, घनत्व होता है। जब प्रेम का सामाजीकरण हो जाता है तो उसे भक्ति कहते हैं।

भक्ति की प्रतिष्ठा बाद के कुछ आचार्यों ने एक रस के रूप में भी कर दी है। सर्वप्रथम मम्मट ने अपने 'काव्य प्रकाश' में देव विषयक रति को स्वतंत्र भाव की संज्ञा प्रदान की हैं और उसे भक्ति कहा है। कन्हैयालाल पोद्दार ने भक्ति को केवल भाव न मानकर रस माना है। वल्लभ संप्रदायी ग्रंथ श्री रूप गोस्वामी कृत 'हरिभक्ति रसामृत सिंधु' में भक्तिरस का शास्त्रीय विवेचन मिलता है।

'भक्ति' का प्रथम उल्लेख 'श्वेताश्वेतर उपनिषद्' में मिलता है। भक्ति मार्ग का प्रमुख संप्रदाय भागवत धर्म है, जिसका उदय ईसा के लगभग 1400 वर्ष पूर्व माना जाता है। उपनिषद् युग में निर्गुण ब्रह्म की अनुभूति के लिए मन, आकाश, सूर्य, अग्नि, यज्ञ आदि सगुण प्रतीकों की उपासना के संकेत मिलते हैं। भागवत धर्म और भक्ति के ग्रंथों में श्रीमद् भगवद्गीता, महाभारत का 'शांतिपर्व' 'पांच रात्र संहिता', 'सात्वत संहिता', शाण्डिल्य भक्ति सूत्रं, 'भागवत पुराण', 'हरिवंश पुराण', 'विष्णु पुराण', 'नारद भक्ति सूत्र', 'नारद पांचरात्र', 'रामानुजाचार्य' आदि के ग्रंथ प्रमुख हैं।

गीता में श्री कृष्ण ने "सर्वधर्मान् परित्यज्य मामेकं शरणं ब्रज" कहकर भक्ति की ओर ही संकेत किया है। वैदिक भक्ति परंपरा के समानांतर दक्षिण भारत में द्रविड़ संस्कृति गर्भित पृथक् भक्ति परंपरा का सूत्रपात हो चुका था। यह परंपरा ईसा पूर्व कई शताब्दियों से चली आ रही थी। आलवार संतों ने 'नाम संकीर्तन भक्ति धारा' से दक्षिण को रससिक्त कर भक्ति की मधुर हिलोर उत्तर की ओर बहाई। ये राम-कृष्ण के भक्त थे। इन्हीं की परंपरा में रामानुजाचार्य हुए। कहा गया है कि "भक्ति द्राविड़ ऊपजी लाये रामानंद / परगट करी कबीर ने सप्तदीप नव खंड।" दक्षिण के आलवार (वैष्णव भक्त) और आडियार (शैव) भक्तों में ब्राह्मण और अछूत, राजा और रंक सभी श्रेणी के लोग थे। शंकराचार्य का अद्वैत दर्शन चाहे जितना भी तर्क संगत हो, भक्ति के लिए उसमें कोई गुंजाइश नहीं थी। क्योंकि निराकार की भक्ति व्यावहारिक दृष्टि से संभव नहीं है। भक्ति साकार की ही हो सकती है। अपने को निर्गुण का उपासक कहनेवाले और "दशरथ सुत तिहुं लोक बखाना। राम नाम का मरम है आना।" घोषित करने वाले कबीर जब कहते हैं कि "कबिरा कूता राम का मुतिया मेरा नाउं / गरे राम की जेंवरी जित खैंचे तित जाउं।" तो उन्हें साकार राम की कल्पना करनी पड़ती है। आखिर राम के पास हाथ है तभी तो वे उससे जेंवरी को खींचते हैं। इसी तरह जब कबीर कहते हैं कि "ये अंखियां अलसानी पिया हो सेज चलो" तो साकार 'पिया' ही तो सेज पर साथ दे सकता है। वस्तुतः शंकराचार्य के अद्वैतमत में निर्गुण की प्रतिष्ठा तथा जगत के मिथ्यात्व के कारण भक्ति के लिए कोई जगह न थी, इसीलिए अद्वैत मत की प्रतिक्रिया में वहां चार बड़े आचार्य हुए-रामानुजाचार्य, मध्वाचार्य, निम्बार्काचार्य और विष्णुस्वामी। इनके दर्शनों को क्रमशः विशिष्टाद्वैत, द्वैत, द्वैताद्वैत और शुद्धाद्वैत कहा जाता है तथा उपासना पद्धति को क्रमशः श्री संप्रदाय, मध्व संप्रदाय, सनक संप्रदाय और रुद्र संप्रदाय कहा जाता है। विष्णुस्वामी के शिष्य वल्लभाचार्य थे जो दक्षिण से उत्तर में आये और सूरदास को दीक्षित किया। इन सभी आचार्यों ने भक्ति को वेदसम्मत सिद्ध किया है।

भक्ति को प्रतिष्ठित करनेवाले उपर्युक्त दक्षिण के आचार्यों के अलावा रामानंद और चैतन्य देव का भी पर्याप्त महत्व है। रामानंद ने भक्ति के क्षेत्र में जाति-वर्ण-भेद की दीवार को समाप्त किया। चैतन्य देव ने भक्ति में भजन और लीलागान की परंपरा को पराकाष्ठा तक पहुंचाया। चैतन्य देव का जन्म और कर्मक्षेत्र बंगाल था। उनके दर्शन को 'अचिन्त्यभेदाभेदवाद' भी कहा जाता है।

हिंदी साहित्य के इतिहास में भक्ति आंदोलन, जिसका समय आचार्य रामचंद्र शुक्ल ने संवत् 1375 से संवत् 1700 तक माना है, स्वर्ण युग कहा जाता है। सूर, तुलसी, कबीर, मीरा, रैदास आदि अनेक तेजस्वी कवि इस कालखंड में हुए और उन्होंने कालजयी कृतियां हमें दीं।

भक्ति आंदोलन के इस अचानक प्रसार को देखकर चकित होते हुए जार्ज ग्रियर्सन ने लिखा है, "बिजली की चमक के समान अचानक इस समस्त पुराने धार्मिक मतों के अंधकार के ऊपर एक नयी बात दिखायी दी। कोई हिंदू यह नहीं जानता कि यह बात कहां से आई और कोई भी इसके प्रादुर्भाव का कारण निश्चय नहीं कर सकता।"

आचार्य शुक्ल की टिप्पणी है, "अपने पौरुष से हताश जाति के लिए भगवान की शक्ति और करुणा की ओर ध्यान ले जाने के अतिरिक्त दूसरा मार्ग ही क्या था ?"

आचार्य हजारी प्रसाद द्विवेदी ने उपर्युक्त दोनों विद्वानों की मान्यताओं का खंडन किया है। उनका दृढ़ विश्वास है कि इतना विराट जनांदोलन जिसने भारतीय जन जीवन में नई प्राण-प्रतिष्ठा की हो, किसी विदेशी स्रोत या किसी हताश जाति की प्रतिक्रिया की उपज नहीं हो सकता।

उसकी जड़ें जरूर अपने देश की मिट्टी में ही होंगी और निश्चित रूप से सामान्य जन के सहज उत्साह तथा आस्था का प्रतिफल होगा।

द्विवेदी जी लिखते हैं, "जिसे सर जार्ज ग्रियर्सन ने बिजली की चमक के समान अचानक कौंध उठने वाला माना है, वह भक्ति आंदोलन वस्तुतः वैसा नहीं था, उसके लिए सैकड़ों वर्षों से मेघ खंड एकत्र हो रहे थे।" उनके अनुसार अगर इस्लाम न भी आया होता तो भी इस साहित्य का बारह आना वैसा ही होता, जैसा कि आज है।

भक्ति आंदोलन के व्यापक प्रभाव को देखकर ही के. दामोदरन् ने लिखा है, "भारत में धर्म पर आस्था सदा सामाजिक प्रगति के लिए प्रतिकूल नहीं रही। वास्तव में इसने प्रायः ही उत्पीड़न और शोषण के विरुद्ध प्रतिरोध का रूप धारण किया। भारत में कितने ही सामाजिक और राजनीतिक संघर्ष धार्मिक सुधारों के आवरण में लड़े गये। वे आगे लिखते हैं, "मध्ययुग के इस महान आंदोलन ने न केवल विभिन्न भाषाओं और विभिन्न धर्मों वाले जन समुदायों की एक सुसंबद्ध भारतीय संस्कृति के विकास में मदद की, बल्कि सामंती दमन और उत्पीड़न के विरुद्ध संयुक्त संघर्ष चलाने का मार्ग प्रशस्त किया।"

इतना ही नहीं, इस भक्ति आंदोलन के प्रभाव के कारण भारत के सांस्कृतिक इतिहास में पहली बार शूद्रों, अन्त्यजों और सताये हुए वर्गों ने अपने संत दिये और इन संतों ने पहली बार जाति, धर्म, वर्ण तथा संप्रदाय की चहारदीवारियों को तोड़ते हुए एक मानवधर्म तथा मानव संस्कृति का नारा बुलंद किया।

आधार ग्रंथ :

1. भक्ति काव्य और लोक जीवन, शिवकुमार मिश्र।
2. हिंदी साहित्य कोश, भाग-1
3. भक्ति का विकास, मुंशी राम शर्मा।
4. भारतीय चिंतन परंपरा, के. दामोदरन।
5. हिंदी साहित्य की भूमिका, आचार्य हजारी प्रसाद द्विवेदी।
6. भक्ति काव्य का समाज शास्त्र, प्रेम शंकर।
7. भक्ति आंदोलन और सूरदास का काव्य, मैनेजर पांडेय।

भागवत धर्म

वैष्णव धर्म या वैष्णव संप्रदाय का प्राचीन नाम भागवत धर्म या पांचरात्र मत है। इस संप्रदाय के प्रधान उपास्य देव वासुदेव हैं, जिन्हें ज्ञान, शक्ति, बल, वीर्य, ऐश्वर्य और तेज इन छह गुणों से सम्पन्न होने के कारण भगवान् या 'भगवत्' कहा गया है।

दक्षिण के प्राचीन तमिल साहित्य में वासुदेव, संकर्षण तथा कृष्ण के अनेक संदर्भ मिलते हैं। भागवत धर्म भी प्रारंभ में क्षत्रियों द्वारा चलाया हुआ एक अब्राह्मण उपासना-मार्ग था। परंतु कालांतर में सम्भवतः अवैदिक और नास्तिक जैन-बौद्ध मतों का प्राबल्य देखकर ब्राह्मणों ने उसे अपना लिया और वैष्णव या नारायणीय धर्म के रूप में उसका विधिवत् संघटन किया। 'महाभारत' शांतिपर्व के नारायणीय उपाख्यान में इस नवीन धर्म को 'वैष्णव यज्ञ' कहा गया है और यज्ञप्रधान वैदिक कर्मकांड के प्रवृत्ति-मार्ग के विपरीत इसे निवृत्ति-मार्ग बताया गया है। इस वैष्णव यज्ञ में पशुवध का स्पष्ट रूप में निषेध तथा तप, सत्य, अहिंसा और इंद्रियनिग्रह का विधान किया गया था। 'महाभारत' में ही वासुदेव को वैदिक देवता विष्णु से अभिन्न बताया गया तथा कृष्ण को भी द्वितीय वासुदेव के रूप में उन्हीं का अवतार प्रसिद्ध किया गया।

कृष्ण संबंधी वैदिक उल्लेखों अंगीरस् ऋषि, कृष्ण और कृष्णासुर के उल्लेखों में उनके वासुदेव होने का कोई संकेत नहीं है। ऋग्वेद में विष्णु-संबंधी जो थोड़ी-सी रचनाएं मिलती हैं, उनमें उनका अत्यंत भव्य वर्णन हुआ है। वे त्रिविक्रम हैं। तीन पाद-प्रक्षेपों में समग्र संसार को नाप लेते हैं। इसीलिए वे उरुगाय (विस्तीर्ण गतिवाले) और उरुक्रम (विस्तीर्ण पाद-प्रक्षेपवाले) कहे गये हैं। उनका तीसरा पद-क्रम सबसे ऊंचा है। विष्णु पृथ्वी पर लोकों के निर्माता हैं। उन्हें स्वयं 'यज्ञ' की संज्ञा दी गयी। उनकी अपेक्षा वैदिक देवता अग्नि को हीन बताया गया है। इस प्रकार सर्वाधिक शक्तिशाली वैदिक देवता इंद्र की अपेक्षा विष्णु की महत्ता ब्राह्मण-काल से ही बढ़ने लगी थी। ब्राह्मण-ग्रंथों में विष्णु के अवतारों-वामन, वराह, मत्स्य और कूर्म संबंधी प्रमाण भी एकत्र किये गये हैं। वैष्णव धर्म के प्रचार से ही अहिंसा और अवतारवाद के सिद्धांत का व्यापक रूप में प्रचलन हो गया था। इस प्रकार लगभग 600 ई. पू. से 500 ई. तक भागवत धर्म के प्रथम उत्थानकाल में ही उसके प्रचार के प्रचुर साधन पौराणिक साहित्य के रूप में तैयार हो गये थे। रामायण और महाभारत की भी वैष्णव परिणति हो चुकी थी।

परंतु छठी सदी से चौदहवीं सदी की लगभग समाप्ति तक उत्तर भारत में भागवत धर्म उन्नति नहीं कर सका। स्मार्तवैदिक धर्म और बौद्ध धर्म में लोकरुचि को आकृष्ट करने की होड़-सी हो रही थी। इसी प्रतिस्पर्धा में बौद्ध धर्म ने एक ओर वैष्णव धर्म की अनेक बातें अपना लीं तथा दूसरी ओर लोक-विश्वासों और लोक-प्रथाओं को अपनाता हुआ वह महायान, वज्रयान, सहजयान आदि रूपों में परिणत होता हुआ धीरे-धीरे नाम-शेष हो गया। पौराणिक धर्म और शंकराचार्य के उद्योग भी बौद्ध-धर्म को नष्ट करने में धीरे-धीरे सफल होने लगे। परंतु इस काल में दक्षिण भारत में भागवत धर्म का उत्कर्ष हो रहा था। दक्षिण के आलवार भक्तों की परंपरा नवीं शताब्दी तक अविच्छिन्न चलती रही। उनकी भक्ति में प्रपत्ति की भावना और भगवान् के अनुग्रह का सबसे अधिक महत्त्व है।

रामानुज द्वारा स्थापित भक्ति-धर्म श्रीवैष्णव कहा जाता है, क्योंकि विश्वास किया जाता है कि इसका प्रवर्तन स्वयं श्री (लक्ष्मी) के द्वारा हुआ है। लक्ष्मी-नारायण इसके उपास्य देव हैं। चौदहवीं-पन्द्रहवीं सदी में कबीर, रैदास आदि निर्गुणोपासक संतों की भक्ति अधिक प्रबल रही परंतु आगे की शताब्दियों में वल्लभाचार्य के शुद्धाद्वैत पर आधारित पुष्टिमार्ग, निम्बार्काचार्य द्वारा प्रतिपादित और उत्तर भारत में उनके शिष्य श्रीनिवासाचार्य, औदुम्बकाचार्य, गौरमुखाचार्य और लक्ष्मण भट्ट द्वारा प्रचारित सनकादि संप्रदाय, मध्वाचार्य के ब्रह्म या मध्व संप्रदाय, गोसाई हितहरिवंश के राधावल्लभीय संप्रदाय, स्वामी हरिदास के हरिदासी या सखी संप्रदाय तथा चैतन्य महाप्रभु के गौड़ीय वैष्णव संप्रदाय ने कृष्णभक्ति-आंदोलनों के रूप में भागवत धर्म को समय के आवश्यकतानुसार नवीन रूप दिया और समग्र लोक-जीवन को आमूल प्रभावित करके उसे नयी आशा, उमंग और क्रियात्मक शक्ति से अनुप्राणित किया। दूसरी ओर, गोस्वामी तुलसीदास ने रामभक्ति के रूप में प्रेमभक्ति और मर्यादा भक्ति का अपूर्व समन्वय करके भक्ति-धर्म को एक नवीन सामाजिक शक्ति प्रदान की। मध्ययुग में भक्ति का प्रचार करनेवाले सभी संप्रदायों और उनके अनुयायी भक्त कवियों ने 'श्रीमद्भागवत पुराण' का सबसे अधिक अनुसरण किया है। एक प्रकार से 'श्रीमद्भागवत' ही मध्ययुगीन भागवत धर्म का अक्षय स्रोत है।

आधार ग्रंथ :

1. भागवत धर्म, बलदेव उपाध्याय।
2. हिंदी साहित्य कोश, भाग-1।
3. भक्ति का विकास, मुंशीराम शर्मा।
4. उत्तरी भारत की संत परंपरा, आचार्य परशुराम चतुर्वेदी।

भाव

भाव का महत्व भारतीय साहित्य में आरंभ से ही स्वीकार किया गया है। आचार्य शुक्ल के अनुसार भाव ही मनुष्य की एकता के अनुभव पथ के द्वार हैं। मनुष्य की सजीवता मनोवेग या प्रवृत्ति की सजगता में अथवा भावों की तत्परता में है। इस तरह भावों का महत्व असंदिग्ध है। आचार्य भरत ने रस संबंधी विभाव-अनुभाव आदि की चर्चा के प्रारंभ में भाव पर विचार किया है। उन्होंने व्यापक अर्थ में इसकी व्याख्या की है। निश्चय ही उनकी व्याख्या का संदर्भ प्रमुखतः नाट्य प्रदर्शन है। भरत ने स्वतः प्रश्न उठाया है कि ये 'भाव' क्यों कहलाते हैं? क्या ये 'भावयंति' होने के कारण 'भाव' कहलाते हैं? उत्तर में कहा गया है कि ये भाव इसलिए कहलाते हैं कि अनुभावों के वाचिक, सात्विक, आंगिक तथा आहार्य प्रदर्शन के द्वारा ये नाटक के अर्थ को भावयंति अर्थात व्यंजित करते हैं। भाव का अर्थ कारण है क्योंकि वह भावित तथा कृत का समानार्थक है और इसकी मूल धातु 'भावय' का अर्थ है परिव्याप्त होना।

इस प्रकार जब विभाव तथा अनुभाव का अर्थ दर्शक के मन में परिव्याप्त किया जाता है तो इन्हें भाव कहते हैं।

भरत के परवर्ती संस्कृत के आचार्यों ने भाव के स्वरूप को और स्पष्ट करते हुए उसे क्रमशः 'सुख-दुःख की अनुभूति', 'चित्तवृति-विशेष', 'मनोभाव' आदि के अर्थ में ग्रहण किया है। आधुनिक युग के अनेक हिंदी आचार्यों ने मनोवैज्ञानिक दृष्टि से भाव का स्वरूप-विवेचन किया है, जिनमें आचार्य रामचंद्र शुक्ल उल्लेखनीय हैं।

शुक्ल जी 'भाव' की परिभाषा इस तरह देते हैं-- "प्रत्यय बोध, अनुभूति और वेगयुक्त प्रवृत्ति--इन तीनों के गूढ़ संश्लेष का नाम 'भाव' है।" इसी को डॉ. राम विलास शर्मा ने इस प्रकार लिखा है, "विषय का ज्ञान, सुख-दुःख की अनुभूति और कर्म की प्रेरणा--ये सब एक साथ जुड़ी होती हैं। इन क्रियाओं के समुच्चय का नाम 'भाव' है।"

आचार्य शुक्ल के अनुसार मन के प्रत्येक वेग को भाव नहीं कह सकते, मन का वही वेग 'भाव' कहला

सकता है जिसमें चेतना के भीतर आलंबन आदि प्रत्यय रूप से प्रतिष्ठित होंगे। भावों के महत्त्व का विवेचन करते हुए आचार्य शुक्ल लिखते हैं—"काव्य का लक्ष्य 'भावों' के उपयुक्त विषयों को सामने रखकर सृष्टि के नाना रूपों के साथ मानव-हृदय का सामंजस्य स्थापित करना है। 'भाव' ही कर्म के मूल प्रवर्तक और 'शील' के संस्थापक हैं।" वे आगे लिखते हैं—"सुख और दुःख की इंद्रियज वेदना के अनुसार पहले पहल राग और द्वेष आदिम प्राणियों में प्रकट हुए जिनसे दीर्घ परंपरा के अभ्यास द्वारा आगे चलकर वासनाओं और प्रवृत्तियों का सूत्रपात हुआ। रति, शोक, क्रोध, भय आदि पहले वासना के रूप में थे, पीछे भाव रूप में आये। जात्यंतर परिणाम द्वारा समुन्नत योनियों का विकास और मनोविज्ञानमय कोश का पूर्ण विधान हो जाने पर विविध वासनाओं की नश्व पर रति, हास, शोक, क्रोध इत्यादि 'भावों' की प्रतिष्ठा हुई।"

उपर्युक्त विवेचन के आधार पर कहा जा सकता है कि रस-सिद्धांत के आचार्यों द्वारा निरूपित भाव का स्वरूप अत्यंत व्यापक है जिसके अंतर्गत कवि के मनोभाव, सुख-दुःख की अनुभूति, चित्तवृत्ति-विशेष, प्रत्ययबोध एवं वेगयुक्त प्रवृत्ति से युक्त अनुभूति, संवेदनाजन्य मनोविकार आदि का समावेश हो जाता है।

भाव का अंग्रेजी पर्याय 'इमोशन' (Emotion) है। मूलतः इस शब्द का अर्थ एक स्थान से दूसरे स्थान को जाना था, जिसे स्थानांतरण या निष्क्रमण कह सकते हैं। धीरे-धीरे इसका प्रचलन चलना, उत्तेजना, व्यग्रता आदि के अर्थ में भौतिक स्तर पर हुआ।...अंत में इसका प्रयोग व्यक्ति की उत्तेजित उग्र अथवा क्षुब्ध मानसिक दशा को सूचित करने के लिए होने लगा। इस तरह अंग्रेजी के 'इमोशन' का प्रचलित अर्थ व्यक्ति की उद्दीप्त मानसिक अवस्था का सूचक है। आधुनिक मनोवैज्ञानिकों ने भी 'इमोशन' या भाव की लगभग ऐसी ही परिभाषा की है, युंग (Carl Gustan Jung) के शब्दों में,

"भाव व्यक्ति की तीव्र अव्यवस्थित (या उद्दीप्त) मानसिक अवस्था है।"

इस तरह मनोवैज्ञानिकों के अनुसार भी भाव सामान्यतः व्यक्ति की उद्दीप्त मानसिक स्थिति का ही द्योतक है।

यदि रस-सैद्धांतिक भाव पर विचार किया जाए तो ज्ञात होगा कि इसका प्रयोग व्यापक अर्थ में ही किया गया है इसीलिए इसमें आधुनिक मनोविज्ञान की अनुभूति, मनःस्थिति, चित्तवृत्ति या भावना आदि सभी प्रकार की भावात्मक प्रवृत्तियों का समावेश हो जाता है। दूसरे शब्दों में, रस-सिद्धांत का 'भाव' सामान्यरूप में मनोविज्ञान की भावात्मक प्रवृत्तियों का पर्याय है।

आचार्य भरत ने रस संबंधी भावों को मुख्यतः तीन वर्गों में विभक्त किया है-स्थायी भाव, संचारी भाव और सात्त्विक भाव। इनमें से अंतिम वर्ग को परवर्ती आचार्यों ने अनुभावों की श्रेणी में रखा है।

आचार्य रामचंद्र शुक्ल ने भावों को दो वर्गों में बाँटा है—सुखात्मक और दुःखात्मक। प्रेम, उत्साह, श्रद्धा, भक्ति, औत्सुक्य, गर्व आदि के साथ सुखात्मक अनुभूति लगी रहती है इससे ये सुखात्मक हैं। शोक, क्रोध, भय, घृणा, लज्जा, उग्रता, अमर्ष, असूया, विषाद इत्यादि दुःखात्मक भाव हैं।

आधार ग्रंथ :

1. रस-सिद्धांत का पुनर्विवेचन, डॉ. गणपति चंद्र गुप्त।
2. आचार्य रामचंद्र शुक्ल और परवर्ती आलोचना, डॉ. अमरनाथ।
3. रस मीमांसा, आचार्य रामचंद्र शुक्ल।

भाववाद

भाववाद प्रत्ययवाद के नाम से भी जाना जाता है। यह अंग्रेजी के 'आइडियलिज्म' (Idealism) का हिंदी पर्याय है, इसीलिए कहीं-कहीं इसके लिए 'आदर्शवाद' शब्द भी प्रयुक्त होता है। परंतु इसके लिए 'भाववाद' शब्द ही सर्वाधिक उपयुक्त है। हिंदी में 'भाववाद' और 'आदर्शवाद' दोनों अलग-अलग और भिन्न अर्थों वाले पारिभाषिक शब्द हैं।

संसार और उसके मूलभूत प्रश्नों को समझने और उन्हें व्याख्यायित करने के सिलसिले में प्रारंभ से लेकर आज तक जिन दार्शनिक दृष्टिकोणों का जन्म और विकास हुआ है, उन्हें प्रधानतः भाववाद और भौतिकवाद, इन दो कोटियों में विभाजित किया गया है। ये दोनों दृष्टियां जिस मूलभूत समस्या से उलझती और उसे सुलझाने का प्रयास करती हैं, वह भौतिक अस्तित्व के साथ मानव-मन के संबंध-निर्धारण की समस्या है। मूल विवाद यह है कि प्राथमिक कौन है—विचार या अस्तित्व, आत्मा या प्रकृति? विचारकों का एक वर्ग जो प्रकृति के विपरीत आत्मा की प्राथमिकता को स्वीकार करता है, भाववादी चिंतन के शिविर से संबद्ध है। दूसरा वर्ग, जो आत्मा की अपेक्षा प्रकृति को प्राथमिकता देता है, भौतिकवादी चिंतन का

पुरस्कर्ता है। भौतिकवादी और भाववादी दार्शनिक दृष्टियों का मूलभूत अंतर संक्षेप में यही है।

प्रसिद्ध मार्क्सवादी विचारक मारिस कार्नफोर्थ के शब्दों में, "सारे मानवीय चिंतन के इतिहास में भाववाद और भौतिकवाद का लगातार संघर्ष होता रहा है। भाववादी दार्शनिक प्लेटो ने इस युद्ध को 'दानवों और देवताओं' का युद्ध कहा है। दानवों अर्थात् भौतिकवादियों को वह 'भयानक प्राणी' कहता है, क्योंकि वे "सभी चीजों को स्वर्ग से नीचे घसीट लाते हैं, अदृश्य से पृथ्वी पर ले आते हैं, और ऐसा लगता है कि वे चट्टानों और बलूत के वृक्षों को पकड़ने का अहद कर चुके हैं, उनको वे पकड़ कर बैठ जाते हैं, और बड़ी हठधर्मी से यह मानते चले जाते हैं कि जिन चीजों को छुआ और पकड़ा जा सकता है, सिर्फ उन्हीं चीजों का अस्तित्व है। उनके देवता-स्वरूप विरोधी, भाववादी, अपनी रक्षा ऊंचाई से, अदृश्य लोक से किया करते हैं।" उक्त कथन में प्लेटो के ये विचार भौतिकवादी तथा भाववादी दृष्टिकोणों का अंतर स्पष्ट करने के साथ, भले ही आलंकारिक शैली में सही, भौतिकवादियों के प्रति भाववादियों की धारणा का परिचय भी देते हैं।

पदार्थ, भूत या प्रकृति के स्थान पर चेतना या आत्मा को प्राथमिक स्वीकार करने वाले भाववादी चिंतन का एक सुदीर्घ तथा अत्यंत संपन्न इतिहास है जो मानव सभ्यता के साथ जन्म लेकर आज तक विविध रूपों में गतिशील है। इसके बावजूद सृष्टि और उसकी व्याख्या से संबंधित मूलभूत प्रश्नों पर, उनके अंतिम निष्कर्षों का सार तत्त्व एक ही है। वे आज भी प्रकृति की प्राथमिक सत्ता को स्वीकार न कर आत्मतत्व, चेतना या ईश्वर को सृष्टि का कारण, कर्ता और नियंता मानते हैं। जहां तक इन निष्कर्षों तक पहुंचाने वाले तथ्यों एवं ब्योरों का प्रश्न है, उनमें मत-वैभिन्न भी है। इस आंतरिक वैचारिक मतभेद का प्रधान कारण भिन्न-भिन्न समयों में किये जाने वाले चिंतन के साथ जुड़ी पूर्ववर्ती स्थापनाओं के खंडन या परिष्कार की भूमिकाएं तो हैं ही, ज्ञान के वे विकसित तथा नये क्षितिज भी हैं जो समय-समय पर भिन्न प्रस्थान बिंदुओं को लेकर उद्घाटित होते रहे हैं।

भाववादी दर्शन का एक रूप उस द्वैतवाद में प्रकट होता है, फ्रेंच दार्शनिक देकार्त (Rene Descartes, 1596-1650) जिसके प्रमुख पुरस्कर्ता हैं। डॉ. शिवकुमार मिश्र के शब्दों में भौतिकवादियों तथा भाववादियों, दोनों से भिन्न, सृष्टि के आधारभूत तत्त्व के रूप में किसी एक प्राथमिक आधार को न मानकर देकार्त समान महत्त्व वाले दो प्राथमिक आधारों को स्वीकार करते हैं अर्थात् इनके अनुसार भौतिकवादियों का पदार्थ, भूत या प्रकृति और भाववादियों का आत्मा, चेतना या मन, एक दूसरे से एकदम स्वतंत्र तथा अपनी प्रकृति में एकदम भिन्न होते हुए भी, न केवल समान रूप से महत्त्वपूर्ण हैं, समान रूप से सृष्टि का प्राथमिक आधार भी हैं। वे एक स्तर पर बुद्धि को ज्ञान का साधन मानते हैं, पदार्थ, भूत या प्रकृति की स्वतंत्र सत्ता को स्वीकार कर उन्हें प्राथमिक आधार के रूप में महत्त्व देते हैं, प्रकृति को किसी परमात्मा की माया न कहकर उसके वस्तुगत अस्तित्व का प्रतिपादन करते हैं, और इस प्रकार पदार्थ तथा प्रकृति संबंधी मान्यताओं को धार्मिक तथा रहस्यवादी प्रपंचों से मुक्त करते हैं। दूसरे स्तर पर, ईश्वर को जगत् का निमित्त-कारण सिद्ध करते हैं तथा उस आत्म तत्त्व की महिमा गाते हैं जो निर्विकल्प, अतींद्रिय, स्वानुभूत तथा अबुद्धिगम्य है। भौतिकवादी विचारकों के अनुसार देकार्त के चिंतन का पहला स्तर एक क्रांतिकारी तथा रचनात्मक स्तर है, जिसने अनेक वैज्ञानिकों को भौतिकवाद की दिशा में दूर तक आगे बढ़ने की प्रेरणा दी, जबकि दूसरा स्तर प्रतिगामी स्तर है, जिसने रहस्यवाद को बढ़ावा देकर अनेक प्रकार की भ्रांतियों के लिए पथ प्रशस्त किया।

भाववादी दर्शन के दूसरे रूप अद्वैतवादी (Monist) हैं अर्थात् उनके अंतर्गत प्राथमिक आधार के रूप में एक ही तत्त्व को स्वीकार किया गया है। इन अद्वैतवादी रूपों में एक रूप वह है कि जिसे भौतिकवादी विचारकों ने वस्तुगत (objective) भाव-वाद की संज्ञा दी है। इसका एक स्थूल उदाहरण उन लोगों का चिंतन है जो सृष्टि के कारण, कर्ता या नियंता के रूप में एक ऐसे परम पुरुष, परमात्मा या ईश्वर की कल्पना करते हैं, जो अपनी बनायी सृष्टि से परे और स्वतंत्र हैं। सृष्टि के उद्भव के पहले ही इस परम पुरुष या ईश्वर का अस्तित्व था, सृष्टि के सारे कार्य-व्यापार जिसके इंगितों पर ही संचालित होते हैं, इस ईश्वर का ज्ञान भी इंद्रियातीत है। कहने का तात्पर्य यह कि दार्शनिक विचारधारा के आच्छद में व्यक्त वस्तुतः यह एक प्रकार का धार्मिक मतवाद है, और धर्मप्राण दुनिया में इसी कारण सर्वाधिक प्रचलित भी है। विश्व के सारे धर्म मूलतः इसी प्रकार की विचारधारा का प्रतिपादन करते हैं।"

वैदिक साहित्य, उपनिषद, ब्रह्मसूत्र, भगवद्गीता, योगवासिष्ठ आदि इसी सिद्धांत से ओत-प्रोत हैं। इन पर आधारित वेदांत और वेदांत की अद्वैत, विशिष्टाद्वैत आदि सभी शाखाएं तथा शंकर, रामानुज, वल्लभ, निम्बार्क आदि अनेक आचार्य, सभी दार्शनिक भाववादी हैं। बौद्धधर्म की विज्ञानवादी शाखा और उसके आचार्य असंग तथा वसुबंधु,धर्मकीर्ति, शांतरक्षित, कमलशील जैसे भारतवर्ष के महान् दार्शनिक ही हैं। चीन में ताओ पर आधारित लाओत्जेका दर्शन भी भाववादी है। पश्चिम में सुकरात, प्लेटो, अरस्तू, संत अगस्तीन, संत टामस ऐक्विन्स, डेकाटर्स् बर्कले, काण्ट, हीगेल, ग्रीन, ब्रैडले और रायस आदि प्रमुख भाववादी दार्शनिक हैं। ऐसी व्यापक

विचारधारा का प्रभाव साहित्य और कला के क्षेत्रों में भी पड़ना अनिवार्य था। भारतीय साहित्य और कलाओं का मूल स्रोत भाववादी ही है।

भाववादी दार्शनिकों में हीगेल को अन्यतम माना जा सकता है। केवल जर्मनी ही नहीं, समूचे यूरोप के दार्शनिक चिंतन पर उनके विचार दशाब्दियों तक छाए रहे, यहां तक कि उन्होंने विरोधियों तक को प्रभावित किया। मार्क्स, एंगेल्स, लेनिन सबने हीगेल की मेधा को मुक्त कंठ से स्वीकृति दी है। परंतु यहां यह उल्लेखनीय है कि मार्क्स, लेनिन आदि ने हीगेल के भाववादी चिंतन को स्वीकार नहीं किया है, वरन् उसके चिंतन की अन्यतम उपलब्धि उस द्वंद्ववाद की खुलकर सराहना की है और कहा है कि उसे जर्मनी के शास्त्रीय दार्शनिक चिंतन की महत्तम उपलब्धि माना जा सकता है। वस्तुतः यह द्वंद्वात्मक पद्धति हीगेल के चिंतन का वह क्रांतिकारी पक्ष है, जो सृष्टि तथा समाज के विकास-नियमों का वैज्ञानिक अध्ययन करने की एक अभूतपूर्व दृष्टि देता है। हीगेल ने इसका उपयोग अपने भाववादी चिंतन के संदर्भ में किया है, जबकि इसके विपरीत उसे भौतिकवादी संदर्भों में अपनाकर तथा उसके माध्यम से सृष्टि तथा समाज के विकास-नियमों की वैज्ञानिक व्याख्या कर, मार्क्स और एंगेल्स ने अपने द्वंद्वात्मक और ऐतिहासिक-भौतिकवादी चिंतन का प्रासाद खड़ा किया।

अन्य भाववादी चिंतकों की भांति हीगेल भी सृष्टि का कारण एवं नियामक एक अति प्राकृतिक, अमूर्त एवं आध्यात्मिक तत्त्व को मानते हैं, जिसे उन्होंने विचार या प्रत्यय की संज्ञा दी है। इस विचार या प्रत्यय से हीगेल का आशय उस निरपेक्ष प्रत्यय से है, जिसे ईश्वर या परम तत्त्व कहा जाता है। उनके अनुसार प्रकृति इसी परम प्रत्यय का च्युत रूप है। संपूर्ण विश्व इसी परम प्रत्यय का परिणाम है, संसार के सारे पदार्थ उसी की अभिव्यक्ति हैं। यदि किसी की नित्य या शाश्वत सत्ता है, तो इसी परम प्रत्यय की, शेष सब परिवर्तनशील और अस्थायी है।

मार्क्सवादी विचारकों के अनुसार भाववादी दर्शन संसार के बारे में हमें भ्रामक तथा असत्य जानकारी देते हैं। वे किसी न किसी रूप में धर्म और धर्म शास्त्रों की विचारधारा का समर्थन करते हैं। ये धर्म और धर्मशास्त्र यथास्थितिवाद के सबसे बड़े पोषक हैं। इनका आश्रय लेते हुए शोषणमूलक वर्तमान व्यवस्था के रहनुमाओं ने आरंभ से ही लगातार जन-सामान्य का शोषण किया है। यह संयोग नहीं है कि प्लेटो से लेकर हीगेल तक, भाववाद के प्रत्येक दार्शनिक ने अपने समय की समाज व्यवस्था अथवा उच्च वर्गों के शासन को आदर्श मानते हुए उनकी वकालत की है, और धर्म तथा धर्मशास्त्रों ने उन्हें संरक्षण दिया है। भाववादी दार्शनिक चिंतन का यही वर्गीय आधार है।

आधार ग्रंथ :

1. मार्क्सवादी साहित्य चिंतन : इतिहास तथा सिद्धांत, डॉ. शिवकुमार मिश्र।
2. मार्क्सवादी दर्शन, मारिस कॉनफोर्थ।
3. दर्शन के इतिहास की रूप रेखा, ई. ख्ल्याविच।
4. पश्चिमी दर्शन, डॉ. दीवानचंद।
5. Selected Works, K.Marx and F.Engels, vol-1.

वेबसाइट : www.en.wikipedia.org/wiki/idealism

भूमंडलीकरण

अंग्रेजी के 'ग्लोबलाइजेशन' (Globalization) शब्द के लिए हिंदी में 'भूमंडलीकरण' शब्द प्रचलित है। इसके लिए 'वैश्वीकरण' शब्द भी प्रयुक्त होता है। यह शब्द बीसवीं सदी के अंतिम दशक में व्यापक रूप में प्रयोग में आया। 1991 में सोवियतसंघ के विघटन के बाद जब दुनिया एक ध्रुवीय हो गयी और अमेरिका के नेतृत्व में बहुराष्ट्रीय कंपनियों ने दुनिया के, खासतौर पर तीसरी दुनिया के बाजार पर कब्जा जमाना शुरू किया तो इसे न्यायसंगत ठहराने के लिए भूमंडलीकरण जैसा आकर्षक नाम दिया गया।

इस शब्द से यह भ्रम पैदा होता है कि यह ऐसी व्यवस्था है जिसमें अपने छोटे स्वार्थों से ऊपर उठकर लोग, सारे संसार के मंगल के लिए जुड़ जायेंगे। लेकिन भूमंडलीकरण के निहितार्थ इसके ठीक उलटा है। इससे निकलने वाली 'सब जन हिताय सब जन सुखाय' की ध्वनि के विपरीत यह व्यवस्था सारे संसार को कुछ सशक्त पूंजीवादी प्रतिष्ठानों, यानी बहुराष्ट्रीय कंपनियों और उनके संकेंद्रण के सबसे सबल केंद्र अमेरिका के हितों की रक्षा का माध्यम बनी हुई है। संसार को एक करने की इसकी दृष्टि पूरी तरह एक आयामी है। यह सिर्फ व्यापार के लिए दुनिया को एक करना चाहती है, बाकी सारी बातें आनुषंगिक हैं। पूंजीवाद की मृत्यु कामना करते हुए कार्ल मार्क्स ने 1848 ई. में ही 'कम्युनिस्ट पार्टी का घोषणापत्र' में इसके गुणों का बखान करते हुए कहा था, "अपने

उत्पादों के बाजार की तलाश बुर्जुआ को पूरे भूमंडल में दौड़ाती है। इसे अपना नीड़ सर्वत्र बनाना है, इसे हर जगह बसना है, इसे अपना संबंध सर्वत्र फैलाना है।" डेढ़ सौ साल के युगांतरकारी उतार-चढ़ाव के बावजूद इसका मूल चरित्र यथावत है। आज जब स्वतंत्र व्यापार की बात होती है तो उसका एकमात्र अर्थ होता है सबसे सशक्त व्यापारिक प्रतिष्ठानों के लिए उन सारे क्षेत्रों को खोल देना जो अब तक इनकी पहुंच के बाहर रहे हैं।

भूमंडलीकरण के नाम पर अब साम्राज्यवादी व्यवस्था और इसकी उपभोक्तावादी संस्कृति को संसार के उन हिस्सों पर लादने का प्रयास हो रहा है जहां अभी तक पारंपरिक या गैर-पूंजीवादी व्यवस्थाएं थीं। अपने हित की रक्षा में अपने चरित्र के कारण, पूंजीवाद कहीं भी अनियोजित विकास ही करता है। इससे क्षेत्रीय विषमताएं उभरती हैं और जहां भी इसका पैर पड़ता है वहां संपन्नता और विपन्नता के समूहों का विभाजन होता है। इससे हर जगह आंचलिक या समूहों के बीच संघर्ष उभरते हैं। छोटी खेती और किसानों का अस्तित्व समाप्त होने लगता है और विशाल पैमाने पर बेरोजगारी फैलती है। विशाल पूंजीवादी फार्मों का विकास होता है जिसमें नयी जैविक तकनीकों का बड़े पैमाने पर प्रयोग होता है और इससे संबद्ध बीज और रसायन उत्पादन करनेवाली बहुराष्ट्रीय कंपनियों का विस्तार होता है। व्यापार के अंतरराष्ट्रीय पैमाने के साथ-साथ विनिमय की गति को तेज करना जरूरी होता है। इससे नये संचार माध्यमों का बड़े पैमाने पर विकास होता है। तत्काल इंटरनेट से ई-कॉमर्स की ओर संक्रमण इसी प्रक्रिया का परिणाम है। हालांकि, इससे यह भ्रम पैदा होता है कि संसार के लोग जुड़ रहे हैं और संसार एक 'वैश्विक गांव' (Global Village) बन गया है, परंतु, वास्तव में इससे सिर्फ संसार का एक संपन्न वर्ग ही अपने व्यापारिक या व्यावसायिक हितों के लिए एक-दूसरे से जुड़ता है। प्रत्येक क्षेत्र और देश में नये संचार माध्यमों से संसार से जुड़े समूह अपने ही आस-पास के बहुसंख्यक वंचित समूहों से पूरी तरह कट जाते हैं। संसार का एक नया विभाजन सूचना समृद्ध और सूचना से वंचितों के बीच होता है।

भूमंडलीकरण की इस परिघटना को आकार देने में संचारक्रांति की प्रमुख भूमिका है। मीडिया के सारे साधन बहुराष्ट्रीय कंपनियों के हाथ में हैं और उन्हीं के लिए हैं। इसीलिए मीडिया भूमंडलीकरण को महिमा मंडित करने में लगी है।

इस वैश्विक योजना के कर्ता-धर्ता इसे संस्कृति का भूमंडलीकरण भी कहते हैं, अर्थात् यह भ्रम बनाया जा रहा है कि दुनिया की विभिन्न संस्कृतियों के बीच परस्पर संवाद बनाना इस योजना का लक्ष्य है। निश्चय ही यह बड़ी सकारात्मक योजना होती अगर इसके मूल में सचमुच यही नीयत होती पर नीयत यह है कि एक बड़ा प्रभुत्वशाली सांस्कृतिक समुदाय दुनिया की छोटी-छोटी संस्कृतियों को आत्मसात कर लेगा। भूमंडलीकरण की संस्कृति का यही निहितार्थ है। इस समय बहुराष्ट्रीय कंपनियों का कारोबार पूंजी की विकरालता के कारण राष्ट्रीय सीमाओं को तोड़कर दुनिया में फैल रहा है और वह फैलकर अपना खेल खेलने के लिए सारी परंपरागत सीमाओं, बंधनों, नियमों, कानूनों, मर्यादाओं को तोड़ रहा है। यही है भूमंडलीकरण। भारत में शायद कोई ऐसा सौभाग्यशाली पूंजीपाति नहीं है जो दुनिया के ढाई सौ बड़े पूंजीपतियों की सूची में जगह पा सके। यही कारण है कि आज बहुराष्ट्रीय कंपनियों के सिद्धांतकार और विचारक हमें समझा रहे हैं कि राष्ट्रवाद या राष्ट्रीयता पुरानी चीज हो गयी है। क्षेत्रीय स्वायत्तता और भाषा के आधार पर संस्कृति की पहचान करना पिछड़ापन है। अपनी राष्ट्रीयता, अपनी भाषा, अपनी संस्कृति के बारे में सोचना विकास की सहज गति को अवरुद्ध करना है।

भूमंडलीकरण के पैरोकारों की मान्यता है कि उदारतावादी लोकतंत्र ही एकमात्र शासकीय रूप है जिसके तहत सर्वव्यापी हो चुके आधुनिक राज्य का कामकाज ठीक से चलाया जा सकता है। उनका दावा है कि लोकतंत्र का केवल यही रूप आज दुनिया के विभिन्न समाजों में तेजी से घटित हो रहे आर्थिक और सांस्कृतिक परिवर्तन की ताकतों का माकूल जरिया बन सकता है। सोवियत संघ के टूटने के बाद इसी को निष्कर्ष रूप में प्रस्तुत करते हुए 'इतिहास के अंत' की घोषणा की जा रही थी।

आज स्थिति यह है कि एक भूमंडलीय कार्पोरेट उद्यम ने सारी दुनिया को दो हिस्सों में बांट दिया है। एक तरफ दुनिया का वह हिस्सा है जो भूमंडलीकृत हो चुका है और दूसरी तरफ वह, जो इस प्रक्रिया से बाहर रह गया है। भूमंडलीकृत हिस्सा उत्तरोत्तर प्रौद्योगिकीय समाधानों, वित्तीय सट्टेबाजियों, उसके भीतर अंतरराष्ट्रीय व्यापार, बैंकिंग, स्थानीय स्तर के भ्रष्टाचार और अपराधीकरण के बीच फूल-फल रहा है। दूसरी ओर बहुसंख्यक आम जनता, जिसके पास क्रय शक्ति का अभाव है और इसी के नाते जो बाजार का हिस्सा नहीं बन पा रही है, कूड़े के ढेर की तरह निरर्थक ही नहीं, वातावरण को गंदा करने वाली होने के नाते असह्य होती जा रही है। कार्पोरेट जगत, अवसर मिलने पर इन्हें समुद्र में फेंकने से भी नहीं हिचकेगा।

हमारे देश में भी खुले बाजार व प्रतिस्पर्द्धा के लाभों की निरंतर चर्चा और वैश्वीकरण को इनता अधिक महिमामण्डित करने के प्रयास हो रहे हैं कि सारा मीडिया एक ही धुन पर थिरक रहा है-सरकार को उद्यमों व उद्योगों से निकाल बाहर करो, वह व्यावसायिक गतिविधियों की

पीठ पर अनपेक्षित रूप से जमी हुई है उसे हटा दो। सार्वजनिक क्षेत्र के उद्यमों व उपक्रमों को व्यवसायों से बाहर कर दिया जाए। गरीबों को दी गयी सरकारी छूटें और रियायतें समाप्त की जाएं। कल्याणकारी राज्य एक ढकोसला है। देश पर सब्सीडियों का बोझ कम करना, रुपये का अवमूल्यन, बैंक की ब्याज-दर को घटाना ये सारी बड़े व्यवसाइयों के हित में हो रहा है और इनकी कीमत विपन्न वर्ग चुका रहा है।

सच तो यह है कि मुक्त बाजार, मंडीतंत्र, प्रतिस्पर्द्धा एवं समन्वित अर्थव्यवस्था, इन सबका सीधे शब्दों में एक अर्थ है 'अमेरिकी वर्चस्व'। सीमा संघर्ष, गृहयुद्ध अथवा क्षेत्रीय युद्ध अंतरराष्ट्रीय उद्योगों एवं हथियारों के अंतरराष्ट्रीय सौदागरों को सदैव रास आते हैं। इराक में युद्ध की औपचारिक घोषणा के बहुत पहले संभावित विनाश के बाद पुनर्निर्माण की प्रस्तावित योजनाओं को अंतिम रूप देने में अनेक बहुराष्ट्रीय कंपनियां अपनी भूमिका निभा चुकी थीं।

वैश्वीकरण के बहाने हमारी उदात्त सांस्कृतिक विविधता की विरासत को खत्म करने की साजिश अमेरिकी साम्राज्यवाद कर रहा है। हमारी भाषाओं, हमारी जीवन पद्धति और खानपान पर भी इसका सीधा और बुरा असर पड़ना शुरू हो चुका है। इन प्रभावों के कारण पूरा का पूरा संवेदनशील प्रबुद्ध समाज बेबस और बेचैन है। अपराधों में वृद्धि, मनोरंजन के व्यापार में शो बिजनेस के साथ-साथ मुक्त यौनाचार, उद्दाम संगीत और अश्लील साहित्य का हमारे यहां भी उद्योग बन चुका है। पूरी जीवन शैली का अमेरिकीकरण हो चुका है। दूर दराज के उन क्षेत्रों में जहां लोगों को साफ पेय जल या सड़कें व अन्य मौलिक सुविधायें भी उपलब्ध नही हैं टी.वी. की पहुंच के कारण लोग काल्पनिक दुनिया व यथार्थ में फर्क करना भूल चुके हैं। वैश्वीकरण के लाभों का यशोगान करनेवालों के लिए आर्थिक असमानताओं या सामाजिक न्याय के मुद्दों की चर्चा फैशन के बाहर की वस्तु हो चुकी है।

आज अंतरराष्ट्रीय व्यापारिक अनुबंधों में अमेरिका का स्पष्ट वर्चस्व है, पर बदलते राजनीतिक और आर्थिक समीकरणों के कारण अमेरिका और यूरोपीय देशों के बीच मतभेद भी उभरते जा रहे हैं। हाल के इराक युद्ध में ग्रुप--8 के देशों में से अमेरिका को सिर्फ ब्रिटेन और इटली का खुला समर्थन मिला था। पारंपरिक सहयोगी देशों ने अमेरिका का विरोध किया। इसके पहले भी अमेरिका द्वारा क्याटो समझौते व अणु-शस्त्रों के मुद्दों पर दुनिया के जनमत की उपेक्षा करने से तनाव बढ़ चुके थे।

यों लोगों को लगता है कि अमेरिकी प्रेस स्वतंत्र हैं, लेकिन हकीकत यह है कि अमेरिकी प्रेस पर एकाधिकारवादियों का कब्जा है, उसे मुक्त बाजार की सुविधा नहीं है। प्रेस स्वयं व्यावसायिक हैं और बाजारतंत्र से जुड़ेहुए हैं। अर्थशास्त्र बताता है कि एकाधिकारवादी व्यवस्था में सबके लिए खुला बाजार हो नहीं सकता। वहां प्रेस की निष्पक्षता का मतलब नीग्रो जाति की आजादी का समर्थन करना नहीं होता। उसकी स्वतंत्रता कहें या निष्पक्षता कहें, उसे विविध निहित स्वार्थों के हित में काम करना है, उससे भिन्न और कोई अन्य स्वतंत्रता वहां अमल में नहीं है।

गांधी जी ने कहा था कि संसार में सभी लोगों की जरूरतों को पूरा करने के लिए तो काफी वस्तुएं हैं लेकिन एक आदमी की लिप्सा के लिए वह सब भी यथेष्ट नहीं। इस बात की सच्चाई वैश्वीकरण के युग में साफ-साफ दिखायी देती है। औद्योगिक जगत में जो बात हर रोज सुर्खियों में रहती है वह है बहुराष्ट्रीय कंपनियों की हैसियत अरबों खरबों डॉलर की है—अनेक देशों की राष्ट्रीय आय से ज्यादा। फिर भी वे संतुष्ट नहीं हैं। अन्य दूसरी कंपनियों को निगल लेने पर भी और अधिक फैलने का इनका लोभ खत्म नहीं होता। फिलहाल, इक्कीसवीं सदी की चुनौती है, भूमंडलीकरण की सर्वग्रासी दैत्याकार परिघटना के विरोध में उस जनगण को जाग्रत करना जो संपत्ति के इस अकल्पनीय केंद्रीकरण से निर्धन होकर न्यूनतम मानवीय जीवन से भी वंचित हो रहा है।

आधार ग्रंथ :

1. भूमंडलीकरण की चुनौतियां, सच्चिदानंद सिन्हा।
2. भारत का भूमंडलीकरण, अभय कुमार दुबे।
3. भूमंडलीकरण : विचार, नीतियां और विकल्प, कमल नयन काबरा।

वेबसाइट : www.en.wikipedia.org/wiki/globalization
www.marxists.com/globalization.htm

भोगा हुआ यथार्थ

'**भोगा** हुआ यथार्थ' हिंदी की नयी कविता आंदोलन द्वारा विकसित पारिभाषिक शब्द है। नये कवियों का मानना है कि संपूर्ण यथार्थ से हमारा सरोकार न होकर केवल उतने से है, जितने को अनुभव किया या भोगा है। इसी अर्थ में यह यथार्थ पहले के यथार्थ से भिन्न है। यथार्थ तो प्रेमचंद का भी था, प्रगतिवादियों का भी था, उससे पहले के

साहित्य का भी था। लेकिन उस यथार्थ में बुराई यही थी कि वह निजी अनुभव के एकांत क्षणखंडों से बाहर जाकर समाज और मनुष्य की बात करता था। वास्तविक यथार्थ का उद्घाटन तो इन नये कवियों ने ही किया। यथार्थ वह जिसे व्यक्ति ने भोगा हो, बाकी सब अयथार्थ है। भोग का ऐसा स्पंदन क्षण जिसमें बाहर की सारी ध्वनियां अनसुनी कर दी जाएं या हो जाएं।

इस अवधारणा को नयी समीक्षा के शास्त्र में क्रमबद्ध रूप से प्रस्तुत करते हुए लक्ष्मीकांत वर्मा ने लिखा, "मुझे यह कहने में कोई संकोच नहीं है कि यह एक पराजित पीढ़ी का नया चिंतन-दर्शन है। पराजित पीढ़ी का दर्शन यदि वह यथार्थ सापेक्ष है तो कभी भी गलत नहीं होगा। यदि आज की पराजय को भी भोगने की क्षमता है, तभी हम कल की विजयश्री को भी भोग सकते हैं।"

'पराजय' और 'विजयश्री' के बीच बल केवल भोगपक्ष पर है। लेखक का कार्य है मात्र भोग करना। "आज हमें वर्तमान को भोगने, झेलने और वहन करने का दृष्टिमान चाहिए। लेकिन यह दृष्टिमान आयेगा कहां से ? मेरा विचार है कि यह वर्तमान से ही विकसित होगा।" वर्तमान में पराजय है, उसी पराजित दृष्टिमान से उसे भोगना है तभी वह 'भोगा हुआ यथार्थ' होकर प्रमाणित होगा।

कर्णसिंह चौहान के शब्दों में, 'भोगे हुए यथार्थ' का विकसित रूप है दुनिया का और सिमटते जाना, भोग की प्रवृत्ति का और उच्छृंखल होते जाना। स्वयं अज्ञेय को 'शेखर :एक जीवनी' में शेखर द्वारा 'भोगे हुए यथार्थ' से संतोष नहीं हुआ तो 'नदी के द्वीप' में उस यथार्थ को और गहरे भोगने के लिए सात ताल, भीम ताल, नौकुछिया ताल, तुलियन झील, कुलू, मनाली और न जाने किन-किन हिल स्टेशनों की खाक छाननी पड़ी। यह यथार्थ कहीं झाड़ी में छिपा था जिसे भुवन और रेखा को ढूंढ़ना पड़ा। पूरे उपन्यास में इस दुनिया के यथार्थ का कोई संकेत तक नहीं, असली यथार्थ तो वह जिसे भुवन और रेखा फिर भुवन और गौरा ने भोगा। यथार्थ के भोग का वास्तविक अर्थ यहां खुलता है। धीरे-धीरे यह यथार्थभोग 'क्षणभोग' में सीमित हो गया, क्योंकि अनुभूत सत्य की उपलब्धि किसी विशिष्ट क्षण में ही होती है। उस क्षण में कवि अपने व्यक्तित्व से दूर, बहुत दूर जाकर सृष्टि के निस्पंद केंद्र में तल्लीन हो जाता है, उसे समाधि-क्षण कह लीजिये, चाहे प्रेरणा क्षण या गहरी अनुभूति का क्षण।"

लक्ष्मीकांत वर्मा ने क्षणभोग की इस धारणा को भी प्रतिमान के रूप में प्रतिष्ठित कर उसकी विस्तृत व्याख्या की और प्रमाण रूप में मुद्राराक्षस की ये पंक्तियां उद्धृत कीं,

"आओ हम अतीत को भूलें / और आज की अपनी रग-रग के अंतर को छू लें / छू लें इसी क्षण / क्योंकि कल हम भी नहीं रहेंगे।" इतिहास से कटे हुए भूत-भविष्य-वर्तमानहीन व्यक्ति का विशुद्ध भोगवाद का शिकार हो जाना स्वाभाविक है। भूत और भविष्य तो है ही नहीं, वर्तमान का हाल भी बुरा है, इसलिए जल्दी में जो भी संभव बन पड़े उसी को भोगो, दूसरे क्षण क्या होगा कुछ पता नहीं।

हिंदी के 'क्षणभोगवाद' के पीछे मृत्यु का भय है या परिवर्तन की अवश्यंभाव्यता का आतंक-यह ठोस स्थितियों के विवेचन का विषय हो सकता है, किंतु इतना तो निस्संदेह कहा जा सकता है कि इसमें एक अकेले, असंबद्ध, असहाय, पराजित व्यक्ति की भोगवादी मनोवृत्ति का स्पष्ट संकेत मिलता है। दूसरी ओर इस क्षण भोगवाद का एक दूसरा दर्शन भी हो सकता है। वास्तव में आदमी को चाहे जितना संघर्ष झेलना पड़े, जिजीविषा बहुत कम हार मानती है। अद्भुत चीज है यह जिजीविषा। बार-बार टूटकर भी लड़ने की आकांक्षा अधिकांश मनुष्यों में बनी रहती है। जिंदगी में बार-बार हारकर भी निराला 'अर्चना' काव्य संग्रह में नये युग के 'अरुण' की बात करते हैं,

"काटे नहीं कटी जो धारा / उसकी हुई मुक्ति की धारा / बार-बार जो जन हारा / उसकी सहज साधिका अरुणा।"

कहीं ऐसा तो नहीं कि हार-हार कर भी फिर से समर में उतरने के लिए तत्पर इस जन को असंगठित और लक्ष्यविमुख करने के लिए ही यह निराशा, अकेलेपन, पराजय के भोग आदि का नारा दिया जा रहा हो ? क्योंकि, मुक्तिबोध के शब्दों में,

"ऐसी स्थिति में, शीत-युद्ध के एक केंद्र को यह चिंता सता रही है कि कहीं यह संतप्त मानव समाजवाद और साम्यवाद का शिकार न हो जाए।"

आधार ग्रंथ :

1. आलोचना के नये मान, कर्णसिंह चौहान।
2. नये प्रतिमान : पुराने निकष, लक्ष्मीकांत वर्मा।
3. नये साहित्य का सौंदर्यशास्त्र, गजानन माधव मुक्तिबोध।
4. नयी कविता के प्रतिमान, लक्ष्मीकांत वर्मा।
5. कविता के नये प्रतिमान, नामवर सिंह।

भौतिकवाद

भौतिकवाद के लिए अंग्रेजी में मैटरियलिज्म (Materialism) शब्द प्रचलित है। इस विचारधारा का मूल आधार यह है कि संसार में जो कुछ हमें दिखायी देता है एवं हमें अनुभव होता है वह सब भौतिक पदार्थ और गति द्वारा ही उत्पन्न हुआ है। विश्व के निर्माण में द्रव्य का हाथ है और इसी से समस्त भौतिक पदार्थ, मानव शरीर, जीवन, मन आदि का निर्माण हुआ है। यह विचारधारा अध्यात्मवाद के पूर्णतः विरोध में विकसित हुई है। अध्यात्मवादी जहां मन, आत्मा या चेतन शक्ति से समस्त विश्व का विकास सिद्ध करते हैं, वहां भौतिकवादी भौतिक पदार्थ से ही विश्व का विकसित होना बतलाते हैं और वे भौतिक पदार्थ के अतिरिक्त किसी भी आध्यात्मिक सत्ता का होना स्वीकार नहीं करते।

आरंभिक भौतिकवादी विचारधारा का दर्शन हमें यूनानी दार्शनिक हेराक्लिट्स, अनाक्सागोरस, डेमोक्रिटस, एपीक्यूरस तथा भारत के लोकायत दर्शन में मिलता है। इनका मत था कि विश्व का निर्माण असंख्य भौतिक परमाणुओं से हुआ है। उसके पीछे कोई ज्ञान-शक्ति या विराट सत्ता ऐसी नहीं है, जो इनका मिश्रण करके विश्व का निर्माण करे। ये स्वयं ही जब मिलते हैं, तो निर्माण-कार्य होता है और जब विच्छिन्न हो जाते हैं, तो विनाश होता है। जीवन के अंत में ये परमाणु बिखर जाते हैं। अतः मानव को इस जीवन के उपरांत सुख या आनंद प्राप्त करने का अवसर नहीं मिलेगा, इससे यहां अधिकाधिक सुखी जीवन व्यतीत करने की चेष्टा करनी चाहिए। यह विचारधारा भारतीय चार्वाक मत से बहुत मिलती है। भारत में चार्वाकों का मत भी भौतिकवादी माना जाता है और उस मत में भी संसार के अतिरिक्त किसी अन्य आध्यात्मिक सत्ता को स्वीकार नहीं किया गया है और इस जीवन को ही महत्त्व देकर इसे हर एक ढंग से सुखी बनाने की ओर संकेत किया गया है।

यूरोप के पुनर्जागरण काल में भौतिकवाद ने बहुधा सर्वेश्वरवाद और भूत जीववाद का रूप धारण किया। तेलेजिओ और ब्रूनो आदि इस काल के प्रमुख मार्क्सवादी थे। यूरोप में भौतिकवाद 17वीं-18वीं सदियों में विकसित हुआ। बेकन, गैलीलियो, हाब्स, गास्सेंदी, स्पिनोजा, लाक, दिदेरो, हेल्वेतियस, होलबाख, फायरबाख, चेर्निशेवस्की, वेलिन्स्की, मार्कोविच, मोनोसोव आदि इस काल खंड के प्रमुख भौतिकवादी हैं। 17वीं और 18वीं सदियों के भौतिकवाद की खास अभिलाक्षणिकता थी प्रकृति का विश्लेषण और निरीश्वरवाद की व्याख्याएं। भौतिकवाद का उच्चतम और सबसे सुसंगत रूप 19वीं सदी के मध्य में कार्ल मार्क्स और एंगेल्स द्वारा स्थापित द्वंद्वात्मक भौतिकवाद है। उसने पुराने भौतिकवाद की त्रुटियों और मानव-समाज के विषय में प्रत्ययवादी समझ का निराकरण किया। अपने आगे के विकास में भौतिकवाद दो मुख्य धाराओं में बंट गया, एक ओर, द्वंद्वात्मक और ऐतिहासिक भौतिकवाद तथा दूसरी ओर, भौतिक की बहुत सारी ऐसी सरलीकृत और गंवारू किस्में, जिनमें सबसे अधिक ठेठ किस्म वह गंवारू भौतिकवाद था, जो प्रत्यक्षवाद के समीप पहुंचा।

मार्क्स के इस दर्शन का विकास हीगेल के द्वंद्ववाद तथा फायरबाख के भौतिकवाद के आधार पर हुआ है। यद्यपि मार्क्स के दर्शन का विकास हेगेल के आधार पर ही हुआ है, फिर भी हेगेल तथा मार्क्स में आकाश-पाताल का अंतर है। जहां हीगेल आत्मवाद को मूलतत्त्व मानता है, वहां मार्क्स प्रकृति तत्त्व को मूलतत्व कहता है। हीगेल वस्तु-जगत को विचारतत्व का ही बाह्य रूप मानता है, जबकि मार्क्स विचार-जगत को वस्तु-जगत का प्रतिबिंब मात्र कहता है। मार्क्स का मत है कि हमारे चिंतन की रूप-रेखा बाह्य परिस्थितियों पर आधारित होती है। इन्हीं के आधार पर नैतिक, धार्मिक और दार्शनिक सिद्धांत बनते हैं। इसी कारण आध्यात्मिक विचारों के मूल-स्रोत भौतिक व्यापार हैं। मार्क्स के अनुसार सृष्टि का कोई कर्ता या नियंता नहीं है। ईश्वर हमारे मस्तिष्क की उपज है।

मार्क्स का मत है कि पशु एवं मानव सभी प्राकृतिक नियमों के आधार पर जीवन व्यतीत करते हैं। पशु तो उन नियमों का पालन अनजाने ही किया करते हैं, किंतु मानव उन नियमों को जानता है तथा उस ज्ञान का प्रयोग स्वयं प्रकृति पर भी नियंत्रण करने के लिए करता है। मुक्ति या स्वतंत्रता का अर्थ यह है कि हम अपने ऊपर तथा बाह्य प्रकृति के ऊपर अपना पूर्ण नियंत्रण करें। मार्क्स की दृष्टि में समाज के अंतर्गत केवल दो ही वर्ग हैं-एक शोषित तथा दूसरा शोषक वर्ग। दोनों वर्गों का संघर्ष चिरंतन है। इस संघर्ष का अंत साम्यवादी व्यवस्था में ही हो सकता है। मार्क्स का आदर्श है वर्ग-हीन समाज, जिसमें न कोई शोषक हो और न कोई शोषित। इस उद्देश्य की पूर्ति के लिए वह क्रांति को आवश्यक समझता है। जब कोई आर्थिक व्यवस्था जीर्ण होकर प्रगति के पथ में बाधक होती है, तब उसके विरुद्ध समाज में क्रांति पैदा होती है। इस प्रकार क्रांति प्रगति की सीढ़ी है। मार्क्स का कहना है कि धर्म में भी समाज की आर्थिक स्थिति प्रतिबिंबित होती है। धार्मिक अंधविश्वास ऐसे ही व्यक्तियों में अधिक मिलता है, जो अज्ञानी एवं असहाय

होते हैं तथा अपनी आर्थिक स्थिति के वैज्ञानिक कारणों को नहीं जानते।

हिंदी साहित्य पर भौतिकवाद का व्यापक प्रभाव है। भौतिकवाद ने साहित्य के क्षेत्र में 'यथार्थवाद' को जन्म दिया है। 'द्वंद्वात्मक भौतिकवाद' समाज-शास्त्र के क्षेत्र में 'ऐतिहासिक भौतिकवाद' तथा वर्गवाद के रूप में अवतीर्ण हुआ, जिनका साहित्यिक रूप 'प्रगतिवाद' के नाम से विख्यात है।

आधार ग्रंथ :

1. हिंदी साहित्य कोश—भाग-1।
2. मार्क्सवादी साहित्य चिंतन : इतिहास तथा सिद्धांत, शिवकुमार मिश्र।
3. दर्शनकोश।
4. Fundamentals of Dialectical, G. Kursanov.

वेबसाइट : www.en.wikipedia.org/wiki/materialism

भ्रमरगीत

भ्रमरगीत कृष्णकाव्य परंपरा का अत्यंत महत्वपूर्ण और रोचक प्रसंग है। इसका आधार श्रीमद्भागवत का उद्धव गोपी प्रसंग है। श्रीमद्भागवत के दशम स्कंध के सैंतालीसवें अध्याय में, गोपियां कृष्ण के दूत उद्धव के सम्मुख अत्यंत प्रेम-विह्वल होकर लोकलाज छोड़कर रोती हुई कृष्ण की चर्चा करती हैं। इस प्रसंग में कहा गया है कि एक गोपी किसी भौंरे को अपने निकट गुनगुनाते देखकर उसे कृष्ण का भेजा हुआ दूत मानकर कहने लगी, "हे धूर्त के बंधु मधुकर! तुम हमारे चरण न छुओ, तुम्हारी मूछों में सौत के वक्षस्थल पर विहार करनेवाली माला का कुंकुम लगा है। मधुपति कृष्ण ही यादवों की सभा में उपहास करानेवाले इस प्रसाद को धारण करें, हम इसे नहीं चाहते। तुम्हारी और कृष्ण की बंधुता ठीक ही है, क्योंकि जैसे तुम सुमनों का रस लेकर उन्हें छोड़ जाते हो, वैसे ही एक बार मोहिनी अधर-सुधा पिलाकर वे भी एकाएक हमको छोड़कर चले गये"। इसके बाद सभी गोपियां मधुकर को लक्ष्य करके प्रेमभरे उपालम्भ से कृष्ण के कपट-प्रेम, निष्ठुरता, क्रूरता, अकृतज्ञता आदि की सोदाहरण आलोचना करने लगीं और इस प्रकार विपरीत व्यंजना से उन्होंने उद्धव के मन पर अपनी कृष्ण-भक्ति की दृढ़ता और अनन्यता का इतना प्रभाव डाल दिया कि उद्धव ने उन्हें संसार में परम पूजनीय कहकर सराहा। भागवत में यह प्रसंग उपर्युक्त अध्याय के बारहवें श्लोक से उन्नीसवें श्लोक तक चलता है। इसमें गोपियों की तीव्र विरहानुभूति भ्रमर की अन्योक्ति के सहारे अत्यंत लालित्यपूर्ण और संगीतमय पदों में वर्णित है, इसलिए इसे 'भ्रमरगीत' कहा गया है।

भ्रमरगीत की कल्पना भागवतकार की अद्भुत काव्य-प्रतिभा का परिचायक है। वर्ण, गुण, कर्म और स्वभाव में भ्रमर और श्रीकृष्ण में ऐसी समता है कि अन्योक्ति में अत्यंत स्वाभाविकता और मार्मिकता आ गयी है। साथ ही, भ्रमर में दूतत्व का आरोप करके गोपियां अपने नुकीले व्यंग्य-वचनों से कृष्ण के दूत उद्धव को भी लक्ष्य बना लेती हैं। परंतु इन समस्त प्रसंगों में भागवतकार ने गोपियों के प्रेम को पार्थिवता पर नहीं उतरने दिया। गोपियां हरि की कथा को सर्वनाशिनी-संसार से पूर्ण वैराग्य उत्पन्न करनेवाली जानकर भी उसमें सर्वभावेन आसक्त हैं और उसे दुस्त्याज्य मानती हैं।

भागवत में वर्णित भ्रमरगीत का प्रसंग उसके पूर्वप्रसंग उद्धव-ब्रज-आगमन और उद्धव-संदेश के साथ प्रायः सभी कृष्णभक्त कवियों ने गीति-पदों के रूप में गाया है। सबसे पहले विद्यापति की 'पदावली' में इस विषय के कुछ पद मिलते हैं, जिनमें विरहिणी राधा, मधुकर को संबोधित करके कृष्ण की निष्ठुरता का प्रेममय उलाहना देती हैं। परंतु हिंदी की कृष्णकाव्य परंपरा में भ्रमरगीत प्रसंग को अत्यंत रोचक शैली में चित्रित करनेवाले सूरदास ही हैं। उन्होंने भागवत से कथासूत्र लेकर इस प्रसंग को अत्यंत मौलिक रूप में अनेक नवीन उद्भावनाओं के साथ प्रस्तुत किया है।

'सूरसागर' के उद्धव का व्यक्तित्व 'भागवत' के उद्धव से बहुत भिन्न चित्रित किया गया है। 'भागवत' के उद्धव श्रीकृष्ण के प्रिय सखा, साक्षात् वृहस्पति के शिष्य, महामतिमान वृष्णिवंशीय यादवों के मान्य मंत्री हैं। श्रीकृष्ण उन्हें माता-पिता को प्रसन्न करने तथा अपना संदेश सुनाकर गोपियों के वियोगरोग को शांत करने के लिए ब्रज भेजते हैं। 'सूरसागर' के उद्धव भक्ति-मार्ग के विरोधी हैं; वे अद्वैतवादी, अहंकारी ज्ञानमार्गी हैं। उनके हृदय में भक्ति की सरसता नहीं है। वे योग-साधना में विश्वास करते हैं। श्रीकृष्ण उनका अहंकार भंग करने के लिए तथा उन्हें प्रेम-भक्ति की महत्ता समझाने के लिए गोपियों के पास भेजते हैं। भागवत में तो उनका रथ और उनकी वेश-भूषा ही कृष्ण के सदृश बतायी गयी है। 'सूर-सागर' में उनका रंग भी कृष्ण और भ्रमर की भांति काला बताकर भ्रमर पर की गयी अन्योक्तियों में कृष्ण के साथ उन्हें भी

समेटा गया है। वस्तुतः गोपियों के कटाक्ष कृष्ण की अपेक्षा उद्धव को अधिक लक्ष्य करते हैं।

डॉ. ब्रजेश्वर वर्मा के अनुसार, "सूरसागर' के भ्रमरगीत के दो पक्ष हैं-एक काव्य-पक्ष और दूसरा धार्मिक पक्ष। धार्मिक पक्ष की दृष्टि से देखने पर वैष्णव भक्ति-आंदोलन के समय की धार्मिक अवस्था का यथा-तथ्य चित्र हमारे सम्मुख आ जाता है। मायावाद-अद्वैतवाद का आतंक, अनेक लौकिक देवी-देवताओं की पूजा, शिवाराधना का विकृत रूप, अलखवादी हठ-योगियों का पाखंडपूर्ण धर्माचार आदि सबसे भक्ति-धर्म को संघर्ष करना पड़ा था। भ्रमरगीत की गोपियां इस धर्म की सहजता, समर्थता और सफलता को वचन और प्रत्यक्ष उदाहरण द्वारा प्रमाणित करती हैं। वे निर्गुण का विरोध तो करती दिखायी गयी हैं, परंतु मूलतः उसका खंडन करना उन्हें अभीष्ट नहीं है। उनका तात्पर्य यह है कि सगुण के द्वारा ही, उसकी प्रेम-भक्ति के साधन से ही निर्गुण अद्वैत की सच्ची अनुभूति हो सकती है। भक्तिमार्ग में, जो राजमार्ग के समान प्रशस्त है, ज्ञान और कर्म के मार्ग समाहृत हैं, साधन और साध्य की एकरूपता है। 'सूरसागर' का भ्रमरगीत सूरदास के सामाजिक दृष्टिकोण को स्पष्ट करता है तथा यह प्रमाणित करता है कि वे अपने समय की परिस्थिति के प्रति कितने जागरूक थे तथा तत्कालीन समस्याओं का समाधान वे किस उपाय से करना चाहते थे।

भ्रमरगीत का यह खंडन-मंडनात्मक पक्ष अत्यंत काव्यमयी शैली में उपस्थित किया गया है। सूरदास की गोपियां नीरस दार्शनिक वाद-विवाद में नहीं पड़तीं। उनके तर्क हार्दिक वृत्ति पर आधारित हैं, अतः उनकी उक्तियां अत्यंत मार्मिक बन गयी हैं। भ्रमरगीत के इस धार्मिक पक्ष ने ही वस्तुतः 'सूरसागर' के इस अंश को श्रेष्ठ संकेतात्मक व्यंग्यकाव्य बना दिया है। गोपियों के उपालम्भों में सूरदास की तीव्र संवेदनशीलता, प्रेम-भक्ति की गंभीरता तथा अभिव्यक्ति की चरम कलात्मकता प्रकट हुई है।"

भ्रमरगीत में व्यंग्य के विषय हैं, कृष्ण, भ्रमर और उद्धव तथा उनके साथ मथुरा के सभी व्यक्तियों में रंग, रूप और स्वभाव की समानता उद्धव के व्यक्तित्व में सरलता, गंभीरता, हार्दिकता और सहज बोधवृत्ति का अभाव, निर्गुण की शून्यता, आधारहीनता और प्रयोजनहीनता उद्धव के ज्ञान और योग-मार्ग की गोपियों के गुण-कर्म-स्वभाव से असंगति, कुब्जा और कृष्ण के विचित्र संयोग की असंगति आदि। इन विषयों को लेकर सूरदास ने जो अपना अद्‌भुत काव्यकौशल दिखाया है वह अन्यत्र दुर्लभ है।

सूरदास के बाद अष्टछाप के एक अन्य कवि नंददास ने 'भंवरगीत' की रचना की। उसकी छंद-शैली तो 'सूरसागर' से ली गयी है, परंतु उसमें पुष्टिमार्गीय भक्ति सिद्धांत तथा दार्शनिक पक्ष अधिक मुखर हो गया है। नंददास 'भागवत' की ओर भी अधिक झुकते दिखायी देते हैं। नंददास का 'भंवरगीत' अपेक्षाकृत बहुत छोटी रचना है। अष्टछाप के अन्य कवियों ने भी भ्रमर गीत के प्रसंग पर पद-रचना की है, परंतु सम्यक् प्रबंध के रूप में किसी का भ्रमरगीत नहीं मिलता। कृष्णदास के रचे हुए भ्रमरगीत का नामोल्लेख अवश्य हुआ है, परंतु वह रचना प्राप्त नहीं हुई।

आधुनिक काल में जगन्नाथ दास 'रत्नाकर' विरचित 'उद्धव शतक' भ्रमरगीत प्रसंग पर एक उत्कृष्ट कृति है जिसे सूर के भ्रमरगीत के बाद सर्वाधिक लोकप्रिय रचना कहा जा सकता है। इस तरह भ्रमरगीत कृष्णकाव्य का अन्यतम लोकप्रिय विषय रहा है और कृष्ण विषयक काव्य रचना करनेवाले सभी कवियों ने इस प्रसंग पर थोड़ा-बहुत अवश्य लिखा है। रीतिकाल में भी भिन्न वातावरण और काव्यशैली के साथ भ्रमरगीत का विषय कवियों को लुभाता रहा और आधुनिक काल तक वह परंपरा चली आयी है। उपालंभ काव्य के रूप में भी भ्रमरगीत की प्रतिष्ठा अक्षुण्ण और अप्रतिम है।

आधार ग्रंथ :

1. हिंदी साहित्य कोश, भाग-1।
2. उद्धव शतक, जगन्नाथ दास 'रत्नाकर'।
3. भक्ति का विकास, मुंशी राम शर्मा।
4. भक्ति आंदोलन और सूरदास का काव्य, मैनेजर पांडेय।

मध्यवर्ग

मध्यवर्ग मार्क्सवादी दर्शन का शब्द है। अंग्रेजी में इसके लिए मिडिल क्लास (Middle Class) शब्द प्रयुक्त होता है। यह उस वर्ग के लोगों को अभिव्यक्त करता है जो किसी पूंजीवादी समाज में सत्ताधारी वर्ग और उत्पादक वर्ग के बीच में होते हैं। तात्पर्य बुर्जुआ और सर्वहारा वर्ग के बीच के लोगों से है।

इस वर्ग के लोगों में पर्याप्त आंतरिक भिन्नता होती है, इसके बावजूद इनका विशिष्ट चरित्र होता है।

मार्क्सवादियों की दृष्टि में ये ढुलमुल नीति वाले और अवसरवादी होते हैं। यद्यपि क्रांतिकारी दस्ते के आगे-आगे ये नहीं चलते मगर वैचारिक आधार प्रदान करने में इनकी ऐतिहासिक भूमिका होती है।

वस्तुतः पूंजीवादी व्यवस्था में दो मुख्य वर्ग होते हैं बुर्जुआ और सर्वहारा। लेकिन इनके बीच एक अन्य वर्ग भी होता है जिसे मध्यवर्ग कहते हैं। इस वर्ग को समाज की सत्ता संरचना में तो कोई स्थान नहीं मिलता, परंतु इसके कुछ फायदे उसे अवश्य मिलते हैं। इसके विपरीत सर्वहारा वर्ग को इस समाज में कोई फायदा नहीं मिलता। ध्यान रखने की बात है, इन फायदों के कारण ही मध्यवर्ग अपने हितों को सर्वहारा वर्ग से संबद्ध होने में नहीं पहचान पाता। इन परिस्थितियों में सर्वहारा वर्ग की शक्ति कमजोर होती है और सत्ता में बुर्जुआ वर्ग की स्थिति मजबूत बनी रहती है। ऐतिहासिक विकास क्रम में 19वीं सदी के दौरान जब औद्योगिक क्रांति के साथ बुर्जुआ व सर्वहारा वर्ग उत्पन्न हुए तो उन्हीं के साथ मध्यवर्ग अस्तित्व में आया। इसके पूर्व मध्य वर्ग का कोई इतिहास नहीं मिलता।

आधुनिक पूंजीवादी समाज में मध्यमवर्ग में निम्न समूह सम्मिलित किये जा सकते हैं;

पहला, छोटे व्यापारी, जिन्हें पेट्टी बुर्जुआ भी कहते हैं। ये सर्वहारा के समान ही होते हैं और वास्तविक उत्पादन कार्य में संलग्न होते हैं लेकिन संभावना रहती है कि ये अपने कार्य हेतु मजदूरी पर श्रमिकों को रख लें। इस तरह इनके हित बुर्जुआ समाज से जुड़ते हैं। ध्यान देने की बात है कि पूंजीवादी समाज के अंतर्विरोधों के फलस्वरूप इन्हें बहुत अधिक समय तक बाजार की प्रतियोगिता में टिकने नहीं दिया जाता, बल्कि बड़ी भीमकाय कंपनियों से चल रही 'असमान प्रतियोगिता" में उन्हें समाप्त कर दिया जाता है और इन्हें सर्वहारा की स्थिति में फेंक दिया जाता है।

दूसरे, व्यावसायिक मध्य वर्ग, ये वेतन के रूप में भी अपने लिए आय प्राप्त करते हैं। ये श्रमिकों से प्रत्यक्ष रूप में काम लेनेवाले लोग होते हैं। इसके अलावा ये लोग स्व-रोजगारधारी हो सकते हैं, जो ऊंची तनख्वाह व जीवन शैली द्वारा शोषण में हिस्सेदार होते हैं।

तीसरे, छोटे किसान, जो बिलकुल सर्वहारा की तरह अंतहीन घंटों तक काम करते हैं, लेकिन सोच-विचार बिल्कुल बुर्जुआ वर्ग की भांति ही करते हैं। इसका कारण यह है कि उत्पादन के साधन (भूमि) पर उनका स्वामित्व होता है और वे उन्हें बेच सकते हैं। कई मामलों में इन्हें राज्य द्वारा सुरक्षा प्राप्त होती है, जिसका राजनीतिक निहितार्थ होता है। ये लोग देहातों में रहते हैं और शहरों के राजनीतिक जीवन से पूर्णतया पृथक होते हैं। कई देशों में इस समूह को पूंजीवादी व्यवस्था के अंतर्विरोधों के फलस्वरूप दिवालियेपन का शिकार होना पड़ा और यह समूह सर्वहारा वर्ग में तब्दील हो गया। लेकिन समाज की बेहतर परिस्थितियों में ये बड़े भूमिपति के रूप में भी तब्दील हो जाते हैं।

चौथे, बाबू वर्गीय श्रमिक, जो दिखावटी रूप में सर्वहारा वर्ग से अच्छी व ऊपर की स्थिति में होते हैं। ये श्रमिकों की व्यवस्था करने और उनके कार्यों का पर्यबेक्षण करने के कार्य में संलग्न रहते हैं। 20वीं सदी में इस वर्ग का खूब अधिक प्रसार हुआ है।

मध्यवर्ग का वर्गीय चरित्र चाहे जैसा भी हो किंतु समाज की रहनुमाई करने वालों में आमतौर पर इसी वर्ग से लोग आते हैं, खास तौर पर विचारधारा के स्तर पर। इतिहास में सर्वहारा के मार्गदर्शन का कार्य अब तक इसी वर्ग ने किया है। इसलिए इस वर्ग से उम्मीदें भी हैं।

आधार ग्रंथ :

1. कम्युनिस्ट पार्टी का घोषणा पत्र,कार्ल मार्क्स एवं फ्रेडरिक एंगेल्स।
2. राजनीति विज्ञान, ए.डी. आशीर्वादम।
3. मार्क्सवाद और मूल दार्शनिक प्रश्न, ओमप्रकाश आर्य।
4. The Analysis of labour Movement in England, E.P.Thompson.
5. The emergence of middle class, Pawan K. Verma.
6. वेबसाइट : http://www.marxiets.org.

मनोविश्लेषण

मनोविश्लेषण शब्द अंग्रेजी के 'साइको-एनलसिस' (Psycho-analysis) का हिंदी पर्याय है। 19वीं सदी के उत्तरार्द्ध में सिगमंड फ्रायड (Sigmund freud, 1856-1939) द्वारा मानसिक रोगियों का इलाज करते हुए स्नायविक व मानसिक विकारों के संबंध में सुझाया गया सिद्धांत व व्यवहार मनोविश्लेषण कहलाता है। चिकित्सा की यह विधि जिन मूल सिद्धांतों पर आधारित है उन सिद्धांतों के स्पष्टीकरण, समर्थन, विरोध आदि

के कारण फ्रायड के समय से लेकर अब तक मनोविश्लेषण ने इतनी प्रगति कर ली है कि आधुनिक युग की कोई भी विचारधारा इसके प्रभाव से अछूती नहीं रह सकी है।

मानसिक स्नायविक रोगों की चिकित्सा करते समय फ्रायड ने देखा कि सम्मोहन क्रिया (hypnotism) अथवा वार्तालाप में स्वच्छंद विचार साहचर्य से बहुत से पुराने अनुभव पुनरुज्जीवित हो उठते हैं। उन्होंने यह भी पाया कि इन अनुभवों का मूल कारण कामवृत्ति और उसका अचेतन रूप से दमन है। इस कारण वे जिस मनोवैज्ञानिक सिद्धांत पर पहुंचे उसका सार है—शैशवीय दमित कामवृत्ति। उनके अनुसार यह जीवन में मुख्य प्रेरक शक्ति है, यह शिशु के जन्म से ही कार्यशील रहती है और इसका प्रकाशन मानव के समस्त व्यवहार में परोक्ष रूप से होता है। इस शक्ति को अधिक व्यापक अर्थ देने के लिए वे लिबिडो (Libido) शब्द का प्रयोग करते हैं। शैशव में जब मानस में केवल 'इड' (Id) ही विकसित रहता है, दमन का प्रश्न नहीं उठता, किंतु सामाजिक और नैतिक दबावों के कारण अहं (ego) और सुपर इगो (Super ego) का विकास होने लगता है और स्वाभाविक कामेच्छाओं का दमन होता जाता है। इन दमित इच्छाओं से अचेतन मानस का निर्माण होता है। फ्रायड की मान्यता है कि शिशु की कामवृत्ति अपने माता-पिता और भाई-बहनों की ओर प्रेरित होती है किंतु नैतिक निषेधों के कारण इस वृत्ति का दमन होता रहता है और व्यक्ति के मन में कुंठाएं बन जाती हैं। 'इडिपस कुंठा' (Oedipus complex) का फ्रायड के सिद्धांत में विशेष महत्व है जो ग्रीक नायक इडिपस (जिसने अपने पिता की हत्या करके अपनी माता से विवाह किया था) के नाम पर है।

फ्रायड के अनुसार साधारण स्वस्थ जीवन में भी ये दमित वासनाएं और कुंठाएं अपने को व्यक्त करने का प्रयत्न करती रहती हैं परंतु 'सुपर इगो' द्वारा निर्मित प्रतिरोध के कारण ये अपने स्वाभाविक रूप में व्यक्त नहीं हो पातीं और कपट वेशों में प्रकट होती है। ये कपट रूप स्वप्न और जाग्रत जीवन की भूलें हैं। अधिक प्रबल होने पर हिस्टिरिया, खंडित व्यक्तित्व, अपराध भावना आदि बहुत से मानसिक-स्नायविक रोग हो जाते हैं। फ्रायड की मान्यता है कि मानव का छोटे से छोटा व्यवहार भी सप्रयोजन होता है। मानसिक जीवन में कुछ भी अकारण अथवा निष्प्रयोजन नहीं होता है। प्रयोजन या प्रेरणा प्रमुखतः कोई कामेच्छा होती है जिसे हम मनोविश्लेषण के द्वारा जान सकते हैं।

कला और साहित्य पर फ्रायड के विचारों का गहरा प्रभाव पड़ा। फ्रायड के अनुसार कला और धर्म, दोनों का उद्भव अचेतन मानस की संचित प्रेरणाओं और इच्छाओं से ही होता है। दमित वासनाएं जब उदात्त रूप में अभिव्यक्ति पाती हैं, तो साहित्य और कला को जन्म देती हैं। साहित्य, कला, धर्म आदि सभी को फ्रायड इन्हीं संचित वासनाओं और प्रेरणाओं से उद्भूत मानता है।

मनोविश्लेषण केवल फ्रायड के सिद्धांतों तक ही सीमित नहीं है। अन्य मनोविश्लेषकों ने अपने अनुसंधान द्वारा कुछ नए सिद्धांतों से मनोविश्लेषण को और अधिक समृद्ध किया है। फ्रायड के सहयोगियों और शिष्यों में एडलर (Alfred Adler 1870-1937) और जुंग (Carl Gustav Jung, 1875-1961) ने फ्रायड से कुछ भिन्न सिद्धांतों का प्रतिपादन किया है।

एडलर के मनोविज्ञान में 'लिबडो' अथवा 'कामवृत्ति' का उतना महत्व नहीं है जितना 'अहम' का। उनका मत है कि फ्रायड कामवृत्ति को अनावश्यक महत्व देते हैं। मानसिक स्नायविक रोगों का मूल कारण कामवृत्ति के अतिरिक्त अहं की मांग भी हो सकती है। एडलर के मनोविज्ञान में आत्म स्थापन की प्रवृत्ति ही प्रमुख है, कामवृत्ति नहीं। मानसिक-स्नायविक रोग का मूल कारण हीनत्व कुंठा है। यथार्थ से संघर्ष के कारण व्यक्ति के आत्म स्थापन को संतुष्टि नहीं मिल पाती और उसमें हीन भावना विकसित हो जाती है। जुंग ने भी मनोविश्लेषण के सिद्धांतों में कुछ सुधार करके अपना मत दिया है। वह भी फ्रायड के इस मत के विरोधी थे कि जीवन की प्रमुख प्रेरक शक्ति 'कामवृत्ति' है। उन्होंने 'लिबिडो' शब्द का अधिक विस्तृत अर्थ लिया जिसमें फ्रायड की 'कामवृत्ति' और एडलर की 'आत्मस्थापन प्रवृत्ति' दोनों ही सम्मिलित हैं। वह उसे जीवन की वह प्रारंभिक और सामान्य प्रेरक शक्ति मानते हैं, जो मानव के सभी व्यवहारों में व्यक्त होती है।

जुंग का सबसे महत्वपूर्ण सिद्धांत व्यक्तित्व के प्रकारों का सिद्धांत है। उनके अनुसार व्यक्ति मुख्यतः दो प्रकार के होते हैं-एक तो वे जिनका ध्यान और शक्ति अपने पर ही केंद्रित रहती है, दूसरे वे जिनकी शक्ति सामाजिक और भौतिक वातावरण की ओर प्रकट होती है। पहले प्रकार के व्यक्ति अंतर्मुखी और दूसरे प्रकार के बहिर्मुखी होते हैं। अंतर्मुखी व्यक्ति विचारों और भावनाओं में केंद्रित होने के कारण अधिक भावुक, कल्पनाशील, एकांत प्रिय और अव्यावहारिक होते हैं। बहिर्मुखी व्यक्ति व्यवहार कुशल, समाजप्रिय और क्रियाशील अधिक होते हैं।

मनोविश्लेषण का सिद्धांत बीसवीं सदी का एक अत्यंत महत्वपूर्ण और प्रभावशाली सिद्धांत है जिसने साहित्य और कला की दुनिया पर भी व्यापक प्रभाव

डाला है। कला के क्षेत्र में 'दादावाद' अति यथार्थवाद जैसे आंदोलनों को मनोविश्लेषण से प्रेरणा मिली है। नैतिकता और उसके प्रतिमानों पर उसने नया प्रकाश डाला है और स्वच्छंद विचारों की एक नयी पीढ़ी को उसने जन्म दिया है। अंग्रेजी साहित्य में डी.एच. लॉरेन्स और जेम्स जॉयस इस प्रवृत्ति के प्रमुख लेखक हैं। हिंदी साहित्य में इलाचंद्र जोशी, जैनेंद्र, अज्ञेय आदि के साहित्य पर मनोविश्लेषण का प्रभाव देखा जा सकता है।

आधार ग्रंथः

1. हिंदी साहित्य कोश, भाग-1।
2. साहित्य का मनोवैज्ञानिक अध्ययन, डॉ. देवराज उपाध्याय।
3. पाश्चात्य काव्य शास्त्र : अधुनातन संदर्भ, सत्यदेव मिश्र।
4. The Interpretation of Dream, S. Freud.
5. The Practice and Theory of Individual Psychology, Alfred Adler.
6. Problems of Neurosis, Alfred Adler.
7. A History of Modern Psychology, D.P. Schutlz.
8. Psycho. analysis and the Unconscious, D.H. Lawrence.
9. Historical Introduction to Modern Psychology, Gardner Murphy.

मनोविश्लेषणवादी आलोचना

फ्रायड (Sigmund Freud, 1856-1939), एडलर (Alfred Adler, 1870-1937) और जुंग (Carl Gustav Jung, 1875-1961) के मनोविश्लेषण संबंधी सिद्धांतों का जितना प्रभाव साहित्य की अन्य विधाओं पर पड़ा, उतना ही प्रभाव आलोचना के स्वरूप पर भी पड़ा और उसी के परिणामस्वरूप मनोविश्लेषणवादी आलोचना प्रणाली का जन्म और विकास हुआ। फ्रायड के अनुसार साहित्य और कला हमारे अवचेतन मन में कुंठित वासनाओं का उद्दामपूर्ण उद्‌गार है। कहा जा सकता है कि साहित्य और कलाएं हमारे चेतन और अवचेतन मन के समझौते से उत्पन्न असामाजिक और कुंठित यौन-इच्छाओं के उदात्तीकरण हैं। फ्रायड के शिष्य एडलर के विचार थोड़े भिन्न हैं। एडलर के अनुसार हीनता ग्रन्थि (Inferiority Complex) सभी मनुष्यों में पायी जाती है, जिसके कारण मानव की जीवन दृष्टि का निर्माण होता है। साहित्यकार अपनी मानसिक क्षतिपूर्ति के लिए ऐसे कल्पनाशील लोक का निर्माण करता है जिसमें उसे अपने अतृप्त प्रेम, दलित सम्मान और कुंठित शक्ति की क्षतिपूर्ति का क्षेत्र मिल जाता है। तात्पर्य यह है कि कलासृष्टि, व्यक्ति की आत्महीनता की मानसिक क्षतिपूर्ति का परिणाम है। कार्ल जुंग के अनुसार साहित्य सृजन की मूल प्रेरणा केवल अमुक्त काम कुंठाओं का ही उदात्तीकृत विस्फोट नहीं, अपितु समष्टिमन की अवचेतन गति है जो दमित वासनाओं को ही व्यक्त न कर आदर्श का भी संस्थापन करती है।

मनोविश्लेषण संबंधी इन सिद्धांतों के आधार पर साहित्य में मनोविश्लेषणवादी आलोचना प्रणाली का जन्म हुआ। इस प्रणाली का प्रथम प्रयोग जेम्स ने 'हैमलेट' की आलोचना के माध्यम से किया था। डॉ. सामर सेट ने 'सैडनेस इन शेक्सपीरियन ट्रेजेडी' में शेक्सपीयर के पात्रों की आलोचना इन्हीं सिद्धांतों के आधार पर की है।

हिंदी जगत में शुक्ल जी के काल से ही धीरे-धीरे व्यक्तिवादिता विकसित होने लगी थी। छायावाद का महान काव्य अपने उदात्त मानवीय भावों और सार्वजनीन अनुभूतियों के बावजूद, वैयक्तिक चेतना के कुहासे से सर्वथा मुक्त नहीं है। इसी समय, हमारे साहित्य में द्विवेदी काल की कठोर नैतिक बंधनों की श्रृंखला, युग के कठोर सत्य से टकराकर चूर-चूर हो गयी। आर्यसमाजियों द्वारा प्रचारित और प्रसारित जीवन-मान, युग-सत्य के विशाल क्षितिज को अपने में समेटने में सर्वथा अक्षम थे। अतः हिंदी के कतिपय सुधी आलोचकों ने यूरोप में प्रचलित इस सिद्धांत को हिंदी आलोचना के लिये अपनाया। परंतु हिंदी में कोई ऐसा आलोचक नहीं है, जिसने शत-प्रतिशत फ्रायड अथवा अन्य मनोविश्लेषणवादियों के साहित्यिक प्रतिमानों का आलोचना में उपयोग किया हो। इलाचंद्र जोशी, देवराज उपाध्याय, अज्ञेय, डॉ. नगेंद्र आदि इस क्षेत्र के प्रमुख समीक्षक हैं।

इस आलोचना पद्धति का मूल उद्देश्य रचना के पात्रों की मनस्थितियों एवं अंत:प्रेरणाओं का विश्लेषण करना है। साहित्य-निर्माण की प्रेरणा मानव के चेतन मन से नहीं, अवचेतन मन से प्राप्त होती हैं। साहित्य में बौद्धिकता नहीं, अपितु प्रवृत्तियां क्रियाशील होती हैं। प्रवृत्तियां ही हमें सत्य का साक्षात्कार कराती हैं। साहित्य

सामाजिक होने की अपेक्षा व्यक्तिगत अधिक है। उसमें जो कुछ सामाजिक तत्त्व परिलक्षित होते हैं, वे साहित्यकार के सामाजिक दायित्व के अनुभव के परिणाम नहीं, अपितु वे सामाजिक दबाव के परिणाम होते हैं। इन समीक्षकों के अनुसार पुरानी मान्यताएं व्यर्थ और आरोपित हैं। पाप-पुण्य, भले-बुरे, छोटे-बड़े के बंधे-बंधाये पैमाने झूठे हैं। वे मनुष्य का विनाश करते हैं क्योंकि वे मनुष्य के अवचेतन में स्थित वेगवान वासनाओं की तुष्टि नहीं, उनका दमन करते हैं। यह दमन मानव के विकास को बाधित करता है। अतः नैतिकता के झूठे परदे के नीचे मनुष्य का ह्रास होता है।

कला-सृजन को स्वप्न-सिद्धांत से जोड़कर ये समीक्षक कला को नितांत वैयक्तिक मानते हैं। अज्ञेय के शब्दों में,"यदि कलाकार सचमुच कलाकार है, निरा प्रचारक नहीं है तो उसकी प्रेरणा-शक्ति एक निगूढ़ और अत्यंत व्यक्तिगत विवशता है, जिसके कारण वह संसार की सत्यता को चित्रित करने को बाध्य होता है।" डॉ. नगेंद्र लिखते हैं, "हमारे आत्म का निर्माण जिन प्रवृत्तियों से होता है, उनमें कामवृत्ति का प्राधान्य है, अतएव व्यक्तित्व में होने वाला आत्म और अनात्म का संघर्ष मुख्यतः काममय है और चूंकि ललित साहित्य तो मूलतः रसात्मक होता है अतः उसकी प्रेरणा में कामवृत्ति की प्रमुखता असंदिग्ध है। "इसी तरह इलाचंद्र जोशी के अनुसार, "छायावादी कवियों की कल्पना लोक की उड़ान अपनी अक्षमता की पूर्ति का प्रयास है।"

फिर भी हिंदी के मनोविश्लेषणवादी समीक्षकों ने उसी साहित्य को उत्कृष्ट माना है जो जीवन-शक्ति प्रदान करने में समर्थ हो। यदि कलाकार अपनी दमित वासनाओं की अभिव्यक्ति और हीनता की क्षतिपूर्ति स्वस्थ दिशा में करता है तो वह महान रचना का सृजन कर सकता है। इस तरह आमतौर पर लेखकों और समीक्षकों ने मनोविश्लेषणवाद की कुछ मूलभूत मान्यताओं को अपनाया और उन्हें अपने-अपने ढंग से अन्य विचारों के साथ जोड़कर अपनाया। यह समीक्षा प्रणाली भी किसी न किसी रूप में आज भी जीवित है।

आधार ग्रंथ :

1. हिंदी साहित्य कोश, भाग-1।
2. हिंदी आलोचना का विकास, नंदकिशोर नवल।
3. हिंदी आलोचना, विश्वनाथ त्रिपाठी।

वेबसाइट : www.wikipedia.org/wiki/psychoanalysis

मरसिया

'मरसिया' उर्दू का एक लोकप्रिय काव्य रूप है। किसी प्रिय व्यक्ति की मृत्यु पर जो शोकपूर्ण काव्य लिखा जाता है, उसे मरसिया कहते हैं। परंतु इसका विशिष्ट अर्थ भी है। उर्दू काव्य में जब केवल मरसिया शब्द का प्रयोग किया जाए तो प्रायः उसका तात्पर्य हजरत मुहम्मद साहब के नवासे इमाम हुसैन और उनके साथियों की स्मृति में लिखे गये शोकगीत से होता है, जो कर्बला के मैदान में सत्य की रक्षा में शहीद हुए थे। परंतु मरसिये का महत्व केवल इस धार्मिक कारण से नहीं है बल्कि इस ढांचे में उर्दू कवियों ने बहुत से विषय सम्मिलित करके इसे काव्य का बहुत महत्वपूर्ण रूप बना दिया है। यद्यपि फारसी में भी मरसिया लिखने की परंपरा रही है लेकिन उर्दू कविता में इसका स्वतंत्र विकास हुआ और इसमें नयी विशेषताएं भी जोड़ी गयीं। अब मरसिया केवल इमाम हुसैन की शहादत में लिखे गए शोक गीत तक सीमित नहीं है अपितु इसका दायरा बहुत फैल गया है। अब 'मरसिया' वस्तुतः ऐसे शोकगीत को कहते हैं जिसमें किसी राष्ट्रीय नेता, धार्मिक पुरुष या प्रसिद्ध व्यक्ति की मृत्यु से संबंधित करुणापूर्ण वर्णन होता है।

'मरसिया' के लिए लखनऊ एक उपयुक्त जगह थी। यहां 'शिया' मुसलमानों की ही बहुलता रही जो कर्बला में हुई हुसैन की वीरगति को 'मुहर्रम' के रूप में बड़े उत्साह के साथ मनाते थे। 'मुहर्रम' के वातावरण ने यहां के अनेक शायरों को हुसैन की मृत्यु पर शोकगीत लिखने के लिए बाध्य किया। प्रो. एहतेशाम हुसैन ने लखनऊ में मरसिया लिखे जाने के एक और कारण का जिक्र किया है वह यह कि यहां की कविता का नैतिक स्तर गिर गया था, उसे उठाने के लिए 'मरसिया' ही सशक्त माध्यम हो सकता था।

मरसिया लिखे जाने की परंपरा पहले से भी मिलती है किंतु उनका कोई शास्त्रीय स्वरूप सुनिश्चित नहीं हुआ था। लखनऊ में मरसिया कहने वालों ने उसके शास्त्रीय स्वरूप को स्पष्ट किया और उसे गंभीर कविता का दर्जा दिया। फिराक गोरखपुरी ने लिखा है-"आश्चर्य की बात

है कि जिस जमाने में लखनवी कविता का जन्म हुआ, जिसमें ग़ज़ल की गंभीरता उड़ गयी और रेख्ती जैसी वाहियात चीज का प्रचलन हो गया, उसी ज़माने में मरसिया जैसा गंभीर काव्यरूप अपने उत्थान के चरम बिंदुओं को पहुंचा।"

लखनऊ के 'मीर ज़मीर' ने मरसिया के शास्त्रीय स्वरूप को सुनिश्चित करने के लिए उसके आठ अंग निर्धारित किये। पहला, 'चेहरा', जिसे मरसिया की भूमिका कहा जाता है। इसमें प्रकृति चित्रण और मुख्य पात्र के गुणों का वर्णन होता है। दूसरा, 'सरापा', यानी पात्र के चरित्र एवं नखशिख-सौंदर्य का वर्णन, तीसरा, 'रुखसत', अर्थात युद्ध के लिए जाने वाले पात्र (हसन-हुसैन) की विदाई, चौथा, 'आमद', यानी युद्ध क्षेत्र में हसन-हुसैन के आने का ओजपूर्ण वर्णन, पाचवां, 'रज़ज', अर्थात् शत्रुओं को ललकारना, अपने वंश की प्रशंसा करना आदि, छठां, 'जंग', अर्थात् युद्ध, सातवां, 'शहादत' और आठवां, 'वैन', अर्थात् प्रियजनों की शोकाभिव्यक्ति।

इन आठों अंगों के निर्धारित हो जाने पर मरसिया में एक तरह की प्रबंधात्मकता और विशदता आ गयी। पहले मरसिये छोटे होते थे। 'मीर-जमीर' ने उसके कलेवर को विस्तृत करके उसे महाकाव्यात्मक औदात्य प्रदान कर दिया। 'मीर-जमीर' के साथ ही उनके समकालीन 'फसीह' एवं 'खलीक' ने भी मरसिया के विकास में योग दिया।

इमाम हुसैन के शहादत की करुणापूर्ण अभिव्यक्ति के साथ-साथ उर्दू में किसी प्रिय या महत्वपूर्ण व्यक्ति के निधन पर या मानव जीवन की किसी समस्या पर भी तमाम मरसिये लिखे गये हैं। मरसिया लिखने वालों में 'मीर अनीस' का नाम खास आदर के साथ लिया जाता है। इनके अतिरिक्त मिर्जा दबीर, मीर इश्क, मीएतअश्शुक आदि महत्वपूर्ण मरसिया लेखक हैं। प्रेम और आशिकी के विषय से अलग होकर उर्दू मरसिये ने यह दिखाया कि मानव-संबंधों में बहुत से ऐसे भी संबंध हैं, जिनका लगाव यौन आकर्षण पर नहीं है। मरसिये ने इन संबंधों को गौरव प्रदान किया और मनुष्यता के बुनियादी रिश्ते का दायरा बड़ा किया।

मरसिया की मुख्य विशेषता यह है कि इसमें मृत व्यक्ति के गुणों और कार्यों का वर्णन इस रूप में किया जाता है कि सुनने वाले उससे प्रभावित और उत्प्रेरित हो जायें, साथ ही उसके निधन के गम़ में पूरी तरह डूब जायें। इस तरह यह काव्य रोने-रुलाने का कार्य तो करता ही है, श्रोता या पाठक के चित्त को उदात्त और विस्तृत भी करता है। यह मानवीय गुणों-दया, प्रेम, सौहार्द, सहानुभूति, करुणा, उत्सर्ग आदि को जगाने वाला काव्य है। उर्दू के धार्मिक मरसियों की एक महत्त्वपूर्ण विशेषता यह है कि उनसे अत्याचार, अन्याय और बुराई के खिलाफ संघर्ष करने की प्रेरणा मिलती है। इनमें चरित्र-चित्रण और करुण भाव को उद्दीप्त करने वाले वर्णनों पर विशेष ध्यान दिया जाता है।

प्रकृति वर्णन उर्दू में मरसिये में ही मिलता है। बहार और खिजां (पतझड़), प्रातः और संध्या, गर्मी और धूप के सैकड़ों दृश्य मरसिये में भरे पड़े हैं। इसके अलावा वीरता, साहस तथा युद्ध के कार्यों का विस्तृत वर्णन मरसिये में किया जाता है। इस तरह मरसिये ने उर्दू काव्य को एक संकुचित दुनिया से निकालकर विस्तृत संसार दिया। 'मोमिन' ने अपने माशूक पर, हाली ने गालिब पर, इकबाल ने 'दाद' पर, माजिद ने 'अकबर इलाहाबादी' पर और 'चकबस्त' ने तिलक और गोखले पर मरसियों की रचना करके उर्दू मरसिया काव्य को नयी भाव-समृद्धि प्रदान की है। फैज ने 'मातमे-आजादी' लिखकर मरसिया को एक नया आयाम दिया। इस तरह मरसिया उर्दू की एक महत्वपूर्ण काव्य शैली है और इसका भविष्य अब भी उम्मीद से भरा है।

आधार ग्रंथ :

1. हिंदी साहित्य कोश, भाग-1।
2. उर्दू साहित्य का आलोचनात्मक इतिहास, एहतेशाम हुसैन।
3. उर्दू भाषा और साहित्य, रघुपति सहाय फिराक 'गोरखपुरी'।
4. आधुनिक उर्दू काव्य साहित्य, डॉ. जाफर रजा।
5. उर्दू मरसिया का इर्तिका, डॉ. मसीहुज्जमां।

वेबसाइट : www.en.wikipedia.org/wiki/globalization

मसनवी

उर्दू की लंबी प्रबंधात्मक कविता को 'मसनवी' कहते हैं। वैसे मसनवी का आकार छोटा भी हो सकता है। इसमें शेरों की संख्या आठ से लेकर एक सौ तक या इससे अधिक भी हो सकती है। इसकी मुख्य विशेषता इसकी

प्रबंधात्मकता और कथात्मकता है। यह एक प्रबंध काव्य है। इसमें कथा-संगठन, प्रवाह और मार्मिकता के साथ-साथ वस्तु वर्णन की रोचकता आदि भी अपेक्षित होती है। 'हाली ' ने अच्छी मसनवी में जिन गुणों का होना अनिवार्य माना हैं, वे हैं-संबद्धता, वर्णन में पूर्वापर क्रम, अलौकिक घटनाओं को भी विवेक-सम्मत रूप में प्रस्तुत करना, प्रसंगानुकूल वर्णन, यथार्थता तथा स्वाभाविकता, अंतर्विरोधों का अभाव, अति प्राकृत एवं अविश्वसनीय घटनाओं का बहिष्कार, वस्तु वर्णन में समानुपातिकता, नैतिक स्वर की प्रधानता, ग्राम्यत्व और अश्लीलता आदि दोषों का अभाव। मसनवी एक ऐसा काव्य रूप है जिसके हर शेर के दोनों मिसरे एक ही रदीफ और काफिये में होते हैं लेकिन विभिन्न शेरों के रदीफ और काफिये एक दूसरे से अलग होते हैं। पूरी मसनवी का एक ही छंद में होना अनिवार्य है क्योंकि इससे कथा-प्रवाह को बनाये रखने में सुविधा होती है।

किसी भी विषय पर मसनवी लिखी जा सकती है। इस दृष्टि से मसनवी एक ऐसा काव्य रूप है जिसमें विषय की कोई सीमा नहीं है। मसनवी की खूबी यह है कि जिस घटना का वर्णन किया गया, उसे सरलता तथा विस्तार के साथ इस प्रकार वर्णित किया जाए कि वह घटना आंखों के सामने फिरने लगे और पूरा वातावरण चलचित्र की तरह सामने आ जाए।

उर्दू की मसनवियों से हमें साहित्यिक तत्त्वों के साथ ही बाहर की घटनाओं तथा उन सामाजिक स्थितियों का ज्ञान होता है जो तत्कालीन रहन-सहन, रीति-रिवाज का यथातथ्य परिचय देती है। हिंदी की प्रेमाख्यानक काव्य परंपरा में इसी काव्य रूप को अपनाया गया है। जायसी का पद्‌मावत 'मसनवी' ही है। फारसी में चार प्रकार की मसनवियां लिखीं गयी हैं-रज़्मिया यानी युद्ध संबंधी, बज़्मिया यानी प्रेम कहानी, धार्मिक-नैतिक तथा सूफी दर्शन संबंधी। उर्दू में मुख्यतः प्रेम एवं सूफी-दर्शन संबंधी मसनवियों की ही रचना अधिक हुई है।

उर्दू कविता के उदय काल में ही मसनवी एक महत्त्वपूर्ण विधा के रूप में प्रतिष्ठित हो गयी। दक्खिनी उर्दू कवियों ने अनेक मसनवियों की रचना करके इस काव्य रूप को लोकप्रिय बनाया और इसे एक तरह से महाकवि होने के मानदंड के रूप में स्वीकार किया। 1503 ई. में 'अशरफ' ने 'नौसरहार' नामक मसनवी लिखकर इसकी परंपरा डाली। बाद में बीजापुर और गोलकुंडा के कवियों ने प्रचुर संख्या में प्रेमगाथात्मक मसनवियों की रचना की। निज़ामी ने 'कदमराव' व 'पदमराव', शाहमीरांजी ने 'खुशनामा' 'खुशनग्ज', निशाती ने 'फूलवन' सनअती ने 'किस्सा बेनजीर', तंबई ने 'बहराम व गुलराम',मुहम्मद अमीन ने 'युसुफ जुलेख'। इशरती ने 'दीपक पतंग', नुसरती ने 'गुलशने इश्क' और 'अलीनामा' जैसी मसनवियां लिखकर उर्दू की मसनवी काव्य परंपरा को समृद्ध किया। दक्षिण भारत में सत्रहवीं शताब्दी का उत्तरार्द्ध मसनवी का स्वर्ण युग कहलाता है।

दक्षिण में लिखी गयी मसनवियों की विषयवस्तु सामान्यतया किसी राजा या राजकुमार की प्रेम-कथा है, किंतु उस प्रेमकथा में तत्कालीन सामाजिक, राजनीतिक एवं सांस्कृतिक जीवन की भी मार्मिक अभिव्यक्ति हुई है। प्रेम कहानियों के साथ-साथ दक्षिणी मसनवियों में आध्यात्मिक प्रेम को प्रतीकात्मक शैली में निरूपित किया गया है। दक्षिणी मसनवियों की एक महत्वपूर्ण विशेषता यह भी है कि उनमें अधिकतर हिंदू घरानों की प्रेमकथाओं का चित्रण हुआ है जिससे उनमें हिंदू-मुसलिम संस्कृति की मिली-जुली अभिव्यक्ति संभव हो सकी है! ये मसनवियां जहां भारतीय सभ्यता और संस्कृति पर रोशनी डालती हैं, वहीं भावात्मक एकता का भी मार्ग प्रशस्त करती हैं। हिंदी के जायसी आदि सूफी कवियों ने इसी परंपरा में अपनी उत्कृष्ट रचनाशीलता का परिचय दिया है।

उत्तर भारत में जब उर्दू कविता का प्रसार हुआ तो यहां मुख्यतया ग़ज़ल काव्य रूप का विकास हुआ, किंतु यहां के अनेक बड़े शायरों ने मसनवी को भी जीवित रखा। दिल्ली के प्रसिद्ध शायर 'मीर तकी मीर ' ने 31 मसनवियां लिखीं जिनमें 'अजगर नामा'-, 'जोशे इश्क', 'शोला-ए-इश्क', 'दरयाये-इश्क', 'एजाज़े-इश्क', 'कमालाते-इश्क', आदि विशेष रूप से उल्लेखनीय हैं। इनमें मीर ने प्रेम के विविध रूपों और उसके आदर्शों की प्रभावपूर्ण अभिव्यक्ति की है। ये मसनवियां अपेक्षाकृत लघुकाय हैं। 'मीर' के अलावा 'सौदा', 'दर्द ', 'दाग़' और ' मोमिन' ने भी मसनवियां लिखीं जिनमें 'दाग़' की 'फरयादे दाग़' और ' मोमिन' की 'कौले-गर्मी' विशेष रूप से उल्लेखनीय हैं। 'मीर हसन' की 'सेहरुल बयान' और दया शंकर 'नसीम' की 'गुलजारे-नसीम' दो ऐसी मसनवियां हैं जो वृहद्‌काय हैं और उत्कृष्ट भी। नवाब मिर्जा शौक लखनवी ने तो 'फरेबे-इश्क', 'जहरे-इश्क' और 'बहारे-इश्क' लिखकर 'इश्क' के सुख-दुःख का जो मार्मिक वर्णन किया है, वह उर्दू की मसनवी काव्य-परंपरा की अमूल्य निधि है।

आधुनिक काल में यद्यपि नज़्म को व्यापक रूप से लोक-स्वीकृति मिली और इसी क्षेत्र में उर्दू शायरों ने अपनी प्रतिभा का प्रदर्शन भी किया, फिर भी 'हाली', 'इकबाल', 'अमीर मीनाई', 'तसलीम', 'जोश मलीहाबादी' जैसे शायरों ने विविध विषयों पर मसनवियां लिखीं। 'हाली'

ने 'तअस्सुब', 'इंसाफ', 'रहमो इंसाफ', 'हुब्बे-वतन', 'वर्षा ऋतु' जैसी मसनवियों के द्वारा उर्दू की मसनवी काव्य परंपरा में नवीन वस्तु योजना का जो रूप-रंग प्रस्तुत किया उससे इस काव्य परंपरा को एक नया जीवन मिल गया। इस समय मसनवी प्रेम, धर्म और दर्शन के संकुचित दायरे से निकलकर जीवन के व्यापक यथार्थ से जुड़ गयी। 'इकबाल' ने 'साकीनामा' और अली सरदार ज़ाफरी ने 'नयी दुनिया को सलाम' जैसी मसनवियों में तत्कालीन सामाजिक-राजनीतिक चेतना की मार्मिक अभिव्यक्ति की है।

आधुनिक काल में मसनवी का कलेवर छोटा हो गया। इस युग में केवल उसकी प्रबंधात्मकता ही बची रह गयी। इसके साथ ही मसनवी का पुराना तंत्र वंदना, प्रकृति-चित्रण, वस्तु वर्णन, चरित्र-चित्रण आदि भी अस्वीकृत हो गया और वह किसी विषय के सुसंबद्ध विवेचन के शिल्प के रूप में ही सुरक्षित रह गयी।

आधार ग्रंथ :

1. हिंदी साहित्य कोश, भाग-1।
2. उर्दू साहित्य का आलोचनात्मक इतिहास, एहतेशाम हुसैन।
3. उर्दू भाषा और साहित्य, रघुपति सहाय फिराक 'गोरखपुरी'।
4. आधुनिक उर्दू काव्य साहित्य, डॉ. जाफर रजा।
5. उर्दू मसनवी का इर्तिका, डॉ. अब्दुल कादिर सर्वरी।

महाकाव्य

'महाकाव्य' को 'प्रबंध काव्य' भी कहते हैं। पाश्चात्य साहित्य में इसके लिए 'एपिक' (Epic) शब्द का प्रयोग किया जाता है। यह अत्यंत प्राचीन काव्य-विधा है। हमारे यहां रामायण और महाभारत जैसे विशाल महाकाव्य लिखे गये हैं जिन्हें उपजीव्य काव्य भी कहा जाता है क्योंकि ये परवर्ती काव्यों-महाकाव्यों के स्रोत भी हैं। इसीलिए प्राचीन समय से ही इस विधा के स्वरूप एवं लक्षणों पर विचार किया जाता रहा है।

महाकाव्य 'महत्' और 'काव्य', इन दो शब्दों से व्युत्पन्न पद है। 'काव्य' के साथ महत् शब्द का प्रयोग सबसे पहले वाल्मीकि-'रामायण' में मिलता है-"कर्त्ता काव्यस्य महतः क्व चासौ मुनिपुंगवः।" इस पंक्ति से महत् काव्य (महाकाव्य) के तीन लक्षणों पर प्रकाश पड़ता है-महाकाव्य के आकार की विशालता, किसी महान् चरित्र की प्रतिष्ठा और प्रणेता की महानता।

भारतीय काव्यशास्त्र में संभवतः सर्वप्रथम आचार्य भामह ने महाकाव्य के स्वरूप-निर्धारण का प्रयास किया है। उन्होंने स्वरूप विधान के आधार पर काव्य के पांच भेद किये हैं। महाकाव्य उनमें से एक हैं। भामह कृत महाकाव्य का लक्षण इस प्रकार है,

सर्गबंधो महाकाव्यं महतां च महच्च यत्,
अग्राम्यशब्दर्थ च सालंकारं सदाश्रयम्
मंत्रदूत प्रयाणाजिनायकाभ्युदयैश्च यत्, पंचभिः
संधिभिर्युक्तं नातिव्याख्येयभृद्धिमत्।।
चतुर्वर्गाभिधानेऽपि भूयार्थोपदेशकृत् युक्त लोक
स्वभावेन रसैश्च सकलैः पृथक्।।

अर्थात् महाकाव्य उसे कहेंगे जो सर्गबद्ध, महान चरित्रों से संबद्ध, आकार में बड़ा, नाटक की पंच संधियों से युक्त, चारों पुरुषार्थों के निरूपण से संपन्न और प्रायः सभी रसों की उपस्थिति से समृद्ध होता है।

साहित्य-दर्पणकार विश्वनाथ ने अपने पूर्ववर्ती आचार्यों के मतों का समन्वय करते हुए महाकाव्य का लक्षण इस प्रकार बताया है-महाकाव्य सर्गबद्ध होता है। उसमें एक नायक होता है जो कि देवता या कुलीन क्षत्रिय होता है। वह धीरोदात्त नायक होता है। कहीं-कहीं एक ही वंश के अनेक राजा महाकाव्य के नायक होते हैं। शृंगार, वीर, शांत और करुण में से कोई एक रस अंगी होता है और अन्य रस अंग होते हैं। इसमें सभी नाट्य संधियों की योजना होती है। इसका वृत्त ऐतिहासिक होता है और कथा के पात्र प्रायः सज्जन होते हैं। चार पुरुषार्थ इसके फल होते हैं। प्रारंभ में मंगलाचरण की योजना होती है। सूर्य, चंद्रमा, संध्या, प्रदोष, मृगया, शैल, सरित आदि का सांगोपांग वर्णन अपेक्षित है। महाकाव्य का नामकरण कवि, नायक या किसी अन्य प्रमुख पात्र के नाम पर होना चाहिए।

उपर्युक्त परिभाषाओं के अनुशीलन से महाकाव्य के जो प्रमुख तत्त्व सामने आते हैं वे हैं, कथावस्तु और उसका संगठन, नायक, रस, छंद, वर्णन, नाम और उद्देश्य।

महाकाव्य की कथा विस्तृत और पूर्ण जीवन-गाथा होती है जिसे नाटक की संधियों के नियमानुसार आठ से अधिक सर्गों में संगठित होना चाहिए। कथा का प्रारंभ आशीर्वचन, मंगलाचरण आदि से होना चाहिए और सर्ग के अंत में आगामी सर्ग की कथा की सूचना होनी चाहिए।

महाकाव्य की कथा इतिहास से अथवा किसी महापुरुष के वास्तविक जीवन-गाथा के आधार पर होनी चाहिए। महाकाव्य का नायक कोई देवता, उच्च कुल में उत्पन्न क्षत्रिय अथवा राजा हो सकते हैं, परंतु उनमें धीरोदात्त गुणों का समावेश होना आवश्यक है। ऐसे व्यक्ति का चरित्र निश्चय ही समाज में सद्वृतियों का विकास करनेवाला और दुर्वृत्तियों का विनाश करनेवाला होगा। महाकाव्य में सभी रसों का वर्णन आवश्यक है। व्यापक जीवन के विविध वृत्तांत वाले कथानक में विभिन्न रसों का होना आवश्यक है, परंतु कथावस्तु और चरित्र में एक निश्चित और क्रमबद्ध विकास के लिए शृंगार, वीर और शांत-इन तीन रसों में से एक रस का प्रधान होना आवश्यक माना गया है। अन्य रस गौण रूप में आने चाहिए।

कथा के विकास और रसप्रवाह की अबाध गति के लिए प्रायः एक सर्ग में एक ही छंद के प्रयोग का नियम है। सर्ग के अंत में छंद बदल सकता है। हां, छंद-चमत्कार, वैविध्य या अद्भुत रस की निष्पत्ति के लिए किसी एक सर्ग में अनेक छंदों का प्रयोग भी किया जा सकता है। महाकाव्य में विविधता और यथार्थता दोनों का होना आवश्यक है। अतः इसके भीतर जीवन के सभी दृश्यों, प्रकृति के विभिन्न रूपों और विविध भावों का वर्णन होना चाहिए।

महाकाव्य का नाम कवि, नायक या कथातत्त्व के आधार पर होता है। ख्यात वृत होने के कारण उसके संबंध के भाव हमारे भीतर पहले ही से बने होते हैं जो वर्णन के द्वारा जाग्रत हो जाते हैं।

महाकाव्य का उद्देश्य चतुर्वर्ग-धर्म, अर्थ, काम, मोक्ष-की प्राप्ति मानी गयी है। इसका विश्लेषण करें, तो हम देख सकते हैं कि नायक या तो किसी परोपकार के कार्य या सिद्धांत की रक्षा के लिए अपने जीवन को व्यतीत कर रहा है, या विजय द्वारा किसी समृद्धि को प्राप्त करता है अथवा अपना अभीष्ट किंतु दुर्लभ कार्य सिद्ध करता है, इन उद्देश्यों की सिद्धि के लिए संघर्ष, साधना, चरित्र-विकास, उच्च गुण आवश्यक है। इनका चित्रण विभिन्न परिस्थितियों की पृष्ठभूमि में किया जाता है। अतएव महाकाव्य एक युगप्रर्वतनकारी संघर्ष-चित्रण या सांस्कृतिक उद्घाटन का महान् कार्य करता है।

पाश्चात्य साहित्यशास्त्रियों ने भी महाकाव्य की विस्तृत चर्चा की है। अरस्तू ने 'इलियड' और 'ओडेसी' महाकाव्यों को ध्यान में रखकर महाकाव्य का विवेचन किया है। उसके अनुसार महाकाव्य वह काव्य रूप है जिसमें कथात्मक अनुकरण होता है जिसका कथानक दुःखांत नाटक के समान अन्वितियुक्त और किसी संपूर्ण आद्यन्त घटना का वर्णन करनेवाला होता है। कथानक का आदि, मध्य और अंत युक्त जीवंत विकास दिखाया जाता है जिससे वह जीवित प्राणी की तरह पूर्ण इकाई प्रतीत होता है। महाकाव्य में समुचित आनंद प्रदान करने की क्षमता होती है। अरस्तू ने महाकाव्य में नाटकीय तत्त्वों, अतिप्राकृत और अलौकिक कार्यों या घटनाओं, कथानक में प्रयुक्त कल्पना और संभावना पर आधारित तथ्यों तथा महाकाव्य की भाषा और शब्द चयन पर विचार किया है। यूरोप के प्रारंभिक महाकाव्यों में रोमांटिक तत्त्व अधिक होते थे किंतु पुनर्जागरण युग में महाकाव्य का स्वरूप बदला, सम्मान बढ़ा और दांते, स्पेंसर, मिल्टन आदि ने उसे चरमोत्कर्ष पर पहुंचाया। आधुनिक युग के पाश्चात्य आलोचकों ने महाकाव्य की परिभाषा को और अधिक व्यापक बनाने का प्रयास किया है।

महाकाव्य संबंधी पाश्चात्य एवं भारतीय समीक्षकों के मतों के अनुशीलन करने पर विदित होता है कि दोनों में विशेष अंतर नहीं है। इतना अवश्य है कि भारतीय आचार्यों ने महाकाव्य के आकार-प्रकार पर ज्यादा ध्यान दिया है, उसकी अंतरात्मा के संबंध में उन्होंने अधिक नहीं लिखा है। फिर भी कुछ तत्त्व दोनों मतों में एक से हैं। कथा-संयोजन, चरित्र-सृष्टि, भाषा शैली की प्रौढ़ता, जीवन की समग्रता, महत् उद्देश्य की प्रतिष्ठा आदि कुछ तत्त्व ऐसे हैं जो भारतीय एवं पाश्चात्य मनीषियों को समान रूप से मान्य हैं। वास्तव में जैसा कि डिक्सन ने लिखा है, महाकाव्य सर्वत्र एक प्रकार का होता है, चाहे वह पूर्व का हो या पश्चिम का, उसका रक्त और प्रकृति समान होते हैं।

हिंदी का आरंभिक महाकाव्य चंदवरदाई कृत 'पृथ्वीराज रासो' है। इसमें मानव जीवन की व्यापक संघर्षगाथा पहली बार चित्रित हुई है। जायसी का 'पद्मावत', तुलसी का 'रामचरितमानस', हरिऔध कृत 'प्रिय प्रवास', मैथिलीशरण गुप्त कृत 'साकेत', जयशंकर प्रसाद रचित 'कामायनी' और दिनकर की 'उर्वशी' हिंदी के प्रमुख महाकाव्य हैं।

आधार ग्रंथ :

1. हिंदी साहित्य कोश, भाग-1।
2. साहित्यिक विधाएं : पुनर्विचार, डॉ. हरिमोहन।
3. भारती साहित्य शास्त्र कोश, डॉ. राजवंश सहाय हीरा।
4. महाकाव्य का स्वरूप विकास-शंभुनाथ सिंह।
5. Epic and Romance, W.P. Kar.
6. The Epic, Lascelles Abercrombie.
7. English Epic and Heroic Poetry, Macknil Diction.

माओवाद

चीनी कम्युनिस्ट पार्टी के 1934 से 1976 तक नेता रहे माओ-त्से-तुंग (Mao-Tse-Tung,1893-1976) के द्वारा विकसित किये गये क्रांतिकारी सिद्धांत व क्रिया विधि को 'माओवाद' के नाम से जाना जाता है। माओ त्से तुंग को वैसे तो मार्क्सवादी विचारक नेता माना जाता है, परंतु कई बातों में वह मार्क्सवाद की पूर्व निर्धारित धारणाओं से मतवैभिन्नता रखते थे। जहां कार्ल मार्क्स और सोवियत क्रांतिकारी नेता व विचारक ब्लादीमीर ईलीच लेनिन का विचार था कि औद्योगिक श्रमिकों को संगठित कर कम्युनिस्ट पार्टी की स्थिति मजबूत की जाए और यही क्रांति का अग्रिम दस्ता होंगे। माओ ने इससे भिन्न मत रखा और अपने देश के क्रांतिकारी आंदोलन का नेतृत्व किया। उन्होंने 1949 में क्रांति की अगुवायी करते हुए सफलता प्राप्त की। माओ ने औद्योगिक मजदूरों के बजाय किसानों को क्रांतिकारी अगुआ होने पर जोर दिया। इस प्रकार माना यह जाता है कि माओं ने मार्क्सवाद को एशियाई देशों के अनुकूल बनाया।

वास्तव में माओवाद मार्क्सवाद का विकसित रूप है। माओ त्से तुंग ने सोवियत नेता स्तालिन को महान मार्क्सवादी लेनिनवादी नेता बताया है, परंतु उनकी कुछ कमियों की ओर इशारा भी किया है, जिनमें कुछ निम्न है :

1. स्तालिन द्वंद्वात्मकता को ठीक ढंग से नहीं समझ़ाते थे, इसी कारण वे पराभौतिकवाद में अपने निष्कर्षों को खोजते थे। इसी कारण वे आम जनता की आकांक्षाओं को नहीं समझ सके। अंतर्विरोध के विभिन्न रूपों को भी समझना उनके लिए मुश्किल था।

2. तीस के दशक में स्तालिन के शासनकाल के दौरान कई अबोधों की मृत्यु हुई।

3. उन्होंने पार्टी के अंतर्गत लोकतांत्रिक केंद्रीकरण नहीं किया जो पार्टी के लिए बहुत अच्छा नहीं हुआ।

4. उन्होंने विदेशी कम्युनिस्ट पार्टियों से बेहतर संबंध नहीं बनाये। माओ के अनुसार यह स्थिति केवल एक व्यक्ति के कारण नहीं उत्पन्न हुई बल्कि सैद्धांतिक स्तर पर मार्क्सवाद-लेनिनवाद की कमजोरियों के कारण उत्पन्न हुई। सोवियत संघ इस कारण एक साम्राज्यवादी प्रवृत्ति का शिकार हो गया।

माओवाद की कुछ प्रमुख अवधारणाएं हैं—

1. गुरिल्लायुद्ध वास्तव में एक जनयुद्ध भी होता है। पार्टी के हथियारबंद दस्ते को आम जनता से दूर नहीं होना चाहिए। एक सफल क्रांति के लिए आम जनता की आवश्यकताओं और आकांक्षाओं को सर्वाधिक प्राथमिकता दी जानी चाहिए।

2. पिछड़े हुए देशों में साम्यवादी क्रांति तब तक नहीं हो सकती, जब तक वहां की भौतिक परिस्थितियां इसके अनुकूल न हो जाएं। यह अनुकूल विकास बुर्जुआ वर्ग द्वारा नहीं हो सकता, न ही वह करेगा। ऐतिहासिक परिप्रेक्ष्य में बुर्जुआ वर्ग की प्रगतिशील भूमिका, प्रतिक्रियावादी भूमिका में तब्दील हो जाती है।

3. समाज में चारों ओर विभिन्न अंतर्विरोध विद्यमान रहते हैं। यह बिलकुल उसी प्रकार है, जैसे प्रकृति में विभिन्नताएं रहती हैं। समाज के इन अंतर्विरोधों से निपटने के लिए भिन्न-भिन्न तरीके अपनाने चाहिए। आम जनता में इन अंतर्विरोधों को स्पष्ट करना चाहिए और यह बतलाना चाहिए कि शत्रुओं और उनमें, मुख्य रूप से क्या अंतर्विरोध है। यह बिल्कुल सत्य है कि समाजवाद में भी अंतर्विरोध होंगे, लेकिन इनसे लड़ना चाहिए न कि स्तालिनकालीन व्यवस्था के अनुरूप इन अंतर्विरोधों को समाज पर हावी होने देना चाहिए।

4. बुर्जुआ विचारधारा का उन्मूलन मात्र क्रांति द्वारा नहीं होता है बल्कि वर्ग संघर्ष सतत विद्यमान रहते हैं। समाजवादी दौर में वे और अधिक कटु होते जाते हैं। इस कारण बुर्जुआ विचारधारा और उससे उपजे वर्गीय अंतर्विरोध से सतत संघर्ष करते रहना होगा। यही सांस्कृतिक क्रांति है, जिसका लक्ष्य बुर्जुआ विचारधारा का पूर्णरूपेण उन्मूलन है।

5. शीतयुद्ध (साम्यवादी देशों और पूंजीवादी देशों के बीच संघर्ष की स्थिति, जिसमें प्रत्यक्ष युद्ध तो नहीं हुआ, लेकिन मौखिक व कूटनीतिक युद्ध हमेशा होता रहा) के दौरान अमेरिका और उसके सहयोगी अन्य साम्राज्यवादी देश तथा सोवियत संघ तथा अन्य समाजवादी देशों ने प्रथम और द्वितीय विश्व निर्मित किया। तृतीय विश्व में गैर साम्राज्यवादी और गैर समाजवादी देश आते हैं। महत्वपूर्ण बात यह है कि प्रथम विश्व व द्वितीय विश्व दोनों ही मिलकर तृतीय विश्व के देशों का शोषण करते हैं, जिसमें प्रथम विश्व की सबसे आक्रामक भूमिका होती है। साम्यवादी क्रांति को रोकने के लिए प्रथम व द्वितीय विश्व के श्रमिकों को साम्राज्यवाद द्वारा 'खरीद लिया' जाता है। इस कारण तृतीय विश्व में क्रांति होना सर्वाधिक सम्भाव्य है जिससे साम्राज्यवाद कमजोर होगा और दूसरों के लिए भी क्रांति की संभावना बढ़ेगी।

माओवाद ने एक सिद्धांत के रूप में तथा एक पद्धति के रूप में भी तृतीय विश्व के क्रांतिकारियों को अत्यधिक

आकर्षित किया है। उदाहरण स्वरूप नेपाल में सी.पी. एन (एम) फिलीपींस में सी.पी.पी., भारत में नक्सलबाड़ी आंदोलनों ने गुरिल्ला युद्ध द्वारा अपने-अपने देशों में क्रांति लाने का प्रयास किया और आज भी कर रहे हैं। माओवाद का व्यापक प्रभाव 1960 के दशक से ज्यादा दिखायी देता है।

आधार ग्रंथ :

1. राजनीति विज्ञान, ए.डी. आशीर्वादम।
2. विश्व का इतिहास, शिवकुमार गुप्ता।
3. A Biography, Mao-tse-tung.
4. Dictionary of Social Sciences, Crig Calhoun.
5. The Great Debate, Sarvahara Prakashan.

वेबसाइट : www. marxists.org.
www.en.wikipedia.org/wiki/maoism

मातृसत्तात्मक समाज

मातृसत्तात्मक समाज (Matriarchal Society) आदिम सामुदायिक व्यवस्था का वह रूप है, जिसमें सामाजिक उत्पादन से लेकर परिवार के संचालन तक सभी मामलों में नारी की निर्णायक भूमिका होती थी। वास्तव में परिवार के इतिहास का अध्ययन सन् 1861 से आरंभ हुआ जब बाखोफेन (J.J. Bachofen, 1815-1887) की पुस्तक 'मातृसत्ता' (Mother Right) प्रकाशित हुई। इस रचना में लेखक ने पहली बार नीचे लिखी महत्वपूर्ण स्थापनाओं को प्रस्तुत किया।

1. मानवजाति के आरंभ में यौन स्वच्छंदता पायी जाती थी।

2. इस स्वच्छंदता के कारण किसी के भी बारे में निश्चय के साथ नहीं कहा जा सकता था कि उसका पिता कौन है। इसलिए वंश केवल माता के नाम से मातृसत्ता के नियमों के अनुसार ही चल सकता था और शुरू में प्राचीन काल की सभी जातियों में यह बात पायी जाती थी।

3. चूंकि नयी पीढ़ी को केवल माताओं के बारे में ही निश्चय हो सकता था, इसलिए स्त्रियों का बहुत आदर सम्मान किया जाता था। यह सम्मान इतना बढ़ गया था कि पूरा शासन ही स्त्रियों के हाथ में था।

बाखोफेन की पुस्तक पर फ्रेडरिक एंगेल्स की टिप्पणी है, "उसने साबित कर दिखाया कि शुरू में चूंकि बच्चों का केवल माता के बारे में निश्चय हो सकता था इसलिए माता का और आम तौर पर स्त्रियों का समाज में इतना ऊंचा स्थान था, जितना कि उनको बाद में कभी नहीं मिला।"

बाखोफेन की स्थापनाओं की पुष्टि अपने लगभग चालीस वर्ष के गंभीर अध्ययन के बाद मोर्गन (Levis Henry Morgan, 1818-1881) ने अपनी पुस्तक 'प्राचीन समाज' (The Ancient Society) में की। उसने यह प्रतिपादित किया कि मानव समाज के प्रारंभिक दौर में यौन स्वच्छंदता और मातृसत्तात्मक व्यवस्था थी। मार्गन ने वैवाहिक संबंधों पर पहली बार भौतिकवादी दृष्टि से विचार किया। उसके अनुसार जांगल युग की यौन स्वच्छंदता के बाद सभ्यता के विकास के दौर में विवाह का पहला रूप समूह विवाह का मिलता है। एंगेल्स ने वेस्टरमार्क, एस्पिनास एवं ए.जिरोत्यूलो की स्थापनाओं का हवाला देते हुए स्पष्ट किया है कि "सचमुच परिवार का सबसे पुराना रूप, सबसे आदिम रूप कौन सा है, जिसका इतिहास में अकाट्य प्रमाण मिलता है और जो आज भी कहीं-न-कहीं देखने में आता है ? वह है यूथ विवाह का रूप जिसमें पुरुषों के एक पूरे दल का नारियों के एक पूरे दल के साथ संबंध होता है।"

इसके बाद की अवस्था में एक पुरुष का एक ही स्त्री से विवाह तो होता था, पर उसी परिवार में ब्याही हुई स्त्रियों के साथ यौन संबंध स्थापित करने की आजादी प्रत्येक पुरुष को रहती थी। मॉर्गन की इस स्थापना का भी समर्थन एस्पिनास और वेस्टरमार्क जैसे विद्वानों ने किया है।

कालांतर में व्यक्तिगत संपत्ति के उदय के साथ ही एकनिष्ठ परिवार का अभ्युदय हुआ। एकनिष्ठ परिवार पुरुष की सर्वोच्च सत्ता पर आधारित होता है जिसका स्पष्ट उद्देश्य ऐसे बच्चे पैदा करना होता है जिसकी वल्दियत के बारे में कोई विवाद न हो और जो उसकी संपत्ति के प्राकृतिक उत्तराधिकारी हों। निजी संपत्ति की उत्पत्ति और एकनिष्ठ विवाह के उदय के साथ नारी का सारा अधिकार छिन गया और इतिहास से मातृसत्तात्मक व्यवस्था का अंत हो गया।

फ्रेडरिक ऐंगेल्स के अनुसार, "मातृ-अधिकार के अनुसार, यानी जब तक कि वंश केवल स्त्री-परंपरा के अनुसार चलता रहा और गोत्र की मूल उत्तराधिकार-प्रथा के अनुसार गोत्र के किसी सदस्य के मर जाने पर उसकी संपत्ति उसके गोत्र के संबंधियों को मिलती थी। यह आवश्यक था कि संपत्ति गोत्र के भीतर ही रहे। शुरू में चूंकि संपत्ति साधारण होती थी, इसलिए संभव है कि व्यवहार में वह सबसे नजदीकी गोत्र संबंधियों को यानी मां की तरफ के रक्त संबंधियों को मिलती रही हो।"

जैसे-जैसे संपत्ति बढ़ती गयी, वैसे-वैसे इसके कारण एक ओर परिवार के अंदर नारी की तुलना में पुरुष का दर्जा ज्यादा महत्वपूर्ण होता गया और दूसरी ओर पुरुष के मन में यह इच्छा जोर पकड़ती गयी कि अपनी मजबूत स्थिति का फायदा उठाकर उत्तराधिकार की पुरानी प्रथा को उलट दिया जाये, ताकि उसके बच्चे हकदार हो सके।

स्त्रीवादी अध्ययनों में इस सिद्धांत की बहुत महत्वपूर्ण भूमिका है, क्योंकि इसके सहारे यह प्रमाणित किया जाता है कि पुरुषों की सत्ता हमेशा से विद्यमान नहीं रही है, बल्कि कालक्रमानुसार ऐतिहासिक क्रम में तब्दील हुई है, जिसे स्त्री स्वतंत्रता के लिए एक ऐतिहासिक साक्ष्य के रूप में भी माना जा सकता है।

आधार ग्रंथ :

1. कम्युनिस्ट पार्टी का घोषणा पत्र, कार्ल मार्क्स एवं फ्रेडरिक एंगेल्स।
2. परिवार, निजी संपत्ति और राज्य की उत्पत्ति, फ्रेडरिक एंगेल्स।
3. समाज विकास की रूपरेखा भाग-1, डी.के. मित्रोपोल्स्की, वाइ.ए. जुब्रित्स्की, दोसेंत और वी.एल. किरोव।
4. Dictionary of Social Science, Crig Calhovn.
5. The Ancient Society, L.H. Morgan.

वेबसाइट : www. en.wikipedia.org/wiki/matriarchy

मानववाद

मानववाद अंग्रेजी के 'हयूमेनिज्म' (Humanism) का हिंदी पर्याय है। सामान्यतः मानव-मूल्यों और मानव-गौरव की स्थापना करनेवाली विचारधारा को मानववाद कहा गया है। इस शब्द की व्युत्पति लेटिन भाषा के शब्द 'ह्यूमन्स' से हुई है जिसने पहले 'ह्यूमन' शब्द का रूप ग्रहण किया तथा जिसका संबंध 'होमो' मनुष्य जाति से है। इस 'ह्यूमन' शब्द में जिसका अर्थ मानव है, प्रत्यय लगाकर इसे मानववाद बनाया गया। जिसका अर्थ किया गया मानव संबंधी विचार-दर्शन। इसमें मानव-जीवन के सर्वश्रेष्ठ रूप का प्रतिपादन करने का प्रयास किया गया। मानववाद कोई ऐसी विचारधारा नहीं है जो एकदम किसी एक युग विशेष में प्रकट हो गयी हो। इसकी एक सुदीर्घ परंपरा पाश्चात्य चिंतन में ही नहीं, भारतीय चिंतन में भी मिलती है। परंतु पश्चिमी जगत् में मध्यकाल की समाप्ति करने में जिन विचारधाराओं ने विशेष योग दिया, उनमें से मानववाद एक प्रमुख विचारधारा है। मध्यकाल में धार्मिक घटाटोप के कारण समस्त मूल्यों और प्रतिमानों का स्रोत किसी-न-किसी दिव्य सत्ता को माना जाता था और मनुष्य को आरंभ से ही उस दिव्य प्रतिमान से नीचे गिरा हुआ प्राणी माना जाता था। मानववादियों ने इस मान्यता का तिरस्कार किया। उन्होंने यह घोषित किया कि संपूर्ण रूप से मनुष्य ही मनुष्य का प्रतिमान है। इसके लिए मानववादियों ने एक ओर मानवोपरि दिव्य सत्ता का निषेध किया और दूसरी ओर अमानवीय यांत्रिकता का। मानववादी यह मानते हैं कि मनुष्य में जो पाशविक है और जो दिव्य है, उन दोनों के मध्य में कुछ ऐसा है, जो पूर्णतः मानवीय है और उसी को नैतिकता, कला, सौंदर्यबोध तथा अन्य आचार-विचार का प्रतिमान मानना चाहिये।

एक विशिष्ट विचारधारात्मक आंदोलन के रूप में मानववाद का उद्भव पुनर्जागरण काल (15वीं-16वीं सदियों) में हुआ। इस काल में मानववाद, सामंतवाद और मध्ययुगीन धार्मिक विचारों का विरोध करनेवाले बुर्जुआ विचारधारा की अभिलाक्षणिकता था, वह प्रगतिशील भौतिकवादी विचारों के साथ घनिष्ठ रूप में जुड़ा हुआ था। मानववादियों ने व्यक्ति-स्वातंत्र्य की घोषणा की और धार्मिक तत्त्ववाद का विरोध किया। पुनर्जागरण काल के सबसे प्रमुख मानववादियों पेत्रार्क, दांते, बोकाच्चो, लियोनार्दो दा विंची, ब्रूनो, एफ. राब्ले, मोंतेन शेक्सपियर, एफ. बेकन आदि ने ऐहिक दृष्टिकोणों को मूर्त रूप देने में महत्वपूर्ण भूमिका अदा की। बुर्जुआ मानववाद 18वीं सदी के ज्ञान-प्रसारकों की कृतियों में पल्लवित हुआ, जिन्होंने स्वतंत्रता, समानता तथा भ्रातृत्व के नारे बुलंद किये और अपनी 'स्वाभाविक प्रकृति' स्वतंत्र रूप से विकसित करने के लोगों के अधिकार की पैरवी की।

मानववादियों ने समाज के मानवविरोधी स्वरूप को देखा, उसकी बुराइयों की आलोचना की तथा संपत्ति में समानता की मांग की। परंतु इतिहास के वस्तुगत नियमों से अनभिज्ञ होने के कारण वे एक न्यायपूर्ण समाज की उपलब्धि के वास्तविक साधन और तरीके नहीं खोज सके। कालांतर में मानववाद के अंतर्गत बहुत से विचार और बहुत प्रकार की प्रवृत्तियां समाहित होती गयीं, जिनमें से बहुत-सी तो परस्पर विरोधी भी थीं और कभी-कभी मानवता की ऐसी व्याख्याएं उपस्थित करती थीं, जो एक दूसरे से पृथक थीं।

मानववाद एक ऐसे नैसर्गिक विश्व-सृष्टि-शास्त्र में विश्वास करता है जो पारलौकिकता को मान्यता नहीं देता और केवल प्रत्यक्ष जगत को ही सत्य स्वीकार करता है। मनुष्य एक विकासशील प्राणी है और विशाल सृष्टि का एक अंश है जिसका मृत्यु के पश्चात् कोई अस्तित्व नहीं है। इसलिए मनुष्य का संबंध केवल इसी संसार से है अन्य किसी काल्पनिक लोक से नहीं। मानव में स्वाभाविक चिंतन शक्ति और बौद्धिकता है। मनुष्य स्वयं अपनी समस्त समस्याओं को सुलझाने में समर्थ है। दैववाद, नियतिवाद अथवा भाग्यवाद के सिद्धांतों और विचारों के विपरीत मानववाद का विश्वास है कि मनुष्यों में सृजनात्मक-क्रिया की स्वतंत्र शक्ति है और वही अपने भाग्य का विधाता है।

मानववादी चेतना के फलस्वरूप पहला काम यह हुआ कि मनुष्य-मनुष्य की समता का भाव जगा। धर्म, देश, वर्ण, जाति के आधार पर मनुष्य-मनुष्य में भेद की अभेद्य दीवार को तोड़ने की कोशिश की गयी। मानववाद को परिभाषित करते हुए 'इनसाइक्लोपीडिया ऑफ ब्रिटेनिका' में लिखा गया है,...'मानववाद विचार अथवा क्रिया की वह सामान्य पद्धति है जो अलौकिक अ गुणात्मक दर्शन की अपेक्षा पूर्णतया मानव-कल्या अभिरुचि लेती है।'

प्रोफेसर एडवर्ड पीटरचेने के अनुसार, '...सोल सदी के पश्चात् मानववाद से अभिप्राय उस दर्शन र है जिसका केंद्र और प्रमाण दोनों मनुष्य हैं।"

प्रसिद्ध अमेरिकन दर्शनिक प्रो. कारलिस लेम अनुसार "यह (मानववाद)इस संसार में तर्क और प्र की पद्धति से समस्त मानवता के अधिकतम कल्या लिए भावयुक्त उल्लासपूर्ण सेवा का दर्शन है।

आधुनिक युग में मानववाद के पीछे वैज्ञानिक विकसित हो चुकी है। आधुनिक मानववाद के आवि और विकास का एक विराट फलक और विस्तृत इति है। "जब यह अनुभव किया जाने लगा कि यदि म को पूर्णता और स्वतंत्रता से जीवन व्यतीत करना उन्हें राजा अथवा समाज दोनों के ही भय से मुक्त चाहिये। रूसो के विद्रोह को, जिसने अट्ठारहवीं शत के फ्रांस में फैले हुए बंधनों का विरोध किया, फ्रांस जर्मनी ही नहीं, अपितु इंग्लैण्ड और अमेरिका के उन मानव के विचारों से संबद्ध किया जा सकता है।" विचारधारा को 19वीं और 20वीं सदी में संयुक्त अमेरिका के मानव अधिकारों के उदार उद्घोष, की राजनैतिक क्रांति और रूस की साम्यवादी आ क्रांति ने एक नयी दिशा प्रदान की है।

वास्तव में मानववादी दर्शन आरंभ से ही सव संभव भौतिक जीवन की कल्पना और प्रयास करता है। इसी प्रेरणा को वर्तमान चिंतन की संज्ञा में मानव कह सकते हैं।"

आधार ग्रंथ :

1. मानववाद तथा मानवतावाद, डॉ. ब्रज भूषण शर्मा।
2. मानव मूल्य और साहित्य, डॉ. धर्मवीर भारती।
3. मानववाद और साहित्य, डॉ. नवल किशोर।
4. राधाकृष्णन का विश्वदर्शन, शांति जोशी।
5. Humanism as a Philosophy, Corliss Lamont.
6. Humanism and Moral Theory, R. Osborm.
7. Existentialism and Humanism, (Ed.) Hanns E. Fisher.

मानवतावाद

मानवतावाद के लिए अंग्रेजी में शब्द है 'हयूमेन्टेरियनिज्म' (Humanterianism) मानवतावाद, मानव यानी व्यष्टि को अपना प्रतिपाद्य बनाकर विश्व कल्याण एवं जीवमात्र की हित-कामना करता है तथा वह मानव को आदर्श बनाने और उसके मानवीय-गुणों के विकास पर बल देता है, क्योंकि वह मानव के समस्त आंतरिक संघर्ष सम करना आवश्यक समझता है। मानवतावाद की स बड़ी विशेषता है मानव का उत्थान करना तथा उ आदर्श रूप समाज के सम्मुख प्रस्तुत कर उसे अनुकर बनाना। समाज में प्रतिष्ठा प्राप्त करने वाले अव

महात्मा, योगी, समाज-सुधारक, श्रेष्ठ साहित्यकार श्रेष्ठ आदर्श मानव थे और समाज के लिए करणीय भी थे। अतः 'मानवतावाद की विचारधारा ीय-गुण-संवर्द्धन की विचारधारा है।

वास्तव में मानव के भीतर रहनेवाले दया, करुणा, शील, सौजन्य, क्षमा आदि के समन्वित लोकोपकारक प को 'मानवता' कहा जाता है। मनुस्मृति में इन्हें धर्म क्षण के रूप में इनका उल्लेख किया गया है और गया है कि धृत्ति, क्षमा, दया, अचौर्य, शौच, इंद्रिय-, बुद्धि, विद्या, सत्य और अक्रोध ये धर्म के दस लक्षण सके विपरीत स्वभाव को पशुता कहा जाता है। मानव त्वगुण की प्रधानता होने के कारण त्याग, तप, सत्य, चार, परोपकार और अहिंसा आदि गुण स्वभावतः पाये हैं। मानवता के गुण से सम्पन्न व्यक्ति सर्वथा, सिद्ध-ल्प, सर्व-सुहृद, समदर्शी और सर्व-हितैषी होता है और मवत् सर्वभूतेषु' के अनुसार प्राणिमात्र को अपना समझ उन पर दया और प्रेमभाव रखता है। मानवतावाद की से बड़ी विशेषता आंतरिक अनुभूति है जो मानव विकास क अंग है। मानवतावादी से तात्पर्य उस व्यक्ति से है ने अंतःस्थित उस चेतना का अनुभव कर लिया है जो मात्र से हमारा संबंध स्थापित करती है।

मानव-कल्याण की पूर्णता के लिए डॉ. राधाकृष्णन मानवतावाद का अंकन इन शब्दों में करते हैं, "सच्चा वतावाद हमें बताता है कि हमें मनुष्य में साधारण स्था में जो कुछ प्रत्यक्ष दिखायी देता है, उससे भी अधिक श्रेष्ठ तत्त्व उसमें है जो उसके विचार तथा र्श का निर्माण करता है। उसमें एक श्रेष्ठ आत्मा का स है जो उसे भौतिक वस्तुओं, जिनसे उसकी संतुष्टि होती, विमुख करता है। वास्तव में मानव कल्याण सार्वभौमिक कल्याण के लिए आध्यात्मिक एकता उपेक्षा और धार्मिक-अनुभूति को अस्वीकार करना निक दृष्टि से अनुचित है, नैतिक विचार से असुरक्षित सामाजिक दृष्टि से भयंकर है। जहां ईश्वरीय भावना हां एकता और समता है।"

मानवतावाद का सबसे महत्त्वपूर्ण पक्ष है सभी प्राणियों मानता की भावना। इस विचारधारा को मानवतावाद इसीलिए कहा गया कि समस्त प्राणियों में मानव ही सर्वाधिक समर्थ है, अतः सब प्राणियों की रक्षा का भार भी उसी पर है। मानववाद और मानवतावाद दोनों ही विचारधाराएं मानव-कल्याण की इच्छुक हैं, वे स्वतंत्रता और समानता का प्रतिपादन करती हैं तथा एकता, एकसूत्रता, समन्वय, सामंजस्य और संतुलन को स्वीकार करती हैं।

दोनों ही विचारधाराएं सहानुभूति, सहिष्णुता एवं परमार्थ का महत्व मानती हैं, इसीलिए ये आशावादी हैं। इन कुछ समानताओं के होते हुए भी मानवतावाद और मानववाद में विचार तथा प्रक्रिया संबंधी पर्याप्त अंतर हैं। मानवतावाद में भावुकता एवं सहज आर्द्रता है जबकि मानववाद में बुद्धि का प्राधान्य है।

इस प्रकार मानवतावाद एक ऐसी नैतिक भावना है जो मानवता और उसके विकास पर बल देती है। अनुकम्पा और करुणा मानव-स्वभाव के अभिन्न अंग हैं। प्राणिमात्र की रक्षा में समभाव, मानवतावाद की एक विशेषता है। मानवतावाद दया, समता, ममता, न्याय, एकता, प्रीति, सत्य, अहिंसा, कल्याण-बुद्धि, भ्रातृत्व आदि पर बल देता है।

मानव-मूल्यों द्वारा मानवतावाद, संसार का सुधार ही नहीं करना चाहता, उसे आदर्श भी बनाना चाहता है। विश्व-प्रेम और विश्व-मंगल की कामना भारतीय चिंतनधारा की मूल भावना है। आधुनिक काल में इसे मानवतावाद की संज्ञा प्रदान की गयी किंतु इससे पूर्व यह भावना आदर्श-मानव, विश्व कल्याण, लोक-कल्याण, लोक-हित, वसुधैव कुटुम्बकम्, सार्वभौमिक एकता, सर्वात्म ऐक्य, पंचशील पालन, लोकसंग्रह, सर्वजन हिताय सर्वजन सुखाय जैसी कल्याण-परक शब्दावलियों में अभिव्यक्त होती रही। इस प्रकार मानवतावाद एक अत्यंत व्यापक भावना है जिसके लिए कोई लिखित-विधान नहीं है किंतु यह अनुभूति, व्यवहार के आधार पर मानव के आदर्शों-स्वतंत्रता, समता, गौरव, शांति, प्रेम, सहभाव, विश्वास के सहज गुणों द्वारा जीवन में व्याप्त है। इसमें कोई भी मत, संप्रदाय, धर्म, दर्शन बाधक नहीं हो सकता और उसका लक्ष्य एकमात्र यही है कि संसार के समस्त प्राणी सुखी रहें, सबका कल्याण हो, किसी को कोई कष्ट न हो और कोई भी दुःख का भागी न बने।

धार ग्रंथ :

ानववाद तथा मानवतावाद, डॉ. ब्रजभूषण शर्मा।
ानव मूल्य और साहित्य, डॉ. धर्मवीर भारती।
ानववाद और साहित्य, डॉ. नवल किशोर।
ाधाकृष्णन का विश्वदर्शन, शांति जोशी।
Humanism as a Philosophy, Corliss Lamont.
Humanism and Moral Theory, R. Osborm.
Existentialism and Humanism,-(ed.) Hanns E. Fisher.

मार्क्सवाद

मार्क्सवाद दार्शनिक, राजनीतिक, आर्थिक और सामाजिक विचारों की एक पद्धति है जिसके प्रस्तोता कार्ल मार्क्स (Karl Marx, 1818-1883) और फेडरिक एंगेल्स (F. Angels, 1820-1895) हैं और जिसे नयी परिस्थितियों में सोवियत संघ के क्रांतिकारी नेता ब्लादीमीर इलिच लेनिन (1870-1924) और चीन के जन नेता माओत्से तुंग (Mao-tse-tung, 1893-1976) ने व्यवहारिक रूप से विकसित और समृद्ध किया।

कार्ल मार्क्स का लेखन एक संपूर्ण दर्शन पद्धति है जिसके तीन अनिवार्य घटक हैं : द्वंद्वात्मक और ऐतिहासिक भौतिकवाद, राजनीतिक अर्थ शास्त्र तथा वैज्ञानिक समाजवाद। मार्क्स ने समाज की वैज्ञानिक ढंग से व्याख्या ही नहीं की अपितु उसे बदलने की शर्तों, उपायों और साधनों की भी व्याख्या की। उन्होंने सचेत किया कि अब तक के दार्शनिक सृष्टि की केवल व्याख्या करते रहे हैं परंतु जरूरत इसे बदलने की है।

मार्क्सवाद को वैज्ञानिक समाजवाद भी कहा जाता है। एंगेल्स के अनुसार वैज्ञानिक समाजवाद वह समाजवाद है जो समाजवादी व्यवस्था स्थापित करने के पहले उन तमाम वैज्ञानिक नियमों का ज्ञान प्राप्त कर लेता है जिनके आधार पर सामाजिक परिवर्तन होते हैं। सामाजिक विकास नियमविहीन नहीं होता। यदि हम इन नियमों को जान लें तो उसी के अनुरूप सामाजिक परिवर्तन कर सकेंगे। वैज्ञानिक समाजवाद जहां खड़ा है वह स्वप्नों और भावनाओं की कोमल भूमि नहीं है बल्कि सत्य और भौतिक परिस्थिति का कठोर धरातल है।

'कंट्रीब्यूशन टू ए क्रिटिक ऑफ पोलिटिकल इकोनांमी' की भूमिका में कार्लमार्क्स ने समाज विश्लेषण की संभावित प्राक्कल्पना को स्पष्ट करते हुए लिखा था, "व्यक्ति द्वारा विकसित की गयी सामाजिक उत्पादन व्यवस्था में, वह कुछ पूर्व निर्धारित संबंधों में रहता है, जो उसकी इच्छा से परे होते है। ये संबंध उत्पादन संबंध होते हैं, जो सामाजिक विकासक्रम में लगातार तब्दील होते रहते हैं। इन उत्पादन संबंधों का कुल योग ही समाज की आर्थिक संरचना का निर्माण करता है। इसी वास्तविक आधारभूमि पर विधिक और राजनीतिक अधिरचना का निर्माण होता है, और यही सामाजिक चेतना के विभिन्न संस्तरों को अभिव्यक्त करता है।"

इसके पूर्व दर्शनों की मान्यता प्रत्ययवादी थी, मार्क्सवाद ने आजीविका के साधनों पर अपना ध्यान केंद्रित करते हुए उसे अपना प्रस्थान बिंदु बनाया। इसी तथ्य के आधार पर यह उन संबंधों का रिश्ता स्थापित करता है, जिनमें लोग उत्पादन की प्रक्रिया में सम्मिलित होते हैं। इन उत्पादन संबंधों की प्रणाली में वह प्रत्ये[illegible] समाज की नश्व देखता है, जिस पर राजनीतिक त[illegible] कानूनी ऊपरी ढांचा और सामाजिक चिंतन के विभि[illegible] रूप खड़े होते हैं।

ऐतिहासिक भौतिकवाद यह प्रदर्शित करता है वि[illegible] सामाजिक ऐतिहासिक प्रक्रिया भौतिकवादी कारकों [illegible] निर्धारित होती है। ऐतिहासिक भौतिकवाद मानता है वि[illegible] लोग अपने इतिहास का स्वयं सृजन करते हैं, परंतु य[illegible] कार्य वे अपनी इच्छा से नहीं कर सकते, क्योंकि प्रत्येक नयी पीढ़ी निश्चित वस्तुगत परिस्थितियों में काम करती है जो उससे पहले बन चुकी होती है। इस तरह ऐतिहासिक भौतिकवाद ने संभावनाओं के नये द्वार खोल दिये ऐतिहासिक भौतिकवाद का विशद विवेचन कार्ल मार्क्स ने 'जर्मन विचारधारा' में किया है।

ऐतिहासिक भौतिकवाद के साथ ही मार्क्सवादी दर्श[illegible] का अनिवार्य घटक है 'द्वंद्वात्मक भौतिकवाद'। द्वंद्वात्मक में संघर्ष अनिवार्य है और संघर्ष केवल दो मूल विरोधी शक्तियों में होता है। द्वंद्वात्मक भौतिकवाद के अनुसा[illegible] सृष्टि का मूल सत्य परिवर्तन है जो सदैव दो विरोधी शक्तियों के संघर्ष से होता रहता है। द्वंद्व सिद्धांत हीगेल के द्वंद्वात्मक प्रत्ययवाद अर्थात् 'डायलेक्टिव आइडियलिज्म' से लिया गया है। हीगेल प्रत्यय के इतिहास में संघर्ष का इतिहास देखता था किंतु मार्क्स के अनुसार प्रत्यय गौण है और पदार्थ प्रधान। इसलिए संघर्ष का इतिहास पदार्थ में है न कि प्रत्यय में। इसीलिए मार्क्स कहा करते थे कि हीगेल का द्वंद्वात्मक सिद्धांत सिर के बल चलता है। उन्होंने उसे पैर के बल खड़ा किया। इस प्रकार हीगेल का द्वंद्व सिद्धांत और फायबाख से भौतिकवाद लेकर मार्क्स ने द्वंद्वात्मक भौतिकवाद का शिलान्यास किया।

द्वंद्वात्मक भौतिकवाद के प्रकाश में जब मानव समाज के इतिहास का अध्ययन किया जाता है तो मनुष्य के समूचे अतीत को एक व्यवस्थित अर्थसूत्र प्राप्त हो जाता है। उस समय इतिहास में इधर-उधर बिखरी घटनाओं का संकलन नहीं होता। उसके चरणों की निश्चित गति और लय प्राप्त होती है, उसका जीवन निश्चित ऐतिहासिक नियमों में बँध जाता है। उन्हीं निश्चित ऐतिहासिक नियमों के समन्वित रूप को ऐतिहासिक भौतिकवाद कहते हैं।

ऐतिहासिक भौतिकवाद के अनुसार मनुष्य के सारे कर्तव्यों की प्रेरणा उत्पादन है। इसी लक्ष्य को लेकर मनुष्य सामाजिक संबंधों की स्थापना करते हैं। अतः मनुष्य के समूचे सामाजिक संबंध उसके उत्पादन संबंधों पर आधारित हैं। जब उत्पादन संबंध में परिवर्तन होगा तो उसके सामाजिक संबंध भी बदल जाएंगे। अतः समाज के दो

ढांचे हैं, पहला ढांचा है, आधारभूत ढांचा (Base) और दूसरा जो उस पर आश्रित है अर्थात अधिरचना (Superstructure)। दूसरे ढांचे के अंतर्गत समाज, साहित्य, कला दर्शन एवं संस्कृति संबंधी तत्त्व आते हैं। इस तरह आर्थिक व्यवस्था सबकी नियामक है। समाज की उत्पादन प्रणाली का परिवर्तन भी दो विरोधी शक्तियों के संघर्ष से होता है। इस संघर्ष को मार्क्स ने वर्ग संघर्ष कहा है। वर्ग संघर्ष दो वर्गों में होता है। इसमें से एक वर्ग जिसे शोषक वर्ग कहते हैं वह शासक भी होता है। दूसरा जिसे शोषित वर्ग कहते हैं उन लोगों का वर्ग है जो शारीरिक श्रम तो अवश्य करते हैं किंतु उस शारीरिक श्रम का फल उनको बहुत कम मिल पाता है और उसे शोषक वर्ग हड़प लेते हैं इसीलिए शोषक और शोषित में संघर्ष अनिवार्य हो जाता है और इसी संघर्ष के मूल में परिवर्तन और विकास है।

मार्क्सवाद के अनुसार अब तक समाज में चार प्रकार की सामाजिक अवस्थाएं प्राप्त हो सकी है। पहली व्यवस्था है आदिम साम्यवाद की जिसमें लोग स्वतंत्र थे, जंगलों में पशुओं की तरह रहते थे, व्यक्तिगत संपत्ति नहीं थी जो शोषण का आधार है। दूसरी व्यवस्था है दास-प्रथा। इसके अंतर्गत कुछ शक्ति सम्पन्न व्यक्ति शक्तिहीनों पर शासन करते थे, किंतु जब कुछ दासों ने क्रांति की तो सामंतवादी व्यवस्था ने उसका स्थान ले लिया। सामंतवादी व्यवस्था में भी जब वर्ग संघर्ष आरंभ हो गया तो उसका स्थान एक नयी विकसित आर्थिक व्यवस्था ने लिया जो आज जीवित है जिसे पूंजीवाद कहते हैं। किंतु पूंजीवाद में भी वर्गसंघर्ष चल रहा है और उसके स्थान पर समाजवाद का आना अनिवार्य है।

आगे की वस्तुतः दो मंजिलें हैं समाजवाद और साम्यवाद की। समाजवाद और साम्यवाद में आर्थिक तथा सामाजिक परिपक्वता के मामले में अंतर होता है। दोनों शोषण से मुक्त लोगों के पारस्परिक सहयोग के संबंधों पर आधारित है। समाजवाद के गठन के दौरान पूंजीवादी संपत्तियों के हस्तांतरण तथा किसानों और कारीगरों के सहकारीकरण के जरिये सामाजिक संपत्ति का निर्माण होता है। समाजवाद के अंतर्गत नगर तथा देहात के बीच उत्पन्न ऐतिहासिक अंतर्विरोधों को खत्म कर दिया जाता है। इसके विपरीत साम्यवाद की स्थिति में उत्पादन के साधनों पर पूरी जनता का एक समान स्वामित्व स्थापित हो जायेगा। वर्ग भेद लुप्त हो जायेंगे, नगर व देहातों के बीच, मानसिक और शारीरिक श्रम के बीच सारभूत अंतर खत्म कर दिया जायेगा, उस स्थिति में श्रम प्रत्येक की पहली आवश्यकता बन जायेगा। कम्युनिज्म की स्थापना के साथ राज्य तथा समस्त राजनीतिक और कानूनी ढांचों का लोप हो जायेगा। साम्यवाद स्वतंत्र तथा सामाजिक दृष्टि से सचेत मेहनतकशों का अत्यंत सुगठित समाज होगा जो कम्युनिस्ट जीवन के उन सर्वमान्य प्रतिमानों के आधार पर कार्य करेगा, जिनका पालन लोगों की आंतरिक आवश्यकता और आदत का रूप ग्रहण करेगा। उत्पादन की कम्युनिस्ट पद्धति के आधार पर उत्पन्न सामाजिक संगठन प्रत्येक व्यक्ति का सर्वतोन्मुखी विकास तथा पल्लवन और उनकी समस्त क्षमताओं को समाज के अधिकतम लाभार्थ उपयोग में लाने की व्यवस्था सुनिश्चित कर सकेगा। यही 'मानव मुक्ति' की चरम स्थिति होगी। साम्यवाद, फिलहाल एक यूटोपिया है।

मार्क्सवाद को सोवियत संघ में अक्तूबर क्रांति के बाद 1917 में लेनिन ने पहली बार व्यावहारिक रूप दिया। बाद में माओ-त्से-तुंग ने चीन में सांस्कृतिक क्रांति का सिद्धांत देकर इसे और अधिक समृद्ध किया। इस तरह मार्क्सवाद से तात्पर्य कार्ल मार्क्स और फ्रेडरिक एंगेल्स की उस विचारधारा से है जिसे ब्ला.इ.लेनिन, जे. स्टालिन और माओ-त्से-तुंग ने समृद्ध किया। इसीलिए आज मार्क्सवाद एक संपूर्ण जीवन दर्शन का नाम है।

आधार ग्रंथ :

1. कम्युनिस्ट पार्टी का घोषणा पत्र, कार्ल मार्क्स व फ्रेडरिक एंगेल्स।
2. पूंजी, खंड-1 व 2, कार्ल मार्क्स। अनुवाद डॉ. रामविलास शर्मा।
3. हिंदी साहित्य कोश, भाग-1।
4. मार्क्सवादी साहित्य चिंतन : इतिहास तथा सिद्धांत, शिवकुमार मिश्र।
5. मार्क्सवादी दर्शन, मारिस कार्न फोर्थ।
6. मार्क्सवाद और मूल दार्शनिक प्रश्न, ओमप्रकाश आर्य।
7. दर्शन कोश, प्रगति प्रकाशन, मास्को।
8. A Dictionary of Scientific Communism, Progress Publishers, Moscow.

वेबसाइट : www.en.wikipedia.org/wiki/marxism
www.marxists.org/
www.marxists.net/
www.marxists.com/

मार्क्सवादी सौंदर्यशास्त्र

मार्क्स-एंगेल्स ने ज्ञान-विज्ञान, दर्शन, साहित्य तथा कला के सभी क्षेत्रों में गहरी अभिरुचि ली थी, गंभीर अध्ययन किया था और अपनी वैज्ञानिक विवेचन क्षमता का प्रमाण उपस्थित किया था। मार्क्स तथा एंगेल्स को विश्व कला, साहित्य तथा दर्शन का अच्छा ज्ञान था। शास्त्रीय संगीत, लोक संस्कृति, चित्रकारिता तथा रंगमंच के प्रति उनका सच्चा अनुराग था। युवा काल में दोनों ने कविताएं लिखी थीं।

मार्क्स-एंगेल्स को विश्व के क्लासिक साहित्य का भी गहरा अध्ययन करने का अवसर मिला था। वे ईस्खिलस, शेक्सपियर, डिकेंस, फील्डिंग, गेटे, सर्वेण्टिज, बाल्जाक, दांते, चर्निशेव्स्की, ट्रोबोल्यूबोव आदि के प्रशंसक थे। मार्क्स तथा एंगेल्स की रचनाओं में विश्व के महान कृतिकारों की क्लासिक कृतियों से चुनी हुई उक्तियां भरी पड़ी हैं। अर्थात् विश्व की साहित्यिक निधि का दोनों ने भरपूर उपयोग किया था।

द्वंद्वात्मक तथा ऐतिहासिक भौतिकवाद की एक सुव्यवस्थित दार्शनिक प्रणाली के सृजन तथा विकास की बदौलत इन दोनों विद्वानों को वह अवसर मिला जिसके तहत वे नए सौंदर्यशास्त्र की नश्व रख सके। इन दोनों की रचनाओं में साहित्य तथा कला पर विपुल सामग्री उपलब्ध है—यद्यपि सौंदर्यशास्त्र पर एक स्वतंत्र पुस्तक लिखने की अपनी योजना को वे पूरा न कर सके। इन सीमाओं के बावजूद इनके कृतित्व में कला के बारे में एक सुगठित चिंतन प्रणाली उभर कर आती है।

कला सृजन तथा यथार्थ से उसके संबंध की समस्या को उन दोनों ने नए ढंग से देखा अर्थात् भौतिकवादी द्वंद्ववाद की दृष्टि से उसका हल प्रस्तुत किया। अभी तक भाववादी सौंदर्यशास्त्र कला को स्रष्टा के मस्तिष्क में आकस्मिक रूप से उत्पन्न किसी भाव, विचार या आइडिया का प्रतिफलन मानता आया था। परिणाम यह था कि मार्क्स से पहले के सभी कला समीक्षक और साहित्यिक समालोचक कला की उत्पत्ति, उसके विकास, उसके पल्लवन और ह्रास की व्याख्या वैज्ञानिक ढंग से नहीं कर पाते थे। इसका कारण यह था कि ये लोग मनुष्य के भौतिक तथा सामाजिक अस्तित्व से कला का गहरा रिश्ता मानने से इंकार करते थे और कला को उसके सामाजिक उद्गम से काट कर-निरपेक्ष ढंग से उसकी व्याख्या करते रहते थे। मार्क्स तथा एंगेल्स ने प्रस्ताव किया कि साहित्य अथवा सौंदर्यबोधी चेतना की उत्पत्ति या उसमें कालानुसार हो रहे परिवर्तनों का कारण मनुष्य के सामाजिक अस्तित्व में ढूंढा जाना चाहिए। चूंकि सामाजिक अस्तित्व की दशाओं में परिवर्तन होता रहता है, वर्गों में बंटे हुए समाज की अनेकानेक प्रक्रियाओं का भी मनुष्य के सामाजिक अस्तित्व पर प्रभाव पड़ता रहता है, अतः कला के अभिप्राय, संदेश, सार-तत्व और रूप-शिल्प में भी बदलाव होता रहता है। कला और मनुष्य के सामाजिक अस्तित्व के बीच की यह अन्योन्यक्रिया कभी रुकती नहीं है, हमेशा सापेक्ष संबंधों के भीतर से गुजरती हुई गतिमान रहती है।

साहित्य तथा कला का विवेचन करते समय मार्क्स तथा एंगेल्स ने अपना ध्यान यथार्थवाद की समस्या पर, किसी कलात्मक कृति में यथार्थ का सबसे सटीक चित्रण करने पर केंद्रित किया। मार्क्स तथा एंगेल्स, साहित्य में एक प्रवृत्ति तथा कलात्मक सृजन की एक विधि के रूप में यथार्थवाद को विश्व कला की सबसे बड़ी उपलब्धि मानते थे। मार्क्स तथा एंगेल्स ने इस बात पर जोर दिया कि यथार्थवादी चित्रण यथार्थ की मात्र नकल कतई नहीं है, अपितु परिघटनाओं के ठीक सार तक पहुंचने का एक तरीका, कलात्मक सामान्यीकरण करने की ऐसी विधि है, जो युग विशेष के आम गुणों को उजागर करना संभव बनाती है।

बाद के मार्क्सवादी सिद्धांतकारों मुख्यतः लेनिन, माओत्से तुंग, ग्राम्शी कॉडवेल, जॉर्ज थाम्पसन, अर्नेस्ट फिशर, लुकाच, ब्रेख्त आदि ने इन समस्याओं पर विस्तार से विश्लेषण किया है। उदाहरण के लिए, साहित्य और कला की उत्पत्ति पर अर्नेस्ट फिशर (Ernest Fischer) की पुस्तक 'कला की जरूरत' (The Necessity of art) या कॉडवेल (Cristopher Caudwell) की पुस्तक 'विभ्रम तथा यथार्थ' (Illusion and Reality) महत्वपूर्ण है। मैक्सिम गोर्की की पुस्तक 'व्यक्तित्व का विघटन' भी मार्क्सवादी दृष्टि से कला सर्जन की व्याख्या के क्रम में सौंदर्यशास्त्र की कुछ बुनियादी मान्यताओं का स्पष्टीकरण करती है।

मार्क्सवादी सिद्धांतकारों के अनुसार उपकरण बनानेवाला वह पहला आदमी पहला कलाकार था जिसने पत्थर को ऐसा रूप दिया कि पत्थर मनुष्य की सेवा कर सके। प्रकृति की विभिन्न चीजों को नाम देने वाला वह पहला आदमी भी एक महान कलाकार था, जिसने प्रकृति की विशालता में से एक वस्तु को छांटकर अलग किया, जिसने किसी चिह्न के माध्यम से उसे वश में किया, और भाषा की इस सर्जना को शक्ति के एक उपकरण के रूप में अन्य मनुष्यों के हवाले किया। संगठन करनेवाला वह पहला आदमी पैगंबर था जिसने लययुक्त राग के द्वारा कार्य की प्रक्रिया में तालमेल बिठाया और इस प्रकार मनुष्य की समष्टिगत शक्ति को बढ़ाया।

अर्नेस्ट फिशर अपनी विवेचना के क्रम में बताते हैं कि आदिम समाज की अवस्था में वैयक्तिक प्रतिभा से उत्पन्न कोई कृति नहीं थी वरन् एक समष्टिगत उत्पादन थी। आदिम

समाज परस्पर घनिष्ट रूप से संबद्ध, सघन समष्टिवाद का रूप था। कला अपने सभी रूपों में अर्थात् भाषा, नृत्य, लयात्मक रागों, जादुई समारोहों आदि में सर्वोत्तम सामाजिक गतिविधि थी, जो सबके लिए समान थो।

आधुनिक उपन्यास के उद्भव और उसकी कलात्मक संरचना की जटिलता पर मार्क्सवादी समालोचकों ने बहुत विस्तार से विचार किया है। कॉडवेल की पुस्तक 'इल्यूजन एंड रियलिटी' में उपन्यास के विकास के प्रश्न पर विचार किया गया है। मार्क्स और एंगेल्स ने बाल्जाक, जोला, डिकेन्स आदि की औपन्यासिक कृतियों पर विचार करते हुए यथार्थ की विशेषताएं बतायी थीं। लेनिन ने टॉल्सटाय के उपन्यासों का मूल्यांकन करते हुए क्लासिक महत्त्व के पांच आलोचनात्मक लेख लिखे थे। किंतु उपन्यास की कला और यथार्थ के उद्घाटन की तकनीक पर राल्फ फाक्स और मिखाईल बाख्तीन की आलोचनात्मक कृतियों से एक नयी विवेचन प्रणाली का सूत्रपात हुआ।

सुंदरता की भावना, सौंदर्य को पहचानना, कला एवं साहित्य के भीतर निहित सौंदर्यानुभूति का आस्वादन करने की क्षमता, प्रकृति और मानव जीवन से संबंधित ऐंद्रिक बोधों की ग्रहण-शक्ति, अनुभव या बोध के कलात्मक अंकन की प्रतिभा या गुण—ये सभी चीजें जन्मजात रूप में प्राप्त नहीं होतीं। 1844 में लिखित अपनी आर्थिक तथा दार्शनिक पांडुलिपियों में ही मार्क्स ने मनुष्य की कलात्मक एवं सौंदर्यबोधी क्षमता के विकास में श्रम की भूमिका लक्षित की थी। ये सारी क्षमताएं अपने दीर्घ विकास के क्रम में मनुष्य क्रमशः अर्जित करता है, ये क्षमताएं ईश्वर-प्रदत्त नहीं हैं। एंगेल्स की पुस्तक में प्रकृति की द्वंद्वात्मकता में मार्क्स के उक्त निष्कर्षों को और भी परिष्कृत और पल्लवित किया गया है। एंगेल्स ने बताया कि श्रम के प्रयासों के फलस्वरूप ही 'मानव हाथ ने वह उच्च क्षमता प्राप्त की, जिसकी बदौलत रेफेल की सी चित्रकारी, थोर्वोल्दसे की सी मूर्तिकारी और पागानीनी का सा संगीत आविर्भूत हो सका'।

अपने इस निष्कर्ष पर पहुंचने से पहले एंगेल्स ने यह भी स्पष्ट कर दिया था कि, 'मानव हाथों द्वारा पत्थर की पहली छूरी बनाए जाने से पहले शायद एक ऐसी अवधि गुजरी होगी, जिसकी तुलना में ज्ञात ऐतिहासिक अवधि नगण्य सी लगती हैं। किंतु निर्णायक पग उठाया जा चुका था, हाथ मुक्त हो गया था और अब से अधिक दक्षता एवं कुशलता प्राप्त कर सकता था।

एंगेल्स ने यह भी कहा था कि 'हाथ केवल श्रम-इंद्रिय ही नहीं है, वह श्रम की उपज भी है'। केवल हाथ ही नहीं, मनुष्य की पांचों ज्ञानेन्द्रियां, जीव-सृष्टि के विकास की लंबी प्रक्रिया में विकसित और पुष्ट हुई हैं।

1936 में लखनऊ में संपन्न पहले 'प्रगतिशील लेखक संघ' के सम्मेलन में मुंशी प्रेमचंद द्वारा अध्यक्ष पद से दिया गया व्याख्यान, जो 'साहित्य का उद्देश्य' के नाम से प्रकाशित है,'मार्क्सवादी सौंदर्यशास्त्र' का हिंदी में उत्कृष्टतम विश्लेषण है, जिसमें प्रेमचंद सुझाव देते हैं कि अब सौंदर्य केवल सुंदर स्त्री के लिपिस्टिक लगे होठों में ही नहीं देखना होगा अपितु अपने बच्चे को खेत के मेड़ पर सुलाकर काम करने वाली युवती के पपड़ी पड़े होठों में भी सौंदर्य देखना होगा।

आधार ग्रंथ :

1. मार्क्सवादी साहित्य चिंतनः इतिहास तथा सिद्धांत, शिवकुमार मिश्र।
2. मार्क्सवादी दर्शन, मारिस कार्नफोर्थ।
3. मार्क्सवाद और साहित्य, महेशचंद्र राय।
4. साहित्य का उद्देश्य, प्रेमचंद।
5. मार्क्सवाद और प्रगतिशील साहित्य, रामविलास शर्मा।
6. Marxism and poetry, George Thompson.
7. Literature and Reality, Howard fast.
8. On Literature and Art, A.V. Lunacharsky.

वेबसाइट : www.en.wikipedia.org/wiki/marxism
www.marxists.org/
www.marxists.com/
www.marxists.net/

मिथक

'मिथक' शब्द अंग्रेजी के ' मिथ' (Myth) शब्द से गढ़ लिया गया है और उसका हिंदी प्रतिरूप बन गया है। 'मिथ' शब्द का उद्भव यूनानी शब्द 'मिथॉस' (Mythos) से हुआ है, जिसका अर्थ है 'मुँह से निकला हुआ'। अतः उसका संबंध 'मौखिक कथा' से जुड़ गया क्योंकि कथा भी सुनी सुनायी जाती थी। हिंदी में 'मिथक' के लिये

'पुरावृत्त', 'पुराकथा' 'कल्पकथा', 'देवकथा', 'धर्मकथा', 'पुराणकथा', 'पुराख्यान' आदि अनेक शब्द प्रयुक्त होते रहे हैं। स्पष्ट है कि इनसे 'मिथ' के पूरे अर्थ का सम्प्रेषण नहीं हो पाता । इन प्रतिशब्दों में या तो अव्याप्ति दोष है या अतिव्याप्ति। इसलिए हिंदी में भी 'मिथक' शब्द का प्रयोग ही समीचीन है।

वस्तुतः मिथक का संबंधी आदिम लोक मानस से है। अपनी सरलतम परिभाषा में "मिथक एक कथा है, जिसमें सृष्टि और उसके उपकरणों के उद्भव, उसकी गतिक्रिया और उस पर नियंत्रण, उसके अबूझ व्यापार, मूलभूत मानवीय क्रियाओं और समस्याओं, प्रतिरूपों और तत्त्वों, जीवन-मरण आदि विहंगम विषयों को लेकर आरंभ कालीन धारणाएं, चिंताएं, विश्वास और तत्संबंधी कर्मकांड को अभिव्यक्ति मिली है।" यह कथा अपने निर्माण-काल में तथ्य-कथन के रूप में थी, किंतु अपने विकास-क्रम में सामयिक दूरी के साथ प्रतीकार्थ प्रधान होती गयी है। मिथक में आदिम विज्ञान, धर्म, दर्शन, कर्मकांड सभी संश्लिष्ट रूप में विद्यमान हैं। संक्षेप में मिथक को आदिम मनुष्यों के मानसिक, भौतिक जीवन का प्रतीकात्मक कथासंग्रह कह सकते हैं। डॉ.नगेंद्र ने मिथक को परिभाषित करते हुए लिखा है-'सामान्य रूप से मिथक का अर्थ है ऐसी परंपरागत कथा, जिसका संबंध अतिप्राकृत घटनाओं और भावों से होता है। मिथक मूलतः आदिम मानव के समष्टि-मन की सृष्टि है, जिसमें चेतन की अपेक्षा अचेतन प्रक्रिया का प्राधान्य होता है।"

मिथक के उद्भव को लेकर विभिन्न विद्वानों ने विभिन्न संभावनाएं सामने रखी हैं। आदिम मानव, प्रकृति की शक्तियों तथा व्यापारों के रहस्यों को पूरी तरह समझने-समझाने में असमर्थ होने के कारण अपनी कल्पना के माध्यम से उन्हें देवी-देवताओं तथा अन्य अतिमानवीय शक्तियों का रूप दे देता था। आरंभिक मनुष्य की ये कल्पित अतिमानवीय शक्तियां कालांतर में मिथक बनकर उभरीं। इस प्रकार धार्मिक विश्वास तथा मिथक में अटूट संबंध है। धार्मिक विधि-विधान से जुड़े आख्यानों ने भी मिथकों का रूप ले लिया। इनके पीछे उन रहस्यमयी शक्तियों को तुष्ट करके विपत्तियों से जन-समाज की रक्षा करने की भावना प्रमुख थी। भारत के हिंदू समाज में ही विभिन्न व्रतों की कथाओं में इस तथ्य का परिचय मिल जायेगा। अपनी आवश्यकता तथा स्थिति के अनुसार मनुष्य इन मिथकों को रूप भी देता रहा है और इनके माध्यम से सृष्टि के रहस्यों की व्याख्या भी करता रहा है। नृतत्वशास्त्री लेवी स्त्रॉस (Levi Strauss, Claude, 1908-) ने मिथकों के अध्ययन के माध्यम से विभिन्न आदिम संस्कृतियों की संरचनाओं का अध्ययन तथा उनकी परस्पर तुलना भी की है। इस प्रकार मिथक धार्मिक आख्यानों तथा कर्मकांडों के रूप में संस्कृति के अंग मात्र नहीं, कहीं-कहीं पूरी संस्कृति की प्रकृति के परिचायक भी बन जाते हैं।

दुर्खीम (Emile Durkheim, 1858-1917) तथा अन्य समाजशास्त्रियों ने माना है कि मिथक सामाजिक व्यवस्था के संरक्षण तथा संचालन के लिए गढ़े गए हैं। ये किसी मानव समाज की सामूहिक अनुभूतियों से उपजते हैं और उसे एक इकाई में भी बांधते हैं। यह अपने आप में एक समाजशास्त्रीय तथ्य तो है ही, समाज तथा उसके विकास के अध्ययन में भी यह सहायक होता है।

मनोविज्ञान तथा मनोविश्लेषण में मिथकों के अध्ययन को बहुत महत्व दिया गया है। इस संदर्भ में फ्रॉयड (Sigmund freud, 1856-1939) तथा जुंग (Carl Gustav Jung, 1875-1961) के सिद्धांतों में कुछ अंतर है पर आगे के मिथक संबंधी विवेचनों में जुंग के मत को अधिक मान्यता मिली। उनके अनुसार मिथक का जन्म व्यक्ति में नहीं बल्कि समूह के मानस में होता है-वह भी चेतन मन में नहीं, अचेतन मन में। किसी मानव समाज के सामूहिक मानस में परंपरा से प्राप्त अनुभव संवेदना में ढलकर बिंबों का रूप ले लेते हैं। इन्हें युंग ने 'आर्कटाइप' (आद्यबिंब) का नाम दिया है। देवी, देवता, प्राकृत तथा अतिप्राकृत शक्तियां, स्वर्ग तथा नरक की अवधारणाएं, सृष्टि के रहस्यों से जुड़ी संकल्पनाएं, जादू, टोने आदि को लेकर अनेक आद्यबिंब किसी भी समाज के सामूहिक अवचेतन की गहराई में स्थित रहते हैं और मिथकों में प्रसंगों या कथाओं के रूप में इन बिंबों का संयोजन होता है। समाज के मानस तथा संवेदना से जुड़े रहने के कारण अवचेतन या विस्मृति के गर्भ में छिपे ये बिंब या मिथक उस समाज के व्यक्तियों की भावाभिव्यक्तियों में बार-बार अनेक रूपों में आते हैं। साहित्य में भी इसीलिए उन बिंबों की पुनरावृत्ति बार-बार होती है और उनके माध्यम से उस जाति के मनोविज्ञान तथा मानसिकता का इतिहास भी सामने आता है।

मिथक किसी भी संस्कृति की समझ और पहचान के लिये उपादेय हो सकते हैं, क्योंकि इनमें ज्ञानेंद्रियों के जटिल और वैविध्यपूर्ण आद्य अनुभव-पुंज निहित हैं। मानव समाज और उसके संस्थागत विकास-रूपों के अध्ययन में मिथकों का अत्यंत महत्वपूर्ण योगदान है।

भाषा-विज्ञान के विकास में भी मिथकों के योगदान को अनदेखा नहीं किया जा सकता। रूप विज्ञान और अर्थ विज्ञान विभागों की अनेक समस्याओं के

समाधान मिथकों में सहज ही मिल जाते हैं। डॉ. जगदीश प्रसाद श्रीवास्तव के शब्दों में, "मिथक मानव-मस्तिष्क की विश्व-व्यापकता, मानव मात्र की संरचनात्मक मूलभूत समानता के उद्घोषक हैं। विश्व और विश्व की वस्तुओं तथा इसमें रहने वाले प्राणियों के उद्भव से संबंधित मिथक सर्वत्र प्रायः एक जैसे हैं। देवरूपों और उनके नामों में मिलने वाली अद्भुत समानताओं के पीछे मानवीय मस्तिष्क की एकता ही है। इसका तात्पर्य यह नहीं कि देशगत तथा युगगत परिवर्तनों का मानवीय मस्तिष्क पर प्रभाव नहीं पड़ा करता। भौगोलिक और सामयिक स्थितियों के विभेद की छाप विभिन्न देशीय मिथकों में लक्षित होती ही है। कथ्य केवल यह है कि मानववादी विचारणा के प्रसार में मिथक मानवीय समानता के सशक्त साक्ष्य प्रस्तुत करते हैं।" अपनी इसी व्यापकता और परिपूर्णता के कारण मिथक दर्शनशास्त्र, मनोविज्ञान, समाजशास्त्र, सांस्कृतिक नृविज्ञान तथा अन्य शैक्षिक विशेषीकरणों से जुड़े हुए हैं।

मिथकों के महत्व और व्यापकता का आकलन करते हुए डॉ. जगदीश प्रसाद श्रीवास्तव ने आगे लिखा है, "मिथक संपूर्ण मानवता के शताब्दियों में सारभूत अनुभव-पुंज हैं और अवचेतन में सुषुप्त होने के बावजूद वे प्रकृति, ऋतु, नेता, नवीन विचार, यौन-प्रवृत्ति, जनतंत्र या सामूहिकता, विज्ञान और मनोविज्ञान आदि सभी क्षेत्रों में हमारा प्रत्यक्षाप्रत्यक्ष रूप से नियमन करते हैं, हमें प्रेरित करते हैं और अभिव्यक्ति की दिशाएं देते हैं। कोपर्निकस ने सूर्य और मनुष्य का तादात्म्यीकरण करके खगोल-विज्ञान में क्रांति को, कैकूल ने सर्प-मिथक का स्वप्न देखकर बेंजीन-ढांचे का सूत्र ढूंढ निकाला, फ्रायड ने मनुष्य की आंतरिकता के उद्घाटन के लिये ओलिम्पस के मिथकीय जगत के प्रतीकों का भंडार खर्च कर डाला, कामू ने सिसिफस के माध्यम से फूहड़ता की व्याख्या की। कई अत्याधुनिक भारतीय बुद्धिजीवियों को यह जानकर शायद आश्चर्य और दुःख होगा कि समसामयिक बुद्धिजीवी मंडल का गौरव फ्रेंज काफ्का भी आत्मसिद्धि और अंतर्मुखी जीवन के 'अर्थ' की तलाश में मिथक स्रोत के पास गया।"

तात्पर्य यह है कि ज्ञान-विज्ञान के विविध क्षेत्रों में मिथकों का अत्यधिक महत्व है। मानव जाति की एकता, जीवन और जगत के प्रति आस्था तथा सभ्यता और संस्कृति के विकास में मिथकों का योगदान अप्रतिम है।

मिथकों को सामान्यतया तीन हिस्सों में बांटा जा सकता है—सृष्टि संबंधी मिथक, प्रलय संबंधी मिथक और देवताओं के प्रणयाचार संबंधी मिथक।

विश्व की प्राचीन जातियों की पुराकथाओं में सृष्टि के विकास के संबंध में मिथक का प्रयोग किया गया है। इसके अनुसार सृष्टि का उद्गम एक विशाल अंडाकार पदार्थ से हुआ, जिसके फटने से देव जाति या अतिप्राकृत प्राणी, आकाश और पृथ्वी का जन्म हुआ। भारतीय पुराणों में भी सृष्टि के विषय में इसी से मिलती-जुलती कथा प्रचलित है। इसी तरह महाप्रलय और उससे बचे मनु की कथा तथा उनकी नाव की आदिम कथा सभी जातियों के प्राचीन साहित्य में नीह या नूह और उसकी नाव की कथा के रूप में वर्णित है। यह कथा मिथक के रूप में विद्यमान है।

देवताओं के प्रणयाचार संबंधी मिथकों का संबंध प्रकृति के मूल या आदि तत्त्वों के प्रणय व्यापार से है। भारतीय पुराणों में वर्णित देवताओं के प्रणय-विवाह आदि से संबंधित मिथक इसके अंतर्गत आ सकते हैं। पुरुष-प्रकृति, ब्रह्म-माया, विष्णु-लक्ष्मी, शिव-शक्ति आदि के युग्म-संबंध और उससे विश्व की उत्पत्ति की कथा मिथकों के रूप में प्रचलित है।

डॉ. नगेंद्र ने मिथकों के दो वर्ग किये हैं-प्राकृतिक मिथक और धार्मिक मिथक। उन्होंने धार्मिक मिथकों को भी दो हिस्सों में बांटा है-

उपास्य देवों के स्वरूप से संबद्ध मिथक और कर्मकांड संबंधी मिथक।

मिथक के अंतर्गत धर्म, लोक-साहित्य, मानव-विज्ञान, समाज-विज्ञान, मनोविश्लेषण तथा ललित कलाएं ये सब आ जाते हैं। इसीलिए मिथक आज की आलोचना का एक सशक्त, महत्वपूर्ण और लोकप्रिय पहलू बनता जा रहा है। बीसवीं सदी के मध्य में मिथकीय समीक्षा के सिद्धांत विवेचन के साथ ही कृतियों की परख मिथक की दृष्टि से की जाने लगी थी।

साहित्य की समीक्षा के लिए अपनाये जाने वाले मिथक के तत्त्वों के विषय में डॉ.बच्चन सिंह ने रेनेवेलेक का उद्धरण दिया है और निष्कर्ष देते हुए लिखा है कि 'मुख्यतः मिथकों से पांच तत्त्वों को साहित्य में ग्रहण किया जा सकता है-अतिप्राकृत तत्त्व, अनुष्ठान, आख्यान, बिंब और प्रतीक।'

प्रसाद की कामायनी में अतिप्राकृत तत्त्व के साथ अनुष्ठान भी ग्रहण किये गये हैं। महाप्रलय की कथा थोड़े-बहुत हेरफेर के साथ भारत के अतिरिक्त अन्य देशों और धर्मों में भी पायी जाती है।

निराला की 'राम की शक्ति पूजा' में भी अतिप्राकृत तत्त्व और अनुष्ठानों का विधान किया गया है। हनुमान का ऊर्ध्वगमन अतिप्राकृत तत्त्व है। शक्तिपूजा के अनुष्ठान को उसकी प्रतीकात्मकता में सार्वभौम बना दिया है। अनुष्ठानों का प्रयोग आचार्य हजारी प्रसाद द्विवेदी के उपन्यासों में अधिक हुआ है। 'बाणभट्ट की आत्मकथा' में अघोर भैरव की अवधारणा एक अनुष्ठान है तो महावराह एक प्रतीक कथा-बिंब।

मुक्तिबोध ने अपनी कविताओं में मिथकीय प्रतीकों और बिंबों का अनकेशः प्रयोग किया है। उनकी अनेक कविताएं भूत-प्रेत, भैरो, पशु-पक्षी, पेड़-पौधों, औरांग-उटांग आदि से विन्यस्त नया मिथक बनाती हैं। धर्मवीर भारती और कुंवर नारायण की कविताओं में भी मिथक को आधार बनाया गया है।

आधार ग्रंथ :

1. मिथक और यथार्थ, दामोदर धर्मानंद कौसंबी। अनुवाद नंदकिशोर नवल।
2. भारतीय मिथक कोश, डॉ. उषा पुरी विद्यावाचस्पति।
3. आधुनिक काव्यधारा का सांस्कृतिक स्रोत, डॉ. केशरी नारायण शुक्ल।
4. मिथक और स्वप्न (कामायनी की मनस्सौंदर्य सामाजिक भूमिका), रमेश कुंतल मेघ।
5. आधुनिक हिंदी काव्य में मिथकीय कल्पना, जगदीश प्रसाद श्रीवस्ताव।
6. मिथक और आधुनिक हिंदी कविता, डॉ. शंभुनाथ
7. Myth, Laurence Coupe.
8. Pears Encyclopaedia of Myths and Legends, Elizabeth and Sheila Savill.
9. Introduction to the Science of Mythology, 4 Vols, Claude Levi-Strauss.

मुक्तक

'मुक्त' शब्द में 'कन्' प्रत्यय के योग से मुक्तक शब्द बनता है जिसका अर्थ अपने आप में संपूर्ण या अन्य निरपेक्ष वस्तु होता है। 'मुक्तकमन्येनालिंगितं तस्यसंज्ञायां कन्' (ध्वन्यालोक लोचन)। ध्वनि सिद्धांत में मुक्तक को सम्मानजनक स्थान दिया गया। 'ध्वन्यालोक' के अनुसार जिस काव्य में पूर्वापरप्रसंग निरपेक्ष रस चर्वणा का सामर्थ्य होता है, वही मुक्तक कहलाता है। 'अग्निपुराण' के अनुसार, "मुक्तकः श्लोकएवैकश्चमत्कारक्षमः सताम्" अर्थात मुक्तक में एक ही श्लोक चमत्कार उत्पन्न करने में पूर्णतः सक्षम होता है। 'साहित्यदर्पण' के अनुसार, "छंदोबद्धपदं पद्यं तेन मुक्तेन मुक्तकम्।" अर्थात जो अन्य पद्यों के संबंध से मुक्त हो वह मुक्तक कहलाता है। अभिनवगुप्त के अनुसार, "पूर्वापर निरपेक्षेणापि हि येन रस चर्वणक्रियते तदेव मुक्तक्" अर्थात पूर्वापर निरपेक्ष होते हुए भी जिसके द्वारा रस चर्वणा करायी जाती हो, वही मुक्तक कहलायेगा।

मुक्तक काव्य, खंड अनुभूतियों का काव्य होता है। इसमें किसी एक भावदशा, रस-अवस्था, किसी एक तथ्य, वस्तु या परिस्थिति का एक ही छंद में चित्रण होता है। कोई पूर्वापर प्रसंग नहीं होता, प्रत्येक छंद या कविता अपने में पूर्ण होती है।

संस्कृत के आचार्यों ने इस अनिबद्ध या मुक्तक काव्य के कई भेद किये हैं। दंडी ने तो मुख्य भेदों का ही नाम लिया है—मुक्तक, कुलककोश और संघात, पर अन्य आचार्यों ने उसके अन्य भेद भी माना है। 'ध्वन्यालोक' में आनंदवर्धन ने मुक्तक, संदानितक, विशेषक, कलापक, कुलक और पर्यायबंध—छह नाम लिये हैं। 'अग्निपुराण' ने इनमें प्रथम पांच भेद ही माने हैं और संदानितक की जगह युग्मक नाम दिया है। हेमचंद्र ने मुक्तादि अर्थात मुक्तक काव्य के ये भेद माने हैं-मुक्तक, संदानितक, विशेषक, कलापक, कुलक, कोश, प्रघट्टक, विकीर्णक और संघात। विश्वनाथ कविराज के अनुसार मुक्तक, युग्मक, संदानितक, कलापक, कुलक, कोश और व्रज्या अनिबद्ध काव्य हैं। ये भेद श्लोकसंख्या, रचनाकार अथवा विषय के अनुसार किये गये हैं।

संस्कृत में मुक्तक काव्य के जितने रूप प्रचलित थे, हिंदी में उनमें से कुछ को अपनाया गया और कुछ को छोड़ दिया गया। उदाहरणार्थ, युग्मक और कलापक नामक मुक्तक काव्य रूप हिंदी में नहीं मिलते और कुलक का नाम छोड़कर पंचक, अष्टक, दशक आदि संख्यावाचक नाम स्वीकार कर लिये गये हैं। इसी तरह कोश नाम प्रचलित नहीं है, पर पचासा, बावनी, सतसई, हजारा आदि संख्यावाचक या दोहावली, पदावली आदि छंद वाचक नाम प्रचलित हो गये हैं, जो कोश के रूप में माने जा सकते हैं। फारसी और अंग्रेजी के सम्पर्क तथा अपभ्रंश की काव्य परंपरा को ग्रहण करने के कारण भी हिंदी में बहुत से ऐसे नये मुक्तक काव्य रूप आ गये जो संस्कृत में नहीं थे। प्राचीन हिंदी साहित्य लोकाश्रित रहा है। इससे लोक भाषाओं में प्रचलित अनेक मुक्तक काव्य रूपों को भी हिंदी में अपना लिया गया है। हिंदी के रीतिकालीन कवियों ने मुक्तक की रचना से हिंदी को बहुत समृद्ध किया। सफल मुक्तककार के रूप में रीतिसिद्ध कवि बिहारी की प्रतिष्ठा सर्वाधिक है।

आधार ग्रंथ :

1. साहित्यिक विधाएं : पुनर्विचार, डॉ. हरिमोहन।
2. हिंदी साहित्य कोश, भाग-1।
3. भारतीय साहित्य शास्त्र कोश, डॉ. राजवंश सहाय हीरा।

यथार्थवाद

हिंदी में यथार्थवाद अंग्रेजी के रियलिज्म (Realism) के अनुवाद के रूप में प्रयुक्त होता है। यथार्थ का अर्थ है यथा+ अर्थ यानी जैसा है वैसा अर्थ । किंतु इसका रूढ़ पारिभाषिक अर्थ समझने के लिए इतिहास और दर्शन के क्षेत्र में जाना पड़ेगा। यथार्थवाद मूलतः दर्शन के क्षेत्र का शब्द है, जहां से साहित्य व कला के क्षेत्र में ले लिया गया है। इस शब्द को दर्शनशास्त्र के सिद्धांत के रूप में प्रस्तुत करने वाले प्रथम दार्शनिक प्लेटो थे। विश्वसाहित्य कोश के अनुसार-"Traditionally, the term 'realism' refers to the philosophical doctrine that Universals exists independently of ...this doctrine, first worked out of Plato"

कला और साहित्य के क्षेत्र में 'यथार्थवाद' एक आंदोलन के रूप में 19 वीं सदी में फ्रांस में उभरा। 1826 में मर्क्यू फ्रांसे ने 'यथार्थवाद' की परिभाषा अपने निबंध में की। तदुपरांत 1855 में फ्रांस के प्रसिद्ध चित्रकार कूर्वे ने अपने चित्रों में यथातथ्य शैली का व्यवहार किया तथा अपनी चित्र प्रदर्शनी के प्रवेश द्वार पर 'यथार्थवाद' शब्द अंकित किया। चित्रकला में यथार्थवाद के अभ्युदय के बाद 1857 में फ्रांसीसी उपन्यासकार 'फ्लौबेयर' (Gustave Flaubert) का प्रथम यथार्थवादी उपन्यास 'मदाम बावेरी' (Madame Bovary) प्रकाशित हुआ।

यथार्थवादी विचारधारा के अभ्युदय की पृष्ठभूमि में दार्शनिक, सामाजिक, आर्थिक, वैज्ञानिक, मनोवैज्ञानिक आदि कई प्रकार के कारण रहे हैं। विज्ञान ने मानव-समाज की पुरातन रूढ़ियों को तोड़कर मनुष्य का दृष्टिकोण तथ्यवादी बनाया। डार्विन के विकासवादी सिद्धांत ने मनुष्य-जीवन का विकास अन्य जीव-जंतुओं की भांति मानकर मानव-जीवन संबंधी धार्मिक मान्यताओं को झकझोर डाला, परिणामतः 19वीं सदी के मनुष्य का दृष्टिकोण आदर्शवादी आवरण को भेदकर जीवन के स्थूल तथ्यों की ओर उन्मुख हुआ।

इसके साथ ही फ्रायड के मनोविश्लेषण सिद्धांत ने लोगों का ध्यान जैविक आवश्यकताओं की जरूरतों और तज्जन्य विद्रूपता, कुंठा, अतृप्ति, क्षोभ आदि से संबन्धित मानव-जीवन की वास्तविकताओं की ओर आकर्षित किया। दूसरी ओर कार्ल मार्क्स की चिंताधारा ने पददलितों-शोषितों के जीवन-संघर्ष की ओर साहित्यकारों का ध्यान आकृष्ट किया। कुल मिलाकर यह कहा जा सकता है कि 19वीं सदी का यूरोपीय मस्तिष्क विचारधाराओं के विभिन्न झंझावातों से इस प्रकार झकझोर दिया गया था कि उसके समाज और धर्म संबंधी प्राचीन आदर्शवादी रोमानी सपने बिखर गए। वह अब यथार्थवादी दृष्टिकोण से ही सभी कुछ देखने-समझने लगा था। इस प्रकार धीरे-धीरे कला-साहित्य के क्षेत्र में भी यथार्थवादी विचारधारा का असर बढ़ा।

यथार्थवादी आंदोलन की इस पृष्ठभूमि में जॉन लॉक (John Lock) द्वारा प्रणीत अनुभववादी (Impericistic) विचारधारा का भी पर्याप्त प्रभाव रहा है। अनुभववादी दर्शन अनुभूत तथ्यों पर विशेष बल देता है। यह एक आत्मनिष्ठ यथार्थवादी दर्शन है। इस दर्शन से प्रभावित साहित्यकारों में देश-काल के गोचर रूपों तथा प्रतीतानुभूत रूपों के चित्रण की प्रवृत्ति का विकास हुआ।

यथार्थ और यथार्थवाद एक दूसरे के पूरक हैं। जीवन की सच्ची अनुभूति यथार्थ है; पर इसका कलात्मक अभिव्यक्तीकरण यथार्थवाद है। यथार्थवाद का प्रयोग साहित्य में आदर्शवाद एवं स्वच्छंदतावाद के विपरीत अर्थों में किया जाता है। जो साहित्यकार मानव-जीवन एवं समाज का संपूर्ण तथा वास्तविक चित्र उपस्थित करता है और अपने साहित्य का विषय वायवी-जगत् से न चुनकर वास्तविक जगत से चुनता है, वह यथार्थवादी कहलाता है। वस्तुतः 'यथार्थवाद' यथार्थ की आधारभूमि पर खड़ा किया हुआ जीवन का जीवंत चित्र है।

कजामिया यथार्थवाद को एक पद्धति नहीं, विचारधारा मानते हैं (Realism in art is not a method but a tendency)। जार्ज लूकास यथार्थवादी साहित्य में समाज का यथावत् चित्रण मानते हैं, "(In Realism) that the author must honestly record without fear or favour everything he sees around him)" 'फ्लौबेयर' वस्तुगत दृष्टिकोण और जीवन के सामान्य पक्षों के महत्वपूर्ण उद्घाटन को यथार्थवाद की प्रमुख विशेषता मानते हैं।

भारतीय विद्वानों में जयशंकर प्रसाद यथार्थवाद को 'जीवन के दुःख और अभावों' का उल्लेख मानते हैं; आचार्य नंददुलारे वाजपेयी 'यथार्थवाद' का संबंध प्रत्यक्ष वस्तु-जगत से जोड़ते हैं; शिवदान सिंह चौहान इसे 'निर्विकल्प रूप से जीवन की वास्तविकता का प्रतिबिंब' स्वीकार करते हैं तथा प्रेमचंद यथार्थवाद को 'चरित्रगत दुर्बलताओं, क्रूरताओं और विषमताओं का नग्न चित्र' मानते हैं।

यथार्थवादी कलाकार का प्रयत्न हमेशा ही उन घटनाओं और पात्रों का प्रस्तुतीकरण होता है, जो वास्तविक जगत की प्रतिच्छाया हो। वह असम्भव, वायवी तथा अद्भुत को प्रकृति-विरुद्ध मानकर, उनके चित्रण को अनुचित समझकर अपने साहित्य से बहिष्कृत करता है।

वह एक प्रकार से मानव-समाज और जीवन का अनासक्त और निष्पक्ष फोटोग्राफर होता है। वह कृति को व्यक्तिगत विचारों के प्रचार-प्रसार का साधन नहीं मानता, वरन जो कुछ उसके आस-पास घटित हो रहा है, उसके प्रकाशन का माध्यम मानता है।

परंतु जीवन के यथावत चित्रण से तात्पर्य मात्र यौन-वर्जनाओं, कुत्सित जीवन की घटनाओं, छल-छद्मों से भरी कहानियों, भद्दी एवं अश्लील बातों के चित्रण से ही नहीं है। यथार्थवाद को मात्र असामाजिक यौन संबंधों, पतित जीवन की घृणित दुर्बलताओं का ही नग्न चित्र समझना, उसे न समझना अथवा संकीर्ण अर्थ में समझना है। ये सभी कुछ प्रकृतिवादी (Naturalism) साहित्य की विशेषताएं हैं, यथार्थवादी साहित्य की नहीं। क्योंकि 'प्रकृतवादी साहित्यकार मनुष्य-जीवन के हीन एवं पाशविक पक्ष को ही अपने साहित्य का श्रेष्ठ कथावस्तु के रूप में स्वीकार करता है, जबकि यथार्थवादी साहित्यकार मनुष्य के आदर्श एवं दुर्बल दोनों रूपों का यथावत् चित्रण करता है। एक का उद्देश्य मनुष्य को समझदार पशु मानकर उसका दोष-दर्शन ही है, जबकि दूसरे का दोष और गुण-दोनों को सही रूप में प्रस्तुत करना। यथार्थवादी साहित्यकारों ने भाषा और शिल्प के क्षेत्र में भी क्रांतिकारी परिवर्तन उपस्थित किए। सहज-सरल बोधगम्य भाषा और सहज शिल्प विधान यथार्थवादी साहित्य की खास विशेषताएं हैं। यही कारण है कि हिंदी की प्रगतिवादी परंपरा पर यथार्थवाद का सर्वाधिक प्रभाव देखा जा सकता है।

आधार ग्रंथ :

1. यथार्थवाद, शिवकुमार मिश्र।
2. पाश्चात्य काव्यशास्त्र : सिद्धांत और वाद, डॉ. नगेंद्र।
3. पाश्चात्य काव्यशास्त्र : अधुनातन संदर्भ, सत्यदेव मिश्र।
4. A History of English Literature, Cazamian .
5. Realism, D.Grant.
6. Studies in European Realism, G. Lukacs.
7. On Realism, J.P. Stern.
8. Realism and Naturalism in Nineteenth Century American Literature, Donald Pizer.
9. Dictionary of world Literature, Joseph T. Shipley.
वेबसाइट : www.en.wikipedia.org/wiki/realism

यात्रा-वृत्तांत

यात्रा वृत्तांत, 'यात्रावृत्त' या 'यात्रा-संस्मरण' हिंदी गद्य की एक रोचक विधा है। मनुष्य अनादि काल से यात्राएं करता आ रहा है। 'ऐतरेय ब्राह्मण' का सूत्रवाक्य "चरैवेति चरैवेति" मनुष्य की यायावरी वृत्ति का ही सूचक है। आज तो मनुष्य चंद्रमा पर जा चुका है, नक्षत्रों से होड़ ले रहा है। यात्राएं आसान हो गई हैं। किंतु जब यह सुविधा नहीं थी तब भी मनुष्य उतना ही यात्रा प्रिय था। ईसा के चार-पांच सौ वर्ष पूर्व गौतम बुद्ध के उपदेश यदि चीन, जापान, तिब्बत, वर्मा, थाईलैंड, श्रीलंका आदि देशों में पहुंच सके तो इसके पीछे मनुष्य की यायावरी प्रवृति की भूमिका ही मुख्य रही होगी। ह्वेनसांग और फाहियान के यात्रावृत्तांत हमारे इतिहास को जानने के महत्वपूर्ण स्रोत हैं। हमारे समाज की अनेक जातियां तो यायावरी वृत्ति की होती हीं थीं। ऐसे में यात्रा वायुयान से की गई हो या बैलगाड़ी से-महत्व इसका उतना नहीं होता जितना यात्रावृत्त के चित्रण की दृष्टि और कला का होता है। हां यह जरूर है कि रेलगाड़ी के साथ आकाशमापी वायुयानों ने यात्रा-वृत्तांतों का फलक भी जमीन से आकाशीय बना दिया। यात्रा के दौरान विभिन्न प्रकार के चरित्रों से मुलाकात, उनके स्वभाव, प्रवृत्तियों की चर्चा-परिचर्चा, उनके सामाजिक आचार-व्यवहार, रहन-सहन, तीज-त्यौहारों की जानकारी, प्रांत विशेष की भौगोलिक स्थिति, प्रकृत्ति-सौंदर्य, मनोरंजन के साधन और जीवन दृष्टि, सकारात्मक दृष्टिकोण, स्थानीय और आंचलिक समस्याओं आदि का विवरण यात्रा-वृत्तांतों के मूल में होता है।

राहुल-सांकृत्यायन ने घुमक्कड़ी को धर्म का दर्जा दिया है। वे लिखते हैं–"मेरी समझ में दुनिया की सर्वश्रेष्ठ वस्तु है घुमक्कड़ी। घुमक्कड़ से बढ़कर व्यक्ति और समाज के लिए कोई हितकारी नहीं हो सकता। मनुष्य स्थावर वृक्ष नहीं है, वह जंगम प्राणी है। चलना मनुष्य का धर्म है, जिसने इसे छोड़ा, वह मनुष्य होने का अधिकारी नहीं है।" अतः मनुष्य-जाति की प्रगति का इतिहास यायावरी-वृत्ति में ही है। संसार के बड़े-बड़े यायावर अपनी मनोवृत्ति में साहित्यिक थे। फाहियान, ह्वेन्सांग, इत्सिंग, इब्न बतूता,

अल्बरूनी, मार्कोपोलो, बर्नियर आदि जितने प्रसिद्ध घुमक्कड़ हुए हैं अथवा देश-विदेश के साहसी अन्वेषक हुए हैं, सबमें साहित्यिक यायावर का रूप लक्षित होता है।

यात्रा करने मात्र से कोई साहित्यिक यायावर की संज्ञा नहीं प्राप्त कर सकता और न यात्रा का विवरण प्रस्तुत कर देना मात्र यात्रा साहित्य है। जीवन दृष्टि और भाषा पर अधिकार-यात्रा वृत्तांत के लेखक में इन दो गुणों का होना अनिवार्य है। ऐसे दृष्टि संपन्न रचनाकारों की कृतियों में उनके यात्रा संस्मरण, सहज हिस्सा बन जाते हैं। महाकवि कालिदास के विभिन्न देशों तथा प्राकृतिक रूपों के वर्णनों से उनकी यायावरी मनोवृत्ति का परिचय मिलता है। बाण की घुमक्कड़ प्रवृत्ति की अभिव्यक्ति उनके 'हर्षचरित' तथा 'कादंबरी' के देश-देश की प्रकृति और नाना प्रकार के लोगों के वर्णनों में हुई है।

हिंदी में यात्रावृत्तों की शुरुआत भारतेंदु युग से हुई। 'मेहदावल की यात्रा', 'लखनऊ की यात्रा', 'सरयूपार की यात्रा', 'हरिद्वार की यात्रा', 'वैद्यनाथ की यात्रा' आदि भारतेंदु के कथात्मक यात्रा-संस्मरण हैं। भावात्मक स्थलों पर इन यात्रावृत्तों में भाषा की प्रवाहमयता में मुहावरे, लोकोक्तियां, अलंकार आदि सहजता से प्रवेश कर गए हैं। यात्रावृत्त की इस कड़ी को बालकृष्ण भट्ट के 'कतिकी का नहान', 'गया-यात्रा' एवं प्रताप नारायण मिश्र की 'विलायत यात्रा' ने मजबूती दी। इन लेखकों के प्रयत्नों से यात्रा-साहित्य ग्रंथों में सामने आने लगा। भारतेंदु युग की यह महत्वपूर्ण उपलब्धि थी। श्रीमती हरदेवी रचित 'लंदन-यात्रा' (1883 ई.) यात्रा वृत्तांत का सर्वप्रथम मुद्रित ग्रंथ था।

यात्रावृत्त की इस विकास-यात्रा में द्विवेदी युग की पत्रिकाओं 'सरस्वती', 'मर्यादा', 'इंदु', 'गृहलक्ष्मी' आदि ने विशिष्ट भूमिका निभाई। इन पत्रिकाओं में अनेक सुगठित यात्रा-वृत्तांत प्रकाशित हुए। इनमें प्रमुख हैं उत्तरी और दक्षिणी ध्रुव की यात्रा', 'विलायत की सैर', 'युद्ध-क्षेत्र की सैर', 'जापान की सैर', 'मारिशस-यात्रा' आदि। यात्रा-साहित्य संबंधी अनेक ग्रंथ भी इस दौरान प्रकाशित हुए। इनमें ठाकुर गदाधर सिंह का 'चीन में तेरह मास', (1903) स्वामी सत्यदेव परिव्राजक का 'अमेरिका-दिग्दर्शन' (1911, गोपाल राम गहमरी का 'लंका-यात्रा का विवरण' (1912), जवाहरलाल नेहरू का 'रूस की सैर' (1926) आदि उल्लेखनीय हैं। इन विदेशी यात्राओं का एक ही मकसद था भारत को उनके समानांतर लाने के लिए उन देशों की प्रगति के रहस्यों को जानना। इन यात्रावृत्तों के घेरे में प्रकृति की खुशबू तो सिमटी ही, सामाजिक स्वतंत्रता की हवा का रुख भी भांपा गया। औद्योगिक विकास की गति, रीति-रिवाजों का प्रभाव भी इन यात्रा-वृत्तांतों की जड़ों को शक्ति देता रहा।

देश की भौगोलिक सीमाओं के भीतर की यात्रा पर केंद्रित कृतियों में पं. रामशंकर व्यास की 'पंजाब-यात्रा', हरिकृष्ण झांझड़िया रचित 'मेरी दक्षिण भारत-यात्रा' आदि महत्वपूर्ण हैं। तीर्थ यात्राओं के संस्मरण में देवी-प्रसाद खत्री रचित 'बदरिकाश्रम-यात्रा' का अपना अलग महत्व है।

सन् 1936-37 का प्रगतिवादी आंदोलन, साम्यवादी विचारधारा के प्रति बढ़ता आकर्षण, द्वितीय विश्वयुद्ध की समाप्ति आदि परिस्थितियों ने भारत के यात्रा वृत्तांत साहित्य को नई जमीन दी। सांस्कृतिक संबंधों के आदान-प्रदान ने एक-दूसरे देशों को समझने में महत्वपूर्ण भूमिका निभाई। यह समय यात्रा-साहित्य की समृद्धि का समय था। डॉ. सत्यनारायण रचित 'रोमांचक रूस' (1939), महेश प्रसाद श्रीवास्तव कृत 'दिल्ली से मास्को', यशपाल कृत 'लोहे की दीवार के दोनों ओर' (1953) अक्षयकुमार जैन की 'दूसरी दुनिया' (1965) आदि ग्रंथ रूस की सभ्यता-संस्कृति, सामाजिक व्यवस्था, साम्यवादी शासन प्रणाली, पूंजी की भूमिका और वहां की प्रगति का पूरा ब्यौरा प्रस्तुत करने वाले हैं। रूस-यात्राओं के अलावा राम-आसरे रचित 'माओ के देश में, भगवतशरण उपाध्याय रचित 'कलकत्ता से पेकिंग आदि यात्रा-ग्रंथों से संबंधित देशों के विषय में सभी तरह की जानकारियां उपलब्ध होती हैं। योगेंद्र नाथ सिन्हा रचित 'दुनिया की सैर'(1941), सेठ गोविंद दास रचित 'पृथ्वी परिक्रमा' (1955), रामवृक्ष बेनीपुरी लिखित 'पैरों में पंख बांधकर (1952), 'उड़ते चलो-उड़ते चलो' (1954) आदि ग्रंथों से यूरोप, अमेरिका, जापान आदि देशों के विषय में रोचक सामग्री उपलब्ध होने के साथ-साथ वहां का प्राकृतिक सौंदर्य भी इन यात्रा-वृत्तांतों में उभर कर सामने आया। अज्ञेय का 'एक बूंद सहसा उछली' यात्रा-साहित्य का महत्वपूर्ण एवं खोजपरक ग्रंथ है। स्विट्जरलैंड, बर्लिन, पेरिस आदि देशों का सौंदर्यांकन इस कृति में प्रभाकर माचवे की 'गोरी नजरों में हम' (1964), और निर्मल वर्मा की 'चीड़ों पर चांदनी' (1964) भी ऐसी ही कृतियां हैं जिनमें भारत और पाश्चात्य देशों की चिंतन-पद्धति का तुलनात्मक निकष एक-दूसरे को चुनौती देने की मुद्रा में है। बच्चन की 'प्रवास की डायरी' (1972) में इंग्लैण्ड के रहन-सहन, रीति-रिवाजों आदि पर एक भारतीय मानस की प्रतिक्रियाएं संकलित हैं।

स्वदेश यात्रा-साहित्य में गोपाल नेवटिया रचित 'कश्मीर' (1940), देवदत्त शास्त्री रचित 'मेरी कश्मीर यात्रा' (1948), सत्यवती मलिक रचित 'कश्मीर की सैर (1950), स्वामी प्रणवानंद रचित 'कैलाश-मानसरोवर' (1943), स्वामी रामानंद का 'कैलाश-दर्शन' (1946), यशपाल जैन कृत 'उत्तरा खंड के पथ पर' (1958) आदि विशेष उल्लेखनीय ग्रंथ हैं। प्राकृतिक सौंदर्य, दार्शनिक

चिंतन, भावुकता, साहस का संदेश आदि इन यात्रा-वृत्तांतों का मूल स्वर है। इन ग्रंथों में भी अज्ञेय की कृत्ति 'अरे यायावर रहेगा याद' और मोहन राकेश की 'आखिरी चट्टान तक' का अपना अलग महत्व है। आसाम से लेकर पश्चिमी सीमा प्रांत तक की यात्रा का विस्तार यायावर अज्ञेय ने अमर कर दिया है। यही विस्तार मोहन राकेश की कृति में भी है। इनकी कृति में संपूर्ण भारत की परिक्रमा है। वर्णन की कुशलता, बात कहने का अंदाज और अनुभव का विस्तार इस कृति को विशिष्ट बनाता है। यात्रा साहित्य के आधुनिक लेखकों में डॉ. रघुवंश, धर्मवीर भारती, बलराज साहनी, शंकर दयाल सिंह, कमलेश्वर, अजित कुमार, कन्हैयालाल नंदन, विष्णु प्रभाकर, राजेंद्र अवस्थी, इंदु जैन, रामदरश मिश्र, शिवप्रसाद सिंह, कर्ण सिंह चौहान, मंगलेश डबराल, हिमांशु जोशी, विश्वनाथ प्रसाद तिवारी, गिरधर राठी, अमृतलाल बेगड़ आदि प्रमुख हैं।

अंततः रामचंद्र तिवारी के शब्दों में, "आज हम यात्रावृत्तों में वस्तुओं, व्यक्तियों और स्थितियों के बाह्य संश्लिष्ट बिंब विधान के साथ ही लेखक के अंतर्जगत का पूरा साक्षात्कार कर सकते हैं। यात्रा वृत्तांतों में देश-विदेश के प्राकृतिक दृश्यों की रमणीयता, नर नारियों के विविध जीवन संदर्भ, प्राचीन एवं नवीन संदर्भ चेतना की प्रतीक कलाकृतियों की भव्यता तथा मानवीय सभ्यता के विकास के प्रतीक अनेक वस्तु चित्र यायावर लेखक के मानस में रूपायित होकर उसकी वैयक्तिक रागात्मक ऊष्मा से दीप्त हो जाते हैं। यात्राकाल में यायावर का साहस, संघर्षशीलता, स्वच्छंदता, आकस्मिक रूप से आनेवाली प्रतिकूल परिस्थितियों को अनुकूल बना लेने की क्षमता आदि चारित्रिक विशेषताएं उसे नायक की गरिमा प्रदान कर देती हैं। पाठक उसे प्यार करने लगता है। यायावरों की साहसिक यात्राएं मानव की जिजीविषा का उद्घाटन करती हैं। जिजीविषा हर जीवधारी की मूलभूत वृत्ति है। यात्रा वृत्तांतों को पढ़ने से इस वृत्ति की तुष्टि होती है।"

हिंदी का यात्रा साहित्य निरंतर समृद्ध हो रहा है और इसका भविष्य उज्ज्वल है।

आधार ग्रंथ :

1. हिंदी का गद्य साहित्य, रामचंद्र तिवारी।
2. यात्रा साहित्य का उद्भव और विकास, डॉ. सुरेंद्र कुमार।
3. आधुनिक हिंदी साहित्य का विकास, डॉ. श्री कृष्णलाल।
4. घुमक्कड़ शास्त्र, राहुल सांकृत्यायन।

रंगमंच

वह मंच जिस पर दर्शकों के सम्मुख नाटक का मंचन प्रस्तुत किया जाए उसे रंगमंच कहना चाहिए। किंतु आज रंगमंच शब्द का अर्थ विस्तार हो गया है। अंग्रेजी में इसके लिए स्टेज शब्द प्रचलित है। जैसे-जैसे स्टेज के कार्य-व्यापार बढ़ते गए, नए-नए प्रयोग होते गए, स्टेज शब्द थिएटर का पर्याय सा बन गया। आज थिएटर, स्टेज और रंगमंच में बहुत कम अन्तर रह गया है और यदा-कदा एक दूसरे के पर्याय के रूप में प्रयुक्त होते देखे जा सकते हैं। आज नाटक खेलने को थिएटर करना कहना आम बात हो गई है।

हमारे देश में नाटक और रंगमंच की परंपरा लगभग पाँच हजार वर्ष पुरानी है। सिंधु घाटी और मोहनजोदड़ो की सभ्यताओं के अवशेषों से मिले प्रमाणों से यह तथ्य बहुत पहले प्रमाणित हो चुका है। भरत का 'नाट्यशास्त्र' (जिसकी रचना ईसापूर्व दूसरी सदी से दूसरी ईसवी सदी के बीच मानी जाती है) जैसा ग्रंथ इस बात का प्रमाण है कि उसके पहले रंगमंच की एक लंबी परंपरा हमारे देश में मौजूद थी। भरत के नाट्यशास्त्र के बाद भास, कालिदास, शूद्रक, भवभूति, विशाखदत्त जैसे संस्कृत के नाटककारों की कृतियों से रंगमंच की समृद्ध परंपरा का पता चलता है। किंतु मध्य काल में लगभग एक हजार ईसवी के बाद देश के राजनीतिक परिदृश्य के बदलते ही रंगमंच पर भी उसका व्यापक असर देखने को मिलता है। लगभग आठ सौ वर्षों तक हमारे यहाँ बाहर से आए हुए शासकों का शासन रहा और खिलजी, तुगलक, लोदी और मुगलों की सत्ता रही। अलग-अलग जाति और वंश के होने के बावजूद इस्लाम को मानने वाले इन शासकों के शासन काल में नाटकों के लिए कोई खास जगह नहीं थी। जाहिर है रंगमंच के क्षेत्र में इस देश में किसी उल्लेखनीय प्रगति के प्रमाण नहीं मिलते। हाँ, परवर्ती काल में भक्ति आंदोलन के लोकधर्मी स्वरूप के चलते संस्कृत की जगह लोकभाषाओं का विकास अवश्य हुआ जिसके कारण एक नए तरह के रंगमंच ने जन्म लिया जिसे हम लोग रंगमंच के नाम से जानते हैं। यह लोक इस अर्थ में है कि यह किसी लिखित शास्त्र पर आधारित न होकर मौखिक परंपरा के माध्यम से विकसित हुआ

है। लोकनाट्य की इस परंपरा में नाटक भी मौखिक ही हैं और उसको प्रस्तुत करने की रूढ़ियाँ और नियम भी परंपरा से विकसित हुए हैं। देश के अलग-अलग हिस्सों में इन लोकनाट्य शैलियों को अलग-अलग नामों से जाना जाता है, जैसे- उत्तर भारत में 'भांड़', 'स्वांग', 'नौटंकी', 'रासलीला', 'रामलीला' आदि, पश्चिमी भारत में 'भवई', 'तमाशा' आदि, पूर्वी भारत में 'पाला', 'जात्रा', 'कीर्तिनिया' और 'अंकिया' आदि और दक्षिण भारत में 'तेरुकुत्तु', 'कथकलि', 'यक्षगान' आदि। ये लोकनाट्य परंपराएं आज भी अपने-अपने क्षेत्रों में किसी न किसी रूप में जीवित हैं।

भारतीय रंगमंच का तीसरा दौर पारसी रंगमंच का है। इसका समय 1850 ई. से 1950 ई. के बीच देखा जा सकता है। यह दौर इसलिए पारसी रंगमंच कहलाया क्योंकि इसको शुरू करने वालों में उन पारसी व्यापारियों का बहुत बड़ा हाथ था जो व्यापार करने के लिए पर्शिया से हिंदुस्तान आए और मुख्यतः गुजरात में समुद्र के किनारे के तटीय प्रदेशों में बस गए। उस समय तक भारत में ईस्ट इंडिया कंपनी के माध्यम से अंग्रेजों के शासन की भी नींव पड़ चुकी थी। वे लोग अपने लोगों के मनोरंजन के लिए वहां से नाटक मंडलियों को आमंत्रित करते थे, जिनमें हमारे यहां के लोगों को प्रवेश की अनुमति नहीं थी। इसके विरोध में पारसी लोगों ने अपनी व्यावसायिक नाटक मंडलियां बनाईं जिनमें नाटककारों, अभिनेताओं और निर्देशकों को व्यावसायिक रूप से अनुबंधित किया और हिंदी-उर्दू भाषा में नाटकों के मंचन की शुरुआत की जो शास्त्रीय और लोक रंगमंच दोनों से अलग थी। इस परंपरा के तीन बड़े नाटककार–आगा हश्र कश्मीरी, नारायण प्रसाद बेताब और राधेश्याम कथावाचक थे। आगा हश्र कश्मीरी को तो 'इंडियन शेक्सपियर' भी कहा जाता है। लेकिन इन्हीं दिनों रेडियो और फिल्मों जैसे माध्यमों के जन्म लेने से पारसी नाटक और रंगमंच पृष्ठभूमि में चला गया। देवेंद्र राज अंकुर ने इसके कारणों की समीक्षा करते हुए लिखा है कि "इसका एक कारण तो यही है कि जिस तरह के हैरतअंगेज कारनामों को पारसी रंगमंच वाले अपने नाटकों में दिखा सकते थे, उनको फिल्मों में कैमरा ट्रिक के माध्यम से प्रदर्शित करना बहुत आसान हो गया था। दूसरे, फिल्मों के शुरुआती अभिनेताओं में वही अभिनेता उपलब्ध थे जो उस दौरान पारसी रंगमंच से जुड़े हुए थे और यह स्वाभाविक था कि ज्यादा पैसे और शोहरत की तलाश में वे फिल्मों की तरफ मुड़ गए। तीसरा और सबसे बड़ा कारण स्वयं दर्शकों का फिल्म जैसे नए माध्यम के प्रति रुझान था जिसकी तरफ वे तुरंत खिंचे चले गए–विशेष रूप से फिल्मों में 1930 के आस-पास आवाज आने के बाद।"

रेडियो के कारण समकालीन रंगमंच में आए बदलाव पर टिप्पणी करते हुए देवेंद्रराज अंकुर ने लिखा है, "अपने मूल प्रकृति में मात्र ध्वनि पर आधारित होने के कारण रेडियो ने वाचन, संभाषण और संवाद की एक ऐसी शैली को जन्म दिया जो हमारे रोजमर्रा के जीवन में व्यवहार में आनेवाली शैली पर आधारित है अर्थात एक यथार्थवादी शैली और यही से भारतीय रंगमंच में भी शास्त्रीय, लोक और पारसी जैसी परंपराओं के साथ यथार्थवादी नाट्यपरंपरा की शुरुआत होती है, जिसके कुछ संकेत उन्नीसवीं शताब्दी के उतरार्ध में भारतेंदु के नाटकों में मिलने शुरू हो जाते हैं। लेकिन अपने पूरे रंग में यह शैली रेडियो और फिल्मों के आगमन के बाद और काफी हद तक पश्चिमी रंगमंच के प्रभाव में बीसवीं शताब्दी के तीसरे दशक के बाद दिखाई देती है। इस शैली के चलते भारतीय रंगमंच में एक नई अभिनय शैली का भी विकास हुआ जो सिर्फ संवादों में ही नहीं, अपने हाव-भाव, मुद्रा और चाल-चलन में भी पूरी तरह से दिन-प्रतिदिन के व्यवहार पर निर्भर है। आधुनिक भारतीय रंगमंच में इस शैली को पश्चिमी रंगमंच का प्रभाव माना गया और इसके विरोध में स्वयं अपनी-अपनी परंपरा की और अपने देश की नाट्यशैली की खोज की दिशा में लगातार प्रयास किए जाने लगे जो आज भी जारी है। फिलहाल, आज जो तस्वीर दिखाई देती है वह प्रयोगशील रंगमंच की एक ऐसी तस्वीर है जिसमें कभी पश्चिमी, कभी लोक, कभी पारसी, कभी यथार्थवादी, कभी दूसरे माध्यमों, जैसे–फिल्म, चित्रकला, वीडियो के मेल से कुछ न कुछ नया रचने की छटपटाहट दिखाई पड़ती है। यह छटपटाहट बीसवीं शताब्दी के आखिरी दो दशकों से शुरू होकर इक्कीसवीं के पहले दशक में भी जारी है।

बहरहाल, आज, नए-नए प्रयोगों के चलते दर्शकों और रंगकर्मियों के बीच की दूरी बहुत घट गई है। कई नाटककारों ने ऐसे प्रयोग किए कि आज उनके नाटकों में अलग से स्टेज की जरूरत ही नहीं पड़ती। ब्रेख्त को ऐसे प्रयोगों के लिए खासतौर पर याद किया जाता है। बांग्ला के बादल सरकार ने न्यू थिएटर, आल्टरनेटिव थिएटर या थर्ड थिएटर आदि नामों से इस तरह के अनेक सफल प्रयोग किए। उनका 'एवम् इन्द्रजित' का मंचन बहुत सराहा गया। इसी तरह के नए प्रयोग मराठी में विजय तेंदुलकर (खामोश अदालत जारी है) कन्नड़ में आद्य शंकराचार्य (सुनो जनमेजय) तथा गिरीश कर्नाड (तुगलक) ने भी किए।

बीसवीं सदी के सातवें-आठवें दशक में नुक्कड़ नाटकों का, एक आंदोलन के रूप में जो उभार हुआ उसने भी स्टेज की भूमिका को हाशिए पर ला दिया। इन नाटकों में अलग से स्टेज, उसके उपकरण, वेशभूषा आदि गौण हो गए। सफदर हाशमी और उनकी टीम द्वारा

प्रस्तुत किए गए नुक्कड़ नाटकों के आंदोलन का असर आज भी देश भर में बरकरार है।

समकालीन हिंदी रंगमंच में भी अनेक प्रयोग आज देखने को मिल रहे हैं। काव्य का मंचन तो बहुत पहले से होता रहा है, संस्कृत में नाटक को भी काव्य ही कहा जाता था—काव्येषु नाटकं रम्यं। इसी का विकास आज कविता का रंगमंच के रूप में दिखाई देता है। 'गीतफरोश', 'सन्नाटा', 'पटकथा', 'कनुप्रिया' आदि की नाट्यप्रस्तुतियाँ अनेकशः सराही गई हैं। कहानी का रंगमंच विगत कई दशकों से काफी लोकप्रिय हो चुका है। कथा कोलाज के नाम से प्रचलित एक कहानी का मंचन आमतौर पर 15 से 45 मिनट के बीच आसानी से किया जा सकता है। कलाकारों की जरूरत भी कम पड़ती है। आमतौर पर कहानियों का नाट्यरूपांतर भी करना नहीं पड़ता। देवेंद्र राज अंकुर ने इस क्षेत्र में अनेक प्रयोग किए। निर्मल वर्मा का 'तीन एकांत', कृष्णबलदेव वैद का 'उसका बचपन', प्रेमचन्द का 'बड़े भाई साहब', 'कफन', 'ईदगाह', 'सवा सेर गेहूं', 'सद्‌गति', कामतानाथ का 'संक्रमण', हरिशंकर परसाई का 'इंस्पेक्टर मातादीन चाँद पर' आदि के सफल मंचन हो चुके हैं। इसी तरह 'कुरु कुरु स्वाहा', 'अनामदास का पोथा', 'गोदान' और 'रागदरबारी' जैसी वृहदाकार औपन्यासिक कृतियों के भी सफल मंचन हो चुके हैं। इसी से जुड़ा है आत्मकथा और जीवनीपरक कृतियों पर बने नाटकों की प्रस्तुतियों का सिलसिला। एम.एफ. हुसेन के जीवन पर आधारित नादिरा बब्बर का नाटक 'पेंसिल से ब्रश तक', बाबू हरिश्चंद्र के जीवन पर आधारित प्रसन्ना लिखित नाटक 'अन्य राहें', रीता गांगुली द्वारा लिखित-निर्देशित नाटक 'बेगम अख्तर' आदि उल्लेखनीय है।

नए भारतीय रंगमंच की खोज करने वालों में बांग्ला के शंभु मित्र, उत्पल दत्त, तरुण राय, अमर गांगुली, रुद्र प्रसाद सेनगुप्त, मराठी के विजय मेहता, अरविंद देशपांडे, श्रीराम लागू, कन्नड़ के शिवराम कारंत, ब.व. कारंत, प्रसन्ना, के.वी. सुबण्णा, नागेश, मलयालम के के.एम पणिक्कर, जी. अरविन्दन, हिंदी के हबीब तनवीर, सत्यदेव दुबे, श्यामानंद जालान, सथ्यू, लक्ष्मीनारायण लाल, सत्यव्रत सिन्हा आदि महत्वपूर्ण हैं। 1958-59 में राष्ट्रीय नाट्य विद्यालय की स्थापना से भारतीय रंगमंच को नया बल मिला। राष्ट्रीय नाट्य विद्यालय के निदेशक रहे इब्राहीम अल्काजी के शब्दों में, "भारतीय रंगमंच के विकास में छठा दशक अनेक कारणों से बहुत ही समृद्ध और महत्वपूर्ण कालों में से एक माना जाएगा। सबसे स्पष्ट और सबसे महत्वपूर्ण कारण यही है कि इन वर्षों में रंगकला की आनुषंगिक शाखाओं–नाट्य लेखन, अभिनय, निर्देशन, मंच-परिकल्पना एवं प्रकाश-व्यवस्था ने विशिष्ट प्रतिभाओं के जरिए प्रौढ़ता प्राप्त कर ली।"

आज सिनेमा और टेलीविजन के बढ़ते साम्राज्य और रंगमंच की सिकुड़ती दुनिया को देखते हुए रंगमंच के भविष्य को लेकर आमतौर पर चिंता व्यक्त की जाती है। यह चिंता स्वाभाविक है। रंगमंच के प्रतिभाशाली कलाकार अवसर मिलते ही सिनेमा और दूरदर्शन की ग्लैमरस दुनिया की राह ले लेते हैं। अमरीशपुरी, राज बब्बर, अमोल पालेकर, ओमपुरी, कुलभूषण खरबंदा, अनुपम खेर, नामदेव, विनोद नागपाल, रघुवीर यादव, अन्नू कपूर, रंजीत कपूर, आलोक नाथ, राजेंद्र गुप्ता, पंकज कपूर, आशीष विद्यार्थी, मनोज वाजपेयी, आशुतोष राणा, सुधीर मिश्रा, सुषमा सेठ, नीना गुप्ता, सीमा विश्वास, नसीरुद्दीन शाह, रोहिणी हतंगिणि और दिनेश ठाकुर जैसे कलाकार यदि रंगमंच की दुनिया में बने रहते तो उसकी तस्वीर कैसी होती–इसका सहज अनुमान किया जा सकता है। फिर भी यह एक सच्चाई है कि सिनेमा और दूरदर्शन रंगमंच का विकल्प नहीं है।

आधार ग्रंथ :

1. रंगकर्म और मीडिया, जयदेव तनेजा।
2. समकालीन हिंदी नाटक और रंगमंच, जयदेव तनेजा।
3. दूसरे नाट्यशास्त्र की खोज, देवेंद्र अंकुर।
4. सातवां रंग, देवेंद्र राज अंकुर।
5. रंग परंपरा, नेमिचंद्र जैन।
6. रंगमंच : परंपरा और प्रयोग, योगेंद्र चौबे।

रचना-प्रक्रिया

कविता या कला की रचना-प्रक्रिया पर मार्क्सवादी साहित्य चिंतकों ने जब तब अपने विचार प्रकट किये हैं। उनकी मान्यता है कि रचना किसी तात्कालिक मनोद्वेग का परिणाम नहीं होती। स्वच्छंदतावादी कवियों एवं चिंतकों ने रचना को तात्कालिक भावोच्छलन की संज्ञा दी है, जिससे मार्क्सवादी साहित्य-चिंतक कतई सहमत नहीं हैं।

उनके विचार से कला या कविता एक सजग मानस-व्यापार की उपज है और क्षण की अभिव्यक्ति न होकर एक दीर्घकालीन मानस-प्रक्रिया का परिणाम है। यह बात और है कि रचनाकार अपने मानस में लंबे समय से चलती हुई इस प्रक्रिया को जान या समझ न पाये, परंतु यथार्थ जीवन के संपर्क के फलस्वरूप रचना की बीज-वस्तुएं उसके मानस में एक लंबे समय से एकत्र होती रहती हैं, उनमें पारस्परिक क्रिया-प्रतिक्रिया होती रहती है और एक विशेष उत्तेजक क्षण में वे एक निश्चित रूप में ढलकर उसकी रचना या कला में अभिव्यक्ति होती है। अतएव मार्क्सवादी विचारकों के अनुसार रचनाकार के लिये उसकी रचना दैवी देन नहीं है कि वह उसे देखकर स्तंभित हो जाए, यह एक ठोस मानस-प्रक्रिया का स्वाभाविक और सजग रूप से स्पष्ट होने वाला परिणाम है। मार्क्सवादी विचारकों एवं रचनाकारों ने यह अवश्य माना है कि रचना के क्षणों में रचनाकार एक प्रकार की आंतरिक विवशता अनुभव करता है, रचना उसी का परिणाम होती है। रचनाकार अपने पाठकों से कुछ कहना चाहता है और इसीलिये वह रचना में प्रवृत्त होता है। रचना का रूप तभी सामने आता है जब मानस-प्रक्रिया पूर्ण हो चुकी होती है और रचनाकार को यह अहसास हो जाता है कि पाठक से कुछ विशेष कहने का क्षण आ पहुंचा है।

हावर्ड फास्ट के अनुसार बाह्य यथार्थ के संपर्क में आने के साथ-साथ रचनाकार संपूर्ण बाह्य यथार्थ को अपने मानस का अंग नहीं बनाता। वह चुनाव करता है। दूसरे बाह्य-यथार्थ ज्यों के त्यों उसके मानस में अंकित नहीं होते, रचनाकार का सजग मानस उसे अपने अनुरूप नई शक्ल देता है। इसके अनंतर रचनाकार की भावना, कल्पना, प्रतिभा और शिल्प सब अपनी-अपनी भूमिका अदा करते हैं, और तब रचना सामने आती है। रचना बाह्य यथार्थ के चुने गए तथा नवीन आकृति में ढाले गए अंशों, अनुभवों तथा संवेदनाओं का छना हुआ रूप है। उसमें मनुष्य के संपूर्ण अर्जित संस्कारों, परंपराओं एवं विवेक का योगदान होता है।

आधार ग्रंथ :

1. मार्क्सवादी साहित्य चिंतन : इतिहास तथा सिद्धांत, डॉ. शिवकुमार मिश्र।
2. एक साहित्यिक की डायरी, गजानन माधव मुक्तिबोध।
3. निकष, नंदकिशोर नवल।
4. Literature and Reality, Howard fast.
5. The Necessity of Art, Ernst Fischer.

रस निष्पत्ति

भरत के सूत्र "विभावानुभावव्यभिचारि संयोगाद्रसनिष्पत्तिः" में प्रयुक्त 'संयोग' और 'निष्पत्ति' शब्द मुख्यतः विवाद के विषय रहे है। संस्कृत साहित्य में अपने विभिन्न दर्शनों की पृष्ठभूमि में विभिन्न आचार्यों ने इन प्रश्नों के उत्तर विभिन्न ढंगों से दिए हैं। इस सूत्र की लगभग 11 आचार्यों ने अच्छी व्याख्याएं की हैं जिनमें चार प्रमुख हैं। वे हैं-भट्टलोल्लट, शंकुक, भट्ट नायक और अभिनवगुप्त। इनमें अभिनवगुप्त द्वारा रचित 'अभिनव भारती' इसलिए सर्वाधिक महत्वपूर्ण ग्रंथ है क्योंकि इसी ग्रंथ में शेष तीनों आचार्यों की धारणाओं का उल्लेख है और इसी आधार पर हम उनके विचारों से परिचित हो पाते हैं।

भट्टलोल्लट का उत्पत्तिवाद या आरोपवाद : वेदांतमत के अनुयायी आचार्य भट्टलोल्लट (नवीं सदी) ने भरत के रस-सूत्र की व्याख्या अपने ढंग से की। उनके अनुसार संयोग का अर्थ है संबंध। स्थायीभाव अनुपचित (अपरिपक्व) अवस्था में ही होता है। वह उपचित अर्थात परिपक्व होकर ही रस के रूप में परिणत होता है। उपचय या उपचिति एक संयुक्त प्रक्रिया है जिसमें उत्पत्ति, प्रतीति और पुष्टि का अंतर्भाव रहता है। तात्पर्य यह है कि स्थायी उपचेय है और विभावादि उपचायक। इस प्रकार स्थायी भाव और विभाव में उत्पाद्य उत्पादक, स्थायी भाव और अनुभाव में गम्य-गमक तथा स्थायी भाव और संचारी में पोष्य-पोषक संबंध होता है। निष्पत्ति का अर्थ है उत्पत्ति। यह लोल्लट के अनुसार इसकी व्याख्या का भाव यह है कि वास्तव में रसानुभूति अनुकार्यों में होती है। जिनका अभिनेता अभिनय करता है उन वास्तविक चरित्रों में रस की स्थिति थी। परंतु अभिनेता की तदनुरूप वेश-भूषा के कारण एवं उसके कुशल अंग-संचालन, अभिनय, वार्तालाप आदि के सहारे दर्शक या सामाजिक, अभिनेता में वास्तविक चरित्र का आरोप कर लेता है। आरोप करने के कारण सामाजिक में भी रस की अनुभूति होती है। आरोप की बात मानने के कारण इनके मत को आरोपवाद भी कहा जाता है। निष्कर्ष यह है कि

1. स्थायी भाव उपचित होकर रस में परिणत होता है।
2. रस व्यक्तिनिष्ठ है-मुख्य रूप से अनुकार्य में रहता है, रामादि का है। वेश-भूषा आदि के कारण

सामाजिक, नट की क्रियाओं को राम की क्रियाएं समझ लेता है।

3. इसमें नट भी रस का आस्वाद लेता है।
4. सामाजिक,नाट्य प्रयोग में कहीं नहीं आता है। वह दूर से ही रस की प्रतीति करता है।

इसे उत्पत्तिवाद भी कहा जाता है। उत्पत्तिवाद इसलिए कि इस सिद्धांत में स्थायीभाव को विभाव से जन्य (उत्पन्न) माना गया है। हम आरोप उसी का करते हैं जिसका हमें पहले से परिचय है। हमने अनुकार्यों को कभी देखा नहीं तो फिर हम अनुकर्ता में अनुकार्य का आरोप कैसे कर लेते हैं? इतना ही नहीं, आरोप कर लेने से हम अनुभव तो नहीं कर सकते। धुएं को देखकर आग का आरोप तो कर सकते हैं किंतु उससे गर्मी का अनुभव तो नहीं किया जा सकता। यदि हम प्रेक्षक या दर्शक में केवल रस की प्रतीति ही मानते हैं तो क्या रसानुभूति केवल प्रतीति ही है। हार्दिक अनुभूति नहीं? इन शंकाओं का समाधान इस सिद्धांत में नहीं हो पाता।

आचार्य शंकुक का अनुमितिवाद : रस निष्पत्ति के दूसरे बड़े आचार्य शंकुक (नवीं सदी) हैं। आचार्य शंकुक के मत में हमें भट्टलोल्लट के मत के परिष्कार का प्रयत्न दिखाई पड़ता है। उनके सिद्धांत को अनुमितिवाद कहा जाता है। शंकुक के अनुसार स्थायीभाव तो वास्तव में नायकादि अनुकार्यों में रहता है, पर वही अनुकृत होने पर रस की संज्ञा धारण करता है। अभिनेता के द्वारा अनुकृत नायकादि का स्थायी भाव अनुमान के द्वारा सामाज को जो आनंद प्रदान करता है, वह रस कहलाता है। लोल्लट की भांति यहां अभिनेताओं में नायकादि पात्रों के आरोप के कारण रस की प्रतीति नहीं है वरन् वह प्रेक्षकों या सामाजिकों का एक प्रकार का आनंद है जिसका आधार है-अनुमान।

शंकुक ने इस प्रक्रिया की पुष्टि 'चित्रतुरगन्याय' से की है। चित्र में लिखे घोड़े को देखकर अनुमान के द्वारा हम उसे घोड़े के रूप में ही समझ लेते हैं और उससे संबंधित ज्ञान जाग्रत होता है, उसी प्रकार सामाजिक, अभिनेताओं को रामादि न मानते हुए भी चित्रतुरंगन्याय के आधार पर रामादि अनुकार्यों की बातों का अनुभव करने लगता है।

संक्षेप में शंकुक का अभिप्राय निम्नलिखित है-

1. नटगत अभिनय कृत्रिम होता है पर सुखद भ्रम के कारण कृत्रिम नहीं लगता।
2. स्थायीभाव तो वास्तव में नायकादि अनुकार्यों में रहता है पर वही अनुकृत होने पर रस की संज्ञा धारण करता है 'भावानुकरणं रसः'।
3. नट में रामत्व की प्रतीति 'चित्रतुरगन्याय' से होती है अर्थात् यह कलात्मक प्रतीति है जो विलक्षण है।

इस तरह, अनुमितिवाद, आरोपवाद से एक कदम आगे बढ़कर रसानुभूति की प्रक्रिया को उद्घाटित करने का प्रयत्न करता है। शंकुक के मत का खंडन भट्ट तौत ने किया है। उनके अनुसार अनुमान से रसानुभूति संभव नहीं है। धुएं को दूर से देखकर अग्नि का अनुमान किया जा सकता है किंतु धुएं की गर्मी नहीं महसूस हो सकती। उसी प्रकार चित्र के घोड़े को घोड़ा मान लेने पर भी उस पर सवारी नहीं हो सकती। मिष्ठान्न का चित्र देख लेने से उसका स्वाद नहीं मिल सकता।

इसके अतिरिक्त बहुत से आलंबन ऐसे भी होते हैं जिनके प्रति हमारा भाव पवित्र होता है जैसे राम, सीता आदि। उनकी रतिभावना आदि का अनुमान करके उसका अनुभव कैसे किया जा सकता है?

भट्टनायक का मुक्तिवाद या भोगवाद : सांख्यमतावलंबी आचार्य भट्टनायक के अनुसार रस न तो अनुमित होता है न अभिव्यक्त और न तो उत्पन्न ही। लोल्लट के उत्पत्तिवाद और अनुमितिवाद का खंडन तो उन्होंने किया ही है, आनंदवर्धन का ध्वनि और व्यंजन का सिद्धांत भी उन्हें ग्राह्य नहीं था। इसीलिए उन्होंने अभिव्यक्ति सिद्धांत का भी विरोध किया। उन्होंने अपने मौलिक विचार प्रस्तुत किए हैं और साधारणीकरण की कल्पना करके रसानुभूति की प्रक्रिया के रहस्य का उद्घाटन किया है। भट्टनायक रस को अनुमेय या प्रतीत नहीं मानते वरन् भोज्य मानते हैं। संयोग का तात्पर्य भोज्य-भोजक भाव है और निष्पत्ति का तात्पर्य मुक्ति है। उन्होंने रसानुभूति की प्रक्रिया की तीन अवस्थाएं मानी हैं-अभिधा, भावकत्व और भोजकत्व। अभिधा व्यापार के द्वारा प्रेक्षक या सहृदय, शब्दों का अर्थ समझता है और समस्त प्रसंगों की विशिष्ट स्थिति का ज्ञान कर लेता है, फिर भावकत्व व्यापार द्वारा विभावादि का साधारणीकरण हो जाता है और भावों की पात्र-विशिष्टता समाप्त हो जाती है तथा सामाजिक की मनोवृत्ति, विभावादि के विशिष्ट रूप में प्रस्तुत किए जाने से निर्वैयक्तिक हो जाती है। आलंबन और उद्दीपन सर्वसाधारण की अनुभूति को स्पर्श करनेवाली विशेषता धारण कर लेते हैं और जो रसास्वाद में व्यक्तिगत भावना का विघ्न या विरोध पड़ता था वह समाप्त हो जाता है। इसी के साथ तीसरी अवस्था का व्यापार है भोजकत्व का। विभावादि के साधारणीकृत हो जाने पर सामाजिक या सहृदय में तमस् और रजस् का शमन हो जाता है और सत्वोद्रेक होता है। सत्वस्थ हो जाने पर सामाजिक की वैयक्तिक चिंता, ईर्ष्या, द्वेषादि भाव नष्ट हो जाते हैं और वह अखंड स्वप्रकाशानंद का अनुभव करता है जो कि भोजकत्व की अवस्था है। भट्टनायक के मतानुसार यह रसानंद निर्वैयक्तिक, सत्वोद्रेक युक्त, चिन्मय, वेद्यांतरस्पर्शशून्य, संविद्विश्रान्तियुक्त होने के कारण

ब्रह्मास्वादसहोदर कहा जाता है। यह मत भुक्तिवाद या भोगवाद है।

भट्टनायक ने साधारणीकरण के द्वारा रसानुभूति के रहस्य को स्पष्ट करके बड़ा ही महत्त्वपूर्ण कार्य किया है। भट्टनायक ध्वनिविरोधी आचार्य थे, अतः उन्होंने भावकत्व और भोजकत्व की कल्पना की जिसकी आवश्यकता ध्वनिवादियों को स्वीकार नहीं है। भट्टनायक के मत के शास्त्रीय दृष्टिकोण से विरोधी होते हुए भी रसानुभूति के विश्लेषण में अभिनव गुप्त ने उनके साधारणीकरण के सिद्धांत का विकास किया है।

अभिनव गुप्त का अभिव्यक्तिवाद : अभिनव के मत को अभिव्यक्तिवाद कहा जाता है। वे रस की उत्पत्ति, अनुमिति और भुक्ति को स्वीकार न कर भरतसूत्र के 'निष्पत्ति' शब्द का अर्थ 'अभिव्यक्ति' करते हैं और 'संयोगात' का अर्थ 'व्यंग्य 'व्यंञ्जक' संबंधात' किया है। इनके अनुसार विभावादि व्यंजक होते हैं और स्थायी भाव 'व्यंग्य'। व्यंजना के विभावन व्यापार से विभावों और स्थायी भावों का साधारणीकरण होता है अर्थात् नायक आदि अनुकार्यों में भाव, वैशिष्ट्यहीन हो जाते हैं तथा सहृदय के हृदयस्थ वासनारूप भावों को जगाते हैं। अभिनवगुप्त का मत है कि 'न ह्येतच्चित्तवृत्तिवासनाशून्यः कश्चित्प्राणीभवति' अर्थात् कोई भी मनुष्य वासनाशून्य नहीं होता। यह वासना गुप्तावस्था में पड़ी रहती है और जब अभिनय से काव्यार्थ प्रकाशित होते हैं तो साधारणीकरण द्वारा यह वासना जाग उठती है और निर्वैयक्तिक रूप से अभिव्यक्त होकर आनंद का आस्वाद कराती है। यही रसास्वाद है।

अपने दार्शनिक मत के आग्रह की दृढ़ता होने पर भी अभिनवगुप्त का यह मत मनोवैज्ञानिक आधार लिए हुए है और रसानुभूति की प्रक्रिया का यथार्थवादी विश्लेषण प्रस्तुत करता है। आगे के अधिकांश विद्वानों ने इसका आधार ग्रहण किया है। वास्तव में अभिनवगुप्त का यह मत भरत के सूत्र की सबसे अधिक संगत व्याख्या प्रस्तुत करता है। यह रसानुभूति अलौकिक इसलिए कही जाती है क्योंकि जीवन की अन्य सामान्य अनुभूतियों से यह अपनी निर्वैयक्तिकता, उदात्तता एवं सामाजिकता के कारण भिन्न होती है। इसमें संबंध विशेष का परिहार हो जाता है। यह रस सहृदय संवेद्य है। इस प्रकार विभावादि और सहृदय दोनों ही के व्यक्ति संबंध का परिहार हो जाने से अखंड रस का आनंद प्राप्त होता है।

आधार ग्रंथ :

1. नाट्यशास्त्र, भरत।
2. अभिनव भारती, अभिनव गुप्त।
3. रस सिद्धांत, डॉ. नगेंद्र।
4. भारतीय साहित्य शास्त्र, बलदेव उपाध्याय।
5. भारतीय काव्य शास्त्र, सत्यदेव चौधरी।
6. काव्य में रस, आनंद प्रकाश दीक्षित।

रस संप्रदाय

रस का अर्थ है 'आस्वाद'। 'रस्यते आस्वाद्यते इति रसः।' जिस प्रकार सुंदर भोजन करने से जिह्वा को खट्टे, मीठे, कड़वे रस की अनुभूति होती है, उसी प्रकार सुंदर काव्य पढ़ने, सुनने या नाटक को देखने से सहृदय को अलग-अलग रस की अनुभूति होती है। जिस प्रकार अनेक प्रकार के व्यंजनों से युक्त अन्न का भोग करते हुए स्वस्थ व्यक्ति आनंद की प्राप्ति करते हैं उसी तरह स्थायी भाव, विभाव, अनुभाव व संचारी भावों के संयोग से निष्पन्न रस का आस्वादन करते हुए सहृदय जन आनंद लेते हैं। प्रथम आस्वाद की प्रक्रिया स्थूल है, दूसरे की सूक्ष्म। जिस प्रकार अनेक द्रव्यों के मिलने से व्यंजन सुस्वादु होता है, परंतु उसमें इस बात की आवश्यकता होती है कि एक विशेष अनुपात में वस्तुएं मिलाई जाएं तभी उसमें अनुकूल स्वाद आयेगा, उसी प्रकार स्थायी भाव को पूर्णतः आस्वाद्य बनाने के लिये विशेष प्रकार के और यथावश्यक विभावों और अनुभावों का संयोग होना चाहिये।

एक और आवश्यक बात यह है कि व्यंजन चाहे कितना भी सुस्वादु क्यों न बना हो पर यदि आस्वादक स्वस्थ शरीर या मन का नहीं है तो उसे स्वाद का आनंद नहीं मिल सकता, उसी प्रकार नाटक या काव्य चाहे कितना ही अच्छा हो उसके दर्शन और पठन से आनंद तभी प्राप्त हो सकता है जब दर्शक या पाठक संवेदनशील एवं स्वस्थ मन वाला हो।

आचार्य विश्वनाथ ने रस के स्वरूप को समझाते हुए लिखा है कि विभाव, अनुभाव और संचारी भाव के संयोग से सहृदय व्यक्ति के हृदय में रहने वाला रति, शोक, हास आदि स्थायी भाव ही रस रूप में परिणत हो जाता है। जिस समय यह रस प्रकट होता है उस समय

हृदय में केवल सात्विक भावों की ही प्रधानता होती है। शेष राजसी और तामसी भाव दब जाते हैं।

रस की धारणा बहुत प्राचीन है। रस की आवश्यकता और महत्ता के संबंध में चाहे हम जागरूक न हों, पर जीवन सुखद और सफल बनाने में रस की भूमिका बहुत अधिक है। भरतमुनि ने तो यहां तक कहा है कि, "न हि रसादृते कश्चिदर्थः प्रवर्तते।" रस को ब्रह्मानंद सहोदर कहा गया है। इस कल्पना का मूल स्रोत तैत्तिरीय उपनिषद् है। 'रसो वै सः' कहकर इस उपनिषद में ब्रह्म को ही आनंद या रस स्वरूप बताया गया है। इसके अनुसार आनंद ही ब्रह्म है। आनंदमय ब्रह्म ही समस्त भूतमात्र का जनक है। इसी के आधार पर अनुभूत ब्रह्मानंद से तुलना करके काव्यानंद को 'ब्रह्मानंद सहोदर' कहा गया है।

रस के महत्व को प्रायः सभी बड़े आचार्यों ने स्वीकार किया है। आलंकारिकों ने भी रस को रसवदादि अलंकार के रूप में स्वीकार किया है। ध्वनि जो सर्वव्यापक सिद्धांत के रूप में स्वीकार्य हुआ, रस को प्रधान स्थान देने वाला है। रस ध्वनि के रूप में तो रस को सर्वश्रेष्ठ ध्वनिकाव्य माना गया ही, काव्य की आत्मा भी रस को ही किसी न किसी रूप में कहा गया है।

हिंदी के आचार्यों में आचार्य रामचंद्र शुक्ल ने आधुनिक मनोविज्ञान के आलोक में रस की पुनर्व्याख्या का प्रस्ताव किया और रस की लौकिकतावादी व्याख्या की। उन्होंने लोक हृदय में लीन होने की दशा को 'रसदशा' कहा। 'रस सिद्धांत' का प्रणयन करके डॉ नगेंद्र ने आज के युग में भी रस की प्रासंगिकता प्रमाणित की है। इस प्रकार आधुनिक साहित्य के मूल्यांकन के लिये भी आचार्यों ने एक सीमा तक ही सही रस का आधार स्वीकार किया है।

रस की अवधारणा का क्रमबद्ध इतिहास हमें आचार्य भरत (ई.पू. दूसरी सदी से दूसरी सदी ई. के मध्य अनुमानित) से मिलने लगता है। सर्वप्रथम भरत ने अपने प्रसिद्ध ग्रंथ नाट्य शास्त्र में रसानुभूति की अवधारणा की कल्पना की और नाटक के संदर्भ में उसका विस्तृत विश्लेषण किया। भरत का प्रसिद्ध सूत्र है, "विभावानुभाव व्यभिचारिसंयोगाद्रस निष्पत्तिः।" अर्थात् विभाव, अनुभाव और व्यभिचारी भावों का स्थायी भाव के साथ संयोग होने पर रस की निष्पत्ति होती है। यद्यपि सूत्र में स्थायी भाव का उल्लेख नहीं किया गया है फिर भी रस का मूल कारण वही है। इस प्रकार रस सामग्री के चार मुख्य अवयव हैं-स्थायी भाव, विभाव, अनुभाव और संचारी भाव या व्यभिचारी भाव।

(1) स्थायी भाव-मनुष्य बड़ा भावुक प्राणी है। उसका हृदय भावों का सागर है। उसमें अगणित प्रकार की भाव-तरंगें सोती-जगती रहती हैं पर उनमें कुछ ऐसी होती हैं जो सदैव विद्यमान रहती हैं तथा अन्य भाव तरंगों पर अपना प्रभाव डालती हैं। ये प्रधान भाव ही स्थायी भाव कहे जाते हैं। 'स्थायी भाव' का अर्थ है, वे भाव, जो हृदय में सदैव स्थायी रूप से विद्यमान रहते हैं। ये स्थायी भाव ही अनुकूल परिस्थितियां आने पर जग जाते हैं और अन्य भावों के सम्यक् संयोग से रस के रूप में प्रकट होते हैं। सामान्यतया स्थायी भाव नौ माने जाते हैं-रति, शोक, हास, क्रोध, उत्साह, भय, जुगुप्सा, विस्मय और निर्वेद। इनके अतिरिक्त परवर्ती आचार्यों ने दो और स्थायी भाव जोड़ दिये हैं, वात्सल्य और ईश्वर प्रेम।

(2) विभाव-जिन्हें देखकर स्थायी भाव जगते हैं, उन्हें ही काव्य में 'विभाव' कहते हैं अर्थात् विभाव, स्थायी भाव को जगाने के कारण हैं। विभाव के दो भेद होते हैं-आलंबन विभाव और उद्दीपन विभाव। आलंबन वह है जिसका सहारा लेकर स्थायी भाव जगता है। जिसके हृदय में स्थायी भाव जगता है वह 'आश्रय' कहलाता है और जिसको देखकर जगता हैं वह 'आलंबन'। जैसे यदि सर्प को देखकर हमारे हृदय में 'भय' नामक स्थायी भाव जगता है तो हम आश्रय हैं और सर्प आलंबन। इसी प्रकार यदि राधा को देखकर कृष्ण के हृदय में रति का भाव जगता है तो कृष्ण आश्रय हैं और राधा आलंबन।

आलंबन की चेष्टायें उद्दीपन कहलाती हैं। आलंबन तो केवल स्थायी भाव को जगा भर देता है पर उद्दीपन उन्हें तीव्रता प्रदान करता है। सर्प का फण निकालकर फुफकारना उद्दीपन है। इसी प्रकार राधा का मुस्कराना, कटाक्ष करना आदि भी उद्दीपन है। आलंबन की चेष्टाओं के अतिरिक्त प्राकृतिक वातावरण भी उद्दीपन का कार्य करते हैं जैसे नदी का किनारा, काली घटाएं, वसंत, समीर आदि।

(3) अनुभाव-आलंबन की चेष्टायें तो उद्दीपन कहलाती हैं किंतु स्थायी भाव के जगने के बाद आश्रय की चेष्टायें अनुभाव कहलाती हैं। वस्तुतः ये अनुभाव ही बतलाते हैं कि कौन सा स्थायी भाव जगा है। स्थायी भावों के जगने के बाद उसकी सूचना देने के कारण ही ये अनुभाव कहलाते हैं।

अनुभावों के भेद के विषय में आचार्यों में मतभेद हैं। भरत ने अनुभावों के तीन भेद किये हैं-वाचिक, आंगिक और सात्विक। भानुदत्त ने इनके चार भेद माने हैं और उनके नाम भी आचार्य भरत से कुछ भिन्न दिये हैं। ये हैं-कायिक, मानसिक, आहार्य और सात्विक। परवर्ती काव्यशास्त्र में ये इसी रूप में स्वीकृत हुए हैं।

तन की चेष्टाओं को कायिक अनुभाव माना जाता है। भिन्न-भिन्न परिस्थितियों में आश्रय द्वारा भ्रूसंचालन, कटाक्षपात आदि क्रियायें करना कायिक अनुभाव हैं। इन अनुभावों को उत्पन्न करने के लिए आश्रय को कुछ यत्न करना पड़ता है इसलिए इन्हें 'यत्नज' अनुभाव भी कहते हैं। इनकी संख्या अनिश्चित हैं। मन की चेष्टायें मानसिक अनुभाव कहलाती हैं। अंतःकरण की भावना के अनुकूल

मन में हर्ष-विषाद आदि के उद्वेलन को मानसिक अनुभाव कहते हैं। मन के भाव के अनुकूल भिन्न-भिन्न प्रकार की कृत्रिम वेषभूषा धारण करने को आहार्य अनुभाव कहा जाता है। सात्विक अनुभाव वे हैं, जो सहज स्वाभाविक रूप से उत्पन्न होते हैं। इनके उत्पन्न होने में आश्रय को कोई यत्न नहीं करना पड़ता। अतः इन्हें 'अयत्नज' अनुभाव भी कहते हैं। इनकी संख्या आठ है-स्तंभ, स्वेद, रोमांच, स्वरभंग, प्रकम्प, वैवर्ण्य, अश्रु, प्रलय (मूर्च्छा)।

प्रारंभ में रसों की संख्या नौ मानी गई थी। भरत ने तो नाट्य शास्त्र में आठ रस ही माना है, पर काव्य में नौ रस माने गए, ये नौ रस हैं, शृंगार, हास्य, करुण, रौद्र, वीर, भयानक, वीभत्स, अद्भुत और शांत रस। इनके अतिरिक्त बाद के आचार्यों ने दो रस और गिनाये-वात्सल्य और भक्ति रस। इस प्रकार इनको भी मिला देने से रसों की संख्या ग्यारह हो जाती है।

रसानुभूति के समय सहृदय में केवल सात्विक भावों की प्रधानता (सत्वोद्रेक) होती है। शेष राजसी व तामसी भाव दब जाते हैं, "रजस्तमोभ्यामस्पृष्टं मनः सत्वमिहोच्यते।"

रस के स्वरूप की व्याख्या करते हुए कहा गया है कि रस अखंड है, अर्थात् रस उस स्थायी भाव का दूसरा नाम है जिसकी निष्पत्ति, विभाव, अनुभाव और संचारी भावों के संयोग से हो। रस चिन्मय है। चेतनता प्रधान आनंद है। वह मद्यपान आदि भौतिक आनंदों की तरह जड़ नहीं है। रस वेद्यांतर स्पर्श शून्य है, अर्थात् रसास्वादन के समय अन्य किसी प्रकार के वेद्य अर्थात् ज्ञान का स्पर्श तक नहीं हो पाता। रस को 'ब्रह्मानंद सहोदर' कहा गया है। 'सहोदर' इसलिए कि दोनों में अंतर है। ब्रह्मास्वाद में साधक ऐंद्रिय विकारों से सदा के लिए नितांत मुक्त हो जाता है जबकि रसास्वाद में तत्काल (कुछ क्षण के लिए) ही। रस लौकिक आनंद है। 'अलौकिक' शब्द का प्रयोग लाक्षणिक अर्थ में होता है।

भारतीय काव्य शास्त्र में रस सर्वाधिक महत्वपूर्ण साहित्य सिद्धांत रहा है। आचार्य भरतमुनि से लेकर डॉ. नगेंद्र तक ने रस को महत्व दिया है। आचार्य शुक्ल मूलतःरसवादी समीक्षक हैं। उनकी कविता की परिभाषा उल्लेखनीय है, "जिस प्रकार आत्मा की मुक्तावस्था ज्ञानदशा कहलाती है उसी प्रकार हृदय की मुक्तावस्था रस दशा कहलाती है। हृदय की इसी मुक्ति की साधना के लिए मनुष्य की वाणी जो शब्द विधान करती आई है उसे कविता कहते हैं।" अर्थात् काव्य हृदय की मुक्ति के लिए ही होता है। इस प्रकार आज भी रस की प्रासंगिकता असंदिग्ध है।

आधार ग्रंथ :

1. भारतीय साहित्य शास्त्र कोश, डॉ. राजवंश सहाय हीरा।
2. भारतीय साहित्य शास्त्र, गणेश त्र्यंबकदेश पांडे।
3. रसमीमांसा, रामचंद्र शुक्ल।
4. रस सिद्धांत, डॉ. नगेंद्र।
5. भारतीय काव्य शास्त्र, सत्यदेव चौधरी।
6. काव्य में रस, आनंद प्रकाश दीक्षित।

रसाभास

सहृदय को जब रसानुभूति के स्थान पर रस का आभास (छाया) मात्र हो अर्थात रस केवल आभासित होकर ही रह जाए तो उस अवस्था को प्राचीन आचार्यों ने रसाभास कहा है। इस अवस्था में रस निष्पत्ति अधूरी रह जाती है और रस परिपाक पूर्ण नहीं हो पाता। आचार्य आनंदवर्धन ने अनौचित्य को रसाभास का मूलाधार माना है। उनके अनुसार औचित्य में ही रस परिपाक का रहस्य छिपा है। उन्होंने लिखा है-

"अनौचित्यादृते नान्यद्रसभंगस्य कारणम्।/
औचित्योपनिबंधस्तु रसस्योपनिषत्परा।"

अभिनवगुप्त ने अपने 'ध्वन्यालोकलोचन' में रसाभास को 'शुक्तौ रजताभासवत' अर्थात सीपी में रजत के आभास जैसा बताया है।

उनके अनुसार औचित्य के साथ प्रवृत्त स्थायी भाव का आस्वाद रस कहलाता है, व्यभिचारी भाव का आस्वाद भाव कहलाता है और अनौचित्य रूप से प्रवृत्त होने पर स्थायी भाव रसाभास कहलाता है। इस तरह अभिनव गुप्त ने आनंदवर्धन का ही अनुकरण किया है।

आचार्य मम्मट के अनुसार रस तथा भावों का अनौचित्यपूर्ण प्रवर्तन ही रसाभास या भावाभास कहा जाता है। उन्होंने कहा है, "तदाभासा अनौचित्यप्रवर्तिता।" और पंडितराज जगन्नाथ के अनुसार रस का अनुचित आलंबन विभाव ही रसाभास है। "अनुचितविभावालंबनत्वं रसाभासत्व ।" आचार्य विश्वनाथ के अनुसार "अनौचित्य प्रवृत्तत्वं आभासो रसभावयो" अर्थात जब रस भाव आदि के लक्षण अनौचित्यपूर्ण हों वहां अनौचित्य

के कारण रस या भाव आदि का आभास मात्र दिखाई देता है, ऐसे स्थलों पर रसाभास या भावाभास होता है।

आचार्य शिंगभूपाल (13वीं सदी) ने अपने ग्रंथ 'रसार्णवसुधाकर' में रसाभास पर विस्तार से चर्चा की है। रसाभास की व्याख्या करते हुए उन्होंने लिखा है कि जब 'अंग रस' अविनीत अमात्य की तरह बढ़कर अपने स्वामी 'अंगी रस' को आच्छादित कर ले तो रसाभास हो जाता है। शिंगभूपाल ने रसाभास के भेद भी किये हैं। उनके अनुसार श्रृंगार रसाभास चार प्रकार का होता है- अराग, अनेक राग, तिर्यक राग तथा मलेच्छ राग। शारदातनय के अनुसार जहां अप्रधान रस के दो भाग हो जाएं और प्रधान एक ही भाग रह जाए वहां रसाभास लक्षित होता है। उन्होंने आगे बताया है कि श्रृंगार रस का रसाभास हास्य के मिश्रण से, हास्य का वीभत्स से, वीर का भयानक से, अद्भुत का वीभत्स तथा करुण का संश्लेष से, रौद्र का शोक और भय के आवेश से, वीभत्स का अद्भुत तथा श्रृंगार के सम्मेलन से, भयानक का वीर तथा रौद्र के संयोग से तथा इसी प्रकार अन्य परस्पर विरोधी रसों के अनौचित्य पूर्ण सम्मिश्रण से रसाभास उत्पन्न होता है।

रसाभास होने पर रस दसा बनी रहती है या नष्ट हो जाती है, आचार्यों के बीच यह विवाद का विषय रहा है। पंडितराज जगन्नाथ और उनके पूर्ववर्ती अभिनवगुप्त, दोनों ने अनेक तर्क देकर सिद्ध किया है कि रसाभास में पूर्णतया रस का अभाव नहीं होता। अपने प्रतीति काल में रसाभास, रस जैसा ही आस्वाद्य रहता है, पर जब बुद्धि अनौचित्य तक पहुंच जाती है तो सारी रसानुभूति रसाभास बनने लगती है। ध्वनिवादी आचार्यों ने संभवतः इसीलिए रस और रसाभास दोनों को ही ध्वनि के अंतर्गत रखा है।

रस में अनौचित्य किस-किस प्रकार से और कैसे-कैसे हो सकता है इसपर भी आचार्यों ने विस्तार से विचार किया है। इस विषय पर विचार करते समय आचार्यों ने रस के सामाजिक महत्व पर बराबर ध्यान रखा है। आचार्य विश्वनाथ के अनुसार सामाजिक नियमों की अवहेलना करने वाला साहित्य समाज के लिए घातक होता है। समाज के नैतिक पक्ष की अनदेखी करने वाला साहित्य उत्कृष्ट साहित्य नहीं कहा जा सकता। पंडितराज जगन्नाथ ने विभाव में अनौचित्य न मानकर रत्यादि स्थायीभावों के अनुचित रूप में प्रवृत होने से रसाभास की उत्पत्ति बताई है।

हिंदी के आचार्य कवियों ने रसाभास की जो परिभाषाएं दी हैं वे अधिकतर परिपाटीबद्ध हैं। "अनुचित है रसभाव जहं, ते कहिये आभास।" (कुलपति मिश्र), "अनुचित विषय करति जु है सोई रस आभास" (चिंतामणि त्रिपाठी), "रसाभास अनुचित करम करब अजोग्य बिलास। हास्य करब गुरु निगम को सुत पितु सो रत नास" (पद्माकर), "रस सो भासितु होतु है जहां न रस की बात। रसाभास तासो कहैं जेहै मति अवदात" (भिखारी दास)।

स्पष्ट है उपर्युक्त पारिभाषाओं से रसाभास के स्वरूप की अवधारणा अस्पष्ट ही रह जाती है।

गंगाप्रसाद अग्निहोत्री ने राधा-कृष्ण के प्रेम को राधा के परकीया भाव के कारण श्रृंगार का रसाभास मान लिया है। कुछ आचार्यों के अनुसार कृष्ण चरित में ऐसे अनेक तत्त्व पाये जाते हैं, जिनके कारण कृष्ण काव्य के बहुत से स्थल रस का संचार न करके रसाभास उत्पन्न करते हैं, जैसे कृष्ण का बहुनायकत्व तथा अल्पावस्था आदि। सहृदय की विवेक शक्ति और संस्कारकी भिन्नता के कारण भी अनुभूति भिन्न हो सकती है। एक ही वर्णन किसी सहृदय को रस और किसी को रसाभास से युक्त लग सकता है, अतः रसाभास के लिए कोई निश्चित नियम बना देना कठिन है।

डॉ. राजवंश सहाय हीरा के अनुसार रस सिद्धांत लोकशास्त्रानुयायी औचित्य तत्त्व का ग्राहक है। इसमें ऐसे तत्त्वों की उपेक्षा की गई है, जिनके वर्णन से समाज में उच्छृंखलता पैदा हो या नैतिक मूल्यों का ह्रास हो। आचार्य रामचंद्र शुक्ल जैसे महान आचार्य ने रस सिद्धांत के इस गुण की बड़ी निष्ठा के साथ हिफाजत की है। इसलिए हम कह सकते हैं कि रसाभास की कल्पना के पीछे समाज के स्थायी नैतिक मूल्यों के प्रति गहरे लगाव का भाव निहित है।

आचार्यों ने प्रत्येक रस के रसाभास का जिक्र करते हुए रसाभास के भी उतने ही भेद किए हैं, जैसे, करुण रसाभास, श्रृंगार रसाभास रौद्र रसाभास आदि।

आधार ग्रंथ :

1. हिंदी साहित्य कोश, भाग-1।
2. रस वाटिका, गंगाप्रसाद अग्निहोत्री।
3. रस सिद्धांत, डॉ. नगेंद्र।
4. काव्य में रस, आनंद प्रकाश दीक्षित।
5. भारतीय साहित्य शास्त्र कोश, डॉ. राजवंश सहाय हीरा।

रहस्यवाद

अज्ञातसत्ता के प्रति आकर्षण रहस्यवाद है। इसकी अभिव्यक्ति सभ्यता के प्रायः सभी स्तरों, देशों और कालों में होती रही है। रहस्यवाद उतना ही पुरातन है, जितनी की स्वयं मानवता। नामवर सिंह रहस्यवाद और रहस्यभावना में फर्क करते हैं और कहते हैं कि " रहस्य-भावना प्राचीन है, लेकिन 'रहस्यवाद' आधुनिक है और हिंदी में छायावादी काव्य-आंदोलन से संबद्ध है। हिंदी-साहित्य में 'रहस्यवाद' शब्द का प्रयोग 1920 ई. से पहले नहीं दिखाई पड़ता है। जब मुकुटधर पांडेय, सुमित्रानंदन पंत, जयशंकर प्रसाद की नवीन कविताएं प्रकाश में आयीं तो उनकी आलोचना-प्रत्यालोचना के सिलसिले में 'रहस्यवाद' शब्द का प्रयोग किया गया। कवींद्र रवींद्र की अंग्रेजी 'गीतांजलि' को देशी-विदेशी आलोचकों ने 'मिस्टिक' कहा था; इसलिए हिंदी में भी उस तरह की कविताओं को 'मिस्टिक' और उनमें निहित भावधारा को 'मिस्टिसिज्म' समझकर उनके लिए हिंदी शब्द 'रहस्यवाद' चलाया गया।" यदि नामवर सिंह की अवधारणा को हम स्वीकार कर लें, जो सर्वथा उचित ही है, तो रहस्यवाद का संबंध छायावादी काव्यांदोलन से जुड़ता है।

मई, 1927 ई. की 'सरस्वती' में 'सुकवि किंकर' नाम से आचार्य महावीर प्रसाद द्विवेदी ने 'आजकल के हिंदी कवि और कविता' निबंध में इस विषय पर विचार करते हुए लिखा था कि "अंग्रेजी में एक शब्द है 'मिस्टिक' या मिस्टिकल'। पंडित मथुरा प्रसाद दीक्षित ने अपने त्रैमासिक कोश में उसका अर्थ लिखा है—गूढ़ार्थ, गुप्त, गोप्य और रहस्य। रवींद्रनाथ की यह नये ढंग की कविता इसी 'मिस्टिक' शब्द के अर्थ का द्योतक है। इसे कोई रहस्यवाद कहता है, कोई गूढ़ार्थ-बोधक कहता है और कोई छायावाद की अनुगामिनी कहता है।" संभवतः उसी वर्ष 'माधुरी' में अवध उपाध्याय ने 'रहस्यवाद' पर लेखमाला प्रकाशित करवाई और 1928 ई.में आचार्य रामचंद्र शुक्ल ने 'हिंदी काव्य में रहस्यवाद ' नाम से एक पुस्तक ही लिख दी। इस प्रकार 'रहस्यवाद' छायावादी कविता की प्रवृत्ति-विशेष के लिए प्रयुक्त हुआ है।

आगे चलकर आलोचना-प्रत्यालोचना के सिलसिले में रहस्यवाद का विस्तार अतीत की काव्य-प्रवृत्तियों के लिए भी किया गया और आधुनिक रहस्यवादी कवियों ने अपने पक्ष के समर्थन के लिए वेद, उपनिषद्, शैवागम, तंत्र, नाथ, सिद्ध, कबीर, मीरा आदि की रचनाओं में रहस्यभावना खोज निकाली। प्राचीन साहित्य में रहस्यवाद की परंपरा दिखाने वालों में प्रसाद जी का नाम सबसे पहले लिया जा सकता है। उनका 'रहस्यवाद' निबंध हिंदी में सम्भवतः इस तरह का पहला प्रयत्न है। बाद में महादेवी वर्मा ने भी अनेक उदाहरणों से रहस्यवाद की प्राचीन परंपरा दिखलाई। इसके विपरीत आचार्य शुक्ल ने अपने ढंग से रहस्यवाद को 'भारतीय काव्य-परंपरा' से बाहर की वस्तु माना। यद्यपि जायसी को रहस्यवादी कहने की परंपरा उन्होंने ही कायम की; फिर भी वे रहस्यवाद को मुख्यतः आधुनिक काव्य-प्रवृत्ति मानते हैं। आचार्य हजारीप्रसाद द्विवेदी ने कबीर आदि प्राचीन संतों की कविता के वैशिष्ट्य के लिए 'रहस्यवाद' संज्ञा को अनुपयुक्त माना है। इस तरह, अधिकांश आलोचक हिंदी साहित्य के इतिहास में छायावादयुगीन रहस्यभावापन्न काव्य-प्रवृत्ति तक ही 'रहस्यवाद' को सीमित रखना उचित मानते हैं।

रहस्यवाद का एक निश्चित दर्शन है जिसके अनुसार सत्य 'रहस्य ' है और उसका केवल 'दर्शन ' होता है। सत्य का दर्शन सबको सब समय नहीं होता। विशेष व्यक्ति, विशेष क्षण में ही सत्य को देख सकते हैं। ऐसे विशेष व्यक्ति को विशेष प्रकार की दृष्टि प्राप्त होती है जिसे कभी-कभी 'अंतर्दृष्टि भी कहते हैं। प्राचीन काल में ऐसे सत्य-द्रष्टा 'ऋषि' कहलाते थे जिसका अर्थ होता था 'द्रष्टा'। 'धर्मस्य तत्त्व निहितं गुहायाम्' एवं 'ऋषियो मंत्रद्रष्टार' जैसे वाक्य रहस्यवाद के रहस्य और दर्शन के प्राचीन संकेत हैं।

रहस्यवादी को ज्ञान की प्रतीति किसी रहस्य के उद्घाटन या अनावरण के बोध के रूप में होती है। प्रतीयमान जगत् की अवास्तविकता का बोध होने के बाद इस प्रतीति के साधनों में अविश्वास होना स्वाभाविक है। फलतः रहस्यदर्शी इंद्रिय-बोध के साथ-साथ बौद्धिक ज्ञान का भी निषेध करता है। रहस्य-ज्ञान में इंद्रियों को प्रायः बाधक कहा गया है और बुद्धि को ज्ञान का शत्रु। रहस्यवादियों ने तर्क और बुद्धि का विरोध किया है क्योंकि विश्लेषण-परक होने के कारण बुद्धि सत्य को खंड-खंड करती है और भेदों की सृष्टि करती है। इसलिए ज्ञानोपलब्धि की वैज्ञानिक पद्धति जहां निरीक्षण-परीक्षण, विश्लेषण-विवेचन आदि से युक्त एक क्रमबद्ध एवं सुदीर्घ व्यापार है वहां रहस्यवाद अंतर्दृष्टि से प्राप्त एक आकस्मिक घटना है।

आचार्य शुक्ल के शब्दों में, "अनिर्दिष्ट और धुंधली झलक या भावना में भी एक विशेष प्रकार का आकर्षण होता है जो स्निग्ध विस्मय, औत्सुक्य या अभिलाषा उत्पन्न करता है। घने कुहरे या जाली के बीच किसी के रूप-माधुर्य की हलकी-सी झलक मात्र पाकर हम केवल उत्सुक होंगे। इसी उत्सुकता की सतत प्रेरणा उसका रूप निर्दिष्ट करने के लिए हमारी कल्पना प्रवृत्त रहा करेगी।"

नामवर सिंह कहते हैं, "स्वाभाविक है कि कुतूहल उत्पन्न करनेवाले उस रहस्यात्मक तत्त्व का स्वरूप जिज्ञासु के मन का ही प्रक्षेपण हो। भाववादी व्यक्ति प्रायः

बाह्य-जगत् में भी अपने ही आतंरिक जगत् की छाया देखता है; यहां तक कि भाववादी कभी-कभी बाह्य जगत् को अपने ही मनोजगत् की अभिव्यक्ति अथवा उसका प्रसार मानता है।" नामवर सिंह का संकेत है कि आधुनिक रहस्यवादी कवि ने शेष प्रकृति में अपने स्फीत अहं को प्रतिष्ठित किया और इसी को उसने परम सत्ता अथवा परम चेतना के नाम से अभिहित किया।

आचार्य शुक्ल अपने 'इतिहास' में लिखते हैं कि "ये कवि 'भक्ति-क्षेत्र' में उपास्य की एकदेशीय" धर्म विशेष में प्रतिष्ठित भावना के स्थान पर सार्वभौम भावना की ओर बढ़ रहे थे, जिसमें सुंदर रहस्यात्मक संकेत भी रहते थे'। कवि अपनी कल्पना के द्वारा जब 'प्रकृति के बीच किसी वस्तु के गूढ़ और अगूढ़ संबंध-प्रसार का चित्रण' करता है; अथवा 'जगत् के अनंत रूपों और व्यापारों के बीच फैले हुए मोटे और महीन संबंध-सूत्रों की झलक-सी दिखाकर नरसत्ता के सूनेपन का भाव दूर करने और अखिल सत्ता के एकत्व की आनंदमयी भावना ' लगाकर हमारे हृदय का बंधन खोलने की कोशिश करता है तो वस्तुतः वह उस सार्वभौम भावना को ही व्यक्त करता है। रवींद्रनाथ जब यह कहते हैं कि अखंड 'एक' की मूर्ति, किसी आकार में भी क्यों न रहे, 'असीम' को ही प्रकाशित करती है; तो वे प्रकारांतर से व्यक्ति मानव को ही गौरव देते हैं। कहना वे यही चाहते हैं कि व्यक्ति मानव उस अखंड 'एक' का ही एक रूप है इसलिए वह स्वयं भी अखंड 'एक' और 'असीम' है। महादेवी जी जब गाती हैं कि, "बीन-बंदी तार की झंकार है आकाशचारी, / धूलि के इस मलिन दीपक से बंधा है तिमिरहारी" तो वे व्यक्तिगत आकार में निहित समष्टिगत 'एक' को प्रकाशित करती हैं।

रहस्यवादी कवियों में, उस परम प्रिय से मिलने की जो बात बार-बार कही जाती है, वह इसी सार्वभौम भावना का काव्यात्मक रूप है। आचार्य शुक्ल जब कविता का कार्य 'शेष सृष्टि के साथ हमारे रागात्मक संबंध की रक्षा और निर्वाह' बताते हैं, तो अपने ढंग से उस युग में व्याप्त उस सार्वभौम भावना को ही प्रतिध्वनित करते हैं।

इस तरह सामाजिक पृष्ठभूमि पर रखकर देखने से रहस्यवादी काव्य की संपूर्ण परोक्षानुभूति, प्रत्यक्षानुभूति ही सिद्ध होगी। आचार्य शुक्ल ने इस रहस्य का उद्घाटन काफी पहले कर दिया था, " वास्तव में इसी जगत् के सुख-सौंदर्य की आसक्ति या प्रेम है जो संचारी के रूप में आशा या अभिलाषा का उन्मेष करके, इस सुख-सौंदर्य को किसी अज्ञात या अध्यात्मिक क्षेत्र में ले जाकर पूर्ण करने की ओर प्रवृत्त करता है। 'अज्ञात की लालसा' का अर्थ वस्तुतः 'ज्ञात की लालसा है'।"

हिंदी साहित्य में रहस्यवादी कविता का ऐतिहासिक महत्व है। इसने मनुष्य में आत्मप्रसार तथा आत्म-विश्वास की भावना जगाई, प्राचीनता की कारा में घिरे हुए मन को उन्मुक्त असीम वातावरण दिया; विश्व मानवता की सार्वभौम भावना उत्पन्न की, स्थूल तथ्यों को भेदकर जीवन-सत्य को देखने की अंतर्दृष्टि दी और गहन अनुभूति के क्षणों का सूक्ष्म मनोवैज्ञानिक चित्रण किया। जिस समय द्विवेदी युग की कविता स्थूल तथ्यों के संग्रह और कोरे वस्तु वर्णन में व्यस्त थी, रहस्यवाद के आविर्भाव ने काव्य में जीवन के मौलिक सत्यों और रहस्यों के प्रति जिज्ञासा का भाव जगाया। जीवन की क्षुद्रताओं से मनुष्य को ऊपर उठाकर उसे उच्च भाव-भूमि पर प्रतिष्ठित करने का श्रेय रहस्यवाद को ही है।

इन सबके बावजूद रहस्यवादी कविता की अपनी सीमाएं भी हैं। रहस्यवादी दृष्टिकोण से जीवन और जगत् की समस्याओं का हल संभव नहीं है। रहस्यवादियों का विश्वास था कि परम सत्य अज्ञात और अज्ञेय है और उसे ऐसा ही रहने देना चाहिए क्योंकि उसकी अज्ञेयता में ही आनंद है। इस तर्क प्रणाली के फलस्वरूप अबुद्धिवाद, श्रद्धावाद, आत्मविस्मृति, अचेतना आदि प्रवृत्तियों का प्रचार हुआ और फिर चिंतनशील मनुष्य के लिए रहस्यलोक में पलायन करने के सिवा और कोई रास्ता नहीं दिखाई दिया। रहस्यवाद के इस हानिकारक रूप को देखते हुए ही आचार्य रामचंद्र शुक्ल ने उस समय उसका विरोध किया था।

आधार ग्रंथ :

1. आधुनिक साहित्य की प्रवृत्तियां, नामवर सिंह।
2. हिंदी साहित्य कोश, भाग-1।
3. चिंतामणि भाग-1, रामचंद्र शुक्ल।
4. छायावाद, नामवर सिंह।

रामकाव्य

रामकाव्य से तात्पर्य है रामकथा पर आधारित काव्य। आदिकवि वाल्मीकि के अनेक शताब्दियों पूर्व रामकथा को लेकर आख्यान काव्य की रचना होने लगी थी, किंतु वह साहित्य अप्राप्य है। अतः वाल्मीकि कृत 'रामायण'

प्राचीनतम उपलब्ध रामकाव्य है। इसकी रचना का काल-निर्धारण अब भी विवादास्पद है। सम्भवतः इसकी रचना चौथी शताब्दी ई.पू. के अंत में हुई थी। बहुत समय तक मौखिक रूप में प्रचलित रहने के कारण इसका रूप स्थिर नहीं रह सका। इसकी कथा में निरंतर परिवर्तन होता रहा है।

बौद्धों ने ईसवी सन् के कई शताब्दियों पूर्व राम को 'बोधिसत्त्व' मानकर, रामकाव्य को अपने जातक-साहित्य में स्थान दिया है। इस प्रकार 'दशरथजातक', 'अनामकं जातकम्' तथा 'दशरथकथानकम्', ये तीन जातक कथाएं रची गईं। इनका मूल स्रोत सम्भवतः रामकथा संबंधी प्राचीन आख्यान-काव्य है। आगे चलकर बौद्धों में रामकथा की लोकप्रियता घटने लगी, अतः अर्वाचीन बौद्ध साहित्य में राम काव्य का अभाव है। बौद्धों की भांति जैनियों ने भी रामकथा को अपनाया, लेकिन जैन साहित्य में इसकी लोकप्रियता शताब्दियों तक बनी रही, जिसके फलस्वरूप एक अत्यंत विस्तृत जैन रामकाव्य की सृष्टि हुई। विमल सूरि ने ईसवी सन् की तीसरी सदी में 'पउमचरिय' लिखकर रामकथा को जैन धर्म के सांचे में ढालने का प्रयत्न किया। इसका संस्कृत रूपांतर रविषेण ने सन 660 ई. में किया था, जो 'पद्मचरित' के नाम से प्रसिद्ध है। आगे चलकर जैन कवियों ने रविषेण की कृति को आधार बनाकर अनेक रामकाव्यों की रचना की है। जिनमें संस्कृत में रचित हेमचंद्र कृत 'जैन रामायण' (12वीं सदी), जिनदास कृत 'रामपुराण' (15वीं सदी) तथा पद्मदेवविजयगणिकृत 'रामचरित' (16वीं सदी) प्रमुख हैं। अपभ्रंश में सत्यभूदेव कृत 'पउमचरिय' (8वीं सदी), कन्नड़ भाषा में नागचंद कृत 'पम्परामायण' (11वीं सदी) तथा कुमुदेंदु कृत 'रामायण' (13वीं सदी) भी इस परंपरा के महत्वपूर्ण रामकाव्य हैं।

जैन रामकथा का एक दूसरा रूप हमें सबसे पहले गुणभद्र कृत 'उत्तरपुराण' (9वीं सदी) में मिलता है। इसके आधार पर भी संस्कृत, प्राकृत तथा कन्नड़ में बहुत से ग्रंथों की रचना हुई है।

संस्कृत साहित्य में अनेक कवियों ने रामकथा के आधार पर महाकाव्यों अथवा नाटकों की सृष्टि की है। रामकथा संबंधी प्राचीन महाकाव्यां में वाल्मीकीय कथानक को ही आधार माना गया है। उन रचनाओं की एक सामान्य विशेषता यह है कि रामायण की अपेक्षा उनमें शृंगार को अधिक स्थान मिला है। 'सेतुबंध' तथा 'भट्टिकाव्य' में यह वर्णन राक्षसों की शृंगार-चेष्टाओं तक सीमित रहा, किंतु 'जानकीहरण' में राम-सीता का सम्भोग-वर्णन भी 'कुमारसम्भव' के अनुकरण पर किया गया है। कालिदास कृत 'रघुवंश' में रामचरित के अतिरिक्त अन्य रघुवंशीय राजाओं का भी चरित्र वर्णित है फिर भी राम को इस महाकाव्य का प्रधान नायक माना जा सकता है।

महाराष्ट्री प्राकृत में लिखित 'रावणवह' अथवा 'सेतुबंध' की रचना सम्भवतः कश्मीर में राजा प्रवरसेन अथवा उनके दरबार में किसी कवि द्वारा 5वीं अथवा 6वीं सदी ई. में हुई थी। इसके 15 सर्गों में रामायण के युद्धकांड की कथावस्तु का अलंकृत शैली में वर्णन किया गया है। 6वीं अथवा 7वीं सदी में भट्टि ने 'रावणवध' लिखा, जो 'भट्टिकाव्य' के नाम से प्रसिद्ध है। कुमारदास कृत जानकीहरण' में बालकांड से युद्धकांड तक का कथानक वर्णित है। अभिनंद कृत 'रामचरित' (नवीं सदी) के 36 सर्गों में राम-लक्ष्मण के प्रस्रवण-पर्वत पर वर्षा-निवास से लेकर कुम्भ-निकुम्भ-वध तक की कथा वाल्मीकि के आधार पर दी गई है। रावण के सम्भोग-शृंगार का विस्तृत वर्णन इस काव्य की विशेषता है। क्षेमेंद्र कृत 'रामायण-मंजरी' में रामायण के पश्चिमोत्तरीय पाठ का संक्षेप मिलता है। उदार राघव की रचना 14वीं सदी में साकल्यमल्ल द्वारा हुई थी। इसके 18 सर्गों में से केवल नौ सर्ग सुरक्षित हैं, जो कथानक को शूर्पणखा के वृत्तांत तक पहुंचा देते हैं। 14वीं सदी के बाद भी बहुत से राम-विषयक महाकाव्यों का उल्लेख मिलता है। जो प्रायः अप्रकाशित है और कम साहित्यिक महत्व रखते हैं।

रामकथा संबंधी नाटकों के अभिनय की प्रथा प्राचीन काल से चली आ रही है। महाकाव्यों की अपेक्षा इन नाटकों में परंपरागत कथानक में अधिक परिवर्तन किया गया है तथा अनेक नवीन पात्रों की भी कल्पना कर ली गई है। भासकृत माने जानेवाले राम कथा पर केंद्रित दो नाटक मिलते हैं-'प्रतिमा नाटक' तथा 'अभिषेक नाटक'। आठवीं सदी के पूर्वार्द्ध में भवभूति ने 'महावीरचरित' के सात अंकों में राम-सीता-विवाह से लेकर रामाभिषेक तक की कथा प्रस्तुत की है। इसमें एकता लाने के उद्देश्य से राम के प्रति रावण का द्वेष नाटक का मुख्य विषय बना दिया गया है। राम कथा पर आधारित नाटकों में 'महावीरचरित' का स्थान ऊंचा है, फिर भी वीर रस के उग्र भावों की अपेक्षा भवभूति शृंगार तथा करुण के कोमल भावों की अभिव्यक्ति में कहीं अधिक सफल हुए हैं। 'उत्तररामचरित' न केवल भवभूति की उत्कृष्ट रचना है, जिससे वह कालिदास की समता कर सकते हैं, अपितु वह समस्त राम-काव्य का सर्वोत्तम नाटक भी है।

'कुंदमाला' की कथावस्तु 'उत्तररामचरित' से मिलती-जुलती है। इसकी रचना धीरनाग द्वारा सम्भवतः नवीं सदी में हुई थी। मुरारिकृत 'अनर्घराघव' में विश्वामित्र' के आगमन से युद्धकांड तक का वृत्तांत वर्णित है। राजशेखर कृत 'बालरामायण' (10वीं सदी) सबसे विस्तृत राम-नाटक है। दस अंकों में सीतास्वयंवर से रामराज्याभिषेक तक की समस्त कथा भवभूति और मुरारि के अनुकरण पर प्रस्तुत की गई है।

शक्तिभद्र कृत 'आश्चर्यचूड़ामणि' दक्षिण भारत में नवीं सदी का माना जाता है, लेकिन इसकी इतनी प्राचीनता संदिग्ध है। इसमें शूर्पणखा के आगमन से सीता की अग्नि-परीक्षा तक की कथा है।

'प्रसन्नराघव' की रचना जयदेव द्वारा हुई थी। इसमें सीता स्वयंवर से युद्ध कांड तक की समस्त कथा सात अंकों में वर्णित है। हस्तिमल्लकृत 'मैथिलीकल्याण' शृंगार रस प्रधान चार अंकों का नाटक है, जिसमें राम-सीता के पूर्वानुराग का चित्रण है। सोमेश्वर कृत 'उल्लाघराघव' (13वीं सदी) के आठ अंकों में विवाह के पश्चात् सीता की विदाई से लेकर युद्ध कांड के अंत तक की कथा वर्णित है। सुभट्ट कृत 'दूतांगद' (13वीं सदी) में अंगद का दूतकार्य आधिकारिक कथावस्तु है। 'उन्मत्तराघव' (14वीं सदी) नामक प्रेक्षणक में भास्कर भट्ट ने 'विक्रमोर्वशीय' के चतुर्थ अंक के अनुकरण पर राम द्वारा सीता की खोज का वर्णन किया है।

द्रविड़ भाषाओं में प्राचीनतम प्राप्त राम-काव्य कम्बन कृत 'तमिल रामायण' है, जिसकी रचना 12वीं सदी में हुई थी। कम्बन ने संस्कृत तथा तमिल काव्य-शैलियों का समन्वय कर और तमिल साहित्य में एक नये युग के प्रवर्तक बनकर, तमिल कवियों में ही नहीं, भारतीय कवियों में भी एक महत्वपूर्ण स्थान प्राप्त किया है। तेलुगु साहित्य में रामकथा-विषयक प्रचुर सामग्री मिलती है, किंतु 'रंगनाथरामायण' (13वीं सदी) और 'भास्कररामायण' (14वीं सदी) का विशेष महत्व है।

'रामचरित' (14वीं सदी) मलयालम साहित्य की प्राचीन रचना है, जिसमें प्रचलित रामायण के युद्धकांड की कथावस्तु वर्णित है। बाद में 'वाल्मीकि रामायण' के दो अनुवाद किये गए हैं-'कण्णश्श-रामायण' तथा 'केरल वर्मा रामायण'। वहां का सबसे लोकप्रिय रामकाव्य लगभग 1600 ई. का एजुत्त चन द्वारा 'अध्यात्म रामायण' का अनुवाद है।

आधुनिक आर्य-भाषाओं का रामकाव्य राम-भक्ति के विकास के पश्चात् ही सृजित हुआ है, अतः इस पर प्रायः राम-भक्ति की गहरी छाप है। उत्तरभारत में तुलसीकृत 'रामचरितमानस' तथा कृत्तिवासीय रामायण, दोनों अपने-अपने भाषा-क्षेत्र में अत्यंत लोकप्रिय हैं। कृतिवास ने 15वीं सदी में पयार छंद में अपनी रामायण की रचना की थी। इसके बाद के बंगाली रामकाव्य की प्रमुख रचनाएं इस प्रकार हैं-अद्भुताचार्य का 'आश्चर्य रामायण', जो संस्कृत के अद्भुत रामायण पर निर्भर है, चंद्रावती की 'रामायण गाथा', कविचंद्रकृत 'अंगद रायबार', और रघुनंदन गोस्वामी कृत रामरसायन' (18वीं सदी)।

असमिया तथा गुजराती साहित्य में रामकथा की अपेक्षा कृष्णकथा को अधिक महत्वपूर्ण स्थान मिला है, फिर भी इन दोनों भाषाओं में महत्वपूर्ण रामकाव्य की रचना हुई है। 14वीं सदी में माधव कन्दलि ने 'वाल्मीकि-रामायण' का असमिया भाषा में पद्यानुवाद किया था तथा दुर्गावर ने 16वीं सदी में 'गीति-रामायण' की रचना की थी। असमिया साहित्य के वैष्णव काल के सर्वश्रेष्ठ कवि शंकरदेव ने 'रामविजय' नामक नाटक लिखा। गुजराती साहित्य में भालण का 'सीतास्वयंवर' अथवा 'रामविवाह' (15वीं सदी) महत्वपूर्ण रामकाव्य है। वहां इस समय गिरधरदास (19वीं सदी) कृत 'रामायण' सर्वश्रेष्ठ माना जाता है और सबसे लोकप्रिय भी है। मराठी का प्राचीनतम तथा सर्वाधिक प्रचलित रामकाव्य एकनाथकृत 'भावार्थ-रामायण' है, जिसकी रचना 16वीं सदी में हुई थी। उड़िया साहित्य में सर्वाधिक प्रसिद्ध रामायण तीन हैं-'जगमोहन-रामायण', 'बलरामदास रामायण' तथा दाण्डिरामायण'। उड़िया की दो और रामायण प्रसिद्ध हैं-अर्जुनदास का 'रामविभा' और सिद्धेश्वरदास का 'विलंका रामायण'। 'कश्मीरी रामायण' की रचना 18वीं सदी में हुई थी तथा नेपाली भाषा में भानुभट्ट ने अपनी 'रामायण' 19वीं सदी में लिखी है।

हिंदी राम साहित्य में गोस्वामी तुलसीदास का एकाधिपत्य उसकी महत्वपूर्ण विशेषता है। रामानंद ने उत्तर भारत में रामभक्ति का जो प्रसार किया था उसके फलस्वरूप हिंदी रामसाहित्य के केंद्र में रामभक्ति धारा अनवरत प्रवाहित देखी जा सकती है। तुलसीदास के समकालीन कवियों में अग्रदास ने 'पदावली' तथा 'ध्यानमंजरी' तथा नाभादास ने 'राम चरित के पद' में रामभक्ति से संबंधित पदों की रचना की है। तुलसी के समकालीन अन्य राम काव्यों में मुनिलाल का 'रामप्रकाश' केशवदास की 'रामचंद्रिका' प्रबंध की दृष्टि से महत्वपूर्ण है। राजस्थान में रामानंद का 'लक्ष्मणायन' तथा माधौदास का 'रामरासो' उल्लेखनीय है।

तुलसी के परवर्ती रामकाव्यों में लालदास का 'अवध विलास', सेनापति कृत 'कवित्त रत्नाकर' और नरहरिदास का 'अवतार चरित' का विशेष महत्व है। रीतिकाल का रामसाहित्य महत्वपूर्ण न होते हुए भी अधिक विस्तृत है। शृंगार की व्यापकता, प्रसिद्ध संस्कृत रामकाव्य के पद्यानुवाद, हनुमान विषयक रचनाओं का बाहुल्य आदि रीतिकालीन रामसाहित्य की खास विशेषताएं हैं।

भूपति ने 'रामचरित रामायण' की रचना 17वीं सदी में की। सिखों के दसवें गुरु गोविंद सिंह ने 'रामावतार कथा' लिखी जो बाद में 'गोविंद रामायण' के नाम से प्रकाशित हुई। इसके अतिरिक्त दर्जनों कृतियां रामकथा से संबंधित रची गई हैं। रामकथा से संबंधित नाट्य साहित्य में प्राणचंद चौहान का 'रामायण महानाटक' तथा 'हनुमन्नाटक', विश्वनाथ सिंह का 'आनंद रघुनंदन', ईश्वरी प्रसाद कृत 'रामायण' लक्ष्मण शरण मधुकर का 'रामलीला

विहार', हरिराम का 'जानकी रामचरित' आदि उल्लेखनीय है। खड़ी बोली गद्य की प्रारंभिक प्रौढ़ रचनाएं 'भाषायोगवाशिष्ठ', 'पद्मपुराण' और सदल मिश्र का 'रामचरित' रामकथा से संबंधित है। हिंदी का गद्य साहित्य रामकथा साहित्य में भरा हुआ है, विस्तारमय से उनका नामोल्लेख भी अनुचित है।

विदेश में रामकथा का प्रसार पहले-पहल बौद्धों द्वारा हुआ था। 'अनामकं जातकम्' तथा 'दशरथजातकम्' का क्रमशः तीसरी और पांचवीं सदी में चीनी भाषा में अनुवाद हुआ था। इसके बाद का प्राचीनतम विदेशी रामकाव्य 'तिब्बती रामायण' है, जिसकी रचना सम्भवतः आठवीं सदी में हुई थी। पूर्व-तुर्किस्तान की 'खोतानी रामायण' नवीं सदी की है। इन दोनों में पर्याप्त समानता है और इनका 'बृहत्कथा' तथा गुणभद्र कृत 'उत्तरपुराण' से संबंध असन्दिग्ध है। इन्डोनेशिया, बर्मा, थाईलैंड आदि देशों में भी प्राचीन काल से ही रामकथा से संबंधित रचनाएं प्रचलित हैं विस्तार भय से जिनका उल्लेख नहीं किया जा रहा है। हम निश्चित तौर पर कह सकते हैं कि विश्व साहित्य के इतिहास में शायद ही कोई मिथकीय कथा हो जिसका प्रसार रामकथा के समान हो।

आधार ग्रंथ :

1. रामकथाः उत्पति और विकास, कामिल बुल्के।
2. हिंदी साहित्य कोश, भाग-1।
3. राम भक्ति में रसिक संप्रदाय, भगवती प्रसाद सिंह।

राष्ट्रवाद

राष्ट्रीय भावना मनुष्य के राजनीतिक जीवन को सदा से ही प्रभावित करती रही है। राज्य के जनपदीय स्वरूप से लेकर वर्तमान राष्ट्रीय राज्य तक यह भावना सदैव किसी न किसी रूप में राजनीतिक संगठनों के निर्माण को प्रभावित करती रही है। परंतु राष्ट्रीयता का वर्तमान स्वरूप, जिसे हम 'राष्ट्रवाद' कहते हैं, आधुनिक काल की देन है।

अंग्रेजी शब्द नेशन 'Nation' की उत्पत्ति लेटिन भाषा के 'नेशियों' शब्द से हुई है, जिसका अर्थ है, जन्म या जाति। इस आधार पर कुछ लोग एक निश्चित भौगोलिक सीमा में रहने वाली एक जाति को ही राष्ट्र के नाम से संबोधित कर देते हैं। परंतु राष्ट्र के बारे में इस प्रकार की धारणा अधूरी है। वास्तव में 'राष्ट्र' शब्द का अर्थ इतना संकीर्ण नहीं है, जितना प्रायः समझ लिया जाता है। राष्ट्र शब्द में राजनीतिक धारणा छिपी हुई है और राष्ट्र केवल उसी समूह विशेष को कहा जा सकता है, जो निश्चित भौगोलिक सीमा में रहते हुये राजनीतिक स्वाधीनता का उपभोग करता हो। राष्ट्र की व्याख्या करते हुए जॉन स्टुअर्ट मिल (John Stuart Mill, 1806-1873) ने भी कहा है, "राष्ट्र मनुष्य जाति का एक ऐसा भाग है, जो एक दूसरे के प्रति सहानुभूति से बंधा हुआ एक सरकार के अधीन रहने की प्रबल इच्छा रखता हो।" इसीलिए राष्ट्रीयता उस भावना विशेष का नाम है, जिसके कारण कोई व्यक्ति या समुदाय पारस्परिक एकता की भावना का अनुभव करता है। वह श्रद्धा और निष्ठा पर आधारित एक ऐसा आदर्श है, जिसका केंद्र राष्ट्र होता है। वह एक ऐसी मनोदशा है जिसमें व्यक्ति अपनी राष्ट्रीयता एवं राज्य के प्रति उच्चतर भक्ति-भावना का अनुभव करता है।

राष्ट्रीयता की भावना में अपनी राष्ट्रभूमि के प्रति अगाध श्रद्धा की भावना होती है। जैसा कि बाल गंगाधर तिलक कहा करते थे कि "ईश्वर और हमारा देश अलग-अलग नहीं है। हमारा देश ईश्वर का ही एक रूप है।" राष्ट्रवाद से हमारा तात्पर्य राष्ट्र प्रेम एवं राष्ट्र के प्रति निष्ठा से होता है, परंतु विभिन्न स्थानों एवं समयों पर इस पर जिन विविध दृष्टिकोणों से विचार किया जाता है, उनके कारण इसके स्वरूप भी अनेक हो गए हैं। इनमें रूढ़िवादी राष्ट्रवाद, उदारवादी राष्ट्रवाद, जनवादी राष्ट्रवाद, एकाधिकारवादी राष्ट्रवाद और मार्क्सवादी राष्ट्रवाद आदि प्रमुख हैं।

मनुष्य जाति में सदा से ही यह प्रवृत्ति रही है कि एक नस्ल, एक भाषा, एक धर्म, रीतिरिवाज तथा एक जैसे ऐतिहासिक अतीत वाले लोग प्रायः एक संगठन में बंध जाते हैं। यद्यपि अनेक नस्ल वाले अथवा अनेक भाषा-भाषी अथवा अनेक धर्मों के अनुयायियों अथवा विभिन्न प्रकार के रीति-रिवाजों के मानने वाले लोगों के भी राष्ट्र बने हैं और वर्तमान में भी विद्यमान हैं, परंतु राष्ट्रीयता की भावना एवं राष्ट्र के निर्माण में ये तत्त्व प्रायः सहायक होते हैं, यह निर्विवाद है। इतिहास के प्रारम्भिक काल में इस प्रकार के एक से लोगों के समुदायों को 'गण', जन या 'कबीला' का नाम दिया जाता था। इस प्रकार की जातियों या कबीलों के लोग जब किसी निश्चित भूखंड पर बस कर अपना पृथक राजनीतिक संगठन बना लेते थे, तो उन्हें 'जनपद' अथवा 'राष्ट्र' कहा जाता था। भारत के प्राचीन ग्रंथों में इस प्रकार के जनपदों का बराबर उल्लेख मिलता है। प्राचीन ग्रीस में भी इस प्रकार के 'जनपद' थे, जिन्हें 'नगर राज्य' कहा जाता था।

परंतु आधुनिक अर्थ में राष्ट्रवादी प्रवृत्ति का उदय हम फ्रांस की राज्य-क्रांति से हुआ मानते हैं। फ्रांस की राज्य-क्रांति से जिन नवीन शक्तियों एवं प्रवृत्तियों को प्रोत्साहन मिला, उनमें राष्ट्रवाद की प्रवृत्ति मुख्य थी। फ्रांस के राजा लुई सोलहवें के भागने पर यह कहा जाना कि " राजा भाग गया तो भाग जाने दे, फ्रांसीसी राष्ट्र तो विद्यमान है" निश्चित ही इस बात का परिचायक है कि राजनीतिक संगठन का वास्तविक आधार राजा न होकर राष्ट्रीय एकता है, और किसी व्यक्ति समूह को राजनीतिक एकता में बांधने के लिए राष्ट्रवादी प्रवृत्ति की आवश्यकता है, न कि किसी राजा के प्रति भक्तिभाव की।

फ्रांस की राज्य क्रांति से प्रारंभ होकर राष्ट्रवादी विचारधारा निरंतर जोर पकड़ती गई। धीरे-धीरे इस बात को व्यापक समर्थन मिला कि प्रत्येक राष्ट्र को अपना स्वतंत्र राजनीतिक अस्तित्व प्राप्त करने एवं उसे बनाये रखने का अधिकार है। परतंत्र राष्ट्रों के लिए यह स्वाभाविक अधिकार की वस्तु बन गई थी कि वे अपने स्वतंत्र राजनीतिक अस्तित्व के लिए आवाज उठाएं। इसके बाद ग्रीस, बेल्जियम, स्पेन, पोलैंड, ऑस्ट्रिया नार्वे, स्वीडेन, अमेरिका आदि देशों में राष्ट्रवाद जड़ जमाता चला गया। इटली और जर्मनी में फासीवाद का जो उदय हुआ, उसका भी आधार राष्ट्रवाद ही था। भारत में 1857 की क्रांति के दौरान राष्ट्रवाद विकसित हुआ। इस आंदोलन को यद्यपि अंग्रेजों ने 'सिपाय म्युटिनी' कहा है किंतु इस आंदोलन की प्रकृति को देखते हुए इसके पीछे की राष्ट्रीय चेतना को इनकार नहीं किया जा सकता। उल्लेखनीय है कि कार्ल मार्क्स ने इसे "National Revolt of Hindus and Muslims" कहा था।

राष्ट्रीयता अथवा राष्ट्र निर्माण में जिन तत्त्वों का योगदान होता है, प्रायः वे ही तत्त्व राष्ट्रवाद के विकास में सहायक होते हैं। इन तत्त्वों में समान भौगोलिक क्षेत्र, समान नस्ल,समान सांस्कृतिक संबंध, समान भाषा और समान राजनीतिक संगठन प्रमुख हैं। परंतु इसका यह तात्पर्य नहीं है कि केवल इन्हीं तत्त्वों के द्वारा राष्ट्रवाद का आविर्भाव हुआ हो अथवा उसे प्रोत्साहन मिला हो। वस्तुतः राष्ट्रवाद के प्रादुर्भाव, उसके विकास एवं प्रतिष्ठा के निश्चित कारणों के विषय में कुछ भी निश्चित रूप से नहीं कहा जा सकता। भिन्न-भिन्न परिस्थितियों, भिन्न-भिन्न काल और भिन्न-भिन्न कारणों ने राष्ट्रवादी भावना के प्रोत्साहन में योग दिया है। भौगोलिक एकता, नस्ल की एकता, ऐतिहासिक एकता, सांस्कृतिक एकता, धार्मिक एकता, राजनीतिक एकता, विजय-पराजय, व्यापारिक प्रतिस्पर्धा और शोषण एवं उसका विरोध-इन सबको राष्ट्रवाद के विकास में योगदान देने का श्रेय दिया जा सकता है।

अरविंद घोष का विश्वास था कि मानव जाति के विकास के लिए राष्ट्रवाद पहली आवश्यकता है। उनके विचार से राष्ट्र का विकास मनुष्य का विकास है, जो आजकल अत्यधिक महत्वपूर्ण है, क्योंकि व्यक्तिगत स्वार्थ व पारिवारिक स्वार्थ र्को, जिनकी जड़ें बहुत गहरी हैं, उनके लिए व्यापक राष्ट्रीय हित में राष्ट्र की व्यवस्था में विलीन होना जरूरी है, क्योंकि इसी में मानवता का कल्याण निहित है। परंतु दूसरी ओर रवींद्रनाथ टैगोर के अनुसार राष्ट्र स्वाभाविक तत्त्व नहीं है। उनका विचार है कि जब कभी जनता जानबूझकर अपने आप को शक्ति और लूटमार के लिए संगठित कर लेती है, तो वह राष्ट्र का रूप धारण कर लेती है।

वस्तुतः यह सच है कि राष्ट्रवाद का उग्र रूप जगत के लिए अभिशाप भी सिद्ध हुआ है और उसके कारण राष्ट्रीय एवं अंतरराष्ट्रीय हानियां ही हुई हैं, तथापि इस तथ्य को अस्वीकार नहीं किया जा सकता कि अपने विशुद्ध रूप में राष्ट्रवाद निस्संदेह वरदान साबित हुआ है। इस समय आवश्यकता इस बात की है कि राष्ट्रवाद को विकृत व उग्र होने से बचाया जाए और उसे विश्व मानवतावाद के परिप्रेक्ष्य में रखकर देखा जाए।

आधार ग्रंथ :

1. आधुनिक राजनीतिक विचारधाराएं, डॉ. इकबाल नारायण।
2. भारत में उपनिवेशवाद स्वतंत्रता संग्राम और राष्ट्रवाद, शिवानी किंकर चौबे (अनुवाद : मिलिंद भारद्वाज)
3. भारत में उपनिवेशवाद और राष्ट्रवाद, बिपिन चंद्र
4. सन् सत्तावन की राज्य क्रांति, रामविलास शर्मा।
5. National Self Determination, Cobban.
6. Social Background of Indian Nationalism, Desai.
7. Essays on Nationalism, Hayes.
8. The Idea of Nationalism, Hans Kohn.

वेबसाइट : www.en.wikipedia.org/wiki/nationalism

रिपोर्ताज़

'रिपोर्ताज़' अंग्रेजी शब्द 'रिपोर्ट' (Report) का समानार्थी फ्रांसीसी शब्द है जो इसी रूप में हिंदी में भी ग्रहण कर लिया गया है। घटना का यथातथ्य वर्णन 'रिपोर्ताज' का प्रमुख लक्षण है परंतु 'रिपोर्ट' के कलात्मक और साहित्यिक रूप को ही 'रिपोर्ताज़' कहते हैं। तात्पर्य यह है कि 'रिपोर्ताज़' ऐसी 'रिपोर्ट' है जिसमें साहित्यिकता एवं कलात्मकता का समावेश हो। अधिकांश साहित्यकारों का मानना है कि 'रिपोर्ताज' में भावना का आवेग होता है, वह आवेग जो मनुष्य के संघर्ष को देखकर जन्म लेता है। अतः 'रिपोर्ताज़' के केंद्र में जो घटना या तथ्य रहता है उसका संबंध मनुष्य संघर्ष से होता है।

रिपोर्ताज़ का स्वरूप घटनापरक होते हुए भी सृजनात्मक एवं साहित्यिक है। घटना के यथातथ्य विवरण पर बल देते हुए भी रचनाकार इसमें कलात्मकता का भरपूर उपयोग करता है। रिपोर्ताज़ में घटना का सतही रूप नहीं रहता। जो घट रहा है मात्र उतना ही सच नहीं है। घटना यहां एक 'संकुल प्रक्रिया' है। युग संघर्ष, युग चेतना, मनुष्य और उसका समाज, ह्रास-विकास की तमाम शक्तियां उसके भीतर सन्निहित रहती हैं। रिपोर्ताज़ में जहां मानवीय संवेदनाएं अत्यंत महत्वपूर्ण होती हैं वहीं लेखक के दृष्टिकोण की भी महत्वपूर्ण भूमिका होती है। साहित्यकार अपने रचना कर्म का निर्वाह सजग युग द्रष्टा होकर करता है। घटना की सतह के भीतर देख पाने की रचनाकार की दृष्टि जितनी पैनी होगी, उतनी ही उसकी रचना अधिक विश्वसनीय और प्रामाणिक होगी। वस्तुतः रिपोर्ताज़ में लेखक का दृष्टिकोण ही वस्तुगत सत्य को प्रभावी रूप प्रदान करता है। बाबू गुलाबराय ने इसे ही 'लेखक का उत्साह' कहा है। रिपोर्ताज़ के विषय में वे लिखते हैं, "रिपोर्ट की भांति यह घटना या घटनाओं का वर्णन तो अवश्य होता है किंतु उसमें लेखक के हृदय का निजी उत्साह रहता है जो वस्तुगत सत्य पर बिना किसी प्रकार का आवरण डाले उसको प्रभावमय बना देता है।"

'लेखक के उत्साह' की व्याख्या करते हुए समीक्षकों ने उसे लेखक की पक्षधरता का पर्याय माना है। डॉ. विश्वम्भरनाथ उपाध्याय के शब्दों में "...परिप्रेक्ष्य के प्रति पक्षधरता अथवा प्रतिबद्धता के बिना रिपोर्ताज़ में लेखक का उत्साह व्यक्त नहीं हो सकता।" डॉ. रामविलास शर्मा भी मानते हैं कि "कल्पना के सहारे रिपोर्ताज़ नहीं लिखा जा सकता...। रिपोर्ताज़ लिखने के लिए जनता से सच्चा प्रेम होना चाहिए।" इस प्रकार रिपोर्ताज़ में लेखक अपने विचारों, भावों एवं अनुभूतियों के स्पर्श से घटना के वर्णन को प्रभावशाली रूप प्रदान करता है।

रिपोर्ताज़ का संबंध वर्तमान से होता है। इसलिए कुछ समीक्षक तात्कालिकता को रिपोर्ताज़ का आवश्यक तत्त्व मानते हैं। पत्रकारिता से जुड़े होने के कारण रिपोर्ताज़ किसी भी घटना की तात्कालिक रिपोर्ट होती है या फिर किसी भी घटना पर लेखक की तीव्र भावात्मक प्रतिक्रिया। इसी संदर्भ में कहा जाता है कि रिपोर्ताज़ यथार्थ पर अवस्थित विधा है और यही तत्त्व उसे जीवंतता प्रदान करता है लेकिन इसका वर्तमान, भूत और भविष्य से कटा हुआ नहीं होता। डॉ. विश्वम्भरनाथ उपाध्याय के शब्दों में, "उसका संबंध सिर्फ वर्तमान से होता है किंतु उसका लेखक वर्तमान के उस बिंदु पर होता है, जिसमें भूतकालीन मूल्य और भावनाएं रहती हैं और भविष्य के प्रति उत्कट लालसा भी।" इस प्रकार रिपोर्ताज़ एक संश्लिष्ट विधा है जिसमें जीवन और इतिहास के अनेक धरातल किसी एक घटना, एक समय बिंदु पर केंद्रित होकर उसे उद्भासित करते हैं।

रिपोर्ताज़ के लेखक का उद्देश्य अपने वर्ण्य विषय को एक सजीव अनुभव के रूप में प्रस्तुत करना होता है। परिणामतः रिपोर्ताज की प्रस्तुति भी उसके लेखक से अतिरिक्त रचना सामर्थ्य की अपेक्षा रखता है। रिपोर्ताज़ में आंखों देखी घटना का वर्णन होता है लेकिन कभी-कभी जब कानों सुनी घटना पर रिपोर्ताज़ लिखा जाता है तब यह भी जरूरी होता है कि लेखक को घटना के इतिहास और परिवेश का प्रत्यक्ष अनुभव हो जिसके बल पर वह स्मृत रूपविधान के सहारे घटना को शब्दचित्र के रूप में सजीव कर दे। अतः उसकी भाषा सजीव, मर्मस्पर्शी एवं संवेदना जाग्रत करनेवाली होती है। एक समर्थ रचनाकार के रिपोर्ताज की भाषा घटना के अतीत को अनावृत करती, वर्तमान का साक्षात्कार कराती है और भविष्य की ओर संकेत करते हुए अनेक भंगिमाएं धारण करती है तथा रचना की प्राणशक्ति बनकर पूरे अनुभव को सजीव एवं प्रत्यक्ष कर देती है।

निष्कर्ष यह है कि रिपोर्ताज आधुनिक हिंदी गद्य की एक नवीन विधा है, जिसके केंद्र में 'घटना' का वह स्वरूप रहता है जो व्यापक मानवीय सत्य से जुड़कर चिरस्थायी साहित्यिक रूप में बदल जाता है। अपनी विशिष्ट रचना सामर्थ्य के बल पर रिपोर्ताज का लेखक अपने वर्णन और विवरणों में ऐसा प्रभाव उत्पन्न करता है कि पूरी घटना एक जीवंत अनुभव में परिवर्तित हो जाती है।

विधा के रूप में 'रिपोर्ताज' का विकास द्वितीय विश्वयुद्ध से संबद्ध है। द्वितीय विश्वयुद्ध के समय साहित्यकारों ने युद्धक्षेत्रों से महायुद्ध की विभीषिका का ऐसा जीवंत वर्णन प्रस्तुत किया कि पूर्व प्रचलित 'रिपोर्ट' की विधागत सीमाओं को तोड़कर 'रिपोर्ताज' नामक साहित्यिक विधा का जन्म हुआ। इन लेखकों ने एक ओर मनुष्य की मानवीयता को झकझोरा तो दूसरी ओर राष्ट्रीय भावना से

ओत-प्रोत अपने देश के साहसी योद्धाओं के पराक्रम एवं बलिदान का आंखों देखा वर्णन प्रस्तुत किया।

हिंदी में रिपोर्ताज की परंपरा का प्रारंभ दिसंबर 1938 में 'रूपाभ' में प्रकाशित शिवदान सिंह चौहान की रचना 'लक्ष्मीपुरा' से माना जाता है। कन्हैयालाल मिश्र 'प्रभाकर' का नाम भी उल्लेखनीय है। वे बहुत पहले से रिपोर्ताज लिख रहे थे जिनका संकलन 1953 में 'क्षण बोले कण मुस्काए' नाम से प्रकाशित हुआ। वस्तुतः इस विधा का महत्व समझ ाकर उसके विकास का मार्ग प्रशस्त करने का श्रेय श्री शिवदानसिंह चौहान को ही है। 'हंस' पत्रिका के तत्कालीन संपादक के रूप में उन्होंने 'अपना देश' नामक स्थायी स्तंभ प्रारंभ किया जिसमें प्रतिमास एक रिपोर्ताज प्रकाशित होता था। 1944 में 'विशाल भारत' में रांगेय राघव ने बंगाल के अकाल पर 'अदम्य जीवन' शीर्षक से स्थायी महत्व के रिपोर्ताज लिखे जो बाद में 'तूफानों के बीच' नाम से संकलित किए गए। इस युग में प्रकाशचंद्र गुप्त तथा अमृतराय आदि लेखक भी इस विधा में सक्रिय योगदान दे रहे थे, लेकिन इस क्षेत्र में रांगेय राघव की अद्वितीयता तथा 'तूफानों के बीच' के ऐतिहासिक महत्व को स्वीकार करते हुए अमृतराय ने लिखा है, "जहां तक मैं जानता हूं रांगेय राघव के उन्हीं रिपोर्ताजों से हिंदी में लिखने का चलन शुरू हुआ। मैंने और दूसरों ने रिपोर्ताज लिखे, लेकिन जो बात रांगेय राघव के लिखने में थी वह किसी को नसीब न हुई।"

स्वातंत्र्योत्तर युग में इस विधा की ओर और भी लेखकों का रुझान हुआ। रामकुमार वर्मा कृत 'यूरोप का स्केच' में संस्मरण, रेखाचित्र और रिपोर्ताज के मिले जुले तत्त्व दिखाई पड़ते हैं। लक्ष्मीचंद्र जैन के रिपोर्ताज संग्रहों 'कागज की किश्तियां ' तथा 'नये रंग नये ढंग' में दृष्टि की सूक्ष्मता तथा गहरे अध्ययन की पृष्ठभूमि दिखाई पड़ती है। स्वातंत्र्योत्तर भारत की स्थितियों पर अमृतराय ने 'हंस' में जो रिपोर्ताज लिखे, वे सब 'लाल धरती' शीर्षक से संकलित हुए। युद्ध की पृष्ठभूमि पर बहुत से रिपोर्ताज लिखे गए। 1966 में भारत-पाकिस्तान युद्ध की आधारभूमि पर शिवसागर मिश्र ने 'लड़ेंगे हजार साल' शीर्षक से रिपोर्ताज लिखे। 'धर्मयुग' पत्रिका में 1972 में धर्मवीर भारती के रिपोर्ताज 'ब्रह्मपुत्र की मोर्चाबंदी' और 'दानव की वृत्ति' नाम से आए, जो बाद में 'युद्ध क्षेत्र मुक्त क्षेत्र' शीर्षक से प्रकाशित हुए। फणीश्वरनाथ रेणु के निबंध संग्रह 'श्रुत अश्रुत पूर्व' में 'एकलव्य के नोट्स' तथा अन्य कई रिपोर्ताज संगृहीत हैं। रेणु के अन्य प्रमुख रिपोर्ताज संग्रह हैं-'ऋणजल धनजल' तथा 'नेपाली क्रांतिकथा'। रेणु के रिपोर्ताजों में भाव जगत का एक नया संदर्भ है, जिसमें अनेक क्रांतिकथाएं उभर कर आई हैं। स्वातंत्र्योतर भारत के गांवों के दुःख दर्द की अभिव्यक्ति है विवेकीराय के रिपोर्ताज 'जुलुस रुका है' में। मणि मधुकर के रिपोर्ताज संग्रह 'पिछला पहाड़' तथा 'सूखे सरोवर का भूगोल' रेगिस्तान के जीवन से संबद्ध हैं। इनमें मरुभूमि के जीवन संघर्षों को लेखक ने मानवीय सहानुभूति के साथ उभारा है। अज्ञेय के संग्रह 'देश की मिट्टी बुलाती है' में भी कुछ श्रेष्ठ रिपोर्ताज संकलित हैं जिनमें 'जापानी युद्धबंदियों के साथ' का स्थायी महत्व है।

डॉ. रामचंद्र तिवारी के अनुसार, "चूंकि 'रिपोर्ताज' मुख्यतः किसी रोमांचक, आतंककारी या विभीषक घटना-युद्ध, अकाल, बाढ़, सूखा आदि पर आधृत होते हैं, इसलिए वे निरंतर नहीं लिखे जाते। रिपोर्ताज से मिलती-जुलती एक अन्य विधा 'फीचर' है। यह निरंतर लिखा जा सकता है। इसमें किसी भी व्यक्ति, स्थिति या घटना को आधार बनाया जा सकता है। 'रिपोर्ताज' और 'फीचर' दोनों का जन्म पत्रकारिता की कोख से हुआ है। रिपोर्ताज ने अपना कलात्मक रूप विकसित कर लिया है। अब उसको शैली रूप में उपन्यासों, संस्मरणों और आत्मकथाओं में प्रयुक्त किया जाने लगा है।

आधार ग्रंथ :

1. रांगेय राघव का रचना संसार, अमृतराय।
2. कथा विवेचना और गद्य शिल्प, डॉ. रामविलास शर्मा।
3. जलते-उबलते प्रश्न, डॉ. विश्वंभरनाथ उपाध्याय।
4. काव्य के रूप, बाबू गुलाबराय।
5. हिंदी का गद्य साहित्य, रामचंद्र तिवारी।
6. हिंदी साहित्य कोश, भाग-1।

रीति संप्रदाय

रीति का कोशगत अर्थ है 'गमन प्रणाली', जिससे जाया जाए या गतिशील हुआ जाए। "रीयते गम्यतेऽनेन इति रीतिः।" अतः मार्ग, पंथ, पद्धति, प्रणाली,शैली आदि इसके पर्यायवाची शब्द हैं। आचार्यों ने इसे 'रीति' के अतिरिक्त अन्य कई नामों से अभिहित किया है। उदाहरणार्थ भामह और दण्डी ने 'मार्ग' तथा 'वर्त्म', उद्भट, मम्मट और जगन्नाथ ने 'वृत्ति' तथा आनंदवर्धन ने 'संघटना' नाम दिया है।

रीति की लंबी परंपरा है इसलिए सुविधा के लिए हम रीति संप्रदाय को तीन हिस्सों में बांट सकते हैं-वामन के पूर्व, आचार्य वामन और उनके समकालीन तथा वामन के परवर्ती।

आचार्य वामन के पूर्व भरत ने 'प्रवृत्ति' एवं भामह तथा दंडी ने 'मार्ग' के रूप में रीति शब्द का प्रयोग किया था। वस्तुतः काव्यशास्त्रोक्त 'रीति' शब्द का स्रोत भरत कृत 'नाट्यशास्त्र' की 'प्रवृत्ति' है। भरत के अनुसार पृथ्वी के नाना देशों के वेश, भाषा तथा आचार को व्यक्त करनेवाली वार्ता को प्रवृत्ति कहते हैं। भरत ने तत्कालीन प्रचलित चार प्रवृत्तियों का उल्लेख किया है-आवंती, दाक्षिणात्य, पांचाली तथा उड्रमागधी। उन्होंने लिखा है,

"चतुर्विधा प्रवृत्तिश्च प्रोक्तानाट्य प्रयोगतः
आवंती दाक्षिणात्या च पांचाली चौड्रमागधी।।"

भरत के इस विवेचन से स्पष्ट होता है कि उनके समय में एवं उनसे पूर्व भी प्रदेश की भिन्नता से भाषा प्रयोग एवं आचार-व्यवहार की भिन्नता भी समाज में प्रचलित थी। प्रवृत्ति की भांति रीति के विकास का प्रारंभिक युग भी भौगोलिक आधार का था अर्थात रीति का संबंध विभिन्न भूभागों से था।

बाणभट्ट ने हर्षचरित में अपने समय में प्रचलित चार भूभागों की चार शैलियों का वर्णन किया है। उत्तर भारत के व्यक्ति श्लेष को, पश्चिम खंड के लोग अर्थ गौरव को, दाक्षिणात्य उत्प्रेक्षा को एवं गौड़ या पूर्व भारत के लोग अक्षराडंबर को महत्व देते हैं।

"श्लेष प्रायमुदीच्येषु प्रतीच्येष्वर्थमात्रकम् /
उत्प्रेक्षा दाक्षिणात्येषु गौडेष्वक्षरडंबर :।"

भामह ने दो मार्गों का उल्लेख किया है, वैदर्भ और गौड़ीय। तत्कालीन लोकरूढ़ियों में वैदर्भ को श्रेष्ठ एवं गौड़ीय को निकृष्ट मार्ग माना जाता था, पर भामह ने इस भेद को मिटाकर दोनों के महत्व को स्थापित किया। उनके अनुसार वैदर्भी अपनी सीमा का अतिक्रमण करे तो वह भी अवांछनीय हो सकती है।

दंडी का रीति विवेचन महत्वपूर्ण है। उन्होंने 'रीति' के लिए 'मार्ग' शब्द का प्रयोग किया और इसका संबंध विशेषतया गुण से स्थापित किया। उनके विचार से जिसमें दसों गुणों का समावेश हो वह वैदर्भ मार्ग है और इसके विपरीत जिनमें इन गुणों की शिथिलता हो वह गौड़ीय मार्ग है। उन्होंने लिखा है-

"श्लेषः प्रसादः समता माधुर्य सुकुमारता।
अर्थव्यक्तिरुदारत्वमोजः कांतिसमाधयः।।
इति वैदर्भ मार्गस्य प्राणाः दशगुणाः स्मृताः।
एषां विपर्ययः प्रायो दृश्यते गौडवर्त्मनि।।"

इस प्रकार भामह की भांति दंडी ने भी दो रीतियों का ही उल्लेख किया है।

आचार्य वामन और उनके समकालीन रीति सिद्धांत को प्रतिष्ठित करने वालों में सर्वाधिक महत्वपूर्ण आचार्य वामन हैं। उन्होंने लिखा है 'रीतिरात्मा काव्यस्य। विशिष्टा पदरचना 'रीति' अर्थात् रीति काव्य की आत्मा है। किंतु सामान्य पदरचना 'रीति' नहीं कहलाती। वह गुणों से विशिष्ट होकर ही रीति कहलाती है। गुण दस होते हैं, जैसा कि ऊपर उल्लेखित है। आचार्य भरत ने भी गुणों की संख्या दस निर्धारित की है। किंतु वामन ने दस शब्द गुणों के साथ दस अर्थ गुण भी मान लिया है। इस तरह गुणों की संख्या बीस हो जाती है। वामन के अनुसार ओज आदि दस गुण शब्दगत भी हैं और अर्थगत भी। अतः 'रीति' शब्द से वामन का अभिप्राय केवल शब्दगत सौंदर्य अथवा घटनामात्र नहीं है अपितु अर्थगत सौंदर्य भी है। वस्तुतः अर्थगुणों के समावेश से ही रीति को उत्कर्ष प्राप्त होता है। वामन ने समस्त रसों का समावेश 'कांति' नामक अर्थगुण में कर दिया है क्योंकि उसमें रस की दीप्ति होती है-"दीप्तरसत्वं कांतिः"।

वामन ने रीति के तीन भेद किये हैं-वैदर्भी, गौड़ी और पांचाली। विदर्भ आदि देशों में प्रचलित रीति वैदर्भी है। यह वैदर्भी रीति समग्र गुणों से युक्त होती है। यह दोषरहित, वीणा के स्वरों के समान मधुर कुछ इस प्रकार की विशेषता से समन्वित है जो कि शब्द और अर्थ के चमत्कार से भिन्न है।

" अस्पृष्टा दोषमात्राभिः समग्र गुण गुम्फिता।
विपंचीस्वर सौभाग्या वैदर्भी रीतिरिष्यते।।"

ओज गुण व्यंजक, दीर्घ समासा और विकट तथा उग्र पदों वाली रचना को गौड़ी रीति कहते हैं। इसमें आडंबरपूर्ण बंध (गाढ़ बंध) या पद रचना तथा समासों का बाहुल्य होता है। गौड़ी रीति में कठोर वर्ण रेफ द्वित्व वर्ण, संयुक्त वर्ण एवं ट,ठ,ड,ढ,ष,श का प्रयोग होता है। यह रौद्र, वीर और भयानक रसों में प्रयुक्त होती है। आचार्य विश्वनाथ के शब्दों में "ओजः प्रकाशकैर्वर्णौः बंध आडंबरःपुनः। समास बहुला गौड़ी...।" और काव्यालंकार सूत्र के अनुसार "ओजः कांतिमई गौड़ीया।"

माधुर्य और सुकुमारता से सम्पन्न पांचाली रीति होती है। यह अगठित, भावशिथिल, छायायुक्त (कांति से शोभित) मधुर और सुकुमार होती है,

"आश्लिष्टश्लथभावां तां पूरणच्छाययाश्रिताम्।
मधुरां सुकुमाराञ्च पाञ्चाली कवयो विदुः।।"

वामन के अनुसार इन तीन रीतियों में काव्य उसी प्रकार समाविष्ट हो जाता है, जिस प्रकार रेखाओं के भीतर चित्र प्रतिष्ठित होता है,

"एतासु तिसृषु रीतिषु रेखास्विव
चित्रं काव्यम् प्रतिष्ठितमिति।।"

वामन के अनुसार काव्य में प्रथम रीति अर्थात् वैदर्भी सर्वगुणसम्पन्न होने के कारण ग्राह्य है, अन्य अल्पगुणों

वाली होने के कारण ग्राह्य नहीं। समास से रहित वैदर्भी रीति शुद्ध वैदर्भी है क्योंकि इसमें गुणों की सम्पदा विशेष रूप से आस्वाद्य हो जाती है। इस वैदर्भी रीति की बड़ी प्रशंसा की गई है। यह रीति कुछ ऐसी लोकोत्तर और विलक्षण होती है कि जिसमें तुच्छ सी वस्तु भी विचित्र चमत्कारमय हो जाती है और सहृदयों के लिए तो वह अमृत की वर्षा करती है।

वामन ने वैदर्भी का निम्न उदाहरण दिया है,

"गाहन्तां महिषा निपात सलिलं शृंगैर्मुहुस्ताडितं,
छायाबद्ध कदम्बकं मृगकुलं रोमन्थमभ्यस्यतु।
विश्रब्धं कुरुतां बराह विततिर्मुस्ताक्षतिं पल्लवे
विश्रान्तिं लभतामिदं च शिथिलज्याबंधनस्मद्धनुः।।"

वामन के टीकाकार हरिभूपाल ने उक्त श्लोक में दस शब्द गुण ढूंढ लिया है। वस्तुतः किसी रचना में एक साथ बीसों (अथवा दसों) गुणों का सन्निवेश आसानी से सम्भव नहीं। यही वामन के रीति सिद्धांत में सबसे बड़ी शिथिलता है।

रीतियों के नामकरण के संबंध में वामन का विचार है कि वैदर्भी आदि नाम विदर्भ, गौड और पाञ्चाल देशों के नाम पर रखे गए हैं। पर इसका यह तात्पर्य कदापि नहीं कि जिस प्रकार विभिन्न प्रदेशों में उत्पन्न द्रव्यों के नाम उन प्रदेशों के नाम पर पड़ जाते हैं, ये नाम भी इसी कारण पड़ गए हैं, क्योंकि किसी देश की जलवायु आदि द्वारा काव्य का उपकार नहीं हुआ करता।

इन रीति प्रकारों का इन देशों से केवल इतना ही संबंध है कि विदर्भ आदि देशों में वहां के वासी कवियों की रचना में वैदर्भी आदि रीति भेदों के विशुद्ध रूपों का दर्शन होता है।

वामन प्रस्तुत दस शब्दगत और दस अर्थगत गुणों के लक्षणों से प्रतीत होता है कि इनमें काव्य-रचना के अनेक तत्त्व निहित हैं। वामन सम्मत रीति इन्हीं गुणों से समन्वित है और इसी कारण उनका काव्य फलक पर्याप्त विशद और व्यापक हैं। रस जैसा विशिष्ट तत्त्व भी 'रीति' का ही एक अंग मान लिया गया है। इसी व्यापकता के कारण वामन ने रीति को काव्य की आत्मा मान लिया है।

वामन के रीति सिद्धांत की आलोचना करने वालों का पहला आक्षेप है कि रीति का सर्व प्रमुख भेद वैदर्भी अपने आप में एक असम्भाव्य काव्य तत्त्व है। क्योंकि एक साथ दस शब्द गुणों अथवा दस अर्थ गुणों अथवा बीसों गुणों का एकत्र सहभाव एक काव्य स्थल में संभव नहीं है। दूसरा, रीति को काव्य की आत्मा नहीं कहा जा सकता। क्योंकि आत्मा से तात्पर्य है, काव्य का अनिवार्य आंतरिक साधन पर वामन की रीति अधिकांशतः बाह्यपरक काव्य साधन है।

तीसरा आक्षेप मम्मट का है। उनका कहना है कि यदि ओज और कांति गुणों का समन्वित रूप गौड़ी है तथा माधुर्य और सुकुमार गुणों का पांचाली तो इनसे इतर दो-दो अथवा तीन-तीन अथवा चार-चार आदि गुणों से समन्वित रूपों को वामन के अनुसार क्या-क्या रीति-नाम दिये जाएंगे?

आचार्य वामन के परवर्ती रीतिवादी आचायां में प्रमुख नाम रुद्रट, आनंदवर्धन, मम्मट और विश्वनाथ का है। रुद्रट की महत्वपूर्ण देन है रीति प्रकारों की परिभाषा में 'समस्तपदता' को स्पष्ट रूप से स्थान देना। उनके अनुसार 'वृत्ति' के दो भेद हैं, 'समासवती' और 'असमासवती'। समासवती वृत्ति की तीन रीतियां हैं-पांचाली, लाटीया और गौडीया। असमासवती 'वृत्ति' की एक ही रीति है, वैदर्भी। बाद के सभी आचार्यों ने रुद्रट की इस देन को किसी न किसी रूप में स्वीकार किया है।

मम्मट ने वैदर्भी, गौड़ी और पांचाली नामक रीतियों को क्रमशः 'उपनागरिका', 'परुषा' और 'कोमला' नामक वृत्तियों से अभिहित किया है। वामन ने रीति को 'विशिष्टा पदरचना' कहा तो आनंदवर्धन ने इसे 'संघटना' अर्थात 'सम्यक् घटना' नाम दिया। 'पदरचना' और 'घटना' पर्यायवाची शब्द हैं। अंतर केवल 'विशिष्टा' और 'सम्यक्' विशेषणों में है जो दोनों आचार्यों के विभेदक दृष्टिकोणों का परिचायक है। वामन के अनुसार पदरचना में वैशिष्ट्य गुणों के कारण आता है। आनंदवर्धन के अनुसार घटना का सम्यकत्व तभी है जब वह गुणों के आश्रय में रहकर रस की अभिव्यक्ति करे। तात्पर्य यह है कि आनंदवर्धन सम्मत संघटना गुणों पर आश्रित है और वह रसाभिव्यक्ति का एक साधन मात्र है। आनंदवर्धन की दूसरी देन रीति-भेद को लेकर है। उन्होंने 'संघटना' के निम्नोक्त तीन भेद समास के आधार पर ही गिनाया है-असमासा, मध्यसमासा और दीर्घसमासा।

आचार्य विश्वनाथ आनंदवर्धन से प्रभावित हैं। इन्होंने रीति को 'रसोपकर्त्री' कहा है-'उपकत्री रसादीनाम्'। रीति, रस का उत्कर्ष इस प्रकार से करती है जैसे हमारे अंगों की बनावट हमारी आत्मा का प्रकारांतर से उत्कर्ष करती है। आचार्य विश्वनाथ ने इसके लक्षणों में समस्तता और असमस्तता की चर्चा भी की है। इन्होंने वैदर्भी, गौड़ी और पांचाली रीतियों के साथ लाटी का भी उल्लेख किया है। लाटी रीति की स्थिति वैदर्भी और पांचाली रीतियों के बीच की है।

वामन के समय रीति पर गुण आश्रित थे और रीति काव्य की आत्मा थी, पर बाद में रीति, गुणों पर आश्रित हो गई और अंग-संस्था के समान रहकर रस रूप आत्मा का प्रकारांतर से उत्कर्ष करनेवाली स्वीकृत हो गई। अब वह केवल शैली मात्र है और अधिकांशतः काव्य के बाह्य पक्ष-कलापक्ष के स्वरूप को निश्चित करती है।

वस्तुतः वामन के उपरांत रीति का किसी ने अनुमोदन नहीं किया। इसकी संवृद्धि में किसी प्रकार का योगदान नहीं दिया, बल्कि इसके विपरीत वामन का उपहास तक किया गया। आनंदवर्धन ने कहा कि 'ध्वनि' जैसे अवर्णनीय

काव्य तत्त्व को समझ सकने में असमर्थ लोगों द्वारा काव्यशास्त्रीय जगत में रीतियां चला दी गईं। इस तरह संस्कृत का महत्वपूर्ण रीति सिद्धांत अपना प्रभाव क्रमशः खो दिया। हिंदी में रीति सिद्धांत की जगह शैली ने ले लिया है। इसका कोई संप्रदाय नहीं है। संस्कृत के रीति सिद्धांत से इसका कोई संबंध भी नहीं है। शैली वस्तुतः कथन की एक खास भंगिमा है जो हर रचनाकार की अपनी विशिष्ट पहचान भी होती है। मम्मट ने रीति को वृत्ति का पर्याय मानते हुए इसे वृत्यानुप्रास नामक अलंकार के अंतर्गत निरूपित कर दिया।

आधार ग्रंथ :

1. काव्यालंकार सूत्रवृत्ति, आचार्य वामन।
2. भारतीय साहित्य शास्त्र कोश, डॉ. राजवंश सहाय हीरा।
3. भारतीय साहित्य शास्त्र, बलदेव उपाध्याय।
4. भारतीय काव्य शास्त्र, सत्यदेव चौधरी।

रुबाई

'रुबाई' उर्दू साहित्य का एक लोकप्रिय छंद है। 'रुबाई' चार मिसरों (पंक्तियों) की मुक्तक रचना को कहते हैं। 'कसीदा' अथवा 'गजल' के प्रारंभिक चार पद भी 'रुबाई' कहे जा सकते हैं। इसमें पहले, दूसरे और चौथे मिसरे का रदीफ और काफिया एक ही होता है, रुबाई के लिए विशेष छंदों का विधान है और उनमें मुख्य है 'हजाज'। परंतु उर्दू में डॉ. इकबाल ने इस नियम का पालन नहीं किया है।

'रुबाई' के पहले मिसरे में विषय को उठाया जाता है, दूसरे-तीसरे में उसे विस्तार दिया जाता है और चौथे में नाटकीय ढंग से किंतु मार्मिकता के साथ उस विषय के सारतत्त्व को इस तरह प्रस्तुत कर दिया जाता है कि रुबाई के चारों मिसरे एक साथ झंकृत होकर तात्पर्य को सघन कर देते हैं। इस तरह के अर्थ-घनत्व के कारण ही रुबाई काफी लोकप्रिय रही है। इस तरह रुबाई एक मुक्तक की तरह है, बल्कि मुक्तक ही है। इसीलिए अपने आप में वह परिपूर्ण होती है। इसके चार चरणों में दो बैत होते हैं, इसलिए इसका एक नाम 'दो-बैती' भी है।

उर्दू के लगभग सभी शायरों ने रुबाइयां लिखी हैं। कुछ ने इस क्षेत्र में विशिष्टता भी हासिल की है, जैसे अनीस लखनवी, शाद अजीमाबादी, जोश मलीहाबादी, फिराक गोरखपुरी आदि। फ़िराक गोरखपुरी ने अपनी रुबाइयों को 'रूप' नाम से संगृहीत किया है। 'रूप' की रुबाइयां उर्दू काव्य की अमूल्य निधि हैं। इनमें न केवल फ़िराक की उदात्त सौंदर्य-कल्पना और नई भाषा-संवेदना साकार हुई है, बल्कि, भारतीय जीवन-दृष्टि और लोकरस-युक्त सौंदर्य चेतना की भी बड़ी मार्मिक अभिव्यक्ति हुई है। उदाहरणार्थ-

"लहरों में खिला कमल नहाये जैसे /
दोशीज़ाए-सुब्ह गुनगुनाये जैसे।
ये कोमल रूप का सुहानापन /
बच्चा सोते में मुस्कराये जैसे।।"

'रुबाई' मूलतः फारसी का लोकप्रिय छंद है। फारसी में इसे 'तराना' भी कहते हैं। उमर खैयाम और हाफ़िज ने इस क्षेत्र में काफी ख्याति अर्जित की और उन्हीं से उर्दू में भी इसका आगमन हुआ। उमर खैयाम की रुबाइयों के अंग्रेजी और हिंदी में कई अनुवाद हुए हैं। हिंदी के लोकप्रिय कवि बच्चन ने खैयाम की 'मधुशाला' को प्रस्तुत करने के बाद हिंदी में अपनी 'मधुशाला' लिखी और लोकप्रियता प्राप्त करने के साथ ही हिंदी में 'हालावाद' के नाम से एक मस्ती वाली काव्य-धारा प्रवाहित कर दी,

"जितनी दिल की गहराई हो, उतना गहरा है प्याला।
जितनी मन की मादकता हो, उतनी मादक है हाला।
जितनी उर की भावुकता हो उतना सुंदर साकी है,
जितना ही जो रसिक, उसे है उतनी रसमय मधुशाला।।"

रुबाई में विषय की कोई सीमा नहीं होती। यह किसी भी विषय पर लिखी जा सकती है। लेकिन उर्दू के शायरों ने इसमें ज्यादातर नैतिक बातें ही लिखी हैं। इसलिए कहा जा सकता है कि रुबाई में केवल भावों की परिपूर्णता और उसकी सघन अभिव्यक्ति ही महत्वपूर्ण है। रुबाई से मिलती-जुलती एक चीज और होती है जिसे 'कतआ' कहते हैं। यह चार पंक्तियों से अधिक का हो सकता है। कतआ का रूप गजल की तरह होता है। कभी-कभी गजल के बीच में ही 'कतआ बंद' शेर आ जाते हैं।

आधार ग्रंथ :

1. उर्दू भाषा और साहित्य, रघुपति सहाय फिराक।
2. उर्दू साहित्य का आलोचनात्मक इतिहास, प्रो. एहतेशाम हुसैन।
3. वृहद उर्दू साहित्य कोश, कमल नसीम।
4. उर्दू-हिंदी शब्दकोश, मुहम्मद मुस्तफा खां 'मद्दाह'।

रूपवाद

रूपवाद शब्द अंग्रेजी के 'फार्मलिज्म' (Formalism) का हिंदी पर्याय है। इसका प्रादुर्भाव रूस में हुआ। इसलिए इसे 'रूसी रूपवाद' भी कहते हैं।

रूपवाद एक प्रकार का कलावादी आंदोलन है, जो बीसवीं सदी के दूसरे दशक में शुरू हुआ। रचना में सामाजिक मूल्य संदेश अथवा कथ्य की तुलना में रूप और तकनीक पर अधिक बल देने के कारण इस आंदोलन को रूपवाद कहते हैं। इस आंदोलन का नेतृत्व करने वालों में बोरिस इकेनबाम (Boris Eichenbaum), विक्टर श्क्लोवस्की (Victor Shklovsky) और रोमन जेकोब्सन (Roman Jakabson) प्रमुख हैं। 1930 के आसपास जब सोवियतों के द्वारा इस आंदोलन को दबाने का प्रयास किया गया तो इस आंदोलन ने अपना केंद्र रूस से बदलकर चेकोस्लोवाकिया कर लिया। जहां प्राग लिंग्विस्टिक सर्किल (Prague Linguistic circle) के सदस्यों ने इस आंदोलन को जारी रखा जिसमें रोमन जेकोब्सन (जो रूस से यहां चले आये थे) के अलावा जान मुकरोवस्की (Jan Mukarovsky) और रेने वेलेक (Rene Wellek) की प्रमुख भूमिका थी।

रूपवादी पूरा बल भाषा पर देते हैं। साहित्य की भाषा, भाषा का चयनित और उदात्त रूप होता है। क्योंकि रचना में इनकी दृष्टि में रचनाकार के दृष्टिकोण से भी अधिक महत्वपूर्ण है उसकी भाषा की संरचना। इनके यहां भाषा एक स्वायत्त इकाई है,जिसका विश्लेषण-विवेचन रचना को नये ढंग से परखने की बुद्धि प्रदान करता है।

रूपवादियों के दो केंद्र रहे हैं-मास्को और पीटर्सबर्ग। मास्को में 'भाषिकी ' के केंद्र की स्थापना 1915 में हुई थी और पीटर्सबर्ग में 1916 में। इस केंद्र से जुड़े सदस्य मुख्यतः भाषाविद थे। ये भाषाविद समीक्षक साहित्य के रूप पर विशेष बल देते हैं तथा साहित्य के दृष्टिकोण यानी विचारधारा को नगण्य मानते हैं।

वस्तुतः ये समीक्षक उन प्रतीकवादियों और बिंबवादियों की मान्यताओं से अधिक प्रेरित प्रतीत होते हैं,जहां कविता की रूप-रचना पर जरूरत से ज्यादा बल दिया जाता है। इनका मूल मंतव्य कविता की भाषा संरचना, उसकी 'टेकनीक' का विश्लेषण है। दर्शन, प्रत्यय, समाज, सौंदर्य, रसादि इनकी दृष्टि में कविता के लिए गौण हैं। अपनी इन्हीं मान्यताओं के कारण रूपवादी समीक्षा संरचनावाद, शैलीविज्ञान, आदि अन्य समीक्षापरक अभिधानों के समकक्ष और समांतर आंदोलन है। कला को एक आत्मानुशासी स्वायत्त और निजी अनुशासन मानने वाले श्क्लोवस्की कला को जिंदगी से मुक्त मानते हैं और कला रूपों का विवेचन कला के स्वायत्त नियमों द्वारा किये जाने की वकालत करते हैं। काव्य-कला का संबंध कला की निर्मिति (डिजाइन) से है न कि कला में अंतर्निहित प्रत्यय या संदेश (मैसेज या थॉट) से। रोमन जैकोब्सन, कवि प्रणीत मनोभावों, संकल्पनाओं को अविवेच्य मानते हैं, यदि कुछ विवेचनीय है तो कविता का रूप, उसकी निर्मिति, उसकी भाषा, क्योंकि कविता का निर्माण भाषा से ही होता है। काव्य भाषा का विशिष्ट चयन और अनुप्रयोग है। परंतु यह अनुप्रयोग बिंबों और अलंकारों में नहीं होता क्योंकि ऐसा तो सामान्य में भी होता है। इस प्रयोग-अनुप्रयोग का केंद्र कविता की भाषिक निर्मिति (संरचना) होती है। उस निर्मिति में निहित अजनबीपन की तलाश होती है। परंपरित समीक्षा दृष्टि से हटकर जब रूपवादी समीक्षक समीक्षा करता है तो उसका ध्यान परंपरित भाषिक इकाइयों (रूपक, बिंब, अलंकार आदि) से हटकर कविता के भाषिक घटकों में एक नई 'दीप्ति' से साक्षात्कार करता है। नई दीप्ति को चिह्नित करना ही रूपवादी समीक्षा का सरोकार है। काव्य-भाषा के रूपविधान में अपरिचित, अद्भुत अजनबीयता (strangeness and defamiliarization) को उसे विरूपित (deconstruct) करके तलाशना रूसी रूपवाद का एक प्रमुख संघटक तत्त्व है। इस तरह रूपवादियों की दृष्टि में छंद, बिंब, अलंकार, सादृश्य, गति, यति, लय आदि अर्थ संधान के घटक नहीं होते वरन वे स्वयं में ही मूल्यवान और अर्थवान होते हैं और इनसे विकीर्ण अर्थ, परंपरित अर्थ विधान में अजनबीयत (strangeness) पैदा करके अर्थ को एक नई दीप्ति प्रदान करते हैं। कुल मिलाकर रूपवादी अपने को रूप तक ही सीमित कर लेते हैं और काव्य-भाषा में निहित परंपरित रूप को विरूपित करके कविता के अध्ययन में विचित्रता और चमत्कार की तलाश पर बल देते हैं।

रूपवादियों की मान्यताओं के अनेक तत्त्व भारतीय समीक्षा में पहले से ही विद्यमान हैं। रीति और वक्रोक्ति संप्रदाय भाषा और रूप से संबद्ध संप्रदाय ही हैं किंतु इनमें इतना भेद अवश्य है कि इन संप्रदायों से जुड़े सभी आचार्यों का लक्ष्य काव्य-सौंदर्य और लालित्य को ही उद्घाटित करना है, जबकि, रूपवाद का लक्ष्य मात्र रचना की भाषागत स्वायत्तता पर बल देना है, रमणीयार्थ पर नहीं। भारतीय काव्यशास्त्र में शब्दार्थ और भावार्थ में पार्थक्य नहीं है। प्रो. सत्यदेव मिश्र का निष्कर्ष है कि रूपवादी जिस विरूपण की प्रक्रिया पर बल देते हैं, संस्कृत काव्यशास्त्र में रीति और वक्रोक्ति के नाना भेदों में भाषाई विरूपण के उसी स्वरूप के दर्शन होते हैं। वक्रोक्ति के भेदों में 'वस्तु-विन्यास-वक्रता' एक प्रकार के विरूपण की ही प्रक्रिया है।

कुछ रूपवादी अनुभव करते हैं कि रूप (शब्द विधान) को अर्थ से भिन्न करना कठिन है। इसीलिए नॉम चाम्स्की ने अपने 'प्रजननात्मक व्याकरण' में अर्थ प्रजनन की बात की है। हमारे यहां भी शब्द-शक्तियों के प्रसंग में यह सर्वथा स्वीकृत स्थापना है कि काव्य में प्रयुक्त शब्द, शब्दकोशीय अर्थ से भिन्न अर्थ का द्योतन (संकेत) करता है या कर सकता है। अर्थ के नानाविध प्रजनन की मूलकारक शब्द शक्तियां ही हैं। किंतु रूपवादी अंततः यही स्थापित करना चाहते हैं कि कविता उसकी तकनीक, प्रविधि और रूप में निहित रहती है।

रूपवादी वस्तु (कन्टेंट) को नजरअंदाज करके रूप के आधिपत्य का पक्षधर होता है। उसकी दृष्टि में रूप के अतिरिक्त ऐसा कोई गवाक्ष नहीं जहां से रचना की ओर झांका जा सके। श्क्लोवस्की ने 'अपरिचईकरण' (Defamilarization) सिद्धांत से यह प्रमाणित किया कि हमारी परंपरित अनुभूतियां और विचार हमारे जीवन की आदतें बन जाते हैं और हमारी सोच में परंपरित प्रत्यय अंतर्भुक्त रहते हैं। अतः शब्दों को एक पूर्वपरंपरित धारणानुसार ही हम अर्थ देते हैं। इसलिए आवश्यकता है कि हम शब्द विधान से परंपरित मान्यताओं से अपरिचय स्थापित करें। अपरिचईकरण की यही प्रक्रिया काव्य भाषा की नानाविध भंगिमाओं के द्वारा हमें अपरिचित से परिचित कराती है। यही 'रूपवाद' है, अपरिचित से परिचित होना। इस तरह रूपवाद साहित्य की परंपरित और प्रचलित दृष्टि को नकारता है और साहित्याध्ययन की प्रचलित सर्वसंग्रहवादी (प्रत्ययवादी, सौंदर्यवादी) दृष्टि को व्यर्थ कहता है। फिलहाल, रूसी रूपवाद का साहित्य के भाषा चिंतन पर प्रभाव अवश्य पड़ा है। किंतु, हिंदी में इस रूपवाद का प्रभाव कम ही दिखाई देता है।

आधार ग्रंथ :

1. पाश्चात्य काव्यशास्त्र अधुनातन संदर्भ, सत्यदेव मिश्र।
2. हिंदी आलोचना के बीज शब्द, बच्चन सिंह।
3. Modern Critical Terms. Roger Fowler.
4. Russian Formalism : Historical Doctrine, Victor Erlich.
5. Formalism and Marxism, Tony Bennett.
6. Russian Formalism: A Retrospective Glance, R.L. Jackson and S.Rudy.
7. The Literary Theory and Aesthetics of the Prauge School, Rene Wellek.

रेखाचित्र

अंग्रेजी में 'स्केच' (Sketch) का हिंदी पर्याय 'रेखाचित्र' है। हिंदी में रेखाचित्र नामक जिस साहित्यिक विधा का उद्भव और विकास हुआ, उसके उदाहरण अंग्रेजी या अन्य यूरोपीय साहित्य में उपलब्ध नहीं हैं। कुछ व्यक्तियों, साहित्यकारों, राजनेताओं, वैज्ञानिकों आदि के बारे में संस्मरणात्मक कृतियां अंग्रेजी या यूरोपीय साहित्य में मिल जाती हैं, पर रेखाचित्र या स्केच नहीं मिलते। दरअसल हिंदी में इस साहित्यिक कला का आविर्भाव चित्रकला में प्रचलित रेखांकन और पोर्ट्रेट के आधार पर हुआ है। 'इनसाइक्लोपीडिया ब्रिटेनिका' में भी अंग्रेजी साहित्य की एक साहित्यिक विधा के रूप में स्केच का कोई ज़िक्र नहीं है, पर चित्रकला के इतिहास के अंतर्गत पोर्ट्रेट का ज़िक्र अवश्य है।

कहानी और निबंध के बीच झूलती 'रेखाचित्र' सर्वथा एक नई विधा है। इसकी सफलता शब्दों और वाक्यों के कुशल संगुंफन पर निर्भर करती है। जब चित्रकला का यह शब्द साहित्य में आया तो इसकी परिभाषा भी स्वभावतः इसके साथ आई। 'स्केच' की ही तरह 'रेखाचित्र' में भी कम से कम शब्दों में कलात्मक ढंग से किसी वस्तु, व्यक्ति या दृश्य का अंकन किया जाता है। इसमें साधन शब्द होते हैं, रेखाएं नहीं। इसीलिए इसे 'शब्द चित्र' भी कहते हैं। कहीं-कहीं इसका अंग्रेजी नाम 'स्केच' भी व्यवहृत होता है।

'रेखाचित्र' किसी व्यक्ति, वस्तु, घटना या भाव का कम से कम शब्दों में मर्मस्पर्शी, भावपूर्ण एवं सजीव अंकन है। रेखाचित्र में वस्तुतः अनेक साहित्यिक विधाओं की तरंगें उठती रहती हैं। "इसमें 'कहानी' का कौतूहल है तो 'निबंध' की गहराई, 'गद्यकाव्य' की भावात्मक लयात्मकता है तो 'डायरी' में व्यक्त निश्छल मन की अभिव्यक्ति, 'संस्मरण' की वैयक्तिकता है तो 'भेंटवार्ता' का खुलापन, 'आत्मकथा-जीवनी' की बेबाकी है तो 'यात्रावृत्त' का सीमित विस्तार, 'व्यंग्य' की छेड़-छाड़ है तो 'रिपोर्ताज' की गुनगुनाहट। विभिन्न साहित्यिक रसों के घोल में घुली ये रेखाएं अंगड़ाई लेकर विशिष्ट चित्रों में ढल जाती है। दूसरे शब्दों में रेखाचित्र विभिन्न विधाओं की विशेषताओं का विचित्र समुच्चय है।" गद्यकाव्य से मिलती-जुलती इस विधा में वर्णन का प्राधान्य रहता है और ये वर्णन प्रायः संस्मरणों से संबद्ध रहते हैं। अतः एकात्मकता, सरस और मार्मिक शैली, संस्मरणात्मक चित्र, हृदय की

संवेदनशीलता, कल्पना का सौंदर्य, सूक्ष्मपर्यवेक्षण शक्ति, तीव्रता, संक्षिप्तता, विवरण की न्यूनता आदि रेखाचित्र की प्रमुख विशेषताएं मानी जा सकती हैं।

'रेखाचित्र' यद्यपि एक नवीन साहित्यिक विधा के रूप में हिंदी साहित्य में प्रतिष्ठित हो चुकी है फिर भी आलोचकों ने इसकी शास्त्रीय विवेचना को लेकर कोई गंभीर प्रयास नहीं किया है। इसीलिए रेखाचित्र का स्वरूप निर्धारण आसान कार्य नहीं है। रेखाचित्र की कुछ विशेषताएं चिह्नित की जा सकती हैं। महादेवी वर्मा ने अपने रेखाचित्र संग्रह 'अतीत के चलचित्र' में लिखा है-"इन स्मृति चित्रों में मेरा जीवन भी आ गया है। यह स्वाभाविक भी था। अंधेरे की वस्तुओं को हम अपने प्रकाश में धुंधली या उजली परिधि में लाकर ही देख पाते हैं। उसके बाहर तो वे अनंत अंधकार के अंश हैं। मेरे जीवन की परिधि के भीतर खड़े होकर चरित्र जैसे परिचय दे पाते हैं, वह बाहर रूपांतरित हो जाएगा। फिर जिस परिचय के लिए कहानीकार अपने कल्पित पात्रों को वास्तविकता से सजाकर निकट लाता है, उसी परिचय के लिए मैं अपने पथ के साथियों को कल्पना का परिधान पहनाकर दूरी की सृष्टि क्यों करती? परंतु मेरा निकटताजनित आत्मविज्ञापन उस राख से अधिक महत्व नहीं रखता, जो आग को बहुत समय तक सजीव रखने के लिए ही अंगारों को घेरे रहती है। जो इसके पार नहीं देख सकता वह इन चित्रों के हृदय तक नहीं पहुंच सकता।"

इसी प्रकार एक महत्वपूर्ण रेखाचित्रकार रामवृक्ष बेनीपुरी ने 'माटी की मूरतें ' नामक अपने रेखाचित्र संग्रह में अपना मंतव्य प्रकट करते हुए लिखा है, " हजारीबाग की सेंट्रल जेल के एकांत जीवन में अचानक मेरे गांव और मेरे ननिहाल के कुछ ऐसे लोगों की मूरतें मेरी आंखों के सामने आकर नाचने और मेरी कलम से चित्रण की याचना करने लगीं। उनकी इस याचना में कुछ ऐसा ज़ोर था कि अंततः यह 'माटी की मूरतें ' तैयार होकर रहीं।"

रेखाचित्र न तो संपूर्ण कथा होती है और न किसी पात्र का संपूर्ण जीवनवृत्त। वस्तुतः एक निश्चित दृष्टिकोण से किसी व्यक्ति, पात्र अथवा चरित्र के कुछेक पहलुओं का गतिशील प्रतिबिंब ही, 'रेखाचित्र' का आकार ग्रहण कर लेता है।

हिंदी में रेखाचित्रकार के रूप में महादेवी वर्मा, रामवृक्ष बेनीपुरी, कन्हैयालाल मिश्र 'प्रभाकर' आदि का अभ्युदय सन् 1930 के बाद होता है। यह वह समय है जब साहित्य के क्षेत्र में यथार्थवादी प्रवृत्तियों का विकास निरंतर नए-नए रूपों में दृष्टिगत होता है। समाज और देश की वास्तविकताओं के बहुरूपी आयामों को लेखन का विषय बनाने की सांस्कृतिक आवश्यकताओं के तहत गद्य में भी नई उद्भावना और प्रयोगशीलता के उदाहरण के रूप में रेखाचित्रों को स्वीकृति मिलने लगी। इनमें नये किस्म का आकर्षण और अनूठापन था और वर्ण्य पात्रों का साक्षात्कार कराने की अद्भुत शक्ति भी। ये ऐसे पात्र थे जो सीधे-सीधे जीवन से उठा लिए गए थे और जिनपर धरती की धूल भी चढ़ी हुई थी। दलित और उत्पीड़ित आम जनता के बीच के ये जाने-पहचाने चेहरे थे जो गद्य की नई कला के फ्रेम में कांट-छांट कर पेश किए गए थे। इन रेखाचित्रों को अविलंब लोकप्रियता मिलने लगी। महादेवी वर्मा द्वारा लिखित 'अतीत के चलचित्र', 'स्मृति की रेखाएं, आदि तथा रामवृक्ष बेनीपुरी द्वारा लिखित 'माटी की मूरतें ', 'गेहूं और गुलाब' अविस्मरणीय क्लासिक कृतियों के रूप में आज भी याद की जाती हैं। अन्य रेखाचित्रकारों में बनारसीदास चतुर्वेदी, श्री राम शर्मा, देवेंद्र सत्यार्थी, कन्हैया लाल मिश्र 'प्रभाकर', सत्यवती मलिक, ओंकार शरद के नाम उल्लेखनीय हैं। 'हंस', 'रूपाभ', 'विशाल भारत', 'कल्पना', 'अजंता', और 'नई धारा' आदि पत्रिकाओं का रेखाचित्र के विकास में सराहनीय योगदान रहा है।

आधार ग्रंथ :

1. अतीत के चलचित्र, महादेवी वर्मा।
2. साहित्य-सिद्धांत और साहित्य-विधाएं, डॉ. कृष्णदेव झारी।
3. हिंदी का गद्य साहित्य, रामचंद्र तिवारी।
4. विचार और विश्लेषण, डॉ. नगेंद्र।
5. हिंदी साहित्य कोश, भाग-1।

रेडियो नाटक

रेडियो पर प्रसारित होने वाले नाटकों को रेडियो नाटक कहते हैं। एकांकी और रेडियो नाटक की मुख्य विभाजन-रेखा यही है कि पहला दृश्य है और दूसरा श्रव्य। फिर भी रेडियो नाटक श्रव्य होकर भी नाटक ही है। हां, जहां एकांकी का माध्यम रंगमंच है वहां रेडियो-नाटक का माध्यम ध्वनि है। इस माध्यम की भिन्नता के कारण दोनों की अपनी अलग-अलग सुविधाएं-असुविधाएं हैं।

रंगमंच पर अभिनेताओं में रूप, वाणी, मुद्रा, भंगिमाएं आदि के साक्षात्कार से जो सामूहिक प्रभाव निष्पन्न होता है, केवल ध्वनि के माध्यम से उसकी उपलब्धि नहीं हो सकती। इसका तात्पर्य यह नहीं है कि रेडियो-नाटक एकांकी से हीन नाट्य-विधान है। रेडियो-नाटकों को रंगमंच की सुविधा तो नहीं है पर कई अर्थों में एकांकी नाटकों की अपेक्षा वह अपने शिल्प के कारण अनेक और सुविधाओं को अपनी गहनता में समेट लेता है।

बच्चन सिंह के शब्दों में, " विषय की दृष्टि से जितने व्यापक विषय को रेडियो-नाटकों में प्रस्तुत किया जा सकता है उतने व्यापक विषय को एकांकियों में नहीं उपस्थित किया जा सकता है। एकांकियों के बंधन रेडियो-नाटकों को स्वीकार्य नहीं है। संकलन-त्रय के लिए रेडियो नाटकों में कोई स्थान नहीं है। आश्चर्य तो यह है कि एकांकियों के कतिपय बाधक तत्त्व इसके लिए साधक सिद्ध हुए हैं। आलोचकों ने नाटकों और एकांकियों से बेचारे 'स्वगत' को लगभग बहिष्कृत कर दिया है पर रेडियो नाटकों में जाकर जैसे इसे अपना उचित स्थान मिल गया। स्वप्न, विक्षेपावस्था आदि को नाटकों, एकांकियों में प्रदर्शित नहीं किया जा सकता है। वातावरण-निर्माण में तो रेडियो-नाटक ने एकांकियों को बुरी तरह पछाड़ दिया है। प्लेटफार्म की भीड़-भाड़, फेरीवालों के शोरगुल, कुली को पुकारने की आवाज, यात्रियों की चीख-पुकार, कनाडियन इंजिनों के भोंपू आदि को रेडियो-नाटकों में बड़े ही प्रभावोत्पादक ढंग से प्रस्तुत किया जा सकता है। एकांकियों में दूसरे स्थान की महत्वपूर्ण घटनाओं को, जो नाटकीय कथानक से अच्छी तरह संबद्ध हैं, केवल सूचित किया जा सकता है। पर रेडियो नाटकों में उन्हें उपस्थित करने में कोई कठिनाई नहीं है।"

रेडियो नाटक का आधार ध्वनि है। ध्वनि भावाभिव्यक्ति का बहुत बड़ा साधन है। हम एक ही शब्द को भिन्न-भिन्न प्रकार से उच्चारित करके प्रेम, घृणा, क्रोध, आदि विभिन्न भावनाओं की अभिव्यक्ति दिन प्रतिदिन अपने दैनिक जीवन में करते हैं। रेडियो नाटक में इसी ध्वनि का मुख्यतः सहारा लिया जाता है। मुख्यतः जिन रूपों में ध्वनि का सहारा लिया जाता है वे हैं, भाषा, ध्वनि प्रभाव और संगीत। रेडियो नाटक में ध्वनि के सहारे वाचिक अभिनय को इतना सजीव बनाया जाता है कि आंगिक अभिनय भी साकार हो उठता है। पात्र कहां बैठा है, क्या कर रहा है, खिड़की के पास है या कमरे में आदि सब ध्वनियों से ही प्रकट किये जाते हैं। संवादों की भाषा पर इसकी सफलता निर्भर करती है। भाषा सरल, प्रभावपूर्ण होती है, साथ ही पात्र, ध्वनि के उतार-चढ़ाव से अपने शोक, हर्ष, क्रोध, विस्मय आदि भावों को भी अच्छी तरह लक्षित करते हैं।

1936 ई. में पहला हिंदी रेडियो-नाटक ऑल इण्डिया रेडियो से प्रसारित हुआ था, जिसमें रंग-संकेत, दृश्यांतर, अंतराल सब के सब रंगमंचीय ढंग के थे। इंग्लैण्ड में जो पहला नाटक रेडियो पर प्रसारित हुआ था वह शेक्सपियर का जूलियस सीजर का एक दृश्य था। शेक्सपियर का 'ट्वेल्ट्थ नाइट' था जिसका प्रसारण 28 मई 1923 ई. को हुआ था। हिंदी में चतुरसेन शास्त्री का 'राधाकृष्ण' रेडियो के लिए लिखा गया पहला नाटक माना जाता है। रंग एकांकी के आविर्भाव के साथ ही रेडियो-नाटकों में भी नया मोड़ आया और ये एकांकी रेडियो पर प्रसारित होने लगे। माइक के माध्यम से रंग-एकांकियों को प्रसारित करने में जब कठिनाई का अनुभव हुआ तो ऐसे एकांकियों की रचना की जाने लगी जो रंगमंच पर सफलतापूर्वक अभिनीत भी हो सकें और रेडियो से प्रसारित भी। रामकुमार वर्मा और उपेंद्रनाथ अश्क ने इस तरह के कई नाटक लिखे।

रेडियो नाटक के आरंभिक लेखकों में रामकुमार वर्मा, उदयशंकर भट्ट, लक्ष्मीनारायण मिश्र, जगदीशचंद्र माथुर आदि प्रमुख हैं, जिन्होंने रेडियो पर प्रसारित होने के लिए नाटकों की रचना की है। बाद में फैंटेसी, मोनोलॉग, गीतिनाट्य आदि भी रेडियो पर खूब प्रसारित हुए।

इस समय टेलीविजन के व्यापक प्रसार से रेडियो नाटकों के लेखन में कमी आई है और उसका भविष्य उज्ज्वल दिखाई नहीं दे रहा है।

आधार ग्रंथ :

1. रेडियो नाटक, हरिश्चंद्र खन्ना।
2. रेडियो नाट्य शिल्प, सिद्धनाथ कुमार।
3. भारतीय रंगमंच का विवेचनात्मक इतिहास, डॉ. अज्ञात।
4. हिंदी साहित्य कोश, भाग-1।

लघु कथा

'लघु कथा' शब्द सम्भवतः अंग्रेजी के 'शार्ट स्टोरी' (Short Story) शब्द का अनुवाद है। वैसे 'कहानी' शब्द भी अंग्रेजी के 'शार्ट स्टोरी' के लिये ही प्रयुक्त होता है। 'लघु कथा' और 'कहानी' में तात्विक दृष्टि से कोई

अंतर होता भी नहीं है। व्यावहारिक दृष्टि से 'लघु कथा' कहानी के छोटे रूप को अभिव्यक्त करती है।

हमारे यहां लघुकथाओं की परंपरा बहुत पुरानी है। पुरानी लघु कथाएं वस्तुतः दृष्टांतों के रूप में विकसित हुई हैं। ऐसे दृष्टांत मुख्यतया नैतिक और धार्मिक क्षेत्रों में मिलते हैं। नैतिक दृष्टांतों को प्रकट करने वाली नैतिक लघु कथाएं सर्वत्र मिलती हैं, जैसे 'पंचतंत्र' की कथाएं, 'महाभारत', 'बाइबिल', 'जातक' आदि की कथाएं। इसी प्रकार धार्मिक दृष्टांतों के अंतर्गत भी लघु कथाओं के अनेक उदाहरण मिल सकते हैं।

आधुनिक कहानी के संदर्भ में 'लघु कथा' का अपना स्वतंत्र महत्व एवं अस्तित्व है। प्रेमचंद व 'प्रसाद' से लेकर जैनेंद्र व 'अज्ञेय' तक इस धारा की एक समृद्ध परंपरा है। प्रेमचंद ने अपनी कहानी-कला के उत्कर्ष काल में लघु कथाओं के रूप में कहानियां लिखी हैं। 'नशा', 'मनोवृत्ति', 'जादू', 'दो सखियां' आदि कहानियां इसी कोटि की हैं। जयशंकर 'प्रसाद' इस क्षेत्र में अद्वितीय हैं। 'छाया' और 'प्रतिध्वनि' संग्रह में 'अघोरी का मोह', 'गुदड़ी के लाल', 'करुणा की विजय', 'प्रलय', 'प्रतिभा', 'दुखिया' 'कलावती की शिक्षा' आदि लघु कथाओं के सुंदर उदाहरण हैं। इन लघुकथाओं में गद्यगीत और रेखाचित्र के शिल्प का आभास होता है।

जीवन की उत्तरोत्तर द्रुतगामिता और संघर्ष के फलस्वरूप समयाभाव ने अभिव्यक्ति की संक्षिप्तता को अनिवार्य बना दिया है और कहानी के क्षेत्र में लघु कथाओं को अत्यधिक महत्वपूर्ण बना दिया है।

रचना-दृष्टि से लघु कथा में भावनाओं का उतना महत्व नहीं है, जितना किसी सत्य अथवा किसी विचार की प्रस्तुति का। लघुकथाओं में जीवन के किसी गूढ़ अंतर्वर्ती सत्य, संदेश, विचार या अनुभूति को छोटी-सी साधारण प्रतीत होने वाली कहानी के रूप में प्रस्तुत करते हैं। इन कथाओं में कथा के ऊपरी आवरण के भीतर सत्य का बोध या साक्षात्कार ही अंतर्निहित होता है।

हिंदी की लघुकथाओं में कन्हैयालाल मिश्र 'प्रभाकर' कृत 'आकाश के तारे धरती के फूल' (1952), रावी कृत 'मेरे कथा-गुरु का कहना है' (1958), जगदीशचंद्र माथुर कृत 'मौत की खोज', 'उड़ते पंख' (1959), लक्ष्मीचंद्र जैन कृत 'कागज की किश्तियां' (1960) आदि उल्लेखनीय हैं। लघुकथाओं में प्रतीकात्मकता और रहस्यमयता का पुट भी होता है और यथार्थबोध को भी व्यंग्य के माध्यम से व्यक्त किया जाता है।

आज अन्य नवीन गद्य-विधाओं-संस्मरण, रेखाचित्र, डायरी, रिपोर्ताज आदि की तुलना में लघुकथाएं कम लिखी जा रही हैं। फिर भी रामनारायण उपाध्याय कृत 'नाक का सवाल' (1983) और हरिशंकर परसाई रचित लघुकथाओं के संग्रह 'रचनावली' (1985) के प्रकाशन से यह विधा समृद्ध हुई है। रामनारायण उपाध्याय ने व्यंग्यात्मक शैली में लघुकथा-चित्रों के माध्यम से सामाजिक-नैतिक अवमूल्यन का पर्दाफाश किया है। परसाई तो व्यंग्यात्मक लघुकथा लेखन में बेजोड़ हैं। वे जीवन के किसी संदर्भ विशेष को लेकर व्यंग्य-कथा के माध्यम से समाज के यथार्थ का प्रामाणिक चित्र अंकित कर देते हैं। परंपरागत लोक कथा-शैली में भी वे व्यंग्य-कथा लिखने में माहिर हैं। अपनी व्यंग्यात्मक लघुकथाओं में उन्होंने कभी-कभी डायरी शैली का भी प्रयोग किया है। विष्णु प्रभाकर ने भी कुछ लघुकथाएं लिखी हैं। उनकी कथाएं नैतिक भावबोध की कथाएं कही जा सकती हैं।

आधार ग्रंथ :

1. हिंदी साहित्य कोश, भाग-1।
2. हिंदी का गद्य-साहित्य, डॉ. रामचंद्र तिवारी।
2. हिंदी लघुकथा कोश-सं. बलराम

लघु-मानव

नई कविता के दौर में लक्ष्मीकांत वर्मा द्वारा प्रयुक्त 'लघु मानव' शब्द और उसके पीछे की अवधारणा वास्तव में मनुष्य को समझने और उसे परिभाषित करने का एक प्रयास था, जो आरंभ से ही विरोध का शिकार होता रहा और इसलिए अधिक दिन तक चल न सका। लक्ष्मीकांत वर्मा के ही शब्दों में, "लघु मानव' की कल्पना, 1948 से लेकर 1956 के बीच जो हिंदी के कुछ नये एवं तरुण लेखकों का सहचिंतन था, उसकी उपलब्धि थी। 'लघु-मानव' एक संज्ञा थी जिसे समस्त व्यापक मानव-आत्मा का 'लघुतम' आत्मबोध कहा जा सकता है। वह एक सौंदर्यात्मक दृष्टि से लिया गया। मानव-सत्य के रूप में हमें मिला था जिसमें एक ओर प्रगतिवाद का खोखला समाजवादी यथार्थ अपना शोर मचा रहा था, और दूसरी ओर 'स्वर्णकलश', 'स्वर्णधूलि' और 'स्वर्णज्वाल' के ताने-बाने में नपुंसक महामानव अवतरित किया जा रहा था। हमारी जिज्ञासा थी कि इसमें हम कहां है, हमारा अस्तित्व कहां है, व्यक्ति कहां है, व्यक्ति की अनुभूति कहां है, आत्मदृष्टि के लिए क्या यह आवश्यक है कि वह भीड़ के

साथ चले, कर्मकांड के साथ चले ?... स्वयं मेरे मन में बार-बार यह प्रश्न उठता है कि जीवन की सापेक्षता में और कला तथा साहित्य के क्षेत्र में यह उपलब्ध नितांत वैयक्तिक 'सत्य' सत्य है। हो सकता है 'आकारवादी', भीड़वादी, चमत्कारवादी, अध्यात्मवादी दृष्टि से हमें स्वर्ग मिल जाए लेकिन क्या वह स्वर्ग हमारा निज का अनुभूत स्वर्ग हो सकेगा। जब हमने उस क्षण को भोगा नहीं, उसकी मर्मांतक पीड़ा को झेला नहीं, उसके दायित्व को स्वीकारा नहीं, आत्म-विवेक और आत्म-दर्शन से हमने उसे पहचाना नहीं, तो फिर वह हमारा सत्य कैसे हुआ, हमारी उपलब्धि कैसे हुई, हमारी यात्रा कहां हुई? सौंदर्य की दृष्टि से, कला की दृष्टि से, विचार विवेक की दृष्टि से उस अनुभूति में 'अद्वितीय' गुण, नितांत सटीक अनुभूति-प्रकार, अक्षुण्ण स्वत्व के मर्म को हम इस भीड़ द्वारा कैसे ग्रहण कर सकते हैं? यदि उस भीड़ में हमें बराबर यह आशंका बनी रहे तो हमारी अनुभूति जूठन हो सकती है, अपनी निजी नहीं हो सकती। इसलिए उस निजी की लघु-से-लघु संवेदना पृथक भले ही हो, उस भीड़ की संवेदना नहीं है। जो भीड़ की संवेदना नहीं है, विवेक और आत्म साक्षात्कार पर आधारित संवेदना है, वह चाहे जितनी नगण्य हो, चाहे जितनी अवहेलना के योग्य हो, उस समूहवाद से अधिक मूल्यवान है जो केवल यंत्र-द्वारा हमारी इंद्रियों को चालित करके अपना मंतव्य तो सिद्ध कर लेता है, किंतु जो उस भीड़ की हर इकाई को खोखला, रिक्त, ठूंठ बनाकर छोड़ देता है।

दूसरी बात यह है कि विचारधारा के अकर्मण्य चिंतन को खंडित करने में 'लघु-मानव' की संवेदना से हमें सहायता मिलती है जो यह मानती है कि मानव-अस्तित्व ही एक 'पाप' या 'सिन' से विकसित हुआ है और मानव मात्र एक अभिशप्त कीट है। यद्यपि आज की स्थिति में इस विचार को वह भी खंडित करता है जो 'भीड़वादी' है और वह भी खंडित करता है जो 'अध्यात्मवादी' है, लेकिन एक का मानव-स्वाभिमान 'कम्यून' की सीमा में है और दूसरे का 'सनातन सूर्योदई' के प्रलाप में। एक का वाहक भौतिक नियतिवाद है तो दूसरे का नैसर्गिक चमत्कार। एक अतिशासित वर्गवाद है तो दूसरा मां भगवती के सिंह की दुम से टंगा है। लेकिन इन दो में से एक के भी पास वह वैज्ञानिक माप नहीं है जिससे वह यह जान सके कि 'वह' कहां है। इन दोनों के लिए दूसरे सोचते हैं या सोच चुके हैं। वे स्वयं नहीं सोचते। उनके अनुसार, "यह लघुता लघुतम का 'पोटेंशल' है, हीनता का नहीं, क्योंकि यह युग बिना इस लघुतम की 'पोटेंशल' की सार्थकता के आगे बढ़ नहीं सकता। आज जीवन के विकास और उसके विनाश में इसी लघुतम का महत्व है—चाहे वह आणविक विस्फोट के रूप में हो, चाहे उस इकाई के रूप में हो, अपनी स्वतंत्रता के लिए आज भी संघर्षशील है। यह संघर्ष ही इस बात का द्योतक है कि यह लघुता वह अंश है जो हर विनाश के बाद भी बचा रहता है, हर झंझावत के बाद भी निःशेष रहता है और हर रिक्तता के बाद भी क्रियाशील होकर पुनर्निर्माण में लग जाता है। यह लघुता छोटे-बड़े सबमें है। वे पूछते हैं क्या यह लघुता उन महानायकों में नहीं है जो हर महत्ता के बाद आत्महत्या करते हैं—चाहे वह राम हों, युधिष्ठिर हों या परशुराम हों या हिटलर, स्तालिन में से कोई हो। वस्तुतः इन महामानवों को आत्म-हत्या करनी ही इसलिए पड़ती है कि लघुता के पोटेंशल का विरोध करते-करते निरर्थकता तक पहुंच जाते हैं। जीवन का निःशेष तत्त्व यही 'पोटेंशल' है। महत्ता के स्वप्न में या महामानवों के संदर्भ में प्रायः हम इस लघुता को महत्व नहीं देते और इसीलिए हम अपनी चिंतन प्रक्रिया में और आचरण में भी केवल अपने को झुठलाते हैं, अपने अस्तित्व और अपने जीवन के प्रति एक दुराग्रह करते हैं।"

सुमित्रानंदन पंत जैसे कवियों और नामवर सिंह जैसे आलोचकों ने लघु मानव की अवधारणा को एक सिरे से खारिज कर दिया। पंत ने चिदंबरा की भूमिका में लघुमानव को कुंठा-ग्रस्त कहा तो नामवर सिंह ने उसे छोटा आदमी की संज्ञा देकर निरर्थक बताया। लक्ष्मीकांत वर्मा ने बाद में मानव-मूल्यों के संदर्भ में 'लघुमानव की कल्पना' शीर्षक विस्तृत लेख लिखकर विरोध में उठे सवालों का जवाब देने की कोशिश की और आरोप लगाया कि विरोध करने वाले उनकी अवधारणा को नहीं समझ पा रहे थे। उन्होंने कहा-'चार्वाक' से असहमत होकर उस समय के चिंतकों ने उसके विचार ही नहीं खंडित किये, अपितु 'चार्वाक' शब्द को गोली बनाकर प्रस्तुत कर दिया। इससे हानि हमारी ही हुई है। हम नहीं जान पाते कि वेदोक्त कर्मकांड के विरोध या उससे भिन्न विचार, उस समय क्या थे! वेदों की परंपरा से भिन्न बृहस्पति ने सोचा, उनका ग्रंथ ही गायब कर दिया गया ! कुछ सूत्र इधर-उधर भटके हुए रूप में मिलते हैं। आज भी यदि हम उसी वर्जना के अंतर्गत व्यवहार कर रहे हैं तो शायद बड़ी गलती कर रहे हैं। किसी को भी यह अधिकार नहीं होना चाहिए कि वह दूसरे के विचार को ऐसा प्रस्तुत करे कि वह उसकी सीमाओं से अलग सीमाओं द्वारा प्रशासित हो। किसी ने लघु-मानव को छोटा आदमी कहा, तो दूसरे ने कर्दमवासी और तीसरे ने 'डेविल्स एडवोकेट' और चौथे ने 'असुरवादी' और पांचवे ने कुंठावादी।

उन्होंने यहां तक कहा कि प्रगतिवादी या सांप्रदायिक मानववादी को ऐसा व्यक्ति सदैव छोटा लगेगा, क्योंकि व्यक्तिनिष्ठ संकल्प और समूह-निष्ठा संकल्प के भेद को वह समझता है और यह जानता है कि अधिनायकवादी

प्रवृत्ति को यदि किसी व्यक्ति से खतरा हो सकता है तो वह इसी प्रकार का व्यक्ति होगा। इसीलिए वह लघुत्व की संकल्प-शक्ति से चिढ़ता है। लक्ष्मीकांत वर्मा का तर्क है कि मानव-मूल्यों के संदर्भ में इधर लघु-मानव की कल्पना को लेकर जितनी प्रतिक्रियाएं आई हैं उनमें भावुकता और बौखलाहट अधिक है, तर्क कम।

दुबारा विरोधों का जवाब देते हुए वे पूरे विश्वास के साथ कहते हैं, 'मुझे लघु मानव की कल्पना में कोई असंगति नहीं मालूम पड़ती, क्योंकि मुझे लगता है कि आज और आने वाले युग-संदर्भ में लघु मानव की कल्पना पर ही मनुष्य की इकाई को जी सकने का संबल मिलेगा। आदमी आज परिस्थितियों और स्थितियों के बीच, सांप्रदायिकता और आदर्श के बीच इतना टूट चुका है कि यदि उसे इस लघुता का स्वाभिमानपूर्ण आधार नहीं मिलेगा तो या तो वह केंचुआ हो जाएगा या फिर अकर्मण्य और नपुंसक होकर आकाश की ओर आंखें लगाये किसी ज्योतिर्भू की मरीचिका में भटकता-भटकता पूर्णतया नष्ट हो जाएगा।

यदि इन दोनों स्थितियों से हमें बचना और उबरना है तो हमें निश्चय ही एक ऐसे दर्शन की आवश्यकता होगी जो इन समस्त पराजयों के बीच भी हमें 'कर्दमवासी' के ही रूप में सही, जीने की शक्ति दे सके। मुझे यह कहने में कोई संकोच नहीं है कि यह एक पराजित पीढ़ी का नया चिंतन दर्शन है। आज जब तक उस पराजित स्थिति को हम स्वीकार नहीं करेंगे तब तक यथार्थ के प्रति, चाहे वह जीवन से संबद्ध हो या कला से, अपनी उचित दृष्टि नहीं विकसित कर पायेंगे। आज हम जिस निस्सहाय एवं विवशता की स्थिति में जी रहे हैं उसकी स्वीकृति के साथ-साथ यह आवश्यक है कि हम उसके जीने के लिए, उसे वहन करने के लिए एक दृष्टि भी दें। पराजित पीढ़ी का दर्शन यदि वह यथार्थ सापेक्ष है तो कभी भी गलत नहीं होगा।

लघु-मानव इतिहास के प्रति भले ही उत्तरदायी न हो, वह वर्तमान के प्रति उत्तरदायी होता है और वह जिस आत्मनिष्ठा से विवेकशील, पोटेंशल को वहन करता है वह इन सभी अपवादों की स्वीकृति के साथ मानव-स्वतंत्रता को अधिक मूल्य प्रदान करने में समर्थ है। यदि आज इस स्वतंत्रता को हम प्रतिष्ठित कर सकें तो, मुझे लगता है, मनुष्य अधिक मुक्त और स्वाभिमानपूर्ण होकर जी सकेगा।

फिलहाल, लक्ष्मीकांत वर्मा और उनके सहयोगियों के तमाम प्रयासों के बावजूद उनकी लघुमानव की परिकल्पना अधिक दिन तक नहीं चल सकी और विजयदेव नारायण साही जैसे आलोचकों ने प्रश्न किया कि "क्या लघु-मानव की मृत्यु हो गई ?" कुछ दिनों तक पक्ष-विपक्ष में 'लघुमानव' की चर्चा सुनाई पड़ी। अब नहीं सुनाई पड़ती।

आधार ग्रंथ :

1. नये प्रतिमान : पुराने निकष, लक्ष्मीकांत वर्मा।
2. नई कविता के प्रतिमान, लक्ष्मीकांत वर्मा।
3. छठवां दशक, विजयदेव नरायण साही।
4. चिदंबरा, सुमित्रानंदन पंत।

लोकगाथा

लोकगाथा शब्द अंग्रेजी के 'बैलेड' (Ballad) शब्द का समानार्थी है। यह ग्रामगीत या लोकगीत का एक रूप है। 'लोकगाथा' में कोई कथा अवश्य होती है, जबकि लोक-गीतों या ग्रामगीतों के लिए कथा तत्त्व आवश्यक नहीं है। इंग्लैण्ड में बैलेड उस काव्यरूप को कहते हैं, जिसमें सीधे-सादे छंदों में कोई सीधी, सरल कथा कही गई हो, जो या तो लोककंठ में ही उत्पन्न और विकसित होता है या लोकगाथा के सामान्य रूप विधान को लेकर किसी विशेष कवि द्वारा रचा जाता है, जिसमें गीतात्मकता और कथात्मकता दोनों होती हैं और जिसका प्रचार जन-साधारण में मौखिक रूप में एक पीढ़ी से दूसरी पीढ़ी में होता रहता है।

'लोकगाथा', लोककंठ में निर्मित और विकसित होती है और उसमें छंदोबद्ध कथा भी होती है। 'लोकगाथा' मानव समाज का आदिम साहित्यिक रूप है। मानव जब कबीलों में रहता था, तब उसकी सामाजिक मनोभावना की अभिव्यक्ति सामूहिक नृत्य-गीत के रूप में होती थी। देवी-देवताओं या पूर्वपुरुषों की कल्पना उदित होने पर उनसे संबंधित आख्यान भी उन नृत्य-गीतों के वर्ण्य विषय बन गए। ये ही आख्यानक नृत्य-गीत लोकगाथा के प्रारम्भिक रूप थे। सामूहिक नृत्य-गीत ने बाद में संभवतः नृत्य-गीत का रूप धारण किया, जिसमें थोड़े से विशेषज्ञ व्यक्ति नृत्य-गान करते और अन्य लोग देखकर आनंद लेते थे। उसके बाद ज्यों-ज्यों समाज में व्यक्ति-भावना विकसित होती गई, संगीत, नृत्य और काव्य विच्छिन्न होते गए और उनके विशेषज्ञ भी समाज के और लोगों से विशिष्ट स्थान रखने लगे। समवेत नृत्य-गीत में पहले

सब साथ नाचते-गाते थे। बाद में कोई एक व्यक्ति अगुआ बनकर गाता या नाचता था और अन्य उसी का अनुसरण करते थे। विशिष्ट प्रतिभा और स्मरण शक्तिवाले व्यक्ति नृत्य, संगीत और आख्यान में अलग-अलग विशेषज्ञता प्राप्त करने लगे। इस तरह सामूहिक या समवेत नृत्य-गीत-से ही नृत्य-संगीत और काव्य का अलग-अलग कलाओं के रूप में विकास हुआ। इन्हीं से आगे चलकर कवि, चारण, सूत, मागधादि का पेशागत या जातिगत विकास हुआ। प्राचीन लिखित साहित्य और आधुनिक युग में सामान्य अशिक्षित जनता, विशेषकर आदिम जातियों के मौखिक साहित्य को देखने से उपर्युक्त कथन प्रमाणित होता है। ऋग्वेद के कुछ संवाद सूक्तों को प्राचीनतम लोकगाथा माना जा सकता है। पुराणों और महाभारत में भी इस तरह की लोकगाथाएं शिष्ट साहित्यिक रूप धारण कर समाविष्ट हो गई हैं।

लोकगाथाओं की उत्पत्ति सर्वप्रथम तब हुई, जब समाज अविभक्त और एक इकाई के रूप में था। इस कारण लोकगाथाएं प्रारंभ में समूचे समाज की संपत्ति थी, सभी इन्हें गाते और अपनी ओर से उनमें कुछ-न-कुछ जोड़ते-घटाते थे। इस तरह एक स्थान से दूसरे स्थान में और एक पीढ़ी से दूसरी पीढ़ी में यात्रा करते रहने के कारण उनका रूप नित्य परिवर्तनशील रहा। बाद में समाज के वर्ग विभक्त हो जाने पर उच्च वर्गों के बीच कुछ विशेषज्ञों, कवि-चारण आदि द्वारा साहित्य की रचना होने लगी और साहित्य उनका वैयक्तिक कृतित्व माना जाने लगा, अब वह समूचे समाज की संपत्ति नहीं रह गया। किंतु सामान्य जनता में, जो अभी भी एक इकाई के रूप में थी और शिक्षा तथा शिष्ट संस्कारों द्वारा परंपरा-विरहित नहीं हुई थी, पुरानी लोकगाथाएं विकसित होती रहीं। नवीन गाथाएं निर्मित होती रहीं। ऐसे समाज में लिखने-पढ़ने की प्रथा न होने से वे लोकगाथाएं अलिखित रूप में ही बनी रहीं।

लोकगाथाएं गाने के लिए होती हैं। इनमें से अनेक नृत्य या वाद्य के साथ गायी जाती हैं और जो नृत्य वाद्य के साथ नहीं गायी जातीं, उनका भी अपना-अपना अलग राग होता है। इन लोकगाथाओं के विशेषज्ञ इन्हें गाते हैं। पर इन गानेवालों को भी गुरु या बाप-दादों से सीखी हुई गाथा ज्यों-की-त्यों याद नहीं रहती, अतः ये कथा के भीतर प्रायः नये प्रसंग जोड़ देते हैं। इनमें आशु कविता करने की शक्ति होती है, वे गाथा की भाषा को भी बदलते रहते हैं। इसी कारण किसी भी लोकगाथा का सर्वत्र एक जैसा पाठ नहीं मिलता।

लोकगाथाओं का प्रचार अधिकतर अपढ़ ग्रामीण लोगों में ही होता है। शिक्षा का प्रचार ज्यों-ज्यों बढ़ता जाता है, लोकगाथाओं के प्रति पढ़े-लिखे लोगों की रुचि कम होती जाती है। उस समय उनके संरक्षण अथवा समाजशास्त्रीय अध्ययन की दृष्टि से उनका संग्रह और प्रकाशन किया जाता है। छप जाने के बाद उनका रूप स्थिर हो जाता है। छपाई की मशीन के आविष्कार के बाद लोक-कवि पूर्वप्रचलित लोकगाथाओं के अनुकरण पर नयी-नयी गाथाएं लिखकर छपाने और बाजारों में बेचने लगते हैं, पर ये कृत्रिम गाथाएं है, वास्तविक लोकगाथा नहीं। अंग्रेजी में इन्हें 'ब्रॉड साइड बैलेड' कहा जाता है।

हिंदी भाषा-भाषी विभिन्न प्रदेशों में भिन्न-भिन्न लोक गाथाएं पायी जाती हैं। कुछ लोकगाथाएं ऐसी भी हैं, जो विभिन्न प्रदेशों में रूप भेदों के साथ मिलती हैं; उनकी भाषा भिन्न हो गई है, पर मूल कथा एक ही है। कुछ लोकगाथाएं तो विकसित होकर गाथाचक्र और लोकमहाकाव्य का रूप धारण कर चुकी हैं। 'आल्हखंड' ऐसा ही महाकाव्य है। हिंदी की अन्य प्रमुख लोकगाथाएं ये हैं-'लोरिकायन', 'सोरठी', 'विजयमाल', 'भरथरी', 'गोपीचंद' और 'कुंवर सिंह'।

आधार ग्रंथ :

1. हिंदी साहित्य कोश, भाग-1।
2. हिंदी साहित्य का वृहद इतिहास, (भाग-16), राहुल सांकृत्यायन।
3. लोकधर्मी नाट्य परंपरा, श्याम परमार।

लोकनाट्य

लोक-नाट्य की उत्पत्ति लोकविश्वास, धार्मिक रूढ़ियों, परंपराओं, वीर पूजा, मनोरंजन, उत्सव, मांगलिक पर्व तथा शोक आदि के अवसरों पर सहज अभिव्यक्त उल्लास, शोक आदि मनोभावों के बीच से हुई होगी। अनेक विद्वान नाटकों की उत्पत्ति लोकनाट्य से ही बताते हैं। डॉ. नगेंद्र के अनुसार जीवन की सामूहिक आवश्यकताओं एवं प्रेरणाओं के बीच इनका जन्म हुआ होगा। संस्कृत के अनेक उपरूपक तथा रूपकों में डिम, प्रहसन, हल्लीसक, रासक, रास, लास्य, लास्यनाटक, बीथी आदि लोकनाटकों के ही परिष्कृत रूप हैं। हल्लीसक, रास आदि के लोक-नाट्य के रूप में अभिनीत होने के अनेक प्रमाण मिलते हैं। लोक से संबंधित उत्सवों,

अवसरों, मांगलिक पर्वों तथा कार्यों पर इनका अभिनय आवश्यक माना जाता है। इनके लिए उत्कृष्ट कोटि के रंगमंच तथा आकर्षक एवं बहुमूल्य साज-सज्जा की आवश्यकता नहीं पड़ती। लोक नाट्य को प्रधानतया दो भागों में विभक्त किया जाता है-(क) नृत्यपरक लोकनाट्य (ख) प्रहसनात्मक लोक नाट्य। प्रहसनात्मक नाटकों में विभिन्न कथन, शारीरिक मुद्राएं एवं वेशभूषा हास्यास्पद कोटि की होती है और इन्हीं के द्वारा व्यंग्यपूर्ण अभिनय किया जाता है। नृत्यपरक लोकनाट्य में सामाजिक तथा पौराणिक घटना को आधार बनाकर संगीत, नृत्य तथा अभिनय की सहायता से मनोरंजन किया जाता है। लोकनाट्य संपूर्ण भारत में विभिन्न रूपों में प्राप्त होता है। कुछ आदिम जातियों के लोक नाट्यों का अभी तक संकलन नहीं हो पाया है। भारतीय लोकनाट्यों के अलग-अलग क्षेत्रों में अलग-अलग रूप प्रचलित हैं, जैसे-उत्तर प्रदेश में रामलीला, रासलीला, स्वांग, नौटंकी, भाण, चमरवा, कँहरवा, मध्यप्रदेश में मांच, गुजरात में भंवाई, बंगाल में जात्रा, कीर्तन, रास, गंभीरा, महाराष्ट्र में तमाशा, ललित, गोंधल, बहुरूपिया तथा दशावतार एवं दक्षिण में 'यक्षगान' 'भागवत नाटकम्' आदि। उत्तर प्रदेश में लोकनाट्यों की लिखित परंपरा भी प्रचलित रही है। लोकनाट्य के लेखकों में सेठू सिंह, घीसा, फूल सिंह, शंकरदास, चंद्रपाल जाट, चंदरवादी, तौकासिंह आदि की गणना की जाती है। लोक नाट्य परंपरा का इधर तेजी से ह्रास हो रहा है। टेलीविजन के प्रसार और पाश्चात्य अपसंस्कृति के व्यापक असर के कारण लोक नाट्य परंपराओं से हमारी नयी पीढ़ी की रुचि में तेजी से ह्रास हुआ है।

आधार ग्रंथ :

1. हिंदी साहित्य कोश, भाग-1।
2. लोकधर्मी नाट्यपरंपरा, श्याम परमार।
3. भारतीय नाट्य साहित्य, नगेंद्र।

लोक-साहित्य

लोक-साहित्य 'लोक' और 'साहित्य' इन दो शब्दों के योग से बना है। इसका वास्तविक अर्थ है लोक का साहित्य। लोक यहां अंग्रेजी के फोक (folk) शब्द का पर्यायवाची है। 'लोक साहित्य' भी अंग्रेजी के 'फोक लिट्रेचर' का अनुवाद है।

लोक-साहित्य वह मौखिक अभिव्यक्ति है, जो भले ही किसी व्यक्ति ने गढ़ी हो, पर जिसे सामान्य लोक-समूह अपना मानता है और जिसमें लोक की युग-युग की वाणी-साधना समाहित रहती है, जिसमें लोक मानस प्रतिबिंबित रहता है, जिसका प्रत्येक शब्द, प्रत्येक स्वर, प्रत्येक लय और प्रत्येक लहजा लोक का अपना होता है और उसके लिए अत्यंत सहज और स्वाभाविक होता है।

लोक-साहित्य की भाषा शिष्ट और साहित्यिक भाषा न होकर साधारण जन की भाषा है और उसका वर्ण्य विषय भी लोक-जीवन से ही गृहीत होता है। लोक साहित्य की रचना में व्यक्ति का नहीं, बल्कि समूचे समाज का समवेत योगदान होता है। यही कारण है कि लोक-साहित्य पर व्यक्ति की छाप न होकर लोक की छाप होती है। लोक साहित्य में रचयिता का जोर शिल्प विधान पर अधिक नहीं होता, इसलिए उसमें कला का कौशल कम दिखायी देता है किंतु भावों की गहरायी देखते ही बनती है। विद्यानिवास मिश्र के अनुसार लोक-कथाओं और लोक-गाथाओं में कथा-शिल्प ही प्रमुख रहता है, केवल लोक-गान ही ऐसा प्रकार है, जिसमें अपने समग्र रूप में शिल्प-विधान विकसित हो सकता है, इन चारों प्रकार के रूपों में शिल्प-विधान के ये अंग समान रूप से अपेक्षित हैं। पहला है शब्द या शब्द-समूहों की पुनरावृत्ति। ये शब्द या तो लोक-परंपरा में गृहीत मांगलिक विशेषणवाची होते हैं या केंद्रभूत अर्थ के व्यंजक होते हैं। जब कोई पात्र किसी प्रश्न का उत्तर देता है तो उस प्रश्न में प्रयुक्त शब्दों का और उसके विशेषणों का ज्यों का त्यों उत्तर में अनुवाद करता है। जैसे-

'के मोरा आगे पीछे बइठी, के लट छोरी
के मोरा जागी रयनिया के नरवा छिनाई
बन से निकरी बन तपसिन सितै समुझावैं
सीता, हम तोरा आगे-पीछे बइठब हम लट छोरब
हम तोरा जागबि रयनिया त नरवा छिनाइब"

मिश्र जी के अनुसार यह इसलिए किया जाता है कि अर्थ की प्रतीति में कोई व्यवधान न हो। इसी तरह थाली अगर हो तो सोने की ही हो, चौकी अगर हो तो चंदन की ही हो, अटारी यदि हो तो ऊंची ही हो, बैठने की बात यदि आए तो मचिया जरूर आए, घोड़ा अगर हो तो नीला ही हो, डोरी अगर हो तो रेशम की ही हो, सेज हो तो बेले की कलियां भी वहां बिछी हों। ऐसा साहचर्य जो लोक-परंपरा में गृहीत है, लोक-साहित्य में कवि-समय की तरह ही अभिप्राय समझा जाता है। ऐसे जोड़ों की पुनरावृत्ति अर्थ की स्पष्टता और लोक-साहित्य की परंपरा की स्मृति के लिए की जाती है। दूसरा वैशिष्ट्य है अनपेक्षित कथांश का परिहार और केवल मर्मभूत कथांश का मर्म-विन्यास। लोक-मानस का कुतूहल किस अंश तक सीमित है इसकी

ठीक-ठीक परख रखते हुए लोक-साहित्य बराबर उन अंशों को छोड़ते हुए चलता है, जो अंश अपने आप गम्य हो सकते हैं और जिसके बीच में जोड़ देने से कथा के रस में व्याघात उपस्थित हो सकता है। तीसरा वैशिष्ट्य है ऐसा बिंब-विधान जो लोक-कल्पना की परिधि में आता हो, अर्थात् जो लोकोत्तर न हो। यह वैशिष्ट्य अकेला ही ऐसा है, जो लोक-साहित्य को व्यक्ति-साहित्य से पृथक कर देता है। व्यक्ति-साहित्य के बिंब शुद्ध रूप में लौकिक नहीं हो पाते, उनमें व्यक्ति-वैलक्षण्य आ ही जाता है और इसीलिए उनके बिंब को समझने के लिए उनके अनुभव के उस क्षण को भी समझना आवश्यक हो जाता है, जिसमें वह बिंब गृहीत हुआ था।

लोक-साहित्य में जो बिंब गृहीत हुए हैं, वे जातीय जीवन के साथ इतने घनिष्ठ रूप से परिचित हैं कि अनुभूति के एक क्षण का महत्व नहीं रहता। उदाहरण के लिए 'चंदन की किवाड़ी', 'सोने की थाली' या 'सोने के गेड़वे' में गंगाजल पानी ऐसे बिंब हैं जो एक विशिष्ट जाति की कल्पना में मंगल का पूर्ण बोध करा देने में समर्थ हैं।

इस लोक-साहित्य के पर्याय के रूप में कभी 'ग्राम-साहित्य' शब्द का भी प्रयोग किया गया है, किंतु ग्राम-साहित्य और लोक-साहित्य में अंतर है। 'ग्राम-साहित्य' केवल ग्रामों का साहित्य ही होगा, 'लोक-साहित्य' नगर और शहर में भी मिलता है।

लोक-साहित्य का क्षेत्र काफी विस्तृत है। इसके अंतर्गत लोग-गीत, लोक-कथा, लोक-कहानी, चुटकले, पहेलियां, कहावतें, लोकोक्तियां, मंत्र, स्वांग गीत, आनुष्ठानिक गीत, पूजा, जागरण, व्रत और नौटंकी के गीत आदि शामिल हैं।

आधार ग्रंथ :

1. हिंदी साहित्य कोश, भाग-1।
2. वाचिक कविता : भोजपुरी, विद्यानिवास मिश्र।
3. लोक साहित्य विज्ञान, सत्येंद्र।
4. हिंदी साहित्य का वृहद इतिहास, (सोलहवां खंड), राहुल सांकृत्यायन।
5. लोक साहित्य की भूमिका, कृष्ण देव उपाध्याय।

लोकप्रिय साहित्य

आम तौर पर माना जाता है कि जो साहित्य और कला व्यापक जनसमुदाय के बीच सहज रूप में ग्राह्य और स्वीकार्य हो वह लोकप्रिय है। सरलता, सहजता और सुबोधता आदि, ऐसे साहित्य के अनिवार्य गुण हैं। किंतु, व्यापक जन-समुदाय के बीच कोई साहित्य केवल सरलता और सुबोधता के कारण लोकप्रिय नहीं होता बल्कि, वही साहित्य व्यापक जनता के बीच लोकप्रिय होता है जिसमें जन-जीवन की वास्तविकताएं और आकांक्षाएं सहज-सुबोध रूप में व्यक्त होती हैं। इसलिए "लोकप्रियता का संबंध साहित्य के रूप के साथ-साथ उसकी अंतर्वस्तु, उस अंतर्वस्तु में मौजूद यथार्थ-चेतना और उस यथार्थ-चेतना में निहित विश्वदृष्टि से भी होता है।"

संस्कृति के दो रूप मिलते हैं-अभिजन संस्कृति और जन संस्कृति। अभिजन संस्कृति के समानांतर जन संस्कृति का विकास होता है। अभिजन संस्कृति के विकल्प और विरोध में जन-समुदाय, जन संस्कृति की रचना करता है। संस्कृति की अभिव्यक्ति सबसे ठोस, स्थायी और प्रभावशाली रूप में भाषा और साहित्य में होती है। जन संस्कृति की अभिव्यक्ति का एक रूप लोक-साहित्य होता है। लोक-साहित्य लोकप्रिय भी होता है। किंतु हर लोकप्रिय साहित्य लोक-साहित्य नहीं होता है। लोक-साहित्य और लोकप्रिय साहित्य में बहुत अंतर है। उदाहरणार्थ लोक साहित्य गण समाज से आज तक किसी-न-किसी रूप में निर्मित और विकसित होता आ रहा है, जबकि लोकप्रिय साहित्य पूंजीवादी युग और समाज की उपज है। दूसरा अंतर यह है कि लोक-साहित्य की रचना जन-समुदाय करता है और वही उसका श्रोता भी होता है। तात्पर्य यह कि लोक-साहित्य जनता के लिए, जनता के बारे में, जनता द्वारा रचित साहित्य है। लेकिन आज का लोकप्रिय साहित्य, प्रकाशन के युग का साहित्य है जिसका बड़े पैमाने पर व्यावसायिक उत्पादन होता है। वह पूंजीवादी उत्पादन प्रणाली की दूसरी वस्तुओं की तरह उत्पादित होकर बाजार में जाता है, बिकता है और अन्य उपभोक्ता वस्तुओं की तरह जनता तक पहुंचता है। लोकप्रिय साहित्य के अपने लेखक हैं बड़े व्यावसायिक प्रकाशन-संस्थान है जिनमें उत्पादित करके इस साहित्य को उपभोग की दूसरी वस्तुओं की तरह जनता तक पहुंचाया जाता है। यह पूंजीवादी व्यवस्था का उत्पाद है।

इस लोकप्रिय साहित्य के उत्पादन, विनिमय, वितरण और उपभोग की पूरी व्यवस्था को अडोर्नो (Theodor wiesengrund Adorno, 1903-1969) ने संस्कृति का उद्योग कहा है। अनेक आलोचक इस साहित्य को 'लोकप्रिय साहित्य' कहने से हिचकते हैं, क्योंकि उससे लोकप्रियता के बारे में भ्रम फैलता है। इसलिए वे इसे

'मास लिटरेचर' या 'भीड़ का साहित्य' कहते हैं। हिंदी में इसे 'सस्ता साहित्य', 'सतही साहित्य', 'घटिया साहित्य', 'घासलेटी साहित्य'; 'व्यावसायिक साहित्य' और 'बाजारू साहित्य' आदि कहा जाता है।

लोकप्रिय साहित्य पूंजीवादी व्यवस्था की देन और उसकी जरूरत है। अलगाव और परायापन पूंजीवादी व्यवस्था की ऐसी सर्वग्रासी बीमारी है जिससे सभी प्रभावित होते हैं। इसके कारण पूंजीवादी समाज में मानवीय और सामाजिक संबंध निर्वैयक्तिक और अमानवीय होकर वस्तुओं के बीच के संबंध का रूप धारण कर लेते हैं। टेक्नालॉजी के अभूतपूर्व विकास ने समाज में अमानवीकरण की प्रक्रियाओं को और तेज कर दिया है। पूंजीवाद के अनुकूल आदर्श मनुष्य वह है जो व्यक्तित्वविहीन, अमानवीय-करण का शिकार, खोखला और हर तरह की जीवंत शक्ति से शून्य हो, क्योंकि ऐसे मनुष्य को व्यवस्था अपने अनुकूल ढाल सकती है, उसकी चेतना तोड़-मरोड़कर अपनी सेवा में लगा सकती है। ऐसा ही व्यक्तिविहीन मनुष्य पूंजीवादी समाज में लोकप्रिय साहित्य का लक्ष्य है।

मार्क्सवादी साहित्य-चिंतन की परंपरा में लोकप्रिय साहित्य के प्रति उपेक्षा का भाव ही प्रबल रहा है। मार्क्सवादियों के विश्लेषण में अनुभववादियों-संरचनावादियों से अधिक सामाजिक चिंता और अंतर्दृष्टि है। मार्क्सवादी विवेचन में रचना और सामाजिक संदर्भों पर ध्यान अधिक है, रचनाओं का विश्लेषण भी दूसरों से बेहतर है, रचना में निहित समाजिक अभिप्रायों की खोज अधिक बारीकी से की गई है। इस सबके बावजूद यह स्वीकार करने में कोई हर्ज नहीं है। लोकप्रिय साहित्य के विश्लेषण की मार्क्सवादी आलोचना की न कोई परंपरा है न कोशिश की गई है। अभी हिंदी के अधिकांश मार्क्सवादी आलोचक गंभीर साहित्य के विवेचन में लगे हैं, उन्हें लोकप्रिय साहित्य की गंभीर चर्चा की फुर्सत नहीं है।

आधार ग्रंथ :

1. साहित्य के समाजशास्त्र की भूमिका, मैनेजर पांडेय।
2. Selections from Cultural Writings, Antonio Gramsci.
3. Marxists on Literature, David Craig.
4. On literature and Art, K. Marx & F. Engels.
5. Art of Society, Adolfo Sanchez Vasquez.

लोकमंगल

'लोकमंगल' शब्द को विशिष्ट अर्थ देने का श्रेय आचार्य रामचंद्र शुक्ल को है। लोक-मंगल के दोनों अंशभूत शब्द 'लोक' और 'मंगल' आचार्य शुक्ल को भारतीय परंपरा के प्रवाह से प्राप्त हुए हैं। सामान्यतः 'लोक' शब्द से तात्पर्य है सामान्य जन और 'मंगल' से तात्पर्य है 'कल्याण', किंतु यह शब्द आचार्य रामचंद्र शुक्ल के यहां नये अर्थ के साथ प्रयुक्त हुआ है। आचार्य शुक्ल ने 'लोक' शब्द का प्रयोग यों तो कई अर्थों में किया है-कहीं 'जगत' के लिए, कहीं 'समाज' के लिए, कहीं 'मानव-जाति' के लिए और कहीं संपूर्ण मानवता के लिए, किंतु जिस लोक से वे दुःख की छाया हटाना चाहते हैं, निश्चय ही वह दुःखी, पीड़ित और गरीबों का लोक है।

सन् 1907 में ही वे अपने देशवासियों को बता देना चाहते थे कि-"प्रत्येक ग्रामवासी को यह जानना चाहिए कि अधिक काम करने के बाद भी उसे उसके बदले में कम क्यों दिया जाता है, प्रत्येक नागरिक को यह साफ-साफ पता होना चाहिए कि उसका देश दिन-ब-दिन और गरीब क्यों होता जा रहा है?" इस परिप्रेक्ष्य में देखें तो उनकी 'लोक' संबंधी अवधारणा में भारत की गरीब, पीड़ित और शासित जनता का बिंब था। शुक्ल जी के अनुसार, "सत् और असत्, भले और बुरे-दोनों के मेल का नाम संसार है। पापी और पुण्यात्मा, परोपकारी और अत्याचारी, सज्जन और दुर्जन, सदा से संसार में रहते आये हैं और सदा रहेंगे।" मंगल और अमंगल, सत् और असत् के संघर्ष में, अंत में सत् अपना प्रकाश करता है, इस बात का पूर्ण विश्वास तुलसीदासजी के साथ-साथ शुक्लजी को भी था। तभी उन्होंने लिखा है, "लोक की पीड़ा-बाधा, अन्याय, अत्याचार के बीच दबी हुई आनंद-ज्योति भीषण शक्ति में परिणत होकर अपना मार्ग निकालती है और फिर लोक-मंगल और लोक-रंजन के रूप में अपना प्रकाश करती है।" स्पष्ट है कि मंगल की सम्यक् स्थापना क्षमा, दया, आदि साधुता की एकांगी प्रवृत्तियों द्वारा ही संभव नहीं है, क्योंकि बहुत-से-दुष्ट और क्रूर हृदय इन मृदुल प्रवृत्तियों से अप्रभावित रहकर लोक-उत्पीड़न में सलंग्न रहते हैं। उनका प्रतिविधान करने के लिए उग्रवृत्तियों का संयत प्रकाशन लोकमंगल की स्थापना के लिए अभीष्ट है। अतएव शुक्ल जी के अनुसार, "क्षमा जहां से श्रीहत हो जाती है वहीं से क्रोध का सौंदर्य आरंभ होता है।" जिसमें शिष्टों का आदर, दीनों पर दया, दुष्टों के दमन आदि जीवन के अनेक रूपों का सौंदर्य दिखायी पड़ेगा, वही सर्वांगपूर्ण लोक-धर्म का मार्ग

होगा।" मूल बात यह है कि अधर्म वृत्ति को हटाकर धर्म वृत्ति की प्रतिष्ठा के लिए कभी कोमल और मधुर एवं कभी उग्र और प्रचंड प्रयास करने पड़ते हैं। इसीलिए शुक्ल जी की दृष्टि में "भीषणता और सरसता, कोमलता और कठोरता, कटुता और मधुरता, प्रचंडता और मृदुता का सामंजस्य ही लोक-धर्म का सौंदर्य है।"

साहित्य के मूल्यांकन के एक प्रमुख मानदंड के रूप में लोक-मंगल की प्रतिष्ठा शुक्ल जी ने जिस तर्क-शृंखला के आधार पर की है, वह बहुत पुष्ट है। सर्वप्रथम उन्होंने यह निरूपित किया कि साहित्य या काव्य का प्रयोजन इसी लोक के भीतर है और उसका लक्ष्य मनुष्य का हृदय है। उनके अनुसार, 'मनुष्य लोकबद्ध प्राणी है। उसका अपनी सत्ता का ज्ञान तक लोकबद्ध है। लोक के भीतर ही कविता क्या, किसी कला का प्रयोजन और विकास होता है, एक की अनुभूति को दूसरों के हृदय तक पहुंचाना, यही कला का लक्ष्य होता है।" एक की अनुभूति को दूसरा सहज रूप में तभी अपनायेगा जब वह उसे अपने अनुरूप भी लगेगी, सुंदर भी होगी और उनके जीवन को समृद्ध भी करेगी। अतः शुक्ल जी ऐसे व्यक्ति-वैचित्र्यवाद के विरुद्ध हैं, जिसके अंतर्गत ऐसी अनुभूति की अभिव्यक्ति भी साहित्य में की जाती है जो दूसरे की हो ही न सकती हो। उनकी उक्ति है, "अतः हमारे देखने में ऐसी मनोवृत्ति का प्रदर्शन जो किसी दशा में किसी की हो नहीं सकती, केवल ऊपरी मन-बहलाव के लिए खड़ा किया हुआ कृत्रिम तमाशा ही होगा।" एक की अनुभूति दूसरे की हो सके इसके लिए उसे 'लोकसामान्य भावभूमि' पर प्रतिष्ठित करना होगा। इसलिए शुक्ल जी के अनुसार, "सच्चा कवि वही है जिसे लोकहृदय की पहचान हो, जो अनेक विशेषताओं और विचित्रताओं के बीच मनुष्य जाति के सामान्य हृदय को देख सके। इसी लोक-हृदय में लीन होने की दशा का नाम रस-दशा है।"

आचार्य शुक्ल ने 'लोक-मंगल की साधना' को काव्य की श्रेष्ठता के प्रतिमान के रूप में प्रतिष्ठित किया है। उनका तर्क है कि लोक में मंगल का विधान करनेवाले दो भाव हैं-'करुणा और प्रेम'। 'करुणा' की गति लोक की रक्षा की ओर होती है और 'प्रेम' की गति लोक-रंजन की ओर। इन दोनों भावों को वे सत्त्व-गुण-प्रधान मानते हैं। वे कहते हैं-"यह जगत् अव्यक्तावस्था से छूटी हुई प्रकृति का व्यक्त स्वरूप है। ऐसी स्थिति में मंगल का विधान तभी हो सकता है जब रजस् और तमस् गुण, सत्त्व-गुण के अधीन रहकर कार्य करें।" भावों में 'करुणा' और 'प्रेम' सत्त्व-गुण प्रधान होते हैं। क्रोध, भय, घृणा आदि प्रचंड भाव रजस् और तमस् प्रधान होते हैं। आचार्य शुक्ल की मान्यता यह है कि करुणा और प्रेम की लक्ष्य-सिद्धि में सहायक होकर अर्थात् सत्त्वगुण के अधीन सक्रिय रहकर-क्रोध, भय, घृणा जैसे प्रचंड भाव भी सुंदर हो जाते हैं। उदाहरण के लिए वाल्मीकि रामायण में लोक-पीड़क राक्षसराज रावण के प्रति राम का कालाग्नि सदृश क्रोध इसीलिए सुंदर प्रतीत होता है कि वह करुणा से, लोक-रक्षा की भावना से प्रेरित होकर उसी के लक्ष्य की पूर्ति के लिए कार्य कर रहा है। रावण की मृत्यु के बाद लोक से दुःख की छाया हट जाती है। लोक, पीड़ा और विघ्न-बाधा से मुक्त हो जाता है और तब राम राज्य की स्थापना होती है।

इस रामराज्य की व्याख्या करते हुए शुक्लजी कहते हैं, "यह धर्म राज्य है, प्रकृति का रंजन करनेवाला है। इस राज्य की स्थापना केवल शरीर पर ही नहीं होती, हृदय पर भी होती है। यह राज्य केवल चलती हुई जड़ मशीन नहीं है-आदर्श व्यक्ति का परिवर्धित रूप है"। इसी संदर्भ में आचार्य शुक्ल ने 'विरुद्धों के सामंजस्य में कर्मक्षेत्र के सौंदर्य' का सिद्धांत स्थापित किया है। उन्होंने कहा है-"लोक में दुःख की छाया को हटाने में ब्रह्म की आनंदकला जो शक्तिमय रूप धारण करती है उसकी भीषणता में भी अद्‌भुत मनोहरता, कटुता में भी अपूर्व मधुरता, प्रचंडता में भी गहरी आर्द्रता साथ लगी रहती है। विरुद्धों का यही सामंजस्य कर्मक्षेत्र का सौंदर्य है, जिसकी ओर आकर्षित हुए बिना मनुष्य का हृदय नहीं रह सकता।"

आचार्य शुक्ल मार्क्सवादी नहीं थे। लेनिन का उन्होंने बाकायदा विरोध किया था, किंतु इसके बावजूद हिंदी के सभी प्रतिष्ठित मार्क्सवादी आलोचकों ने आचार्य रामचंद्र शुक्ल को अत्यंत श्रद्धा के साथ स्मरण किया है, उनके महत्व को स्वीकार किया है और उनपर किताबें लिखी हैं। रामविलास शर्मा, शिवकुमार मिश्र, नामवर सिंह आदि सबका नाम इस श्रेणी में लिया जा सकता है। यह अकारण नहीं है। वस्तुतः शुक्ल जी के 'लोक' और मार्क्सवाद के 'शोषित वर्ग' के बीच ज्यादा फासला नहीं है। मार्क्सवादी हुए बगैर भी शुक्ल जी का लक्ष्य लगभग वही है जो मार्क्स का है।

आधार ग्रंथ :

1. रसमीमांसा, आचार्य रामचंद्र शुक्ल।
2. चिंतामणि भाग-1 एवं 2, आचार्य रामचंद्र शुक्ल।
3. कृति चिंतन और मूल्यांकन संदर्भ, डॉ. रामचंद्र तिवारी।
4. हिंदी आलोचना की परंपरा और आचार्य रामचंद्र शुक्ल।
5. आचार्य रामचंद्र शुक्ल और हिंदी आलोचना, रामविलास शर्मा।

लोकायत

'लोकायत', 'चार्वाक' या 'बार्हस्पत्य' के नाम से प्रसिद्ध भौतिक दर्शन सम्भवतः बहुत प्राचीन विचारधारा है। 'लोकायत' नाम अति प्राचीन है। कौटिल्य के अर्थशास्त्र में यह पाया जाता है, जहां इसे सांख्य और योग के साथ 'अन्वीक्षिकी' कहा गया है। महाभारत में चार्वाक का उल्लेख एक राक्षस के रूप में करते हुए कहा गया है कि उसने अनेक वर्ष तप किया। वह सब प्राणियों के लिए अभय की कामना करता था और प्रजापति ने उसकी कामना पूर्ण की। चार्वाक ब्राह्मणों का अपमान करता था इसलिए ब्राह्मण उससे क्रुद्ध थे। कई जगह चार्वाक को किसी मत का संस्थापक या व्यक्ति न मान कर बृहस्पति को इस मत का संस्थापक स्वीकार किया गया है। सम्भवतः चार्वाक नाम वेदानुयायियों द्वारा उपहास में दिया गया है। इस दर्शन का वास्तविक नाम लोकायत (लोक सम्मत, वेद-विरोधी) था जिससे इस दर्शन की लोकप्रियता का सहज ही अनुमान किया जा सकता है। जैन और बौद्ध सूत्रों में भी लोकायत को विद्याओं में गिनाया गया है। 'दिव्यावदान' में लोकायत के ऊपर भाष्य और प्रवचन लिखे जाने का उल्लेख है। इससे मालूम होता है कि इस समय चार्वाक दर्शन के मौलिक ग्रंथ भी विद्यमान थे। पंतजलि के महाभाष्य में लोकायत के ऊपर 'भागुरी टीका' का उल्लेख मिलता है। इससे जान पड़ता है कि दूसरी या तीसरी ईसा पूर्व में लोकयत दर्शन पर ग्रंथ उपलब्ध थे।

चार्वाक मत के अनुयायी भौतिकवाद के सिद्धांतों को स्वीकार करते थे। ये लोग आत्मा और ईश्वर को नहीं मानते। इनका कथन है कि जिस प्रकार मादक पदार्थों से मदशक्ति पैदा होती है उसी प्रकार पृथ्वी, जलवायु और अग्नि से चैतन्य की उत्पत्ति होती है, और इन चार भूतों का नाश होने से चैतन्य का भी नाश हो जाता है, इसलिए आत्मा कोई स्वतंत्र पदार्थ नहीं है। ध्यान रखने की बात है कि अपने इस कथन के समर्थन में चार्वाक लोग उपनिषदों का प्रमाण उपस्थित करते हैं। चार्वाकों की मान्यता है कि जब आत्मा नहीं है तो फिर परलोक, पुनर्जन्म, धर्म-अधर्म और पुण्य-पाप भी कुछ नहीं है। ऐसी दशा में जब तक जीवन है मनुष्य को सुखपूर्वक जीना चाहिए क्योंकि मृत्यु के पश्चात् मनुष्य जन्म धारण नहीं करता। इसलिए पुनर्जन्म अथवा कर्मफल के विषय में कोई विचार करना ही व्यर्थ है। चार्वाक दर्शन ने घोषित किया,

यावज्जीवेत् सुखं जीवेत् ऋणं कृत्वा घृतं पिबेत।
भस्मीभूतस्यं देहस्य पुनरागमनम् कुतः।"

चार्वाक दर्शन में केवल प्रत्यक्ष को ही प्रमाण स्वीकार किया है। इस दर्शन के अनुसार पांच इंद्रियों के बाहर कोई वस्तु नहीं, इसलिए स्वर्ग, नरक और मोक्ष की कल्पना व्यर्थ है। वास्तव में कंटक आदि से उत्पन्न दुःख को नरक, भोग-उपभोग को स्वर्ग और देह-त्याग को मोक्ष कहते हैं। चार्वाक मतानुयायी ईश्वर, वेद, यज्ञ-याग, जाति-पांति और दान-धर्म को नहीं मानते। इनका कहना है कि लोक-प्रसिद्ध राजा से बढ़ कर और कौन ईश्वर हो सकता है? अग्नि को गरम, पानी को ठण्डा और हवा को शीत किसने बनाया है? तथा कांटों में तीक्ष्णता और पशु-पक्षियों में चित्र-विचित्रता कौन बनाता है? ये सब अपने-अपने स्वभाव से होते हैं तथा अग्निहोत्र करना, वेदत्रयी को मानना, त्रिदंड धारण करना, भस्म का तिलक लगाना ये सब बुद्धि और पुरुषार्थहीन लोगों के खाने-कमाने के ढंग हैं। यदि ब्राह्मणों के कथनानुसार यज्ञ में पशुबध करने से स्वर्ग की प्राप्ति होती है तो यज्ञकर्ता अपने वृद्ध माता-पिता का क्यों नहीं वध कर डालता? इसी तरह यदि श्राद्ध, स्वर्ग में स्थित पितरों की तृप्ति का कारण होता है तो फिर परदेश गमन करने वाले यात्रियों को रास्ते में कलेवा आदि बांधकर ले जाना व्यर्थ है। ब्राह्मण और चांडाल दोनों की नसों में एक ही वर्ण का रक्त प्रवाहित होता है और दोनों देखने में एक समान मालूम होते हैं, फिर ऊंच-नीच का भेद मानना निष्प्रयोजन है।

कुछ लोगों को चार्वाकों के दर्शन में निराशावाद झलकता है किंतु ध्यान से मनन करने पर ऐसा नहीं लगता है। उनकी नैतिकता, उनके दर्शन और तर्क से ऐसा लगता था कि उनके लिए इंद्रिय-सुख ही सब कुछ है और इंद्रिय सुख की निर्बाध आकांक्षा समाज को स्वस्थ रखने में बाधक होगी।

भारतीय दर्शन में लोकायत दर्शन का स्थान कई दृष्टियों से बहुत महत्वपूर्ण है। इस दर्शन ने वैदिक हिंसा, कर्मकांड और उपनिषदों के ब्रह्मवाद तथा पुनर्जन्म के सिद्धांतों का बड़ी निर्भीकता के साथ विरोध किया। चार्वाक दर्शन के वेद-विरोधी सिद्धांतों से कपिल, बुद्ध, महावीर जैसे महापुरुष भी प्रभावित हैं और असंख्य साधारण जन भी। ब्राह्मण, बौद्ध तथा जैन ग्रंथों में उपलब्ध लोकायत दर्शन के सिद्धांतों के अवलोकन से मालूम होता है कि इस दर्शन के कुछ तर्कसंगत आधार अवश्य रहे होंगे, क्योंकि केवल स्वेच्छाचारिता और कामसुख की तृप्ति के प्रतिपादन-मात्र से किसी दर्शन का लोकप्रिय होना सम्भव नहीं होता।

आधार ग्रंथ :

1. भारतीय तत्त्व चिंतन, जगदीश चंद्र जैन।
2. भारतीय दर्शन का इतिहास-भाग-3, डॉ. एस. एन. दासगुप्त।
3. भारतीय दर्शन, सर्वपल्ली डॉ. राधा कृष्णन।
4. धर्म शास्त्र का इतिहास, पी.बी. काणे।

वक्रोक्ति संप्रदाय

वक्रोक्ति संप्रदाय का उन्नायक होने का श्रेय दसवीं सदी के आचार्य राजानक कुंतक को है। किंतु उसका रूप पूर्ववर्ती आचार्यों के ग्रंथों में विद्यमान है। कुंतक ने विचार-परंपरा से प्राप्त विवेचना को नवीन काव्यचिंतन के रूप में प्रतिष्ठित कर वक्रोक्ति को सिद्धांत का स्वरूप प्रदान किया।

आचार्य कुंतक के पूर्व वक्रोक्ति तत्त्व व्यापक और संकुचित दोनों अर्थों में प्रचलित था, पर इन्होंने इसके व्यापक अर्थ को ही ग्रहण करते हुए इसका विवेचन एवं विस्तार किया। यद्यपि इनसे पूर्व अलंकार, रीति, रस और ध्वनि-ये प्रमुख काव्य-तत्व सम्यक रूप से प्रतिपादित हो चुके थे, पर कुंतक ने वक्रोक्ति को ही काव्य का जीवित (आत्मा) माना।

कुंतक के पूर्व वक्रोक्ति को व्यापक अर्थ में स्वीकार करने वालों में आचार्य भामह और दंडी प्रमुख हैं, जबकि संकुचित अर्थ या केवल एक अलंकार के रूप में ग्रहण करने वालों में आचार्य वामन, रूद्रट, मम्मट और आनंदवर्धन आदि हैं। भामह वक्रोक्ति को व्यापक अर्थ में ग्रहण करते हुए इसे अतिशयोक्ति का पर्याय मानते हैं और इसे सब अलंकारों का अनिवार्य तत्त्व घोषित करते हैं। वक्रता शब्दगत और अर्थगत दोनों प्रकार की होती है। इसी से अर्थ चमत्कृत हो उठता है। उनके मतानुसार इसके बिना कोई भी रचना यथार्थ काव्य न होकर कथन समुदाय मात्र अथवा वार्ता मात्र बनकर रह जाती है-

"सैषा सर्वैव वक्रोक्तिरनयाऽर्थो विभाव्यते।
यत्नोऽस्यां कविना कार्यः कोऽलंकारोऽनया बिना।।"

आचार्य दंडी ने समस्त वाङ्मय को दो प्रमुख भागों-स्वभावोक्ति और वक्रोक्ति में विभाजित किया तथा स्वभावोक्ति को छोड़कर उपमा आदि शेष सभी अलंकारों को वक्रोक्ति का पर्याय माना। उनके अनुसार इसका कारण यह है कि स्वभावोक्ति में तो पदार्थ-वर्णन साक्षात् रूप से किया जाता है, किंतु 'वक्रोक्तियों' अर्थात् अलंकारों में अप्रत्यक्ष रूप से अथवा वक्रता से किया जाता है,

"श्लेषः सर्वासु पुष्णाति प्रायो वक्रोक्तिषु श्रियम्।
भिन्नं द्विधा स्वभावोक्तिर्वक्रोक्तिश्चेति वाङ्मयम्।"

आचार्य कुंतक के अनुसार वक्रोक्ति काव्य का व्यापक एवं सार्वभौम संप्रदाय है। वक्रोक्ति की परिभाषा करते हुए उनका कहना है कि " वक्रोक्ति प्रसिद्ध कथन से भिन्न विचित्र अभिधा या वर्णन शैली (विचित्र प्रकार का कथन) है। वह वैदग्ध्यपूर्ण (वैचित्र्यपूर्ण) भंगिमा द्वारा प्रस्तुत की गई उक्ति है। वैदग्ध्य का अर्थ है विदग्धता या कवि-कर्म-कौशल। वे लिखते हैं, "वक्रोक्तिः प्रसिद्धाभिधान व्यतिरेकिणी विचित्रैवाभिधा। कीदृशी वैदग्ध्यभंगीभणितिः। वैदग्ध्यं विदग्धभावः कविकर्म कौशलम्, तस्य भंगी विच्छित्तिः, तया भणितिः। विचित्रैवाभिधा वक्रोक्तिरित्युच्यते।"

कुंतक ने इसे शब्द और अर्थ का अलंकार कहा है और ये दोनों इसके द्वारा अलंकरणीय होते हैं। उल्लेखनीय है कि यहां 'अलंकार' शब्द अनुप्रास, उपमा आदि के समान किसी विशिष्ट अलंकार का सूचक नहीं है अपितु काव्य में विद्यमान उस काव्यतत्व का सूचक है जो सर्वत्र अलंकरण सक्षम है,

"उभावेतावलंकार्यौ तयोः पुनरलंकृतिः।
वक्रोक्तिरेव वैदग्ध्यभंगीभणितिरुच्चते।।"

तात्पर्य यह कि विदग्धता अथवा कवि-कर्म-कौशल से उत्पन्न वैचित्र्यपूर्ण कथन वक्रोक्ति कहलाता है। वक्रोक्ति अलंकृति है। यही कथन की भंगिमा है जो उक्ति को शोभा प्रदान करती है। उक्ति में चमत्कार और चारुता का संपादन वक्रोक्ति के द्वारा ही होता है। अतः वक्रोक्ति काव्य का जीवन है। इससे हीन काव्य सजीव नहीं है।

आचार्य कुंतक ने वक्रोक्ति के छह भेद स्वीकार किये हैं और इनमें से प्रत्येक के अनेक प्रकारों का वर्णन किया है। ये छह प्रमुख भेद निम्न हैं-

(1) वर्ण विन्यास वक्रता : वर्ण विन्यास वक्रता के अंतर्गत वर्णों का इस प्रकार का संगठन होता है जिससे चमत्कार उत्पन्न हो सके। इसके अंतर्गत शब्दालंकार तथा विभिन्न वृत्तियों एवं शब्दगुणों का समावेश है। कुंतक का अभिप्राय ऐसी वर्ण योजना से है जो विषय को अलंकृत कर सके तभी उसमें चमत्कार हो पाएगा।

(2) पदपूर्वार्धवक्रता : यह पद वक्रता का एक रूप है। पदवक्रता में व्याकरण संबंधी प्रयोगों में चमत्कार होता है। इसके दस रूप माने गये हैं-रूढ़िवैचित्र्यवक्रता, पर्यायवक्रता, उपचारवक्रता, विशेषणवक्रता, संवृतिवक्रता, प्रत्ययवक्रता, वृत्तिवक्रता, भाववैचित्र्यवक्रता, लिंगवैचित्र्यवक्रता क्रियावक्रता और आगमवक्रता।

(3) पदपरार्धवक्रता : इसके अंतर्गत पद के परार्ध में प्रकट विशेषताओं का संकेत होता है। यह वक्रोक्ति, काल, कारक, संख्या,पुरुष, उपग्रह और प्रत्यय तथा पदवक्रता के रूप में अभिव्यक्त होती है। इस प्रकार इसके निम्न भेद होते हैं-

कालवैचित्र्य वक्रता, कारक वक्रता, संख्यावक्रता, पुरुषवक्रता, उपग्रहवक्रता (आत्मनेपद और धातुओं से संबद्ध होने के कारण हिंदी में उदाहरण नहीं मिलता) और प्रत्ययवक्रता।

4. वाक्य वक्रता : आहार्या वस्तु वक्रता का ही दूसरा नाम वाक्य वक्रता है। वाक्य वक्रता की सहस्र विधा हो सकती है। इसके अंतर्गत सभी अर्थालंकार समाविष्ट हो जाते हैं। जिस प्रकार चित्र फलक में चित्रकार का कौशल रंगों के सम्मिश्रण से भिन्न दिखता है, उसी प्रकार काव्य में भी कवि का कौशल सुकुमार आदि मार्गों

की शोभा से भिन्न दिखता है और अर्थालंकारों का यह कौशल वाक्य वक्रता कहलाता है। प्रमुख रूप से तो अर्थालंकारों में प्रदर्शित कवि-कौशल को ही वाक्य-वक्रता कहते हैं किंतु गौण रूप से वस्तु के स्वभाववर्णन (स्वभावोक्ति) से, तथा रस से समन्वित रचनाओं में प्रदर्शित कवि कौशल को भी वाक्य वक्रता कहते हैं।

5. प्रकरण वक्रता : प्रकरण से तात्पर्य है प्रबंध काव्य का कोई एक अंश अर्थात् कथा-प्रसंग। प्रबंध के एक प्रसंग की वक्रता प्रकरण-वक्रता कहलाती है। प्रकरण वक्रता किसी प्रसंग के औचित्य को प्रभावशाली बनाने में है। इसके नौ भेद हैं-पात्र-प्रवृत्ति-वक्रता (पात्रों द्वारा भावपूर्ण स्थिति की उद्भावना), उत्पाद्य कथा वक्रता, उपकार्योपकारक भाव वक्रता, आवृत्ति वक्रता, प्रासंगिक प्रकरण वक्रता अर्थात् किसी विशिष्ट प्रकरण का मनोहारी वर्णन, प्रकरण-रस-वक्रता अथवा रोचक प्रसंगों का विशेष विस्तार से वर्णन, अवांतरवस्तु-वक्रता अथवा अप्रधान किंतु सुंदर प्रसंगों की उदभावना द्वारा प्रधान कथावस्तु की सिद्धि, नाटकांतर्गत् नाटक वक्रता अथवा गर्भांक और मुखसंध्यादि-विनिवेश-वक्रता अथवा विभिन्न प्रकरणों की परस्पर अन्विति।

(6) प्रबंध वक्रता : प्रबंध वक्रता का संबंध पूरे प्रबंध से होता है। नाटक और प्रबंधकाव्यों में ही यह वक्रता आ सकती है। यह वक्रोक्ति का एक व्यापक रूप है। इसके छह भेद हैं-मूलरस परिवर्तन, प्रकरण विशेष पर कथा-समाप्ति, कथा-विच्छेद अर्थात कथा के मध्य में ही किसी अन्य कार्य द्वारा प्रधान कार्य की सिद्धि, नायक द्वारा अनेक आनुषंगिक फलों की प्राप्ति, प्रधान कथा का द्योतक नाम और कथा-साम्य अथवा एक कथा से संबद्ध विलक्षण प्रबंधकत्व।

कुंतक के अनुसार इन्हीं भेदोपभेदों के अंतर्गत काव्य का सभी प्रकार का सौंदर्य, चाहे वह बाह्य हो या आंतरिक समाविष्ट हो जाता है। डॉ. नगेंद्र के शब्दों में," कवि प्रतिभा के बल पर अपनी कृति में चमत्कार उत्पन्न करने के लिए सहज या सचेष्ट रूप में जिन साधनों-प्रसाधनों का उपयोग करता है, वे सभी वक्रोक्ति के भेद हैं। अतएव कुंतक की वक्रोक्ति का साम्राज्य वर्ण-विन्यास से लेकर प्रबंध-कल्पना तक और उधर उपसर्ग, प्रत्यय आदि पदावयवों से लेकर महाकाव्य तक विस्तृत है।"

वक्रोक्ति सिद्धांत का आगे चलकर अनुकरण नहीं हुआ। इसका प्रमुख कारण है कुंतक का समन्वयवादी दृष्टिकोण, जिसका निर्वाह वे व्यवस्थित रूप से नहीं कर सके। दूसरा कारण है 'ध्वनि' जैसे आंतरिक सिद्धांत की तुलना में अब फिर से 'अलंकार' और 'रीति' जैसे अधिकांशतः बाह्यपरक सिद्धांतों की तरह का कोई भी सिद्धांत पनप नहीं सकता था।

कुंतक के सिद्धांतों का खंडन केवल दो आचार्यों ने किया है महिमभट्ट और आचार्य विश्वनाथ।

महिमभट्ट के अनुसार काव्य में प्रसिद्ध अभिधान से अतिरिक्त अर्थ का पर्यवसान या तो शब्दार्थ के औचित्य मात्र में होता है, या वह अतिरिक्त अर्थ प्रतीयमान अर्थ की अभिव्यक्ति करने में समर्थ होता है। इन दोनों प्रकारों से भिन्न कोई अन्य प्रकार ऐसा नहीं होता जो शब्दार्थ के उपनिबंधन में विचित्रता उत्पन्न कर सके। महिमभट्ट का अभिप्राय यह है कि कुंतक ने वक्रोक्ति को अनेक स्थलों पर 'प्रसिद्ध अभिधान (वाच्यार्थ) से व्यतिरेकिणी' अर्थात् भिन्न अर्थ बताने वाली कहा है किंतु ऐसे काव्य-तत्व दो ही माने गये हैं 'औचित्य' और 'ध्वनि', जो कि स्वयं महिमभट्ट को अस्वीकार्य हैं। आचार्य विश्वनाथ ने तो वक्रोक्ति सिद्धांत का मर्म समझे बिना ही अथवा जानबूझकर "वक्रोक्तिः काव्यजीवितम्" का यह कहकर खंडन किया है कि वक्रोक्ति तो एक अलंकार मात्र है।

वस्तुतः कुंतक ने सहृदय को काव्य के बाह्य कलेवर से ही आकृष्ट करना चाहा है, जबकि काव्य जैसे आंतरिक व्यापार को बाह्य कलेवर के अवयवों के आधार पर मूल्यांकित करना संतुलित दृष्टिकोण का सूचक नहीं है। इन्हीं सब कारणों से हिंदी समीक्षा जगत में वक्रोक्ति सिद्धांत को अपेक्षित महत्व नहीं मिला और यहां वक्रोक्ति एक अलंकार के रूप में ही प्रचलित है।

आधार ग्रंथ :

1. वक्रोक्तिजीवितम्, राजानक कुंतक।
2. भारतीय साहित्य कोश, डॉ. राजवंश सहाय हीरा।
3. भारतीय काव्य शास्त्र, सत्यदेव चौधरी।

वर्ग

'वर्ग' के लिए अंग्रेजी में क्लास (Class) शब्द प्रचलित है। यह शब्द मार्क्सवादी जीवन दर्शन की देन है। सामान्य रूप से 'वर्ग', समाज के उन समूहों को कहते हैं, जिनमें आर्थिक आधार पर स्तर भेद होता है।

आधुनिक समाज में वर्ग केंद्रीय विभाजक तत्त्व है और समाज विज्ञानियों के अनुसार यही विभाजन उनके विभिन्न सामाजिक हितों का कारक बनते हैं। 'वर्ग' की सर्वाधिक विस्तृत और सटीक अवधारणा कार्ल मार्क्स

द्वारा प्रस्तुत की गई है। उनके अनुसार समाज विभिन्न समूहों में विभाजित है और इसमें प्रत्येक का 'उत्पादन के साधनों' से विशिष्ट रिश्ता होता है। ऐतिहासिक रूप में इन विभाजनों को 'उत्पादन के साधनों' के परिवर्तित स्वरूपों के संदर्भ में ही समझ सकते हैं। प्राचीन काल में जब 'उत्पादन के साधनों' का अधिक विकास नहीं हुआ था, उस समय समाज का विभाजन दास व स्वामी के वर्ग के रूप में था और आज के पूंजीवादी युग में यह विभाजन बुर्जुआ वर्ग और सर्वहारा वर्ग के रूप में है। वैसे मार्क्स ने अन्य वर्गों के अस्तित्व का भी उल्लेख किया है, जैसे अभिजात्य वर्ग, मध्यम वर्ग (पेट्टी बुर्जुआ), भ्रष्ट सर्वहारा (लुम्पेन प्रोलितेरियेत) वर्ग आदि।

कम्युनिस्ट पार्टी के घोषणा पत्र के आरंभ में ही मार्क्स और एंगेल्स ने लिखा है, "अब तक के समाज का इतिहास वर्ग-संघर्षों का इतिहास है। स्वतंत्र मनुष्य और दास, अभिजात वर्ग और साधारण प्रजा, सामंत और उसके भूदास शिल्प संघ के मालिक और मजदूर कारीगर संक्षेप में पीड़क और पीड़ित सदा से एक दूसरे का विरोध करते आये हैं। वे कभी छिपे, कभी प्रकट रूप से लगातार एक-दूसरे से लड़ते रहे हैं। ऐसी लड़ाई का अंत हर बार या तो समाज का सारा ढांचा बदलने से हुआ है, या लड़ने वाले दोनों वर्गों की बरबादी में हुआ है...आधुनिक पूंजीवादी समाज, सामंती समाज के ध्वंस से पैदा हुआ है। उसने समाज के वर्ग-विरोधों को खत्म नहीं किया है। उसने वर्गों के स्थान पर नये वर्ग, उत्पीड़न के पुराने तरीकों के बदले नये तरीके और संघर्ष के पुराने स्वरूपों की जगह नये स्वरूप खड़े कर दिये हैं। किंतु दूसरे युगों की तुलना में हमारे युग की, पूंजीवादी युग की विशेषता यह है कि वर्ग विरोधों को इसने सीधा-सादा बना दिया है। आज पूरा समाज दिनों-दिन दो विशाल प्रतिस्पर्धी शिविरों में, एक दूसरे के खिलाफ खड़े दो विशाल वर्गों में, पूंजीपति और मजदूरों में, बंटता जा रहा है।"

मार्क्सवादी दृष्टिकोण इसे स्पष्ट करता है कि वर्गीय हित 'पूंजी' के साथ व्यक्ति के संबंध के रूप में व्यक्त होते हैं और इसी आधार पर समाज के विशाल हिस्से को आंदोलनरत किया जा सकता है। परंतु इस स्थिति के विकास में, वर्गीय चेतना का विकसित न होना, झूठी वर्गीय चेतना का होना तथा किसानों और श्रमिकों के प्रतिक्रियावादी आंदोलनों का होना आदि बाधक होते हैं।

मैक्स वेबर ने विभाजन के कठोर आर्थिक निर्धारणवाद से मतभेद व्यक्त किया है। इसी के साथ उसने बहुविध आधारों के आधार पर विभाजन की एक लचीली अवधारणा प्रस्तुत की है। आर्थिक संस्तर को बेबर ने महत्व तो दिया है, लेकिन उसके अनुसार प्रतिष्ठा और राजनीतिक शक्ति भी वर्ग स्थापना में महत्वपूर्ण भूमिका निभाती है।

वेबर के बाद वर्ग की अवधारणा को लेकर कई विचार आये हैं। जॉर्ज लुकाच और फ्रैंकफुर्ट स्कूल के विद्वानों ने मार्क्स के वर्ग-विकास के पूर्वानुमान के असत्य होने के कारणों को स्पष्ट किया है। एंड्रयू जार्ज की पुस्तक 'पोस्ट इंडस्टियल सोसाइटी' में वर्तमान समय में वर्ग की अवधारणाओं पर प्रश्न उपस्थित किये गये हैं। अमरीकन समाज शास्त्रियों ने अमेरिका में वर्गीय विभाजनों के टूटने को बेबर के मॉडल के आधार पर समझने का प्रयास किया है और इस परंपरागत समझदारी पर प्रश्न चिह्न उत्पन्न किया है कि व्यवसाय, आय, प्रतिष्ठा, वर्गीय स्थिति निर्धारण में केंद्रीय तत्त्व होते हैं। कुछ अन्य विद्वानों ने इस तथ्य की ओर इशारा किया है कि वर्गीय विभाजन की अब तक जितनी भी अवधारणाएं प्रस्तुत की गई हैं, वे एकांगी हैं, क्योंकि उसमें स्त्रियों को न कोई स्थान दिया गया है न ही विश्लेषण में शामिल किया गया है।

मार्क्सवादी साहित्य चिंतकों की मान्यता है कि वर्गबद्ध समाज में साहित्य एवं कलाएं भी वर्गहितों को प्रतिबिंबित करती हैं, जिनमें शासक वर्ग के हितों की प्रमुखता होती है। रचनाकार एवं कलाकारों के अपने वर्गीय संस्कार, उनकी जीवन दृष्टि के रूप में उनकी कृतियों में प्रतिबिंबित होते हैं। पूंजीवादी समाज व्यवस्था के अंतर्गत, जिसमें सब कुछ धन की ही तुला में तौला जाता है, पूंजीपति वर्ग शासक होने के नाते सारे धन पर अपना एकाधिकार रखता है, फलतः साहित्य, कला, संस्कृति सब उसकी दासी होकर रह जाती हैं। वे सब शासक वर्ग की आशाओं, आकांक्षाओं को व्यक्त करना ही अपना कर्तव्य समझती हैं। प्लेखानोव, काडवेल तथा अर्न्स्ट फिशर ने पूंजीवादी व्यवस्था के अंतर्गत पनपने वाले साहित्य तथा अन्य कला रूपों की इस वर्गीय भूमिका का विस्तार से विवेचन किया है।

आधार ग्रंथ :

1. कम्युनिस्ट पार्टी का घोषणा पत्र, कार्ल मार्क्स एवं फ्रेडरिक एंगेल्स।
2. मार्क्सवादी साहित्य चिंतनः इतिहास तथा सिद्धांत, शिवकुमार मिश्र।
3. Dictionary of Social Science, Crig Calhoun.
4. Dictionary of Scientific Communism, Progress Publishers, Moscow.

वेबसाइट : www.en.wikipedia.org/wiki/class

वर्ग-संघर्ष

वर्ग-संघर्ष के लिए अंग्रेजी में क्लास स्ट्रगल (Class Struggle) शब्द प्रचलित है। यह मार्क्सवादी दर्शन का बहुप्रचलित शब्द है। वर्ग-संघर्ष की धारणा का कार्ल मार्क्स के दर्शन में बड़ा महत्त्व है। 'कम्युनिस्ट पार्टी के घोषणा पत्र' का पहला ही वाक्य है, "अभी तक आविर्भूत समस्त समाज का इतिहास वर्ग संघर्षों का इतिहास रहा।" कम्युनिस्ट घोषणा पत्र में आगे कहा गया है, "स्वतंत्र मनुष्य और दास, अभिजात वर्ग और साधारण प्रजा सामंती प्रभु और भूदास, शिल्प-संघ के मालिक और मजदूर-कारीगर, संक्षेप में, उत्पीड़क और उत्पीड़ित बराबर एक दूसरे से लड़ते रहे हैं, जिस लड़ाई का अंत हर बार या तो पूरे समाज के क्रांतिकारी पुनर्गठन में, या संघर्षरत वर्गों की बर्बादी में हुआ है।" यह संघर्ष तब तक चलता रहता है जब तक गुणात्मक परिवर्तन के द्वारा तीसरी और नयी परिघटना उत्पन्न नहीं हो जाती और नये वर्ग नहीं जन्म ले लेते। नये वर्ग के जन्म लेने के बाद समाज में नये अंतर्विरोध जन्म ले लेते हैं और नया संघर्ष आरंभ हो जाता है। इसी तरह से समाज का विकास होता रहता है। मार्क्सवादी दर्शन के अनुसार समाज का निरंतर विकास होता रहता है। इतिहास कभी पीछे नहीं मुड़ता और न तो इतिहास अपने को दुहराता ही है। समाज के विकास की प्रक्रिया इन्हीं अंतर्विरोधों की देन है। ये अंतर्विरोध निरंतर चलते रहते हैं। इनमें एक मुख्य अंतर्विरोध होता है और शेष गौण होते हैं। समाज के बदलने और एक बेहतर समाज व्यवस्था के निर्माण की आकांक्षा रखने वाले लोगों को इस समाज के यथार्थ का विश्लेषण और मुख्य तथा गौण अंतर्विरोधों की पहचान की जरूरत सर्वाधिक महत्वपूर्ण है क्योंकि इसके आधार पर ही संघर्ष की दिशा तय की जाती है।

इतिहास के विगत युगों में हम प्रायः हर जगह विभिन्न सामाजिक श्रेणियों में विभाजित समाज का एक पेचीदा ढांचा पाते हैं-सामाजिक श्रेणियों का नानारूप में विभाजन प्राचीन रोम में पेट्रीशियन, नाइट, प्लेबियन और दास मिलते हैं। मध्ययुग में सामंती प्रभु, अधीन जागीरदार, उस्ताद-कारीगर, मजदूर-कारीगर, भूदास दिखायी देते हैं, और लगभग इन सभी वर्गों में गौण वर्ग विभाजन भी होते हैं।

किंतु दूसरे युगों की तुलना में हमारे युग की, पूंजीवादी युग की विशेषता यह है कि उसने वर्ग विरोधों को सरल बना दिया है। आज पूरा समाज दो विशाल शत्रु शिविरों में, एक दूसरे के खिलाफ खड़े दो विशाल वर्गों में, पूंजीपति वर्ग और सर्वहारा वर्ग में-अधिकाधिक विभक्त होता जा रहा है।

वर्ग संघर्ष की इस अवधारणा के आधार पर ही कार्ल मार्क्स, अपने दर्शन में सर्वहारा वर्ग के अधिनायकत्व की बात करते हैं। उनके अनुसार पूंजीवादी व्यवस्था में ही उसके विनाश के बीज विद्यमान हैं। पूंजीपति वर्ग अपने शोषण तंत्र और अधिकारों की सुरक्षा के लिए हर संभव साधनों का इस्तेमाल करता है। किंतु उसने ऐसे हथियारों को ही नहीं गढ़ा है जो उसका अंत कर देंगे, बल्कि उसने ऐसे आदमियों को भी पैदा किया है जो इन हथियारों का इस्तेमाल करेंगे, यानी, आधुनिक मजदूर वर्ग या सर्वहारा वर्ग।

जिस अनुपात में पूंजीपति वर्ग का अर्थात् पूंजी का विकास होता है, उसी अनुपात में सर्वहारा वर्ग का, आधुनिक मजदूर वर्ग का, उन श्रमजीवियों के वर्ग का विकास होता है, जो तभी तक जिंदा रह सकते हैं जब तक उन्हें काम मिलता जाए और उन्हें काम तभी तक मिलता है, जब तक उनका श्रम पूंजी में वृद्धि करता है। मार्क्स के अनुसार पहले के तमाम ऐतिहासिक आंदोलन अल्पमत के आंदोलन रहे हैं या अल्पमत के फायदे के लिए रहे हैं। किंतु सर्वहारा आंदोलन विशाल बहुमत का, विशाल बहुमत के फायदे के लिए होने वाला चेतन तथा स्वतंत्र आंदोलन है। हमारे वर्तमान समाज का सबसे निचला स्तर, सर्वहारा वर्ग, शासकीय समाज की तमाम ऊपरी परतों को पलटे बिना हिल तक नहीं सकता, किसी प्रकार अपने को ऊपर नहीं उठा सकता। अतः पूंजीपति वर्ग स्वयं अपनी कब्र खोदनेवालों को पैदा करता है। उसका पतन और सर्वहारा वर्ग की विजय दोनों समान रूप से अनिवार्य है।

हिंदी के आधुनिक प्रगतिशील साहित्य में 'वर्ग-संघर्ष' शब्द का बहुतायत में प्रयोग होता है।

आधार ग्रंथ :

1. पाश्चात्य राजनीतिक विचारक, योगेंद्र कुमार शर्मा।
2. वर्ग-विश्लेषण, कारचेदी।
3. कम्युनिस्ट पार्टी का घोषणा पत्र, कार्ल मार्क्स एवं फ्रेडरिक एंगेल्स।
4. Dictionary of Scientific Communism, Progress Publishers, Moscow.

वेबसाइट : www.en.wikipedia.org/wiki/class-struggle

वर्गहीन समाज

जिस प्रकार मार्क्स के अपने विश्लेषण में 'वर्ग' की धारणा केंद्रीय है, उसी प्रकार उनके द्वारा भविष्य के लक्षित समाज की कल्पना अर्थात् 'वर्ग-हीन समाज' (Stateless Society) भी केंद्रीय है, जिसे उन्होंने 'साम्यवाद' (Communism) नाम दिया है। मार्क्स और ऐंगेल्स के अनुसार 'अभी तक आविर्भूत समस्त समाज का इतिहास वर्ग संघर्षों का इतिहास रहा है।" मानवीय विकास क्रम को निर्धारित करते हुए कार्ल मार्क्स ने मानवीय इतिहास के प्रथम चरण के रूप में आदिम साम्यवादी समाज व्यवस्था की अवधारणा व्यक्त की है। तकनीक और निजी संपत्ति दोनों के न होने के कारण आदिम साम्यवादी समाज व्यवस्था में मानवीय समाज सहयोग व सम्मिलित श्रम पर अवलम्बित था। शिकार करने से लेकर बच्चों के पालन-पोषण की जिम्मेदारी सम्मिलित एवं सामूहिक थी। निजी संपत्ति न होने के कारण समाज में किसी प्रकार का स्तर भेद नहीं था। इस 'आदिम' समाज में द्वंद्व मानवीय समुदाय और प्रकृति के बीच था। यही इस समाज की सबसे बड़ी कमजोरी थी, क्योंकि इसमें मनुष्य की उत्तरजीविता पल प्रति-पल अनिश्चित रहती थी। समाज के इन्हीं अंतर्विरोधों के फलस्वरूप सामंतवादी युग का उदय होता है, जिसमें मानव-मानव के बीच संबंध समानता पर आधारित न होकर दास और मालिक के रूप में था। यह असमान संबंध एक वर्ग विशेष की भूमि पर अधिकार हो जाने के फलस्वरूप उत्पन्न हुआ था।

मानवीय विकास का आगामी चरण पूंजीवाद का था, जिसके भीतर सभी मानवीय संबंध पण्य आधारित हो गये। इस काल में समाज के दो विभाजक वर्ग हैं- पूंजीपति व सर्वहारा। पूंजीपति वर्ग जहां समाज के उत्पादन के सामाजिक साधनों पर स्वामित्व स्थापित कर लेता है, वहीं सर्वहारा वर्ग के पास अपना श्रम बेचने के सिवा कुछ और नहीं बचता। इसी कारण इस पूंजीवादी समाज में भी अंतर्विरोध विद्यमान रहता है। पूंजीवादी उत्पादन व्यवस्था, उत्पादन के साधनों पर निजी स्वामित्व व उजरती श्रम के ऊपर आधारित है। इस व्यवस्था में उत्पादन व वितरण को लेकर भी सतत अंतर्विरोध विद्यमान रहता है। इन्हीं संकटों के कारण यह व्यवस्था साम्राज्यवादी चरित्र अपनाती है। इसी को इंगित करते हुए रूसी क्रांतिकारी नेता व विचारक लेनिन ने साम्राज्यवाद को पूंजीवाद की चरम अवस्था कहा था। सर्वहारा वर्ग के श्रमिक आंदोलनों के परिणाम स्वरूप पूंजीवाद का अंत होता है और इस प्रक्रिया में जो नया समाज निर्मित होता है वह साम्यवादी समाज यानी वर्गहीन समाज होता है।

इस भावी समाज के विषय में कार्ल मार्क्स ने लिखा है, "विकासक्रम में जब वर्गों के भेद मिट जाएंगे और सारा उत्पादन पूरे राष्ट्र के एक विशाल संघ के हाथ में संकेंद्रित हो जाएगा, तब राजनीतिक सत्ता अपना राजनीतिक स्वरूप खो देगी। 'राजनीतिक सत्ता' शब्द का वास्तविक अर्थ में, एक वर्ग द्वारा दूसरे वर्ग का उत्पीड़न करने की संगठित शक्ति ही है। पूंजीपति वर्ग के खिलाफ अपने संघर्ष के दौरान, परिस्थितियों से मजबूर होकर सर्वहारा को यदि अपने को एक वर्ग के रूप में संगठित करना पड़ता है, यदि क्रांति के जरिये स्वयं को शासक वर्ग बना लेता है और इस तरह उत्पादन की पुरानी अवस्थाओं का बलपूर्वक अंत कर देता है, तो उन अवस्थाओं के साथ-साथ वह वर्ग विरोधों के अस्तित्व और आमतौर पर खुद वर्गों की अवस्थाओं का खात्मा कर देता है और इस प्रकार वह वर्ग के रूप में स्वयं अपने प्रभुत्व का भी खात्मा कर देता है।... "तब वर्गों और वर्ग विरोधों से बिंधे पुराने समाज के स्थान पर एक ऐसे संघ की स्थापना होगी जिसमें व्यष्टि की स्वतंत्र प्रगति समष्टि की स्वतंत्र प्रगति की शर्त होगी।"

फिलहाल वर्गहीन समाज एक यूटोपिया है किंतु इस यूटोपिया के पीछे वैज्ञानिक एवं ऐतिहासिक भौतिकवाद की यथार्थवादी दृष्टि है। समाज के विकास की यह अंतिम मंजिल है जहां निजी संपत्ति समाप्त हो जाएगी और हर तरह के शोषण से व्यक्ति को मुक्ति मिल जाएगी। वहां वर्ग नहीं होंगे, शोषण नहीं होगा, इसीलिए राज्य-तंत्र की जरूरत भी नहीं होगी।

आधार ग्रंथ :

1. कम्युनिस्ट पार्टी का घोषणा पत्र, कार्ल मार्क्स एवं फ्रेडरिक एंगेल्स।
2. परिवार, निजी संपत्ति व राज्य की उत्पत्ति, फ्रेडरिक एंगेल्स।
3. Penguin Dictionary of Social Science, Nicholas Abercromibe.
4. Dictionary of Social Science, Crig Calhovn.

विखंडन

अंग्रेजी के 'डीकंस्ट्रक्शन' (Deconstruction) के लिए हिंदी में 'विखंडन' शब्द प्रचलित है, इसे कुछ लोगों ने 'विरचनावाद' या 'विनिर्मितिवाद' भी कहा है। 1960 के दशक में जॉक देरिदा (Jacques Derrida) द्वारा मार्टिन हाइडेगर के अध्ययन से ज्ञान के क्षेत्र में एक आंदोलन की शुरुआत हुई, जिसे विखंडनवाद के नाम से जाना जाता है।

देरिदा का जन्म 1930 में अल्जीरिया के एक यहूदी परिवार में हुआ था। अल ब्लेयर में सन् 1949 तक उनका किशोर जीवन गुजरा। यहीं पर रहकर उन्होंने अपनी उच्च माध्यमिक तक की पढ़ाई पूरी की। देरिदा स्वयं को 'थोड़ा काला और थोड़ा अरब' मानते थे। सन् 1952 में उन्होंने 'इकोल नारमाले सुपीरियर' में दाखिला लिया। यहां उन्हें फूको (Michel Foucault, 1926-1984) और अल्थूजर (Louis Althusser, 1918-1990) जैसे महान शिक्षक और विचारकों से पढ़ने का मौका मिला। बाद में बेल्जियम के हर्शेल आर्काइव से अध्ययन किया। अल्जीरिया में सैन्य सेवा में काम करना अनिवार्य था जिसके कारण उन्हें सेना के बच्चों के स्कूल में अंग्रेजी और फ्रेंच पढ़ाने के लिए जाना पड़ा। वे 1959 में फ्रांस आ गये और यहां उन्होंने पेरिस के प्रसिद्ध संस्थान ईकॉल नार्मेल स्यूपिअर में शिक्षा प्राप्त की । उन्होंने जॉन हॉपकिंस विश्वविद्यालय, कैलीफोर्निया विश्वविद्यालय, पेरिस स्थित सामाजिक अध्ययन संस्थान आदि में दर्शनशास्त्र का अध्यापन कार्य किया। उन्होंने कांट, हीगल, मार्क्स, कीर्केगार्ड, नीत्से जैन्सी, लाक्लू के साथ-साथ काफ्का, जॉयस, मलारम और सास्यूर जैसे अनेक विचारकों पर लिखा है। उनका समस्त लेखन फ्रेंच भाषा में है। देरिदा ने सारी दुनिया की यात्रा की और अपने विचारोत्तेजक व्याख्यानों से जबर्दस्त शोहरत हासिल की। सन् 2003 से वे कैंसर से पीड़ित थे। इसके कारण उनका भ्रमण और बोलना कम हो गया था। आखिरकार आठ अक्टूबर 2004 को पेरिसन हॉस्पीटल में उनकी कैंसर के कारण मौत हो गई।

देरिदा को सबसे ज्यादा लोकप्रियता 'डीकंस्ट्रक्शन' की धारणा ने दिलायी। इसकी सैद्धांतिकी के निर्माण में देरिदा ने जिन बातों को आधार बनाया है उन्हें पहले हाइडेगर (Martin Heidegger, 1889-1976) ने 'बीइंग एंड टाइम' (Being and Time) में उठाया था। यह मूलतः नीत्शे (Friedrich Nietzsche, 1944-1900) की 'डिमोलिशन' की धारणा से ली गई है। स्वयं देरिदा इस बात पर चकित हैं कि जो शब्द यूं ही शुरू हुआ था वह इतना चल जाएगा। 1966 में हापकिंस विश्वविद्यालय में देरिदा ने एक पर्चा पढ़ा जिसके बाद तेजी से साहित्य समीक्षा के क्षेत्र में विखंडन उभरा और बहुत जल्दी अमरीकी समीक्षा में छा गया।

विखंडनवाद एक दार्शनिक सिद्धांत के बजाए पाठ को पढ़ने की एक शैली है। इसमें माना यह गया है कि कोई लेखक जब अपने पाठ का निर्माण करता है तो वह अपने परिचित बहुत से दूसरे पाठों के आधार पर ऐसा करता है और जब पाठक किसी पाठ को पढ़ता है तो वह ठीक लेखक वाली प्रक्रिया से ही गुजरता है। इसलिए इस प्रक्रिया में जो पाठ निर्मित होता है वह निश्चित रूप से उस पाठ से भिन्न होता है, जिसे लेखक ने लिखा था। इस कारण यदि कोई पाठक किसी पाठ को पूरी तरह प्राप्त कर लेने की बात सोचता है तो वह व्यर्थ है, क्योंकि बहुत-से पाठों के आधार पर निर्मित किसी 'पाठ' का अर्थ हमारे नियंत्रण के बाहर होता है। इसलिए प्रत्येक पाठक किसी पाठ को पढ़ने की प्रक्रिया में एक दूसरा पाठ निर्मित करता है। इस तर्क के अनुसार सांस्कृतिक जीवन भी बहुत-से पाठों की एक शृंखला है, जिसमें बहुत-से पाठ दूसरे बहुत-से पाठों के साथ प्रतिच्छेद करते हुए और अधिक पाठों को निर्मित करते हैं।

सुधीश पचौरी के अनुसार "देरिदा पर कोई भी समग्रतावादी काम इसलिए असंभव है कि देरिदा का विखंडन स्वयं शब्दार्थ के अनिश्चय और नेति के भाव को बार-बार रेखांकित करता है। इसीलिए उसका कोई एक अर्थ, एक परिभाषा निश्चित नहीं होती और इसीलिए वह अभी तक कुंजी बनने से बचा हुआ है। चूंकि देरिदा के यहां भेद और स्थगन लगातार रणनीति बनाते हैं इसलिए वे आसानियां और फतवों-फैसलों के लिए गुंजाइश नहीं छोड़ते। वे हरेक टैक्स्ट को संदेह से शुरू करते हैं। देरिदा का मानना है कि शब्द का अर्थ कहीं भी भाषा के अन्वय में वर्तमान नहीं होता। अर्थ हमेशा फिसलता है, उसमें फिसलन रहती है। भेद और स्थगन यहां सिद्धांत नहीं हैं और न ऐसे शब्द हैं जिनके अर्थ निश्चित हुए किसी शब्दकोष में कैद हैं। वे ऐसे शब्द हैं जो हर टैक्स्ट के व्यंजकों की शृंखला में सक्रिय रहते हैं जो लगातार भाषा और प्रतिनिधिकता की श्लिष्टता और निश्चिति को अतिक्रांत और आक्रांत करते रहते हैं।"

सुधीश पचौरी आगे लिखते हैं—"विखंडन ने साहित्य को उसकी उचित जगह बहाल की है। अब तक मौजूद साहित्य की सैद्धांतिकी में समीक्षा दोयम दर्जे का ही काम मानी गई है। अब तक दर्शन के मुकाबले साहित्य हाशिए पर ही रहा है, समीक्षा रचना के

मुकाबले हमेशा दूसरे दर्जे की नागरिक मानी जाती रही है। विखंडन बताता है कि आलोचना, रचनात्मक साहित्य की गुलाम नहीं है। रचनाकार स्वयं को 'ब्राह्मण' ही समझते रहे। विखंडन ने उनका 'ब्राह्मणवाद' धराशायी कर दिया है।"

देरिदा ने पहली बार साहित्य को दर्शन से भी बड़ा सिद्ध किया है। अपने विखंडन में उन्होंने यह बताया है कि साहित्य दर्शन है, सोचने का एक तरीका है। इस अवधारणा से तमाम परंपरावादी सिद्धांत खंडित होते हैं। विखंडन मानता है कि आलोचना लेखन का एक तरीका है, जो किसी चीज में से किसी चीज को खोजता नहीं है बल्कि उस टैक्स्ट में अर्थ का निर्माण भर करता है जिससे वह संलग्न होती है। इसलिए वह रचना की तरह ही रचनात्मक है। जिस तरह रचना टैक्स्ट में अर्थ का निर्माण करती है, उसी तरह आलोचना टैक्स्ट में 'अर्थ का निर्माण' करती है। इसलिए रचना और आलोचना, 'अर्थ निर्माण के दो तरीके' हैं। बड़े-छोटे नहीं हैं।

विखंडन की दूसरी रणनीति यह है कि वह किसी भी 'टेक्स्ट' में मौजूद अर्थ को निश्चित, पक्का और पूरा नहीं मानता। वह नहीं मानता कि किसी टैक्सट या पाठ की पूरी तरह और अंतिम रूप से व्याख्या की जा सकती है। उसका मानना है कि हर पाठ कुपाठ है। 'मिस रीडिंग' है।

देरिदा के अलावा विखंडन के सर्वाधिक विश्वसनीय व्यवहारकर्ता पाल द मान (Paul de Man) ने लिखा है कि विखंडन के बाद परंपरागत टीका शास्त्र और इतिहास दोबारा साहित्य में फिर लौट सकते हैं। 'ऑफ ग्रामेटोलोजी' 'दमित' की वापसी की किताब है। देरिदा हर दबे हुए तत्त्व की वापसी चाहते हैं और पश्चिमी दर्शन के दबे हुए हाशियों को दिखाते हैं। यह 'दबे हुए तत्त्व' की खोज अचानक नहीं है और न अप्रत्यक्ष की तलाश है, बल्कि देरिदा की नजर में तत्त्वमीमांसा को खोलने के लिए आवश्यक है। देरिदा बताते हैं कि प्लेटो, अरस्तू तथा हीगेल यही मानते हैं कि वाक् प्राकृतिक है, प्राथमिक है, स्वाभाविक है। इसलिए उनकी नजर में हर वह चीज संदेहास्पद है जो लिखित है। देरिदा इसी अवधारणा का विखंडन करते हैं और बताते हैं कि जिसे वाक् कहा जा रहा है उसमें भी ध्वनि के अलावा, विराम चिह्न, अन्वय चिह्न होते हैं जो सिद्ध करते हैं कि वाक् में भी 'लिखित' रहता है।

इस तरह 'ग्रामेटोलोजी' में देरिदा पहली बार लेखन की बहाली करते हैं। वे वाक् केंद्रिक सत्यों को अस्वीकार करते हैं। उन पर बुनियादी रूप से संदेह करते हैं। देरिदा के विखंडन की विशेषता यह नहीं है कि दर्शन में उन्होंने नयी व्याख्या पद्धति दी है। उन्होंने सिर्फ नयी व्याख्या या अनेकार्थवादी व्याख्यामात्र नहीं दी है। दरअसल उन्होंने दर्शन के धोखे को बताया है। यही उनके विखंडन की खासियत है। देरिदा ने सिद्ध किया है कि दर्शन को साहित्य से अलग देखना गलत है। इसे सिद्ध करने के लिए देरिदा पाल वेलरी का सहारा लेते हैं, जिन्होंने कहा था कि दर्शन साहित्य की ही एक शाखा है।

विखंडनबाद की अपनी अवधारणा को स्पष्ट करने के लिए देरिदा ने पारंपरिक रंगशाला (थियेटर) का एक उदाहरण देते हुए लिखा है कि रंगमंच पर जो कुछ होता है वह वास्तविक जीवन में जो कुछ होता है उसका तथा लेखक, निर्देशक आदि अन्य लोगों की अपेक्षाओं का प्रतिनिधित्व करता है। यह 'प्रतिनिधित्ववाद' ही रंगशाला का ईश्वर है और पारंपरिक रंगशाला को यही धार्मिक रूप प्रदान करता है। देरिदा के अनुसार एक धर्मशास्त्रीय रंगशाला एक नियंत्रित और जकड़ी हुई रंगशाला है, जिसमें अभिनेतागण पराधीनकर्ता होते हैं, वे रचनाकार (लेखक) के विचारों को निष्ठापूर्वक रंगशाला के मंच पर प्रस्तुत करते हैं। देरिदा एक प्रकार की रंगशाला के स्थान पर एक अलग प्रकार की वैकल्पिक रंगशाला (एक वैकल्पिक समाज) की बात करते हैं। जिसमें रंगमंच को नियंत्रित करने में कथन की कोई भूमिका नहीं होती, अर्थात् यह एक ऐसा रंगमंच होगा जिसपर अभिनेता, लेखक अथवा पुस्तकों का कोई नियंत्रण नहीं होगा। किंतु इस प्रकार की वैकल्पिक रंगशाला और रंगमंच के स्वरूप के बारे में स्वयं देरिदा पूर्णतः स्पष्ट नहीं हैं।

अंतर्पाठीयता के आग्रह के बावजूद देरिदा दर्शन को साहित्य का पर्याय नहीं कहते। वे साहित्य को उसके समानांतर जरूर सिद्ध करते हैं कि साहित्य भी सोचने का एक ढंग है। इस तरह देरिदा मानते हैं कि विखंडन एक निरंतर प्रक्रिया है, एक रणनीति है, पठन की गतिविधि है।

मार्क्स के बारे में देरिदा के विचारों को लेकर अत्यधिक भ्रांति बनी हुई है। बहुत से लोग मानते हैं कि वे मार्क्सवाद के पक्षधर नहीं हैं क्योंकि उनका 'विखंडनवाद' मार्क्सवाद को विस्थापित करता है किंतु देरिदा ने स्पष्ट रूप से मार्क्स का विरोध नहीं किया है। 1997 में भारत आने पर उन्होंने अपने एक साक्षात्कार में मार्क्सवाद के प्रति अपनी आस्था जतायी थी। उन्होंने कहा था कि उनके विखंडनवाद का उद्देश्य 'मार्क्सवाद का विस्थापन नहीं है अपितु उसकी जड़ों तक पहुंचना है।' यही नहीं, उन्होंने आगे कहा है कि 'मानव जाति की सबसे बड़ी समस्याओं का समाधान संभव नहीं है,

किंतु जब भी हमें कारगर औजार की जरूरत होगी, मार्क्सवाद की उपस्थिति हमें आश्वस्त करती रहेगी।" उनके विचारों से एक बात अवश्य स्पष्ट होती है कि वे नये संदर्भों में मार्क्सवाद की पुनर्व्याख्या चाहते थे।

आधार ग्रंथ :

1. देरिदा का विखंडन और साहित्य, सुधीश पचौरी।
2. Glossary of Literary terms, M.H.Abrams.
2. A Glossary of Contemporary Literary Theory, Jeremy Hawthorn.
3. Modern Literary Theory, Philip Rice & Patrica Waugh.
4. A Dictionary of Modern Critical Terms, Roger Fowler.
5. Of Grammatology, Jacques Derrida.

वेबसाइट : www.en.wikipedia.org/wiki/deconstruction

विचारधारा

अंग्रेजी के 'आइडियोलॉजी' (Ideology) के लिए हिंदी में विचारधारा अथवा विचार प्रणाली शब्द प्रयुक्त होता है। 'विचारधारा' विचारों और दृष्टिकोणों की एक पद्धति है जिसके तहत लोग वास्तविकता तथा अपने पारस्परिक संबंधों को पहचानते और सामाजिक समस्याओं और संघर्षों का मूल्यांकन करते हैं। इसके माध्यम से एक दी हुई सामाजिक व्यवस्था को क्रम देने या बदलने का एक सामाजिक कार्यक्रम भी तैयार किया जाता है। वर्ग-विभाजित समाज में विचारधारा का एक वर्ग-चरित्र होता है जिसमें उस वर्ग की अपनी स्थिति और दिलचस्पी प्रतिबिंबित होती है।

'विचारधारा' मार्क्सवादी दर्शन के क्षेत्र में बहुप्रचलित शब्द है। किसी क्रांतिकारी कम्युनिस्ट पार्टी के सर्वहारा चरित्र को बनाये रखने के लिए और सर्वहारा क्रांतियों की सफलता के लिए विचारधारा निर्णायक कारक है। सर्वहारा विचारधारा के मार्ग-निर्देशन में ही देश-विशेष की कम्युनिस्ट पार्टी उस देश की ठोस परिस्थितियों का विश्लेषण करने और क्रांति की सही रणनीति और रणकौशलों का निर्धारण करने में सफल हो सकती है। सर्वहारा विचारधारा के मार्ग-निर्देशन में ही पार्टी अंतरराष्ट्रीय परिस्थिति और क्रांति की दिशा को प्रभावित करने वाली सभी घटनाओं एवं परिवर्तनों का सही आकलन कर सकती है। विचारधारा पर मजबूत पकड़ पार्टी को रणकौशल के मामले में अधिकतम सक्षम बनाती है जो क्रांति के रास्ते में पार्टी के सामने आने वाली जटिलताओं को सुलझाने कि लिये निहायत जरूरी है। विचारधारा पर मजबूत पकड़ पार्टी को समाज की जटिल एवं सूक्ष्म गति को निरंतर समझते रहने में, नयी घटनाओं और परिवर्तनों के सारतत्व का अहसास करने में और जीवन के इस निरंतर विकास से रणनीति और रणकौशलों में अनिवार्यतः पैदा होने वाली विसंगतियों का निवारण करने में सक्षम बनाती है।

इसके अलावा, सर्वहारा विचारधारा अंतरराष्ट्रीय पूंजी के विरुद्ध सर्वहारा के दीर्घकालीन संघर्ष में उसका सर्वाधिक कारगर हथियार है। पूरी दुनिया के कम्युनिस्ट क्रांतिकारियों की विचारधारात्मक एकता के जरिये ही अंतरराष्ट्रीय सर्वहारा की एकता साकार हो सकती है। संक्षेप में, विचारधारा पार्टी-कार्य और पार्टी-जीवन के संपूर्ण क्रिया-व्यापार का निर्धारण और संचालन करती है।

भारत में सर्वहारा विचारधारा पर मजबूत पकड़ का अभाव और इसके परिणाम-स्वरूप विचारधारात्मक प्रश्नों के साथ-ही-साथ रणनीति एवं रणकौशलों के सवालों पर पैदा होने वाला विभ्रम कम्युनिस्ट क्रांतिकारियों के बीच फूट और बिखराव का प्रधान स्रोत है। कम्युनिस्ट क्रांतिकारियों के बीच विचारधारात्मक एकता एक अखिल भारतीय पार्टी के गठन की पहली और सर्वाधिक महत्वपूर्ण शर्त है।

मार्क्स-एंगेलस ने 'जर्मन आइडियोलॉजी' (1845-46) में कहा है कि बुर्जुआ समाज में विचारधारा का विकृत अर्थ ग्रहण किया जाता है। वे विचारधारा को झूठी चेतना कहते हैं। विचारधारा के इन रूपों के विरुद्ध वैज्ञानिक चेतना इतिहास की सही जमीन पर रहती है। वे अपनी विचारधारा को समाजवाद का वैज्ञानिक सिद्धांत कहते हैं जो सर्वहारा की मुक्ति के संघर्ष से संबद्ध है।

'कंट्रीब्यूशन टु द क्रिटीक ऑफ पोलिटिकल एकॅानमी' में मार्क्स ने कहा है कि उत्पादन की आर्थिक स्थितियों के भौतिक रूपांतरण तथा कानूनी, राजनीतिक, धार्मिक, सौंदर्यशास्त्रीय या दार्शनिक विचारधारा के रूपों में हमेशा फर्क करना चाहिए। इनके माध्यम से मनुष्य संघर्षों के प्रति सचेत होता है।

लेनिन ने विचारधारा को दो कोटियों में विभक्त किया है, बुर्जुआ विचारधारा और समाजवादी विचारधारा। वर्गों में विभक्त समाज में वर्गेतर विचारधारा की कल्पना नहीं की जा सकती। समाजवादी विचारधारा की अवहेलना का अर्थ है बुर्जुआ विचारधारा को शक्तिशाली बनाना। मार्क्सवादी विचारधारा कला की आइडियोलॉजिकल प्रकृति पर बराबर जोर देती रही है। इस संदर्भ में आधार और अधिरचना के द्वंद्वात्मक संबंधों पर विचार किया

जाता है। कला और साहित्य अधिरचना हैं और वर्ग-विभाजित समाज में वे विशिष्ट वर्ग-स्वार्थों से जुड़े रहते हैं। इन वर्ग-हितों की अभिव्यक्ति कला-रूपों में होती है जिनके अपने आंतरिक नियम हैं। कलात्मक संरचना के कारण कला को एक सापेक्षिक स्वायत्तता मिल जाती है।

हिंदी में रामविलास शर्मा ने इस संबंध में विचार किया है। वे साहित्य को पूर्णतः आइडियोलॉजिकल नहीं मानते। उनकी दृष्टि में न तो संस्कृति केवल विचारधारा है और न साहित्य।

कहने का तात्पर्य यह है कि विचारधारा शब्द से मार्क्स या एंगेल्स का अभिप्राय कोरे, बौद्धिक विचार से कभी नहीं रहा है। मार्क्स और एंगेल्स के ऐसे अनेक कथन उनके समग्र कृतित्व के अंतर्गत हैं, जहां उन्होंने इंद्रियबोध और भावों के सान्निध्य में ही विचार के वस्तुगत अस्तित्व को स्वीकृति दी है। मार्क्स की यह मान्यता कि 'विचारधारा का अपना कोई स्वतंत्र इतिहास नहीं है, वह मूलतः सामाजिक जीवन का इतिहास है,' इस कथन को प्रमाणित करती है, कि मनुष्य अपनी ज्ञानेंद्रियों के द्वारा ही बाह्य जगत् से परिचित होता है, और सामाजिक जीवन के संपर्क में ही उसका भाव जगत् निर्मित और संपुष्ट होता है। पशुओं-पक्षियों तथा मनुष्य के निर्माण में अंतर स्पष्ट करते हुए भी उन्होंने यह प्रतिपादित किया है कि पशु-पक्षियों के निर्माण के विपरीत मनुष्य की सृष्टि सौंदर्य-नियमों से परिचालित है। यही नहीं, उन्होंने बाह्य जगत् के संपर्क द्वारा मनुष्य के इंद्रियबोध को निरंतर मानवीय बनाने की बात भी कही है। उन्होंने कहा है कि कला का सच्चा आनंद प्राप्त करने के लिए मनुष्य को कलात्मक दृष्टि से सुसंस्कृत होना चाहिए। ऐसी स्थिति में मार्क्स की स्थापना के मूल में निहित सही आशय को ग्रहण करने में कोई कठिनाई नहीं होनी चाहिए। समग्रतः साहित्य और कला के संदर्भ में मार्क्स और उनके प्रबुद्ध अनुयायियों से लिए विचारधारा शब्द अपने सतही अर्थ बोध से कहीं अधिक एक गहरे अर्थ बोध का शब्द है, जिसके अंतर्गत इंद्रिय-संवेदना तथा भाव, दोनों की ही स्थिति है। ऐसी स्थिति में मार्क्स द्वारा साहित्य अथवा कला को विचारधारा का ही रूप मानना संगत है। उनका वास्तविक आशय यही है कि साहित्य एवं कला के अंतर्गत इंद्रिय बोध, भाव तथा विचार, तीनों की स्थिति रहती है।

साहित्य और विचारधारा में घनिष्ठ संबंध है। किंतु विचारधारा को साहित्य का पर्याय नहीं कहा जा सकता। मार्क्स साहित्य में विचारधारा की प्रासंगिकता को स्वीकार करते हुए कहते हैं कि विचारधारा से साहित्य को बल मिलता है। विचारधारा साहित्य को विकसित करती है। विचार क्षेत्र में विचार और विचारधाराओं का संघर्ष एक सनातन प्रक्रिया है। प्रगतिशील विचारधारा अपने स्वस्थ रूप में हमेशा प्रवाहमान रहती है जबकि प्रतिगामी विचारधारा को कलावादियों के यहां आश्रय मिलता है। साहित्य कोई व्यक्तिगत चीज नहीं होती। साहित्य की अपनी एक सामाजिक भूमिका भी होती है।

साहित्य में साहित्यकार शब्द चयन, शब्द गठन एवं बिंब निर्माण के लिए अपनी कल्पनाशीलता का उपयोग करता है। किंतु यह कल्पना अनुभव जगत पर आधारित होती है। अतः हम कह सकते हैं कि साहित्य वैयक्तिक एवं काल्पनिक सर्जना होते हुए भी समाज एवं जीवन जगत के अंतर्बाह्य की अभिव्यंजना है। जब मार्क्स और एंगेल्स साहित्य को विचारधारा का ही रूप मानते हैं तब हमें ज्ञात हो जाना चाहिए कि विचारधारा से उनका आशय समूची चेतना से है उसके किसी एक अंश से नहीं। उनका सुझाव है कि साहित्य में विचारधारा को सलीके के साथ, साहित्य के कलात्मक सौंदर्य की संगति के साथ रखा जाए।

निष्कर्ष यह है कि मानव जीवन का विचारधारा से घनिष्ट संबंध होता है। अतः हम विचारधारा को साहित्य से पृथक नहीं कर सकते। साहित्य विचारधारा का पर्याय नहीं है, किंतु उसमें विचारधारा की एक निर्णायक भूमिका अवश्य होती है। विचार प्रणालियां बदल जाती हैं, किंतु कला या साहित्य वही रहता है। आधार के बदल जाने पर विचार प्रणालियां बदलती हैं और चूंकि कला या साहित्य भी एक प्रकार की विचार प्रणाली है इसलिए उसमें भी परिवर्तन आता है। पर एक बार निर्मित हो जाने पर उसके स्वरूप और प्रकृति में परिवर्तन नहीं होता। कालिदास की रचनाएं, अजंता के चित्र हमारे लिए आज भी प्रेरणादायक हैं।

आधार ग्रंथ :

1. मार्क्सवाद साहित्य चिंतन : इतिहास तथा सिद्धांत, डॉ. शिवकुमार मिश्र।
2. 'अक्षर पर्व', जनवरी 2005।
3. Marxism and Literature, Raymond Williams.
4. The End of Ideology, Daniel Bell.

वेबसाइट : www.en.wikipedia.org/wiki/ideology
www.marx2mao.com/other/LPoE70ii.htm/#s5

विडंबना

विडंबना के लिए अंग्रेजी में 'ऑयरनी' (Irony) शब्द प्रयुक्त होता है। 'आयरनी' शब्द ग्रीक शब्द 'ईरोनिया' (Eironeia) से बना है। यूनानी कामदी का एक पात्र 'ईरोन' अपने आचरण और भाषण की पद्धति के लिए विख्यात था। उसके आचरण और सम्भाषण की रीति को 'ईरोनिया' कहा जाता था। इस तरह 'आयरनी' शब्द का लाक्षणिक प्रयोग साहित्य में गृहीत हुआ।

प्रयोग के आधार पर विडंबना के कई रूप मिलते हैं। सुकरात अपने विरोधी के तर्कों को सहजरूप से सुनते थे तदुपरांत अपने अकाट्य तर्कों से उसे पराजित कर देते थे। उनकी प्रश्नोत्तर प्रणाली से पतनोन्मुख व्यक्ति की पराजय की अनुभूति में ही विडंबना निहित मानी गई है। त्रासदीकार साफोक्लीज का नायक 'इदिपस' अहंकारी था और अपने अहंकार और पापाचार के कारण दैवयोग से आत्महत्या के लिए विवश हुआ। रावण और दुर्योधन के दुखद पतन में भी उनका दंभ और अहंकारपूर्ण आचरण ही उत्तरदायी है। उक्त सब की स्थिति विडंबनापूर्ण ही है।

विडंबना का एक रूप शाब्दिक विडंबना भी होता है। शाब्दिक विडंबना में कोई पात्र जाने-अनजाने ऐसा कथन प्रस्तुत करता है, जो कालांतर में प्रस्तुत अर्थ से विपरीत अर्थ में अंतर्घटित हो जाए। विडंबना एक ऐसी खाई है जो खोदी दूसरों के लिए जाती है किंतु खोदने वाला स्वयं गिरकर विनाश को प्राप्त होता है। भाग्य की विडंबना नाटक में ऐसी स्थितियों का रेखांकन होता है जो नायक के लिए भाग्यवश या दैवयोग से अचानक पतन के लिए उत्तरदायी होती है। नाटकीय विडंबना कथानक की संरचना में गुम्फित होती है। नाटकीय विडंबना कथानक की संरचना में गुम्फित होती है। दर्शक नायक के त्रासिक अंत से परिचित रहते हैं किंतु नायक अज्ञानवश अपने क्रियाव्यापार से त्रासिक अंत की ओर अग्रसर होता है और अंततः पतित होता है। व्यंग्योक्ति या कूटोक्ति सभी प्रकार की विडंबनाओं में विद्यमान रहती है। इस तरह 'विडंबना' शब्द एक ऐसा पारिभाषिक शब्द है जिसके कई रूप मिलते हैं।

नयी समीक्षा से जुड़े समीक्षकों ने विडंबना का कई तरह से अर्थ विस्तार किया है। उनकी दृष्टि में विडंबना संरचना में विरोधी स्थितियों को साथ-साथ रखना है। इस तरह 'विडंबना' कई प्रकार की साहित्यिक युक्तियों के रूप में प्रयुक्त एक विशिष्ट साहित्यगत प्रत्यय ठहरती है। विस्मय असमंजस, नाटकीय विडंबना आदि नाट्य-शिल्प के महत्त्वपूर्ण तत्त्व हैं, जिनकी सहायता से नाटक के अंत तक कुतूहल और रहस्यात्मकता का निर्वाह होता है और दर्शकों का आकर्षण और जिज्ञासा बराबर बनी रहती है।

समकालीन हिंदी साहित्य में विडंबना का भरपूर इस्तेमाल हो रहा है। आज के जटिल जीवन-बोध को अभिव्यक्त करने की एक सशक्त साहित्यिक प्रविधि के रूप में विडंबना का प्रयोग हो रहा है। व्यंग्य, विनोद, कटूक्ति, हास्य आदि को इसमें समाहित तो किया जा सकता है, पर विडंबना इनसे अधिक व्यापक और गंभीर है।

नामवर सिंह के अनुसार हिंदी कविता में यह प्रवृत्ति छायावादी मिजाज के टूटने की स्थिति में उत्पन्न हुई जिसका ऐतिहासिक दस्तावेज है निराला का कुकुरमुत्ता। कुकुरमुत्ता उसी कवि की रचना है जिसने कभी जूही की कली लिखी थी। जूही की कली अब मान्य है, जबकि कुकुरमुत्ता एक कुतूहल-मात्र है। वैसे, एक समय था जब जूही की कली भी सरस्वती के मंदिर से लौटा दी गई थी। लेकिन कुकुरमुत्ता को एक दर्जा नीचे की कविता मानने का कारण दूसरा है : हास्य-व्यंग्य के प्रति एक विशेष प्रकार का पूर्वग्रह।

अकस्मात् एक हल्की बात कहकर गंभीरता को झटके से तोड़ने की प्रवृत्ति छायावादोत्तर काव्य से लेकर प्रगतिवाद के संधिकाल तक की व्यापक प्रवृत्ति थी। तार सप्तक के अधिकांश कवियों ने इस कौशल का उपयोग किया है। अज्ञेय के 'धैर्यधन गदहा', प्रभाकर माचवे की 'मैं और चा की खाली प्याली', भारतभूषण अग्रवाल की 'मैं सुनता रहा मधुर नूपुर-ध्वनि, यद्यपि बजती थी चप्पल' की ओर तो उस समय के छायावादी आलोचकों का भी ध्यान आकृष्ट हुआ था। किंतु इनके साथ ही रामविलास शर्मा की 'सत्यं शिवं सुंदरं' कविता का भी उल्लेख किया जा सकता है, जिसमें 'हाथी घोड़ा पालकी/जय कन्हैयालाल की' जैसी लोक-प्रचलित धुन के सहारे 'सत्यं शिवमं सुंदरं' के छायावादी प्रभामंडल को तोड़ा गया है। निहायत गंभीर और गरिष्ठ समझे जानेवाले मुक्तिबोध भी इस विडंबना से अछूते नहीं रहे।

नामवर सिंह ने यह भी लिखा है कि लक्ष्मीकांत वर्मा को इस बात के लिए श्रेय देना होगा कि उन्होंने कविता के अंतर्गत विसंगति, विडंबना, विद्रूप आदि के महत्त्व को प्रतिष्ठित करने के लिए 'ताजी कविता' के नाम से एक आंदोलन चलाने का भी संकल्प किया।

नामवर सिंह के अनुसार आज की विडंबनापूर्ण स्थिति के सम्मुख नाटकीय काव्य के लिए अपार संभावनाएं हैं और नाटकीय रचनाएं ही इस स्थिति की चुनौती को अच्छी तरह स्वीकार भी कर सकती है। आकस्मिक नहीं है कि इस दौर की सशक्त रचनाओं में जिस अंधायुग का नाम प्रायः लिया जाता है, वह काव्य नाटक है। त्रासदी की छाया से रंजित इस नाटक के संभवतः सबसे प्रभावशाली चरित्र दो

प्रहरी हैं और उनके आत्म-विडंबना से भरे हुए संवाद का यह अंश अंधायुग के मार्मिक प्रसंगों में से एक है ।

"हमने मर्यादा का अतिक्रमण नहीं किया/
क्योंकि नहीं थी, अपनी कोई भी मर्यादा
हमको अनास्था ने कभी नहीं झकझोरा /
क्योंकि, नहीं थी अपनी कोई आस्था
इसीलिए सूने गलियारे में / निरुद्देश्य /
चलते हम रहे सदा / दाएं से बाएं /
और बाएं से दाएं मरने के बाद भी /
यम के गलियारे में / चलते रहेंगे सदा /
दाएं से बाएं / और बाएं से दाएं ।"

यह काव्य-खंड यदि गीत होता तो सर्वथा सपाट लगता। एक व्यक्ति के आत्म-संलाप के रूप में यही उद्‌गार अपनी गंभीरता के बोझ से पूरे कथ्य को बोझिल बनाकर उसकी अर्थवत्ता नष्ट कर देता। किंतु दो व्यक्तियों के संवाद में विभक्त होकर यह काव्य-खंड अपनी एकरसता ही भंग नहीं करता, समूचे कथ्य को विडंबनापूर्ण बना देता है, जिसमें आत्म-विडंबना भी अंतर्निहित है। महाभारत के सर्वनाश की त्रासदीय पीठिका में प्रहरियों का यह आत्मतुष्ट स्वर अपनी अंगभीरता द्वारा समूचे संदर्भ को और भी भाव-गंभीर बना देता है और इस कारण उस त्रासदी की छाया और गहरी हो जाती है। कवि के अनजाने ही यह काव्य-खंड, स्वयं कवि द्वारा अंत में स्थापित 'मर्यादा' और 'आस्था' की निरर्थकता नहीं तो विडंबना को उद्‌घाटित कर देता है।

मुक्तिबोध की 'अंधेरे में' जैसी भयावह नाटकीय कविता में काले बादलों को चीरकर बिजली की कौंध के समान हल्के-फुल्के संक्षिप्त प्रसंग झलक जाते हैं, जिनसे विडंबना के सर्जनात्मक उपयोग का गहरा एहसास होता है।

आधार ग्रंथ :

1. पाश्चात्य काव्य शास्त्र अधुनातन संदर्भ, सत्यदेव मिश्र।
2. कविता के नए प्रतिमान, नामवर सिंह।
3. हिंदी आलोचना के बीज शब्द, बच्चन सिंह।
4. नई कविता के प्रतिमान, लक्ष्मीकांत वर्मा।
5. आधुनिक हिंदी आलोचना, संदर्भ और दृष्टि, रामचंद्र तिवारी।
6. Literary theory: an Introduction, Terry Eagleton.
7. A Glossary of Literary Terms, M.H. Abrams.

वेबसाइट : www.en.wikipedia.org/wiki/irony

विधेयवाद

विधेयवाद को प्रत्यक्षवाद भी कहा जाता है। इसके लिए अंग्रेजी में पाजिटिविज्म (Positivism) शब्द प्रचलित है। विधेयवाद एक ऐसी दृष्टि है जो प्रत्यक्ष अनुभव में अर्जित ज्ञान और विचार को ही एकमात्र विश्वसनीय मानती है। यह एक ऐसा बुर्जुवा दर्शन है जो अनुभवसिद्ध विज्ञान को ही सत्य ज्ञान का एकमात्र आधार मानता है। विधेयवाद क्लासिकल जर्मन आदर्शवाद जैसे उन अनेक अव्यावहारिक दर्शनों से आगे निकल गया जिनके पास वैज्ञानिक प्रगति के कारण उत्पन्न हुई तमाम दार्शनिक समस्याओं का हल नहीं था। इतना ही नहीं, विधेयवादी भी ज्ञान प्राप्ति के अव्यावहारिक और अनिश्चित अटकलबाजियों को नकारते हुए दूसरे छोर पर चले गए। विधेयवादियों ने उन सभी प्राणियों, पदार्थों आदि के विषय में परंपरागत दर्शनों, अवधारणाओं और प्रस्तावों को खारिज कर दिया जो अपनी अमूर्त प्रकृति और उच्च अवस्था के नाते अनुभवों से प्रमाणित नहीं हो सके। विधेयवाद ने अपने को मूलतः नये और ऐसे आधिभौतिक दर्शन के रूप में प्रमाणित किया जिसने आनुभविक विज्ञान को एक प्रविधि के रूप में विकसित किया। विधेयवाद मूलतः अनुभववाद ही है जो किसी विशेष संदर्भ में चरम तार्किक परिणति में भरोसा करता है। इस ज्ञान के सिद्धांत का विकास मुख्यतः समाजशास्त्र के क्षेत्र में हुआ।

विधेयवाद का जनक फ्रांसीसी गणितज्ञ और दार्शनिक अगस्ट काम्टे (Auguste Comte 1798-1857) को माना जाता है जिन्होंने तत्वमीमांसा और धर्म आदि के विषय में अनुभव के अलावा किसी भी तरह से अर्जित ज्ञान को नकार दिया और प्रायोगिक अनुसंधान को ज्ञान का एकमात्र स्रोत माना।

ऐतिहासिक दृष्टि से विधेयवाद के विकास के तीन चरण हैं। पहले चरण के विकास में फ्रांस के काम्टे, ई. लिट्रे (E. Littre) पी. लाफिट (P. Laffite) तथा इंग्लैंड के जे.एस.मिल. (J.S. Mill) और हरबर्ट स्पेंसर (Herbert Spencer) का नाम उल्लेखनीय है।

विधेयवाद के दूसरे चरण का विकास 1870 से 1890 के बीच माना जाता है। इसे आनुभविक आलोचना (impirio-criticism) कहा जाता है। इसमें जुड़े नामों में अर्न्स्ट माक (Ernst Mach) और एवेनरियस (Avenarius) मुख्य हैं। जबकि विधेयवाद के नवीनतम चरण को नवविधेयवाद (neo-positivism) कहते हैं जिसका संबंध वियना सर्किल (Vienna Circle) और बर्लिन समाज (Berlin Society) के वैज्ञानिक दर्शन से है जिसमें कई तरह की अवधारणाएं हैं, जैसे–लॉजिकल आटोमिज्म, (Logical atomism), लॉजिकल पॉजिटिज्म (Logical Positivism), सेमेटिंक्स (Semantics) आदि। भाषा की दार्शनिक समस्याओं (Philosophical problems of language) तथा वैज्ञानिक अनुसंधानों की संरचना आदि क्षेत्रों में इस तीसरे चरण के विधेयवाद का प्रयोग प्रायः देखा जाता है।

विधेयवाद के विकास में फ्रेंच आलोचक और इतिहासविद तेन (Hippolyte Adolphe Taine, 21 April 1828-5 March 1893) का बहुत बड़ा योगदान है। तेन के अनुसार कला सृजन के निर्णायक तत्व तीन हैं–जाति (race), वातावरण (milleu) और क्षण (moment)। जाति से तात्पर्य राष्ट्रीय एवं सामाजिक जीवन, उसकी जीवन-चर्या, परंपरा, सांस्कृतिक वैशिष्ट्य एवं जीवन मूल्य से है। वातावरण से तात्पर्य सामाजिक, आर्थिक, राजनीतिक एवं सांस्कृतिक परिवेश एवं विविध सामाजिक, राजनीतिक और धार्मिक आंदोलनों से है। इसी तरह क्षण का अर्थ युग विशेष के एक निश्चित एवं सीमित काल खंड से है। विधेयवादी दृष्टि में कार्य-कारण-मीमांसा, जीवन को निर्मित करनेवाली बहिर्भूत निर्धारक शक्तियों की स्वीकृति भावात्मकता एवं कल्पनाशीलता आदि के विलोपीकरण आदि को खासतौर पर महत्व दिया जाता है। यह वाद सामाजिक एवं राष्ट्रीय जीवन की किसी कालगत आर्थिक, राजनीतिक, धार्मिक एवं सांस्कृतिक परिस्थितियों का भौतिक विज्ञान की प्रणालियों के द्वारा अध्ययन करता है।

विधेयवाद ने उन्नीसवीं शताब्दी की विज्ञानवादिता (Scientifism) को साहित्यिक अध्ययन के क्षेत्र में रूपान्तरित किया। आचार्य नलिन विलोचन शर्मा के अनुसार साहित्येतिहास लेखन में यह प्रणाली किसी भी पारपरिक संबंध के निर्देश को युक्तिसंगत ठहराती थी बशर्ते कि वह तिथि-क्रम के आधार पर हो। प्रत्येक जाति की अपनी संस्कृति होती है। संस्कृति अर्थात हमारी चेतना का सूक्ष्म संस्कार, आत्मबोध और जाति की अस्मिता। संस्कृति साहित्य की सर्वोच्च शक्ति है क्योंकि वह आद्यबिम्ब है। प्रत्येक जाति का साहित्य इसे वस्तु-भंगिमा, रूप विधान, मूल्य और यहाँ तक कि एक-एक शब्द-प्रयोग के द्वारा अभिव्यंजित करता है। जिस साहित्य में यह प्राण धारिका शक्ति नहीं होती वह सामयिक होता है और वह परिपार्श्व पर ही संतुष्ट हो जाता है। रामस्वरूप चतुर्वेदी का मानना है कि विज्ञान के अंतर्राष्ट्रीय होने की बात सहज है क्योंकि वह प्राकृतिक नियमों की खोजबीन करता है जो सर्वत्र एक समान है पर विज्ञान जैसी तटस्थ वृत्ति साहित्य की नहीं हो सकती। अपने संप्रेषण में अधिक से अधिक व्यापक होते हुए भी उसे व्यक्तिपरक और जातीय होना होगा। इस दृष्टि से हमारे साहित्य को अंतर्राष्ट्रीय स्तर तक पहुंचने के पहले भारतीय होना होगा–अपनी जातीय तथा सांस्कृतिक विशेषताओं और वैविध्य के साथ। बिना भारतीय हुए वह न तो अंतर्राष्ट्रीय हो पाएगा और न साहित्य।

तेन के सूत्र में आए दो अन्य बीज शब्द है–वातावरण और क्षण। सृजन और विवेचन में वातावरण और क्षण का प्रभाव सामाजिक एवं मनोवैज्ञानिक दबाव के रूप में पड़ता है। इसके प्रभाव से कोई रचनाकार बच नहीं सकता। वातावरण और काल परिवर्तन को ही युग परिवर्तन कह सकते हैं। परिवर्तन की इस प्रक्रिया में साहित्य अपने रूप विधान और भाषिक रूप में बदलता है। आचार्य रामचंद्र शुक्ल ने साहित्य के इतिहास की जो परिभाषा दी है वह मात्र साहित्येतिहास की परिभाषा नहीं है अपितु उसमें साहित्यालोचन के सूत्र भी हैं।

विधेयवाद की प्रणाली, विज्ञान की बल्कि भौतिक विज्ञान की प्रणाली है। इसकी प्रकृति में यह तथ्य निहित है कि किसी वस्तु की मान्य प्रकृति (Accepted nature) का ज्ञान प्रयोग के द्वारा पुनः प्राप्त किया जा सकता है और नई उपलब्धियाँ हासिल की जा सकती हैं। प्रयोग का उद्देश्य है–मान्य प्रकृति के परीक्षण द्वारा सत्य के नए आयामों का अन्वेषण। इस प्रकार प्रयोग परीक्षण एवं तथ्यों के अन्वेषण की विधि है। परीक्षणों के द्वारा यह निष्कर्ष तक पहुंचता है। ये निष्कर्ष ही उपलब्धियों के रूप में कार्य करते हैं। प्रयोग किसी भी सत्य को अंतिम सत्य नहीं मानता। सर्वमान्य सत्य की परीक्षा की जा सकती है। उसको नए संदर्भ में रखकर उसका वास्तविक तथ्य जाना जा सकता है।

जब साहित्य सृजन, साहित्यालोचन, इतिहास लेखन एवं इतिहास विवेचन की दृष्टि से विधेयवाद की इस प्रणाली का मूल्यांकन करते हैं तब हमें लगता है कि उनमें से सभी में इस वैज्ञानिक प्रणाली का प्रत्यक्ष या अप्रत्यक्ष रूप से उपयोग होता है। साहित्य-सृजन, विशेषतः साहित्यालोचन और साहित्येतिहास का लेखन और विवेचन कार्य-कारण प्रणाली का उपयोग करके विश्वसनीयता प्राप्त करता है। सृजन तथा उसके विषय के संधान में कार्य-कारण की एक शृंखला विद्यमान रहती है। जाति, वातावरण तथा क्षण कारण होते हैं और सृजन कार्य। साहित्यालोचन में आधार रूप में और इतिहास लेखन में ये तीनों प्रकट रूप में रीढ़ की हड्डी की तरह

कार्य करते हैं। मानव-इतिहास और साथ ही साहित्येतिहास भी जाति, वातावरण और क्षण का शृंखलाबद्ध कथन है। विधेयवाद सृजन और विवेचन का एक ऐसा सुविधापूर्ण प्रशस्त राजमार्ग है जिस पर चलना अत्यंत सहज और सरल होता है। इसी कारण प्रारंभ में यूरोपीय देशों, खासतौर पर फ्रांस और जर्मनी, में इसे बहुत सम्मान मिला। आचार्य रामचंद्र शुक्ल का हिंदी साहित्य का इतिहास इसी विधेयवादी पद्धति से लिखा गया है।

आधार ग्रंथ :

1. साहित्य का इतिहास दर्शन, नलिनविलोचन शर्मा।
2. साहित्य में समाज की अंतर्लीनता का प्रश्न, विश्वनाथ प्रसाद।
3. The American Heritage Dictionary of English language, Houghton Mifflin Company.
4. A History of English Literature by Fletchr, Robert Huntington.

वेबसाइट : www.thefreedictionary.com/positivism

विरुद्धों का सामंजस्य

'विरुद्धों का सामंजस्य' आचार्य रामचंद्र शुक्ल द्वारा प्रयुक्त पारिभाषिक शब्द है। इस शब्द का उल्लेख उन्होंने आनंद की साधनावस्था की चर्चा के दौरान की है। आनंद की साधनावस्था का संबंध काव्य के प्रयत्न पक्ष से है। कर्मक्षेत्र के सौंदर्य को आचार्य शुक्ल ने 'विरुद्धों का सामजंस्य' कहा है। वे लिखते हैं, "लोक में फैली दुःख की छाया को हटाने में ब्रह्म की आनंदकला जो शक्तिमय रूप धारण करती है, उसकी भीषणता में भी अद्‌भुत मनोहरता, कटुता में भी अपूर्व मधुरता, प्रचंडता में भी गहरी आर्द्रता साथ लगी रहती है। विरुद्धों का यही सामंजस्य कर्मक्षेत्र का सौंदर्य है जिसकी ओर आकर्षित हुए बिना मनुष्य का हृदय नहीं रह सकता।" इसके आगे आचार्य शुक्ल ने 'विरुद्धों का सामंजस्य' को परिभाषित किया है, "दीन और असहाय जनता को निरंतर पीड़ा पहुंचाते चले जाने वाले क्रूर आततायियों को उपदेश देने, उनसे दया की भिक्षा मांगने और प्रेम जताने तथा उनकी सेवा शुश्रूषा करने में ही कर्तव्य की सीमा नहीं मानी जा सकती, कर्मक्षेत्र का एकमात्र सौंदर्य नहीं कहा जा सकता। मनुष्य के शरीर के जैसे दक्षिण और वाम दो पक्ष हैं, वैसे ही उसके हृदय के भी कोमल और कठोर, मधुर और तीक्ष्ण दो पक्ष हैं, और बराबर रहेंगे। काव्यकला की पूरी रमणीयता इन दोनों पक्षों के समन्वय के बीच मंगल या सौंदर्य के विकास में दिखायी पड़ती है"।

काव्य के दो पक्ष निर्धारित किये जाते हैं, सौंदर्य पक्ष व संघर्ष पक्ष। सौंदर्य पक्ष का संबंध प्रेम भावना से होता है। 'वात्सल्य', 'रति', 'भ्रातृत्व' आदि प्रेम के ही विविध रूप हैं। दैनन्दिन जीवन, संघर्ष से इतर नहीं होता है। जीवन की इन परिस्थितियों में संघर्ष पक्ष के साथ सौंदर्य पक्ष का सम्मिलन कर जो काव्य, लोकहित में होता है, वही विरुद्धों के सामंजस्य का उदाहरण होता है। 'लोकहित' में स्वाभाविक रूप से मनुष्य की वे भावनाएं आती हैं, जो 'लोक कल्याण' यानी मानव जाति के कल्याण को अभिव्यक्त करती हैं।

आचार्य शुक्ल ने काव्य की श्रेष्ठता का प्रमाण ही 'विरुद्धों के सामंजस्य' को माना है। 'रामचरितमानस' को श्रेष्ठतम काव्य इसीलिए माना है कि उसमें विरुद्धों का श्रेष्ठतम 'सामंजस्य' है। जहां राम, एक ओर रावण जैसे आतताई से पृथ्वी को मुक्त करने का कार्य करते हैं (संघर्ष) वहीं दूसरी ओर, दाम्पत्य, भ्रातृत्व सहित समस्त रिश्तों को आदर्शपूर्वक निभाते हैं (प्रेम)।

आचार्य रामचंद्र शुक्ल ने आनंद की साधनावस्था या प्रयत्न पक्ष को लेकर चलने वाले काव्यों के उदाहरण के रूप में जिन्हें उद्‌धृत किया है वे हैं रामायण, महाभारत, रघुवंश, शिशुपाल वध, किरातार्जुनीय, हिंदी में रामचरित मानस, पद्‌मावत (उत्तरार्ध), हम्मीर रासो, पृथ्वीराज रासो, छत्रसाल प्रकाश इत्यादि प्रबंध काव्य ; भूषण आदि कवियों के वीररसात्मक मुक्तक तथा आल्हा आदि प्रचलित वीरगाथात्मक गीत, उर्दू के वीर रसात्मक मरसिये। यूरोपीय भाषाओं में इलियड, ओडेसी, पैराडाइज लास्ट, रिवोल्ट ऑफ इस्लाम आदि। 'विरोधों का सामंजस्य' इस साहित्य का सामान्य वैशिष्ट्य है।

आधार ग्रंथ :

1. चिंतामणि (भाग-1,2 व 3), आचार्य रामचंद्र शुक्ल।
2. आधुनिक हिंदी आलोचनाः संदर्भ एवं दृष्टि, रामचंद्र तिवारी।
3. आचार्य रामचंद्र शुक्ल आलोचना कोश, डॉ. रामचंद्र तिवारी।
4. गोस्वामी तुलसीदास, आचार्य रामचंद्र शुक्ल।
5. रसमीमांसा, आचार्य रामचंद्र शुक्ल।

विरेचन सिद्धांत

यूनानी 'कथार्सिस' (Catharsis) का हिंदी-रूपांतर 'विरेचन' किया गया है। 'विरेचन' भारतीय चिकित्साशास्त्र का पारिभाषिक शब्द है और 'कथार्सिस' यूनानी चिकित्साशास्त्र का। पक्वाशय में संचित मल को विरेचन (दस्त) की सहायता से निकाला जाता है। इस तरह विरेचन मल-निष्कासन के द्वारा शरीर-शोधन की अन्यतम क्रिया है। इसकी सहायता से अतिरिक्त, व्याधिकारक मल बाहर निकल जाता है और मल के निकल जाने से शरीर में फिर से संतुलन आ जाता है और शरीर स्वस्थ हो जाता है।

स्वास्थ्य के लिए जिस प्रकार शारीरिक मल का निष्कासन-शोधन जरूरी है, उसी प्रकार मानसिक मल का निष्कासन-शोधन भी। ईर्ष्या, द्वेष, लोभ, मोह, क्रोध, क्रूरता आदि मानसिक मल भी मनुष्य को अस्वस्थ बनाया करते हैं। इसलिए इनकी भी मात्रा संतुलित रखनी आवश्यक है। इसकी भी विधियां शास्त्रों में विहित हैं।

आयुर्वेद में 'विरेचन' शब्द का पारिभाषिक प्रयोग शारीरिक मल के शोधन के लिए ही रूढ़ है, किंतु अर्थ-विस्तार के द्वारा उसका प्रयोग भाव-शोधन के लिए भी चल पड़ा है, विशेषतः अरस्तू द्वारा प्रयुक्त 'कथार्सिस' के संदर्भ में। 'अनुकरण' के समान 'कथार्सिस' के भी अर्थ को लेकर पश्चिम में बड़ा विवाद रहा है। इसकी धार्मिक, नैतिक, मानसिक सभी प्रकार की व्याख्याएं हुई हैं, किंतु यहां अरस्तू के दुःखांतक की परिभाषा के स्पष्टीकरण के लिए जितना अपेक्षित है, हम उसी की चर्चा यहां करेंगे।

'कथार्सिस' शब्द अरस्तू के 'काव्यशास्त्र' में केवल एक बार आया है और वहां भी अरस्तू ने स्वयं इसकी कोई व्याख्या नहीं की है या की हो तो आज तक वह उपलब्ध नहीं है। उन्होंने 'कथार्सिस' शब्द का प्रयोग दुःखांतक के प्रभाव के प्रसंग में किया है। परिभाषा का अपेक्षित अंश है, 'दुःखांतक ऐसे कार्यव्यापार का अनुकरण है, जो करुणा और भय को उद्‌बुद्ध कर इन भावों का उचित विरेचन करे।" (Tragedy is an imitation of an action through pity and fear affecting the proper purgation of these emotions.) 'कथार्सिस' शब्द का प्रयोग प्लेटो ने भी किया है, किंतु जैसी अरस्तू की पद्धति है, वे प्राचीन शब्दों में नवीन अर्थ भरकर नवीन संदर्भों में उनका प्रयोग किया करते हैं।

सदियों तक यह कहा जाता रहा कि भावों के विरेचन के द्वारा दुःखांतक नैतिक प्रभाव उत्पन्न करता है। वह प्रभाव क्या है और उसके लिए दुःखांतक किन भावों का उपयोग करता है, इस संबंध में अनेक मत-मतांतर हैं।

यूनान में कुछ लोगों पर धार्मिक हर्षोन्माद चढ़ता था जिसे उग्र संगीत के द्वारा शांत किया जाता था। इस प्रसंग में संगीत के विरेचक प्रभाव की बात अरस्तू ने कही है। संगीत के तीन प्रभावों का वे उल्लेख करते हैं-एक प्रकार का संगीत वह है जो नैतिक प्रभाव उत्पन्न करता है। दूसरे प्रकार के संगीत का उपयोग आनंद के लिए होता है। तीसरे प्रकार का संगीत अत्यंत उग्र और अशांत होता है और धार्मिक आवेश को शांत करने के काम में आता है। इस तीसरे प्रकार के संगीत को अरस्तू ने 'विरेचक' कहा है। यह एक प्रकार की शारीरिक उत्तेजना है जो धार्मिक उन्माद के निस्सरण का मार्ग खोलती है। इसके फलस्वरूप "आविष्ट व्यक्ति प्राकृतिक विश्राम की स्थिति में आ जाते हैं, जैसे उनकी विरेचनात्मक चिकित्सा हुई हो।"

काव्यशास्त्र में विरेचन की चर्चा न तो नैतिक अर्थ में हुई हैं, न धार्मिक अर्थ में। वहां का संदर्भ मानसिक या भावात्मक है, साथ ही कलात्मक भी। प्लेटो का कहना था कि दुःखांतक भावों का पोषण और सिंचन कर मनुष्य के पौरुष को क्षीण करता है और उसे निर्बल बनाता है; उच्चतर तत्त्वों के बदले निम्नतर तत्त्वों को उभार कर आत्मा में अराजकता उत्पन्न करता है और तर्क का स्थान भावना को दे देता है। अरस्तू ने अपने गुरु की इस आपत्ति के निराकरण का भी उपक्रम किया। प्लेटो ने जिसे दोष सिद्ध किया था, अरस्तू ने उसे ही गुण के रूप में प्रस्तुत किया। प्लेटो ने कहा कि भाव का अतिरेक न आत्मा के लिए हितकर है, न बुद्धि के लिए और न मन के लिए। अरस्तू ने कहा कि वस्तुतः भावों का दमन हितकर नहीं, हानिकर है; उन्हें दमित करने के बदले संतुलित रखना वांछनीय और आवश्यक है।

बुचर ने विरेचन की व्याख्या करते हुए कहा है कि "वास्तविक जीवन में करुणा और भय के भाव दूषित और कष्टप्रद तत्त्वों से युक्त रहते हैं। दुःखांतकीय उत्तेजना में दूषित अंश के निकल जाने से वे कष्टप्रद के बदले आनंदप्रद बन जाते हैं। जैसे-जैसे कार्यव्यापार आगे बढ़ता है, वैसे-वैसे पहले उत्तेजित और बाद में उपशमित निम्नतर भाव उच्चतर, परिष्कृत भावों में परिवर्तित होते जाते हैं। करुणा और भय में वर्तमान कष्टकर तत्त्व निकल जाते हैं; बल्कि यों कहें कि वे भाव स्वयं ही शोधित हो जाते हैं। इस दृष्टि से दुःखांतक का कार्य केवल करुणा और भय का निर्गम-मार्ग तैयार करना नहीं है बल्कि उन्हें कलात्मक संतुष्टि का स्पष्ट साधन भी बनाना है, उन्हें कला के माध्यम के बीच से पार कर शुद्ध और स्वच्छ भी बनाना है।

अरस्तू के अनुसार करुणा और भय परस्पर संबद्ध भाव हैं। जिस स्थिति में अपने लिए हमें भय होता है, उसी स्थिति में दूसरे के लिए हमें करुणा होती है। अतः जिसमें

भय का संचार नहीं होता उसमें करुणा भी उत्पन्न नहीं हो सकती। कहने की आवश्यकता नहीं कि भय और करुणा में भय मूल भाव है जिससे करुणा उद्भूत होती है। अंतर यह है कि भय स्वयं अपने लिए होता है, करुणा दूसरे के लिए होती है और उसमें यह आशंका मिली रहती है कि ऐसा हमारे साथ भी घटित न हो।

व्यावहारिक जीवन में भय और करुणा के भावों का जो स्वरूप है, वह काव्यजगत में कुछ परिवर्तित हो जाता है। दु:खांतक के प्रभाव से करुणा में तो कई मौलिक परिवर्तन नहीं होता क्योंकि उसका संबंध दूसरे से हुआ करता है, किंतु भय में परिवर्तन हो जाता है क्योंकि वह यथार्थ से काल्पनिक बन जाता है। अत: अपने ऊपर आसन्न अनिष्ट की आशंका उदित नहीं होती; अनिष्ट हमारे सामने खड़ा है, ऐसा बोध हमें नहीं होता, कारण कि हम जानते होते हैं कि भय के कारण का संबंध हमसे नहीं है। फिर भी, चूंकि नायक मूलत: हमारे जैसा ही मनुष्य होता है, इसलिए हम उसके प्रति सहानुभूति से सिहर उठते हैं। यदि नायक से हमारा सादृश्य नहीं होता तो उसके प्रति हमारी सहानुभूति भी नहीं होती। इस सादृश्य पर ही दु:खांतक का प्रभाव निर्भर करता है।

अरस्तू ने बार-बार काव्य के 'सामान्य' तत्त्व (Universal Element) पर बल दिया है। जब तक काव्य 'विशेष' से संसक्त रहेगा, जब तक उससे 'सामान्य' की अभिव्यक्ति नहीं होगी, तब तक उसका प्रभाव भी व्यापक नहीं होगा। मानवीय दु:ख भोग की इस वृहत्तर परिधि में करुणा और भय का सम्मिलित उद्रेक सामान्य, सार्वजनीन, भाव में परिणत हो जाता है। फलत: प्रेक्षक अपनी सीमित अनुभूतियों से ऊपर उठकर वृहत्तर अनुभूतियों का अनुभोक्ता बनता है। भावों की इसी आत्मविस्मृतिकारी गहन तन्मयता में विशिष्ट दु:खांतकीय आनंद निहित रहता है, जो करुणा, भय के अविशुद्ध अंश का शोधन कर उनमें भी आनंद का संचार कर देता है। दु:खांतकीय उत्तेजना की सात्त्विक उद्दीप्ति के क्षण में अन्य भाव इस प्रकार रूपांतरित हो जाते हैं कि भव्य आह्लादकारी चेतनामात्र अवशिष्ट रह जाती है। यही काव्य का साध्य है।

विरेचन से केवल भावात्मक विश्रांति ही नहीं होती, बल्कि भावात्मक परिष्कार भी हो जाता है, भले ही वह अस्थायी हो। दु:खांतक देखने के बाद ऐसा तो होता नहीं कि क्लेशकर भावों से मनुष्य हमेशा के लिए मुक्त हो जाए, किंतु तात्कालिक मुक्ति अवश्य होती है और इसी में विरेचन की सार्थकता है।

आधार ग्रंथ :

1. पाश्चात्य काव्यशास्त्र, देवेंद्रनाथ शर्मा।
2. Aristotle's Poetics, G. Else.
3. A Dictionary of Modern Critical Terms, Roger Fowler.

विशिष्टाद्वैतवाद

वैष्णव आचार्यों में विशिष्टाद्वैत के प्रमुख प्रतिष्ठाता रामानुजाचार्य (1037-1137) हैं। रामानुज दक्षिण में मद्रास के समीप के रहने वाले थे। शंकर के समान रामानुज ने भी अपने सिद्धांतों का बोधायन, टंक, द्रमिड, गुहृदेव, कर्षदि, भारुचि आदि प्राचीन आचार्यों के व्याख्यानों पर अवलंबित होना प्रतिपादित किया है।

रामानुज के दर्शन के दो उत्स हैं—संस्कृतवेद और तमिलवेद। इस कारण इसे उभय वेदांत कहा जाता है। इसमें वेद, उपनिषद, 'ब्रह्मसूत्र' और गीता के अतिरिक्त तमिल देश के बारह आलवार भक्तों के वाक्य भी प्रमाण हैं। इन आलवार भक्तों का समय सातवीं सदी से नवीं सदी तक माना जाता है। विशिष्टाद्वैतवादियों ने इन भक्तों के भक्तिमार्ग और वेदोपनिषत्प्रतिपादित ज्ञानमार्ग, कर्ममार्ग तथा उपासनामार्ग का सुंदर समन्वय किया और प्रपत्तिमार्ग की प्रतिष्ठा करके एक नये वैष्णव मत को चलाया, जो श्री या लक्ष्मी के प्रथम प्रवर्तक होने के कारण श्रीवैष्णव के नाम से प्रसिद्ध है। इसके आद्य आचार्य रंगनाथमुनि या नाथमुनि (824-924ई.) है, जिन्होंने तमिलवेद का पुनरुद्धार किया और 'योगरहस्य' तथा 'न्यायतत्त्व' जैसे ग्रंथों की रचना की। रामानुज ने बादरायण के ब्रह्मसूत्र पर श्रीभाष्य लिखा और 'वेदांतसार' 'वेदार्थसंग्रह', 'गीताभाष्य' आदि ग्रंथों की रचना की। इन्होंने अपने वेदांत को प्राचीन परंपरा पर आधारित दिखलाया और शंकराचार्य के अद्वैतवाद और मायावाद का खंडन किया।

रामानुज चित्, अचित् और ईश्वर नामक तीन पदार्थों को स्वीकार करते हैं। चित् अर्थात जीव और अचित् अर्थात जगत वस्तुत: नित्य और स्वतंत्र हैं, तथापि वे सर्वांतर्यामी ईश्वर के अधीन हैं। अतएव चित् और अचित् ब्रह्म अथवा ईश्वर के शरीर या प्रकार माने जाते हैं। रामानुज के मत में ब्रह्म ही तत्त्व है और वह नित्य, सत्य, ज्ञानमय, आनंदमय, शक्तिमान तथा समस्त जगत् की सृष्टि, स्थिति और संहारकर्ता है, जैसे मकड़ी अपने अंदर से ही इस

जगत की सृष्टि करता है। वह जगत का निमित्त और उपादान कारण है। सृष्टि माया नहीं, वास्तविक है। अतः ब्रह्म को सगुण या सविशेष स्वीकार करना चाहिये, क्योंकि इस जगत् में निर्गुण वस्तु की कल्पना असम्भव है।

यदि चित और अचित ईश्वर के शरीर हैं तो प्रश्न होता है कि चित् और अचित् में परिवर्तन होने से ईश्वर में भी परिवर्तन होना चाहिए। ऐसी दशा में जीव को होने वाला सुख-दुख ईश्वर को भी होना चाहिए और इस जड़ जगत् की अपूर्णताओं का प्रभाव ईश्वर पर पड़ना चाहिए। इस शंका के समाधान के लिए रामानुज ने द्रव्य तथा गुण में विद्यमान रहने वाला 'अपृथक सिद्धि' नाम का संबंध अंगीकार किया है। उनकी मान्यता है कि जिस प्रकार आत्मा शरीर का नियंत्रण करती है उसी प्रकार ईश्वर चित् और अचित् का नियमन करता है। इस मत में नियामक तथा प्रधान होने से ईश्वर को विशेष्य और नियम्य तथा अप्रधान होने से जीव और जगत् को विशेषण स्वीकार किया गया है। जैसे नीलत्व और कमल दोनों साथ-साथ रहते हैं वैसे ही विशेषण और विशेष्य दोनों साथ रहते हैं। अतः विशेषणों से युक्त विशेष्य अर्थात् विशिष्ट की एकत्व कल्पना करना ही युक्तिसंगत है, इसलिए रामानुज का दर्शन विशिष्टाद्वैत नाम से जाना जाता है।

रामानुज का ईश्वर शांकर मत के ईश्वर से भिन्न है। शांकर मत में (1) एक अद्वितीय ब्रह्म ही तत्त्व है, उसके अतिरिक्त दृश्यमान प्रपंच कुछ नहीं, (2) ब्रह्म निर्विशेष तथा निर्गुण है, (3) ब्रह्म ही माया उपाधि से ईश्वर और अविधा उपाधि से जीव कहलाता है, परंतु जड़ जगत् मिथ्या ही है, अतएव ब्रह्म ही परम तत्त्व है। रामानुज के मत में (1) चित् और अचित् रूप शरीर विशिष्ट ब्रह्म सत्य है। ब्रह्म तथा उसके शरीर से भिन्न अन्य कुछ नहीं है, (2) ब्रह्म सविशेष है, (3) ब्रह्म ही ईश्वर है, उसके शरीरभूत जीव और जगत् उससे भिन्न और नित्य हैं, अतः पदार्थत्रय को स्वीकार करना चाहिये, केवल ब्रह्म को ही नहीं। इसलिये इस मत में विशिष्टाद्वैत के सिद्धांत को स्वीकार किया गया है।

रामानुज के मतानुसार भगवान वासुदेव के अनुग्रह से मुक्ति की प्राप्ति होती है। वेद-विहित कर्म के अनुष्ठान से चित्तशुद्धि होती है और चित्तशुद्धि होने पर ब्रह्मजिज्ञासा उत्पन्न होती है। कर्मयोग, ज्ञानयोग, भक्तियोग और प्रपत्ति ये चार मोक्षप्राप्ति उपाय हैं। इन उपायों का साधन वही कर सकता है जिसे आचार्य द्वारा अचित्, चित्त और ईश्वर का सद्ज्ञान हो गया हो। जब तक जीव भगवान की शरण में नहीं जाता, उसका परम कल्याण नहीं हो सकता। अकिंचन और दीनभाव से भगवान् की शरण में जानेवाले भक्तों के समस्त दुःख भगवान् के अनुग्रह से ही नष्ट होते हैं। इस मत के अनुसार ईश्वर का साक्षात अनुभव ही मुक्ति का अंतिम साधन है। अद्वैत वेदांत में मुक्त आत्मा ब्रह्म के साथ एकाकार हो जाती है, परंतु विशिष्टाद्वैत में वह ईश्वर की समानता प्राप्त कर उसके स्वरूप तथा गुणों को प्राप्त कर लेती है। वैकुंठ में निवास करना सालोक्य मुक्ति है। वहां भगवान का सामीप्य लाभ करना सामीप्य मुक्ति है। भगवान जैसा रूपपाना सारूप्य मुक्ति है। भगवान के साथ ऐक्य लाभ करना सायुज्य मुक्ति है। सायुज्य मुक्ति ही इस मत में कैवल्य मुक्ति है। इसमें ईश्वर तथा जीव के व्यक्तित्व भिन्न बने रहते हैं।

उत्तर भारत में रामानंद (14वीं सदी) ने विशिष्टाद्वैतवाद का प्रचार किया। इनकी ही शिष्य-परंपरा में कबीर, दादू, तुलसीदास आदि कवि हुए। कबीर, दादू आदि निर्गुणोसक थे और उनकी विचारधारा ने इस कारण अद्वैतवाद का रूप धारण किया। तुलसीदास भी विशिष्टाद्वैतवादी थे। स्वामी दयानंद सरस्वती और उनके अनुयायी भी तत्त्ववाद में विशिष्टाद्वैतवादी हैं।

आधार ग्रंथ :

1. भारतीय तत्त्व चिंतन, जगदीश चंद्र जैन।
2. भारतीय दर्शन, बलदेव उपाध्याय।
3. हिंदी काव्य में निर्गुण संप्रदाय, पीतांबरदत्त बड़थ्वाल।
4. 'कल्याण' का वेदांतांक।
5. हिंदी साहित्य कोश, भाग-1।
6. History of South India–Neelkantha Shastri

शब्दशक्ति

शब्द और अर्थ का शाश्वत संबंध है। गोस्वामी तुलसीदास ने शब्द और अर्थ को 'जल-बीचि' के समान अभिन्न बताया है। शब्द उच्चारण के साथ ही हमारे मन, कल्पना और अनुभूति पर प्रभाव डालता है। स्वादिष्ट व्यंजन का नाम लेते ही मुंह में पानी भर आता है। शेर या सांप का नाम लेते ही मन में भय का संचार होता है। अतः जिस शक्ति

के द्वारा शब्द का यह अर्थगत प्रभाव पड़ता है उसे ही शब्दशक्ति कहते हैं। शब्द का अर्थबोध कराने वाली शक्ति ही शब्द-शक्ति है। यह एक प्रकार का शब्द और अर्थ का संबंध है, शब्द का अर्थगत व्यापार है। जिस प्रकार घड़ा बनाने के लिए मिट्टी, चाक, दंड तथा कुम्हार आदि कारण हैं और चाक घूमना वह व्यापार है जिससे घड़ा बनता है, उसी तरह अर्थ का बोध कराने वाले व्यापार अभिधा, लक्षणा तथा व्यंजना हैं। आचार्यों ने इन्हीं को 'शक्ति' या 'वृत्ति' नाम दिया है।

शब्द शक्तियां तीन होती हैं-अभिधा, लक्षणा और व्यंजना। ये तीन शब्द-शक्तियां जिन शब्दों से अर्थ की अभिव्यक्ति कराती हैं उन्हें क्रमशः वाचक, लक्षक और व्यंजक कहा जाता है। ये शब्द जिन अर्थों का बोध कराते हैं उन्हें क्रमशः वाच्यार्थ, लक्ष्यार्थ और व्यंग्यार्थ कहा जाता है।

जिस शक्ति द्वारा साक्षात, संकेतित अर्थ, जिसे मुख्यार्थ भी कहा जाता है, का बोध हो, उसे अभिधा कहते हैं। मुख्य अर्थ का बोध कराने के कारण यह मुख्या भी कहलाती है। अभिधा शक्ति द्वारा जिन शब्दों के अर्थ की अभिव्यक्ति होती है, उन्हें वाचक कहा जाता है। ये तीन तरह के माने गए हैं-रूढ़, यौगिक और योगरूढ़।

रूढ़ वे शब्द हैं जिनकी कोई व्युत्पत्ति न हो सके। जैसे गढ़, घर, तरु, चंद्र, पशु आदि। जिन शब्दों की व्युत्पत्ति हो सकती है अर्थात जो प्रकृति और प्रत्यय के योग से निर्मित होते हैं तथा जिनका अर्थबोध प्रकृति एवं प्रत्यय की शक्ति द्वारा होता है वे यौगिक कहलाते हैं। जैसे उमेश, रमेश, दिवाकर, सुधांशु आदि।

जिनकी संरचना यौगिक शब्दों के समान होती है तथा अर्थबोध में जो रूढ़ के समान हुआ करते हैं, वे योगरूढ़ कहलाते हैं। तात्पर्य यह है कि जिनका विश्लेषण संभव हो अर्थात जो प्रकृति और प्रत्यय के योग से निर्मित हों, लेकिन अर्थबोध, प्रकृति एवं प्रत्यय की शक्ति द्वारा न होकर समुदाय शक्ति द्वारा होता हो, वे योगरूढ़ कहलाते हैं। उदाहरणार्थ 'जलज' शब्द जल + ज अर्थात जल में उत्पन्न होने वाला-इस प्रकार व्युत्पन्न हुआ है। यदि इसे यौगिक मान लिया जाए तो जल में उत्पन्न होने वाले सीपी, घोंघे, मेढक, शैवाल आदि सभी की अभिव्यक्ति इसे करनी चाहिए थी, लेकिन यह इन सबको अभिव्यक्त न कर, केवल 'कमल' अर्थ का बोध कराता है। इस प्रकार अर्थबोध की दृष्टि से रूढ़ ही है। पंकज, पीताम्बर, घनश्याम आदि इसी प्रकार के योगरूढ़ शब्द हैं।

भट्टनायक रस विवेचन में लक्षणा और व्यंजना की तुलना में अभिधा को ही विशेष महत्व देते हैं। उनकी दृष्टि में रसानुभूति कराने में अभिधा शक्ति ही प्रधान है। उसके द्वारा ही अर्थबोध होता है और उसके बाद भावकत्व के द्वारा साधारणीकरण और भोजकत्व के द्वारा रसास्वादन होता है। अतः अभिधा ही मुख्य शक्ति है। हिंदी के प्रसिद्ध आचार्य कवि देव का भी कथन है-

"अभिधा उत्तम काव्य है, मध्य लक्षणा हीन।
अधम व्यंजना रस विरत उलटी कहत प्रवीन।।"

आचार्य रामचंद्र शुक्ल के अनुसार भी अभिधा तथा वाच्यार्थ का विशेष महत्व है। असमर्थ वाच्यार्थ में लक्ष्यार्थ या व्यंग्यार्थ निहित होने पर अधिक प्रभावकारक होता है। वास्तव में व्यंग्यार्थ या लक्ष्यार्थ के कारण चमत्कार आता है, परंतु वह चमत्कार होता है वाच्यार्थ में ही। अतः इस वाच्यार्थ को देने वाली अभिधा शक्ति का अपना महत्व है। अभिधा के द्वारा अर्थ निश्चित रहता है फिर भी उसमें कल्पना आदि का चमत्कार रहता है।

मुख्यार्थ या वाच्यार्थ के बाधित होने पर रूढ़ि या प्रयोजन के सहारे, उससे संबंधित जहां पर अन्य अर्थ लक्षित होता है, वहां पर लक्षणा शक्ति काम करती है। इसमें तीन बातें आवश्यक होती हैं-

(क) मुख्यार्थ या वाच्यार्थ की बाधा
(ख) लक्ष्यार्थ का मुख्यार्थ से संबन्धित होना
(ग) मूल में रूढ़ि या प्रयोजन का होना।

मुख्यार्थ की बाधा का भाव यह है कि वाच्यार्थ का प्रत्यक्ष विरोध हो और जो वक्ता कहना चाहता है, उसे समझने में अड़चन हो। फिर भी प्रयोग के प्रचलन से अर्थात रूढ़ि से या किसी प्रयोजन से कोई अन्य अर्थ ऐसा निकले जो वाच्यार्थ से संबंध रखता हो। उदाहरण के लिए "गंगा पर घर है" इस वाक्य में गंगा शब्द का मुख्यार्थ बाधित है, फिर भी प्रयोजन के सहारे यह अर्थ निकला कि गंगा के तट पर घर है। इसी उद्देश्य के कारण इस वाक्य का अर्थ निकल सका।

शब्द की तीसरी शक्ति है, व्यंजना। जब अभिधा और लक्षणा किसी अर्थ को अभिव्यक्त करने में असमर्थ रहती हैं तो उस अर्थ की अभिव्यक्ति व्यंजना शक्ति से होती है। व्यंजना का शब्दार्थ है, स्पष्ट करना, खोलना या विकसित करना। इसका एक प्रसिद्ध उदाहरण है,'गंगा में गांव।' इसका अर्थ देने में अभिधा असमर्थ है, क्योंकि गंगा में गांव नहीं हो सकता। लक्षणा से अर्थ निकला कि गंगा के समीप गांव। परंतु इसके बाद भी इसका अर्थ 'पवित्र, शीतल गांव' व्यंजना शक्ति के द्वारा ही सम्भव है, उदाहरणार्थ-

"मीत तिहारे वदन पर मूरखता दरसात।
मम मुख दरपन बिमल है आज विदित यह बात।।"

मुख-दर्पण में अभिधा असमर्थ है। सारोपा लक्षणा के द्वारा यह अर्थ प्रतीत हुआ कि मेरे मुख में तुम्हारा मुख दिखायी देता है। इसके बाद भी वांछित अर्थ नहीं पता

चला जो व्यंजना द्वारा निकलता है, वह यह कि मूर्खता जो तुम्हें दिखायी देती है वह तुम्हारी ही है जो मेरे मुख-दर्पण में प्रतिबिंबित हो रही हैं क्योंकि तुम सामने खड़े हो। वास्तव में मैं मूर्ख नहीं, तुम मूर्ख हो।

आधार ग्रंथ :

1. भारतीय साहित्य शास्त्र कोश, डॉ. राजवंश सहाय हीरा।
2. भारतीय काव्य शास्त्र, सत्यदेव चौधरी।
3. भारतीय काव्य शास्त्र, गणेश त्र्यंबक देशपांडे।
4. ध्वनि संप्रदाय और उसके सिद्धांत, भोला शंकर व्यास।
5. भारतीय साहित्य शास्त्र, बलदेव उपाध्याय।

शुद्धाद्वैतवाद

'शुद्धाद्वैतवाद' एक दार्शनिक सिद्धांत है जिसके प्रस्त्रोता वल्लभाचार्य हैं। रुद्र-संप्रदाय के प्रतिष्ठाता शुद्धाद्वैतवादी वल्लभाचार्य का जन्म 1479 ई. में बनारस में हुआ था। ये तैलंग ब्राह्मण थे। इनके जीवन की घटनाएं काशी, अरैल (इलाहाबाद) और वृंदावन से संबंधित है। इनके लिखे हुए ग्रंथ 'अणुभाष्य', जैमिनि के पूर्वमीमांसासूत्र पर भाष्य, 'सुबोधिनी' (भागवत पुराण पर भाष्य) 'तत्वदीपनिबंध' और 16 अन्य छोटे प्रकरण ग्रंथ हैं। वल्लभाचार्य के द्वितीय पुत्र बिट्ठलनाथ (1516-1586) थे। इन्होंने 'विद्वन्मंडल' नामक एक स्वतंत्र ग्रंथ की रचना की और 'अणुभाष्य', जो अपूर्ण रह गया था, को पूरा किया तथा 'सुबोधिनी' की टीका लिखी। इनसे वल्लभ मत का विशेष प्रचार हुआ। विट्ठलनाथजी के सात पुत्र थे, जिन्होंने अलग-अलग गद्दियों की स्थापना कर इस मत का विपुल प्रचार किया। इन्हीं में से एक गोकुलनाथ थे, जिन्होंने 'चौरासी वैष्णवन की वार्ता' नामक पुस्तक लिखी।

शंकराचार्य के अद्वैतवाद के अनुसार ब्रह्म में समस्त भूतों की सत्ता मान्य या विद्यमान है। इसके विरोध में वल्लभाचार्य ने शुद्धाद्वैतवाद की स्थापना की। इसमें ब्रह्म माया संबंध से रहित होने के कारण शुद्ध है। कारणरूप और कार्यरूप, दोनों प्रकार से ब्रह्म शुद्ध है, मायिक नहीं। मायारहित ब्रह्म ही एक अद्वैत तत्त्व है। सारा जगतप्रपंच उसी की लीला का विलास है। "सर्व खलु इदं ब्रह्म"—सब कुछ ब्रह्म ही है, इस सिद्धांत को इस मत में अक्षरशः माना जाता है।

वल्लभाचार्य का मत है कि भगवान को जब रमण करने की इच्छा होती है तब वे अपने आनंद आदि गुणों के अंशों को तिरोहित कर स्वयं जीव रूप धारण कर लेते हैं। वास्तव में जीव ब्रह्म से अभिन्न है और अणु रूप है तथा जैसे अग्नि से स्फुलिंग उत्पन्न होते हैं वैसे ही ब्रह्म से जीव आविर्भूत होता है। यह जीव ब्रह्म के समान ही नित्य और वास्तविक है। शुद्ध, मुक्त और संसारी के भेद से जीव तीन प्रकार के होते हैं। जीव के ऐश्वर्य गुण के अविद्या द्वारा तिरोहित होने के पूर्व जीव 'शुद्ध' कहलाता है। अविद्या के कारण जन्म-मरण अवस्थाओं का अनुभव करनेवाला जीव 'संसारी' तथा विद्या द्वारा बंधन-मुक्त जीव 'मुक्त' कहा जाता है।

जिस प्रकार जीव ब्रह्म का अंश है उसी प्रकार जगत भी ब्रह्मात्मक है, केवल उसमें चैतन्य और आनंद नामक गुण नहीं हैं, सत्त्व गुण उसमें विद्यमान है। जिस प्रकार कुंडल आदि रूपों में परिणत होने पर भी स्वर्ण में किसी प्रकार का विकार उत्पन्न नहीं होता, उसी प्रकार जगत् रूप में परिणत होने पर भी ब्रह्म में किसी प्रकार का विकार नहीं होता। वस्तुतः भगवान के आविर्भाव और तिरोभाव को ही जगत की उत्पत्ति और विनाश मानना चाहिये। भगवान के अनुभव-योग्य होने पर जगत का अविर्भाव और अनुभव योग्य न होने पर जगत का तिरोभाव होता है, अतः यह जगत उतना ही नित्य और वास्तविक है जितना ब्रह्म। जगत् की सृष्टि और संहार ही मिथ्या है। जैसे नाव में बैठकर जाते हुए मनुष्य को नदी तट पर स्थित वृक्ष गतिशील मालूम होते हैं, यद्यपि वे गतिशील नहीं हैं, इसी प्रकार ब्रह्मस्वरूप यह जगत वास्तविक है, केवल अज्ञान के कारण जीव को इसकी प्रतीति मिथ्या भासित होती है।

वल्लभ मत में ब्रह्म को सत,चित और आनंदरूप स्वीकार कर शुद्ध मायारहित अंगीकार किया गया है। इस मतानुसार ब्रह्म माया से अलिप्त होने के कारण नितांत शुद्ध है तथा माया-संबंध रहित ब्रह्म ही अद्वैत तत्त्व है। इसीलिए यह मत शुद्धाद्वैत के नाम से पुकारा जाता है। वल्लभ मत के अनुसार ब्रह्म, जगत का उपादान और निमित्त कारण है, अतः जगत्कर्तृत्व वास्तविक है मायाकल्पित नहीं।

इस मत का साधनमार्ग 'पुष्टिमार्ग' के नाम से प्रसिद्ध है। 'भागवतपुराण' में पुष्टि या पोषण का अर्थ भगवान का अनुग्रह बताया गया है—'पोषणं तदनुग्रहः'। इस श्लोकांश के आधार पर वल्लभ ने अपने मत को 'पुष्टि'

नाम से पुकारा। उनके मत से ज्ञानमार्ग और कर्ममार्ग कठिन है। इस युग में उनकी पूर्ण व्यवस्था नहीं हो सकती है, क्योंकि उपदेशक सामग्री का अभाव है। अब बचता है भक्तिमार्ग। इसमें किसी वस्तु की अपेक्षा नहीं है। यह सर्वसुलभ है। अतः इसी मार्ग की वल्लभ ने शिक्षा दी।

वल्लभ ने जीव की तीन कोटियां बतलायी हैं—पुष्टि, मर्यादा और प्रवाह। जो जीव निरुद्देश्य जीवन बिताते हैं और कभी ईश्वर का चिंतन नहीं करते वे प्रवाह जीव हैं। जो वेदों का अध्ययन करते हैं, संत को समझते हैं और वेदविहित मार्ग से ईश्वर की आराधना करते हैं, वे मर्यादा जीव हैं। जिन जीवों पर ईश्वर कृपा करता है, जिनको अपनी शरण में लेता है और जो ईश्वर से अनन्य प्रेम करते हैं, वे पुष्टिजीव हैं। प्रवाहजीव जन्म-मरण के चक्र में सदैव पड़े रहते हैं। मर्यादाजीवों को कर्ममार्ग और ज्ञानमार्ग से क्रममुक्ति मिलती है। वे क्रमशः पितृयान, देवयान और कैवल्य को प्राप्त करते हैं। भक्तिमार्ग का अवलंबन करके वे नवधा भक्ति करते हैं। नवधा भक्ति अर्थात् श्रवण, कीर्तन, स्मरण, पादसेवा, अर्चन, बंदन, दास्य, सख्य और आत्मनिवेदन। इनकी भक्ति मर्यादा भक्ति है। इससे सालोक्य, सामीप्य, सारूप्य और सायुज्य मुक्ति प्राप्त होती है। वल्लभ मत के अनुसार मर्यादा भक्ति उन जीवों के लिए है, जो स्वयं अपने कर्मों द्वारा मुक्त होना चाहते हैं और पुष्टिभक्ति उन लोगों के लिए है, जो दीन और असहाय है, जिनके पास कोई साधन नहीं है।

पुष्टि भक्ति भी चार प्रकार की है—प्रवाहपुष्टि भक्ति, मर्यादापुष्टि भक्ति, पुष्टिपुष्टि भक्ति और शुद्धपुष्टि भक्ति। प्रवाहपुष्टि भक्ति उन लोगों की भक्ति है, जो संसार में रहते हुए, गृहस्थ जीवन बिताते हुए, भगवान् की भक्ति करते हैं। मर्यादापुष्टि भक्ति उन लोगों की भक्ति है, जो भोग-विलास से विमुख होकर, विरक्त होकर, ईश्वर का गुणगान, चिंतन, कीर्तन आदि करते हैं। पुष्टिपुष्टि भक्ति उन लोगों की भक्ति है, जो पहले ईश्वर की कृपा पाकर भक्त बनते हैं और फिर दुबारा ईश्वर की कृपा का लाभ करके ज्ञान के अधिकारी बनते हैं और ब्रह्म के विषय में सभी ज्ञातव्य बातों को अपने प्रयत्न से जानते हैं। शुद्धपुष्टिभक्ति उन लोगों की भक्ति है, जो भगवान् से 'अमित प्रेम' करने के अतिरिक्त कुछ नहीं करते। यह भगवान के द्वारा भक्त में स्थापित की जाती है और भक्त का सर्वस्व है। इसके भी तीन सोपान हैं—प्रेम, आसक्ति और व्यसन। ये न्यूनाधिक्य के विचार से किये गए हैं। शुद्धपुष्टि भक्ति का उदाहरण गोपियों की भक्ति है। ऐसे भक्त सायुज्य मुक्ति को भी तज देते हैं और भगवान् की रासलीला में भाग लेने को ही परम मुक्ति मानते हैं।

इस मत के सबसे जाज्वल्यमान नक्षत्र सूरदास हैं। ये वल्लभ के शिष्य थे और उन्हीं के आदेश से भगवान् की लीला का गान करते रहे। इनकी प्रसिद्ध कृति 'सूरसागर' है, जो हिंदी साहित्य की अमूल्य निधि है। इसमें वल्लभ मत की काव्यमयी व्याख्या हुई है। गोसाई विट्ठलनाथ ने अपने अनुयायी ब्रज के आठ कवियों को लेकर 'अष्टछाप' की स्थापना की थी, जिसमें सूरदास का स्थान सबसे ऊंचा था। इन आठ कवियों ने कृष्ण का इस तरह लीलागान किया कि ब्रजभाषा का काव्य सदा के लिए कृष्णकाव्य बन गया। रासलीला, भ्रमरगीत, बाल्यवर्णन, माखनचोरी आदि अनेक, इस मत के वर्ण्य विषय हैं। साधना की दृष्टि से रासलीला का महत्व है। ज्ञान की दृष्टि से भ्रमरगीत का सर्वाधिक गौरव है। सूरदास ने भ्रमरगीत में भक्ति को, ज्ञान तथा योग से श्रेष्ठ दिखलाया है। गोपियों की भक्ति के सामने उद्धव का ज्ञान गर्व चूर्ण हो जाता है और वे निरुतर हो जाते हैं। नंददास ने कुछ तार्किक ढंग से गोपियों और उद्धव का संवाद कराया है और अंत में भक्ति की ज्ञान पर विजय दिखलायी है। भ्रमरगीत को लेकर आगे चलकर अनेक काव्य लिखे गए। इस प्रकार की ब्रजभाषा की अंतिम रचना जगन्नाथदास 'रत्नाकर' कृत 'उद्धवशतक' है।

आधार ग्रंथ :

1. भारतीय दर्शन, बलदेव उपाध्याय।
2. हिंदी साहित्य कोश, भाग-1।
3. भारतीय तत्त्व चिंतन, जगदीश चंद्र जैन।
4. भक्ति का विकास, मुंशीराम शर्मा।
5. Vashnavism, Shavism and Miner Religious Systems, Ramkrishna Gopal Bhandarkar.

शैली विज्ञान

शैली विज्ञान अंग्रेजी के स्टाइलिस्टिक्स (Stylistics) का हिंदी पर्याय है। शैली विज्ञान एक अपेक्षाकृत नवीन आलोचना-प्रणाली है, जो रचना का पूर्वाग्रहहीन, वस्तुनिष्ठ, व्यवस्थित भाषायी विश्लेषण कर उसके मर्म को उजागर करने का दावा करती है। इसका आविर्भाव-क्षेत्र भाषा-विज्ञान और कार्य-क्षेत्र साहित्य है। भाषाविज्ञान, भाषा

का विश्लेषण-भर करता है,जबकि शैलीविज्ञान इससे आगे और गहरे जाकर साहित्य के मार्मिक कथ्य की पड़ताल का दावा करता है।

शैली विज्ञान के स्वरूप का विश्लेषण करते हुए डॉ. रवींद्रनाथ श्रीवास्तव ने कहा है कि शैली विज्ञान भी साहित्य को समझने-समझाने की एक दृष्टि है जो शैली के साक्ष्य पर एक ओर साहित्यिक कृति की संरचना (स्ट्रक्चर) और गठन (टेक्सचर) पर प्रकाश डालती है और दूसरी ओर कृति का विश्लेषण करते हुए उसमें अंतर्निहित साहित्यिकता का उद्घाटन करती है। वस्तुतः शैली विज्ञान भाषा के रास्ते चलकर काव्यकृति के प्रकाशमान अंतर्जगत में प्रवेश करने की विधि का आलोचनाशास्त्र है। इस तरह शैलीविज्ञान मूलतः भाषा विज्ञान की एक शाखा है जो साहित्य की समीक्षा में भाषा-विश्लेषण के महत्व को रेखांकित करती है।

पाश्चात्य काव्यशास्त्र में शैली संबंधी विवेचन के सूत्र अरस्तू के काव्यशास्त्र में मिल जाते हैं किंतु आधुनिक शैली विज्ञान की प्रतिष्ठा बीसवीं सदी के आरंभ में प्रसिद्ध भाषा विज्ञानी सस्यूर (Ferdinand de Saussure, 1857-1913) की स्थापनाओं से आरंभ होती है। नयी समीक्षा की भांति ही शैली विज्ञान भी कृति को स्वायत्त मानता है। इस पद्धति में भाषा के सभी अभिव्यंजक उपादानों-ध्वनि, विज्ञान, छंद शास्त्र, पद-विज्ञान, वाक्य-विज्ञान, शब्द शास्त्र का समावेश किया गया है। जे.ए.कुड्डन के शब्दों में-"It is an Analytical Science which covers all the expressive aspects of language phonology, morphology, syntax and lexicology." नयी समीक्षा और शैली विज्ञान में अंतर यह है कि शैली विज्ञान, भाषा विज्ञान का पूरा-पूरा आधार ग्रहण करके विश्लेषण में प्रवृत्त होता है जबकि नयी समीक्षा ऐसा नहीं करती। उसमें 'विसंगति', 'विडंबना', 'अनेकार्थता', 'संकेतार्थ', 'संतुलन' आदि जिन औजारों का प्रयोग किया जाता है वे भाषाविज्ञान के औजार नहीं हैं। उनका संबंध काव्य न्याय (Logic of Poetry) से है।

वस्तुतः भाषा का प्रयोग बाह्य जगत संबंधी सामान्य सूचनाएं देने के लिए होता है, जबकि साहित्य की भाषा में प्रकट अर्थ के अतिरिक्त किसी आभ्यंतर अर्थ या आशय के उद्घाटन की क्षमता भी होनी चाहिए। जहां वह भाषा मात्र सामान्य सूचना देती प्रतीत होती है वहां भी उसमें अनेक अन्य अर्थ छिपे होते हैं। शैली वैज्ञानिक समीक्षा यह देखती है कि रचनाकार की भाषा उस आभ्यंतर अर्थ का उद्घाटन करने में सक्षम है या नहीं, और वह यह कार्य किस तरह संपन्न कर रही है।

रोमन जाकोब्सन (Roman Jakobson) ने माना है कि कविता में भाषा के 'सब पैटर्न' का प्रयोग होता है और इस पैटर्न का अध्ययन ही शैली वैज्ञानिक आलोचना का आधार है। रेने वेलेक (Rene Wellek) जैसे आधुनिक आलोचक भी मानते हैं कि सामान्यतः भाषा का 'नॉर्म' से हटा हुआ, अर्थात् मानक रूप का अतिक्रमण करने वाला रूप ही काव्य में प्रयुक्त होता है और शैली विज्ञान मूलतः इस विचलित रूप का अध्ययन करता है। ये विचलन या अतिक्रमण भी क्रमशः अपने तरीके से नियमबद्ध होकर एक नयी संहिता को जन्म देने लगते हैं। शैली वैज्ञानिक समीक्षा अतिक्रमित भाषा के माध्यम से भी कृति में अंतर्निहित कथ्य की पहचान तथा विश्लेषण की चेष्टा करती है। उसके लिए रचनाकार की संकल्पना, विचारधारा तथा इनसे प्रेरित कथ्य का भी महत्व है।

इस तरह शैली वैज्ञानिक समीक्षा साहित्य को सामान्य भाषा के रूप में नहीं, बल्कि विशिष्ट अभिव्यक्ति—साहित्य (गद्य, पद्य आदि)-के रूप में ग्रहण करती है जिसमें भाव और रचनाकार की जीवन दृष्टि को भी नजर में रखना जरूरी होता है। समीक्षक के लिए आवश्यक होता है कि वह भाषा के माध्यम से उस कथ्य और जीवन दृष्टि तक भी पहुंचे। समीक्षक को भाषा विज्ञान तथा शैली विज्ञान ही नहीं, साहित्यशास्त्र का भी ज्ञान होना चाहिए क्योंकि कृति के अर्थ तक पहुंचने के लिए, यह देख पाने के लिए कि शैली के उपकरणों का सही और सार्थक प्रयोग हुआ है या नहीं, उसे साहित्यशास्त्र संबंधी उपकरणों से भी अपना संदर्भ जोड़ना होगा। उदाहरणार्थ-"कनक कनक ते सौ गुनी मादकता अधिकाय / वा खाये बौरात नर या पाये बौराय" में 'कनक' शब्द की द्वयर्थकता, यमक अलंकार के प्रयोग, और 'बौराने' की प्रक्रिया के भिन्न अर्थों पर विचार न किया जाए तो इसका भाषिक विश्लेषण अधूरा ही रहेगा। इस प्रकार अलंकार का प्रयोग भी शैली का ही अंग है। इसे देखते हुए हम कह सकते हैं कि शैली विज्ञान में भाषा विज्ञान तथा साहित्यशास्त्र का संगम हो गया है। इनमें से एक के बिना भी शैली वैज्ञानिक समीक्षा अधूरी है।

केदारनाथ सिंह की चर्चित कविता 'इस अनागत का क्या करें' की शैली वैज्ञानिक व्याख्या प्रख्यात शैली वैज्ञानिक समीक्षक रवींद्रनाथ श्रीवास्तव ने की है। इस व्याख्या की परीक्षा करने के बाद डॉ. बच्चन सिंह की टिप्पणी है, "स्पष्ट है कि विवरणात्मक शैली वैज्ञानिक प्रणाली के आधार पर वाक्यों, उपवाक्यों, संज्ञा, सर्वनाम, पद, पदबंध आदि के माध्यम से कविता की जो परीक्षा की गई है वह उसकी शव परीक्षा बन जाती है। इसमें जिस व्याकरण की सहायता ली गई है वह कविता को छोटे-छोटे खंडों में काट तो देता है पर उसे संश्लेषित नहीं कर पाता। इस व्यवच्छेदन व्यापार से मूल्यांकन का संबंध निःशेष हो जाता है।"

डॉ. बच्चन सिंह की उक्त टिप्पणी शैली वैज्ञानिक समीक्षा की सीमाओं को रेखांकित कर देती है। रवींद्रनाथ श्रीवास्तव पुनः उक्त टिप्पणी पर प्रतिवाद करते हैं और कहते हैं, "काव्य कृति को स्वायत्त मानने का अर्थ है विश्लेषण और परीक्षा की आधारशिला तथा मूल केंद्रक के रूप में स्वयं कृति की स्वीकृति। अतः आलोचक के लिए यह जरूरी है कि वह पहले इसी आधार बिंदु से आगे बढ़े पर दृष्टि की समग्रता की मांग को भी उसे नहीं भूलना चाहिए। उसे यह भी नहीं भूलना चाहिए कि इस आधार बिंदु से ऊपर उठ कर उसे साहित्यिक और सांस्कृतिक समग्रता की पृष्ठभूमि में रखकर कृति को एक संश्लिष्ट घटक के रूप में भी देखना है।"

फिलहाल इस प्रकरण पर रामचंद्र तिवारी की टिप्पणी पर्याप्त है, "वस्तुतः प्रश्न सिद्धांत का नहीं, व्यवहार का है।" और निष्कर्ष यह है कि, "व्यवहार के धरातल पर हिंदी में शैली वैज्ञानिक आलोचना अभी अपनी मूल्यवत्ता प्रमाणित नहीं कर सकी है।"

यद्यपि शैली विज्ञान को पश्चिम से आयातित माना गया है किंतु भारतीय काव्यशास्त्र में भी अत्यंत प्राचीन काल से भाषा तत्त्व पर बल रहा है। वामन ने 'विशिष्ट पदरचना' या 'रीति' को काव्य की आत्मा माना था तो भामह ने असामान्य कथन या 'वक्रोक्ति' को। कुंतक कवि स्वभाव, कवि प्रतिभा आदि पर बल देते हुए भी काव्य की अनुभूति या संदेश पक्ष के साथ ही उसकी अभिव्यक्ति को भी महत्व देते हैं। वे कविता की भाषा तथा सामान्य भाषा का अंतर दिखलाते हुए वक्रता को काव्यभाषा का अनिवार्य गुण मानते हैं और साहित्य के सृजन में भाषा के स्वरूप के महत्व को रेखांकित करते हैं। इस प्रकार भारतीय काव्यशास्त्र में काव्य तथा उसकी भाषा-शैली के अनिवार्य संबंध को स्वीकार किया गया है और भाषा-शैली के विविध पक्षों के विवेचन पर ध्यान रखा गया है।

फिलहाल, कृतिकेंद्रित होने के नाते यह समीक्षा पद्धति रचना की विशेषताओं का अधिक अच्छी तरह मूल्यांकन कर सकती है। किंतु इसी के साथ यह कमी भी जुड़ जाती है कि इस पद्धति में रचना के सामाजिक तथा नैतिक मूल्य पूरी तरह उपेक्षित हो जाते हैं।

आधार ग्रंथ :

1. हिंदी आलोचना के बीज शब्द, बच्चन सिंह।
2. संरचनात्मक शैलीविज्ञान, रवींद्रनाथ श्रीवास्तव।
3. शैलीविज्ञान, डॉ. नगेंद्र।
4. शैली विज्ञान का इतिहास, पांडेय शशिभूषण शीतांशु।
5. शैलीविज्ञान, सुरेश कुमार।
6. Stylistics Reader from Roman Jakobson to the Present, Jean Jacques Weber.
7. Stylistics, Richard Bradfrd.
8. A Glossary of Literary Terms, M.H. Abrams.
9. A Dictionary of Literary Terms And Literary Theory, J.A. Cuddon.

शोध

'शोध' शब्द 'शुध्' धातु से बना है। इसका अर्थ है शुद्ध करना, परिमार्जित करना, संदेह रहित बनाना अथवा प्रामाणिक बनाना। इस तरह शोध का अर्थ है परिशुद्ध, निर्मल, सर्वग्राह्य, प्रामाणिक आदि।

खोज में सर्वथा नूतन सृष्टि का नहीं, अज्ञात को ज्ञात करने का भाव है। मनुष्य बुद्धि सम्पन्न प्राणी होने के कारण आरंभ से ही जिज्ञासु रहा है। वह 'अहम्'(आत्मा), 'इदम्' (सृष्टि या जगत्) और 'सः' (ब्रह्म, परमात्मा) को जानने के लिए पर्युत्सुक रहा है। जगत में वह क्यों है? जगत् ही क्यों है? मुझे और जगत को यहां लाने वाला कौन है? मेरा और जगत का परस्पर क्या संबंध है, आदि प्रश्न उसे झकझोरते रहे हैं। उसकी ज्ञान की पिपासा कभी तृप्त नहीं हुई। उसकी इसी अतृप्ति ने अनेक भौतिक तथा आध्यात्मिक रहस्यों को यथार्थ रूप प्रदान कर के मानव की ज्ञान-संपदा को बढ़ाया है।

उपनिषद्कार कहते हैं—'हिरण्यमये पात्रेण सत्यस्य अपिहितं मुखम्'। यहां हिरण्यमय पात्र प्रतीकात्मक शब्द है जो माया या अज्ञान का द्योतक है। सत्य अर्थात् ज्ञान, अज्ञान के आवरण में छिपा रहता है। उसे निरावरण करने का कार्य 'तत्वदर्शी' अन्वेषक का है।

ज्ञान के क्षेत्र में शोध का कार्य निरंतर जारी रहता है। शोध, ज्ञान की किसी एक सीमा तक पहुंचकर रुक नहीं जाता, वह आगे बढ़ता रहता है। विज्ञान के सिद्धांतों को लोग प्रायः शाश्वत मानते रहे हैं। अब यह मान्यता भी खंडित होने लगी है। वे परिस्थिति-विशेष में भले ही सत्य अथवा अकाट्य रहे हों पर उनकी सत्यता और अकाट्यता सार्वकालिक सिद्ध नहीं हो पायी। उदाहरणार्थ, पहले अणु को पदार्थ का न्यूनतम अंश माना जाता था पर आधुनिक शोध ने परमाणु को उसका न्यूनतम अंश सिद्ध कर दिया है।

जैसा कि ऊपर कहा गया है, शोध में सर्वथा नूतन सृष्टि का नहीं; अज्ञात को ज्ञात करने का भाव है। खोज एक स्वतः प्रवहमान क्रिया है जिसका आदि तो है पर अंत नहीं। शोधकर्ता का कार्य भूले हुए तथ्य को पुनः प्रकाश में लाना है और उसे पूर्व ज्ञान की शृंखला से जोड़ देना है। इतना ही नहीं, शोध नये तथ्यों की खोज ही नहीं, उनकी तर्क सम्मत व्याख्या भी है।

पहले विज्ञानवेत्ता काल को, जिसे भवभूति ने 'निरवधि' कहा है, सेकंड तक विभाजित कर पाए थे। परंतु अब नये अनुसंधानों के परिणामस्वरूप सेकंड भी विभाजित किया जा चुका है। सन् 1955 की आधुनिक घड़ी में सेकंड को 91931770 भागों में विभाजित किया गया। भारतीय तत्त्वान्वेषी इससे भी सूक्ष्मकाल का विभाजन कर चुके हैं।

शोध को परिभाषित करते हुए कहा गया है कि "भलीभांति व्याख्या सहित परिकल्पना या समस्या को हल करने की व्यवस्थित तथा तटस्थ प्रक्रिया का नाम ही शोध है। 'The Advance Learners Dictionary of Current English' में कहा गया है-"A careful investigation or inquiry specially through search for new facts in any branch of knowledge." इसी तरह Redman and Mory ने शोध को परिभाषित करते हुए कहा है कि "Research is a systematized effort to gain new knowledge.

'अनुसंधान', 'अन्वेषण', 'खोज', 'गवेषणा', अन्वीक्षण', 'अनुशीलन', परिशीलन आदि शोध के पर्यायवाची शब्द हैं। इन सभी शब्दों का व्युत्पत्तिपरक अर्थ करने पर इन सबका अर्थ संकेत समान ही परिलक्षित होता है।

किसी परिकल्पना को लेकर ही विषय विशेष के शोधकार्य में प्रवृत्त हुआ जाता है। शोष-विषय किस निष्कर्ष तक पहुंचने के लिए किया जा रहा है, इसकी स्पष्ट धारणा बनाए बिना शोधकार्य में प्रवृत्त होना अँधेरे में भटकने के समान है। प्रारंभ में हमारी स्थापना अस्पष्ट-धुंधली-सी हो सकती है। किंतु परिकल्पना सिद्धांत के तौर पर नहीं की जाती, वह तो सिद्धांत को स्थापित करने के लिए अनुमानित की जाती है। वह सिद्धांत या निष्कर्ष तक पहुंचने का साधन मात्र है। अनुसंधेय विषय के निष्कर्ष की मन में कल्पना करना पूर्वग्रह नहीं कहा जा सकता, पूर्वग्रह तभी कहा जाएगा जब हम उसके विपरीत तथ्यों के विद्यमान होते हुए भी उसी पर आग्रह जमाए रहें।

आधार ग्रंथ :

1. शोध प्रविधि, डॉ. विनयमोहन शर्मा।
2. अनुसंधान, डॉ. सत्येंद्र।
3. अनुसंधान के मूल तत्त्व, सं. विश्वनाथ प्रसाद।
4. शोध विज्ञान कोश, दुर्गादास काशीनाथ संत।
5. हिंदी के स्वीकृत शोध-प्रबंध, डॉ. उदयभानु सिंह।
6. Research Methodology, C.R. Kothari.
7. Textual and Literary Criticism, Brodson Bowers.

शोक-गीत

शोकगीत के लिए अंग्रेजी में एलेजी (Elegy) शब्द प्रयुक्त होता है। इसका उद्भव प्राचीन ग्रीस में माना जाता है। इसके अंतर्गत युद्ध गीत, प्रेम गीत, मृत के प्रति शोक व्यक्त करने वाली कविताओं आदि सबका समावेश किया जाता था चाहे उनका विषय दुखात्मक हो अथवा सुखात्मक। ग्रीक लोग इसका विवेचन विषय के आधार पर न करके रूप के आधार पर करते थे। उस समय इसकी रचना सदैव एलैजियक छंद में की जाती थी जिसमें दो पंक्तियां होती थीं। जिनमें पहले डैक्टिलिक हैक्सामीटर और फिर डैक्टिलिय पैन्टामीटर का प्रयोग होता था। (Alternating Lexameter and Pentameter) इस प्रकार के एक विशेष छंद में रचित कविता ही एलेजी का पद प्राप्त करती थी चाहे उसका विषय कुछ भी क्यों न हो। किंतु आधुनिक रूप में अंग्रेजी में इसमें महत्व छंद का न होकर विषय का है। छंद का अब कोई बंधन नहीं, किसी भी छंद में इसकी रचना हो सकती है, केवल विषय शोकपूर्ण अथवा दुखात्मक चिंतन से संबद्ध होना चाहिए। प्रायः इसमें मृत के प्रति शोक की अभिव्यक्ति होती है यद्यपि कभी-कभी असफल प्रेम, किसी महान नगर का पतन जैसे दुखात्मक गंभीर विषयों को भी अभिव्यक्त किया गया है।

अन्य काव्य-रूपों की अपेक्षा शोक गीत में कवि के विभिन्न विचारों के लिए अधिक स्थान रहता है। इसका मुख्य विषय मृत्यु इतना विशाल एवं उत्तेजक है कि इसमें कवि उन विचार-स्तरों पर पहुंच जाता है जहां साधारण अवस्था में नहीं पहुंच सकता। अपने विद्वान् मित्र एडवर्ड किंग की मृत्यु पर लिखे शोकगीत 'लिसिडस' (Lycidas) में मिल्टन काव्य

एवं धर्म के ह्रास पर आंसू बहाता है। इसी प्रकार टैनिसन अपने मित्र आर्थर हल्लम की मृत्यु पर लिखे शोकगीत 'इन मैमोरियम' (In Memoriam) में जीवन और भाग्य की पहेलियों पर दार्शनिक विचार व्यक्त करता है। ये विचार मुख्य विषय से इतर हैं किंतु साथ ही ये संपूर्ण रचना के अभिन्न अंग प्रतीत होते हैं, यदि इन्हें इन शोक-गीतों से निकाल दिया जाए तो इनका महत्व बहुत घट जाएगा।

शोकगीत का मुख्य भाव यद्यपि प्रारंभ में शोक होता है किंतु कविता के अंत तक पहुंचते-पहुंचते यह संतोष अथवा प्रसन्नता के भाव में बदल जाता है क्योंकि वहां पहुंचकर कवि अवश्यम्भावी के सामने नत हो जाता है और अमरत्व तथा पुनर्मिलन में अपना विश्वास व्यक्त करता है। मिल्टन के 'लिसिडस' और शेली के 'एडोनायस' (Adonais) में यही स्थिति है।

पुनर्जागरण के समय में अंग्रेजी में एक नवीन रूप के शोकगीत का प्रचलन हुआ जिसे पैस्टोरल एलैजी (Pastoral Elegy) की संज्ञा दी गई है। इसमें एक विशेष रीति का अनुकरण किया गया जिसमें कवि स्वयं को एक गड़रिये के रूप में प्रस्तुत करता है जो अपने साथी के निधन पर शोक व्यक्त करता है और साथ ही अभिव्यक्ति की शैली तथा वातावरण ग्रामीण बनाया जाता है जिसमें शब्द-प्रयोग भी उसी के अनुरूप होता है। अंग्रेजी में इस प्रकार के शोकगीत का उदाहरण मिल्टन का 'लिसिडस' ही है जिसमें कवि अपने भिन्न सहपाठी एडवर्ड किंग की असामयिक मृत्यु पर शोक व्यक्त करता है। इसमें कवि स्वयं अपने को तथा किंग को गड़रिया मानकर कविता लिखता है। यह रीति आधुनिक काल तक चलती आयी है।

हिंदी में यद्यपि शोकगीतों की कोई समृद्ध परंपरा नहीं है किंतु निराला रचित 'सरोज स्मृति' एक उत्कृष्ट कोटि का शोकगीत है जिसे उन्होंने अपनी युवा पुत्री के निधन पर लिखा था।

आधार ग्रंथ :

1. पाश्चात्य साहित्य-शास्त्र, डॉ. जगदीश प्रसाद मिश्र।
2. The English Elegy: Studies in the Genre from Spenser to Yeats, Peter Sacks.
3. The Pastoral Elegy: An Anthology, T.P. Harrison, Jr. and H.J. Leon.
4. Elegies, Ancient and Modern, Mary Leoyd.

संकलन-त्रय

पाश्चात्य नाट्यशास्त्र में नाटक के कथा-विन्यास एवं औचित्य के संबंध में तीन प्रकार के ऐक्य विधान का प्रावधान है। ये हैं स्थान, काल तथा कार्य के ऐक्य। इसे पारिभाषिक शब्दावली में 'संकलनत्रय' (Three Unities) कहते हैं।

संकलन-त्रय से अभिप्राय काल, स्थान और कार्य की तीन नाट्य-अन्वितियों से है। समय की एकता, स्थान की एकता तथा कार्य की एकता का उल्लेख अरस्तू के काव्यशास्त्र में मिलता है। अरस्तू ने त्रासदी का विवेचन करते हुए लिखा है कि "त्रासदी को यथासंभव सूर्य की एक परिक्रमा या इससे कुछ अधिक समय तक सीमित रखने का प्रयत्न किया जाता है। यहीं से कालान्विति का तत्त्व सामने आया। स्थानान्विति का कोई स्पष्ट उल्लेख अरस्तू के काव्य-शास्त्र में नहीं मिलता। स्थान की एकता का तत्त्व कालान्विति से ही उद्भूत माना जाता है। कार्यान्विति के संबंध में अरस्तू का कथन है कि "कथानक को, जो कार्यव्यापार की अनुकृति होता है—एक तथा सर्वांगपूर्ण कार्य का अनुकरण करना चाहिये और उसमें अंगों का संगठन ऐसा होना चाहिये कि यदि एक अंग को भी अपनी जगह से इधर-उधर करें तो सर्वांग ही छिन्न-भिन्न और अस्त व्यस्त हो जाए। कथानक का आरंभ, मध्य और अंत एक सूत्र में बंधा होना चाहिये।

संस्कृत नाट्याचार्यों ने भी समय, स्थान और कार्य की एकता पर अपने ढंग से विचार किया है। 'समय की एकता' के संबंध में हमारे यहां अंक में काल 'नियम' के अंतर्गत विचार किया गया। 'स्थान की एकता' भारतीय नाट्यशास्त्रकारों द्वारा प्रतिपादित 'देश-नियम' में आ जाती है। 'कार्य की एकता' का संबंध, अवस्थाओं, 'अर्थप्रकृतियों एवं 'संधियों के नियमों से स्पष्ट है।

'समय की एकता' का अर्थ है घटना के वास्तविक समय का रंगमंच के समय से ऐक्य। स्पष्ट है, 'समय-संकलन' का इतनी कठोरता से निर्वाह अव्यावहारिक है और दुस्साध्य भी। 'समय संकलन' का निर्वाह करने पर नाटक में या उसके एक अंक में सारी घटनाओं का, एक ही दिन में होना प्रदर्शित किया जाएगा। इससे पाठक और दर्शक शीघ्र ही ऊब उठेंगे, क्योंकि यहां उनकी कल्पना-शक्ति को कार्य करने का अवकाश ही नहीं मिलेगा। दूसरे, अधिक वर्षों के अंतराल को 'समय संकलन' में बंधी नाट्य-कला बताने में असमर्थ रहेगी। इसीलिए इस अव्यावहारिकता से बचने के

लिए सूच्य वस्तु व्यंजना के साधन अर्थोपक्षेपकों की योजना की गई है।

स्थान की एकता का अर्थ है, जो घटनायें नाटक में दिखायी जायें, उनका संबंध एक ही स्थल या एक नगर से हो। यदि 'स्थान संकलन' का ध्यान नहीं रखा गया तो नाटक में अस्वाभाविकता का समावेश हो जाएगा। क्योंकि रंगमंच पर पात्र, निर्दिष्ट काल में आवागमन अथवा यातायात नहीं कर सकेंगे। 'समय संकलन' की तथाकथित स्वाभाविकता के समान यह स्वाभाविकता भी स्थूल और जड़ है। सभी घटनाएं सदैव एक ही स्थान पर घटित नहीं होतीं। वैज्ञानिक युग के आधुनिक समाज का नाटकीय-चित्रण इस सीमा में प्रायः संभव नहीं। संस्कृत नाट्याचार्यों ने स्थान संबंधी कठिनाइयों को दूर करने के उद्देश्य से 'अंकच्छेद' की व्यवस्था की है। अतः 'समय संकलन' के समान 'स्थान-संकलन' का प्रयोग भी आधुनिक नाटकों में नहीं किया जाता।

' कार्य की एकता' का अर्थ है, नाटक में ऐसी कोई भी घटना समाविष्ट न की जाए, जो प्रमुख घटना से संबंध न रखती हो। इसका अभिप्राय यह नहीं कि नाटक में प्रासंगिक कथाओं का समावेश ही न किया जाए। प्रासंगिक कथा अथवा घटना का आवश्यकतानुसार समावेश हो, पर वह मूल-कथा से पूर्ण रूप से जुड़ी हो। नाटक के विभिन्न अंगों में पारस्परिक संबंध होना आवश्यक है। निःसंदेह, 'संकलन-त्रय' के अंतर्गत 'कार्य-संकलन' की योजना सबसे अधिक महत्व रखती है। वह नाटक की प्रमुख आवश्यकताओं में से है।

सोलहवीं सदी के इटेलियन और सत्रहवीं सदी के फ्रांसीसी लेखकों ने 'संकलन-त्रय' का निर्वाह कठोरता के साथ किया है। पर, शेक्सपियर के नाटकों में 'कार्य-संकलन' को छोड़ शेष अन्वितियों की उपेक्षा की गई है। वास्तव में, नाट्य कला विषयक सभी संकेतों, निर्देशों, विधि-विधानों आदि का उद्देश्य नाटकों को रंगमंच के उपयुक्त बनाने और उनमें स्वाभाविकता का अधिक-से-अधिक समावेश करने का होता है। अभिनय-कला के विकास के साथ-साथ नाटक का स्वरूप भी बदलता रहता है। रंगमंच और अभिनय-कला में काफी विकास हो चुका है। इसी कारण वे तत्त्व, जो किसी समय अत्यधिक महत्वपूर्ण थे, आज अपनी उपादेयता खो चुके हैं। आधुनिक काल में विकसित एकांकी नाटकों में संकलन-त्रय का निर्वाह अपेक्षाकृत सहज रूप में होता है।

आधार ग्रंथ :

1. पाश्चात्य काव्यशास्त्र के सिद्धांत, शांति स्वरूप गुप्त।
2. पाश्चात्य काव्यशास्त्र, देवेंद्रनाथ शर्मा।
3. हिंदी नाटक, दशरथ ओझा।
4. Drama and Dramatic, S.W.Dawson.
5. Literature and Drama, Stanley wells.
6. The Dramatist's Experience, Clifford Leech.

संधा भाषा

मध्यकाल के तांत्रिकों के बीच प्रचलित एक प्राचीन भाषा को 'संधा भाषा' कहा जाता है। इन तांत्रिकों के साहित्य में भाषा-शैली का एक अलौकिक रहस्यात्मक स्वभाव विकसित हो रहा था, जिससे सारी भाषा मंत्र-स्वभाव की होती जा रही थी। बौद्धों ने अपनी इस प्रतीकात्मक शैली को 'संधा-भाषा' या 'संधा वचन' नाम दिया है।

आरंभ में कुछ विद्वानों में इस बात को लेकर काफी विवाद रहा कि यह 'संधा-भाषा' है या 'संध्या-भाषा'। हरप्रसाद शास्त्री और विनयतोष भट्टाचार्य इसे 'संध्या-भाषा' मानकर इसका अर्थ 'आलो आंधारी भाषा' करते रहे। हरप्रसाद शास्त्री के अनुसार 'संध्या भाषा' से मतलब ऐसी भाषा से है जिसका कुछ अंश समझ में आये और कुछ अस्पष्ट लगे, पर ज्ञान के दीपक से जिसका सब अर्थ स्पष्ट हो जाए। आचार्य हजारी प्रसाद द्विवेदी के अनुसार इस व्याख्या में 'सन्ध्या' शब्द का अर्थ 'सांझ' मान लिया गया है और यह भाषा अंधकार और प्रकाश के बीच की-संध्या की भांति ही कुछ स्पष्ट और कुछ अस्पष्ट बतायी गई है। किंतु विधुशेखर भट्टाचार्य और प्रबोधचंद्र बागची ने प्रमाण देकर यह सिद्ध किया है कि वास्तविक शब्द 'संधा' है, जिसका अर्थ है 'अभिसंधियुक्त', 'अभिप्राययुक्त' भाषा। 'संधा' शब्द संस्कृत के 'संधाय' (अभिप्रेत्य) का अपभ्रष्ट रूप है। वस्तुतः वेदों और उपनिषदों में भी ऐसे उदाहरण पाये जाते हैं जिनमें संधा भाषा जैसी भाषा के प्रयोग मिल जाते हैं। परंतु बौद्ध धर्म के पतनोन्मुख काल में यह शब्द और शैली अत्यधिक प्रचलित हो गई थी और साधारण जनता पर इसका प्रभाव भी बहुत अधिक था। इस मंत्र स्वभाववाली, गुह्य प्रकृतिवाली भाषा में प्रतीकों के माध्यम से सिद्धगण अपनी अनुभूतियों का अंकन करते थे। अक्सर, ग्रंथों में इनमें से बहुत से प्रतीकों का अर्थ अलग से दिया हुआ रहता था,

जो केवल संप्रदाय में दीक्षित साधकों को ही ज्ञात होता था। इन प्रतीकों का उद्गम और विकास अत्यंत महत्वपूर्ण है, क्योंकि वज्रयान के विकास के पहले से इन प्रतीकों का अस्तित्व मिलता है और संतों के साहित्य तक इन प्रतीकों का व्यवहार होता गया है। किंतु इस लंबी अवधि में इन प्रतीकों का अर्थ बराबर बदलता गया है।

भारत में सिद्ध परंपरा बहुत समृद्ध रही है। तांत्रिक युग में लगभग प्रत्येक संप्रदाय में सिद्धों की सूचियां मिलती हैं किंतु हिंदी साहित्य में 'सिद्ध' शब्द आमतौर पर बौद्ध सिद्धाचार्यों के लिए ही प्रयुक्त हुआ है। ये सिद्धाचार्य मुख्यतः पूर्वी भारत में तांत्रिक साधनाएं करते थे। इनकी संख्या चौरासी मानी जाती है किंतु यह संख्या भी तांत्रिक अर्थ को ही व्यंजित करती है और प्रतीकात्मक है। बारह राशि और सात नक्षत्रों का गुणफल चौरासी है। इन चौरासी सिद्धों की कई सूचियां मिलती हैं किंतु उनमें से कोई भी सूची आधिकारिक नहीं है। इन सभी सिद्धों के साधना केंद्र सारे देश में बिखरे हुए थे। इन केंद्रों को सिद्धपीठ कहा जाता था। ओडियान, कामरूप, जालंधर, पूर्णगिरि, आर्बुद तथा श्रीहट्ट इनके प्रमुख साधना केंद्र थे।

पूरा सिद्ध साहित्य प्रतीकात्मक भाषा शैली का अद्‌भुत नमूना है। उदाहरणार्थ तंत्र साधना में पंचमकारों (मद्य, मांस, मीन, मुद्रा और मैथुन) का बड़ा महत्व है किंतु इन्हें सीधे न कहकर इन्हें 'पंचतंत्व', 'कुलद्रव्य' या 'कुलतत्व' कहा गया है। मैथुन को सामान्यतः पंचम तत्त्व कहा जाता है। और वह नारी जिसके साथ संभोग किया जाता है उसे 'शक्ति', 'प्रकृति' या 'लता' कहा जाता है। वह विशिष्ट कृत्य 'लता साधन' कहा जाता है। मद्य को 'तीर्थवारि' या 'कारण' कहा जाता है। वज्रयानी सिद्धों ने अपने पदों और दोहों में व्यवहृत प्रतीकों को कई स्रोतों से ग्रहण किया था। कुछ उन्होंने योगाचार की साधनाओं से लिया और कुछ अन्य समकालीन तांत्रिक पद्धतियों से। 'संधा भाषा' के प्रभाव का आलम यह है कि कबीर जैसे संतों के अलावा सूर जैसे सगुणोपासक भक्तों की कृतियों में भी उलटबांसियों और गूढ़ अर्थ वाले पदों का भरपूर इस्तेमाल किया गया है। कबीर उलटबासियों के प्रयोग के लिए प्रसिद्ध हैं। 'बरसे कम्बल भीजै पानी।' या 'ठाढ़ौ सिंह चरावै गाई।' जैसे उदाहरण उल्लेखनीय है। सूरदास जी ने भी संधा भाषा में काव्य सृजन किया है जैसे-"मंदिर अरध-अवधि हरि बदि गए, हरि-अहार चलि जात।" यहां 'पखवारे' के लिए 'मंदिर अरध' और महीने के लिए हरि-अहार (मांस) का प्रयोग है। इसे लोग 'कूट भाषा' भी कहते हैं।

आधार ग्रंथ :

1. हिंदी काव्य में निर्गुण संप्रदाय, डॉ. पीतांबर दत्त बड़थ्वाल।
2. बौद्धगान ओ दोहाः हरप्रसाद शास्त्री।
3. हिंदी साहित्य कोश, भाग-1।
4. कबीर, हजारी प्रसाद द्विवेदी।
5. सिद्ध साहित्य, धर्मवीर भारती।
6. दोहा कोष, प्रबोध चंद्र बागची।
7. चर्यापद, म.म. बसु।
8. धर्मशास्त्र का इतिहास, पी.बी. काणे।

संधि

नाटक में कार्यावस्था एवं अर्थप्रकृति को मिलानेवाला तत्त्व संधि है, अर्थात किसी एक प्रयोजन से संबद्ध कथांशों को किसी दूसरे प्रयोजन से संबद्ध करनेवाले संबंध का नाम संधि है। कथांशों का संबंध एक ओर अर्थप्रकृति से होता है तो दूसरी ओर कार्यावस्था से। आचार्य भरत ने पांच अर्थप्रकृतियों और पांच कार्यावस्थाओं के मेल से पंच संधियों की परिकल्पना की है। धनिक के अनुसार 'एकेन प्रयोजनेनान्वितानां कथांशामवांतरैकप्रयोजनसंबद्धः संधिः'।

संधियों के पांच भेद हैं मुख, प्रतिमुख, गर्भ, विमर्श या अवमर्श और निर्वहण। बीज तथा आरंभ को गिलाने वाली संधि मुख संधि है। यह नाटक का वह स्थल है जहां विविध कथाओं, उपकथाओं, रसों और वस्तुओं की उद्‌भावना होती है। बिंदु तथा यत्न को मिलाने वाली संधि 'प्रतिमुख' कहलाती है। यह नाटक का वह अंश है जहां मुखसंधि में उत्पन्न बीज कभी लक्षित होता है और कभी अलक्षित रहता है। गर्भसंधि नाटक का वह अंश है, जहां कुछ प्रकाशित बीज का बार-बार अन्वेषण होता रहता है। बीज नितांत नष्ट नहीं होता, वह दब सा जाता है। फल गर्भस्थ रहता है, इसलिए इस संधि का नाम 'गर्भसंधि' है। गर्भसंधि में प्राप्त्याशा तथा पताका का योग होना चाहिए। इनमें से पताका की आवश्यकता सर्वत्र नहीं रहती किंतु

प्राप्त्याशा का होना नितांत आवश्यक है। विमर्श संधि शब्द का प्रयोग भरत ने किया है। परवर्ती अनेक आचार्यों ने इसे 'अवमर्श' कहा है। इसमें बीज के अधिक विस्तार होने से कथानक में फलोन्मुखता आती है। इस फलोन्मुखता में क्रोध, शाप, विपत्ति, लोभ, व्यसन आदि से बाधाएं उत्पन्न हो सकती हैं, किंतु यहां गर्भ-संधि की अपेक्षा फल-प्राप्ति की आशा कुछ अधिक होती है। इसमें नियताप्ति तथा प्रकरी का योग अपेक्षित होता है। जहां कार्य तथा फलागम मिलते हैं और प्रयोजन की पूर्ण सिद्धि हो जाती है, वहां 'निर्वहण संधि' होती है। यह नाटक का उपसंहार होती है।

संधियों का प्रयोग संस्कृत नाटकों की विशेषता है। हिंदी के आरंभिक नाटकों में भी इसका किंचित ख्याल रखा गया है। किंतु आधुनिक नाटककारों ने इसके प्रति सर्वत्र उदासीनता दिखायी है।

आधार ग्रंथ :

1. भारतीय साहित्य शास्त्र कोश, डॉ. राजवंश सहाय हीरा।
2. हिंदी साहित्य कोश, भाग-1।
3. आज का नाटक : प्रगति और प्रभाव, दशरथ ओझा।

संरचनावाद

संरचनावाद अंग्रेजी शब्द स्ट्रक्चरलिज्म (Structuralism) का हिंदी पर्याय है। संरचनावाद पाश्चात्य समीक्षा जगत से हिंदी में आया। यह 1960 के दशक के फ्रांस में विकसित बौद्धिक विश्लेषण एवं चिंतन की वह पद्धति है जिसे विश्व स्तर पर भाषाविदों, साहित्य समीक्षकों, दार्शनिकों, मनोविज्ञान शास्त्रियों तथा नृविज्ञान शास्त्रियों का उत्साहवर्द्धक समर्थन मिला।

यह आज की एक अत्यंत महत्वपूर्ण और व्यापक बौद्धिक व्यवस्था या पद्धति है , जिसकी व्याप्ति में जीवविज्ञान, अर्थशास्त्र, नृतत्वशास्त्र, साहित्य आदि को समेटा जा सकता है। "हर वस्तु का एक अवयव होता है, उसके अपने घटक होते हैं, उन घटकों के पारस्परिक संबंध होते हैं। प्रत्येक घटक एक ओर दूसरे घटक से संबद्ध होता है तो दूसरी ओर पूरे अवयवी के साथ। इसके विवेचन की एक पद्धति होती है जिसे 'संरचनावाद' का नाम दिया गया है।"

एक अवधारणा के अनुसार संरचना को बौद्धिक चिंतन की विषय-वस्तु अरस्तू ने 'पालीटिक्स' में बनाया था। सत्रहवीं सदी में इसका प्रयोग 'बनावट' तथा अठारहवीं और उन्नीसवीं सदी में भौतिक तथा प्राणि जगत की कार्य प्रणालियों को समझने के लिए किया जाने लगा। संरचनावाद को पद्धति के रूप में स्थापित करने का श्रेय स्विस भाषाविद फर्डिनेन्ड सास्योर (Ferdinand de Saussure, 1857-1913) को जाता है। सास्योर ने संरचनावाद का सिलसिलेवार ब्यौरा अपनी प्रसिद्ध कृति 'कोर्स इन जनरल लिंग्विस्टिक्स (Course in General Linguistics) में प्रस्तुत किया। जिसका प्रकाशन उनके मरणोपरांत उसके शिष्यों ने किया। सास्योर के अनुसार भाषा के दो रूप हैं, एक 'लांग' (Langue) और दूसरा 'परोल' (Parole)। 'ल लांग' को अंतर्वैयक्तिक भाषा व्यवस्था कह सकते हैं। 'ल परोल' को व्यक्ति-विशेष की भाषा कहा जा सकता है। 'लांग' अंत:संबंधित प्रतीकों की ऐसी सामान्य व्यवस्था है, जो पूरे समाज में वैचारिक सम्प्रेषण संभव बनाती है। यह व्यवस्था भाषा समुदाय के सभी सदस्यों के लिए अनिवार्य है। परोल का क्षेत्र सीमित है। व्यक्ति भेद से उसका रूप बदल जाता है। राम का 'परोल' श्याम से भिन्न होगा। 'परोल' की परिवर्तनशीलता के कारण उसका वैज्ञानिक अध्ययन करना कठिन है। 'लांग' के ही नियमों से परोल नियंत्रित होता रहता है। 'परोल' के रूप में हीं 'लांग' खंडशः अभिव्यक्ति पाता है। 'परोल' के आधार पर भाषा के नियमों का अनुसंधान ही संरचना है। दूसरे शब्दों में भाषा संकेतों की एक प्रणाली है, इसकी अपनी एक संरचना होती है। 'भाषा संकेतों की एक प्रणाली है'-इसे समझने के लिए यह जानना आवश्यक है कि प्रत्येक संकेत के दो पक्ष या दो भाग होते हैं, पहला संकेतक (Signifier) और संकेतित (Signified)। इन दोनों (संकेतक और संकेतित) से मिलकर किसी चिह्न या प्रतीक की रचना होती है। तात्पर्य यह कि संकेतक का अर्थ संकेत देनेवाली किसी भौतिक वस्तु से है जो संकेत देकर हमारे व्यवहार को प्रभावित एवं परिचालित करती है। जैसे चौराहे पर लगी हरी लाल बत्तियां। लाल बत्ती के जलने से हम रुक जाते हैं और हरी बत्ती के जलने पर हम चलने लगते हैं। संकेतित से तात्पर्य उस अर्थ से है जो अर्थ संकेतक को समाज देता है। उपर्युक्त उदाहरण में लाल रंग को खतरे के अर्थ में परिभाषित किया गया है। यह अर्थ समाज द्वारा दिया गया है।

संरचनावाद के दूसरे बड़े स्तम्भ लेवी स्ट्रास (Claude Levi-Strauss, 1908) हैं। स्ट्रास ने संरचनावाद का इस्तेमाल सांस्कृतिक परिदृश्यों जैसे मिथकों,रक्त संबंधों, साहित्यिक कृतियों को समझने के लिए किया। स्ट्रॉस के अनुसार मूल मिथक 'लांग' है तो उसके अलग-अलग रूप 'परोल'। उनका मानना है कि चिह्न प्रत्येक संस्कृति में पाये जाते हैं चाहे उसे कितना

ही पिछड़ा कहा जाता रहा हो। और चिह्नों को समझने का कोई निर्धारित तरीका नहीं है। वस्तुतः कोई भी सांस्कृतिक चिह्न एक से अधिक व्याख्या के लिए उन्मुक्त है। इन चिह्नों के बीच पारस्परिक संबंध हैं किंतु उन्हें केवल अमूर्त स्तर पर ही देखा जाना चाहिए।

मिथकों का अध्ययन करते समय स्ट्रॉस ने पाया कि मिथक चिह्नों की व्यवस्था का ही अटूट अंग हैं तथा अक्सर मिथकों के प्रवर्तक भी उनके छिपे अर्थों को नहीं जान पाते हैं। यह इसलिये, क्योंकि मिथक की संरचना के अंदर कई समानांतर तथा परस्पर विरोधी चिह्न विद्यमान हैं। मिथक के अलग-अलग रूपों के सिद्धांत को रोलॉं बार्थ (Roland Barthes, 1915-1980) ने पर्याप्त प्रश्रय दिया। उन्होंने सास्योर के विचारों का प्रयोग भाषा के अतिरिक्त जीवन के हर क्षेत्र जैसे कुश्तियों की प्रतियोगिताओं, टी. वी. के धारावाहिकों, पाक कला, फैशन आदि में भी किया है।

फूको, अल्थूसर, लाकॉं आदि ने अपने-अपने ढंग से संरचनावाद पर विचार किया और उसे एक पूर्ण शास्त्र का दर्जा प्रदान किया। रोलां बार्थ ने 'संस्कृति' को भी भाषा माना तथा संस्कृति धर्मी साहित्य की व्याख्याएं सम्भव कीं। भाषा के ऐसे चिह्न चुनकर जो संस्कृतिमूलक हैं संरचना की दृष्टि से विश्लेषित-विवेचित किये जा सकते हैं। संरचनावाद के सूत्रों को समझाने के लिए उन्होंने 'द फैशन सिस्टम' नामक पुस्तक लिखी। उनके अनुसार-'संरचना' के बाहर बोध नहीं है। अर्थ लेखक के पास नहीं होता पाठ में, पाठ की संरचना में निहित रहता है। बार्थ 'पाठ' को फैलाने के पक्षधर हैं। शब्द, पद, वाक्य, मुहावरा आदि से पाठ की संरचना होती है। साहित्य-निर्माण में पांच नियम काम करते हैं-व्याख्या, चिह्न संहिता, प्रतीकात्मकता, क्रिया व्यापारक संहिता, सांस्कृतिकता। ये पांचों नियम एक ऐसा संजाल बनाते हैं जिसमें होकर सारा पाठ गुजरता है। उस प्रक्रिया की पकड़ ही संरचनावाद है। "संरचनावाद' के अनुसार हमें साहित्यिक कृति को एक विशिष्ट एकता से युक्त संपूर्ण संरचना के रूप में देखना चाहिए। यह संपूर्ण संरचना पर्त-दर-पर्त इतनी जटिल होती है कि इसे अंगभूत उपसंरचनाओं-ध्वनि, छंद, बिंब, पद विन्यास आदि के गुम्फ के रूप में देखा जा सकता है। कृति विशेष की जटिल संरचना के विश्लेषण से प्राप्त सिद्धांतों के आधार पर अंततः साहित्य मात्र की रचना के मूल सिद्धांतों का अन्वेषण संरचनावाद का लक्ष्य है। इसके साथ ही संरचनावादी उन मानसिक क्रियाओं का अन्वेषण भी करना चाहता है जो कृति विशेष को पढ़ते समय उसे समझने के प्रयत्न में पाठकों द्वारा निष्पादित होती है। इतना होने पर भी संरचनावाद के लिए रचना केवल शाब्दिक या भाषिक संरचना है। इसलिए रचनाकार के वैचारिक-भावात्मक अभिप्राय का विवेचन संरचनावाद के अंतर्गत नहीं आता। ऐसी दशा में, सब मिलाकर संरचनावाद का झुकाव रूपवाद की ओर होना स्वाभाविक है। इस तरह कुल मिलाकर संरचनावाद एक ऐसा वाद है जो लेखकीय अथवा आलोचकीय अनुभव को अकारथ और गौण मानता है और पाठ-निर्माण, पाठ-संरचना में छिपे तथ्यों को उजागर करने का प्रयास करता है।

मार्क्सवादी परंपरा में संरचनावाद को जगह देने का श्रेय लुई अल्थ्यूसर (Louis Althusser, 1918-1990) को जाता है। सास्योर के इस विचार ने कि "भाषा एक सामाजिक तथ्य है जिसका अस्तित्व भाषा के प्रयोगकर्ता के अपने व्यक्तिगत उद्देश्यों से स्वतंत्र होता है" ने अल्थ्यूसर को आकर्षित किया। लेवी-स्त्रास के विचारों से भी उन्हें बल मिला। उन्होंने एक विज्ञान के रूप में मार्क्स के ऐतिहासिक भौतिकवाद की पुनर्रचना करने में संरचनावादी अवधारणाओं का प्रयोग किया है।

अल्थ्यूसर के संरचनावाद में उत्तर आधुनिकता और उत्तर संरचनावाद के कुछ मुद्दों का पूर्वाभास मिलता है जिनका प्रभाव उनके दो प्रतिभावान विद्यार्थियों-जाक देरिदा और माइकेल फूको के विचारों में प्रतिबिंबित होता है।

हिंदी में इस सिद्धांत की चर्चा आजकल जोरों पर है, किंतु रचनाओं के मूल्यांकन में इसका इस्तेमाल कम देखने को मिलता है।

आधार ग्रंथ :

1. हिंदी आलोचना के बीज शब्द, बच्चन सिंह।
2. पाश्चात्य काव्य शास्त्र : अधुनातन संदर्भ, सत्यदेव मिश्र।
3. इतिहास बोध, अंक-35।
4. संरचनावाद, उत्तर-संरचनावाद एवं प्राच्य काव्यशास्त्र, गोपीचंद नारंग।
5. भारतीय एवं पाश्चात्य काव्यशास्त्र की रूपरेखा, रामचंद्र तिवारी।
5. A Dictionary of Literary Terms and Literary Theory, J.A. Cuddon.
6. A Glossary of Literary Terms, M.H.Abrams.
7. The Concept of Structuralism: A Critical Analysis, Philip Pettit.
8. The Poverty of Structuralism: Literature and Structuralist Theory, Leonard Jackson.

वेबसाइट : www.en.wikipedia.org/wiki/structuralism

संवेदनात्मक ज्ञान

'संवेदनात्मक ज्ञान' गजानन माधव मुक्तिबोध द्वारा प्रयुक्त पारिभाषिक शब्द है। परंपरागत रूप में ज्ञान का संबंध बाह्य-लोक से है, जबकि संवेदना का संबंध मनुष्य के अंत:लोक से है। संवेदनात्मक ज्ञान में 'ज्ञान' मुख्य है, उसका विशेषण 'संवेदनात्मक' है। इस प्रकार से संवेदनात्मक ज्ञान का अर्थ है, ऐसा ज्ञान जो संवेदना से पूरित हो।

जीवनानुभवों के सामान्यीकरण को ज्ञान कहा गया है। ज्ञान की यह लौकिक परिभाषा है। व्यक्ति को प्राप्त यह 'ज्ञान' उसके अंतर से क्रिया-प्रतिक्रिया द्वारा अपना तादात्म्य स्थापित करता है। इस तरह लौकिक जीवन से प्राप्त ज्ञान व्यक्ति के व्यक्तित्व में इस तरह सम्मिलित हो जाता है कि वह ज्ञान व्यक्ति का अपना निजी, यानी संवेदनात्मक ज्ञान हो जाता है।

मुक्तिबोध ने इस पारिभाषिक शब्द का प्रयोग रचना प्रक्रिया का विश्लेषण करने के दौरान किया था। मुक्तिबोध मानते थे कि "बाल्यकाल से ही मनुष्य बाह्य संसार का अनवरत अभ्यंतरीकरण करता रहता है और इस प्रकार वह उस अभ्यंतरीकृत बाह्य को उन विशेषताओं से समन्वित और संपादित करता रहा है, जो उसके स्व की विशेषताएं हैं। यहां ध्यान देने की बात है कि व्यक्ति के स्व की विशेषताएं, उसकी वर्गीय स्थिति ही निर्धारित करती हैं। मुक्तिबोध ने नयी कविता आंदोलन के रचनाकारों को दो वर्गों में बांटा था, "हिंदी में इन दिनों दो प्रकार के वर्ग काम कर रहे हैं। एक उच्च मध्यमवर्गीय जन, दूसरे निम्न मध्यवर्गीय जन। इन दोनों के बीच की खाई लगातार चौड़ी होती जा रही है। विश्व का जो अभ्यंतरीकरण ये दो वर्ग करते जा रहे हैं, उसमें बड़ा भेद दृष्टिगत हो रहा है"

इस उद्धरण का उद्धेश्य यह है कि यह अवधारणा व तथ्य स्पष्ट हो सके कि बाह्य लोक के द्वारा प्राप्त ज्ञान, व्यक्ति के वर्गीय हितों और सरोकारों के अनुरूप ही उसके अंतर्जगत का हिस्सा बनते हैं।

इस प्रकार औपचारिक रूप से प्रस्तावित यह होता है कि किसी भी रचना को समझने के लिए रचनाकार के साथ रचनाकार के व्यक्तित्व, उसकी वर्गीय स्थिति, उसके हित व सरोकारों को जानना भी बहुत जरूरी होता है। मुक्तिबोध द्वारा प्रयुक्त इस पारिभाषिक शब्द की अवधारणा कुछ हद तक आचार्य रामचंद्र शुक्ल की अवधारणा 'ज्ञान-प्रसार के भीतर भाव प्रसार' से मेल खाती प्रतीत होती है।

आधार ग्रंथ :

1. मुक्तिबोध रचनावली-5, सं. नेमिचंद्र जैन।
2. चिंतामणि, भाग 1 व 2, आचार्य रामचंद्र शुक्ल।
3. आधुनिक हिंदी आलोचना : संदर्भ और दृष्टि, रामचंद्र तिवारी।
4. मुक्तिबोध का गद्य साहित्य, मोतीराम वर्मा।
5. मुक्तिबोध की आत्मकथा, विष्णुचंद्र शर्मा।
6. लक्षित मुक्तिबोध-मोती राम शर्मा
7. मुक्तिबोध : ज्ञान और संवेदना, नंदकिशोर नवल

संशोधनवाद

संशोधनवाद क्रांतिकारी मजदूर आंदोलन के अंदर एक अवसरवादी धारा है, जो मार्क्सवाद-लेनिनवाद की मूल प्रस्थापनाओं का संशोधन करती है। संशोधन का आविर्भाव 19वीं सदी के आठवें दशक के अंत में हुआ और अंतिम दशक के अंत में उसने जर्मनी, फ्रांस, रूस आदि देशों में सामाजिक-जनवादी आंदोलन में एक धारा का रूप ग्रहण कर लिया।

संशोधनवाद का मुख्य प्रतिपादक मार्क्स के देश जर्मनी का ही निवासी बर्नस्टाइन (Eduard Bernstein, 1850-1932) था। बर्नस्टाइन बर्लिन के एक लोकोमोटिव इंजीनियर के परिवार में पैदा हुआ। 16 वर्ष की आयु में ही वह एक बैंक में लिपिक हो गया और 22 वर्ष की आयु में अपने समाजवादी जीवन का प्रारंभ करते हुए वह सोशल डेमोक्रेटिक पार्टी का सदस्य बन गया। सन् 1878 में जर्मनी में जब समाजवाद विरोधी कानून पारित हुआ तो, बर्नस्टाइन को जर्मनी छोड़कर इंग्लैण्ड व स्विट्जरलैण्ड जाना पड़ा। इंग्लैण्ड में वह वहां समाजवादी आंदोलनकर्ताओं के सम्पर्क में तो आया, परंतु उसने उसमें सक्रिय रूप से भाग नहीं लिया। वहीं वह फेबियन सोसाइटी के नेताओं के सम्पर्क में आया जिनके विचारों का उस पर पर्याप्त प्रभाव पड़ा। सन् 1890 के आसपास वह पुन: जर्मनी वापस आया तथा वहां उसने संशोधनवादी आंदोलन का विधिवत संचालन करना प्रारंभ किया। एक जर्मन पत्रिका में समाजवाद की समस्यायें लेखमाला में बर्नस्टाइन का 'मार्क्सवाद पर आक्रमण' शीर्षक लेख प्रकाशित हुआ। उसने अपने विचार एक अन्य ग्रंथ में भी व्यक्त किये, जिनका अंग्रेजी अनुवाद 'विकासवादी समाजवाद' रचना के नाम से प्रकाशित हुआ। उसके एक लंबे पत्र में भी मार्क्सवाद की उसकी आलोचनाओं का सार लेखबद्ध है,जो उसने सन् 1898 में

जर्मनी के समाजवादी लोकतंत्रात्मक दल को लिखा था। संशोधनवादी विचार को आगे ले जानेवालों में काउत्स्की, ओ. बावेर, इ. वैंडरवेल्डे, एफ. शीडेमान, सं. प्रोकोपोविच, ल. मार्तोव, ल. त्रोत्स्की आदि प्रमुख हैं।

मार्क्स ने अपने द्वंद्वात्मक भौतिकवाद के आधार पर यह प्रतिपादित किया है कि इतिहास के विकास की प्रक्रिया आकस्मिक व तीव्र होती है, जिसमें एक युग के स्थान पर दूसरा युग एकाएक अर्थात् गुणात्मक परिवर्तन के साथ आता है। इसके विपरीत बर्नस्टाइन ने इतिहास की विकास की प्रक्रिया की बात को स्वीकार किया, परंतु उसने उसके संबंध में यह प्रतिपादित किया है कि विकास की प्रक्रिया का सामान्य नियम क्रमिक परिवर्तनों का ही रहा है। उसके मत में यदि कोई आकस्मिक परिवर्तन हुए हैं, तो वे केवल अपवादस्वरूप ही हुए हैं। अतः संशोधनवाद मार्क्स के एकाएक गुणात्मक परिवर्तनों के सिद्धांत को स्वीकार नहीं करता।

संशोधनवाद ने वर्ग संघर्ष के मार्क्सवादी मत को कालातीत घोषित किया और कहा कि बुर्जुआ जनवाद तथा सार्वजनिक मताधिकार ने उसका आधार नष्ट कर दिया है, इस कारण बुर्जुआ वर्ग का क्रांतिकारी ढंग से तख्ता उलटने और सर्वहारा वर्ग के अधिनायकत्व की स्थापना करने की कोई आवश्यकता नहीं रह गई है। उसके अनुसार समाजवाद की स्थापना वर्ग संघर्ष के मार्ग से अकस्मात नहीं, वरन् क्रमिक सुधारों से ही सम्भव है। उसका तर्क है कि उस समय जब श्रमिक वर्ग को मताधिकार प्राप्त नहीं था, सामाजिक व्यवस्था में परिवर्तन करने के लिए वर्ग के संघर्ष व हिंसक क्रांति की बात कहना उपयुक्त हो सकता था, परंतु अब जब सभी देशों के श्रमिकों को मताधिकार प्राप्त है, और समाजवादी दल मत पत्र के द्वारा राज्य की सत्ता प्राप्त कर शांतिपूर्वक ही क्रांति करके समाजवाद ला सकते हैं तो हिंसक साधनों को अपनाने की कोई आवश्यकता नहीं है।

बर्नस्टाइन ने मार्क्स की इस बात का भी खंडन किया है कि निरंतर आर्थिक कठिनाइयां आने से पूंजीपति वर्ग समाप्त हो जाएगा। उसका मत है कि पूंजीपति वर्ग अपनी दूरदर्शिता से बदलती हुई परिस्थितियों के अनुकूल हो जाएगा। उसने आंकड़े देते हुए बताया कि पूंजीपति स्वयं बदल रहा है, मध्यवर्ग की आय बढ़ रही है तथा श्रमिक वर्ग भी पहले की अपेक्षा अधिक सुख-सुविधाओं का उपभोग कर रहा है। इस प्रकार उसका कहना है कि पूंजीवाद के अंत के विषय में मार्क्स की भविष्यवाणी गलत निकली है।

बर्नस्टाइन के अनुसार मार्क्स का यह विचार निरर्थक-सा है कि मजूदरों का कोई देश नहीं होता है। यह बात, उसके अनुसार मजदूरों में निराशा फैला कर उन्हें क्रांति के लिए उद्यत करने के उद्देश्य से कही प्रतीत होती है। लोकतंत्रीय व्यवस्था के संदर्भ में तो यह और भी प्रासंगिक प्रतीत होती हैं, क्योंकि लोकतंत्र मजदूरों को भी समाज के अन्य वर्गों के समान ही मताधिकार देकर उन्हें राज्य की व्यवस्था में उचित स्थान प्रदान करता है। लोकतंत्र के माध्यम से जब श्रमिक भी सभी वर्गों के साथ राष्ट्र की संपत्ति में भागीदार हो जायेंगे, तो मार्क्स की उक्त धारणा और भी निरर्थक हो जाएगी। बर्नस्टाइन के मतानुसार राष्ट्र की उन्नति व अवनति तथा लाभ व हानि में पूंजीपति व श्रमिक समान रूप से भागीदार हो सकेंगे।

संशोधनवाद, विभिन्न देशों के समाजवाद में संक्रमण की राष्ट्रीय-ऐतिहासिक विशेषताओं को सर्वोच्च वस्तु बताते हुए समाजवाद के निर्माण के सामान्य नियमों तथा लेनिनवाद के अंतरराष्ट्रीय महत्व की उपेक्षा करता है। संशोधनवाद, जनवादी केंद्रीयता के सिद्धांत को अस्वीकार करता है। उसके अनुसार यह सिद्धांत कम्युनिस्ट पार्टियों में स्वतंत्र विचार-विमर्श के दमन के साधन के रूप में इस्तेमाल किया जाता है।

लेनिन तथा अन्य मार्क्सवादियों ने संशोधनवादियों के विचारों की बहुत सख्त आलोचना की। दूसरे इंटरनेशनल के पतन तथा रूस में महान अक्तूबर समाजवादी क्रांति के उपरांत मजदूर आंदोलन, मार्क्सवाद से पूरी तरह नाता तोड़नेवाली संशोधनवादी धारा तथा क्रांतिकारी धारा में विभक्त हो गया। सामाजिक विकास के दौरान सामाजिक व्याघातों की तीक्ष्णता की अवधि में कम्युनिस्ट आंदोलन के अंदर विभिन्न 'वामपंथी' तथा दक्षिणपंथी सुधारवादी प्रवृतियों का जन्म हुआ। कम्युनिस्ट आंदोलन के इतिहास में बर्नस्टाइन के बाद भी संशोधनवाद बराबर पाया जाता है और संशोधनवादी विचारकों को कम्युनिस्ट आंदोलनकारी अपने वर्ग शत्रु से भी अधिक बड़ा दुश्मन समझते हैं। कम्युनिस्ट आंदोलनकारियों और बुद्धिजीवियों में संशोधनवाद के प्रति एक नफरत का भाव बराबर देखा जाता है।

आधार ग्रंथ :

1. आधुनिक राजनीतिक विचारधाराएं, डॉ. इकबाल नारायण।
2. दर्शनकोश।
3. मार्क्सवादी साहित्य चिंतनः इतिहास तथा सिद्धांत, शिवकुमार मिश्र।
4. मार्क्सवाद और मूल दार्शनिक प्रश्न, ओमप्रकाश आर्य।
5. संकलित रचनाएं, खंड-14, ब्ला. ई. लेनिन।
6. माओ त्से तुंग की संकलित रचनाएं।

संस्मरण

संस्मरण हिंदी गद्य की एक नवीन किंतु महत्वपूर्ण विधा है। संस्मरण का मूल अर्थ है, 'सम्यक् स्मृति', एक ऐसी स्मृति जो वर्तमान को अधिक सार्थक, समृद्ध और संवेदनशील बनाती है। संस्मरण मूलतः अतीत एवं वर्तमान के बीच एक सेतु है। समय-सरिता के दो तटों के बीच संवाद का माध्यम है संस्मरण। यह एक संबंध-चेतना है जो एक तरफ स्मरणीय को आलोकित करती है तो दूसरी तरफ संस्मरणकार को भी अपने मूल्यांकन का अवसर देती है। समय के धुंध में ओझल होती ज़िंदगी को पुनर्सृजित करने की आंतरिक आकांक्षा में ही संस्मरण के बीज निहित होते हैं। इसलिए यह कहा जा सकता है कि संबंधों की आत्मीयता एवं स्मृति की परस्परता ही संस्मरण की रचना-प्रक्रिया का मूल आधार है। डॉ. रामचंद्र तिवारी के शब्दों में, "संस्मरण किसी स्मर्यमाण की स्मृति का शब्दांकन है। स्मर्यमाण के जीवन के वे पहलू, वे संदर्भ और वे चारित्रिक वैशिष्ट्य जो स्मरणकर्ता को स्मृत रह जाते हैं, उन्हें वह शब्दांकित करता है। स्मरण वही रह जाता है जो महत्, विशिष्ट, विचित्र और प्रिय हो। स्मर्यमाण को अंकित करते हुए लेखक स्वयं भी अंकित होता चलता है।" संस्मरण के मूल तत्त्व हैं-स्मृति, संबंधभाव, आत्मानुभव और स्वयं को खोजने-पहचानने की ईमानदार कोशिश। स्मृति का एक सिरा वर्तमान से बंधा होता है और दूसरा अतीत से। संस्मरण का संबंध उस अतीत से है जो अनुभव के रूप में वर्तमान में जीवित है। संस्मरण सूचना के आधार पर नहीं लिखे जा सकते और न साक्षी-भाव से। एक साथ जीने से उपलब्ध भाव ही संस्मरण के आधार होते हैं। संस्मरण में रचनाकार अपने को भी प्रकाशित अथवा विज्ञापित करता चलता है। संस्मरण कल्पना के आधार पर नहीं लिखे जा सकते। अतः आत्मीयता, अनुभव की प्रत्यक्षता एवं घटना तथा परिवेश की सत्यता-संस्मरण के मूलभूत आधार कहे जा सकते हैं। सामान्यतः यह माना जाता है कि महान् व्यक्तियों के ही संस्मरण लिखे जाते हैं जबकि सच यह है कि संस्मरण में व्यक्ति संबंध के कारण महत्वपूर्ण है, अपनी महानताओं के कारण नहीं। जो संबंध किसी भी स्तर पर लेखक की जिंदगी को अर्थ देता है, वह संस्मरणीय हो सकता है।

यद्यपि संस्मरण में कहानी, निबंध, जीवनी, आत्मकथा आदि की अनेक विशेषताएं संश्लिष्ट हैं, किंतु रेखाचित्र से इसकी सर्वाधिक समानता है। लोगों ने स्वीकार किया है कि रेखाचित्र और संस्मरण मिलती-जुलती गद्य विधाएं है, इसलिए इन्हें प्रायः एक साथ ही रखा जाता है। बनारसीदास चतुर्वेदी ने तो लिखा है, "संस्मरण, रेखाचित्र और आत्मचरित्र इन तीनों का एक दूसरे से इतना घनिष्ठ संबंध है कि एक की सीमा दूसरे से कहां मिलती है और कहां अलग हो जाती है, इसका निर्णय करना कठिन है।" फिलहाल, प्रचुर लेखन एवं समृद्ध परंपरा ने संस्मरण को एक स्वतंत्र पहचान दी है और इस पहचान के आधार पर ही उसने नयी गद्य-विधाओं में अपनी एक हैसियत बनायी है।

हिंदी में संस्मरण-लेखन का सिलसिला बीसवीं सदी के तीसरे दशक में शुरू हो चुका था, लेकिन विधा के रूप में उसकी स्वतंत्र पहचान पांचवें दशक में ही बन सकी। हिंदी के आरंभिक संस्मरणकारों में पहला महत्वपूर्ण नाम पद्मसिंह शर्मा का है जिन्होंने संस्मरण को एक साहित्यिक विधा के रूप में प्रतिष्ठित करने के साथ उसे एक स्वतंत्र पहचान भी दी। सन् 1929 में उनकी संस्मरणात्मक पुस्तक 'पद्म पराग' का प्रकाशन हुआ जिसमें सत्यनारायण कविरत्न, भीमसेन शर्मा आदि पर मार्मिक संस्मरण हैं। ये संस्मरण भावुकता से संचालित होने के साथ हल्के विनोद-भाव से भी सम्पृक्त हैं। सस्मरण-लेखन के क्षेत्र में बनारसीदास चतुर्वेदी का नाम भी आदर के साथ लिया जाता है। चतुर्वेदी जी ने श्रीधर पाठक, द्विजेंद्र नाथ ठाकुर, गणेशशंकर विद्यार्थी, किशोरीलाल गोस्वामी आदि पर प्रभावशाली संस्मरण लिखा है। इन संस्मरणों में व्यक्तित्व-विश्लेषण कम, व्यक्तित्व से अभिभूत होने की प्रवृत्ति अधिक है। संस्मरण लेखन के क्षेत्र में महादेवी वर्मा को महारत हासिल थी। यूं तो महादेवी जी के गद्य-लेखन में संस्मरण एवं रेखाचित्र एक दूसरे में संक्रमित होते रहते थे, इसलिए यह कह पाना सरल नहीं कि उनकी कौन सी पुस्तक विशुद्ध रेखाचित्र है और कौन-सी विशुद्ध संस्मरण, फिर भी विचारपूर्वक यह कहा जा सकता है कि 1956 में प्रकाशित 'पथ के साथी' में संस्मरण का रंग गहरा है। इसमें उन्होंने रवींद्रनाथ ठाकुर, मैथिलीशरण गुप्त, सुभद्रा कुमारी चौहान तथा छायावाद के तीनों महारथियों-प्रसाद, निराला, पंत पर अविस्मरणीय संस्मरणों की सृष्टि की है।

संस्मरण लेखन को जिन्होंने समृद्ध किया है, उनमें सेठ गोविंददास (स्मृतिकण), भदंत आनंद कौशल्यायन ('जो न भूल सका, जो लिखना पड़ा'), देवेंद्र सत्यार्थी ('क्या गोरी क्या सांवरी', 'कला के हस्ताक्षर'), विनोद शंकर व्यास ('दिनरात' तथा 'प्रसाद और उनके समकालीन'), इंद्र वाचस्पति, ('जीवन की झांकियाँ', 'मैं इनका ऋणी हूँ'), राधिकारमण प्रसाद सिंह ('वे और हम'), जैनेंद्र ('ये और वे'), रामनाथ 'सुमन' (मैंने स्मृति के दीप जलाए) पांडेय बेचन शर्मा उग्र ('व्यक्तिगत'), राहुल सांकृत्यायन ('बचपन की स्मृतियां', 'जिनका मैं कृतज्ञ हूँ', 'मेरे असहयोग के साथी'), उपेंद्र नाथ अश्क ('मंटो मेरा दुश्मन', 'ज्यादा अपनी कम पराई'), नागार्जुन ('साहित्यिकों के संस्मरण'),

कन्हैयालाल मिश्र प्रभाकर ('भूले हुए चेहरे'), विष्णु प्रभाकर ('जाने अनजाने', 'कुछ शब्द कुछ रेखाएं', 'भावों की तीर्थ यात्रा', 'मेरे अग्रज मेरे मीत'), बच्चन ('नए-पुराने झरोखे'), जगदीश चंद्र माथुर ('जिन्होंने जीना जाना'), पदुमलाल पुन्नालाल बख्शी ('जिन्हें नहीं भूलूंगा'), मैथिलीशरण गुप्त ('संस्मरण और श्रद्धांजलि'), रामधारी सिंह दिनकर ('व्यक्तित्व की झांकियाँ'), शिवपूजन सहाय ('वे दिन वे लोग', 'बिंब प्रतिबिंब'), नगेंद्र ('चेतना के बिंब'), अमृत लाल नागर ('जिनके साथ जिया'), अक्षय कुमार जैन ('याद रही मुलाकातें'), पंत ('महादेवी संस्मरण ग्रंथ'), जानकी वल्लभ शास्त्री ('स्मृति के वातायन'), क्षेमचंद्र सुमन ('रेखाएं और संस्मरण'), डॉ. रामविलास शर्मा ('पंचरत्न'), अज्ञेय ('स्मृतिलेखा'), भारत भूषण अग्रवाल ('लीक-अलीक'), राजेंद्र यादव ('औरों के बहाने'), मोहन राकेश ('परिवेश'), शिवानी ('झूला'), सुरेश सेठ ('शहर वही है') डॉ. रामकुमार वर्मा ('संस्मरणों के सुमन'), चंद्रगुप्त विद्यालंकार ('छोटे-बड़े दायरे'), फणीश्वरनाथ रेणु ('वन-तुलसी की गंध'), विद्या निवास मिश्र ('चिड़ियां रैन बसेरा,) कृष्णा सोबती ('हम हशमत'), रामदरश मिश्र ('स्मृतियों के छंद'), विष्णुकांत शास्त्री, ('सुधियां उस चंदन के वन की'), कृष्ण बिहारी मिश्र ('नेह के नाते अनेक') और चतुरसेन शास्त्री की 'यादें' आदि उल्लेखनीय हैं।

आधार ग्रंथ :

1. हिंदी का गद्य साहित्य, रामचंद्र तिवारी।
2. हिंदी साहित्य कोश, भाग-1।
3. संस्मरण, पं. बनारसीदास चतुर्वेदी।
4. अतीत के चलचित्र, महादेवी वर्मा।
5. हंस आत्मकथा अंक, सं. प्रेमचंद।

सचेतन कहानी

सन् 1950 के आस-पास 'नयी कहानी' ने नये मूल्यों, नये जीवन-बोध, नये शिल्प और नये अनुभव-संसार की प्रामाणिक अभिव्यक्ति करने का संकल्प लेकर जो कदम बढ़ाया था, वह सन् 1960 तक आते-आते भटक गया और यह कहानी आंदोलन अपनी रूढ़ियों में फँसकर निस्तेज हो गया। इसका एक कारण यह भी था कि 'नयी कहानी' स्वतंत्रता-प्राप्ति के जिस नये वातावरण में नयी चुनौतियों के बीच पनपी थी, वे समाप्त हो गयीं और देश तथा समाज अपनी असफलताओं, कमियों और असमर्थताओं का बुरी तरह शिकार हो गया। स्वतंत्रता-प्राप्ति को लेकर उसके मन में जो सपने थे, वे सातवें दशक के आरंभिक वर्षों में ही चकनाचूर हो गए, पंचवर्षीय योजनाओं और पंचशील सिद्धांतों का अपेक्षित फल नहीं मिला। एक प्रकार से जनता को ऐतिहासिक मोहभंग की पीड़ा झेलनी पड़ी। राजनीतिक उठा-पटक, नये-नये दलों का निर्माण, दलों का टूटना-बिखरना, राजनीतिक आदर्शों-मर्यादाओं का छिन्न-भिन्न होना आदि जो राजनीतिक परिदृश्य सामने आए, उन्होंने साहित्य-जगत् को भी प्रभावित किया। इन सभी कारणों से सातवें दशक में हिंदी कहानी में दो-तीन वर्षों के अंतराल पर और कभी-कभी समानांतर ही छोटे-मोटे कहानी-आंदोलन शुरू हुए।

'नयी कहानी' की आत्मपरकता और रूपवादी प्रवृत्ति के विरोध में 'सचेतन कहानी' का आंदोलन डॉ. महीप सिंह ने चलाया । सन् 1964 में उन्होंने 'आधार' पत्रिका का 'सचेतन कहानी विशेषांक' निकाला जिसमें उन्होंने लिखा, "नयी कहानी के अंदर जो अंतर्विरोध थे, उन्हें स्पष्ट करने के लिए और जीवन के प्रति जो सचेतन दृष्टि हम चाहते थे, जिससे हम यह अनुभव करते थे कि जीवन को मात्र प्रदत्त वस्तु के स्तर पर नहीं जीना चाहिए, बल्कि सक्रियता से भोगना और जीना-आज के मनुष्य की नियति है, उसे अपनी रचनाओं के माध्यम से हम रेखांकित करना चाहते थे। हमारे इस आग्रह को सचेतन कहानी का आधार माना गया और लोगों ने इसे उसी रूप में अपनाया। " 'सचेतन' शब्द की सार्थकता को स्पष्ट करते हुए वे आगे लिखते हैं, "सचेतनता एक दृष्टि है जिसमें जीवन जिया भी जाता है और जाना भी जाता है।...सचेतनता जीवन की उस सक्रियता की बोधक है जिसमें मनुष्य को सर्वांग और संपूर्ण रूप में देखने की भावना को दर्शाने की भरसक कोशिश होती है।"

इस प्रकार महीप सिंह के अनुसार 'सचेतन कहानी' सक्रिय भाव-बोध की कहानी है। इसका संबंध जर्मनी के 'एक्टिविस्ट मूवमेंट' से भी है। डॉ. महीप सिंह के अनुसार, सचेतन दृष्टि आधुनिक दृष्टि है और आधुनिकता एक गतिशील स्थिति है जो हमारे सक्रिय जीवन-बोध पर निर्भर है।

सचेतन कहानी आंदोलन में पश्चिम से आयातित जीवन-मूल्यों-निराशा, कुंठा, ऊब, अकेलापन, अनास्था आदि का विरोध किया गया और भारतीय परिवेश के

भीतर सहज गति से प्रवहमान जीवन स्थितियों को स्वीकार कर संघर्षशील चेतना की सक्रियता पर बल दिया गया।

इस तरह 'सचेतन कहानी' की मुख्य विशेषता यह है कि इसने सचेत रूप से जीवन में सक्रियता, आशा, आस्था और संघर्ष का भाव संचारित करने पर बल दिया और प्रतिगामी मनोदशाओं का निषेध किया। उल्लेखनीय यह है कि 'सचेतन कहानी' का आंदोलन 'आधार' और संचेतना' पत्रिका के माध्यम से चर्चित हुआ और इन्हीं में प्रकाशित कुछ लेखकों की कहानियों तक ही सीमित रह गया।

सचेतन कहानी को गति देने वाले कथाकारों में महीप सिंह के अलावा मनहर चौहान, कुलदीप बग्गा, नरेंद्र कोहली, वेदराही, मधुकर सिंह, हिमांशु जोशी, श्रवण कुमार, योगेश गुप्त, हेतु भारद्वाज, राम दरश मिश्र, जगदीश चतुर्वेदी आदि के नाम उल्लेखनीय हैं। महीप सिंह की 'उजाले के उल्लू', 'स्वरघात', जगदीश चतुर्वेदी की 'अधखिले गुलाब', मनहर चौहान की 'बीस सुबहों के बाद' और सुरेंद्र अरोड़ा की 'बर्फ' जैसी कहानियां 'सचेतन कहानी' का स्वरूप स्पष्ट करती हैं।

आधार ग्रंथ :

1. हिंदी कहानी के आंदोलनः उपलब्धियां और सीमाएं, रजनीश कुमार।
2. कहानी : नयी कहानी, नामवर सिंह।
3. एक दुनिया समानांतर, राजेंद्र यादव।
4. 'आधार' का सचेतन कहानी विशेषांक, सं. महीप सिंह।
5. हिंदी कहानी : समीक्षा और संदर्भ, विवेकी राय।
6. हिंदी कहानी की शिल्प विधि का विकास, लक्ष्मीनारायण लाल।

सभ्यताओं का संघर्ष

सभ्यताओं का संघर्ष या क्लैश ऑफ सिविलाइजेशन्स प्रख्यात अमेरिकी राजनीति विज्ञानी सैमुअल हटिंगटन (Samuel P. Hutington, April 18, 1927-Dec. 24, 2008) द्वारा प्रतिपादित एक सिद्धान्त है जिसका सार यह है कि शीतयुद्धोत्तर संसार में लोगों की सांस्कृतिक एवं धार्मिक पहचान ही संघर्षों का मुख्य कारण होगी। हटिंगटन ने 1993 में छपे अपने लेख क्लैश ऑफ सिविलाइजेशन में दावा किया था कि शीतयुद्ध के बाद की दुनिया में विवाद विचारधारा और आर्थिक कारणों की जगह सांस्कृतिक और धार्मिक कारणों से होगा। हटिंगटन ने जिन बड़ी सभ्यताओं की पहचान की थी वे हैं–पश्चिमी (अमेरिका और यूरोप), लैटिन अमेरिकी, इस्लामी, अफ्रीकी, आर्थोडाक्स (रूस और अन्य सहयोगी देश) हिन्दू, जापानी और सिनिक (चीन, कोरिया और वियतनाम)। इस संबंध में उनका लेख सबसे पहले एक जर्नल फॉरेन अफेयर्स में छपा था। बाद में उन्होंने इसे अपनी पुस्तक 'द क्लैश ऑफ सिविलाइजेशन्स एंड रीमेकिंग ऑफ वर्ल्ड ऑर्डर में' आगे बढ़ाया।

हटिंगटन ने कहा है कि स्थानीय संघर्ष, जो अहम युद्ध में तब्दील होंगे, उस धुरी पर होंगे जो सभ्यताओं को एक-दूसरे से अलग करते हैं। अगला विश्वयुद्ध सभ्यताओं के बीच का युद्ध होगा। उनकी पुस्तक में इस्लामी मतावलंबियों को बढ़ती जनसंख्या पर चिन्ता व्यक्त की गई है। उन्होंने लिखा है कि मुसलमानों की जनसंख्या में विस्फोट भविष्य की सबसे बड़ी समस्या है। मुसलमानों की जनसंख्या दुनिया की कुल आबादी की लगभग 20 प्रतिशत है। इसका परिणाम यह हो रहा है कि मुस्लिम व उनके पड़ोसी देशों में अस्थिरता पैदा हो रही है। गैर-पश्चिमी सभ्यताएं अपनी सभ्यताओं पर खास आग्रह कर रही हैं। उन भौगोलिक इलाकों में जहां इस्लामिक और गैर-इस्लामिक सभ्यताएं आस-पास रहती हैं वहां खतरनाक स्थिति होगी। हटिंगटन के अनुसार कुछ ही दिनों में मुसलमानों की जनसंख्या ईसाइयों की जनसंख्या से अधिक हो जाएगी। इतना ही नहीं, 2025 तक दुनिया में मुसलमानों की आबादी 30 प्रतिशत से अधिक हो जाएगी।

जॉर्ज बुश के शासन काल में तमाम इस्लामी देशों तथा अमेरिका के मध्य संदेहपूर्ण व तनावपूर्ण होते रिश्ते को लेकर दुनिया को यह संदेह होने लगा था कि कहीं यह दो सभ्यताओं के मध्य संघर्ष की शुरुआत तो नहीं? खासतौर पर जब कुछ पश्चिमी देशों द्वारा इस्लामिक आस्थाओं पर कार्टूनों तथा लेखों द्वारा प्रहार किया जाने लगा, उस समय सभ्यता के संघर्ष की इस अवधारणा को और अधिक बल मिला। परंतु इसी घमासान के मध्य बराक हुसेन ओबामा को विश्व के सबसे शक्तिशाली देश ने अपना राष्ट्रपति चुनकर यह प्रमाणित कर दिया कि सभ्यता के संघर्ष की बातें करना राजनीतिक विश्लेषकों की एक कोरी कल्पना मात्र है।

हटिंगटन की उक्त स्थापना के पक्ष और विपक्ष में दुनिया भर में खूब प्रतिक्रियाएं हुईं। अनेक लेख लिखे गए। एडवर्ड सईद, नॉम चॉम्स्की, अमर्त्य सेन जैसे लोगों ने इस बहस में हिस्सा लिया। अमर्त्य सेन ने 2003 में लिखा कि मनुष्य जाति का यह एकपक्षीय विभाजन और

इस तरह उनकी अन्य बहुतेरी पहचानों को अनदेखी करने की प्रवृत्ति ठीक नहीं है। दरअसल एक बौद्धिक भ्रम है जो खतरनाक विभाजनों को जन्म दे सकता है। मनुष्य की पहचान में राष्ट्रीयता, स्थान, वर्ग, पेशा, सामाजिक स्तर, भाषा, राजनीति और आर्थिक स्तर आदि बहुत कुछ शामिल हैं, इसीलिए हटिंग्टन के निष्कर्ष को उच्छेदनवादी (रिडक्शनिस्ट) सामान्य और एकतरफा कहा गया है।

प्रख्यात अमेरिकी भाषा वैज्ञानिक नॉम चॉम्स्की ने हटिंगटन के सिद्धान्त पर टिप्पणी करते हुए स्मरण दिलाया है कि हटिंगटन के सिद्धांत का प्रसंग याद करें जिसमें इसे पेश किया गया था। यह शीत युद्ध के बाद की बात है। पचास साल तक, संयुक्त राज्य तथा सोवियत संघ दोनों ने शीत युद्ध के बहाने के तौर पर इस्तेमाल किया था–उन सब अत्याचारों के लिए जो वे करना चाहते थे। तो अगर रूसी पूर्वी बर्लिन में टैंक भेजना चाहते थे तो उसका कारण शीत युद्ध था और अगर अमेरिका दक्षिण वियतनाम पर आक्रमण करना चाहता था तथा हिन्द-चीन को तबाह करना चाहता था तो वह शीत युद्ध के कारण था। नॉम चॉम्स्की के अनुसार–अगर आप इस दौर के इतिहास पर नजर डालें तो पाएंगे कि बहाने का कारणों से कोई लेना-देना नहीं था। अत्याचारों के जो कारण थे उनका मूल तो घरेलू सत्ता स्वार्थों में था, पर शीत युद्ध ने एक बहाना दे दिया। आप जो भी अत्याचार करें, आप कह सकते थे कि यह दूसरे पक्ष से बचाव के लिए है।

सोवियत संघ के पतन के बाद वह बहाना तो चला गया मगर नीतियाँ वही हैं, सिर्फ हथकंडों में कुछ बदलाव के साथ। लेकिन अब आपको चाहिए एक नया बहाना। व्हाइट हाउस हर साल कांग्रेस के सामने एक लिखित बयान पेश करता है यह बताने के लिए कि हमें विशाल सैनिक बजट की जरूरत क्यों है? हर साल वह एक ही चीज होती थी कि रूसी आ रहे हैं। रूसी आ रहे हैं इसलिए हमें इस दैत्याकार बजट की जरूरत है। किन्तु मार्च 1990 के बाद? इस बार भी बुश प्रशासन कांग्रेस के सामने ऐसे ही विशाल बजट की माँग रख रहा था और कह रहा था कि हमें विशाल सैनिक बजट चाहिए। हमें हस्तक्षेप के लिए ढेर सारी सेना चाहिए–ज्यादातर मध्यपूर्व की तरफ डटी हुई। हमें उस चीज की रक्षा करनी है जिसे रक्षा औद्योगिक आधार कहा जाता है। हमें यह सुनिश्चित करना है कि जनता उच्च तकनीकी उद्योग का खर्चा देती रहे सैनिक प्रतिष्ठान के माध्यम से, रक्षा के बहाने पर।

दरअसल असली खतरा हमेशा की तरह यह था कि कहीं वो क्षेत्र अपने भाग्य का निर्णायक खुद न बन जाएं–अपनी संपदाओं सहित और ऐसी बात को तो किसी भी हालत में बर्दाश्त नहीं किया जा सकता। तो हमें आततायी राज्यों, जैसे–सऊदी अरब तथा अन्य का समर्थन करना था यह सुनिश्चित करने के लिए कि वे यथास्थिति बनाए रखें जिसमें तेल और तेल से मिला लाभ उन लोगों तक जाए जो उसके तथाकथित हकदार हैं–धनवान पश्चिमी निगम या संयुक्त राज्य का राजकोष विभाग या बेकटेल कंस्ट्रक्शन वगैरह। तो यह असली कारण है जिसके लिए हमें विशाल सैनिक बजट चाहिए।

चॉम्स्की खुद सवाल पूछते हैं कि इस सबका हटिंगटन के सिद्धान्त से क्या लेना है? फिर खुद जवाब देते हुए कहते हैं कि बात यह है कि वे एक सम्मानित बुद्धिजीवी हैं। वे ऐसा कह नहीं सकते। वे कह नहीं सकते कि देखो जिस तरीके से संपन्न लोग दुनिया को चलाते हैं वो तो बिलकुल पहले जैसा ही है। और सबसे बड़ा टकराव वही है जो हमेशा था अर्थात संपन्नता तथा शक्ति के छोटे संकेंद्रित खंड बनाम बाकी सारे लोग।

चॉम्स्की के अनुसार, टकराव तो जरूर है किंतु उन लोगों के साथ जो गरीबों के लिए बेहतर विकल्प की बात करते हैं, चाहे वे जो भी हों। वे कैथोलिक हो सकते हैं, वे कम्युनिस्ट हो सकते हैं, वे और कुछ भी हो सकते हैं। वे गोरे, काले, हरे कुछ भी हो सकते हैं। पश्चिमी आतंक पूरी तरह सार्वभौम है। यह वास्तव में नस्लवादी नहीं है–वे किसी को भी मार देंगे जो मुख्य मुद्दों पर गलत रवैया अख्तियार करेगा।

फिलहाल, इधर सभ्यताओं के संघर्ष पर चर्चा कमजोर पड़ गई है।

आधार ग्रंथ :

1. The clash of civilizations and remaking of world order, Samuel P. Hutington.
2. Who Are we? The challenges to America's National Identity, Samuel P. Hutington.

वेबसाइट : 1. http:/en.wikipedia.org/wiki/samuel P. Hutington

2. http:/www.google.co.in/clash of civilizations

सपाटबयानी

'सपाटबयानी' नई कविता की समीक्षा के दौरान प्रचलन में आने वाला शब्द है। 'नई कविता के प्रतिमान' नामक ग्रंथ में नामवर सिंह का एक निबन्ध है 'काव्यबिंब और सपाटबयानी'। इस निबंध में नामवर सिंह ने सपाटबयानी के महत्व को रेखांकित किया है। उन्होंने बिंबों से बोझिल होती नई कविता को उससे मुक्त

करने की जरूरत पर विस्तार से चर्चा की है और इसी संदर्भ में उसमें प्रवाह और सहजता लाने के लिए सपाटबयानी की आवश्यकता पर जोर दिया है। इस तरह सपाटबयानी को भी उन्होंने नई कविता के एक प्रतिमान के रूप में प्रतिष्ठित किया है।

दरअसल बिंब-विधान श्रेष्ठ कविता के एक प्रमुख प्रतिमान के रूप में हमेशा से प्रतिष्ठित रहा है। आचार्य रामचन्द्र शुक्ल ने तो दो-टूक शब्दों में कहा है कि "कवि का काम बिंब ग्रहण कराना होता है अर्थ ग्रहण नहीं।" उन्होंने कविता में मूर्तिमत्ता की बार-बार चर्चा की है। किंतु कोई भी प्रतिमान अंततः साधन ही होता, साध्य नहीं। बिम्ब कविता के सौंदर्य में अभिवद्धि के लिए ही होता है। यदि बिंबों का प्रयोग ही कवि का साध्य हो जाए तो कविता अपने स्वाभाविक पथ से ही च्युत हो जाएगी।

नई कविता के साथ भी कुछ ऐसा ही हुआ था। वह अपने विकास क्रम में बिंबों पर अधिक निर्भर होती गई। 'तार सप्तक' के कवि केदारनाथ सिंह ने घोषित किया कि "कविता में मैं सबसे अधिक ध्यान देता हूँ बिंब पर। बिंब-विधान का संबंध जितना काव्य की विषय-वस्तु से होता है, उतना ही उसके रूप से भी। विषय को उसने मूर्त और ग्राह्य बनाया है; रूप को संक्षिप्त और दीप्त।" बिंब-विधान की इस घोषणा और संक्षिप्त परिभाषा के साथ ही उन्होंने काव्य बिंब को मूल्यांकन के प्रतिमान के रूप में स्थापित किया। उन्होंने लिखा कि "एक आधुनिक कवि की श्रेष्ठता की परीक्षा उसके द्वारा आविष्कृत बिंबों के आधार पर ही की जा सकती है। उसकी विशिष्टता और उसकी आधुनिकता सबसे अधिक उसके बिंबों से ही व्यक्त होती है।" और फिर वे आगे लिखते हैं, "मैं बिंब निर्माण की प्रक्रिया पर जोर इसलिए दे रहा हूँ कि आज काव्य के मूल्यांकन का प्रतिमान लगभग वही मान लिया गया है। एक अंग्रेज आलोचक का तो यहाँ तक कहना है कि आधुनिक कवि नए-नए बिंबों की योजना के द्वारा ही अपनी नागरिकता का शुल्क अदा करता है। तात्पर्य यह है कि प्राचीन काव्य में जो स्थान चरित्र का था आज की कविता में वही स्थान बिंब अथवा इमेज का है।"

केदारनाथ सिंह की उक्त स्थापना पर अपनी प्रतिक्रिया व्यक्त करते हुए नामवर सिंह ने लिखा है कि "काव्य में मूल्यांकन के प्रतिमान के रूप में बिंब को प्रतिष्ठित करने का यह प्रस्ताव हिंदी में संभवतः पहला है।...किंतु यह घोषणा नई कविता के विकास की उस मंजिल पर हुई जब वह रचना और आलोचना दोनों के लिए दुर्भाग्यपूर्ण प्रमाणित हुई। 1959 का साल ऐतिहासिक दृष्टि से नई कविता के विकास का प्रायः चरम बिंदु था। इस बिंदु से एक रास्ता नई कविता की रूढ़ियों की ओर जाता था, जिसमें बिंब आदि विज्ञापित नुस्खों के अंधानुकरण की प्रवृत्ति थी और दूसरा रास्ता सच्चे सृजन का था जिसमें बिंबवादी प्रवृत्ति के बन्धन को तोड़ना आवश्यक प्रतीत हुआ। वे दोनों प्रवृत्तियाँ आलोचना में भी प्रतिफलित हुईं। केदारनाथ सिंह का वक्तव्य दुर्भाग्यपूर्ण इस अर्थ में हुआ कि आलोचना में उसकी परिणति डॉ.नगेंद्र के काव्य बिंब में हुई तो रचना में लोकप्रिय गीतकार तक यथाशक्ति नए बिंबों को उधारी पूँजी पर नए गीतों का दावा लेकर मैदान में आ निकले, इसके अलावा स्वयं नई कविता में बिंबों की रूढ़ियाँ बनीं सो अलग।"

जिन केदारनाथ सिंह ने पहले घोषित किया था कि "कविता में मैं सबसे अधिक ध्यान देता हूँ बिंब-विधान पर।" नामवर जी ने लगभग एक दशक बाद की उन्हीं की कविता- "जहां तुमने लिखा है प्यार/वहीं लिख दो सड़क/फर्क नहीं पड़ता। मेरे युग का मुहावरा है/फर्क नहीं पड़ता।"

को उद्धृत करते हुए लिखा कि "केदारनाथ सिंह बिंब--विधान का मोह छोड़कर अब सीधे-सीधे इस प्रकार के वक्तव्य देने लगे हैं।" नामवर जी ने सितंबर 1963 के 'ज्ञानोदय' में लिखा "आज की कविता अपनी प्रकृति में अब तक की बिंब प्रधान कविता से सर्वथा भिन्न है। अथवा उसका झुकाव बिंब भिन्न है। कवियों का संभवतः कुछ ऐसा विश्वास हो चला है कि बिंब-विधान सीधे सत्य कथन के लिए बाधक है। इधर की अधिकांश बिंबवादी कविताओं को देखते हुए यह आशंका एकदम असंगत नहीं लगती। इसे विरोधाभास ही कहना चाहिए कि जब से कविता में बिंबों की प्रवृत्ति बढ़ी, सामाजिक जीवन के सजीव चित्र दुर्लभ हो चले। सुन्दर बिंबों के चयन की ओर कवियों की ऐसी वृत्ति हुई कि प्रस्तुत गौण हो गया और अप्रस्तुत प्रधान। इस तरह कवि की दृष्टि ही संकुचित नहीं हुई, कविता का दायरा भी सीमित हो गया–पहले जीवन से खिंचकर प्रकृति की ओर फिर प्रकृति में भी विशेष प्रकार के रमणीय की ओर, यहाँ तक कि वातावरण का संकेत देने वाले बिंब भी सिमटकर एक कमरे की वस्तुओं के रूप में रह गए।...कविता को चित्र बनाने का नतीजा क्या होता है, यह बात पिछले पंद्रह वर्षों के अनुभव से स्पष्ट हो गई। यही हाल प्रतीक-संकेत पद्धति का हुआ। सांकेतिकता भीरुता का बाना ही नहीं बनी, अज्ञान का कवच भी बन गई। जहाँ कुछ स्पष्ट न हो, वहाँ संकेत। अंधेरे में जैसे हर किसी को तीर चलाने का मौका मिल गया, और हर कवि को परम ज्ञानी की तरह पहेली बुझाने की छूट मिल गई। देखते-देखते कविता भी उसी दुनिया का आईना बन गई जिसमें 'सब दूसरों को छिपाते हैं।' यदि इतने पर भी इस कविता के विरुद्ध प्रतिक्रिया न होती तो विनाश निश्चित था–विनाश सामाजिकता और मानवीयता का ही नहीं, बुद्धि, हृदय और सृजनशीलता का भी।" नामवर जी के अनुसार–छठे दशक के अंत और सातवें दशक के आरंभ

में सामाजिक स्थिति इतनी विषम हो उठी कि उसकी चुनौती के सामने बिंब–विधान कविता के लिए अनावश्यक भार प्रतीत होने लगा। जिस प्रकार सन् 36 तक आते-आते स्वयं छायावादी कवियों को भी सुन्दर शब्दों और चित्रों से लदी हुई कविता निस्सार लगने लगी, उसी प्रकार सन् 60 के आस-पास नई कविता की बिंबधर्मिता की निरर्थकता का एहसास होने लगा। समस्या परिस्थितियों के सीधे साक्षात्कार की थी, प्रश्न हर चीज को उसके सही नाम से पुकारने का था।

इसी तरह अशोक वाजपेयी ने 23 जून, 1968 के 'धर्मयुग' में श्रीकान्त वर्मा के दो काव्य संग्रहों 'माया दर्पण' और 'दिनारंभ' की समीक्षा करते हुए इस प्रवृत्ति को 'सपाटबयानी' कहा है। उन्होंने लिखा है, "नई कविता बिंब केंद्रित रही है और अक्सर कवियों में बिंब का ऐसा घटाटोप तैयार हुआ कि सातवें दशक तक आते-आते कई कवियों को यह महसूस हुआ कि कविता को बिंब से मुक्त कराके ही उसे जीवंत और प्रासंगिक रखा जा सकता है। उनके सामने बिंब प्रधान कविता कुछ शक की चीज बन गई और सपाटबयानी की तरफ कई कवि झुके और उसे विश्वसनीय माना जाने लगा।" इसी क्रम में रघुवीर सहाय, केदारनाथ सिंह और श्रीकांत वर्मा, तीन कवियों का विशेष रूप से उल्लेख करते हुए वे आगे यह भी जोड़ते हैं कि "उनमें से हर एक ने सपाटबयानी के मूल्य को पहचाना लेकिन उसे अपनी बुनियादी बिंबधर्मिता के प्रतिकूल न रखकर उसे उसके साथ संयोजित किया और अपने मुहावरों को और उनसे उजागर होने वाले काव्य-संसार को समृद्ध किया। चित्रमयता को खोए बिना उसे रोजमर्रा की जीवन्तता दी।"

नामवर जी ने लक्ष्य किया है कि बिंबों की भाषा से चिढ़ इस बीच इतनी बढ़ गई कि अनेक कवि और आलोचक 'नंगी' भाषा के लिए आग्रहशील हो उठे। 'ताजी कविता' का नारा देते हुए लक्ष्मीकांत वर्मा ने यहाँ तक कहा कि "बिंबों की यह निरर्थकता ही हमें अब 'नंगे' शब्दों की ओर ले जा रही है–आवरणहीन, सज्जाहीन, संस्कारहीन और इन सबसे अधिक ऐसा नंगापन जिसमें आभिजात्य, जंगलीपन के ऊपर एक समयबोध की छाप लगा सके।"

कविता में सपाटबयानी का यह आग्रह वस्तुतः गद्य सुलभ जीवन्त वाक्य-विन्यास को पुनः प्रतिष्ठित करने का प्रयास था, जिसके मार्ग में बिंबवादी रुझान निश्चित रूप से बाधक हो रहा था।

नामवर सिंह के अनुसार अंग्रेजी कविता में भी बिंब-प्रतीकवाद के विरुद्ध इसी प्रकार की तीखी प्रतिक्रिया छठे दशक के आरम्भ में हुई थी जिसे सैद्धांतिक रूप देने का श्रेय कवि-आलोचक डोनाल्ड डेवी को है। उन्होंने 'आर्टिकुलेट एनर्जी' (1955) नामक पुस्तक में टी.एस. इलियट द्वारा प्रतिष्ठित 'आब्जेक्टिव को-रिलेटिव' सिद्धांत को चुनौती देते हुए परंपरागत वाक्य विन्यास के उपयोग को काव्यभाषा के समर्थ साधन के रूप में निरूपित किया। डोनाल्ड डेवी का अनुसरण करते हुए फ्रैंक कर्मोड ने 'रोमांटिक इमेज' (1956) नामक पुस्तक में एक भिन्न दृष्टिकोण से इलियट के बिंब प्रतीकवादी काव्य-सिद्धांत का प्रतिवाद किया। 'सेवेन टाइप्स ऑफ एम्बिगुइटी' के विश्रुत आलोचक विलियम एम्पसन ने भी कविता में जटिलता और अस्पष्टता का पुराना सिद्धांत छोड़कर तर्कसंगत एवं स्पष्ट कविता का नारा बुलंद किया। नामवर जी ने लक्ष्य किया था कि उस समय के अंग्रेजी साहित्य में बिंब-विधान के विरुद्ध इतनी गहरी प्रतिक्रिया हुई थी कि उसे आलोचना की भाषा से निकाल देने का भी प्रस्ताव किया जाने लगा था।

नामवर जी ने निष्कर्ष देते हुए कहा है कि कविता बिंब का पर्याय नहीं है, सामान्यतः जिसे बिंब कहा जाता है उसके बिना भी कविताएं लिखी गई हैं और वे बिंबधर्मी कविताओं से किसी भी तरह कम अच्छी नहीं कही जा सकतीं।

वे आगे लिखते हैं, "कविता में बिंब-रचना सदैव वास्तविकता को मूर्त ही नहीं करती, कभी-कभी वह वास्तविकता का अमूर्तन भी करती है। (वैसे मूर्त और अमूर्त शब्दों का प्रयोग पर्याप्त अनिश्चित अर्थों में होता है।) कविता में बिंब वास्तविकता के साक्षात्कार का ही सूचक नहीं होता, प्रायः वह वास्तविकता से बचने का एक ढंग भी रहा है। काव्य भाषा के लिए भी प्रायः बिंब योजना हानिकारक सिद्ध हुई है। बिंबों के कारण कविता बोलचाल की भाषा से अक्सर दूर हटी है, बोलचाल की सहज लय खंडित हुई है, वाक्य विन्यास की शक्ति को धक्का लगा है, भाषा के अंतर्गत क्रियाएं उपेक्षित हुई हैं, विशेषणों का अनावश्यक भार बढ़ा है और काव्य कथ्य की ताकत कम हुई है। इन कमजोरियों को दूर करने के लिए ही कविता में तथाकथित सपाटबयानी अपनाई जा रही है, जिसमें फिलहाल काफी संभावनाएं दिखाई पड़ती हैं।"

फिलहाल, नई कविता के आंदोलन का दौर समाप्त होने के साथ ही सपाटबयानी पर चर्चा भी कम हो गई है।

आधार ग्रंथ :

1. कविता के नए प्रतिमान, नामवर सिंह।
2. आधुनिक हिंदी कविता में बिंब-विधान, केदारनाथ सिंह।
3. कविता का गल्प, अशोक वाजपेयी।
4. नए प्रतिमान : पुराने निकष, लक्ष्मीकान्त वर्मा।

समरसता

प्रत्यभिज्ञा-दर्शन में समरसता के सिद्धांत का एक विशिष्ट स्थान है। जैसे एक नदी समुद्र में मिलकर समरसता को प्राप्त होती है और समुद्र तथा उस नदी में किसी प्रकार की भी पृथकता या भिन्नता नहीं रहती, उसी प्रकार जब आत्मा परमात्मा-भाव को प्राप्त होकर पूर्णत: एक शिवरूप हो जाती है तो उसे सामरस्य कहते हैं। 'स्वच्छंदतंत्र' के टीकाकार श्री क्षेमराज ने लिखा है कि "समो रसो यस्मिन् स समरसो लोलीभाव:" अर्थात् जिसमें समान रस हो, ऐसे लोलीभाव या ललक की भावना को सामरस्य कहते हैं। श्री उत्पलदेव ने समरसता की व्याख्या इस प्रकार की है "भावानामेकैकस्य निर्वाणेपि परमेश्वरस्पर्शरसो खंडित एवेति सामरस्यम्" अर्थात् निर्वाण हो जाने पर प्रत्येक पदार्थ का परमेश्वर के स्पर्शरस से अखंडित या अभिन्न हो जाना सामरस्य कहलाता है। 'नेत्र-तंत्र' में समरसता का उल्लेख इस प्रकार मिलता है—

"नाहमस्मि न चान्योस्ति ध्येयं चात्र न विद्यते
आनंदपदसंलीनं मनः समरसीगतम्।।"

अर्थात जिस समय योगी यह जानने लगता है कि न तो मैं हूँ न कोई अन्य है और न ध्येय ही यहां विद्यमान है, परंतु उसका मन आनंदपद में लीन होकर समरसता को प्राप्त हो जाता है, उसी अवस्था को सामरस्य कहते हैं। अभिनवगुप्त का मत है कि 'आनंदशक्ति विश्रांते योगी समरसो भवेत्' आनंद-शक्ति में विश्रांति पाने पर ही योगी को समरसता की स्थिति प्राप्त होती है तथा 'चित्ते समरसी भूते द्वयोरौन्मनसी स्थिति' अर्थात् समरसता की स्थिति प्राप्त होते ही चित्त में द्वैत के प्रति उन्मनीभाव जाग्रत हो जाता है अथवा वह पूर्ण अद्वैत को प्राप्त हो जाता है। अभिनवगुप्ताचार्य के मत से समरसता ही 'अनुत्तरावस्था' है, क्योंकि इस स्थिति में पहुंचकर योगी के लिए फिर और कुछ शेष नहीं रहता और वह अखंड आनंदघन शिव रूप हो जाता है। 'बोधसार' में श्री नरहरि स्वामी ने इस सामरस्य का उल्लेख करते हुए लिखा है—

"जाते समरसानंदे द्वैतमप्यमृतोपमम्
मित्रयोरिव दाम्पत्योर्जीवात्मपरमात्मनो:"।।

अर्थात् जिस प्रकार परस्पर अत्यंत प्रेम वाले दम्पतियों का द्वैत दोनों के समरस हो जाने पर आनंददायक होता है, उसी प्रकार जीवात्मा एवं परमात्मा के समरस हो जाने पर जो आनंद निर्बाध रूप से उत्पन्न होता है, उसमें यह कल्पित द्वैत या पार्थक्य भी ब्रह्मानंद के तुल्य हो जाता है।

लिंगायत दर्शन में इस समरसता की व्याख्या भिन्न प्रकार से की गई है। वहां लिखा गया है समरसता या सामरस्य शब्द 'समरस' से बना है अर्थात् दो समान रसों के मिलने को समरसता कहते हैं। जैसे यदि दूध को दूध से मिला दिया जाए, तो यह सामरस्य कहलायेगा। किंतु वह सामरस्य, तादात्म्य से पूर्णतया भिन्न है। दूध का दूध से मिलना अथवा नीर का नीर से मिलना सामरस्य है, किंतु दूध का जल से मिलना तादात्म्य कहलाता है, क्योंकि यहां जल दूध का रूप धारण कर लेता है और अपना रूप खो देता है जबकि दूध में दूध के मिलने पर दोनों में जो एकरूपता होती है, उसमें कोई भी अपने रूप को किसी में नहीं खोता। इस लिंगायत दर्शन में समरसता को मोक्ष की अवस्था माना गया है और लिखा गया है कि मोक्ष के अवसर पर जीवात्मा अपने ही रूप में स्थित होकर समरसता को प्राप्त करता है।

सभी शैवदर्शनों एवं वेदांत आदि में समरसता के सिद्धांत को अपनाया गया है, किंतु प्रत्यभिज्ञा-दर्शन ने जिस प्रकार समरसता के प्राप्त होते ही जीवात्मा के अखंड आनंद-प्राप्ति की बात कही है, वैसी अन्यत्र नहीं मिलती। प्रसाद भी इसी कारण प्रत्यभिज्ञा-दर्शन के आधार पर समरसता के सिद्धांत का उल्लेख करते हुए प्रत्येक प्राणी को समरसता का अधिकारी घोषित करते हैं, किंतु यह समरसता की स्थिति तो अभेदत्व अथवा शिवत्व की स्थिति है। जैसा कि 'स्पंदकारिता' में लिखा भी है कि यहां पहुंचने पर न तो सुख रहता है न दु:ख, न ग्राह्य रहता है न ग्राहक और न मूढ़ भाव ही रहता है, अपितु यहां तो परमार्थतत्व ही शेष रहता है।

दूसरे शब्दों में कह सकते हैं कि विषमता लघुत्व या संकुचित अवस्था की सूचक है और इसके विपरीत समरसता बहुत्व या स्वतंत्रावस्था की सूचक है। यह लघुत्व या संकुचित अवस्था जीवात्मा की स्थिति की ओर संकेत करती है और बहुत्व या भूमा तथा स्वतंत्रावस्था परमात्मभाव या शिवत्व का सूचक है। विषमता की संकुचित अवस्था में सुख और दु:ख दोनों रहते हैं, जबकि समरसता की स्वतंत्रावस्था में केवल सुख ही सुख अथवा आनंद ही आनंद रहता है। 'छांदोग्य उपनिषद्' में भी 'नाल्पे सुखमस्ति, भूमा वै सुखम्' कहकर उक्त दोनों स्थितियों का स्पष्टीकरण करते हुए बताया गया है कि अल्प में या लघुत्व में सुख नहीं है, निश्चय ही जो भूमा है वही सुख है।

'कामायनी' में भी इसी कारण इस सुख-दु:खात्मक जगत को 'भूमा का मधुमय दान' कहकर इस बात की ओर संकेत किया गया है कि विषमता से ही समरसता की ओर जाने का मार्ग गया है, भूमा की प्राप्ति भी इसी विषमता से आगे बढ़ने पर हो सकती है और तभी अखंड आनंद भी प्राप्त हो सकता है। किंतु इस विषमता की स्थिति से हटकर जीव समरसता कैसे प्राप्त करे ?

इस प्रश्न का समाधान प्रसाद ने 'कामायनी' में बड़े सुंदर ढंग से किया है। इसके लिए उन्होंने सभी क्षेत्रों में समरसता की स्थापना पर बल दिया है और इस दार्शनिक विचारधारा को व्यावहारिक जीवन के अनुकूल बनाकर लिखा है कि गृहस्थ जीवन में नारी और पुरुष के अंतर्गत रहने वाली विषमता को दूर करके समरसता की स्थापना होना आवश्यक है तथा सामाजिक जीवन में अधिकारी या अधिकृत अथवा शासक या शासित के अंतर्गत व्याप्त विषमता का उच्छेद करके समरसता की स्थापना होना अत्यंत आवश्यक है। इतना ही नहीं, वे जानते थे कि बुद्धिवाद के द्वारा मानव कल्याण नहीं हो सकता, क्योंकि बुद्धिवाद विषमता को जन्म देता है और इसी को अपनाने के कारण विश्व में सर्वत्र संघर्ष, विप्लव, युद्ध आदि दिखायी देते हैं। इसी कारण उन्होंने इस बुद्धिवाद के साथ श्रद्धा का समन्वय करके अथवा तर्कपूर्ण बुद्धि और भाव-संवलित हृदय का समन्वय करके मानवमात्र के लिए समरसता की योजना प्रस्तुत की है।

आधार ग्रंथ :

1. कामायनी में काव्य, संस्कृति और दर्शन, डॉ. द्वारिका प्रसाद सक्सेना।
2. कामायनी, जयशंकर प्रसाद।
3. दर्शन दिग्दर्शन, राहुल सांकृत्यायन।
4. हिंदी साहित्य कोश, भाग-1।
5. कामायनी : एक पुनर्विचार, गजानन माधव मुक्तिबोध।

समांतर कहानी

'सचेतन कहानी' और 'अकहानी' के बाद हिंदी कहानी में 'समांतर कहानी' का आंदोलन चला। इसके अगुआ थे 'नये कहानी' के सशक्त हस्ताक्षर और 'सारिका' पत्रिका के संपादक कमलेश्वर। यह वह समय था जब देश में चारों तरफ जनान्दोलनों का बोलबाला था, जयप्रकाश नारायण के नेतृत्व में समग्र क्रांति का नारा बुलंद था, आम आदमी पूंजीवादी शक्तियों के चंगुल में फँसा कराह रहा था और जनवादी ताकतों को कुचलने के लिए श्रीमती इंदिरा गांधी पूरी तरह कटिबद्ध थीं। 'सारिका' के 'समांतर कहानी-विशेषांक-1 'में कमलेश्वर ने 'मेरा पन्ना' स्तम्भ के अंतर्गत 'इतिहास के नंगे हो जाने', 'आम आदमी के दुविधा रहित होकर संघर्ष के लिए सन्नद्ध हो जाने, जीने के तमाम साधनों और स्रोतों पर पूंजी का प्रभुत्व हो जाने, और 'नंगे इतिहास' के द्वारा हमारी 'निष्क्रियता' और अन्यमनस्कता' का फायदा उठाकर हमें छलते जाने का एहसास कराकर कहानीकारों को 'आम आदमी' की पीड़ा और उसके संघर्ष को मुखरित करने का आह्वान किया। डॉ. विनय ने समांतर कहानी में प्रतिष्ठित होनेवाले 'आम आदमी' की व्याख्या करते हुए कहा है, "आम आदमी सिर्फ आम आदमी है। वह किसान, मजदूर, क्लर्क, सर्वहारा वर्गों में बंटा हुआ न होकर एक संश्लिष्ट व्यक्ति (व्यक्तित्व) है।" कमलेश्वर ने 'समांतर कहानी' विशेषांक-1' में भीष्म साहनी की 'वाड् चू', से. रा. यात्री की 'अंधेरे का सैलाब', हृदयेश की 'गुंजल्क', मणि मधुकर की 'विस्फोटक,' श्रवणकुमार की 'नहीं, यह कोई कहानी नहीं', जैसी कहानियों को प्रकाशित करके समांतर कहानी-आंदोलन की शुरुआत की। इसके बाद उन्होंने 'सारिका' के समांतर कहानी-विशेषांक के रूप में विभिन्न भाषाओं की समांतर कहानियों के विशेषांक निकाले, देश भर में 'समांतर कहानी' पर गोष्ठियां आयोजित कीं और एक लंबे विचार-विमर्श का दौर चलाकर समांतर कहानी को अखिल भारतीय आंदोलन का रूप देने का प्रयत्न किया। हिंदी में गोविंद मिश्र, कामतानाथ, जितेंद्र भाटिया, सुधा अरोड़ा, मधुकर सिंह, इब्राहीम शरीफ, हिमांशु जोशी, मिथिलेश्वर, राकेश वत्स, स्वदेश दीपक आदि कहानीकारों ने इस आंदोलन को तीव्र करने में अपना रचनात्मक सहयोग प्रदान किया। 'जाने किस बंदरगाह पर' (सतीश जायसवाल), 'छुट्टी का एक दिन' (अकुलेश परिहार), 'सौदा' (पाल भसीन), 'जोखिम', 'बयान' (कमलेश्वर), 'शहादतनामा' (जितेंद्र भाटिया) आदि कहानियां आम आदमी के संघर्ष को जीवन की समग्रता में देखती हैं और यह भी प्रमाणित करती हैं कि नया युग नये प्रश्नों का सामना कर रहा है। इन कहानियों में संघर्षरत मनुष्य बराबर नये मूल्यों की स्थापना की दिशा में भी सक्रिय है।

समांतर कहानी की सबसे बड़ी उपलब्धि यही है कि उसने भावुक रुचि में कैद लोगों के सामने आम आदमी की तकलीफों को उजागर करने वाली कहानियां बदले तेवर के साथ प्रस्तुत कीं। इसने भारतीय कथा-साहित्य में पुनः आम आदमी को प्रतिष्ठित किया, उसके प्रति जागरूकता पैदा की और कहानी को आम आदमी के संघर्ष से जोड़कर नयी हलचल पैदा की। इस कहानी

आंदोलन से जुड़े रचनाकारों ने जीवन को विभिन्न संदर्भों में 'आम आदमी' के संघर्ष को देखा और उसकी चिंताओं, तकलीफों और मजबूरियों को रेखांकित किया।

बहरहाल, इस कहानी आंदोलन को भी व्यापक समर्थन प्राप्त नहीं हुआ और जल्द ही यह आंदोलन भी बिखर गया।

आधार ग्रंथ :

1. एक दुनिया समानांतर, राजेंद्र यादव।
2. कहानी : नयी कहानी, नामवर सिंह।
3. नयी कहानी : संदर्भ और प्रकृति, देवी शंकर अवस्थी।
4. हिंदी कहानी के आंदोलनः उपलब्धियां और सीमाएं, रजनीश कुमार।
5. हिंदी कहानी : समीक्षा और संदर्भ, विवेकी राय।
6. कहानी की बात, मार्कण्डेय।
7. नई कहानी की भूमिका, कमलेश्वर।

समाजवादी यथार्थवाद

मार्क्सवादी साहित्य-चिंतन के अंतर्गत समाजवादी यथार्थवाद को सर्वोच्च साहित्यिक एवं कलात्मक प्रतिमान के रूप में स्वीकार किया गया है। यथार्थवाद के विकास-क्रम की नव्यतम उपलब्धि के रूप में सर्वप्रथम सोवियत लेखकों की पहली कांग्रेस में मैक्सिम गोर्की ने इसकी रूपरेखा स्पष्ट की थी। तब से लेकर अब तक की सुदीर्घ चर्चा के क्रम में समाजवादी यथार्थवाद के चरित्र को अनेक कोणों से उभार कर प्रस्तुत किया जा चुका है।

जहां स्तालिन युग में समाजवादी यथार्थवाद को साम्यवादी निर्माण के एक साधन के रूप में मानते हुए, उसके अंतर्गत राजनीतिक दृष्टिकोण की प्रखरता का आग्रह किया गया है, वहां मुख्यतः साहित्य तथा कला की भूमि पर कार्य करने वाले विचारकों एवं चिंतकों ने राजनीतिक प्रखरता एवं दलगत पक्षधरता से उसे इस सीमा तक न जोड़ते हुए यथार्थ-चित्रण की एक समग्र और पूर्ण दृष्टि के रूप में ही उसकी चर्चा अधिक की है। समाजवाद या साम्यवाद से उन्होंने समाजवादी यथार्थवाद को अलग नहीं माना परंतु दलीय भूमिका एवं राजनीतिक कट्टरता में ही उसे सीमित न कर एक कला दृष्टि के रूप में उसे पहचानने और प्रस्तुत करने का यत्न किया है। समाजवादी यथार्थवाद की मूल अवधारणा को लेकर कुछ दृष्टिभेद भी उनमें उपलब्ध होता है। उदाहरण के लिये जहां जार्ज लूकाच तथा अधिकांश अन्य मार्क्सवादी साहित्य चिंतकों ने समाजवादी यथार्थवाद को समाजवादी वास्तविकता का चित्रण करनेवाली दृष्टि के रूप में स्वीकार किया है, वहां चीन के चाऊ-यांग का कहना है कि समाजवादी यथार्थवाद वास्तविकता का समाजवादी दृष्टि से किया जानेवाला चित्रण है। समाजवादी यथार्थवाद के संबंध में उपर्युक्त दृष्टियों की भिन्नता स्पष्ट है, परंतु कुल मिलाकर समाजवादी यथार्थवाद की उसी अवधारणा को उसकी प्रामाणिक आकृति स्वीकार की गई है, जिसके पुरस्कर्ता जार्ज लूकाच तथा मैक्सिम गोर्की आदि हैं। समाजवादी यथार्थवाद का मूल आग्रह वस्तुगत यथार्थ का समाजवादी समझ की अनुकूलता में चित्रण करने से है।

समाजवादी यथार्थवाद, यथार्थवाद के समूचे विकास-क्रम में सर्वाधिक प्रगतिशील तथा जीवंत धारणा है, जो एक ओर उस प्रकृतवाद से भिन्न है जो मनुष्य को मूलतः आदिम वृत्तियों से अनुशासित तथा परिचालित मानते हुए उसके अब तक के समूचे बौद्धिक तथा भावात्मक विकास की उपेक्षा करता है, दूसरी ओर उस आलोचनात्मक यथार्थवाद से भी भिन्न है, जो अपनी जीवंत कला, वस्तुगत यथार्थ के ईमानदार चित्रण, उसकी अंतर्विरोधी, ह्रासशील तथा कुत्सित भूमिका के प्रति कड़ा आलोचनात्मक रुख अपनाने एवं जन सामान्य के प्रति संवेदनशील होने के बावजूद उस क्रांतिकारी, रचनात्मक, समाजवादी समझ से शून्य है जो वर्तमान विकृत यथार्थ को बदलने का न केवल रास्ता सुझाती है, अपितु उस परिवर्तन को मूर्त भी करती है। समाजवादी यथार्थवाद यथार्थ की एक समग्र दृष्टि है जो ऐतिहासिक परिप्रेक्ष्य में वस्तुगत यथार्थ को पूरी समग्रता में देखने के साथ उस भविष्य का रूप भी उद्‌घाटित करती है, जिसके बीज वर्तमान व्यवस्था में ही छिपे हैं।

जार्ज लूकाच के अनुसार यथार्थवाद के साथ समाजवाद की इस संधि को अनिवार्यतः इस बात में भी परखा जा सकता है कि जन सामान्य के शोषण और दमन पर टिकी हुई हर शासन व्यवस्था और उसके कर्णधार मूलतः यथार्थ-विरोधी होते हैं, जन सामान्य के दमन के साथ-साथ यथार्थ का दमन भी उनकी केंद्रीय वृत्ति होती है। मार्क्सवादी विचारकों ने इस तथ्य को जोर देकर प्रतिपादित किया है कि समाजवादी यथार्थवाद, लेखक

को इस बात के लिए पूरी छूट देता है कि रचनाकार अपनी कृति में समाजवादी यथार्थ-दृष्टि को संपूर्ण कलात्मक श्रेष्ठता के साथ चित्रित करे।

समाजवादी यथार्थवाद की व्याप्ति, मार्क्सवादी साहित्य-चिंतकों ने साहित्य की सभी विधाओं में मानी है। जरूरी नहीं कि उसका माध्यम केवल आख्यानक कृतियां ही बनें। समाजवादी यथार्थवाद की सफल नियोजना बौद्धिक गहरायी तथा सचेतन ऐतिहासिक विषय-वस्तु के मिश्रण में ही सम्भव है, और इसके लिये हर रचनाकार को प्रयास करने चाहिए। समाजवादी यथार्थवाद यांत्रिक तथा सरलीकृत निष्कर्षों से परे, यथार्थ को द्वंद्वात्मक विधि से देखने का हिमायती है। मानव स्वभाव तथा मानव-चित्रण के लिये भी रचनाकारों से उसका आग्रह है कि वे उसे इतिहास की गतिमानता तथा परिस्थितियों के विकास-क्रम के अनुरूप ही चित्रित करें। समाजवादी व्यवस्था के निर्माण के साथ ही मानव चरित्र तथा मानव-स्वभाव भी बदल जाता है, यह एक भ्रांति है। इस यांत्रिक समझ के खतरे के प्रति रचनाकारों को सावधान करते हुए मार्क्सवादी साहित्य चिंतकों का आग्रह है कि वे लेनिन के इस कथन को ध्यान में रखें कि समाजवाद का निर्माण पूंजीवादी संस्कारों में ढले मनुष्य ही, परिस्थितियों को बदलने के क्रम में अपने को बदलते हुए करेंगे। इतना ही नहीं, व्यवस्था बदल जाने के बावजूद संस्कार बदलने में, आदतें बदलने में लंबा वक्त लगता है और इस बीच पूंजीवादी पुनर्स्थापना की संभावनाएं बराबर बनी रहती हैं। लेनिन की इस चेतावनी के बावजूद सोवियत संघ जैसे देशों में यही हुआ।

गोर्की आदि ने वीर चरित्रों के चित्रण, समाजवादी व्यवस्था के विधेयात्मक रूप के उद्घाटन एवं भविष्य के आकर्षक एवं मोहक चित्रों से पूर्ण समाजवादी यथार्थवाद के जिस स्वरूप को प्रस्तुत किया है, उसका एक महत्वपूर्ण अंश बहुत से परवर्ती विचारकों—विशेषतः नयी पीढ़ी के साहित्य-चिंतकों को मान्य नहीं है। इसे वे स्वच्छंदतावाद का ही एक रूप समझते हैं। इस स्वच्छंदतावाद को वे गोर्की के बुर्जुआ स्वच्छंदतावाद से भिन्न अवश्य मानते हैं और इसे उन्होंने क्रांतिकारी स्वच्छंदतावाद जैसा आकर्षक पारिभाषिक नाम भी दिया है, परंतु लूकाच का मत है कि किसी भी प्रकार का स्वच्छंदतावाद हो, वह यथार्थवाद या समाजवादी यथार्थवाद के दायरे में नहीं आता। जो लोग यथार्थवाद या समाजवाद के अंतर्गत उसका प्रतिपादन करते हैं, वे वस्तुतः स्वच्छंदतावादी संस्कारों से ग्रस्त व्यक्ति हैं, और समाजवादी यथार्थवाद को विरूपित करते हैं।

फिलहाल हिंदी समीक्षा में इस शब्द का प्रयोग सामान्यतः वैज्ञानिक समाजवाद में आस्था रखने वाले साम्यवाद की स्थापना के महत उद्देश्य से रचना करने वाले साहित्यकारों की विचारधारा के लिए किया जाता है।

इधर 'समाजवादी यथार्थवाद' को और अधिक व्यापक बना दिया गया है। यथार्थ को उसके विविध रूपों और अंतर्विरोधों में चित्रित करने के लिए छूट है, पर शर्त है कि कलाकार के पास वैज्ञानिक समाजवादी दृष्टि हो।

आधार ग्रंथ :

1. मार्क्सवादी साहित्य चिंतन : इतिहास तथा सिद्धंत, डॉ. शिवकुमार मिश्र।
2. हिंदी आलोचना के बीज शब्द, बच्चन सिंह।
3. The Meaning of Contemporary Realism, George Lukacs.
4. The Concept of Realism in Literary Scholarship, Rene wellek.

वेबसाइट : www.en.wikipedia.org/wiki/socialist-realism

www.marxists.org/

सर्वहारा का अधिनायकत्व

सर्वहारा का अधिनायकत्व मार्क्सवादी विचारधारा की एक महत्वपूर्ण अवधारणा है। मार्क्स का विश्वास था कि पूंजीवादी व्यवस्था में श्रमिक वर्ग के शोषण को वैधानिक तरीकों से समाप्त नहीं किया जा सकता, क्योंकि राजसत्ता पर पूंजीपतियों का ही प्रभाव है। किंतु स्वयं पूंजीवाद ने अपने विनाश का मार्ग प्रशस्त कर लिया है और शोषित वर्ग की चेतना इतनी बढ़ चुकी है कि वह अब संगठित होकर अपने शोषकों के विरुद्ध क्रांति करके ही उन्हें नष्ट करेगा।

मार्क्स ने इस क्रांति का कार्यक्रम भी प्रस्तुत किया है। यह क्रांति केवल पूंजीपति वर्ग के ही विरुद्ध नहीं होगी बल्कि पूंजीवाद द्वारा पोषित संपूर्ण राज्य-व्यवस्था तथा सामाजिक-व्यवस्था के विरुद्ध भी होगी। मार्क्स की धारणा थी कि क्रांति शनैःशनैः तथा कई चरणों में होगी। क्रांति का उद्देश्य समाजवाद की स्थापना होगा। यद्यपि पूंजीवाद स्वयं अपने विनाश की ओर बढ़ रहा है तथापि उसका विनाश स्वयंमेव समाजवाद की स्थापना नहीं कर सकता। इसके लिए एक निश्चित कार्यक्रम बनाकर संघर्ष करना होगा।

मार्क्स की धारणा है कि बुर्जुआ या पूंजीवादी राज्य एक वर्ग-संगठन मात्र है। ऐतिहासिक विकास-क्रम भी यही दर्शाता है कि आदिम समाज से विभिन्न युगों में जो परिवर्तन होते रहे उन सब में उत्पादन के साधनों के मालिक वर्ग ने समाज में अपनी आर्थिक सत्ता बनाये रखने के लिए राज्य का निर्माण किया और राजसत्ता के भी मालिक बने रहे। इस प्रकार 'राज्य का मुख्य कार्य एक वर्ग को दूसरे वर्ग का शोषण करने की सुविधा प्रदान करना है। राज्य का संचालन तथा नियमन करने का कार्य समाज के एक छोटे से जन-समूह के हाथ में रहता है जिसे सरकार कहा जाता है। इस प्रकार राज्य एक वर्ग-संगठन है जो बुर्जुआ वर्ग के हितों का प्रतिनिधित्व करता है और उसी के विचारों को प्रतिबिंबित करता है। राज्य या सरकार द्वारा स्थापित सेना, पुलिस, न्याय, कानून-व्यवस्था तथा अन्य अभिकरण सभी पूंजीपति वर्ग के हित में आर्थिक व्यवस्था का संरक्षण करने का कार्य करते हैं। ऐसी स्थिति में पूंजीवादी अर्थव्यवस्था वाला राज्य, जिसे लोकतंत्र कहा जाता है, स्वयं में एक विरोधाभास है। ऐसे समाज में लोकतंत्र हो ही नहीं सकता, जिसमें जनता शोषक तथा शोषित दो वर्गों में विभाजित हो, इसीलिए क्रांति का मुख्य उद्देश्य पूंजीवाद का विनाश करने के लिए सर्वप्रथम पूंजीवाद के संरक्षक राज्य सत्ता को सर्वहारा वर्ग द्वारा हथियाने का कार्यक्रम प्रस्तुत करना था।

मार्क्स के मत से पूंजीवाद का विनाश एक ही चरण में नहीं हो सकता। अतः राज्य की सत्ता पर सर्वहारा वर्ग द्वारा अपना अधिकार स्थापित करना पूंजीवाद से समाजवाद की दिशा में पहला कदम होगा। इस संक्रमण की अवधि में पूंजीपति अपनी शक्ति पुनः अर्जित करने का प्रयास करेंगे। अतः सर्वहारा वर्ग को अपनी अधिनायकवादी शक्ति के द्वारा उत्पादन के साधनों को व्यक्तिगत स्वामित्व से समाज के स्वामित्व में लाने की व्यवस्था करनी पड़ेगी। इसके अंतर्गत भूमि के व्यक्तिगत स्वामित्व को समाप्त करना, यातायात तथा संचार के साधनों का राज्य के हाथ में केंद्रीकरण करना, जमा तथा बैंकों पर राज्य का एकाधिकार स्थापित करना, उत्तराधिकार के अधिकारों को समाप्त करना, उच्चोच्च दरों पर आय कर लगाना, कारखानों में बच्चों के श्रम पर पाबंदी लगाना, सब लोगों का काम करने का समान दायित्व निर्धारित करना शामिल होंगे। अन्य समाजवादी विचारक समाजवाद का लक्ष्य न केवल उत्पादन के साधनों का ही समाजीकरण करना मानते थे, अपितु उत्पादित माल के वितरण की व्यवस्था को भी सुधारना चाहते थे।

मार्क्स के मत से वितरण को उत्पादन से पृथक माना जाना उचित नहीं है। उनका मत है कि 'जब उत्पादन के साधन श्रमिकों की सामूहिक संपत्ति बन जायेंगे तो स्वयंमेव उपभोग के साधनों का वितरण वर्तमान पद्धति से भिन्न हो जाएगा। समाजवादी व्यवस्था के अंतर्गत उत्पादन का कुछ भाग प्रशासनिक व्यय, उत्पादन के साधनों के विकास, प्राकृतिक प्रकोपों के विरुद्ध बचाव, अपंग श्रमिकों की सहायता तथा समाज के सांस्कृतिक तथा भौतिक विकास संबंधी कार्यों के लिए रखा जाएगा। शेष को श्रमिकों में उनके कार्य के अनुसार वितरित किया जाएगा।

कम्युनिस्ट पार्टी के घोषणा पत्र में मार्क्स ने लिखा है कि साम्यवादी खुले शब्दों में घोषणा करते हैं कि उनके उद्देश्यों की प्राप्ति वर्तमान परिस्थितियों को समाप्त करके ही हो सकती है और उसके लिए बल प्रयोग भी किया जा सकता है।

'क्रांति' तथा 'बल-प्रयोग' द्वारा व्यवस्था परिवर्तन के समर्थक होने के बावजूद मार्क्स हत्या, लूट-पाट आदि को समर्थन नहीं देते। वे अपरिपक्व समय में भी क्रांति का विरोध करते हैं। मार्क्स का सुझाव है कि पूंजीवाद से समाजवाद में संक्रमण का एक काल होगा। यह काल सर्वहारा वर्ग के अधिनायकत्व का काल होगा। इसमें समाज को वर्गविहीन बनाने का प्रयास जारी रहेगा अतः राज्य का अस्तित्व भी बना रहेगा।

मार्क्स के अनुसार सभी सरकारें अधिनायकवादी होती हैं। क्रांति के पूर्व बुर्जुआ वर्ग का अधिनायकवाद होता है और उसके बाद सर्वहारा वर्ग का अधिनायकवाद। परंतु दोनों में एक भारी अंतर है। पूर्व की व्यवस्था में अल्पसंख्यकों का बहुसंख्यकों के ऊपर शोषण तथा दमनकारी शासन था जबकि नयी व्यवस्था में बहुसंख्यकों का अल्पसंख्यकों के ऊपर दमनकारी शासन होगा। यह इसलिए आवश्यक है कि पूर्वकालीन पूंजीपति वर्ग पुनः अपनी शक्ति अर्जित करके अपनी व्यवस्था की पुनर्स्थापना न करे सके। इसलिए उन्हें पूर्णतया विनष्ट कर देने तक सर्वहारा वर्ग को अपनी शासन-सत्ता के द्वारा बल-प्रयोग करना पड़ सकता है। इस व्यवस्था का उद्देश्य दूसरे वर्ग का शोषण करना न होकर शोषक तथा शोषित वर्गों के अस्तित्व को मिटाना होगा ताकि समाज वर्गविहीन बन सके। इस संक्रमण काल में सर्वहारा वर्ग के अधिनायकत्व का उद्देश्य ऐसी उत्पादन-प्रणाली की व्यवस्था करना होगा जिसके अंतर्गत प्रत्येक व्यक्ति को अपनी इच्छा तथा योग्यता के अनुसार श्रम करने तथा उसका भौतिक तथा मानसिक संतोष प्राप्त करने का अवसर मिले और कठोर श्रम-विभाजन की व्यवस्था समाप्त की जा सके।

इस व्यवस्था में मनुष्य, श्रम इसलिये नहीं करेंगे कि उन्हें इसके लिए विवश होना पड़ता था, अपितु इस भावना से करेंगे कि वे श्रम करना चाहते हैं। चूंकि उत्पादन-प्रणाली व्यक्तिगत लाभ के उद्देश्य से संचालित न होकर

सामाजिक आवश्यकता के उद्देश्य से संचालित होगी और श्रम का महत्व बढ़ने से उत्पादन की मात्रा भी बढ़ जाएगी, अतएव आर्थिक शोषण का अंत हो जाएगा। अंततः उस समाज के झंडे पर यह नारा लिख दिया जाएगा कि इस समाज में प्रत्येक व्यक्ति अपनी योग्यता के अनुसार कार्य करता है और प्रत्येक अपनी आवश्यकता के अनुसार पारिश्रमिक प्राप्त होता है। ऐसी व्यवस्था के अंतर्गत सर्वहारा वर्ग के हाथ में ही पूर्णतया उत्पादन के समस्त साधनों का स्वामित्व तथा नियंत्रण रहेगा। उत्पादन-प्रणाली से पूंजीपति वर्ग का संबंध समाप्त हो जाने पर वह वर्ग शनैः-शनैः समाप्त हो जाएगा। चूंकि मार्क्स की दृष्टि में राज्य की सत्ता एक वर्ग द्वारा दूसरे वर्ग को सताने के लिए प्रयुक्त होती है, अतः पूंजीपति वर्ग का अंत हो जाने से नयी व्यवस्था में परस्पर विरोधी वर्गों का अस्तित्व समाप्त हो जाएगा। इसलिए राज्य की आवश्यकता नहीं रह जाएगी, वह स्वयं समाप्त हो जाएगा। मार्क्स की दृष्टि में राज्य को समाप्त नहीं किया जाता बल्कि वह लुप्त हो जाता है।

मार्क्सवाद के विभिन्न सिद्धांतों का यह अंतिम निष्कर्ष है कि वर्गविहीन तथा राज्यविहीन समाज की स्थापना ही इतिहास की द्वंद्ववादी शक्तियों का अंतिम लक्ष्य है। वर्गविहीन समाज की स्थापना हो जाने पर प्रतिवाद तथा संवाद का द्वंद्ववादी ऐतिहासिक विकास क्रम फिर इससे आगे नहीं बढ़ेगा, क्योंकि वर्गविहीन समाज ऐतिहासिक विकास की द्वंद्वात्मक प्रक्रिया का अंतिम तथा पूर्ण विकास है।

आधार ग्रंथ :

1. पाश्चात्य राजनीतिक विचारक, योगेंद्र कुमार शर्मा।
2. कम्युनिस्ट पार्टी का घोषणा पत्र, कार्ल मार्क्स और फ्रेडरिक एंगेल्स।
3. मार्क्सवादी साहित्य चिंतनः इतिहास तथा सिद्धांत, शिवकुमार मिश्र।
4. A Dictionary of Scientific Communism.
5. The Laws of Social Development, F.L.P.H., Moscow.

सर्वोदय

यों तो भारतीय दर्शन का आधार ही सबका कल्याण है तथा "सर्वे भवंतु सुखिनः, सर्वे संतु निरामयाः, सर्वे भद्राणि पश्यंतु मा कश्चित् दुखभाग भवेत" जैसे मूलमंत्र सदा संसार को इस बात का ध्यान दिलाते रहते हैं कि संसार का कल्याण किसी भी वर्ग विशेष तथा देश विशेष के कल्याण में नहीं, वरन् संपूर्ण मानव जाति के कल्याण में है, परंतु अपने आधुनिक रूप में सर्वोदय का विचार उसके प्रवर्तक महात्मा गांधी के हृदय में रस्किन की पुस्तक 'अन्टु दिस लास्ट' (Unto This Last) के पढ़ने से आया। गांधी जी ने अपनी आत्मकथा में लिखा है, "जिस पुस्तक ने मेरे जीवन में तत्काल महत्वपूर्ण परिवर्तन कराया, वह तो रस्किन की 'अन्टु दिस लास्ट' ही थी। उसे हाथ में लेने के बाद मैं छोड़ न सका। उसने मुझे पकड़ लिया। ट्रेन में उसे मैंने पढ़ डाला। घर पहुंचने पर मुझे सारी रात नींद न आई। पुस्तक में बताये विचार तुरंत अमल में लाने का मैंने इरादा किया।"

गांधी जी ने अपनी जिस लेख माला को सर्वोदय का नाम दिया है, उसकी प्रस्तावना में उन्होंने बताया है कि वह रस्किन की 'अन्टु दिस लास्ट' पुस्तक का ही सार है तथा चूंकि रस्किन की पुस्तक का उद्देश्य अधिकांश अथवा कुछ का उदय न होकर सबका उदय है, उन्होंने अपनी लेखमाला का नाम भी 'सर्वोदय' रखा है।

साम्यवाद (Communism) की मान्यता यह है कि सच्चा साम्यवाद तभी स्थापित हो सकता है, जब समाज के सम्पन्न वर्ग को हिंसापूर्ण क्रांति द्वारा समाप्त कर दिया जाए, तो लोक कल्याणकारी राज्य समाजवाद के उद्देश्य की प्राप्ति लोकतंत्रात्मक ढंग से सत्ता पर कब्जा द्वारा समाज के सम्पन्न वर्ग को समाप्त करके करना चाहता है। परंतु सर्वोदयी समाजवाद, इन दोनों ही प्रकार के समाजवादों से भिन्न है। उसका ध्येय किसी एक वर्ग का उदय करना नहीं, वरन् सबका उदय करना है। उसके ध्येय में उनका भी उदय सम्मिलित है, जिन्हें समाजवाद के अन्य रूप संपन्न वर्ग का मानकर समाप्त करने की बात कहते हैं। इस संबंध में विनोबा जी ने कहा है कि सर्वोदय "कुछ लोगों का अथवा बहुत लोगों का या अधिकांश लोगों का ही उदय नहीं चाहता। हम अधिकतम संख्या के अधिकतम हित से ही संतुष्ट नहीं हैं। हम ऊंचे-नीचे, सबल-निर्बल व विद्वान-मूर्ख सभी के हित से ही संतुष्ट हो सकते हैं। सर्वोदय शब्द से इस उच्च सर्वव्यापी भावना का बोध होता है।"

इस संबंध में यह प्रश्न उठना स्वाभाविक है कि सर्वोदयी विचारधारा के अनुसार उन लोगों के उदय से क्या तात्पर्य है, जो समाज की वर्तमान दशा में पहले से ही सम्पन्न हैं। संसार में जब निर्धन, अशक्त तथा शोषित

लोगों के उदय की बात कही जाती है, तो वह ठीक प्रतीत होती है, परंतु जब उन लोगों के भी उदय की बात कही जाती है जो सम्पन्न हैं, तो यह कुछ अजीब सा मालूम होता है। सर्वोदयी विचारधारा की मान्यता है कि इस दुःखी संसार में प्रत्येक व्यक्ति को उठाया जाना आवश्यक है। विनोबा जी के शब्दों में "सर्वोदयी विचारधारा के अनुसार धनी लोग बहुत पहले से गिरे हुए हैं और निर्धन लोग कभी उठे ही नहीं हैं। परिणाम यह है कि दोनों को ही उठाना है।" सर्वोदय के अनुयायियों के अनुसार जो धनिक हैं, वे नैतिक व आध्यात्मिक दृष्टि से गिरे हुए हैं, क्योंकि उनका यह रूप दूसरों के शोषण पर आधारित है। अतः यदि स्वेच्छा से ये अपनी आवश्यकता से अधिक संपत्ति का त्याग कर सकें, तो उनका नैतिक उत्थान होगा। दूसरी ओर जो निर्धन व शोषित लोग हैं, उनके लिए रोटी-कपड़े की समस्या की पूर्ति ही नैतिकता, आध्यात्मिकता आदि सब कुछ है। अतः यदि उनकी इन समस्या का समाधान हो सके, तो उन्हें भी नैतिक-आध्यात्मिक दृष्टि से ऊपर उठने का अवसर प्राप्त होगा।

अन्य समाजवादी विचारधाराओं ने भी अपने-अपने ढंग से यही प्रतिपादित करने का प्रयत्न किया है कि सबका कल्याण कैसे हो सकता है। परंतु उन सबके द्वारा प्रतिपादित ढंगों की विशेष बात यह है कि उनमें उद्देश्य की प्राप्ति व्यक्ति की आंतरिक प्रेरणा के फलस्वरूप नहीं, बाहरी दबाव के फलस्वरूप ही करने की बात कही गई है। उदाहरणार्थ, सबके कल्याण के उद्देश्य की प्राप्ति का साम्यवादी समाधान यह है कि समाज के संपन्न वर्ग को हिंसात्मक क्रांति द्वारा समाप्त कर दिया जाए तथा फिर सर्वहारा वर्ग का अधिनायकतंत्र बलपूर्वक साम्यवादी समाज की स्थापना करके सबका कल्याण करे। लोक कल्याणकारी राज्य द्वारा सबके कल्याण का ढंग यह है कि हिंसा का प्रयोग न किया जाए, परंतु राजकीय व्यवस्थापन द्वारा सम्पन्न वर्ग की सम्पन्नता को तथा विपन्न वर्ग की विपन्नता को समाप्त करके, सबके कल्याण का मार्ग प्रशस्त किया जाए। परंतु इन दोनों ही मार्गों में सबके कल्याण की प्राप्ति व्यक्ति की अंतः प्रेरणा से न होकर, बाहरी दबाव से होती है। सर्वोदयी विचारधारा का प्रतिपादन ऐसा नहीं है, उसके अनुसार किसी बाहरी दबाव के कारण व्यक्ति को सर्वोदय के लिए प्रयत्नशील नहीं होना है, वरन् ऐसा उसे अपनी अंतःप्रेरणा से स्वतः की करना है।

सर्वोदय का पहला आधार इंद्रिय निग्रह है। व्यक्ति का व्यक्तित्व ऐसी वस्तु है, जिससे व्यक्ति का संबंध जन्म से ही होता है। यदि सभी व्यक्ति स्वयं ही अपनी इंद्रियों पर संयम रखें, तो सबका कल्याण स्वतः ही होगा। यह कोई असम्भव बात नहीं है। विनोबा ने इस संबंध में कहा है कि "बुरी आदतों के कारण संयम रखना मुश्किल होता है, नहीं तो यह मामूली बात है। जो कछुआ जानता है, उसे मनुष्य क्यों नहीं जानेगा ? जहां खतरा है, वहां इंद्रियों को समेट लेना और जहां नहीं है, उन्हें खुला छोड़ देना कछुआ जानता है। मनुष्य के लिए यह कोई कठिन बात नहीं है कि जितनी भूख है उतना खाना, प्यास लगने पर पानी पीना, लेकिन न तो ज्यादा खाना और न ज्यादा निद्रा लेना। क्या यह कठिन बातें हैं, जिनके लिए हमें अभ्यास करना पड़े ? परंतु गलत तालीम दी जाती है, इसलिए यह भारी तपस्या मालूम होती है। सर्वोदय-विचार में यह तत्त्व मुख्य है कि अपने मन को वश में रखना चाहिए, इंद्रियों को काबू में रखना चाहिए।"

सर्वोदय का दूसरा आधार नये समाज का निर्माण करना है। उसके लिए हमें एक नया समाज शास्त्र बनाना होगा। इसका आधार यह होगा कि एक के सच्चे हित के विरुद्ध दूसरे का अहित नहीं हो सकता है। इसी मान्यता के अनुसार हमें एक ऐसे नये समाज की रचना करनी होगी जिसमें पारस्परिक व्यवहार का आधार हितों का पारस्परिक विरोध न होकर उनका साम्य होगा। समाज के लोगों की जैसी शिक्षा-दीक्षा होती है, वैसा ही समाज बनता है। अतः नये दृष्टिकोण के अनुसार समाज का नव-निर्माण करने के लिए शिक्षा का दृष्टिकोण भी बदलना होगा।

सर्वोदय का तीसरा आधार यह है कि सब का संबंध सृष्टि के साथ आवश्यक रूप से होना चाहिए, क्योंकि व्यक्ति के शरीर का पोषण सृष्टि में से ही होता है। इसका तात्पर्य यह है कि सृष्टि उसी प्रकार सब का पोषण करती है, जिस प्रकार माता अपनी संतान का पोषण करती है, परंतु यदि हमारे सामने यह समस्या आती है कि भूमि, जनसंख्या का पूरा भार संभालने में असमर्थ है, तो इसका कारण यह नहीं है कि यह उसकी असमर्थता है, वरन् इसका कारण यह है कि सब व्यक्ति सृष्टि की सेवा, उसी प्रकार नहीं करते जिस प्रकार सब संतान अपनी माता की सेवा करती हैं। यदि सभी सृष्टि की सेवा करें अर्थात सभी अपनी पूरी शक्ति से कार्य करें, तो जनसंख्या के नाते कभी कोई समस्या उत्पन्न नहीं हो सकती है।

विनोबा जी के शब्दों में सर्वोदय का "यह सिद्धांत है कि सृष्टि में जो प्राणी और जंतु हैं, उनके पोषण का इंतजाम सृष्टि में ही है। लेकिन सृष्टि की सेवा के लिए हमें भगवान ने जो हाथ दिए हैं, उनका हमें पूरा उपयोग करना है।" विनोबा जी ने इस संबंध में यहां तक कहा है कि "हमारा प्रधानमंत्री भी चार घंटे खेती करेगा और फिर चार घंटे दूसरा काम करेगा।"

सर्वोदय का चौथा आधार सर्वोदयी विचारधारा के अनुसार राज्य व सरकार का क्षय है। जैसा कि विनोबाजी

ने कहा है कि "सरकार कोई नैसर्गिक वस्तु नहीं है, बनावटी चीज है लेकिन आज हालत यह हो रही है कि जहां मनुष्य का जन्म हुआ वहां उस पर सरकार का अंकुश आ जाता है। सरकार की शक्ति इतनी व्यापक हो गई है कि जीवन के सभी अंगों से उसका स्पर्श होता है। विनोबाजी ने अपने इस कथन में यद्यपि सरकार शब्द का प्रयोग किया है, तथापि यह स्पष्ट है कि उन्होंने इस प्रसंग में जो कुछ कहा है वह राज्य के लिये ही कहा है। अतः यह पूरी तरह से स्पष्ट है कि सर्वोदयी विचारधारा राज्य को एक कृत्रिम संस्था मानती है। फलतः उसका यह प्रतिपादन है कि राज्य व उसकी सर्वव्यापकता का ह्रास होना चाहिये।

सर्वोदय एक ऐसे विकेन्द्रीकृत समाज की रचना चाहता है, जिसमें वर्ग विभेद न रहे और सभी नागरिक बिना किसी भेदभाव के अपनी आर्थिक, सामाजिक तथा राजनीतिक उन्नति कर सकें। अपने इसी उद्देश्य की प्राप्ति के लिए सर्वोदयी विचारधारा सत्ता का विकेंद्रीकरण करना चाहती है। वह यह मानकर चलती है कि सत्ता जितनी अधिक केंद्रीकृत होगी, समाज, राज्य या व्यक्ति उतना ही अधिक भ्रष्टाचारी होगा। अतः भ्रष्टाचार को रोकने के लिए सत्ता का अधिक से अधिक विकेंद्रीकरण किया जाना चाहिए।

महात्मा गांधी की समूची विचारधारा का केंद्र नगर न होकर गांव है। भारत एक गांव प्रधान देश है, जहां आर्थिक व्यवस्था का आधार नगर न होकर गांव है। ऐसी अवस्था में सर्वोदयी विचारधारा ऐसे आत्मनिर्भर ग्रामों की रचना करना चाहती है, जिसमें कोई भी व्यक्ति किसी का शोषण न करे। स्वयं बापू ने कहा था कि "गांव में जान तभी आ सकती है, जब वहां पर हो रहा अत्याचार समाप्त हो जाए। हमें यह प्रयत्न करना चाहिए कि प्रत्येक गांव हर क्षेत्र में आत्मनिर्भर हो और अपनी आवश्यकताओं के उत्पादन की क्षमता रखता हो।"

सर्वोदयी विचारधारा आर्थिक समानता का आदर्श लेकर चलती है। वह व्यक्ति से आशा करती है कि वह अपने अधिकार में केवल उतनी ही संपत्ति रखे जितनी कि उसे आवश्यकता हो। यदि आवश्यकता से अधिक वस्तुओं का संग्रह किया जाता है, तो उससे समाज के अन्य सदस्यों के लिए कठिनाइयां उत्पन्न होती हैं तथा समाज के अन्य लोग अपनी आवश्यकताओं की पूर्ति से वंचित होते हैं। इसलिए सर्वोदयी विचारधारा प्रत्येक व्यक्ति से अनुरोध करती है कि वह अपने आपको संपत्ति का स्वामी न समझ कर उसका न्यासी (ट्रस्टी) समझे और संपत्ति का उपभोग सार्वजनिक हित में करे। सर्वोदयी विचारधारा इसी तरह के परिवर्तन के द्वारा समाज की वर्तमान बुराइयों को दूर करना चाहती है।

सर्वोदय की जिस विचारधारा की नींव गांधी जी ने रखी है, उसमें भी साधनों की पवित्रता पर अत्यधिक बल दिया गया है और सर्वोदय के आदर्श की प्राप्ति के लिए प्रयत्न करने वालों के लिए यह आवश्यक बताया है कि अपने उद्देश्यों की प्राप्ति के लिए वे केवल सत्य व अहिंसा पर आधारित पवित्र साधनों को ही प्रयोग में लायें। जहां तक इंद्रिय संयम का प्रश्न है, विनोबा जी का मत है कि उसके लिए हमें अध्यात्म व योग की साधना करनी होगी।

सर्वोदय का एक व्यावहारिक साधन भूदान यज्ञ है। विनोबा जी ने इसे 'भूदान यज्ञ' इसलिए कहा है, क्योंकि यदि इसे सीधी-सीधी भाषा में बताया जाए, तो यही कहा जा सकता है कि जिनके पास अपनी आवश्यकता से अधिक भूमि है, वे स्वेच्छा से उसे उन लोगों को दान कर दे जो भूमिहीन हैं। जयप्रकाश नारायण के अनुसार "आर्थिक व सामाजिक क्रांति लाने का यह एक गांधीवादी ढंग, एक नई जीवन विधि व सैद्धांतिक व्यावहारिक रूप तथा एक नया सामाजिक दर्शन है। यह एक नवीन मानवता व एक नवीन सभ्यता का श्रीगणेश है।"

भूदान जैसा ही दूसरा आंदोलन संपत्तिदान का आंदोलन है, जिसके द्वारा सर्वोदय के अनुयायी समाज से आर्थिक असमानता को दूर करना चाहते हैं। इसके मूल में भी गांधी जी द्वारा प्रतिपादित प्रयास की भावना है, जिसकी मान्यता है कि समाज से व्यक्ति जो कुछ प्राप्त करता है, उसे उसको समाज की धरोहर समझनी चाहिये और उसका प्रयोग उसे समाज के साथ करना चाहिये।

भूदान व संपत्तिदान से आगे का चरण ग्रामदान है, जिसके द्वारा सर्वोदय के अनुयायी आर्थिक असमानता को ही समाप्त नहीं करना चाहते, वरन जिसके द्वारा वे भूमि के व्यक्तिगत स्वामित्व को ही अहिंसात्मक ढंग से समाप्त कर देना चाहते हैं। ग्रामदान का तात्पर्य यह है कि सब लोग अपने-अपने अधिकार की भूमि को ग्राम समाज को दान दे देते हैं। ग्राम समाज द्वारा सारी भूमि किसानों में बांट दी जाती है और वे उस पर आवश्यकता पड़ने पर एक दूसरे की सहायता से भी काम करते हैं।

ग्रामदान कोई त्याग नहीं है, वरन वह अपने सर्वस्व को अच्छे जीवन में लगाता है। "लोग सुखद सहयोग से रहना सीख सकेंगे। सर्वोदयी समाज-व्यवस्था का रूप व्यक्ति व समाज के उस योग का है, जिसे विनोबा जी ने 'साम्यवाद' के विपरीत 'साम्ययोग' की संज्ञा दी है और कहा है कि इसके अंतर्गत प्रत्येक व्यक्ति, अपनी शक्ति, समाज को अर्पण कर देता है और समाज की ओर से जो मिलता है, उसे प्रसाद के रूप में ग्रहण करता है।

सर्वोदय पर गांधीवादी विचार दर्शन की अमिट छाप है। सत्य, अहिंसा, भूदान, ग्रामदान और विश्वबंधुत्व इस विचारधारा के मूल में है। भारत की वर्तमान परिस्थितियों में इस विचारधारा का महत्व और मुखरित हो उठा है। सर्वोदय के सिद्धांत का हिंदी साहित्य पर गहरा प्रभाव देखा जा सकता है। लेकिन इस विचारधारा का भी हश्र दुखद हुआ।

आधार ग्रंथ :

1. आधुनिक राजनीतिक विचारधाराएं, डॉ. इकबाल नारायण।
2. आधुनिक राजनीतिक चिंतन, हरिदत्त शास्त्री।
3. Sarvodaya, Mahatma Gandhi.
4. The Five Gifts, Masani.
5. Unto This Last, Ruskin.
6. Sarvodaya Ke Adhar From Bhoodan to Gramdan, Vinobaji.
7. अकथ कहानी प्रेम की : कबीर का काव्य और उनका समय, पुरुषोत्तम अग्रवाल।

सहज-शून्य

संतों ने 'सहज' और 'शून्य' शब्दों का प्रयोग प्रायः एक साथ किया है। सिद्धों, नाथों तथा संतों में समान रूप से सहज शब्द का महत्व है। यद्यपि इसे एक ही अर्थ में सभी ने प्रयुक्त नहीं किया है। संतों के अनुसार तत्त्व अनिर्वचनीय है क्योंकि वह न तो 'सत्' है, न 'असत्', न 'सदसत्', न 'सदसद्भिन्न'। 'तत्व' और 'संसार' दोनों ही शून्य हैं। 'तत्व' प्रपञ्च-शून्य' है और संसार ' स्वभाव-शून्य'। नाथ-पंथ में 'शून्य' का प्रयोग इससे भिन्न अर्थ में किया गया है। नाथपंथी योगियों के अनुसार सहस्रार चक्र ही शून्य चक्र है। इस चक्र में पहुंचकर जीवात्मा सुख-दुख, राग-द्वेष, हर्ष-अमर्ष, इन सभी द्वंद्वों से ऊपर उठ जाता है। यही शून्यावस्था है। नाथपंथी योगियों के लिए यह शून्यावस्था ही सहजावस्था है। यहां सहज को परम तत्त्व के रूप में ग्रहण किया गया है। गोरखनाथ सहज तत्त्व के व्यापारी बताये गए हैं। सहज को 'परम तत्त्व निर्वान' बताया गया है। इस प्रकार 'शून्य' और 'सहज' एक ही स्थिति के बोधक शब्द हैं। 'शून्य' की उपलब्धि ही 'सहज' की उपलब्धि है। बौद्ध-सिद्धों ने 'शून्य' को 'परमपद' कहा था और इसे प्राप्त करने पर 'महासुख' की अनुभूति की कल्पना की थी। सिद्ध सरहपाद ने कहा था, "सुण्णा णिरञ्जण परम पउ, सुइणोमाअ सहाब"। अर्थात् परमपद शून्य निरंजन है और इसका स्वभाव स्वप्नोपम है। यह परम पद अक्षर और वर्ण से, बिंदु और चित्र से परे है। यह न सीमित है न विस्तृत। यह परम महासुख रूप है-

"अक्खर-वण्णा-विवज्जिअ णउ सो बिंदु ण चित्त।
एहु सो परममहासुह, णउ फेडिअ णउ खित्त।।"

यह परमपद आदि, मध्य और अंत-रहित है, भव और निर्वाण एवं आत्म और पर की भावना से परे है-

"आइ ण अंत ण मज्झ नहि, णउ भव णउ णिव्वाण।
एहु सो परम महासुह, णउ पर णउ अप्पाण।।"

यह परमसुख ही सहजानंद है और शून्य परमतत्व ही सहज तत्त्व है। इस सहजानंद की अवस्था में इंद्रिय बोध समाप्त हो जाता है और आत्मस्वभाव (अपने आप को जानने की स्थिति) भी नष्ट हो जाता है-

"इन्दी जत्थ विलीअ गउ, णट्ठो अप्प सहाब।
सो हलें सहजानंद तण, फुड पुच्छह गुरुपाव।"

इस सहजानंद को प्राप्त करने के लिए जीवन को नैसर्गिक रूप में बिताना आवश्यक है। चित्त का अनावश्यक निरोध अनुचित है। यह संसार सहजानंद से पूरित है। शुद्ध चित्त से नैसर्गिक जीवन यापन करते हुए सांसारिक विषयों का भोग सहज साधना है। सिद्ध सरहपाद ने कहा था-

"जइ जग पूरिय सहजाणन्दे।
णाचहु गाअहु विलसहु चङ्गे।
जइ पुणु घेप्पहु वासण विन्दे।
तह फुड बाज्झहु ए भव फन्दे।।"

सरहपाद का लक्ष्य यह नहीं था कि सहज-साधना के नाम पर मुक्त भोग की छूट दी जाए। वे इस बात के समर्थक थे कि मानव की जो सहज आवश्यकतायें हैं, उन्हें सहज रूप से पूरा होने देना चाहिए। किंतु कालांतर में सहज-साधना के नाम पर गुह्य-समाज एकत्र होने लगे और इन समाजों में स्त्री-पुरुषों को मद्य-मैथुन की पूरी छूट दी गई। नाथपंथी योगियों ने इस प्रकार की 'सहज-साधना' का विरोध किया। उन्होंने संयम पर बल दिया और शिव-शक्ति के समरसीकरण की साधना को सहज-साधना का नाम दिया।

कबीरदास ने सहज भाव से विषयों के त्याग और अनासक्त जीवन को सहज-साधना के रूप में अपनाया। इस अर्थ में उन पर नाथपंथ का प्रभाव अधिक है। उन्होंने कहा है,

"सहज सहज सब कोउ कहै, सहज न चीन्है कोइ।
जिन्ह सहजै विषिया तजी, सहज कहीजै सोइ।।"

सहज तत्त्व के रूप में उन्होंने अपने 'राम' को प्रतिष्ठित किया और राम से मिलकर एक होने के आनंद को ही उन्होंने 'सहजानंद' माना-

"सहजै सहजै सब गए, सुत-वित-कामिणी-काम।
एकमेक ह्वै मिलि रह्यो, दास कबीरा राम ।।"

इस प्रकार सहज और शून्य को कबीरदास ने राम या हरि का पर्याय बना दिया। योगियों के जिस शून्य-मंडल में बिना सूर्य और चंद्रमा के दिव्य ज्योति प्रकाशित होती थी; जहां आदि निरंजन आनंद करते थे, जहां वियोग और संयोग, धूप और छाया, दिन और रात की विषमतामूलक स्थिति का कोई प्रभाव नहीं था, जहां पहुंचकर योगी साधक 'सोऽहं' की अनुभूति करता था, उसका चित्त पाप और पुण्य से परे हो जाता था और वह अविचल होकर सहज-शून्य में समा जाता था वहीं कबीरदास ने श्री कमलाकांत को स्थापित कर दिया-

"कदली पुहुप दीप परकास।
रिदा पंकज महिं लिया निवास।।
द्वादस दल अभिअंतर मंत।
जहां पउढ़े स्त्री कवलाकंत।।
अरध उरध बिच लाइलै अकास।
सुन्नि मंडल महिं करि परगासु।।
जहां सूरज नाही चंद।
आदि निरंजन करै आनंद।।
जो ब्रह्मांडि पिंडि सो जानु।
मानसरोवर करि असनानु।।
सोहं हंसा ताकौ जाप।
ताहि न लिप्त पुन्नि अरु पाप।।
अमिलन मिलन घाम नहि छांहा।
दिवस न राति कछू है ताहां।।
टार्यो टरै न आवै जाइ।
सहज सुन्नि महि रह्यो समाइ।।"

आधार ग्रंथः

1. कबीर-मीमांसा, रामचंद्र तिवारी।
2. हिंदी काव्यधारा, राहुल सांकृत्यायन।
3. कबीर, हजारीप्रसाद द्विवेदी।
4. दोहा कोश, प्रबोध चंद्र बागची।
5. गोरख बानी, पीतांबरदत्त बड़थ्वाल।
6. हिंदी काव्य में निर्गुण संप्रदाय, पीतांबरदत्त बड़थ्वाल।
7. अकथ कहानी प्रेम की : कबीर का काव्य और उनका समय, पुरुषोत्तम अग्रवाल।

सहृदय

सहृदय का अर्थ है समान हृदय वाला अर्थात जिसका हृदय कवि के हृदय के समान हो। दरअसल, रस निष्पत्ति के प्रसंग में साधारणीकरण की प्रक्रिया तभी पूरी हो सकती है जब कवि और पाठक, दर्शक या श्रोता एक समान भावभूमि पर उपस्थित हों। यह तभी संभव है जब कवि का हृदय पाठक, दर्शक या श्रोता के 'हृदय के समकक्ष' हो। कुछ आचार्यों ने 'सहृदय' का शाब्दिक अर्थ 'हृदय सहित' भी किया है।

'सहृदय' शब्द रस निष्पत्ति की प्रक्रिया की व्याख्या के दौरान चर्चित हुआ। उसकी चर्चा के मूल में आचार्यों के बीच विमर्श के उस प्रश्न की भी कम भूमिका नहीं है कि आखिर साहित्यिक रस को ग्रहण करने का अधिकारी कौन है ? लोक में बार-बार यह दोहराया जाता रहा है कि 'अरसिकेषु कवित्तनिवेदनम् सिरसि मा लिख मा लिख मा लिख" अर्थात् अरसिक या हृदयहीन व्यक्ति के सामने कविता नहीं पढ़नी चाहिए क्योंकि वह तो उसके मर्म को समझ ही नहीं सकता, उसमें काव्य मर्म को ग्रहण करने की क्षमता का अभाव होता है। इसीलिए लोक और शास्त्र दोनों ही परंपराओं में काव्य मर्म के या ज्ञान के अधिकारी का महत्व रहा है।

भारतीय काव्यशास्त्र में काव्य के प्रति अभिरुचि रखने वाले के लिए समय-समय पर अनेक शब्दों का प्रयोग होता रहा है-सहृदय, सुमनस, प्रमाता, नागरक, सामाजिक, भावक, प्रेक्षक-दर्शक, आस्वादक, रसज्ञ या रसिक, मर्मज्ञ, गृहीता, भोक्ता आदि। प्राचीन साहित्य-संगीत कलाओं में 'सामाजिक' पर विशेष रूप से ध्यान केंद्रित था। नाटक के दर्शक को कैसा होना चाहिए, इस विषय में भरत के 'नाट्यशास्त्र' में स्पष्ट रूप से कहा गया है कि उसकी सभी इंद्रियां दुरुस्त होनी चाहिए, उसे दोष का जानकार और रागी होना चाहिए। जो व्यक्ति शोक से शोकान्वित न हो सके और आनंदजनक दृश्य देखकर आनंदित न हो सके अर्थात् जो संवेदनशील न हो, उसे 'नाट्यशास्त्रकार' दर्शक या प्रेक्षक का पद नहीं देना चाहता।

भरतमुनि के 'नाट्यशास्त्र' का सामाजिक अथवा प्रेक्षक ही कश्मीरी शैव आचार्यों के यहां आकर 'सुमनस', 'प्रमाता' अथवा 'सहृदय' में रूपांतरित हो गया। शैवाद्वैत-चिंतन में 'सहृदय' शब्द का प्रयोग 'संविद' या 'चित्' के लिए हुआ है। जिसमें रागात्मकता सक्रिय रहती है। शैवाचार्यो का मन 'सहृदय' शब्द में इतना रमा है कि उन्होंने अपनी कृतियों का नाम रखा है-'सहृदयालोक',

'सहृदय-हृदय-दर्पण' आदि। बहुत से प्राचीन ग्रंथों में 'ध्वन्यालोक' को 'सहृदयालोक' तक कहा गया है। अभिनवगुप्त ने 'ध्वन्यालोक लोचन' में अपार-श्रद्धा भाव के साथ आनंदवर्धन को 'सहृदय चक्रवर्ती' कहा है। वस्तुतः 'सहृदय' संबंधी अवधारणा के निर्माण और प्रचलन में आनंदवर्धन की प्रमुख भूमिका रही है। संभवतः 'सहृदय' शब्द के पहले प्रयोक्ता भी वही हैं।

आनंदवर्धन ने यह प्रश्न उठाया है कि 'सहृदयत्व' क्या है ? क्या रस-भाव की अपेक्षा न करके काव्य के आश्रित संकेत विशेष की जानकारी रखना ही 'सहृदयत्व' है? अथवा रस-भाव आदि काव्य के स्वरूप की मर्मज्ञता 'सहृदयत्व' है ? और निष्कर्ष देते हैं कि सहृदय में स्मृति की सघनता और धी तथा भावयित्री प्रतिभा का स्फुरण होता है। इस स्फुरण में 'सृष्टि' का नया अर्थ-रस प्राप्त होता है। इसलिए रसज्ञता ही सहृदयत्व है। यह सहृदयत्व प्रतिभा-विशेष है, कवि की कारयित्री प्रतिभा की भांति भावक की 'भावयित्री प्रतिभा' इसी का नाम है।

दरअसल, ध्वनिवादी आचार्यों ने व्यंग्यार्थ को ग्रहण करने के लिए सहृदय में प्रतिभा-विशेष को आवश्यक माना है। अभिनवगुप्त के अनुसार प्रतिभा का सहकारत्व ही व्यंजना का प्राण है। उन्होंने 'सहृदय' की व्याख्या करते हुए कहा है कि 'अधिकारी चात्र विमलप्रतिभान शाली सहृदयः। वह 'विमल प्रतिभानशाली' होता है और 'अधिकारी' भी होता है। उनका पूरा बल इस विचार पर है कि सहृदय ही काव्य का अधिकारी हो सकता है-हर कोई नहीं। वह अधिकारी इसलिए है कि उसमें काव्यार्थ-ग्रहण की क्षमता है। इस क्षमता का नाम ही 'मानसी साक्षात्कारात्मिका शक्ति' है। इस शक्ति द्वारा वह काव्य से मानस-साक्षात्कार करता है, अर्थात पूरे विभावादि का मानस-बिंब उसके सामने आ जाता है। आज का विद्वान इस शक्ति को 'कल्पना' कहता है, प्राचीन आचार्य इसे ही 'भावना' कहते रहे हैं। पूरी परंपरा के चिंतन को सहेजने के बाद मम्मट ने 'सहृदय' के लिए 'प्रतिभाजुष' शब्द का प्रयोग किया। व्यंग्यार्थ की प्रतीति के लिए प्रतिभा अनिवार्य है। प्रतिभा के तीन रूप हैं-स्मृति, मति, प्रज्ञा। प्रतिभा ही 'वासना' कहलाती है और 'नवनवोन्मेषशालिनी प्रज्ञा' इसी का नाम है। प्रतिभा या वासना के बिना रस-प्रतीति संभव ही नहीं है-सवासन या प्रतिभावान ही सहृदय हो सकता है। जो प्रातिभ नहीं है, वे काव्य और नाटक के भोक्ता नहीं हो सकते।

ध्वन्यालोककार ने 'सहृदय' के लिए 'सचेतस' शब्द का भी इस्तेमाल किया है और उसकी व्याख्या करते हुए लिखा है कि जिनकी आत्मा सतही अर्थ से संतुष्ट नहीं होती है, वे ही सचेतस हैं, 'सहृदय' हैं अर्थात मार्मिक अर्थ को प्राप्त करने की बेचैनी ही सहृदयता है।

अभिनवगुप्त कहते हैं,

"येषां काव्यानुशीलनाभ्यांसाद्विशदीभूते मनोमुकुरे वर्णनीयतन्मयीभेवनयोग्यता ते स्वदयसंवादभाजः सहृदयाः। यथोक्तम्, "योऽर्थो हृदय संवादी तस्य भावो रसोद्भवः/शरीरं व्याप्यते तेन शुष्कं काष्ठमिवाग्निना।।"

अर्थात सहृदय वे हैं जिनका हृदय-दर्पण काव्य के गहन अनुशीलन के अभ्यास से निर्मल हो गया है और इसलिए उस हृदय-दर्पण में वर्णनीय विषय के साथ तन्मय होने की क्षमता आ गई है। ऐसे कवि के हृदय के साथ अपने हृदय का संवाद स्थापित करनेवाले सहृदय हैं। जैसे सूखे काठ में जरा सी आग रख देने से वह धधक उठती है वैसे ही सहृदयों में रस की व्याप्ति की क्षमता होती है। अभिनवगुप्त के लिए 'सहृदय' का 'विमल प्रतिभाशाली' होना ही पर्याप्त नहीं है, वह कवि-हृदय के समान हृदय वाला भी हो, तभी उसमें 'तन्मयीभवन' तथा 'हृदय-संवाद' की सामर्थ्य होगी। 'तन्मयीभवन' का अर्थ है स्वतद्रूपता को छोड़कर पर-तद्रूपता को प्राप्त होना, देश-काल नियति के संकुचित बंधनों से मुक्त होकर काव्यार्थ ग्रहण करना।

हिंदी के आचार्यों में आचार्य रामचंद्र शुक्ल ने सहृदय की चर्चा करते हुए आनंदवर्धन को उद्धृत किया है और सहृदयों की प्रशंसा करते हुए लिखा है कि जो भावुक या सहृदय होते हैं अथवा काव्य के अनुशीलन से जिनके भाव प्रसार का क्षेत्र विस्तृत हो जाता है, उनकी वृत्तियां उतनी स्वार्थबद्ध नहीं रह सकतीं। इसी तरह आचार्य हजारीप्रसाद द्विवेदी ने कालिदास के नाटकों की सफलता का जिक्र करते हुए लिखा है कि कालिदास आदि जब परिषद की निपुणता की बात करते हैं तो निश्चय ही कुछ चुने हुए सदस्यों की बात करते हैं। वास्तव में ये चुने हुए 'सहृदय' ही कला मर्मज्ञ, कला पारखी, कला निष्णात, कला पारंगत, विद्या वारिधि जैसे संबोधन पाते थे। इस तरह हम कह सकते हैं कि आज यह उच्च कोटि का सहृदय ही आलोचक कहलाता है अथवा एक उच्च कोटि के आलोचक के लिए सहृदय होना पहली शर्त है।

आधार ग्रंथ :

1. रस मीमांसा, आचार्य रामचंद्र शुक्ल।
2. रस सिद्धांत, डॉ. नगेंद्र।
3. रस सिद्धांत और सौंदर्यशास्त्र, डॉ. निर्मला जैन।
4. सहृदय, पं. विद्यानिवास मिश्र।
5. हिंदी आलोचना के बीज शब्द, बच्चन सिंह।

सांप्रदायिकता

सांप्रदायिकता के लिए अंग्रेजी में कम्युनलिज्म (Communalism) शब्द प्रचलित है। सांप्रदायिक आधार पर बंटे दो समुदायों के बीच झगड़े और मारकाट को सांप्रदायिकता कहते हैं। सांप्रदायिकता हमारे देश की एक गंभीर समस्या बनी हुई है। इसी के कारण देश के तीन टुकड़े हो चुके हैं फिर भी इस समस्या का कोई हल नहीं निकल सका है। प्रसिद्ध इतिहासकार बिपिन चंद्र के अनुसार सांप्रदायिकता का आधार ही यह धारणा है कि भारतीय समाज कई ऐसे संप्रदायों में बंटा हुआ है जिनके हित न सिर्फ अलग हैं बल्कि एक-दूसरे के विरोधी भी हैं। अलग-अलग समुदायों और समूहों के हिंदू, मुस्लिम, सिख और ईसाई सिर्फ धार्मिक ही नहीं, बल्कि धर्म से परे मामलों में भी अलग-अलग समूह की तरह आचरण करेंगे क्योंकि उनके धर्म अलग-अलग हैं। धर्म से परे इन मामलों में राजनीति भी है। इसी विश्वास से सांप्रदायिक विचारधारा का जन्म हुआ और इसी की वजह से धर्मधारी समाज के लोगों के धर्मनिरपेक्ष हितों को भी अलग-अलग बांटकर देखा जाने लगा। 19वीं सदी के अंत में आरंभ हुई इस विचारधारा के 1936 तक के स्वरूप को उदार सांप्रदायिकता कहा जा सकता है। ये उदार सांप्रदायिक लोग मानते थे कि विभिन्न धर्मों के लोगों के निजी हित हैं और इन्हें संवाद या दबाव से जैसे भी बन पड़े साधना चाहिए। मगर यही लोग यह भी मानते थे कि हिंदू, मुस्लिम, सिख, ईसाई सभी धार्मिक समाजों के ज्यादातर धर्मनिरपेक्ष हित साझा हैं और यही साझापन उन्हें एक राष्ट्र बनाता है। इसीलिए उन्हें राजनीतिक आजादी, आर्थिक तरक्की और गरीबी से निपटने की लड़ाई साथ-साथ लड़नी चाहिए। इसीलिए उदार सांप्रदायिकों में हिंदू महासभा, मुस्लिम लीग और अकाली दल के लोग थे जो साझा मुद्दों पर आपस में बैठकर बात करते थे और झगड़े सुलझाते थे। ये भारतीय राष्ट्रीय कांग्रेस को मंच भी बनाते थे और कई बार अंग्रेज सरकार पर मिलकर मांगें पूरी करने के लिए जोर भी डालते थे।

बिपिन चंद्र के अनुसार 1937 के बाद सांप्रदायिकता का जो दौर शुरू हुआ वह झूठ, घृणा और हिंसा पर आधारित था और इसलिए बर्बर था। इसे फासिस्ट कहा जा सकता है। ये जो अतिवादी सांप्रदायिक लोग थे उन्होंने ऐलान कर दिया कि हिंदू और मुस्लिम समुदायों की भलाई एक-दूसरे को नष्ट कर देने में ही है। उन्होंने कहा कि हिंदू-मुस्लिम हित अलग ही नहीं, एक-दूसरे के लिए असहनीय भी हैं और दोनों समुदायों में संवाद से भी कोई फर्क नहीं पड़ने वाला। यह घृणा, अलगाव और निंदा के दौर की शुरुआत थी। जिन्ना और उनकी मुस्लिम लीग ने अब तर्क दिया कि भारत में दो राष्ट्र बसते हैं—हिंदू और मुस्लिम—और वे एक ही राष्ट्र में नहीं रह सकते। हिंदू महासभा के विनायक दामोदर सावरकर और राष्ट्रीय स्वयंसेवक संघ के माधव सदाशिव गोलवलकर यह तो मानते थे कि भारत है तो एक ही राष्ट्र, मगर उनकी राय में यह एक हिंदू राष्ट्र ही हो सकता है क्योंकि मुसलमान तो विदेशी हैं। (वे सिख, बौद्ध और जैन को हिंदू और इसीलिए उन्हें हिंदू राष्ट्र का स्वाभाविक अंग मानते थे।) मुस्लिम सांप्रदायिकों को अपने लिए अलग देश चाहिए था और हिंदू सांप्रदायिक ऐसा भारत चाहते थे जहां धार्मिक अल्पसंख्यकों को दब्बू, दास, दयनीय और कुल मिलाकर दूसरे दर्जे की जिंदगी जीने की अनुमति हो।

आजादी के बाद अतिवादी सांप्रदायिकता का पैरोकार राष्ट्रीय स्वयंसेवक संघ और उसके अग्रणी संगठन बने। सिखों में यह जगह भिंडरावाला जैसे लोगों और उनके वैचारिक पूर्वजों और वंशजों को दी जा सकती है। जमात-ए-इस्लामी जैसे संगठन तथा जम्मू और कश्मीर में सक्रिय अनेक अलगाववादी संगठन भी इसी तरह के संगठन हैं। आज की भाजपा के ज्यादातर सदस्य उदार सांप्रदायिक हैं मगर संघ और उससे जुड़े संगठनों को दुर्भाग्य से इसी श्रेणी में शामिल नहीं किया जा सकता।

भारत में सांप्रदायिक दंगे मुख्य रूप से ब्रिटिश साम्राज्यवाद के अंतर्विरोधों की उपज हैं। इनके पीछे ब्रिटिश शासकों की यह इच्छा थी कि स्वतंत्रता के लिए आंदोलनरत भारतीय जन-उभार को धार्मिक उन्माद में डुबोकर कमजोर किया जाए और येन-केन-प्रकारेण अपना शासन बरकरार रखा जाए।

विभूतिनारायण राय के अनुसार भारत में अंग्रेजों की प्रभावी उपस्थिति के पूर्व सिर्फ एक हिंदू-मुस्लिम संघर्ष का पता चलता है, जिसे सही अर्थों में सांप्रदायिक दंगे की संज्ञा दी जा सकती है। यह दंगा 1713 में अहमदाबाद में हुआ था। दंगे के एक प्रत्यक्षदर्शी खाफी खान के वर्णन के अनुसार एक हिंदू ने अपने मुसलमान पड़ोसी के विरोध के बावजूद दोनों के घरों के सामने मौजूद साझा अहाते में होली जलाने की तैयारी की। विवाद के कारण यह मामला एक मुसलमान अधिकारी के सामने ले जाया गया, जिसने हिंदू के पक्ष में फैसला दे दिया और हिंदू ने होली जला दी। दूसरे दिन मुसलमान ने पैगंबर के सम्मान में अपने घर के सामने एक गाय की कुर्बानी दे दी। इस पर उत्तेजित होकर आसपास के हिंदू इकट्ठे हो गए और उन्होंने वहां उपस्थित मुसलमानों पर हमला कर दिया। इस हमले में कुर्बानी देनेवाले मुसलमान का चौदह वर्षीय पुत्र मारा गया। इस घटना से अनेक मुसलमान क्रुद्ध हो उठे और इकट्ठा हो

गए। शहर में मौजूद अफगान सैनिक भी उनकी मदद के लिए आ गए। अगले तीन-चार दिन तक चलनेवाले दंगे में काफी संपत्ति का नुकसान हुआ और कई हिंदू तथा मुसलमान मारे गए। दोनों पक्षों के नेताओं ने शांति स्थापित कराने के लिए बादशाह से अपील की। इसके बाद भारत में अंग्रेजों की सत्ता स्थापित होने तक एक भी सांप्रदायिक दंगे का विवरण नहीं मिलता।

बीसवीं सदी के तीसरे-चौथे दशक में राष्ट्रवादी लोग विश्वास करते थे कि सामंतवाद और ब्रिटिश शासन के खिलाफ संघर्ष जैसे-जैसे जोर पकड़ेगा वैसे-वैसे सांप्रदायिकता का अपने-आप नाश होता जाएगा और एक धर्मनिरपेक्ष दृष्टि पनपेगी। समाजवादी, कम्युनिस्ट, नेहरू और सुभाष चंद्र बोस जैसे वामपंथी विचारों वाले लोग यह भरोसा भी करते थे कि वर्ग-संघर्ष और आर्थिक तथा सामाजिक मुद्दों के इर्द-गिर्द होने वाले जन-आंदोलनों से धर्मनिरपेक्षता की प्रक्रिया और जोर पकड़ेगी। 1947 के बाद नेहरू सहित कई का विश्वास था कि आर्थिक विकास, उद्योगों की तरक्की, शिक्षा का प्रसार, विज्ञान और तकनीकी प्रगति और लोकतांत्रिक प्रक्रिया का अनुभव क्रमशः सांप्रदायिक सोच को कमजोर कर देगा और एक धर्मनिरपेक्ष चेतना का विकास होगा। इसी तरह कई वामपंथी यह भरोसा करते रहे कि सामाजिक कायाकल्प के लिए किया जा रहा संघर्ष भी कुछ ऐसे ही नतीजे निकालेगा। इसके बाद और इसी विश्वास के कारण धर्मनिरपेक्ष ताकतों ने सिद्धांत के स्तर सांप्रदायिकता का पर विरोध करने में ढील बरती। 1930 से आज तक सांप्रदायिकता के विरोध और उसे निर्मूल करने के मामले में सबसे बड़ी गड़बड़ी यह हुई है कि सांप्रदायिकता का सामना कभी विचारधारा और राजनीति के धरातल पर नहीं किया गया। विरोध किया भी गया तो चलते-फिरते या कामचलाऊ अंदाज में कर लिया गया।

1950 के दशक में सांप्रदायिक हिंसा का खतरनाक उभार देखने के बाद जवाहरलाल नेहरू ने 1961 में राष्ट्रीय एकता परिषद का गठन किया। इस संस्था का उद्देश्य सांप्रदायिकता की समस्या को विचारधारा के स्तर पर सुलझाना था। लेकिन इस परिषद ने अपनी भूमिका का निर्वाह नहीं किया। शासकों ने जानबूझ कर इसे कमजोर बनाये रखा और आज भी वही स्थिति बनी हुई है। भाजपा के नेतृत्व वाली सरकार ने तो इसकी कोई बैठक तक नहीं बुलायी।

हिंदू-मुस्लिम एकता और सांप्रदायिक सद्भाव के लिए गांधीजी के निजी अभियान के अलावा राष्ट्रीय आंदोलन, सांप्रदायिक सोच के खिलाफ एक सतत जन-अभियान कभी खड़ा नहीं हो सका। यह ध्यान रखना महत्वपूर्ण है कि सांप्रदायिक विचारधारा बिना हिंसा के भी पनप सकती है लेकिन सांप्रदायिक हिंसा बगैर सांप्रदायिक विचारधारा के प्रचार के घटित नहीं हो सकती। सांप्रदायिकता को एक विचारधारा के तौर पर देखा जाए तो यह साफ हो जाता है कि इसे ताकत से नहीं दबाया जा सकता क्योंकि ताकत से या सरकारी प्रतिबंधों आदि के जरिये कोई विचारधारा नहीं मारी जा सकती। विचारधारा से विचारधाराओं के स्तर पर ही पार पाया जा सकता है। सांप्रदायिक हिंसा और इसके प्रचार को सिर्फ सरकार यानी राज्य ही रोक सकता है, मगर सांप्रदायिकता का उन्मूलन सिर्फ राज्य का काम नहीं है बल्कि यह सभी राजनीतिक दलों, बुद्धिजीवियों, संस्कृतिकर्मियों, लेखकों, कलाकारों, पत्रकारों और अध्यापकों का काम है।

धर्म और धार्मिक मतभेद सांप्रदायिकता के आधार नहीं है और वे इसके लिए जिम्मेदार भी नहीं हैं। जवाहरलाल नेहरू ने 'भारत की खोज' में लिखा है कि सांप्रदायिक झगड़ों का धर्म से कोई संबंध नहीं होता, हालांकि धर्म इन मुद्दों का बहाना बन जाता है। धार्मिक मतभेदों को सांप्रदायिक लोग अपनी राजनीति के लिए इस्तेमाल करते हैं और धर्म से राजनीतिक हित साधते हैं। महात्मा गांधी, मौलाना अबुल कलाम आजाद, चक्रवर्ती राजगोपालचारी और डॉ. राजेंद्र प्रसाद, मूलतः धार्मिक थे फिर भी पूरे धर्मनिरपेक्ष थे। बीसवीं सदी की शुरुआत के कई क्रांतिकारियों ने धर्म को प्रेरणा के लिए अपनाया लेकिन फिर भी वे सांप्रदायिक नहीं बने। उनके लिए धर्म आंतरिक शक्ति का एक ऐसा स्रोत था जिससे वे उपनिवेशवादी दमन का सामना कर सकते थे और अपनी जान दे सकते थे। धर्म ने इन लोगों को देश की आजादी के लिए जूझने की प्रेरणा दी।

गांधीजी ने 1940 में कहा था : 'धर्म को यथार्थ के रूप में एक निजी सरोकार और मनुष्य और ईश्वर के बीच संबंध के तौर पर स्वीकार किया जाना चाहिए।' 1942 में उन्होंने कहा : 'धर्म एक निजी मामला है जिसकी राजनीति में कोई जगह नहीं होनी चाहिए।' 1947 में उन्होंने कहा : 'धर्म हर व्यक्ति का एक निजी मामला है और इसे राजनीति या राष्ट्र के मामलों से नहीं जोड़ा जाना चाहिए।' 1947 में ही उन्होंने कहा : 'राज्य को पूरी तरह धर्मनिरपेक्ष होना पड़ेगा।" सांप्रदायिक लोग यह दावा करते हैं कि वे भारतीय संस्कृति के संरक्षक और झंडाबरदार हैं जबकि वास्तव में वे इसके मूल चरित्र और तत्त्वों के ही दुश्मन हैं।

सांप्रदायिकता लगातार पूरे देश में बढ़ रही है और उस दक्षिण भारत में भी पहुंच गई है जहां कोई नयी सामाजिक विचारधारा मुश्किल से ही घर कर पाती है। दलितों, पिछड़ी जातियों, आदिवासियों और मजदूरों के बीच भी सांप्रदायिकता आज की तारीख में इतनी बड़ी विपत्ति बन गई है कि अब देश की एकता पर भी खतरा

महसूस हो रहा है। सांप्रदायिकता के कारण भारत की सामाजिक और आर्थिक दशा पर प्रतिकूल असर पड़ा है। भारत की अर्थव्यवस्था को जिस रफ्तार से पनपना चाहिए था वह पनपी नहीं और इससे बेरोजगारी और असमानता बढ़ी। नतीजा सामाजिक हताशा और बेचैनी में निकला। इससे हुआ यह कि आर्थिक अवसरों और साधनों के लिए अंधी दौड़ मच गई। चमक-दमक और साधनों का शौकीन मध्यवर्ग तो इस भटकाव में फंसा ही, शिक्षा और खास तौर पर उच्च शिक्षा के व्यापक विस्तार के साथ दुर्लभ नौकरियों की जो अंतहीन प्रतियोगिता शुरू हुई, उसने एक नया नाराज युवा वर्ग तैयार किया है। यह वर्ग सांप्रदायिक ताकतों के काम आ रहा है।

आधार ग्रंथ :

1. सांप्रदायिकता एक परिचय, बिपिन चंद्र ।
2. सांप्रदायिक दंगे और भारतीय पुलिस, विभूति नारायण राय।
3. सांप्रदायिकता और भारतीय राजनीति, रजनी कोठारी।
3. Communal Rites in Godhara, Asgar ali Engineer.

वेबसाइट : www.en.wikipedia.org/wiki/communalism
www.bopsecrets.org/rexroth/communalism.htm

साधारणीकरण

रस निष्पत्ति के प्रसंग में 'साधारणीकरण' शब्द का विशेष महत्व है। भारतीय रस-चिंतन के अंतर्गत साधारणीकरण पर विचार करने की लंबी परंपरा रही है। 'साधारणीकरण' शब्द का प्रयोग सर्वप्रथम भट्टनायक (10वीं सदी) ने रस-निष्पत्ति संबंधी भरत के प्रख्यात सूत्र—

'विभावानुभावव्यभिचारिसंयोगाद्रसनिष्पत्ति'-की व्याख्या करते हुए किया है।

काव्य में वर्णित विशिष्ट पात्रों के 'भाव', 'सहृदय', 'साधारण' या 'सर्वसाधारण' के आस्वाद के विषय किस प्रकार हो जाते हैं-इसी प्रश्न का समाधान है—साधारणीकरण सिद्धांत। उनके सामने प्रश्न था कि सहृदय जब वर्णित पात्रों के प्रति श्रद्धा, भक्ति, प्रीति, घृणा आदि भाव रखता हो तब रसानुभूति कैसे होगी ? व्यापक अर्थ में 'साधारणीकरण' को 'काव्यानुभूति की प्रक्रिया' कहा जा सकता है। इस प्रक्रिया का गहरा संबंध सम्प्रेषण व्यापार से है। आज इस बात पर आम सहमति है कि साधारणीकरण-सिद्धांत के बीज भरत मुनि (तीसरी-चौथी सदी) के 'नाट्यशास्त्र' में विद्यमान हैं। भरतमुनि का यह कथन 'सामान्य गुणयोगेन रसा निष्पद्यंते' साधारणीकरण का मूल है। इसका तात्पर्य है कि जब पाठक भावों को सामान्य रूप से 'मैं ' और 'पर' की भावना से मुक्त होकर ग्रहण करते हैं तब रस की निष्पत्ति होती है। परंतु साधारणीकरण-सिद्धांत का निश्चित उल्लेख भट्टनायक के मत में ही मिलता है।

भट्टनायक के अनुसार काव्य में तीन व्यापार होते हैं—अभिधा, भावकत्व एवं भोजकत्व।

अभिधा के दायरे में विभावादि असाधारण होते हैं यानी मुख्य रूप से वे असाधारण होते ही हैं। पर भाषा के कलात्मक प्रयोग से वे साधारणीकृत हो जाते हैं। यही भावकत्व व्यापार है। यह वह शक्ति है जिसमें विभावादि व्यक्ति-संसर्गों से मुक्त होकर उसी रूप में सहृदय द्वारा गृहीत होते हैं। भोगीकरण व्यापार द्वारा सहृदय रस की चर्वणा करता है। भोगीकरण व्यापार जितना सहृदय का है उतना ही कवि का भी। इस तरह साधारणीकरण रसास्वाद से पूर्व की प्रक्रिया है। यह एक ऐसी प्रक्रिया है जो रस के विभिन्न अवयवों को अपने-अपने वैशिष्ट्य से मुक्त कर आस्वाद्य रूप में प्रस्तुत कर देती है। विभावादि के साधारणीकरण का सहृदय की चेतना पर महत्वपूर्ण प्रभाव पड़ता है। इसे ही भट्टनायक निज-मोह-संकटता-निवारण' कहते हैं। अभिनवगुप्त ने भट्टनायक के मत में संशोधन कर साधारणीकरण को अपने ही ढंग से प्रस्तुत किया। उनके अनुसार वाक्यार्थ के ज्ञान के उपरांत साधारणीकरण द्वारा कवि निर्मित पात्र व्यक्ति विशेष न रहकर सामान्य प्राणि मात्र बन जाते हैं। वे किसी देश एवं काल की सीमा से बद्ध न रहकर सार्वदेशिक और सार्वकालिक बन जाते हैं और उसके इस स्थिति में उपस्थित हो जाने पर सहृदय भी अपने पूर्वग्रहों से विमुक्त हो जाता है। व्यापार द्वारा यही साधरणीकरण व्यापार है। अभिनवगुप्त के अनुसार साधारणीकरण विभावादि का ही नहीं होता, स्थायी भाव का भी होता है। स्थायी भाव के साधारणीकरण का अर्थ है—देशकाल के बंधन, व्यक्ति-संसर्ग आदि से मुक्ति। काव्यास्वाद की प्रक्रिया में भाव का साधारणीकरण वैयक्तिक न रहकर सामूहिक क्रिया है। यह एक सामाजिक की अनुभूति न होकर सामूहिक अनुभूति है।

संस्कृत के परवर्ती सभी शास्त्रकार प्रायः भट्टनायक तथा अभिनवगुप्त के साधारणीकरण सिद्धांत की पुष्टि

करते रहे। धनंजय के वृत्तिकार धनिक के अनुसार 'ता एव च परित्यक्त विशेषा रसहेतवः' अर्थात जब इन अवस्थाओं का विशेष भाव छूट जाता है तब ये सामाजिक के रसास्वाद का कारण बनती हैं। राम-सीता साधारण नर-नारी मात्र रह जाते हैं-"तत्र सीतादि शब्दाः परित्यक्त जनक तनयादि विशेषाः स्त्रीभाववाचितः।" आचार्य विश्वनाथ और पंडितराज जगन्नाथ ने चिंतन के कुछ मौलिक संकेत दिए।

पंडितराज जगन्नाथ ने नव्य-न्याय दर्शन के प्रकाश में आश्रय के साथ तादात्म्य या अभेद को स्वीकार तो कर लिया किंतु साधारणीकरण व्यापार के स्थान पर 'दोष-दर्शन' की स्थापना कर दी। 'दोष-दर्शन' की स्थापना का अर्थ है—पाठक को व्यंजन वृत्ति से आलंबन विषयक रति का ज्ञान। इसके बाद सहृदयता के कारण पाठक के मन में एक दोष-भावना जाग्रत होती है जिससे उसकी आत्मा कल्पित विभावादि से आच्छादित हो जाती है और उसमें सीपी के टुकड़े में चांदी की प्रतीति सदृश इस दोष के कारण अनिर्वचनीय सत-रूप रति आदि चित्तवृत्तियां उत्पन्न हो जाती हैं। इन्हीं चित्तवृत्तियों के आत्म-चैतन्य द्वारा प्रकाशित होने को रसास्वाद कहते हैं।

पंडितराज जगन्नाथ का विचार है कि प्राचीनों द्वारा कथित साधारणीकरण व्यापारदोष की स्वीकृति के बिना असंभव है क्योंकि काव्य में विशेष व्यक्तियों के प्रतिपादक शब्द सामान्य के बोधक कैसे हो सकते हैं? प्रो. निर्मला जैन ने 'रस सिद्धांत और सौंदर्यशास्त्र' में पंडितराज के इस विचार-कथन पर एक महत्वपूर्ण व्याख्यात्मक टिप्पणी की है—'पंडितराज ने शब्द-भेद से आश्रय के साथ तादात्म्य और समानुभूति की ही स्वीकृति की है। साधारणीकरण व्यापार की अस्वीकृति और भावना-दोष की परिकल्पना के मूल में उनकी दार्शनिक प्रतिबद्धता ही सक्रिय रही है। वह शब्द-भेद है, मतभेद नहीं। सार-संक्षेप यह कि सामाजिक किसी से रति नहीं करता, केवल सामान्यीकरण या साधारणीकरण के रूप में 'रति' का अनुभव मात्र करता है।

संस्कृत काव्यशास्त्र में पंडितराज जगन्नाथ के बाद गंभीर शास्त्रीय चिंतन और विवेचन का युग ही समाप्त हो गया। हिंदी के भक्त और रीति के कवि प्रायः सरलीकरण के शिकार हो गए। ध्वनि-रस-साधारणीकरण जैसे गंभीर विषयों की चर्चा की न तो उनमें सामर्थ्य थी न उनकी प्रवृत्ति। ऐसी स्थिति के कारण लगभग तीन शताब्दियों तक साधारणीकरण की चर्चा बंद रही। आधुनिक काल में आचार्य रामचंद्र शुक्ल ने साधारणीकरण सिद्धांत पर गंभीरता से विचार किया और इस सिद्धांत को पुनरुज्जीवित किया। आचार्य शुक्ल ने अपने प्रसिद्ध लेख साधारणीकरण और व्यक्तिवैचित्र्यवाद' में साधारणीकरण सिद्धांत पर मौलिक चिंतन प्रस्तुत किया। यह चिंतन इतना मौलिक है कि वह काव्यशास्त्र की शास्त्रबद्ध जड़ता से मुक्त होकर नवीन दृष्टि प्रदान करता है।

आचार्य शुक्ल ने साधारणीकरण की परिभाषा करते हुए लिखा कि जब तक किसी भाव का कोई विषय इस रूप में नहीं लाया जाता कि वह सामान्यतः सबके उसी भाव का आलंबन हो सके, तब तक उसमें रसोद्बोधन की पूर्ण शक्ति नहीं आती। इसी रूप में लाया जाना हमारे यहां साधारणीकरण कहलाता है। वे अन्यत्र लिखते हैं साधारणीकरण का अभिप्राय यह है कि पाठक या श्रोता के मन में जो व्यक्ति-विशेष या वस्तु-विशेष आती है वह जैसे काव्य में वर्णित आश्रय' के भाव का आलंबन होती है वैसे ही सब सहृदय पाठकों या श्रोताओं के भाव का आलंबन हो जाती है। शुक्ल जी के अनुसार लोक हृदय की यह सामान्य अंतर्भूमि परखकर हमारे यहां 'साधारणीकरण-सिद्धांत' की प्रतिष्ठा की गई है। वह सामान्य अंतर्भूमि कल्पित या कृत्रिम नहीं है।

शुक्ल जी के अनुसार इससे सिद्ध हुआ कि साधारणीकरण आलंबनत्व धर्म का होता है। व्यक्ति तो विशेष ही रहता है पर उसमें प्रतिष्ठा ऐसे सामान्य धर्म की ही रहती है—जिसके साक्षात्कार से सब पाठकों या श्रोताओं के मन में एक ही भाव का उदय थोड़ा-बहुत होता है। विभावादि सामान्य रूप में प्रतीत होते हैं'—इसका तात्पर्य यही है कि रसमग्न पाठक के मन में यह भेदभाव नहीं रहता कि यह आलंबन मेरा है या दूसरे का। थोड़ी देर के लिए पाठक या श्रोता का हृदय लोक का सामान्य हृदय हो जाता है।

शुक्ल जी के बाद साधारणीकरण के प्रश्न पर डॉ. नगेंद्र ने सभी कोणों से विचार किया है और कुछ मौलिक स्थापनाएं की हैं। उनकी सबसे महत्वपूर्ण स्थापना है कि जिसे हम आलंबन कहते हैं वह वास्तव में कवि की अपनी अनुभूति का संवेद्य रूप है। उसके साधारणीकरण का अर्थ है कवि की अनुभूति का साधारणीकरण, जो भट्टनायक और अभिनवगुप्त का प्रतिपाद्य है। अतएव निष्कर्ष यह निकला कि साधारणीकरण कवि की अपनी अनुभूति का होता है, अर्थात् जब कोई व्यक्ति अपनी अनुभूति की इस प्रकार अभिव्यक्ति कर सकता है कि वह सभी के हृदयों में समान अनुभूति जगा सके तो पारिभाषिक शब्दावली में हम कह सकते हैं कि उसमें साधारणीकरण की शक्ति वर्तमान है।

आधुनिक हिंदी साहित्य में विशेष रूप से छायावादोत्तर काल में साहित्य के आस्वाद के प्रतिमान के रूप में रस-सिद्धांत पर प्रश्न-चिह्न लगाया गया। प्रगतिवादी कवि-आलोचकों ने भी और नयी कविता के कवि-आलोचकों ने भी यह बात जोर देकर कही कि अब साहित्य को रस की कसौटी पर कसना उचित नहीं है। उन्होंने कहा कि प्राचीन और मध्यकालीन साहित्य के

लिए रस उपयुक्त मानदंड हो सकता था किंतु समय, समाज, जीवन-स्थितियों में बदलाव के परिणामस्वरूप अब साहित्य केवल आनंदमयी चेतना नहीं है, सुंदरता के साथ-साथ कुरूपता भी अग्राह्य नहीं है। ऐसी स्थिति में रसात्मक बोध और रस निष्पत्ति कवि के अभीष्ट नहीं हैं। किंतु ये सभी आलोचक साधारणीकरण के महत्व को स्वीकार करते हैं क्योंकि यह साहित्य के सम्प्रेषण की अनिवार्य प्रक्रिया है। साधारणीकरण के लिए सहानुभूति, विश्व-दृष्टि, भावजगत की सामान्य अनुभूति जैसे नये शब्द भी प्रयोग किये गए हैं और जीवन-स्थितियों की जटिलता के परिणामस्वरूप साधारणीकरण संबंधी नयी चुनौतियों का दायित्व रचनाकार ने स्वीकार किया है।

अज्ञेय ने साधारणीकरण की समस्या को प्रेषणीयता की समस्या कहा है। पहले-पहल यह समस्या छायावादी कवियों की कविताओं में दिखायी पड़ी। पर शब्दों पर ऐकांतिक बल प्रयोगवादी या नयी कविता में दिखायी पड़ता है। अज्ञेय के अनुसार कवि अनुभव करता है कि भाषा का पुराना व्यापकत्व उसमें नहीं है—शब्दों के साधारण अर्थ से बड़ा अर्थ हम उसमें भरना चाहते हैं, पर उस बड़े अर्थ को पाठक के मन में उतार देने के साधन अपर्याप्त हैं। वह या तो अर्थ कम पाता है या भिन्न पाता है। 'कवि आज भी 'व्यक्ति-सत्य' को 'व्यापक सत्य' बनाना चाहता है। क्योंकि यह उसका उत्तरदायित्व है। साधारणीकरण की पुरानी प्रणालियां बदल गई हैं।

अज्ञेय के अलावा निर्मला जैन, रघुवंश, रामस्वरूप चतुर्वेदी, धर्मवीर भारती, नामवर सिंह आदि ने भी वर्तमान संदर्भ में साधारणीकरण की समस्या पर गंभीरतापूर्वक विचार किया है और वे विचार महत्वपूर्ण है।

आधार ग्रंथ :

1. भारतीय काव्य शास्त्र, सत्यदेव चौधरी।
2. रस मीमांसा, आचार्य रामचंद्र शुक्ल।
3. रस सिद्धांत, नगेंद्र।
4. रस सिद्धांत और सौंदर्यशास्त्र, निर्मला जैन।
5. कविता के नये प्रतिमान, नामवर सिंह।
6. भारतीय साहित्य शास्त्र, गणेश त्र्यंबक देशपांडे।
7. हिंदी आलोचना के बीज शब्द, बच्चन सिंह।

सॉनेट

सॉनेट (Sonnet) चौदह पंक्तियों में सीमित गीति-काव्य का वह विशिष्ट रूप है जिसका उद्भव इटली में हुआ था। इसे हिंदी में कुछ लोग 'चतुर्दशपदी' भी कहते हैं। सम्भवत: मध्ययुग के प्रारम्भिक काल में गड़रियों की संगीत लहरियों से इसका जन्म हुआ होगा। पीट्रार्क (Petrarch 1304-1374) को पहला महत्वपूर्ण सानेट लेखक होने का गौरव हासिल है। उनकी कुशल लेखनी का स्पर्श पाते ही इटली के परवर्ती कवियों में सॉनेट लिखने की धूम मच गई। विशेष रूप से अद्वितीय कृति 'लौरा' (Laura) में पीट्रार्क द्वारा प्रयुक्त सॉनेट एक ऐसा आदर्श बन गया कि पश्चिमी यूरोप के अनेक महान कवियों ने उसका अनुसरण किया।

यह सॉनेट-शैली पीट्रार्क का अनुकरण करते हुए पश्चिमी यूरोप में भी अपनाई गई। फ्रांस और इंग्लैण्ड के अनेक कवियों ने सानेट लेखन में काफी ख्याति अर्जित की। कॉलरिज यद्यपि विशेष सफल नहीं हो पाये लेकिन वर्ड्सवर्थ जैसे अंग्रेज कवि ने इस छंद को अत्यंत लोकप्रिय बना दिया।

उन्नीसवीं सदी के सॉनेट लेखकों में कीट्स (John Keats), एलिजाबेथ बैरेट ब्राउनिंग (Elizabeth Barrett Browning), क्रिस्टीना रोसेटी, (Christina Rossetti), दांते ग्रेबियल रोसेटी (Dante Gabriel Rossetti), राबिन्सन (Edwin Arlington Robinson), यीट्स (W.B. Yeats), राबर्ट फ्रास्ट (Robert Frost), आडेन (W.H. Auden), और डाइलन थामस (Dylan Thomas) आदि प्रमुख हैं।

बाद में शेक्सपियर और मिल्टन जैसे गंभीर रचनाकारों ने इसे ग्रहण किया तथा अपनी प्रतिभा के अनुरूप मौलिक परिवर्तन किए। इस परिवर्तन के कारण ही सॉनेट के दो विभाग हो गए-शेक्सपीरियन सॉनेट (Shakespearean Sonnet) तथा इटैलियन या मिल्टॉनिक सॉनेट (Miltenic Sonnet)। शेक्सपीरियन सॉनेट में दो भाग होते हैं-पहला 12 चरणों का एक तथा अंतिम दो चरणों का दूसरा। प्रथम 12 चरणों में पहले तथा तीसरे, दूसरे और चौथे, पांचवें और सातवें, छठे और आठवें, नवें और ग्यारहवें तथा दसवें और बारहवें चरण में तुक होती है। अधिकतर इसी रूप को अपनाया जाता है लेकिन कभी-कभी अनिवार्य परिवर्तन भी किया गया है। अंतिम दो चरणों में तुक होती है। प्रथम 12

चरणों में एक विचार होता है और अंतिम दोनों चरणों में या तो उस भाव को आश्चर्यजनक ढंग से उलट दिया जाता है या उपसंहार कर दिया जाता है। अतः इन अंतिम दो चरणों का अपना स्वतंत्र अस्तित्व होता है।

मिल्टॉनिक सॉनेट में पहली आठ पंक्तियों का एक भाग होता है और शेष छः पंक्तियों का दूसरा भाग होता है। प्रथम भाग की पहली, चौथी, पांचवीं तथा आठवीं पंक्तियों में एक तुक होती है और दूसरी, तीसरी, छठी तथा सातवीं पंक्तियों में दूसरी तुक। दूसरे भाग की छः पंक्तियों में तीन तुक होती हैं लेकिन निश्चित नियम न होने के कारण इसमें अनेक परिवर्तन हुए हैं। पहली आठ पंक्तियों में एक भाव होता है और शेष छः पंक्तियों में इस भाव के या तो विरोधी विचार होते हैं या उसका प्रतिपक्ष प्रस्तुत होता है अथवा उसका प्रत्युत्तर होता है। पहले भाग के पश्चात निश्चित ठहराव होता है जिसके पश्चात दूसरे भाग में विचार को भिन्न रूप में प्रस्तुत किया जाता है।

वर्ड्सवर्थ के सॉनेट मिल्टॉनिक पद्धति पर आधारित होते हुए भी स्वतंत्र रूप के हैं तथा उनकी तुक-योजना भिन्न प्रकार की है। मिल्टन के सॉनेट में भाव को दो भागों में बांटा जाता है परंतु वर्ड्सवर्थ के सॉनेट में विचारों का अविरल प्रवाह होता है। लन्दन नगर के सौंदर्य का चित्र उसके सॉनेट 'अपॉन वेस्ट मिन्स्टर ब्रिज' में दिखायी देता है।

सॉनेट की भाषा गंभीर और प्रौढ़ तथा गतिमंद होती है। इसमें चंचल, तीव्र उद्रेक करनेवाली भाषा का समावेश वर्जित होता है। सागर की-सी गंभीरता तथा अन्य गुणों का समावेश होता है। कवि अपने भावों और विचारों को केवल चौदह पंक्तियों में ही व्यक्त करता है जिससे कवि के स्वतंत्र भाव-विस्तार पर एक प्रतिबंध स्थापित हो जाता है। अतः स्वाभाविकता के स्थान पर कृत्रिमता का इसमें आ जाना स्वाभाविक ही है। डॉ. रघुवंश के शब्दों में- "सॉनेट एक विशिष्ट काव्य रूप है, जिसमें कवि अपने व्यक्तिगत प्रेम, आंतरिक अनुभूतियों, संवेदनाओं, पारिवारिक प्रेम-सहानुभूति, सूक्ष्म मनोभावों, अपनी गहन स्मृतियों को अभिव्यक्त करता है। साथ ही सामाजिक, राजनीतिक धार्मिक जीवन तथा व्यंग्यात्मक परिस्थितियों को भी इनके द्वारा व्यक्त करता है। प्रायः हिंदी के कवियों ने भी सॉनेट का प्रयोग इन्हीं उद्देश्यों से किया।"

हिंदी में आधुनिक कवियों में से अधिकांश ने सॉनेट लिखे हैं सुमित्रानंदन पंत तथा नरेंद्र शर्मा सम्भवतः पहले सॉनेट लेखकों में हैं। बाद में 'दिनकर', प्रभाकर माचवे, बालकृष्ण राव, त्रिलोचन शास्त्री आदि ने सॉनेट के क्षेत्र में कलम चलाने का सफल प्रयास किया। परंतु एक मात्र त्रिलोचन को इस क्षेत्र में ख्याति मिल सकी है। त्रिलोचन ने सॉनेट को हिंदी में अपने ढंग से विकसित किया है।

आधार ग्रंथ :

1. पाश्चात्य साहित्य-शास्त्र, डॉ. जगदीश प्रसाद मिश्र।
2. हिंदी साहित्य कोश, भाग-1।
3. The Development of the Sonnet:An Introduction, Michael R.G. Spiller.
4. The Art of Shakespeare's Sonnets, Helen Vendler.
5. A Glossary of literary Terms, M.H.Abrams.

सामंतवाद

सामंतवाद (Feudalism) समाज के विकास की वह मंजिल है जो दास-स्वामित्व प्रथा और पूंजीवाद के बीच मौजूद थी। जैसे आदिम साम्यवादी व्यवस्था के गर्भ से दास-स्वामित्व संबंध का उदय हो गया था, उसी प्रकार दास-स्वामित्व निर्माण व्यवस्था के गर्भ में ही सामंती संबंध अंकुरित हो गए थे। वह काल जिसमें सामंती संबंध का निर्माण हुआ, सामंतवाद के विकास का आरंभिक काल था और वह मध्ययुग के नाम से प्रसिद्ध है। योरप में यह युग लगभग पांचवीं सदी से शुरू हुआ और ग्यारहवीं सदी के अंत तक रहा।

सामंतवाद का विकास अलग-अलग देशों में अलग-अलग समय में हुआ। यूरोपीय उपनिवेशवादियों की विस्तारवादी नीति के फलस्वरूप एशिया और अफ्रीका में सामंती संबंध बहुत लंबे अरसे तक बने रहे। सोवियत विद्वानों के अनुसार 17वीं सदी का मध्यकाल सामंती युग के अंत और नये पूंजीवादी युग के प्रारंभ का काल है। भूमि, जो इस युग के उत्पादन का बुनियादी साधन थी, सामंतों की एकाधिकार संपत्ति थी। इस तरह सामंतों की आमदनी की मोटी रकम का स्रोत असली जोतदार, यानी किसानों का अबाध शोषण ही था। किसान व्यक्तिगत रूप में भी अपने मालिकों के आश्रित बनते चले गए। सामंत पितृसत्तात्मक समाज के शासक, पितरों के विकसित रूप थे और पितृसत्ता से ही राजतंत्र तथा प्रजातंत्र दोनों का विकास हुआ। सामंती युग में आर्थिक असमानता के साथ ही सामाजिक असमानता भी बढ़ी। जाति-पाति, छुआछूत, ऊंच-नीच आदि मूल्य जो आज भी भारतीय

समाज के सर्वांगीण विकास में बाधक बने हुए हैं, सामंती मूल्य ही हैं. जिनका विकास सामंती युग में हुआ।

सामंती युग की एक सबसे बड़ी देन है, शारीरिक श्रम के काम को हेय मानना। युद्ध में वीरता का प्रदर्शन सामंती युग की सराहनीय चीज थी। हर एक राजा या सामंत यह समझता था कि उसके सारे भोग और सम्मान तभी तक सुरक्षित हैं, जब तक उसकी तलवार में ताकत है। इसलिए शासक वर्ग युद्ध संबंधी शारीरिक व्यायाम को करना जरूरी समझता था। एक विकसित सामंती समाज के पांच प्रमुख लक्षण होते हैं, पहला दास-स्वामी संबंध, दूसरा वैयक्तिक सरकार, जो अपने चरित्र में राष्ट्रीय के बजाय स्थानीय अधिक होती है, तीसरा, भूमि स्वामित्व जो, कुछ सेवाओं के बदले में ही प्राप्त होता है। ये सेवाएं विशेषकर सैन्य सेवायें होती हैं। चौथा, निजी सेवाओं का अस्तित्व होता है और अंतिम यह कि भूस्वामियों का किसानों पर, जो दास होते हैं, पूर्ण अधिकार होता है।

सामंतवादी व्यवस्था में राजनीतिक व्यवस्था विकेंद्रित होती है और व्यवस्था प्रमुख से नीचे के पदाधिकारियों के बीच एक स्तर भेद रहता है। इस तरह व्यवस्था के लिए एक सामूहिक रक्षण और नियंत्रण की व्यवस्था हो पाती है। इस व्यवस्था की आर्थिक संरचना में किसान ही बेशी मूल्य का निर्माता होता है, जिससे भू-स्वामी अपने राजनीतिक हितों को पूरा करता है।

विभिन्न समाजशास्त्रियों ने सामंतवाद के भिन्न-भिन्न परिप्रेक्ष्यों की व्याख्या की है। सामंतवाद की बुनियादी चारित्रिक समानता के बावजूद अलग-अलग देशों के सामंतवाद में ढांचागत विविधता दिखायी देती है। उदाहरणार्थ जापान में डाइम्यों (Daimyo) स्थानीय गवर्नर तो होते थे, परंतु उनके पास जागीर नहीं होती थी, साथ ही साथ वे राजा के दरबार में अधिकारी भी होते थे। इस्लामी सामंतवाद में भू-स्वामियों के पास भूमि का परंपरागत अधिकार तो होता था, लेकिन सामंती विचारधारा नहीं थी, भू-स्वामी केवल कर एकत्र करने के अधिकारी होते थे। सामंतवाद के इन रूपों से स्पष्ट है कि वह शासन करने की एक ऐसी पद्धति थी, जिसकी प्रकृति विकेंद्रीकरण की थी और जिसमें स्थानीय प्रभुत्व होता था, जिनके अस्तित्ववान रहने के लिए जरूरी था कि वे प्रभुसत्ता के प्रति ईमानदार व वफादार बने रहें।

सामंतवाद की विचारधारा किसी ठोस-ज्ञान पर कम आधारित है और कल्पनात्मक संप्रत्ययों और विश्वधर्मों जैसे ईसाई, इस्लाम, बौद्ध, कन्फ्यूशियस आदि की ओर अधिक झुकी रही है। राजनीतिक व्यवस्था अपने विकास की भिन्न-भिन्न मंजिलों में भिन्न-भिन्न होती है-पृथक-पृथक, छोटे राज्यों से लेकर अत्यंत केंद्रीकृत निरंकुश राजतंत्रों तक। सामंतवाद की अंतिम अवधि में कारखानों (Manual Factory) में उत्पादन की वृद्धि हुई जो पूंजीवादी संबंधों का मूल रूप था। पश्चिमी यूरोप में इसी अवधि में पहली बुर्जुआ क्रांतियां परिपक्व और सम्पन्न हुईं।

इस तरह कालांतर में पूंजीवाद के बढ़ने के साथ सामंतवाद से उसकी टक्कर हुई और अंत में उसने सामंतवाद को परास्त कर अपना वर्चस्व स्थापित किया। किंतु आज भी दुनिया भर में सामंती मूल्यों के अवशेष मौजूद हैं और समाज के संतुलित विकास में बाधक बने हुए हैं। भारत में कई राजनीतिक दल आज भी इसको आधार बनाकर राजनीति की रोटी सेंक रहे हैं। भारत में सांप्रदायिकता की गंभीर समस्या मूलतः सामंती अवशेष ही है।

आधार ग्रंथ :

1. परिवार, निजी संपत्ति और राज्यसत्ता की उत्पत्ति, फ्रेडरिक एंगेल्स।
2. कम्युनिस्ट पार्टी का घोषणा पत्र, कार्ल मार्क्स एवं फ्रेडरिक एंगेल्स।
3. विश्व का इतिहास, प्रगति प्रकाशन, मास्को।
5. दर्शन कोश।
6. सामंतवाद, रामशरण शर्मा।
7. A History of Political Theory, George H. Sabine.
8. Age of Revolution, Eric Hobshawm.

वेबसाइट : www.en.wikipedia.org/wiki/feudalism

साम्यवाद

साम्यवाद आधुनिक युग की एक प्रमुख राजनीतिक विचारधारा है। अंग्रेजी में इसके लिए कम्युनिज्म (Communism) शब्द प्रचलित है। इस विचारधारा के स्वरूप की प्रारम्भिक दार्शनिक पृष्ठभूमि प्रस्तुत करने का श्रेय कार्ल मार्क्स को है और इस विचारधारा के विकास में योग देने का श्रेय फ्रेडरिक एंगेल्स, ट्राटस्की, लेनिन,

स्टालिन तथा माओ त्से तुंग को प्राप्त है। साम्यवादी विचारधारा का महत्व इस बात में है कि वह केवल विचारों के इतिहास की दृष्टि से ही महत्वपूर्ण नहीं है, वरन शासन व्यवस्था की विशिष्ट पद्धति के रूप में भी उसका बड़ा भारी महत्व है। पूर्वी यूरोप तथा अनेक अफ्रीकी-एशियाई देश आज भी उसकी ओर अग्रसर हो रहे हैं। इन देशों की शासन व्यवस्थाओं में साम्यवाद की ओर अग्रसर होने का जो प्रयोग हुआ है, उसने अंतरराष्ट्रीय राजनीति के इतिहास में एक नया अध्याय जोड़ा है। आज का विश्व वैचारिक आधार पर दो गुटों में बंटा हुआ है। एक साम्यवादी गुट और दूसरा पश्चिमी प्रजातंत्रों का गुट।

आधुनिक युग में औद्योगिक क्रांति के फलस्वरूप उत्पादन और वितरण के साधनों की व्यवस्था में परिवर्तन हुआ। इससे पूंजीवाद का जन्म हुआ और पूंजीपतियों ने उत्पादन और वितरण के साधनों पर अपना नियंत्रण जमा लिया। अब समाज में मुख्य अंतर्विरोध पूंजीपति और मजदूर वर्ग के बीच कायम हुआ जो अब भी जारी है।

कार्ल मार्क्स वस्तुतः पहले दार्शनिक हुए, जिन्होंने समाजवाद तथा साम्यवाद को केवल कल्पना की उड़ान मात्र के रूप में न देखकर उसे वैज्ञानिक आधार प्रदान किया। उन्होंने साम्यवाद के साधन के रूप में समाजवाद का और समाजवाद के परिणाम के रूप में साम्यवाद का विचारपूर्ण प्रतिपादन किया। मार्क्स ने उन साधनों का भी विश्लेषण किया जिनकी सहायता से व्यवहार में साम्यवाद की स्थापना तथा उसका प्रयोग किया जा सकता था। इसके अतिरिक्त उन्होंने इतिहास से सहायता लेकर यह भी सिद्ध किया कि साम्यवाद की विचारधारा एक ऐसी स्वाभाविक विचारधारा है, जिसका सफल प्रयोग न केवल संभव ही है, बल्कि इतिहास के स्वाभाविक विकासक्रम में निहित होने के कारण उसका क्रियान्वित होना अवश्यम्भावी भी है।

मनुष्य के सामाजिक इतिहास के विकास की व्याख्या आर्थिक दृष्टि से करते हुए मार्क्स ने यह प्रतिपादन किया है कि मानव इतिहास की गतिविधियां भौतिक अवस्थाओं द्वारा निर्धारित होती हैं। उसके मत में नैतिकता, धर्म, राष्ट्रीयता आदि मानवीय क्रियाओं को उतना अधिक प्रभावित नहीं करती है जितना कि आर्थिक तत्त्व। इतिहास की सभी घटनायें आर्थिक तत्त्व के प्रभाव के महत्व की पुष्टि करती हैं। प्रत्येक देश का साहित्य, कला आदि उस युग के आर्थिक दृष्टि से शक्तिशाली वर्ग की कला, साहित्य आदि का इतिहास होता है। मार्क्स के अनुसार नैतिकता एवं धर्म पूंजीपति के हाथों में वे साधन हैं, जिनसे वे श्रमिक को अपने भाग्य पर संतोष बनाए रखना सिखाते हैं। इतिहास इस बात का साक्षी है कि आर्थिक परिवर्तनों से समाज संगठन में परिवर्तन आ जाता है। मार्क्स का कहना है कि ऐसे चार परिवर्तन हो चुके हैं तथा मानव इतिहास आदिम साम्यवादी युग, दास युग, सामंती युग और पूंजीवादी युग नामक चार युगों से गुजर चुका है। इसके बाद पांचवां युग श्रमिक वर्ग के आधिपत्य का युग और छठा साम्यवाद का युग होगा। आदिम साम्यवादी युग में जब खेती व पशुपालन नहीं होता था तथा लोग फल, फूल और शिकार पर जीवन-निर्वाह करते थे तब न कोई धनी था और न कोई निर्धन। व्यक्तिगत संपत्ति ही नहीं थी। सभी स्वतंत्र और समान थे और मिल-जुल और बांटकर खाते थे। परंतु बाद में आर्थिक दशा में परिवर्तन हुआ। खेती व पशुपालन का युग आया। व्यक्तिगत संपत्ति का आविर्भाव हुआ। कुछ लोग संपत्तिवान बने। संपत्तिवान लोग स्वामी व संपत्तिहीन लोग दास बने और इस प्रकार समाज वर्गों में विभक्त हो गया। तीसरा युग सामंतशाही का युग हुआ। इस युग में भूमि के मालिक सामंत एवं जागीरदार होते थे, यद्यपि भूमि पर काम किसान करते थे परंतु वे सामाजिक दृष्टि से पूर्णतः परतंत्र व जागीरदारों के अधीन होते थे। चौथा युग पूंजीवाद का युग हुआ। इस युग का आविर्भाव औद्योगिक क्रांति के परिणामस्वरूप उत्पन्न आर्थिक दशा के कारण हुआ। औद्योगिक क्रांति के समय में मशीनों का आविष्कार हुआ, उत्पादन बढ़ा, श्रमिकों में बेकारी फैलने के कारण वेतन की दरें घटीं तथा पूंजीवादियों को खुलकर खेलने का अवसर प्राप्त हुआ। श्रमिकों का श्रम, पूंजीवादी व्यवस्था का आधार बना और उनके शोषण के आधार पर पूंजीवाद विकसित हुआ। इस प्रकार समाज उन दो वर्गों में विभक्त हो गया जिन्हें हम पूंजीपति वर्ग और सर्वहारा वर्ग कहते हैं। मार्क्स का कथन है कि इसी वर्तमान युग को हम पूंजीवादी युग कहते हैं। इसमें सामंतों व जागीरदारों का स्थान पूंजीपतियों ने ले लिया है। मार्क्स का मत है कि आर्थिक व्यवस्था में द्वंद्वात्मक भौतिकवाद के अनुसार प्रतिक्रिया होगी और उसके परिणामस्वरूप ऐतिहासिक विकास का पांचवां युग समाजवाद का युग आयेगा। इस युग में श्रमिकों का अधिनायकतंत्र स्थापित हो जाएगा तथा श्रमिक लोग उत्पादन के साधनों पर अधिकार करके पूंजीवाद का अंत कर देंगे। पूंजीवाद के अंत के पश्चात मानव इतिहास का छठा युग साम्यवाद का युग आयेगा जिसमें राज्य संस्था का अंत हो जाएगा, व्यक्तिगत संपत्ति खत्म हो जाएगी और एक राज्यहीन व वर्गहीन समाज की स्थापना हो जाएगी। मार्क्स के अनुसार इस युग में व्यक्ति पूर्ण रूप से स्वतंत्र होगा। साम्यवाद का यही चरम आदर्श है।

निस्संदेह साम्यवादी विचारधारा के आधुनिक रूप के आधार मार्क्स के विचार हैं, यद्यपि उसे समृद्ध बनाने में रूस के लेनिन, स्तालिन, ख्रुश्चेव व चीन के माओ त्से तुंग आदि नेताओं के विचारों ने भी पर्याप्त योगदान दिया

है। इस प्रकार मार्क्स, लेनिन व स्तालिन के समन्वय से साम्यवाद का जो रूप बनता है, उसे हम समाजवाद का एक ऐसा क्रांतिकारी रूप कह सकते हैं, जिसका उद्देश्य एक ऐसे वर्ग रहित समाज की स्थापना करना है, जिसकी व्यवस्था का आधार शक्ति व सार्वजनिक दृष्टि से निर्बलों का शोषण न होकर, नव-निर्मित समाज के लोगों का पारस्परिक सहयोग व सबके हितों का उचित संरक्षण हो-जिसमें उत्पादन के साधनों का सार्वजनिक स्वामित्व व वितरण की व्यवस्था का सार्वजनिक नियंत्रण हो तथा जिसमें सब अपनी योग्यतानुसार काम करें और सब आवश्यकतानुसार पा सकें।

इस दिशा में उनका पहला कदम पूंजीपतियों के विरुद्ध श्रमिकों को संगठित करना है। इसके लिए वे साम्यवादी दल का निर्माण करते हैं। उसके अंतर्गत श्रमिकों को वे इस ढंग से संगठित करते हैं कि अपने दल के प्रति श्रमिकों की निष्ठा सर्वोपरि रहे साथ ही वे उनमें ऐसे विचार भरते हैं कि वे दासता की भावना से मुक्त होकर अपने व्यक्तित्व की वास्तविकता को पहचान सकें और पूंजीपतियों के विरुद्ध उठ खड़े हो सकें।

श्रमिकों को इस प्रकार संगठित करने के बाद उनका दूसरा कदम श्रमिकों द्वारा क्रांति करना है, जिनके द्वारा पूंजीवाद का अंत करके उत्पादन के समस्त साधनों पर व्यक्तिगत स्वामित्व के स्थान पर सार्वजनिक स्वामित्व स्थापित करना है। साम्यवादियों का तीसरा कदम है, सर्वहारा अधिनायकतंत्र की स्थापना। इस संबंध में साम्यवादियों का मत है कि क्रांति के बाद आर्थिक शक्ति पर अधिकार होने के कारण राज्य की शक्ति भी श्रमिकों के हाथ में आ जाएगी, जिसके अधिनायकतंत्रीय प्रयोग द्वारा श्रमिकों का संगठन, वर्गहीन व राज्यहीन समाज की स्थिति लाने की दिशा में प्रयत्नशील होगा। साम्यवादी समाज की स्थापना के मार्ग में साम्यवादियों का अंतिम कदम राज्य का लुप्त हो जाना है। इस संबंध में साम्यवादियों का प्रतिपादन है कि सर्वहारा अधिनायकतंत्र के माध्यम से जो साम्यवादी समाज स्थापित होगा, वह एक पूर्ण स्वतंत्र समाज होगा तथा उसमें व्यक्ति के लिए किसी बाह्य बंधन व नियंत्रण की आवश्यकता न होगी।

साम्यवादी समाज का विश्लेषण करते हुए कार्ल मार्क्स ने कहा है—"साम्यवादी समाज की उस उच्चतम अवस्था में जब श्रम-विभाजन के अत्याचारपूर्ण बंधन से व्यक्ति मुक्त हो जाएगा और इस प्रकार हाथ के काम व दिमागी काम का भेद समाप्त हो जाएगा, जब श्रम करना केवल जीवन का साधन ही नहीं, वरन उसका पहला ध्येय समझा जाएगा, जब उत्पादन शक्ति बढ़ जाएगी, सहकारी संपत्ति की उन्मुक्त धारा बहने लगेगी और व्यक्ति का सर्वांगीण विकास होगा, केवल तभी संकुचित बुर्जुआ अधिकार विषयक क्षितिज से समाज का पीछा छूटेगा और समाज अपने झंडे पर यह लिखेगा कि प्रत्येक अपनी योग्यतानुसार काम करें व प्रत्येक अपनी आवश्यकतानुसार प्राप्त करें।"

आधार ग्रंथ :

1. आधुनिक राजनीतिक विचारधाराएं, डॉ. इकबाल नारायण।
2. मार्क्सवादी साहित्य चिंतन : इतिहास तथा सिद्धांत, शिवकुमार मिश्र।
3. कम्युनिस्ट पार्टी का घोषणा पत्र, कार्ल मार्क्स और फ्रेडरिक एंगेल्स।
4. पूंजी, कार्लमार्क्स।
5. The Laws of Social Development, F.L.P.H.Moscow.
6. A Dictionary of Scientific Communication.

वेबसाइट : www.marxists.org/
www.marxists.net/
www.en.wikipedia.org/wiki/communism

साम्राज्यवाद

साम्राज्यवाद के लिए अंग्रेजी में इम्पीरियलिज्म (Imperialism) शब्द का प्रयोग होता है। सभ्यता के विकासक्रम में साम्राज्यवाद के व्यावहारिक रूप में लगातार परिवर्तन होता रहा है। यही कारण है कि ज्यों-ज्यों व्यवहार में साम्राज्यवाद के रूप बदले राजनीतिक विचार जगत में भी साम्राज्यवाद के विषय में अवधारणाएं बदलती रहीं। उदाहरणार्थ, प्रारंभ में जब राष्ट्रों में अपने राज्य-विस्तार की दृष्टि से ही साम्राज्य स्थापित करने की प्रवृत्ति रही, तो राजनीतिक चिंतन में उसे राजनीतिक साम्राज्यवाद कहा गया। बाद में जब साम्राज्यों की स्थापना आर्थिक लाभ की दृष्टि से की जाने लगी, तो उसे आर्थिक साम्राज्यवाद की संज्ञा दी गई। पिछले कुछ दशकों में

साम्राज्यवाद का एक ऐसा नवीन रूप विकसित हुआ है, जो स्पष्ट रूप से न तो राजनीतिक है और न आर्थिक वरन उसका एक ऐसा रूप है, जिसके अंतर्गत साम्राज्यवादी देश इस बात का सतत प्रयत्न करते रहते हैं कि संसार में उनका प्रभाव क्षेत्र व्यापकतम् हो ताकि वे निर्बाध व्यापार कर सकें और अकूत मुनाफा कमाकर अपने देश को समृद्धि के शिखर तक पहुंचा सकें। इसे भूमंडलीकरण तथा 'विश्वग्राम' जैसे मोहक शब्दों से संबोधित किया जा रहा है। आर्थिक उदारीकरण के नाम पर दुनिया को बाजार बनाने और उन्हें लूटने की यह नयी परिघटना साम्राज्यवाद का सर्वथा नवीनतम संस्करण है। इसकी सफलता के लिए वे राजनीतिक आर्थिक एवं कूटनीतिक आदि सभी प्रकार के उपाय काम में ला रहे हैं।

उद्देश्यों के इस प्रकार परिवर्तित होते रहने के कारण साम्राज्यों का एवं साम्राज्यवाद का स्वरूप भी बदलता रहा है। ऐसी दशा में साम्राज्यवाद के निश्चित स्वरूप की अवधारणा अत्यंत कठिन है।

'इनसाइक्लोपेडिया ऑफ सोशल सांइसेस' के अनुसार "साम्राज्यवाद वह नीति है जिसका उद्देश्य एक साम्राज्य अर्थात एक ऐसे राज्य का निर्माण करना, उसका संगठन करना तथा उसे बनाये रखना होता है जो आकार में सुविशाल हो, जिसमें न्यूनाधिक रूप से अनेक राष्ट्रीय इकाइयां सम्मिलित हों तथा जो एक केंद्रीय सत्ता के अधीन हो।"

एच. जी. वेल्स (H.G. Wells) के अनुसार "किसी राष्ट्रीय राज्य का जगत व्यापक बन जाने के लिए प्रयत्नशील होना साम्राज्यवाद है।" एक समय था, जब पृथ्वी पर छोटे-छोटे राज्य विद्यमान थे, जिन्हें जनपद कहा जाता था। धीरे-धीरे मनुष्य की यह प्रवृत्ति बदली। वह अपने-अपने जनपदों में रहते हुए ही अनंत काल तक संतुष्ट नहीं रह सकता था। शीघ्र ही साम्राज्यवादी प्रवृत्ति का असर जनपदों के स्थान पर विशालकाय राज्यों की स्थापना के रूप में हुआ। यह प्रवृत्ति हमें संपूर्ण मानव इतिहास में दृष्टिगोचर होती है कि शक्तिशाली जातियां व राज्य सदा निर्बल जातियों व राज्यों को अपने वशवर्ती बनाकर साम्राज्यों का निर्माण करते रहे हैं।

भूमंडलीकरण के नाम पर फैल रहे साम्राज्यवाद के समकालीन रूप के पूर्व साम्राज्यवाद का एक चरण हमारे समक्ष यूरोपियन साम्राज्यवाद के रूप में आया था। जैसा इतिहास हमें बताता है कि पंद्रहवीं सदी में यूरोप ने समुद्री व्यापार के नवीन मार्गों की खोज प्रारंभ की। वास्को डि गामा एवं कोलंबस की समुद्री यात्राओं के परिणामस्वरूप एक ओर यूरोपीय देशों व भारत का व्यापार प्रारंभ हुआ, तो दूसरी ओर यूरोपीय देशों में अमेरिका के महाद्वीप पर अपने-अपने उपनिवेश बसाने के लिए संघर्ष प्रारंभ हुए। अमेरिकन महाद्वीप के विविध प्रदेशों में रहने वाले लोग सभ्यता की दृष्टि से बहुत पिछड़े थे। युद्ध आदि की आधुनिक प्रणालियों से वे अपरिचित थे। अतः वे यूरोप के गोला बारूद के सामने न टिक सके तथा यूरोपियनों के द्वारा पराजित हुए। यूरोपियनों ने उनका निर्दयतापूर्वक संहार किया और अनेक यूरोपीय देश अमेरिका के भिन्न-भिन्न भागों में अपने-अपने उपनिवेश स्थापित करने में सफल हुए।

जो यूरोपियन लोग भारत आदि पूर्वी देशों की ओर आये, उन्होंने आरंभ में इन देशों के साथ व्यापार द्वारा धन कमाने का प्रयत्न किया फिर धीरे-धीरे व्यापारिक दृष्टि से अपनी दृढ़ स्थिति बना कर तथा यहां की राजनीतिक अव्यवस्था का लाभ उठाकर इन देशों में भी उन्होंने अपना राजनीतिक प्रभुत्व जमाना प्रारंभ कर दिया। धीरे-धीरे भारत, इण्डोनेशिया, बर्मा, मलाया आदि देशों में यूरोपियन साम्राज्यवाद का बोलबाला हो गया। अफ्रीका के आंतरिक भागों की खोज भी इसी प्रकार यूरोपियन लोगों ने की तथा उन्नीसवीं सदी में वहां भी यूरोपियन लोगों के उपनिवेश स्थापित हो गए।

अठारहवीं सदी की औद्योगिक क्रांति से साम्राज्यवाद की इस प्रक्रिया की प्रगति में और भी सहायता मिली। विज्ञान की उन्नति के कारण यातायात के साधनों की इतनी प्रगति हुई कि यूरोपियन लोगों ने सुदूरवर्ती देशों को खोजकर, उन पर अपने साम्राज्य स्थापित किए। धीरे-धीरे बीसवीं सदी के प्रारंभ तक एशिया व अफ्रीका के एक बड़े भाग पर यूरोपियन लोगों का साम्राज्य स्थापित हो गया। साम्राज्य स्थापित करने के लिए साम्राज्यवादी यूरोपियन देशों में परस्पर स्पर्धा लगी। इस होड़ में ब्रिटेन सबसे आगे रहा। वह पृथ्वी के लगभग 1/5 भाग पर तथा लगभग 1/4 जनसंख्या पर साम्राज्यों की स्थापना करने में सफल हुआ। फ्रांस, पौलेण्ड, बेल्जियम, पुर्तगाल, हालैण्ड, स्पेन, जापान संयुक्त राज्य अमेरिका आदि सभी देशों ने कहीं न कहीं अपने-अपने साम्राज्य बना लिए। इस प्रकार द्वितीय महायुद्ध के अंत के समय तक साम्राज्यवाद निरंतर फैलता गया। द्वितीय महायुद्ध के दौरान जापान दक्षिणी-पूर्व एशिया के एक बड़े भाग पर अपना साम्राज्य स्थापित करने में सफल हुआ। परंतु द्वितीय महायुद्ध के बाद से साम्राज्यवाद का ह्रास होता चला जा रहा है। इस समय एशिया और अफ्रीका के सभी देश स्वतंत्र हो चुके हैं और साम्राज्यवाद के इस रूप का लगभग अवसान हो गया है।

मार्क्सवादी चिंतकों ने साम्राज्यवाद के वर्तमान स्वरूप को रेखांकित करते हुए इसे पूंजीवाद के विकास की सबसे ऊंची और अंतिम अवस्था कहा है, साथ ही इसे समाजवादी क्रांति की पूर्वबेला बताया है। साम्राज्यवाद के इस विज्ञान सम्मत सिद्धांत को व्ला. इ. लेनिन ने विकसित किया है। उन्होंने यह सिद्ध किया कि 19वीं और 20वीं सदी के संधि-स्थल पर उत्पादन की पूंजीवादी विधि ने कई नयी

महत्वपूर्ण विशेषताएं अर्जित कीं। उत्पादक शक्तियों के विकास, उत्पादन के संकेंद्रण का उच्च स्तर, प्रभुत्व और उसके साथ-साथ चलनेवाली हिंसा आदि ने लेनिन के लिए यह निष्कर्ष निकालना सम्भव बनाया कि पूंजीवाद विकास की एक विशेष साम्राज्यवादी अवस्था में प्रवेश कर चुका है : "साम्राज्यवाद, पूंजीवाद के विकास की वह अवस्था है, जिसमें पहुंचकर एकाधिकारियों तथा वित्तपूंजी का प्रभुत्व दृढ़ रूप से स्थापित हो चुका है, जिसमें पूंजी का निर्यात अत्यधिक महत्व ग्रहण कर चुका है, जिसमें सबसे बड़ी पूंजीवादी ताकतों के बीच पृथ्वी के समस्त क्षेत्रों का बंटवारा पूरा हो चुका है।"

लेनिन के उक्त विश्लेषण के बाद साम्राज्यवाद के जो रूप उभरकर आए हैं उनमें सोवियत संघ के विघटन के बाद समाजवादी खेमा टूट चुका है। तीन दुनिया की अवधारणा व्यर्थ प्रमाणित हो चुकी है और दुनिया अमेरिका के नेतृत्व में एकध्रुवीय हो चुकी है। अमेरिका जी-8 के माध्यम से पूरी दुनिया को बाजार बना चुका है। आमतौर पर अधिकांश देशों में उनकी कठपुतली सरकारें कायम हो चुकी हैं। अफगानिस्तान और इराक के बहाने दुनिया भर पर वह अपना दबदबा कायम कर चुका है। विचारकों ने साम्राज्यवाद के इस रूप को एक नया नाम दिया है उत्तर उपनिवेशवाद।

आधार ग्रंथ :

1. दर्शनकोश।
2. आधुनिक राजनीतिक विचारधाराएं, डॉ. इकबाल नारायण।
3. साम्राज्यवाद : पूंजीवाद की चरम अवस्था, ब्ला.ई.लेनिन।
4. आधुनिक राजनीतिक विचारों का इतिहास, डॉ. प्रभुदत्त शर्मा।
5. Postmodern Condition: A Report on Knowledge, Jean Francois Lyotard.

वेबसाइट : www.en.wikipedia.org/wiki/imperialism

साहित्य

'सहित' में यत् प्रत्यय के योग से 'साहित्य' शब्द बना है। साहित्य का शाब्दिक अर्थ है शब्द और अर्थ का सहभाव, अर्थात् 'साथ होना'। इस प्रकार सार्थक शब्द मात्र का नाम 'साहित्य' है। साहित्य की यह परिभाषा अत्यंत व्यापक है।

प्राचीन प्रयोगों से स्पष्ट है कि 'साहित्य' शब्द मूल रूप में 'शास्त्र' के अर्थ में प्रयुक्त होता था, परंतु बाद में 'काव्य' के लिए भी इस शब्द का प्रयोग होने लगा। वस्तुतः आज 'साहित्य' शब्द जो अर्थ दे रहा है वह अर्थ पहले 'काव्य' शब्द देता था। 'काव्य' शब्द का अब अर्थ संकुचन हो चुका है और वह 'कविता' के अर्थ का व्यंजक हो चुका है, किंतु "कविर्मनीषी परिभूः स्वयंभूः" के प्रयोग में 'कवि' शब्द की जो अर्थ व्यापकता है वह परवर्ती काल में संकुचित हो गया। महाकवि बाणभट्ट को 'महाकवि' कहा जाता है जबकि उनकी प्रधान रचना 'कादम्बरी' एक गद्य कृति है। इसी तरह 'काव्येषु नाटकं रम्यं' अथवा 'गद्यं कवीनां निकषं वदन्ति' जैसे प्रयोग में 'काव्य' शब्द वस्तुतः 'साहित्य' के पर्याय का अर्थ व्यंजित कर रहा है। कालांतर में जब 'काव्य' शब्द का अर्थ संकोच हुआ और वह 'कविता' मात्र का अर्थ व्यंजित करने लगा तब 'साहित्य' शब्द का वर्तमान अर्थ में प्रचलन व्यापक रूप ले सका। भर्तृहरि ने 'साहित्य, संगीत, कला' की त्रयी में 'साहित्य' को काव्य का समानार्थक माना है। भर्तृहरि का समय 650 ई. के लगभग माना जाता है। अतः ईसा की सातवीं शताब्दी में 'साहित्य' शब्द काव्य के लिए प्रयुक्त होने लगा था। इसी समय के लगभग भामह ने 'काव्यालंकार' में 'शब्दार्थों सहितौ काव्यम्' लिखकर इस प्रयोग की पुष्टि की। राजशेखर (10वीं सदी) ने "शब्दार्थ योर्यथावत्सहभावेन विद्या साहित्यविद्या" कहकर इस परिभाषा को और भी विस्तृति दी है।

कुंतक और भोज ने तो 'साहित्य क्या है' इसी समस्या पर विचार किया है। वे साहित्य को परिभाषित करते हुए कहते हैं कि मार्गानुरूप माधुर्य आदि गुण, वक्ता की अतिशयता को द्योतित करने वाला अलंकार-विन्यास और रसपरिपोषक वृतियां एक-दूसरे से स्पर्द्धा करते हुए सहृदयों के हृदय में आह्लाद उत्पन्न करने में समर्थ शब्दार्थ ही साहित्य है। रुय्यक ने 'साहित्य मीमांसा' नाम से स्वतंत्र ग्रंथ लिखा है। 'व्यक्ति-विवेक ' पर लिखी अपनी टीका में भी वे 'साहित्य' शब्द का प्रयोग रूढ़ अर्थ में करते हैं। चौदहवीं सदी में आचार्य विश्वनाथ ने अपने काव्यशास्त्र का नाम ही 'साहित्यदर्पण' रखा।

हिंदी साहित्य के मध्यकाल में अधिकतर काव्यशास्त्रीय ग्रंथ रस से संबद्ध हैं, जिनमें काव्य के व्यापक अंगों को लिया गया है उनके नाम 'काव्य' रखे गए हैं। 'साहित्यलहरी' (सूरदास), 'साहित्यसार' (मतिराम) आदि कुछ ग्रंथ ऐसे जरूर हैं जिनके नाम से साहित्य शब्द जुड़ा हुआ है।

आधुनिक काल में हिंदी प्रदीप के संपादक बालकृष्ण भट्ट ने 'साहित्य जनसमूह के हृदय का विकास है' शीर्षक निबंध में साहित्य की मोटी परिभाषा दी है। आचार्य रामचंद्र शुक्ल ऐसे पहले व्यक्ति हैं जिन्होंने 'साहित्य' को व्यापक परिप्रेक्ष्य में देखा है। उनके मतानुसार, 'साहित्य के अंतर्गत वह सारा वाङ्मय लिया जा सकता है जिसमें अर्थबोध के अतिरिक्त भावोन्मेष अथवा चमत्कारपूर्ण अनुरंजन हो तथा जिसमें ऐसे वाङ्मय की विचारात्मक समीक्षा या व्याख्या हो।' इस तरह साहित्य के अंतर्गत कल्पनात्मक तथा आलोचनात्मक दोनों प्रकार की रचनाओं का समावेश हो जाता है।

ऐसा प्रतीत होता है कि जब काव्य में भाषिक संरचना पर ज्यादा जोर दिया जाने लगा तब काव्यालंकार शब्द के स्थान पर साहित्य-मीमांसा, साहित्य-विद्या, साहित्य-दर्पण आदि शब्दों का प्रयोग किया जाने लगा।

साहित्य और समाज के पारस्परिक संबंध को लेकर प्राथमिक विवेचन ग्रीक इतिहासकार हेरोदोतस में मिलता है। समाज पद्धति का मानव-चेतना और मनुष्य के लोकव्यवहार पर क्या प्रभाव पड़ता है, इसके संबंध में उसने विस्तारपूर्वक विचार किया है, परंतु इस विषय पर विस्तृत विवेचन 16वीं सदी के फ्रेंच विद्वान मानतेन (Montaigne) की रचनाओं में होता है, क्योंकि साहित्य और समाज की पारस्परिक क्रिया-प्रतिक्रिया का उपयोग समीक्षक की अपेक्षा इतिहासकार के लिए अधिक महत्वपूर्ण है। उन्नीसवीं सदी में ही साहित्य के इतिहास लेखन को वैज्ञानिक दृष्टि मिली और साहित्य समाज के अंतरावलंबन को लेकर विशद विवेचन हुआ। टेन का कहना है कि किसी भी युग की सांस्कृतिक अन्विति का अध्ययन "जाति-धर्म, युग-धर्म और सामयिक प्रवत्तियों" के समीकृत अध्ययन से हो सकता है। परंतु इस संबंध में सबसे महत्वपूर्ण शास्त्र क्रिस्टोफर कॉडवेल का ग्रंथ 'इल्यूजन एंड रियलिटी : ए स्टडी ऑफ द सोर्सेज ऑव पोइट्री' है, जिसमें साहित्य के समाजगत और मनोविज्ञान स्रोतों का शोध हुआ है। कॉडवेल का मूल विषय काव्य विकास के स्रोतों तथा काव्य की प्रकृति और उसके विकास की सरणियों का उद्घाटन है, परंतु उसने इतिहासकार के दृष्टिकोण को अपनाकर इन विषयों पर विस्तृत सूचनाएं प्रस्तुत की हैं, जो इस विकास के क्रमागत स्वरूप निर्माण के साथ, स्थान-स्थान पर तत्संबंधी धारणाओं का भी निर्माण करती है, इसमें संदेह नहीं कि साहित्य के सामाजिक मूल्यों के अध्ययन से हम किसी भी साहित्य संपत्ति को संपूर्णतः विश्लेषित नहीं कर सकते।

आधार ग्रंथ :

1. भारतीय साहित्य शास्त्र कोश, राजवंश सहाय हीरा।
2. साहित्य दर्पण, विश्वनाथ।
3. रसमीमांसा, रामचंद्र शुक्ल।
4. भारतीय साहित्य शास्त्र, बलदेव उपाध्याय।
5. हिंदी आलोचना का विकास, नंदकिशोर नवल।

साहित्य का समाजशास्त्र

साहित्य का समाजशास्त्र साहित्य के अध्ययन और मूल्यांकन की एक शाखा है जिसमें साहित्य और समाज के संबंधों का अध्ययन किया जाता है। इस अध्ययन में साहित्य के अध्ययन की विधियां, नाटकीय प्रस्तुति, रचनाकारों और पाठकों की सामाजिक और वर्गीय स्थिति आदि शामिल हैं।

साहित्य और समाज के संबंध को लेकर दुनिया भर के विचारक बहुत पहले से ही विचार करते रहे हैं लेकिन साहित्य के समाजशास्त्र का ज्ञान की एक नई धारा के रूप में विकास की संभावना अठारहवीं सदी में ही दिखाई देती है। फ्रांसीसी विचारक इपॉलित तेन (Hippolyte Taine) द्वारा साहित्य के समाजशास्त्र को एक व्यवस्थित दार्शनिक आधार दिए जाने से पहले भी साहित्य को सामाजिक परिवर्तनों के परिप्रेक्ष्य में देखनेवाले कई विचारक पश्चिम में हो चुके थे। साहित्य के समाजशास्त्र के संदर्भ में देखने पर इनमें सबसे महत्वपूर्ण नाम मदाम स्तेल (Mme de Stael) का माना जा सकता है जिन्होंने नेपोलियन के खिलाफ विद्रोह में भाग लेकर, निरंकुश सत्ता का रचनात्मक कर्म पर पड़नेवाले प्रभाव को समझकर और जर्मनी के प्राचीन से लेकर समसामयिक गंभीर साहित्यिक और दार्शनिक चिंतन पर गंभीर काम किया है। निश्चित रूप से यह विषय साहित्य के समाजशास्त्र की ओर बढ़ाया गया एक महत्वपूर्ण कदम था।

इपॉलित तेन के प्रयासों के बाद एक विधा के रूप में साहित्य के समाजशास्त्र को ऊंचाइयों पर पहुंचाने का श्रेय जिन महत्वपूर्ण विद्वानों को जाता है उनमें प्रमुख हैं लियो लॉवेंथल (Leo Lawenthal), लूसिए गोल्डमान (Lucien Goldmann) और रेमण्ड विलियम्स

(Raymond Williams)। लियो लॉवेंथल फ्रैंकफुर्ट स्कूल से जुड़े हुए थे और यूरोपीय खासतौर से जर्मन और फ्रांसीसी साहित्य के मर्मज्ञ थे। लॉवेंथल किसी भी समाज को समझने के लिए साहित्य को सर्वाधिक प्रबल माध्यम के रूप में देखते थे और मानते थे कि साहित्य में अनुभूतियां चाहे कैसी भी व्यक्त हुई हों उनके अनिवार्य सामाजिक संदर्भ होते हैं। लॉवेंथल की तरह गोल्डमान भी अतीत के प्रति दृष्टि निर्मित करने के लिए साहित्य को एक अनिवार्य माध्यम के रूप में चिन्हित करते हैं लेकिन गोल्डमान की दृष्टि समकालीन लेखन पर भी बराबर रही। मैनेजर पांडेय गोल्डमान की इस पद्धति की विशिष्टता को ध्यान में रखते हुए लिखते हैं कि गोल्डमान ने साहित्यिक कृति और इतिहास के बीच विश्वदृष्टि के स्तर पर संरचनात्मक संबंधों की खोज की है। विवेचन की यह प्रक्रिया दोहरी है जिसमें एक बार कृति से समाज की ओर जाने और दूसरी बार समाज से कृति की ओर लौटने की आलोचनात्मक प्रक्रिया चलती रहती है। साहित्य का समाजशास्त्र तैयार करनेवाली इस पीढ़ी में रेमण्ड विलियम्स का नाम भी अत्यधिक सम्मान के साथ लिया जाता है। रेमण्ड विलियम्स के लिए अनुभूति की संरचना या व्यावहारिक रूप बहुत मायने रखता है। संरचना रूप की विशिष्टता का बोध कराती है और रचना की संवेदना या अनुभव की समझ के लिए अनुभूति का महत्व है। उन्होंने रचना में होनेवाले परिवर्तन और विकास को समाज के मूल्यों और सरोकारों से जोड़कर देखा है। सामाजिक मूल्यों और सरोकारों के संदर्भ में ही उन्होंने संस्कृति की व्याख्या करने का प्रयास किया है और साहित्य को संस्कृति का एक महत्वपूर्ण रूप माना है।

टेरी इगल्टन (Terry Eagleton) के अनुसार साहित्य के समाजशास्त्र को समझने की दो दृष्टियां हो सकती हैं, पहली यथार्थवादी (Realist) दृष्टि जिसके अनुसार साहित्य के सामाजिक संदर्भों का गहराई से अध्ययन होता है। इस विधि के अनुसार साहित्य का कोई भी आलोचनात्मक मूल्यांकन जिसमें उसके सामाजिक परिप्रेक्ष्य को नजरंदाज किया गया हो, सहज ही अधूरा होगा। उनके अनुसार साहित्य के अध्ययन की दूसरी दृष्टि हठाग्रही या उपयोगितावादी (Pragmatist) होती है। इसके अनुसार साहित्य सभी तरह की वस्तुओं और सामाजिक संदर्भों से जुड़कर आकार ग्रहण करता है किन्तु मूल्यांकन के लिए उसकी सामाजिक प्रतिबद्धताओं को खासतौर पर महत्व दिया जाता है। एक खास राजनीतिक दृष्टिकोण से देखने पर वह साहित्य उपयोगी और जरूरी महसूस होता है।

साहित्य के समाजशास्त्र के संबंध में हिंदी के आलोचना जगत में लंबे समय तक एक दुविधा जैसी स्थिति बनी रही। आज भी देखा जा सकता है कि ऐसे तमाम शोध-ग्रन्थ या पुस्तकें हैं जिनमें समाजशास्त्रीय अध्ययन के नाम पर सिर्फ रचना की व्याख्या कर दी जाती है और उन तमाम प्रविधियों की अनदेखी की जाती है जिनका विकास पश्चिम के कई विद्वानों ने गंभीर बहसों के बाद किया है। ऐसा इसलिए नहीं है कि हिंदी के शोध या आलोचना जगत ने समाजशास्त्रीय अध्ययन के लिए अपनी कोई भारतीय परंपरा विकसित कर ली हो बल्कि इसकी मूल वजह इस विधा के सन्दर्भ में लापरवाही और अनभिज्ञता ही है। प्रगतिशील खेमों और उनका विरोध करनेवालों के द्वंद्व के बीच कई बार समाजशास्त्री चिन्तन को सिर्फ अधूरा या निगेटिव सेंस के साथ देखा जाता रहा है जबकि पश्चिम में स्थिति इससे विपरीत रही है। प्रकाशचन्द्र गुप्त और रामविलास शर्मा के बीच हुई बहसों का हवाला देते हुए अपनी पुस्तक 'साहित्य के समाजशास्त्र की भूमिका' में मैनेजर पांडेय ने, जो स्वयं हिंदी की मार्क्सवादी आलोचना के महत्वपूर्ण स्तम्भ हैं, इस समस्या की ओर इशारा किया है। मैनेजर पांडेय की यह मान्यता है कि समाजशास्त्री भले ही साहित्य के समाजशास्त्र को समाजशास्त्र की एक शाखा समझें लेकिन वास्तविकता यह है कि अब वह समाजशास्त्र से स्वतंत्र एक साहित्य विधा के रूप में विकसित हो रहा है। पिछले सौ वर्षों में संस्कृति की भौतिकवादी व्याख्या के आधार पर कलाओं का जो समाजशास्त्र विकसित हुआ है उसका एक रूप है साहित्य का समाजशास्त्र। यह ध्यान देने की बात है कि साहित्य के समाजशास्त्र का विकास साहित्य के आलोचकों ने किया है न कि विशुद्ध समाजशास्त्रियों ने। तेन, लियो लॉवेंथल, लूसिए गोल्डमान, मिशेल जेराफा और रेमण्ड विलियम्स का योगदान किसी भी समाजशास्त्री से बहुत अधिक है। इन विद्वानों ने न सिर्फ साहित्य के समाजशास्त्र के स्वतंत्र विकास की दिशा तय की बल्कि अपनी भिन्न-भिन्न अवधारणाओं और चिन्तन पद्धतियों से साहित्य के समाजशास्त्र के स्वरूप को गंभीर बनाया, उसकी विश्लेषण क्षमता को समृद्ध किया। हिंदी में इस विषय पर किए गए काम उंगलियों पर गिने जा सकते हैं। डॉ. नगेन्द्र, निर्मला जैन, बच्चन सिंह और मैनेजर पांडेय ने साहित्य के समाजशास्त्र पर केन्द्रित कुछ पुस्तकें हिन्दी जगत को दी हैं लेकिन इनमें भी भारतीय साहित्य के संदर्भ में किसी अवधारणा की पेशकश नहीं दिखाई देती है।

इस परिस्थिति के बावजूद यह एक सुखद एहसास है कि साहित्य का समाजशास्त्र एक विधा के रूप में हिंदी जगत में भले ही स्थापित न हो लेकिन हिंदी साहित्य के समर्थ पंडितों और समीक्षकों ने हमेशा ही इस बात को समझा है कि साहित्य और समाज का संबंध बहुत ही प्रगाढ़ है और हिंदी साहित्य की विस्तृत परंपरा सामाजिक संरचनाओं के विभिन्न रूपों का अच्छा खासा

भंडार है। चूंकि साहित्य का समाजशास्त्र एक आधुनिक विधा है और उसके विकास के पीछे भी कुछ सामाजिक कारण हैं इसीलिए यहां आधुनिक हिंदी साहित्य के संदर्भ में चर्चा करना ज्यादा समीचीन होगा जिसका विकास उन्नीसवीं सदी में दिखाई देता है। उन्नीसवीं सदी के साहित्यकारों में भारतेन्दु हरिश्चन्द्र, बालमुकुन्द गुप्त और बालकृष्ण भट्ट साहित्य के सामाजिक सरोकारों और समाज का साहित्य पर पड़नेवाले प्रभावों की गंभीर समझ रखनेवाले हिंदी की जातीय परंपरा के निर्माताओं में से हैं।

सामाजिक सरोकारों को साहित्यिक चिंतन के केंद्र में प्रतिष्ठित करने का जो काम भारतेन्दु युग में शुरू हुआ था महावीर प्रसाद द्विवेदी के युग में आकर उसका और भी विस्तार हुआ। द्विवेदी युग के रचनाकारों ने न सिर्फ पहले से ही फल-फूल रही राष्ट्रीय और सामाजिक चेतना को और भी विकसित किया बल्कि साहित्य को भी ऊपर से लाद दिए गए सौंदर्य से मुक्त किया।

इसके पश्चात् हिंदी के जो भी मूर्धन्य आलोचक हुए, चाहे वह आचार्य रामचन्द्र शुक्ल हों, हजारीप्रसाद द्विवेदी हों या फिर रामविलास शर्मा, सभी की साहित्यिक दृष्टि में सामाजिक परिस्थितियां और उसके विकास की दिशा चिंतन के अनिवार्य पक्ष के रूप में स्वीकृत है। नामवर सिंह को तो मैनेजर पांडेय ने अपनी पुस्तक 'साहित्य के समाजशास्त्र की भूमिका' को यह कहते हुए समर्पित किया है कि "डॉ. नामवर सिंह को सादर, जिनके प्रयत्न से साहित्य का समाजशास्त्र हिंदी में आया है।"

कहने का तात्पर्य है कि भले ही हिंदी में साहित्य के समाजशास्त्र के एक विधा के रूप में विकास को लेकर असमंजस की स्थिति रही हो, इस मत को लेकर कोई असमंजस नहीं रहा है कि साहित्य और समाज का अन्योन्याश्रित संबंध है और दोनों का विकास परस्पर एक-दूसरे से गुंथे हुए ही होता आया है। आचार्य रामचन्द्र शुक्ल ने अपनी पुस्तक 'हिंदी साहित्य का इतिहास' में जब साहित्य के इतिहास की परिभाषा गढ़ी तो उनके सामने भी साहित्य और समाज का यही संबंध सबसे प्रमुख मसला था। शुक्ल जी ने लिखा है कि–

"जबकि प्रत्येक देश का साहित्य वहां की जनता की चित्तवृत्तियों का संचित प्रतिबिम्ब है तब यह निश्चित है कि जनता की चित्तवृत्ति में परिवर्तन के साथ ही साहित्य के स्वरूप में भी परिवर्तन होता चला जाता है। आदि से अन्त तक इन्हीं चित्तवृत्तियों की परंपरा को परखते हुए साहित्य परंपरा के साथ उसका सामंजस्य दिखाना ही साहित्य का इतिहास कहलाता है। जनता की चित्तवृत्ति बहुत कुछ राजनीतिक, सामाजिक, साम्प्रदायिक और धार्मिक परिस्थिति के अनुसार होती है।"

आचार्य रामचन्द्र शुक्ल की तरह ही आचार्य हजारीप्रसाद द्विवेदी भी हिंदी साहित्य की परंपरा के प्रति सतर्क थे। यही कारण है कि परंपरा के संदर्भ में वे आचार्य शुक्ल की कई स्थापित मान्यताओं को भी चुनौती दे सके। परंपरा की सही पहचान के लिए ही उन्होंने भारतीयता, संस्कृति, शास्त्र, लोक और आधुनिकता को आधार बनाया।

हिंदी की मार्क्सवादी आलोचना के सिरमौर डॉ. रामविलास शर्मा की परंपरा के ज्ञान के प्रति, हिंदी की जातीय संस्कृति की प्रति, सामंती रूढ़ियों से मुक्ति के प्रति, क्रान्तिकारी चेतना के विकास के प्रति, वर्गहीन शोषण मुक्त समाज के प्रति और जातीय साहित्य तथा विश्व संस्कृति के पहचान के प्रति पूर्णतः सतर्क थे। अपनी पुस्तक 'परंपरा का मूल्यांकन' के एक शुरुआती निबंध में ही रचना के सामाजिक सरोकारों का विश्लेषण करते हुए उन्होंने लिखा है–

"सबसे पहले हम उस साहित्य का मूल्य निर्धारित करते हैं जो शोषक वर्गों के विरुद्ध श्रमिक जनता के हितों को प्रतिबिम्बित करता है। इसके साथ हम उस साहित्य पर ध्यान देते हैं जिसकी रचना का आधार शोषित जनता का श्रम है और यह देखने का प्रयत्न करते हैं कि वह वर्तमान काल में जनता के लिए कहां तक उपयोगी है और उसका उपयोग किस तरह हो सकता है। इसके अलावा जो साहित्य सीधे सम्पत्तिशाली वर्गों की देख-रेख में रचा गया है और उनके वर्गहितों को प्रतिबिम्बित करता है उसे भी परखकर देखना चाहिए कि वह अभ्युदयशाली वर्ग का साहित्य है या ह्रासमान वर्ग का।"

रामविलास जी के साथ एक खास बात यह भी है कि जिस साहित्यकार पर चर्चा करते हैं उसके युग और जिंदगी को भी साहित्य के समानांतर रखकर जांचते हैं। रामविलासजी ने हिंदी के जिन रचनाकारों का मूल्यांकन किया है उनका सम्पूर्ण व्यक्तित्व उनके सामने रहा है। यहां तक कि किसी कवि की कविता पर लिखते हुए वे उसकी लिखी आलोचना और पत्रों तक का हवाला देते हैं। उनके जीवन संदर्भों में निहित गूढ़ संकेतों को पकड़ते हैं। निराला, प्रेमचन्द और भारतेन्दु संबंधी उनके आलोचनात्मक चिंतन में इसी प्रवृत्ति को आसानी से देखा जा सकता है।

इन सभी चिंतकों का साहित्य प्रमाण है कि साहित्य के स्वरूप को सिर्फ प्रगतिशील बनाए रखने के लिए ही नहीं उसके अस्तित्व को भविष्य के लिए

सुरक्षित रखने के लिए भी समाज की समझ विकसित करनी होती है। साहित्य को सामाजिकता से अलगाकर उसकी एक स्वतंत्र पहचान का ढिंढोरा पीटनेवालों को यह बात समझनी चाहिए कि जब साहित्य या सामाजिक अस्तित्व ही संकट में आता जा रहा है तो उसकी स्वतंत्र पहचान की रक्षा सामाजिक गुत्थियों से उसके पेंचीदा संबंधों को सुलझाए बिना संभव नहीं है। साहित्य की गहरी सामाजिकता यहीं पर जाहिर हो जाती है कि साहित्य को असामाजिक, पूंजीवादी, सामन्तवादी, जातिवादी शक्तियां चुनौती दे रही हैं। इन चुनौतियों से लड़ने के लिए साहित्य का समाजशास्त्र एक सशक्त माध्यम हो सकता है।

आधार ग्रंथ

1. साहित्य का समाजशास्त्रीय चिन्तन, (सं.) निर्मला जैन।
2. साहित्य के समाजशास्त्र की भूमिका, मैनेजर पांडेय।
3. हिंदी साहित्य का इतिहास, रामचन्द्र शुक्ल।
4. परंपरा का मूल्यांकन, रामविलास शर्मा।
5. साहित्य का समाजशास्त्र, बच्चन सिंह।
6. Oxford Dictionary of Literary Terms, Chris Baldick.

वेबसाइट : http:/en.wikipedia.org/wiki/sociology of literature.

सुरति-निरति

सुरति-निरति संत-साहित्य में प्रचलित महत्त्वपूर्ण पारिभाषिक शब्द हैं। 'सुरति' मूलतः संस्कृत के 'स्मृति' शब्द का ध्वनि परिवर्तित रूप है। संस्कृत में 'स्मृति' का अर्थ होता है, पुरानी बातों, वस्तुओं, व्यक्तियों आदि की याद। इस अर्थ में संत साहित्य में इस शब्द का यदा-कदा प्रयोग मिल जाता है। सिद्धों के दोहों में जहां 'सुरति' शब्द का प्रयोग हुआ है वहां इसके अर्थ में दुरुहता या अस्पष्टता नहीं है। सरहपा इसे 'कमल कुलिश योग के अर्थ में मैथुन क्रीड़ा का द्योतक मानते हैं। परंतु नाथ पंथ में इसका भिन्न अर्थ लिया गया है। गोरखनाथ ने इसके मैथुनपरक अर्थ का बहिष्कार कर इसको श्रुति (नाद या शब्द) के अर्थ में ग्रहण किया। नाथ साधना का एक बहुत पुराना नाम 'शब्द सुरति योग' भी बताया गया है। संतों में सुरति शब्द का प्रयोग सिद्धों के मैथुनपरक अर्थ में न होकर नाथों के 'श्रुति' के अर्थ में हुआ है, "सुरति समानी निरति में अजपा माहैं जाप।" 'बाबू संपूर्णानंद 'सुरति' को स्रोत का बिगड़ा हुआ रूप मानते हैं और इसका अर्थ 'चित्तवृत्तियों का प्रवाह' करते हैं। गुलाल साहब 'सुरति' को मन से अभिन्न मानते हैं। डॉ. पीतांबरदत्त बड़थ्वाल 'सुरति' को 'स्मृति' से निकला हुआ मानते हैं। आचार्य क्षितिमोहन सेन ने 'सुरति' का अर्थ 'प्रेम' किया है। पं. परशुराम चतुर्वेदी 'सुरति' से 'शब्दोन्मुख चित्त' अर्थ लेते हैं। आचार्य हजारीप्रसाद द्विवेदी के अनुसार 'सुरति' मूल रूप में स्मरण या स्मृति ही है, पर यह स्मृति अंतरतम में बैठे हुए किसी परम प्रियतम की है। डॉ. रामकुमार वर्मा 'सुरति' को 'सूरते इलहामिया' से जोड़ते हैं और इसका अर्थ 'आध्यात्मिक किरण' मानते हैं।

इस प्रकार 'सुरति' की व्युत्पत्ति को लेकर विद्वानों में पर्याप्त मतभेद है किंतु इसके तात्पर्य को लेकर कोई विशेष मतभेद नहीं है। सभी विद्वान यह स्वीकार करते हैं कि 'सुरति' अंतर्मुखी चित्तवृत्ति ही है। जो चित्तवृत्ति सांसारिक विषयों की ओर प्रवाहित है वह जब ईश्वरोन्मुख हो जाती है तो उसे 'सुरति' कहते हैं। 'श्रुति' या श्रवण वृत्ति को अंतर्मुखी करना, चित्तवृत्ति का अंतर्मुखी होना ही है। किसी परम प्रियतम की स्मृति का आना भी चित्त को बाह्य वस्तुओं से हटाकर अंतर्लीन करना ही है। डॉ. बड़थ्वाल के अनुसार 'निरति', 'पूर्णतन्मयता' की स्थिति है। आचार्य हजारीप्रसाद द्विवेदी के अनुसार सारे बाह्य भ्रम-जाल से निरत होकर अंतर्मुख होने की प्रवृत्ति का नाम ही 'निरति' है। पं. परशुराम चतुर्वेदी के अनुसार 'शब्द एवं सुरति' का मिलकर एक हो जाना ही 'निरति' है। कुछ विद्वानों के अनुसार 'निरति' वैराग्यवृत्ति या सांसारिक विषयों से अनासक्तता का द्योतक है। महापंडित राहुल सांकृत्यायन 'निरति' का संबंध बौद्ध-सिद्धों के 'नैरात्म्य' (नैरामणि) से जोड़ते हैं। सभी आत्मा-रहित निरात्मा या नैरात्म्य, नैरामणि हैं। उसी नैरात्म्य तत्त्व-शून्यता को साक्षात् करना है। इस प्रकार बहुत पहले से ही साधकों द्वारा प्रयुक्त 'स्मृति' शब्द से निष्पन्न 'सुरति' शब्द में संतों ने ऊपर संकेतित एवं क्रमशः विकसित विभिन्न अर्थों को बड़ी चतुरायी से भरा है और इस एक शब्द में एक लंबे दार्शनिक चिंतन को सम्पृक्त कर दिया है। कबीरदास ने सुरति और निरति का एक साथ प्रयोग करते हुए जो कुछ कहा है उससे भी इसी अर्थ की पुष्टि होती है-

"सुरति समानी निरति में, निरति रही निरधार।
सुरति निरति परचा भया, तब खूले स्यंभ दुआर।"

साधक चित्तवृत्ति को अंतर्मुखी करके निरति (शून्यता या नैरात्म्य भाव) में लीन हो सकता है किंतु 'निरति' तो अभावात्मक होने के कारण निराधार है ही। चित्तवृत्ति के निरति या शून्यता में लीन हो जाने पर सिंह द्वार खुलता है और शिवत्व या समरसत्व की उपलब्धि होती है। अन्यत्र भी कबीरदास ने सुरति के शून्य में समाने की बात कहकर उपर्युक्त मान्यता की पुष्टि की है :-

"उलटे पवन चक्र षट बेधा सुन्नि सुरति लै लागी।
सुन्नहि सुरति समानिया, कासों कहिए जात।।"

आधार ग्रंथ :

1. कबीर-मीमांसा, रामचंद्र तिवारी।
2. हिंदी साहित्य कोश, भाग-1।
3. हिंदी काव्य में निर्गुण संप्रदाय, डा.पीताम्बर दत्त बड़थ्वाल।
4. कबीर साहित्य की परख, पं. परशुराम चतुर्वेदी।
5. सहज साधना, आचार्य हजारीप्रसाद द्विवेदी।
6. कबीर साहित्य का अध्ययन, पुरुषोत्तम लाल श्रीवास्तव।

सूफी काव्य

इस्लाम के रहस्यवादी साधक सूफी नाम से जाने जाते हैं। 'सूफी' शब्द की व्युत्पत्ति 'सूफ' शब्द से मानी जाती है। 'सूफ' का अर्थ 'ऊन' है। ईसवी सन् की आठवीं-नवीं सदी में ऊन का व्यवहार करनेवाले संसार-त्यागी साधकों का पता इस्लामी देशों में चलता है।

सूफियों के दर्शन को 'तसव्वुफ' कहा गया है। सूफी ऐसे साधक थे, जो विरक्त, संसार-त्यागी, परमात्मा के प्रेम में बेसुध रहते थे। उनके लिए न इस लोक के प्रलोभनों का कोई अर्थ था और न स्वर्ग की ही उन्हें चिंता थी। उनकी चिंता का एक मात्र विषय परमात्मा था। उसे पाने के लिए, उसके साथ 'एकमेक' होने के लिए ये साधक सभी प्रकार की साधना के लिए प्रस्तुत रहते थे।

सूफी साधक प्रेम के द्वारा परमात्मा को पाने में विश्वास करते हैं। परमात्मा उसके लिए परम प्रियतम और परम सौंदर्य है। आत्मा उस प्रियतम को पाने के लिए आकुल रहती है। सूफी कवि आत्मा और परमात्मा के इस प्रेम संबंध का वर्णन आत्मविभोर होकर करते हैं। अपने काव्य के माध्यम से वे परम प्रियतम के प्रति प्रणय निवेदन करते हैं।

सूफी 'कुरान' द्वारा प्रतिपादित परमात्मा के स्वरूप को स्वीकार करते हैं। इस्लाम मतावलंबी की भांति ही वे भी एकेश्वरवाद में विश्वास करते हैं, लेकिन वे अपने ढंग से उसका अर्थ करते हैं। उनके लिए 'एकेश्वरवाद' ठीक वही नहीं है, जो परंपरावादी इसलाम में स्वीकृत है। सूफी मानते हैं कि जात (सत्ता), सिफत (गुण) और कर्म में परमात्मा अद्वितीय और निरपेक्ष है। परंपरावादी परमात्मा को सृष्टि के सभी पदार्थों से भिन्न मानते हैं, लेकिन सूफी कहते हैं कि इस दृश्यमान जगत् में परिव्याप्त एकमात्र सत्ता परमात्मा की ही है। ऐसा मानने का मतलब यह हो जाता है कि प्रतीयमान जितनी भी सत्ताएं हैं, वे सभी परमात्मा में अंतर्निहित हैं तथा निखिल विश्व परमात्मा के साथ एक है। सूफी परमात्मा को परम सत्य मानने के साथ ही उसे परम कल्याण और परम सौंदर्य भी मानते हैं।

परमात्मा जो अनंत सौंदर्य और अनंत विभूति है, अपने-आपको जब अभिव्यक्त करना चाहता है तो सृष्टि का आविर्भाव होता है। यह जगत अंशतः उस सौंदर्य को प्रकट करनेवाला है। परमात्मा परम सत्ता है और सृष्टि असत। जैसे अंधकार के होने से प्रकाश का ज्ञान होता है, उसी प्रकार असत अवास्तविक जगत उस सत्ता को समझने में सहायक होता है। सूफी कहते हैं कि परम सत्ता जब असत के दर्पण में प्रतिबिंबित होती है और उसके फलस्वरूप जो प्रतिबिंब हम देखते हैं, वही सृष्टि है अर्थात् यह दृश्यमान जगत उस परमात्मा का प्रतिबिंब है।

इस प्रकार सूफी सृष्टि को असत के दर्पण में प्रतिबिंबित होनेवाली परमात्मा की प्रतिच्छवि तथा मनुष्य को उस प्रतिच्छवि की आंख जैसा मानते हैं। एक ओर तो मनुष्य सृष्टि का अंग है और दूसरी ओर अपने भीतर परमात्मा को भी ग्रहण किये हुए है। उसमें सत् और असत्, दोनों ही विद्यमान हैं। मनुष्य में जो कुछ भी सत्य है, मंगलमय है, वह परमात्मा का है और इसके विपरीत जो कुछ भी उसमें है, वह असत् है, क्षणभंगुर है तथा मंगल का नकारात्मक रूप है। मनुष्य के भीतर जो ईश्वरीय अंश है, वह उस विशुद्ध सत्ता की चिनगारी के जैसा है जो इस बात की चेष्टा में सतत लगी रहती है कि वह अपने उद्गमस्थल पर लौटकर उसके साथ एक हो जाए। लेकिन यह तब तक सम्भव नहीं हो पाता, जब तक उसमें असत्

तत्त्व विद्यमान रहता है। यह असत् तत्त्व मिथ्या है और भ्रम में डालनेवाला है तथा 'अहम्' में सत्य की प्रतीति करानेवाला है। 'अहम्' ही सब दुखों के मूल में है, अतएव सूफी साधक की सबसे बड़ी साधना यह होती है कि वह अपने इस 'अहम्' पर विजय प्राप्त करे। इसी के लिए साधक 'सूफी मार्ग' पर चलता है और अपनी साधना पूरी कर परमात्मा के साथ एक होता है।

सूफियों में साधकों की चार अवस्थायें मानी गई हैं- शरीयत, तरीकत, हकीकत और मारिफत। शरीयत से तात्पर्य है विधि निषेध का सम्यक् पालन, तरीकत अर्थात् बाहरी क्रिया-कलाप से परे होकर हृदय की शुद्धता द्वारा भगवान् का ध्यान, हकीकत यानी, भक्ति और उपासना के कारण सम्यक् बोध और मारिफत यानी सिद्धावस्था अर्थात् साधना की उच्चतम भूमि में आत्मा का परमात्मा में लीन हो जाना।

परमात्मा में लीन होने से पूर्व उसे अनेक मनः स्थितियों से होकर गुजरना पड़ता है। पहली स्थिति जागरण की है। आत्मा शुद्ध और चैतन्य है। उसका सांसारिक वस्तुओं से जुड़ना अस्वाभाविक है। वह शुद्ध चेतन से एकात्मता स्थापित करने के लिए तड़पती रहती है। गुरु के उपदेश द्वारा जगत् के मिथ्या होने का ज्ञान उसे होता है, यही जागरण की स्थिति है। परमात्मा से एकात्मता स्थापित करने के लिए आवश्यक है कि सांसारिक वासनाओं का त्याग करे, अतः परिष्कार की आवश्यकता पड़ती है। सूफी साधना में अनेक प्रकार के नियम और विधान हैं, जिनमें तौबा, खौफ तवक्कुल, फकर, सब्र, रजा, रिजा, शुक्र आदि स्थितियां आती हैं। चौथी स्थिति प्रकाशानुभव की स्थिति है, जिसमें साधक को साध्य की अनुभूति होती है। सत्ता से पूर्ण एकात्म स्थापित करने से पूर्व साधक को सांसारिक विघ्नों से एक बार फिर संघर्ष करना पड़ता है। यह स्थिति विघ्नों की रात कही जाती है। पूर्ण ऐक्य की स्थिति में साधक-साध्य से पूर्ण एकात्मकता स्थापित कर लेता है।

पद्मावत में हीरामन तोते द्वारा पद्मिनी के सौंदर्य का वर्णन सुनकर रत्नसेन का संसार से विमुख होना और योगी वेश में सात समुद्र पार करना, शिव मंदिर में पद्मावती से प्रथम भेंट, गंधर्वसेन द्वारा रत्नसेन को पकड़ना और अंत में पद्मावती से पूर्ण मिलन की स्थितियां साधक रत्नसेन के साधना विकास के पांच सोपान हैं।

सूफियों के अनेक संप्रदाय और उपसंप्रदाय हैं तथा अनेक शाखाएं-प्रशाखाएं हैं। भारतवर्ष के चार प्रमुख सूफी-संप्रदाय हैं—चिश्तिया, कादिरिया, सुहरवर्दिया और नक्शबंदिया। इनमें से प्रथम तीन हसन अल बसरी से संबद्ध हैं और चौथा अबू वक्र से। इन संप्रदायों में साधन-मार्ग और सिद्धांत आदि को लेकर अंतर है। भारतवर्ष के चार प्रमुख संप्रदायों में से चिश्ती संप्रदाय सबसे प्रमुख है। भारतवर्ष में इस संप्रदाय का प्रवेश ख्वाजा मुईनुद्दीन चिश्ती के साथ हुआ। इनका जन्म सन् 1142 ई. में सिस्तान के संजर शहर में हुआ था और मृत्यु सन् 1236 ई. में अजमेर में हुई। ये ख्वाजा उस्मान चिश्ती हारूनी के शिष्य थे। अजमेर में मुईनुद्दीन चिश्ती की दरगाह पर विभिन्न देशों से लाखों मुसलमान तीर्थ करने आते हैं। वहां की मस्जिद बादशाह अकबर की बनवायी हुई है। इस संप्रदाय के सुप्रसिद्ध संतों में ख्वाजा कुतुबद्दीन बख्तियार काकी, पाकपत्तन के बाबा फरीद तथा निजामुद्दीन औलिया आदि हैं। यह संप्रदाय अत्यंत लोकप्रिय रहा है।

चिश्ती-संप्रदाय में संगीत को प्रधानता दी गई है। संगीत के द्वारा साधक को भावाविष्टावस्था की प्राप्ति होती है। संगीत की मजलिसें लगातार कई-कई दिनों तक चलती ही रहती हैं।

आधार ग्रंथ :

1. सूफी मत : साधना और साहित्य, रामपूजन तिवारी।
2. हिंदी साहित्य कोश,भाग-1।
3. भारतीय प्रेमाख्यानक काव्य, हरिकांत।
4. हिंदी सूफी कवि और काव्य, सरला शुक्ल।
5. जायसी ग्रंथावली, रामचंद्र शुक्ल।
6. हिंदी साहित्य का इतिहास, रामचंद्र शुक्ल।
7. जायसी, विजयदेव नारायण साही।

सौंदर्यानुभूति

सौंदर्यानुभूति के लिए अंग्रेजी में एस्थेटिक एक्सपीरियन्स (Aesthetic Experience) शब्द प्रचलित है। यह समस्त विश्व अनंत सौंदर्य का भंडार है। उस सौंदर्य स्रष्टा ने विश्व में ऐसे दिव्य सौंदर्य की सृष्टि की है, जिसका आभास मानव को वन, पर्वत, नदी, निर्झर, पशु-पक्षी आदि में आदि-काल से ही मिलता चला आ रहा है। इसी

कारण वह कभी उषा की रागरंजित छवि में अनुरक्त हुआ है, तो कभी संध्या की नील-पीत मिश्रित अरुणिमा में आत्म-विभोर हो उठा है। कभी वह शरद् के सुस्मित हास में मग्न हुआ है, तो कभी वसंत-श्री की सुषमा में अपनी सुधबुध गंवा बैठा है। इसी तरह मानव ने नाना प्रकार के रंग-बिरंगे पुष्पों, चित्र-विचित्र पशु-पक्षियों आदि में भी सौंदर्य के दर्शन किये हैं। सृष्टि के इस अनंत सौंदर्य ने उसके हृदय को आंदोलित किया है और उसमें अनेकानेक भाव-लहरियां उठायी हैं। मानव-हृदय की ये ही भाव-लहरियां सौंदर्यानुभूति की जननी हैं क्योंकि सौंदर्य-स्रष्टा की इस अद्‌भुत एवं अनुपम रचना को देखकर कौन ऐसा हृदयहीन व्यक्ति होगा, जिसके हृदय में उसके प्रति आकर्षण न हो। सौंदर्य अपनी ओर हठात आकर्षित करता है। हां, इतना अवश्य है कि उस आकर्षण में द्रष्टा की ग्राहकता के अनुकूल मात्रा-भेद रहता है। कोई सौंदर्य का चाक्षुष प्रत्यक्ष होते ही अपना सर्वस्व खो बैठता है और कोई उसे देखकर किंचित स्पंदन का ही अनुभव करके शांत हो जाता है। जिस प्रकार आकर्षण में मात्रा भेद है, उसी प्रकार सौंदर्य की अनुभूति में भी मात्रा-भेद रहता है, क्योंकि सभी पदार्थ सभी व्यक्तियों को प्रत्येक समय समान रूप से सुदंर प्रतीत नहीं होते। अपनी-अपनी रुचि के अनुसार प्रत्येक पदार्थ अलग-अलग व्यक्तियों को अलग-अलग मात्रा में और अलग-अलग रूप में सुंदर जान पड़ता है। अतः सौंदर्यानुभूति में रुचि का बड़ा महत्व है।

परंतु यह रुचि हमारी परंपरागत संस्कृति की देन है, क्योंकि हमारे आचार-विचार एवं हमारी इच्छा का निर्माण हमारी सांस्कृतिक परंपरा द्वारा होता है। इसी कारण प्रसाद जी ने भी लिखा है कि सौंदर्यानुभूति में जो मात्राभेद पाया जाता है, उसका मूल कारण हमारी संस्कृति है, क्योंकि संस्कृति ही हमारे सजातीय विचारों, रहन-सहन एवं मनोभावों को विकासोन्मुख बनाती है। इसी कारण भावों एवं विचारों के विकास द्वारा ही सौंदर्यानुभूति में भेद पाया जाता है। नहीं तो सौंदर्य-बोध एवं सौंदर्यानुभूति विश्वव्यापी वस्तुएं हैं। सभी प्राणी सौंदर्य को देखकर आकृष्ट होते हैं और सभी के हृदय में सौंदर्य की भावना भिन्न-भिन्न रूपों में देखी जाती है। जैसे, पश्चिमी देशों में लिली पुष्प को अधिक सुंदर मानते हैं, जबकि भारत में कमल को। वहां स्वर्णिम केशों में अद्‌भुत सौंदर्य के दर्शन होते हैं, तो यहां श्याम कुंचित केशों में। इसी तरह अन्य पदार्थों के बारे में भी सौंदर्य-भावना में भिन्नता पायी जाती है।

सौंदर्यानुभूति पर पाश्चात्य देशों में अधिक विचार हुआ है। वहां प्लेटो से लेकर रस्किन, टालस्टाय, कांट आदि ने ईश्वरीय मंगल विधान तथा नैतिक शक्ति या वस्तु में ही सौंदर्य माना है। इटली के सौंदर्यशास्त्र के विचारक बेनेदेतो क्रोचे ने सौंदर्य की स्थिति आंतरिक मानी है। उसने लिखा है, "The work of art is always internal and what is called external is no longer a work of art." यद्यपि इसे समर्थन नहीं मिला। आचार्य रामचंद्र शुक्ल को क्रोचे की उक्त स्थापना से कविता में कलापक्ष पर बल पड़ने का खतरा महसूस हुआ और उन्होंने उसका विरोध किया। शुक्ल जी ने सौंदर्यानुभूति को भी रसानुभूति के स्तर पर ही देखा है। उनका कहना है—'कुछ रूप-रंग की वस्तुएं ऐसी होती हैं, जो हमारे मन में आते ही थोड़ी देर के लिए हमारी सत्ता पर ऐसा अधिकार कर लेती हैं कि उसका ज्ञान ही हवा हो जाता है और हम उन वस्तुओं की भावना के रूप में ही परिणत हो जाते हैं। हमारी अंतस्सत्ता की यही तदाकार परिणति सौंदर्य की अनुभूति है।" यह तदाकार परिणति ही रसमग्नता भी है। आचार्य शुक्ल लोक की सामान्य भावभूमि और सामान्य हृदय की स्थिति की भांति ही सौंदर्य के सामान्य आदर्श की भी कल्पना करते हैं। उसे आत्यंतिक वस्तुनिष्ठता और आत्यंतिक व्यक्तिनिष्ठता के बीच लोक-सामान्य धरातल पर प्रतिष्ठित करते हैं। सौंदर्यानुभूति को वे मंगलविधायिनी मानते हैं। उनके अनुसार "तुलसी और सूर ऐसे सगुणोपासक भक्त राम और कृष्ण की सौंदर्य-भावना में मग्न होकर ऐसी मंगलदशा का अनुभव कर गए हैं, जिसके सामने कैवल्य या मुक्ति की कामना का कहीं पता नहीं लगता।"

आचार्य रामचंद्र शुक्ल के शब्दों में—"लोक में फैली दुःख की छाया को हटाने में ब्रह्म की आनंदकला जो शक्तिमय रूप धारण करती है, उसकी भीषणता में भी अद्‌भुत मनोहरता, कटुता में भी अपूर्व मधुरता, प्रचंडता में भी गहरी आर्द्रता साथ लगी रहती है। विरुद्धों का यही सामंजस्य कर्मक्षेत्र का सौंदर्य है।"

आचार्य शुक्ल 'सुंदर' शब्द को काव्य के स्वरूप को लक्षित कराने में असमर्थ मानते हैं। 'सुंदर' शब्द उन्हें बाह्यार्थ की ओर संकेत करता जान पड़ता है और इससे काव्यानुभूति का स्वरूप संकुचित होता है। काव्य के अंतर्गत 'सौंदर्य' प्रेम का आलंबन होकर ही आ सकता है। चमत्कारपूर्ण उक्तियों को भी सुंदर कहा जाता है। ऐसी उक्तियों तथा बेल-बूटे और नक्काशी की सौंदर्यभावना हल्की रुचि का परिणाम है।

जैसा कि ऊपर कहा गया है, सौंदर्यानुभूति की जितनी चर्चा पाश्चात्य देशों में मिलती है, उतनी भारत में नहीं। इसके कारण का स्पष्टीकरण करते हुए प्रसाद ने लिखा है कि—"उनके पास अरस्तू से लेकर वर्तमान काल की सौंदर्यानुभूति संबंधी विचारधारा का क्रम-विकास और प्रतीकों के साथ-साथ उनका इतिहास तो है ही, सबसे

अच्छा साधन उनकी अविच्छिन्न सांस्कृतिक एकता है। हमारी भाषा के साहित्य में वैसा सामंजस्य नहीं है। बीच-बीच में इतने अभाव या अंधकार काल हैं कि उनमें कितनी ही विरुद्ध संस्कृतियां भारतीय रंगस्थल पर अवतीर्ण और लोप होती दिखायी देती हैं, जिन्होंने हमारी सौंदर्यानुभूति के प्रतीकों को अनेक प्रकार से विकृत करने का ही उद्योग किया है। इतना होने पर भी जितना वाङ्मय आज उपलब्ध है, उसी के आधार पर भारतीय सांस्कृतिक परंपरा में विकसित सौंदर्यानुभूति का ज्ञान प्राप्त किया जा सकता है।"

आधार ग्रंथ :

1. आचार्य रामचंद्र शुक्ल आलोचना कोश, डॉ. रामचंद्र तिवारी।
2. भारतीय सौंदर्यशास्त्र की भूमिका, डॉ. नगेंद्र।
3. रसमीमांसा, रामचंद्र शुक्ल।
4. हिंदी साहित्य कोश, भाग-1।
5. अथातो सौंदर्य जिज्ञासा, रमेश कुंतल मेघ।
6. सौंदर्य शास्त्र की पाश्चात्य परंपरा, राजेंद्र प्रताप सिंह।
7. Aesthetics, Benedeto Croce.
8. Aestheticism, R.V. Johnson.
9. The Aesthetics : A Source Book (ed.) Ian Small.

स्त्री विमर्श

पुरुषों के समकक्ष स्त्रियों की राजनीतिक, सामाजिक और शैक्षिक समानता का आंदोलन, जिसे कुछ वर्ष पहले तक 'नारीवाद' कहा जाता था। अंग्रेजी में इसके लिए Feminism शब्द प्रचलित है। इस दृष्टि से इसके लिए 'नारीवाद'नाम ही ज्यादा सार्थक है। यह आंदोलन मुख्यत: ग्रेट ब्रिटेन और संयुक्त राज्य अमेरिका में शुरू हुआ। इसकी जड़ें 18 वीं सदी के मानवतावाद और औद्योगिक क्रांति में थीं। नारियां पहले पुरुषों के मुकाबले शारीरिक और बौद्धिक रूप से हीनतर समझी जाती थीं। कानून और धर्मशास्त्र दोनों ही ने उनकी पराधीनता की व्यवस्था दे रखी थी। नारियां अपने नाम से कोई संपत्ति नहीं रख सकती थीं, व्यवसाय नहीं कर सकती थीं, न ही वे अपने बच्चों पर अथवा यहां तक कि स्वयं अपने ऊपर कोई अधिकार जता सकती थीं। यद्यपि स्त्रियों के लिए व्यापक अवसर प्रदान किये जाने की आवाज पहले उठ चुकी थी, जिसमें पहला और महत्वपूर्ण दस्तावेज स्त्रियों के अधिकारों की बहाली (1792 ई.) का था। फ्रांसीसी क्रांति के दौरान भी महिला रिपाब्लिकन क्लबों ने मांग की थी कि आजादी, समानता और भ्रातृत्व का व्यवहार बिना किसी लिंग भेद के लागू होना चाहिए। लेकिन यह आंदोलन उस समय नेपोलियन की संहिता आ जाने पर ठंडा पड़ गया। उत्तरी अमेरिका में यद्यपि अबीजेक ऐडम्स और मेरी औस्टीस वारेन ने जार्ज वाशिंगटन और टामस जैफरसन पर दबाव डाला था कि नारी मुक्ति के मसले को संविधान में शामिल किया जाए, फिर भी नारीवादी आंदोलन वास्तव में 1848 में ही शुरू हुआ, जब एलिजाबेथ कैंडी स्टैण्टन, लुक्रेसिया कफिन मोर और कुछ अन्य ने न्यूयार्क में एक महिला सम्मेलन करके नारी स्वतंत्रता पर एक घोषणापत्र जारी किया जिसमें पूर्ण कानूनी समानता, पूर्ण शैक्षिक और व्यावसायिक अवसर, समान मुआवजा और मजदूरी कमाने का अधिकार तथा वोट देने के अधिकार की मांग की गई थी। यह आंदोलन तीव्र गति से फैला और शीघ्र ही पूरे यूरोप तक फैल गया। धीरे-धीरे उच्च शिक्षा, सभी व्यापार और पेशों में प्रवेश, विवाहिता स्त्री की संपत्ति और अन्य अधिकार की मांगें उठायी जाने लगीं और इसमें वोट देने के अधिकार को भी शामिल कर लिया गया। संयुक्त राज्य अमेरिका में जब 1920 में नारी मताधिकार की जीत हासिल कर ली गई तब महिलाओं में पुरुष के समकक्ष बराबरी के सवाल को लेकर दो खेमे बन गए। एक खेमा राष्ट्रीय महिला पार्टी का था जो पुरुष के समकक्ष स्त्रियों की बराबरी की वकालत करता था जबकि दूसरे खेमे का यह कहना था कि महिलाओं के लिए कुछ संरक्षणात्मक कानून बनाए जाएं। 19वीं सदी में संरक्षणात्मक कानून के विविध रूप अमल में लाये जा चुके थे जैसे, स्त्रियों के लिए संभव साप्ताहिक कार्य-घण्टों को सीमित करना तथा उन्हें कुछ अधिक खतरनाक पेशों से मुक्त रखना। 1946 में नारी की दशा पर संयुक्त राष्ट्रसंघ ने एक आयोग गठित किया जिसका दायित्व विश्व भर की महिलाओं के लिए समान राजनीतिक अधिकार,समान आर्थिक अधिकार और समान शैक्षिक अवसर का अधिकार दिलाना था। 1960 के दशक में नारीवाद या नारी-मुक्ति आंदोलन खासतौर से संयुक्त

राज्य अमेरिका में अपने एक नये रूप में प्रकट हुआ। राष्ट्रीय महिला संगठन (NOW) का 1966 में गठन किया गया, जिसकी 1970 के दशक के आरंभ में 400 से अधिक स्थानीय शाखाएं खुल गयीं। राष्ट्रीय महिला संगठन और दूसरे समूहों ने गर्भपात सुधार, संघीय राज्य द्वारा अनुपोषित शिशु देखभाल केंद्र, महिलाओं के लिए समान वेतन, महिलाओं की पेशों में तरक्की और महिलाओं के लिए शिक्षा, राजनीतिक प्रभाव और आर्थिक सत्ता हासिल करने की दिशा में सभी कानूनी और सामाजिक बाधाओं के खात्मे के लिए दबाव डाला। शर्ली किसोम, बेट्टी फ्राइडेन, ग्लोरिया स्टेनम आदि के नेतृत्व में आंदोलन ने कांग्रेस पर इतना दबाव डाला कि उसे 1972 में समान अधिकार संशोधन विधेयक पास करना पड़ा। इस संशोधन पर 38 राज्यों का अनुमोदन आवश्यक था जिसके बाद राष्ट्रीय स्तर पर लिंग के आधार पर भेद-भाव प्रतिबंधित हो गया।

1970 के आस-पास अमेरिका का नारीवादी आंदोलन दिशा भटकाव का शिकार हो गया। महिलाएं हाथों में पोस्टर लिए 'हमें आजाद करो' के नारे लगाती हुई सड़कों पर उतर आयीं। केट मिलेट की पुस्तक 'सेक्सुअल पालिटिक्स' और जर्मन ग्रीयर की पुस्तक 'द फीमेल यूनॅक' ने आंदोलन को इतना अतिवादी रूप दिया कि सड़कों पर चोलियों की होलियां जलने लगीं। सुशान बेसनेट ने अपनी पुस्तक 'फेमिनिस्ट एक्सपीरिएन्सेज' में लिखा है, "70 के दशक के प्रारंभिक वर्षों में जिस किसी अमरीकी नारीवादी के संपर्क में आयी, मैंने पाया कि वे पूरी तरह से लैंगिकता की बातों में ही डूबी हुई हैं। उनसे बात होने पर बहस महिलाओं के सामने हमेशा उनके यौन जीवन के दौरान आने वाली समस्याओं की ओर मुड़ जाती थीं।...यौन सुख के प्रश्न असाधारण रूप से महत्वपूर्ण हो गए थे तथा महिलाओं की यौन स्वतंत्रता को ही उनकी मुक्ति मान लिया गया था।

इस तरह सही मांगों को लेकर उठा एक सही आंदोलन भटक गया। स्त्री-पुरुष समलैंगिकता, मुक्त यौनाचार, तलाकों-हत्यायों-आत्महत्याओं का अटूट सिलसिला चल पड़ा। इस सबसे दुखी होकर बेट्टी फ्राइडेन ने अपने को आंदोलन से अलग कर लिया। इसके बाद इस अतिवादी आंदोलन के विरोध में भी अनेक पुस्तकें आयीं। दृष्टि भी बदली। किंतु, आज के बदले हुए माहौल में भी अनेक नारीवादियों पर अमेरिका की उस 'वीमेन्स लिब' का प्रभाव देखा जा सकता है।

आरंभ में स्त्रियों के अधिकारों के लिए लड़ने वाली महिलाओं तथा आज की नारीवादियों में मुख्य अंतर यह है कि पहले वे स्त्रियां लोकतांत्रिक अधिकारों के लिए संघर्ष कर रही थीं जिसके अंतर्गत शिक्षा व रोजगार का अधिकार, संपत्ति के मालिक होने का अधिकार, मतदान का अधिकार, संसद में प्रवेश पाने का अधिकार, तलाक का अधिकार आदि खास मुद्दे थे। दूसरे शब्दों में ये स्त्रियां कानूनी सुधारों के लिए लड़ रही थीं तथा यह संघर्ष आवश्यक रूप से घर और परिवार के दायरे से बाहर था। जबकि, आज स्त्रियां मात्र कानूनी सुधारों से कहीं आगे बढ़ गई हैं, आज के नारीवाद के अंतर्गत घर के भीतर स्त्री पर पुरुष के दबाव और अधिकार के विरुद्ध संघर्ष, परिवार द्वारा उनके शोषण के विरुद्ध संघर्ष, कार्यस्थान में उनकी गिरी हुई स्थिति, समाज, संस्कृति और धर्म के द्वारा दिये गए नीचे दर्जे के विरुद्ध संघर्ष तथा बच्चे पैदा करने और पालने के साथ-साथ उत्पादन के दोहरे बोझ के विरुद्ध संघर्ष भी शामिल हैं। इसके अलावा नारीवाद इस धारणा को भी चुनौती देता है कि चूंकि स्त्रियों और पुरुषों के शरीर में थोड़ा फ़र्क है इसीलिए उनके कार्य, स्थिति, सत्ता, स्वभाव में फ़र्क जरूरी और जायज़ है।

एशिया में नारीवाद तथा नारीवादी संघर्ष का जन्म तब हुआ जब लोकतांत्रिक अधिकारों के प्रति चेतना जागृत हुई, तभी आधी जनता को उसके बुनियादी अधिकारों से वंचित रखे जाने के अन्याय के प्रति जागरूकता भी पैदा हुई। वास्तव में एशिया में नारीवादी चेतना, राजनीतिक जागरूकता के ऐतिहासिक समय में ही परवान चढ़ी। विशेषतः उन्नीसवीं और बीसवीं सदी में विदेशी शासन और सामंती शासकों की निरंकुशता के विरुद्ध उठ खड़े हुए आंदोलनों के दौरान नारीवादी धारणा को भी बल मिला। इस युग में स्त्री अधीनता के विरुद्ध उठी आवाजों ने अनेक मांगों का रूप ले लिया,जैसे विधवा का पुनर्विवाह, बहुविवाह, सती व पर्दा प्रथा पर रोक तथा स्त्रियों के लिए शिक्षा व क़ानूनी या संवैधानिक स्वतंत्रता।

भारत की आरंभिक आंदोलनकर्ताओं में प्रमुख थीं पंडिता रमाबाई और सावित्रीबाई फूले। दोनों ही उन्नीसवीं सदी के उत्तरार्द्ध में सक्रिय रहीं। पंडिता रमाबाई ने स्त्रियों के अधिकारों के लिए संघर्ष किया, हिंदू धर्म की रूढ़िवादिता पर आघात किया तथा उन्नीसवीं शताब्दी के आठवें दशक में स्त्रियों की स्वतंत्रता की बात की। उन्होंने स्वयं सदा स्वाधीन जीवन बिताया। सावित्रीबाई फूले ने स्त्रियों की शिक्षा के लिए महत्वपूर्ण काम किया। उनके लिए अलग स्कूल खोला। एक तरह से हम उन्हें देश की पहली शिक्षिका कह सकते हैं।

यह सच है कि पिछले दो सौ वर्षों में स्त्रियों ने बहुत से क्षेत्रों में काफ़ी तरक्की की है। कुछ औरतों के लिए कुछ सामाजिक बंधन भी कम हुए हैं। कुछ क़ानून भी बदले हैं। हमारे संविधानों ने काफी हद तक औरतों को बराबरी का दर्जा दिया है, परंतु इन सब के बावजूद आज भी लगभग हर देश में स्त्रियों को न समान अधिकार हैं

और न पूरी आजादी है। आज भी लगभग हर जगह पुरुष सत्ता का बोलबाला है।

यद्यपि स्त्रियां हमारी कार्यशक्ति का एक महत्वपूर्ण अंग हैं तथा कुछ आर्थिक रूप से स्वतंत्र भी हैं परंतु यह भी सच है कि सामान्य रूप से दक्षिण एशिया में औरतें सबसे कम मजदूरी वाले रोजगार करती हैं। उच्चस्तरीय नौकरियों में लगी स्त्रियां भी प्रायः निर्णय लेने वाले प्रशासकीय व प्रबंधकीय स्तर के पदों पर नहीं होतीं और होती भी हैं तो अत्यंत कम संख्या में। अधिकांश कामकाजी स्त्रियां घर की आमदनी में जरा सी मदद करने वाली ही समझी जाती हैं। वे अनौपचारिक क्षेत्र के रोजगार पाती हैं और बहुत कम कमाती हैं। स्त्रियों को सबसे अंत में नौकरी मिलती हैं और सबसे पहले निकाल दिया जाता है। कृषि में स्त्रियों ने हमेशा प्रमुख भूमिका निभायी है फिर भी आम तौर पर उसे किसान नहीं माना जाता। कृषि विकास के नाम पर पुरुष किसानों का ही प्रशिक्षण होता है। वे ही सहकारी समितियों के सदस्य बनते हैं और जमीन भी उन्हें ही मिलती है।

शहरी निम्नवर्ग तथा निम्न मध्यवर्ग की ज्यादातर कामकाजी स्त्रियों का स्वयं अपनी कमाई पर अधिकार नहीं है, उसे खर्च करने का निर्णय उनके हाथ में नहीं है। अधिकतर उनकी कमाई पति, पिता या परिवार के पुरुष सदस्य हथिया लेते हैं और बाहर नौकरी करना उनके लिए मजबूरी बन जाती है। इस प्रकार से घर और बाहर के दोहरे काम का बोझ उठाते हुए वे दोहरे शोषण की शिकार होती हैं।

यह निश्चित रूप से नहीं कहा जा सकता कि विकास के साथ यह नकारात्मक पक्ष अपने आप दूर हो जायेंगे। पिछले अनुभव बताते हैं कि अधिकांश उदाहरणों में यह सिद्ध नहीं हुआ है। हमारे देश में विकास के लिए जिस नमूने का अनुसरण किया जा रहा है वह पूंजीवादी उत्पादन व्यवस्था पर आधारित है। इतिहास साक्षी है कि पूंजीवादी उत्पादन व्यवस्था के अंतर्गत होने वाला विकास लिंग आधारित भूमिकाओं और स्त्रियों के शोषण को बढ़ावा देता है। उदाहरण के लिए पहले यूरोप में घर ही उत्पादन (भोजन, कपड़ा, साबुन, मोमबत्तियां आदि) का केंद्र हुआ करता था तथा स्त्रियां उत्पादन, कृषि और पशुपालन में महत्वपूर्ण भूमिका निभाती थीं। औद्योगिक क्रांति के साथ ही स्त्रियों की भूमिका बदल गई। एक ओर तो ग़रीब स्त्रियां कारखानों और खदानों में (सस्ते श्रमिक के रूप में) काम करने और मज़दूरों की नई पीढ़ियां तैयार करने के लिए विवश हुईं दूसरी ओर, मध्यवर्गीय स्त्रियों को घरेलू चहारदीवारी में बंद कर दिया गया ताकि वे उत्तराधिकारी पैदा करती रहें। जो विरोधी व विद्रोही मध्यवर्गीय स्त्रियां इन बंधनों को मानने से इनकार करती थीं उन्हें अलग-थलग करके सज़ा दी जाती थी। इसके साथ ही गरीब स्त्रियों के 'शोषण' व धनी स्त्रियों के 'अलगाव' (घरों की चारदीवारी में फंस कर रह जाना) ने और जोर पकड़ा। हमारे देश में विकास का ढर्रा देखते हुए यही सब मुद्दे वर्तमान में भी दिखाई देते हैं और इनके आगे चलते रहने की संभावना भी है।

पूंजीवाद प्रायः इस तर्क का प्रयोग करता है कि पुरुष को परिवार का मुखिया होने के नाते पारिवारिक वेतन मिलता है अर्थात ऐसा वेतन जो उसका, उसकी पत्नी और बच्चों का पेट भर सके। इसी विचारधारा के अनुसार उत्पादन कार्य में लगी औरतों के बारे में यह माना जाता है कि वे पारिवारिक आय में केवल कुछ इज़ाफा भर करती हैं अतः उन्हें पुरुष से कम वेतन दिया जा सकता है, चाहे काम बराबर मूल्य का ही क्यों न हो। जबकि वास्तविकता कुछ अलग है। अध्ययनों से यह साबित हो चुका है कि अनेक देशों में पच्चीस से चालीस प्रतिशत तक परिवार मुख्य रूप से स्त्री की आमदनी पर जीते हैं अथवा ऐसे घर हैं जहां पुरुष के अभाव में स्त्री ही मुखिया है। ऐसी अधिकांश स्त्रियां नितांत गरीबी में जीती हैं या फिर बहुत कम वेतन वाली नौकरियां करती हैं तथा पूंजीवादी पितृसत्तात्मक पूर्वग्रहों के कारण काम के संबंध में पक्षपात का सामना करती हैं।

यह भी सत्य है कि कारखाने, खेत, बाग़ान आदि में घंटों मेहनत करने के अतिरिक्त उन्हें घरेलू काम भी करने पड़ते हैं जैसे खाना पकाना, सफाई करना, पानी-ईंधन लाना, बच्चे पालना आदि। इस प्रकार से स्त्रियां जीवन भर, दोहरा बोझ और दोहरी पाली का काम झेलती रहती हैं अर्थात् वे सवैतनिक काम (कार्यशक्ति के भाग के रूप में) के बोझ के साथ-साथ अवैतनिक काम (घरेलू काम) का बोझ भी उठाती हैं। इधर पिछले कुछ वर्षों से जब से आई.टी. सेक्टर का विस्तार हुआ है, कम्प्यूटर या काल सेन्टरों पर लड़कियों को प्राथमिकता के आधार पर नौकरियां मिलने लगी हैं, मगर इसका कारण यह है कि लड़कियों पर आसानी से दबाव बनाया जा सकता है और पुरुषों की तुलना में उनसे अधिक काम लिया जा सकता है।

नारीवाद का संबंध स्त्रियों से जुड़े सवालों से तो है ही लेकिन नारीवाद इन्हीं सवालों तक सीमित नहीं है। नारीवादियों की चिंता का घेरा बलात्कार, पत्नी-प्रताड़ना, फ़ैमिली प्लानिंग व समान वेतन की संकरी परिभाषा में सिमटा हुआ नहीं है। हममें से अनेक का विश्वास है कि संसार के हर मुद्दे का संबंध स्त्रियों से है क्योंकि हर बात, हर घटना उन्हें प्रभावित करती है। वे स्त्री होने के साथ-साथ मनुष्य हैं, संसार की आधी जनता हैं, अतः हर विषय उनसे संबंध रखता है। नारीवादी सभी प्रकार की

असमानता, दबाव व दमन हटाकर राष्ट्रीय व अंतरराष्ट्रीय रूप से समतामूलक न्यायिक-सामाजिक-आर्थिक व्यवस्था से युक्त समाज की स्थापना करना चाहती है। अत: सामाजिक, राजनैतिक, आर्थिक सभी मुद्दे उनके अपने हो जाते हैं। प्रत्येक मुद्दे पर स्त्रियों का एक दृष्टिकोण है और रहेगा तथा नारीवादी चाहती हैं कि व्यक्तिगत व राष्ट्रीय जीवन के प्रत्येक क्षेत्र को उस नारीवादी दृष्टिकोण से जोड़ा जाए। अत: औरतों को हर विषय पर अपना दृष्टिकोण निश्चित करना चाहिए, चाहे वह आणविक युद्ध हो या दो देशों के बीच लड़ाई, जातीय या सांप्रदायिक दंगे हों या राजनीतिक, आर्थिक व विकास संबंधी नीतियां, मानव अधिकार या नागरिक अधिकार हों अथवा पर्यावरण संबंधी मुद्दे। उदाहरण के लिए भारतीय समाज में जाति व्यवस्था, धार्मिक कट्टरता और सांप्रदायिकता की समस्या अनिवार्य रूप से पितृसत्ता से जुड़ी हुई है। इसलिए जातीय गैर बराबरी और धार्मिक कट्टरता से लड़ना भी नारीवादियों का एक जरूरी काम है।

फिलहाल, आज की स्थिति यह है कि विश्व की पूरी जमीन का केवल एक प्रतिशत भाग महिलाओं के नाम है जबकि वे आधी आबादी हैं। विश्व के काम का साठ प्रतिशत महिलाएं करती हैं मगर आमदनी का केवल दस प्रतिशत हिस्सा ही उनकी निजी आमदनी मानी जाती है। निरक्षर जनता का तीन चौथाई भाग महिलाओं का है। भारत में पांच हजार महिलाएं प्रतिवर्ष दहेज के लिए मार दी जाती हैं और एशिया में एक लाख महिलाएं हर वर्ष वेश्यावृत्ति में ढकेल दी जाती हैं।

ये आंकड़े नारीवादियों को लंबे संघर्ष के लिए आमंत्रित करते हैं।

आधार ग्रंथ :

1. नारी का मुक्ति संघर्ष, डॉ. अमरनाथ।
2. स्त्री संघर्ष का इतिहास, राधा कुमार।
3. नारीवाद क्या है ? कमला भसीन, निगहत सईद खान।
4. विद्रोही स्त्री, जर्मन ग्रीयर।
5. The Subjection of Women, John Stuart Mill.
6. The Second Sex, Simone de Beauvoir.
7. Sexual Politics, Kate Milett.
8. Elizebeth Jenev, Mens World : Womens Place.
9. The Womens Movement (Ed.), Helen Warteg.
10. Rebirth of Feminism, Judith Hole and Alen Levine.
11. Gender and History, Linda J. Nicholson.
12. Origins of American Feminism, Barbara. J. Berg.

वेबसाइट : www.en.wikipedia.org/wiki/feminism

स्वच्छंदतावाद

स्वच्छंदतावाद रोमैण्टिसिज्म (Romanticism) का हिंदी अनुवाद है। हिंदी में इस शब्द का सर्वप्रथम प्रयोग संभवत: आचार्य रामचंद्र शुक्ल ने अपने ग्रंथ 'हिंदी साहित्य का इतिहास' में पं. श्रीधर पाठक को स्वच्छंदतावाद का प्रवर्त्तक मानते हुए किया है। 'रोमैण्टिसिज्म' शब्द की व्युत्पत्ति 'रोमांटिक' विशेषण से हुई है, जिसके प्राचीन फ्रांसीसी भाषा में (Rumontsch, Romance, Romanz) आदि रूप पाये जाते हैं। रोमैण्टिक शब्द को एक काव्य प्रवृत्ति अथवा वाद के रूप में सर्वप्रथम प्रयुक्त करने वाले जर्मन आलोचक फ्रेड्रिक श्लेगल (Friedrich Schlegel) थे जिन्होंने 1798-1800 के बीच में इस शब्द का प्रयोग 'क्लासिसिज़्म' के विरोधी अर्थों में किया। श्लेगल ने अपनी इस कृति में 'रोमांटिक' शब्द का प्रयोग निश्चित साहित्यिक प्रवृत्ति (Romanticism) के रूप में करके इसे सबसे पहले परिभाषित किया।

सामाजिक दृष्टि से स्वच्छंदतावाद का उदय सामंती समाज-व्यवस्था का अंत होने तथा औद्योगीकरण के कारण पूंजीवादी अर्थ-व्यवस्था के उद्‌भव के साथ माना जा सकता है। चूंकि सामंतशाही का अंत और पूंजीवाद का उदय अलग-अलग देशों में अलग-अलग समय पर हुआ, अत: स्वच्छंदतावाद का उदय भी विभिन्न देशों में अलग-अलग समय पर हुआ। राजनीतिक दृष्टि से स्वच्छंदतावाद के उदय में 1789 ई. की फ्रांसीसी राज्य क्रांति ने महत्वपूर्ण भूमिका अदा की है। फ्रांसीसी क्रांति का नारा स्वतंत्रता, समानता एवं भ्रातृत्व (Liberty, Equality and Fraternity) का था। यह नारा

स्वच्छंदतावादी साहित्यकारों को भी बराबर आंदोलित करता रहा है।

वस्तुतः स्वच्छंदतावाद एक विश्वव्यापी आंदोलन रहा है। कुछ विद्वान स्वच्छंदतावाद को एक शाश्वत सत्य के रूप में ग्रहण करते हैं। उनकी धारणा है कि स्वच्छंदतावादी तत्त्व संसार के प्रत्येक साहित्य में आदिकाल से अब तक बराबर विद्यमान रहे हैं। यदि भारतीय साहित्य को लें, तो कह सकते हैं कि ये तत्त्व वैदिक साहित्य से लेकर आज तक के साहित्य में हैं। इन तत्त्वों की काव्य में बहुलता रहती है तथा साहित्य की अन्य विधाओं में इनकी मात्रा कम पायी जाती है। इसके साथ ही किसी समय-विशेष पर किसी साहित्य-विशेष में जब इन तत्त्वों की सर्वाधिक प्रबलता हो जाती है, तो उस साहित्य एवं समय विशेष में स्वच्छंदतावादी काव्य-तत्त्व एक आंदोलन का रूप धारण कर लेते हैं।

दूसरी ओर स्वच्छंदतावाद को एक निश्चित ऐतिहासिक आंदोलन के रूप में मानने वाले विद्वान भी हैं इनके अनुसार स्वच्छंदतावाद का उद्भव, विकास और अंत प्रायः संसार के सभी साहित्यों में हुआ है; इनके अनुसार यह एक निश्चित साहित्यिक आंदोलन था, जो समयांतर से भिन्न-भिन्न साहित्यों में प्रकट हुआ। विभिन्न देशों में स्वच्छंदतावाद के उद्भव में जो समयांतर है, वह भी सामाजिक, राजनैतिक और साहित्यिक कारणों से ही है।

स्वच्छंदतावादी काव्य की लहर सर्वप्रथम 1798-1805 के बीच इंग्लैण्ड एवं जर्मनी में आयी, जिसने काव्य के साथ ही आलोचना को भी प्रभावित किया। चूंकि 18वीं सदी के अंतिम दिनों में फ्रांस में नवशास्त्रवादी दृष्टिकोण को राज्याश्रय प्राप्त था, इसलिए स्वच्छंदतावादी लहर वहां इंग्लैण्ड और जर्मनी के बाद आयी। इंग्लैण्ड में स्वच्छंदतावादी काव्यांदोलन का मार्ग प्रशस्त करने वाले कवि राबर्ट बर्न्स (Robert Burns-1759-96) एवं विलियम ब्लेक (William Blake-1757-1827) थे। वस्तुतः अंग्रेजी कविता में स्वच्छंदतावादी काव्यांदोलन का प्रारंभ महाकवि वर्ड्सवर्थ के 'लिरिकल बैलाड्स' (Lyrical Ballads, 1798) से हुआ। वर्ड्सवर्थ (1770-1850) ने लिरिकल बैलड्स की भूमिका में सर्वप्रथम नवशास्त्रवादी बंधनों को तोड़ा, काव्य के आधार को वैयक्तिक माना तथा काव्य-भाषा संबंधी प्राचीन प्रतिमानों को कृत्रिम प्रमाणित किया। अंग्रेजी में वर्ड्सवर्थ के बाद कॉलरिज (Coleridge), शेली (P.B. Shelley), बायरन (Byron), कीट्स (Keats), सर वाल्टर स्कॉट (Sir Walter Scott) आदि अनेक स्वच्छंदतावादी साहित्यकारों ने इसे समृद्ध किया है।

स्वच्छंदतावाद का प्रभाव भारत में सर्वप्रथम बांग्ला साहित्य पर पड़ा। वहां से हिंदी में यह प्रवृत्ति 20 वीं सदी के दूसरे दशक में आयी और छायावादी काव्यांदोलन के रूप में विकसित हुई। छायावाद और स्वच्छंदतावाद में गहरा साम्य है। दोनों ही काव्यांदोलनों में प्रकृति प्रेम, मानवीय दृष्टिकोण, आत्माभिव्यंजना, रहस्य-भावना, वैयक्तिक प्रेमाभिव्यक्ति, प्राचीन संस्कृति के प्रति व्यामोह, प्रतीक-योजना, निराशा, पलायन, अहं के उदात्तीकरण आदि के दर्शन होते हैं।

आत्मनिष्ठता और व्यक्तिवाद, स्वच्छंदतावादी काव्य का लक्ष्य है। स्वच्छंदतावादी, कवि-कर्म को उपयोगितावादी दृष्टिकोण से नहीं देखते। स्वच्छंदतावाद में कवि विशिष्ट प्रतिभा से युक्त माना जाता है, जो अपनी स्वतः स्फुरित आत्मानुभूतियों को शब्द देने के लिए स्वच्छंद एवं विवश होता है; स्वच्छंद इसलिए कि सभी पूर्व मान्य शैलीगत अवधारणाओं से निर्देशित होना वह अनिवार्य नहीं मानता तथा विवश इसलिए कि घनीभूत दैवी उत्प्रेरणा (Intuition) युक्त मन को शब्द देना उसके लिए अनिवार्य है। यह सृजन की प्रसव-पीड़ा ही विवशता है। अंग्रेजी कवि वर्ड्सवर्थ का 'प्रेल्यूड', (Prelude) और शैली की 'ऐडोनाइस' (Adonais) आदि कविताएं आत्मनिष्ठ काव्य के उत्कृष्ट नमूने हैं।

स्वच्छंदतावादी कवि कल्पना के स्वच्छंद प्रवाह में विश्वास करता है। उसके लिए कल्पना मानव-मस्तिष्क की श्रेष्ठतम प्रक्रिया है, कल्पना को अतिशय महत्ता दिये जाने के कारण ही स्वच्छंदतावादी कवि प्रकृति में ईश्वर की सत्ता का अनुभव करते हैं। कल्पना ने उन्हें रहस्यवादी बना दिया है। कल्पना के क्रियाशील क्षणों में वे ब्रह्मांड में ईश्वर की सत्ता का मात्र अनुभव ही नहीं करते, वरन् परमात्मा की भांति ही सृजन (काव्य-सृजन) की शक्ति को प्राप्त करने का दावा भी करते हैं।

स्वच्छंदतावाद ने जिस प्रकार कल्पना की दिव्यता की घोषणा की उसी प्रकार भावनाओं के महत्व का भी उद्घोष किया। उन्होंने स्वच्छंद भावाभिव्यंजना पर बल दिया। महाकवि वर्ड्सवर्थ ने कविता को 'भावोद्गारों का सहज उच्छलन' माना तथा अपने काव्य में सिद्धांततः यह लागू भी किया। उनकी अधिकांशतः श्रेष्ठ कविताएं भावों का स्वतः उच्छलन ही हैं ।

अतीत प्रेम और भविष्योन्मुखी दृष्टि स्वच्छंदतावाद की एक खास प्रवृत्ति है। हमारी कल्पना नवीन सौंदर्य की खोज में सुदूर देश, अज्ञात लोक, स्वर्णिम अतीत, आकर्षक भविष्य की ओर उन्मुख होती है। यही कारण है कि वर्तमान से भूत या भविष्य की ओर उड़ान स्वच्छंदतावादी साहित्य की प्रमुख प्रवृत्ति बनी। कीट्स की कविता (La Belle Dame Sans Merci) मध्ययुग में प्रत्यावर्तन का ज्वलंत उदाहरण है।

स्वच्छंदतावादी कवियों ने प्रकृति-प्रांगण में मुक्त विहार किया है। वे प्रकृति के अनंत प्रेमी हैं। उन्होंने प्रकृति को सचेतन सत्ता के रूप में देखा है। प्रकृति में विश्वात्मा के दर्शन किये हैं। महाकवि वर्ड्सवर्थ की दो कविताएं (Intimations of Immortality तथा Tintern Abbey) प्रकृति में विश्वात्मा के दर्शन संबंधी भाव से ओत-प्रोत काव्य के उत्कृष्ट नमूने हैं। परंतु स्वच्छंदतावादी कवियों का प्रकृति-वर्णन वैयक्तिक (Subjective) है; क्योंकि वे प्रकृति के उन्हीं अवयवों को चुनते हैं, जो उनकी आत्मानुभूति को स्पष्ट करने में सहायक हुए हों। यदि कवि क्षुब्ध है तो प्रकृति भी क्षुब्ध रूप में अंकित की गई है और यदि कवि प्रसन्न है तो प्रकृति भी हँसती हुई अंकित की गई है। स्वच्छंदतावादी काव्यधारा कल्पनातिरेक के कारण रहस्योन्मुख है। उसमें महान एवं विराट् के प्रति एक अदम्य आकर्षण दृष्टिगोचर होता है। इनका राष्ट्रप्रेम मानवतावादी आधारभूमि पर अधिष्ठित है। यह देश की आत्मा से प्रेम है। देश के निवासियों,देश की प्रकृति, पशु-पक्षियों से प्रेम है, देश के लोकजीवन से प्रेम है। स्वच्छंदतावादी सच्चे अर्थों में मानवतावादी थे उनकी सहानुभूति का पात्र सामान्य मानव था।

स्वच्छंदतावाद का जन्म ही प्राचीन साहित्यिक परंपराओं, काव्यगत रीतिबद्धता और शास्त्रीय नियमों के विरुद्ध प्रतिक्रियास्वरूप हुआ था; इसलिए इन कवियों में विद्रोह का स्वर मिलता है। ये सामान्य विषयों को ही वरीयता देते हैं। स्वच्छंदतावादियों ने भाषा-शैली के संबंध में भी प्राचीन शास्त्रवादी सभी परंपराओं को नकारा है। किंतु यह भी सच है कि स्वच्छंदतावादियों की अभिव्यक्ति अमूमन अस्पष्ट एवं धूमिल होती है। प्रायः ये कवि प्रतीकों, रूपकों, बिंबों आदि के द्वारा अपने कल्पना-लोक की सृष्टि करते हैं।

निष्कर्ष यह कि स्वच्छंदतावादी काव्य, स्वातंत्र्यप्रियता, सहज स्फुरण, विद्रोहात्मक स्वर, कृत्रिमता से मुक्ति, प्रकृति की ओर अत्यधिक आसक्ति, निराशा, सौंदर्यप्रेम, मानवतावादी दृष्टि एवं कल्पना सौंदर्य का काव्य है। हिंदी में छायावाद तथा रहस्यवाद अपनी विचार पद्धति और रूप विधान दोनों के लिए पश्चिम के इस स्वच्छंदतावाद का अत्यधिक ऋणी है। आध्यात्मिक स्तर का प्रकृति प्रेम, उदार मानवतावाद तथा काव्य की स्वच्छंद अभिव्यक्ति प्रणाली, स्वच्छंदतावाद की ये तीनों प्रमुख प्रवृत्तियां छायावाद में मिलती हैं। छायावाद के चारों स्तंभ निराला, प्रसाद, पंत और महादेवी वर्मा पर रोमैण्टिसिज्म के प्रमुख कवियों वर्ड्सवर्थ, शेली, कीट्स, बायरन आदि का गहरा प्रभाव देखा जा सकता है। आचार्य शुक्ल ने स्वीकार किया है कि यह प्रभाव बांग्ला से होते हुए हिंदी में आया।

आधार ग्रंथ :

1. छायावाद, नामवर सिंह।
2. निराला की साहित्य साधना, रामविलास शर्मा।
3. नयी कविता, नंददुलारे वाजपेयी।
4. English Romantic Poetry, M.H.Abrams.
5. Romanticism and Ideology, D.Aers, J.Cook and D. Punter.
6. Romanticism, J.B. Halstead.
7. The Rhetoric of Romanticism, P.De.Man.
8. Modern Critical Terms, Roger Fowler.

हज्व

'हज्व' उर्दू का एक काव्य रूप है। निंदा काव्य को हज्व कहते हैं। इसमें किसी व्यक्ति के कुकृत्यों, अत्याचारों, धार्मिक रूढ़ियों, सामाजिक कुरीतियों तथा गलत व्यवस्थाओं की आलोचना की जाती है। यदि यह आलोचना स्वस्थ हो तो व्यक्ति, समाज और व्यवस्था में सुधार लाया जा सकता है, किंतु सामान्यतया यह देखने में आता है कि निंदा-काव्य के रचयिताओं ने ज्यादातर अपने व्यक्तिगत कारणों से किसी व्यक्ति या व्यवस्था की आलोचना और निंदा की है।

'सौदा' इस क्षेत्र के महान कवि हैं। उन्होंने अपने समय के अनेक शायरों पर निंदापरक कविताएं लिखीं हैं। 'फिदवी', 'मौलवी','मीर', 'हकीम गौस', 'मिया फौकी' आदि सभी उनके निंदा वाणों के शिकार हुए हैं। 'मीर जाहिक' से उनकी काफी ठनती रहती थी। उनकी निंदा में लिखा गया 'सौदा' का शेर है,

"खाना आवै तो इस तरह टूटे।
जैसे कोई किसी का घर लूटे।"

निंदा करने में 'सौदा' स्तर का कतई ध्यान नहीं रखते

हैं। जब वे गाली-गलौज के लिए अपना मुँह खोलते हैं तो फिर बेलाग ऐसी खरी-खोटी सुनाते हैं कि सुनने वाला हक्का-बक्का रह जाता है।

लखनऊ में हज्वों की रचना अधिक हुई क्योंकि यहां के शायरों में परस्पर काफी स्पर्द्धा थी। यह स्पर्द्धा जितनी दरबारों में प्रवेश पाने या धन कमाने के लिये थी उतनी काव्योत्कर्ष के लिए नहीं।

हज्वों में जहां प्रत्यक्ष गाली-गलौज और निंदा आलोचना के स्थान पर व्यंग्य और सांकेतिकता का सहारा लिया जाता है वहां काव्योत्कर्ष पैदा होता है और रचना में सरसता तथा हार्दिकता आ जाती है, किंतु उर्दू की बहुत कम निंदात्मक कविताओं में यह विशेषता देखने को मिलती है।

आधार ग्रंथ :

1.उर्दू भाषा और साहित्य, रघुपति सहाय 'फिराक' गोरखपुरी।
2. उर्दू साहित्य का आलोचनात्मक इतिहास, एहतेशाम हुसैन।
3. आधुनिक उर्दू काव्य-साहित्य, डॉ. जाफर रजा।

हठयोग

पतंजलि कृत 'योगदर्शन' में योग की व्याख्या करते हुए कहा गया है कि "योगाश्चित्तवृत्तिनिरोध:" अर्थात् योग चित्तवृत्तियों के निरोध को कहते हैं। चित्तवृत्तियों के प्रवाह को संसार की ओर जाने से रोककर अंतर्मुखी करने की एक प्राचीन भारतीय साधनापद्धति को हठ योग कहते हैं, जिसमें प्रलुप्त कुंडलिनी को जाग्रत् कर नाड़ी मार्ग से ऊपर उठाने का प्रयास किया जाता है और विभिन्न चक्रों में स्थित करते हुए उसे शीर्षस्थ सहस्रार चक्र तक ले जाया जाता है। हठयोग-साधना के आदि आचार्य मत्स्येंद्रनाथ तथा गोरखनाथ माने जाते हैं। इनके अनुयायियों को नाथपंथी योगी भी कहा जाता था। ये मुख्यत: शैव मतावलंबी होते थे, किंतु शैवधारा के अतिरिक्त बौद्धों ने भी हठयोग की पद्धति अपनायी थी।

विज्ञानवाद ने चित्त को ही एकमात्र सत्य माना था, अत: उसमें चित्त की एकाग्रता के लिए जिस ज्ञान-साधना का विधान है, वह भी योग की ही एक प्रक्रिया है। कालांतर में योगाचार-संप्रदाय ने पूर्ण रूप से हठयोग को प्रधानता दी और बज्रयानी सिद्धों ने उसमें प्रज्ञोपाय की गुह्य साधना भी जोड़ दी। जिससे साधना मार्ग में भटकाव आया।

योगदर्शन के अनुसार योग के आठ अंग बताये गए हैं। उन्हीं अंगों के आधार पर इसे अष्टांग योग भी कहा जाता है। वे अंग इस प्रकार है-'यम', 'नियम', 'आसन', 'प्राणायाम', 'प्रत्याहार', 'धारणा', 'ध्यान' और 'समाधि'।

यम प्रमुखत: आचरण के शोधन की अवस्था है, जिसमें अहिंसा, सत्य, अस्तेय, ब्रह्मचर्य और अपरिग्रह का पालन किया जाता है। नियम पांच हैं—शौच, संतोष, तप, स्वाध्याय और ईश्वर प्रणिधान। आसन में अंगों की विभिन्न स्थितियों में शरीर को अचल किया जाता है। आसन चौरासी प्रकार के बताए गए हैं। जब योग-साधनाओं के साथ गुह्य तांत्रिक साधनाओं का सम्मिश्रण हुआ तो यही चौरासी आसन मैथुन साधना के चौरासी आसनों का बोध कराने लगे। प्राणायाम में प्राणवायु को विभिन्न प्रकार से नियंत्रित किया जाता है। प्रत्याहार के द्वारा इंद्रियां अपने विषय से असंपृक्त हो जाती हैं और साधक इंद्रियों पर एकाधिकार कर आत्मशक्ति को एकत्र करता है। धारणा में प्रत्याहार के द्वारा एकत्र शक्ति को एकाग्र कर किसी एक बिंदु पर केंद्रित कर दिया जाता है। ज्ञान की अपरिवर्तित अविचल अवस्था को ध्यान कहते हैं। सांख्य दर्शन में ध्यान को निर्विषय मन की संज्ञा दी गई है। समाधि अंतिम अवस्था है। ध्यान की अवस्था तक साधक को ध्याता, ध्यान और ध्येय की चेतना रहती है, पर समाधि में ध्यान और ध्याता भी ध्येय में लीन होकर एकात्म हो जाते हैं।

हठयोग की प्रमुख प्रक्रिया है श्वास-निरोध के द्वारा कुंडलिनी को जगाकर ऊपर की ओर प्रेरित करना। कुंडलिनी वास्तव में मूल शक्ति है, जो सर्पिणी के समान मेरुदंड के निम्नतम बिंदु जो पायु और उपस्थ के मध्य भाग में है और स्वयंभू लिंग कहलाता है उसके त्रिकोणाकार अग्निचक्र में साढ़े तीन कुंडली मार कर सोती है। इसीलिए इसे बार-बार सांपिन, नागिन आदि भी कहा गया है। जब तक यह सोती है, तब तक सारा तेज नीचे से क्षरित होता रहता है और प्राणशक्ति क्षीण होती रहती है। पर जब योगी इसे जगा देते हैं, तब यह मेरुदंड के सहारे ऊपर चढ़ने लगती है। मेरुदंड में छह चक्र माने गए हैं, जिन्हें आकार की समता के कारण कमल भी कहा जाता है। गुदा के समीप मूलाधारचक्र है जिसमें चार दल है। नाभि के पास स्वाधिष्ठानचक्र है, जिसमें छह दल हैं। इससे तनिक ऊपर दस दलवाला मणिपुर और हृदय के पास बारह दलवाला अनहत चक्र है। कंठ के पास विशुद्धाख्य चक्र है जिसमें 16 दल होते हैं। भ्रूमध्य में आज्ञाचक्र है, जिसमें दो ही दल हैं। इस स्थान को त्रिकुटी कहा जाता है और इसकी विशेषता

यह है कि इस स्थान पर पहुंचकर दिव्यदृष्टि की प्राप्ति होती है और फिर साधना में अवरोह का भय नहीं रहता। इन छह चक्रों को बेधकर कुंडलिनी अंतिम चक्र में पहुंचती है, जिसमें सहस्त्रदल हैं इसीलिए उसे सहस्त्र दल कमल कहते हैं। इसी को शून्यचक्र, शून्यमंडल या गगनमंडल, आकाशमंडल आदि भी कहा गया है और शिव का वासस्थान होने के कारण इसे कैलास की संज्ञा भी दी गई है। कैलास के कारण इसी में मानसरोवर की कल्पना की गई है, जिसमें निर्लिप्त चित्तरूपी हंस निवास करता है।

'हठयोगप्रदीपिका' में कहा गया है कि वैसे तो शरीर में बहत्तर हजार नाड़ियां हैं, पर उनमें से केवल सुषुम्ना ही शक्ति की वाहिका है। सुषुम्ना में से ही कुंडलिनी ऊपर की ओर प्रवाहित होती है। सुषुम्ना वस्तुतः तीन नाड़ियों से बनी है-वज्रा, चित्रिणी और ब्रह्मनाड़ी। ब्रह्मनाड़ी से ही कुंडलिनी का मार्ग है। सुषुम्ना की बायीं ओर इड़ा और दायीं ओर पिंगला है। वाम नासापुट का श्वास-प्रवाह इड़ा से होता है, दक्षिण नासापुट का श्वास-प्रवाह पिंगला से। इड़ा शीतल स्वभाव की है, उसमें चंद्र का वास है, उसे गंगा माना गया है, उसके अधिष्ठाता ब्रह्मा है। पिंगला उष्ण स्वाभाव की है, उसमें सूर्य का वास है, उसे यमुना माना गया है, उसके अधिष्ठाता विष्णु हैं। इड़ा को चंद्रनाड़ी तथा पिंगला को सूर्यनाड़ी भी कहते हैं। सुषुम्ना दोनों के मध्य में है, वह त्रिगुणमयी है, चंद्रसूर्य-अग्नि-स्वरूपा है, सरस्वती है। इसके अधिष्ठाता शम्भु या शिव हैं। इन तीनों नाड़ियों का संगम या त्रिवेणी ब्रह्मरंध्र में होता है। यह ब्रह्मरंध्र मस्तक के मध्य में परिकल्पित एक रंध्र है। योगियों के प्राण इसी रंध्र को बेधकर निकलते हैं और इसी से उन्हें ब्रह्मत्व की प्राप्ति होती है। इसी को दशमद्वार भी कहा गया है, क्योंकि शरीर के अन्य नव द्वार तो सदा खुले रहते हैं। केवल ब्रह्मरंध्र बंद रहता है, जिसे साधना के द्वारा खोलना पड़ता है। इसी ब्रह्मरंध्र के खुलते ही सहस्रार चक्र से अमृत रस या कैलासवासी शिव के मस्तकस्थ चंद्रमा से सोमरस झरने लगता है और योगी को अमरकाया की उपलब्धि होती है। इसीलिए इस ब्रह्मरंध्र को उलटा कुआं भी कहा गया है, जिसमें सोमरस या अमृतरस भरा हुआ है।

हठयोग की परिणति में साधक को समाधि की उपलब्धि हिंदू-पद्धतियों में भी मानी गई है और बौद्ध-पद्धतियों में भी। नाथपंथी इस समाधि में कुंडलिनी रूपी शक्ति का सहस्रार स्थित शिव से मिलन स्वीकार करते हैं। बौद्ध पद्धति में इस समाधि में प्रज्ञा और उपाय का मिलन बताया है और संत-साहित्य में इस समाधि को आत्मा और परमात्मा के मिलन और विवाह के रूप में परिकल्पित किया गया है। इस समाधि से दो प्रकार की उपलब्धियां होती हैं। एक तो साधक को ब्रह्मानंद की प्राप्ति होती है। दूसरे, उसे कुछ अतिप्राकृत शक्तियां भी प्राप्त होती हैं। इन्हीं को सिद्धियां कहा जाता है और इनसे सम्पन्न योगी को सिद्ध कहा जाता है।

आधार ग्रंथ :

1. हिंदी साहित्य कोश, भाग-1।
2. गोरखबानी, (सं.) पीतांबरदत्त बड़थ्वाल।
3. नाथयोग : एक परिचय, अक्षय कुमार बंद्योपाध्याय।
4. नाथ संप्रदाय, आचार्य हजारी प्रसाद द्विवेदी।

हालावाद

हाला का शाब्दिक अर्थ है मदिरा। मदिरा का गुण है उसका नशा। इस नशे में कुछ काल के लिए अन्य सारी चिंताएं और कष्ट विस्मृत हो जाते हैं और पीनेवाला उतने समय तक एक कल्पित लोक में सुखी रहता है। साहित्य में इस क्षणवादी दर्शन को हाला और उससे संबद्ध प्रतीकों—मदिरालय, प्याला, सुराही, साकी आदि के माध्यम से अभिव्यक्ति मिली और इसे 'हालावाद' की संज्ञा प्राप्त हुई। इस प्रवृत्ति के अनुसार इस क्षणभंगुर और दुःखमय जीवन में आनंद के जो क्षण मिल सकें उनका भरपूर उपभोग करना चाहिये।

हालावाद का दर्शन अपने मूल स्थान फारस में एक प्रकार का सूफी-दर्शन है। रूमी, उमर खैयाम, हाफिज, राबिया आदि फारसी सूफी कवियों ने शराब, साकी, प्याला आदि का प्रतीक बनाकर, इनके माध्यम से परोक्ष सत्ता की चर्चा की और रोजा, नमाज आदि धर्म के बाह्याचारों का खंडन किया। यह बड़ी महत्वपूर्ण बात है कि इस्लाम वैराग्यप्रधान धर्म है, पर उसके भीतर से एक कलात्मक विद्रोह इन कवियों द्वारा प्रस्फुटित हुआ, जिसके अनुसार कवि जाहिद को गालियां देता है, शराब पीने का निमंत्रण देता है और बुतपरस्ती पर गर्व करता है। इन सूफी कवियों ने प्रेम की अतिशय भावुकता और तन्मयता को शराब की बेहोशी के प्रतीक के रूप में दिखाया। लौकिक प्रेम (साकी के प्रेम) को अलौकिक प्रेम का आधार और प्रतीक बनाया। ऊपर से ये कविताएं वासनात्मक हैं, पर भीतर

से आत्मा (आशिक) परमात्मा (माशूक) के विरह, सौंदर्य और प्रेम की पीर इनमें व्याप्त है।

सूफी तत्त्वदर्शन के इस प्रभाव को हम मध्यकालीन हिंदी साहित्य के कबीर जैसे कवियों के इस दावे में देख सकते, जिसमें वे 'ज्ञान की शराब' पीने की बात कहते है। परंतु आधुनिक काल में न तो यह प्रभाव फारस से आया है और न सूफी दर्शन ही इसके पीछे है। हां, हालावाद पर उमर खैयाम की रुबाइयों का प्रभाव अवश्य है। फिट्जजेराल्ड ने 19वीं सदी के मध्य में उमर खैयाम-की पचहत्तर रुबाइयों का अंग्रेजी में अनुवाद किया, जो पहले पहल सन् 1859 ई. में 'रुबाइयात उमर खैयाम' के नाम से प्रकाशित हुई। ये विशिष्ट रुबाइयां खिन्नमन की निराशाजनक अभिव्यक्तियां हैं, जिनमें पलायनवाद का स्पष्ट स्वर है। खैयाम के अनुसार "तरुशाखा के तले रोटी का एक टुकड़ा, एक सुराही मदिरा, कविता की पुस्तक और पार्श्व में गाती हुई 'तुम' हो तो यह जंगल ही मेरे लिए स्वर्ग हो जाए"। यह पलायन और निराशा इसलिए है, क्योंकि "पैरों के नीचे बालू की जमीन खिसकती जाती है, न मालूम कितने बड़े-बड़े नरेश, सत्ताधारी एवं विद्वान आये और चले गए, अतः जीवन शराब सूख जाए, इसके पहिले ही उठो और मदिरा पी-पीकर भूख बुझा लो"। अनागत कल अभी उत्पन्न नहीं हुआ और विगत कल मर चुका है, अतः उनका चिंतन छोड़ 'आज' को आनंदमय बनाओ"। इस प्रकार फिट्जजेराल्ड के अनुवाद में उमर खैयाम का दर्शन विषमताओं से पलायन कर कृत्रिम बेहोशी का क्षणवादी आनंद ग्रहण करानेवाला है। हिंदी में यह दर्शन प्रमुखतः फिट्जजेराल्ड के अनुवाद के माध्यम से ही आया।

यों तो सन् 1920 ई. के आसपास 'सरस्वती' में उमर खैयाम की यदा-कदा चर्चा होनी प्रारंभ हो गई थी, पर सन् 1930 ई. के आसपास खैयाम की रुबाइयों के अनुवादों की धूम मच गई। हालावाद के मुख्य प्रयोक्ता एवं प्रवर्तकों में से एक 'बच्चन' ने इस प्रश्न को उठाते हुए कि ऐसी क्या विशेष सामाजिक स्थिति थी, जिसने सारे देश का ध्यान खैयाम की ओर खींचा, कहा है कि वास्तव में सन् 1930 का समय ही ऐसा था। प्रथम महायुद्ध तक भारतीय मध्यवर्ग विकसित हो गया था। शिक्षा, साहित्य, राजनीति आदि में वह महत्वपूर्ण बन चुका था। सन् 1920 ई. से लेकर 1930-31 ई. तक लगातार सत्याग्रह संग्राम की असफलताओं, आर्थिक क्षेत्र में विश्वव्यापक मंदी और बेकारी ने उसे अत्यधिक निराश और विक्षुब्ध कर दिया था। सामाजिक नैतिक मूल्यों के क्षेत्र में ज्ञान-विज्ञान और पश्चिमी सभ्यता ने उसे उन्मुक्त कर दिया था, पर प्राचीन मर्यादाएं इतनी गहरी थीं कि उसकी यह स्वच्छंदता खुलकर विकास के लिए अवकाश न पाती थी, अतः उसके मन की कुंठाएं बढ़ती जाती थीं। सारे देश में अवसाद, निराशा और कुंठाओं का साम्राज्य था। ऐसे समय में उमर खैयाम की रुबाइयों ने उपयुक्त भूमि प्राप्त की। "रुबाइयत, मनुष्य की जीवन के प्रति आसक्ति और जीवन की मनुष्य के प्रति उपेक्षा का गीत है"। हिंदी में मैथिलीशरण गुप्त (मधुप), केशवप्रसाद मिश्र, 'बच्चन' तथा सुमित्रानंदन पंत द्वारा प्रस्तुत खैयाम की रुबाइयत के अनुवाद विशेष रूप से उल्लेखनीय हैं।

यथार्थ की निराशा और तरुणाई की रोमैण्टिक इच्छाओं के संघर्ष में पड़े युवकों को मदिरालय में एक शरणस्थली मिली। हाला, बाला, प्याला के कल्पित लोक में उसे वर्तमान के गम को गर्क करने का स्थान मिला। उसने उस नशे में "ज्ञान, ध्यान, पूजा, पोथी के स्थूल बंधनों को तोड़ने की पुकार की, क्योंकि जब वासना तीव्रतम थी, तब उसे संयमी बनना पड़ा था"। उसकी अल्पतम इच्छाओं को बंदी बनानेवाला संसार क्रीड़ास्थल नहीं, कारागार था"। 'नवीन', हृदयेश, भगवतीचरण वर्मा, बच्चन, पद्मकांत मालवीय, अंचल आदि अनेक कवियों ने इस मादकता और बेहोशी के गीत गाये। परिमाण और ख्याति की दृष्टि से इनमें 'बच्चन' का स्थान सर्वश्रेष्ठ है। सन् 1933 ई. से 1936 ई. के बीच उनके काव्यसंग्रह 'मधुशाला', 'मधुबाला', और 'मधुकलश' क्रमशः निकले। सन् 1933 ई. में ही उनका खैयाम की मधुशाला का अनुवाद भी आया। 'बच्चन को ख्याति और तीखे आक्षेप दोनों मिले। आक्षेपों का उत्तर देने का प्रयास उन्होंने 'मधुकलश' में किया है।

साहित्यिक दृष्टि से छायावाद की वेदना और घनीभूत होकर निराशा में परिणत हो हालावाद का रूप धारण कर लेती है। और जिन ऐतिहासिक परिस्थितियों ने प्रगतिवाद को स्थापित किया, उन्होंने ही छायावाद की इस प्रक्षेपित धारा 'हालावाद' को भी सन् 1936 ई. में ही समाप्त कर दिया।

आधार ग्रंथ :

1. खैयाम की मधुशाला, हरिवंशराय 'बच्चन'।
2. हिंदी साहित्य के प्रमुख वाद और उनके प्रवर्तक, विश्वम्भरनाथ उपाध्याय।
3. हिंदी साहित्य में विविध वाद, प्रेमनारायण शुक्ल।
4. हिंदी साहित्य का इतिहास, सं. डॉ. नगेंद्र।

हिंदी जाति

जाति मानव समुदाय का एक ऐसा समूह है जो सामाजिक विकास की एक निश्चित मंजिल में अपना स्वरूप ग्रहण करता है और भाषा तथा आर्थिक जीवन एवं सांस्कृतिक विशिष्टिताओं में ऐक्य तथा समभाव का अनुभव करता है।

रामविलास शर्मा ने आधुनिक जातियों के निर्माण के लिए जिन चार तत्त्वों को आवश्यक माना है वे हैं- सामान्य भाषा, सामान्य प्रदेश, सामान्य आर्थिक जीवन और सामान्य संस्कृति।

मानव समाज का निर्माण आर्थिक संबंधों द्वारा एक दूसरे से संबद्ध होने पर होता है। आर्थिक संबंध ही मानव समाज के गठन के स्वरूप को निर्देशित करते हैं। आर्थिक संबंधों में आए हुए बदलाव सामाजिक गठन को अनिवार्यतः तो नहीं, परंतु बहुधा परिवर्तन की दिशा में प्रेरित करते हैं। सामाजिक विकास की प्रारंभिक अवस्था आदिम साम्यवाद कहलाती है। इस अवस्था में सभी मनुष्य मिलकर श्रम करते हैं तथा श्रमफल आपस में बांट लेते हैं। ऐसा समाज 'गण समाज' कहलाता है। इसमें उत्पादन तथा वितरण दोनों में समाज के सभी सदस्यों की भागीदारी होती है। इस समाज के सदस्य परस्पर रक्त संबंधों से संबंधित तथा कुलों एवं गोत्रों में विभक्त होते हैं। धीरे-धीरे सामाजिक अवस्था बदलती है और श्रम का विशेषीकरण होता है। उत्पादन में तथा वितरण में पूरा गण या गोत्र नहीं लगा होता। कुटुम्ब श्रम करते हैं और उसका फल बांट लेते हैं। कुटुम्बों में श्रेणियों का आविर्भाव हो जाता है और असमानता बढ़ने लगती है। व्यक्तिगत संपत्ति के उद्‌भव के साथ भूमि का स्वामित्व कुटुम्बों में सिमट आता है। कारीगरों और कृषकों का श्रमफल सामंत और पुरोहित हड़पने लगते हैं। इस समाज व्यवस्था में भूस्वामियों की प्रधानता होती है, अतः इसे सामंतवाद कहा जाता है। यह व्यवस्था पुराने रक्त संबंधों को बदल देती है। वर्ण व्यवस्था का उद्भव और सुदृढ़ीकरण हो जाता है। कारीगरों में भी पेशे के आधार पर बिरादरियां बन जाती हैं। सामंती समाज में कुछ लोगों के पास विशेष अधिकार होते हैं। वे अपनी कुलीनता को इन अधिकारों का आधार मानते हैं। ऊंच-नीच का भेद ही सामंती समाज की विशेषता होती है। इन सामंती समाजों की निवास भूमि को 'जनपद' कहा गया है। "भगवान बुद्ध के समय के जनपद भी ऐसे ही सामंतवादी समाजों की निवास भूमि थे। गणों का जीवन घुमंतू होता है, जबकि जन किसी प्रदेश में स्थायी रूप से रहते हैं। गणों से भिन्न जन प्रदेशगत इकाइयां होते हैं।"

सामंती समाज व्यवस्था केवल अपनी आवश्यकताओं हेतु उत्पादन तक ही सीमित रहती है। विनिमय का सीमित विकास होने के कारण विभिन्न प्रदेश पारस्परिक संबंधों से विच्छिन्न रहते हैं। अपनी आवश्यकताओं से अतिरिक्त माल का जब भी उत्पादन होता है विनिमय संबंधों का विकास होता है तथा मुद्रा प्रचलन में आती है। इसके फलस्वरूप जनपद एक दूसरे के करीब आते हैं। इस अवस्था में व्यापार के केंद्र के रूप में बड़े शहर स्थापित हो जाते हैं। इन नगरों में विभिन्न जनपदों के कारीगर बिकाऊ माल तैयार करने के लिए एकत्र होते हैं। कारीगरों और व्यापारियों का एक अंतर्जनपदीय वर्ग निर्मित होता है। "परिवर्तन की इस सारी प्रक्रिया में व्यापारी की भूमिका निर्णायक होती है, इसलिए नए आर्थिक संबंधों की इस व्यवस्था को हम व्यापारिक पूंजीवाद कहते हैं।" व्यापारिक पूंजीवाद का विकास सदैव सामंती संबंधों से पूरी तरह मुक्त नहीं हो पाता। नए आर्थिक संबंध सामान्यजन के लिए व्यापक उत्पादन की अवस्था में ही विकसित हो पाते हैं। ऐसी अवस्था में नगरों तथा ग्रामों के बीच भी विनिमय सम्भव होने लगता है। नए आर्थिक संबंध नवीन सामाजिक संबंधों को जन्म देते हैं। सामाजिक गठन के इस नये रूप को 'जाति' कहा जाता है। इस तरह जाति सदैव सामंती अवस्था के जनों के परस्पर व्यापारिक संबंधों से जुड़ने के कारण आकार पाती है। रामविलास शर्मा ने इस अवस्था को व्यापारिक पूंजीवाद कहा है। यह विकास विषम गति से तथा दीर्घकालीन प्रक्रिया के अंतर्गत सम्पन्न होता है। सामंती संबंधों के प्रबल होने पर यह प्रक्रिया अवरुद्ध हो जाती है। विभिन्न जनपदों को एक दूसरे के करीब लाने का कार्य विभिन्न जनपदीय भाषाएं करती हैं। इनमें से कोई एक जनपदीय भाषा अक्सर स्थायित्व ग्रहण कर लेती है और वही अन्य जनपदीय भाषाओं के तत्त्वों को अपनाकर और आत्मसात कर जातीय भाषा का स्वरूप ग्रहण कर लेती है।

सामाजिक गठन के रूपों में 'जाति' सबसे विशद और दीर्घजीवी बल्कि स्थायी रूप साबित हुई है। "व्यापारिक पूंजीवाद के बाद मशीनों का चलन होने पर, वह महाजनी पूंजीवाद की अवस्था में कायम रहती है। पूंजीवाद के स्थान पर जहां समाजवादी व्यवस्था कायम की जाती है, वहां भी सामाजिक गठन का यह जाति रूप बना रहता है।" संस्कृति के प्रत्येक स्तर पर इस जातीय निर्माण प्रक्रिया का प्रभाव पड़ता है। विजय और पराजय, उत्थान और पतन, संघटन और विघटन

की अनेक ऐतिहासिक स्मृतियां जातीय निर्माण की प्रक्रिया से जुड़ जाती हैं और जाति के सामूहिक मानस में ऐतिहासिक जातीय चेतना के रूप में धरोहर बन जाती हैं। "वास्तव में सामंती अवस्था के खोल के भीतर विकसित होते हुए व्यापारिक पूंजीवाद के साथ ही जाति रूपी सामाजिक गठन अस्तित्व में आता है, परंतु जाति के रूप में इसकी निश्चित पहचान तथा सभी अभिलक्षण पूंजीवादी अवस्था में प्रकट होते हैं। इस तरह इनमें भेद करते हुए व्यापारिक पूंजीवाद वाली जाति को लघुजाति (नैशनैलिटी) और औद्योगिक पूंजीवाद वाली जाति को महाजाति (नेशन) कहा जा सकता है। स्तालिन की रचनाओं में भी यह भेद किया गया है।" मार्क्सवाद और भाषा विज्ञान के संबंध में प्रश्नों का उत्तर देते हुए स्तालिन ने लघुजातियों की भाषा से महाजातियों की भाषा के विकास की चर्चा की थी। लेनिन ने भी रूसी महाजाति के गठन में सामंती प्रादेशिक इकाइयों की भूमिका रेखांकित की थी।

आधुनिक भाषाओं का विकास आधुनिक जातियों के विकास के समरूप है। इस तरह भाषा, जातीयता का सर्वाधिक प्रकट और महत्वपूर्ण अभिलक्षण है। भाषा किसी भी जाति की आत्मिक संस्कृति का सर्वाधिक महत्वपूर्ण घटक होती है जो उस जाति की जातीय चेतना को निर्धारित और अभिव्यक्त करती है। यह जातीय स्मृतियों का एक संचित अधिकोष होती है।

किसी जाति के आर्थिक स्वरूप के निर्धारण में उस जाति के भौगोलिक क्षेत्र की प्राकृतिक दशा का भी योगदान होता है। जातीय क्षेत्रों के आर्थिक स्वरूप की विशिष्टताएं स्थानीय हस्तशिल्पों में सबसे ज्यादा प्रतिबिंबित होती हैं। मनुष्य की सांस्कृतिक पृष्ठभूमि, उसकी दैनन्दिन जिंदगी और उसके कलात्मक तथा व्यावसायिक कौशलों को अपनी अभिव्यक्ति इन्हीं में मिलती है। यह बाजार संबंध, समाज के विविध वर्गों और तत्त्वों को संयुक्त होने के लिए विवश करता है। जातीय आंदोलन सामंतवाद के खात्मे और पूंजीवाद के प्रारम्भिक अभ्युदय के काल की परिघटना है। घरेलू मंडी पर व्यापारिक वर्ग द्वारा कब्जा किया जाना इसका आर्थिक आधार है।

इस तरह अपने प्रदेश, भाषा और संस्कृति से संबद्ध भाव को जातीयता का भाव कहा जाता है। आज सम्प्रेषण माध्यमों के विस्तृत संजाल में जहां समूचा विश्व एक ग्राम में परिवर्तित होता जा रहा है, वहीं विभिन्न समाजों में स्वायत्तता और अस्मिता के संकट गहराते जा रहे हैं। सांस्कृतिक परंपराओं के परिप्रेक्ष्य में जातीयता की अवधारणा पर विचार करते हुए स्तालिन ने लिखा था, "जाति वह है जिसका ऐतिहासिक विकास इस प्रकार हुआ हो कि उसमें भाषा, प्रदेश, आर्थिक जीवन तथा सांस्कृतिक एकता के रूप में व्यक्त होने वाले मानसिक गठन की एकता हो।"

हिंदी में अन्य भारतीय भाषाओं की तरह जाति 'शब्द का प्रयोग बिरादरी (Caste), नस्ल (Race) और कौम' (Nationality) के लिए होता है। 'कौम' के अर्थ में इसका प्रयोग अधिक पुराना नहीं है। भारतेंदु ने 'कवि वचन सुधा' में जातीय संगीत नामक निबंध में प्रदेशगत जाति के संगीत की चर्चा की थी। श्यामसुंदर दास के संपादन में निकलने वाली 'सरस्वती' के जनवरी 1902 के अंक में कार्तिक प्रसाद का एक लेख छपा था जिसका शीर्षक था "महाराष्ट्रीय जाति का अभ्युदय"। नवम्बर 1911 के 'माडर्न रिव्यू' में श्यामाचरण गांगुली ने 'हिंदुस्तानी जाति' सहित भारत की अन्य जातियों की अपनी-अपनी एकता की आवश्यकता की ओर ध्यान दिलाया था। 'हिंद' की तरह 'हिंदुस्तान' शब्द हिंदी प्रदेश के लिए प्रयुक्त होता रहा है। इस संबंध में डॉ. सुनीति कुमार चटर्जी ने लिखा है "यह शब्द मुस्लिम काल में अपने सीमित अर्थ में पंजाब तथा बंगाल के बीच के उत्तर भारतीय मैदान के लिए प्रयुक्त होता था। पूर्वी हिंदी तथा बिहारी बोलने वाला पूर्वी उत्तर प्रदेश तथा बिहार का भाग, जो पूरब कहलाता है, भी इसी हिंदुस्तानी या हिंदुस्थान का ही एक हिस्सा है।"

हिंदी भाषी प्रदेश के पुनर्गठन की ओर सन् 1922 में धीरेंद्र वर्मा ने ध्यान आकृष्ट किया था। 'हिंदी राष्ट्र' और 'सूबा हिंदुस्तान' के साथ राष्ट्र के लक्षणों का विवेचन करते हुए उनके चार लेख जबलपुर से निकलनेवाली 'श्री शारदा' पत्रिका में प्रकाशित हुए थे। 1930 में इनको संशोधित करते हुए उन्होंने 'हिंदी राष्ट्र या सूबा हिंदुस्तान' शीर्षक पुस्तक लीडर प्रेस, प्रयाग से प्रकाशित कराई। राष्ट्र के प्रमुख लक्षण के रूप में भाषा को चिह्नित करते हुए धीरेंद्र वर्मा ने लिखा था "साधारणतया हम कह सकते हैं कि राष्ट्र की एक मुख्य तथा प्रत्यक्ष पहचान भाषा की एकता है, अतः भारत के जितने भूमिभाग में हमारी भाषा अर्थात् हिंदी या हिंदुस्तानी मातृभाषा की तरह बोली और समझी जाती है वह हमारा राष्ट्र है।" हिंदी जाति के गठन के लिए वर्माजी, हिंदी भाषा और देवनागरी लिपि को आवश्यक मानते थे। वे उर्दू को किसी स्वतंत्र जाति की भाषा नहीं मानते थे। बुनियादी तौर पर हिंदी उर्दू एक ही थीं पर उनके अलगाव को दूर करना कठिन था। इसके बिना हिंदी जाति की प्रगति भी सम्भव न थी। उन्होंने लिखा, "बंगाल तक में जहां 50 फीसदी बंगाली मुसलमान धर्मावलंबी हैं बांग्ला ही बंगाल की राष्ट्रभाषा है। संयुक्त प्रांत में केवल 14 फीसदी मुसलमान धर्मावलंबी हिंदुस्तानी हैं। बिना राज्य की

सहायता के हिंदी और उर्दू के एक हो जाने में मेरा विश्वास नहीं है।"

हिंदी जातीयता की, भारत की अन्य जातीयताओं से तुलना करने पर यह प्रकट होता है कि अन्य जातीयताओं की एक केंद्रियता की तुलना में हिंदी क्षेत्र में बहुकेंद्रियता पाई जाती है। इसका कारण, हिंदी क्षेत्र का विराट आकार और विशाल आबादी के साथ जातीय चेतना का अवरुद्ध विकास भी है। लंबे समय से किसी एक प्रशासनिक इकाई के अधीन न रहने से यह अनैक्य और भी विषम हो गया है। असंतुलित विकास के कारण हिंदी क्षेत्र के कुछ केंद्र औद्योगिक तथा वाणिज्यिक रूप से विकसित हैं तो व्यापक इलाके आर्थिक और सामाजिक दृष्टि से अत्यधिक पिछड़े हुए हैं। इस विरोधाभासी स्थिति का कारण इस क्षेत्र में पूंजीवादी संबंधों का अपेक्षाकृत देर से हुआ विकास है। आर्थिक विकास न होने से अंतः प्रादेशिक संबंध कमजोर हैं। "संजातीय दृष्टि से भी हिंदी क्षेत्र समरूप नहीं है, क्योंकि यहां विभिन्न छोटे जातीय समूहों, जनजातियों और संजातीय समूहों का आवास है, जो हिंदी भाषी आबादी से भिन्न है।" स्वभावतः बहुकेंद्रियता यहां की नैसर्गिक परिघटना है।

इधर साम्राज्यवाद द्वारा दुनिया के जातीय चरित्र को नष्ट करने की कोशिश की जा रही है। सैमुएल हटिंगटन की पिछले दिनों एक पुस्तक प्रकाशित हुई है, 'द क्लैशेज ऑफ सिविलाइजेशन्स'। इस पुस्तक में पूरे विश्व को धर्म के आधार पर बंटा हुआ बतलाया गया है एवं भविष्य में, इनके बीच संघर्ष की संभावना व्यक्त की गई है। इसमें जाति की तुलना में धर्म को सामाजिक-सांस्कृतिक एकता का आधार माना गया है।

इन मान्यताओं को हिंदी जाति और हिंदी साहित्य पर लागू करने का परिणाम यह हुआ है कि कई बुद्धिजीवियों ने हिंदी जाति के अस्तित्व से इनकार करना शुरू कर दिया है। उनके लिए हिंदुओं की भाषा हिंदी है और मुसलमानों की उर्दू। जिसे हम 'हिंदी नवजागरण' कहते हैं, वह 'हिंदू नवजागरण' बन गया है।

बंगाल के नवजागरण ने वहां की जातीयता को मजबूत किया। अंग्रेजों तथा अंग्रेजी के संपर्क में आने का फल नवजागरण के रूप में उसे मिला। हिंदी जाति अंग्रेजों के संपर्क में बहुत बाद में आई और वहां उस तरह का नवजागरण नहीं हुआ। अंग्रेजों ने इस जाति को भाषा भेद व मजहबी कट्टरता के दलदल में फंसाए रखा और तथाकथित आजादी के बाद काली चमड़ी वाले अंग्रेज जब सत्ता में आए तो उन्होंने भी गोरी चमड़ी वाले अंग्रेजों की नीति जारी रखी। हिंदी-उर्दू का भेद बढ़ाया, भाषा को मजहब से जोड़ा, मजहबी जुनून को फलने-फूलने का अवसर दिया, जाति भेद व धर्म भेद की राजनीति की, हिंदी कौम को आधा दर्जन से अधिक प्रांतों में विभाजित करके उनकी शक्ति को खंड-खंड कर दिया।

हिंदी जातीयता की प्रमुख समस्या है हिंदी-उर्दू का विवाद। प्रत्येक जाति की एक भाषा होती है जो उस जाति की एकता का सर्वाधिक प्रत्यक्ष अभिलक्षण होती है। ऐतिहासिक एवं औपनिवेशिक कारणों एवं भाषा में संप्रदायवादी दृष्टिकोण को प्रश्रय देने के कारण हिंदी प्रदेश में एक ही व्याकरण पर आधारित दो भाषाएं हिंदी-उर्दू साहित्यिक एवं शैक्षणिक प्रयोजनों के लिए प्रयुक्त होती हैं। उर्दू की संवैधानिक प्रतिष्ठा से यह समस्या और जटिल और स्थायी हो गई है। संविधान निर्माताओं की अदूरदर्शिता ने भाषा जैसी गतिशील और परिवर्तनशील चीज को जड़ बना दिया। हिंदी-उर्दू का झगड़ा अंग्रेजों ने पैदा किया था। प्रेमचंद ने स्पष्ट शब्दों में लिखा था, "और यह सारी करामात फोर्ट विलियम की है, जिसने एक ही जबान के दो रूप मान लिए। जिन हाथों ने यहां की जबान के उस वक्त दो टुकड़े कर दिए, उसने हमारी कौमी जिंदगी के दो टुकड़े कर दिए।" हिंदी-उर्दू अलगाव की समस्या हिंदी जाति की एकता की सबसे बड़ी समस्या है।

सच्चाई तो यह है कि बहुभाषा-भाषी और अनेक जातीयताओं वाले इस विशाल देश को एकता के सूत्र में बांधने वाली हिंदी जाति और हिंदी भाषा ही है। इस धरती के कोने-कोने को हिंदी जाति ने अपने पसीने से सींचा है। इसीलिए सच्चा हिंदुस्तानी समूचे मुल्क की चिंता करता है केवल अपनी जाति के हितों की ही नहीं।

हिंदी जाति देश की सबसे बड़ी जाति है। वह दस प्रांतों में बांट दी गई है। बड़ी कौम में बिखराव स्वाभाविक है। शासकों ने इस कौम की दो भाषाएं बताकर एक ऐसे झूठ को सच के रूप में प्रतिष्ठित कर दिया है जिसकी मिसाल दुनिया में और कहीं नहीं मिलेगी। इनकी भाषाओं को मजहब से जोड़ दिया गया है। खेद है कि भारत के बुद्धिजीवी भी शासक वर्ग की इस साजिश का भंडाफोड़ तो नहीं करते, हां हिंदी जाति के पिछड़ेपन की खिल्ली जरूर उड़ाते हैं। खिल्ली उड़ाने वालों में हिंदी के भी गुलाम मानसिकता वाले बुद्धिजीवी हैं।

बहरहाल, हिंदी जाति के स्वरूप का विश्लेषण उसका गठन और महत्व को चर्चा का विषय बनाने का श्रेय रामविलास शर्मा को है। उन्होंने जातीय चेतना के अभाव को हिंदी क्षेत्र के पिछड़ेपन का सबसे प्रमुख कारण माना है, साथ ही यह भी रेखांकित किया है कि हिंदी

क्षेत्र से यदि सांप्रदायिकता की जटिल समस्या से निजात पानी है तो हमें वहां जातीय चेतना विकसित करनी होगी। जातीय चेतना का विकास ही सांप्रदायिकता का सही हल है।

आधार ग्रंथ :

1. हिंदी जाति का साहित्य, रामविलास शर्मा।
2. भारतीय संस्कृति और हिंदी प्रदेश, रामविलास शर्मा।
3. स्वतंत्र भारतः जातीय तथा भाषायी समस्या, बोरिस क्लूयेव।
4. 'साम्य'-22, अगस्त 1995।
5. The National Question and Leninism, J. Stalin.

हिंदी नवजागरण

'नवजागरण' शब्द यूरोप के मध्ययुग और आधुनिक युग के बीच की संक्रांति की अवस्था का वाचक है। इसके लिए अंग्रेजी में 'रेनेसां' (Renaissance) शब्द प्रचलित है। 14वीं सदी के आरंभ तक यूरोप में प्राचीन रोमन साम्राज्य के ध्वंस से उत्पन्न अव्यवस्था और गड़बड़ी शांत हो चुकी थी। आक्रमणकारी नयी जातियां पुरानी लातीनी जातियों द्वारा सुसंस्कृत, स्वधर्म में दीक्षित और आत्मसात् कर ली गई थीं। उस समय यूरोपीय संस्कृति में एक नये जीवन का संचार हुआ था, जिसका वेग लगभग 16वीं सदी तक बना रहा। यह युग मोटे तौर पर दो सौ वर्षों का माना जाता है। इस युग में नये-नये अन्वेषण और आविष्कार हुए, धर्म और दर्शन का नया संस्करण किया गया, कला और विज्ञान की नयी साधना का समारंभ हुआ, राजनीतिक और समाज-व्यवस्था में नयी सांस्कृतिक चेतना का संचार हुआ, जिसका प्रथम उन्मेष इटली में देखने को मिलता है। इस प्रकार यूरोप का एक प्रकार से नया जन्म हुआ और इसी कारण उस युग को 'नवजन्म' या 'पुनर्जन्म' के पर्यायभूत 'नवजागरण' या 'पुनर्जागरण' का अभिधान प्रदान किया गया है। 'नवजागरण' की कल्पना के प्रचार का श्रेय इटली के नवजागरण के प्रथम इतिहासकार वर्कहार्ट को है, यद्यपि 'रेनेसां' शब्द का प्रयोग सर्वप्रथम प्रसिद्ध फ्रांसीसी इतिहास-दार्शनिक मिशेसेट ने 19वीं सदी के पूर्वार्द्ध में किया था।

नवजागरण-युग में पश्चिमी यूरोप मध्ययुगीनता के बंधनों से मुक्त होने लगा था। इस युग में व्यक्ति-स्वातंत्र्य की प्रतिष्ठा हुई और चर्च का प्रभात्र तेजी से घटा। मनुष्य की दृष्टि, जो मध्य युग में सदा परलोक की ओर टिकी रहती थी, इहलोक की ओर उन्मुख हुई। ऐहिक मूल्यों का मान तेजी से बढ़ा। मनुष्य में ईश्वर की उपेक्षा करने का साहस पैदा हुआ और वह अपने को समझने में दत्तचित्त हुआ। धर्म की अपेक्षा दर्शन का महत्व बढ़ा। धर्मनिरपेक्ष मानववाद का पथ प्रशस्त हुआ। एक प्रकार से रूढ़ग्रस्त ईसाई जीवन-प्रणाली एवं जीवन-दर्शन का ही विघटन हो गया और उसका स्थान यूनानी-रोमन जीवन-प्रणाली तथा जीवन-दर्शन से उत्प्राणित नयी चेतना ने ले लिया। संन्यासियों के स्थान पर ऐसे बुद्धिजीवियों का पदार्पण हुआ, जो स्वभाव अथवा मन को वश में करने के बदले उसके विकास एवं परिणति में आस्था रखते थे। नवजागरण-युग वस्तुतः संन्यासवाद के प्रति उपभोगवाद के विद्रोह का युग था।

यूरोप की इस सांस्कृतिक महाक्रांति का एक बड़ा कारण है यूनानी-रोमन जीवनदृष्टि एवं जीवन-मानों का प्रत्यावर्तन। यूनानी-रोमन साहित्य, दर्शन और चिंतन ने यूरोप की मध्ययुगीन कूपमंडूकता भंग कर उसमें नये मूल्यों की वासना उत्पन्न कर दी। यूनानी संस्कृति की उदारता, इहलोक-केंद्रीयता तथा धर्म और ईश्वर आदि के संबंध में अनाग्रह प्रसिद्ध है।

यूरोप में यूनान की बौद्धिक-वैज्ञानिक जीवन-दृष्टि का प्रचार-प्रसार अरब विचारकों के हाथों संपन्न हुआ था। यूनानी साहित्य को नष्ट होने से बचाने तथा उसका भली-भांति अध्ययन और अध्यापन करते हुए उसे पश्चिमी यूरोप तक पहुंचाने का श्रेय अरबों को ही प्राप्त है। अतः नवजागरण के इस सांस्कृतिक आंदोलन में अरबों का महत्वपूर्ण योग रहा है।

संक्षेप में सामंतवाद और धार्मिक सत्ता के कठोर नियंत्रण से मुक्ति, व्यक्तिवाद, भौतिकवाद, वैज्ञानिक जिज्ञासा, सचेत रूप से समाज सुधार के प्रयास, बुद्धिवाद, प्रशासनिक न्यायिक सुधार, नवीन जीवन शैली, नयी संस्कृति और एक नयी दुनिया की ओर प्रयाण आदि नवजागरण की सामान्य विशेषताएं हैं।

जिस तरह यूरोप के पश्चिमी देशों में यूनानी भाषा और साहित्य का प्रभाव पड़ा। उसकी प्रतिक्रिया में लोग अपनी भाषा की ओर भी मुड़े। इस पुनर्जागरण में धर्म और नये ज्ञान-विज्ञान की भी महत्वपूर्ण भूमिका रही है। भारत में नवजागरण का संबंध भी भाषा और धर्म से

रहा है। यहां पर पहला नवजागरण महात्मा गौतम बुद्ध के आविर्भाव के साथ आया। बुद्ध ने पुरानी जड़वादी परंपराओं को तोड़ कर मनुष्य-मनुष्य के बीच के भेद को मिटाया। उसका प्रभाव मध्य एशिया तक फैल गया। उन्होंने संस्कृत भाषा के स्थान पर जनभाषा पालि में उपदेश देना प्रारंभ किया। दूसरा नवजागरण भक्तिकाल में दिखायी पड़ता है। उत्तर भारत में देशी भाषाओं के उदय का यही समय है। इस आंदोलन का मूलाधार भी धर्म ही है, यद्यपि निर्गुण पंथियों ने धर्म की जातिवादी संकीर्णताओं और बाह्याडंबरों पर गहरा प्रहार किया। इसके प्रचार-प्रसार में व्यापारिक पूंजीवाद ने भी सहायता पहुंचायी।

तीसरा नवजागरण 19वीं शती के उत्तरार्ध में आया। इस समय अंग्रेजी राज स्थापित हो चुका था। अंग्रेजों ने अपनी औपनिवेशिक नीति के तहत जमीन का नया बंदोबस्त किया। इससे अपने आप में सिमटे हुए गांवों की जड़ता टूटी। अंग्रेजी शिक्षा के माध्यम से हम यूरोपीय ज्ञान-विज्ञान से परिचित हुए और प्रगति का एक नया मार्ग मिला। यातायात के नये साधनों से व्यापार में वृद्धि हुई और हमारे आवागमन की गति तेज हुई। प्रेस के आने के कारण विचार-विनिमय में सुविधा हुई। विचारों की स्वतंत्रता का द्वार उन्मुक्त हुआ। यह नवजागरण ही भारतीय स्वतंत्रता आंदोलन की पृष्ठभूमि बना।

रवींद्रनाथ टैगोर ने राजा राममोहन राय को पहला आधुनिक व्यक्ति माना है। 1828 ई.में राजा राम मोहन राय ने ब्रह्मसमाज की स्थापना द्वारा आधुनिकीकरण की नीव डाली। इस्लाम, ईसाइयत और उपनिषदों से वे काफी प्रभावित थे। पर उनके समाज का मूलाधार वेदांत था। वे धर्माडंबर के विरुद्ध थे। सती प्रथा बंद कराने में उनकी मुख्य भूमिका थी। वे अंग्रेजी के माध्यम से पश्चिमी ज्ञान-विज्ञान और गणित आदि से अपने देशवासियों को अवगत कराना चाहते थे, जिसके लिए उन्होंने आजीवन प्रयास किया। नवजागरण के सिलसिले में स्वामी दयानंद सरस्वती का भी नाम अविस्मरणीय है। उनके आर्य समाज ने उत्तर भारत में वेद पर आस्था व्यक्त करते हुए हिंदू धर्म के बाह्याडंबरों पर जोरदार प्रहार किया। वेद के व्याख्याता होते हुए भी वे पाश्चात्य शिक्षा के पक्षधर थे। इसी वर्ष मुंबई में प्रार्थना समाज की भी स्थापना हुई। रामकृष्ण मिशन ने भी इसी दिशा में उल्लेखनीय कार्य किया। थियोसोफिकल सोसाइटी द्वारा उच्च मध्य वर्ग में नवजागरण का प्रचार हुआ। हिंदी साहित्य में भारतेंदु और उनके मंडल के लोगों ने नवजागरण की ज्योति जगायी।

नवजागरण युग में व्यक्ति स्वातंत्र्य, मनुष्य की महत्ता, धर्मनिरपेक्षता और मानवतावाद का पथ प्रशस्त हुआ और विज्ञान के भांति-भांति के आविष्कारों और खोजों ने वैज्ञानिक दृष्टि विकसित की। भारत में उन्नीसवीं सदी का नवजागरण राष्ट्रीय भावना के साथ-साथ विकसित हुआ।

डॉ. शंभुनाथ के शब्दों में, "भारत में लंबे समय तक विभिन्न क्षेत्रों के नवजागरण को लड़ाकर देखने की प्रवृत्ति रही है। आज भी बांग्ला नवजागरण, हिंदी नवजागरण, महाराष्ट्र नवजागरण या तमिल नवजागरण के व्याख्याकार अपने-अपने जातीय सामाजिक जागरण को लेकर अहमन्यता से पीड़ित हैं और उसकी विशिष्टता से बाहर कुछ भी देखना नहीं चाहते। वे अपने जातीय नवजागरण की आंतरिक सीमाओं पर नजर डालना बिलकुल नहीं चाहते। पिछले लगभग पचास सालों के नवजागरण विवाद में उभर कर यह आया है कि बांग्ला नवजागरण का केंद्रीय सारतत्व बुद्धिवाद है (राजा राममोहन राय), जबकि हिंदी नवजागरण का केंद्रीय सारतत्व राष्ट्रवाद है (1857 का स्वाधीनता संग्राम)। महाराष्ट्र नवजागरण का केंद्रीय सारतत्व दलित चेतना (ज्योतिबा फुले) और सुधारवाद (रानाडे) है। तमिल नवजागरण का केंद्रीय सारतत्व ब्राह्मणवाद विरोध और द्रविड़ चेतना (नायकर-पेरियार) है। इसी तरह केरल नवजागरण का केंद्रीय सारतत्व दलित चेतना (नारायण गुरु) है। नवजागरण की इन परंपराओं में राष्ट्रीय आत्म पहचान के संघर्ष को पहचानते हुए स्थानीय 'थ्रस्ट' की अनदेखी एक भूल होगी।"

हिंदी नवजागरण का क्षेत्र दस राज्यों में फैला हुआ है। इस क्षेत्र में किसी तरह के नवजागरण की घटना से ही इतिहासकारों, बुद्धिजीवियों ने प्रायः इनकार किया है। लोगों ने कहा है कि जब हिंदी जातीयता जैसी ही कोई चीज नहीं है तो हिंदी नवजागरण कैसे आ सकता है ?

बहरहाल, ऐसे चिंतकों-लेखकों की परंपरा भी रही है जिन्होंने हिंदी जाति की पहचान काफी पहले से कर ली थी। मीर, भारतेंदु, डॉ. इकबाल, धीरेंद्र वर्मा, सुनीति कुमार चटर्जी, फ्रेडरिक पिन्काट आदि के चिंतन में हिंदी जाति की अवधारणा किसी न किसी रूप में मौजूद है। रामविलास शर्मा ने पहली बार इस अवधारणा को एक व्यवस्थित आकार दिया। उन्होंने भारत को बहुजातीय राष्ट्र बताते हुए हिंदीभाषियों को भी बांग्ला, तमिल, मराठी आदि जातियों की तरह एक जाति माना। उन्होंने लिखा है, "इस बहुजातीय राष्ट्र में एक जाति हिंदी भी है। इसके मजबूत हुए बिना बहुजातीय राष्ट्रीयता सुदृढ़ नहीं हो सकती।" उनकी महत्वपूर्ण स्थापना है कि, "हिंदी का जातीय विकास 13वीं-14वीं सदी में खुसरो की 'खालिस

खड़ी बोली' की रचनाओं से शुरू हो जाता है।" उन्होंने हिंदी नवजागरण या आधुनिक काल के दो हिस्से किये। एक को 'लोक जागरण' कहा और दूसरे को 'नवजागरण'। पहला चरण जातीय निर्माण का आंदोलन था। यह दौर व्यापारिक पूंजीवाद का था। भक्ति आंदोलन का काव्य लोक जागरण का ही काव्य है। रामविलास जी के अनुसार, "भारतेंदु हरिश्चंद्र से जो नवजागरण शुरू होता है वह नयी परिस्थितियों में पुराने लोक जागरण का ही विकास है।" वे 19वीं सदी के हिंदी नवजागरण को 1857 के स्वाधीनता संग्राम से जोड़कर देखते हैं और बिलकुल ठीक घोषित करते हैं कि भारत में कोई भी जागरण साम्राज्यवाद के प्रति सचेत हुए बिना अर्थहीन है। 1857 का स्वाधीनता संग्राम मुख्यतः हिंदी प्रदेश में लड़ा गया इसलिए इसे हिंदी नवजागरण कहा गया। यह संग्राम हिंदुओं और मुसलमानों ने मिलकर लड़ा था। यह संग्राम हमारा जातीय संग्राम है और भारत का पहला स्वाधीनता संग्राम भी है।

भारतीय नवजागरण से संबद्ध महापुरुषों ने अपनी अस्मिता की प्रतिष्ठा तथा जनता की जागरूकता के लिए भारतीय संस्कृति का आधार ग्रहण किया। राजा राममोहन राय ने उपनिषदों का सहारा लिया तो विवेकानंद ने अद्वैत वेदांत का। स्वामी दयानंद सरस्वती ने वेद का तो तिलक और गांधी ने गीता का। इनके आधार पर उन्होंने धार्मिक भेद-भाव, ऊंच-नीच, छुआछूत, बाह्याडंबर, जाति-पांति का जमकर विरोध किया। स्पष्ट है कि उनके विचारों को नयी दिशा देने का कार्य अंग्रेजी उपनिवेशवाद तथा तत्कालीन समाज की ज्वलंत समस्याओं ने किया।

नवजागरण मात्र सांस्कृतिक, सामाजिक या धार्मिक आंदोलन नहीं था बल्कि, अंग्रेजों द्वारा भारतीय जनता के शोषण के विरुद्ध विद्रोह था। इसीलिए भारतीय नवजागरण और राष्ट्रीय आंदोलन को एक-दूसरे से अलग करके नहीं देखा जा सकता। आरंभ में यह नवजागरण सामंतविरोधी था और काफी हद तक अंग्रेजियत का शिकार था। धीरे-धीरे यह साम्राज्यवाद, उपनिवेशवाद और गुलामी के विरोध का रूप ग्रहण करने लगा।

वस्तुतः, प्लासी के युद्ध के बाद अर्थात् 1757 में ही बंगाल अंग्रेजों के अधीन हो चुका था और उनके विकसित पूंजीवादी संस्कृति-शिक्षा-साहित्य के संपर्क में आ चुका था। स्वाभाविक है कि बंगाल को इसका लाभ मिला और वहां नवजागरण आया। हिंदी में यह नवजागरण बंगाल से होते हुए आया, इसलिए कुछ देर से आया और आंशिक प्रभाव ही डाल सका। भारतेंदु हरिश्चंद्र को हिंदी नवजागरण का अग्रदूत कहा जाता है। भारतेंदु ने बंगाल की यात्रा की थी। ईश्वरचंद विद्यासागर से उनका बंधुत्व प्रसिद्ध है। भारतेंदु के भीतर स्त्री शिक्षा के प्रति झुकाव के पीछे बंगाल का नवजागरण ही था। उल्लेखनीय है कि कलकत्ता के बेथून कालेज की लड़कियों के लिए भारतेंदु ने साड़ियां भिजवायी थीं और तत्कालीन गवर्नर की पत्नी ने उन्हे अपने हाथों से वितरित किया था।

आधार ग्रंथ :

1. हिंदी साहित्य का दूसरा इतिहास, बच्चन सिंह।
2. महावीर प्रसाद द्विवेदी और हिंदी नव जागरण, रामविलास शर्मा।
3. 'आलोचना' (त्रैमासिक) सहस्त्राब्दी अंक सोलह, 2004।
4. सामाजिक क्रांति के दस्तावेज, सं. डॉ. शंभुनाथ।
5. बंगला नवजागरण, सुशोभन सरकार।
6. भारतीय संस्कृति और हिंदी प्रदेश, रामविलास शर्मा।
7. सन सत्तावन की राज्य क्रांति, रामविलास शर्मा।
7. रस्साकसी, वीर भारत तलवार।

हृदय की मुक्तावस्था

'हृदय की मुक्तावस्था' आचार्य रामचंद्र शुक्ल द्वारा प्रयुक्त और विकसित पारिभाषिक शब्द है। रसानुभूति को परिभाषित करते हुए आचार्य शुक्ल ने कहा है, "जिस प्रकार आत्मा की मुक्तावस्था ज्ञानदशा कहलाती है, उसी प्रकार हृदय की यह मुक्तावस्था रस दशा कहलाती है।" इसी तरह उन्होंने अन्यत्र लिखा है, "सृष्टि के रूपों और व्यापारों के सामने जब कभी वह (हृदय) अपनी पृथक् सत्ता की धारणा से छूटकर अपने आपको बिलकुल भूलकर, विशुद्ध अनुभूति मात्र रह जाता है तब वह मुक्त हृदय हो जाता है।"

रस को पारिभाषित करते हुए अन्यत्र भी शुक्ल जी ने लिखा है, "हृदय की अनुभूति ही साहित्य में रस और भाव कहलाती है।" या "हृदय के प्रभावित होने का नाम ही रसानुभूति है।" शुक्ल जी द्वारा दी गई रस की उपर्युक्त परिभाषाओं से स्पष्ट है कि उनकी दृष्टि में 'हृदय की मुक्तावस्था', 'प्रभावित होने की दशा', 'लोक हृदय में लीन होने की दशा' और 'अनुभूति दशा' आदि शब्द लगभग एक ही हैं। इस मनोदशा तक पहुंचना ही काव्य का चरम लक्ष्य है। यह गोचर जगत अनेक रूपात्मक है और मानव हृदय अनेक भावात्मक। इन आंतरिक भावों और बाह्य रूपों में सामंजस्य स्थापित करने में ही कवि की काव्य साधना की सार्थकता मान्य हो सकती है। इस सामंजस्य के द्वारा ही अर्थात् भावों के अनुकूल विषय और विषय के अनुकूल भाव का चित्रण करके ही कवि अपने कार्य-विधान को पूरा करता है।

इस तरह 'हृदय की मुक्तावस्था' का तात्पर्य यह है कि व्यक्ति स्वयं को अपनी सत्ता से विलग करके, यानी स्वयं के सुख, दुःख, क्रोध, घृणा, स्वार्थ से मुक्त करके लोक से जुड़ता है। यह कविता के संदर्भ में नितांत आधुनिक अवधारणा है, क्योंकि इसमें स्पष्टता से कविता की कोई प्रत्ययवादी व्याख्या नहीं की गई है। इसके विपरीत कविता के कार्य-व्यापार को नितांत लौकिक रूप में व्याख्यायित किया गया है। कविता के द्वारा ही व्यक्ति अपने को 'स्व' से मुक्त कर लोक सत्ता से जोड़ता है। व्यक्ति का 'स्व' से मुक्त होना ही हृदय की मुक्तावस्था है।

आधार ग्रंथ :

1. चिंतामणि (भाग-1, 2, व 3), आचार्य रामचंद्र शुक्ल।
2. हिंदी आलोचना के बीज शब्द, डॉ. बच्चन सिंह।
3. रस मीमांसा, आचार्य रामचंद्र शुक्ल।

●●●